责任编辑：肖丽敏
责任校对：刘　明
责任印制：程　颖

图书在版编目（CIP）数据

中国建设银行年鉴．2019/中国建设银行编．—北京：中国金融出版社，2020.12
ISBN 978－7－5220－0950－6

Ⅰ．①中…　Ⅱ．①中…　Ⅲ．①建设银行—中国—2019—年鉴　Ⅳ．①F832.33－54

中国版本图书馆 CIP 数据核字（2020）第 252774 号

中国建设银行年鉴．2019
ZHONGGUO JIANSHE YINHANG NIANJIAN. 2019

出版发行　中国金融出版社
社址　北京市丰台区益泽路 2 号
市场开发部　（010）66024766，63805472，63439533（传真）
网 上 书 店　http：//www. chinafph. com
（010）66024766，63372837（传真）
读者服务部　（010）66070833，62568380
邮编　100071
经销　新华书店
印刷　北京市松源印刷有限公司
尺寸　205 毫米×280 毫米
印张　48.5
插页　18
字数　1889 千
版次　2021 年 2 月第 1 版
印次　2021 年 2 月第 1 次印刷
定价　139.80 元
ISBN 978－7－5220－0950－6

《中国建设银行年鉴2019》编委会

《中国建设银行年鉴2019》编辑部

本年鉴数据使用责任说明

本年鉴为中国建设银行股份有限公司内部刊物，不对外发行，本年鉴中的部分数据在使用之初仍处于审计过程中，为了在年鉴中真实体现当时数据使用环境的历史面貌，我们保留了这些数据。这些数据与本行公布的招股说明书、定期报告和临时公告有差异的，应以招股说明书、定期报告和临时公告的数据为准。因此，本年鉴使用者不得以任何形式复制、打印、转发、分发或以其他任何方式使用这些数据。如有违反，责任自负。

卷首语

2018年，中国建设银行（以下简称建行）深入学习贯彻习近平新时代中国特色社会主义思想和党的十九大精神，把新发展理念转化为建设现代金融的新探索新实践，自觉担当国有大行责任，落实中央的政策、汇聚全员的智慧、释放科技的力量，持续增强“三个能力”，以“三大战略”重点突破带动全局工作，促进了党的建设和业务高质量发展。

——纵深推进住房租赁战略，以共享平台铺展新格局。建行用专业金融解决方案，落实习近平总书记强调的“房子是用来住的，不是用来炒的”要求。从30年前提出“要买房，到建行”的响亮口号，到今天推出“要租房，到建行”的市场品牌，体现了建行人一以贯之的社会责任担当。依托新一代核心系统，住房租赁服务平台在288个城市上线运行，房源超过1000万套，个人注册用户数1000多万，合作机构超万家，成为百姓信赖的阳光租赁平台。打造“建融家园”长租社区，探索存房业务新模式，住房租赁生态圈不断集聚人气。引导债务资本市场的社会资金参与住房租赁业务，并发布住房租赁价格指数。中标住建部全国住房和房地产信息监管系统总包项目，实现部分城市试点上线。探索住房租赁综合金融解决方案，建行通过搭建共享平台、创新金融服务、激活存量房源，逐步使过度金融化的房地产市场去金融化，回归到本源的居住属性；推动房地产风险软着陆，努力用金融的智慧疏浚楼市“堰塞湖”。

——全面启动普惠金融战略，以科技助力跑出加速度。针对小微企业的特点和需求，融合现代科技探索出以“五化”（批量化获客、精准化画像、自动化审批、智能化风控、综合化服务）为特色的普惠金融新模式。2018年普惠贷款新增2227亿元，增速为49.5%，在五大行中占比超过50%。李克强总理视察建行时以“小企业、大事业、无止境”给予高度评价。建行人“俯下身子、撸起袖子”，用实际行动回应了做惯“大生意”的大银行能否服务好小企业的质疑。就像专业、专注的维修工人，我们不再是简单地给机器“灌注”加油，而是要耐心细致地打开机器，舍得一身脏，把润滑油“滴注”到传动链上每个环节。建行还着眼城乡一体化探索农村金融深化的新路径，将普惠金融与脱贫攻坚、乡村振兴战略相结合，推出垦区“农户快贷”等助农新模式；依托“善融商务”打造电商扶贫新渠道，帮助农户增强“造血”功能；推出“民工惠”等专属金融解决方案和服务新平台，以银行新角色的介入改变农民工、包工头、开发商等多方权利义务失衡格局，使农民工摆脱讨薪难的窘境，并逐步向“月薪制”产业工人转变。推广网络供应链等线上融资新模式，由“双大”延伸拓展“双小”，改变“垒大户”惯性和惰性，实现对小微企业精准直达的金融支持。建行还本着开放共享的态度，输出专业技术和标准化工具，帮助金融同业和普惠客户提升经营管理能力，共同繁荣普惠金融市场。

——领先实施金融科技战略，以智慧聚能激发新动力。启动新一轮金融科技战略（“TOP +”），成立建信金融科技公司，整合形成七大核心事业群。将新一代核心系统延伸覆盖到海外机构和子公司，实现集团信息科技能力整体跃升。建成公有云服务、智慧政务服务、党群服务、人工智能、宗教事务综合管理、区块链等 17 个平台，为客户、同业和政府部门提供定制化的技术支持服务。探索以市场化的人才培养和激励机制，海纳百川汇聚全行科技骨干、吸引外部 IT 精英，并与社会专业机构合作建立智库、开发者联盟等开放式平台，形成聚合前沿科技、金融场景、创新商业模式的“生态朋友圈”，全方位提升了对现代科技的吸收、转化和实践能力。

——温情打造“劳动者港湾”，为社区添注正能量。“幸福是奋斗出来的”，每位劳动者都应该被尊敬和善待。全行以发自内心的服务热忱，建设 1.43 万个“劳动者港湾”向社会开放，1.05 万个网点对公众共享卫生间，给快递小哥、环卫工人、出租车司机以及千千万万劳动者提供歇歇脚、喝喝水的地方。全行“劳动者港湾”累计提供服务 3000 多万人次，已成为建行标志性公益服务品牌。

——开放共建建行大学，为现代金融教育摸索新路径。整合行内碎片化培训资源，联合境内外知名高校，组建 9 个专业研修院，境内境外 10 个总行区域校区、7 个专业校区，搭建融合线上线下、行内行外、境内境外的教育培训开放平台。实施“金智惠民”工程，开办小微企业家商学院，面向社会大众普及金融知识，传播现代金融理念。发起“新金融人才产教融合联盟”。建行大学本着“开放合作、共建共享”的全新理念，以产、教、研、用相融合的创新实践，努力趟出一条新时代金融职业教育的善建之道。

——让金融资源聚焦重点领域穿透落地。准确传导货币政策、多渠道释放信用支持，跟进国家重大战略密切项目对接，主动服务“一带一路”、京津冀协同发展、长江经济带发展、粤港澳大湾区及自贸区建设。投放雄安新区建设项目首笔商业银行贷款，成为北京新机场南航基地最大贷款份额银行。发挥基础设施领域专业优势，创新推出“善行城建”等金融服务品牌，大力支持智慧城市、生态环保等城市基础设施建设。出台 26 条精准措施定向扶持民营经济和小微企业，全年新增民企贷款 1437 亿元，余额达到 1.72 万亿元，民企贷款户新增 21.9 万户。创设信用风险缓释工具（CRMW）。以低于市场平均价格为民企发债 1604 亿元。贴合消费场景拓展“快贷”等便捷易用金融产品，丰富多层次、定制化金融服务，满足居民消费升级需求。通过理财、债券等非信贷渠道，为客户和重点项目提供投融资综合服务。

——为供给侧结构性改革提供金融助力。审度时势主动调整信贷结构，重检信贷政策。制定先进制造业信贷客户选择标准，加力发展绿色金融。首家设立“债转股投资计划”，与 71 家企业达成市场化债转股合作意向，签约及落地规模领先同业，其中与南京钢铁等 5 家优质民营企业签约 180 亿元。发挥投行业务融资融智优势，为实体经济提供直融服务 1.4 万亿元。与国家发展改革委共同发起设立国家级战略性新兴产业发展基金，支持重点项目和重大工程建设，培育经济新增长点。运用债券、基金、并购、投贷联动等多元化投融资手段，扶持新技术、新组织形式、新产业集群发展壮大。

——从内在规律把握风险管理主动权。总结正反两方面经验，借助“新一代”系统和大数据，不断深化对新形势下金融风险迁徙演化规律的认知，逐步从“必然王国”迈向“自由王国”。以全面主动管理的理念搭建现代银行风控体系，实施“三管齐下”，推动“五个到位”，夯实“十项基础”。建成企业级、数字化的全面风险监控预警平台（RAD），成立国内首家风险计量中心，丰富和发展风险管理技术体系和“工具箱”。推动智能风控技术同业共享，“慧系列”风控产品受到中小金融机构欢迎。建行以现代科技全方位提升了风控数字化智能化水平，并输出风险管理能力赋能同业，建设风险共治的良性生态。

——谋长远之计厚植稳健发展基础。坚持抓客户、账户和渠道。个人有资产客户突破4亿人，为近年来最好水平。单位人民币结算账户跃居四大行第一。全行121个网点荣获“2018年银行业文明规范服务千佳单位”，居四大行之首。个人网银、企业网银、个人手机银行、微信银行用户数和用户满意度同业领先。着力补强“三农”服务短板，与海尔、全国供销社等强强联手，打造“村口银行”，吸纳退伍军人、乡村致富能手等成为“裕农通”业主和“小顺管家”，多方协力推动农村金融基础设施建设，把金融服务送到田间地头和农民身边。

这些工作成果的取得，得益于党中央、国务院的坚强领导，得益于全行坚定贯彻落实中央各项方针政策，把习近平新时代中国特色社会主义思想和党的十九大精神，结合建行实际贯通落地，创造性地转化成为金融的生动实践。

全行坚持党建引领，着力提升政治能力。增强“四个意识”，坚定“四个自信”，坚决做到“两个维护”，以自觉行动落实党中央对金融工作的集中统一领导。加强思想武装，在全行兴起学习实践习近平新时代中国特色社会主义思想和党的十九大精神热潮。强化组织建设，提升党组织组织力，使支部成为坚强战斗堡垒。久久为功深化作风建设，深入查纠形式主义、官僚主义新表现。坚持有腐必反，排查惩治信贷、采购等领域腐败行为，始终保持反腐败斗争高压态势。以赖小民、薛峰等严重违纪违法案为鉴，防微杜渐、常抓严管。发挥群团工作优势，探索新时代金融企业职工民主管理新模式。关心、关爱员工，用心、用情做好信访人员工作。扎实抓好精准扶贫。引导广大员工特别是基层年轻人投身“三大战略”，营造广阔平台，使有志者都有人生出彩机会。启动首届“创新马拉松”活动，激发年轻人干事创业热情。全行将政治和业务有机结合，以强化党建发挥政治优势，将政治优势转化为改革发展优势，让“红细胞”都动起来。

我们深刻体会到，只有把习近平新时代中国特色社会主义思想和党的十九大精神始终贯穿于经营管理全过程，落脚于政治责任社会责任的担当，聚焦于经济社会痛点难点的破解，才能融会贯通、善作善成，做到干一件成一件。在探索实践中，有以下两条基本规律值得认真总结并始终坚守。

一是始终把人民对美好生活的向往作为出发点。在纪念改革开放四十周年大会上，习近平总书记总结了九条基本经验，其中重要一条就是必须坚持以人民为中心，不断实现人民对美好生活的向往。在新时代金融探索实践中，这始终是我们的出发点。不能走着走着，在习焉不察中偏离了初心。

反思十年前国际金融危机，重要肇因就是金融脱离本源自娱自乐，我们在现代金融体系探索创新中需要引以为鉴。透过金融危机前后的景象，看到的是西方金融以自我为中心的体内循环，面对的是冷冰冰的数字曲线，背后是资本狂欢；我国新时代要建设的现代金融体系或者说“新金融”，面对的是活生生的普罗大众，背后是万家忧乐。要把人民对美好生活的期待变成金融人的自觉行动，民之所盼、民之所需、民之所急，就是新时代金融改革发展的终极指向。

为此，建行旗帜鲜明地提出“服务大众安居乐业，建设现代美好生活”的奋斗目标。无论是住房安居、普惠金融、科技赋能，还是劳动者关爱、“三农”扶持、精准扶贫、社区服务、金融教育等，贯穿其中的是建行人朴素的信念：在奔向美好生活的路上，一个都不能少。我们坚信，所有人都有获得金融资源、追求美好生活的权利；尤其是社会弱势群体，也都应该能够公平、有尊严地获取金融资源。新时代现代金融的探索需要社会大众广泛参与，共襄其成、共享其成，真正使金融成为天下之公器。

二是始终把探索现代化经济体系的新金融作为聚焦点。建设适应现代化经济体系要求的新金融，我们没有成例可循，需要立足于国情上下求索，广泛地汇聚中国智慧、中国方案、中国力量。

金融服务实体经济不能片面地理解为附属于实体经济，“从动式”地为后者提供资金和配套支持。金融作为现代经济的核心，需要“能动式”地发挥作用。面对经济金融新形势和社会主要矛盾新变化，我们需要“跳出金融做金融”。经济社会运行中不少“老大难”的问题，面上呈现为社会民生“痛点”，深层往往是体系性、结构性问题，小到具体区域房地产市场结构、具体领域投融资结构，大到国家产业结构调整、经济再平衡，等等。这些方面金融都可以主动作为，而且大有可为。

为此，建行致力于用金融“温柔的手术刀”，努力化解社会“痛点”。除了住房租赁、普惠金融外，全行还在产业结构、城乡二元结构等问题破解上开展了务实探索，制定前瞻性信贷政策、发起设立战略性新兴产业发展基金等，引导和促进产业结构调整。搭建城乡对接平台、营造城乡融合场景、推广普惠金融服务，以金融赋能催生“三农”新产业新业态、激活乡村固化沉睡资产，探索助力振兴赶超的农村金融新模式、培育城乡融合共生的大市场。我们深知，在现代化经济体系建设中，建行人不能安于现状、迁就现状，不能停留于解释问题，而要找到切实的办法解决问题；要勇于改变，勇于超前探索，即便短期内牺牲掉一些份额、付出一些成本也在所不惜。

过去的一年，全行上下以开拓性工作创造了出色业绩，赢得了社会的尊重和一系列荣誉。我们要致敬全行兢兢业业的奋斗者，礼赞默默无闻的奉献者。正是你们的夙兴夜寐，推动建行朝着新时代新金融的未来阔步迈进；正是你们的善建笃行，推动金融回归本源、返本开新，普惠社会大众，重新赢得了银行人的职业尊严；正是你们的铁肩担当，让住房租赁的星星之火渐成燎原之势，使得广厦千万间的安居梦想一步步照进现实。

展望未来，一幅风生水起的新金融画卷已跃然如现。当然我们也深知前路崎岖，纾解当下经济社会的“痛点”就像病去如抽丝，但建设银行人有的是耐心和坚毅不拔。只要路走对了，就不怕遥远。纵使踏遍青山、一路榛莽，也将一往无前、努力奔跑，为着人民对美好生活的向往、为着中国金融的独好风景，一起拼搏、一起奋斗！

田国立

田国立

董事长

王祖继

行　长

郭　友

监事长

2018年5月12日，董事长田国立深入定点扶贫村考察甜瓜产业扶贫项目。

2018年6月8日，董事长田国立应邀出席在北京钓鱼台国宾馆举行的哈萨克斯坦共和国总统纳扎尔巴耶夫与中国商界领袖圆桌会议。

2018年8月31日，董事长田国立出席在北京市东四支行举行的“劳动者港湾”发布会，向社会发布“劳动者港湾”服务品牌。

2018年11月27日，董事长田国立在总行大楼会见了英国前首相戴维.卡梅伦阁下（former British PM David Cameron）一行。

2018年12月17日，董事长田国立出席“建行大学”成立发布会并致辞。

2018年5月8日，行长王祖继在总行大楼会见法国兴业银行（Societe Generale）首席执行官吴棣言（Frédéric Oudea）先生一行。

2018年6月6日，行长王祖继到浙江省安吉县余村调研。

2018年8月22日，行长王祖继到大连市分行调研，了解市分行营业部“劳动者港湾”建设情况。

2018年9月13日，行长王祖继到四川省成都新华支行营业部智慧旗舰店指导工作。

2018年10月29日，行长王祖继到深圳市分行调研智慧银行和战略性新兴产业发展基金推动工作。

2018年3月5日，副行长庞秀生出席在成都召开的全行2018年计财工作会议并讲话。

2018年5月30日，副行长庞秀生出席建信金融科技有限责任公司在上海召开的青年员工座谈会并讲话。

2018年6月21日，副行长庞秀生作为银行业唯一受邀发言嘉宾出席第十三届中国重庆高新技术交易会暨第九届中国国际军民两用技术博览会开幕式。

2018年3月16日，副行长章更生到青海省分行调研指导并看望慰问一线员工。

2018年4月10日，副行长章更生出席建设银行河北雄安分行揭牌暨银企银校合作签约仪式。

2018年11月21日，副行长章更生参加中央财政国库集中支付代理银行招标活动。

2018年5月21日，副行长黄毅出席河南省宗教事务管理服务平台上线启动仪式。

2018年6月13日，副行长黄毅出席在常州举办的2018年转型发展及战略管理培训班并讲话。

2018年12月29日，副行长黄毅到贵州省安顺分行调研座谈。

2018年2月1日，副行长余静波出席在香港举办的中国建设银行“全球投行业务中心”揭牌仪式。

2018年3月15日，副行长余静波出席在武汉召开的2018年投资银行工作会议。

2018年4月13日，副行长余静波在山西杏花村汾酒集团调研。

2018年2月6日，纪委书记朱克鹏在建设银行纪检监察工作会议上作工作报告。

2018年2月23日，纪委书记朱克鹏到分行检查“两个责任”落实情况。

目 录

二、专题研究（此部分见光盘）

三、市场研究（此部分见光盘）

五、业务探讨（此部分见光盘）

CHINA 中国建设银行年鉴 CONSTRUCTION BANK ALMANAC 2019

第一部分　战略决策与战略管理

董事会的改革与成就

2018年，建设银行董事会持续秉持大行使命情怀和责任担当，与时代同进步，与国家共发展，与百业共繁荣，汇聚全员的智慧、释放科技的力量，聚焦服务实体经济，全面实施住房租赁、普惠金融和金融科技“三大战略”，助力供给侧结构性改革，强化风险内控管理，推动全行业务高质量发展，获得了良好的经济效益和社会效益。

一、持续完善公司治理机制，依法合规履职

（一）将党建纳入公司治理，“四会一层”协调运转、有效制衡

为认真贯彻党中央、国务院关于国有企业加强党的领导的有关要求，积极探索新形势下国有大型商业银行公司治理模式，董事会研究修订了公司章程、股东大会议事规则和董事会议事规则，将党建工作总体要求纳入了公司章程。2018年3月，修订后的公司章程得到中国银保监会的核准批复，明确了党组织在法人治理结构中的法定地位，使党组织发挥领导作用组织化、制度化、具体化，为形成各司其职、各负其责、协调运转、有效制衡的公司治理机制奠定了坚实的制度基础。

“党建入章”工作的完成，标志着建行“四会一层”的公司治理架构正式形成。党委会立足于政治本位，发挥领导核心作用，对重大事项把关定向，把方向、管大局、保落实。董事会负责对重大事项从经济角度进行决策，从经济合理性和可行性角度行使决策权。董事会决策重大问题，事先听取党委的意见，通过党委和董事会之间“双向进入、交叉任职”的人事安排，促进党委会与董事会之间的有效沟通，提高了董事会的决策效率，促进“四会一层”协调运作，有利于形成最终科学合理的决策结果。

（二）积极履行决策职能

董事会把握大势，积极履行决策职能，充分发挥战略决策作用。2018年，董事会共召开定期会议和临时会议8次，审议议题52个，书面参阅材料5项，内容涵盖选举董事、聘任高管、定期报告、利润分配、资本规划、金融科技战略规划、普惠金融战略规划、聘用外审、授权管理、薪酬清算等多个方面。在我国经济发展步入新常态、对外经贸环境面临复杂变化的情况下，董事会密切关注国内外经济形势，除了常规议题外，还审议营口港债转股方案、设立理财子公司、申请担任存托凭证试点存托人及出资战略性新兴产业发展基金等重大问题，分析建行面临的机遇与挑战，更好地服务国家战略。积极审慎地做出各项决议，综合体现了董事会对于宏观经济形势、银行经营管理等方面的战略思维和判断，引领新形势、新常态下的建行改革和发展方向。

董事会战略发展、审计、风险管理、提名与薪酬和社会责任与关联交易五个专门委员会共召开会议26次，审核、听取和讨论议题共167项，为董事会战略决策提供了有力支持。全体董事会成员认真履职尽责、按时与会、积极决策，2018年会议出席率均为100%。

借鉴境内外大型企业的做法，董事会在常规会议之外召开战略务虚会，董事们结合自身专业背景、从业经历和银行发展实际，充分发挥自身在银行管理、金融监管、财政税收、财务管理、法律法规等领域的积累和经验，从不同角度提出独到见解，阐述关于建行的战略思考，探索未来战略发展方向，为建行发展建言献策。

（三）完善董事会授权方案

董事会在运行实践中，不断完善授权体系，从效率和风险角度综合考虑，优化授权方案中的部分内容，提高董事会运行效率。

2018 年，董事会审议通过关于修改股东大会对董事会对外捐赠授权的议案，并经股东大会审议通过，对建行履行社会责任及开展扶贫工作提供了有力支持。

年内，管理层先后就董事会对行长授权方案中投资级以下债券投资审批权、信贷资产证券化授权金额等相关内容提出修改建议。董事会在充分论证上述两项授权调整方案必要性和可行性的基础上，先后调整了董事会授予行长对投资级以下债券的投资审批权和董事会对行长信贷资产证券化的审批权，并建议在提升效率、节约成本的同时，关注后续相关业务开展过程中重点风险的防范。

（四）建立健全依法合规、多渠道的利益相关者沟通机制

及时透明的信息沟通，既是增强市场信心、维护银行安全稳健经营的基本条件，也是监管机构与资本市场关注的焦点。董事会注重建立完整和多层次的信息沟通渠道。在面对政府主管部门、监管机构、国有大股东、机构投资者、中小股东、评级机构、分析师与新闻媒体时，信息需求各有不同、各有侧重，在沟通渠道和方式上也有不同的要求。董事会注重保障不同利益相关者平等获取信息的权利，保证信息公平、避免出现一部分利益相关者提前获得敏感信息等不合规行为。同时，董事会积极提高信息质量，拓宽沟通渠道，保证信息的真实、完整和准确，促进与各方沟通的合规性、透明性与充分性。

二、积极推进“三大战略”

（一）开拓住房租赁金融业务，创新商业模式

董事会高度关注住房租赁战略，通过业务调研、督促指导等多种方式推进战略实施，致力于用专业金融解决方案落实“房子是用来住的，不是用来炒的”要求。董事会重视住房租赁综合服务平台的基础性地位和战略性作用，指出要强化顶层设计，完善平台建设，全面对接和服务政府、企业、房东、租客等市场主体，实现政府监管、企业管理、租赁营运、检测分析等功能，推进以共享理念和金融科技为基础的新型客户服务模式。

在董事会的推动下，2018 年建行以新型互联网思维改造传统经营理念和商业模式，发力住房租赁平台建设与推广应用，在房源拓展、存房模式、业务运营、社会赋能等方面开展了一系列探索与尝试，抢得了市场先机。政府、社会各方市场主体给予高度评价，市场引领作用明显。

（二）深入推进金融科技战略，提升金融科技能力

董事会高度重视金融科技对传统银行业带来的颠覆性影响，从战略高度推动金融科技发展，深入研究金融科技给商业银行带来的挑战和机遇、金融科技的相关监管要求和政策法规等问题，探讨金融科技发展方向，指导制定了《建行 2018—2023 年金融科技战略规划》。

在董事会的推动下，年内成立了建信金融科技公司，对内提供金融科技服务，对外赋能金融科技能力，为建行进一步提升金融科技实力奠定了体制机制基础。2018 年，金融科技战略实施成效显著，建行技术与数据双轮驱动的金融科技基础能力不断提高，利用人工智能、云平台、大数据、区块链等新型武器，巧用科技力量助推转型发展，聚焦社会痛点开处方，以金融之墨为新时代高质量发展注写“建行蓝”。

（三）完善经营机制，推动普惠金融发展

董事会审时度势、指导推进建行普惠金融发展，指导制定了《建行 2018—2020 年普惠金融战略规划》，明确大力发展普惠金融的战略背景、战略任务、实施路径及保障措施等，同时审议批准参与国家融资担保基金的发起设立，认为该基金设立对提升普惠金融业务渗透率、推动普惠金融业务发展具有重要作用。此外，还督促管理层建立和发布普惠金融蓝皮书和普惠金融指数，进一步加强理论与市场的前瞻性研究，打造我国普惠金融运行状况的“晴雨表”和“风向标”。

建行围绕战略完善组织服务体系，加强普惠金融的政策资源配套保障；打造普惠金融“建行模式”，不断丰富“小微快贷”全流程线上融资产品种类；立足平台思维和互联网经营理念，布局普惠金融服务平台体系；不断丰富拓展普惠金融服务内涵外延，打造普惠金融新生态，服务成效获国务院领导及社会各界认可。

三、加强风险合规管理

董事会高度重视风险合规管理工作，指导风险管理基本政策修订完善，督导监管检查整改，积极关注全球系统重要性银行监管要求，持续加强并表、全面风险和合规风险管理，保障业务稳健发展。

（一）修订完善风险管理制度与政策

修订全面风险管理办法。董事会根据《银行业金融机构全面风险管理指引》等监管规定，对2012年印发的全面风险管理办法进行了修订，充分满足了监管要求和实际工作需要。

修订信贷损失准备金计提管理办法。为与国际财务报告接轨，建行自2018年1月1日起执行财政部新金融工具准则，中国银保监会也要求建行自2018年1月起按照新准则规定填报监管报表。对此，董事会高度重视，对现行信贷损失准备金计提管理办法进行修订，实现了信贷损失准备金计提范围和计提标准的统一，确保满足财政部和中国银保监会的监管要求。

制定大额风险暴露管理暂行办法。2018年，根据巴塞尔委员会发布的《计量和控制大额风险暴露的监管框架》，中国银保监会下发《商业银行大额风险暴露管理办法》，董事会高度重视并积极推动落实监管要求。为完善大额风险暴露管理体系，强化集中度管理，防控过度授信风险，董事会推动制定大额风险暴露管理暂行办法，确保建立全集团、全客户、全口径的信用风险暴露管理模式及标准。

（二）加强集团并表管理，定期评估集团全面风险管理

研究并表管理计划及其执行情况。根据银保监会并表监管指引，董事会专题研究并表管理计划执行情况及并表管理工作要点，对并表管理的优化机制、强化管理、夯实基础等方面的执行情况进行了梳理，指出要充分应对银行集团并表管理形势的新变化，切实防范集团经营风险，推进深化并表管理，丰富并表管理工具，改进并表管理手段，提升集团实质性管理能力和综合金融服务能力。

定期评估集团全面风险管理。董事会持续推动集团全面风险定期评估工作，专题研究主要风险评估报告不仅对建行集团信用、市场、操作、集中度、银行账户利率、流动性、声誉、战略、资产证券化和估值、信息科技等主要风险进行全面量化分析和评估，还对子公司进行全面风险评估。董事会指出应贯彻落实全面风险管理长效机制，增强重点领域风险管控能力，持续强化境内外合规风险管理，完善集团一体化风险管控。

持续跟踪内部交易管理情况。董事会依据银保监会商业银行并表管理与监管指引，跟踪内部交易管理执行情况，要求管理层持续完善内部交易管理信息系统、开展内部交易风险提示、加强事前控制、加强对分行及附属机构的指导。

（三）高度重视合规管理及反洗钱工作

制定董事会合规风险报告制度。董事会对合规工作高度重视，积极推动制定董事会合规风险报告制度，就全行合规风险向董事会的报告原则、内容、类型、时间、路径等要素进行了明确，规定了全行合规风险向董事会的报告要求。通过定期报告、紧急报告、董事问询等方式，将合规风险主体范围由境外机构延伸至境内外各层级，确保全行合规风险及时、全面地向董事会进行报告。

开展全球反洗钱能力评估。董事会高度重视建行反洗钱工作，专题研究建行全球反洗钱能力评估的可行性，指导建行境外机构制定反洗钱能力评估方案，督导境外机构开展反洗钱能力评估工作，持续跟进评估结果及整改进展，要求管理层推进境内外机构反洗钱监测系统一体化建设。

（四）督导监管检查整改工作

持续关注监管通报整改落实进展情况。董事会持续关注中国银保监会半年度和年度监管通报，专题研究监管通报中相关问题，及时督促管理层建立整改问题落实清单、掌握整改落实进展情况。

督导监管资本管理高级方法部分项目现场评估整改工作。根据中国银保监会对建行资本管理高级方法部分模型评估意见，董事会高度重视意见中指出的问题，督导形成整改方案，跟进整改工作进展情况。

及时掌握产品创新情况。为落实银保监会“四不当”专项治理检查关于董事会应知悉金融创新业务的监管要求，董事会高度重视产品创新

状况，专题研究产品创新及退出机制、产品创新实验室模式及标准化等问题，指出应适时规范产品创新，认真考虑产品退出问题，同时应在产品创新起步阶段就做好规划，在最有利的阶段筹划未来。

四、加强财务会计和审计内控工作，合规开展信息披露

董事会高度重视财务会计和审计内控管理工作，在应对新会计准则实施、监督审核银行财务报告、监督评价外审工作、选聘外部审计师、监督指导内部审计、推进内外部审计发现整改以及加强内部控制的监督评价等方面开展了大量富有成效的工作，并积极合规进行信息披露，保证信息质量。

（一）积极应对新会计准则执行

研究新会计准则实施影响。根据财政部要求，建行于2018年1月1日起应执行新金融工具准则，董事会严格履行审议程序，专题研究会计政策变更的影响，认为变更后建行集团按照中国会计准则和国际财务报告准则编制的合并财务报表中列示的净利润及股东权益并无差异。

修订会计基本政策。董事会督促管理层跟进会计准则的重大变化，修订中国建设银行会计基本政策。在修订过程中对标国际大银行，对重点章节进行透彻研究和细致修订；并借修订会计基本政策的机会，以新修订的会计法宣传贯彻为契机，加强会计基础工作，进一步完善基本会计管理制度。

推进制定金融工具分类实施细则。为确保建行相关业务部门在运用金融工具分类原则方面保持一致性，董事会建议管理层在制定相关框架文件基础上，根据业务开展实际需要，加快制定分类管理实施细则，以进一步规范管理，揭示风险，确保财务数据的真实性、可靠性与可比性。

（二）选聘外部审计师

修订外部审计师选聘规程。董事会高度重视外部审计师选聘相关工作，进一步明确审计委的职责权限，根据财政部金融企业选聘会计师事务所管理办法，全面梳理外部审计师选聘规程，将外部审计师管理（含评价）和聘用的牵头部门调整为审计部，进一步加强内外审的协调配合。

完成2019年外部审计师选聘。根据财政部相关规定，建行外部审计师普华永道于2018年达到8年服务上限，2019年外部审计师需要重新选聘。董事会高度重视并认真协调部署2019年外部审计师选聘工作，对管理层初选结果进行了审核，建议聘用安永为建行2019年度外部审计师。

关注外部审计师过渡审计。继任审计师安永进驻建行后，开始全面深入地了解各项业务运转及其管理特色，做好与普华永道的交接工作，为下一步承担全面审计奠定基础。董事会高度关注新旧审计师过渡转换，建议安永以适当方式开展“影子审计”，加强与普华永道审计标准的协调。

（三）加强内控管理工作

加强内控评价工作。董事会高度重视内控评价工作，督促管理层及时开展内控评价，并形成内控评价报告和方案，确保有效的财务报告内部控制。董事会建议将客户反馈和问题投诉纳入内控评价的信息来源，并以有效方式对管理层进行内控访谈和记录。

完善内控评价报告。董事会高度重视内控评价相关工作，并将其作为提高内控管理水平、满足内部管理和外部监管要求的重要举措。董事会要求管理层进一步改善内控评价报告、改进内控缺陷认定。

完善内控制度体系。董事会持续督促管理层进一步完善内控制度体系，修订完善内控基本规定、制订内控评价办法并起草内控缺陷管理办法，对内控管理工作提供坚实的制度依据。

（四）合规开展信息披露

董事会严格遵守监管法规，及时、准确、充分和公平地开展信息披露。密切关注上市地证券监管规则及要求的变化，随着监管机构不断增加对环境、公司治理和社会责任方面的披露要求，董事会结合银行业特点，积极研究落实措施。

年内，建行持续保持信息披露零差错，证券监管零违规，在上交所、港交所发布定期报告4次，临时公告70次，向日本关东财务局报送定期报告2次和特别报告1次，准备信息披露文件300余份，连续4年被上海证券交易所评为信息披露工作A档。建行2017年年度报告在美国媒体专业联盟（LACP）举办的全球年报评选中获得金奖、设计成就奖；在MerComm Inc举办的国际年报大

奖（ARC Awards）评选比赛中获得优秀奖。

五、持续加强资本管理工作

董事会督导制订了2018—2020年三年资本规划方案，促使建行向轻资本、轻资产发展模式转变。资本规划提出，建行将持续提升资本使用效率，按照“内部资本积累为主，外部资本补充为辅”的原则，优先通过增加利润留存、保持合理资产增速、优化资产结构、加强精细化管理等手段，并适当运用市场融资手段，开展多市场、多类型资本工具发行，进行适量外部资本补充，确保始终保持充足的资本水平和较高的资本质量，支持业务稳健增长，满足实体经济发展需要。

为满足监管要求，进一步提升资本管理水平，董事会专题研究资本充足率管理报告、资本充足率报告及内部资本充足评估报告，并按照资本规划的要求，加强资本精细化管理，强化资本约束与引导，持续推进资本集约化转型。

六、履行社会责任

董事会高度关注建行社会责任的履行，指导推动绿色金融服务发展、消费者权利保护并积极参与公益捐赠工作。

（一）建设劳动者港湾，为社会添注正能量

为深入践行“服务大众的银行、促进民生的银行、低碳环保的银行、可持续发展的银行”的社会责任发展战略，2018年，建行引领同业，启动“劳动者港湾”建设工作，关注重点民生领域，关爱特殊群体，展现温馨有爱、勇于担当和值得信赖的企业形象。

董事会大力支持“劳动者港湾”建设，专题听取“劳动者港湾”建设情况报告，对“劳动者港湾”建设高度赞同，认为“劳动者港湾”建设是建行将履行社会责任融入“推进三大战略、服务实体经济、创新客户服务、加强团队建设、回馈社会大众、传播建行形象”的具体实践，可进一步提升建行网点服务能力、品牌形象和社会认知认可度，增进与户外劳动者等不同群体的密切联系，加深与相关政府管理部门、行业组织和社会团体的互动合作。同时，董事会指出网点在提供公共服务的过程中要更谨慎，保证客户服务质量和满意度，并注意开放卫生间的同时确保没有安全隐患。

（二）开放共建建行大学，探索现代金融职业教育新路径

董事会高度重视和支持建行大学的成立和发展，关注建行大学建设进程。董事会认为，成立建行大学，是贡献建行智慧、探索金融人才培养、金融知识普及以及高等教育痛点问题的金融解决方案，可以促进企业发展、整合内外部教育培训资源。从满足战略发展需要的角度来看，在建行大学的统一规划下，可以实现对员工综合能力尤其是专业能力、实践能力、创新能力的培养，为建设银行储备优秀人才。

在董事会的指导支持下，建行大学整合行内碎片化培训资源，联合境内外知名高校，组建了9个专业研修院，境内外10个总行区域校区、7个专业校区，搭建了融合线上线下、行内行外、境内境外的教育培训开放平台。实施“金智惠民”工程，开办小微企业家商学院，面向社会大众普及金融知识，传播现代金融理念，发起“新金融人才产教融合联盟”，努力创新金融职业教育的新道路。

（三）指导推动绿色金融发展

董事会高度重视绿色信贷工作，始终将其作为国有商业银行应尽的社会责任，并切实结合建行信贷结构调整加以落实。董事会定期听取绿色信贷相关情况汇报，及时了解和指导绿色信贷工作，建议及时关注国际组织和机构发布的有关环保领域信息，了解评价标准，及时做出改进，并积极主动地与各机构接洽沟通，避免因信息不对称产生声誉风险。

年内，建行绿色业务取得较大进展。绿色贷款增速高于对公贷款平均增速，不良率低于对公贷款平均值；绿色金融业务不断拓展，年内首次发行绿色和可持续发展债券，积极发展绿色资产证券化、绿色金融租赁和绿色信托等业务；绿色信贷业务得到监管肯定，年内成为首家担任中国银行业协会绿色信贷专业委员会主任单位的商业银行，在中国银行业协会组织的2017年度绿色银行评价中名列前茅。

随着机构投资者越来越重视“环境、社会和治理”（ESG）以及气候变化风险的披露，明晟指

数和富时罗素等重要指数公司相关评级的影响也越来越大，董事会加强对信息披露最新监管要求的跟踪研究。董事会重视 ESG 方面的披露工作，并要求相关部门加强气候相关财务信息披露（TCFD）方面的研究工作。

（四）消费者权益保护

董事会高度重视消费者权益保护工作，定期听取相关工作进展情况汇报，专题研究消费者权益保护工作开展情况及工作设想。对消保相关数据在日常业务决策中得到充分运用给予肯定，并强调了解客户之声的重要性。

在董事会的督促下，消费者权益保护工作取得了显著成效，在 37 家一级分行设立消保一级部，制定消保工作指引和考核办法，加强投诉管理，稳步提升客户满意度，加强消保审核工作，从源头上有效避免了金融消费纠纷的发生。

（五）公益捐赠

董事会高度关注公益捐赠执行情况，专题听取公益捐赠执行及公益活动开展情况的报告，重点关注公益捐赠预算执行情况，建议管理层进一步提高公益捐赠规模，与建行国际大型商业银行的地位相匹配。

在董事会的督促下，建行提高了集团捐赠限额，由原来持续 9 年的 8000 万元捐赠限额提高至 1 亿元。2018 年，建行集团公益捐赠支出将近 9800 万元，较上年增长了 25.9%，主要涉及教育助学、医疗卫生、扶贫济困等领域，取得了较好的宣传效果和社会反响。

七、加强董事会自身建设

（一）坚持多元化导向，充分发挥董事专长

2018 年，根据建行战略发展需求、董事会成员构成现状、独立董事席位占比及服务任期等因素，兼顾专业经验、职业操守、区域分布、性别及年龄结构、文化及教育背景等多元化要素，适时在全球范围遴选独立董事候选人，提名钟嘉年先生担任独立董事，经股东大会批准和中国银保监会核准，正式履职。根据新任董事的专业背景和从业经验，将新任董事选入相应的专门委员会，充分发挥董事专长，为董事会科学决策奠定坚实基础。

经股东大会批准，王祖继先生、庞秀生先生、章更生先生连任执行董事，李军先生、卡尔·沃特先生和冯婉眉女士连任非执行董事，顺利完成董事会成员的平稳过渡和衔接。

截至 2018 年末，董事会成员共 14 名，其中执行董事 3 名，股权董事 5 名，独立董事 6 名。董事会成员来自中国内地、中国香港、英国、美国、新西兰等国家和地区，分别为政府治理、财政、金融监管、银行管理、法律、会计等领域具有丰富经验的专家。

年内，董事会还选聘了一位副行长和一位董事会秘书，及时充实管理层力量，为管理层履职提供支持保障。

（二）开展董事调研，提高决策水平

董事会成员多次赴境内外分行、子公司实地考察，聚焦建行住房租赁、普惠金融、金融科技三大战略落地情况，关注资本集约化、风险管理、内部控制、绩效考核、薪酬管理、法律服务等领域，深入了解信托、租赁、金融投资、金融科技、养老金等子公司业务发展，并提出意见建议，为董事会提供决策依据。

董事会组织全体成员参加反洗钱合规和美国银行保密法培训，深入了解监管法规对董事会监管职责的相关规定和美国监管要求更新变化情况。组织新任董事行内履职培训，全面了解建行公司治理、资产负债管理、财务管理、人力资源管理、信贷管理、风险管理等方面情况。还组织部分董事参加了上海证券交易所独立董事履职培训和北京上市公司协会专题培训。

八、持续提高投资者关系管理

2018 年，随着中美贸易摩擦加剧，资本市场波动加大，中资银行估值出现了一定压力。董事会采取“走出去”与“请进来”相结合的方式，进一步加大与市场的有效沟通，通过召开股东大会、组织业绩发布与路演、参加大型投资者论坛、接待投资者调研、接听投资者热线等多种渠道，认真倾听市场声音，及时回应市场关切，积极推介三大战略推进成果，传导建行长期发展和竞争能力的优势，合理合规引导市场预期。专业高效的投资者关系活动，提升了投资者对建行的信心，强化了建行良好的市场形象。

积极的投资者关系管理工作取得了良好的市

场回报和评价，建行全年 H 股股价跑赢恒生指数 3.33 个百分点，A 股股价跑赢上证指数 7.53 个百分点；年末估值水平位居五大行前列；与工行的市值差距从年初的 939 亿美元缩小到年底的 621 亿美元，下降 33.9%。年内第一次且独家获得新浪财经颁发的“最具投资价值银行”奖项，获得《福布斯》杂志的“2018 全球上市公司 2000 强”第二位、中国上市公司协会颁发的“2017 年度最受投资者尊重的上市公司”、央广网颁发的“最值得投资者信任的上市公司”、香港港股百强研究中心颁发的“2017 年港股 100 强”等奖项。

九、深入推进 APEC 合作，代表中国工商界发声

2018 年，董事会支持行领导顺利接任 ABAC 中国代表、中国国际商会副会长、APEC 中国工商理事会（ACBC）常务副主席，并担任 ABAC 金融与经济工作组（FEWG）联席主席。积极支持行领导履行 ABAC 中国代表职责，参加 ABAC 历次会议、APEC 工商领导人峰会、ABAC 代表与 APEC 经济体领导人对话会，出席 2018APEC 中国之夜，并接受央视媒体在峰会现场关于金融科技和普惠金融等话题的现场专访。

密切跟踪 ABAC 会议议题进展和成果，在 ABAC 会议中就“加强亚太地区基础设施建设”和“金融科技和普惠金融”等优先议题提出倡议，主要观点写入 ABAC 给 APEC 财政部长的信。积极支持建设银行参加世界经济论坛、博鳌亚洲论坛等相关活动，提升建行国际影响力。

执笔：李小平

监事会的改革与成就

2018年，建行监事会严格按照法律法规、监管规定和银行章程的要求，扎实有效地开展各项监督工作。认真贯彻总行党委的决策部署，坚持以监督促发展，结合全行战略推进及经营管理实际，有针对性地推动和落实重点监督事项，为建行公司治理的有效运作和业务的稳健发展作出了努力。

一年来，监事会在力争做到监督职责全覆盖的基础上，重点开展了以下三个方面的工作：一是聚焦住房租赁和普惠金融战略的推进情况，深入调查研究，从监督角度建言献策，助推战略稳步实施。二是关注经济金融环境变化带来的深刻影响，研究分析负债业务、中间业务等面临的新情况和新挑战，从监督角度提出策略建议，推动相关业务可持续发展。三是坚持把风险防范和内部控制作为监督工作的重中之重，跟进了解个人快贷业务风险管控、反洗钱管理等方面的进展和效果，从监督角度提出具体意见，促进相关工作的改进与加强。监事会始终注重监督发现问题的解决，不断完善从实施监督到提出意见、从分解传导到落实反馈的工作机制，进一步提升了监督效能。

一、依法召开会议规范议事

全年共召开监事会会议6次，审议银行定期报告、内控评价报告、履职评价报告、监事提名等21项议案，围绕本行依法合规运作情况，董事会、高管层及其成员勤勉尽责情况，定期报告的编制与披露等进行了认真研究，并对银行财务报告、募集资金使用、收购和出售资产、关联交易、内部控制以及履行社会责任等事项发表独立意见。听取经营计划执行、流动性风险管理、合规管理、反洗钱、银保监会监管通报提出问题整改落实等12项专题汇报，对个人快贷业务风险管控、资产负债业务协调发展、中间业务发展趋势及对策等重要事项进行了专项研究。全年，会议就经营管理18个方面提出45条监督意见，这些意见得到管理层的重视和研究落实。

召开履职尽职监督委员会会议4次，审核履职评价报告、股东代表监事绩效考核方案等7项议案，听取普惠金融业务、人才队伍建设、并表管理、压力测试等6项专题汇报，了解董事会及其成员、高级管理层及其成员在相关决策和经营管理中的履职情况，组织落实监事会确定的年度履职监督与评价工作方案。召开财务与内部控制监督委员会会议5次，审核定期报告、利润分配方案等7项议案，听取信贷资产质量、全面风险管理、资管新规落实、固定资产管理等18项专题汇报，与外审师专项沟通定期报告审计、管理建议书等事项，及时了解全行财务、内控和风险管理的主要情况。

二、开展各项监督切实履职

2018年，监事会坚持问题导向，聚焦重点事项，认真履行各项监督职责。

（一）不断深化财务监督

一是贴近全行经营管理实际，选取负债业务、中间业务、固定资产管理等事项听取专项汇报，对负债业务趋势性变化、中间业务发展能力培育、固定资产配置效率等提出监督意见，努力发挥监督促发展的作用。二是对重要财务决策开展监督，重点关注经营计划执行、内部交易管理、并表管理等方面的情况，研究讨论考核导向调整对战略性业务的支持、业务管理费用投向、并表评估机制和管理信息系统建设、子公司层级设置等事项。三是进一步细化常规监督工作。认真履行定期报告监督职责，就普惠金融业务考核与资源配置的差异化管理、新金融工具准则实施过程中关键参数的计算取值、信贷审阅调整等提出监督建议。重视财务报告数据真实性，推动境内外系统往来核算规范性持续提升。组织开展外审师选聘、资本管理、资产收购与出售等监督工作，依规发表监督意见。四是及时跟进新的监管要求，就欧盟《通用数据保护条例》实施对个人数据信息管理的影响、新租赁准则实施准备及其财务影响等提出监督建议，助推建设银行启动相关规定的落实、提升新旧会计准则转换工作质量。

（二）持续加强风险管理与内控合规监督

风险管理监督方面，一是加强对潜在风险的研判，重点关注个人快贷业务风险管控、资管新规落实等方面，从实现个人客户综合授信、优化评分卡模型、研究理财业务产品结构策略等方面提出较有针对性的监督建议，促进相关业务的稳健发展。二是跟进集团全面风险管理体制机制建设情况，重点听取全面风险管理、流动性风险管理、操作风险管理等专项汇报，主要关注统一风险偏好的向下传导、集团流动性管理制度体系建设、新产品和新业务管理措施的及时跟进等方面，并提出相关监督建议。三是扎实开展对信用风险的监督，定期与管理层、外审师深入沟通信贷资产质量情况，主要关注重点地区、行业、客户的资产质量，贷款风险分类，不良贷款化解和处置等事项。四是定期听取压力测试开展情况汇报，持续监测大型银行监管强化标准执行情况，履行相关监督职责。

内控合规监督方面，一是对反洗钱管理工作开展监督，及时了解国内外监管制度与标准更新，听取专题汇报，重点就反洗钱系统建设、客户基础信息完善、金融制裁合规管理、大额和可疑交易报告有效性等方面进行讨论。二是跟进合规和内控管理体系推进情况，定期听取内控合规管理情况的汇报，重点关注监管处罚、合规检查、违规处置、系统建设等基础工作的开展，就加强海外机构合规管理等方面提出监督建议。关注案件防控工作情况，建议注意研究和应对金融科技升级和业务创新对案防工作带来的新挑战。三是重视对监管通报、内部审计提出重点问题整改的监督，从改进内部控制措施、强化基础制度建设、优化业务操作流程、增强系统机控水平等方面提出有效落实整改的意见。四是落实监管要求，对内部控制评价工作开展监督，并发表监督意见。

（三）有序开展履职尽职监督

履职尽职日常监督方面，一是积极列席会议，全年列席董事会及高管层重要会议150余人次，认真审阅议案材料，重点监督重大决策过程与执行、会议召开程序、信息披露等的合法合规性，以及董事会、高管层及其成员履职情况。二是持续规范日常监督工作机制，对董事会及专门委员会会议议程安排、议事质量和效率、董事参会表现等进行记录，并加强对记录重点事项的研究讨论。三是将履职监督与业务监督有机结合，开展签报调阅工作，了解经营管理决策过程以及高管的日常履职情况。四是加强对战略决策和实施的监督，听取普惠金融业务开展情况的汇报，专题调研普惠金融、住房租赁战略实施情况，掌握相关战略推进，以及董事会、高管层在战略决策与实施方面的履职尽责情况。

年度履职监督与评价工作方面，一是与部分董事、高管人员和总行部门负责人访谈座谈，充分听取对全行经营管理、公司治理运作、董事会和高管层及其成员履职情况的意见和建议。二是在多个层面及范围内开展履职测评，从依法合规、职责履行、工作成效等维度了解对公司治理各方的评价。三是深入研究、审慎提出监事会对董事会、高管层及其成员年度履职情况的评价报告，并完成监事会及其成员履职情况的自我评价工作。

三、围绕战略及业务重点深入调查研究

2018年，监事会注重选取与银行战略及重点业务密切相关的事项开展专题调研和专项监督，服务银行战略持续推进，促进相关业务稳健发展。

（一）开展普惠金融业务调研

监事会在建行普惠金融战略启动后，听取专项汇报，就考核及资源配置、业务数据基础、评价模型、产品及服务模式等方面展开讨论。组成专题调研组，赴深圳、江苏、安徽分行开展现场调研，与总行普惠金融事业部等十多个部门进行访谈，提出关注普惠客户群体特点对战略推进的影响、加强科技对普惠服务全流程的支持、持续丰富普惠金融战略内涵、重视普惠金融区域差异化实践等监督建议。创新工作方式，对调研中发现的亟须解决的问题，督促总行部门及时研究落实，更好地服务于基

层行和助力普惠金融战略扎实推进。

（二）开展住房租赁战略落实与推进情况调研

为从公司治理层面推动住房租赁战略的进一步落实，监事会开展专题调研，调研组赴广东、深圳、北京等6家分行现场调研，访谈公司业务部、住房金融与个人信贷部、建信住房等8个总行部门和3家子公司，详细了解住房租赁战略实际落实情况，重点探讨了战略持续推进在政策及监管环境、战略规划与传导、平台管理、存房业务开展等方面面临的挑战，并提出明确规划体系和业务标准、持续优化完善平台系统、结合区域实际差异化发展等建议。

（三）对线上平台类贷款风险管控开展专项监督

监事会关注到，近年来与普惠金融战略相关的个人快贷业务、小微快贷业务等线上业务快速发展，持续跟进了该类业务经营管理和风险管控情况，定期与管理层、外审师沟通，重点了解业务运行模式、风险管控规律和不良贷款暴露趋势，并从以监督促发展、以监督促合规的角度，提示管理层要兼顾业务发展和风险控制，做好客户选择，管控资产质量，助力普惠金融战略稳步推进。2018年第三季度，及时关注到个人快贷业务不良率、逾期率指标一度快速攀升的现象，与管理层进行了充分沟通，并从实现个人客户综合授信、优化评分卡模型、建立健全催收机制、均衡不良处置节奏等方面提出了监督意见。管理层高度重视监事会意见，认真研究部署，采取切实措施提升线上业务风控能力。

（四）持续跟进资管新规影响及建设银行应对落实情况

监事会高度关注资管新规过渡期内银行理财业务的经营发展与合规管理，持续跟进监管政策调整对业务模式、投研能力、运营体系、声誉风险管理等方面提出的要求，以及分行组合型理财产品集中管理情况。专题听取相关工作汇报，重点就资管业务发展策略如何顺应政策导向、理财业务产品设计和结构安排、资管业务竞争力培育等方面进行研究讨论。明确2019年对理财子公司运行及资管业务发展和风控开展重点监督。

四、不断加强自身建设提升履职能力

（一）顺利完成监事换选，实现工作平稳过渡

严格遵循公司章程相关程序规定，做好监事提名、选举和对外公告，顺利完成换选工作。2018年，监事会主要负责人郭友监事长辞任；股东代表监事刘进、李晓玲辞任，吴建杭、方秋月经年度股东大会当选为股东代表监事；职工代表监事李秀昆、靳彦民、李振宇辞任，鲁可贵、程远国、王毅经职工代表会议当选为职工代表监事。换选期间，新任、离任监事有序开展各项监督工作，确保了监事会运作的规范、平稳和持续。

（二）全体成员认真履行职责，提升监督实效

全体监事加强学习，深化对公司治理的理解和认识。积极参与会议议事，对议题进行深入研究和集体审议，独立、客观地发表意见。强化对重点监督事项的分析研判，提供专业建议。注重开展调查研究，积极跟进全行“三大战略”实施，联系基层、联系实际，及时发现和揭示问题。提出具有针对性与可操作性的监督意见，并推动意见建议的传导与落实，使监督工作更加务实有效。

（三）充分发挥监事会办公室的支持保障作用

指导监事会办公室不断完善工作机制，充分保障和支持监事会履行职责。一是持续强化辅助监督工作，注重对战略性、趋势性、前瞻性问题的研究，对重要监督信息进行分析并形成报告供监事参阅，配合监事对监管要求的监督事项开展持续性监督，为监事履职提供专业化支持与服务。二是主动加强与总行职能部门、子公司、分支机构的常态化沟通，通过培训、签报调阅、访谈、调研等方式不断提高获取信息的质量和效率，保障监事会知情权。三是进一步梳理监事会与公司治理其他相关各方的沟通渠道与方式，协调监事列席董事会、高管层的各类会议，配合监事会与管理层就重要监督事项进行沟通、座谈，细化监事会监督意见进行督办落实，并将监事会的监督信息通过适当的方式传导。

执笔：沈彬

CHINA 中国建设银行年鉴 2019
CONSTRUCTION BANK ALMANAC

第二部分　战略部署暨文献资料

惯、抓出效果。

大兴调查研究之风。调查研究是我们党的传家宝，是做好各项工作的基本功。我回到建行以后，花了很多时间听总行各部门汇报，跟大家一起热烈交流讨论，切身感受到了建行人讲求实事求是、注重调查研究的风气。讨论中有很多来自实务的经验、来自一线的声音；大家也勇于直陈意见，而且有理有据。这是建行的优良传统，要始终保持、不断发扬。调查研究要突出问题导向，领导干部要沉到一线，多到困难矛盾多、情况复杂的地方开展调查研究；不能走马观花，要肯花时间、肯下功夫，多听问题、找问题、想问题、解决问题。

把群众安危冷暖放在心上。银行是服务业，为民服务是分内之责，不论经营形态怎么变化，不变的是服务精神。要把“坚持以人民为中心”具体体现到对客户的优质服务、对员工的关心关爱、对历史问题的妥善解决等方方面面工作中，而不是抽象地讲概念唱高调。要本着习总书记强调的“对人民的赤子之心”，使银行的经营管理和客户服务更加贴心、更有“温度”。

比如信访工作，很多同志都觉得是“老大难”问题，但是只要我们真正把群众安危冷暖放在心上，真正用心用情地去做工作，实际上也没有太多解决不了的困难。我来建行以后，参加的第一个全行性会议就是信访工作会，而且是我主动要求参加的。会上我就讲，要把解决信访问题的过程作为践行党的群众路线、做好群众工作的过程。这是检验各级领导群众意识和解决难题能力的重要标尺。要带着感情做协解人员工作，怀着同情心、公益心，既讲原则又要有“人情味”。这些要求，各分行都理解和落实了，实际效果很好，进京上访人数也实现了明显下降。

再如消费者保护，也是体现群众意识的重要工作。这方面我们还存在差距，客户投诉数量和增幅高于同业平均水平，两次被监管部门通报。其中，2016 年客户投诉高达 138 件，同比增长 64%；去年 173 件，同比增长 25%。尤其是去年上半年，客户到银监会的再投诉多达 92 件，同比增长 109%。这些都不同程度影响了建行的品牌和声誉。全行上下都要切实重视、强化管理，既要做好队伍建设和专业培训，更要牢固树立群众观念，把做好客户服务提升到群众意识和群众工作能力的高度，真正把以人民为中心的思想融入全行经营管理各项具体工作中，成为全员恪守的基本价值取向和行为准则。

最近，银行业协会公布了“陀螺”体系评价结果，我行排名第四。其中，有几个关键指标差距较大。比如，我行“千佳”和“百佳”网点数量较少，与领先同业差距很大（我们“千佳”和“百佳”网点分别是 82 个和 10 个，在全国性商业银行中居第 6 位和第 4 位）。这个指标要高度重视，背后体现的是我们的服务能力，衡量的是各级党委抓管理带队伍的能力，同时也是基层党建是否活跃、有效的重要表现。总行部门和各级领导要多往下走，多到网点看看；要倾听客户的呼声、关注客户的体验，不断地改进优化业务流程和服务。当然，“陀螺”评价是基于往年的数据。前天有关同志告诉我，经过狠抓服务提升，我们奋力追赶，在去年的网点评比中有了很大进步，“百佳”网点数量达到上期的 3 倍，基本追上了领先的大行。这很值得肯定，也说明了我们各级党委和相关部门认识上到不到位、管理上抓与不抓，效果是大不一样的。

（五）严明党的纪律

党的“六大纪律”是不能触碰的高压线。大家千万不要觉得这些高压线离我们很远，实际上就在身边，谁都不能心存侥幸。2017 年，全行对违规违纪人员给予党政纪处分 3574 人次，政纪处分 3508 人次，党政纪并处的 246 人次。有的级别高、情节严重，比如原山东省分行行长薛峰，目前正在接受组织审查，主要是涉嫌严重违反了政治纪律、组织纪律、廉洁纪律、工作纪律。这些都给各级党员干部敲了警钟。

执纪上也要有看齐意识，这其实也体现了政治意识和政策水平。我们自查发现个别案件后，有的一开始觉得问题不大考虑给予相关人员“双开”处理，后来跟纪委监察部门沟通后又作了深入调查和研究，查实的问题相当严重，党委同志一致同意将当事人移送司法机关。因此，在原则的问题上面一定不能有“父爱主义”。各级党委要时刻保持政治警觉，当发现有些人已经与党章党规要求渐行渐远，甚至逾越了国法的底线，那么即便我们再熟悉，他们也已经不再是我们的同志了，已经沦为损害国家利益、建行利益和声誉的坏人。我们就要旗帜鲜明地与之斗争，要让这样的悲剧尽量不发生、少发生。严管才是厚爱，不是在处理的时候放宽尺度，而要严在日常，平时就严格监督和管理，否则就是对党、对国家、对建行、对广大员工的不负责任，也是对其本人的不负责任。

要善于发现趋势性、规律性的问题。比如，近年来全行违规违纪案件中不良授信、信贷违规占到一半以上。总行巡视某分行发现，下辖二级分行中员工和客户资金往来情况越严重（员工占比越高），该机构不良贷款率也越高，二者之间呈现明显的正相关关系。其中有个二级分行多达21%的干部员工与客户有资金往来，涉及金额近2000万元，而该机构贷款不良率高达21%。各级行负责同志带队伍，首要是盯紧这类问题严加管理，不能搞“鸵鸟政策”，更不能软弱不敢碰硬，要对建行的事业负责。

这里，顺带讲一下各省市分行“一把手”任职地方人大、政协的事情。这是好事，是对建行和大家支持当地工作的肯定，报到总行时党委基本上都是支持的。但是也要把丑话说在前头，如果任职期间案件高发、不良率高企，那么就算地方政府推荐了，也要坚决拿下来。

反腐败永远在路上。近期中央召开了十九届中央纪委二次全会，对今年纪检监察工作作了全面部署，强调要着力解决重点领域和关键环节的腐败，金融信贷是其中一项重要内容。全行要继续保持重遏制、强高压、长震慑，发现问题绝不能藏着掖着。要在已开展的“三清查”工作基础上，进一步延展深化，着力从源头斩断隐性的腐败和利益输送链条，从日常强化员工廉洁从业教育和行为监督管理。

要做好违规违纪案例的警示通报，用身边事教育身边人。总行纪委此前选取行内领导干部贿赂犯罪和基层员工职务犯罪的典型案例，拍摄了《不可逾越的底线》和《不可触碰的红线》两部警示教育片，大家反映效果很好。我们不怕“家丑外扬”，没有什么不敢曝光的。要坚持把典型案例公诸全行，既弘扬正气，又避免在同一块石头上反复摔跤。全行要继续通过多种渠道和多种鲜活的形式，推进党纪廉洁教育制度化、长效化，以永远在路上的执著把全面从严治党引向深入。

（六）持续完善党建制度体系

要把制度建设贯穿于全行党的建设各项工作中，及时将工作中好的做法、鲜活经验加以总结提升，形成长效化的制度。例如，我们在风险防控和化解中落实各级党委的责任，实施“风险管理职责进党委”，构建横向到边、纵向到底的责任体系。几年来实践证明，这个做法非常管用。去年，总行相关部门将其总结形成了制度性文件。全行类似的经验做法还有不少，要认真梳理形成制度。

（七）层层压实责任

落实管党治党责任，是强化全面从严治党的根本保证。各级党委要深刻领会习近平总书记的要求，牢固树立抓好党建是首要的责任、抓好党建是最大的政绩的理念，把从严管党治行的责任牢牢扛在肩上。要切实解决一些机构存在的责任“层层递减”问题，严加督促落实好《全面从严治党责任书》，抓好“两个责任”考核问责，压实党委主责、夯实纪委专责、强化共同履责。要加强对扶贫、信访、保密、国安等工作落实情况的考责问效，确保职责和任务落实落地。要认真组织开展金融扶贫和定点扶贫，加强督促指导和工作考核。各级党委要负起主体责任，落实好“一把手”负责制，协助地方党委政府如期完成脱贫攻坚任务。各级党委要切实增强抓好群团工作的责任感，带动工会、共青团、妇联等群团组织充分发挥政治性、先进性、群众性，把广大员工紧密团结在党周围，激发干事创业热情。

三、读透新趋势应对新变化，一以贯之增强忧患意识、防范风险挑战

中央经济工作会议提出的三大攻坚战中，防范化解重大风险排在首位，其中重点是防范金融风险。习近平总书记强调，防范化解金融风险，特别是防止发生系统性金融风险，是金融工作的根本性任务，也是金融工作的永恒主题。作为国有大行，防控风险守牢底线不仅是自身持续稳健经营的应有之义，更是自觉维护国家金融安全稳定的应尽之责。

近年来，全行风险管控卓有成效，不仅在同业中率先实现了资产质量企稳向好，而且底数更加扎实。截至去年底，集团不良贷款率为1.49%，继续稳中有降；逾期和不良贷款的“剪刀差”在四

大行中仅建行是负值；逾期贷款2010年以来首次“双降”。但是也要看到，我们仍面临着各种显性和隐性、外生性和内源性的风险压力。正如习近平总书记所指出的，越是取得成绩的时候，越是要有如履薄冰的谨慎，越是要有居安思危的忧患。

抓好风险管控仍是今年的重要工作，祖继行长还要提出具体要求，这里着重强调几点。

（一）准确洞察大势，把握风险变化规律

银行是经营风险的企业。大银行必须在准确洞察大势中把握风险。

怎么把握当前金融风险的大势和特点，关键是深刻理解习近平总书记在全国金融工作会议上作出的重大判断。他指出，当前金融风险是在国际金融危机扩散的背景下，我国经济周期性、结构性、体制性矛盾叠加的结果。要从这3个方面着眼，结合我行具体工作观察大势、辨明风险，才能找准问题对症施治。对于周期性的风险和变化，重在精确的政策预见、政策解读、政策响应，决不能逆周期、逆趋势而动；对于结构性的风险和变化，重在精准的风险识别、分类施策、“靶向”治理；对于体制性的风险和变化，重在精细的风控机制、内控流程和制度设计，主动适应内外部体制和环境变化。这也是做好新时代风险管理的重要方法论。

这里，再结合大势谈几个当前需要关注的风险问题。从国际大环境看，全球市场同步复苏，政策拐点可能诱发市场动荡。美国以及欧元区、日本经济持续复苏，俄罗斯、巴西等新兴经济体摆脱负增长。但是从基本面、政策面的态势看，变数和风险仍然较大。例如，劳动生产率增速低迷不振、全球债务规模持续攀升、新兴动能缺乏亮点等，经济基本面并没有结构性的改观。美国大规模减税等重大政策变化，外溢效应不容低估。主要经济体政策拐点（加息、缩表等）虽然在短期内影响可控，但是后续可能引发“蝴蝶效应”，风险的传染性不能低估。这种现象在历史上多次发生，要有高度警觉。从国内情况看，经济整体韧性增强，但要警惕存在的结构性风险。供给侧结构性改革取得阶段性成果，化解过剩产能、市场出清取得重要进展，全要素生产率得到提升。PMI、进出口、用电量、设备更新等指标呈现稳步回升态势，经济基本面展现出了较强的韧性。总体来看，风险可控，但要密切关注企业和居民杠杆率上升、部分行业风险显化、流动性边际趋紧，以及地方政府债务高企等风险，早做预案，有序稳妥应对。

一是负债率风险。近年来，我国宏观杠杆率不断上升。根据国际清算银行（BIS）的口径，2017年6月，我国非金融部门的总杠杆率达到255.9%，比2008年末上升114.6个百分点。其中，企业的杠杆率为163.4%，远高于欧元区（103.4%）、日本（102.1%）和美国（73.3%）。居民的杠杆率虽然绝对水平不高（46.8%），但近年快速上升。2017年末我国居民总负债与居民年度可支配收入之比约为120%，显示潜在风险不断增大。

企业杠杆率居高难下、居民杠杆率快速攀升，这其中金融机构、从事借贷业务的企业和互联网公司等也负有直接或间接的责任。例如，有的机构对明显不符合条件的个人客户降低信贷准入门槛、提高风险限额；有的互联网小贷公司甚至对学生和未成年人发放贷款以牟取高额回报，部分产品年化利率超过36%。国有大行在这方面必须高度自律，业务拓展、产品创新中绝不是“法无禁止皆可为”，要以价值观约束自我、抵制诱惑，正确引导消费观念，自觉承担起道义责任和社会责任。

二是行业性风险。产业转型升级大势下，部分客户和项目风险将加速显化。例如，随着淘汰落后产能、治理环境污染的力度加大，相关行业和客群风险可能出现群发性暴露。去年以来为打赢“蓝天保卫战”，环保部、发展改革委等十部委和六省市发布了京津冀及周边地区大气污染综合治理方案，对钢铁、电解铝、煤炭、玻璃、交通、建材等行业停产限产。“铁腕治污”政策也使得一些客户因常态化限产，影响了贷款偿还能力。要认真排查这类情况，摸清风险底数，严格清单制管理，把预案做准做细、落实到户。这方面我们拥有同业领先的项目评估和风控能力，要继续把优势保持住。

三是地方债务风险。目前我行认购的自发自还地方政府债券已占到本币投资组合的50%以上。虽然这些债券总体上评级较高，但是潜在的信用风险和市场风险不能低估。从信用风险看，中央已明确不会为地方政府债务“埋单”，个别财政实力有限、债务负担程度较重的地区，可能因偿付能力不足而发生违约。去年以来，部分地方政府的融资或资本运营平台出现偿债困难，而且这个现象有局部蔓延的趋势，需要引起警觉。

从市场风险看，随着全球货币政策边际收紧，利率走势拐点临近。去年，国内市场 AAA 级中票、AA + 级企业债等发行利率比上年同期上升 150 个 BPs 以上，利率水平远超过同期限贷款基准利率。受债券利率上行影响，2017 年末我行地方政府债市值重估出现较大幅度下跌。地方政府债出现亏损，特别是配置于持有待售账户的债券市值下降，直接影响了资本公积并进而影响到全行资本充足率。从压力测试情况看，未来各期限债券收益率如果上移 100BPs，地方债市值还将损失 873 亿元（4.06%）；如上移 200BPs，市值损失 1692 亿元（7.86%）。

四是流动性风险。流动性问题是“压垮骆驼的最后一根稻草”，这是国际金融危机最深刻的教训。从外部大环境看，要关注全球主要中央银行货币政策转向导致流动性紧缩、国内货币政策边际变化和严监管格局下货币乘数下降等因素，对市场流动性产生的叠加影响。就我行自身看，虽然去年流动性保持平稳，但也要关注新增资金来源与资金运用之间的缺口扩大，以及集团内不同区域、不同行业、不同产品流动性监管要求各异、统筹管理难度增加等问题，不能掉以轻心。

要强化整体统筹提升流动性管理有效性。一要坚持底线思维，始终把流动性安全放在第一位，持续保持在市场变化下自求平衡的能力。要加强对国内外市场走向和价格走势的预判分析，定期开展压力测试，对错配敞口既要心中有数更要有底线要求。二要做好动态管理，放眼国际国内金融市场变化，及时调整资产负债久期策略和相应指标要求，做好日常和关键节点的头寸匡算和资金调度，加强流动性组合工具储备，审慎把控资金运用。要做好整体统筹，合理摆布资产负债结构，像分散的资产池等都要统一整合起来，形成集团流动性“一盘棋”的管理机制。

（二）担当大行责任，成为风险防控中流砥柱

守住不发生系统性金融风险的底线，对于国有大型银行来说既是经济责任更是政治责任和社会责任。首先要做好自己，看好自己的门、办好自己的事。大银行一旦出了问题，别人是救不了你的。国有大行要以高于普通银行的标准，做到主动识别风险苗头、化解风险隐患、处置风险暴露、阻断风险传染，确保不出问题或者出了风险自行妥善消化。同时，要发挥好国有大行的市场稳定器和风险减压阀作用。比如流动性方面，去年底和关键时间节点上，我们在确保自身流动性安全的同时，日均向货币市场净融出资金近千亿元（特别是年末累计融出跨节资金约 2000 亿元），紧要关头体现了国有大行的责任担当。

（三）重在抢前抓早，提升风险管理敏感性

风险管控的要诀在于一个“早”字。正如习近平总书记所指出的，对风险要早识别、早预警、早发现、早处置。我们做银行比的是真功夫，主要体现在两个方面的能力，一是对机遇的判断和捕捉能力，二是对风险的识别和规避能力。实际上，只要能及早预判，即便先人半步采取行动，往往也会赢得风险规避的绝对主动。实务中有不少例子，比如我行基于火电行业风险先行指标变化，先于同业察觉风险并主动调整信贷政策，控制授信总量，压缩退出风险客户，有效规避了信贷损失。这些做法都要善加总结，形成风控的方法论和管理制度。

要善用新技术提升风控能力。现代银行风险管理不能靠几个专家包打天下，更不能仅仅依赖“人盯人”的传统战术。要学会运用、善于运用互联网、大数据乃至人工智能等新技术，提升风险精准预警预控的能力。特别要依托已经建成的“新一代”系统，加快推进风险管理系统和模型的迭代更新，完善全面风险监控预警平台，整合行内外、境内外、母子公司风险信息，借助大数据分析、先行指标预判等，提升风险识别的敏感性和准确性，以及风险管控的针对性和主动性。

（四）增强合规意识，强化刚性约束机制

要把合规作为硬指标，强化管理刚性，加大整改力度。近期银监会下发通知，明确今年将重点整治 8 个方面的金融乱象，全行要逐项认真对照自查，及早行动把要求落实到位。

要特别关注海外合规问题。近年来，国内金融机构在海外面临更严格的监管，屡屡被课以重罚。去年，部分同业的海外机构受到了严厉的监管处罚，甚至有的几年的海外盈利都被罚光了。目前，我行海外机构已达到 31 家，遍布 29 个国家和地区，海外资产超过 3000 亿美元，规模已经不小了。但是，我们的管理能力还不相称，特别是部分海外机构合规管理基础比较薄弱，人员合规意识和管理能力相对不足。去年，外部监管检查发现我行部分海外机构存在重要监管指标超限、反洗钱合规制度系统存在缺陷、公司治理不健全、合规资源配置不足、"KYC 要求"不落实等问题，有些将面临监管处罚。海外机构要高度重视、引以为戒，切实增强合规意识、提高合规管理能力，具备什么样的合规能力才能做什么样的业务。境内的机构也不能置身事外，对涉及跨境交易的客户、境内外联动业务等，也要尽到审查之责；特别在反洗钱方面，是不分境内境外的。总行已经提出明确的要求，要尽快落地、查缺补漏，认真重检完善合规管理架构和制度体系，加大合规人员配置和资源投入，强化合规和反洗钱系统建设和技术支撑，增强体系化的合规管理能力。

四、破解新矛盾打开新格局，在新时代展现建设银行新作为

（一）认清发展方位，坚持走高质量发展道路

不能把旧思维带入新时代，不能用旧打法解决新问题。当前，我国经济已经由高速增长阶段转向高质量发展阶段，面对扑面而来的新变化、新挑战，全行要科学冷静地辨析发展方位，避免方向性、战略性误判。要牢牢聚焦现代化经济体系建设的趋势和要求，以此校准我们的战略方向和发展路径。

从国际同业对标来看，建设银行市值位居全球大银行前列，在资产、盈利等指标上与国际领先银行相比毫不逊色，但是在内在"质"的指标上还有不足。这也是国有大型银行在资本市场上整体估值不高的重要原因。例如，在资产质量方面，外部市场投资者和分析师担心不良贷款没有见底，特别是面对经济结构调整、地方政府债务问题、房地产市场波动等，国有大型银行都还没有经历过完整的经济周期考验，是否有能力应对这些问题。在发展可持续性方面，国有大型银行虽然 ROA、ROE 很高，但利润主要来自传统业务尤其是存贷利差业务，中间业务收入占比较低（国际先进银行中间业务收入占比通常在 40%—50%，我行中间业务收入占比仅 20%），高附加值的新兴业务还没有发展起来，因此不少分析师认为这种盈利水平不可持续。资本市场最终是"用脚投票"的，这实际上也是从外部为我们提供了一个分析问题的视角。

下一步"想做什么"和"能做什么"。国有银行商业化改革以来，我们对于现代银行发展规律、前进方向的摸索，有个"实践—认识—再实践—再认识"的过程。有理想但不能理想化，我们既要知道"想做什么"，更要清楚自己"能做什么"，要把目标导向和问题导向统一起来。古人云，"不为不可成，不求不可得，不处不可久，不行不可复"，一定要知进知退，既会做加法也会做减法，处理好稳和进、破和立、眼下和长远、有所为和有所不为的关系。

比如，国际化发展问题。近年来，我行海外布局加快，业务不断拓展，全球金融服务网络体系初步形成。全年境内外业务联动量 5999 亿元，国际结算收入 45 亿元。伦敦分行人民币清算量累计已超过 20 万亿元。近期，我们还牵头主办了中英金融服务峰会。这些都说明建设银行国际影响力在不断提升，成绩可圈可点。但同时也要看到，建行海外业务还面临着能力准备、人才储备不足的严峻局面，这也是一些海外机构发展、风控、合规等方面问题频发的根本原因。举个例子，总行要给某些海外机构配备负责人，甚至找不出个既精通英语又熟悉业务经营管理的合适人选。能讲当地语言的内派员工少之又少，小语种人才全行更是寥寥无几。语言都不通，怎么拓展业务、防范风险，怎么跟客户、监管部门深入沟通？因此，下一步国际业务要以稳健发展为主基调，着力补短板，重在提升发展质量。在对语言、规则、环境等都不了解的情况下，不要贸然进入陌生的市场，开展零售业务更要慎之又慎。要舍得下力气、花本钱，加快国际化人才建设，多渠道引入和培养一批懂得国际法、熟悉国际会计、能谈国际合同的专业化人才。要加快海外机构 IT 系统建设，依托"新一代"系统向海外延伸覆盖，完善反洗钱、内控合规、风险管理等系统。这些工作要优先安排，全面提上日程。

再如综合化经营问题。目前，建行集团已经拥有了数量同业领先的金融和非金融牌照。子公司在服务实体经济、支持母行战略方面发挥了积极作用。像建信金融资产投资公司，已签署市场化债转股合作意向框架协议项目 48 个，签约金额近 5900 亿元；已落地项目 16 个，落地金额达 1008 亿元，在五大行中签约金额和落地金额最多。还有建信租赁，依托牌照功能大力开拓住房租赁市场，取得了很好的成效。但是也要看到，目前子公司整体上经

营管理和风险管控能力、盈利和资本回报水平并不太高，跟建行在市场上的地位不是很相称。2017年度子公司资本回报率虽然提升到了12%，但仍远低于母行水平。还有的子公司管理和风控能力不足，甚至出现乌龙事件等低级失误，造成较大的资金损失和声誉风险。因此，在混业经营方面也要弄清楚“想做什么”和“能做什么”，牌照申请下来了，就要努力办好。要当成事业来干，而不是像过去办“三产”一样。总行对子公司要有清晰的指引、明确的导向和要求，同时探索通过资本化的运作和整合，使各子公司发展更加契合建设银行整体战略定位，真正起到功能上有效补充、战略上有力策应的作用。子公司自身资产和管理资产的规模增长要稳健适度、量力而行，重在提升发展质量；要向所在行业的领先者对标，增强专业能力、优化业务结构，着力提升资本回报水平和核心竞争力。

要把银行办出特色。真正优秀的银行不是“大而全”，一定是有自己的特色。建行的优势特色领域不少，比如住房金融领域我们一直是先行者，基础设施领域是我们的传统优势，零售业务领域则是率先转型并成为国内最大零售信贷银行。这些优势在新形势下要不断强化和提升，打造成金字招牌，把自身的特色专长发挥到淋漓尽致。

银行业务日益趋同化背景下，特色优势更多体现在给予客户优质服务的良好体验上，就像“海底捞”一样把服务做到极致。比如，美国有家著名的社区银行叫安快银行（Umpqua Bank），它围绕客户需求推出了各种贴心的特色服务，打造了区别于竞争对手的独特优势，赢得了客户和市场的推崇，被誉为美国最佳社区银行代表。虽然它们的做法在中国不一定都有条件移植，但其经营理念值得我们借鉴。

要切实重视存款和资本管理。当前和今后一个时期，负债和资本的压力会越来越大。全行要高度重视，及早作出策略安排。

一是负债方面。目前各银行都面临存款的巨大压力。去年前11个月，全社会储蓄存款同比少增1万亿元，这是趋势性的变化。总行已经做了工作部署，这里我不再具体讲，主要谈谈思路和打法问题。现在，存款市场形态已经发生了根本性变化，不能盯着存款抓存款，实际上存款不是目标而是结果。要形成以生态圈稳存增存的新理念新打法，通过搭建开放共享平台、丰富运用场景，形成信息流、资金流、客户流在生态圈内闭环运行。只要拓展了客群、提高了黏性、做大了流量，资金沉淀就是水到渠成的事情，而且这些都是相对稳定的低成本资金。近年来总分行在这方面做了很多富有成效的探索，形成了很多好的范例。要努力领风气之先，敢于设想勇于创新，特别要依托“新一代”系统加快推进，本着互联网思维和开放共享理念把“大生态”建设好。

二是资本方面。建行资本充足率指标在同业中保持良好水平，但也存在内源性积累不足、外源性补充渠道有限等问题，资本充足率方面压力增大。而且建行已成为全球系统重要性银行，资本上的要求也相应提高。因此，一方面，要提前筹划，积极做好发债、再融资等各项准备工作，抓住合适时间窗尽快从市场上筹集到资本金；另一方面，要千方百计从内部挖潜，大力发展轻资本业务，调整业务结构，减少资本占用。总行要强化管理和考核，把资本集约化理念传导到各条线、各级机构、各子公司。

要着眼长远发展打造新型智库。看得远才能走得远、看得准才能走得稳。大银行必须具有大视野，具备战略研究的能力。只会埋头干活不懂抬头看路，在复杂市场变化中很容易迷失方向。

全行要把战略研究能力建设提上日程。过去，建行研究实力是很强的。建行的投资研究所、中国投资学会当时都是响当当的牌子，李锡奎、景宗贺、曹尔阶、刘慧勇等同志都是业内权威专家；很多研究成果不仅为建行改革转轨提供了决策支持，有的还受到中央的关注乃至影响高层决策。战略研究能力也是大型金融机构的重要竞争力和品牌，我们要把这个能力和品牌恢复起来。

总行党委经过研究，决定由黄毅副行长牵头筹建研究院。研究院定位于打造有市场影响力的高端智库，研究重点是经济金融领域。坚持务虚与务实相结合，既要在市场上针对经济金融热点难点发声，又要立足建行实际体现自身的特色，特别是围绕住房租赁、基础设施等领域，陆续推出有分量的研究成果，在业界和市场上树立起权威性和影响力。总行部门、各分行都要踊跃举荐贤才，汇聚全行智慧把研究院办好，建成具有建行特色的专业化高端智库。

（二）坚持问题导向，以金融力量解决社会痛点

要准确把握新时代的主要矛盾变化对金融工作提出的新要求，聚焦经济社会发展不平衡、不充分的问题，针对社会痛点拿出切实可行的金融解决方案，提供契合现代化经济体系需求的产品和服务，真正做到社会民生有所呼，国有银行有所应。这既是国有大行履行社会责任的必然要求，也是发现业务商机、开辟蓝海市场千载难逢的契机。

助力住房租赁市场发展和长效制度建设。习近平总书记在党的十九大报告中强调房子是用来住的、不是用来炒的，要求加快建立多主体供给、多渠道保障、租购并举的住房制度。建行作为国有大行、住房金融领域最专业的银行，有责任先行一步、主动作为，履行好政治责任和社会责任。总行党委审时度势启动了“蓝海项目”，目的就是破解社会痛点问题，用金融力量特别是创新手段疏通房地产市场循环不畅的梗阻。这也契合了中央经济工作会议提出的“促进形成金融和房地产良性循环”的总体思路和要求。我们的宣传语是“要租房，到建行”，倡导“房子是用来住的，租挺好”“长租即长住，长住即安居”，实际上是在引导市场、引领居民消费习惯，传递新时代的新观念新文化。

“蓝海项目”实施以来，受到了客户的热情点赞，得到了主管部门和监管机构的大力支持，引起了媒体的热烈反响，赢得了社会的尊重。目前，签订合作协议的地级及以上行政区达到317个，签约覆盖占比94%；12个试点城市中，我行与8个城市签约平台合作协议；在19个省区实现地级及以上行政区平台签约全覆盖。在武汉、福州等120个地市，与地方政府搭建了住房租赁监管服务系统。已储备房源9.4万套，平台发布房源超过2.8万套，已出租房源近6500套。

项目实施过程中，总分行、母子公司密切联动，技术和业务等前中后台部门通力配合，多任务团队式并行推进，以最高效率、最佳效果完成了平台开发建设、产品和服务量身定制、业务宣传推介等工作，抢占了市场先机。正如有分行同志在微信群中讲的，“开局就是决战，起步就是冲刺”。这充分展现了我们建行人的精神状态，体现了全行队伍的执行力、战斗力和创新力。同时，“蓝海项目”推进过程中也磨合并形成了企业级协同的新机制、新流程，探索并开创了现代银行管理转型的新理念、新模式。各分行积极开动脑筋、调动资源，涌现出了很多好的经验做法。这次工作会，请了几家分行给大家分享经验做法。还有不少分行也做得非常好，总行工作组要及时跟进和总结，可复制的模式和优秀案例要及时在全行范围交流共享。

做好这件事情的意义，还在于为未来银行转型提前布局。将来也许就没有传统意义的银行了，新型的银行业必然在内容和形式上发生深刻变化，必然是以更加智慧的方式融入人们日常生产生活。现在全国有380多个地级以上城市，我行住房租赁平台基本实现了全覆盖。未来随着平台功能和服务不断延伸，我们完全可以由此切入，借助金融的力量把智慧城市建设推动起来，把金融服务全面融入城市运行和居民衣食住行的“大生态”中。这里头商机无限，不容错失。

探索普惠金融新模式。近年来，全行认真落实中央部署和监管部门要求，普惠金融工作开展得有声有色。去年普惠金融领域贷款新增1110亿元，已达到了二类定向降准的标准。当然，即使没有定向降准、免税等激励政策，我们作为国有大行，也有义务认认真真做好这件事，自觉承担起社会责任。

这其中要特别强调一下扶贫工作。习近平总书记关于精准扶贫、精准脱贫的一系列重要讲话和工作部署，是我们党向人民作出的庄严承诺。作为国有大型银行，我们不能将扶贫视同为例行的工作任务和规定动作，而要带着高度的责任感、深厚的情感，把它作为使命和事业。去年，全行扶贫工作成效很好，包括总行本部在内很多单位都超额完成年度任务。下一步，全行还要持续创新扶贫模式，从产业帮扶、基建帮扶、产品创新、网络延伸、电商扶贫等多维度发力，不断丰富金融扶贫新模式。同时，要使扶贫成为党员干部特别是年轻同志了解中国国情、了解社情民意的重要途径，并注重从一线扶贫工作中发现有爱心和责任心的优秀同志，在职级晋升等方面给予相应倾斜。

要因势利导、因地制宜地开展服务模式和产品创新，针对性解决普惠金融服务“最后一公里”延伸和精准对接问题。例如，小微企业服务方面，我们创新推出了“小微快贷”，契合客户需求，深受客户欢迎，也得到了国务院领导同志的充分肯定。“三农”服务方面，我们没有采取传统铺设网点的重资产模式，而是采取跨界合作、网络覆盖的轻资产模式。比如与供销总社跨界合作推出“裕农通”模式，就非常接地气。这也是契合建行实际、商业可持续的“三农”金融服务新路径。全行要认真学习贯彻中央农村工作会议精神，在已取得探索成果的基础上，不断做深做精做透，努力在“三农”金融服务领域做出建行特色，打响建行品牌。

（三）保持先发优势，立足“新一代”加快科技创新

新一代核心系统建成，为建行创新发展增添了新动力、赢得了新优势。我来建行后第一站调研就是看“新一代”，大家给我介绍的以“四个一”为导向的“新一代”企业级工程实施方法、一整套一流的系统和“工具箱”、一系列长效的机制和“方法库”，以及项目建设中培养的一大批优秀的技术骨干和“领军者”，都让我备受振奋。我当时讲，很幸运来到建行，享受了前两任党委的工作成果，更增加了干好工作的底气。

去年，有一大批参与“新一代”的同志获得了职级提升，总行层面占到本部新提拔干部的约15%，体现了鲜明的激励导向。这也是全行要倡导的职业价值观，就是鼓励大家以干成事为荣，拿业绩说话。无论在哪个部门哪个岗位，只要各司其职，不敷衍不凑合，做出实实在在业绩，每个人都有很好的职业发展路径和晋升机会。

全面推动“新一代”成果转化。“新一代”建成只是一个开端，要把先进科技转化为生产力，还有大量艰苦细致的工作要做。随着“学好用好新一代”活动深入开展，全行已产生了2.65万个应用案例。要从中梳理出高质量、可移植的案例，快速加以复制推广，并在运用过程中持续地迭代更新，把先发优势转化为胜势，把胜势转变成胜果。

同时，要树立开放共享的理念，依托“新一代”实现科技能力输出，打造面向社会开放的“公有云”，实现更大范围资源共享。这种共享模式实际上也是打开了一个新思维，从长远看是未来金融的发展趋势；从眼下看，不仅社会效益可观，而且也把我们的成本有效分摊出去。下一步，要积极探索组建科技公司，搭建同业合作共享平台，对外提供包括融资、融智、融网在内的综合化高质量服务。

适度超前布局，开展前沿金融科技研究。现代科技已经给传统金融带来了颠覆性的影响。比尔·盖茨讲过，传统商业银行将是21世纪灭绝的恐龙；后来他又解释说，我们需要银行业，但我们不再需要银行。最近有本书叫《消失的银行》，讲的是新兴科技公司怎么从功能上取代传统零售银行。就技术展望来看，这些颠覆性的场景离我们并不远。因此，要以高度紧迫感跟进金融科技创新前沿，适度超前布局，力争在互联网、大数据、人工智能和金融深度融合方面走在同业的前列。

一是人工智能。国务院发布的《新一代人工智能发展规划》，指明了技术的方向和路径。这其中，像机器人、语音识别、图像识别、自然语言处理、专家系统等人工智能技术，将给现代金融发展创新带来重大而深远的影响。目前，人工智能在国内金融业也已经有了实践案例，像招商银行、平安银行、工行等金融机构都相继推出了人工智能投顾等产品和服务。我们也有必要加紧研究。同时，可以借鉴阿里巴巴等“无人零售”新模式，将人工智能技术引入我行智慧网点建设中，快速提升智能化服务水平。

二是区块链。近年来区块链成为“热门”话题，但是大家更多关注的是比特币。有人则直接将二者等同起来，这是个误区。随着比特币热潮消退，大家对区块链技术本身逐渐有了理性认知。不少机构对其在金融领域的运用也有了更深入的探索，这其中包括金融企业、科技公司，也有像R3联盟这样的专业机构。虽然从目前进展看，还没有出现“颠覆传统金融”的商业模式，但是区块链技术在支付结算、贸易金融、保险等很多领域已经展现出广阔的运用前景。我行也在贸易融资业务中探索引入了区块链技术，效果较好。借助区块链技术可实现交易信息透明、流程可视化、可追溯，时效性高、防篡改，有助于供应链管理升级（从单向线性变成多向网格状），促进传统贸易融资向依托产业链的“交易金融”模式跨越。

组建金融科技公司，变革金融科技体制。未来的银行，一定是高科技型的金融企业。近年来，全行基于科技创新发展需要，不断优化完善了管理体制机制和配套制度流程。但是与优秀的科技创新企业相比，我们还存在差距，特别在超前研究、敏捷研发、科技与业务的融合转化、人才培养和激励机制等方面还亟待改进。总行党委经过慎重研究，决定启动全行科技创新体制改革。总的考虑是，在顶层设计方面加强企业级统筹，实现科技研发从成本中心向利润中心转变；在体制保障方面，强化信息技术的条线统筹和科技支撑，打造研发一体的研发中心和前瞻性创新平台，探索引入公司化的经营管理体制；在运营机制方面，推动内部科技应用供需关系有效匹配和无缝对接，完善面向市场、面向客户的科技项目管理和资源配置模式，建立技术与业务深度融合的敏捷研发流程，推动科技能力输出和开放共享；在人员管理方面，增加科技人员数量，培养科技金融复合型人才，逐步完善鼓励价值创造、激发创新活力的人才激励约束机制。改革方案很快就会印发，全行要从战略高度统一认识和步调，群策群力推动落实落地。

（四）着眼长远大计，打造新时代宏大人才队伍

一流的事业需要一流的人才。注重人才建设是建行的优良传统，也是我们事业薪火相传、不断发展壮大的力量源泉。20 世纪 90 年代商业化改革转轨关键时期，建行以超前眼光启动了“三千人工程”，造就了一大批改革发展中坚力量，其中 1200 多名优秀年轻干部走上了各级领导岗位，到如今全行还从中受益。

现在，我们又开展了“213 人才工程”、海外人才库建设等重要工作，这对建设银行改革发展意义深远。人才工程非一日之功，要作长远科学规划，长期持续推进。要坚持党管人才，紧扣全行改革发展创新的趋势和需求，打造多层次的管理人才、专业人才梯队，加快补齐国际化、IT 等方面的人才短板。要鼓励更多的优秀年轻干部下到基层特别是艰苦地区、艰苦岗位历练，在基层干事创业、成长成才。要加强对人才的政治引领和政治吸纳，实现“两种人会师”，把优秀专业人才培养吸收成为党员，把党员培养成为业务的行家里手。要认真分析近年来全行人才流失的状况、趋势和结构特点，在人才培养、激励机制等方面研究提出针对性措施。培养和发现一个成熟的金融人才很不容易，各位“一把手”和各级人力资源部门的同志一定要有求贤若渴、三顾茅庐的精神。古人云，“务尽卑谦以致贤”，大家拉存款时都低得下头来，在留住人才、用好人才方面更要礼贤下士，做到以事业留人、感情留人、适当的待遇留人。

春节很快就到了，这里提前给大家拜个年，同时也借此机会给大家提个醒。一是节前工作千头万绪，但多忙都要亲自过问、亲自督促抓好安全生产检查，加强案件和风险防范，确保不出状况。二是精心做好员工关爱工作，特别要多关心帮助离退休老同志和困难员工，体现党组织的关怀和建行集体的温暖。三是严格落实中央八项规定和实施细则精神。春节是“四风”易发高发节点，大家一定要自警自律。作为党员领导干部，作为现代银行家，理应成为新文化的践行者和传播者。希望大家都身体力行，倡导健康文明的生活方式，过一个风清气正、欢乐祥和的新春佳节。

习近平总书记讲过，唯人民与时代不可辜负。面对新时代人民美好生活对金融创新的期盼，现代化经济体系建设对国有银行的期许，我们没有理由辜负；面对伟大斗争、伟大工程、伟大事业、伟大梦想的召唤，面对风起云涌变革时代、大有可为历史机遇期的到来，我们没有理由辜负。全行上下要以新气象新作为，在新起点上重整行装再出发，以勇于担当、锐意进取的奋斗姿态，共同演绎新时代建设银行新的精彩！

在中国建设银行2017年度党组织书记抓基层党建工作述职评议会上的总结讲话

田国立

（2018年1月24日）

同志们：

习近平总书记在党的十九大报告中，从“八个方面”系统阐述了“坚定不移全面从严治党，不断提高党的执政能力和领导水平”，提出了新时代党的建设总要求，对推进全面从严治党作出了重大部署。在近日召开的十九届中央纪委二次全会上，习总书记站在新时代党和国家事业发展全局的高度，再一次明确提出当前和今后一个时期全面从严治党的总体要求和主要任务。

今天，按照中组部要求和总行党委安排，我们选取了6家单位进行党建述职评议，既是对全行基层党建工作实效的回顾检验，也是进一步强化“四个意识”、旗帜鲜明讲政治的再部署、再要求，更是坚持党要管党、全面从严治党，在思想上政治上行动上同以习近平同志为核心的党中央保持高度一致的实际举措。

刚才，这6家单位党委书记作了述职，总行党委班子成员和党委职能部门主要负责同志分别从不同角度，对各位党委书记进行了提问，我也作了点评。6位书记讲得都比较好，聚焦党建主责主业，有高度的政治自觉，也有具体的工作举措，大家相互交流，起到了分享经验、查找不足、推动工作的作用，达到了预期效果。中组部组织二局、干部四局的有关领导同志莅临我行，对我行基层党建和述职评议工作进行指导。

这次述职，我感到主要有以下几个特点：一是认识到位。这6位书记紧紧抓住新时代党的建设总要求这一主线，聚焦落实党委主体责任和履行第一责任人职责进行述职，深刻分析了抓基层党建工作的经验做法和存在的问题，并结合实际提出了改进措施。述职报告符合实际、内容充实、各有亮点，针对党委成员提出的问题，回答也比较到位。二是主题明确。这次述职评议会的主题，就是深入贯彻落实党的十九大精神和全国国有企业党的建设工作会议精神，突出解决建设银行在基层党建方面存在的问题，明确进一步改进方向。从刚才的述职看，大家能够紧紧围绕这一主题展开述职，提高了认识、明确了责任、鼓舞了士气、增添了力量。三是示范性强。通过今天的述职看出，6家单位能够认真贯彻中央部署和总行党委要求，将学习宣传贯彻党的十九大精神作为首要政治任务抓紧抓实，严格履行党委管党建、书记抓党建的主体责任，认真落实基层党建重点任务，有效地推动了基层党建全面进步、全面过硬。通过现场述职，进一步增强了大家抓好基层党建的责任感、使命感和自觉性。

刚才听了大家的述职，结合十九大以来总行党委同志到分支机构宣讲调研情况，总的感觉是全行各级党组织认真贯彻中央部署和总行党委要求，在抓基层党建工作上取得了明显成效。一是党建责任意识进一步增强。各级党委落实全面从严治党要求，认真履行主体责任，党委书记带头落实党建第一责任人职责，其他党委成员认真落实“一岗双责”，党建责任意识不断增强。党委管、书记抓、党委职能部门发挥合力的党建工作格局基本形成。二是党的建设与全行改革创新发展进一步融合。总行正式将党建工作总体要求写入公司章程，全行各级党委坚持党建工作与业务发展同部署同落实。从全行看，党建工作已经融入公司治理、内部管理、深化改革、创新发展等各项工作中。三是基层党组织建设进一步加强。去年，总行专门下发《关于进一步加强基层机构党的建设工作的意见》，对加强基层机构党的建设提出要求。各分行结合实际，采取有效措施，从基本组织、基本队伍、基本制度严起，在常和长、严和实、深和细上下工夫，全行基层党的建设基础得到进一步巩固。

在看到成绩的同时，我们也要清醒地认识到，与中央的要求相比，全行在抓党建引领方面还存在着不少差距，主要表现在：一是有的基层机构党组织设置还不规范，符合单独组建党组织条件的，还存在应建未建的问题，表面上“有形覆盖”了，但实际上“有效覆盖”还不够；一些基层党支部“三会一课”制度挂在墙上、写在纸上，但按要求落实上还有折扣。二是基层党支部在党员教育管理方面，形式仍然相对单一，内涵不够丰富，有效的工作方法还不多，在围绕中心工作创新活动载体上有待进一步加强。三是个别单位在抓党建与抓业务的时间、精力、部署安排上，还存在“主业”“副业”之分，有的还存在应付现象。

下面，我就进一步贯彻落实党的十九大精神，深入推进全行基层党建工作讲几点意见。

一、扎实践行新时代党的建设总要求，必须以习近平新时代中国特色社会主义思想武装头脑

党的十九大提出一个重大政治任务，就是用习近平新时代中国特色社会主义思想武装全党。1月5日，在学习贯彻党的十九大精神研讨班开班式上，习近平总书记发表了重要讲话，深入阐述推进党的建设新的伟大工程要一以贯之的极端重要性。他强调，勇于自我革命，从严管党治党，是我们党最鲜明的品格，全面从严治党永远在路上。在统揽伟大斗争、伟大工程、伟大事业、伟大梦想中，起决定性作用的是党的建设新的伟大工程。

具体到我们建设银行，贯彻这一重大部署，必须突出三个“自觉”，即要把学习成果转化为坚决维护习近平总书记在党中央和全党核心地位的政治自觉；要把学习成果转化为全行党员干部坚定理想信念宗旨、锤炼坚强党性的思想自觉；要把学习成果转化为忠诚履行政治责任、推动全面从严治党和全行各项工作纵深发展、不断增强“三个能力”的行动自觉。让习近平新时代中国特色社会主义思想在全行每一个党组织、每一个党员干部心中落地生根。

第一，增强“三个自觉”，要在深思践悟、知行合一上下工夫。一是要组织专题培训。分两期办好一级分行、总行部门、境内子公司和直属机构、海外机构主要负责人学习贯彻党的十九大精神专题研讨班。11月底至12月初，总行党委已经举办了第一期研讨班，对一级分行、总行部门和子公司主要负责人进行了培训。按照工作安排，这次将利用工作会的机会，对全部海外机构主要负责人、子公司副总进行培训。今年上半年，继续办好其他总行党委管理的领导人员培训班。各单位党委要抓好所辖各级党组织处级领导干部的集中轮训；分层分级、分期分批办好基层党组织负责人、党员和党务工作骨干的集中轮训。二是要改进学习方法。要坚持读原著、学原文、悟原理，把学习贯彻习近平新时代中国特色社会主义思想，同学习马克思主义基本原理贯通起来，同把握党的十八大以来中央治国理政波澜壮阔的实践历程贯通起来，同把握党的十九大提出的新部署新任务新举措贯通起来，深刻领悟这一思想的深邃理论源泉、深厚文化底蕴、丰富实践基础、强大真理和人格力量；深刻领悟这一思想的时代意义、理论意义、实践意义、世界意义；深刻领悟“8个明确”“14个坚持”，都是习近平新时代中国特色社会主义思想的重要组成部分。三是要突出以上率下。要坚持和完善我行已有的好做法好经验，比如领导干部上讲台讲党课、现场教学、情景模拟教学、案例教学、网络教学等方法。坚持集中教育与经常性教育相结合，组织培训与个人自学相结合，层层带头、层层传递、层层过硬，推动学习成果内化于心、外化于行。

第二，增强“三个自觉”，要在联系思想、从严对标上下工夫。党的十八大以来，全行扎实开展了党的群众路线教育实践活动、“三严三实”专题教育和“两学一做”学习教育，在全面从严治党、从严治行上取得了显著成效。但对照中央要求，仍存在一些没有解决的问题。剖析这些问题就能发现，根源还在于一些党员党的意识淡薄、思想建设松懈等深层次问题。要教育引导全行党员干部，深刻领会习近平新时代中国特色社会主

义思想贯穿的马克思主义立场观点方法，贯穿的当代中国共产党人的初心使命、政治品格、价值追求、精神境界和实践要求，坚定理想信念，增强“四个自信”。要深入用好红船精神、井冈山精神、延安精神、西柏坡精神等红色资源，阐释其中蕴含的共产党人永恒不变的政治本色；要联系党的辉煌历程，阐释革命、建设、改革的伟大实践，特别是党的十八大以来的历史性成就和历史性变革；联系建设银行改革发展的历史、现状和未来，进一步传承和发扬服务国计民生的红色基因和优良传统，使全行党员干部不断筑牢信仰之基、补足精神之钙、把稳思想之舵，为国家现代化建设作出更大贡献。

第三，增强“三个自觉”，要在攻坚克难、推动落实上下功夫。习近平新时代中国特色社会主义思想，既是世界观、价值观，又是认识论、方法论，是全行各级党员干部增强本领、破解难题的思想宝库。要着力推动全行各级党员干部提高战略思维、创新思维、辩证思维、法治思维、底线思维能力，切实提高政治站位，认清历史方位，使思维方式和思想认知水平，更加符合新时代的要求，更加符合习近平总书记提出的增强“三个能力”要求；要推动全行各级党员干部增强做好实际工作的本领，针对不同层级、不同条线、不同岗位特点，围绕深入学习贯彻党的十九大精神、助力建设现代化经济体系、持续推进建设银行改革发展、防范化解系统性金融风险，组织好务实管用的专题培训，弥补知识弱项、能力短板、经验盲区，不断提高适应新时代、实现新目标、贯彻新部署、落实新要求的能力，使全行党员干部都能跟上时代节拍，堪当推动全行改革发展的重任。

二、忠实履行政治责任，确保党的路线方针政策和决策部署在建设银行贯彻落实

治国必先治党、治党务必从严。习近平总书记在党的十九大报告中指出，层层落实管党治党政治责任，是十八大以来党的建设宝贵经验。全行各级党组织要继续发扬优良传统，用好宝贵经验，扩大工作优势，认真履行政治责任，扎实推进全行党建工作。

第一，推进新时代全行党的建设，必须始终把政治建设摆在首位。习近平总书记在十九大报告中强调，党的政治建设是党的根本性建设，决定党的建设方向和效果。全行各级党组织要切实贯彻十九大精神，坚持把党的政治建设摆在首位。加强政治建设，首先必须抓好党章的学习贯彻。一要作为全行党员干部经常性的学习内容，结合推进“两学一做”学习教育常态化制度化，全面掌握党章的基本内容，重点把握十九大党章修改和增写的内容。二要作为教育培训的必备课程，总行党校、分校、培训中心举办的各类培训班，都要加强党章学习。三要作为日常管理监督的根本标尺，依据党章判断各级党组织和党员、干部的表现，对党章意识不强、不按党章办事的，及时提醒、坚决纠正。干部任职谈话，要提出学习贯彻党章的明确要求。四要作为民主生活会、组织生活会重要内容，引导督促全行党员干部对照党章“照镜子、正衣冠、洗洗澡、治治病”。

第二，永葆全行党员干部的政治本色，必须始终把思想建设作为基石。思想建设是党的基础性建设，坚持以科学理论引领、用科学理论武装，是我们党永葆先进性、纯洁性的根本保证。思想建设的首要任务，是引导党员干部坚定理想信念、牢记党的宗旨、挺起共产党人的精神脊梁。习近平总书记多次强调，理想信念动摇是最危险的动摇，理想信念滑坡是最危险的滑坡。党的十八大以来查处的很多高级领导干部之所以走向犯罪深渊，根本原因也是理想和信念动摇。从全行情况看，一些党员干部思想滑坡、防线失守，甚至违法犯罪，就是因为理想信念出了问题。全行各级党组织加强党员干部的思想政治建设，都要紧扣坚定理想信念这个主题，都要督促党员干部把好世界观、人生观、价值观这个“总开关”。要按照中央统一部署，以处级以上领导干部为重点，在全行深入开展“不忘初心、牢记使命”主题教育，着力解决信念不坚定、宗旨不牢固、初心缺失、使命感不强、担当不力等突出问题。我在第一期“一把手”学习贯彻十九大精神专题研讨班上讲过，建设银行的初心是“国家利益至上，服务建设为本”。全行党员干部都要围绕这个初心，坚持服务实体经济和社会民生，脚踏实地、扎扎实实地做好工作，更加自觉地为实现建设银行在新时代的改革发展目标而不懈奋斗。

第三，建设新时代高素质干部队伍，必须始终以政治标准选人用人。中组部部长陈希同志在去年底召开的全国组织部长会议上强调，干部工作的基本要求是，以对党忠诚选忠诚于党的人，以事业为上选担当干事的人，以扎实作风选作风扎实的人。所以，选人、用人要始终把政治标准放在首位。要在政治忠诚上把关，选牢固树立“四个意识”，坚定维护以习近平同志为核心的党中央权威和集中统一领导，与党中央保持高度一致的人；要在政治定力上把关，选坚定“四个自信”，具有爱党之心、忧党之情、兴党之责、护党之志的人；要在政治担当上把关，选勇于同不正之风斗争，在关键时刻站得出来、顶得上去的人；要在政治能力上把关，选善于从政治上观察处理问题，政治敏锐性和政治鉴别力强的人；要在政治自律上把关，选尊崇党章，严守政治纪律和政治规矩的人。全行各级党委要坚持党管干部原则，把政治标准放在首位，在选对人、用好人上下工夫，对政治上不合格的“一票否决”，已在领导岗位的坚决调整下来。同时要为敢于担当的干部担当，为敢于负责的干部负责，健全完善正向激励、考核评价、容错纠错等机制，引导各级党员干部为全行改革发展尽心竭力。

第四，加强新形势下作风建设，必须始终强化落实中央八项规定精神的政治自觉。党的十八大以来，以习近平同志为核心的党中央从八项规定破题，开启了全面从严治党伟大实践，赢得了党风政风社风的明显好转。党的十九大报告明确提出，要“坚持以上率下，巩固拓展落实中央八项规定精神成果，继续整治‘四风’问题，坚决反对特权思想和特权现象”。十九届中央政治局第一次会议，审议通过了《中共中央政治局贯彻落实中央八项规定的实施细则》，向全党全社会释放了作风建设只能加强、不能削弱的强烈信号。十九届中央纪委二次全会公报中强调，领导干部要带头转变作风，坚持身体力行、以上率下，要一个节点一个节点坚守，在反对形式主义、官僚主义上下更大功夫。为从严落实中央精神，总行下发了《关于认真落实中央八项规定精神相关事项的通知》，目前，正在细化完善相关细则。全行各级党组织要坚决贯彻落实中央部署，把贯彻落实中央八项规定精神作为严肃的政治任务、严格的纪律要求，坚持把作风建设摆在党的建设的突出位置，锲而不舍、持之以恒地狠抓作风建设，坚决打赢整治“四风”问题攻坚战。

三、强基固本筑牢堡垒，以提升组织力为重点推动基层党建全面加强

习近平总书记在十九大报告中对基层党组织建设提出一个重要命题，就是提升基层党组织组织力。基层党组织建设得怎么样、发挥作用如何，组织力强不强是基本判断，也是功能效果评价。全行各级党组织要深入贯彻十九大精神，持续落实全国国有企业党建工作会议部署的党建重点任务，坚持问题导向，抓住关键环节，使基层基础更加牢固，党组织发挥作用更加组织化、制度化、具体化。

第一，注重“做”更注重“做好”，着力提升组织领导力。党的基层组织是政治组织，是党在建设银行各级基层机构中的战斗堡垒。提升基层党组织的组织领导力，发挥基层党组织的作用，必须首先发挥政治优势。

一是要突出强根固本，配备好党组织负责人队伍。一个基层党组织有没有战斗力，关键看带头人带得好不好。要把最优秀的党员选拔到支部书记岗位，把支部班子建强。要进一步加大支部书记培训力度，从政治素养、党性修养、能力素质、工作方法入手，提升他们抓党建、带队伍、促发展的能力。要制定党支部书记从严治党责任清单，严格监督问责，坚决防止占位不为。二是要突出示范引领，打造好党员队伍。党员是群众中的先进分子，只有把党员队伍做大做强，各级党组织才能“血肉丰满”，攻坚克难才能形成“拳头力量”。要严把“入口”，打开“出口”。一方面，严把发展党员政治关，真正落实政治审查制度，强化基层党委的领导和二级分支行党委组织部门的把关作用，确保党员质量；另一方面，要从严从实管理党员队伍，稳妥有序开展不合格党员组织处置工作。三是要突出“雁阵效应”，建设好干部员工队伍。没有强大的执行力，再好的路线方针政策都只能是纸上谈兵。中央的决策部署以及全行各级党委的工作要求，能不能落到实处、工作制度能不能刚性执行、工作思路能不能在实践中检验和提升，关键在各级干部员工能

否“跟着组织走”。各级党组织要引导员工不论在哪个条线、哪个岗位，都要干一行爱一行精一行，始终以一丝不苟的态度对待每一项工作、每一件事情，力求落到实处、执行到位。同时教育引导员工坚守底线、不踩红线，切实把遵章守规落实到具体行动上。

第二，注重“建”更注重“建强”，着力提升组织覆盖力。提升基层党组织的组织覆盖力，不仅要把党的组织有效嵌入全行各级机构和部门，关键是将党的工作有效覆盖到各级各类人员群体、覆盖到各项中心工作中。

一是要扩大有效覆盖。基层党组织是完成各项工作任务的战斗堡垒，只有把全行的基层组织建全建强，各级机构才有强健的“骨骼”支撑，攻坚克难才有保障。对于符合单独组建党组织条件的基层机构网点，要做到应建尽建；对于暂不具备组建条件的，要采取机构网点联建、条线统建等方式组建联合党支部。对于党员力量薄弱的基层机构，要采取发展党员、调配党员等方式，充实基层机构党员力量，做到哪里有机构哪里就有党员，哪里有党员哪里就有党的组织，哪里有党的组织哪里就有党组织作用的充分发挥。二是要创新设置方式。当年，秋收起义部队在三湾改编时，毛泽东创造性地提出“支部建在连上”，不仅确立了党对军队的绝对领导，也开创了党组织设置的覆盖形式。战争年代如此，现在也是一样。基层党组织设置要适应全行机构改革、人员结构调整和业务拓展模式的深刻变化，按照有利于加强党的领导、有利于开展党的组织生活、有利于党员教育管理监督、有利于密切联系群众的原则，探索创新党组织设置方式。要在“支部建在网点”的基础上，逐步探索“支部建在任务上”“支部建在项目上”等好的做法。三是要落实基本制度。“三会一课”、民主生活会、组织生活会、民主评议党员等制度，是经过长期实践检验的加强党员教育管理的有效办法，但从实际情况看，不严肃、不认真、不经常的问题没有得到彻底解决，组织涣散、纪律松弛现象成为基层党建中的现实问题。要把党的组织生活作为查找和解决问题的重要途径，作为锤炼党性、提高思想觉悟的“熔炉”，严格落实这些基本制度。总行最近修订下发了《党员领导干部民主生活会实施细则》，各级党员干部要认真学习，抓好落实。

第三，注重“推”更注重“推动”，着力强化发展推动力。基层党组织发展推动力，是衡量组织力强弱的根本标准。要坚持改革发展推进到哪里，党的基层组织就跟进到哪里，作用就发挥到哪里，将基层党组织的组织优势转化为推动发展的优势、将组织活力转化为推动发展的活力。

一是不忘初心，牢记使命，在服务大局中作表率。全行各级党委要坚持围绕中心工作来思考、谋划党建工作，引导基层党组织和广大党员自觉把党建工作放到全局的大盘子中去认识、思考和推动，引导基层党组织和广大党员在服务实体经济和社会民生、推动全行改革发展、有效防控金融风险中发挥积极作用。二是知难而上，勇往直前，在攻坚克难中当先锋。当前，全行改革发展正处在“推车上山、爬坡过坎”的阶段，今后发展中还会遇到很多困难和挑战。全行各级党组织要充分发挥广大党员的集体智慧与特长，通过“党员先锋岗”“党员示范岗”“党员责任区”等活动，引导党员在重点难点领域、困难落后地方攻坚克难，带头开展“三亮、三比、三创”，在旺季营销、项目攻关中勇挑重担，带领全体员工形成推动发展的强大合力。三是团结群众，依靠群众，在凝心聚力中创新业。凝心聚力，就是让基层党组织深深植根于全行各级基层机构和广大员工中，把“从群众中来、到群众中去”的群众路线践行到底。全行各级党组织要多开展得人心、暖人心、稳人心、聚人心的活动，重视员工的所思、所想、所盼，关心关爱员工成长、进步和发展，多为员工办实事解难事，把他们的思想统一到中央精神和总行党委要求上，把注意力引导到做好本职工作、完成当前各项任务上，为全行改革发展汇聚更多正能量。

四、坚持党要管党、从严治党，以实实在在的举措提升党建工作水平

第一，要层层强化责任担当。全面从严治党，重在责任落实。各级党委要制定主体责任落实情况定期检查和分析通报制度，每年对所辖各级党组织全面从严治党主体责任落实情况进行重点检查，通过“书记抓”“抓书记”，一级抓一级、层层传导压力。同时要强调一级对一级负责，一级

落实一级的责任，防止全面从严治党责任击鼓传花、甩手传递，防止以形式上签责任书代替落实责任。各级党委要完善党建工作领导小组工作机制，定期听取党建重点工作推进情况汇报。要认真落实党建工作联席会议制度，协调推动党建工作重要部署、重大事项落实，形成工作合力。要多策并举，通过深化巡视、开展党建工作检查、组织实施党组织书记抓党建述职评议等，层层传导工作压力，推动党建工作责任落实。

第二，要始终严格考核问责。要结合自身实际，创新考核方法，坚持“结果”与“过程”并重，坚持定性与定量、日常督查与年度综合考评、党建目标与经营目标相结合，通过“听、看、查、访、评”多种方式，进行综合评价。要提高党建工作在领导班子和领导干部考核中的权重，把党的建设考核同领导班子综合考评、经营业绩考核衔接起来，同领导人员任免、薪酬、奖惩等挂起钩来，使党建工作由软约束变为硬指标。这里要强调，抓基层党建工作是最能衡量干部领导力和能力水平的重要标准，对善于做基层组织工作、做党建工作的年轻人，各级党委要积极发现、提拔和使用，切实做好对年轻干部的选拔培养工作。要按照《中国共产党问责条例》，坚持有责必问、失责必究，综合巡视、监督检查、述职评议、干部考核等结果运用，对贯彻落实中央和总行党委要求打折扣、执行党纪党规不力、违规选人用人、基层党组织软弱涣散等情形，该批评的批评、该诫勉的诫勉、该处理的处理，推动全行党建工作全面加强、全面进步。

第三，要不断筑牢一线基础。要在全行营造人往基层走、钱往基层投、政策往基层倾斜的氛围，形成基层党组织有钱办事、有人管事、有场所议事的局面。落实好工作经费、活动场所、薪酬待遇等措施，建立健全稳定的经费保障制度。近三年来，总行多次下发通知，着力加强基层党支部活动阵地建设，党委也先后安排了3300多万元专项经费，重点在全行建设了一批“党员之家”。下一步，要抓好“党员之家”升级建设，把“党员之家”建设成为党员的“学习之家、争创之家、关怀之家”，切实成为广大党员的精神家园。近期，总行又根据中组部、财政部要求，下发了《关于做好党组织工作经费使用管理的通知》，明确了党组织工作经费的计提使用和管理，为基层党组织开展工作创造了有利条件，下一步要在用好、管好上下工夫。

第四，要确保党建工作充满生机活力。为切实加强党建工作，要在全行建立一支年轻、稳定、专业的党务工作人员队伍，加强各级党务工作人员队伍建设。各单位党委组织部门要单独设置组织科，除组织科负责人外，还要至少配备2名专职工作人员；二级分支行党委组织部门要设置专职组织岗，并至少配备1名专职工作人员；基层机构党组织要充分发挥党支部或党总支委员的作用，符合条件的基层机构，可探索设立专职党总支副书记，落实基层党建工作职责。基层机构要坚持专兼职相结合，选调优秀的青年业务骨干，并保持党务工作人员队伍的相对稳定。加大工作培训力度，解决党务工作人员业务不精的问题。要建立科学有效的激励约束机制，打通党务工作人员的职业晋升通道，增强党务工作岗位的吸引力，把党务工作岗位作为培养复合型人才的重要平台，为建设银行事业发展提供坚强保证。

同志们，今天6家单位为全行基层党建述职评议做了很好的示范，希望大家认真学习借鉴。全行各级党委要以抓基层党建述职评议为契机，把党建责任扛起来，为推动建设银行改革发展提供更加坚强的组织保障。

在中国建设银行2018年海外工作座谈会上的讲话

田国立

（2018年1月24日）

同志们：

前两天我们已经召开了全行工作会，今天我们接着召开全行海外工作座谈会，利用这个机会，跟海外条线的同志们谈谈我对海外业务的几点体会和要求。

一、充分肯定海外条线同志们的辛勤付出

随着生活水平的提高，现在从事国际业务已经不像前几年那样是令人特别羡慕的工作了。过去从事国际业务的人，可以经常与外国人打交道，非常洋气，在海外工作的收入比国内也要高一些的，是非常“高大上”的工作，但现在情况变了。

中国的国际化进程在不断加快，现在咱们只要有假期，买张机票就可以出去旅游，全世界都看够了。去国外出差就是三点一线——机场、办公室、会谈的地方，办完事就回来了。以前我们海外机构也少，做国际业务被称为是搞“洋务”的，所以谁要能被派到海外是既光荣也确确实实非常让大家羡慕。现在国内的收入水平也上来了，生活水平、待遇各方面都提高了，外派的吸引力也跟着降低了。

现在我们有32家海外一级机构，各级机构200多家，所以对外派员工数量和岗位的需求也多了，给大家的出国机会多了，往外派人的难度也大了。

建行海外业务的情况我还不够了解，但结合我在中行工作的经历，实事求是地说，大家在国外抛家舍业非常不容易。尤其考虑到我们好多同志的实际情况，带孩子去吧，孩子的中文还没学利落呢；不带吧，常年在家跟着爷爷奶奶、姥姥姥爷也不是办法。另外，大家的爱人在国内也有工作，随任的话，也耽误了人家的事业，但是夫妻长期两地分居也是个问题。所以我这次来，主要就是想跟大家近距离聊聊，也是看望大家。大家在海外工作都是非常不容易的，要面对很多困难，还有孤独寂寞。所以，借新年来临之际，我想给海外的同志们道一声：辛苦了！

我回建行半年多了，但目前还没出过国，因为国内的事情比较多，顾不过来，等忙过这阵，抽时间也会到各处去看望大家。

二、海外机构员工要有职业自信

海外的同志们要有职业自信，做国际业务的人都是我们建行精英中的精英，大家是最早开眼看世界的一批人。我行英语普及率不如中行，所以尤其显出我们这些人的宝贵。咱们提出“补人才、补短板”，就包括像在座各位这样既有专业能力又有外语能力的人才，希望这样的人才队伍能进一步充实起来。

目前，银行管理越来越扁平化，世界都变得平了，银行的形态会跟现在变得越来越不一样，不再是标准化、格式化的高楼大厦和柜台，原来的柜台隔着玻璃，现在玻璃拆了，柜台还得接着拆，今后有可能这楼还得拆。金融的形态就变得越来越没有院墙、没有单位，完全开放，没有国内国际之分。这方面，我认为做国际业务的人应该是最早适应这些变化的，而且大家分布在全球各地，把各位对金融的理解拼起来就应当是金融未来的发展趋势。虽然我们很难准确把握未来的金融发展趋势，但我相信利用我们这近30个国家

和地区的触角，就可以对全球金融有一个全貌的概括。所以借这个机会，我特别想对大家说，大家应该有职业自信。正是因为建行从事国际业务的人才少，所以大家才显得尤为可贵。

现在我们行的规模已经这么大了，作为一个22万亿元资产的大行，不管你重视不重视、想不想发展国际业务，国际化的需求都是必需的，是自然产生的，在这个问题上我们其实是没有选择的。所以，咱们建行历任党委、领导们始终能够放眼世界，能够大胆地开疆拓土，拓展我们国际业务的领地，非常有远见！

三、高度重视合规与反洗钱风险

第一，牢固树立合规意识。我们建行现在海外业务规模已经很大了，但我还是要强调，海外业务具有很多挑战。大家在前线体验更深，现在合规的风险、反洗钱的风险、新业务的风险、整个互联网变化带来的风险，对我们都是考验。大家得自问：我们的语言是不是足够好？对当地的法律法规是不是真的熟读了？对会计制度是不是真的了解？当前发展海外业务的要求真的太高了。前几年没被海外监管机构处罚，有两个原因：一是大家工作出色，二也可能是业务量小，监管机构顾不上管你，也就是说你还不够分量。但现在不一样了，我们的海外资产已经有3000亿美元了，监管部门就必须要给你“同等待遇”。

随着业务规模的增长，监管的尺度也就跟过来了，因为你有可能给人家社会和民生造成重大伤害，监管也就开始较真儿了。另外再加上地缘政治、国际政治变化等因素，让合规问题变得更复杂。所以在这方面，大家要有充分的危机感。

第二，重视反洗钱合规风险。要高度重视反洗钱合规风险，尽管“长臂管辖”不合理，但我们还是得研究怎么适应。我在全行工作会议上已经说了，反洗钱不止是海外机构的问题，也是境内分行的问题，海外机构对境内分行该提要求就提要求，因为好多业务都是跨境交易。反洗钱合规不只是美国的要求，也是全球化的趋势，大家都得真正重视起来，不能懈怠，否则真的会被处罚。大家在海外一线压力非常大，但要把压力传导到国内，因为是客户在国内开户引起的，责任不能仅仅由海外机构承担。尤其是我们的清算业务，伦敦机构要特别注意，清算业务的反洗钱合规风险是最高的，处罚力度还很大。现在我们统一的反洗钱系统好像还没上，这个问题我最担心，监管罚款可不会说因为建行国际业务发展得慢就少罚一点，这个不能开玩笑。

这次总行党委提出给大家的考核尽量宽松一点，利润压力不要太大，大家目前对集团的利润贡献率不算太高，3%左右，但是如果出了合规风险，杀伤力却很大。有的同业，几年海外业务的收益都被罚没了，白忙乎一场。所以在反洗钱的问题上，总行也要刻不容缓，要有责任感，要赶快推动反洗钱系统在全行上线。因为反洗钱太重要了，要有这个意识，一定要知道境内外的反洗钱系统是要同时上的。我们不能等着人家开了罚单再吸取教训，同业的教训就应该是我们的教训。所以希望大家在这方面多做工作，尽快搭建系统。

第三，在反洗钱合规文化上走在同业前列。我今天提这样一个要求：我们一定要在反洗钱合规文化上走在同业前列。在国外受到处罚那是真进了人家的国库，造成了我们国家的直接损失。我希望大家一定要有紧迫感，要对国家、对建行负责任。另外，各位机构负责人一定要有合规的意识，过去的事要总结经验教训，当作案例大家共同学习。

合规意识必须得强调，其实合规意识也是检验你是不是一个国际化金融从业者的标准。如果没有合规意识的话，其实还是带着一些国内养成的传统习惯和意识，就像我们也很努力学英语，但你怎么说也是Chinglish，也说不利落，不到国外去，说的英语就出不来那个境界。合规的意识也是如此，必须从骨子里觉得合规是一个全球趋势，不能简单说美国不讲理，跟咱们搞国际政治，或者搞一国独霸欺负咱们。美国监管先罚的是美国的银行，接着罚欧洲，罚法国巴黎银行，汇丰银行也被罚过，都是几十亿美元的罚。

所以合规意识方面，我最担心的事情在于：一是语言能力，因为跟监管沟通的时候得把人家的要求都弄明白了。我最担心的是我们跟人聊半天没聊明白，所以要加强语言的基本功。二是担心大家对专业知识领会得不够。三是担心大家存在侥幸心理。国内“见着红灯绕着走”的文化是根深蒂固的，咱们这一代又成长于改革创新的时代。在国外千万不要这样，国外有几十年、几百年完善的法规及银行治理，大家千万不要心存侥幸，要知敬畏。当你见得多了，你就知敬畏了。国外银行合规要求越来越高，它真的是一个趋势。

四、加快国际化人才培养

我们国际业务基本盘面不再扩大了，先缓一缓。现在要先把我们的国际人才基础打好，先充实人才队伍。大家要注意国际业务人才的培养和建设，我想给大家出个指标，大家习惯性地一见我就说利润多少，资产规模多少，负债多少，都是按照 KPI 考核的思维，但作为海外机构负责人，我给大家提的要求有以下几方面。

第一，要注重提高员工语言能力。我希望大家能向我炫耀的是机构有多少英语人才。我们对英语人才的定义是能达到专业水平、能真正精准地使用英语、能跟人真正沟通“透”了的人才。真正沟通“透”是件很难的事，我不苛求大家都掌握小语种，但首先我们应该有一批能把英文说“透”了的人。当然，会说当地小语种的多语种人才更好。我们搞金融，到各地去要懂当地的政治，但不懂当地语言很难搞懂当地政治。我们对当地的信息需要从各方面耳濡目染，要通过阅读能力、听说能力的提高和做学问获得，但不通当地语言是无法捕捉这些信息的。所以大家应当再网罗一些语言类人才。而且即便在小语种国家金融圈，英语用得好照样可以开展业务，所以要以更高的标准把英语学透，做到真正精通。当然也要逐步挖掘一批小语种人才，这就更难了。

第二，要有一批真正懂当地法律法规的专家。聘请合规官我们肯定要舍得花钱，昨天我会见美国负责反洗钱和制裁的副财长曼德尔克时说：“从前我们的员工争相外派到纽约分行，现在很多人不敢去，因为怕制裁，欧洲银行也在逐步弱化美国的业务，这对华尔街在全球的影响力未必是好事。现在我们聘用合规官面临难题，目前合规官的薪水没有讨价还价余地。”美国副财长认为反洗钱和制裁恐怖融资是要坚持的原则，但她也承认现在合规官不好找是现实。所以我希望各机构除了合规官，还要有一批真正懂当地法律和会计的人。

第三，要加快人才储备和培养。业务会发展，我们的国际人才队伍也要充实起来。海外机构人员也可以本土化，不一定要靠境内派。金融专业是国际通行的业务，也可吸引国际大机构的人才来充实我们的队伍，这也标志着我行的实力。也希望我们这些领兵打仗的海外机构负责人和海外同志们明白，千万不能“武大郎开店”，一定要知道，即使大家再出色，也替代不了整个团队。从某种意义上讲，一个行水平高低的标志，取决于风险控制、市场捕捉、盈利等各项能力中最短的那块，而不是最长的那块，即使我们机构负责人都是高手，但队伍稀松也是不行的，所以希望大家把团队建设搞好。同时，总行人力资源部要战略性地每年安排从各大高校招收一批外语人才，把他们迅速送到专业岗位充实业务，并及早派到海外去，尽快培养起建行新一茬国际业务人才。时不我待，这必须作为战略性任务急迫地开展起来。说句实在话，有些风险和问题的出现是沟通不畅造成的，至少我们与监管部门和企业先要保持真正的沟通。比如，巴西子行就存在葡萄牙语沟通问题，当地员工英语水平不够好，我们又没有葡语人才，我们在这个行开展工作就比较困难。当无法有效沟通时，即便当地人说的都是真理，我们也不敢完全相信。因此语言对于国际业务来说是重中之重，要尽可能地招收一批语言专业的学生，也要从我们建行内部挖掘这些人才。其实建行系统内也是人才济济的，我们要重新振奋国际业务条线的声势，重新唤起大家对国际业务的热情和崇拜。海外业务开弓没有回头箭，人力部要把此事当作战略性任务，从各地选拔一批学历高、语言强的人才，要不吝成本地及早补充进国际业务队伍。

第四，要加大国际业务条线的吸引力。大家千万不要再把国际业务视为好差使，现在往外派人是非常难的。要让国际业务岗位匹配有吸引力的薪酬，不能等同于国内。既懂业务又会外语的人才，我们要想办法留住，因此要有吸引力，要适当提高待遇，这方面可以大胆一些，可以跟中行比较一下。当然跟中行比也不能只比薪酬，还得比贡献，我行国际业务的贡献度肯定达不到中行的水平，但也要适当提高待遇。外派员工一出去，爱人跟着出去就只能闲着了，一个人就得养一家子，孩子也得到那儿去，其实那种痛苦挺折磨人的。所以国际业务不能太看效益，这点跟国内不太一样，因为海外业务实际上是一个拓展性的业务，是一个着眼于长远培养国际化队伍的业务。人力部要抓紧研究这个问题。

第五，要在建行文化中加快融入国际化元素。大家注意到我们这次开会还是有所变化，安排了一次茶叙，我们也是国际化银行，所以在开会这方面我们也希望国际化一点。中国人一般社交就爱坐着，坐着交流又觉得不透彻，其实我们可以创新社交的方式，洋为中用，人家喝鸡尾酒，我们喝饮料也可以。大家一点一滴地给建行文化也注入一些国际化的内容，变得更加开放一点。大家别忘了，除了效益之外，让建行的国际化元素多一些，让我们这家老机构能让人家感觉到越来越现代化，这也是我行竞争力的一个重要标志。

五、提升研究分析能力，为总行提供决策参考

我再交给大家一个任务，海外机构应发挥窗口作用，收集当地政治经济等信息。除了业务指标之外，大家在各地有什么重要的政治经济情况，有什么研究报告要报上来，这也是大家应该要给总行提供的信息。比如说美国加息、减税，这一升一降对我们的影响，国际、国内大行的看法与研判等。再比如澳大利亚，本来两国关系挺好，怎么现在澳大利亚国内一下冒出了“反华闹剧”，是什么原因？类似的情况，纽约分行、悉尼分行等都要进行分析判断。大家分布在世界各地，政治经济有什么风吹草动的，都要有更清晰的预判和事后研究。这也是为什么我说大家的麾下要有一批研究专家，要有研究能力和收集信息的能力，要及时把信息提供给总行，供总行决策参考。

更多的我也不说了，正好借这个机会给大家拜个早年，预祝国际业务条线的同事们新春快乐，万事如意，阖家团圆！我尤其是想说阖家团圆，大家确实都很不容易，抛家舍业，咱们政策就算再宽松，可以把爱人、孩子带过去，那父母呢？岳父母或公婆呢？不能把老人们都一块弄过去吧。所以我知道这方面有很多不便，总行党委、总行领导都深知大家这方面付出的辛苦，所以我也一并代表总行党委向大家的家人表示问候。

谢谢大家！

贯彻新思想　担当新使命　展现新作为
为全行改革发展提供
强大精神动力和思想保障

——在中国建设银行宣传思想文化工作会议上的讲话

田国立

（2018年4月27日）

同志们：

2018年，是贯彻党的十九大精神开局之年，也是改革开放40周年。建设银行党委深入学习贯彻党的十九大精神，以习近平新时代中国特色社会主义思想为指引，在年初全行工作会议上明确了“党建引领、管理精益、风控有效、资本集约、效益良好、科技驱动的高质量发展”总体思路。当前，全行上下正以饱满的精神状态，坚持服务大局、稳中求进，增强“三个能力”，履行国有大行责任，一心一意办好银行，着力推进各项重点工作。在这个关键节点，召开全行宣传思想文化工作会议，必将推动全行党建工作和改革发展事业跃上新台阶。

党的十八大以来，全行宣传思想文化工作紧紧围绕中心和大局，认真履行内振精神、外塑形象的职责使命，充分发挥党委“喉舌”作用和与外界沟通“桥梁”作用，主动作为，开拓创新，全行改革发展的思想共识更加巩固，文化支撑不断增强，正面宣传强劲有力，舆情防控得力有效，大行形象显著提升，各项工作取得了长足进展，为建设银行改革发展作出了积极贡献。同志们很辛苦，在这里，对宣传思想文化条线的同志们表示感谢！

上午，刘进同志对近年来的宣传思想文化工作进行了回顾总结，对今后一段时期的工作进行了安排部署，大家也做了经验交流，这里，我再强调几点，也是与大家做个交流。

一、宣传思想文化工作责任重大、使命光荣

伟大的时代需要伟大思想的指引，学习宣传贯彻习近平新时代中国特色社会主义思想和党的十九大精神是当前和今后一个时期的首要政治任务。现在媒体虽然很发达，包括报纸、电视、广播，还有互联网等，大家接触和学习中央精神的渠道很多。但是，实事求是地讲，习近平总书记所作的十九大报告博大精深，即使是文化层次很高、工作时间很长、经历很丰富的同志，学上一遍两遍，都未必能深刻理解。尤其金融单位综合性强，涉及政治、经济、社会民生等方方面面。涉及领域越广，与党的十九大精神联系越紧密。党的十九大胜利闭幕后，为什么请很多专家来解读，就是因为感觉我们有很多理解不到位的地方。然而，全行有超过1.5万家分支机构，有近36万名员工，全靠行外专家来讲一遍显然不现实，这就需要宣传思想文化条线这支专业队伍发挥作用了。大家要多讲、多说、多交流，把中央的思想和精神，准确完整地传达到每一个业务部门、每一个基层网点、每一名员工，推动习近平新时代中国特色社会主义思想深入人心。

习近平总书记高度重视宣传思想文化工作，多次发表重要讲话，作出重要指示。他强调，宣传思想工作的根本任务，就是要巩固马克思主义在意识形态领域的指导地位，巩固全党全国人民团结奋斗的共同思想基础；强调意识形态工作是

党的一项极端重要的工作，必须把意识形态工作的领导权、管理权和话语权掌握在手中，任何时候都不能旁落。习近平总书记的一系列讲话精神，深刻阐明了宣传思想文化工作的地位作用、目标任务、职责使命和实践要求，深刻回答了一系列方向性、全局性、战略性重大问题，为我们做好工作提供了根本遵循。

如何具体做到意识形态工作领导权、管理权和话语权的不旁落？那可就在各位手上了。现在网络都很发达，微信也好，网络也好。大家既然都做网络宣传，就不能只在办公室里做这个工作，需要做“活”。这就需要我们了解员工的思想动态，比如业务部门在想什么，计算机部门在想什么，风控部门在想些什么，包括中后台的，还有党群自身的，特别是年轻人在想什么。过去经常讲要深入群众，我们负责宣传工作的同志，就要及时了解大家有什么“活”思想，对极端的事、极端的情绪要管控好。这个条线，不是泛泛给大家念几条文件要求就可以了。思想政治工作条线，过去叫政工部门，现在因为时代变迁，当年的政工部门已经没有了，但实际上，从事工作的本质没变，还是这些事。希望同志们在自己管理的刊物和领域，哪怕很小的刊物和领域里面，都能随时保持警惕，不要等舆论都炒起来，我们才意识到自己这边出了问题。希望大家把工作做深做透，替总行党委在这方面站好岗、放好哨，控制好舆情。怎么掌握在我们自己手里？那就是通过大家来掌握。在这方面，特别希望我们能把正面的声音有效传播出来，把大家每日的生活，以喜闻乐见的形式报道出来，同时帮助大家舒缓负面的情绪。这是一项比较具体的要求，希望大家重视起来。

宣传思想文化工作的作用是非常大的。有为才能有位。公关部门，在国外的大公司、外资企业，实际上也是非常重要的部门。同志们要会给自己找角色。怎么找角色？就跟我们这次选择住房租赁一样，谁也没说我们非要帮地方搭平台，谁也没说房价老下不来是建行的事。但是我们有一份责任心，有一个责任，有着帮着国家去解决社会痛点的使命。各位也要有这种责任感。如果不健康的思想、思潮，员工有点想不通的地方，都指望着领导去做工作，远不如大家都帮着去及时解疑释惑效果好。所以，宣传党的十九大精神也要从大处着眼、小处着手，具体落实到每天每时。公关部是与各级员工接触特别多的部门，员工所思所想都要比较清楚，要通过我们的工作让大家理解党和国家的重大方针政策以及总行的战略决策。公关部在这方面起到作用后，领导是最容易注意到的。基层员工思想怎么样，有什么不好的苗头，其实领导都知道，你们帮着把这些问题解决了，领导都知道谁在帮着做工作。有的领导会说，这事做得不错，有的未必说。但是我想跟大家说，既然我们干这一行，我们就是建行的意识形态部门。宣传工作从来都是重要的，在总行也好，在国家层面也罢，宣传部门历来都是党非常重要的一个条线，大家要意识到自己岗位的重要性。

宣传思想文化条线所做的工作，一方面，是正面宣传和引导，为我们这个庞大的组织体系注入活力；另一方面，是危机处理，“救火灭火”，为领导排忧、为业务部门解难。总体来讲，大家工作非常得力，也非常有效，基本没有被负面舆情纠缠住，包括一些典型事件，也没有形成持续性舆情。在舆情处理上体现了我们较强的危机应对能力，公关部以及相关部门和分行做了大量的工作。大家一定要从中认真吸取教训，加强思想教育和机制建设，在源头上做好防控。员工的思想和情绪状态好不好、宣传思想文化工作有没有在点上、到不到位、起多大作用，行领导实际非常关注，也很清楚。希望大家定好位置、找准角色，对所从事工作的重要性有充分的认识，切实增强责任感和使命感。

二、宣传思想文化工作要围绕中心、服务大局

习近平总书记强调，宣传思想工作一定要把围绕中心、服务大局作为基本职责，胸怀大局、把握大势、着眼大事，找准工作切入点和着力点，做到因势而谋、应势而动、顺势而为。当前，我们处于一个重要的历史发展阶段，社会变革、经济转型、科技进步，对金融业发展产生巨大影响。经过40年的改革开放，我国经济已经由高速增长阶段转向高质量发展阶段；随着全面深化改革的推进，金融业改革开放的步伐进一步加大；以大

数据、区块链、云计算、人工智能为代表的金融科技迅猛发展，正在加速改变银行的经营生态和运营模式；境内外金融监管日益趋严，银行经营环境日趋复杂。具体到我们自身，建设银行守正出新，正在着力推动金融科技、住房租赁和普惠金融三大战略，打造新的竞争优势，这就是全行当前的中心工作。只有了解各种新变化新趋势，洞悉其对经营管理、业务发展，甚至员工思想的影响，才能在舆论引导、提振信心方面主动作为、发挥作用，我们对党的十九大精神的宣传才不会空。当空对空去讲的时候，现在的年轻人谁还听？他们天天在科技世界、网络世界里接受的信息量，可能都比我们大。但是，这些年轻人也是需要引导的，这要求我们在理论基础上要有自信。

借今天这个机会，与宣传条线的同事们充分交流一下总行党委的所思所想，便于大家在讲建行故事时、在跟员工交流时，能紧跟全行发展的节奏和韵律。近年来，不论是后台的“共享云”，还是大家身边的“共享”单车，都让我们感受到共享经济的发展趋势。共享经济带给人类社会一个全新的视角，将成为未来社会一种主流发展方式，这实际上与共产党人为人类共产主义事业奋斗终生的价值信仰是一致的。这说明我们党的理论基础与现代科技的发展趋势是相吻合的，与人类进步、社会发展的规律是吻合的。大家想想，我们目前所做的一切，其实都是在围绕“共享”打造建行未来的业务链、生态圈。

首先，来谈谈金融科技。有人可能会说，银行好好地、踏踏实实地办银行不就行了吗？搞什么金融科技输出？传统的思维方式就是这样。但是别忘了，人类已经慢慢地走到了新时代，包括整个经济模式都在变化，都是共享的了。我们国家现在有大大小小的银行四千多家，但是，人们对美好生活的向往，对金融品质的要求，不会因为银行大小不同而有所区别。老百姓对金融服务的要求都是一样的，希望各家银行都能达到一个好的水准。现在，我们建成的信息科技系统和其所支撑的运营体系，基本可以涵盖各类银行业务，包括信托、保险、村镇银行等，完全可以服务其他金融机构，帮助其降低成本、提高效益，提升防控风险能力。

“新一代”系统是我们建行人的骄傲，其中有很多好经验。一是一张蓝图绘到底。从树清董事长、建国行长任上启动，到洪章董事长、祖继行长任上建成。习总书记为什么强调一张蓝图绘到底，因为这些事都不是一年两年急功近利可以完成的。越是伟大的事业，越需要一代一代人持续干下去，不能动不动就另起炉灶。二是必须站在前人的肩膀上才能成就我们的事业。三是要高度重视人才。银行长期的弊病是什么？就是建完以后，往往这些人基本就到了终点站，没有一个全新的体制机制把这些人才聚在一起。“新一代”建完以后，科技条线已经出现了不少的人才流失，这是建设银行的巨大损失。大家有时候谈资产流失，盯着物化的东西多一些，实际上，人才流失是没法计算的，是无价的。我们有责任、有义务把这个团队稳定住，把科技研发力量保持住。怎么才能保持住？就有了现在的金融科技公司。

未来，传统银行将会消失，但是，银行服务会一直存在，是社会永恒的需求。要敞开胸怀、走出大楼去办银行，拓宽服务边界。现代科技与共享理念相融合，就会产生无穷的生产力。大家可以想一想，当一家银行的科技成果达到社会共享时，自然也就创造了成本分担的机会，对自身的效益是一种积累和创造，也会节约大量的社会资源。建信金融科技公司成立，确实带来了生产力的解放。第一，留住了人才，解决了我们内部的问题；第二，有这个能共享的优势，也带来了广阔的市场前景。实际上，很多国际知名机构，对建行的金融科技是非常认可的，这也是我们市场开拓的优势。目前看，有不少金融机构表示出了浓厚的兴趣，有一些已经签约。我们与其他金融机构在金融科技领域深度融合，必将进一步深化业务合作，而且是深层次合作。照此发展，5年后、10年后，建设银行将因此成为一家非常有竞争力的银行。这就是有境界与没境界，主动作为与被动应付的区别。前几天，去香港进行业绩发布，我就告诉记者，该是我们传统银行颠覆互联网金融的时候了，因为，我们有这个底气，有这个能力。我们有先进思想的指引，又契合现代科技节拍，再加上相关机制保障，没什么事是不可能的。当前银行竞争，就是看谁掌握了现代科技和运营规律。

做生意，既有做大生意的，也有做小生意的，但是，怎么才能把账算得更大？那就需要有高境界，那就要对习总书记的重要思想、对党的方针政策有深刻的理解，对现代科技有深刻的把握。当你达到这个认识，就不会仅仅局限于拉客户拉存款。境界决定运营方式。农耕时代是小农经济，大工业时代是规模化生产，现代科技将会产生更新的思维方式，而思维方式改变必定导致运营方式变化。在金融科技上，我们已经获得了一定的优势，但是，优势不一定能转化为胜势，胜势未必都能结得出胜果，到真正体现到资产负债表里，还需要一个比较漫长的过程，需要全行上下持之以恒的努力。

接下来，再说说住房租赁。住房租赁业务既是助推住房租赁市场发展，帮助国家解决痛点难点的责任担当，也是发挥住房服务传统优势，打造新蓝海的战略选择，其核心就是实现房子的“共享”。调查显示，现在个人资产大部分配置在房子上，估计能占到70%。过去，我们关注恩格尔系数，现在已经基本不怎么用了，因为已远远超过早年基准了。吃已经不是问题，而住房已经超过刚需，成为投资的工具，已经远离了居住属性。20世纪90年代后期，紧迫的是推出商品房，如今，住房要解决一腿长一腿短，紧迫的就是推动市场健康发展，也就是习总书记在经济工作会议上提出的，要推动租售并举。

过去我们说以产定销，后来逐步改成以销定产，但乔布斯提出，要引导客户去追随你。正是秉持这种理念，乔布斯让苹果手机改变了我们使用手机的传统方式，大家现在都是“指上”生活。同样，中国现在住房消费理念也需要引导。再穷也要给孩子盖房，这是中国人几千年的思维和文化。但是，14亿人解决住房问题都靠买房？这理论上就不存在，更不要说现实了。年轻人的住房问题确实是一个很大的问题，像美国、新加坡、德国等一些发达国家，住房租赁市场都很发达，50%以上靠住房租赁，中国只有不到10%。同时，住房价格高企，很容易出现“马太效应”，越有钱的人越买房，越买房越赚钱；越没钱的人越买不到房，刚需的买不起房，长此以往，就会成为社会大问题。大家要带着责任感去思考如何引导新的住房消费理念，如何解决这些社会难点痛点问题，而不是天天总想着如何赚钱。特别是国有大行，更要站在国家层面，用专业能力，帮助国家提出和设计解决问题的方案。

建行作为一家国有大型银行，有遍布全球的网络，有数以万计的分支机构，有强大的金融能力，又有大量的人才精英，理应承担起社会责任，身体力行，为国家分忧解难。有些问题可能我们不想，就没人去想；或者有人想到了，却没有力量推动；也有可能想到了，也有能力，但缺乏责任感。最近，建行带头推动住房租赁市场，不少同业陆陆续续加入进来，这就是志同道合。这不是竞争的问题，是金融业凝聚力量，共同帮助国家来解决问题。这次芯片问题，给大家上了一课，确实对我们是个警醒。同样，一个只会盖房子的国家，不可能非常强大地屹立于世界民族之林。怎么办？现有多出来的房子，引导大家拿出来，提供给市场。所以我们说，到银行存的不只是钱，还有房。“要存房 到建行”和“要租房 到建行”说的是供给端和需求端。设计金融路径，必须是双向的、平衡的，不能是单向的。我们在设计客户端的同时，也必须把供给端也设计好，让大家安心把房子存到银行。当社会能通过金融的力量，把这个循环完成时，住房的金融属性就没了，就真的是落实习总书记说的“房子是用来住的”。

从去年启动到今天，我们在住房租赁业务上进行了很勇敢的尝试，投入了很大的精力和热情，在不到一年时间里，在全国300个地级以上城市建立住房租赁平台，95%以上地市都在我们的大平台上。目前，市场和社会上的住房思潮，真的被我们搅动起来了，住房租赁已经成为热点。从深圳正式进行业务发布，对外披露住房租赁消息以来，已经有6万多份相关报道，而且还持续有热度。同时我们看到，相关部委在逐步出台各种政策，发展住房租赁的条件和环境越来越好。大家畅想一下，5年、10年后，当住房平台建立起来，租房、存房和中介机构都跟我们打交道，一旦我们交易活跃度起来，一种新的业态就产生了。这不光引领了住房的消费理念和方向，最主要的是金融格局可能还会改变。到那个时候，就不是老找人要存款，算那点利差，在价格上锱铢必较，当我们承担起社会责任时，真正提供社会需要、能解决最痛点的产品时，社会将给你应有的回报，而且是非常有尊严的回报。跟大家透露一下，

"要存房 到建行"是住房问题一个关键的结，现在已经基本打开了，广东分行率先做了尝试，总行投行部对社会发行理财产品进行对接。客户把房子存来了，银行不能直接给他钱。如果是贷款给，信贷政策不支持；如果用资本金给，不是投资金融主业，是有资本约束的，只能通过理财产品给他。大家在金融圈，对这些专业和界限，都要弄清楚。广东分行已经有几千家客户，做着存房业务。客户一签就是几年，就跟建行建立起了长期客户关系。

最后，再来聊聊普惠金融。任何一个机构发展都要寻找它的历史脉络，忘掉自己的基因和历史，很难持续发展。我们既要传承历史，不忘初心，又要与时俱进，不断创新。当年，服务大行业、大企业的"双大"，是建设银行服务国家建设的重大战略。今天，我们要在继续巩固"双大"战略优势的基础上，积极拓展推进"双小"战略，这是在新时代背景下应对市场新形势新变化的新的战略调整。为什么要完成这个历史跨越呢？这其实是金融的惊险一跳。过去之所以推出"双大"战略，是基于当时经济形势的判断，某种意义上也是"两利相权取其重"的选择。中国长期靠投资拉动经济，推动力主要来自大行业、大企业。建设银行又有服务基本建设的经验和优势，比如重点工程、大化工、重机械，都是熟悉和擅长的服务领域。所以，建设银行"双大"的战略彼时应运而生。时过境迁，中国经济经过30多年的高速发展，面临的问题和情况已经发生了深刻的变化，发展普惠金融是大势所趋。所以中央也要求，社会也呼吁。事实上，中央给了普惠金融很大优惠，去年，建设银行成为四大行中唯一一家达到了人民银行普惠金融最高激励目标的银行。

作为一家商业银行，必定要结合时代背景，从自身能力出发，进行战略选择。因为战略实施，不仅要看"想做什么"，还要看"能做什么"。今天，全行强大的科技能力加快和重塑了我们的运营方式。"新一代"系统成功投产以后，由于数据共享，对中小企业客户已经有了很强的风险识别能力。数据管理部门提供了强有力的支持，大数据可以和税务、工商联系起来了，数据经济时代已经来临。我们必须敏锐地意识到这种变化，战略也要与时俱进进行调整。正是因为有了科技能力的保障，我特别想跟大家说，今天西瓜和芝麻一起捡的时代开始了，传统银行战略转移的时刻来临了。

事实上，当不具备这种能力的时候，我们的一些中小微贷款不良率曾到7%以上，这是每家银行在做决策的时候都要面临的。即使我们责任心再强，也存在这个问题。关键是，当我们的服务支持能力不够的时候，它会出道德风险。因为服务能力不够、监督不够，一旦做中小微贷款之后，它会出现一个家族贷完款之后，亲朋好友、七大姑八大姨大家把这钱一分，就散了，我们都没地儿找去。正因为好多这种案例出来了，银行都望而生畏。

但是今天不一样了。首先，党的十九大提出扶贫攻坚，小微这就是重要一环，提供解决就业就是一环。国务院号召、人民银行的政策支持，加上建设银行的现代科技，是我们率先在战略层面上提出支持"双小"的重要基础和前提。因为我相信，谁先解决这个问题，谁就先占得商机。这个商机，也是重塑银行人道德形象的契机。银行"嫌贫爱富"已经成为大家街谈巷议的话题了。但是今天科技给了我们更好服务社会的能力，我们要切实承担起支持中小微企业、支持社会经济发展责任。曾经我们支持房地产业，是支持社会进步，但是真理向前走一步就是谬论，何况我们已经走了这么多步，走了这么多年，是该戛然而止的时候了。

小微快贷的平均周期100天。去年我们观察了3个月，发现不良率基本能保持在0.16%左右。当然这是小批量的，取样规模还不够。我们会持续跟进，即使再增加一点不良率，我觉得也是可以容许的。而且因为我们不直接见客，中间的人工成本也会节省很多，而且我们通过大数据来判断这个客户该不该贷，就解决了这些企业担保的问题，不用拿房产来抵押，极大地解放了这些小行业、小企业。这个小行业还有很多细分市场，大行业细分了之后，其实它的供应链、融资链里都有很多五百万元以下贷款需求的小企业。这样，我们会重新塑造我们的形象，承担起社会责任。我觉得公关就是要重塑我们的形象，重塑我们的社会责任感，让社会感受到我们真的是在急人所急、雪中送炭，这样必然会赢得社会尊重。也只有在座各位真正理解总行的初心和战略，才能对外宣传好。

三、宣传思想文化工作者要有站位、有情怀、有激情

宣传思想文化工作者要有很强的政治敏锐性。宣传思想文化工作属于意识形态范畴，也是党的领导在一个单位的重要体现，需要我们有很强的政治敏锐性。当前的首要政治任务，就是要把习近平新时代中国特色社会主义思想和党的十九大精神学习好、宣传好。同时，作为经营机构的宣传思想文化工作者，要及时了解总行党委在忙什么、想什么，各业务部门在忙什么、想什么，只有这样才能发挥好思想和传播的先导和引领作用。当前，重点要把握好住房租赁、金融科技、普惠金融等业务战略的推动进程，刚才我也充分和大家交流了总行党委的所思所想。只有对中央精神和总行党委决策有更好的理解和阐释，才能写出有灵性、有灵魂的稿子。宣传有灵魂，才能变成美丽的蝴蝶，才会产生巨大的蝴蝶效应，形成传播力和影响力。

宣传思想文化工作者要有强烈的人文情怀。当然这种情怀不是天上掉下来的，首先需要我们对社会文明发展有准确的理解和深刻的把握。比如“象牙事件”，这不是一个偶然，不是北京分行出了这件事，别的分行就没有。当政策把握水平不够，就会出现这样或那样的问题。作为一家国有大型银行，不能用最低道德标准衡量自己，要有境界，用最高道德标准要求自己。有些钱，别人可以赚，我们不可以；有些小便宜，别人可以占，我们不能。在建设银行工作，这个职业本身就要求你很多事情是不能做的，这些文化建设都是需要大家一起来做的，不是简单的事情，不是一天两天的事情。为什么我回到建行后很少讲某项具体业务，很少谈如何赚钱？因为我知道大家很有赚钱能力。当我们的发展跟人类命运、国家前途、党的大政方针、民生需求和百姓疾苦，紧密连在一起，带着真情实感去做宣传工作时，我相信是不一样的。

搞宣传的同志要用心地投入火热的生活。搞宣传工作，不能仅仅是刊发几条消息，让领导高兴就行了。大家要用心，用心和没用心是不一样的，忘我投入和应付差事是不一样的。我们要用身心投入，为火热生活激动起来。生活是什么？就是各个条线忙碌的工作。只有真正深入火热的生活中去，用身心投入其中，才能真正理解好、阐述好，才能宣传到点儿上。投入精力、深入下去，才可能有精彩的报道。如果不去深入生活，不去认真思考，写出来的报道就是空洞无物的、苍白的，仅仅是一堆辞藻的堆砌，没有任何意义。希望宣传条线的同志们，在工作中注入灵魂、倾注感情，把建设银行活的灵魂宣传出去，把一线火热的生活活灵活现地宣传出去。当你把问题搞清楚再去做宣传，跟你完全不知道、照猫画虎写一些干巴巴的新闻稿，是不一样的，那样是不可能有灵性的。

搞宣传的同志要引领全行创新潮流。大家的工作是在人的头脑里搞建设，没有“几把刷子”是不行的。既要在理论上、笔头上、口才上有功夫，也要在组织策划、创意设计、公关维护、舆情应对等方面有较强的能力，尤其是要有很强的创新能力。宣传思想文化工作是领时代风气之先的工作，本身对创新就有着天然的要求。循规蹈矩是没有出路的，不能把旧思维带入新时代，不能用旧打法解决新问题；要站在全行创新最前沿，保持激情，以开阔的视野，开放的胸襟，寻找更多的新方法、新手段；要重视新技术的运用，结合新形势、新任务，破解实践新难题。目前，我们已搭建了自己的自媒体平台和新媒体渠道，下一步可以学习人民日报“中央厨房”的做法，整合好各方资源，研究建立快速、高效反应的传播体系，让建行的形象“潮”起来，切实承担建行未来的宣传重任。

四、宣传思想文化工作要强化领导、形成合力

各级党委领导班子要切实发挥好政治领导作用。宣传思想文化工作是全行党建工作的重要组成部分。各级党委要按照党的十九大提出的新时代党的建设总要求，严格履行抓党建的主体责任，切实加强党对宣传思想文化工作的全面领导。要把宣传思想文化工作纳入议事日程，加强对重大问题的分析研判和重大任务的统筹，工作上加以

指导、政策上大力支持、资源上给予保障。各单位“一把手”作为宣传思想文化工作的第一责任人，要把宣传思想文化工作摆在突出位置，与业务工作同谋划、同部署、同落实。对于重点工作和重大任务，“一把手”要亲自研究部署、亲自推动解决。意识形态工作是党的一项极端重要的工作，各级党委要落实好工作责任制，切实负起政治责任和领导责任，主要负责同志要坚定自觉地站到意识形态工作第一线，靠前指挥、直接指导，带头抓意识形态工作，做到守土有责、守土负责、守土尽责。尤其要管好阵地，特别是要管好自媒体、新媒体等互联网阵地；管好队伍，站稳政治立场，旗帜鲜明地反对和抵制各种错误观点，敢于亮剑，敢于发声。要严肃宣传纪律，确保对外发声合规合法，坚决杜绝出杂音、唱反调。要善待媒体、善用媒体，不断提升媒介素养和媒体应对能力。

有一种不好的现象需要注意，就是平时不加强管理，出了问题推三阻四，不承担责任，然后请公关部门再帮忙去摆平这些事儿。如果我们都是在这个轮回上去解决问题，这样的银行怎么能赢得社会尊敬呢？我们要意识到，该承担的责任要敢于承担，付出代价后要敢于纠正不足，这才是一家负责任的银行，而不是一味地靠公关部门去息事宁人。要敢于面对问题、解决问题和纠正问题，因为银行的管理也是一个不断完善的过程，不是一出事就打板子。但是，如果因为一家单位没有承担起该承担的责任，给总行党委捅娄子，那可是真要打板子，该问责的要问责。从这个意义上说，做好宣传思想文化工作仅靠宣传思想文化部门是不够的，必须全行动手。

要强化协同、形成合力。随着建行事业向前推进，宣传思想文化工作涉及总分行、境内外、母子公司，领域越来越宽，涵盖的范围越来越广，这就需要将宣传思想文化工作与各项经营管理举措统筹起来，构建各条线、各部门一起来做的大宣传格局。一方面，各条线各部门都要有大宣传意识，把自身工作主动同宣传思想文化工作联系起来。无论是制定政策、出台措施，还是开展工作都要注意考虑对全行声誉的影响，考虑价值导向、社情民意、社会效益。办公室、人力部、监察部、党群部以及研究院等综合管理部门，更要自觉支持宣传思想文化条线工作，加强信息沟通，建立工作机制，形成整体合力。另一方面，总分行、境内外、母子公司宣传思想文化条线自身，要加强相互之间的沟通联系，强化协同联动，使各项工作有机衔接，使资源得到优化利用，下好“一盘棋”、突出主旋律，实现工作效果最大化。目前，各分行宣传思想文化工作职能比较分散。总行把党委宣传部、公共关系与企业文化部、消费者权益保护部三块牌子整合起来、合署办公，是有特定考虑的，目的就是整合资源形成合力。各分行也要加强职责整合，把三块工作职能要合到一处，这样便于开展工作。

要加强条线队伍建设。既要从思想上、政治上给予关心，也要帮助他们解决好工作和生活上遇到的实际问题，特别要为他们提供展示才华、成长进步的空间和舞台，保持这支队伍的应有活力和朝气，为加强全行宣传思想文化工作提供人才支持和组织保障。希望宣传条线的同志，把自己从事的工作当成事业。如果深入进去，会发现宣传思想文化工作是既有意义又有意思的一项工作。我是非常重视宣传工作的，也希望公关部的同志努力发现、培养、锻炼一批有宣传能力的人，掌握一批写作水平高的人才，把一线生动的、非常有活力的生活表现出来。希望能读到大家更多的有思想深度、有激情活力的好文章、好故事。

同志们：

党的十九大已经绘就中国未来的发展蓝图，总行党委已经明确全行改革发展的总体思路，我们要紧密团结在以习近平同志为核心的党中央周围，坚持以习近平新时代中国特色社会主义思想为指导，紧紧围绕全行工作目标、任务和重点，团结一心、锐意进取、攻坚克难、创新实干，不断开创全行宣传思想文化工作新局面，努力为建设银行改革发展事业作出新的更大的贡献。

谢谢大家！

不忘初心　与时俱进
开启建设银行普惠金融战略发展新时代

——在普惠金融战略启动大会上的讲话

田国立

（2018 年 5 月 2 日）

同志们：

在全党全国人民深入学习党的十九大精神、习近平新时代中国特色社会主义思想之时，我们召开这次全行普惠金融战略启动大会，可以说恰逢其时。去年第四季度，在祖继行长、更生副行长的亲自指挥部署，相关部门通力支持配合下，在大家的共同努力下，我们打了一场漂亮的硬仗，建设银行成为四大行中唯一一家达到了人民银行普惠金融最高激励目标的行，开辟出了普惠金融可持续健康快速发展之路，为今后的发展奠定了坚实的基础。在此，我代表总行党委，对大家的奋力拼搏和辛勤工作表示衷心的感谢。近来，总行党委两次召开会议研究普惠金融工作，做出重大决策，将普惠金融确定为全行的发展战略，明确了市场定位、业务方向，着力全面布局。

今天召开视频大会，就是要明确普惠金融战略，将全行上下对普惠金融业务的认识统一到新高度，坚定信念，举全行之力，全面推动普惠金融战略实施，将普惠金融业务打造成为新时代背景下建设银行应对市场新形势、新变化的战略支点。下面，我讲几点意见。

一、提高站位，深刻理解普惠金融战略的深远意义

大力发展普惠金融业务是落实中央部署的政治任务，是服务国家战略、服务社会民生的责任担当，是建设银行的重大战略决策，是赢得未来市场的重要战略调整安排。

（一）普惠金融是新时代一项重要的政治任务

普惠金融涉及小微、双创、扶贫、涉农等领域，涵盖范围广泛，关系国民经济质量和效益，关系就业和民生改善，是解决新时代发展不平衡不充分的社会主要矛盾、实施乡村振兴、打好脱贫攻坚战、支持实体经济补短板、降低社会融资成本，推动全面建成小康社会的迫切需要，是商业银行践行创新、协调、绿色、开放、共享新发展理念的战略要地。

党中央、国务院高度重视普惠金融事业，党的十九大、全国经济和金融工作会议、全国“两会”均作出战略部署。国务院、人民银行、银保监会分别召开会议、组织调研、密集部署。激励普惠金融发展的配套政策频出，法治环境逐步完善。政策红利的释放，政务信息资源共享平台的搭建，传递了清晰的国家要求和政策导向，抓好普惠金融业务是我们必须要完成的政治任务。同时，商业银行发展普惠金融正面临前所未有的政策机遇和良好的生态环境。对此，我们已有切实的体会，如去年第四季度我们发力普惠金融，不仅契合中央政策和发展方向，也收获很高的经济收益，我们享受到了政策红利。其实，即使没有相关部门的政策激励，这也应当作为我们今后着力的重点，何况国家在这方面还有巨大的、非常优厚的激励政策。在这里，我要特别说一下普惠金融风险问题。普惠金融领域虽然多是一些小微企业，信贷周期比较短，大家都很担心风险，但从去年第四季度到现在，基本完成了两轮周期的考验，而且新投放贷款 1400 多亿元，不良率保持在较低水平，风控情况应该说已经有了大数据支撑和基本验证。正是对我们的风控体系有信心，才

能够将普惠金融上升到一个更高层面，才能以更大的力度推动普惠金融战略实施。

（二）普惠金融是建设银行作为国有大行的责任担当和使命

国有大型银行要有大格局、大担当，着力服务国家、服务人民。60多年来，建设银行与共和国同呼吸共命运，矢志不渝坚守“国家利益至上，服务建设为本”的理念，为国家现代化建设作出了历史性贡献，走出了一条具有鲜明特色的国有大型银行兴行强国之路。尤其在服务实体经济、支持产业转型升级、助力民生领域发展、破解社会难点痛点问题等方面，建设银行体现了国有大行的责任担当，是想着怎么出大力，而不能只是想着怎么赚大钱，是想着怎么为国为民分忧，而不是与国与民争利。

普惠金融正是一个对社会事业和人民生活具有重大意义和深远影响的事业。小微企业贡献了60%的GDP，80%的就业岗位，50%的税收和70%的创新，不仅是吸纳就业的“主力军”，更是激励创新、带动投资、促进消费的“生力军”，是中国经济的新引擎、新动能。李克强总理强调，小企业是个大市场，业务潜力很大，要把支持小微企业看成一个大事业。通过发展普惠金融，要为国家实实在在解决一些社会痛点、民生难点问题。源于社会、回馈社会，让艰苦创业的企业家们和广大人民群众有充分的获得感，这是建设银行一直坚持的优良传统和家国情怀，也是作为大国重器理应主动承担的社会责任和历史使命。

（三）普惠金融战略是建设银行新时代的重大战略决策

从建设银行诞生之日起，党和国家就把“建设”的使命赋予我们的肩头，“哪里有建设，哪里就有建设银行”，基础设施建设、房地产一直是建设银行的传统定位和比较优势，“要买房，到建行”的品牌享誉至今。20世纪90年代中期，建设银行契合于短缺经济下大规模经济建设的时代背景，在向商业银行转轨的过程中寻找新定位、谋定新战略，在优势比较中提出实施以依托大行业、大企业为核心的“双大”经营战略，那是我们审时度势，根据自身实际作出的精准决策。该战略的实施成为推动建设银行繁荣发展的立行之本，成就了建设银行20多年的辉煌。我想在座的许多老同志都曾经经历和见证了这个过程。

现在，国际国内经济形势已发生了巨大的变化，经济金融格局也不断改变。中国经济由投资拉动向消费驱动转变已经成型，经济结构调整和动能转换带来了市场新变化，在互联网和高科技发展的推动之下，市场资源配置方式在很多领域都发生了颠覆性变化，新的市场业态加速呈现。与此同时，一些传统领域产能过剩日益严重，在经济由高速度增长向高质量发展方式转变过程中，风险压力正在积聚，特别在金融领域表现突出，防范化解重大风险成为当前三大攻坚战之首。此外，我们的传统优势正在被蚕食或者消失，金融领域进一步加大对外开放更将令我们压力倍增。

在这样的背景之下，我们必须看到以下四个趋势：

第一，国民经济投资拉动的格局正在发生演变，固定资产投资的边际收益率不断下降，在高储蓄率支撑下消费驱动成为我国经济增长的必然选择。伴随着投资拉动的动能衰减和消费时代的到来，我们依赖的传统的大型基础设施建设项目明显减少，且持续产生的增量有限，房地产业也已经发展到一定的程度，余地可判。大企业的市场地位在一定时期内虽然会持续保持，但对我们来说，随着银行同业竞争和企业自身经营管理能力的提高，以及利率市场化和金融脱媒的推进，其收益空间会快速地不断收窄。今年财政部出台了“23号文”，规范金融企业对地方政府和国有企业投融资行为，共同防范和化解地方政府债务风险，商业银行传统的政府信用业务再次受到较大冲击。

第二，金融新生业态在互联网技术的催生下快速诞生与迭代，强大的金融科技应用能力和数据的运用能力使其快速介入与颠覆，新业态新模式对传统银行业务的冲击很大，对我们来说“消失的银行”绝不是危言耸听。

第三，目前实体经济与虚拟经济的关系出现严重偏差。虚拟经济与实体经济的关系，我们计量的比较理想的黄金比例是16.7∶1，而现状是30∶1左右，确实不匹配。实际上，实体经济和虚拟经济就像肌肉和脂肪，要有一个很好的比例。人如果没有脂肪，是不健康的，会营养不良，容易得肝类的病，而脂肪太多又容易得血液病。虚拟经济和实体经济的配比应该是存在一个合理比例，而不合理的配比状况终究会得到校正。作为金融界人士，理当在这方面进行探索，有所研判，促进校正。虚拟经济主要包括房地产和金融，在国民经济结构校正过程中，实体经济随着供给侧改革的深入必然减负，呈现生机，而“双小”战略是支持实体的金融服务，正逢其时。可以预见，未来市场的快速成长，将更多地依赖于无数实体经济的新兴主体和成长主体。我们国家目前注册的市场主体（包括小微企业、个体工商户等）有7300多万个，这是一个十分庞大的数字。要知道这不仅是一个数量概念，未来更多的腾讯、阿里都会在其中诞生成长。商业银行的成功，不应该仅限于服务已经成功的大企业，因为它们获取金融资源的能力已经很强，并正出现趋之若鹜的“羊群效应”，更应该关注的是大家往往忽略的小企业，如果我们对这些真正成长中的小企业给予适当的金融支持，它们未来很多会成长为大企业。所以，我们有责任在万千小企业中去发现和支持未来有成长潜力的小企业。

第四，大型银行的竞争主要是体系型竞争，过去更多依赖同质化量级对抗，而未来，能够胜出者一定是战略性差异化竞争者，战略的前瞻性和高远性在历史关键阶段就至关重要。在此，不由想起一些地区发展例子。大家都知道，新中国成立后出现了一些靠重工业发展起来的城市，大项目居多，大企业聚集，整个城市都因为一两个大型企业而兴起，老百姓生活很幸福，但多年过去后，因为背靠这个“大”字，不抓住机遇调整结构，不积极推动产业升级，不充分培育市场，当市场深度开放后，面对新经济常态和高质量发展的新要求就无法适应，发展持续性就面临极大的困难。这些地区发展经历给我们提供了很好的启示。我们应该认识到，大趋势变迁的考验是很残酷的，当我们依然沉浸在做“大”的业务习惯中时，却丝毫不知巨大风险已经投放出阴影，危机正一步步走来，毫不夸张地说，这个时候，我们可能还在“灰犀牛”背上狂欢，一旦他狂奔起来，会抖落掉背上所有的舞者。今天，我们必须要有强烈的危机意识，一定要认识到我们正站在发展和衰落的关口，面临着艰难的选择。

经过反复讨论研究，总行党委认为，在新的时代背景下应该面向蓝海、面向大众、面向草根，在巩固好传统优势的同时作出战略调整。为此我们提出普惠金融战略行动计划，即迅速实施“双小”战略。用“双小”与“住房租赁”“金融科技”相互形成战略支持；用“双小”连接和承接“双大”，用住房租赁连接和承接住房按揭，用金融科技连接和承接对公对私业务，从而充分融合原有优势，紧密连接外部市场，造就我行差异性和综合性的竞争优势。

“双小”战略指小行业、小企业。这个小行业，是指细分行业演进状态下的小行业，是细分市场基础上的小行业，是专业化精细化的结果，并不是说容量小的行业，因此并不代表小众市场，而是大众市场。而小企业，是指海量的小微企业和个体工商户等市场主体，有的与大众生活息息相关，有的代表未来社会发展趋势，有的是围绕乡村振兴战略的新型农业经营主体等，这些目前相对弱势的企业没有被金融满足，但却是关系国计民生，关系未来发展的方向性领域，里面商机巨大！特别是高科技领域，“中兴事件”震动全国民众，原来对高科技出口限制真能掐住我们的脖子啊！但我特别想跟各级领导和同志们说的是，实际上真正的高科技并不是都掌握在大企业手中，高科技的未来还是看中小企业，只不过中小企业缺资金、缺市场，作为大的商业银行应当有责任去帮助它们。大家常常觉得大企业拥有高科技力量，其实并不尽然，高科技的初级阶段往往都是小企业在艰苦探索、承担风险，当有了一定成果或产品成型后，大企业往往凭借财大气粗将其收购。过去我在其他金融机构推动过中小企业对接，就是把中国的中小企业带到国外，把外国的中小企业引进来，撮合下来发现，这里面有很多高科技企业，有的甚至我都不敢相信。经过这些摸索后，发现高手确实在民间、在中小企业。我们建行人长期以来都做惯了大项目、大行业，习惯了大企业的运营模式、服务大企业客户的方法，但是我们一定要随着时代的变化，将目光向中小企业集聚，向中小企业转移。

可以说，在新兴金融科技的支持下，传统的“二八”定律正在被颠覆，未来的金融，必将是得草根者得天下，我们要看到时代发展的大势。向“双小”转移是战略侧重点的转移，而并非放弃“双大”优势。应当说，无论是对“二八”定律的认识还是实施“双大”战略，既基于当时外部形势判断，也源于我们服务中小企业的能力不足。在那时，我们服务大企业已经应接不暇，确实很难再有能力服务中小企业，精力和风控能力都跟不上。事实上，在我们的金融科技平台建成之前，或者说在我们整个风控体系变革之前，中小微企业贷款不良率为7%～8%，也是事实。今天，我们之所以敢将我们的战略向“双小”转移，就是基于我们“新一代”平台技术和能力的支撑，我们能够通过大数据筛选出优秀中小企业，这就成了建设银行的核心竞争力，同时，我们还很好地借助了税务等外部的力量。过去的策略是能力不足的无奈选择，当我们具备这种能力的时候，无论从道义还是自身战略考量，都要在这方面发力了。换句话说，我们现在具备了西瓜和芝麻一起捡的能力，此时，大家要牢记两句话，一是不忘初心，要保持我们传统业务的优势；二是与时俱进，要根据形势变化调整战略重心。

当前，我们正站在建设银行的历史转折点上，正处在对已实施20年的业务战略再次进行研究思考的重要时刻，建设银行要老树发新枝，顺应国家经济发展大势，主动变革，调整战略。战略调整不仅在于方法转变、模式转变，更需要观念转变、思想转变。习近平总书记在博鳌亚洲论坛2018年年会演讲时指出，“一个国家、一个民族要振兴，就必须在历史前进的逻辑中前进、在时代发展的潮流中发展”。普惠金融战略具有深远的经济意义和社会意义，发展普惠金融，不是被动地完成中央下达的任务，而是我们要主动承接社会责任，顺应发展大势的体现，也是规避金融风险的重大举措。党中央、国务院对普惠金融服务都有非常明确的要求，总行党委也作出了重大战略决策，大家要尽快转变观念、统一思想，要把思想统一到党中央和国务院的战略部署上，统一到总行党委的具体实施计划上，并落实在具体行动上和工作中。

二、创新思维，深入把握普惠金融战略的科技属性

为什么要把握其科技属性？刚才我讲到，过去小微企业贷款不良率高，为什么，因为那时靠的是传统的打法，靠的是人工操作，这注定是行不通的。普惠金融战略的实施要基于科技属性，不是靠良好的愿望，而是要靠实打实的能力。普惠金融战略的落脚点和实施核心就是平台经营、数据经营，就是以金融科技为支撑，要由单一提供金融产品到搭建外部交互开放、内部充分整合的平台，为市场和客户提供深度服务，要通过增强客户黏性和认同，不断增长的流量和交易来拓广拓深经营空间和未来市场。一句话概括，就是以互联网思维，运用好平台经营模式，不断提高数据资产经营能力，打造普惠金融新生态。

（一）互联网思维

基于互联网的大数据、云计算等科技不断发展的背景，我们要对市场、用户、产品、企业价值链乃至整个商业生态进行重新审视和思考。以前我们以客户为中心，其实是以客户价值为中心，选择高净值客户提供金融产品，帮助客户提升价值。而互联网时代以客户为中心，是以客户关系为中心，谁能吸引更多的客户沉淀，建立更广泛的、稳定的客户联系，谁就能赢得大数据和大市场。

（二）服务平台建设

互联网思维的核心特点是大数据、零距离、透明、分享、易操作，实施方式即平台经营。我们要以平台经营模式做实普惠金融战略，即由建设银行搭台，各方唱戏，与各类用户、各种场景深入连接，多方融入，共享交互。集聚客群，经营“内容”，生成“流量”，实现数据积累，再经营数据资产，创造更丰富的内容，进一步增强客户黏性，产生更多“流量”，从而实现客群—内容—流量—数据—客群的良性循环。

平台经营模式在建设银行已经有了非常好的实验，例如，我们推出的住房租赁蓝海项目，既是落实中央“房子是用来住的、不是用来炒的”要求，也是自身业务发展的需要。住房租赁综合服务平台一经打造出，发展得如火如荼，并且有了进一步的深化连接，目前有些省市已经把智慧城市平台交给建设银行的科技公司，就是看中了建设银行住房租赁平台建设的实力。4月18日，建信金融科技公司挂牌，意在搭建同业合作共享平台，把建设银行的科技成果对外输出，服务社会，打造同业合作生态。

"双小"与"双大"战略的根本不同还在于平台建设。"双大"更多的是个性化服务，而"双小"则在于平台上的资源整合。因为客户需要的不仅仅是个别产品服务，而是一个全方位的金融生态。要以金融科技应用为支撑，通过客户聚合、场景接入、数据集成，输出产品，实现服务。

这个平台一定是开放的，要"走出去""引进来"，将普惠客群、银行同业、地方政府、核心企业、第三方服务机构等均迁到普惠金融平台上，"多位一体"，实时交互。要融入客户生产生活场景，与住房、购车、餐饮、出行等服务应用连接，挖掘潜在商机。精准定标客群，解决"痛点"，切中要害，实现"大片"客户的快速接入，引导和创造客户需求。

普惠金融平台面向客户的是金融产品、交易服务、综合服务等。可搭建基于客户视角的金融产品超市，形成供应齐全、优势突出、组合多元的产品体系，满足客户信贷融资、资金结算、投资理财、在线 ERP、融资与融智、线上与线下相结合的"一站式"金融需求。运用区块链技术，促进传统贸易融资向依托产业链的"交易金融"模式跨越，实现资金流、信息流和物流"三流闭环"，持续开展数据挖掘利用，扩大客户服务范围；还可以提供全生命周期管理服务，包括孵化服务、咨询服务与成长型服务等。

（三）大数据应用

普惠金融平台的载体是跨越各种终端设备的，比如电脑、手机，甚至未来智能穿戴设备。后台支撑的是全方位打通的系统，以及开放式接入的各类数据及数据挖掘应用。用户无论在任何时间、任何地点，以任何方式接入平台，均能实现客户信息同步整合，实现多点触发，集成管理。平台内沉淀积累的数据信息是未来建设银行的重要资产，要以企业级视角，分析挖掘数据价值，支持客户精准营销、产品创新优化、精细风险管控、客户维护与价值创造、流程效率改进等多维功能，打造数字化管理条件下的竞争优势。

三、抓紧布局，推动普惠金融战略的实施

去年普惠金融攻坚战打下了一个很好基础，积累了宝贵经验，业务发展已初具规模。普惠金融战略确定后，要迅速进行业务扩面，产品连线，要在全行做起来，展现出我们行动的力量。

（一）健全体制机制，构建普惠金融的新格局

现有的体制机制存在很多问题，要站在全行角度，打破部门界限，建立一套适应普惠金融战略实施的责任机制与政策体系。

一是建立适合的业务经营机制。未来，建设银行普惠金融客户将形成可观量级，这给我们目前的经营体制带来不小的挑战。客户经营管理不好，不仅难以提供高质量的服务，更容易出风险。我们要着力推进一体化经营、综合化服务和系统化管理。对市场联系紧密、经营及风险特征相似的客户群体相对集中经营。加强与普惠各类市场客户的衔接，强化中后台支持保障，深化客户关系管理。

目前，总行、分行、支行"三级"普惠金融垂直组织架构已经形成，但是要注意，机构设置不能停留在挂牌上。总行已责成有关部门近期下发文件，明确职责和经营定位，强化责任落地，确保建立结构完整、职责清晰的普惠金融组织架构体系。这方面监管要求非常具体，包括激励机制、事业部制等都有具体要求，我们要结合总行的安排具体落地。

二是充分整合人力资源。普惠金融客户群体分布广泛，且多扎根在基层，光靠小企业部的人员是不够的，就是把公司部都加上，人员也是不够的。传统方式根本解决不了客户数量众多与我行专职人员严重不足之间的矛盾，而金融科技的发展释放了大量的前台工作人员，带来问题解决的新契机。我每到一个网点，都要问前台工作人员的学历和工作经历，他们很多都是名校毕业的研究生，也工作多年，这些人员是建设银行的宝贵财富，而高科技的发展，可以让他们从柜台中"走出来"。因此，普惠金融业务前端营销渠道的铺开，正可充分借力网点人员的释放，要提高他们复合型客户服务能力，这样既解决专职人员不足的问题，推动普惠金融服务机构向基层网点及县域、农村延伸，扩大服务覆盖面，同时也为大量一线工作人员提供了职业生涯发展的好机会。

三是搭建普惠金融研究体系。实际上普惠金

融是一个国际化的大课题。大家熟知小额信贷创始人尤努斯的故事，他为贫困农民贷款，核心就是如何在一个村镇里面，在农民之间搭建起一个信用体系，让农民之间互助，其实就是一个小额信贷银行。他找到了解决问题的运营模式，而且身体力行进行了实践，为此获得诺贝尔奖。在普惠金融领域里，还有许多亟待解决的理论和现实问题。作为国有大银行，我们更应有所发现、有所突破。为此，我们将建立产学研结合的普惠金融研究智库，并加强应用，发出建设银行的普惠金融声音，成为国内乃至国际普惠金融研究的领先者、推动者和影响者。

（二）配置战略资源，形成发展合力

今年，总行党委下决心全力推进普惠金融业务，下一步扩面经营将涉及更多业务领域，这时候就要将政策安排体系化并转变为长效性政策机制，持续保障普惠金融战略资源和差别化政策支持，在落实银保监会“五专”经营机制的基础上，形成相对完整的普惠金融政策体系，与普惠金融战略定位、经营发展需求及监管要求相适应，促进普惠金融业务专业专注专营。

首先，保障专项规模。这事很重要，要针对普惠金融业务快速增长需要专项配置普惠金融贷款规模，各行不得挤占挪用，对超出分行规模部分，总行要统一调度，有效配置，要强化考核约束，按季对用不完的规模及时收回。特别要向各省市分行行长们强调，普惠金融既然成为全行战略，就意味着总行领导会专门督导。前段时间发现，有些行在规模紧张时会先缩小普惠金融的规模，这是不行的。普惠金融业务经营主要靠金融科技、靠平台运营，大部分不见客户。所以大家别因为不见客户，落不着人情，就把规模先给别的业务做了。还有一点，过去小微企业贷款为什么不良率高，一个重要原因是存在道德风险。这点我要再作强调，我们越是推普惠金融战略，就越得把要求提明确，坚决不能出现借着这个由头把七大姑八大姨的事儿都办了。希望大家在新的时代，要树立我们银行人的新形象和新格局，真正把普惠金融作为事业来抓。

其次，建立符合普惠金融业务特点的专项绩效考核制度，完善差异化考核指标体系。绩效薪酬管理和激励约束要跟上，横向考核方面，将普惠金融业务纳入协同部门进行共担考核，纵向考核方面，要加大“普惠金融”在一级分行 KPI 中的考核权重。同时，考核导向上要向平台建设倾斜，总行各部门、省市分行“一把手”要多搭建、多使用平台，多连数据多拓客户。能不能运用互联网思维，能不能迅速把普惠金融抓出成效是衡量各位“一把手”是否具有现代银行的领导素质和责任心的重要指标。现代商业银行行长们，尤其是“一把手”，特别是省市分行的“一把手”，一定要有互联网思维。那种靠关系把一个行业拢住，靠饭局弄来几十亿、上百亿存款的时代过去了，能不能运用好互联网思维、运用好大数据，是对我们现代银行领导者的一个挑战。我这两天在写一个“五四”青年寄语，希望咱们年轻人在未来让建设银行科技化，让建设银行潮起来。能不能跟上新时代的发展，其实并不以年龄划线，有的老同志对科技着迷，对新的金融生态趋势把握得很精熟，相反有些年轻干部真聊不出东西来。所以，互联网时代，具备不具备现代金融管理的意识、具备不具备新一代银行家的素质，不单看年龄。老同志们不要泄气，年轻同志如果跟不上趟儿就更不可原谅。大家要学习，要有紧迫感，要对现代科技、现代金融着迷，要有学习的热情。我们的省市分行行长们管理着成千上万人，掌握着省市经济发展的重要支柱，那么大的资产交给你，一定要勤于学习、善于思考，特别是善于运用现代科技成果，这点至关重要。建设银行的大数据、住房租赁，靠的是金融平台，无人银行、金融科技公司等都是围绕科技，实际上中小企业业务也是围绕科技的。希望我们各级领导，特别是“一把手”，在这方面要有紧迫感和危机感。不能因为我们一个人不思进取、不勤于学习，最后把我们的事业耽误了。总行党委考核干部，在这方面也会非常留意，会持续关注和考察。

另外，普惠金融涉及很多非建设银行传统擅长经营的领域，是新兴主体、新产业、新业态。因此，总行相关部门要加强研究，信贷管理制度、审批制度要创新，要契合客户特点，跟上业务发展的要求，也要定立相关的考核指标。在此，给总行的同志们也提点要求。各相关部门千万注意，普惠金融不光是一个小企业部的事儿，这是整个

不忘初心　牢记使命 勇做实干担当的时代弄潮儿

——在青年管理人才培训班上的授课内容摘要

田国立

（2018 年 5 月 14 日）

参加这次培训班的主要是 45 岁以下，正处以上的同志。来的路上我突然有个灵感，前两天我有个同学，也是建行的员工，把我当年在深圳参加中青年干部培训班的发言稿寄给了我。那时建行也连续办了几期中青班，结束时有个汇报交流，每人作个发言。时隔几十年再看自己的发言稿，感觉挺有意义。所以，我让人力部给大家都印一份。每一位建行人，都在不同的层次为建行的事业奋斗过。从发言稿可以看出，那时建行人面对怎样的环境，所思所想为何。时代不一样了，但创新精神是一样的，只是我们需要面对和解决不同的问题。

刚才我跟胜利聊，这次培训班可以称作“大专班”，接下来我们还要办“本科班”“研究生班”，但无论如何，培训的目的就是交流，只要是交流就得用心。虽然今天的场地大了一点，但我仍然想和大家多一些直接的交流，我们尽量打破这个距离，有机会的时候，或者我问到什么的时候，大家可以随时和我互动。

一、坚定马克思主义信仰，厚植为国为民的家国情怀

2018 年 5 月 4 日，纪念马克思诞辰 200 周年大会在北京隆重举行。我有幸参加大会，现场聆听了习近平总书记发表的重要讲话。总书记强调我们纪念马克思，是为了向人类历史上最伟大的思想家致敬，也是为了宣示我们对马克思主义科学真理的坚定信念，共产党人信仰的就是马克思主义。马克思作为马克思主义的主要创始人，从整个科学理论的设计到实践探索，都当之无愧是共产党人的革命导师和精神领袖。马克思主义是共产党人理想信念的灵魂。我们纪念马克思，就要学习马克思，学习和实践马克思主义，真正把马克思主义这个看家本领学精、悟透、用好，让马克思、恩格斯设想的人类社会美好前景在中国大地上得到生动展现。

（一）领导干部要做马克思主义的坚定实践者

人民性是马克思主义最鲜明的品格。正如习近平总书记在讲话中指出的，“马克思主义第一次站在人民的立场探求人类自由解放的道路，以科学的理论为最终建立一个没有压迫、没有剥削、人人平等、人人自由的理想社会指明了方向”。马克思主义之所以具有跨越国度、跨越时代的影响力，就是因为它植根人民之中，指明了依靠人民推动历史前进的人间正道。党的十八大以来，习近平总书记反复强调“不忘初心、牢记使命”，反复强调“以人民为中心”，就是因为我国是共产党长期执政的国家，中国共产党人作为马克思主义的忠诚信奉者、坚定实践者，始终把人民立场作为根本立场，坚持全心全意为人民服务的根本宗旨。不论社会环境怎样发展变化，科技水平、生活水平如何提升，我们都不能忘了自己的初心和使命，就是为中国人民谋幸福，为中华民族谋复兴。

马克思主义从来不是书斋里的学问。习近平总书记在讲话中引用了马克思的一句话：“哲学家们只是用不同的方式解释世界，问题在于改变世界。”对此，我感触很深。实践性是马克思主义理论区别于其他理论的显著特征。马克思提出

的社会主义发展逻辑是建立在科学理论体系之上的严密推理。一个理论体系的伟大是要经过时间检验的，发展过程中也会经历波折和起伏。如果说苏联解体导致国际社会主义运动陷入了低潮，那么中国特色社会主义的成功实践，则使马克思主义的科学性与真理性得到了充分检验。现在有个电视节目叫《马克思是对的》，每期节目都组织知名理论专家、高校青年教师和全国大学生代表走进教室，围绕“马克思为什么是对的?”等主题展开问答。其实，随着中国社会不断发展进步，大家都能从现实中真切感受到马克思是对的。中国人民有幸在历史的关键时刻选择了马克思主义，选择了中国共产党的领导。随着中国特色社会主义事业发展壮大，共产主义的忠实追随者一定会越来越多，这条路也会越走越宽。作为建设银行的各级领导人员，我们要认真思考马克思主义和实际工作的密切联系，持续梳理、学习和实践马克思主义，不断提高运用马克思主义分析和解决实际问题的能力。

（二）领导干部要始终把老百姓的安危冷暖装在心里

我国社会主义已经建设了多年，社会主义市场经济也发展了多年，在此过程中肯定会产生很多理论问题和现实问题，大家也会有很多思考。但无论发展到什么阶段，习近平总书记反复强调的“不忘初心、牢记使命”都是我们共产党人永恒的主题。建行的传统优势是“双大”战略，在经济高速发展时期，我们致力于为国家基础设施建设和国有大企业提供金融服务，但真正深入中小工商企业，深入百姓生活可能并不是太多。事实上，我国作为社会主义国家，各行各业的发展都要植根于人民，都要坚持以人民为中心。作为国有大银行的领导人员，我们要始终把老百姓的安危冷暖装在心里，不能干着干着有时候就忘了“从哪里来，到哪里去”。

举个例子。这次我到陕西安康调研定点扶贫工作，顺道调研了西安曲江支行。曲江支行门脸不大，也就百十来平方米，装修得非常规范，也很现代，取号机、智慧柜员机都整齐摆放着，难能可贵之处在于专门设置了一处给出租车司机、环卫工人喝水的“便民茶水间”。这就是不忘初心的实际行动，是建行人应有的社会责任。一件小事可以看出一个习惯、一种文化。虽然出租车司机和环卫工人进网点喝水，可能和周围办业务的客户在着装形象上不太一样，但这就是他们的工作状态。只要我们不忘初心，有为人民服务的意识，就会从心里接受和高兴能为他们提供这些力所能及的服务和便利。

建行作为国有大银行，我们理解习近平总书记的“不忘初心”，就是要围绕新时代让社会美好起来，主动承担起扶危济困的责任。传递爱心，其实很多都是举手之劳的小事。和陕西分行座谈的时候，我提出来能不能把在网点设置“便民茶水间”，开放卫生间作为建行向社会献爱心的统一行动，请总行渠道部、办公室一起来设计和评估，在确保安全的前提下为环卫工人、出租车司机等普通劳动者提供便利服务。之前，我到上海分行“无人银行”调研，发现那儿也设置了电子“图书馆”，“图书馆”里有5万多册图书，客户不仅可以直接查阅，手机一扫，还能把书保存带走。我想，这些其实都是爱心使然，是文明的传递，也是中华民族优良传统的延续。

过去我们常讲“穷则独善其身，达则兼济天下”。从事金融工作的人员恐怕论平均收入、论教育水平，在社会上都属于精英阶层，在市场竞争中也处于优势地位。考上名牌院校，成为精英不只是为了光宗耀祖，或者找到更好的工作多赚钱，而是标志着一个人受过良好的教育，意味着为社会承担更多的责任和义务。中华民族的进步，特别是当前我国经济从高速增长向高质量发展迈进，需要社会每一份子都贡献自己的力量。别看我们现在修大楼很快，但在把厕所管好、弄干净等小处却仍然存在很多不足，在社会基础文明建设上还存在不少短板。这也是习近平总书记倡导推进“厕所革命”的原因所在。最近李克强总理访问日本，国内又开始重新研究日本。日本的国民文化程度，民众对环境卫生的重视、对公共秩序的遵守，其实都是一个国家文明的表现，是要下工夫的。作为金融人，我们既要带头遵守社会文明，更要发自内心地关注和帮助社会弱势群体。习近平总书记反复强调“以人民为中心”，其实就在我们的举手投足之间。我想，建行的网点那么多，如果我们能够在安全条件允许的情况下，在网点为环卫工人、出租车司机提供热水，开放卫生间，一定能为社会奉献一份爱心，增添几分光和热。

（三）金融应该成为解决社会难点、痛点最温柔的、无痛的“手术刀”

马克思科学揭示了人类社会最终走向共产主义的必然趋势，也为我们把握金融本质，研判金融发展趋势提供了重要支持。按照马克思的设想，在未来社会中，“生产将以所有的人富裕为目的”“所有人共同享受大家创造出来的福利”。当今世界，开放融通的潮流滚滚向前。人类社会的历史车轮正沿着马克思设计推演的逻辑不断前行。随着生产力快速发展，物质财富更加丰富，人们交往方式更加和谐，搭建了开放、合作、共享的平台，个人拥有更加自由而全面发展的条件。世界已经成为你中有我、我中有你的地球村，各国社会经济发展相互联系、相互影响，彼此很难切割，相互伤害是谁都不能承受之重。这些都同马克思对共产主义的设想相吻合。

金融是社会经济的血脉。搞金融的人如果不懂社会，就很难把金融搞透了。我们要学会跳出工作本身，以更宽广的视野，更长远的眼光理解社会现象，把握社会发展的总体趋势和方向。如果金融工作者把社会问题看透了，那么金融就是解决社会难点、痛点最温柔的、无痛的“手术刀”，虽然其他办法最后也能解决问题，但都会有不同程度的副作用，付出的代价和社会痛苦会比较大。而金融工作者如果有责任心、有服务意识、有专业能力，不仅会发现社会问题，同时还有能力解决这些社会问题。

当前流行的共享经济，从一定程度上讲，正是建立在共产主义的理论基础之上的。共享经济并不强调产权的所有、占有，而是倡导社会资源的共同使用。各种低成本、便利化、开放式的共享产品，比如街上随处可见的共享单车、共享汽车，都极大地提升了大众的生活便捷度。共享经济是最节省资源，让人类社会更加和谐的发展模式，会越来越打破社会资源的私有化。其实，房地产市场也一样。现在大家都爱买房，一方面是对美好生活的向往，同时也是觉得买房能升值挣钱。但人的欲望都是无止境的，财力却是有限的。用什么办法来解决？我觉得就是共享。习近平总书记反复强调“房子是用来住的，不是用来炒的”。随着社会不断发展进步，房子一定会回归到居住的基本功能和使用价值上来。建行着力打造“要租房，到建行”的住房服务品牌，就是要落实总书记的指示要求，运用金融的专业手段设计产品，解决社会的难点和痛点问题。我相信，随着共享经济的发展，随着物质的极大丰富，社会大众的思想观念都会逐步转变过来。作为金融人，我们应该在这方面先知先觉。

二、深入推进三大战略，承担社会责任解决社会痛点

去年以来，总行党委相继推出了住房租赁、金融科技和普惠金融三大战略，我认为都是基于共享经济和共产主义理想的初衷来设计和推进的，所寻求的商业逻辑就是为社会贡献更大的力量，为人民提供更好满足美好生活向往的金融产品。当然干成了之后，市场效果也会很好。当我们承担起社会责任，解决了社会痛点，自然能得到公允的回报，获取相应的经济效益，成为真正的市场赢家。

（一）住房租赁战略

去年11月初，总行党委推出了住房租赁金融服务，不到半年时间，就与320个地级以上城市，也就是全国超过95%的地级以上城市签约住房租赁平台合作。之所以能这么快，正是因为建行积极响应以习近平同志为核心的党中央号召，找准社会痛点，契合人民需求，提供了适销对路的金融产品支持。这就是顺势而为的力量。作为商业银行，我们不仅要精通金融专业领域，而且要把政治、经济、社会、法律等方方面面的问题都想透、融会贯通。只有这样，我们才能胸有成竹，知道往哪里发力，才能去引导社会金融消费。

“以人民为中心”“不忘初心、牢记使命”不仅是政治家的责任，也是各行各业工作者，尤其是金融工作者的责任。怎样才能实现“房住不炒”？只有解决了居住的“刚需”问题。当前，我国的房地产市场已经被赋予了过多的金融属性，大量的社会资源和资金被配置到了房地产市场。大家都是做金融的，知道房地产其实不算是好的金融商品。炒房的交易成本很高，既要缴各种税费，而且过户慢、流通性差。但近十年来只升不跌的单边市场，鼓励人们把房子当作金融商品去

投资了。长此以往会激化出很多社会问题。这时谁来提供解决方案？我觉得应当是建行。因为我们对房地产市场很熟悉，有很深刻的理解，“要买房，到建行”是我们曾经在住房金融领域打造的最有特色的品牌。

为什么我强调金融实际上是温柔的、无痛的手术刀？因为我们只有养成了思考社会痛点问题的习惯，才能不断发现商业机会。所有的商业机会都聚集在社会痛点上，我们有多大能力解决痛点，就有多大能力为未来赢得机会。作为建行人，我们应当拿出当年参与住房制度改革的勇气，设计新的金融产品，大力培育住房租赁市场。因为只有租户才是“刚需”，无论怎样限制“一手房”的首付比例，都不如培育租赁市场更好，这也是世界各国的普遍做法。2014 年美国租赁住房占比在 37% 左右，2010 年德国超过了 55%，2015 年新加坡 82% 以上的人口居住在政府建造的组屋里。从这些数据可以看出，即使是发达国家，也不是人手一套房子，全部依靠买房来解决居住问题。人民对美好生活的向往是无止境的，怎样解决住房问题？最好的办法就是共享。作为专业人士，我们有责任落实党中央和习近平总书记的指示，围绕共享、围绕租售并举主动设计金融产品，解决社会问题、承担社会责任。

所有的商业模式都是从实干中出来的。不知道大家有没有关注现代通信技术的发展。3G、4G、5G，一代比一代先进。现在 5G 很热。5G 到底有什么用？5G 比 4G 好在哪？现在大多数人未必清楚。真正的商业模式得先有了 5G 之后，由商业机构围绕 5G 的功能再来设计开发。其实住房金融服务也一样。原来建行就想帮助社会解决住房租赁的问题，后来住房买卖也需要监督，这方面的功能就加上了。刚才重庆分行的同志讲分行帮助政府开发了“一手房”买卖的资金监管系统，其他银行的数据都要通过建行走；湖北分行的同志讲武汉市政府在政府文件中直接明确由建行和住房管理部门联合开展的工作，全市住房租赁市场所有中介都在建行平台备了案；云南分行的同志讲分行帮助政府推进“智慧政务”。建行做这些事，真不是急于挣多少钱，但资金从建行走，自然就会发生沉淀。当我们建成网络，把各地房地产信息都汇集起来的时候，就会像 5G 一样，总有一天会爆发，这就是承担社会责任能够带来的价值。

未来银行吃利差的机会越来越少，国外银行的利差很低，吃利差的时代已经一去不复返了。现代银行之间比的是向社会提供的服务和产品，而不是资本和信贷规模的扩张。在座的都是建行新一代的处长、行长。一个人是不是“现代”，不能只看年龄，还要看是不是勤于学习、善于思考。建行推进住房租赁金融服务，没有用传统商业银行的打法，而是运用互联网思维，采取了平台经营的模式。平台一定是开放和交互的。今年的全行工作会上，我说了一个概念，建行建立全国性的金融平台，就好比给社会经济血脉接了一根“输液管”，原来要解决的主要问题是住房租赁金融服务，这是容易和社会各界与政府部门达成统一意见的。但平台建立之后，往里面输什么液就可以根据市场和客户需求来延伸，这就叫“一生二，二生三，三生万物”。年轻金融人比的就是思维方式和方法论。大家要认真学习习近平总书记系列重要讲话，这不仅是政治要求，更重要的是通过学习掌握马克思主义唯物辩证法，掌握科学的方法论。方法论非常重要。领导干部如果没有方法论，没有科学的思维方式，很难把事情做大。刚才几家分行的同志发言所讲的其实都是方法论的问题。当我们掌握了方法论，承担起社会责任，解决好社会痛点的时候，副产品才是收益。

建行人，特别是你们这一茬的年轻人，应该有宽广的胸怀、格局和气度，不能小家子气，只盯着具体的客户和项目。总行的同志一定要有基层情怀，熟悉了解基层的情况。基层的同志一定要有总行的视野、宏观思维，即使是县支行行长，也应该有宏大的格局。因为你是负责一方的“一把手”，这个机构的发展好坏、前景好坏、荣辱都拴你身上了。如果你有思路，大家都受益，队伍会越来越有心气。如果你没有思路，窝窝囊囊，最后大家都跟着着急。过去我们讲“兵熊熊一个，将熊熊一窝”，说的就是这个道理。领导干部尤其是年轻干部应该有一股子争强好胜的劲头，不是说要硬拼、死缠烂打，而是要有大智慧和大格局，有服务国家社会的情怀。

（二）金融科技战略

总行党委推出的三大战略，其实都是离开科技干不了的，都深深植根于科技。传统的商业银行谁最早从战略上使用高科技，而且迎合未来的科技发展趋势，谁就必然得天下。最近互联网创新太多了，谷歌在人工智能领域一直突飞猛进，从最早的围棋人工智能 AlphaGo 赢了韩国棋手李世石，到最近人机直接情感交流，又一次实现了不得了的突破。这也让我们思考，人类的价值在哪里？建行为什么要在实施“双大”战略的同时向“双小”转移？因为，大数据和信息技术使银行具备了批量获客的能力，谁先适应这个，谁就能拥抱未来。大家一定要紧跟科技和时代的脉搏，推动建行的商业模式和未来发展同步。过去我们讲时代潮流浩浩荡荡，顺之者昌，逆之者亡，其实科技潮流也是如此，顺之者昌，逆之者亡。

最近，建行率先成立了金融科技公司，但成立公司也不只是从盈利的角度考虑。作为国有大银行，我们一定要有承担社会责任的大情怀。当我们不是只奔着钱去的时候，有时候反而能做得更加到位，社会也会给予我们公允的补偿。做银行的，千万不能忘记初心，最后成了只会斤斤计较的钱商。现在银行的风控工作还存在不够深、不够细的问题。客户来贷款，先把房子抵押上，一看房子值 10 亿元，就给 5 亿元贷款，我们是在开银行还是典当行？为什么银行贷款额度比阿里大多了，却没有像阿里那样赢得社会尊重？阿里基于大数据运算，几分钟就能贷出款去。从表面上看，这是技术能力的比拼，但更主要的我认为是大银行干着干着有时候就失去了社会责任感。阿里既有社会责任感，又有技术操作能力，后者正是得益于大数据的支撑。金融工作者的责任感就是得有能力把信誉摸透了，不能总坐楼里，贷款就看谁家有几个大楼作抵押，既省事又不承担责任。如果这样，银行就把社会责任都丢了，该付出的辛苦没有付出。社会信誉环境不好，我们就要想办法去收集信息，不能怎么省事怎么来，结果几家大银行一块“垒大户”，拼命给有资产的人贷款。最后，客户看穿了这个逻辑，戏弄的就是大银行的懒惰和官僚。作为国有大银行的一员，我们必须勤奋起来。没有信息，就收集信息；风险控制不行，就下工夫研究。怎么能真正把社会最需要的金融资源配置到位，同时能把风险防范好，这就是银行的本事。谁有本事既能寻找市场机会，又能规避风险，还能让客户满意，谁就是未来的金融家。

建行坚持一张蓝图绘到底，建成了业内领先的“新一代”核心系统。三千多人聚一起，集中花了六年时间开发，其中积累的基础数据又岂止六年。在当前我国整体科技水平还不发达的情况下，很难要求每家银行都有一套这么强大的科技系统。这有几方面的原因，一是达到这样的科技水平不容易；二是科技投入不容易，需要花费大量的人力财力；三是对金融的深刻理解更不容易。建行作为国有大银行，对风险的控制能力、对信息的提取能力、对运营系统的设计能力是其他中小银行所不具备的，建行具备了这些优势，就应当担负起帮助国家推进金融科技事业的使命和责任，让社会更多地分享先进的科技成果。现在已经有不少小银行想用我们的系统，甚至连内部的人事管理、财会记账都要给我们，以后它们自己不再开发系统了，建行在金融科技领域的规模优势、聚合优势就体现出来了。社会主义最大的优势就是整合资源的能力强。国有大银行应当率先垂范、身体力行，在整合资源方面帮助国家探索和设计路径。同样是一套系统，过去我们服务建行那么多分支机构，现在服务中小银行，就是巨大的资源整合。当我们实现规模经营的时候，会产生多大的财富效应？所以干银行如果只谈钱，境界就低了，就不是合格的银行家。金融工作者要善于运用金融的手段解决社会问题。当我们有了大思路的时候，必然能突破厮杀得你死我活的红海，拓展蕴含庞大市场需求的蓝海。这就是我们把住房租赁金融服务称作“蓝海项目”的原因。金融科技也一样，虽千万人吾往矣，奔蓝海去，一定会越干越有意义。

前些天，建行的贷记卡系统由主机平台下移到分布式开放平台。不知道大家有没有关注这件事？下移听着简单，实际上涉及技术路线的抉择，原来都放在大型机上，现在要部署到开放平台。这样做有两个重要意义：一是如果不把核心系统从大型机上剥离出来，放在开放平台，受限于主机厂家的支持服务能力，后续对外服务共享和中小金融机构的合作，就失去了前提；二是分布式

开放平台对设备的要求没那么高，就不是非得用主机，普通X86设备就可以了。这就是极强的科技议价能力。最近发生的“中兴事件”告诉我们，命脉的东西必须掌握在自己手里。当我们多一个选择的时候，就有了议价能力，价格就会降下来。现在的芯片刚出来时卖的都是天价，但技术上一旦有了新的突破，就立刻会被淘汰，这就是高科技。作为金融工作者，当我们有智慧解决这些科技上的问题，解决应用环节上的问题，对整个国家和社会都会非常有意义。所以，大家一定要有全球视野、宏观思维、家国情怀，要养成关注科技趋势、使用科技产品的习惯，趁着年轻的时候多下一些功夫，开阔视野，坚持外语学习，多收集和看看国外的资料。当我们把这些往一块儿聚的时候，在一点上准会有突破。

（三）普惠金融战略

谈到不忘初心，不能忘了普惠金融。在传统模式下，我们的小企业贷款不良率曾有7%、8%，但这次总行党委仍然下决心将普惠金融战略上升为全行战略，主要基于两个原因：一是党中央有明确的要求，央行也出台了一系列激励优惠政策；二是国有大银行理应承担起发展普惠金融的社会责任，在小企业业务上发力。如果银行都奔着房地产商去了，那谁还干实体经济！而且房价一旦跌落，就是重大的系统性风险。大家要把这些问题想透了。这次我去陕西和小企业客户聊，他们也有很多苦恼。虽然银行的贷款利率不高，但总要求企业提供第三方担保，提供担保就要给担保公司支付相关的费用。其实很多时候真出了事，担保并不能发挥作用，只是解决了程序的合法化问题。搞金融的人一定要明白实质重于形式，设计大的战略逻辑和金融产品的时候一定要深知中国的国情现状，否则就会脱离实际。发展普惠金融业务也不是光有热情，头脑一热、不惜血本完成任务就行，而是需要金融工作者呕心沥血，付出智慧和辛劳去精心设计金融产品，把党中央的意图转化到现实中，把责任承担起来。应该说，经过这段时间的摸索，建行打下了很好的基础，祖继行长和更生副行长真是花了心血部署指挥，对做好这项工作充满了责任心，也有很高的专业水平。当建行通过对大数据的筛选、连接和整合，具备了批量获客的能力，又拥有实实在在的避险能力，我们才敢拍着胸脯说，普惠金融战略要上升为全行战略，从“双大”到“双小”，“芝麻西瓜一起捡”。

建行一直有服务中小企业的爱心，但过去有时真的爱莫能助。我曾经说过，建行实行“双大”战略的时候，既有服务国家大项目的自豪，其实也有对中小企业服务能力不足的无奈，但现在现代科技赋予了我们服务中小企业的能力。所以在座的各位，尤其是基层行的同志们，你们在市场打拼的时候，一定要与时俱进，深刻理解总行党委的战略，真正把普惠金融当成事业来干。过去我们常说谁有关系、谁拉了大客户才厉害，但现在时代不同了，谁有批量获客的能力，谁就是英雄。普惠金融也是向社会彰显建行金融服务能力和科技水平的一个窗口，一种自信。依托金融科技，我们不见客就能获客，通过互联网直接放贷，效率很高。这方面各分行都有很好的例子，下次找机会跟大家沟通，今天就不交流了。

这次去安康扶贫点，我一直和大家探讨如何扶贫的问题。在以习近平同志为核心的党中央高度重视下，到2020年农村贫困人口实现脱贫的目标很快就要实现了。下一步怎么办？作为国有大银行，建行理应帮助国家去研究和探索。如果只是拎斤把两，帮助贫困户达到现行标准，虽然也算基本完成任务，但实事求是地讲，现行扶贫标准的基数还是比较低的。作为金融工作者，建行人有责任去探索可持续的、基于商业化模式的扶贫之路，在跨越2020年后，用持续的金融力量和机制去固化扶贫成果。这就要求我们在日常工作中，特别是普惠金融工作中，努力去设计一些模式帮助贫困户。贫困户一般获得的多是捐赠式的、慈善性的无偿捐助，很难持续，效果也很难固化。而普惠金融则可以通过产业扶贫的方式，不仅让贫困户脱贫有望，还能解决脱贫后的致富问题。比如通过给当地能人优惠贷款，吸纳一定数量的贫困户就业，实现稳定脱贫、持续脱贫。这些做法大家都可以探索、慢慢试，不要以2020年为界线。银行要做的就是通过普惠金融的渠道，将有限的金融资源直接滴灌到实体经济中，再通过实体经济折射到贫困区县、贫困村和贫困户，固化扶贫成果。建行有35万多名员工，近1.5万个机构网点，如果我们行动起来，一定能在这方面有所成就。

在安康，我们还参观了建行在汉滨区财梁社区捐助的一个小学。听说学校边上唯一的餐馆是建行的小微客户，我们就去走访。店主是非常朴实的两口子，男的在和面，女的是主厨，在蒸馒头、包子、烙饼、做面汤。餐馆的服务对象主要是学生、老师，还有学校后边的施工单位。建行给餐馆的贷款并不多，就2万元。但有了这笔钱，小餐馆就开起来了，否则就周转不动。其实，店主有稳定的收入来源，又是本乡本土的人，一般都不会为了2万元打包袱撤了。有时我们对小微客户不放心，主要是因为这些年贷款不良率以及客户信誉度的原因。但骗银行的往往都不是这些人，尤其像农民这么纯朴的人。银行之所以不愿给农民贷款，一是缺乏对中国社会的深入调查而导致的误读，二是因为自身的懒惰和不作为，三是嫌贫爱富。干银行的都乐意和大企业打交道，收入稳定，安全感又强，但是改变中国社会面貌，不能只靠大企业，而要更多地依赖于万千小行业、小企业。现在到了银行该自我反省的时候了，国有大银行理应承担起发展普惠金融的责任，尤其是现代科技给了我们这个能力，就更应该发挥带头作用，把责任担起来。当我们大踏步前进的时候，这必然又是一个新的蓝海，会让整个中国金融生态发生变化。金融是社会经济的血脉，血脉通畅了，整个社会的状态就会不一样。作为金融工作者，我们深刻理解习近平总书记的系列讲话，就是要将总书记提出的“以人民为中心”“不忘初心、牢记使命”落实到战略上，付诸到实践中。

三、坚持事业为上公道正派，带头珍惜人才、廉洁奉公

（一）树立“众里寻他千百度”的人才价值观，努力发现人才、用好人才、留住人才

各级带“长”的干部都承担着带队伍的领导责任，希望大家在这方面的管理水平能够有所提升，最主要的就是要发自内心珍惜人才。也许大家会反问，谁不珍惜人才？但其实遇到具体事的时候，并不一定能做到。比如，这个人能力强，但有点个性；又比如，有些专业人才为了事业，有时难免会有职业上的坚守。这时大家就要开明一些，要学会理解和包容这些技术人员和专才，学会带队伍，因为作为领导干部，大家不是光完成任务指标就可以了，还承担着给总行、分行发现干部、发现人才的责任。

什么叫人才？这次我到安康感触很深，给大家讲讲认识老毕的故事。这段时间以来，我心里一直琢磨普惠金融和互联网扶贫的战略要落地，关键是人才问题。认识老毕是在这次安康考察的最后一站——汉滨。中午吃工作餐时，我请办公室安排当地干部和行里派来扶贫工作的同事与我坐在一起，更多地了解些当地的情况。老毕就是这个时候端着他的盘子被请到我身边的。老毕一看就是典型的西北汉子，起初我还以为他是本地干部，主动问他是哪里人。他说：“我就是陕西人。”我又问：“你在汉滨区工作几年了？”“两年。”他回答。“一直在汉滨区，还是从别的县调过来的？”我想多了解一下当地干部的扶贫任务。他说：“董事长，我是总行派来扶贫挂职的副区长。”那时我真挺尴尬。老毕并不善于言谈，后来我又一句句询问了他的情况：老毕全名毕宗让，西安交大本科和研究生毕业，主修计算机组织与系统结构；来安康之前在总行股权部村镇银行管理处任副处长；总分行工作的经历主要集中在计算机、村镇银行、风控条线。我正愁到哪里寻找懂金融懂互联网熟悉农村情况的干部呢？老毕无疑让我眼睛一亮，这样的复合型人才原来就在我身边。“个人有什么要求和打算吗？”我问老毕，心想怎样激励他继续在这里干一段时间，把普惠金融和互联网扶贫结合起来，创出个能落地、可在全行复制的模式来。老毕说：“我还有几年就退休了，如果可以，就在安康干下去了。总行要是真搞普惠金融和扶贫挂钩，时间短了不行，这是个慢活儿！可这活儿很有干头！”老毕的要求让我非常感动，当时我就和同行的同志说：“这是众里寻他千百度，蓦然回首就坐我旁边。”战略越宏大，越需要有人俯下身去探索路径和可行性。现在建行大力发展普惠金融，正需要一大批懂科技、懂小企业，而且能够深入基层、精准对接的人才。我相信像老毕这样了解农村情况，掌握计算机与互联网技术，特别是理解贫困户、懂风险控制的同志，在建行是不多的。当你把这几个维度的要求放在一起，符合条件的就叫人才，就要加以使用和善待。

在最需要的地方配置人才，用心留住人才，是每位管理者应当承担的责任。曾经执掌花旗银行19年的沃尔特·瑞斯顿说过："人力资本将流向需要他的地方，并会在正确对待他的地方停留，我们无法驾驭他，只能吸引他。"有的时候人走，我们不能只抱怨体制留不住人，也要扪心自问，是不是举手投足之间有时候对人怠慢了、忽视了，很多时候走的人并不完全是为了钱。我走的单位比较多，在建行各个层级都干过，有一条经验就是带队伍，除了待遇留人，还得感情留人。如果不用心留住人才，人才就会离我们而去。等一个人说要走的时候，其实往往已经晚了，你想他得有多大的勇气跟你告别。当然，并不是一走人就是管理者无能，有时也能证明我们培养的干部优秀。但作为管理者，用心留住人才既是组织对大家的要求，也是大家应该努力的方向。我们一定要记住，人和人的差距有时特别大，有没有用上合适的人，业务发展的结果可能完全不一样。如果我们各级领导干部不把用人作为头等大事，觉得今天这个人走了，耽误不了什么；明天那个人走了，也没有关系。长此以往肯定会出事。作为领导干部，我们不能只注意留住那些有客户资源，离开了会把存款等真金白银带走的人，而忽视了那些真正有功夫的、有匠人精神的人。伟大的事业都是靠年头熬出来的。很多特别专业的人，未必招领导喜欢，因为这样的人有时有点木讷，或者有点拧，身上有这样和那样的弱点和不足，但正是这样一大批有个性、有特点的人才，奠定了建行持续发展的基石。

领导干部不论身在哪个层级，都不要官气太重，千万不能享受权力，尤其当你能左右他人升迁予夺的时候，千万不要过这个瘾。不能因为和有的人走得近了，就多给一些，也不能因为有个三亲俩好的，就厚此薄彼。人的本能都是倾向于喜欢身边人，但是领导干部一定要克制这个倾向，要努力去发现离自己更远的人才，更不能遗忘了那些默默干活的同志。还有各级行长也不要轻易许愿，指着人家干活时，就说："你放心，我给你说去"，一是说了未必能成，更重要的是使用干部要坚持公平公正。没原则、没规矩的许愿，只会破坏风气。作为领导干部，我们要坚持从党和国家事业发展和建行事业发展出发，把每位同志的积极性都调动起来，把整支队伍带好。这里涉及平衡的问题，其实平衡最难，尤其是到了分行行长、支行行长这个层面，手下的中层怎么提、怎么确定先后顺序，都是对大家平衡能力的考验。

使用干部出于公心，第一自己没有遗憾，第二大家都会给你公正的评价。一个单位乱不乱，群众都看在眼里，自有公论。大家都是党和国家的干部，都是革命同事，彼此是为了事业聚在一起的，提拔不是领导个人的恩泽，别总希望人家感恩戴德。习近平总书记在讲话中多次引用过我国的一句古话："志合者，不以山海为远。"大家要始终记住这句话行大道、行公道，根据事业发展需要，出于公心使用干部。要树立"众里寻他千百度"的人才价值观，努力寻找那些为党和国家事业、为建行事业脚踏实地干事的人才。要发自内心关爱人才，关心他们的生存状态，知道他们在想什么，有什么办法能够帮助他们解决具体问题和实际困难。职位始终是有限的，但事业是无限的。各级组织要努力为广大干部员工打造事业的舞台，让大家在事业的舞台上尽情释放出彩人生。党的十八大以来，党风政风都在不断向好向善发展，我们也希望建行在这样的大环境下，进一步打造风清气正、简单清新的文化环境。其实，建行一直有这样的历史传承，到了这一届党委，我们也会努力为大家创造一个好的环境。

（二）坚持廉洁奉公、守好底线，在道德水准和个人操守上树立更高标准

最近，我们原山东分行行长薛峰涉嫌严重违纪违法，正在接受监察调查。这样的事在建行过去也发生过，有的还是我们身边的同事。有一次检察机关过来带走了我们一个年轻人。当时我问检察官同志："能不能再给一个机会？"他说："没办法，事犯这儿了。"作为他的领导，望着这个年轻人被带走的身影，我内心有一种深深的自责。当然一个人走上犯罪道路有较多因素，但作为单位领导，平时注意严格管理和思想沟通、提醒，就可以尽可能地降低发案率。

党的十八大以来，以习近平同志为核心的党中央，以革命家的气魄、大无畏的精神、超凡的智慧和勇气，铁腕惩治腐败，推动形成了反腐败斗争压倒性态势，让党风政风为之一新、党心民心为之一振，也让国际社会刮目相看。过去聊起反腐，好像是我们的“软肋”。我曾经在新加坡参加一个国际论坛，有嘉宾在大会上公开讲中国的腐败问题，当时我很生气，第一时间就离场了，并将不满转达给了主办方，但这也从一个侧面让我们反思当时的腐败问题有多严重。党的十八大以来，党风廉政建设和反腐败斗争取得了丰硕成果，不仅得到了全国人民高度肯定，也得到了国际社会的普遍好评。我想和大家说的是，对于银行工作人员，尤其是领导干部，不仅要严格按照党纪国法来做事，杜绝任何形式的行贿受贿、利益输送行为，而且要在道德水准和个人操守上树立更高标准。

最近总行对一些群众来信进行查核，绝大多数和反映情况有出入，但确实也有个别影影绰绰，我们让被反映的同志解释，能讲清楚的组织上也都接受。用毛主席的话说就是我们应当相信群众、相信党。总行党委充分信任各级领导干部，但我还是想提醒大家，说不清楚的事尽量少沾，“瓜田李下”的事不要做。特别是一些权力部门、信贷部门的同志，更要小心，谨言慎行，现在监督执纪越来越严。党的十九大报告明确指出：“强化不敢腐的震慑，扎牢不能腐的笼子，增强不想腐的自觉。”从“不敢腐”“不能腐”到“不想腐”，这是三个递进的境界。作为银行工作人员，我们理应做到“不想腐”。因为大家一毕业就在建行参加工作，都能拿到不错的收入，而且随着职业生涯的发展，收入还会更高。如果有这么高的收入，还要收取不法之财，那道德水准就太低了。

干金融的人如果守不住清白、尘心妄动，风险其实特别大，因为你是社会资源的整合者。干银行一旦贪起来，就是不归路，因为银行机会太大，你很难适时收手。这就和抽大烟一样，抽上之后很难戒掉。我当年入行参加工作，老领导说的一句话我记了一辈子。他和我说：“小田，你参加工作进了银行，要把看钱像看纸一样，不能心动；否则，非出事不可。”这句话一直是我的座右铭，今天也分享给年轻同志，就是希望大家不要起邪念，否则最后收不住。另外，千万别信所谓的“江湖朋友”。干了一辈子的银行，类似“我们这个关系你还信不过吗”这样的话我听多了，悲剧也见多了，最后行贿的没判几年，受贿的都受到了法律的严惩。为了一点小便宜，最后身败名裂，犯得着吗？其实别人给你送礼的时候，内心是瞧不起你的。那些带着不正当的利益动机，向你行贿、带你消费、见场面的肯定都不是好人。大家必须把这根弦儿绷紧了。基层的同志直接面临市场，更容易被“围猎”，要是心中没有信仰、没有党性原则，真抵不住。因为这是“围猎”，“猎手”会有很多办法，让你特别自然，心安理得地接受这些不该得的东西。人一定要有信仰和信条。当你心里干净的时候，任何时候都能踏踏实实，不怕风吹草动，但一旦有丝毫动摇，麻烦就大了。今天借这个机会，给大家提个醒，千万要警惕那些有不正当利益动机的人。

当然，做银行的一个熟人没有也不可能。我们不能把企业家都想成坏人。但有品格的企业家，用不着给你送礼，因为他实际是给银行机会。相反，那些明知借钱还不了的才会不惜代价拉拢你。往往这个时候，双方也都心知肚明。千万别自欺欺人，说自己不清楚情况。我也是放了一辈子款的人，研究过很多项目，有些出了不良的项目，真是银行的专业判断有问题吗？也不是说绝对不能给熟人贷款，但不论给谁贷款，都要切记，钱放出去，必须按照公平公正的市场原则办，如果没有守住这个原则，就会自毁前程，很多悲剧也因此而产生。建行的例子就不少，这里就不再列举了。

无论业务经营还是职业发展，大家都要遵守程序，不要试图走捷径，千万别相信江湖上给你搭个话，让你认识几个人就能走上仕途的快车道。一个人只要走惯了捷径，迟早会有一天摔跟头。建行的舞台很大，有为自然有位。这次参加培训的同志，过去的各个时期表现都很优秀，只要踏踏实实干事，把事干好了，都会有很好的职业生涯发展。党中央一直倡导政清人和，选人用人要简单清新、风气正。我们的组织人事部门是清正廉洁的，我也敢在这儿替大家拍胸脯，如果他们在这方面有任何问题，你们就找我。出现问题不仅是他们的失职，也是我的失职。总行党委向大家保证，会努力打造风清气正的用人文化，为大家创造良好的职业发展环境。我本人大学一毕业就来到了建行，是在建行一级一级成长起来的，深知没有前辈们好作风的带领，建行不会有今天。

同样，如果我们现在把风气搞坏，既对不起大家，也对不起过去那些信任我们的前辈们。所以，我们一定要把好的传统和作风传承下去，这不仅是总行党委和组织部的责任，也是全行各级领导干部共同的责任。大家在带队伍、选干部的时候，也要经常扪心自问，是不是真出于公心？是不是公平公正？选出来的人德才配位吗？建行的事业是一代又一代建行人辛勤付出的结果，建行的未来都寄托在青年人才身上。大家在廉洁上不应当让总行党委着急，不光要守住底线，在个人的道德上、操守上标准还要更高一些。

习近平总书记讲过："一个时代有一个时代的问题，一代人有一代人的使命。"建行的发展需要包括大家在内的一代又一代有志青年的接续奋斗。我到行里调研的第一站就是总行开发中心，那里的年轻人很多，他们的工作热情和专业让我深受感动。作为领导干部，我们要用心和年轻人交流。五四青年节我给全行年轻同事写了一封信，花了不少工夫，用了很多新潮的词，就是想带个头，用心和年轻人交流。我到大兴支行当行长的时候，刚满 27 周岁，当时领导得担多大的责任。总行党委充分信任大家，大家也要充分信任手下的年轻人。自古英雄出少年，年轻人平时可能有些毛糙，但建行的未来就在他们身上。要敢于放手使用年轻干部，干出成绩的时候要热情鼓励，真出问题的时候也要严格要求和及时指导，正如习近平总书记所说，严管才是厚爱。

大家多是 45 岁以下的年轻干部，也都到了重要的领导岗位上，不能因为自身眼界不够开阔、学习不够勤奋，耽误了所辖机构的发展。这次培训班是总行党委研究决定举办的一次中青班。我曾经参加过中央党校的中青班，收获很大，希望大家能够充分利用这次闭门五天的学习机会，相互交流、学有所获。我给培训班的教学方法提个建议，把参加培训的 190 多人分成几个小组，让每位同志都在组里讲讲自己的精彩故事和对总行的建议。为什么我把自己的文章推荐给大家？因为那篇文章就是我当支行行长参加总行中青班后在领导面前做的一个发言。我也希望大家把参加培训的所思所想都写一写，各组选出比较好的，再做一次交流，我和行领导一起听听大家的汇报。谁讲得好与不好，都由各组的学员自己来评选和推荐，我给大家提供一个范文，期待听到大家更精彩的故事。

我就讲这么多，谢谢大家！

用民主凝聚力量　以温情释放动能
奋力书写新时代建设银行改革发展新篇章
——在第四届职工代表大会第三次会议上的讲话

田国立

（2018 年 5 月 17 日）

尊敬的东风主席，各位代表、同志们：

大家好！全行四届三次职工代表大会圆满完成各项议程即将闭幕。这次会议深入学习贯彻习近平新时代中国特色社会主义思想和党的十九大精神，围绕解决员工关注的重点问题，审议职工代表提案，共商建设银行发展大计，选举了新的职工监事，表彰了全行劳模先进，是一次发扬民主、务实高效的大会，也是一次凝聚共识、团结奋进的大会。在此，我代表总行党委向大会胜利召开表示热烈祝贺，向各位职工代表和全行员工致以亲切问候，对中国金融工会常务副主席张东风同志的莅临指导表示衷心感谢！

会前，总行党委及高管层的同志与来自全行各个条线 50 余名劳模先进进行了交流。时间关系，只有几个代表发言，但他们每个人的故事都非常感人，正是这一个个鲜活的故事才让建设银行的事业有声有色，像一曲美妙的乐章。每项荣誉的背后，大家的付出都是超乎寻常的。请工会将这些劳模先进的事迹编印一个小册子，送给每位行领导和人力资源部，各个省市分行也要如法去做。从他们身上，我们看到了奋力拼搏、奋发有为的劳模精神，看到了栉风沐雨、薪火相传的建行文化，更深切感受到员工是建行事业的根基，是建行最宝贵的财富，只有紧密团结和紧紧依靠广大员工，大力弘扬建行优秀文化，才能推进建设银行高质量发展，书写出新时代建设银行改革发展新篇章。下面，我代表总行党委讲几点意见。

一、以习近平新时代中国特色社会主义思想为指引，推进建行民主管理向高质量发展

习近平总书记明确指出，“要把加强党的领导和完善公司治理统一起来，建设中国特色现代国有企业制度”。“要健全以职工代表大会为基本形式的企事业单位民主管理制度、厂务公开制度，组织职工依法实行民主选举、民主决策、民主管理、民主监督，使职工群众的知情权、参与权、表达权、监督权得到更充分更有效的保障。”习总书记的讲话深刻揭示了国有企业民主管理的发展方向和内在规律，也使我们对以职代会为基本形式的民主管理有了新的审视和定位。我行从 2005 年率先在金融系统建立职工代表大会（以下简称职代会）制度以来，已经召开了十二次职代会。职代会制度在探索中前行，在实践中优化，已成为我行民主管理的重要形式。同时我们也要看到，职代会建设还很不平衡，对职代会建设的重要性和必要性认识还不够，职代会还存在走过场、搞形式主义、发挥作用不够等问题。新时代要有新气象，更要有新作为。要以习近平新时代中国特色社会主义思想为指引，深入分析当前企业民主管理工作面临的新情况和新问题，充分发挥企业民主管理的独特优势和积极作用，更好地服务改革发展稳定大局。需要指出的是，任何事物都有一定形式，没有形式，内容也难以保证，要在实践探索中让形式和内容有机统一起来。如果没有工会这个平台和职代会这个形式，我们行领导不可能亲自听到劳模的声音，也不可能听到

职工代表的宝贵建议。不能只把职代会当作形式，要真正把员工的声音和期盼带上来。只有形式和内容的结合越来越完美，建行才会越来越好。因此，工会建设永远是一个不断探索和完善的过程。

一是把民主管理作为完善公司治理、实现科学决策的重要方法。面对瞬息万变的市场，企业要作出正确决策，单凭领导个人经验远远不够。民主管理的本质就是大家的事大家商量着办，商量的过程，就是一个发扬民主、集思广益的过程，是一个科学决策、精准决策的过程。推进民主管理，关键是完善现代企业制度，核心是使所有者、经营者、劳动者之间通过股东大会、董事会、监事会、经理层以及党组织、职代会形成各负其责、协调运转、有效制衡的关系，使公司法人治理结构更趋完善。党组织发挥政治核心和领导核心作用是公司治理结构中最具中国特色的内容。我行已将党的建设写入公司章程，要进一步确立以职代会为基本形式的企业民主管理在公司治理中的地位，坚持发展为先和员工为本相结合，坚持法治思维和基层首创紧密结合，形成更加科学的诉求表达机制、利益协调机制、问题处理机制和权益保障机制。要深化职代会的标准化建设，加强职工代表巡视督查，建立决议执行情况的跟踪机制；健全职工监事的选举和工作制度，提高职工监事履职能力。要深化行务公开的程序化建设，坚持全面公开、真实及时、人人参与、持续改进，建立责任定位、责任考核、责任追究等工作机制。要深化沟通协商的常态化建设，建立健全工会、职工和企业行政对话协商制度、民主恳谈会制度，努力为职工参与企业决策、民主管理和民主监督搭建平台，把问题和矛盾化解在萌芽状态。

二是把民主管理作为构建和谐关系、凝聚发展力量的重要平台。建行股改上市时，部分员工买断了工龄，现在其中一些人经常来总行上访。处理这些问题当然是负责维稳的部门和有关领导的职责。但是我想对职工代表们说，这些上访人员多是建行老员工，如果离开建行后在外面干出一番事业可能就不会来了，来上访是因为遇到了这样那样的困难。他们曾经是我们的同事，现在可能是我们的客户，如果大家认识这些同志，可以去做做劝导工作，动之以情、晓之以理，可能效果比领导出面更好。思想工作有时是“一把钥匙开一把锁”，并非谁官大谁就能开这个锁，各位代表、劳模也许就是开这把锁的钥匙。来上访是承受着各方面压力的，我们会尽最大努力在政策范围内解决历史问题，但有些问题按照政策是难以解决的。大家如果能做做上访人员的劝导工作，也是急总行党委之所急。这也算是我们委托各位职工代表、劳模先进的事情，但不是硬性任务。这些年，全行各级职代会在维护员工合法权益上做了大量工作，研究解决了员工薪酬分配、休息休假、社会保障和女员工特殊需求等一系列重点难点问题；从三届三次职工代表大会开始推出温暖工程，实事求是做好员工关爱顶层设计并持续深化，有效调动了员工的积极性、主动性和创造性。在社会转型、经济转轨的特殊时期，各种价值取向交织汇聚，特别是部分年轻员工思想容易波动，一些发达地区员工离职率较高。要坚持问题导向，关注员工诉求，发挥职代会等民主管理制度解决问题、化解矛盾、保障员工合法权益、构建和谐劳动关系的积极作用。各级职代会既要维护员工合法权益，也要注意防止和纠正个别人员的偏激行为；对明显不合理的要求，要注意做好教育引导工作。职代会在研究讨论问题时，要引导大家从大局出发，推动管理层和员工良性互动，增强员工对行内各项决策的认同，维护改革发展稳定大局。

三是把民主管理作为完善监督机制、营造风清气正的重要手段。职代表会、行务公开等制度在建立之初，就承担了加强党的建设、预防和惩治腐败、强化党内外监督这一基本功能。职代会坚持民主评议领导班子和管理人员，对从严治党、从严治行起到了正向作用。这些年，我行反腐败斗争保持了高压态势，职代会的作用不可小觑。实践证明，全行30多万双眼睛和民主监督权利是党风廉政建设的一把利器。随着全面从严治党向纵深推进，各级党委脱离群众、违反群众意愿的事情大大减少，工作作风有了明显转变。但仍有个别领导干部习惯高高在上，对群众诉求漠不关心，或把职工对上级领导的批评建议置之不理、束之高阁。民主监督寓于民主管理当中，各级党委要把职代会作为“正衣冠、照镜子”的好机会，把民主管理制度作为党风廉政建设的重要手段，进一步扩大广大员工知情权、参与权、表决权、评议权、选举权。要正确认识到职工代表通过参政议政，实现对党委工作作风、能力和成效的监督，推动党对企业的领导上水平，是在帮助党委树立威信。要高度重视职代会的每一件提案，确保“职工有呼声、党委有回应”。今天上午职工代表发言，提出的六个提案比较典型，是员工呼声较高的，有关部门要认真解决，特别是要解决好涉及员工保险、福利待遇的提案。办银行全靠钱吸引人不行，但这些年银行基层员工福利待遇的吸引力其实是在下降，这是员工流失的重要因素。代表提案不只这六个，还有很多是员工反映强烈的，我们都会认真考虑、认真解决。我也庆幸现场听到代表提案，这和在办公室看文字材料效果截然不同。员工的呼声，无论是福利待遇，还是业务产品开发，一定要畅通反映渠道，总行部门有时难以考虑那么周全。中午吃饭时，内蒙古分行一位代表就反映，改进产品的意见建议需要半年时间才能落实解决，能否有个基层意见建议反映直通车或便捷平台。这个建议就很好。新一代系统很先进，但这只代表科技先进，科技永远替代不了我们对工作的责任心和对客户服务至上的追求。要有高科技，但是不能唯高科技，还得靠各级部门和广大员工。总行的同志要有基层的情怀，基层同志也要有总行的视野，这样就能上下联动、形成合力。员工意见对党委都有重要参考价值，要加强调研论证、充分吸纳。总分行要加强对职代会制度落实的检查监督，重点监督检查会议准备情况、提案回复情况、职工反响情况，把结果向下一级党委反馈，不断提高职代会等民主管理制度的运行水平。

二、视员工为最宝贵的财富，促进员工与建行共同成长

人是生产力最活跃、最根本的因素，离开员工、忽视员工，企业就是无源之水，无本之木。我们必须尊重员工主体地位，发挥员工主体作用，促进员工与企业共同成长。

一是发展依靠员工。建设银行要发展壮大、做优做强，需要科学规划、资源聚集和市场机遇，更需要人才支撑。广大员工身处基层一线和市场前沿，最熟悉市场、最了解客户，他们直接感受到各种新情况、新问题、新商机，对银行的改革发展最有发言权。无论是改进服务、降低成本，还是革新技术、增加效益，员工都最具首创精神和不可轻易替代的价值。进入新时代，贯彻落实习近平总书记对我行提出的增强“三个能力”要求，担负起服务实体经济、防范金融风险、深化金融改革“三大任务”，必须紧紧依靠全行广大员工，最大限度地激发每名员工的积极性、主动性和创造性。我们正处在一个变革的时代，新的金融业态不断出现，特别是随着大数据、区块链和人工智能等金融科技发展，正在加速改变银行的经营生态和竞争模式，必须顺应潮流，培养一支高素质、专业化的员工队伍，形成新的竞争优势，实现更高质量发展。

二是事业成就员工。一个优秀的银行要有人文精神，既要对国家和社会负责，也要对客户和员工负责，这样的银行才是可持续发展的。历经60多年的改革发展，建设银行始终与祖国同呼吸共命运，与人民同发展共成长，形成积淀了优秀的企业文化，特别是股改上市后，建行明确把“为客户提供更好服务，为股东创造更大价值，为员工搭建广阔发展平台，为社会承担全面的企业公民责任”作为企业使命，以其博大胸怀吸纳了海内外优秀人才，推动建设银行一次又一次腾飞，成为国内领先的大型国有商业银行，为经济社会发展作出突出贡献。这背后是文化的力量、是事业的感召，也凝结着每一位忠诚建行事业的员工的心血和智慧。我们有责任将建行文化发扬光大，更有责任促进每一位忠诚建行事业的员工与建行共同成长，努力把员工关心的干部人才队伍建设、薪酬福利体系建设、职位职级体系优化、培训培养体系优化等问题解决好。要把增强员工职业发展能力作为对员工最大的关爱，把培训作为对员工最好的福利。衡量银行好坏的指标不仅是经营业绩，还要看培训水平。当教育培训还不能成为银行文化让同业羡慕时，就不是最好的银行。最好的银行包括最好的教育培训，无论是员工思想政治、专业技能的教育培训，还是员工职业素养、宏观思维的教育培训，都应当纳入教育培训体系，总行党委也正在下大力气抓教育培训。

要鼓励敢于担责扛事、能够引领发展的优秀干部脱颖而出。要坚持向基层一线倾斜政策和资源，特别是为直接面向市场和客户的员工打通职

业通道，鼓励员工到基层建功立业。目前，总分行的各级领导约有70%是基层土生土长出来的，这说明建行基层员工的上升通道很宽，希望广大员工立足基层干出一番事业。要树立公正的用人导向，为每名员工创造公平竞争和共同发展的机会，让人才引得进、留得住、用得好。以80后、90后为代表的青年员工是建设银行的未来，他们身上涌动着无尽的创造活力，充满了求新、求变、求发展的热情。当前，全行正在大力实施普惠金融、住房租赁、金融科技三大战略，广大青年要把握机会、建功立业，各级领导更要理解支持和选拔培养青年。未来建设银行的一切金融产品都要围绕高科技、紧贴老百姓去打造设计，这一定是一个非常有前途的事业。五四青年节，我给全行青年写信，称青年是建行“最酷”的一群，一定能把建行“潮”起来，其实这说的就是一个趋势和未来。因此，要把培养年轻人作为一项战略工程来抓，帮助他们设计好政治成长和职业发展两个规划，也希望广大员工把个人发展融入建行事业，在奋斗中实现自我价值、书写幸福人生。建行是一个干事业的地方，要用业绩说话，千万不要想走捷径，人生其实未必当大官，但是一定要干大事。建行平台之大，足够大家书写更新更美的画卷。希望大家把这次会议精神带回去，带领员工在习近平新时代中国特色社会主义思想指引下，干出无愧于新时代的事业。

我非常羡慕年轻一代赶上一个好时代，但是当你赶上好时代却跟不上时代步伐，压力会更大。大家设想一下，当建设银行把住房租赁平台建设好、运转好的时候，当我们的金融科技公司发挥作用、造福社会的时候，当我们通过普惠金融助力脱贫攻坚的时候，那是多么有意义的事情啊！我时常有一种紧迫感，总担心因为知识不足，使建设银行错失这个大变革的机遇。新时代内涵非常丰富，大家要深刻把握习近平新时代中国特色社会主义思想，认真学习习总书记在纪念马克思诞辰200周年大会上的讲话，做金融工作要强化哲学思维。马克思主义不只是为解放欧洲、解放非洲，而是为了解放全人类的。苏联解体是共产主义事业的低潮时期，但为什么最近马克思又热起来了，因为人类社会发展验证了马克思的科学论断，我们很庆幸选择信仰了马列主义。美国科技发达，但共享经济却在中国最先发生，共享单车、共享汽车都属于共享经济。我昨天和一个来自美国的年轻人交流，了解到美国的金融支付主要还是靠信用卡。广东、浙江分行又推出了“无感”出行、人脸识别付费，这都是金融科技领域最前沿的。现代科技竞争很残酷，可能只有第一没有第二，我们要共同应对高科技挑战。

我们的事业很光荣，因为我们勇立潮头，为社会提供更好的服务和产品，从高速发展向高质量发展迈进。什么叫高质量？当美国人出行还得用信用卡时，我们却实现了“无感”出行、手机支付，这不就是高质量生活吗？当房子租售比扭曲为1:700时，我们发展住房租赁，落实习总书记提出的“房子是用来住的，不是用来炒的”要求，积极倡导住房消费新理念，有效解决房价高、买房难的社会痛点，这不就是高质量发展吗？多年来，房价一直疯涨，买房似乎是正确的。但当建行主动担当责任，把“CCB建融家园”逐步建立起来的时候，社会消费方式就会从量变到质变，也会把像狂奔的野马一样的房价勒住，这不就是高质量发展吗？当年，我们提出“要买房到建行”，是因为谁也不肯买房，指望着国家分房。现在大家都炒房赚钱，建行应该发出理智的声音，引领社会消费观念。其实炒房不合算，有契税、印花税等很高的交易成本。股票、期货、外汇、黄金是金融产品，但如果赋予房子金融属性，对社会是一种灾难。因为有钱人要住房，没钱人也要住房。当我们住房租赁服务越来越好的时候，当租房成为社会风尚和消费观念的时候，房价自然会平稳回落，而且能够防止发生系统性风险。建行最早进入房地产领域，具有最专业的服务能力。坚持以人民为中心，发展住房租赁，解决社会痛点，我们责无旁贷。此外，我们几万亿资金压在房地产领域，一旦泡沫破裂就会酿成灾难。当年日本的经济危机和美国的次贷危机就是源于房地产泡沫破裂。人们都习惯在灰犀牛背上狂欢，但是一旦灰犀牛狂奔起来就会颠覆所有舞者。建行应当有预见，不能摔跟头。因为美元全球化，美国发生次贷危机，全世界帮美国埋单，谁会帮我们埋单？我说了很多，是想把总行三大战略向职工代表们特别是年轻的职工代表们宣传一下。

三是关爱温暖员工。员工的满意度不仅仅取决于物质满足，更取决于人文环境。要以员工最关心、最需要和最迫切解决的问题为导向，持续打造融工作、生活、组织、心理于一体的综合关爱平台，做到物质关爱与思想关爱结合、工作关爱与生活关爱结合、能力关爱与成长关爱结合。各级领导要有基层情怀，要感情留人、事业留人、适当的待遇留人。员工有成绩，要及时宣传鼓励，不能成绩都是领导的。要多考虑员工的生活状况和职业发展，不能光盯着顶头上司，否则就没人跟着你干，暂时跟着你的人一旦有合适机会就会走人，这就是用脚投票。我们有的单位员工离职率高，据说是被高薪挖走的，如果真是这个原因，那还好说，这说明我们员工有市场价值，我们也为培养出这样的员工而骄傲，因为他终究是为社会做贡献。但如果是由于领导人文关怀不够，人家不愿与你为伍，那就是问题了。建行虽说比外资企业、民营企业赚钱少，但毕竟是大平台，员工除了赚钱还有服务社会的事业追求，不能简单把员工离职都归因于为了钱，要相信我们员工有基本的情怀和对建设银行的感情。我和一些离职员工谈话，他们往往是抱怨领导心胸狭窄、做事不公。要努力打造出人尽其才、积极向上的文化，尽可能把每一个人用到合适的岗位上。官位有限，不能都拿官位调动员工积极性。事实上，有的员工从提拔的那一天起，他就觉得他应该奔下一步去了，这就会把他引导到一个错误的价值观上。领导要多想激励员工发挥聪明才智、实现自我价值的方法。比如，一个小团队中的能人确实做出很多业绩，就多发给他奖金，逐步拉开差距，适当宽容一些，也可以激励员工。用人不能完全按一个公式，当领导一定要读懂部下、对症下药。一个单位只抓业务，就会变得越来越冷漠，时间一久就会发生问题。各级领导要多在凝心聚力上下工夫，把36万名员工紧紧团结在党组织周围，在习近平新时代中国特色社会主义思想指导下，朝着总行制定的战略目标共同努力。

党群组织要发挥平台、推手和杠杆作用，撬动整合全行资源，要把关爱融入员工职业生涯发展，稳步推进213人才工程和海外人才库建设，推动建行事业发展和员工个人发展相得益彰。各级领导干部要转变工作作风，密切联系群众，广泛开展“五要谈、五要访”活动。“五要谈”是员工思想波动要谈、与同事产生矛盾要谈、工作岗位调整要谈、遭受重大挫折要谈、受到批评处分要谈；“五要访”是生病住院要访、家庭不和要访、生活困难要访、婚丧嫁娶要访、遭受不幸要访。要把解决员工思想问题和实际困难紧密结合，加强和改进思想政治工作。“五要谈、五要访”只是一个基本要求，关爱员工远不止这些，要在实际工作中不断丰富完善。要持续做好以基层网点就餐、休息、活动为重点的工作环境建设，解决网点通风取暖、更衣和上厕所等基本问题。加强贫困地区、县域地区和少数民族地区的职工之家和职工小家建设，努力打造民主管理之家、学习提高之家、文体活动之家和人文关怀之家，不断增强员工幸福感和归属感。

三、发挥桥梁纽带作用，努力开创新时代群团工作新局面

新时代令人鼓舞，新征程催人奋进，也对各项工作提出新的更高的要求。借此机会，我对全行群团工作提几点要求。

一是要提高政治站位。群团组织是党联系人民群众的桥梁和纽带，讲政治是群团组织和群团工作的灵魂。要坚持以习近平新时代中国特色社会主义思想为指引，树立“四个意识”，增强“四个自信”，自觉同以习近平同志为核心的党中央保持高度一致，坚决维护党中央的权威和集中统一领导，坚定不移地执行党的路线方针政策，自觉在大局下思考和行动。要始终围绕党的初心和使命，围绕习总书记对我行提出的“三个能力”建设要求，把职工群众紧紧团结在党组织周围，引导员工讲政治、顾大局、促发展。要时刻把党装在心中，坚持党的利益至高无上，做政治上的明白人、发展中的领路人和广大员工的贴心人。要认真落实新时代党的建设总要求，以党的政治建设为统领，以坚定理想信念宗旨为根基，以提升组织力为重点，加强党的建设，坚决去除“四化”、反对“四风”，发挥好联系和服务群众的桥梁纽带作用。

二是要找准职责定位。要围绕解决“我是谁、为了谁，依靠谁”这个根本问题，抓住“增强政治性、先进性、群众性”这一主线，承担起组织群众、宣传群众、教育群众、引导群众的职责，以主责主业意识牢牢占据群团工作主战场。

要深入开展理想信念教育和思想道德建设，培育和弘扬社会主义核心价值观和建行核心价值理念，打造积极向上的职工文化；要坚持重心下移、力量下沉、资源下倾，做强做实基层组织架构，建立直接联系服务群众的工作机制，把群团组织的力量和作用充分激发出来；要着力实施职工素质建设工程，培养一批创新型、工匠型骨干，在改革发展攻坚战中发挥带头人和主心骨作用。建行事业和建行文化从来不是空穴来风，是靠一代又一代人接续奋斗才积淀形成的，要把建行优良传统传承下去、发扬光大。在建行这个大平台从事服务社会的工作，是很光荣、很崇高的，如果不想社会责任，只想自己的事，就会越想越没发展，越想越钻牛角尖。希望大家特别是年轻同志要有远大抱负，不要因为我们的精神懈怠和能力不足而耽误建行事业。

三是要推动工作进位。要适应新形势、新任务、新要求，坚持问题导向，坚持群众需求导向，勇于担当责任、勇于直面问题、勇于自我革新，努力把群团组织建设得更加充满活力、更加坚强有力。要坚持党群共建、优势互补、协同发展，强化“互联网 +”思维，开创行内行外互联互通、线上线下融合互动的党群工作新模式。要建立党群组织联席会议、信息互通、资源共享等制度，搭建信息数据共享、工作方法互通的平台。各级党委研究安排工作时，要将党的建设工作和群团工作统一部署，使工青妇等各项工作在思路理念上共通，在措施方法上共振，在效果呈现上共赢；要定期召集群团组织负责人沟通信息、交流情况，形成工作推进一体、组织设置一体、阵地建设一体的党群工作新格局。

代表们、同志们！一代人有一代人的长征路，每一代人都要走好自己的长征路。在决胜全面建成小康社会，夺取新时代中国特色社会主义伟大胜利，实现中华民族伟大复兴中国梦的新征程上，全行要以习近平新时代中国特色社会主义思想为指引，全面贯彻落实党的十九大精神，积极担当国有大行责任，大力推进建设银行高质量发展，努力打造有情怀、负责任、可持续的银行！

服务大众安居乐业　建设现代美好生活

——在全行夏季工作座谈会上的讲话

田国立

（2018 年 7 月 25 日）

新时代标注了新的历史坐标。商业银行以什么样的姿态迈进新时代，亟待探索破题。

西方有识之士对金融业沉疴多有反思。诺贝尔经济学奖获得者罗伯特·席勒倡言，推进金融大众化，建设“好的社会”，把华尔街客户享受的利益带给沃尔玛超市的顾客们。格莱珉银行创始人尤努斯在其新书《普惠金融改变世界》中，开篇以“资本主义的失败”为题，呼吁重新设计整个金融体系。

我国金融发展到今天，取得了辉煌成就，但也面临着旧矛盾和新问题错综交织的复杂局面。银行不能继续陶醉于“灰犀牛”背上的狂欢，留恋于“躺着赚钱”的美好时光。面对新时代经济社会矛盾的新变化，银行是时候该做出改变了。

从哪里来到哪里去，这是永恒的哲学命题。我们做金融，也要多问问自己，银行是干什么的？是为了什么？

习近平总书记指出，人民对美好生活的向往就是我们的奋斗目标。银行要回归到服务社会的本源上，为实现人民对美好生活的向往贡献一份力量。

中国梦具体到人民大众来讲就是安居乐业的梦。金融不应该是“高大上”的贵族话题，它关系到百姓居家生计、柴米油盐。银行属于服务业，是实实在在为大众服务的机构，只有回应人民的期盼和诉求，才有我们的事业发展。这不是我们放低身段，而是社会在俯视着我们，市场在教育着我们。改革开放 40 年来，是千千万万的消费者，是前赴后继的企业家，为银行铺垫了发展的基础、成就了如今的基业。饮水思源，我们要心怀感恩和敬畏，始终把大众的切身利益和安危冷暖放在心上。

金融人的使命，不只是用理论去解释问题，更要找到切实的办法来解决问题。今天，我们只有本着专业精神和社会责任感，脚踏实地解决社会问题，重塑商业银行的价值观和服务文化，才能让银行业重新赢得民众的尊重，让银行工作者重新赢得职业的尊严。

为此，建设银行作出了势在必行的选择：

——蓝海战略落地实施，为“安居”提供建行方案。我们坚持“房子是用来住的不是用来炒的”定位，以金融力量激活住房要素市场、稳定租赁关系、平抑租赁价格，纾解社会的痛点。CCB 建融家园建设、住房租赁综合服务平台推广、建信住房服务公司开业等，我们已形成了覆盖全国的租赁服务网络，打响了“要租房到建行”“要存房到建行”的品牌，引领了“长租即长住，长住即安家”的社会新理念。后续还要由此切入，打造智慧社区平台，多渠道整合社会资源，推动智慧城市建设，营造宜居宜业的环境，使百姓共享现代金融发展的成果。

——普惠金融全面发力，为“乐业”添注源头活水。大数据的时代，得草根者得天下。我们果断启动了“双小”战略，以“双小”承接“双大”，落实共享发展理念，提升小行业小企业的金融服务可获得性。创新普惠金融模式，借助大数据和系统机控推出了“小微快贷”等定制化产品，依托集团战略客户、优质核心企业搭建供应链金融服务平台，破解信息不对称难题，做到普惠金融“精准滴灌”和穿透落地。全面履行社会责任，形成“带上员工做公益、带着客户做公益、带动机构做公益、融合业务做公益”的新格局。在全行营业网点建设“劳动者港湾”，给交警、环卫工人、出租车司机等户外工作者一个歇脚的地方，为社会增添一份温馨。我们深知，金融的普惠性不只是体现在对中小企业金融资源的提供，更体现在从金融的角度对社会各阶层需求的深刻理解，以及对社会大众特别是弱势群体根植于心的服务热忱。我们着力探索普惠金融可复制可持续的模式，形成长效的新机制。

——金融科技引领发展，为“共享”搭建开放平台。我们依托“新一代”系统形成的技术优势，融现代科技、客户洞察、金融场景、产品运营于一体，由过去技术应用者向行业引领者、标准制定者跨越。成立了建信金融科技公司，启动金融科技（“TOP+”）战略：强化科技驱动，为金融发展创新深度赋能；推动能力开放，为社会提供技术和信息共享服务；拓展平台生态，为客户和合作伙伴营造生态圈。我们努力以共享的理念整合资源，以科技的力量造福大众，以金融的智慧回馈社会。

“三大战略”的路径选择，赋予银行格局和视野、情怀和担当，让金融能够真正成为解决社会问题温柔而有效的“手术刀”，成为整合社会资源的“耦合剂”。全行要聚焦战略奋发有为，激发起全员的责任与坚守、激情与创造。要在这些工作中发现和选拔人才，培养和锤炼干部。战略全面实施，也使银行逐步由“宝塔形”转变为“矩阵形”，每个人都能在其中找到自己的定位和发展空间，每个人的好创意、好做法都可能在全行得到应用和推广。这将为广大员工特别是基层年轻人创造更多人生出彩的机会。

金融工作说到底是社会实践工作。像住房难住房贵、融资难融资贵这些社会痛点，都有其复杂的成因，解决起来不可能毕其功于一役。既然“病去如抽丝”，那就让建行人从我做起、从现在做起，既以金融工作者的专业和专注，更以社会工作者的热情和担当，深入社会研究问题，沉下心来一根一根地剥茧抽丝，为社会大众的安居乐业而奋斗！

在巡视工作领导小组会上的总结讲话摘要

田国立

（2018 年 12 月 6 日）

听了巡视情况的汇报，特别值得肯定的是巡视组政治站位和政治敏锐性有所提高，大家能用政治的眼光来看待一个单位、一个班子，能够查找政治偏差，敏锐地捕捉到分行在学习贯彻党的十九大精神、践行“两个维护”、落实“两个责任”、执行党的纪律等方面存在的问题，发现了一些有价值、需要引起党委关注和重视的问题，聚焦和定位更加精准了、评价更加到位了，非常好，巡视工作富有成效。下面，结合近期学习中央关于巡视工作部署要求的一些体会，针对巡视实践中存在的一些不足，以及下一阶段的工作重点，我讲三点意见，供大家参考。

一、准确把握对“两个维护”的监督检查

习近平总书记在听取首轮巡视情况汇报时明确提出“五个持续”的重要要求，“五个持续”是党中央关于巡视工作的最新部署、是深化政治巡视的具体要求、应有内容。贯彻“五个持续”重要要求，必须把监督检查学习贯彻习近平新时代中国特色社会主义思想和党的十九大精神情况摆在首位，这是加强党的全面领导、践行“两个维护”的根本所在。我们要深刻领会、准确把握新时代巡视工作重点任务，坚持稳中求进，坚定不移深化政治巡视。

各组在汇报时都提到被巡视党组织在落实“两个维护”、学习贯彻党的十九大精神方面存在的问题，但是目前大多还只侧重于讲学习不及时、不深入、不扎实，有的仅用一些基层机构、个案事例，或者引用党建知识测试结果来支撑。当然，这些事例和问题都是客观存在的，但反映的只是一个点、一个局部的问题，或还只停留在表层现象，没能够全面地从根子上找出最突出、最根本的问题。巡视工作自身也要防止形式主义，不能只看形式不看内容。检查是不是真正学懂弄通做实，要在“做实”上下工夫，重点要放在结合实际上，不在于表了什么态，开了多少会，而是有没有真正结合地域特点、分行实际，把中央的要求，把总行党委贯彻中央部署制定的制度措施落实下去，这是关键所在。作为金融机构，着力防范金融风险，提升服务实体经济的能力，履行国有大行担当是我们的政治责任。总行党委提出“三大战略”，是建设银行贯彻落实习近平新时代中国特色社会主义思想和党的十九大精神的落脚点，是战略选择，不是另起炉灶。分行党委作为一级党组织，防范风险、服务实体经济、履行社会责任都做了什么？落实“两个维护”、增强“四个意识”不是挂在嘴上的，中央的决策部署、总行党委的战略意图执行得怎么样，该抓的工作抓了没有，该落实的落实没有，这是巡视监督的重点。巡视组要更加科学、全面地对被巡视党组织画像，要更生动、形象，让总行党委对班子特别是“一把手”有更深入的了解，要逐步把巡视工作引向深入。

二、深刻领会中央巡视工作方针

中央确定“发现问题、形成震慑，推动改革、促进发展”的巡视工作方针，逻辑严密、层次清晰，必须一以贯之、长期坚持。发现问题是巡视工作的生命线，我们巡视了这么多年，政治巡视也已经开展两年多了，应该发现什么样的问题，如何看待这些问题，是对我们新的挑战。

一是要着力发现、揭示出对被巡视单位发展有积极意义、促进作用的问题。巡视组每到一个

单位，巡视两个月，除了为总行党委兜上来一些情况，让党委更深入地了解他们，更重要的是帮助他们及时发现问题，推动解决问题，更好地发展。我们和被巡视单位之间不是对立的，目标是一致的，最终落脚点一定是“推动改革、促进发展”。有的问题分行党委不是没意识到，是不好下手，正好借着巡视整改的契机，拿着“尚方宝剑”，可以更好地解决问题、开展工作，这是有积极意义的。还要提醒大家，有时候从事监督工作时间长了，很容易一头扎向查腐败问题，党风廉政建设和反腐败工作是管党治党的重要内容，是我们巡视监督的重点，但不是唯一。还有党的领导、党的建设、政治生态这些根本性问题，还有班子精神面貌、单位风气、队伍士气等这些会影响改革发展的重要问题需要关注，要在治本上下工夫。

另外，大家对这次中央监察体制改革要有更深刻的认识，总行纪委将改设为由中央纪委国家监委直接领导的派驻纪检监察组，克鹏书记还是我们的党委成员，将重点监督我们班子和总行党委管理的干部，这是中央监督的一项重大改革措施，极大地加大了监督的力度。我们要结合巡视工作进行思考，巡视监督该如何进一步深化，如何更好地与派驻监督形成合力。

二是要善于抓主要矛盾和矛盾的主要方面，用历史的、辩证的、发展的观点看待问题。根据被巡视对象的历史特点，考虑问题演变的发展趋势，透过现象看本质。对发现的问题进行分析、甄别和研判，客观准确地画好“画像”，才能真正帮助被巡视党组织发展进步。比如，主体责任不到位的问题，近几年的报告中都有所反映，但现在就不能只笼统地说不到位了，要分析不到位的原因，问题表现在哪些方面、哪个层级。跟党的十八大之前相比，我相信“一把手”都开始重视了，但现在依然不到位，是主要领导、分管领导、还是班子成员的问题，是嘴上重视没抓落实，还是层层递减的问题，要具体看哪些方面落实不到位。再比如，不正当资金往来的问题，次次查、次次有，去年总行纪委针对这个问题也搞了“三清查”，下了大力气整治，这次巡视依然有发现。那就要看，总体趋势是向好还是向坏，首先做出客观准确的判断；再分析，是存量还是增量，是什么层级居多。有些问题从量变到质变，质变到什么程度了，有的很明显已经是违法犯罪了，那就不能简单地、泛泛地还只是说“有往来”。各位巡视组长都是经过精挑细选的，身经百战，对敏感人、敏感事要有清晰的判断，到底是什么趋势，要有量的分析、有质的定性，巡视组同志要有这个政策把握水平。对于和企业往来密切的，只要迈出这一步，就很危险，巡视组也担负着挽救同志的责任，这时候严一点，不要怕得罪人。另外，还要看分行党委对此是什么态度，采取了什么措施，是立场坚定、敢于动真碰硬，还是遮遮掩掩、敷衍应付，这些都是我们要判断的。这也是在考验一个班子，特别是“一把手”能不能用、能不能担大任。

三、大力强化巡视整改落实

推动解决问题是巡视工作的落脚点。习近平总书记强调，巡视把问题发现了就要整改，“新官不理旧账”不行，虚假整改更不行。乐际同志提出要抓实巡视整改，充分彰显了巡视监督的严肃性和公信力。从中央十九届第一轮公布的巡视反馈情况看，中央巡视组按照“六个围绕、一个加强”的要求，将上一轮巡视整改落实情况作为监督检查的重点，对整改主体责任是否落实，整改态度、深度、力度如何，重点问题的整改及追责问责是否到位，整改成效等都做出了评价。我行的巡视整改一直是短板，需要下大力气抓好、抓实。各巡视组向被巡视党组织反馈意见时，要把总行党委抓巡视整改的决心和不妥协的精神传递下去，虽然我们是内部巡视，既然问题已经发现、摆到桌面上了，就不能屡查屡犯，要有所作为。巡视组要对整改工作提出明确要求，强化整改责任，特别要压实被巡视党组织主体责任和书记的第一责任人职责，督促被巡视党组织真正把整改作为严肃的政治责任，作为推进全面从严治党、推动整体工作的重要契机和抓手。看中央抓整改的力度和决心，处理“陕西秦岭违建别墅”就是最好的范本，要是说房子都已经盖完了，就这样吧，那今后大家就会说“看来闯红灯也就闯了”，这个示范效应一旦出来，后果会是什么样？整改再难，也要改，党中央给我们做出了表率。“四个意识”其中就有“看齐意识”，我们要向党中央看齐，工作作风也得硬朗一些，“看齐”不是光挂在嘴上，要和具体实际结合起来，很多问题不能回避、姑息，姑息只能“养奸”，在这些事上要较起真儿来。巡视组下去要起到震慑作用，不能一团和气，过去讲“是猫就避鼠”，当“猫不避鼠”的时候我们的价值也就不存在了。巡视组是替总行党委把脉的，画像准不准，直接决定着党委对这个班子的判断，影响干部的使用，党委的决策要靠你们提供素材，大家要把这份沉甸甸的责任担起来。下一步还要重点抓好以下两项工作：

一是要强化整改日常监督。习近平总书记明确要求，纪检监察机关和组织部门要担起整改日常监督责任。这既是党中央在强化巡视整改上作出的体制机制调整，也是对纪检监察和组织部门履行监督责任提出的新要求。巡视办要建立和纪检监察、组织部门的协作机制，厘清责任、明确分工，形成有序衔接、互为补充、协调一致的整改监督链条，确保件件有着落、事事有回音。

二是要做好巡视“回头看”。为进一步加大巡视整改督查力度，我们对今年第三批次巡视计划进行了调整，专门安排两个巡视组对去年巡视过的两个单位开展“回头看”。这是政治巡视以来总行首次开展的“回头看”，并非一时之举，是正常的再监督，今后我们会不定期抽取一定数量的单位进行“回头看”，被“看”的单位不要有顾虑和负担，目的只有一个，就是督促巡视整改落实。“回头看”就是再巡视、再监督，同样要体现政治性，要重点看上次巡视反馈意见的整改落实情况，看整改是否到位，有没有走过场、报假账、选择性整改、边改边犯、前紧后松等问题，要抓典型，持续强化再监督，推动管党治党常态化、长效化。这体现了总行党委、巡视工作领导小组对巡视整改工作的决心和力度，希望巡视组不辱使命，打响“第一炮”，扎实做好这次“回头看”。

稳健经营 服务大局

——在中国建设银行2018年工作会议上的经营情况报告

王祖继

（2018年1月22日）

同志们：

上午，国立董事长作了重要讲话，明天郭友监事长还要作总结，希望大家认真学习领会，抓好贯彻落实。下面，我就2017年经营情况、2018年经营形势和主要工作安排谈几点意见。

一、2017年取得良好业绩

2017年国内宏观经济运行稳中向好，供给侧结构性改革力度加大，产业和客户的经营形势、信用状况发生深刻变化；国际经济差异化复苏，对国内经济环境、海外机构经营产生复杂影响；行内资本资金约束和综合性经营结构使系统协调协同难度加大；对银行业服务实体经济要求更高，监管显著趋严。这些内外部因素和政策要求相互交织，形成了复杂经营环境和严峻挑战。在总行党委的坚强领导、董事会和监事会大力支持下，管理层和全体员工迎接挑战，共同努力，认真贯彻落实党的十九大、中央经济工作会议、全国金融工作会议精神和监管要求，紧紧围绕服务实体经济、防控金融风险和深化金融改革三项任务，落实新发展理念，支持实体经济发展，坚持稳健合规经营，在奋进的2017年取得了良好业绩。

（一）发展的稳健性协调性进一步增强

一是资产负债均衡增长。集团资产总额为22.1万亿元，新增1.17万亿元，增速为5.6%，综合化子公司总资产为4410亿元，增长19%；商业银行类海外机构管理口径资产为2707亿美元，增长13%。集团负债总额为20.3万亿元，新增9678亿元，增速为5%；核心负债稳定性增强，人民币一般性存款日均新增1.21万亿元，增速为8.7%，其中活期存款新增占比86%，提升1个百分点。量价更为平衡，新发生非贴贷款利率为4.78%，四大行中位列第一，提升一个位次；一般性存款付息率为1.33%，保持四大行最低。坚持稳健审慎的流动性管理策略，有效发挥国有大行市场稳定器作用，全年流动性保持平稳，人民币日均备付率处于0.8%—0.9%的合理区间，流动性覆盖率、流动性比率持续高于监管标准。

二是核心指标保持稳健协调。年末在拨备多计提335亿元、拨备覆盖率提高20个百分点的前提下，集团净利润为2436.5亿元，增长4.8%，同比提升3.3个百分点。贷款不良率为1.49%，下降0.03个百分点；成本收入比27.24%、下降27BPs；ROA、ROE、资本充足率分别为1.13%、14.86%、15.3%，继续保持同业前列。

三是业务结构进一步优化。

零售业务优先战略取得新进展。2017年利润占比达到48.9%，提高了11.2个百分点；EVA占比达到68.7%，提高了15.7个百分点。消费信贷形成新优势，贷款余额（含信用卡透支）5.18万亿元、新增8383亿元，余额、新增居同业第一。个人住房贷款余额保持同业第一；房改金融守牢市场半壁江山，住房资金四大行占比保持在56%以上。信用卡客户总量、贷款余额等12项四大行第一，其中6项核心指标同业第一。新版手机银行发布，聚合支付上线，网络支付高速增长，交易规模在主流电商领域占领先地位，全年交易额为11.4万亿元，增长61%，微信银行规模和品牌影响力稳居同业第一。

对公业务基石作用进一步巩固。公司和机构客户快速增长，基础设施领域贷款增长14.8%，基础设施信贷大行优势巩固，企业存款日均新增

8544亿元，创历史新高；存款付息率为1.25%，四大行最低。社保、军警、中央机关、宗教、科教文卫等领域拓展取得新突破，军改业务新增市场占有率超过30%，初步打破同业的垄断。现金管理跨行资金归集功能领先同业，“一户通”等五项现金管理产品吸收对公存款沉淀2.45万亿元，通过现金管理系统代发的工资总额为3.48万亿元，为个人代发账户新增达20%和个人存款的有效增长打下了良好基础。全年实现单位国际结算收入45亿元，保持四大行首位；创新的区块链信用证和福费廷交易，实现了在“区块链+贸易金融”领域的重大突破。

新兴业务市场地位提升。金融市场交易能力和做市能力提升，代客交易业务总收入达到对标行1.2倍；同业业务着力发挥流动性调节功能，加快资产周转速度，同业负债余额居四大行第一。非金融企业债券承销金额4000亿元，实现“七连冠”。托管规模突破11万亿元，规模新增、托管公募基金收入等多项业务保持同业领先，成为全球最大资产管理公司“贝莱德”全球服务商中唯一的中资银行。

海外及子公司业务稳健发展。海外机构、子公司贡献度提升，利润增长远快于资产增长。海外商业银行管理口径净利润为11.2亿美元，增幅为66%。子公司净利润为65亿元，增长23%，资本回报率为11.7%，提升了0.8个百分点。

四是资产质量稳定。风险管理已经由为不良率下降而处置风险资产转变为合理安排风险偏好，主动管控风险。关键指标“五降两升”，集团不良额为1920亿元；不良率为1.49%，下降0.03个百分点；逾期贷款为1662亿元，减少119亿元；逾期贷款率为1.29%，下降0.22个百分点，逾期贷款自2010年以来首次双降；关注类贷款占比2.83%，下降0.04个百分点；境内分行年化信贷损失率为0.54%，同比下降0.13个百分点；新暴露不良贷款比率为1.27%，同比下降0.21个百分点；逾期不良剪刀差-258亿元，比年初持续扩大，四大行中唯一负剪刀差；拨备覆盖率达到170%。不良处置“量、质、效”全面提升，处置总量1845亿元，处置结构显著优化，回收盘活占比提升3.4个百分点；现金回收在回收盘活中占比提升5.81个百分点；批量转让平均回收率为48.60%，四大行最高，提升9.74个百分点；已核销资产现金回收52.36亿元，增长22.08%，创历史新高。

五是客户、账户、渠道基础进一步加强。单位人民币结算账户增量、增速“六连冠”，基本户占比“八连升”，提升至74%；账户总量达到800万户，与对标行差距缩小至10万户。公司机构客户478万个、增长18%；个人有资产客户3.8亿人、增长10%；私人银行客户6.8万个，增长15%；龙支付客户突破4685万个；手机银行活跃用户6279万人、个人网银活跃用户1320万人，合计同比增1051万人，扭转净减少局面，微信银行用户4956万个，增长36.8%。对公和个人产品覆盖度分别达到5.54个和5.02个，客户黏性不断增强。网点渠道布局优化，99%的网点完成智慧转型，智慧柜员机在线运行4.7万台，已上线产品和服务迁移率为89.43%，覆盖全部网点，智慧银行功能不断释放。

（二）综合化数字化管理能力增强

一是协同机制进一步完善。明确各类营销规则规范，搭建综合营销平台，协同带动各业务条线拓展业务，推动区域联动取得新的突破。珠三角、京津冀、雄安新区协同联动项目470余个，业务量近4000亿元；加强境内外本外币的联动，全年新签约海外项目和签约金额同比分别增长62%和22%。构建了风险联防联控机制，共享市场风险信息，提高主动应对风险的协同能力；建立了项目信息共享机制，主动将从国家部委等单位了解的批量项目信息发布给全行各条线各分行和子公司共享。

将子公司业务纳入母行业务条线，实现了客户挖掘、营销组织、产品销售和渠道运用的统一规划，促进子公司功能与银行主业的深入融合，增强银行主业的综合服务能力，强化了母子公司联动业务的双向激励、双向约束、双向考核。实现了母子公司协同联动总量2.2万亿元，增长13%。

二是新一代核心系统功能快速释放。完成对私核心系统在国内分行的全面上线；加快对海外机构的推广部署，对公系统上线21家。建成了国内金融业规模最大的私有云，成为新的行业标杆。全行深入学习和应用“新一代”，释放大数据应用要素价值创造力，挖掘潜能并进行应用创新，推动系统先进设计能力向优秀产出能力转变，在推动精细化管理、产品创新、风险防控、精准营销、客户服务等方面发挥出巨大作用。建设大数据工作平台，实施大数据应用项目430余个。借助精准营销平台，创建营销任务9.2万多个，累计生成商机9.8亿个，营销客户3.6亿人次，销售成功率为45%；构建客户资金交易链路图，客户排查更精、更快、更智能，排查时间从几天缩短到几小时；风险防控方面，运用资产质量、重大风险、押品管理、责任认定、热点群体、信用风险管理评价、放款中心及对公到逾期管理八大功能模块，为信贷管理能力提升提供有力的技术支持和保障；全行资产质量数据的调整和试算，从原先的3—5天缩短到20分钟。

三是精细化管理作用显著。推进客户服务的精细化，建立客户选择模型、组建综合化团队、提升服务方案质量，主办银行客户贡献明显提升，试点行户均综合贡献度增长超120万元，产品覆盖度由7个提升为8个。依托“新一代”精准营销平台为网点赋能，开展公私联动营销，对公流转至个人账户的经营性资金体内循环率近60%。推进人力资源管理的精细化，在员工总量连续三年大幅下降情况下，客户经理占比提升5个百分点。推进财务资源管理的精细化，加大对重点城市行、网络化拓展存款和普惠金融业务的支持，建立员工费用预借与归还机制，在多项业务快速增长的情况下，成本收入比下降27BPs。推进资本管理的精细化，优化信贷资源配置模型，强化资本回报导向，加大对重点分行、战略重点领域的支持，分行非贴贷款经济资本占用系数比年初下降0.65个百分点。推进流动性管理的精细化，在确保安全前提下，日均超额准备金率同比下降5BPs，核心指标满足监管要求。在关键时点向市场日均净融出资金约970亿元，年末融出跨年资金约2000亿元，支持200余家机构渡过流动性难关。推进流程管理精细化，优化小企业大数据信贷产品审批流程，“成长之路”和“速贷通”申报要件由10项减至3项，试点行审批时效提高25%—50%。实现实物印章线上全生命周期管理，有效降低操作风险，柜面日均加盖印章次数由120次降至20次。推进押品管理集约化，大幅提升押品管理的规范化和专业性水平，共审核拦截2402笔不合规押品，发现18类不合规押品问题。

资产保全精细化管理创造新效益，细致安排处置结构，优化打包资产配置，改善对受让方的服务，我行资产处置的现金回收率远高于同业。深入分析历年核销资产客户等相关情况，采取针对性措施加大催收力度，取得了很好的效果。

（三）创新服务实体经济新模式。

一是住房租赁解决方案助推租购并举住房制度建设。为建设部创建住房租赁综合服务平台五大系统，创新“一揽子”金融服务，打造“CCB建融家园”品牌长租社区。截至1月19日，与317个地级及以上行政区，36个新区和县市签订住房租赁合作协议；平台发布房源超过2.8万套，已出租房源近6500套；发放租赁贷款22.97亿元；在120个地级及以上行政区为地方政府搭建了住房租赁监管服务系统，在超过125个地级及以上行政区为企业、个人搭建了住房租赁交易服务系统。广东主要推广政府主导、我行融资融智的“佛山模式”，深圳重在打造市场化、企业化模式，培育专业化、机构化的租赁企业；上海分行试点信用卡租房分期，推动政府公共租赁房、中高端人才公寓、企业福利房的租赁消费。“要租房，到建行”已全面打响，新华网、人民网等权威媒体赞誉我行向社会传导了新时代住房消费新理念，为住房租赁市场健康发展发挥了重要的示范和引领作用，体现了国有大型商业银行的责任担当。

二是实现普惠金融业务新突破，支持实体经济补短板。认真落实党中央、国务院政策要求和监管部门的实施方案。在机制建设和政策配套上，重点保证“五专机制”的落地落实，有效应用金融科技成果。新一代核心系统和大数据的运用打通了对公对私系统，支持了大数据产品研发跟进、商机分送、穿透管理，实现了线上拓市获客、数据选客控险。“小微快贷”模型全面优化，“云税贷”强力上线，“抵押快贷”快速复制推广，实现了行内和行外重要数据有效连通，在破解信息和信用难题上探索了新模式。在全行努力下，普惠金融业务贷款新增1110亿元，仅最后两个半月就新增780亿元，达到了普惠金融定向降准二档目标，为全行流动性和效益性的提升作出了贡献。

值得肯定的是“小微快贷”当年实现客户新增14.2万户，年末贷款余额为974亿元，当年累计投放贷款1466亿元，对全行客户和零售业务增长的拉动作用明显。加快普惠金融特色机构建设，新进驻50个空白县域，完成153家普惠金融特色支行的申设。“裕农通”业务服务进一步强化覆盖和丰富功能，到年底“裕农通”点超过8万家，覆盖全国所有省区、5%以上的行政村。涉农贷款余额为1.77万亿元，新增979亿元，增速为5.87%，高于公司类贷款平均增速3.34个百分点。

三是市场化法治化债转股模式引领同业，服务去杠杆。至2017年末，五大行债转股累计签约金额为1.5万亿元，落地金额为1961亿元。我行签约项目48个，签约金额为5897亿元；已落地项目16个，落地金额为1008亿元，签约金额和落地金额均居同业第一。创新设计“债转优先股方案”破解“名股实债”难题；发行全国首单债转股专项理财产品并推出“市场化债转股专项投资计划”；提出市场化债转股交易平台建设方案，将从机制上解决非上市股权定价难和退出难问题。建行推出的业务模式和破解债转股难题的研究成果及建议被主管部门和监管机构采纳，有效地推动了相关政策措施的落地。

四是创新绿色金融业务，助力绿色发展。其一是绿色信贷已成为我行优质资产的重要组成部分，至年末全行绿色贷款余额突破万亿元，增速为12.74%，超过对公业务平均增速10.21个百分点，不良贷款率仅为0.42%。其二是积极推进五省区绿色金融改革创新试点工作。五省区分行（浙江、新疆、广东、江西和贵州）共设立了7家绿色支行，其中浙江湖州分行成立绿色金融事业部，设立了安吉县“两山”理论实践示范县绿色发展基金，大力推广绿色支付，多种方式支持绿色产业发展。其三是加强环境与社会风险管理，对环保不达标客户和项目实行“一票否决”。

盘点2017年，这是成果丰硕的一年。我们战胜内外部环境各种严峻挑战，取得了领先同业的良好经营业绩，为支持实体经济作出了新贡献，风险防线进一步筑牢，管理水平再上新台阶，发展基础不断夯实，社会影响力进一步提升，获得多个国内国际大奖，市值大幅增长并稳居全球银行业前列。这份来之不易、全方位进步的不凡成绩是党委认真落实党中央国务院一系列工作部署和正确领导的结果，是董事会监事会有力指导、监管机构和有关部门大力支持的结果，是全集团干部员工齐心协力、奋力拼搏的结果。回望2017年，这又是奋进的一年。我们攻坚克难，办成了一件又一件具有开创性的大事，我们历时6年建成新一代核心系统并全面投入使用，推出了具有创新性和示范性的租赁住房金融解决方案，成功打造出普惠金融创新模式，精准扶贫和定点扶贫工作取得突出成效，市场化法治化债转股模式依然是业务创新的标志，在市场环境极为困难的情况下完成优先股的发行，在市场上形成了极大的影响力。这些大事、难事的办成，体现了建设银行从大局着眼、抢抓机遇、开拓创新、敢为人先的魄力；敢于迎接挑战，咬定青山不放松的坚强定力；百折不挠，做事必成的精神。在此，我代表管理层，向全行干部员工表示衷心感谢！向关心和支持建行事业发展的管理部门和监管机构表示衷心感谢！向董事会和监事会给予的大力支持表示衷心感谢！

二、经营形势分析和经营策略

2018年是我国实现新时代新发展的开局之年，重要而又关键。把经营形势分析透，把党中央、国务院对金融服务实体经济和防范风险的要求落实到位，是科学制定经营策略和发展目标的重要前提。今年经营环境主要有以下特点。

一是全球经济有望继续复苏，但仍然面临诸多复杂挑战。国际货币基金组织已两次上调今年世界经济增长预测值，预计增长3.7%。美国经济可能继续回升，欧元区、日本经济继续复苏，新兴市场国家和发展中国家经济总体向好，印度经济稳中趋缓，俄罗斯、巴西经济摆脱负增长。全球宏观政策出现转向，美联储、欧洲央行、英国央行等纷纷推动货币政策正常化，启动“缩表”和加息进程。尤其是美国大幅减税，将产生外溢效应。世界政治、经济、社会等领域还可能出现各种“黑天鹅”事件、“灰犀牛”事件，突发性风险始终存在。我们要密切关注、准确判断、积极应对。

二是宏观经济运行稳中向好，为我们创造了

良好的经营基础。2018年是贯彻十九大精神的开局之年，是改革开放40周年，是决胜全面建成小康社会、实施“十三五”规划承上启下的关键一年。中央提出要坚持稳中求进工作总基调，坚持新发展理念，紧扣我国社会主要矛盾变化，深化供给侧结构性改革，打好防范化解重大风险、精准脱贫和污染防治三大攻坚战，持续推动高质量发展。预计全年经济增长将保持在合理区间（GDP 6.5%—7%），物价温和上涨（CPI 2%—3%），积极财政政策的实施，加上企业盈利能力的改善，为我行业务发展提供了大量机遇。

三是货币政策稳健中性，监管政策趋严。稳健的货币政策保持中性，将健全货币政策和宏观审慎政策双支柱调控框架，管住货币总闸门，货币增速降至个位数，流动性紧平衡格局持续全年几成定局，市场利率维持较高水平，加大了银行资产负债统筹管理的难度。2017年以来，强监管成为金融监管的主旋律。2018年将延续强监管态势，依托于金融稳定发展委员会，以穿透式监管为特征的综合监管，更加突出功能监管和行为监管，并呈现以下趋势：第一是监管规则更严密。央行将继续完善宏观审慎评估体系（MPA），将更多的金融活动和金融机构纳入MPA评估，加大考核激励约束，提高金融调控的精准性。第二是监管政策出台会更密集。2018年伊始财政部和“一行三会”等监管部门密集出台系列监管新规，涉及地方政府债务、债券市场、银行股权管理、委托贷款、银信合作、市场乱象等各领域，持续对银行表内外经营管理产生重大影响。第三是监管范围更广泛。银监会深化“市场乱象”治理，在“公司治理不健全、违反宏观调控政策、影子银行和交叉金融产品风险、侵害金融消费者合法权益、不当关联交易进行利益输送、违法违规展业、案件与操作风险、行业廉洁风险”共计八大类、22个方面进行重点整治。第四是处罚力度更大。2017年银监会共做出行政处罚3000余件，罚没29亿元，为上年罚款金额的10倍；近期，黑龙江银监局对所辖工行违规理财事件开出3400万元的罚款，并给予15名高管人员取消任职资格、警告等处罚。第五是境外监管更严格。针对中资机构的处罚力度可能继续加大，反洗钱、反恐融资、反偷税漏税等成为关注重点，不仅处罚金额越来越大，而且呈现出追溯期长、同一事件被不同监管机构轮番处罚的特征。第六是监管新规落地产生的影响非常复杂，尤需关注。“一行三会”陆续出台的各项监管规定，从单项看有很强的针对性和时效性，但对综合化经营的银行集团来说，实际影响将更为复杂。资管新规就是如此，在征求意见阶段即引起市场强烈反响，长期看有利于规范市场秩序，促进资管行业健康发展，但短期内将给银行业特别是中小银行带来严峻挑战：严禁期限错配，非标资产和长期权益资产投资新增将承受压力；实行净值管理，理财流动性管理压力加大；打破刚兑，要求金融机构不得开展表内资产管理业务，理财产品销售难度增加，产品结构面临调整。这样看来，我们面临的不仅仅是资产结构调整问题，还必须面对资金的衔接、客户融资转换风险、中小金融机构的风险导入等风险问题。

监管趋严的政策环境对我们提升自身能力是难得机遇，全行上下要认识到规范是为了更好地发展，是消除自身风险隐患的重要机会，同时也要看到强监管短期内带给我们的挑战，做好积极的应对。

四是风险防控形势更加严峻。外部风险传染危险性更大。中央经济工作会议将防范风险放在三大攻坚战首位，防范金融风险更是重中之重。虽然我们做到了“五降两升”，有一定余地应对可预期的风险，但外部风险传导防控压力仍然较大。地方政府债务、高杠杆国有企业、房地产泡沫等“灰犀牛”事件引发各方高度关注，去产能、部分高污染高耗能行业的存量大额风险还将继续释放；“黑天鹅”事件频发，各类风险跨市场、跨行业、跨境交叉传染趋势明显，互联网金融以及影子银行风险突出，中小金融机构等交易对手可能的风险传导也不容忽视。

自身区域性风险仍不容小视。区域方面，东北、环渤海、个别发达省份等区域的信贷风险尚在释放中；行业方面，批发零售、制造业等亲周期性更强的行业不良爆发较为明显；客户方面，存在由小及大的演化规律，大额风险暴露有所增加；管控能力方面，部分机构信贷基础管理仍然薄弱，突出表现在准入关口失守、客户选择不当，违规调整行业属性、规避政策管控，贷后管理、押品管理缺位，档案资料缺失，风险化解不当、持续扩大风险敞口等方面。

五是资金、资本、合规能力、协同机制等内在约束日益突出。资本供需矛盾增加，资金刚性约束增强。2017年以来，受内外部因素叠加影响，全行资金资本约束不断增强，资产负债协调发展难度增加。从资金运用看，客户投融资需求持续旺盛，客观上需要贷款等核心资产保持一定增速。从资金来源看，市场资金维持紧平衡，2017年末货币总量（M_2）增速降至8.2%，创历史最低水平，一般性存款市场竞争加剧，客户资金形态加速变化。在核心负债增长趋缓的情况下，依靠主动负债支持资产增长，不仅成本高、利差薄、波动大，而且导致流动性覆盖率等监管指标存在较大达标压力。同时，资本补充压力也日益凸显。通过利润留存的内源性资本增长放缓，巴塞尔协议Ⅲ实施、全球系统重要性银行档次提升等对资本提出更高要求，外部融资成本持续高企，资本紧约束局面将持续存在，资本传导和激励约束机制有待进一步完善。

合规、反洗钱与案件防控能力不足。2017年，37家境内分行受监管处罚168笔，处罚金额达4700万元；境外合规风险开始暴露，个别境外机构遭到监管处罚或警告。案防形势十分严峻，2017年全行共发生9起案件、1起重大案件风险和多起重大违规事件，涉案金额从以往的百万元跃升至千万元、上亿元，几个分行接连暴露亿元以上大案；案件从柜面延伸到了信贷、资管和同业领域，有的违规出具担保函或虚假兜底担保函，有的伪造授信材料，有的贷前调查、贷中审查审批、贷后管理多个环节管控失效，严重失职；基层机构负责人案件多发，暴露出风险意识层层递减的问题仍然存在，暴露出我们的制度、流程、系统还有缺陷，暴露出我们的业务检查、风险排查还流于形式，这些情况必须引起全行上下的高度重视，尽快改变。

集团协同机制有待进一步完善。第一，部门间、条线间的数据、运营、开发等资源统一调度和共享余地还很大；商户多部门管理，虽然取得了一定成效，但一体化发展的优势还没有充分显现出来；对公有贷户和基本结算账户的代发覆盖率分别仅为26.5%和5.5%。第二，联动的利益补偿、考核机制仍需完善，分行和子公司协同营销主动性有待提高，子公司对客户维护和分行销后支持不足的现象继续存在。第三，分行间的协同空间巨大，共有客户的协同营销、异地授信客户的信息共享、资金归集客户的利益分享尚不充分。第四，集团统一的风险监控平台还未建成。集团内共有客户管理还未全面覆盖，对同一客户的风险敞口还不能及时进行统一监控，母退子进、此退彼进、境内退境外进等现象还时有发生。

要破解上述内在约束的难题，一条根本的途径就是大力提升管理能力和管理水平，改变在部分领域管理粗放、管理不到位的现状。比如由于对改善百佳网点等指标重视不够，在去年底有关协会发布的“陀螺”评价体系我行排在第四位，带来一些负面影响，这很不应该。再比如处于储蓄率相对偏高的经营环境中，NIM却低于美国的摩根、美银、富国、花旗等银行，在国内四大行中仅排第三位。这些问题的存在，除了业务结构差异之外，主要是源于管理水平的差距。

根据服务实体经济、防范风险和稳健经营的根本要求，综合考虑外部经营环境和内部的硬约束，2018年总体经营策略是全面贯彻落实党的十九大精神和中央经济工作会议、全国金融工作会议部署，以习近平新时代中国特色社会主义经济思想为指导，贯彻新发展理念，支持实体经济。坚持稳健合规经营，大力拓展核心负债，资产保持稳健适度增长，积极主动管控风险；坚持零售优先战略，支持普惠金融、消费金融业务加快发展；巩固对公业务优势，支持产业转型升级和高质量发展，重点支持住房租赁业务；加强表内外信用风险管理，完善全面风险管理长效机制；实施金融科技战略，加大金融科技投入，强化产品服务模式创新能力建设，完善智慧运营机制，提高精细化管理水平。

初步确定的经营目标：集团资产新增1.3万亿元，增长5.9%，人民币各项贷款新增8500亿元，增长7.5%；集团负债新增1.1万亿元，增长5.6%，人民币一般性存款日均新增9500亿元，增长6.3%；境内分行目标为净利息收入增长5.5%，中间业务净收入增长2.8%；员工费用增长3%，业务管理费增长4%。集团净利润增长7%，其中海外商业银行净利润增长5%，综合化子公司净利润增长7%；保持ROA、ROE和资本充足率等核心指标同业领先；不良率控制在1.46%，保持资产质量平稳。

三、2018年重点工作

（一）加强全面风险管理仍是重中之重

去年以来，全行以责任、管理、监督、人员、考核方面的“五个到位”为抓手推进全面风险管理，成效显著。今年要继续坚持，并落实好“风险管理职责进党委”，突出党委管，重点要在全面管和主动抓上下工夫。

全面管要点之一，以落实“五个到位”为抓手，强化集团风险整体管控和协同防控机制。要做实做细全面风险管理对四大板块、九类风险的全覆盖，境内分行要重点抓好行业、区域、产品、客户等维度的风险研判；海外机构要把合规经营放在首位，总行要加大指导和支持力度；子公司要守住合规、风控、廉洁“三个底线”，突出公司治理、领导班子风险考评、分管领导履职“三个强化”；直营机构要将风险管控融入业务流程，实现风险管理有效制衡。要深化全面风险管理评价，将评价结果与考核体系挂钩。要推进重点业务发展与主动风险防控联席会议机制，通过前瞻性和过程性的风控安排，确保重点业务又好又快发展。强化集团风险信息共享机制，打破信息壁垒，提升风险协同应对和决策支持能力。要继续做实“三授信”，优化同业、资管、投行、委外业务授信管理，切实落实监管规定，确保集团整体风险敞口可控。

全面管要点之二，以数字化防控为手段，强化全面风控的广度、深度和精度。防范风险必须回归本源和突出问题导向，要依托大数据探索风险规律，提升风险管理专业能力。全面推进客户评级、债项评级、经济资本等风险计量模型的优化升级，加快推进高级法应用，加快重点业务风险计量工具研发。集团全面风险监控预警平台将于2018年1月27日全行推广上线，实现对全集团客户业务信息的统一监控预警，要做好持续优化工作。要加强对系统重要性银行、全球、交叉、极端等组合层面风险计量的研究，提升集团压力测试模型的系统化和自动化水平。要全面提升押品管理、放款中心、信贷业务流程管控、反欺诈的数字化和智能化管理水平。

全面管要点之三，以“六交”为着力点，强化直营业务风险管控。抓好直营业务风险管理基础建设，使风控能力与业务发展规模相匹配。交易业务要积极应对市场变化，全面完善市场风险政策限额体系。交易流程要落实底层资产实质性穿透，要对合作机构统一评估、动态管理，加强委外账户监控，推进直营业务关键环节的风险把控。交易产品要完善管控机制，充分发挥新产品风险评估的源头控险作用；交易对手要实施集团层面统一的名单制管理，定期排查潜在风险，实时管控风险敞口。交易人员要严格准入和退出机制，研究建立交易行为风险评估体系。交易系统要依托“新一代”持续优化，实现智能机控的前、中、后台全流程一体化管理。

全面管要点之四，以稳健有序、动态平衡为基点，持续强化审慎的流动性风险管理。坚持以核心负债稳定增长支持资产适度增长，资金来源运用要保持动态匹配平衡，资金调度要稳妥、平滑、有序。流动性覆盖率、净稳定资金比例等核心指标要持续高于监管标准。保持备付率稳定，流动性组合规模要稳中有升。进一步强化集团流动性集中统一管理，海外机构、子公司、资管中心要对自身流动性风险管理负主体责任，在集团统一风险偏好和管理架构下，切实健全流动性管理的治理、制度和流程。

主动抓的重点之一是信用风险。要把好入口，优化信贷投放结构，切实服务实体经济；巩固基础设施、住房金融等领域的比较优势；优先支持住房租赁业务、消费金融、医疗、教育、文化娱乐、先进制造业和现代服务业等新业态发展；加快绿色信贷战略实施，绿色贷款增速要高于对公贷款平均水平；补齐短板，使普惠金融符合国家政策导向；依法合规开展政府类融资业务，主动防控地方政府债务风险；分城施策、分类管理，支持三、四线城市去库存，稳健发展房地产信贷业务。要管好出口，做好去产能、去杠杆和僵尸企业出清工作，主动退出落后产能项目，逐步压缩高风险领域信贷业务；进一步提高不良资产处置的质、效、量，提升常规处置比重，加大已核销资产的回收力度。

要持续完善信贷常态化和长效化管理机制。

继续夯实基础管理，突出关键环节管控，做实信用风险监控、信贷检查、风险督察、风险约谈、风险防控联席会议机制；充实评估专业人员，提升自主评估技能，重塑建设银行项目评估金字招牌；促进客户经理和风险经理在流程中协同履职，风险经理独立提出风险评价意见，在信贷全流程落实“四眼原则”；要全面加强押品集约化管理，延伸放款中心管理范围，做实贷后会议决策机制，力争押品、放款、贷后三项专业化建设取得新成效。

要提早预判预控“灰犀牛”、严防“黑天鹅”，坚守不发生系统性风险的底线。要适应严监管要求完善信贷制度体系，重点强化对产品、非标资产、跨境、异地业务和低信用风险业务等领域风险管控。需要特别强调的是，低信用风险业务并不是没有风险，由于许多机构不重视，事实上已经成为一个较高操作风险业务，必须严格管理，全额纳入统一授信、统一审批、统一放款流程。

主动抓的重点之二是导入风险。要加强对新时期金融风险形态、特点和趋势的研究，尤其是对跨市场、跨业、跨境交叉传染和导入风险的研判、预控。要加强对全球宏观政策、监管规定的研究、跟踪和落实，防范政策调整带来的风险导入。要加强对其他金融机构的风险研判，做好风险隔离，严格防范各类外部输入型风险，特别是他行违规导致的“强监管”冲击。

主动抓的重点之三是合规管理和案件防控。境内要构建清晰、统一的合规管理框架与案防体系，明确三道防线职责，业务部门要对自身的风险敞口负主要责任；合规部门要有效发现、处置、整改违规问题，逐步实现合规工作的数据化管理、图表化展示、趋势性分析、专业性判断；审计、纪检监察部门要强化再监督和责任追究，持续筑牢案件防控体系，强化案件剖析与案件通报在案件防控方面的作用。境外要做实做细反洗钱管理，深化对境外合规工作的统筹和指导，结合各国监管要求及境外机构管理特点，加强与监管部门沟通、优化资源配置、补齐管理短板。

（二）优化资产负债结构，打牢稳健可持续发展基础

一是继续推进零售优先战略。要围绕三个“更”字持续推进零售优先战略扎实落地。要有更高要求，对内贡献度要持续提升，对外主要业务市场份额持续提升，尤其要体现在储蓄存款、有效客户等关键指标上；要提供更大支持，在人力资源、财务资源、信贷资源、技术资源等方面向零售倾斜。要有更强能力，围绕“客户经营模式要向关系维护转变、组织推动形式向统筹协同转变、客户服务模式向全触点统筹管理转变、客户经理队伍建设向专业专注转变、科技支撑向技术引领业务转变”五个转变，打造零售业务长期可持续发展的核心竞争力。要创新工作思路，在四个“跳出”上下工夫。第一，“跳出个金抓零售”，不断深化“大零售”理念，切实发挥零售业务委员会作用，打造统一服务平台，统筹产品、渠道、客户条线的力量抓零售；第二，“跳出零售抓金融”，做实板块间联动，发挥对公条线、子公司源头作用，加强条线间、母子公司间协同，支持和带动零售业务发展；第三，“跳出金融抓客户”，深化“以客户为中心”的经营理念，大力拓展客户生活场景，加快金融生态系统建设，全面提升客户黏性，提升获客、留客、活客的能力；第四，“跳出传统抓发展”，强化数据驱动、依托大数据和新技术，提升客户深度经营、深度发现、价值挖掘和风险识别能力，打造数字化管理条件下的竞争优势。

抓住机遇实现支付结算领域再突围。支付结算移动化提速，互联网第三方场景化竞争优势明显。互联网金融从提供优质支付结算服务体验出发，正向理财、信贷乃至账户服务等零售业务核心领域全面渗透，对商业银行冲击巨大。我们要抓住人民银行规范支付业务维护市场公平竞争秩序的机遇，抓好“移动支付示范工程”政策契机，抓好8大民生应用落地，大力构建支付结算生态圈，推动支付结算线上线下融合，满足客户场景化深度需求。

进一步巩固重点零售业务优势。巩固个人住房贷款业务优势，贯彻分类指导、因城施策政策导向，支持居民合理自住购房，严格限制投资投机性购房，加强贷款真实性和首付款资金来源核查。守牢房改金融半壁江山。消费信贷要抢抓市场机遇，继续加快快贷推广，保持小额化、高质量快速发展，服务实体经济和民生需求。电子银行业务必须要对标涉足金融的互联网科技巨头做研究，尤其是要找到全面提升用户数量、用户黏性、用户体验的有效途径，着力强化金融科技创新应用，加快打造同业领先的网络金融生态系统，提升电子银行竞争力。

私人银行业务要借鉴国际经验着力补短板。要争抢顶尖市场，圈住目标和潜力两类客户，实现“链式提升”，着力增加客户在建行的钱包份额，对标先进同业，做大做实私人银行客户金融资产。要差异化错位经营，提升客户全面资产配置核心能力，打造品牌，提升市场影响。要培育专业优势，全行形成规模化的财富顾问队伍，建成专职私人银行客户经理和客户经理助理各 1000 人的专业人员队伍；进一步加强对国际成熟财富管理模式的研究，强化专业能力。要强化智慧引领，加大私人银行业务的智能应用和自主创新。

二是巩固对公业务优势。首先是科学合理安排对公业务结构，精准配置各项对公业务资源。其次是优化现有对公业务结构，完善移位再贷机制设计和发行。完成对公信贷资产证券化产品 800 亿元发行计划。按照“回收贷款要稳、信贷方向要准、新贷客户要好”的基本原则，做好移位再贷，全年移位再贷不少于 1 万亿元，2018 年移位再贷执行情况与新增信贷规模相挂钩。用好增量存量资源，优化信贷客户、期限、产品、行业结构，优先保障优质客户和项目。发挥信贷业务基石撬动作用，提升银团贷款牵头筹组及分销能力。再次是调整债券投资结构，增加一年以内短期限债券投资，减少长期限债券投资，继续出售信用债，缩短久期，提高债券投资的流动性和年度现金回流比率。继续压缩低回报的同业、低信用等级客户的黄金租赁业务，提高综合收益水平。最后是在机制建设上下工夫。一要强化公司客户业务部门的协调职能，完善协同机制。“做精”母子协同，制定母子协同联动工作意见，搭建母子协同联动工作平台。“做深”总分行协同。建立区域联动利益分享机制，制定协同营销及行际分配规则，营造“出力者”即“得利者”的氛围。“做广”区域协同。设立京津冀联络办，做好京津冀及雄安新区的统筹协调。制定粤港澳大湾区营销指导意见，以粤港澳大湾区为突破带动珠三角区域发展。制定综合营销指引，构建长江经济带协同新优势。二要完善对公业务带动零售业务的联动机制。细化公私协作规则，推动协同常态化、规范化、流程化。公私联动“求量重质”，继续做好商户、代发工资、信用卡、ETC 等业务协同，加强对客户的深耕细作。做好对公与个人条线的双向联动，紧紧抓住 B 端 C 端的互动，增强获客能力。三要不断优化客户关系管理机制和信贷政策，进一步挖掘客户贡献。细分市场客户，加强分层管理。加强大客户动态管理，及时重检，建立能进能退、优胜劣汰的管理机制；制定客户差别化的信贷政策以及针对性产品和管理工具；利用大数据细分客户，找准盈利客户痛点，量身定制综合服务方案；通过客户选择、统一视图、服务团队、综合营销、综合金融服务与后评价等环节的精细化管理，提升各层级客户的价值贡献。四要继续推进“两全三化”（全量客户、全部区域、线上线下一体化、境内外一体化、本外币一体化）发展战略，扎实推动国际业务发展。要以央企、国企海外投资、并购重组为重点，加大对企业全球化发展的支持力度。完善跨境融资产品体系，提升跨境人民币业务的综合经营能力，充分利用中国香港跨境融资中心及新加坡基础设施建设服务中心的资源，做好“走出去”金融服务。五要对协同中的收益分享、考核指标进一步调整优化，通过机制的建立和完善，调动母子公司、各条线、各分支机构的协同积极性、主动性，使协同效应更长久更充分。

三是筑牢负债基础，强化稳存增存措施。当前抓存款还是有一系列有利条件的，从一定时期看我国储蓄率依然较高，房地产调控的深化、资管新规落地等将会带来资金配置向存款回流，网点三综合释放出新的营销力量等。全行要抓住时机，有效应对利率市场化和资金形态变化的挑战，全力抓好稳存增存工作。要深化系统性网络化拓展客户，抓生态、布场景、造闭环；加大全量资金营销力度，做好各类存款产品、结构性存款等精准营销，促进理财客户资金的体内循环。企业存款要聚焦资金聚集类客户，做好财政、社保、军警、事业单位、房改金融等重点客户维护，挖掘存款增长点；深化对公雷达系统推广应用，抢抓上市公司及资本市场资金；强化资产负债联动，提升有贷户的存款贡献；依托统一商户服务平台，深入挖掘商户、消费者、供应商等的金融和非金融需求，营造活跃消费生态圈群，力争在消费资金承接和移动支付领域取得新突破；在资金来源的结构上，要重视稳定性更强的储蓄存款。要抓好旺季营销，更要抓好旺季之后的资金留存；巩固并扩展对公业务转化的源头性资金、县域资金；打造从商圈生态链中获取低成本资金的能力，强化以客户分群和产品组合运用为抓手的稳定资金的能力。坚持量价平衡策略，紧跟市场动态优化定价策略。加大贷款配置与存款拓展的挂钩力度，激发各级行稳存增存和资产负债平衡发展的积极性。

四是培育新兴业务优势。面对金融脱媒和客户需求多元化趋势，传统业务要赋予新内涵、新兴业务要有新打法，要大力提升信贷与非信贷、融资与融智相结合的综合金融服务供给能力。

资管业务要推进经营模式转变。严格贯彻落实监管要求，确保资产质量优良，维护好市场形象，稳定市场份额和市场地位。做实理财客户基础，优化产品结构，做好存量保本理财客户资金承接，加大净值型产品创新和推广力度，2018 年末净值型产品规模达到 5000 亿元，占 1/3 左右。强化资产配置能力建设，加快推进“非标转标”工作，着力提升市场研究、标准化资产配置投资、大类资产配置能力；推动资管平台建设，充分发挥“全球资管中心”作用，审慎管理海外资产业务布局。

同业业务要立足于流动性调节本源，加快同业合作平台落地。依托“新一代”核心优势，打造“金融机构的银行”，加快同业服务平台研发和推广，向中小商业银行和非银行金融机构提供综合服务解决方案；深化与证券、保险、信托、期货等各类行业协会合作，拓展各类金融机构客户，深挖低成本结算性同业资金潜力；根据流动性管理需要开展主动负债，控制负债成本，探索优质客户债权类同业投资；投资期限在一年以内的货币市场组合保持充裕。

投行业务要巩固传统优势，提升财务顾问能力。在债券投资零增长的策略下，还要努力保持债券承销市场优势，进一步加强集团资金承投协同效应；建立集团债券承销投资会商机制，在符合监管和市场原则条件下，集团内资金在一级市场增持我行承销的债券。重点开展长租公寓、保障房、节能环保、一带一路、京津冀协同发展、雄安新区建设等方向的资产证券化业务。并购业务要抢抓今年市场变化带来的难得机遇，发挥我行优势为客户兼并收购、重组整合有效提供全链条金融服务；发挥上海、广东并购资本中心的作用，形成示范效应；打造并购撮合系统，提升并购业务线上运作效率；投资银行部作为并购业务的牵头部门，要做好规划、抓好协调。要进一步整合全行投行业务人才资源，完善培训培养和考核激励机制，推动财务顾问业务实现新突破；以创新财务顾问产品和服务为抓手，着力发展真正融智业务。

金融市场交易业务要提升市场影响力和交易收益。以保持市场领先优势为目标，抓住市场阶段性价格波动机遇，提高资产运用能力和做市交易影响力；要主动参与更多市场，拓展交易对手，引入量化模型，提高敞口管理和做市报价水平；提高利率衍生产品交易活跃度，加快贵金属和大宗商品业务产品创新，拓展账户外汇业务客户量，提高结售汇业务交易量。

托管业务要拓展一揽子服务。强化集团业务联动，改变托管条线单打独斗的发展模式，能在本行托管的业务，全部本行托管；不能本行托管的业务，要与他行开展资源互换。稳固证券投资基金托管业务行业优势地位，抢占保险托管市场，改变券商托管落后局面，开拓海外托管业务市场。要进一步梳理客户投资需求链，为客户提供包括投资、托管、结算等一揽子综合化金融服务。

五是确保中间业务收入稳定增长。中间业务发展挑战与机遇并存，全行要真正以客户需求为出发点、以服务能力提升为依托、以产品优化创新为驱动，克服不利因素，实现收入稳健增长。第一，抓重点产品。积极推动信用卡、第三方支付结算、单位新型结算、代销代理、并购业务、私人银行、资金交易等重点产品发展，带动全行产品创新和服务能力提升。第二，优化对标管理。对收入总量高、市场前景大、与同业存在差距的部分重点业务（包括信用卡、理财、代销基金、代理保险、并购、托管等）实行对标管理，缩小差距，扩大优势。第三，加强产品创新。关注金融科技应用和转化，找到新工具、新思路、新办法，挖掘新的产品和服务收入增长点。第四，坚持合规经营。规范并提升手续费支出管理能力，提升支出使用效率；要严格执行监管规定，切实做到合规收费。

这里要特别讲一下信用卡业务。这几年发展很快，在多项指标上取得同业第一，对全行的中收、利润以及服务消费升级等作出了重要贡献。下一步要选择国际上的领先行进行对标分析，认真学习借鉴，谋求更高水平的发展。今年要在年轻化经营服务体系打造、循环信贷和分期信贷业务推进、存量卡激活、产品创新和热点产品推广、特约商户和消费生态圈拓展等方面取得新的明显进展，尤其抓好我们争抢商户的全新支付利器"慧兜圈"的推广，进一步巩固优势。

六是提升子公司对集团的价值贡献度。坚持稳健发展，保持资源差异化配置和资产规模适度增长，突出质量、能力和效率的提升。根据子公司所处行业、生命周期、监管约束的不同，差异化安排子公司发展策略。优化业务结构，重点发展轻资本占用、高价值回报业务，兼顾短期效益与中长期转型发展要求。

七是提高海外机构发展质量。保持业务发展速度与风险管理、合规管理能力相匹配。适度控制资产增速，重点调整结构，提升服务客户能力和资本回报水平。支持"走出去"企业，压缩跨境资金套利业务，发展真实联动业务。优先拓展资本节约型业务，拓展优质客户群体，持续提高本地化经营能力，提升资产收益水平。不考核海外资产规模、存款、落地资产等指标，降低稳定性较差的同业资金占比。加强海外机构资产负债期限错配管理。

（三）为供给侧结构性改革重点目标任务提供金融解决方案

要围绕今年经济社会发展大局，准确把握供给侧结构性改革的新要求，找准发力点，体现国有大行的重要作用。

一是全力推进住房租赁服务创新，推动租购并举的住房制度建设。我行推出的住房租赁创新服务已有先发优势，也赢得了社会广泛赞誉。全行要继续努力，不断巩固和扩大先发优势。要把政府合作内容落地做实，抓好产品和服务创新，更好地满足政府及其委托的企业批量建设和运营管理租赁住房的需求；继续完善管理和监测平台，加强平台运营支持服务，丰富平台功能，积聚数据资源，提升平台影响力；支持各类市场主体由售转租、商改租等方式，拓展租赁房源；支持专业专营的租赁市场主体发展，通过金融服务规范租赁交易；加强产品创新，推动短租变长租，为稳定租赁关系和租金价格发挥金融产品"调节器"作用，带动更多衍生业务；加快建设"CCB建融家园"品牌长租社区，提高"长租即长住，长住即安家"的品牌影响力；依托已构建的住房服务生态圈，以租赁住房管理和监测平台为切入点，不断拓展服务智慧城市建设的新领域。

二是做好普惠金融服务，发挥大行补短板的重要作用。今年重在继续完善体制机制，进一步探索符合小微客户成长规律、真实金融需求和风险特征的普惠金融模式。第一，进一步完善普惠金融的信贷计划、信贷政策、审批政策、考核和资源配置差异化政策及风险偏好规则，完善普惠金融行内政策体系。第二，优化风险控制方式。加强与外部机构和大数据平台的合作，以多方信息和数据筛选优质客户，把好客户准入关，并确保融资金额与企业正常经营需要相匹配；加强多维度的业务风险监控，建立集中会诊机制；综合运用小企业业务早期预警、统一催收、信贷客户监测工具贷后三大平台，做实预警监测和跟踪分析；优化风险模型，强化机控，加强联检细查和案例分析，把风险控制植入业务全过程。第三，进一步完善业务和服务模式。要继续完善制度、流程和岗位职责，做好大数据挖掘应用，优化客户价值挖掘和客户综合服务体系；"小微快贷""云税贷"等要继续优化模型和丰富功能，打造更加成熟的线上运营模式。第四，加快创新覆盖普惠金融客户群体的产品体系。梳理整合"信用快贷""抵押快贷""质押快贷"和"平台快贷"，搭建有机化的产品线，加强科技金融、文化金融、农村金融和社区金融服务。针对涉农领域，推广"裕农通"服务模式，创新乡村振兴综合金融服务；针对双创企业，要推广"FITO·飞拓"科技金融综合服务方案，探索投贷联动等融资模式；针对经济活跃地区、城市重点社区、农村重点县域，抢抓棚户区改造、拆迁改造、县域代发、农民工返乡、农村分红等源头资金。第五，加快渠道建设，搭建立体渠道网络。完成新设124个、升格138个普惠金融特色网点的计划；尽快推动小微企业ERP系统应用，加快电子渠道、移动渠道的功能推广。

三是进一步发挥市场化、法治化债转股业务模式引领作用。要继续抓好已提出的业务创新模式的跟踪落实和落地推广，扩大成效。另据了解，今年相关部委还会有新的债转股支持政策出台，包括资管新规对市场化债转股设置绿色通道、相关部门提供低成本的资金支持、降低债转股投资资本占用系数等。全行要抢抓政策和市场机遇，发挥建行整体优势和市场化债转股先发优势，按照风险可控、商业可持续原则，通过持续领先的业务模式创新积极稳妥地开展债转股业务。全行要在传统的基础性、周期性行业以及战略性行业的重点客户中抓好项目签约落地，同时多渠道筹集债转股资金，为有较长期限资金、风险承受意愿适中、期望获得中等投资回报的合格投资者提供与其需求相匹配的资产管理服务，实现金融和实体经济有机融合，在支持实体经济去杠杆的同时助力客户产业产品结构优化和公司治理完善，推动经济发展质量、效率和动力变革。

四是支持绿色发展，助力新旧动能转换。聚焦绿色金融领域，加强对环境治理、低碳小镇、绿色产业一体化等绿色新兴领域研究和业务拓展。优化完善绿色信贷制度体系、政策措施，持续推进绿色债券发行工作，提升绿色金融业务在各项业务中的比重。绿色金融改革试验省（市）所在分行，要继续加快绿色金改推进工作。聚焦新动能领域，特别是高科技行业、战略性新兴产业、共享经济、数字经济等新业态，利用好基金、并购、投贷联动等多元化投融资手段，主动为客户提供创新产品和服务。把握好高质量发展条件下制造业转型升级新趋势，突出抓好传统低端制造业压缩退出和先进高端制造业投放两个重点，制订先进制造业优质客户、项目营销目录，逐步提升先进制造业信贷占比。

（四）实施金融科技战略，培育金融科技新优势

“新一代”的投入使用提升了我行金融科技的优势，面对金融科技快速发展、跨界竞争的严峻形势，以及金融与新技术融合发展的重要性日益凸显的实际情况，我们必须继续发力，巩固和培育新优势。

一是把握新技术发展方向，持续抢占金融科技融合发展的制高点。继续加大信息技术的投入，加强科技人才队伍的建设，确保我行对云计算、大数据、物联网、人工智能、区块链等新技术的掌握能力始终居于行业前列。建立金融科技与银行业务互相渗透、互相促进、螺旋上升的良性机制，以“众创工厂”方式，激发全员学习应用金融科技活力，推动全行运用新技术新工具创新金融产品、开发业务模式和提升管理水平。

二是深入推进新一代核心系统的深化应用以及系统的迭代升级。“新一代”的应用，远远还没有达到最理想的程度，其所能发挥的作用远比大多数人认识到的更为重要、更加深远。今年还要进一步组织“新一代”优秀案例推广，推进核心系统新功能、新产品的应用，特别是强化对新一代核心系统新理念、新思路、新服务的吸纳和运用，将金融科技的优势转化为持续发展的动力。全行的创新应用对“新一代”的完善和功能提升至关重要，如去年推出惠兜圈、出行圈等二十多个企业级的解决方案，就是在分行创新应用之上总结的成果，系统越用变得越好用。今年要继续深耕细作，不断迭代升级，形成一个更完善、更智慧的“新一代”系统。

要延展“新一代”应用领域。充分运用我行的资源、经验和平台优势，建设智慧政务服务支持平台、同业合作平台、安心养老服务平台、公有云平台等一批社会化平台。针对中小银行、非银行金融机构自身实力难以支持先进科技金融的痛点，将我们先进的技术和金融服务平台输出给他们，将我行打造成“银行的银行”“金融机构的银行”。通过社会化平台的实施，不断深化银银、银企、银政合作，同时为广大客户提供更便捷、更全面、更高效的服务，不断延伸和扩展以我行为核心的金融生态链圈。

三是推进大数据深度应用，加快形成企业级数据核心竞争力。要充分利用已建成的数据平台和工具，探索机器深度学习、人工智能新模式，在数据应用上下工夫。着力推动大数据技术与业务的深入融合，进一步发挥大数据在客户拓展、精准营销、风险防控、集约经营等方面的重要作用，充分挖掘企业级数据价值。进一步深化数据是宝贵资产的认识，逐步形成数据资产化的长效管理机制；着力打造完善的数据共享平台，促进数据信息更加开放共享；进一步推进大数据工作创新，加快数据分析专业人才队伍建设，打造数据、技术、应用与安全协同发展的大数据生态体系。

（五）加强综合管理和智慧运营能力建设

综合化管理体现在条线板块间的顺畅协同，节点上做深入做精准做细致，在所有关键节点形成数据语言，构建智慧运营基础。

一是完善协同机制。推进管理一体化，企业级 IT 系统投入运营之后，为集团一体化管理提供了系统和数据共享的支持。基于“新一代”的流程梳理，进一步做好业务、财务、人事、资本、风险、IT 运营的职能衔接和完善，使物理的条线、板块职能与系统运行紧密结合，提高系统一体化和协同效应。强化条线间的协同，完善以客户为中心的综合营销服务机制，尤其抓好商户、代发工资等协同营销。强化母子公司协同，提升子公司专业能力，不断提升对客户的综合服务能力。加强集团并表管理和风险信息共享，统一集团风险偏好，杜绝各自为战、母退子进问题。借鉴“蓝海”项目经验，创新集团业务联动模式，构建跨机构、跨行业、多功能、多产品的服务共享平台，形成系统性的服务能力。协同推进营销和服务，将子公司纳入我行业务统一的客户销售流程，建立集团一体化的产品设计、营销和服务体系，提高母子公司联动营销和产品创新的效率。

二是做实精细化管理。要以制度化、机制化、定量化手段提升精细化管理水平，进一步培育精细化管理文化，重点抓好以下几点。第一，以互联网思维创新拓客理念和产品设计，打开“以客户营销客户”的广阔空间。腾讯微信迅速普及并深度渗入大众生活就是一个典型例子，值得我们借鉴。腾讯依靠用户自发去带动新的用户，也就是以客户营销客户，短短 6 年时间，微信月活跃用户数已达 9.8 亿，大约 45% 的用户“微信关系”超过 200 人，用户黏性大，用户拓展速度惊人、质量很高。从产品看，2017 年除夕至初五，微信红包收发总量达到 460 亿个；微信小程序 2017 年狂揽 4 亿用户。微信社交链已为腾讯打造了一个巨大的生态圈。第二，加强市场细分和客户营销，持续提升价值创造能力。以存款市场份额、综合贡献度两个指标为核心，建立总行级主办银行管理成效跟踪评价机制，持续调整业务结构，加大贷款承诺和到期保函的管理力度。以大力吸收资金和有效沉淀存款为核心目标，推进代发工资过程化管理，加强龙支付统筹营销，做好老年客群推广，提高资金承接率。第三，完善资源配置机制，释放效率提升红利。强化人力资源配置顶层设计，统筹做好 8 个试点分行扁平化管理，建立动态员工业绩评价机制、客户经理竞争力监测模型、人力资源效能模型，有效传导效能优先理念。坚持价值创造导向，机制化、标准化、规范化配置财务资源，突出社会责任、金融科技、零售优先三大重点，支持普惠金融、精准扶贫、移动支付等领域发展，加大基层一线员工福利专项安排。着力提升经济资本和贷款资源配置机制化、参数化、数字化水平，突出资本回报、结构优化和加强负债业务拓展的政策导向，鼓励分行提升贷款差异化定价能力；战略性专项配置向普惠金融、住房租赁等重点领域倾斜。第四，深化资本集约化管理。健全覆盖全集团的经济资本、监管资本计划管理体制和激励约束机制，强化资本计划考核，推动资本节约，实施资本融资，保持资本充足率同业领先。第五，持续优化流程管理，提升中后台服务保障水平。在安全第一、确保稳定的前提下，将客户资金规律大数据分析成果运用于现金流精准预测和日常头寸监控，持续提升集团流动性管理的科学性。授信审批要充分论证资管业务等授信审批精细化管理的可行性，条件具备时启动全行推广。推动线上线下渠道融合，深入推进营业网点授权审核流程的标准化和集中化，持续提升工作效率、严控操作风险、改善客户体验。

三是继续推广厦门分行精细化管理做法。一是试点分行要全面实行区域扁平化管理；二是全面对标厦门分行，先模仿学习后结合实际，走出自己的精细化管理路子。

四是探索智能运营体系建设。基于“新一代”系统支持和生产条线集约化实践，充分运用互联网思维、大数据技术和云平台，通过流程优化、新技术应用和平台融合，优化组织管理和运

在北开、上开、深开员工座谈会上的讲话摘要

王祖继

（2018 年 2 月）

一、新一代建设显著提升了我行核心竞争力

过去的一年，在全行共同努力下，取得了很好的业绩，框架性指标非常好！住房租赁管理和监管监测系统的建设，很快就能做起来，取得了阶段性的成果，非常值得向大家祝贺！

所有这些外在业务上的体现，追根溯源，都靠我们新一代系统的支持，建设银行之所以成为今天的建设银行，之所以能够从容地迎接跨界竞争，是因为“新一代”塑造了唯一、独特的竞争优势。

新一代建设具有极大的挑战性，我能想象得到你们顶住的压力有多大。正是因为敢于坚持，科技战线六年的风风雨雨坚持干下来，这是非常了不起的成绩。新一代丰富的成果不仅是贡献了一个先进的技术支撑系统，还有三个最重要的成果，那就是新一代的精神、新一代的队伍、新一代的优势。新一代会随着时间的推移，越来越彰显它的辉煌和作用。你们的业绩将永远载入建设银行发展的史册。

二、新一代建设经验需要全面总结推广

IT 技术非常具有挑战性，换代快，技术上的摩尔定律从来没被打破过。金融 IT 系统的建设更有挑战性，既要安全稳定又要提升效率，这是别的行业没有的，企业级、一张蓝图，哪个银行都会讲，但是真正要做到有几个？四大行总行党委都非常支持金融科技，但是，为什么建设银行在同业还对信息系统修修补补的时候，我们新一代能够通过“推倒重来，重新盯住企业级架构”，迎接银行业前所未有的变局挑战？这就在于我们有创新的魄力，战略的眼光和坚强的定力。

当然新一代走过来，不是一帆风顺的，我们要及时总结我们成长的轨迹，来完善今后科技开发的机制，不论是个人、集体都要很好地总结，通过机制我们今后把新一代精神、新一代队伍、新一代优势巩固下来。

三、新一代建设者面临新的机遇和挑战

新一代发挥最大作用还有很多工作要做，需要进一步加强新一代宣传、推广和应用。新一代有这么多的功能，但从统计来看，很多分行对基本应用的访问都少之又少。为什么？我们的基层、行领导还没有认识到，很多业务上的难题，实际我们系统都可以做到，但是大家不了解，没有探访过，没去尝试过。

在服务国有大中型企业的过程中，更需要靠系统支持，因为宏观经济的要求，规模受限了，我们现在业务在前端面临的挑战越来越大。只有靠系统的先进性，靠系统的风险控制能力，才能敢说我们智能财务顾问更有竞争性、服务更有竞争性。

在拓展智慧城市、同业金融科技服务方面，对新一代又是一次机遇和挑战。从住房租赁平台建设开始，拓展智慧城市，又是一个市场开拓的关键切入点。把包括企业现金管理等“以客户为中心”的一系列金融服务囊括起来，奠定和拓展我们服务的客户基础。另外，为同业提供金融科技服务，看似是开发一个系统，实际上可以获得很多原来通过传统手段拿不到的金融交易关系。上述几个项目的思想是一脉相承的，我非常赞成，是有战略眼光的，大家要按照这个思路很好地探索下去，把新一代的技术能力转化成业务效果，把优势变为胜势。因此，科技建设的工作还很繁重、很具有挑战性。

现在，我们又迎来了新的机遇。我在全行“一把手”学习会上提出要继续实施金融科技战略，党委同志都赞成。国立董事长更重视金融科技，他调研的第一站就是到了你们科技部门，充分肯定了你们的工作和成绩，也提出了更高的要求，这给大家传递了很重要的信号，总行党委会一以贯之地支持和加强科技能力建设。希望我们开发团队做好充分的准备，迎接更艰巨的任务和严峻的挑战。

四、新一代建设者要再立新功

下一步我们的任务应该是明确的，就是要坚持金融科技战略，具体的工作主要包括：

一是把新一代的应用做精做细，把新一代的“毛细血管”都要建立起来，真正形成一个庞大的、系统性的新一代。在现有系统上再完善提升，迭代升级，加强系统优化和数据挖掘的技术支撑。同时，要很好地宣传推介新一代，我们各分行、各部门以及各业务条线，要进一步提高应用新一代的意识和主动性，做出更多的探索，把这方面做实。

二是继续深化住房租赁平台业务。要培植和形成有代表性、有说服力的“要存房到建行”的理念，像百姓已经认识的“要买房到建行”“要租房到建行”理念一样。现在框架有了，系统建设支持需要开发部门做出更多的努力，分行也要面临新的挑战。这个挑战现在看，从完整理念的形成，到金融解决方案的推出，以及到系统的支持，这三大方面都极具挑战性，远比租赁这个概念要复杂，需要把这项工作做得更扎实，通过探索，形成市场认同的概念。

三是要建设大运营系统。将来全行经营和生产运营要继续提高集约和数字化，也会作为科技的一个新的任务。这些方面都需要大家的智慧与技术支持，希望大家在这方面积极支持这项工作。

四是主动做好需求管理。要更加敏感地关注技术业态和业务需求。通过新一代，你们已经熟悉相关流程概念，可以提出新的业务需求，对业务需求的把握性和前瞻性，开发中心要很好地发挥作用。把需求的业务语言转化成需求的技术语言，开发中心也要充任这个桥梁工作，要适时向管理层提出建议。

五是要用好平台营销。对外服务系统，如公积金系统，我们多给管理部门提供分析数据，不断丰富功能，管理部门体验好，用户体验好，他们想做的事情，我们逐步能用数据给他们提供、开拓和深化他们的思路，这很重要。将来我们通过公积金的延伸，国家政策性住房金融体系的梳理和调整中，又会占有一席之地。

六是同业金融科技服务也大有可为。金融业的总量已经很大，现在国内有4290多家商业银行，金融资产超过270万亿元。如果从增加值来讲，它在GDP当中占比超过了8.3%，如果银行的业务还是依靠传统做法，风险已经不可控，已经成为金融乱象的一个重要根源。因此，中央高度重视金融安全与金融风险，特别是互联网金融安全。不管金融机构大小，金融科技的支持都成为非常重要的方面。目前，建设银行已经形成了优势，我们要通过同业的金融科技服务，巩固我们金融科技优势，将来在这方面还希望我们开发部门、分行和业务部门紧密合作，拓展我们新的优势。

七是主动介入智慧城市建设，这是我们对实体经济服务新时代矛盾的转化，是发挥大行的作用，是打造我们建设银行新的业务胜势和战略制高点。现在做的智慧城市多数限于一些老百姓最直观的生活当中的便捷业务，还远远没有到智慧的程度。这方面虽然有些先行者，但是我们已经有良好的技术支持，有了这样的一个团队，同时有了这样的理念，只要我们做得更扎实一点，永远有后来居上的优势。

八是支持总行金融科技改革，理顺金融科技体制机制。要弘扬新一代的精神，新一代的队伍，新一代的优势，把优势能够扩展开来，有利于开发板块或者开发条线能力的发挥、作用的体现，开发中心要培养一支有信仰、有追求的年轻队伍，确保随着业务发展我们队伍不断成长。要把组织建设和开发工作相互结合起来，把年轻人的特点和我们这样大的任务结合起来，让年轻人在工作当中实现自我成长。调动大家的积极性，真正把金融科技融入全行的战略结构当中去，更有效率地提升建设银行金融科技的竞争力，为全行管理水平的提升和运营水平的提升，做出更大的贡献。

今后，希望你们继续发扬新一代的精神，发挥我们新一代队伍的优势，在工作上、业务上、软实力上继续作出新贡献。谢谢你们！

完善全面主动管理风险的体系 发挥国有大行防控风险主力军作用

——在2018年全行风险管理工作会议上的讲话

王祖继

（2018年4月27日）

同志们：

2018年是中央部署打好三大攻坚战的第一年，防范化解重大风险是三大攻坚战之首，其中防范金融风险更是重中之重。国有大型银行是党执政兴国的金融重器，做好金融风险防范化解工作，不仅仅是自身稳健经营的需要，更是维护国家经济稳定和金融安全的责任担当。刚才廖林同志全面回顾了风险管理工作一年来的主要成绩，对今年的工作重点作了全面具体的部署，随后四个部门的主要负责同志还要分别就条线工作提出具体要求，请大家认真学习领会，抓好贯彻落实。下面，我再谈几点意见。

一、全面风险管理工作取得显著成效

回顾过去，为应对内外部复杂严峻的形势，适应更高更严的风险管控要求，我们很好地履行了大行责任。全行通过完善管理机制，逐步推进从重点领域风险管理向全面风险管理转变，从“被动控”向“主动管”转变，成效显著。突出体现在以下方面：

（一）集团全面风险管理架构不断完善

落实风险管理职责，从顶层的“风险管理职责进党委”，到执行层面的“五个到位”，一以贯之，一贯到底，这是风险管理逐步走向全面主动的重要基础。

推动风险偏好覆盖至各条线、各板块。在顶层设计中注重将稳健经营、创新发展和风险管控协调融合起来，明确各板块、各类业务的发展导向以及各类风险的容忍度，平衡资本、风险和收益。这方面去年有了很大进步，不仅仅是准确体现在风险偏好的表述上，更重要的是通过机制和工具覆盖至各条线、各板块，统一各方认识，具备可操作性，非常不容易。

有效发挥风控委的议事和协调职能。以解决重要问题、协调跨风险跨部门事项应对及落实监管要求为导向，切实发挥风控委的管理平台作用。强化风险督察通报警示，加强薄弱环节治理，推动风险管控要求落实落地。完善集团风险信息共享机制，打破信息壁垒，提升风险协同应对和决策支持能力。

进一步增强运行机制的有效性。首次建立全面风险管理评价体系，与KPI、等级行、领导班子综合竞争力监测、内控合规评价一同构成全行五大综合性考评体系，并推进全面风险管理评价结果与现行考核体系充分挂钩。2017年在境内一级分行、海外机构及子公司进行试评价，与其他相关的评价结果相互印证，结果还是比较客观准确的，有效引导全集团重视并加强全面风险管理，补齐管理短板。全面整合现有部门级预警系统，搭建起全集团企业级全面风险监控预警和信息共享统一平台（RAD），实现对全部资产、四大板块、重要风险的统一覆盖、统一标准、统一管理、统一发送，提升主动预警和风险协同应对能力。严格落实风险报告和通报制度，一级机构向总行报告的准确性、及时性进步明显，总行对下通报在覆盖范围、关键环节、问题定性等方面更趋合理。针对监管通报及监管会谈的提示和要求，建立横向到部、纵向到行的网格化整改机制，按季对全行下发通报，坚持治标和治本并重，力求从根本上解决问题，确保整改到位。

（二）重点领域的风险管理能力有效提升

信贷风险管理能力不断增强。完善资产质量管理模式，资产质量率先企稳向好、基础扎实。首创资产质量“七率”监测指标体系，多层次多维度监控变化趋势，做到未雨绸缪、心中有数。建立信贷风险督察、风险协同管控和风险约谈三大信贷风险监督机制，及时遏制风险蔓延和违规发生。狠抓押品、放款中心、贷后等关键环节，管理基础得到夯实。将服务实体经济发展与自身信贷结构调整有机结合起来，推进零售优先战略，巩固对公业务优势，以结构调整支撑资产质量稳定向好。

建立完善直营业务风险管理机制。前、中、后台对直营业务风险的认识和工作的重点形成共识，紧密配合，针对性地建立了相应的机制和制度，管理的可操作性大幅提升。坚持六项风险管理原则，以“六交”为主线，通过“管偏好、定限额、控流程、做评价”，从政策、制度、流程、系统等方面加强基础建设。重点强化底层资产实质性穿透管理，风险政策限额已细化至基础资产层面；规范直营业务风险分类标准和流程，基本实现基础资产分类全覆盖；在同业中率先提出资管业务一般准备金专户管理要求，部分分行已实现减值专户管理；规范委外投资合作机构准入机制，建立涵盖金融市场、同业、资管业务的全行交易对手内控名单。持续推进风险管理融入业务流程，金融市场交易业务依托新一代平台，基本实现全部产品关键风险点的自动化监控；同业、资管业务设定 8 个规定动作，引导境内分行将风险管理融入交易流程，积极探索开展创新试点，取得了良好效果。

授信审批的独立性和科学性进一步提升。总行高管层牵头综合授信评审和信用审批，权威性不断增强。通过否决、续议及优化完善授信方案等方式，科学引导业务发展，严把风险入口，纯新发放贷款不良率从 2014 年的 0.88% 下降到 2017 年的 0.1%。做实综合授信，强化授信策略落地执行。持续推进海外审批中心建设，强化集团并表授信管理，连续三年实现全球授信海外机构全覆盖。强化穿透式审查和实质性风险判断，狠抓重点领域风险防控。创新管理机制，强化授权差别化动态调整机制，推出专户授权制度，优化改进普惠金融、住房租赁等业务审批权限。推动评估转型战略实施，重塑我行金字招牌。加强专业化能力建设，筑牢管理基础。建立分行定期报告制度、重点联系行制度和工作约谈机制，规范一票否决行使方式，条线执行能力得到显著提升。

强化海外机构和子公司风险管理。在全面风险管理统一框架下，补强管理短板。针对海外机构，实施“一行一策”差别化信贷业务指引，优化交易业务风险机控功能，推广有效的管理工具，整体资产质量持续向好，不良贷款持续“双降”，风险抵补能力大幅上升。针对子公司，按季开展风险自评估，强化信贷督查，推进风控体系建设，整体拨备充足，资产质量保持稳定。

不良资产处置的效益显著提高。突出表现在现金回收比例、已核销资产回收、批量转让平均回收率等关键指标有了较大提升，部分分行实现了大幅增长。成绩的取得源自于工作质量的提升，在不良资产的处置、安排、对接市场的需求等方面，工作细致扎实，这也是不良贷款处置整体回收率提升的重要原因。

（三）风险管理基础建设进一步强化

完善风险计量体系。全面升级风险计量工具，并嵌入经营管理全流程深入应用，增进价值创造。公司类客户评级模型、个人客户评分卡模型风险排序能力居业内领先，客户选择能力显著提升。个人客户评分卡模型全面应用于个人快贷、小微快贷、“蓝海”项目，有力地支持普惠金融及消费金融发展。积极开展压力测试，对宏观及系统性风险趋势进行预判，提升决策支持能力。推动经济资本计量覆盖至各类风险、各类业务，引导全行提升资本集约化管理水平。全球系统重要性银行持续达标工作进展顺利，资本计量高级方法实施情况获得银保监会充分肯定。可以说，去年我们在人员没有增加、机构没有扩充的情况下，能够实现对风险管理全覆盖，能够主动发现风险并提前化解，能够在一些创新领域获得先发优势，离不开风险计量工具的有力支持。

健全境内外合规管理体系。切实加强合规管理体系建设，从组织架构、制度流程、系统工具、考核评价、队伍建设等方面强化基础管理，改进工作方法，狠抓制度完善和可操作性，注重合规管理对境内外的全覆盖，合规管理能力得到提升。

审计能力不断增强。审计条线加强对风险早期阶段的关注，及早发现问题，充分揭示问题，为管理层、风险管理部门把握工作重点、完善工作机制、强化薄弱环节治理提供很好的支持。同时，针对审计条线提出的高标准严要求，在实际审计中更加注重各级机构主要负责同志在跨任期中是否遵循稳健经营的原则、是否按照职业银行家的要求来履职，有效发挥事后监督的重要作用。

此外，流动性、声誉、国别、信息科技风险管理，以及纪检监察工作等都取得了良好的成效。

这些成绩的取得，得益于我们始终坚持一系列被实践证明行之有效的做法。

一是始终坚持把服务全行稳健经营和创新发展作为风险管理的终极目标。风险管理职责之所以要进党委，要在党委这个层面来落实，因为它是为大局服务的。服务大局就是要把促进全行稳健经营和创新发展作为风险管理的终极目标，不仅要体现在当期业务发展中，更要体现在长远谋划中一以贯之。这些年我们始终强调这一点，资源配置、风险容忍度的设置等方面都是出于这样的考虑，工作成效也得到了充分体现，一方面，通过有效管控自身风险，支持保障建设银行不断做强做优做大；另一方面，充分发挥国有大行金融支撑的作用，为实体经济发展和金融稳定做出了积极贡献。

二是始终坚持完善全面管理风险的系统性建设。首先是理顺管理架构，明晰全面管理风险职责，以“三管齐下”和“五个到位”为核心抓手，构建长效机制，夯实管理基础。其次是明确管理思路，厘清“控”与“管”的关系。“守住风险底线”与“底线思维”有着本质的区别。“牢牢守住不发生系统性风险的底线”是确保国家宏观经济稳定发展必须要守的、绝不能突破的底线。金融发生系统性风险就会击穿这个底线，要守住风险底线，风险管理就要摆在底线之前的防线上。所以，银行的风险管理不能强调只守住底线，而是要坚持底线思维，在底线之上开展工作，风险管理必须向前延伸，这就是“全面管、主动管”指导思想的来源。过去几年我们通过加大处置力度使得资产质量达到一个上市公司在市场上可接受的水平，这是“被动控”，也是把风险挡在底线之前。现在为了服务于稳健经营和创新发展，为了更好地服务实体经济，我们设计并实施风险偏好目标管理，是因为我们有能力识别和防范业务发展中的绝大部分风险，才有底气说做到了“主动管”。二者无论是境界还是实力都不可同日而语。正是有了这一系列的主动管控，才有了今天来之不易的良好业绩。

三是始终坚持提升风险管理运行机制的有效性。强化对四大板块、九大类风险的整体管控，注重协同协作机制、信息贯通共享和风险偏好的协调统一，风险管理力求从全局出发，真正做到要求一致、行动一致，“此退彼进”的现象大幅减少。坚持推进精细化管理，在具体环节做精、做细、做实，使得顶层设计和制度落到实处，在很多方面都见到了实效。例如，调整完善了责任追究和认定机制，统一认责标准、完善问责制度，强调尽职免责与违规问责并重；在同业中率先建立了市场风险事件问题库，逐一分析问题根源并提出针对性解决措施；在授信审批和综合定价等领域运用 RAROC 工具事前“算账”，有效提升客户资本回报水平，等等。

成绩的取得实属不易，是建设银行党委正确决策和领导的结果，是董事会、监事会有力指导和监督的结果，是监管机构长期支持和帮助的结果，是全行员工砥砺奋进和共同努力的结果，风险、保全、信管、审批条线的员工更是作出了突出贡献，我代表总行高管层向全体参会同志及全行员工表示衷心的感谢！

二、充分认识国有大行做好风险管理工作的重要意义

风险管理是银行经营发展的永恒主题，建设银行在这方面有很好的传承和比较优势，所以我讲的第一个方面就是要充分肯定大家的工作成绩。但是从去年以来，内外部要求发生了很大变化，党中央反复强调要防控金融风险，守住不发生系统性金融风险的底线，并将其上升到前所未有的政治高度。习近平总书记强调，防范化解金融风险，事关国家安全、发展安全、人民群众财产安全，是一场输不起的战役。商业银行尤其是国有大型银行，作为我国金融体系主体，对此责无旁贷。所以我们需要从自身和全局各个方面提高对风险管理工作重要性的认识，增强做好风险管理

工作的责任感。这也是我这次来和大家共同研究和推进这项工作的一个重要原因。

首先，要控制好自身的风险。我们是资产超22万亿元的国有大型商业银行和全球系统重要性银行，对金融体系、对国家乃至全球都有着重要影响，必须要增强自身的稳健性和抗风险能力，不能成为系统性、区域性风险和重大敏感事件的引发点。当前银行面临的风险防控形势依然严峻。从国际看，外部环境的不确定性明显上升，近期美国与我国发生贸易摩擦，对我国稳中向好的经济趋势形成较大挑战，并对高技术、知识产权等诸多领域产生连带影响。从国内看，地方政府债务、高杠杆国有企业、房地产泡沫等“灰犀牛”风险需高度关注，“僵尸企业”市场出清较为缓慢，去产能、部分高污染高能耗行业的信用风险将持续暴露；市场流动性将持续处于紧平衡状态，流动性风险管理难度加大；“黑天鹅”事件频发，各类风险跨市场、跨行业、跨境交叉传染趋势明显，交叉性金融产品和互联网金融风险突出，中小金融机构等交易对手潜在风险传导不容忽视。从我行自身看，资产质量在分行间不均衡、不稳定问题仍然存在，东北、环渤海等区域内部分省份由于产业升级负担较重，环保压力较大，信贷风险仍处于集中暴露期，全行仍有一些存量大额风险客户尚未完全释放。在如此复杂的形势下，全行要进一步强化稳健经营理念，积极创新业务模式，主动识别风险苗头、化解风险隐患、处置风险暴露、阻断风险传染，确保自身不出现系统性、区域性风险，确保集团各类风险平稳可控。

其次，要站在维护国家安全的高度认识风险管理。金融活则经济活，金融稳则经济稳，按照党的十九大报告的阐述，建设现代化经济体系是经济发展转型的迫切任务和我国发展的战略目标，现代金融是产业体系的重要组成部分，实体经济的发展离不开现代金融的服务和支持，现代商业银行是现代金融的主体，可以说现代商业银行是现代化经济体系的主要支撑。一方面，国有大型商业银行是经济和金融体系的主要支柱，只有国有大行稳，金融才能真正稳；金融稳，就会对宏观经济的稳中向好提供坚强的支撑，党和国家才会更有余地和坚实的基础应对国内外挑战。另一方面，防范金融风险是金融机构的永恒主题，同时也是服务实体经济的根本保障。做好风险管理工作，不仅是自身持续稳健经营的需要，更是维护经济稳定和金融安全的应尽之责。全行要从讲政治和顾大局的高度认识当前防控金融风险的重要性和紧迫性，切实担负起国有大型银行的政治责任、经济责任和社会责任。

再次，正确认识“被动控”和“主动管”。风险是客观存在的，风险管理并不是回避风险，而是主动地与客户共同管理风险和化解风险。当前经济转型和供给侧结构性改革必然伴随风险的释放，如果完全回避风险，就谈不上为实体经济服务。金融机构如果不能为实体经济服务，不能实现与实体经济的良性循环，实体经济就无法健康发展，反过来这将是金融机构面临的最大风险。所以说防范风险靠被动守、被动控肯定是守不住的，必须要在转变发展方式、优化经济结构、转换增长动力过程中，主动识别和管控风险，必须把风险的意识和管理风险的责任落实到稳健经营和创新发展当中去，才能最终真正实现防范化解风险。

将风险的意识贯彻银行经营的始终，实现跨越经济周期波动的持续健康发展，就是稳健经营；提早看清风险挑战和经济社会发展趋势，通过持续创新产品和服务模式，在支持客户管理风险、有效发展的过程中实现银行自身良好发展，就是创新发展；做到这两点，风险就基本可控了，也是“主动管”的核心要义所在。特别是在当前关键的历史时期，全行更要积极作为，加快提升风险管理能力。衡量一家银行风险管理能力的高低，不能单单看规避了某个风险事件，这是成绩但不是风险管理的全部内容，更重要的是能够在承担一定风险的情况下获得稳健永续发展，能够在抵御经济周期的波动中实现资本、风险、收益等关键指标的协调，能够及时捕捉市场机会并在创新发展和风险管控的平衡中形成自己的竞争优势。建设银行在普惠金融、住房租赁、债转股等领域快速发力，积累了经验，各项业务要想走得更稳更远，必须要将全面主动的风险管理进一步与稳健经营和创新发展牢牢地结合起来。

最后，正确认识落实监管要求的重要性。“一委一行两会”的综合监管框架基本形成，综合监管、协同监管进入新阶段，2018年监管治理将进一步深化，监管深度广度更大、规则更严、

在普惠金融战略启动大会上的总结讲话

王祖继

（2018年5月2日）

同志们，刚才国立董事长从落实国家战略，服务社会民生，以及赢得未来市场的角度，深刻分析了普惠金融战略的深远和战略意义，提出了战略体系和总体框架，以及具体工作要求。在讲话当中，详细阐述了以互联网思维推动普惠金融战略的核心要义，部署了推动战略实施的重点工作。国立董事长的讲话，不仅是宣示了建设银行正式启动普惠金融战略，明确构想和目标，更是意味着全行经营发展战略框架的新的提升。

总行党委将普惠金融提到全行战略的高度，部署工作，是一个重大决策和新的战略部署，这是我行以学习习近平新时代中国特色社会主义经济思想为指导，认真落实中央要求，承担大行责任，服务新时代主要矛盾转化，支持实体经济补短板，打好三大攻坚战的重要举措。同时也是在新形势下，打造新的业务优势和抢占战略制高点的一项重要举措。全行同志一定要高度重视，统一思想，充分认识实施普惠金融战略的重要意义。

去年第四季度，我们围绕普惠金融抓客户，完善业务模式，探索风险管理方法，去年的成果启示了我们，为今年实施战略部署打下了基础，建立了信心，赢得了时间。下一阶段，全行要按照今天的工作部署，和国立董事长的具体工作要求，在推进中完善业务方式方法，从负债保障、数据支持、资源政策和考核激励等方面，探索普惠金融运行体制机制。这个机制不是孤立的，也不是独立的，是和我行业已形成的业务优势和战略相融合的。请全行同志从提高认识到具体业务环节都要从这个要求开展工作，作出自己的探索。我们既要有信心，又要准备迎接新的挑战。我相信，只要全行上下持续努力，坚持稳健与创新，一定能够实现普惠金融战略的目标安排。

刚才，更生副行长按照董事长讲话精神对具体工作做了部署，讲得非常全面，非常到位，特别是“十个着力”，这是开展普惠金融工作非常重要的安排。希望大家结合董事长讲话，认真消化。下面，就落实本次会议精神和实施普惠金融战略，我再提两方面要求。

一方面，要统一思想，提高认识，真正全面深刻理解普惠金融战略的内涵。会后，各部门、各分行要再组织认真学习董事长重要讲话，以及更生副行长工作部署。实施一项战略，不是开一次启动动员会就可以完全推动开的，特别是对普惠金融业务，虽然我们积累了一些经验，也有了一些好的做法，但是应该看到，这还是一项极具挑战性的工作。将普惠金融作为战略在全行实行下去，首先，必须要在提高认识上下工夫。要真正做到在思想上统一一致，提高认知水平，真正做到对战略实施心中有数。关于普惠金融战略的重要性我就不再重复了，大家要认真学习、消化董事长和更生副行长讲话。其次，要研究实行普惠金融战略的方式方法。要好好学习，认真思考，分析可能面临的问题。以前我们做小企业积累了一些经验，也走了一些弯路，现在实施普惠金融战略，就要结合新的情况、新的要求，研究如何能够实行好。所以我们还是要做相当程度的务虚工作，特别是总行相关部门和各分行，要真正坐下来，按照总行党委的要求，研究讨论，部署工作，更有效地将普惠金融工作一年一年地推动下去，实现一年比一年好的业绩。

另一方面，要抓好具体工作安排。第一，对总行有关部门的要求。一是资债部、财会部两个部门，要围绕实施普惠金融战略，在精准配置资源上做更深入细致的工作。具体来说，就是到年底，我行ROA、ROE、资本充足率保持四大行第一，NIM居于第三，这样做的目的，就是要腾挪出更多的资源，为负债业务增长和相关重点业务开展腾出空间。为什么要精准配置，是因为情况在变化，不仅我们在变化，我们的竞争对手也在变化。既要把资源拿出来，配置到战略实施当中，还要保持我行主要指标在同业中的相对优势。二是小企业部、房金部、网络金融部和创新部等实施普惠金融战略的重点部门，要真真正正走向第一线，及时发现分行好的经验和面临的问题，集中全行智慧，完善已有模式，打造新业务模式，创新管理方式。特别是小企业部，要组织和把握好贷款投放的节奏，投放的结构，做好价格管控。要对普惠金融业务结构做出安排，既与国家推动的重点领域高度一致，体现我行社会责任，又与我们的战略目标高度衔接。要不断与人民银行和监管部门沟通协调，确保我行按季投放的节奏与监管要求保持一致。这几年我行住房按揭贷款，就是这样不断沟通，不断调整，既实现业务发展目标，又能得到宏观管理部门的理解和支持，这与推动业务同等重要。三是风险、信管、审批等部门，要和主管部门和有关分行紧密配合，研究建立一套与普惠金融业务特征相适应的风险管理模式，包括预警模式、处置模式等。四是相关客户部门和有关部门，要从负债保障、客户支持、数据管理等方面，为普惠金融业务开展提供各方面支持。

第二，对分行的要求。一是真正将业务开展起来。今年的挑战主要在获客，要在模式完善、模式创新、风险规律摸索上下功夫。去年我们用一个季度的时间实现普惠金融业务的突破，得益于全行的努力，更得益于我们有良好的发展基础，包括模式创新、客户资源等。但我们也要看到，今年按照普惠金融战略来实行，还需要开拓新的客户，需要运用金融科技，不断完善“小微快贷”“云税贷”等模式，创新打造新的运营模式。二是总结历史经验。要认清问题和挑战，避免走弯路，这是我们落实战略必须要做的工作。未来几年，我们将逐年扩大普惠金融业务规模，并形成优势业务，才是真正实现战略的成功，不能重复过去的忽视风险管理的失误。三是要突出重点，照顾一般。既要在资产端发力，也要重视负债业务。负债业务增长对于推动普惠金融战略实现更好的目标至关重要，如果我们获客能力强，运营模式不断有成效，再有负债端的支持，那么1800亿元的普惠金融贷款规模就不是上限，战略的空间也是无限的。同时，重点分行要发挥作用。普惠金融应该说没有任何地区差别，但是从业务发展需要来看，发达地区的业务量可能会更多一点，因为分行所在区域经济发展的水平高，分行风控的能力更强。为此，各家分行都要发力，但在重点客户、重点行业、区域差别上，我们还要保持一个实事求是的差异化安排。这就需要总行在配置资源、分配规模、落实工作要求等方面，必须做得更加精细，推动普惠金融战略按照预期的战略步骤逐步实施。

今天，我们开了一个非常好的会，全面启动了普惠金融战略，明确了战略目标、战略步骤、战略安排，希望大家认真贯彻落实。

谢谢大家！

在重点城市行零售业务发展交流会上的讲话

王祖继

（2018 年 5 月 10 日）

同志们，今天这个会开得非常好。我们请重点城市行一起研究零售业务发展，使全行负债业务在零售条线做得更好些。刚才，立林副行长从五个方面谈了对零售业务的体会，我都非常赞成，希望大家认真贯彻执行。下面，我再结合大家的发言做个总结，主要讲四方面内容。

一、第一季度零售业务实现开门红，取得了历史最好成绩

第一季度零售业务开局良好，主要指标领先同业，行内贡献持续提升，这说明零售优先战略的选择是正确的。

（一）从贡献看，零售业务贡献了半壁江山

第一季度，个人客户经济增加值占全行的 64%，个人存款新增占全行一般性存款的 56%，零售中间业务收入占全行的 56%。

（二）从大负债看，个人存款量价平衡，对全行 NIM 有很大贡献

第一季度，个人核心存款、央行口径存款（存款 + 保本）、全量资金（存款 + 银行理财）新增均居四大行第一，个人存款付息率 1.36%，比年初下降 6 个 BPS，与农行并列四大行最优。

（三）从中间业务收入看，零售业务盈利模式转型有成效

第一季度，零售业务可比 12 项中间业务收入全行占比 56%，同比提升 4 个百分点，四大行占比 32%，同业第一。信用卡、第三方支付、实物金收入等四大行第一。

（四）从零售信贷看，我行领跑同业，成为消费信贷最大银行

第一季度，个人贷款余额全行占比 41%，存量个贷客户 1800 万户。信用卡客户总量、贷款余额、分期收入等多项核心指标领跑同业。

（五）从网络生态看，我行线上交易竞争力显现

第一季度，个人网络银行用户 3.9 亿人，占全量客户 69%；手机银行用户 2.8 亿人，活跃用户占比 12%。我行在支付宝、京东、美团和苏宁等第三方龙头线上平台交易金额均居同业第一。

（六）从客户结构看，优质客户数量与质量在逐步提升

第一季度，有资产客户达 3.8 亿人，个人客户金融资产余额突破 11 万亿元，创近年最好水平。有资产客户占比 62.3%，有效客户占比 35.5%，5 万元以上客户占比 9.2%，私人银行客户快速增长，客户结构进一步优化。

（七）从城市分行看，今年旺季成效好于去年

第一季度，在座分行个人存款日均新增普遍晋级升位，无四大行末位。北上深三家分行第一季度个人存款日均新增居当地四大行第一，深圳分行个人中收四大行占比 50%、行内贡献六成以上，天津分行个人住房贷款新增、信用卡中收连续三年四大行第一，苏州分行对公经营性资金承接率 81%，提升 24 个百分点。北京、上海分行，第一季度零售综合评价分别居第 6 和第 5 位，较年初提升 7 个和 15 个位次。

（八）从业务联动看，公私业务协同成效明显

第一季度，代发工资突破 1 万亿元、同比增长 13%，支付结算生态圈超过 2000 个。个人消费资金流向对公商户 698 亿元，个人理财余额占全

行的72%，对私保险收入占全行91%，商户资金回流、个人理财与保险代理业务的发展极大地促进了对公领域资金运用、增加业务黏性，增存稳存对公存款。对公优势逐渐在向对私转化，对私业务也在反哺对公，这非常关键，通过对私服务使公司机构里的个人客户满意了，对公业务就会由此获得深化合作的机会。

二、重点城市分行资源禀赋优越，应当有更大作为

重点城市行外部资源丰富，资源禀赋优越，是我行零售业务本该也需要在此进行重点突破的区域，应当有更大作为。目前重点城市行零售业务虽有进步，但与丰富的外部资源相比，环境优势并未转化成业务胜势，更未形成胜果，零售业务持续发展的基础仍然薄弱，各行要担当更大责任。

（一）外部市场资源条件优越，重点城市行零售业务有更广阔前景

在座11家分行，都处于直辖市、计划单列市等经济发达地区，业务资源充沛、发展机遇广阔。与其他地区相比，更加具备落实零售优先战略和加快零售业务发展的良好条件。

重点城市行经济总量较大。在座分行所在地区GDP、社会消费总额在全国占比超过三成，有3个超大城市（北京、上海、深圳），有5个特大城市（天津、重庆、杭州、苏州、青岛），宁波、大连也在大城市之列。这些城市GDP平均增速8%，比全国高1个百分点。

重点城市富裕人口多。11家分行是高收入、乃至高净值人群聚集的区域。平均居民年人均可支配收入超过4万元，人均储蓄余额超过7万元、接近全国平均水平的两倍。常住人口合计增速1.2%，是全国人口增速的两倍，每年有大量高素质人群流入，零售业务发展空间巨大。

（二）重点城市行零售业务虽有进步但仍然基础薄弱，应担当更大责任

重点城市行零售贡献低于全行平均水平。从主营收入看，零售业务主营收入全行占比41%，福建零售占比61%，北京、上海、苏州、宁波、海南5家分行零售占比不到40%。从存款占比看，全行个人存款日均余额在一般性存款占比47%，福建储蓄占比61%，在座11家分行除重庆外均低于全行平均水平；全行个人存款日均新增在一般性存款占比56%，福建储蓄占比69%，在座11家分行除上海、海南外均低于全行平均水平，天津、大连、宁波占比为负。从综合评价看，苏州、天津、大连、青岛、海南5家分行零售业务综合评价排名还在下降，宁波分行最后一名落后局面没有扭转。

重点城市行个人负债业务基础薄弱。从余额同业比较看，2017年末除福建（34.8%）外11家分行个人存款日均余额四大行占比21.4%，比全行低3.2个百分点；同业工行在这11个地区合计占比33.3%，比全国工行高5个百分点。这个差距很大，所以我们说“基础薄弱”，还是用了一个比较含蓄的词。我行个人存款比工行少9612亿元，差距的八成集中在三家分行，其中北京少4325亿元、上海少1691亿元、浙江少1674亿元。从新增同业比较看，2017年全行有6家分行个人存款新增四大行第四，今天全部在会，分别是苏州、大连、青岛、宁波、浙江、海南分行，重庆分行虽居四大行第三，但占比不到16%，苏州、宁波、浙江占比为负。从网均看，第一季度全行网均个人存款日均新增2067万元，福建2558万元，除北京、上海、深圳外8家分行在全行平均水平以下，青岛、大连、天津、宁波分行不足500万元甚至为负。从付息率看，第一季度全行个人存款付息率为1.36%，福建分行个人存款付息率为0.88%，在座7家分行付息率高于全行平均水平，大连、上海分行高达1.7%以上。

重点城市行客户基础不扎实。一是客户增长后劲不足。东部沿海“富人”集聚，但浙江、苏州、宁波分行客户人均金融资产不及全行平均水平。二是存量客户挖潜不足。有资产客户全行占比是62%，福建分行69%，大连、浙江、宁波、重庆4家分行低于全行平均水平。AUM5万元以上客户全行占比是9.2%，福建分行9.5%，除北京、上海、大连外其他8家分行均低于全行平均水平。个人有效客户全行占比是35.5%，福建分行48%、系统内最高，北京39%、重庆36%，其余9家分行低于全行平均水平。三是客户经理配备不足。全行网均客户经理是1.6人，客户经理人均维护VIP客户数量648人。客户经理维护的

深度难以满足客户对金融日益增长的需要。零售业务发展由渠道为王转变为客户关系为王，客户经理是专业专注服务的重要保障，是为客户提供有温度服务的重要桥梁和纽带，必须打造一支数量充足、技能专业的队伍。

（三）重点城市行自身发展不均衡，落实“零售优先”势在必行

相对对公优势零售业务发展仍然偏弱。实事求是地讲，这里面有历史原因，也有业务发展需要，但总体看零售业务还比较薄弱。在座很多分行经营KPI考核系统内排名靠前，但零售业务综合评价排名靠后。比如北上深，分行KPI系统内前五，零售业务综合评价都在十名开外；宁波、青岛、浙江零售综合评价全行倒数三位，其他没点到名的分行零售业务综合评价排名也大都不如分行KPI排名。建设银行是商业银行，不是开发银行，我们网点多、员工多，单靠几个大项目、大客户，光靠对公信贷业务拉动，不是优秀商业银行的做法。

对公优势转化零售业务优势不充分。主要体现在代发工资和对公经营性资金承接上。你们所处的地区是我国经济最发达、金融交易最活跃、对公资源最集聚的地区，建行在这些地区对公业务有很强的优势，你们有更好的条件将对公业务“势能”转化为零售业务的“动能”，但目前还有较大的差距。代发工资方面，11家分行有176万家对公基本户、6.4万家对公有贷户，这是你们资金源头的“金矿”。11家分行对公基本户代发率为5.9%，略高于全行平均水平，对公有贷户代发率21.3%，比全行平均水平低2.5个百分点。浙江、深圳分行这两类对公户代发率都比较落后。对公经营性资金承接方面，全行对公经营性资金承接率为64%，在座有9家分行低于全行平均水平，北京、天津、上海、青岛、大连资金承接率低于全行20个百分点。

金融生态布局有待提高。在座分行在金融生态体系上有一些局部的突破，但是像河北分行、陕西分行那样，形成系统性打法和全局带动作用，你们还有很大差距。商户方面，全行每周末有500亿元个人客户资金通过消费流向商户，而我行商户（对公+个人）承接率还有提升空间，个人存款通过客户消费行为跑冒滴漏的管道应进一步接入我行金融生态。2017年我行个体工商户市场覆盖率为6.3%，提升2.7个百分点，浙江、宁波、青岛、海南4家分行低于全行平均水平，应进一步加大布局。信用卡签约还款方面，全行信用卡签约还款借记卡绑定率是36%，福建分行是49%，在座有8家分行低于全行平均水平，其中天津、青岛、海南分行不到30%。借记卡绑定的背后反映的是客户的主账户和主办行，客户用哪家银行借记卡是还款，哪家银行就是他的主办行。

三、零售业务是现代商业银行的主体业务

我行在国内大型银行中率先提出零售优先战略，在转型发展规划中又做了强调。从这几年全行转型发展看，大家对大资产、大负债理解得比较好，但没有将零售业务作为重点去抓。建设银行是靠对公业务成长起来的，对公业务的大行地位不能丢，要努力向交易型银行转型。强调对公业务的基石作用，不等于不强调零售优先的重要性，零售业务是商业银行的主体业务，没有有竞争力的零售业务就不能成为现代商业银行。如果各位分行的行长对此还没有清楚的认识，那么在做职业银行家这方面还应该继续努力。

（一）建设银行只有发展有竞争力的零售业务，才能进入现代商业银行行列

首先，什么是现代商业银行？党的十九大报告提出“建设现代经济体系”的战略目标，现代经济体系中现代金融要发挥更大的动能作用，中国又是一个以商业银行为主体的金融体系，必须是现代化的商业银行才能支撑起中国的现代金融。总体上现代商业银行：一是要把传统的“存贷汇”做扎实，这是看家本领。二是市场化定价机制，商业银行要和资本市场共同形成价格机制，发挥市场资源配置的决定性作用。三是全面主动风险管理，商业银行要更充分发挥对宏观经济和金融体系的风险管理职能。

其次，为什么说建设银行只有通过有竞争力的零售业务，才能跨入现代商业银行的行列？从我国情况看，国有企业在主要产业领域中占主导地位，各级政府主导基础设施建设，三家政策性银行在这些领域的金融服务功能明确，商业银行在对公领域竞争激烈，难以保持绝对优势。从国

际情况看，美国是以直接融资为主的金融体系，日本是银企关联相对固定的主办银行制，欧盟商业银行以做流动资金为主。因此，不管是从我国金融体制看，还是从国外商业银行成长经历看，商业银行在金融体系真正发挥作用的是商业业务，商业业务又是以零售为主体的，所以建设银行提出零售优先战略是非常必要且有预见性的。

（二）零售业务可以成就现代商业银行的健康发展

商业银行发展零售业务符合中国社会经济转型发展的路径和方向。体现在六个方面：一是内需成为拉动经济增长的主体。带来经济结构调整和消费经济拉动，预示着零售业务广阔的发展空间。二是虽然储蓄偏好下降，但随着消费和支付结算增加，可以获得低成本负债资源。比如富国银行，通过广泛的社区机构获取资金来源，实现NIM持续稳定提升。三是消费经济直接带动了信用卡、住房等业务发展，消费形态和支付方式升级给商业银行带来新的业务机会。四是中产阶级成长，财富管理需求增加，私人银行业务迎来机遇。五是互联网金融，电子银行业务快速发展，带来线上客流、资金流和数据。六是普惠金融要承担大行责任，做好裕农通普惠金融服务，为负债业务提供重要的资金支撑。

零售负债业务是商业银行重要的低成本资金来源，可以支撑资产负债结构优化。从我行情况看，在资金总量有限的情况下，维持消费信贷、对公贷款等信贷资源配置已经非常艰难，没有更多资金来源支撑我们去做投资业务、金融市场等比较赚钱的自营业务，一定程度上限制了中收增长，导致目前中收占比比较低。从国际情况看，现代商业银行主动负债比例在下降，很多知名投资银行都把经营重心回归到纯商业银行业务。现代商业银行发展规律表明，只有发展好零售负债业务，才能为商业银行提供持续稳健发展的资金来源，主动负债只能做补充。

（三）零售优先是建设银行的重要战略，要统一思想、坚定不移、创新模式

零售业务必须是商业银行的主打业务，全行对此要深刻理解、统一认识，坚定不移。建设银行只有把零售业务做起来，才能比拼同业，才能成就现代商业银行的目标，为现代经济体系作出贡献。从竞争层面看，我行通过和美国银行战略合作，最重要的收获就是零售业务，这是我行相比他行最大的优势。从政治层面看，一个国家强大的经济需要以零售业务为主体的强大商业银行支撑，只有商业银行稳健，金融才能稳健。因此，零售优先是建设银行的重要战略，在座都是大行，又是在重要地区，各位行长对此要在理念上有深刻认识，在行动上落实到经营的方方面面。

零售业务要创新业务模式，需要发挥全行智慧。当前资金形势和竞争环境下，零售业务要取得新优势，零售负债要拼得市场份额，完全靠传统路径是行不通的，必须创新业务模式。互联网金融取代不了商业银行，但是迫使银行改变经营模式。要将传统线下网点优势和网络银行有效结合起来，靠流量、数据实现获客和活客，形成零售负债资金沉淀的新模式。要充分发挥分行创新的主观能动性，总行指方向、给予必要的指导，关键还是要靠各分行在实践中总结出好的思路和做法，然后总行组织推广。

四、扎实推动零售业务优先发展

在座分行要深入借鉴包括福建分行在内的零售业务发展标杆分行经验，要聚焦问题短板、制订工作方案、实施对标管理，重点抓“一把手”带头、抓公私协同、抓负债业务、抓消费市场、抓产品服务创新、抓队伍建设、抓精细化管理，将全面贯彻零售优先战略和全面加快零售业务发展的责任层层压实，用3～5年的时间力争有较大进步和提升。

（一）“一把手”带头，扭住零售优先的关键前提

当前，零售业务已经成为全行支柱性业务和同业竞争焦点，抓不抓零售、怎么抓零售、能否抓得好，这是对各一级分行党委特别是“一把手”战略眼光、系统思维和专业能力的考验。在座大部分“一把手”同志都是从事对公业务出身，对零售业务的理解相对不深。大家要主动做分行零售业务发展的第一责任人，亲自解决难点痛点问题。要主动做分行零售业务发展的行家里手，加强关注、不懈学习、积累经验，牵头制定好发展目标和规划。要主动做分行零售业务发展的分行带头人，现阶段即使在福建等标杆分行，

加快完善绿色金融业务体系和运管机制

——在全行绿色信贷工作推进会上的讲话

王祖继

（2018 年 6 月 6 日）

同志们：

我们在习近平总书记“两山论”发源地浙江湖州召开全行绿色信贷工作推进会，具有非常特殊的意义。习近平总书记在最近召开的全国生态环境保护大会上指出，生态文明建设是关系中华民族永续发展的根本大计，生态环境是关系党的使命宗旨的重大政治问题，也是关系民生的重大社会问题。建设银行作为国有大型金融机构，发展绿色金融不仅是我们履行政治责任和社会责任的必然要求，更是稳健经营和创新发展的内在需求。

近年来，全行在绿色金融发展方面成效显著，得到监管部门和社会的高度认可，2018 年我行成为首家担任银行业协会绿色信贷专业委员会主任单位的商业银行。

今天召开这次会议，既是对此前探索实践的梳理总结，更是在新起点上提出更高要求，谋划全行绿色金融的新发展新跨越。借这个机会，我重点围绕绿色金融业务谈几点意见。

一、深刻理解绿色理念内涵和开展绿色金融业务的重要性

绿色金融是什么？国内外的定义很多，但内涵并没有太多歧义。国际社会对绿色金融的认识大体相同，核心就是通过金融手段，促进减少温室气体（二氧化碳）和其他污染物排放，减少资源损耗和环境破坏，实现经济与环境的协调发展。不同国家由于发展阶段不同，关注的侧重点也有所不同，发达国家主要关注温室气体（二氧化碳）减排，而包括我国在内的发展中国家除了温室气体，还关注废气、废水、废渣等污染物减排和环境治理。比如针对北方城市雾霾的问题，李克强总理专门安排一笔总理基金，用于奖励研究霾的生成机理的重要成果，体现的正是绿色发展理念。

为什么要发展绿色金融？这是新的历史条件下我们迈向现代银行的必然选择。习近平生态文明思想深刻诠释了经济发展和生态环境保护的关系。绿色发展是大势所趋，国有大行要跟进时代大潮，以绿色理念引领发展方式转变。

（一）绿色发展已成为国际社会的共识

长期以来，“高消耗、高污染”的经济增长方式留下了大笔环境“坏账”。世界各国都在不断反思，环境问题从主要依靠国际组织和商业机构呼吁，逐渐上升为国际政治经济的焦点问题。

早在 1972 年，罗马俱乐部发表了著名的研究报告《增长的极限》，作为一个全球性智囊组织，通过报告首次提出了人口问题、资源问题和环境污染问题等，指出传统工业化道路是一条不可持续发展的道路，将使人类社会面临严重困境。当时西方发达国家正陶醉于高增长、高消费的“黄金时代”，对这种“惊世骇俗”的警告，并不以为然。现在，经过全球有识之士系统而又深入的研究，已成为世界各国政府和人民所能接受的普适真理。这份报告可以说树立了绿色发展的第一块丰碑。

2003 年，世界银行下属的国际金融公司和荷兰银行，在伦敦召开的国际知名商业银行会议上提出“赤道原则”，这项准则要求金融机构在项目投资时，要对该项目可能对环境和社会的影响进行综合评估，并且利用金融力量促进环境保护以及社会和谐发展。目前来自 37 个国家的 92 家

金融机构宣布采纳"赤道原则"。

2016年，超过170个国家签署《巴黎协定》，承诺减少温室气体排放和化石能源消耗，成为应对气候变化的全球共识。中国在推动绿色金融发展方面后来居上，作出了重要贡献。

2016年G20杭州会议首次将绿色金融作为会议重要议题，后续的G20会议（2017年德国会议和即将召开的2018年阿根廷会议）都将绿色金融作为会议议题之一。

今年4月我去英国伦敦路演，就关注到英国政府特别重视绿色金融，他们成立了"绿色金融特别工作组"，希望成为全球绿色金融领域的领跑者；英格兰银行把气候变化纳入宏观审慎监管体系；伦敦金融城与中国金融学会绿金委联合成立"中英绿色金融工作组"，在全球范围内扩大绿色投融资规模，应对环境和气候变化。绿色发展已经逐渐成为全球的一致行动。

（二）绿色发展是新时代中国的重要战略选择

习近平总书记在十八届五中全会上强调，实现"十三五"时期发展目标，破解发展难题，必须牢固树立并切实贯彻"创新、协调、绿色、开放、共享"的发展理念。党的十八大以来，我国加快转变经济发展方式，在污染防治方面开展一系列根本性、开创性工作，去年又把污染防治作为决胜全面建成小康社会的"三大攻坚战"之一，其力度之大前所未有。

2015年，出台《生态文明体制改革总体方案》，此后陆续审议通过40多项具体改革方案；同年实施最严格的新环保法，"环责入刑"使环保执法力度显著加强。2016—2017年，中央环保督察两年内实现对全国31个省市全覆盖。党的十九大报告提出生态文明建设新目标和新部署，把污染防治纳入今后三年决胜全面建成小康社会"三大攻坚战"之一。2018—2020年还将完成第二轮中央环保督察，环保从部门的"小环保"，向党委、政府主导的"大环保"转变等。

绿色金融监管政策扶持力度不断加大。2016年8月，人民银行等七部委发布《关于构建绿色金融体系的指导意见》，成为我国绿色金融体系的"基本法"，绿色金融顶层设计确立。2017年6月，浙江、江西、广东、贵州、新疆五省（区）绿色金融改革试验方案出台，随后试验区配套政策陆续落地。2018年，人民银行正式将绿色金融纳入宏观审慎评估（MPA）体系。4月人民银行召集包括我行在内的6家银行讨论MPA中的绿色信贷指标；从会议情况看，下一步很可能加大绿色信贷在MPA中的分值，并将增加绿色债券类考核指标。这些都传递了清晰的政策导向，为绿色金融发展提供了指引。

（三）发展绿色金融是国有大行的责任担当和内生需求

承担社会责任一定要与自身发展紧密相连，将承担的社会责任高度融入业务发展，在业务发展中时刻体现社会责任担当，离开业务发展只谈社会责任，相当于从事社会公益，银行经营不可持续。我们要充分认识到，国有大型银行是捍卫绿水青山的金融主力军。银行是满足社会融资需求的主要力量，截至2018年4月末，全社会融资规模180万亿元，其中3/4来自银行贷款；国有大型银行总资产接近整个银行业资产总额的40%。从绿色贷款来看，2013年至2016年末，21家银行机构绿色贷款从3.7万亿元增加到5.8万亿元，其中50%以上来自国有大行。国有商业银行，掌握着巨大体量的金融资源，必须责无旁贷地助力解决社会民生的痛点难点问题，通过金融力量，推进生态文明建设，促使经济结构向可持续发展转型。

绿色金融业务为新时代商业银行转型发展打开广阔的空间。我认为至少包含三方面内容。第一，提高了商业银行政治站位。绿色发展是习近平总书记新时代发展理念中最重要的一个理念。大型银行通过金融业务创新，践行绿色发展理念，正是体现了我们的政治觉悟和责任担当。第二，增强了商业银行社会责任。社会责任本质上是个哲学问题，也是道德的制高点。绿色金融发展也是一样，要用哲学的理念胸怀天下，才能使我们站在道德制高点，体现责任担当和提升影响力。第三，拓展了商业银行业务空间。习近平总书记在全国生态环境保护大会上强调的"坚决打赢蓝天保卫战、深入实施水污染防治行动计划、全面落实土壤污染防治行动计划和持续开展农村人居环境整治行动"四大举措，也是当前银行可以大有作为的4个重要领域。特别是在全面推进落实国家“大气十条”“水十条”“土十条”过程中，专家预测每个领域都有数万亿级别的投资空间。像水环境治理，环保部环境规划院测算将释放4.6万亿级的市场。截至今年4月末，环保PPP项目在库总额达到1.89万亿元，其中待落地项目总额为1.15万亿元。可以讲，商业银行谁率先抓住和用好这个机遇，谁就能赢得新一轮发展红利。

发展绿色金融业务有利于全行战略向纵深推进，支持稳健经营和创新发展。为什么总是强调稳健经营和创新发展这两个概念？高质量发展是我国未来很长一段时期经济社会发展的总体要求。高质量发展不能停留在喊口号阶段，而是要认真分析各行各业体现高质量发展的内涵是什么，我认为落实到银行业就是稳健经营和创新发展。稳健经营体现为财务健康从而支持创新，包括开展绿色金融业务；这里的内在要义是有财务能力，能够为履行社会责任承受必要的低收益，为拓展新业务模式承担必要的风险。创新发展，宏观上体现为满足经济社会发展要求，内在上体现为形成新的业务模式或优势，支持银行可持续的稳健经营。

总行在转型规划中明确了零售优先战略，去年以来又提出公司业务要加快向交易型业务转型的要求。今年总行确立“住房租赁、普惠金融、金融科技”三大战略，这些与中央精神和宏观经济政策高度契合，也与绿色金融密切相关。习近平总书记在全国生态环境保护大会上强调，“良好生态环境是最普惠的民生福祉”，发展绿色金融，营造良好的生态环境、建设美丽中国，本身就是一种普惠金融；绿色金融鼓励发展绿色建筑、绿色环保人居工程。所以说发展绿色金融对于支持全行发展战略的深度推进、支持全行的稳健经营意义重大。

近年来，我行保持持续盈利和资产质量稳定的一条重要经验，就是建立了与经济发展和产业结构相匹配的信贷结构。从我行信贷资产组合看，截至3月末，全行13万亿元贷款主要由6.6万亿元对公贷款（包括3.4万亿元的基础设施建设贷款）、5.3万亿元个人贷款（包括信用卡）和1.2万亿元海外机构和子公司贷款构成。其中基础设施贷款、个人贷款和海外机构贷款为集团资产质量作出了重要贡献。目前七成以上绿色信贷属于基础设施领域。

国际经验表明，绿色环保产业具有明显的逆周期的特点。去年，我国环保上市企业净利润同比增长20.8%。从国内银行业情况来看，主要商业银行绿色信贷资产质量都比较优良。截至2018年3月末，我行绿色贷款余额达到1.03万亿元，不良率仅0.4%，低于对公贷款平均不良率2.11个百分点。可以看到，开展绿色信贷有利于资产质量向好和资产结构优化。如何在传统优势领域基础上，通过金融科技的支持，开拓新的领域，比如开拓绿色金融业务将基础设施建设领域、住房租赁等业务联系得更加紧密，我觉得这都是做好绿色金融的一个重要途径。

我们讲绿色贷款质量总体上好，但不能说只要是绿色贷款不良率就一定低，绿色信贷领域内涵宽泛、标准不一，有些项目盈利性不强，也有政策性风险，所以我们更要加强研究绿色金融的业务模式和风险问题，也需要加大创新力度，做好风险管理，才能保证绿色金融可持续发展。

二、以绿色信贷作为切入点，丰富绿色金融产品和服务

绿色信贷是绿色金融的重要组成部分。我行在绿色信贷等金融业务领域已经取得了可喜成绩。

（一）初步形成了绿色信贷等金融业务的产品和服务体系

发挥集团优势，以绿色信贷（贷款）为切入点，通过绿色债券、资产证券化、绿色发展基金、绿色信托、绿色租赁等金融业务，对环保节能、清洁能源、绿色交通、绿色建筑等领域提供综合化一揽子服务，初步形成了一套较为完善的绿色产品和金融服务体系，树立了绿色建行的品牌形象。第一，绿色信贷方面，在同业中率先推出海绵城市建设贷款和综合管廊建设贷款；创新“节能贷”等新兴绿色贷款业务。通过这些绿色信贷推动企业减排标准煤2800万吨，减排二氧化碳当量6305万吨等，取得良好的经济效益和社会效益。第二，绿色债券方面，先后参与了兴业银行、交通银行、金砖银行、徽商银行等绿色金融债的发行工作，目前正在推进绿色企业债发行。第三，资产证券化方面，我行积极参加人民银行绿色项目资产证券化（ABS）业务，目前绿金改试点分

行正与8户企业接洽；6月12日人民银行在湖州召开的五省（区）绿色金改创新试验区建设座谈会上，我行将作为唯一银行与企业签约。第四，绿色担保基金方面，我行高度重视参与区域性绿色基金和产业型绿色基金的设立和管理，如湖州分行与安吉新农村建设公司共同设立20亿元的安吉县“两山”理论实践示范县绿色发展基金，广西分行推出南宁市海绵城市基金托管服务，都是一些很好的例子。目前，我行正在推动设立具有我行特色的绿色发展基金。第五，信托和租赁方面，建信租赁力推“节能环保租赁”，目前绿色租赁业务约占公司全部租赁业务的17%。建信信托已成立4个绿色信托，规模达9.2亿元。

（二）进一步完善产品和服务机制建设，明晰绿色金融业务标准和规则

近年来全行加强绿色信贷基础建设，取得了良好成效。第一，公司章程明确审批绿色信贷战略作为董事会的职责，董事会将绿色信贷战略职责纳入议事规则；董事会社会责任与关联交易委员会将绿色信贷战略职责纳入委员会工作细则。高管层方面，2015年总分行就设立绿色信贷委员会，作为绿色信贷重要事项的议事机构，日常办事机构设在信贷管理部门。下一步可拓展为绿色金融业务委员会，同时充实相关部门职责。

第二，明确绿色信贷发展战略和指导意见。2016年董事会审议通过《绿色信贷发展战略》，确定了绿色发展三大任务；同年实施《绿色信贷业务发展指导意见》，规范业务概念和边界规则。下一步还要跟进绿色金融改革试验试点进展情况，丰富完善战略和指导意见。与此同时，我们要加强基础研究，真正厘清绿色金融的概念、范围和规则，避免将绿色金融“变成一个筐，什么都往里装”。

第三，通过信贷政策引领、授信审批、风险管控、经济资本配置和绩效考核等配套措施，引导绿色金融业务健康发展，形成业务优势。

第四，绿色贷款由目前主要集中在交通和能源领域，向绿色建筑、环境综合治理、节能环保服务业等绿色新兴领域拓展，包括有利于绿色发展的创新领域。乡村振兴战略是党中央一项非常重要的工作部署，也为绿色金融发展指明了方向。结合乡村振兴战略，推动生态、有机、环保的农业和食品发展，如浙江的特色小镇，这是一种低能耗的产业发展方式；又如长江黄河以南的地区，农村垃圾处理、人畜真正分离、旱厕改水厕等。希望各分行都能够做出一些探索和创新，丰富产品体系，拓展业务领域。

另外，在加快五省区绿色金融改革试验区业务发展的同时，也要在青海三江源、祁连山保护区、陕西的秦岭、东北的长白山等其他地区加大绿色业务推广力度。

第五，加快完善碳交易市场相关产品和服务。我国已在去年底启动全国统一碳市场建设，2019—2020年正式实现交易，到时将成为全球最大的区域性碳排放权交易市场。目前我行已与全国7个碳金融交易所签订了全面合作协议，在四大国有银行中率先推出“碳金融”产品，目前已在部分分行实现投放。未来随着相关基础市场逐步完善，我们要围绕碳交易的主体方和市场机制方面做一些服务和产品创新，重点针对广东、深圳等碳排放指标需求多的地区，研究跨省碳指标金融服务和产品创新。

第六，完善绿色发展的投行业务产品和服务。国家鼓励绿色产业通过债券发行、资产证券化等直接融资方式，拓宽企业融资渠道，降低企业融资成本。中国建设银行总行已经启动绿色金融债券发行工作，将在中国香港和欧洲两地发行三币种、总额约20亿美元的绿色金融债，据了解是今年四大行发行规模最大的绿色金融债。

第七，完善绿色金融业务的风险合规机制。以英格兰银行为代表的不少境外金融监管机构，已经开始关注环境风险与系统性金融风险的关系。国际上许多银行已经把环境因素纳入其贷款、投资和风险评级评价体系，企业的“绿色”报表得到大量应用。

近年来，建行在环境和社会风险的实证研究和信贷管理方面做了大量探索，在授信审批工作中严格执行“环保一票否决”制度。2016年，首次将环境和社会风险控制情况纳入KPI考核，授信客户因环保问题被查处、分行督促整改不力的，总行考核时予以扣分。通过授信机制和绿色理念的传导，强化了对授信客户环保问题的重视，促进企业增强了环保意识。今年，总行要求将环境和社会风险管理嵌入信贷全流程，对所有对公授信客户按照环境风险高低实施分类管理，对风险较高的A类客户不得新增授信，对风险次高的B类客户要审慎授信。这些做法体现了我们对环境和社会风险规律的认识更进了一步，并逐渐与国际最佳实践接轨。

同时，还要高度关注导入性风险。在当前严监管、重处罚的背景下，企业环保问题引发信用风险的案例屡见不鲜。这里举两个例子。一是青海因为煤炭露天开采导致生态环境被破坏，当地政府叫停露天开采，青海分行9户信贷客户因此停产，截至目前木里煤田尚未复工，贷款全部形成不良。二是湖北宜化集团新疆宜化因事故污染停工，引发整个集团风险。该客户已经进入2018年总行信用风险“30大”项目。这些案例都警示我们，企业的环境和社会风险带来的影响可能超过传统信用风险、市场风险，一定不能掉以轻心。

第八，完善相应的绿色机构体系。根据工作上的需要，总行、分行和支行在丰富绿色职能的同时，我们要研究建立绿色金融专业机构或处室，初期可以两块牌子一套人马，这本身也是加强绿色概念融合的一个方面。这不仅仅是换一个牌，更是体现我们对绿色金融认识的提升，下一步要推进相关工作。

第九，完善考核机制。KPI考核指标已将绿色信贷纳入考核范围，下一步要考虑扩大考核范围，比如人力系统的竞争力考核等。鼓励将绿色金融理念融入考核的各个方面，这种融合是大势所趋，也是大行履行社会责任的职责所系。

第十，推进绿色办公。从全集团层面，包括运行、办公都要践行绿色理念。这几年，建设银行低碳办公、无纸化办公、集约化运营等方面，都做得不错，管理还要进一步规范化、体系化。

三、坚持创新驱动，推动绿色金融业务实现商业可持续发展

做好绿色金融业务既要有大格局大情怀，还要有新思路、新打法。要以战略眼光和开放思维，做好“四个坚持”：

一是坚持理念先行。要在全行倡导绿色理念和绿色文化。在制定信贷决策和其他经营决策时，要按照赤道原则和社会准则，不仅考虑项目的收益，也要考虑社会的影响、考虑环境的承受能力。我们已经在授信审批中提出这样的要求，还需要把绿色理念融入我们经营发展的各个方面。

二是坚持市场导向。绿色金融业务既体现了社会责任，又是潜力巨大的业务领域，有利于推动全行战略的实施。但绿色发展不是慈善公益；一定要按照商业可持续的原则，通过金融科技、金融创新，摸索绿色发展的商业模式，这样才能使绿色发展真正成为经济社会发展的强劲动力。这考验着我们的智慧和能力，也体现着我们作为职业银行家的素养。

三是坚持注重实效。绿色金融涉及面很宽，我们的工作不能蜻蜓点水，更不能停留在概念和数字上。要发挥优势，通过产品服务创新和管理手段，使得我们投入的金融资源真正流向节能环保等绿色节点上。同时探索创新商业模式，在宽泛的绿色发展方面，真正找到建设银行不仅可以做，而且可以做好的领域；不仅可以做出自身优势，而且还可以引领同业。

四是坚持创新驱动。业务模式创新需要结合当地情况。中央设立五省（区）绿色金融改革创新试验区，我们要结合国家政策，根据试验区的重点和所在地区绿色发展的侧重点，摸索出一些可持续的商业模式。可以说，在绿色金融领域，谁领跑创新，谁就掌握了主动权和话语权。作为国有大行，要以创新的金融产品服务、开放的金融共享平台、可持续的金融发展模式，在国内和国际绿色金融舞台上打造建行品牌。

今年要重点抓好以下六项工作。

（一）跟进监管政策

跟进监管政策既要明晰我们的业务方向，更重要的是根据监管政策进一步完善绿色信贷、绿色金融业务的标准、范围和主要着力点。在这方面我们要政策清晰、实事求是、有的放矢，拿出自己的东西来，这是非常重要的。

每年银保监会都要组织21家商业银行开展绿色信贷自评价工作，从今年开始，评价结果将用于绿色银行等级评价，并纳入MPA考核指标，其重要性不言而喻。尤其需要重视的是，通过梳理自评价涉及的82项指标，可以发现银行在绿色信贷工作中的短板和弱项，以问题为导向提升绿色信贷的工作质量。

同时作为国有大行，我们不能满足于被动执行监管政策，还要积极主动参与到绿色金融市场建立和发展规则的制定中，力争成为这一领域的引领者。今年人民银行正开展绿色金融标准化研究，我行很荣幸成为研究小组一员。2018—2020年我行担任银行业协会绿色信贷专业委员会主任单位，这既是荣誉更是责任；要主动作为，密切配合国家部委推进相关绿色金融政策的制定，加强与境内外绿色金融及环保组织的联系沟通，努力贡献国有大行的智慧。

（二）打造绿色品牌

建行的绿色品牌，主要的着力点第一是产品。产品有两方面，一是绿色信贷，这是我们的主打产品，一定要做好。要持续加大绿色贷款投放力度，确保实现绿色贷款增速高于对公平均增速的战略目标。刚才听到分行在绿色金融产品、服务和模式方面做了很多有益尝试。下一步要在合同能源管理、碳金融等领域大胆创新，力争在绿色金融领域打造建行特色优势品牌。在这个过程中，绿色金改试验区分行和海南分行要发挥“排头兵”作用，充分利用政策优惠和市场环境，先行先试，为全行创造可移植、可复制推广的经验。资债部已经把五省（区）绿色贷款投放纳入信贷规模战略性安排，下一步五省（区）如有需要，可以向总行提出申请。总行其他部门也要在考核激励机制、信贷政策制度等方面提供充分的政策保障。

在保持总量增长的同时，要前瞻性做好绿色贷款结构调整。继续巩固清洁交通、清洁能源等传统领域优势；加快拓展水环境治理、土壤修复、绿色建筑以及节能环保服务业等新兴领域绿色业务，寻找新的增长点。要在已取得先发优势的基础上，努力在环保新兴市场领域打造建行的特色品牌。

二是要把绿色债券发行好。绿色债券是通过直接融资模式，分散风险、共担绿色发展职责与责任的一个重要方式。所以我们把绿色信贷和绿色债券这两个产品作为重中之重，作为我们打造建行绿色品牌的主打产品。

我们还要研究下一阶段的重点领域。比如合同能源管理、清洁能源、碳金融、绿色建筑、节能环保等，要集中在其中一些领域，把握好业务发展方向，经过全行几年的共同努力，推动业务创新和发展，做出建行自己的品牌。

（三）勇于创新开拓

从大家汇报的情况来看，五省（区）绿色金改试验区总体方案出台后，各地陆续出台一些配套措施和扶持政策，拿出真金白银支持绿色产业发展。金融监管部门也有大动作，3月银保监会召开绿色金改五省（区）绿色金融工作交流推进会；6月人民银行还将在湖州召开五省（区）绿色金改创新试验区建设座谈会。绿金委与各地政府共同梳理，建立绿色项目库。除五省（区）以外，2017年全国多个省出台绿色金融发展规划，一些地市也发布了绿色金融或低碳发展实施细则。

各分行要主动与当地人行、财政厅、发展改革委沟通，争取再贴现、贴息贷款等优惠政策在我行优先落地，做到早对接、早安排、早落地。积极参与绿色项目库建设，抢占绿色信贷业务发展先机；在信贷资源安排上，各级行要加大对符合我行信贷政策标准的入库项目的支持力度。要密切关注当地环境权益交易市场建设进展，量身定制金融产品和服务方案。绿色金融是个新的蓝海市场，新需求新商机层出不穷，全行要做到服务快速跟进、产品快速迭代创新，赢得市场先机。

绿色金融面很广、很宽，绿色环保产业各个行业有各个行业的制约，各个行业的风险，各个行业的难点；在各个地区也有较大的差别和不可预见的因素。比如同样是河流保护，青海三江源和赣江源头、钱塘江源头的保护难度、风险投入就是不一样的。一定要做成商业可持续的金融模式。

（四）打牢管理基础

正如同经济不能走先污染后治理的老路一样，绿色信贷业务也要经得起检验，发展模式要有可持续性。近来内外部审计将绿色信贷作为审计重点，审计署在对我行2017年度政策落实和风险防控情况审计中，将绿色信贷作为重点之一；今年4月到5月，总行审计部组织对境内9家一级分行绿色信贷业务开展专项审计。

从信贷角度，全行要以《关于加强环境和社会风险管理的通知》为总纲，在信贷全流程植入绿色发展要求，在关键环节要做到“五个加强”，即贷前评估加强环保风险审查，贷中审批加强环保“一票否决”执行，放款环节加强环保合规性审核，贷后管理加强检查频率，拨备计提加强环保因素考量。下一步还要把绿色信贷的“五个加强”拓展到绿色金融业务。

总行层面，要持续优化信贷流程操作性制度文件，同时做好环境和社会风险分类标识系统建设、评级模型优化等工作。完善绿色统计口径，建立指标体系，适时披露绿色业务信息，加强与社会及国际组织进行业务交流。分行和子公司层面，一是及时客观地做好客户环境和社会风险分类，并在信贷流程各环节严格落实相关管理要求；严格执行环保一票否决制，严控环境和社会风险A类客户授信。二是做好环境和社会风险客户的风险化解和处置，缩小风险敞口，避免演变成重大风险事件或重大负面舆情。三是高度重视内外部监管意见，做好情况沟通，抓紧跟踪整改。全行要严格执行监管和总行标准，实事求是地做好绿色信贷业务认定，必须经得起内外部审计检查，坚决杜绝不符合标准的企业“洗绿”，防止政策套利。

（五）融入企业文化

总行已将绿色金融业务写入公司章程，纳入公司治理框架。全行要将生态文明和绿色发展理念贯穿到全员全流程各项工作中，融入建设银行企业文化建设中。一是在全行倡导绿色理念。每一位员工要牢固树立生态文明意识，增加无纸化办公、绿色办公采购、绿色出行，减少水电消耗，在工作和生活中践行绿色要求。二是加快绿色金融人才培养和队伍建设。专门举办绿色信贷培训班，各分行要明确绿色信贷管理专业岗位，充实业务骨干，加快培养一支具有绿色业务营销能力、产品服务创新能力、环境和社会风险评估与管理能力的专业队伍。三是注重宣传和经验分享。总行要搭建绿色金融经验分享平台和宣传阵地，建立建行绿色公众号等标识，分行要注意总结先进经验和典型案例，做好行内外宣传，使生态文明和绿色发展理念成为新时代建设银行企业文化的鲜活元素。

（六）五省（区）分行先行先试

五省（区）试验区有国家政策红利，市场相对发达，投资者理念较为先进，因此对试点分行推广绿色金融产品、开展绿色金融业务提出更高的要求。要在绿色债券、资产证券化等投行类产品，以及碳金融、信托租赁等方面，大胆地创新，做出表率。

绿色金融是一个新兴业务领域，前景广阔、大有可为，对国有银行来说既是体现家国情怀更是业务蓝海。全行上下要以时不我待的紧迫感，胸怀使命、砥砺奋进，共同做好绿色金融业务这篇大文章，共同推动建设银行的新发展。

谢谢大家！

在集团智能运营体系咨询项目启动会上的讲话

王祖继

（2018年6月13日）

建设智能运营体系是去年11月上旬我在行长办公会上提出的，是新一代应用的升级目标。前期，渠道与运营管理部牵头组织了业务技术对接、同业调研等工作，并引入波士顿咨询公司作为项目咨询顾问。刚才，波士顿咨询公司介绍了银行运营转型的背景目标、路径举措、先进案例，提出了我行智能运营体系咨询项目工作方案。非常感谢波士顿公司，在很短时间内，组织精干力量，对这个项目提出了一个初步的轮廓性的概念，他们刚才讲的一些观点、安排，我大体上赞成，有些还需要在咨询中完善。启动智能运营体系建设，其目标是提升集团系统运营的效率和质量，这包括资源的精准配置、风险偏好的协同等子目标，这是个复杂的系统设计，对于如何借助专业咨询做好规划设计并落地实施，我谈几点意见。

一、充分认识智能运营体系建设的重要性和必要性

（一）智能运营体系是现代商业银行基本要素

建设银行作为一家国有大行和全球系统重要性银行，应当建立起与自身规模、地位相适应的整体高效的运营能力和精细化管理能力。我们有二十多万亿元资产规模，服务几亿个人客户，几百万个公司客户，平均每天资金流量都接近1500亿元，资源管理和客户响应都不是传统计划理念和管理模式能够适应的。现代商业银行必须具有基于合理流程和数据管理的运营体系，系统运营越智能，管理效率越高，整体竞争力越强。

（二）现代金融需要大型商业银行智能运营的支撑

经济全球化的要素流动，资源配置的时间价值和风险因素传导，在金融体系内瞬息万变，市场主体反应慢或反应差距大就会影响金融体系的运行效率。大型商业银行作为金融体系的重要支柱，运营的效率和质量不仅体现在自身的竞争力，更是金融体系稳定性的中枢。

二、智能运营体系建设具备良好基础

我行通过新一代项目的建设，集约化转型战略的实施，以及多年来运营转型的实践，积累起建设智能运营体系的坚实基础和有利条件。

新一代项目以“企业级”思路进行顶层设计、整体统筹，全面推进标准化、结构化、组件化业务建模，建立起统一的开发平台、开发工具以及统一的基础架构与公共服务，奠定了良好的业务和技术基础。新一代促进了网络技术、数字技术、影像技术、识别技术、流程管控等技术在我行的创新运用，构建起令同业瞩目的科技金融实力，为集团智能运营体系建设提供了坚实的技术保障。

集约化生产运营实践为建设智能运营体系提供了组织保障、资源优势和经验支持，为后续从生产领域拓展到全集团提供了良好的基础。我行通过实施前后台分离和集约化运营改革，搭建起同业领先的集约化运营平台，在提升客户体验、强化风控管理、优化资源配置方面取得良好效果。我行同业首创的云生产平台作为一种新型生产方式或者商业模式，在完善运营、获客活客方面效果显现并且前景广阔。

有了新一代业务和技术基础，有了集约化生产运营积累的经验，再从集团层面，站在价值主张的统一和风险偏好的统一这个高度来进行规范和规划，智能运营体系建设就具备了很好的基础和条件。

三、智能运营体系规划重点工作和要求

智能运营体系建设是建设银行实施科技战略的一个重要组成部分，是第一大战役，必须要强化组织领导，周密规划，加强配合。

（一）强化组织领导和工作落实

这项工作已在集约化运营领导小组的基础上充实了领导成员，由我担任组长，秀生、立林副行长担任副组长，一鸣首席、乃密总监、王晓永和朱玉红为成员。领导小组办公室设在渠道与运营管理部，乃密总监担任主任，王晓永和朱玉红担任副主任。具体项目组织方式与实施架构由领导小组办公室研究确定。总行相关部门和子公司要确定联络人，派出得力人员参与项目并负责衔接落实涉及本部门的工作事项。

智能运营体系建设是金融科技战略的第一大战役，金融科技创新委员会要给予重点关注和指导，做好科技项目审定、研发资源调配等工作。

（二）加强配合，做好规划和设计

智能运营体系建设项目我们是主体，大家要互相配合共同做好这项工作。一定要按照我们与波士顿咨询公司商议拟订的工作安排，积极推进落实。当前首要工作就是内部咨询访谈，各部门和子公司“一把手”要亲自参与项目诊断访谈，要认真准备、毫无保留、实事求是、不怕亮丑，把工作中的思考体会和痛点问题跟咨询公司专家交流。大家把共同关心的问题提炼出来、集中起来，使之能够成为后期规划的主要资源和导向性的启示，这很重要，这个过程可能会反复几次，只有这样，设计出来的方案，才会更接近我们的期望。

（三）充分利用我行积累的经验

一方面要充分利用新一代项目在企业级建模、数据多渠道多系统共享、新技术创新运用等方面的丰硕成果，在挖掘应用上多下工夫，补足我们在技术应用上的短板，将技术成果转化为业务效益；另一方面要推广借鉴集约化运营的实践经验，将集约化由生产运营延伸到其他领域。同时要与精细化管理要求有机结合，优化流程，将精细化管理的理念、方法及成果应用到项目中。

（四）建设数据驱动基础

我们期待借用波士顿咨询公司带来的理念和方法，通过对标国内外先进同业，借鉴 BAT 等科技金融公司转型经验，将国内外先进经验与我行实际相结合，拿出一套既有突破性，更可落地实施的规划方案。我们既要考虑理想的架构，体现改革、创新和前瞻性，也要考虑建行的现实情况，但一定是要经过艰苦努力才可实现的目标，不费力气的目标就不会有突破！在规划设计过程中就要大处着眼，小处着手，以小见大，以点带面；要深入基层和客户挖掘业务痛点，从痛点找到整体运行的缺陷，找到项目切入点，确保项目能够有重点突破，既有内容的完善提升，同时为今后进一步升级奠定基础。

目前时髦的说法是“客户体验、价值主张、风险偏好”，很多内容都是终端表现，核心是系统运营效率和运营质量对终端的支持能力。比如前台的智慧柜员机，它的功能提升不在于设备本身，而是中后台集约化为其提供数据支持的能力。实施智能运营体系建设，也是对新一代在“企业级一张视图”的重要检验，能不能在短时间内，在原来的基础上，通过新技术运用和流程设计，把“企业级一张视图”真正打通起来、运行起来，使资源配置更加精准、更加有效，价值主张、风险偏好真正统一起来，真正做到系统运营由行政推动转变成为数据驱动。这要靠大家的智慧，这项工作非常艰巨。

希望大家能够按照今天我讲的要求，跟波士顿公司紧密配合，把这项工作做好。

谢谢大家！

稳健经营　创新发展
支持实体经济和金融体系稳健

——在全行夏季工作座谈会上的报告

王祖继

（2018 年 7 月 25 日）

上半年取得良好经营业绩

今年以来，全行坚决贯彻落实国家宏观调控政策和监管机构要求，主动应对复杂经营环境的挑战，坚持稳健经营，积极创新发展，推动战略实施，持续优化业务结构，提升系统运营精细化管理水平，当期业绩良好。

创新发展彰显大行家国情怀担当风范

力推租赁住房业务，破解发展难题，推动租购并举住房制度建设；率先开展普惠金融业务，支持调结构补短板；打造劳动者港湾和精准扶贫，向弱势群体传递关爱情怀。

稳健经营发挥大行金融稳健柱石作用

强化核心指标（资债、盈利、风险、效率等）稳健均衡，大行是金融体系稳健柱石；完善全面主动风险管理，打赢防范化解重大风险攻坚战，大行是主力军。

上半年取得良好经营业绩

经营指标全面稳中向好

改革创新和战略推进取得新成绩

服务实体经济成绩突出

关键业绩指标稳健均衡、全面向好①

经营效益方面：净利润较快增长

业务发展方面：资产规模稳步增长

盈利能力方面：ROA/ROE 保持稳定

管理成效方面：成本收入比继续下降

资产质量方面：不良率持续下降

风险抵补和吸收能力方面：拨备率大幅提升资本充足率同比提升

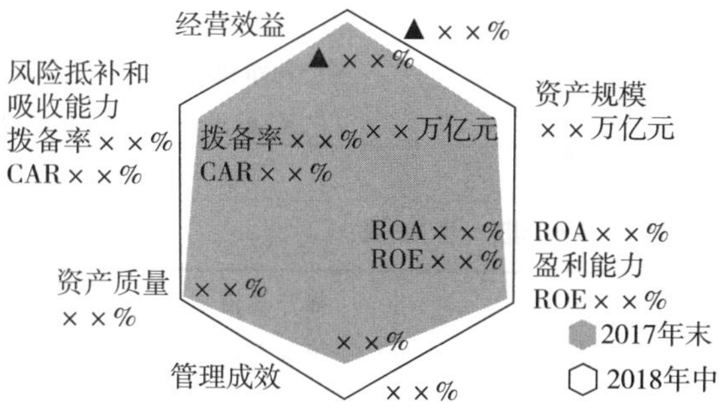

① 本报告所列数据均为未经审计初步数。

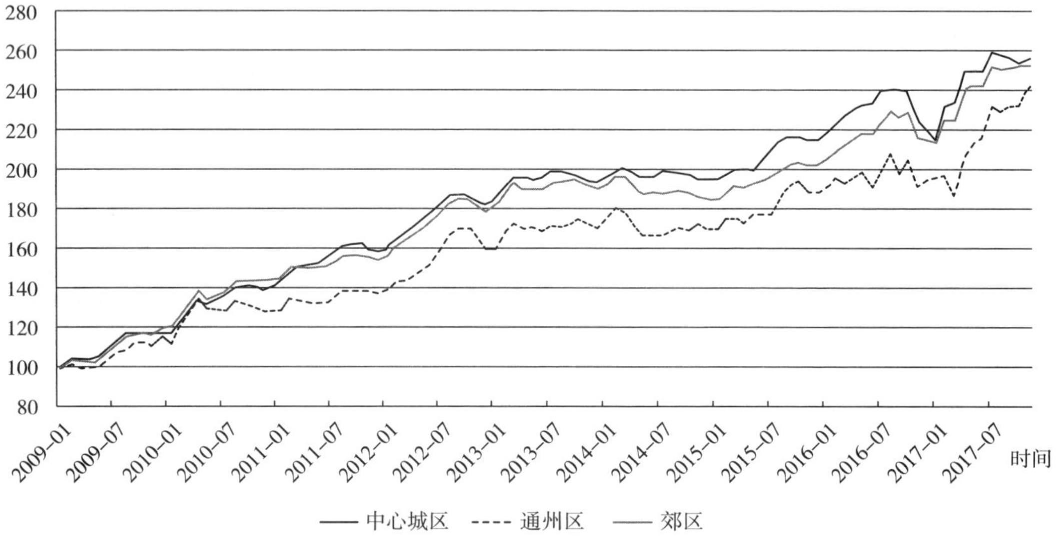

首次发布住房租赁指数、住房价格指数

住房租赁指数已覆盖52个大中城市住房价格指数已完成全国级、三大区域级、31个省级、40个城市级指数上线

2. 普惠金融双赢效应显著

率先发力，赢得先机	服务组织体系不断完善
坚决贯彻中央决策部署，深刻认识普惠金融的重大意义，迅速行动，狠抓落实，在模式创新、资源投入、组织推动、实际成效上都走在同业前列，普惠金融贷款四大行首位，助力“双创”、小微企业和精准扶贫，社会效应突出	实现一级、二级分行普惠金融事业部全覆盖；开展基层机构网点特色化示范化布局；下沉营销服务重心，着手研究网点普惠金融岗位设置和角色安排；推动小企业中心标准化建设
先进的业务经营模式	获客效果显著，服务群体广泛
数据化批量化获客模式优化，基于AUM、纳税、结算等数据新拓客户占比××%。优化创新小微快贷、云税贷、抵押快贷、账户云贷等产品，小微业务产品线不断丰富。完整构建经营体系，有效进行普惠市场和客群划分；开展“智慧乡村”平台建设；契合“双创”群体特点进行评价手段探索和产品研发；创新产业扶贫带动模式	获客能力领先同业，客户结构更趋均衡。普惠小微企业贷款客户××万户，较年初新增××万户；普惠个体工商户、小微企业主贷款××万户，新增××万户；农户××万户，新增××万户；精准扶贫贷款新增××亿元 服务群体不断扩大，梳理“双小”服务范围，其中小行业××个，小客群××个

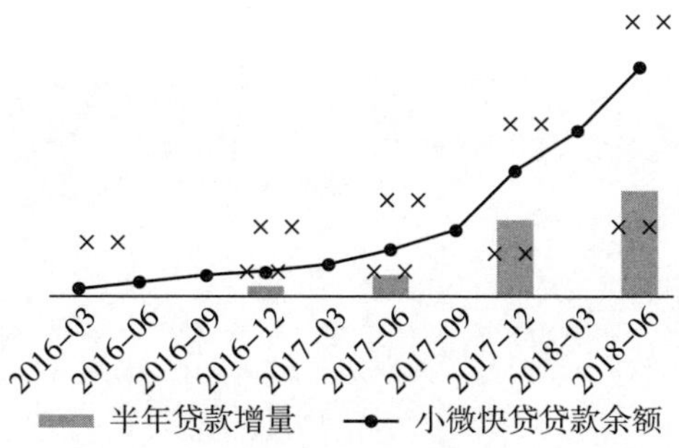

"小微贷款"余额近××亿元（单位：亿元）

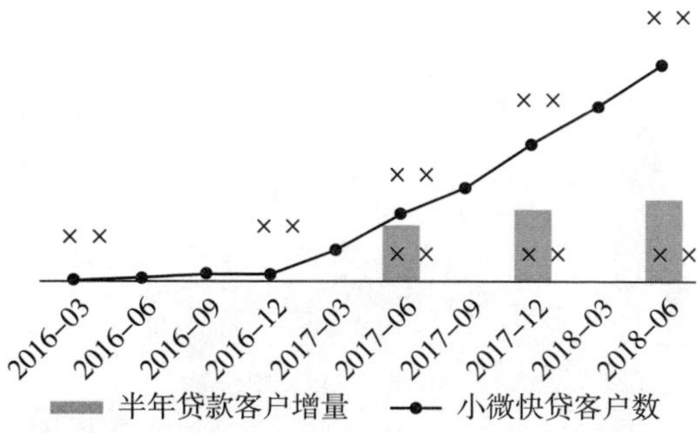

"小微贷款"客户突破××万户（单位：万户）

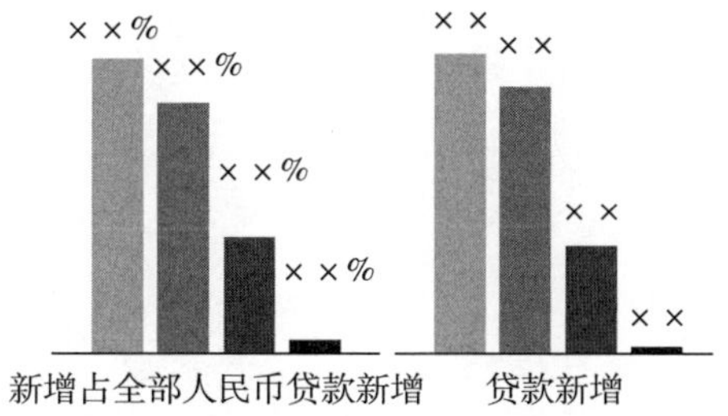

人民银行口径普惠金融贷款新增四大行第一
（单位：亿元，%）

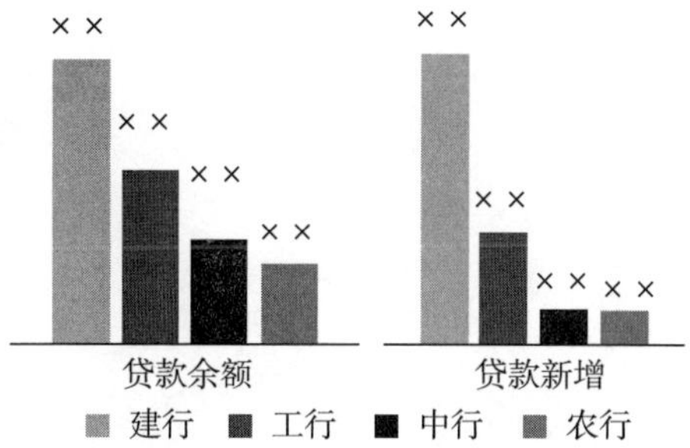

银保监会口径普惠型小微企业贷款新增四大行占比××%
（单位：亿元）

3. 金融科技驱动力明显增强

"新一代"应用深入推进	"新一代"对公业务约翰内斯堡、新西兰分行上线	条线业务系统功能拓展专项投产贵金属及大宗商品、代理金的相关功能	升级改造集团子公司科技系统、中德住房储蓄银行××个应用并入"新一代"、建信人寿新业务系统建设启动	助力国家部委科技系统建设推广，为国家审计署专项打造的金融审计数据分析平台在八家银行推广上线
金融科技与线上业务相结合成绩突出	直销银行 E账户××万户 合作50+家机构		聚合支付 有交易商户××万户 较年初增长××万户	外呼营销 总额××亿元 ▲××% 收益××亿元 ▲××%
大数据应用成果丰硕	大数据应用项目 近××个	可复制大数据 产品××个	稳存易	鹰眼慧达
金融科技赋能取得成果	向同业输出金融科技能力，构筑起新时代下的金融同业新生态 截至7月6日，全行总计与××家客户签订框架性协议 其中××家已基本明确合作范围，××家正在进行合作范围接洽，××家为储备级客户			

3. 金融科技驱动力明显增强

社会化平台开局良好

智慧城市政务服平台上线

中国政府信息化管理创新奖

善行宗教服务平台

覆盖 **15** 省 **52** 地市

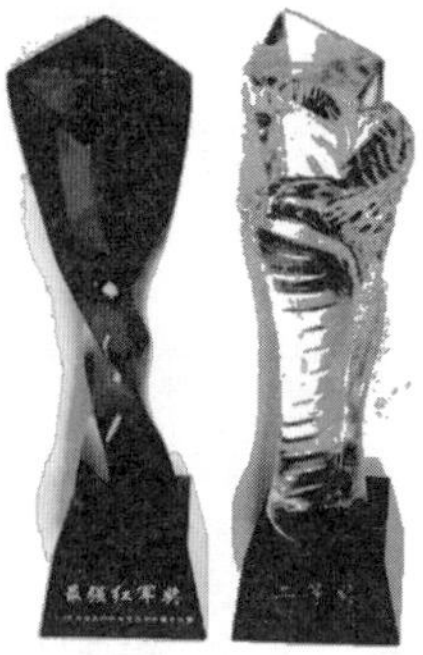

2018 中央企业网络安全

技术大赛团队赛获奖

4. 零售优先支撑作用进一步提升

系统内贡献不断提升

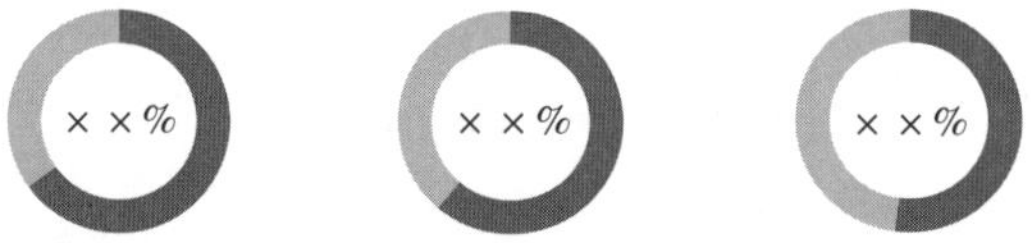

零售 **EVA** 占比　零售业务中收占总中收　个人存款新增占总新增

存款新增和中间业务收入四大行第一	个人人民币核心存款时点新增××亿元四大行第一	个人核心存款和银行理财合计新增××亿元四大行第一	零售业务实现中间业务收入××亿元同比增长××%四大行第一	连续第4年荣获《亚洲银行家》“中国最佳大型零售银行”
网络银行、移动金融快速发展	网络特约商户××万户日均存款贡献××万亿元	活跃个人商户××万户活跃率××%	移动支付客户数移动支付交易量银联二维码交易量同业第一	网络支付交易量××亿笔▲××%交易额××万亿元▲××%
消费信贷快速增长最大零售信贷银行地位巩固	零售贷款余额××万亿元	假日对私对公存款承接率××%▲××%	快贷金额××亿元▲××亿元	信用卡客户总量、贷款余额、分期收入资产质量等同业第一

续表

信用卡业务高效发展	信用卡发卡 × ×亿张 ▲× ×万元	信用卡客户 × ×万户 ▲× ×万元	消费交易额 × ×万亿元 ▲× ×%	收单商户 × ×万户

5. 交易性业务优势正在形成

交易性业务收入快速增长：

集团手续费净收入
× ×亿元
▲× ×亿元 ▲× ×%

对公新型结算× ×亿元 ▲× ×亿元 ▲× ×%
托管费收入× ×亿元 ▲× ×亿元 ▲× ×%
银团贷款× ×亿元 ▲× ×亿元 ▲× ×%
并购重组顾问× ×亿元 ▲× ×亿元 ▲× ×%

结算及现金管理	现金管理活跃客户× ×万户，同比增长× ×%；新型结算产品收入增速为× ×%，交易量同比增长× ×%
财务顾问	财务顾问业务收入× ×亿元，计划完成率为× ×%；并购业务实现收入× ×亿元，已超去年全年收入
投行业务	债券承销始终保持市场领先地位，非金融企业债务融资工具发行× ×只，发行规模为× ×亿元
贸易金融	区块链贸易金融平台今年4月上线，平台交易量已达×亿元规模，入选工信部《区块链产业白皮书》；福费廷交易量同比增长× ×%
托管业务	托管运营中心正式揭牌；支持独角兽回归，业内首批托管CDR战略配售基金；中资行中首批具备QDLP行政管理人能力
资管业务	着手搭建大资管家平台，形成大资管蓝色联盟，全球资产管理中心在香港挂牌成立，迈出资产管理业务国际化的重要一步
债转股	债转股继续领跑同业，上半年新增签约× ×亿元，截至6月末累计签约规模、落地金额在五大行占比分别为× ×%、× ×%

改革创新和战略推进取得新成绩

战略推进成效显著　　系统运营统筹机制成果突出　　改革创新取得重要进展

1. 资源配置更趋合理

坚持资源契合战略，将财务资源精准配置到支撑战略发展的具体业务和重点领域。

强化考核引领，突出重点战略；体现企业级定位，强化客户为中心，促进提升获客活客能力。

普惠金融战略× ×亿元　　金融科技战略增量资源× ×亿元　　住房租赁战略× ×亿元　　零售优先× ×亿元

资源配置结构进一步优化		
>优化经济资本配置，截至6月末，本行境内经济资本回报率为××%，提升3.4个百分点 >上半年新发生全部非贴贷款利率为××%，四大行第一	>全额授权，提升分行存款市场化定价弹性 将央行自律机制允许的一般性存款最大定价权限（央行基准1.4倍权限）全部授予一级分行 >加大1.4～1.5倍存款配置力度 专项配置单位存款约××亿元、个人存款约××亿元，支持全行稳存增存 新发生1.4～1.5倍业务在新发生整存整取定期存款中占比四大行最高，分别高于工行、农行和中行××个、××个和××个百分点	>加大大额存单的配置力度 上半年大额存单新增××亿元，完成计划的××%，同比多增××亿元，增速为××% >加大灵活计息产品的配置力度 上半年配置聚财存款、特色存款等灵活计息产品××亿元，同比多增××亿元，增速为××% >调整内转价格，提高分行拓展存款业务积极性 上半年三次调整内转价格，累计上调存款各期限内转价格为12～25BPS。各期限定期存款内转价格均高于工行、农行和中行。除5年期外，其他各期限存款上浮50%后，内外部利差均为正

2. 业务结构持续优化

资产	人民币贷款新增××亿元，同比多增××亿元，新增结构进一步优化，个人类贷款余额占比提升0.4个百分点债券投资加大出售和结构调整力度，第二季度加大国债、地方政府债认购，当季新增××亿元 主动压缩低回报同业投资和低收益同业贵金属租赁业务，分别比年初下降××亿元、××亿元
负债	客户存款新增××亿元，余额占比提升0.4个百分点 主动负债余额较年初下降××亿元
表外业务	产品结构优化，新增集中于境内非融资性保函、可撤销承诺及信用卡承诺等传统优势产品，带动RWA（风险加权资产）折算系数下降2个百分点

盘活信贷存量成绩突出		
住房ABS 11单 ××亿元	信用卡不良ABS ××亿元	对公ABS 4期 ××亿元
证券化置换信贷空间共××亿元		

盘活信贷存量成绩突出（通过移位再贷支持新客户的贷款投放）	
移位再贷 ××亿元 序时进度××%	新客户本年贷款累计投放××亿元 占当年新投放贷款的××% 较第一季度末▲××个百分点

3. 启动智能运营体系建设

今年初　《智能运营体系建设初步工作方案》形成，聘请波士顿咨询公司开展项目规划设计工作

6月初　集团智能运营体系咨询项目启动

6月　《集团智能运营体系建设项目工作规程》制定完成

4. 协同机制不断完善

改革创新和战略推进取得新成绩

1. 金融科技体制改革稳步实施

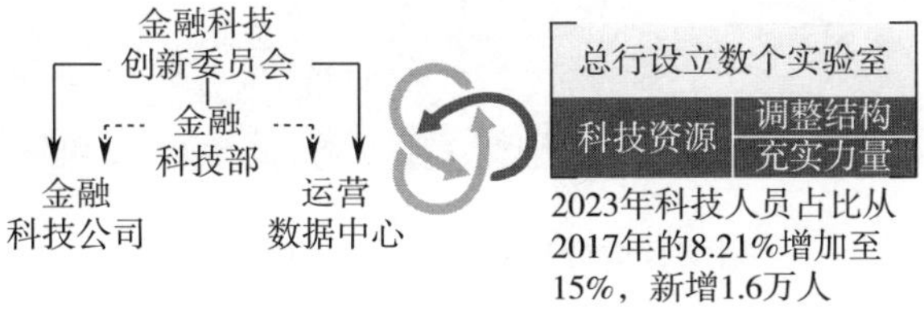

2. 制定两大战略规划

3. 强化预期风险管理机制

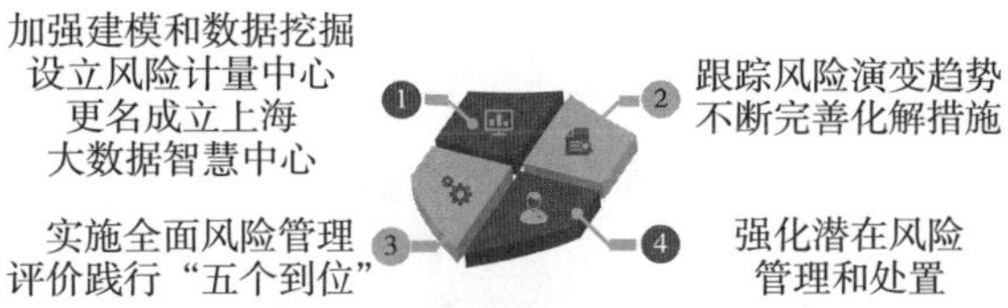

4. 组建建行大学，包括培训和研修，启动智库型研究院建设

与国务院发展研究中心、中国宏观经济研究院签订战略合作协议

启动智库兼职青年研究员培养工作

5. 完善合规管理组织体系

上半年取得良好经营业绩

经营指标全面稳中向好

改革创新和战略推进取得新成绩

服务实体经济成绩突出

服务实体经济成绩突出

增加信贷投放，人民币各项贷款比年初增加××亿元，同比多增××亿元					
加大债券投资力度，认购地方政府债××亿元，支持地方调整债务结构					
支持经济转型升级和供给侧结构性改革	基础设施领域贷款 ▲××亿元 增速××%	并购贷款 ▲××亿元 增速××%	绿色贷款 余额××万亿元 ▲××亿元	战略新兴产业贷款 ××亿元 ▲××亿元	产能严重过剩信贷余额 比年初▼××亿元

经营环境和策略

潜其心，观天下之理；定其心，应天下之变。

经营环境

薄弱环节

经营策略

经营环境

薄弱环节

经营策略

全球经济

全球经济继续复苏但分化加剧，增长的不确定性增加，美国挑起的贸易战影响不可低估

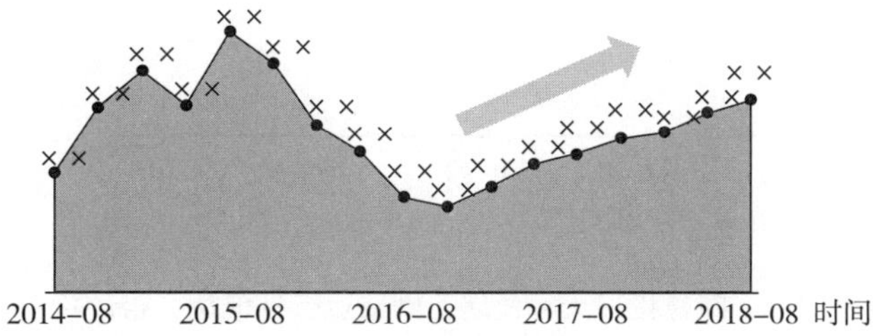

2014—2018 年美国 GDP 季度增速（单位：%）

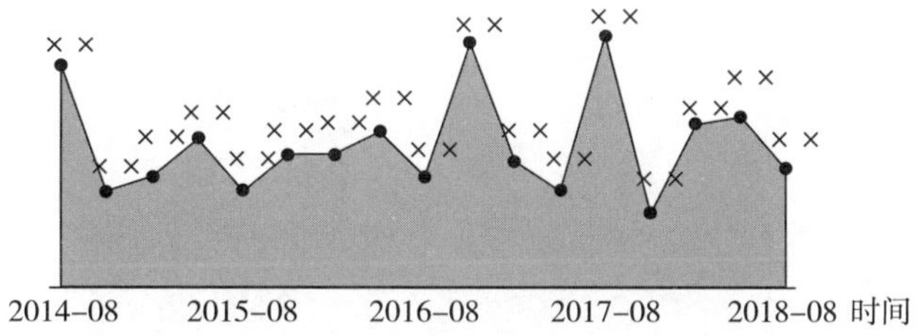

2014—2018 年德国 GDP 季度增速（单位：%）

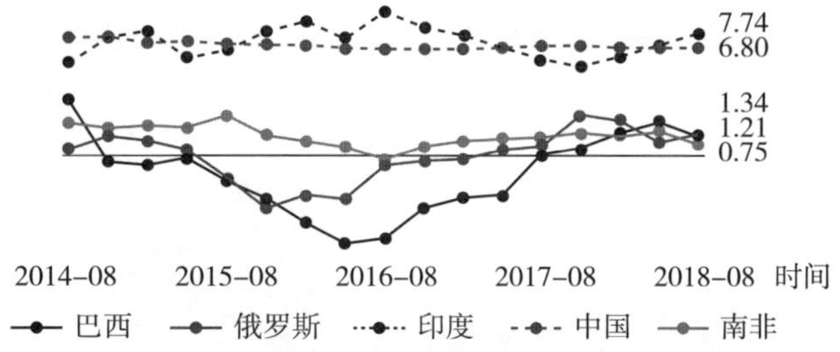

2014—2018 年金砖五国 GDP 季度增速（单位：%）

国内经济

国内经济延续总体平稳、稳中向好的发展态势，但挑战因素增多，部分宏观指标持续走低，经济下行压力加大

稳定性加强	经济增速 × ×%	工业战略性新兴产业增加值同比增长 × ×%	新旧动能转换加快
协调性加强	服务业对经济增长的贡献率达到 × ×%	高技术制造业增加值同比增长 × ×%	
	最终消费支出对经济增长的贡献率为 × ×%	装备制造业增加值同比增长 × ×%	
普惠性加强	全国居民人均可支配收入同比增长 × ×%	1—5 月份全国规模以上工业企业利润同比增长 × ×%	效益增强

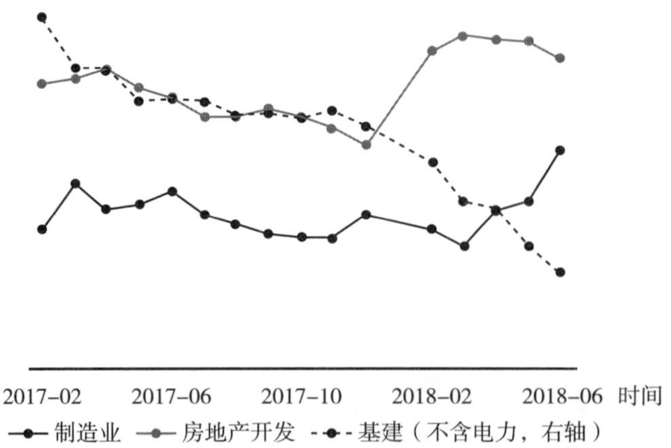

房地产投资回落，基建投资大幅放缓，制造业保持低位，带动投资增速回升

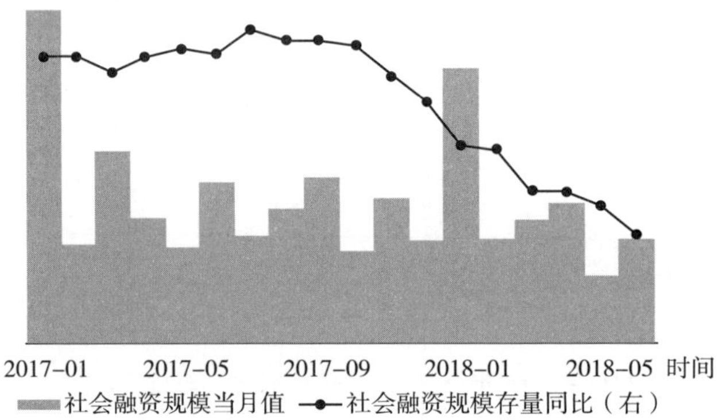

信托、委托贷款等表外融资大幅收缩，导致社会融资规模增量增速均下降较多

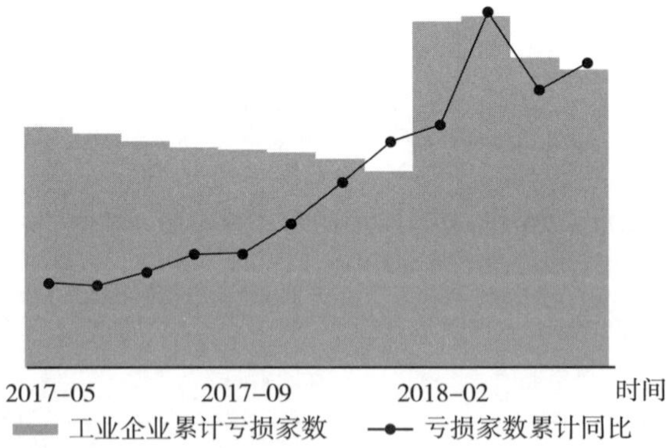

行业企业效益分化，亏损面持续扩大，中下游企业盈利放缓尤为明显

受国内外经济不确定性风险的导入影响 金融市场大幅波动

受国内外经济不确定性风险导入和市场间交叉传染影响，国内股、债、汇市场波动幅度进一步加大

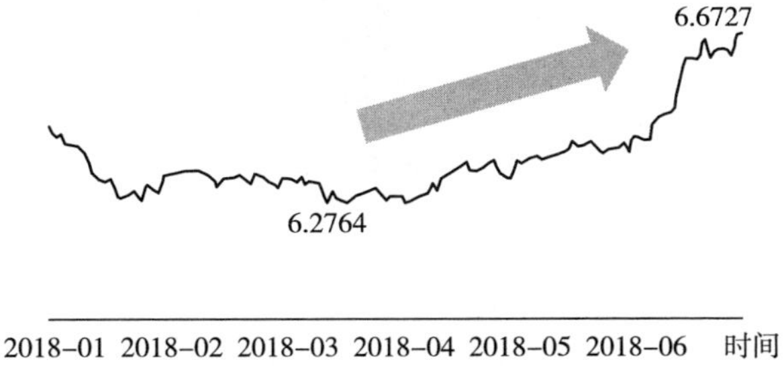

2018 人民币美元中间价走势

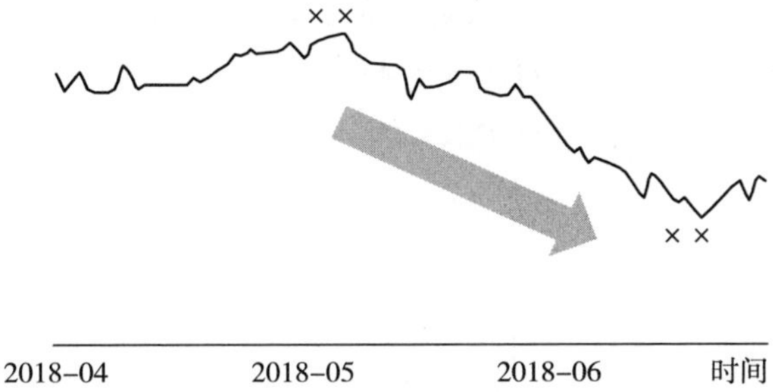

90 日上证综指走势

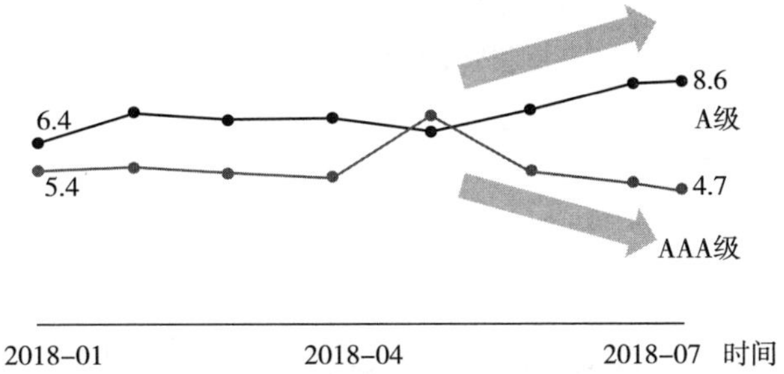

2018 年 1—7 月三年期信用债收益率分化走势

监管规则和宏观政策

财政政策	货币政策	监管政策
财政政策更加积极，下半年财政支出力度预计加大。将持续扩大内需，加大减税力度，推进重大战略和重大项目加快落地	>货币政策将保持稳健中性，保持流动性合理充裕，引导货币信贷及社会融资规模合理增长 >重点稳住宏观经济杠杆水平，把握好结构性去杠杆的力度和节奏 >进一步加大实体经济信贷支持力度	银保监会发布《商业银行理财业务监督管理办法（征求意见稿）》。与“资管新规”保持一致，延续银行理财业务良好监管做法；推动理财业务规范转型，优化金融体系结构；强化投资者适当性管理；促进银行理财回归资管业务本源，打破刚性兑付。有分析认为，较原有规定略有放松，更稳定了市场预期

经营环境和策略

经营环境　　薄弱环节　　经营策略

薄弱环节

责任意识需要进一步增强

内部结构性风险仍较突出

资产负债协调发展难度日益加大中间业务持续增长动能不足

战略推进不均衡

区域大行和重点城市分行薄弱环节明显

薄弱环节

责任意识需要进一步增强

内部结构性风险仍较突出

资产负债协调发展难度日益加大中间业务持续增长动能不足

战略推进不均衡

区域大行和重点城市分行薄弱环节明显

责任意识需要进一步增强

敏感性需要进一步增强
对经营环境的变化反应慢

主动担当还不够

信息传导效率不高

薄弱环节

责任意识需要进一步增强

内部结构性风险仍较突出

资产负债协调发展难度日益加大中间业务持续增长动能不足

战略推进不均衡

区域大行和重点城市分行薄弱环节明显

内部结构性风险仍较突出

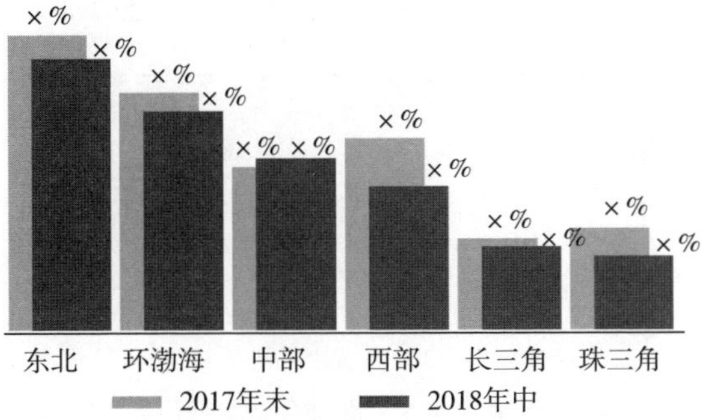

不良贷款率

对公贷款不良率偏高（××%），高于零售贷款××个百分点，个别地区高风险势头未得到有效遏制。东北、环渤海不良率分别较年初上升××、××个百分点；山东、大连、辽宁、上海等分行不良贷款较年初增加较多；海外机构不良贷款上升较快部分分行低信用风险业务占比仍然较高。

零售贷款不良新增同比上升值得关注

2018年6月末，零售贷款新发生违约××亿元，较2017年上半年（××亿元）增加了××亿元，增幅××%，新增较快

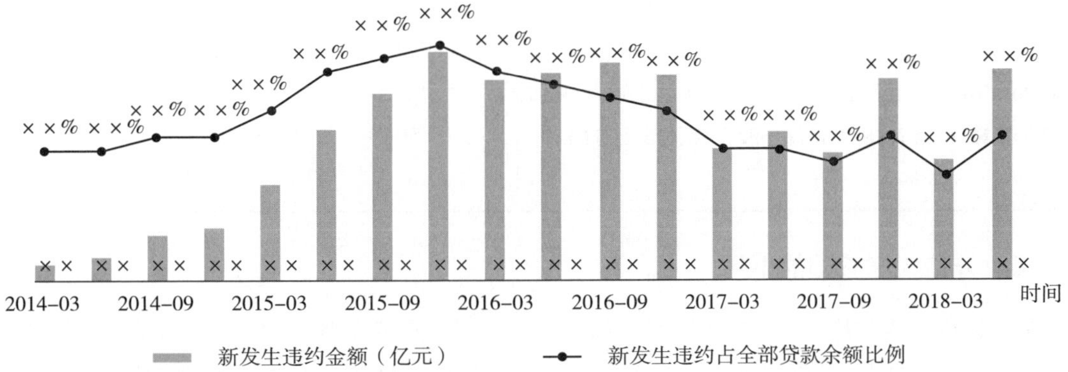

低信用风险业务呈现高操作风险特征

>2018年排查发现低信用风险业务押品管理不合规问题共××笔、金额××亿元，占比分别为××%和××%

>既有存单虚化问题（用质押存单购买理财产品的违规操作）

>也有存单出具在中小商业银行过于集中问题

薄弱环节

责任意识需要进一步增强

内部结构性风险仍较突出

资产负债协调发展难度日益加大 中间业务持续增长动能不足

战略推进不均衡

区域大行和重点城市分行薄弱环节明显

资产负债协调发展难度日益加大

信贷资源大量投入，客户存款并未相应增长，新增存贷差同比持续扩大

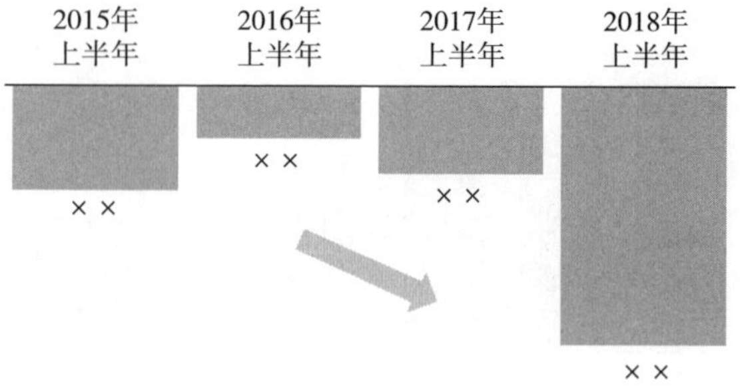

2015 年 6 月至 2018 年 6 月新增存贷差缺口逐年扩大

2018 年上半年一般性存款市场份额逐月走低

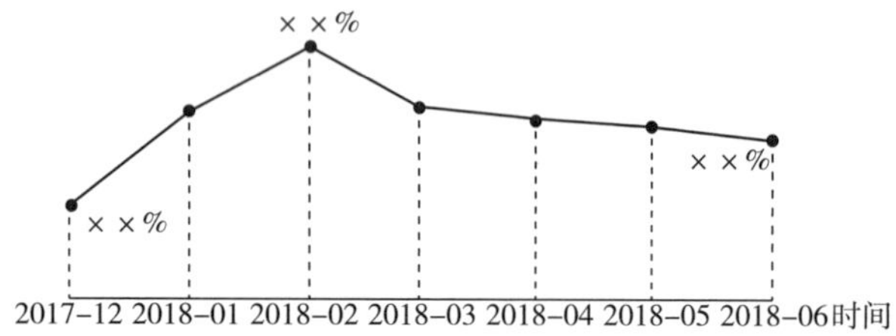

2017 年 12 月至 2018 年 6 月一般性存款市场份额

存款增长的结构性问题值得重视	
对公活期存款下降较多	重点分行市场份额下降
对公活期存款同比少增近 × × 亿元	某些重点分行市场份额下降较多
存款基础仍需进一步夯实	
部分客户账户质量不高，资金体内承接下降 商户统筹营销等内部协同还需改善等	

中间业务持续增长动能不足

近年来我行手续费及佣金净收入增速呈现趋势性放缓，在经营收入中的占比下降。上半年，理财、保险、代客资金等重点产品收入同比下降接近百亿元，反映出我行中间业务发展能力不足，机制体制有待理顺。

业务发展能力不足	投资研究能力	财富管理能力
	咨询顾问能力	业务创新能力
体制机制有待理顺	新兴商业模式	部门间协同联动

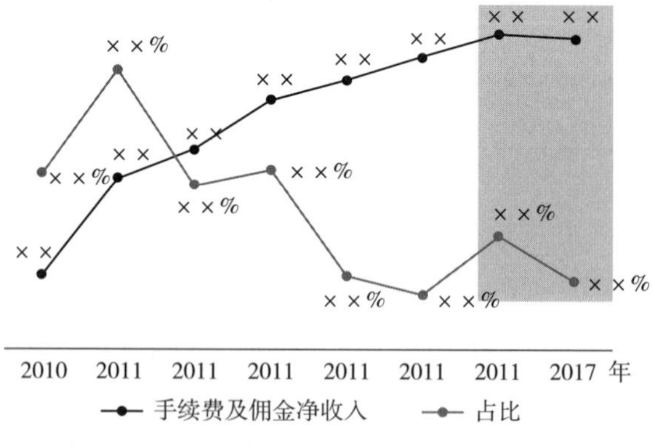

手续费及佣金净收入增速和
在经营收入中的占比双双下滑

薄弱环节

金融科技方面

住房租赁业务方面

全行范围看，上线房源有超过××万套的分行，也有不到××套的分行

试点分行中存在落后分行；非试点分行中也存在上线房源超过1万套的分行

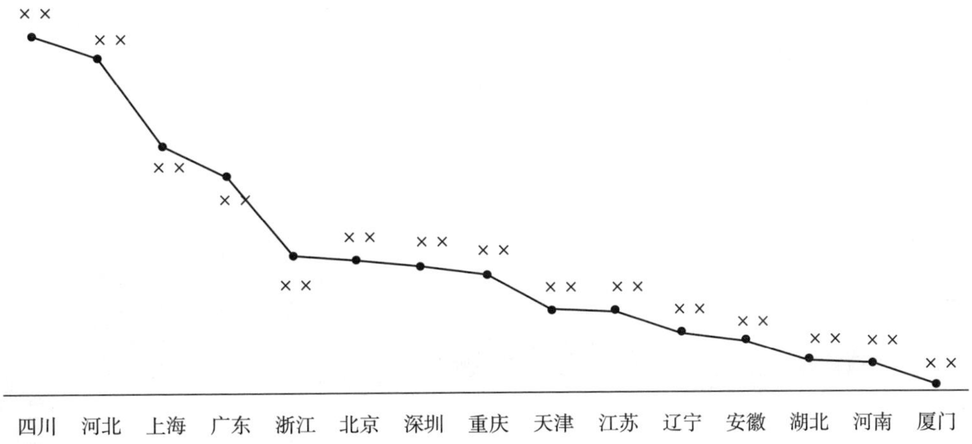

试点分行累计上线房源分布（截至2018年6月30日，万套）

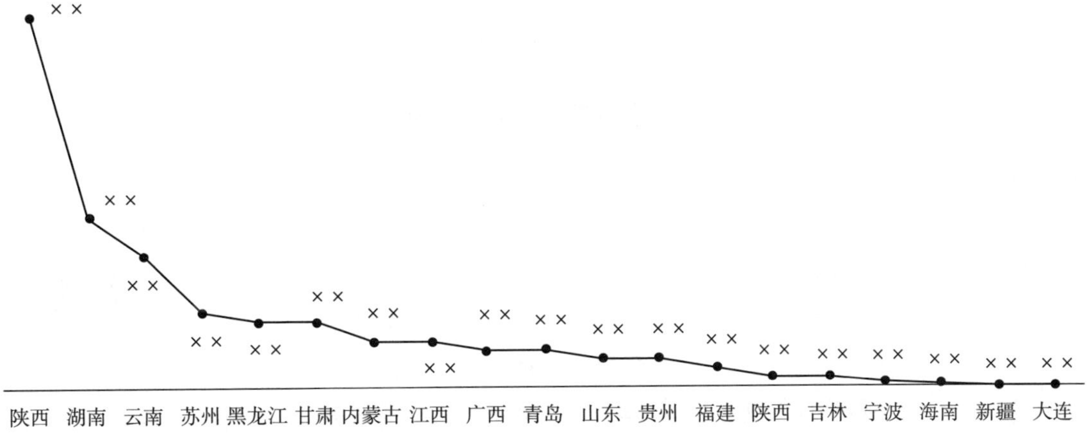

非试点分行累计上线房源分布（截至2018年6月30日，万套）

活客相对获客差别较大，除个别分行外，目前全行线上交易量偏少，房源核验、合同备案比重较低。监管系统运用需进一步加强，平台优势未充分发挥。

普惠金融业务方面

普惠金融：不同区域贷款增长差距较大，珠三角地区新增占比近××%，对客户成长型需求承接不足。

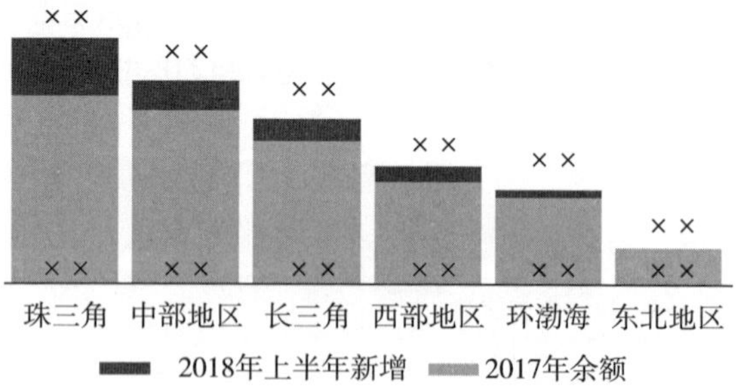

区域差异：各区域普惠金融贷款情况（单位：亿元）

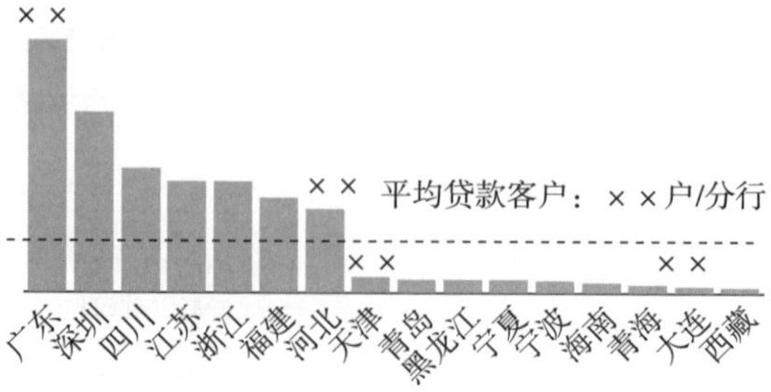

重点产品发展不均衡："小微快贷"贷款客户数

客户成长型需求承接不足：

近年来，我行单户授信500万~1000万元（含）的小微企业贷款呈萎缩趋势，与银保监会要求存在差距，虽然今年扭转了负增长趋势，但仍需通过模式创新、客户拓展等手段加大发展力度，满足客户成长性资金需求，推动持续经营。

普惠金融：贷款新增不均衡，月初、月末波动明显。

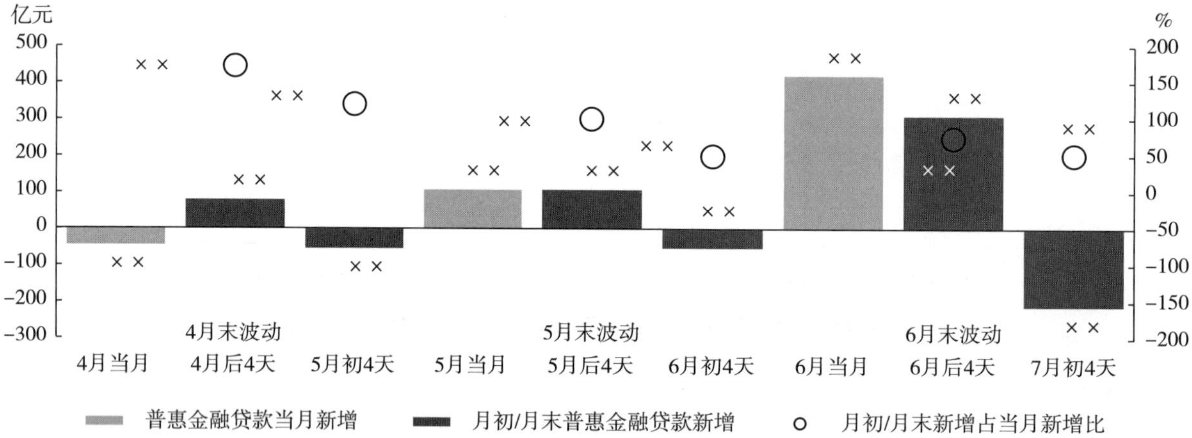

第二季度全行普惠金融贷款新增波动情况

薄弱环节

责任意识需要进一步增强

内部结构性风险仍较突出

资产负债协调发展难度日益加大 中间业务持续增长动能不足

战略推进不均衡

区域大行和重点城市分行薄弱环节明显

区域大行和重点城市分行薄弱环节明显

十家重点行零售业务发展面临挑战：

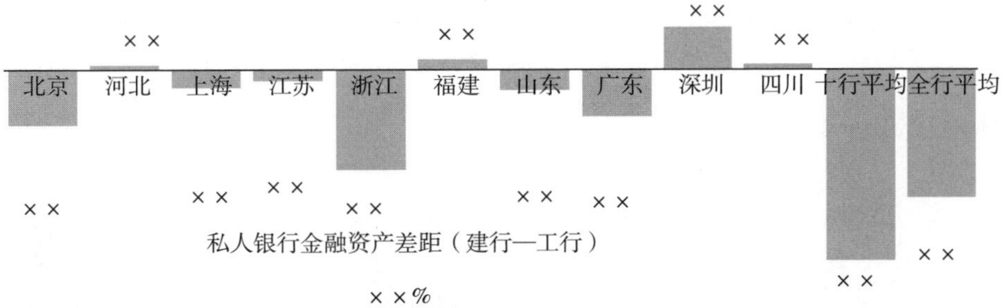

私人银行金融资产差距（建行—工行）

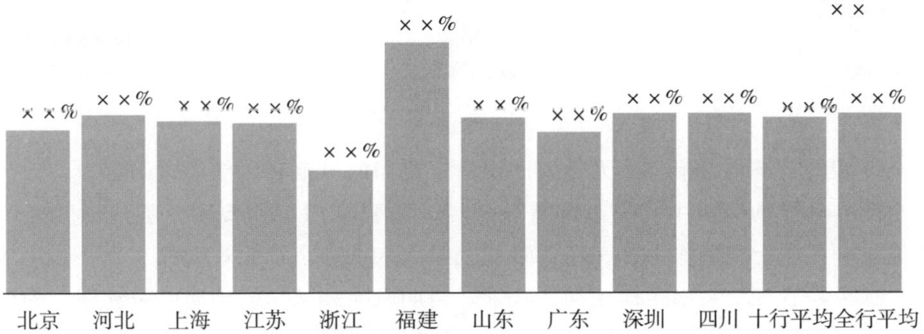

个人存款日均余额四大行占比

对公交易性业务仍然存在明显短板：

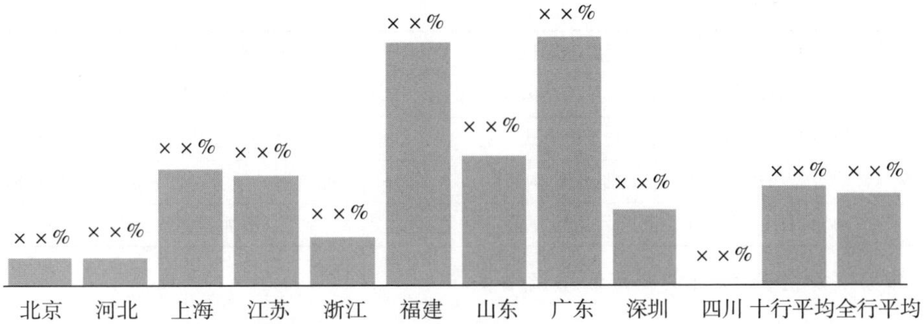

财务顾问业务收入占工行比

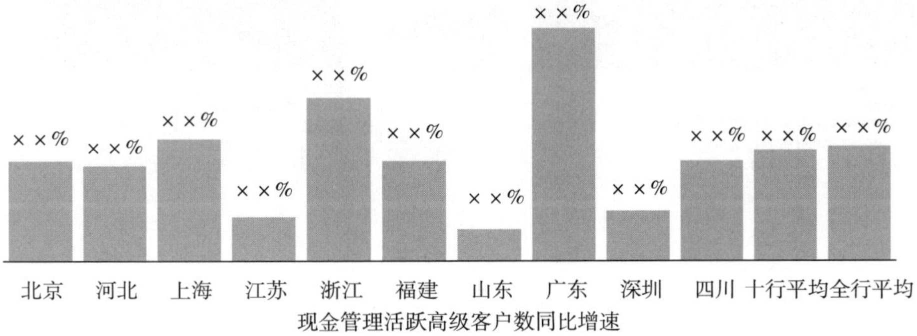

现金管理活跃高级客户数同比增速

重点分行对公代客资金交易客户数同业比较（户）

地区	工行	中行	建行	农行	建行份额	建行/工行份额
北京	××	××	××	××	××%	××%
上海	××	××	××	××	××%	××%
广东	××	××	××	××	××%	××%
深圳	××	××	××	××	××%	××%
江苏	××	××	××	××	××%	××%
浙江	××	××	××	××	××%	××%
山东	××	××	××	××	××%	××%

经营环境和策略

经营策略

面对更为复杂严峻的经济金融形势，大行要体现勇于担当的风范和稳健经营的定力。

总体要求：全面准确贯彻落实中央决策部署和央行、监管部门工作要求，坚持稳健经营和创新发展，在服务实体经济和民生上积极作为；在经营管理上要深入推进精细化管理和“新一代”应用，以应对各种外部挑战；在风险管理上突出全面主动，既管好当期风险，又加强预期风险管理，为应对明年的不确定性留出空间，发挥好国有大行对金融稳定的柱石作用。

下半年主要工作

01	加强统筹协调，保持资产负债协调增长	06	完善精细化管理机制，提升系统运营效率和质量
02	深入推进全面主动风险管理，着力加强预期风险管理	07	推动大行重点业务突破，大行要有大作为
03	积极推进战略实施，创新业务发展模式	08	完善子公司专业化市场化发展机制，提升专业品牌影响力
04	交易性业务做出优势，增强金融服务竞争能力	09	促进海外业务稳健发展，提升海外合规与反洗钱能力
05	完善协同机制，增强条线和产品互补效能	10	持之以恒加强党的建设，着力培养职业银行家队伍

（一）加强统筹协调 保持资产负债协调增长

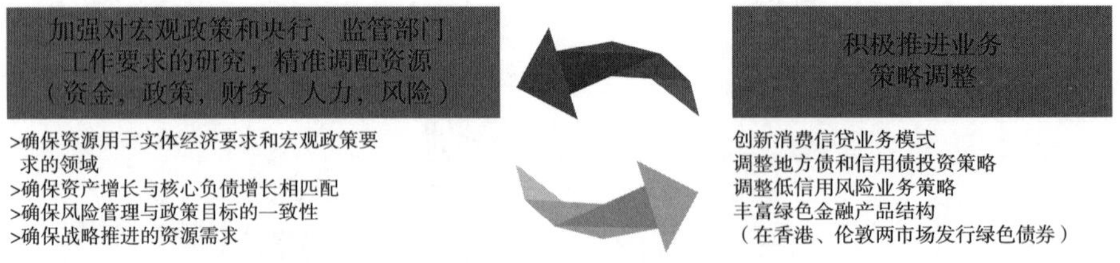

（二）深入推进全面主动风险管理 着力加强预期风险管理

＞全面管理要强调对风险领域的全覆盖和风险偏好的协调性

＞主动管理要在探索风险规律的基础上，加强当期风险管理的同时，强化预期风险的管理

＞提升风险管理能力重在提升风险化解能力和风险的精准识别能力，引导资源更多地配置在服务实体经济领域

＞进一步加大不良资产处置力度

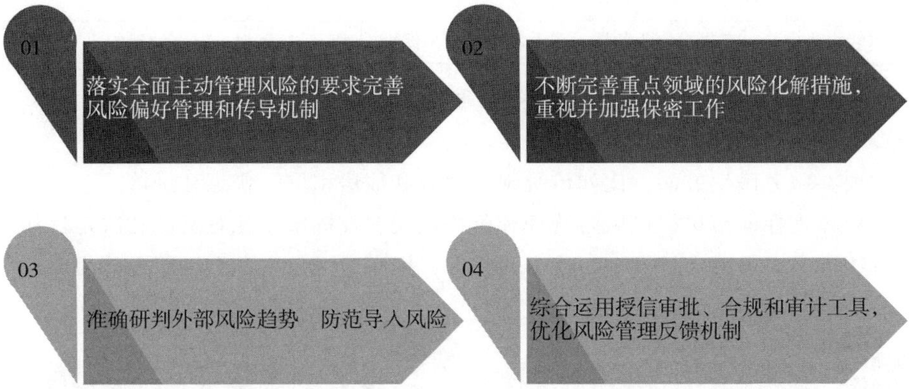

（三）积极推进战略实施，创新业务发展模式

<table>
<tr><th>住房租赁业务重点</th><th>金融科技业务重点</th></tr>
<tr><td>加快平台完善和技术升级，改善客户体验，增强获客能力
丰富租房业务品种和存房融资模式
探索与租赁中介服务公司的合作模式，拓宽房源渠道和完善服务模式
和住建部合作打造全国住房与房地产信息监管系统，拓展智慧城市业务
完善住房服务公司业务模式</td><td>完善科技公司运行机制和战略规划的实施计划
跟踪新兴技术发展趋势，探索新技术应用途径
加快补齐“新一代”应用短板，提升“新一代”应用水平
探索技术服务模式，做出优势，做成中收重要来源
形成科技风险管理模式</td></tr>
<tr><th colspan="2">普惠金融业务重点</th></tr>
<tr><td>完善机制，提升获客活客能力
建立线上线下模式相结合的经营管理机制
均衡开展业务和优化业务结构
完善风险管理模式</td><td>探索带动第三方开展普惠业务
合理规划普惠金融生态体系建设
深化实施平台经营和数据经营</td></tr>
<tr><th colspan="2">以零售理念提升传统零售业务和批发业务，传统批发业务升级方向是定制化和个性化</th></tr>
<tr><th>做好稳存增存工作</th><th>拓展营销模式，强化业务基础</th></tr>
<tr><td>抓资金、增存款、提份额，是下半年工作的重中之重
打造生态、公私协同，固化形成代发、对公经营性、商户资金拓展留存机制着力提升存款增长稳定性，用好价格工具、优化产品组合、创新营销服务</td><td>以批发业务模式推动零售发展，建生态、搭场景、推支付、拓客户
强化线上业务的“千人千面”
抓好直销银行这种新兴零售银行模式</td></tr>
<tr><th colspan="2">拓展消费金融业务模式</th></tr>
<tr><td colspan="2">适应消费经济发展趋势，研究消费金融业务模式，制定消费信贷政策（含对公对私），抓紧培训客户经理
整合相似支付产品功能和业务策略（龙支付、聚合支付、慧兜圈），争取客户体验最佳和建行整体利益最大化
基于客户消费行为和收入水平，探索家庭资产负债表管理
完善个人授信机制管理
探索社区金融业务模式</td></tr>
</table>

续表

以零售理念提升传统零售业务和批发业务，传统批发业务升级方向是定制化和个性化	
加快信用卡业务发展	巩固住房按揭业务优势
夯实年轻客户基础，激发循环和分期信贷“两个引擎”动能 推进全生命周期、全要素平台化、集成化和体系化创新 守牢信用卡消费信贷的风险合规底线 加强资源支持和政策保障，综合施策，加大信用卡不良资产催收力度	通过证券化做好结构调整 通过按揭业务拓展消费业务领域 完善零售业务的协同机制
以客户为中心，完善对公业务带动零售业务机制，促进储蓄存款、理财、财富管理的协同优化	

（四）交易性业务做出优势，增强金融服务竞争能力

大行既要体现社会功能，更要突出金融功能。

社会功能主要在服务民生方面，比如传统银行服务和住房租赁、普惠金融等；

金融功能主要体现在向市场提供风险管理和价格发现，发挥市场配置资源的决定性作用；

提供金融解决方案、金融市场做市与代客交易等，提高金融效率和金融服务能力。

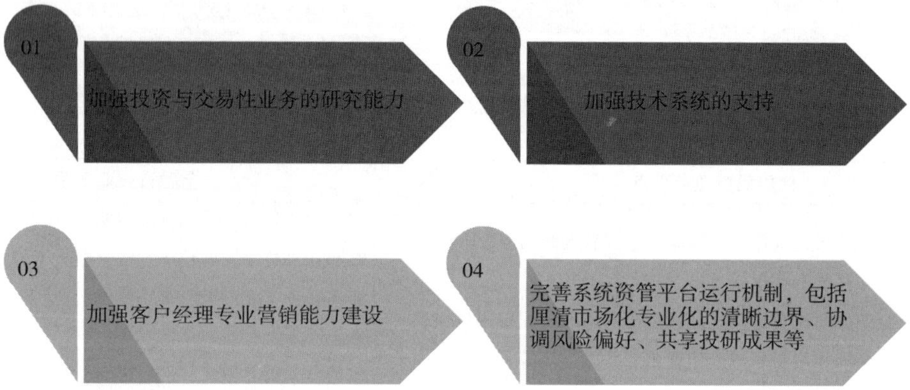

（五）完善协同机制，增强条线和产品互补效能

强化基于客户关系、负债、资产和条线间的协同机制 协同成效取决于两方面：一是部门主体的全局意识和视野水平；二是通过数据化和运营系统智能水平的提升，消除数据壁垒和行政协调的局限	
要完善风险部对条线与板块的风险偏好协同机制	要完善个金部个人客户关系和个人负债端的协调职能
要完善公司部对公客户关系和资产负债的协调职能	要完善公司部公私条线间的协同职责
要完善房金部个人资产端的协调职能	要研究完善资管业务的协同机制
要完善国际部境内外机构间的协同联动职能	

（六）完善精细化管理机制，提升系统运营效率和质量

精细化管理是利用金融科技实施、操作流程固化、管理制度积累等手段，将优秀管理经验进行标准化、机制化和系统化的过程。下半年重点抓好精细化管理实施规划的推进落实

推进管理扁平化

优化机构设置促进信息传递的扁平化

实现信息互用共享促进业务流程的扁平化

加快培育发展扁平化管理能力

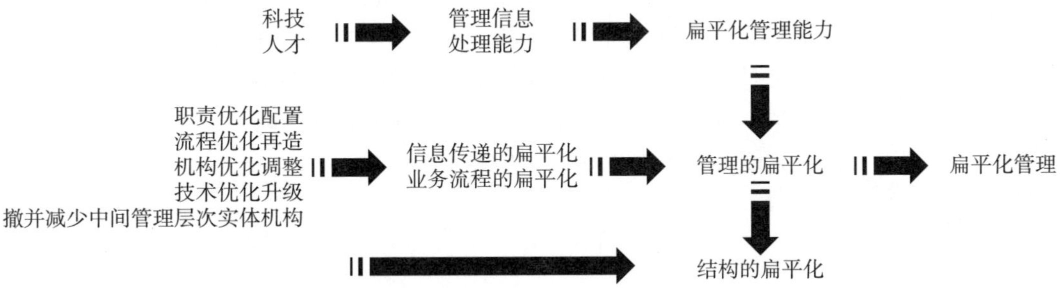

建立起与自身规模和地位相适应、整体高效的智能运营系统	完善指标体系，加强考核评价，把精细化管理落到实处
应用“新一代”构建整体高效的智能运营平台 加快“云生产”平台推广应用	

（七）推动大行重点业务突破，大行要有大作为

（八）完善子公司专业化市场化发展机制，提升专业品牌影响力

切实提升专业能力	加强专业化市场化发展
对标行业领先同业，既要经营业绩对标，又要专业能力对标 优化业务结构和运营模式，集中精力将主业做强做优做精 总行进一步调整优化 KPI 考核 回报水平低的子公司要下大力气推动业务转型	持续推进子公司市场化改革 推动具备条件的子公司股改上市，根据其功能定位，优化持股结构 深化激励约束机制改革
主动协同强化综合服务能力	提升风险管理和合规能力
子公司要更充分发挥牌照优势作用，推进业务协同 要切实承担对下并表管理责任 要强化集团并表管理，深化管理协同	子公司的资管产品要逐笔、逐项做好过渡计划 开展自营、代客市场交易的子公司，要及时掌握客户的融资杠杆情况 加强集团并表授信管理，防止“此退彼进”情况发生

（九）促进海外业务稳健发展，提升海外合规与反洗钱能力

持续提升海外机构风险和合规管理能力	加大 IT 技术对海外的支持力度
提高风险合规和规范化管理在海外机构考核中的权重 进一步加强总行与境外监管的沟通，确保满足属地监管要求 加强反洗钱基础工作，发挥制裁清单监测系统作用，提升反洗钱能力	＞尽快实现“新一代”系统在海外的全面推广，充分发挥系统作用，提升业务支持能力 ＞总行要开发海外管理信息系统，实现对海外业务的实时监控，提升精细化管理水平
香港和澳门分行加快零售业务发展	

（十）持之以恒加强党的建设 着力培养职业银行家队伍

备预不虞，为国常道。在中国特色社会主义进入新时代的背景下，我们要切实将思想和行动统一到党的十九大精神上，以习近平新时代中国特色社会主义思想为指导，坚持稳健经营和创新发展，勇于担当，奋力进取，圆满完成全年工作目标，在应对风险挑战，支持实体经济和维护金融体系稳健中展现新作为！

在海外机构分管风险负责人专题研修班上的讲话

王祖继

（2018 年 8 月 17 日）

这次培训安排得非常好，这是我们第一次举办海外机构风险培训班，取得了很好的成效，下面我对海外的业务发展和风险管理再讲几点意见，希望大家能够认识到自己工作的重要性和担负的责任。

一、海外业务是建设银行发展的重要组成部分

第一，发展海外业务是建设银行融入全球经济，实现国际化发展的重要一步。中国已经成为世界第二经济大国，经济大国要有坚强的金融，就需要借鉴国际上的优秀实践和发展经验，就要有相应规模、有国际影响力和综合实力强的大型银行支持。建设银行的愿景是建设最具价值创造力的国际一流银行集团，目的就是在实现自身国际化发展的同时，努力成为中国融入世界经济的重要中介，支持全球经济的发展。建设银行作为全球规模领先的大行，已经进入全球系统重要性银行第二档，发展海外业务是巩固建设银行国际大行地位的重要基础，建设银行要成为国际一流的商业银行，需要吸收海外机构所在国家在经济、金融、文化等方面的经验，积累在不同经济制度和社会制度下的风险管理、反洗钱等方面的实践。全球系统重要性银行的角色也意味着一旦银行在某种情况下发生问题，影响将会很大，强有力的海外业务和管理体系对于我们来说必不可少。

第二，发展海外业务是建设银行为客户提供全面金融服务的重要方面。大型银行的服务对象既包括大量的国内客户，也有很多海外客户，在加强国内业务的同时，也要有很强的海外业务拓展实力。银行要为客户提供全面的金融服务以及综合的金融解决方案，越是大型客户，需要的金融解决方案越复杂，不仅涉及国内，也涉及海外；不仅需要融资，也需要对汇率、利率衍生品、大宗商品和贵金属业务等提供全面的金融服务。当前国际经济虽然整体上稳中向好，但是最近发展中国家、新兴经济体和部分欧洲国家的股市、汇率等出现了一些波动，进一步加大了服务客户的难度。要服务好客户的海外业务，无论是在信贷融资、风险管理，还是在代客理财等方面，都需要为客户提供第一手的信息、完善的服务和风险规避手段。目前我行海外业务量总体还不是很大，但是在主要地区都有了机构，发展海外业务已经成为建设银行掌握第一手信息、为客户提供全面金融服务的重要组成部分。

第三，发展海外业务是建设银行实现综合化经营发展的重要内容。在全球化背景下，现代大型商业银行都重视全球化布局，建设银行在这方面的起步不算早，目前已经在 29 个国家和地区设置了机构。中国现在通过“一带一路”等来支持沿线国家的基础设施建设，支持国际经济，建设人类命运共同体。可以说，我们的海外布局基本可以满足当前国家经济发展和海外策略的需要。有了布局就要开展业务，开展业务就要持续提高业务水平，无论是提供融资，还是提供各项服务，包括风险管理方面的服务，都要提高服务能力，除了总行的系统性支持外，这一周的培训已经向大家全面阐述了风险管理方面的安排。对于大型银行来说，要实现综合化经营，探索分散风险的途径，发现并提供第一手的信息至关重要，所以伦敦行作为人民币清算银行、香港行作为海外发展综合管理的基地等，都是为了实现这样的管理

目标。在此过程中，海外机构的自身建设水平、人才培养力度、业务能力和服务效能等持续提升，都进一步提高了集团的影响力和竞争力。

我们重视海外业务，发展海外业务，不仅是中国作为一个经济大国的需要，也是建设银行自身发展的需要。正因为这样，无论是外派员工还是当地雇员，你们都身负重任，用中国经常说的一句话讲，即责任重大、使命光荣。

二、风险管理是银行的生命线，在这个岗位上责任重大、使命光荣

风险管理是银行的生命线，特别是在当前国际经济出现大幅波动和变化的大环境当中，加大海外业务的比重，支持客户实现融资和分散风险等需求，支持建设银行的结构调整等，对于实现建设银行的健康发展至关重要。

建设银行作为全球系统重要性银行，对经济发展的作用非常重要，但是银行越大，外部承担的责任越大，一旦发生问题，负面影响会非常大，所以我们要进行系统化的管理，不仅要受到国内的严格监管，还要受到国际监管机构的统一监管。作为一个有相当比重海外业务的大型银行来讲，风险管理永远是我们的生命线，也是管理上永恒的主题。

这几年建设银行在风险管理以及海外业务的发展和风险管理等方面，结合国内外的实践经验，一方面集中各类资源支持宏观经济结构调整；另一方面充分消化了金融危机时期为了稳定经济和改善经济增长的特殊政策等所遗留的一些风险问题，从而形成了全面主动风险管理的理念、机制和制度安排，取得了很好的成效。也正是在这样的风险管理中，形成了建设银行的发展理念，就是稳健经营和创新发展。

作为一个大型银行，稳健经营至关重要，最近大家可能感觉到，在受到国内外各方面因素影响的情况下，我们的经济产生了一定的波动。在经济发展当中，某些行业在某些时点的风险不可控甚至产生损失是不可避免的，但是必须避免金融的不稳定，稳经济的重点是要稳金融。金融稳，那么经济波动或者损失就是一个点或者一条线，终归是可控的，还不会形成系统性风险，只有系统性风险才会形成真正的危机，2008 年的国际金融危机告诉我们，金融不稳就会产生危机。再看近期的土耳其，虽然里拉波动很大，目前只是货币出了问题，还没到经济危机的程度，但是如果继续演化下去是否会危及金融系统的稳定，那就很难讲。不管是从自身的经验来看，还是从外部情况来看，稳金融是非常重要的，所以大行要强调稳健经营，稳健经营要基于风险管理的支持。

稳健经营不等于不发展，在稳健经营的同时还要实现创新发展。建设银行作为一个以信贷业务为主的传统商业银行，创新发展一定是在稳健经营的前提条件下实现的，要强调在稳健当中不断创新产品、培育业务的竞争优势，包括风险管理和海外业务等方面能力的提升。就海外业务而言，虽然我行已经布局了 29 个国家和地区，但是目前能够开展的业务并不是很全面，这主要是源于业务能力、风险管理能力和技术支持能力等方面的制约，有的机构系统支持还没有到位。创新发展就是要在稳健经营的前提下，不遗余力地提升服务客户能力，这是建设银行价值观重要组成部分。如何更好支持客户的发展，为客户创造更大价值，银行提供有效的风险管理就是重要途径，这就是为什么我们这么重视风险管理能力提升，也是为什么我们要这么强调全面主动的风险管理。

还有一点，建设银行作为大型银行，在向现代化商业银行推进的过程当中，除了提供传统的存贷汇功能之外，大行的功能更重要的是体现在对于整个宏观经济的趋势研判和资源配置，在支持实体经济过程中为市场提供风险管理能力和风险定价能力，这是中小金融机构所不能实现的。国家现在越来越强调市场化配置资源的决定性作用，通过金融实现风险管理和风险定价，是经济实现市场化的配置资源的标志性、引领性的重要方面。建设银行要走向国际，需要国内机构和国外机构都不断提升风险管理能力，要重视提高各类业务的风险管理和定价能力，不仅仅体现在信贷业务方面，还体现在财富管理、代客业务、外汇及利率衍生品、大宗商品和贵金属等方面风险管理能力的全面提升。

我们开始是讲全面风险管理，后来加了一个主动，这是根据业务发展的需要加进来的。全面风险管理是国际上通用的一个概念，应该说也包括了对预期风险的管理，在概念上和主动管理是

一致的，但是之所以要强调全面主动管理，是根据建行的业务特征和工作需要提出来的。这几年建设银行在实现风险管理既定目标的同时，面临着外部经济波动的不断挑战，比如今年的中美贸易摩擦走到今天这样的地步，是大家完全没有预料到的，对风险管理是一个重要的警示。尽管我们之前在全面风险管理当中把未来的、现在的风险苗头或者可演化的风险可能性都做了必要的估计，留出了风险管理空间，在资产分类、拨备计提、不良资产处置策略等方面都做了协调安排和留有余地，但现在看来有些问题估计还不很充分，所以特别要强调主动管理风险，就是要在做好当期风险管理的基础上，更加注重对预期的研判。

第一，要强调精准识别风险。精准识别风险更重要的是要认清自己承担多少风险、有能力承担多少风险。精准识别风险当中有规避风险的内容，但是作为一个大银行来讲，不可能见了风险就走，更重要的是要看一看这些风险有多少是可控的，有多少是经过我们跟客户的共同努力可以转移出去的。大银行如果不主动承担有能力承担的风险，就无法体现出对宏观经济的支持，所以风险管理不是完全规避风险。

第二，要强调主动防范化解风险。实现预期风险管理比应对当期风险和常规风险的挑战更加艰巨，虽然我们还没能完全看清楚现在的一些风险苗头在今后会如何演化，但是知道可能会有一些风险发生；虽然我们不知道具体的爆破点会在哪里，但是要尽可能地完善和制定风险的纾解和缓释措施，也就是主动管理风险。今年我们进行了一些实践，也看到了主动管理风险的正确性，比如原来的低风险业务，在新形势下也确实暴露出来高风险的可能，可能信用风险比较低但操作风险、合规风险的确比较高，针对这些业务我们主动采取了措施，从而规避了一些较大的风险。

第三，要强调对整个宏观经济波动的提前应对。对经济形势的判断要有前瞻性，要有自己独到看法，不能简单重复外部说法，这些判断是预期风险管理的基础。风险管理条线已经把预期风险管理纳入全面主动风险管理的范畴当中，当然这些方面还需要做深入的探索，还需要完善。

海外机构要在集团全面主动风险管理的框架下，提升自己业务范围内的风险管理能力，这也是本次培训的重要目标。培训给大家介绍了大量的全面主动风险管理方面的做法，提供了理念、技术等方面的支持，介绍了很多管理上的规定，都是为了达到这个目标。当前集团对海外支持的重点就是要加快新一代系统海外的上线应用，现在对公已经完成上线，有些海外分行的零售业务系统正在上线，要充分发掘和运用系统的功能，同时要强调提升管理能力，彻底解决目前依然存在的手工操作过多等问题。

全面主动风险管理在建设银行已经取得了很好的成效。我们从全面主动风险管理入手，调整了很多业务流程和机构职能，使得业务管理的侧重点更加清晰，确保了相关指标特别是关键核心指标处于同业前列，促进了关键指标之间更加协调。核心指标的稳健才代表了大型银行的经营稳健，这是我们始终重视风险管理一个很重要的原因。

三、海外员工和管理人员是建设银行宝贵的人力资源

尽管现在技术水平高、信息发达、数据化应用很广泛，但一家企业的效能，不管是银行还是其他机构，不管是管理还是业务操作层面，关键环节都依赖于优秀的人力资源，可以说人力资源是最宝贵的资源。

第一，海外机构是集团国际化人才培养的重要基地。我行有很多海外机构和网点都在市场经济发达国家，这是非常重要的一个基地。全行派出那么多人员，在国外生活、工作，了解当地经济、金融发展，通过服务客户，加深理解和认知，可以实现国内、国外的融合，特别是金融业，在统一的巴塞尔监管规则下开展业务，具有一定共性。同时，由于所处国家的经济发展阶段水平、社会文化特点等各有不同，也具有各自的特点，发达经济体在风险管理、客户管理和服务水平等方面都较为领先，值得我们借鉴和学习；新兴发展经济体的金融发展可能正走在我们过去的发展道路上，或者跟我们处在同一水平，也会带来很多新的启示。

所以说，海外的人才培养至关重要。美国有一位政治学家和社会学家 Seymour Martin Lipset，他讲过一句非常有名的话："those who only know one country, know no country。” 外派员工要有更加开放的心态，要更多更深入地了解所在地的经济社会发展状况，从中吸取经验教训和智慧，在不断拓展自己视野的同时，在超越自己的过程中，认识到什么是共同规律，什么是特殊规律，发现自身特色在哪里，人家的长处在哪里。外籍员工加入建设银行之后，也可以了解中国、了解中国的金融状况，这也是自身能力和经验的提升。

第二，全员合规是海外机构合规经营的重要保证。海外业务发展面临的最直接要求就是合规、反洗钱，特别是发达经济体在合规方面的要求更高。建设银行非常重视合规管理，从合规体系建设到合规操作管理，投入了大量的资源，做出了很大的努力。但是由于客户的诉求在不断变化，合规风险也会伴随而生，所以说合规永远在路上。海外机构要在日常中落实好合规的要求，制度规范是一个方面，理念操守也同样重要，需要在全行范围内树立起根深蒂固的合规理念。培养理念同样需要时日，需要做出艰苦的付出。大型银行海外机构的风险管理负责人，首先要提高自己的合规意识，提高责任感，在消化、接受建设银行合规管理理念和要求的基础上，努力搭建与所在国家和地区相适应的合规文化。

第三，当地员工是海外机构深入开展业务最重要的资源。现在海外业务大体上分两块，一个是内外联动，另一个是开展当地业务。开展当地业务是海外机构扎根所在国、服务所在国非常重要的一个方面。由于大部分海外机构走出去的时间还不长、能力也有限，主要业务是从对公业务开始的，有条件的部分机构已经开展了一部分零售业务，我们的对公业务开展得也还不是非常充分，服务当地客户业务量不是很大，但是扎根当地客户始终是我们业务发展追求的重要方向。在开展当地业务过程中，希望当地员工能够发挥本土优势，利用语言沟通、人文服务、熟悉情况等便利性，展示和发挥建设银行的服务能力。无论当地的客户是需要本地金融服务、国际化金融服务，还是要到中国来投资发展，都可以充分发挥当地员工的本土优势，为提高建设银行的服务水平作出贡献。

建设银行是一个大家庭，秉持稳健经营、创新发展的办行理念。在全球化背景下，我们非常注重海外业务稳健发展，外派员工和当地员工要重视互相学习，在自身工作能力得到提升的同时，实现所在分行的业务发展和风险管理水平的提升，这也是大家共同追求的目标。

总行高度重视海外业务的发展，这次风险管理专题研修班的成功举办，给了我们一些很好的启示。今后在可能的情况下，还会在各业务条线继续加大这方面的培训和交流。一方面，让海外机构员工了解总行的部署安排；另一方面，总行各部门也能够了解大家的诉求，能够针对业务和管理的薄弱环节尽快改进。希望大家回去之后能够将这次培训当中学到的知识应用在工作中，努力开花结果。今天大家将陆续返回工作岗位，在此预祝大家返程顺利，一路平安。

谢谢大家！

在中国建设银行2018年工作会议上的讲话

郭 友

（2018年1月23日）

同志们：

这次会议是在贯彻落实党的十九大精神、推进全行改革发展新形势下，召开的一次重要会议。昨天国立董事长作了讲话、祖继行长作了经营情况报告，对2018年工作作出战略和战术部署，提出了明确要求。

去年，面对复杂的经营环境，全行共同努力，实现了高水平的均衡发展。总行党委带领全行学习党的十九大、中央经济工作会议、全国金融工作会议精神，践行以人民为中心的理念，把更好地满足人民日益增长的美好生活需要作为做好各项工作的出发点和落脚点，及时推出了一系列新举措。国立董事长到任不久，就发挥我行优势，落实中央关于“房子是用来住的、不是用来炒的”要求，解决社会痛点问题，研究提出了“蓝海项目”。目前看，全行迅速响应、全面联动，初步取得明显的成效，得到了客户普遍欢迎和社会各界的高度认可。当前，金融与科技相结合已经成为全球银行业积极探索的方向，总行党委日前决定成立金融科技公司，正是我行立足长远发展，布局金融科技迈出的重要一步，也将是未来引领业务创新发展的重要基础。祖继行长强调经营管理策略要契合新时代要求作出调整，特别是传统业务要赋予新内涵，新兴业务要找到新打法，10家重点分行要有新作为新贡献。这些新实践贯彻落实了党的十九大精神，履行了国有大行的责任，体现了很高的政治站位，也取得了良好的经济效益和社会效益。

下面，结合落实“两长”讲话和自己的学习体会，我讲四点意见。

一、把握经济和银行发展新趋势，进一步提升服务质量

我们当前所处的时代是历史上一个重要的发展阶段，社会变革、经济提升、科技进步，身边各种新事物层出不穷，在不同程度上影响着我们所从事的事业和我们的生活。在这里我想谈几个方面，和大家一起思考。

——经济发展出现重大变革。经过40年改革开放，我国经济已由高速增长阶段转向高质量发展阶段，把握和理解这一转变，将有利于银行未来长远的持续发展，保持我行在同业的竞争优势，同时这对适应了快速增长模式的银行业是个很大的挑战，特别是在银行自身资产增速降下来之后，对资产、收益的平衡摆布提出了更高的要求。我国经济结构不断优化，服务业跃升为国民经济第一大产业，2012年国民经济一、二、三产业的经济增加值比重为10:45:45；2017年变为8:40:52。消费对经济的贡献更加突出，去年前三个季度，我国最终消费支出对经济增长贡献率达64.5%。新旧动能持续转换，全国高技术产业、装备制造业、现代服务业增加值年均分别增长11.3%、9.4%、8%。装备制造业和高技术制造业增加值占规模以上工业增加值比重已达32.9%和12.4%。这些将成为未来引领经济发展的新动力。近几年在这些领域我们也在持续投入，但是立足长远，我们还需要对这些领域从战略上进行及早布局谋划，加大投入。

——传统投资动能出现转变，创新活力不断增强。主要表现在，基础设施建设领域由高速度

增长转向高质量发展。2017 年底中国的城市化率为 58.52%（也有测算超过 60%），根据国际经验，我们已经处在城市基础设施建设结构调整和增速放缓的时间窗口，传统“铁公基”基建和房地产领域新的投资会逐渐减少，未来均将双双进入存量主导的时代。这个变化对我们影响很大，例如，目前北京市的住房交易 75% 左右是二手房交易，未来更多的交易还会集中在二手房。而这两方面恰恰都是我们的基础强项。当前发生的格局性变化，到底会对我们产生什么影响，是值得深入研究的问题。基础设施建设的增量将主要在海绵城市、智慧城市、数字中国等技术和知识密集型领域。基建领域金融需求也将由传统信贷转向综合金融服务。近期国家对政府债务规范整顿，这一系列的宏观调整和结构变化，要求我们持续转型、顺应变化，提升服务质量。

——互联网金融加快普及，迅速从线上向线下蔓延。当前，客户利用数字化渠道获取金融服务已经成为“日常操作”。2016 年，移动支付已占到全部网上支付量的 75%。目前，互联网企业将衣食住行等应用场景（如淘宝、美团、滴滴打车）浓缩迁移到线上，并全面迅速铺向线下。多少年来，线下支付一直是银行固守的领地，现在扫码支付已从商户发展到小商贩，从小商贩发展到小菜摊，只要有交易的地方，到处可以看到微信支付、支付宝。扫码支付已经发展到极致，渗透到每个细微角落，更关键的是，它改变了人们的消费习惯，培养了年轻的未来客户，银行在支付领域面临前所未有的挑战。互联网企业还利用线上积累的大量客户流量，正逐渐向线下场景延伸（如医疗、交通、社保、生活缴费、商户收单等），打造线上线下无缝融合的新零售模式（如盒马鲜生）。

近期，支付宝推出“车牌付”模式，宣称要大举进军高速通行应用场景（客户无须安装电子标签，只要将支付宝与车辆信息绑定，当行车缴费时，支付宝车牌识别系统自动识别车牌号自动扣费）。这个领域也是我们这几年加大投入的领域，截至 2017 年末，我行 ETC 业务已覆盖全国 28 个省市区（海南、西藏无收费公路，内蒙古业务对接中）34 家分行，电子标签（OBU）签约 1966 万个，当前这个领域也将面临新的竞争。此外，互联网企业还在研究解决停车、无人加油等问题，这些企业的发展有一个共同特点，就是从社会痛点切入，引导人民的消费。为应对支付宝挑战，我行也正在研究将深圳市分行试点的“无感支付”应用到交通领域；云南省分行也试点推出了中油龙卡，实现了“ETC + 借记卡 + 加油卡 + 银行服务”四项功能的融合，我们也在采取很多的应对措施，但下一步发展到底会怎么样，现在还难以预料，市场的竞争本身就是一场硬仗。

互联网企业除了在支付领域给银行带来巨大冲击外，也在蚕食存贷款、理财、保险等银行传统核心业务领域，甚至在客户征信领域也向银行发起挑战。微信、支付宝等互联网第三方平台已绑定我行 1.6 亿个人客户，占我行全部有资产客户的 43%，去年我行零售条线付出了巨大的努力，国立董事长、祖继行长在不同场合都强调零售优先的发展战略，即使在这种情况下，资金在我行与第三方平台之间仍处于净流出的状态，存款业务受到较大冲击。现在，银行与互联网企业之间彼此依赖，共同服务客户，但客户的互联网黏度正在增加，在从高频交易向低频交易转变，这是我们不愿意看到的，这种转变造成了银行客户不断流失。此外，互联网企业培养了一批年轻的未来客户。昨天，国立董事长、祖继行长都谈到，现在中国的资产负债结构确实在发生变化，到 2016 年居民家庭的负债增长首次超过储蓄的增长，家庭负债率去年达到 48%。这个数字是在很短时间内达到的，还不包括民间借贷数据。随着 00 后（2000 年后出生）整体迈入 18 岁成年阶段，80 后、90 后、00 后已逐渐成为消费主力，这个群体敢于消费、超前消费，是互联网金融重点培养的对象，他们与生俱来对互联网就有很强的感觉。这是我们必须面临的转变，确实需要深入思考。

近年来，面对新情况、新变化、新问题，我们积极应对，抓紧调整，取得了很好的成效。我们的零售优先战略全面推进，个人客户超过 6 亿，管理超过 10 万亿元的金融资产。针对消费领域推出了大数据产品“快贷”、覆盖全场景的“龙支付”品牌，加大了对公商户客户的营销力度。总行党委坚持一张蓝图绘到底，历时 6 年建成了新一代核心系统，实现了集团层面的统一客户、产品视图，建立了业内领先的企业级数据管理和应用体系。为了破解社会痛点问题，总行党委实施了“蓝海项目”，搭建了住房租赁服务平台。上面所提到的经济、社会、金融领域的几种变化，也是希望大家深刻理解我们的蓝海战略和科技发展战略。总行党委从战略高度立足长远，洞察社会经济市场的变化，全力推动深化转型，不断提升建设银行的核心竞争力和服务社会、服务大众、服务实体经济的能力，也体现出总行党委全面落实中央精神，认真落实国有大行履行社会责任的决心和具体的行动。大家要加强这方面的认识，这也是这次会议的主题之一。今天上午几位同志关于“蓝海项目”的介绍，讲得很好。“蓝海项目”的推进过程本身就是一次突破，既体现了大行承担社会责任的精神，又是一种力量，彰显了建设银行文化的力量，这种模式必将为今后的运行提供良好的经验和样板，将来发展到一定程度的时候值得总结。当前我们虽然面临这样一些挑战，但我们的基础还是很好的，尤其是“新一代”的建成应用，我们真正拥有了全行集中共享的大数据，再加上总行党委的战略指导，可以讲，我们在历史上比任何时期都更接近、更有信心和能力实现数字建行的目标。

在分析这些问题之后，还想和大家一起分享国际金融危机之后同业当中一些领域的变化。有两个方面与大家交流分享。

——关于交易银行业务。近些年，以整合支付结算、现金管理、供应链金融、贸易融资、资产管理和托管业务为主要内容的交易银行业务（不是指金融市场的交易性业务），是紧紧结合实体经济为企业服务的，又因其在获取低成本负债、轻资本、高综合收益、数据化风控等方面的重要价值，被国内外同业所青睐。2008 年国际金融危机，交易银行业务体现出很强的抗周期性，当年全球投资银行收入出现了下降；而同期交易银行收入则从 3040 亿美元增加到 3540 亿美元。危机后期，国际大型商业银行普遍加大了交易银行业务比重。花旗银行 2016 年交易银行业务带来的结算性存款，占对公存款的近 70%，占银行全部存款的 40%。所以说，当市场发展到一定程度以后，我们习惯了的拉存款模式实际上也在发生变化。当然这是不是未来的方向、趋势，值得大家观察和研究，但事实上确实在发生变化。再举一个例子，国内以招商银行为代表的股份制银行也纷纷探索交易银行模式。招商银行交易银行业务带动现金管理客户总数增长至 150 万户，较上年末增长 35%，这对于一家股份制商业银行来说，是很大的客户群，关键还都是有价值的客户；近三年对公结算笔数增长 5 倍；在 2.3 万亿元公司存款中，活期存款达到 1.4 万亿元，近三年增长 6000 亿元；交易银行业务在公司板块 EVA 占比达到 60%。从国内外同业经验看，交易银行业务已成为公司金融业务发展的新趋势。

从国内外同业的交易银行业务发展特点看，更加注重依托客户资金流和物流信息，拓展客户群，构建对公客户的生态圈。通过系统对接，把账户管理、收付款管理、流动性管理、资金增值管理等金融产品嵌入企业的经营场景里，整合优化自身的业务流程，打造流程银行，实现从“以产品为中心”向“以客户需求为中心”的转变，为客户提供一体化的金融服务。从同业经验看，业务整合过程中，系统的整合能力是关键。

——关于新型财务顾问业务。当前，优质企业客户的金融需求已经由传统信贷业务转向直接融资、并购重组、境内外 IPO 及再融资、股权投资等多渠道综合融资，需要银行从资金提供者向资金组织者和安排者转型，提供高附加值的“融智 + 融资”服务。2017 年中国企业全球 IPO 募资规模 453 亿美元，债券发行额预计超过 6.6 万亿元，财务顾问业务有着广阔的发展空间。例如，我们熟知的苹果、小米，它们通过一批配套企业帮助生产、加工，自身其实都是轻资产企业，融资需求没有那么强烈。像这样的企业，现在出现了一大批，这些企业是不是未来发展的方向？至少当前看这些企业是很受瞩目，小米提出在香港市场上市，估值已经达到了 1000 亿美元。

海外同业历来也把投行和财务顾问都放在重要位置。2016 年摩根大通银行的投行收入高达 64.2 亿美元，财务顾问收入 21.1 亿美元；美国银行的投行收入 54.1 亿美元，财务顾问收入 12.7 亿美元。2017 年工行财务顾问总收入 130 亿元，四大行占比达 68%。这几年，在传统业务的很多方面，建行的四大行占比是遥遥领先的，但是这一项和工行还差很远。2017 年我们下了很大努力，但差距还是比较大。当然，我们在一些大型项目上也取得了一些突破，发展势头还是不错的。比如，隆新高铁这样复杂的境外PPP大型项目财务顾问业务实现了一些领域的新突破，对提升建行国际影响力、实现以融资为主向“融智+融资”并重转变都有十分重要的意义。

财务顾问已成为未来银行综合竞争实力和价值创造能力的重要体现。在发展财务顾问业务策略上，国内外先进同业更加注重打造几方面能力：行业研究和分析能力、资产定价能力、交易结构设计能力、资产分销能力、律所和会计师事务所等专业团队全球协调组织能力，并且更加注重内部投资资源的整合和人才培养。

此外，私人银行和财富管理业务也是高度专业化的财务顾问业务，代表着一家银行服务高端个人客户的能力。我国正处在全面建成小康社会的关键阶段，高端及中产阶层家庭数量快速增长，并且随着多层次的金融市场不断完善，客户资产保值、增值的投资渠道呈现多元化的趋势，这给私人银行和财富管理业务带来了巨大的机遇和挑战。波士顿咨询报告显示，到2021年底我国高净值财富管理市场规模将达到110万亿元，市场机会很大。现在，一、二、三线城市都有一批相当富有的阶层。中国富有阶层仅次于美国，已经排到第二位，而且这个数字还在增加。

从国内外优秀同业来看，瑞银集团以私人银行业务享誉全球，管理2.3万亿美元资产，创造全集团税前利润的53%。招商银行2016年末，AUM500万元以上客户的金融资产已突破1.7万亿元，占全量个人客户资产的30%，客户人均金融资产2786万元，客户质量很高。服务高端客户需要一个完整的服务体系，要打造一批优秀的人才，从目前看我们也加大相关领域建设，但是这个体系不够完整，还需要有差异化的专项服务。招商银行的股价估值比其他同业都高，高在哪儿？我认为上面两点都是加分项。

在发展策略上，优秀同业的私人银行和财富管理业务大多都采取团队作业模式（客户经理团队、财富经理团队以及在税务、法律等方面提供专业意见的专家团队），注重开放式产品平台的搭建，打造全球资产配置能力；注重培养并提升投资顾问队伍的专业能力，尤其是提供专业解决方案的综合能力；考核上坚持将客户金融资产总量作为最重要指标，不对单项产品进行考核，提升客户体验，这都是很重要的经验。

这里，并不是说我行在这些方面做得不好，只是当前这些事项值得大家关注，值得大家分析研究。

二、稳健发展海外业务，不断提升自身能力

当前，我行全球机构布局已基本完成，在支持国家“一带一路”倡议、企业“走出去”以及人民币国际化建设中发挥了重要作用。面对世界政治经济金融形势变化，海外业务发展面临很大挑战，内部管理也需要加强。这里我想谈以下几方面内容。

（一）坚持稳健发展的主基调

总行党委确定海外业务稳健发展的主基调，是基于以下两点考虑：从外部来说，当前我们面临着国际环境的严峻挑战，世界政治、经济发生深刻变化，美国加息、缩表、减税等行为势必会对全球市场产生影响。从历次加息来看，美元资金的回流对新兴市场都会造成一定程度的影响甚至冲击、乃至灾难，此事值得我们关注，至少要提高警惕。同时，各国监管日趋严格，反洗钱和合规监管新规不断出台，我行海外机构合规管理面临的挑战日益突出。从内部来看，近年来我行海外机构布局基本完成，但我们在制度、系统、流程、人才等方面还有很多需要完善的地方，尤其是反洗钱合规能力与国际监管要求还存在很大差距，海外经验也很匮乏。总行管理水平很强，但能力向海外延伸得还不够，海外业务的条线化管理还需加强。

当前，多家国外监管当局对我们的合规、管理指出了一些问题，提出了一些严厉的要求。同时，经过几年高速的发展，我们的海外业务有必要借着监管检查的契机全面审核内部管理和流程，更好地打好基础。因此，下一步海外业务要稳健发展，重点是打好海外业务基础、提高发展质量，注重制度和系统建设，加快国际化人才培养，逐步提升内部管理水平和反洗钱合规能力。

（二）夯实境外业务发展基础。

近年来，总行进一步确立了境外业务垂直条

线管理的总思路。总行努力夯实业务发展基础，提升管理能力，努力搭建几个重要的平台。一是成立了香港审批中心，2017 年已升格为境外审批中心，下一步将继续增加人员，把审批范围扩大到所有境外机构，提升境外业务的专业化审批能力。二是在香港设立总行境外资金运营中心，此事总行党委已经批准，境外资金运营中心将集中处理境外机构的资金交易、发债、外币流动性管理和对外平盘业务，统筹境外资金运用，提升资金风险控制能力，提高集团外币资金运用效率和报价水平。我们在加强联动给境外机构提供业务的同时，一定要按照反洗钱调查要求提供必要的基本数据，这个意识大家一定要增强。三是搭建境内外一体化的反洗钱合规管理平台，总行将进一步强化境外合规的垂直管理，增加境外机构合规人员数量，建立合规垂直报告制度，设置合规执行效果定期评估，加快了全行统一的反洗钱系统建设和布局。

总行积极加强对境外业务发展的支撑和管理，注重将总行能力延伸到境外，强化境外业务的条线化管理。资产负债管理部将加强资产负债久期和资金错配管理，实现定期监测境外流动性情况，加大监测频率，并将逐渐过渡到日常监测，与对境内人民币业务的同步监测；财务会计部将调整优化境外业务考核体系，淡化对境外机构资产、存款、落地资产占比等指标的考核，加大了对合规经营、规范化管理和资产收益水平的考核力度，进一步明确境外发展目标和导向。现在对境外机构风险的考核权重大概占 40%，风险和合规中合规占第一位，就是要让大家知道，我们做业务必须合规、必须控制好风险。战略客户部和相关业务部门，积极搭建境外大项目融资平台，培育境外财务顾问服务能力，帮助境外机构积极参与“一带一路”项目，服务优质企业“走出去”，参与当地有影响的大项目融资，不断提高竞争能力；国际业务部牵头制定了境外机构“三重一大”事项决策实施细则，提升了境外规范化管理水平。在实践和探索中，总行相关部门境外条线化管理能力正在逐渐提升，管理有效性进一步增强。

（三）提升防范风险的能力

针对当前外部复杂形势，下一步需继续在强化管理、防控风险上下工夫。当前境内外监管机构呈现出“严管重罚”的监管态势。在这一背景下，我们要高度重视合规管理，进一步夯实合规管理基础，守牢合规底线。注重提升合规意识，合规关口要前移，将合规管理挺在业务发展的前面，合规管理要介入整个业务流程，每个业务岗位都有合规责任，每一个环节都要进行合规审查，这样才能形成一个习惯、形成一种文化。美元已经进入加息通道，要特别关注市场风险，紧盯利率和汇率市场的波动，合理控制头寸，要注重本外币经营的久期管理，尽量缩短久期。对境外经营尤其是信贷，要严格控制跨区域风险，对没有能力做好授信和管理的跨区域业务尽量不做，除非项目有中信保公司等强有力的担保。要珍惜我们稀缺的资源，做有把握的业务。

三、增强忧患意识，切实防范重大风险

党的十九大将防范化解重大风险作为全面建成小康社会决胜阶段三大攻坚战之首，尽管我们防控金融风险方面取得了较好成绩，但也要增强忧患意识，深刻认识到当前经营管理中还存在一些薄弱环节和风险隐患。国立董事长、祖继行长在昨天讲话中都就提升风险管控质量，提出明确要求。今天我再次强调，目的是充分肯定成绩的同时，提请大家重视。

——关注地方政府隐性债务风险。总书记明确提出，地方政府隐性债务问题事关防范化解金融风险这一仗的成败。根据财新周刊引用数据，2015 年末我国地方政府隐性债务余额接近 35 万亿元，但当年经全国人大常委会批准的地方债务限额仅为 16 万亿元。中央已经明确，不会对地方政府违规担保承诺兜底，要求地方政府不要抱有幻想。我行政府类贷款及债券存量较大，截至 2017 年 9 月末，地方政府类客户在我行的融资规模约 3.4 万亿元（其中，债券投资 2 万亿元，信贷业务 8240 亿元，资管业务约 6000 亿元，同业业务约 30 亿元）。政府类客户融资业务总体风险可控，但随着新预算法的实施、中央严格规范地方政府债务，要求地方政府不得违规担保、债务要提前纳入预算、清理 PPP 违规入库项目等，有些政府类项目可能会存在合规问题，要引起高度重视。可考虑在全行选几个财政薄弱、投入较大、负债率较高的地方，做一些专项分析，进行一些

压力测试。

——关注直营类业务风险。系统性风险最突出的有两个：一个是地方政府债务风险，另一个就是金融自身风险。自2017年以来，监管部门将同业、理财、表外等业务作为系列监管检查的重点，严查层层嵌套，违规加杠杆、加链条、监管套利等行为，穿透式监管持续深入，相关业务的交叉性风险和合规风险增大。前期监管检查发现，我行存在分行与子公司开展业务中通过关联交易调节收益，通过通道为平台公司提供融资等问题。对照资管新规要求，我行在期限错配、非标占比、资产池流动性、实际承债人统一授信、委外业务合作机构等方面还需要高度重视，提高内控和风险管理能力。

——关注信贷风险管控压力和合规风险。近几年，我们下大力气调整和完善了风控合规的体制机制，加强管理，成效也很显著。但仍存在执行不到位问题，有章不循、有规不依，甚至绕道而行的情况，个别分行存在较大的风险隐患。面对目前境内外监管呈现一体化趋严态势，大家一定要高度重视。据银监会披露，2017年全系统作出行政处罚3000余件，罚没29亿元，为2016年罚款金额的10倍，超千万罚单14张，甚至出现了7.22亿元的巨额罚单。其中，我行境内分行受到监管处罚168笔，处罚金额4700万元。同时，要高度关注案件风险，全年我行共发生案件9起且金额较大，案件爆发势头未得到有效控制，个别案件被媒体报道，引起各方广泛关注，全行案防形势依然严峻，大家要切实增强防范意识，千万不可麻痹大意。

——关注审计检查发现的重点问题。一是集团内风险协同管理能力有待提升。当前，我行母子公司对于共有客户的识别存在一定难度，查询渠道受限，准入退出策略不统一，仍存在“此退彼进”现象，部分客户未纳入统一授信。境内外、母子公司、各分行、各条线之间的风险信息共享还有待加强。二是票据业务仍不规范。贸易背景不真实问题仍一定程度存在，且表现形式多样，甚至存在票据开立前收款人营业执照就已经被注销或吊销。部分企业票据业务量与实际经营情况明显不符，存在潜在的过度融资、资金空转套利风险。三是基层员工失范行为时有发生。审计发现个别员工存在与贷款客户或供应商发生资金往来、组织或参与民间借贷、利用建行客户资源兼职或违规经商办企业等失范行为。

在下一步工作中，一是要注重摸清本地区政府债务底数，及时组织风险排查，全行要针对此类客户形成统一投融资策略，严格执行政府性债务管理要求，盯紧债务置换和PPP违规项目清理情况，该采取措施的要及早动手。二是要严格执行监管新规关于资管、同业、信托等重点领域相关要求，密切跟踪市场和监管动向，及时调整相关政策制度，建立风险监测体系，规范合作机构、产品以及资产的准入管理。要按照国立董事长的讲话要求，境内应尽快调整资金池的分散管理格局，实现统一管理、集中配置的资金管理模式。三是将落实案防主体责任与落实案防管理责任相结合，将加大惩处力度与强化警示教育相结合，将案件防控与合规管理工作相结合，持续筑牢案件防控体系。四是强化基层合规管理，运用大数据分析，完善监控手段，强化对员工失范行为、重大违规和案件线索的提前预警。五是健全集团风险管理机制，总分行、子公司、境外机构要充分利用全面风险监控预警系统，注重风险信息的共享，强化预警信息的核实应对，及时防范和化解风险。

四、雷厉风行、久久为功，以钉钉子精神抓好年度工作任务落实

这次工作会议为2018年全行改革发展开局起步作出了全面部署。分组讨论中，大家一致认为，“两长”讲话站位高、思路新、方向明、落点准、措施实，运用习近平新时代中国特色社会主义思想，回答了当下怎么看、下一步怎么干等问题，既从战略高度谋篇布局，又从战术层面破题落地，使全行进一步统一了思想、坚定了信心、鼓舞了士气。

大家讨论当中还围绕着经营发展、金融科技、客户营销、市场拓展、风险管控、内部管理等方面进行了深入交流，并就“新一代”应用落地、“慧兜圈”营销等提出了意见和建议。比如，信用卡中心顺应市场需求推出的“慧兜圈”，就是以新一代核心系统为基础，实现了商户端全支付受理、资金结算、吸收存款、获客活客集约化的

一个重要平台。目前37家分行短短五个月内发展“慧兜圈”商户43万户，交易额已经超过2500亿元，结算账户存款突破500亿元，效果很好，这为大家一线打拼提供了好的弹药，请大家关注。会后请办公室将这些意见建议汇总梳理，并转有关部门研究，尽快反馈。

全行要认真贯彻落实党的十九大精神，把握新特点，读透新趋势，紧扣高质量发展主线，狠抓会议确定的各项任务措施落地、落细、落准，把雷厉风行和久久为功有机结合起来，全面完成各项工作目标，以新时代的新作为推动建行事业新发展。下面，我就抓好落实工作再提几点要求。

（一）抓准重点，持续增强服务重大战略和现代化经济体系能力

优化业务布局，跟进国家重大战略推进实施，全力推进住房租赁服务创新，拿出高水平的金融解决方案。发挥市场化法治化债转股业务模式引领作用，做好普惠金融，支持绿色发展，助力实体经济补短板。整合集团经营资源，保持海外机构和子公司稳健发展。加强战略研究能力建设，打造具有影响力的高端智库。

（二）精准发力，持续增强传统业务和新兴业务互动发展能力

深化零售优先战略，加快信用卡、第三方支付结算、财务顾问等轻资产、轻资本业务发展，强化对公业务基石作用。融资与融智相结合，打造新兴业务优势。依托生态圈稳存增存，做大做强客户账户总量，筑牢负债基础。主动拓展低成本负债，提升全量资金体内循环比率。做实精细化管理，持续提升价值创造力。

（三）找准路径，持续增强金融科技创新和智能化服务能力

加强敏捷开发、迭代创新和复制推广，延展“新一代”应用领域。推进大数据深度应用，加快形成企业级数据核心竞争力。强化综合管理和智慧运营能力建设，将集约化运营由生产条线拓展到全系统，对内支持集团业务战略，对外提供开放共享的模块化、定制化服务，提升智能化服务水平。适度超前布局，变革金融科技体制，开展前沿金融科技研究。

（四）盯准问题，持续增强集团风险整体管控和协同防控能力

强化“党委管”、突出“全面管、主动抓”工作机制，做实做细全面风险管理对四大板块、九类风险的全覆盖。聚焦早识别、早预警、早发现、早处置，做好前瞻性、过程性的风险防控安排。严格资产质量管控，保持稳中向好态势。合理摆布资产负债，形成集团流动性“一盘棋”管理机制。统筹直营业务风险管控，落实资管新规加强理财产品管理。重检完善海外业务合规管理架构和制度体系，加强监管沟通。筑牢案件防控体系，强化合规刚性约束。

（五）把准方向，持续增强政治领导本领和抓好党建工作能力

把政治建设摆在首位，增强“四个意识”。完善党建制度体系，抓好考核问责。持续深化“两学一做”学习教育，扎实开展“不忘初心、牢记使命”主题教育。坚决遏制“四风”反弹回潮，抓出习惯抓出成效。突出问题导向，深入开展调查研究。加快补齐国际化、IT等方面的人才短板，打造适应新时代的人才队伍。认真开展金融扶贫和定点扶贫，协助地方党委政府如期完成脱贫攻坚任务。

最后，我强调一下，春节临近，希望全行各级机构负责人多走访基层，多看望一线员工，多慰问生活困难党员、老党员和老干部。同时，要严格执行中央八项规定精神，落实总行党委要求，做好安全生产检查，确保过一个风清气正、平安祥和的春节。

会议结束后，请各单位迅速将会议精神和工作要求传达布置下去，贯彻落实情况于2月底前报告总行。

“存房”的故事

——在夏季工作座谈会议上的讲话

庞秀生

（2018年7月24日）

故事的背景是几十个人口流入量大的一、二线城市，数百万套零散住房在闲置，其中约一半是正常闲置，另一半是被闲置。不想卖，而租效率低，风险大，麻烦多。解决社会痛点，建行有想法，把零散闲置房源动员起来在健康的租房市场上实现价值，助推租购并举，引领“长租即长住 长住即安家”的新生活，这就是存房故事的开始。全行存房业务已在7家分行、十几个城市展开。近期我仔细研究了广东分行和北京分行的实践。

实践结果表明，第一，存房业务有量。广东行3月末开办业务，截至7月15日，已受理房源7310套，签订协议3023套，收房1232套，完成改造并上线449套，出租412套（占比89%）。广州调研时北上深的同事也坦言，他们小范围试行存房的消息传出后，95533电话数量暴涨。确实有那么一批老百姓，愿意把房子交给建行运营，存房在商业逻辑上是行得通的。第二，能够给建行带来协同效应。广东存房涉及的1805名个人客户中，大约30%（542户）是新增客户；AUM平均值29万元，是全行平均值的17倍；产品覆盖日均平均值7个，约为全行的2倍；存款时点增量3亿元，理财产品办理1.86亿元，资金平均留存率约50%。“存房”对建行获客以及业务协同发展起到了重大推动作用。

市场上已经有那么多的中介、房地产公司，为什么建行能参与这件事？分行在探索中，核心做了四件事儿。

第一，解决了百姓之信。

数百万套房子闲置，一个重要原因在于租房市场建设薄弱，黑中介、假房源，违规违法租住等，业主权益得不到保障，出租的动力受干扰。这是建行存房业务能够开展的逻辑起点，老百姓对国有大行有着天然信任，感觉国家队来了，房子存给建行省心。所以存房首先必须做好房源运营的把控，合理安排运营主体和模式，确保房屋合法合规租住，保护业主权益，承载百姓之信。

实践探索形成两种方式。一是成立合资公司。建信住房子公司与方圆房服集团合资成立广州建方公司，作为运营主体推进存房，建方直接经营，建行通过持股28%对经营施加影响。建方公司负责房源存入（包括估值定价、与业主接洽等），平台信息发布，装修风格设计、标准确定，出租交易等核心工作，装修施工、物业管理等非核心工作外包服务商。在提升运营效率的同时，有效解决了规范、阳光操作问题，保障了业主权益、租户利益。

二是业务委托合作。北京分行与我爱我家合作，以该企业为主推进存房运营、业主接洽、评估定价、收房由建信住房北京公司与我爱我家共同办理，存房完成前对我爱我家屏蔽业主联系方式，保护业主信息，后续出租运营由我爱我家负责。由于我爱我家提供业绩兜底承诺，在估值定价、装修标准等方面有更多的决定权，不过业主信息、租户信息、租约管理等将进入建融家园平台系统，建信住房能够把控，同时通过法律条款约束、全流程监控、平台化交易管控等方式实现对房源运营的把控。

两种方式均能实现建行集团对房源运营的把控。比较而言，合资公司模式关系紧密，容易深度参与，但经营效果依赖公司自身运营能力，建信住房在其中相应承担较多的管理责任、资本投入和声誉责任。委托合作模式轻资产、轻资本，但对运营的把控需要更为严密的制度和机制，对合作方有一定依赖。

无论哪种方式，我们要始终把握住，建行做存房不是纯粹做中介、做房屋租赁，而是利用我们的资源、能力、技术平台、数据以及信用助力解决租赁市场的痛点，参与收房、评估定价，是在解决黑中介、假房源、业主信息泄露问题，保障业主权益；参与装修方案设计、监控出租运营，是在解决违法违规租住，提升租房品质，维护租户利益，通过我们的参与推动租房市场健康发展。

第二，破解了资金之困。

"存房"要的是长租房，期限3~5年为主，长者10年，建行"存房"能够为市场接受的第二个要点是一次性趸付一年、或者全存期的租金，这决定了"存房"是一项重资金业务，资金持续供给是关键。

从广东分行实践看，平均收房成本27万元，加上微改造等，每收1000套房源大约需要3亿资金。今年预计拿房6000套，大约需要18亿元资金，能不能有一条循环运转的资金链是存房持续经营的关键。前期以方圆集团增信为担保，广东分行在银行间市场发行了3亿元私募债，目前正在基于方圆集团信用发行2亿信托贷款，注入铺底资金继续收取房源。底层资产形成一定积累后，发行ABS完成资金循环，实现资产滚动积累。

北京分行方案中，利用我爱我家的业绩兜底承诺在市场上发行集合资金信托计划，募集资金支付存房趸付款，以存入房屋未来的租金实现资金信托计划本金和收益的分配。在我爱我家有信用额度且愿意为存房业务增信的情况下，可持续通过这种方式在市场上募集资金，底层资产形成稳定现金流后，安排ABS等产品发行回笼资金，形成具有合理商业逻辑、可持续运转的资金支持模式。

抛开形式，上面两种资金循环募集的方式本质上具有相似性，起步阶段，由于尚未形成具有稳定租金流入的资产，资金筹集都依赖合作方的信用，广东是方圆，北京是我爱我家。后续经营成熟、形成稳定现金流后，可脱离主体信用，仅依靠底层资产，发行ABS、ABN等产品，实现资金循环。

这里要特别注意，一次性趸付租金获取房源，租金是付给了零散房源业主，也不是增加既有租房市场金融泡沫、给房地产加杠杆，而是以资金为支点，撬动闲置零散房源进入租赁市场；通过趸付租金稳定租赁关系，解决租期短、租金价格波动问题。

第三，探索了合规之道。

存房涉及实业，建行相关业务开展必须符合监管规定。为了实现"要存房 到建行"，合法合规将存房场景引入网点和线上渠道，目前探索形成了两种可复制推广的模式。一是财富管理服务模式，业主到网点咨询，网点员工为其提供不动产财富管理服务，收录不动产的信息，聘请合作方为不动产租金价值提供评估，依据评估报告向客户出具财富管理方案，接受方案的客户去实业公司场所签订租赁协议。网点以财富管理的方式切入，符合监管规定。二是财产权信托模式，业主以自有房产的租赁权设立财产权信托，建信信托作为受托人，建信住房和我爱我家作为资产管理人，共同与业主签订财产权信托合同，取得房屋租赁权，完成"存房"。存房业务在银行端为金融产品，能够合法合规地在银行网点和线上渠道直接办理。

两种模式都符合监管要求，从合理税收筹划的角度，财产权信托有可能合理避税扩大盈利空间。

第四，架起了资源连接之桥。

上面的故事进一步剖析，我们看到存房之所以能够转起来，更为关键的是架起了各类资源的连接之桥。

首先是资金连接之桥。无论广东发行的私募债，还是北京的集合资金信托计划，实际都是在搭桥，把社会分散资金引流至住房租赁市场，私募净值理财产品也是如此。广州建方还在探索资本市场融资，年内基于市场对公司价值的认可启动A轮融资计划。这轮融资不追求规模，是小范围试水，意义在于确认公司市场价值，动员社会资本，并以社会资本的参与带动更多社会资金。这个方案一旦成功，将实现互联网经济、共享经济与租赁经济的融通，以社会资本性资金推动存房业务，形成规范化、规模化、可持续发展的完整闭环。

高贡献度商户客户①新增1.6万户。截至2017年末，全行对公商户客户总量达到52.88万户，比年初新增14.1万户，增幅为36%，其中高贡献度商户客户新增1.64万户，计划完成率为102.5%；对公商户结算账户存款日均余额7508亿元，比年初新增1931亿元，增幅为35%，计划完成率为128.7%。2017年对公商户结算账户存款付息率仅为0.38%。尤其是假日对公对私存款承接比例显著提升，2017年假日消费资金承接比例68.5%，比上年提高12.5个百分点。

个人商户日均存款新增723亿元，高存款贡献个人商户②新增17万户。截至2017年末，全行个人商户实现规模翻番，本年净新增158.5万户，计划完成率为121.9%，其中高存款贡献个人商户16.8万户。全行个人商户日均存款新增723亿元，计划完成率为241%。尤其是商户承接能力显著提升，户均存款6万元，较年初提升0.7万元。全行裕农通服务点（助农商户）较年初新增3.03万户，计划完成率为100.3%。

信用卡特约商户③业务保持高速增长的态势。截至2017年末，净增商户53.2万户，计划完成率为177.33%；商户交易额为3.35万亿元，计划完成率为145.65%。

代收及缴费客户当年新增14726户；网络特约商户截至2017年末实现总数11万户，较年初增长919%；第三方支付客户在我行存款余额为2030亿元，计划完成率为121%，比2016年末增长742亿元，同比增长57.61%，实现存款大幅提升。

2. 客户端（C端）情况

客户端产品基础扎实，龙支付品牌初步打响。近年来，我行紧盯支付市场变化，主动研判，率先发力，举全行之力推出龙支付品牌。在品牌打造上，龙支付是国内银行业首个移动支付综合品牌，融合NFC、二维码、人脸识别等各种技术，功能同业领先；在营销宣传上，创新营销策略，以营销活动促进客户移动支付习惯培养，在网易严选、顺丰等商户开展全国性大型活动，很好地带动了业务发展和品牌打造；在经营效果上，龙支付上市仅一年时间，客户规模已达4883万户，同业第一，通过银联网络的跨行业务交易量更是遥遥领先，超过工行、中行、农行的总和。

（二）分行情况

1. 商户业务发展不平衡，行际差别较大

对公商户客户结算账户日均存款新增排名前五的分行分别是广东（194亿元）、四川（161亿元）、深圳（140亿元）、江苏（136亿元）、山东（100亿元），这5家分行合计新增729亿元，全行占比38%。但是，尚有部分分行营销成果甚微，新增10亿元以下的有4家分行：黑龙江（8亿元）、青海（7亿元）、大连（7亿元）、宁夏（3亿元）。

高贡献度对公商户客户新增排名前五位的分行分别是湖南（1107户）、浙江（974户）、四川（902户）、河北（882户）、江苏（868户）。排名后五位的分行是大连（106户）、西藏（102户）、青岛（78户）、厦门（58户）、宁波（42户）。

个人商户年日均存款余额新增排名前五位的分行是广东（90.6亿元）、河北（89.5亿元）、湖南（76.7亿元）、云南（49.2亿元）、山东（36.5亿元）；新增3亿元以下的有4家分行，其中黑龙江分行负增长3亿元。高存款贡献个人商户排名前五位的分行是湖南（2.03万户）、河北（1.76万户）、广东（1.39万户）、云南（0.92万户）、山东（0.87万户）；排名后五位的分行是厦门（812户）、深圳（561户）、西藏（454户）、青海（413户）、宁波（320户）。

综合来看，对公对私商户客户日均存款新增和高贡献度客户新增均排名靠前的分行有四川、湖南、江苏、浙江、广东、河北、山东。

2. 部分分行推动得力，落实到位，措施有效

工作机制层面。上次视频会后，很多分行根据辖内经营特点纷纷开展有益探索，四川分行成立了跨条线的商户推进团队，将商户拓展作为

① 指对公商户结算账户日均存款净新增≥50万元、全年收单金额≥40万元、收单笔数≥5笔的客户。

② 指单户年日均存款净新增达到5万元及以上个人商户。

③ 特约收单商户是指由信用卡中心归口管理的收单商户业务，包含对公特约收单商户、个人特约收单商户及网络特约收单商户。

"一把手"工程，并结合四川省情，配置财务费用，开展"天府商户通"商户营销拓展活动。浙江分行主动联动计财条线，将对公商户列入当年KPI条线考核计划中，并配置相应费用予以激励；江西分行成立商户发展管理中心（一级部），由专业团队统一牵头全行商户业务管理推动工作，同时在辖内二级行成立商户业务发展团队；广东、湖南、甘肃等多家分行强化公私协同，通过在对公条线设置个人金融业务科、在个金部成立商户发展科或商户组等方式，加大营销拓展力度。海南分行整合多个商户协议，实现"一站式"签约，提升业务效率与客户体验。

营销拓展层面。湖南分行结合工商注册登记、银联商务合作等，实现商户总量的增长，大力拓展商户基础；北京分行逐一梳理存量对公商户与"小微快贷"客户资源，深入挖掘交叉营销目标客户名单；河北分行通过大数据挖掘，将具备商户营销条件的目标客户信息9.56万条推送到分支行；江苏分行抓住商事登记改革机遇，借助"工商e线通"，每日从省工商局获取辖内上一日的名单预核准清单下发各行；云南分行依托专业市场、特色餐饮等十大生态圈建设，立足网点阵地，做精做实微商圈获取小微商户。

产品创新层面。广东分行通过产品组合创新了"智能商圈通"，该产品充分满足了白云机场航站楼相关需求，使我行成为航站楼MIS收单服务唯一收单银行；湖南分行根据互联网商户创新驱动的特点，研发了e付款跨行退汇自动对账系统、e归集跨行代扣归集系统、"县域银财直联系统"，打造"电商通"服务品牌；陕西分行积极研发推广"悦缴费"产品，持续提升党费、工会会费、物业费、小学及幼儿园学费等缴费资金归集的存款贡献；上海分行推出"商户通"个人商户运营平台，开展"百日春雷"专项行动，深耕百家专业市场，持续耕耘个人商户客群；山东分行探索"裕农通+卫生诊所"模式，通过农村医务室为农户提供金融、医保缴费、医疗就诊服务。

二、2018年面临的新变化、新挑战

年初以来，全行存款形势依然严峻，虽然我们在四大行中表现是最优的。2017年12月社会融资增量1.14万亿元，比上年同期少增4999亿元；12月人民币贷款增加5844亿元，同比少增4600亿元；12月M2增速创新低8.2%，市场资金价格高位运行。2018年1月26日，3个月shibor为4.73%，高于去年同期（3.87%）近90个BP，商业银行纷纷加大了吸存力度，2017年末为弥补资金缺口，我行向央行借款已达5352亿元，可以预判2018年存款竞争将会更加激烈。面对资金异常紧张、存款竞争异常激烈的局面，只要正确应对，就照样能够实现稳存增存。

（一）消费领域出现的新机遇

1. 传统零售业加快转型，经营有所回暖

2017年前三季度，商务部重点监测的2300家典型零售企业销售额同比增长4.5%，同比加快3.3个百分点，利润总额同比增长7.4%，同比提高14个百分点，扭转了连续负增长的局面。另外，在电商、海淘等新型消费模式的挤压下，线下实体店已呈现错位经营的特点，购物中心和商业综合体中，餐饮、影音娱乐、教育、亲子、书店、家居等体验类业态占比越来越高，这些区域人流聚集也越来越多，要注意围绕商户经营向服务类消费转型的新特点，分析挖掘新需求，抢先介入合作。

2. 消费领域线上线下融合发展趋势彰显

近年来，消费领域线上线下融合发展的趋势日益突出，一方面随着线上电商用户增长和流量红利的逐步萎缩，线上企业正在加速向线下渗透，如阿里加快盒马鲜生布局、京东领衔铺设7Fresh实体店、京东与中石化联手打造智能加油站等；另一方面传统零售企业加快转型，不断凸显其购物体验优、聚合消费能力强的优势，通过尝试建立会员体系、搭建移动商城、增加体验式消费等举措，构建新的消费场景。在消费转型升级的大背景下，线上线下消费已经成为消费模式互为依存的两极，只有实现线下线上的融合发展，才能够占领消费升级的制高点。

3. 支付市场逐步规范带来的机遇

近年来，中国人民银行出台一系列政策，强化支付市场基础设施建设，规范发展和鼓励创新成为鲜明的监管主线。随着政策进一步落地，支付市场将更加透明、公平、规范，银行系安全规范的支付结算服务迎来发展新契机。尤其是近期的移动支付示范工程，由人行和银联牵头，在消

费领域、民生领域、行业领域和跨境支付方面，全产业链条共建共享，是我行快速抢占民生场景的重大利好，相关分行要加大营销力度，通过轻型化、智能化、移动化的支付手段，积极拓展商户，覆盖更广领域，便民利民惠民，打造智慧生活。

4. 跨境电商交易规模高速增长

2016 年，中国跨境电商交易规模 6.3 万亿元，是 2013 年的 2 倍多，海淘用户规模达到 4100 万人次。2017 年上半年中国跨境电商交易额 3.6 万亿元人民币，同比增长 30.7%。预计 2018 年我国跨境电商交易规模将达到 8.8 万亿元，海淘用户规模达到 7400 万人次。网易考拉海购、天猫国际、唯品国际等行业龙头企业纷纷在跨境电商领域发力，随着出境旅游、投资需求快速增长，第三方支付机构已开始布局，未来跨境电商领域孕育着巨大的市场商机，跨境支付、结售汇、全球现金管理、跨境投资等业务发展前景广阔。

（二）当前面临的新挑战

1. 备付金集中缴存比例逐步提高

根据人行去年底最新要求，2018 年 2 月至 4 月每月提高 10%，4 月后缴存比例将达到 50% 左右。截至 2017 年 11 月末，全国备付金集中缴存金额约为 995 亿元，预计到 2018 年 4 月，全国备付金集中缴存金额至少提高 1500 亿元至 2500 亿元。截至 2017 年末，第三方支付机构在我行存款余额为 2030 亿元，其中绝大部分为客户的备付金存款，随着备付金集中缴存比例的提高，势必对第三方支付机构存款带来很大影响。

2. 金融科技重要性日益凸显

近年来，互联网企业金融科技发展迅猛，应用水平明显高于商业银行，为其侵蚀银行原有阵地提供了强有力的科技支撑。我们以前在这些方面研发不够，但在银行同业间我行具备明显的科技优势，下一步在人工智能、云计算、大数据、生物识别等领域要加快研究和规划，加强新技术储备，通过科技驱动，全面提升我行金融和非金融一体化融合服务水平。

3. 第三方支付机构大力推进线下布局

对于 C 端布局相对成熟的第三方支付企业来说，掌握线下多场景多样化的 B 端是其打造未来支付业务竞争力的核心。现在，很多细分的消费场景都逐步向第三方支付企业开放，这些支付机构正凭借其已有的 C 端布局和快速创新能力，快速布局线下消费领域，未来线下场景之争将会越来越激烈。

三、2018 年商户业务总体策略和有关工作要求

2018 年全行商户业务发展总体策略：厚植商户基础，从经营商户客户的视角出发，充分发挥建行客户资源丰富、营业网点众多、金融科技领先的核心优势，通过圈式、链式、群式营销打造建行服务境内外消费生态圈的核心竞争力，提升金融服务水平和服务响应效率，促进全行支付结算、存款、银行卡业务等同步快速发展。

2018 年，全行商户业务要再上新台阶，各条线、各分行商户业务指标也要自我加压。2018 年对公商户客户结算账户日均存款新增 1600 亿元，对公高贡献度商户客户新增 1.8 万户；活动个人商户力保 150 万户，力争 180 万户，高贡献个人商户达到 72 万户；信用卡特约商户净增 60 万户，收单交易额 3.5 万亿元；代收及缴费客户新增 25000 户；网络特约商户 60 万户。以上说的是指标的及格线，希望大家要不遗余力，这也是抢滩头的时期，过了这个村就没了这个店。

下面我提几点要求。

（一）坚持商户业务战略性地位毫不动摇

商户是新形势下抓低成本资金的战略要地。去年我们开展专题活动取得了显著的成效，说明我们的方向是对的。今年要持续强化商户业务的战略性地位，举全行之力进一步加大营销拓展力度；否则，我们的存款增长将举步维艰。一是要加强营销拓展的过程督导；二是在规模推动的同时注重质量提升，服务好存量客户，巩固已有成果。总行要当好设计师，明确战略、配备资源、搭建平台，强化协同；分行要当好工程师，深化认识、迅速落实、狠抓执行、做出成效。

（二）科技驱动，搭建统一商户服务平台

目前，我行商户服务入口分散在不同的产品和渠道部门，商户准入缺少唯一性校验，非金融服务行业应用种类和丰富程度有待提高。下一步要立足商户和客户视角，发挥金融科技力量，尽快整合入口、优化流程，基于场景搭建我行主导

的活跃消费生态圈，重点在场景中嵌入我行账户管理、支付结算、资金管理等金融服务，统一品牌、高频营销，促多方共赢。各分行要积极运用与发挥行内科技力量，善于挖掘数据、应用数据，真正将科技力量运用到精准营销、考核激励、业务分析与决策等工作中。

（三）高度重视，抓好商户业务一把手工程

目前总行已将商户业务明确为全行战略性业务。各行“一把手”一定要从战略上认识到，做商户业务，不仅仅是为了完成总行的行政命令，更是我们强基础、练本领、有效应对当前严峻的存款形势的有力抓手。因此，各位“一把手”务必要亲力亲为抓落实、抓管理、抓督导、抓考核、抓问责，将辖内商户客户分类分层，落实部门与机构的主体经营责任。目前成绩较好的分行要再接再厉，成绩不好的更要迎头赶上，确保将所辖消费领域商机抓好、抓出成效。

（四）深化认识，强化多维立体的协同配合

去年推进商户拓展工作以来，我们一再强调要协同联动做商户，彻底杜绝过去各自推进、多头营销、内部竞争等现象，这就要求我们在具体工作中立足全局，各分行对公对私客户牵头部门要重点在考核指标设置、营销活动组织、服务方案撰写、综合团队服务等方面发挥牵头作用，通过强化前中后台、总分支行、境内外机构的协同联动，打造建行商户业务综合服务的核心竞争力和统一品牌形象。

（五）大力创新，持续提升我行市场竞争力

一是各分行在营销中要认真听取客户的反馈和建议，把注意力集中在商户当期迫切需求和未来期望的统筹把握上，认真听取客户的反馈和建议，综合各条线的产品服务，为客户建立一揽子综合服务体系。各行在营销中要将现金管理产品嵌入客户服务，嵌入客户 ERP 系统，通过现金管理产品不断提升客户黏度。二是总行相关部门要加强分析研究消费领域各方的需求变化，要具有互联网思维，深耕金融科技应用，主动探寻跨界融合，思考在前、创新在先，力促商户业务实现突破性的、业内引领式的发展。

（六）强化保障，建立协调统一的考核机制

商户业务作为全行的战略性业务，在财务资源的配置和定价考核机制的设置上要立足全局、着眼长远。目前总行已将商户业务相关指标纳入 2018 年分行 KPI 和等级行评定体系，在战略费用中配置了专项激励费用，为客户端配置了专项活动费用，可以说，对内考核激励、对外营销活动宣传等方面的力度是空前的。各分行要以此为契机，在总行基础上，细化制定符合当地情况的考核激励政策，加大资源倾斜力度，加速扩大商户群体，重点培育和拓展成长性强、综合价值贡献高的优质商户客户，培养消费客户的支付习惯，将财务资源用好用实，对内起到启迪智慧、激发士气的作用，对外收到获客黏客、多方共赢的效果。

应该说我们抓商户是抓到点子上了。可以说，抓存款，如果不抓商户就很难确保存款的稳定增长、低付息率，但要想有好的成果，就必须要强力营销并做好资源保障。从刚才四个行交流的经验来看，好业绩是干出来的。

以上就是我说的抓商户的情况。借这个机会，再说一下存款工作。我主要说一下对公存款，一会儿立林行长还会说个人存款。今年是党的十九大后的第一年、也是改革开放四十周年，对对公存款来讲机遇与挑战并存，全行上下要以党的十九大精神为引领，戒虚务实、提早安排、谋篇布局，砥砺奋进，适应新常态、抓实新机遇，灵活运用好产品和价格策略，全力做好今年对公存款业务。我在这里提“三个务必”：

一是务必厚植客户、账户、商户基础，常抓不懈。监管趋严和货币中性无疑是今年资本市场的主旋律，如同实体经济去产能会为产业链上端客户带来超额利润一样，金融去产能背景下，客户基础越好的银行或机构越有可能迎来新一轮发展机遇。

二是务必抓好对公存款旺季营销，“争争”日上。按照以往经验，第一季度是对公存款大额波动较为集中的时期，春节前更是每年对公存款的谷底，各行务必要直面困难、迎难而上、积极作为，下大力气填谷，尽量平抑春节前集中付款、发放奖金等影响，确保“开门红”，确保全年营销士气高涨。

三是务必做好对公存款协同联动，全行齐发力。对公存款不是哪个部门、哪个条线的事，而是全行共同的事业。各行公司部门要发挥好对公存款稳存增存的牵头作用，其他部门也要长鸣存款之钟，客户、产品、渠道及后台部门要共同发力，巩固我行服务重点大户的传统优势，优选、培育新兴行业中增长潜力大的优质客户，持续提高我行存款市场份额。

今天我重点讲了商户业务和对公存款工作，希望各行会后尽快传达本次会议精神，以更加饱满的精神、更加昂扬的斗志、更加踏实的作风，更加坚强的毅力，乘势而上，奋发作为，我坚信通过大家的艰苦努力和全行的整体协同，我们一定能圆满完成2018年商户和存款的发展目标和任务，取得同业竞争和持续健康发展的大丰收。

再过十多天，传统的节日——春节就要到了，在此提前给大家、也通过大家给各条线的员工及你们的家人们拜个早年，祝大家在戊戌年精神愉悦、身体健康、心想事成、幸福安康！

谢谢大家！

厘清新思路 展现新作为 努力开拓对公业务发展新未来

——在2018年对公业务工作会议上的讲话

章更生

(2018年2月4日)

同志们：

我们这次会议特意选在春节前召开，是历年来最早的一次，主要目的是迅速贯彻落实全行工作会议精神，提早谋划，主动作为，抓好有利机遇，有效应对挑战。总行党委对这次会议高度重视，黄毅副行长、静波副行长专门抽时间出席会议，并要作重要讲话；吴敏董事也应邀出席了会议，亲临指导。下面我讲四个方面的意见，供大家讨论。

一、2017年以来对公业务的工作回顾

2017年，在总行党委、董事会、监事会和高管层的正确领导下，在相关条线的大力支持配合下，对公条线认真学习领会党的十九大精神，深入贯彻落实全行工作部署，进一步解放思想，上下齐心，以勇拔头筹的精神，加大市场营销，深化综合服务，加强产品创新，强化业务协同，全面提升精细化管理水平，不断增强价值创造能力，各项业务全面完成年度计划，重点指标均居同业前列，实现了高水平上的高质量发展。今年初以来继续保持了良好的发展势头。

(一)客户账户商户总量实现新突破，质量再上新台阶

1. 账户新增突破百万，基本账户跃居首位

单位人民币结算账户总量794万户，新增122万户，增量、增速连续六年四大行第一；与领先者的差距缩小至10万户，赶超指日可待。基本户率先实现突破，新增110万户，总量达到585万户，从年初落后前者的36万户到实现反超17万户，跃居四大行首位；基本户占比74%，提升3个百分点，连续八年提升。

2. 客户基础不断厚植，重点领域捷报频传

——对公客户快速增长。总量达到478万户，新增72万户，增速为18%。其中，加权前有效客户209万户，新增31万户。对公信贷客户26万户，新增13万户，增长接近翻番。

——机构客户多点开花。军警客户取得历史性突破，首次实现与军委总部、武警总部、军兵种总部、战区、联保中心合作全覆盖；去年新开立师(旅)级以上账户112个，其中军级以上账户16个。机关事业单位养老保险账户覆盖度提升23个百分点、达到52%；机关事业单位养老保险和职业年金业务覆盖度保持同业第一。银校通、银医通客户，政法客户，党费账户均实现快速增长，中字头社团客户合作取得零突破。

——同业客户成效显著。金融机构法人客户总数超1100户，证券、金融租赁等传统领域客户授信覆盖度持续增加。中标中国证券登记结算公司、跨境银行间支付清算(上海)公司三大公司的基本户，实现金融要素市场客户基本户重大突破。

——小微企业贷款客户61万户，新增30万户，均居四大行首位。依托“小微快贷”快速获客，客户新增14.2万户。

——现金管理活跃客户163万户，新增55万户，现金池、票据池客户均突破2万户，现金管理服务覆盖113个总战集团；对公网络活跃客户204万户，新增41万户。

3. 商户拓展卓有成效

对公商户客户53万户，新增14万户，增幅

为36%；其中，高贡献度客户新增1.64万户。

（二）履行国有大行责任担当，全方位助力实体经济发展

1. 全力服务国家重大战略

——传统领域优势持续巩固。基础设施领域贷款余额××万亿元，新增××亿元，占非贴贷款新增的××%。支持了国家重大工程项目6092个。

——服务“走出去”“一带一路”建设。新签约海外项目249个，金额××亿美元，同比分别增长62%和22%；其中“一带一路”签约项目46个，金额××亿美元。以独家牵头行、融资顾问等核心角色参与中投收购欧洲物流仓储资产包等重大项目。作为中国联合体财务顾问参与隆新高铁项目竞标，实现我行在该业务领域新突破。

——快速响应雄安新区建设。量身定制综合金融服务方案；研发支持专属贷款产品；成功中标新区首个建设项目造价咨询业务；新区首批注册企业中，20家企业已开户或承诺开户；雄安市民服务中心项目代发工资业务顺利落地。

2. 主动服务供给侧结构性改革

——积极布局先进制造业领域，加快新兴领域信贷投放。战略性新兴产业贷款余额××亿元。高技术产业贷款余额××亿元，增长超过××%。绿色信贷余额突破××万亿元。网络银行电子商务签约平台达到198家，累计向2万余户发放贷款××亿元；批量拓展1904家客户、产品覆盖度6.21个。全年新客户、新项目累计投放贷款超万亿，在对公贷款投放中的占比提升1.6个百分点。

——严格执行监管要求，信贷结构压降有序。产能严重过剩行业信贷余额、监管类平台贷款余额实现下降；一线、二线城市房开贷余额占比为85%、提升近6个百分点。棚户区改造贷款新增289亿元，增幅176%。全行退出信贷余额325亿元。

——创新服务央企改革。与鞍钢、中船工业、国电投等集团签署市场化债转股协议，签约金额××亿元。参与首批央企股权开放试点，建信信托成为宝武钢铁集团下属欧冶云商混合所有制改革唯一金融合作机构。

3. 加大对经济薄弱环节的支持力度

——率先启航普惠金融。认真落实党中央国务院和监管部门要求，搭建“三级”组织架构，明确“四有”经营理念，重点保证“五专机制”的落地落实。普惠金融业务贷款余额××亿元，新增××亿元，达到人民银行定向降准“二档”标准，四大行唯一。“小微快贷”高质量发展，贷款新增××亿元，不良率××%，户均贷款64万元，成为大银行服务小微企业，解决社会发展痛点的典型范例，马凯副总理在全国小微企业金融服务电视电话会议上给予认可。“小微快贷”联动效益贡献显著，对公、对私产品覆盖度分别达到7.54个、6个，几乎全部客户都开通了对公网络，超过75%的客户办理了结算卡，同时带动代发工资、POS机收单、理财等业务发展；网点开办率达81%，较上年提升46个百分点。

——抢占蓝海，助力住房租赁市场发展。牵头蓝海项目产品组，整合集团70余个产品和服务，形成“1+4”综合服务方案，对全行营销形成有力支撑；同业首推“公司住房租赁贷款”专项产品，全面支持住房租赁市场发展，贷款余额××亿元，共涉及租赁房屋3200余套。

——做实做好精准扶贫。精准扶贫贷款余额××亿元，新增××亿元。涉农贷款余额××万亿元，新增××亿元。

（三）对公存款贡献突出，为全行负债增长提供坚强支撑

1. 人民币核心企业存款时点、日均余额均突破八万亿、新增贡献近八成

时点余额××万亿元，新增××亿元，占一般性存款新增的××%；余额、新增均居四大行第二。日均余额××万亿元，新增××亿元，创近十年来最高；四大行占比××%，提升××个百分点，只比第一位略少一点。今年年初以来我行存款增长逆势上扬，截至1月底，新增1400亿元，分别较工行、农行多增1495、1254亿元。

2. 机构存款“压舱石”作用明显，现金管理产品稳存吸存效果显著

机构类存款余额××万亿元，新增××亿元，均占对公存款的××%以上。其中，社保存款余额××万亿元，军警存款余额突破××亿元，均创历史新高。现金管理产品吸收稳固了××%的对公存款。对公一户通等产品吸收低成本存款沉淀××万亿元，新增××亿元，分别占对公存款

的29%、65%；固化存款余额××万亿元，新增××亿元。

3. 对公商户存款量增质优

对公商户结算账户存款日均余额××亿元，新增××亿元，付息率仅0.38%；节假日对公对私存款承接比例为69%，比上年大幅提升12.5个百分点。

4. 同业存款保持四大行第一

时点余额为1.11万亿元，四大行第一；日均余额为1.18万亿元，四大行占比29%，圆满完成了“稳存款、提份额”的总体目标。

（四）强化协同，对公业务带动作用显著增强

1. 市场拓展取得新战果

与浙江省等8个省、市及亿利集团等33家客户签署战略合作协议。为101家央企及全球客户、788家总行级主办银行客户制定了综合金融服务方案。成功中标中国电建、中国航发企业年金托管资格，央企中标率达100%。成功中标三星集团全球现金池，北京大学、清华大学缴费平台，中债登兑付兑息活期资金等多个项目。为大众汽车德国总部开展全球资金集中运营。

2. 托管规模再创新高，多项业务同业领先

托管规模达到××万亿元，四大行第××；新增××万亿元，增速××%，增量、增速、份额提升均居四大行第一。公募基金托管收入、QFII托管规模四大行第一；保险资产托管规模四大行第二；业内首家开展外商独资私募基金托管业务，成为全球最大资管公司全球服务商中唯一的中资银行。

3. 条线、区域联动持续深化

ETC电子标签余额1966万个，市场占比35%。代发工资额××万亿元，个人账户新增1606万户。信用卡客户净增170万户。金融社保卡累计发行突破1亿张。“湘商”“陕商”等七省市工商联优质企业联名卡发卡突破10万张。京津冀、珠三角联动项目470余个。

4. 母子协同优势充分显现

协调推进建信租赁等六家子公司的母子联动，联动业务总量××亿元。联动建银国际争得中电建等客户境外发债业务；联动建信租赁独家中标国航、东航飞机融资业务；联动建信信托与电建集团合作成立基金公司，获得中船工业产业基金××亿元份额；发挥建银国际海外运作优势，合作开展××亿元跨境投资业务。

5. 本外币一体化经营加快推进

外币账户总量42万户，新增3.03万户。为中国铁建等多家央企客户提供人民币和外汇现金管理综合服务方案、搭建外汇现金管理服务网络、开展全球现金管理合作，银企合作黏性进一步提升。

（五）坚持创新驱动，探索银行服务客户新模式

1. 产品与服务创新成果丰硕

全年创新450余个产品，创新推出特色小镇建设贷款、碳金融、跨境融通、鑫e保、军建安鑫、云税贷、监管易、票据池+综合融资服务、“禹道通达”多银行现金管理等多项产品创新。同业中率先应用SWIFT-AMH模块开展创新，完成海外现金管理产品的部署。

2. 强化顶层大构思设计，以科技创新引领业务新发展

——完善新一代海外部署。新一代对公业务系统已在全球24家海外机构上线运营，为我行海外机构全方位、多语言、24小时不间断服务提供强有力的系统支持。

——抢先布局，搭建综合服务平台。部署打造“金融机构的银行”，通过“公有云”部署的方式，呈现科技输出、大数据服务、同业金融服务、中后台外包服务及咨询服务五大模块，构建具有建行特色的“IT科技+场景金融+实体经济”的共享金融生态。搭建对公智能平台，目前PPP撮合项目平台已试点上线，储备PPP投标社会资本方2915个，项目数397个，总投资6387亿元。搭建智慧城市平台，助力新型智慧城市建设，以“满足人民美好生活需要”为宗旨，为政府部门提供全事项、全流程、全场景、全覆盖的智慧政务服务。

——开启大数据运用新阶段。丰富账户拓展工具，依托新一代商机管理模块，将企业工商注册数据直接推送至基层网点或支行，助力从账户源头精准营销；推出“开户易”账户工具，10家分行已获取工商登记实时数据。开发推广对公雷达系统，实现存款精准化营销，对公客户资金体内循环率和承接率均较上年提升了2个百分点以

上。同业首家与国家税务总局开展“线上银税互动”，创新推出“云税贷”业务，为3万余户提供贷款支持。创新“票据电子眼”，精准定位潜在贴现客户，开展精准营销，提高票据体内循环率和回行率。

——品牌影响力不断提升。成功举办“建行杯”第三届中国“互联网+”大学生创新创业大赛，刘延东副总理对我行支持大学生双创工作给予高度肯定。田国立董事长作为国有大行和股份制银行唯一代表，在全国小微企业金融服务电视电话会议上做“践行普惠 服务小微”主题发言。我行对公业务荣获《财经》杂志“2017年长青奖——最佳企业金融银行”。另外，金融精准扶贫方案、“禹道”现金管理、新一代托管系统、中小企业服务等多项产品服务均在相关知名媒体/专业协会/相关部委的评奖中斩获殊荣。

（六）深耕精细管理，质量效益稳步提升

1. 客户经理队伍管理不断强化

建立首份全行客户经理岗位花名册，实现业务与人力系统数据互联以及客户经理在全行范围内的统一视图。组织80期培训班，培训力度不断加大。

2. 客户精细化管理呈现新亮点

重点领域客户管理有序推进，总行层面建立起对总战、总主、总重、总结的分层管理机制；不断强化客户日常管理和动态名单调整。建立总主客户全流程的可量化和标准化的管理机制，试点分行127家总主客户全部完成“一户一策”和“综合金融服务方案”编制实施。强化母子公司共有客户服务管理，对重点关注客户制定全行统一经营管理策略。实现集团客户盈利性指标全景视图，促进客户精细化管理和精准营销。

3. 盈利能力持续提升

新发放对公非贴贷款加权执行利率××%，跃居四大行第××；浮动幅度××%，提升××个百分点，四大行第××。企业存款付息率1.25%，保持四大行最优。中间业务连续七年四大行首位，四大行占比29.5%；其中，单位人民币结算、代理保险收入超××亿元，托管、国际结算、境内保证、银团贷款四项产品收入超××亿元，贡献突出。

4. 资产质量保持稳定

持续加大不良贷款、逾期贷款和垫款的压降力度，对公逾期、关注贷款实现“双降”。积极推动总行“三十大”风险项目化解处置及分片包干压控不良工作，全年化解不良贷款××亿元。担保机构压控成效显著，政府背景担保机构占比××%，提升××个百分点，不良担保余额××亿元，下降××亿元。

同志们，2017年我们的经营硕果累累，多项业务指标领跑同业。成绩的取得得益于总行党委、董事会、监事会及高管层的正确领导，得益于有关条线、子公司大力配合与支持，得益于对公条线全体员工的努力拼搏。回看2017年，因为我们胸怀大局，才能坚定不移；因为我们协同并肩，才能所向披靡；因为我们开拓创新，才能迸发活力；因为我们善谋实干，才能勇拔头筹！在此，谨向总行领导及有关条线、子公司，向对公条线全体员工表示由衷的感谢！

二、外部经济金融形势及内部业务发展存在的不足

（一）外部宏观经济金融形势

2018年是中共十九大之后的第一年，研判我们所面临的经营形势，可以说是有喜有忧，喜大于忧。

一是世界经济整体平缓复苏和“一带一路”建设有序推进，为我行拓展海外业务创造新机遇。2018年世界经济整体呈复苏趋势，主要发达经济体经济明显回暖，主要新兴经济体经济继续向好，积极因素不断增多。同时，“一带一路”建设进入全面务实合作的新阶段。我国企业加快“走出去”，对金融服务需求不断扩大，将为我行拓展海外业务带来良好机遇。

二是国内经济稳中向好，为我行业务拓展和防范化解风险营造出好环境。2017年我国经济运行总体平稳、稳中向好，好于预期。从2018年情况看，消费结构升级和服务业发展步伐将持续加快，经济转型升级趋势明显，市场供求关系继续改善，将有助于企业改善财务状况，有利于降低我行信贷风险；与此同时，企业经营活动趋于活跃也有利于我行业务拓展。

三是创新型国家建设的加快推进，为我行新兴领域发展开辟了新空间。随着大众创业、万众创新蓬勃发展，在“互联网+”和“中国制造

2025”带动下，新产业、新业态和新模式不断涌现。未来随着创新驱动发展战略深入实施，创新主体将更加活跃、新科技成果将不断涌现，将助推新产业加快成长，助力新业态蓬勃发展，这些都为我们新兴领域拓展开辟了新空间。

四是区域协调发展新战略有效实施，为我行推进区域联动创造出新契机。随着更加有效的城乡区域协调发展新机制逐步建立，城乡区域发展良性互动格局将不断强化。从未来看，雄安新区规划建设工作稳步推进，京津冀产业园区、生态建设和交通一体化加快实施，长江经济带辐射带动作用增强，随着新的增长极加快成长壮大，将持续释放消费和投资潜力，为我们充分发挥银行集团优势，做优做强区域协同联动带来新契机。

五是国家加大抓重点、补短板、强弱项力度的增强，为我行业务结构调整创造新机会。随着我国经济转向高质量发展，以供给侧结构性改革为主线，坚决打好防范化解重大风险、精准脱贫、污染防治攻坚战，进一步补齐发展短板、加强薄弱环节的力度将持续加大，为我行业务调整创造新机会。随着军民融合发展、农业供给侧结构性改革、精准扶贫精准脱贫深入实施，金融助力“军转民”“民参军”，推动强农富农惠农，促进产业扶贫、易地搬迁扶贫、交通扶贫等潜力巨大。

同时，也要看到，受全球债务规模持续攀升、结构性问题尚未有效解决等因素的影响，全球经济增长持续向好难度不小；美国降税加息，将会给全球经济带来很大变化。我国经济仍处在发展方式转变、经济结构优化、增长动力转换的攻关期，发展不平衡不充分问题突出，出现“黑天鹅”“灰犀牛”事件的风险尚存，这些因素对我行业务发展的潜在影响和冲击，需要我们保持高度关注，需要我们时刻保持清醒认识。

另外，货币政策、监管政策也为我们业务发展提出了更高要求。一是货币政策突出稳健中性。去年12月末M2首次降至个位数增长，资金面将持续维持紧平衡格局，为稳存增存带来压力。二是监管政策突出严格规范。年初以来，监管部门各项主动防范化解金融风险的要求频频落地，银监会近期进一步明确了全年强监管十项举措，监管范围更加广泛、力度不断加码。2018年将实现所有金融活动监管的全覆盖。强监管常态化，长期看将为我们业务发展创造更加规范可持续的经营环境，但短期内也将带来诸多挑战。

（二）内部业务发展存在的不足

1. 对新技术新业态新模式的理解与应用有待加强

近年来，伴随着大数据、云计算、物联网、人工智能、区块链等科技迅猛发展，新产品、新技术、新业态在快速发展，一大批科技成果不断涌现，科技创新已经全面融入、主动引领经济社会发展。面对新形势，尽管我行主动应对，在新一代系统、租赁住房、普惠金融等领域都走在了同业前列，但在市场竞争日益加剧，新技术新应用快速推陈出新的环境下，需要进一步增强危机意识，打破思维定式，加大改革创新。一是要强化创新意识，对新业态新模式新产业加强研究，及时拿出建行方案，做市场的引领者。二是要强化互联网意识，当前互联网对经济社会发展渗透日益加深，金融服务要跟上时代变化，多用互联网思维谋划工作，助力发展。三是要强化整合意识。要把能调动的所有资源都整合在一起，共同服务客户、创造价值。四是要强化跨界意识。不能仅就银行业务谈银行业务，要有大世界大眼光，敢于突破原有服务模式。

2. 轻资产、轻资本能力有待提升

我国经济已由高速增长阶段转向高质量发展阶段。银行业发展也进入到提质增效的新阶段，传统的依靠规模扩张的增长模式已不可持续。去年我们服从全行信贷结构调整大局，大幅压缩票据贴现来支持非贴的增长，但贴现余额仅剩××亿元、四大行最少，已经失去了蓄水池的能力。从今年情况看，对公新增规模有限，将主要保障重点领域需求；“降杠杆、破刚兑、压通道”等都将使融资方式更多地回归传统信贷。面对挑战，必须加快向轻资本、轻资产模式转变。2017年我们通过移位再贷累计解决了客户近万亿元的投放需求，近期2018年首单资产证券化也已成功发行。各行要多在提高资源利用效率上下功夫，提高资产周转速度，通过综合方案为客户提供服务。

3. 风险防控任重道远

近年来，经过全行上下的共同努力，我行不良资产加速暴露的态势得到了遏制，逾期贷款额率双降，逾期不良负剪刀差继续扩大。但信贷风

攻坚。发挥“新一代核心系统”的科技优势，为扶贫管理部门、建档立卡贫困户、扶贫主体搭建综合服务平台，利用数据化手段促进扶贫工作的规范管理、资源共享、信息公开和效力提升。

7. 坚持绿色发展理念，助力打赢污染防治攻坚战

要大力发展绿色信贷，围绕国家污染防治攻坚战，特别是打赢蓝天保卫战，支持环境治理、海绵城市、地下综合管廊、工业节能改造、新能源、新材料、绿色建筑、绿色交通和绿色农业和林业等重点领域项目建设。要严格控制高耗能、高污染行业的信贷投放。要加强环境和社会风险预判与管理，避免违规介入出现环保问题企业。

8. 积极服务“三农”领域发展

要落实“实施乡村振兴战略”要求，加强营销储备，加大贷款投放力度，确保涉农贷款持续稳定增长，不断提升我行涉农机构优良率。加强产品服务创新，综合运用风险补偿、农业保险、承包土地经营权抵押等方式，探索对优质新型农业经营主体服务新模式，稳步推进农村承包土地经营权抵押贷款、农民住房财产权抵押贷款和农村集体建设用地抵押贷款，培育涉农贷款业务新的增长点。

（二）作出新贡献，努力成为全行负债增长的主要动力源和稳定器

1. 协同增存，用好用足资源推动对公存款业务稳健发展

在资源投入上，要加大贷款配置与存款拓展的挂钩力度，以及存款考核力度，将有限的资源配置到存款带动效应好、低成本资金沉淀规模大的机构。在协同联动上，要做好部门间、条线间、机构间、母子公司间的业务联动，共同研究稳存增存策略，用好、用足各类产品和服务，增加资金来源。在具体抓手上，要紧跟政策热点，抓资金富集客户，抓源头营销、链式营销，抓存款贡献大户，要顺藤摸瓜、按图索骥，不断拓展存款增长带动点。在定价策略上，要坚持量价平衡，在做好产品与服务的基础上，用好用活价格政策，紧跟市场动态进一步优化定价策略，促进存款增长。

2. 承接促存，统筹信贷资源带动对公存款稳步增长

要抓好资金密集型行业的资金承接，我行房地产业存贷比2.19，明显高于全行整体存贷比1.35，对存款带动作用明显。要统筹运用对公、对私房地产信贷资源，提高对房企的议价能力，加强对个人按揭贷款的归集，通过总部营销、综合金融服务、搭建现金管理系统等措施，提高房企全集团及其上下游企业客户、账户、存款、中收的增长，实现信贷资源效益最大化。要继续推动雷达系统应用，大力提升资金体内循环和承接水平。

3. 结算吸存，发挥现金管理产品优势助力结算资金沉淀

要实施分级分层营销策略，对于高频结算、存款富裕的大客户，应用现金池、票据池、对公一户通等产品拉网式营销客户，对客户存款实施“连根拔”；对于小额无贷、存款稳定的小客户，开展套餐式营销，加大积分应用，以交易促结算资金沉淀。要善于捕捉资金流转过程中的商机，账户端要结合客户个性化需求，提供监管易、“禹道通达”多银行现金管理、对公一户通、现金池等定制化产品，通过网络化账户架构搭建和资金的企业级管控，深化银企合作黏性，获得低成本、稳定的存款沉淀。付款端要加大现金管理银企直联、代付、电票、结算卡产品推介，抢占结算交易入口，打造对公支付生态圈。收款端要加大代收、回款通等产品推介，与信用卡、POS机收单、聚合支付等C端产品组合应用，帮助商户等客户实现高效快速的资金回笼。

（三）激发新活力，不断提升获客、活客、黏客能力

1. 客户拓展要进一步提质上量

客户是银行最宝贵的资源。目前对公客户已近500万户，今年在不断扩充客户总量的同时，要注重客户的结构调整，提前布局未来经济增长点，使客户结构与经济结构相适应。要重点加强人工智能、先进装备制造、港口、文化娱乐等行业和领域的客户拓展。提升中型客户贡献能力，加强细分行业中优势中型客户拓展。利用圈、链、网的思维，紧跟商事制度改革，全面深化工商合作，批量拓展新成立企业客户账户；关注政府及各类核心或平台类企业，拓展上下游和成员客户；大力拓展生态圈企业客户。

2. 账户拓展要实现赶超

今年旺季营销结束后，我行的账户总量就有

望成为四大行第一，将连续六年的追赶优势彻底转化为竞争胜势。但仍不能有丝毫懈怠，要把账户拓展始终作为基础性、战略性的工作来抓，持续加大投入、加大力度，保持领跑者风范，推动账户增长。还没到第一的分行要尽快实现提档进位，已经实现第一的分行要进一步巩固领先优势。同时，要深入开展账户提质增效工作，提升账户的价值贡献。继续狠抓基本户，提高新开基本户占比，同步配套代发工资、现金管理收付款等产品，成为客户的主要结算银行；激活存量低效账户，开展不动户激活及零余额账户压降工作；加大结算产品应用、提高产品覆盖度，让账户活跃起来、资金流转起来。

3. 商户拓展要统筹 B、C 两端

要将商户业务作为全行一项战略性业务长抓不懈，厚植商户基础。要从经营商户客户的视角出发，用好用精商户这个平台，发掘各主体的金融与非金融需求，制定适销对路的综合方案，发挥建行客户资源丰富、营业网点众多、金融科技领先的核心优势，通过圈式、链式、群式营销打造境内外消费生态圈服务的核心竞争力。要全力拓展生态化场景，不断丰富场景应用，深度融入产业互联网转型升级，重点布局智慧交通、智慧安居、智慧教育等领域，促进 B 端 C 端双向引流获客，着力提升 B 端价值创造和 C 端用户体验，不断提升银行价值创造能力。

（四）挖掘新内涵，致力于做综合金融解决方案提供者

1. 继续强化业务协同

要及时做好协同中的利益共享和指标考核调整工作，通过建立一套科学的协同收益分享及绩效考核指标调整机制，充分调动各条线、各分支机构间协同的积极性、主动性。要按照全行工作会“做宽条线协同、做精母子协同、做深总分协同、做广区域协同”的总体要求，完善利益共享机制，建立风险联防机制，搭建协同平台，丰富协同内涵，统筹集团资源，结合客户新时代新需求，提供优质高效的综合化一揽子金融服务。

2. 深化大客户综合金融服务

要为客户提供直接 + 间接、融资 + 融智的综合金融服务，在把控好风险的同时，实现央企客户业务合作的战略性发展。继续紧跟央企改革战略布局，围绕客户核心和热点需求发力，积极支持央企做强做优做大。加快研发搭建具有互联网基因、具备创新内核的央企综合服务平台，配合企业财务转型和系统升级做好定制化开发和个性化服务，进一步提升大客户服务水平。

3. 强化海外项目服务能力

要进一步做好“一带一路”及促进国际产能合作相关金融服务，为海外重大项目提供全方位支持。进一步完善海外项目经营管理体系，持续提升海外项目服务能力，形成品牌效应。加快产品创新和应用，不断完善跨境融资产品体系，积极开拓财务顾问等高附加值新兴业务。抓住我行 SWIFT（环球同业银行金融电讯协会）AMH 服务的业界首发优势，运用全球现金管理产品解决“走出去”企业海外经营中资金管理痛点，并做好全球现金管理产品在“走进来”客户的在华应用，争做跨国公司境内结算主办行。

（五）寻求新打法，着力提升新兴业务盈利新贡献

1. 持续推进同业业务发展

一是加强客户拓展。与财务公司、证券投资基金业等行业协会展开合作，从源头增加客户数量；通过综合服务、投标等方式，加深与金融要素市场客户合作，扩大我行市场份额；牵头做好票交所系统直连，以此为契机加深与票据所等机构合作；利用我行在要素市场份额领先优势，拓展有色金融、粮油等行业产业链上客户，增加我行市场份额。二是发展交易型、代理型业务。在全国范围内推广同业借款资产转让，全年发生额 ××亿元；探索券商收益凭证和有高公开评级企业客户的债权类同业投资资产转让，做好金融机构代理业务，重点做好代理信托、代理证券集合资金管理计划、代理对公财险寿险。三是保持同业负债市场领先地位。抓好结算清算、证券存管、托管等低成本资金；灵活开发产品，做好主动负债，重点抓好货币基金和券商现金管理产品资金。四是适度发展同业资产业务。要做好债权投资与信贷、资管、投行业务的有效联动，在不挤占信贷规模的前提下，解决对公客户迫切的融资需求；积极捕捉境外同业投资业务机会，重点支持中资金融机构的海外分支机构发展，投资其发行的债券和非标业务。

2. 做大做强托管业务

一是明晰托管业务组织管理架构。总行要加快推进托管业务运营中心建设；各一级分行要明确托管业务牵头管理部门和托管运营机构，有条件的分行，托管业务牵头管理部门和托管运营机构应设在一个部门内，以便于前后台业务的有机衔接。二是要实现托管业务集约化运营与属地化服务的有机结合，在确保托管业务专业化的同时，提升客户体验。三是深化资源整合，加强托管与资管、同业、投行等部门以及母子公司联动，梳理客户整个投资需求链，为客户提供包括资金募集、投资、托管等一揽子服务。对公客户的综合金融服务方案中要有托管服务内容。四是各行要提高托管业务自营能力，以辖内各类资产管理机构为营销重点，前端从资金来源入手，抓募集资金监管和托管；后端从投资项目入手，抓项目资金监管和托管。凡我行提供资金或代销的资管产品，必须本行托管；凡我行提供项目的资管产品，尽量力争本行托管。凡不能本行托管的业务，要与他行开展资源互换。五是以新一代托管业务系统上线为契机，规范托管业务操作，强化风险内控与声誉管理。

（六）注入新动能，打造客户营销服务新模式

1. 打造对公智能平台，做“无所不能的银行”

在2017年平台建设的基础上，今年要陆续上线国企改革、融资租赁、商旅服务、精准扶贫等撮合内容，不断完善金融需求撮合功能。未来平台要以金融需求撮合功能为基础，对内汇集建行集团的产品与服务，对外引入有专业解决方案或领域内优势企业，不断丰富平台衍生服务，满足客户非金融需求。总行要制定统一的营销模板，各行要主动采集客户需求，及时引导客户使用平台，使平台功能能够快速转化为生产力；要将平台服务渗透到企业生产经营管理等各个环节，利用各方资源，将平台建设为面向全社会、提供全方位服务的综合型平台，以平台托客户、以服务创收益，拓展新的利润来源。

2. 挖掘机构客户战略价值，构建公共服务生态体系，做“客户的必选银行”

要以服务新型智慧城市为重要目标，深入挖掘机构客户的战略价值，加快智慧政务服务支持等九大公共服务和民生领域平台建设，依托科技实力，紧抓有利窗口期，加快机构业务“新一代”系统应用的战略部署，积极捕捉满足人民对美好生活向往的需求点和政府转型痛点，不断发挥机构业务服务政府、军队和民生领域的特色，通过平台搭建、链条延伸和服务领域的全覆盖，助力政府转型，促进普惠民生，持续做大做强机构业务，持续拓展“鑫e保”“军建安鑫”“建融慧学”等机构业务品牌的服务能力和内涵，并作为机构客户的主打品牌和拳头产品，不断壮大。

3. 打造同业合作平台，做“金融机构的银行”

要全面推进同业平台客户营销，全行推广工作今年二月启动，采取“总体营销、全面强推、分步实施”的策略，按产品菜单项目准备情况稳步推进，各行要提前做好推广培训。要积极推介同业平台产品服务，要标准化、模板化、规范化，要合法、合规，具体问题具体研究解决，相关部门在职责范围内做好条线督导，快速反应。要用好用足同业平台政策支持，一是平台落地客户给予授信准入白名单优惠政策；二是设立独立核算科目，收益分享做好制度安排；三是推进工作纳入分行KPI考核指标，并配套专项营销费用。

4. 加快新产品、新业务发展

要加强现金管理产品创新。紧跟国家战略和市场动向，打造“现金管理”+“供应链金融、短期流动性融资”产品体系；拓展场景化、方案化应用创新，制定住房租赁市场、专业市场平台等重点领域的现金管理综合服务方案；打造农民工工资监管、政府资金监管等行业对公资金监管生态圈，构建全渠道综合缴费平台；加快新兴科技在对公支付结算领域的创新应用，打造“智慧财资云平台”，实现对公客户现金管理的智能化、自助式、全流程管控，推出“禹道财智云”服务。要打造供应链金融平台，做客户产业链的联结者。聚焦“全链条、大平台”，依托“互联网、物联网、大数据”新技术，整合行内外优质资源，深耕汽车、建筑、铁路、旅游等重点行业产业链，充分发挥网络银行拳头产品优势，加大营销拓展和创新服务。

（七）培育新思路，积极向轻资产、轻资本经营模式转变

1. 盘活存量资源，加大结构调整力度

2018年全行要实现回收新投放不低于上年，回收来源侧重于信贷政策明确的逐步压缩行业和客户，以及因政策变化、监管加强而要求退出的领域；回收资源重点满足拟拓展的新客户和存量优质客户的新增贷款需求，重点投向先进制造业等传统行业优势领域或国家鼓励的消费、民生等新兴领域，培育新优势，实现信贷结构的调整和优化。

2. 由“资金提供者”向“资金组织者”转变

要树立万物皆为我所用的理念，充分调动各方资源，提升资金组织能力，提高市场话语权与主导权，进一步扩大对重大项目的融资支持覆盖面。要充分发挥银团贷款聚集资金、分散风险的优势，依托建行良好品牌形象，努力提升银团贷款牵头筹组及分销能力，成为银团市场的引领者。要抓住保险资金体量大、期限长、对安全性要求较高的特点，加强与保险资金在基础设施领域、民生领域重点建设项目等方面的合作。要积极拓展与其他非银机构的合作，广拓资金来源。

3. 全力推进资产证券化工作

在信贷规模持续趋紧的大背景下，资产证券化是突围之路，要充分发挥建行集团综合化经营优势，加大与信托、财险、寿险、养老金公司等子公司协同，力争今年在资产证券化推进上取得新的突破。发行策略上，要赶早发行、滚动发行，初步计划争取2月完成备选资产池筛选工作，上半年完成大部分资产发行，抢占市场资源。资产入池策略上，在满足监管政策要求的前提下，充分考虑行业、区域、产品、期限等结构，合理配置资产，契合市场需求，调整信贷结构。同时，对释放出的信贷规模，要回归实体经济，适当提高贷款定价水平，精准投放。

4. 做大交易，提升贴现盈利能力

票据业务长期以来都充当着信贷规模的蓄水池，未来要转变思路，发挥票据业务流通性强、变现快、风险小的特点，把票据周转起来，使票据业务成为新的利润增长点。要对票据期限、金额等进行合理匹配，通过“直贴进、转贴出”和“转贴进、转贴出”两种模式周转，全面提升票据交易能力和盈利能力。

5. 从融资向融智转变，提升中收重点产品贡献

大力发展传统造价咨询业务，发挥与建银咨询的互补优势，为客户提供造价咨询、工程咨询、招投标代理等更为全面的工程建设咨询服务；推进收入结构调整，加快发展传统造价咨询业务，合规经营非传统造价咨询业务。提升银团贷款市场地位，通过分组银团、双边分组银团，解决客户和同业的差异化融资需求；加强同业对标管理，确保全行银团中居四大行排名前两位。做大做强保证业务，积极营销建设规划部门及项目业主等源头客户及重点建筑业企业，推荐投标保证、履约保证、预付款退款等非融资性保证业务，确保保函收入领先地位。

（八）顺应新监管，多策并举加强风险防范化解

1. 强化资产质量管控

要提前排查重点领域、重点行业和重点客户的潜在信用风险，摸清底数，做到风险早识别、早预警、早报告、早处置。总行要建立健全日常风险监测系统与模型，使风险预警更有效、更科学。要提升客户选择能力，落实贷前尽职调查规定动作，做足真实性核查规定动作，做实“一户一策”贷后管理，增强风险预警预控能力，加强贷后跟踪会议组织管理，强化风险前瞻性化解，做好对存量和增量信贷的风险管控，做好重大信用风险项目处置工作。特别是今年强监管、严监管力度持续加大，客户融资渠道收窄，要对传导性、交叉性风险提前预判，做好相应客户风险监测和化解。

2. 重检制度，强化制度执行

要对照银监会系列监管要求，严格自查自纠，重检制度，查漏补缺，处理好业务发展和风险防控的关系，确保不触碰监管红线。要强化制度执行力，做实尽职要求，守住风险防控“第一道防线”。大量不良贷款产生的原因是不尽职，包括贷前调查不尽职、贷后管理不到位等，不尽职已成为被认责、被追责的主因。要将制度规定内化于流程，外化于行动，强调尽职才能免责。要高度重视低信用风险业务的高操作风险特性，严格管理，抓住关键风险点进

行制度流程重检。

3. 加强重点领域风险防控

要建立地方政府财力和偿债能力评价模型，为政府画像，为政府类业务在产品设计、风险控制上提供有力支撑。压缩、退出风险程度高、综合贡献低的客户存量信贷业务，重点做好低端制造业等重点领域的信贷退出工作。进一步压缩退出单一民企等高风险房地产类客户，提高高风险客户准入标准，调整房地产名单制管理模式，约束风险较高的二级机构加强业务管理。高度关注央企改革和结构调整对我行债权可能产生的负面影响，将风控措施与综合金融服务方案紧密结合，持续巩固资产质量。做好同业业务交易对手管理，客户准入、名单制、额度管理要更精细化，防范部分中小金融机构信用恶化；执行全行统一风险偏好，重视投后管理，尤其是企业信用类债权同业投资和专户中我行客户信用债券投资，要高度重视投后管理，比照贷后管理执行。做好海外业务的合规经营和风险管控工作，坚持“有所为有所不为”。

4. 强化问题整改

对监管检查、内外部审计提出的问题和监管意见，要将其作为提高提升工作质量的途径，逐一分析问题成因，强化根源性整改，落实主体责任，确保整改到位。对新出现的问题，要提高警惕性，准确预判风险隐患，由点及面，举一反三，从体制、机制、制度、流程、系统等方面改进完善。

5. 高度重视反洗钱工作

今年，我国将接受金融行动特别工作组（FATF）第四轮反洗钱与反恐怖融资互评估，人民银行已下发一系列反洗钱相关监管文件。对公业务条线要在全行统一部署下，认真做好反洗钱相关工作，当前要着力做好客户身份信息的识别、核查和信息补录工作，强化洗钱高风险客户管理，既要满足监管要求，又能有良好的客户体验。

（九）运用新手段，进一步提升精细化管理水平

1. 提升队伍全要素生产力

要根据年度聘任计划，不断充实前台一线营销人员。要依托花名册，清晰掌握对公客户经理管户及分布情况，提高从事对公业务人员在聘任客户经理中的占比。要进一步加大培训力度，通过开展分层分级培训，切实提升客户经理队伍总体水平。

2. 细化产品资本管理，降低表外业务资本占用

要推动保函清理工作常态化，加强系统监测，做好分类处理，及时注销到期失效保函；加快推动电子化保函，率先实现投标保函联动注销。要加强贷款承诺管理，提高一年以内承诺业务占比；在符合监管规定的前提下，与客户充分协商，增加“可随时无条件撤销贷款承诺”补充条款。

3. 加强新一代应用，充分释放科技生产力

去年全行开展了学好用好新一代应用案例评优活动，对公条线积极响应，共上报9000多条案例。总行将在全行范围筛选出优秀案例进行推广。这些案例是全行对公条线新一代应用智慧的结晶，各行要认真组织学习，积极汲取营养，全面深化应用，使新一代系统应用真正渗透到业务发展中去，提升业务发展动能。

（十）落实新要求，坚定不移全面从严治党

1. 深入学习贯彻党的十九大精神

要把学习领会和贯彻落实党的十九大精神作为当前和今后一个时期重要政治任务，牢牢把握习近平新时代中国特色社会主义思想“八个明确”基本内容、“十四条坚持”基本方略，深刻领会新思想、新判断、新方略、新提法、新部署，用党的创新理论武装头脑、指导实践、推动工作，在工作中贯彻落实好“三大攻坚战”等党的决策部署，切实把学习领会党的十九大精神成果转化为推进工作的强大动力。

2. 坚守廉洁自律，筑牢规矩底线

要按照从严治党、从严治行的要求，持续加强员工管理，加大培训和教育力度，切实提高全条线员工对党风廉政建设重要性的认识。要深入落实中央八项规定和实施细则精神，以及总行党委关于落实中央八项规定精神有关要求，全面增强廉洁自律意识、依法合规意识、遵规守纪意识，不断向廉洁自律的高标准看齐，守住底线，不碰高压线，对全行负责、对员工负责，全力保障全行的资产安全和良好声誉。

同志们，征程万里风正劲，重任千钧再扬鞭。2018年是建设银行对公业务充满历史性机遇之

年，是提质增效的转折之年，作为新时代的亲历者，我们要以百倍的信心、饱满的热情和冲天的干劲，积极投身到建设银行对公业务大发展中去，发扬对公条线敢打硬仗、敢打胜仗的优良传统，撸起袖子加油干，逢山开路，遇水架桥，做好新时代的答卷人，让有着六十四载丰厚底蕴的对公业务焕发新风采、续写新辉煌！

在智慧城市政务服务平台上线发布会暨机构业务科技年现场推进会上的讲话

章更生

（2018 年 5 月 7 日）

今天，建设银行智慧城市政务服务平台首先在河南安阳正式上线，同时我们召开部分分行“机构业务科技年”现场推进会，具有重要的意义。

红旗渠是安阳的一张名片，红旗渠最凸显的精神内涵是“自力更生、艰苦创业、团结协作、无私奉献”，我们在这里开会，也是一次很好的受教育过程。红旗渠工程艰苦卓绝，直接解决了林县（现名林州）老百姓吃水的重要问题，红旗渠精神永远闪耀在共和国改天换地的历史进程中。我行推出的安阳智慧城市政务服务平台，就是政府和建设银行共同发扬红旗渠精神，携手合作的优秀成果。

2015 年我第一次来安阳时就参观过便民中心，当时尽管没有上升到智慧城市的高度，但总觉得这个事情可以做。时至今日，合作已经开花结果，安阳网上市民之家迁移到了我们建行可靠、安全、强大的公有云平台上，使用了更先进、更规范、更便捷的智慧城市政务服务系统，为安阳市政府的线上线下一体化政务及便民服务提供了支撑。现在，安阳市民不管办什么事，不用再满城跑，只来这一个地方、上一个网就够了，这是真正的便民！办事效率、监督效率提高了，公共办公场所节约了，整个城市的品位也提升了。

今天，我们召集 19 家分行分管行长和部门负责人来开这个会议，目的就是增强感性认识，统一思想，坚定信心，尽快行动，全力抓好智慧城市政务服务平台的营销工作。下面我讲几点意见。

一、要深刻理解金融科技在机构业务发展中的重要意义

随着互联网、云计算、大数据、区块链和人工智能等信息技术的广泛应用，金融服务与各行业经济的边界正逐渐模糊，我们银行的生存发展也随之面临重大挑战。20 世纪 90 年代比尔·盖茨就曾说过，商业银行将是 21 世纪的恐龙，迟早要灭绝。但是，银行所从事的这些事情是不会“灭绝”的。董事长推荐大家阅读的《消失的银行》这本书，指出了传统银行机构以及业务形态，必将被新型的数字化银行服务所取代。社会需要银行服务，但银行机构又不是必须要存在的，随着时代的发展和科技的进步，银行机构的职能作用将被新兴金融科技企业所取代的可能性越来越大。然而，既然别人能来颠覆我们，身为银行机构的我们为什么就不能根据新的形势变化，自身主动做出改变，甚至是反替代呢？

事实上，相信大家也能感受到，我们的银行业也正在发生变化。一方面，市场和客户对物理网点和柜台服务需求正在逐步减少，再加上我们智能化机具的使用，老百姓对于线上金融、“自助式”服务需求越来越大，这是显而易见的大趋势。另一方面，互联网企业正在逐步侵蚀我们的传统银行业务，占据了消费零售支付绝对的垄断地位，并继续向信用卡、个人与小企业信贷等“零售银行”领域快速扩张，还在理财产品、基金运营、金融市场和项目投资等“投资银行”领

域不断拓展。阿里、腾讯、京东等互联网企业纷纷发布“智慧银行”“区块链金融”等白皮书，向金融行业吹响了冲锋号，已经迅速渗透到了我们所熟知的“批发银行”和“交易银行”的经营领域。毫无疑问，银行正遭到全面“围剿”。但这些威胁似乎不像同业对手竞争得那样直接，而是如同“温水煮青蛙”，它是隐性的，让人不知不觉。

对于未来业务增长，必须要考虑投资、出口、消费三驾马车推动经济发展的关系。尤其是做负债业务，必须抓“消费”领域，“消费”市场去年达到了36.6万亿元，而且金额还在不断扩大，这些资金都是从个人的卡上刷走，重新洗牌分流，这就是我们布置要抓商户这项工作的重要原因。

仅从零售支付市场已经显现的格局变化就可以看出，我们面临的形势是严峻的，威胁可以说是巨大的，如果我们继续固守传统业务做法，将是没有前途和出路的。但是，回过头来看，金融科技也是银行的强项，特别是我行六年万人磨一剑，开发出了新一代核心系统，可以说掌握了“核武器”。金融方面我们比互联网科技公司更加熟悉，科技方面又完全不输给他们，因此，只要我们重视起来，改变打法，还是很有优势的。同时，我们有广大的分支机构，服务都是需要人的，互联网公司即使想做，在短时间内也做不了这么多事，而我们可以全线出击，同时可以做很多事情。

信息科技推广应用正在推动着各行业的跨界融合，这也正是我们化解危机、实现转机的很好的外部条件。为此，总行党委做出了重大决定，4月18日正式在上海挂牌成立了建信金融科技有限责任公司。这说明总行党委已经认识到这个问题，就是要通过金融科技来谋划大的发展，成立金融科技公司就是要通过体制机制的改革实现专业专注，为科技增添活力与动力。这是我行顺应时代、抓住机遇、跨界融合、跨越发展的重要举措。我们将从大处着眼于新技术、新模式和新手段的创新应用，可以大举进军公共服务领域市场，大刀阔斧与机构客户共建各种社会服务平台，大力推动金融科技与各行各业深度融合，施展新的打法，激发新的动能，开辟新的市场。

二、全力推进智慧城市平台建设

“机构业务科技年”战略从根本上由三个问题组成，分别是：做什么、为什么要做和怎么去做。简要地说，“做什么”就是以科技输出、开放共享、全方位服务理念，与政府类客户合作搭建平台，构建公共服务生态体系，营造超级竞争优势，成为所有客户的必选银行，逼着你要和我们合作，但另一方面，我们的服务要好，只有这样才能成为必选，两层意思缺一不可。“为什么要做”主要有三点：一是积极贯彻党的十九大精神，抓住新时代发展机遇，在公共服务领域精准发力；二是直面市场跨界竞争，立足金融主动变革的战略要求，“跳出金融做金融”；三是建行具有做这件事的条件，“新一代”建成后具备了领先的科技条件和雄厚的服务能力。“怎么做”就是紧盯政府和社会的难点、痛点，正因为他有困难、有痛点、有难点，双方才能够一拍即合，并把握机构客户信息化需求，依托科技优势提出解决方案，搭建九大平台，全力营销布局，把握新机遇，坚定不移落实“机构业务科技年”新战略、全力实现我行发展能力和综合实力的跨越提升。

（一）推动战略合作

“机构业务科技年”的实质就是平台战略。上半年的项目营销推广情况，验证了我们所制定的战略规划是正确的、有效的，准确地抓住了政府类客户对信息化系统建设及运营的需求点和空白点。这些社会服务平台深受政府类客户的广泛欢迎，据试点分行反映，客户对已推出的智慧城市政务服务、宗教事务管理等平台的合作意愿非常强烈，目前河南、湖南和云南已经或即将签订省级合作协议，说明我们的平台具有巨大的市场需求。推动公共服务领域社会化平台共建，可以让我行捕捉到巨大商机，打开未来发展的广阔空间。因此，我们必须要加快平台的战略布局和落地实施，机构业务部要继续完善和推进全行面向公共服务领域的平台战略，不断完善顶层设计和统筹推动，各分行要根据总行总体部署，发挥主观能动性和创造性，结合本地和本行实际，制定有力措施，加快推进。

（二）做实平台布局

我们真正的竞争对手，暂不是我们的金融同业，也不是软件企业和电信运营商，而是阿里、腾讯等这样的互联网企业。这些跨界竞争的对手，在各类平台市场先发布局，底层技术目前暂时相对领先，在经营方式、产业资本运作等方面也有一定的优势。但是，我们是国有大行，我们有着互联网企业所没有、所羡慕的天然优势和雄厚实力。我们最突出的比较优势有：一是国有大行的品牌声誉度和社会公信力；二是长期与政府、企业及社会各界积累的深入广泛的合作基础；三是我们人多、机构庞大，形成了与行政区划相对应的、成建制的、线上和线下一体化的营销体系；四是我们的资金实力强；五是我们具有信息安全优势。这些都是我们将来做营销的优势，也是地方政府真实的痛点，在营销时，要多和地方政府强调说明这些优势。我们拟定了前期试点开路、中期多点开花、后期以点带面形成规模的营销策略，效果正在逐步显现，大家一定要珍惜当前在银行同业中独家先行的宝贵窗口期，狠下功夫，狠抓营销攻关，切实做到决心要大、力度要大、步子要大、胃口要大！

（三）处理好发展中的问题

诚然，具体做起来我们还面临着一些新情况和新问题。当前突出的主要有三个方面：

一是如何处理好传统业务工作和新平台工作之间的关系问题。就是如何一方面要保住现有的业务，另一方面要发展将来的业务，既抓好存款，又要顾及这些平台。这些都要分散我们的精力和人手，如何分配好时间、精力和资源，这是摆在我们面前的现实问题。希望大家一定要把这个关系处理好。

二是如何处理好营销进度与项目组支持能力之间的关系问题。平台营销存在紧迫性和个性化特点，需要业务技术及时配合、前中后台协同支持，项目组配合营销以及实施指导是平台营销的客观要求。然而，平台项目本身建设需要一个过程，各开发中心日常任务又十分繁重，往往出现项目组支持能力难以满足营销进展需要的困难。机构业务部对项目进度的把握，要随时保持与信息技术部门的沟通。我们平台营销的工作不能等，因为这件事我们能做，其他大行也能做，之所以我们现在独家先做，是我们的战略理念先行一步。所以，在营销方面存在抢滩头的紧迫性，一点都不能耽误！这就要求我们：一是加强统筹管理，把握好营销节奏与项目支持相匹配；二是分行在营销上要注意区分轻重缓急，合理安排，有些承诺适当有一定的弹性，先易后难不拖时间进度，签下来以后逐步再做加法；三是在前期营销的时候，开发中心项目组就要与机构条线一起参与，这样开发工作才能有的放矢。对于这个问题我希望大家当作一个课题认真研究。

三是如何处理好平台项目回报方式与传统经营习惯预期之间的关系问题。平台项目不是立竿见影的事，而是慢慢见效的，回报体现在未来，体现在长期的综合性效益上，这与银行传统经营方式的回报预期是不太相同的。前期要通过搭平台，把政府的信息资源、政务资源、公共资源以及资金等接住，搭上以后下一步就要把这些资源一网打尽。此外，有了政务平台，我们再拓展一个“无所不能”的综合平台，老百姓、企业所有的需求问题都可以在平台上通过撮合解决，撮合成功后可以直接收取服务费用，更重要的是还可以获取大数据信息。

做这些平台，可能在当期投入和收益比较上，显现得不是那么直接。这就需要我们：一是一定要算综合账、算长远账；二是要对平台项目建立科学适用的资源配置和考核评价体系；三是要正确认识平台在各层次、各阶段的回报。目前看回报有三个阶段：第一阶段是利用平台批量获取客户、账户和存款；第二阶段是利用平台大数据开展精准营销，实现大数据挖掘利用；第三阶段是通过平台开展银政企融合创新，借助平台嵌入产品服务，延伸服务渠道，扩大销售市场，为特定客户提供附加价值和增值服务，最终实现相关各方的共赢。这就是我们平台的整体构思。

（四）重视创新工作

创新是发展的不竭动力。在当今市场业态、行业格局快速演化的趋势浪潮中，作为企业要想立于不败之地、保持基业长青，就必须“有办法、善创新”！好的办法从哪儿来呢？来自于对客户需求的研判，对市场资源的了解和掌握，在此基础上进行系统的思考、全面的思考、跨越式的思考、颠覆性的思考。要站在全局和长远的角度，在实践中主动创新、在挑战中善于创新。创新要围绕以金融科技跨界输出为手段，实现银、政、企、社之间无缝链接、深度融合的宏伟目标，努力成为行业标准的制定者、市场规范的引领者和发展格局的主导者。要立足实践要求，前瞻把握发展趋势，不断推进我行的科技创新、管理创新和经营模式创新。

1. 抓好科技创新

现在的银行，基本上是以资源部门为核心的发展模式，主要是以资源为中心，在经营中我们能看到这种模式在推动业务发展方面的一些弊端，是需要改变的；下一步要发展到以市场部门、客户部门为中心来经营；最理想的第三阶段要以科技部门为中心，以科技引领，用科技带动。如果有哪家银行率先走到这一步，那就绝对拥有了强大的竞争力。因此，必须要抓好科技创新。

当今时代，各种高新技术风起云涌、日新月异，在新科技应用需求上，业务部门与技术部门要加强合作，引进吸收和自主创新两种方式统筹兼顾，以自主创新为优先策略。一是对于我行急需的、短板的、基础的、成熟的技术，可通过人才招揽、机构合作以及通过子公司参股、并购等手段，引进、消化、吸收以及整合应用，以节约时间快速建立能力和优势；二是对于前沿、核心、关键科技要高度重视自主创新和自主研发，大企业没有核心技术就会受制于人，要知道核心技术是买不来的，我们要瞄准领域内的前沿引领和颠覆性技术有所作为、大胆突破。

“互联网改变生产力、区块链改变生产关系。”可否以平台建设为契机，参照银行账户，运用区块链框架，融入身份识别、安全认证功能，整合电子证照等公共服务数字化信息，研发数字资产账户，实现对法人和个人的所有公共服务信息统一管理。这类账户建立于区块链框架，它的存储、更新、验证和使用的所有相关信息将不依赖于固定的系统平台，具有安全性、唯一性、独立性和开放性等优势属性。如果这个重要技术能够实现，其应用价值不可估量，将以政府和金融应用为基础不断扩展传播，推广到各行各业覆盖社会各领域，将推动生产和生活数字化，社会交易成本会大大降低，经济综合效能会极大提高，社会整体福利会极大增加，进而推动国家治理、社会管理和公共服务等诸多方面的进步发展。

2. 抓好管理创新

管理创新对平台经营的可持续发展具有重要的保障作用。一是要做好平台建设运营的保障机制创新建设；二是要做好平台经营的资源配置制度创新；三是要做好平台经营的考核评价体系创新；四是要加强平台力量建设的创新，要加快培养新型人才队伍，通过自主实践、定向培训、技能转移和引进人才等多种形式，锻造出一大批掌握业务和技术的复合型人才，精通金融以及多行业跨界式专家；五是在组织机制创新上，可考虑待条件成熟时，按需设置专门机构和专业岗位，使这项业务专业化、制度化、体系化地运营发展。以上几个方面，我希望专门设立课题进行研究。

3. 抓好经营模式创新

互联网时代的经营模式，往往让传统企业看不“明白”，好多服务是免费、产品是无偿甚至是倒贴的，那从哪里赚到钱呢？实际上它能从另外的时空对象实现收益。有些东西，可能在你这里认为不值钱，但是在他那里可能就是宝贝。为什么马云要跟我们合作？他就是看中了我们几亿的个人客户、几百万的对公客户，有了信息就可以进行大数据分析，有了大数据就能够撬动很多业务，赚钱的机会都在里面。因此，我们要善于学习剖析，只要居高临下全面看，深入其中具体看，宏观和微观都能看清楚，这样才能够洞悉本质和规律。要探索开展经营模式的创新，创造出适合我们需要的新的经营模式。从赚钱的角度来讲，好的产品当然是赚钱的，但是好的模式要大大强于好的产品，而且模式一旦形成，在一段时间内是其他竞争对手难以撼动的！要考虑如何利用政府客户和社会现有资源，运用先进的资本运作方式，例如在政府类服务平台上，积极尝试以PPP项目，设立SPV公司，运用政府购买服务，解决平台建设运营的资金需求问题等。只要我们在实践中不断探索总结，就能找到健康的、有盈利的、可持续的经营模式，最终实现我们的既定战略目标。

三、几点要求

一是要争分夺秒。前面讲了智慧城市，互联网公司他们也在做。但是，从目前他们已经做的来看，效果一般，动作也比较慢。其他银行我不知道醒悟过来没有，如果醒悟过来，这块蓝海就会变成红海，所以一定要争分夺秒。大家今天在现场也看到了，建设银行“智慧城市政务服务平台”在安阳市民之家的落地与运用，目前独此一家，别无分店。“天下武功，唯快不破”，政府客户和我们合作了，其他对手再想进入就会遇到我们的壁垒。各分行要根据总行部署，以只争朝夕的精神抢抓机遇，尽快展开本辖区平台营销布局，抓大不放小、优先高层级，全力以赴对政府类客户展开营销攻关、落实签约、建立合作。

二是守土有责。公共服务平台营销工作，是我行的发展大计，功在当代，利在千秋。要实施“一把手”工程，行领导要身先士卒，努力抓实抓好，早出快出成效。在座的分行都是平台营销的试点行和重点行，各位行领导和总经理都肩负重任，在这里，我提的要求就是：每省要有至少一个平台的省级签约突破，每个地市要有至少一个平台的市级应用案例。做事要有样板，营销要有标杆，首先要取得突破，然后在全辖推开。机构业务部要建立督导机制，定期向我报告各分行的进展情况。

三是注重协调。平台营销是综合化的工作，各分行要抽出足够的业务和技术力量，组成专门实施团队，由行领导牵头挂帅。总行要加强培训，实现保障营销工作有力推动、高效实施。各相关条线、前中后台要加强协同配合，总分行之间要发挥联动营销优势，形成体系化支撑合力，真正做到“一点触发、全行响应”。大家一定要有整体意识、统一意识，只要是行内的工作，不管由哪个部门来做，其他条线能搭把手都要立即搭把手。

四是加强保障。根据总行平台战略部署，各分行要加大资源投入，建立适配保障机制，在人力、物力和财力方面做出适当安排，保障平台营销的持续发力。要充分发挥考核是调动全行主动性、创造性的指挥棒作用，九大平台今年要陆续投产上线，平台营销考核工作对项目成功至关重要，今年平台营销工作做得好的分行要给予表彰。一定要善于充分调动所辖资源，善于借助外部资源，集中力量服务于工作任务，造势借力支持目标成功实现。

五是要注意工作的方式方法。要统筹安排好各项工作，这里主要讲两个方面。一个方面是推广平台要注意方式方法。首先，工作一定要尽可能地规范化、标准化，这样项目才能推广起来，就像做零部件，统一的零部件到哪里都能适配；其次，要把工作“图纸”化，每一项工作要尽可能详细地落实在文字上，而不是只在哪个人的脑子里；第三，要注重对政府客户的营销技巧，一定要找到他的痛点、难点，用我们平台方案的优势去对接解决；第四，要改进工作组织方式，首先要考虑好做什么事、任务是什么、哪些是关键环节，这样后面才可能做好。另一个方面是要合理安排好工作。在座的分行领导不只分管机构业务，可能还要分管其他的工作，但这些工作都要抓，都要抓好，那就对自己的协调安排、精力分配、细化实施等能力提出了挑战。所以，大家一定要学会统筹协调、井井有条，哪项工作都不能落下，都不能丢。

今天我要讲的就这么多，希望通过今天的推进会，智慧城市系列平台项目能够进一步提速，年底等着大家报告好业绩。

谢谢大家！

在夏季工作座谈会上的讲话

章更生

（2018 年 7 月 24 日）

刚才祖继行长对下半年工作做了全面周密的部署，国立董事长还要做重要讲话，对公各条线一定要认真学习，深刻领会，将两位领导的讲话精神切实落实到具体工作之中。

下面，我就对有关工作的重点，简要做个提示：

一、对公各条线要全力推进三大战略的实施

我行的三大战略是将国家利益、企业利益、老百姓的利益、我行的利益高度统一的一个壮举。三大战略作为全行性战略，它既关系到眼前，更关系到长远；它不只是某些条线的事，而是全行的事。

作为对公各条线与三大战略可谓息息相关：对公条线拥有丰富的客户资源，承担着为三大战略落地实施营销客户、提供产品的重任；同时，对公各条线的业务发展又有赖于三大战略的推进，三大战略是对公业务发展的推进器、加速器。

为此，对公条线一是要增强三大战略意识，使推进三大战略成为自觉行动，只要是对三大战略有益的都要积极去做，而不管对本条线有无利益。二是加大推进的力度，尤其是在前期的启动阶段，要付出更大的力量，待正常运转起来后就相对省力了。同时，前期也是抢滩头、占先机的时期，需要以碾压的态势，勇往直前。三是在推进三大战略时，要注意研究业务的扩展问题，就是要不断拓宽服务领域、服务内容，使三大战略充分发挥其效能。四是要在推进过程中加强部门间、总分支行间的沟通配合，形成整体合力，共同推进。

二、加快加大信贷投放，全力支持实体经济

当前经济有下滑之忧，作为国有大型银行，理应要为国分忧，勇于担当，大力支持实体经济发展。

之所以说要“加快”，是基于当前的宏观经济形势堪忧。同时，谁快放，谁就能挑选到安全的客户群。再者，各行都在加大力度投放，接下来，贷款利率会出现下降的趋势，早放收益好。

之所以说要“加大”，因为这是在抢市场。增量多与少对我们具有重要意义，在这时候，早放、多放，规模超了不会有太大问题，资金如不够，估计央行会给借。

但是千条万条，不能以牺牲风险为代价去投放。那么，挑什么放？一是大而好的央企、地方国企，世界 500 强企业，一些大型基础设施贷款等，而房地产、高污染等禁止类的坚决不能放。但这些贷款价格估计不会太好，因他们的议价能力强。二是普惠金融，这是价格较好的贷款，正好与前者形成了对冲。

对于普惠金融业务，目前存在的问题是：分行间发展不平衡；月末月初数字波动较大，有冲月末之嫌；产品的市场知晓度还不高。

为此，各行特别是进度较慢的行，要尽快组织力量对影响发展的各因素进行分析与研究，找出原因，拟出对策，采取措施。普惠金融不是没得做，市场大得很，就看怎么做，用多大的力度来做。

我们要改变打法；要线上线下相结合，以线上为主；要切实提高获客的实效（包括做广告、寻求与第三方合作、进一步发挥各网点的作用

等）；不断创新产品。目前已投放市场的产品有：小微快贷、云税贷、账户云贷、房押快贷2.0、政采云贷、医保云贷、地押贷等；接下来要上线的有：结算云贷、薪金云贷、投标云贷、银票云贷、云电贷、惠农快贷及一些特色平台快贷等，希望各行要将这些产品应用好。

三、对公各条线要切实加强风险防控

目前，可能会引起风险发生的因素较多，大的方面有：去杠杆、去产能、“僵尸企业”出清等可能使一些企业出现经营困难，甚至难以为继；对政府融资平台的严监管及资管新规等，可能使一些企业流动性出现紧张，从而导致风险增大；供给侧改革、结构调整、产业升级等会使一些企业面临淘汰；美国对进口自中国的产品无理加税及技术封锁，使得一些企业增加了经营上的负担。这些对对公业务的冲击最大，我们一定要密切关注这些因素的未来走势。

对公各条线作为风险防控的第一道关口，一定要加强风险预警分析，力求早发现，早拟对策，早做处理。一是要严把客户进入关，慎重选择好客户；二是要对有贷户增加体检的密度，至少一个季度检查一次，关键是要确定好体检的指标项，通过这些指标要真正能将风险检出；三是一旦发现问题，要立即做出反应，一户一策，能撤就撤，能减少损失就尽力减少损失；四是要破除国企（包括大的央企）大而不会倒的错误观念，对那些包袱沉重、技术落后、属产能过剩的企业，要早做行动。

四、要高度重视对公存款工作

今年以来，市场上资金面一直都很紧张，按照目前的情况看，除非央行放水，否则今年都将是资金紧张的局面。

从四大行的数字看，目前四大行对公存款比去年同期减增一万大几千亿元。我行也不例外，到昨天只比年初增长220亿元，虽然到六月底在四大行中日均新增仍保持第一，但到昨天比去年同期大幅减少，少增4127亿元，比前年同期更是少增5888亿元。

存款的减少，将直接影响到我们的资产业务的发展及全行战略的实施，关系流动性安全问题。

面对今年的这一形势，我们需要根据市场变化情况，在对公存款的策略上、政策上、手段上、打法上做出迅速反应；需要在力度上进一步加强；需要在人力、财力等资源上进一步加大投入。

关键是要探明钱都在哪儿，然后据此画出资金流向图，再对其进行详细分析，从而采取有针对性的措施，找准目标，调兵遣将，配置资源，下达任务，猛打猛冲。

机构类存款、消费领域里的存款是对公存款的主战场。关于对公存款问题，前不久已开了一个推进会，在这个会上我已讲了相关要求，在这就不多讲了。

五、对公各条线要强化协同联动

对公各条线要发挥拥有丰富客户资源的优势，主动为其他业务板块的发展作出贡献。

要有整体意识、大局意识，不管最终的效益体现在谁的名下，只要是对建设银行有利的，只要是能够做、能够帮的，都要积极地去做、主动地去帮。

六、扎实做好“银行的银行”“金融机构的银行”

这主要是利用我行“新一代”系统、巨额资金量、市场营销能力、风控能力、管理经验等优势，向中小金融机构进行输出，进行合理收费。需强调的是，在此过程中我行一定不要承担风险。

目前，我们已与超过1000家金融机构签订了合作协议。这一方面是为金融科技公司揽了活，另一方面是在充分发挥沉没成本的效能，为未来的同业业务发展布下大局。下一步，各行要进一步加强市场营销，我们的目标是到明年底签约客户要达到2000家，那就意味着我行将与近50%的金融机构开展合作。

与这些金融机构的合作，能做的就立即做；需要有个过程的，也要积极去推。第一个推出的是建立“蓝色共享”流动性合作机制，即中小金融机构将超额备付金存到我行，在流动性出现紧张时，我行对其予以支持。中小金融机构对此非常感兴趣，而对于我们来说又很容易做到，我行将从中得到不菲的低息存款与资金利息，这件事很容易就能做出来，希望各行积极去做好。

目前，与同业的合作，我们只做不说（不对外宣传），希望大家遵守。

七、全力营销“智慧城市政务服务平台”“善行宗教事务服务平台”“对公撮合平台”客户

要积极配合金融科技公司做好各平台上线工作，早日实现收益。

利用平台做业务是连根刨、一网打尽的打法，是一次努力、多方面受益、多年受益之事，杠杆效应十分明显，各行一定要下大力气积极推进。

八、加紧研究大型央企的服务模式

市场在变，监管在变，央企也在变，我们要据变应变。央企也有风险，要么不出，一出就是大的，目前个别央企已出现逃债的苗头。针对央企的强势，要改变我们的经营策略，积极开辟轻资产、轻资本的业务；要利用央企的产业核心地位，借其力，向其上下游延伸。

九、继续狠抓客户账户增长

今年第一季度末，我行对公账户数实现超越成为第一，取得了历史性大突破。

大家要树立“有客户账户就有资金”的理念，继续狠抓客户账户增长，特别是要积极拓展消费领域里的客户账户，积极承接消费资金。要加强成功案例的推广，狠抓现金管理产品的应用，紧抓客户资金流，努力使客户资金在我行体内循环，努力使他行资金流入我行，在这方面各行、各相关条线要多动动脑子。要加大公私联动，对公对私在结算上要统一构思、统一设计。

十、投行业务要下大力气补短板

要在财务顾问、并购、资产证券化上尽快拉近与领先者的距离，并最终实现超越。这三项业务也是技术含量相对较高的业务，为此，需要认真总结经验，加强培训，切实提高我们的业务能力。

十一、认真执行好、积极运用好资管新规

资管新规对资管业务提出了严格的监管要求（但近日监管方面又有所松动），要认真吃透文字精神和非文字（会议）精神，一方面要严格按新规去做，另一方面要充分运用好新规。面对监管部门对新规的最新调整，资管中心已连夜召开会议进行研究布置，希望各行立即行动起来，抢占先机。

十二、采购工作

一是对不相容岗位必须实施分离；二是要增强合规意识，严格依规办事；三是要利用好采购资源为业务发展做贡献。凡供应商未在我行开户的要立即开户，能有业务互换的，要做业务互换；四是秉持“不以价低为目标，要以性价比最优、质价比最优为取向”的采购理念。实践证明，过于追求低价，最终实际支出反而增大，因为它容易坏。

十三、安保工作

安保无小事，时刻不放松。一是切实确保几大基地，特别核心系统所在地的安全；二是要加强安保人员的规范化、标准化管理；三是重点抓好消防安全管理，增强消防安全意识，完善消防安全措施。

十四、离退休人员服务工作

建设银行这座大厦是在前人的基础上一点一点建起来的，我们不能忘记我们的前人，我们也都会成为前人。因此，一是要带着情感、带着责任，用心细心尽心地去做好离退休人员的服务工作；二是要尽可能地改善离退休人员的医疗及日常活动等条件，体现出建设银行大家庭的温度。

十五、基建工作

稻香湖基地 8 月 16 日前实现双路供电，9 月中旬要实现 6 路供电；成都基地 8 月底要实现主体封顶。

我要说的就这么多。谢谢！

时说的"马上就办"。同时，做事要从大处着眼，从小处着手，一点一滴地做，永不停息地做，久久为功。如同小学一年级做加法一样，以小数字为基础，每天加一点，三五年后，时间越长，后面的得数就越大。千万不要想越过什么阶段，直接做点什么轰轰烈烈的事，万丈高楼平地起，要注意从一点一滴开始打基础。

三、如何有效作为

一是要有攻坚克难的精神。现在银行面对的情势比三十多年前我入行时要复杂得多，并且还在不断变化。我们当年银行做的东西，用学校学的知识基本上就够了；现在银行变化太快，你在学校学的知识，要不了两年，可能在实际工作当中就用不上了。刚才有个小组说到区块链，互联网颠覆了传统经济，有一种说法就是将来区块链可能要颠覆互联网。未来，我相信还会有颠覆区块链的东西，而且速度会非常快。在这个过程当中，我们做银行工作肯定会遇到很多困难，如果没有攻坚克难的精神，很难走向成功。包括我们在做业务的过程中，像军队、武警、学校这样的客户，每攻克一个，都要花很大的精力，因为我们的竞争对手也都是很强的。所以，竞争中就看谁更强，看谁更有耐力。

二是要注意方式方法，提高效率。比如说拉存款，过去是一门心思找企业、军队要存款，喝一通大酒，凭着豪气义气，把存款拉来。社会发展到现阶段，光凭这个是不行的。我们必须改变方式方法，换个逻辑，要存款但不谈存款，而是谈服务，谈我能为客户做些什么。我们只要先把服务做到位，其他的自然而然就到了我们这里。再比如说，过去我们拉存款，相当于拿着钓鱼竿去钓，一次钓一条，频率再高，一天也钓不到几条。后来我们发现，可以撒网，一次可以网到几条甚至更多。现在我们觉得普通撒网效率还是不高，那我们就撒大网（互联网），给客户做系统，以系统作为大网，将其一网打尽。比如我们现在做的宗教平台，今年刚开始推，现在签约了十家，实际使用才五家，但短短数月已经沉淀了930亿元存款。这和过去的打法是有根本不同的。哲学讲的是世界观和方法论，以后在工作中，一旦出现效率不高的问题，一定要反思方法好不好。

三是要有合作意识，懂得相互借力而行。所谓借力，既要借建设银行相关部门、同事的力，也要借客户的力、社会的力。社会越往前发展，越会相互依存。美国现在搞单边主义，这是逆潮流而动，绝对长久不了。人与人之间、企业与企业之间都应该合作，要相互借力，实现共赢。

四是要不断总结反思。总结反思之后，正确的就继续照做，不足的要不断修正。对身上的污点，看见一个擦掉一个，身上就会变得越来越干净。这要作为你们终身的功课，并且随时随地都可以做。比如你在一个场合说了一句话，说完后你都要反思在这个场合说这句话对不对、说这么多对不对、说多了还是说少了。这些都值得反思。

五是要终身学习。大家不要认为博士、硕士毕业了，就可以不学习了。实话说，在学校学习顶多是打基础，学会学习方法，养成学习习惯，况且还不一定都能养成好的学习习惯。所谓好的学习习惯，就是每天都要坚持学习、固定一个时间学习。我们的老行长王岐山同志，在建行时有一次和我们聊天说起，他每天睡前如果不看半个小时书，就睡不着觉。所以你看他在跟人谈判、答记者问时，信手拈来、妙语连珠，那得有多少知识作支撑。所以，你要想将来有所成，就要日积月累，每天每时学习，终身学习，要尽可能地多充电，把电充得足足的。

六是要珍惜时光。尤其是你们年轻人，精力旺盛，新知识一学就会，一定不能浪费时间。同样是24小时，每天其实都不一样，因为每天在标签上只能说是某年某月某日的24小时，过去一分钟就会少一分钟，今天和昨天不一样、和明天也不一样，时间过去了就是真没了。

七是要戒骄戒躁。这一点也是年轻人需要注意的。大家以后可能会在工作中做出很大成绩，比如一个创意为建行业务发展带来很大价值，因之有可能会飘飘然；而有时候领导布置的重要课题迟迟拿不出来，又可能会非常着急。这些都是不好的。骄兵必败，你们可能都知道马谡大意失街亭的故事，诸葛亮的整个大布局都被搞乱了。急躁也是不对的，人越急，越容易出乱子。现实中有许多鲜活的例子，有些人很聪明能干，业务能力很强，但迟迟用不起来，主要原因就是在戒骄戒躁上做得不好。

八是要加强自我约束，不要跑偏。做事不能跑偏。要按照规定来做，按照领导的要求来做。可能你做的也是对的，但不同时期有不同的重点，事情有轻重缓急。领导站在全局角度会考虑得比较全面，你站在自己的角度往往会比较窄。做人不能跑偏。做事先做人，如果人都做不好，我敢肯定做事也做不好，迟早是要摔跤的。修身是一门毕生要修的功课，这是个慢工，得一点一点来，关键是要有这个意识。有了意识，就能慢慢朝正确的标准靠拢，后面的事就自然而然了。这相当于等式的两边，等式左边是做人，等式右边是做事，做人做好了，等号右边的得数自然就得出了。这里要提醒大家，该做的事要做，不该做的坚决不能碰。这个社会充满各种诱惑，大家要有分辨是非的能力，要知道什么叫好，什么叫不好；什么该做，什么不该做。不该做的，一定不能做。

九是要有坚定的信念。要坚信每天的努力都不会白费，只要努力一定会有所作为，只不过是作为有多大的问题。你们都是研究生，又是名校出身，你们不行谁行？所以，一定要建立自信，有了自信以后，做事就会更加有胆量、有胆识。

若想有作为，必须得创新。可以说，只作为而不创新，难有大作为。这次中美贸易战，美国在中兴通讯事件上扇了中国一巴掌，把中国打醒了，让中国意识到一定要在技术创新方面做出大的努力，否则我们国家未来的发展总是被捏在别人手里。没有1999年南斯拉夫大使馆被炸，我们的军工发展不到今天；如果没有中兴通讯事件，我想就没有二十年后中国的技术进步。南斯拉夫大使馆被炸已经十九年，我们现在有些武器已领先于美国了。我相信二十年后，中国人民凭借勤劳勇敢智慧，肯定会在科技方面有更大的发展。

你们都是年轻人，思想非常活跃。你们也都知道，很多重大发明都是人们在二三十岁的时候完成的。为什么？因为年轻没有条条框框的限制。你们刚入建行，没有银行固有的痕迹，因此受限少。而时间长了以后，有时不自觉会逃不出条条框框，创新就会比较难。创新就是要有颠覆，如果总认为它是对的，你还能颠覆它吗？只有认为它不行，你才能搞新的东西出来。你们来自名校，有高学历，有很好的天赋资质，有这么高的智商，最适合创新。

什么叫创新？创新是指有别于常规的改进（一般的改进不算），或者是创造出新的做法、路径、模式等，并能带来好的预期效果。创新之后，预期效果不好，那还是没有用，形式和效果都要有才可以。比如，我们的“三大战略”，都有很好的预期效果。普惠金融是立竿见影，只要做了很快就能见效，因为利率相对较高。住房租赁蓝海战略未来前景也是不得了，而且通过这个战略还可以拉动很多其他业务。金融科技可以说是其他两个战略的助推器，没有金融科技，就没有普惠金融和蓝海战略。更何况它也直接给我们带来很大收益，比如南洋商业银行要进行系统改造，就是让我行来帮其建设（当然这是要收费的，而且还收很多），同业合作平台正在推动的已经有一千多家，未来收益了得。

创新是推动建行发展的不竭动力，创新就是在为建设银行的发展找出路。我们如果不创新，就不会发生质的飞跃。比如刚才说的宗教平台，真是大大超出我们的预料，不创新哪能有这么大的收获。物质世界是无限的，我们的创新也是无止境的。今天的先进可能变成明天的落后，唯有创新才能永远保持先进。说了这么多，就是提醒大家要有创新意识。你们今后在工作当中，不管是对制度、流程、产品，都要提出颠覆性的思考。

创新首要的是创意。比如，我们所在的这个会议室，在1998年总行大楼刚建成时是阶梯式的。后来，前任董事长王洪章说要改造成一个多功能会议室。怎么办呢？首先就是要有创意。围绕这个会议室，设想出六项功能，包括座谈会、新闻发布会、各式活动等，这就是创意。创意出来以后，交给设计，设计出来我们又从颜色、格调等各方面提出意见，最终变成今天这样。业务上也是一样，你得有创意，而创意来自个人主观能动性。发挥主观能动性在现实工作中非常重要，如果每个员工都能有主观能动性，那么建行就不得了了。实际上，从建设银行的角度看，我们存在着大量资源浪费，这个浪费指的是，没有更好地发挥每个人的主观能动性，大家的能量还没有完全调动起来。所以，在创新中发挥主观能动性非常重要。

创新需要寻求突破。突破也就是突破旧的定势，没有这一条，没办法创新。你一定要认为现存的不够好，一定要把旧的模式打破。

同时，创新中重要的一点就是要去实践，没有实践创新就没有价值。每年产品创新部都要进行创新评奖，其中有一条标准就是实践以后能够为建行带来多少收益，这很关键。

创新还有个非常重要的问题，就是容错。对于个人来说如此，对于单位更是如此。如果创新的结果不好，不要灰心丧气，作为单位，更应该包容、鼓励，否则就是扼杀创新。建设银行可以说是一个非常好的创新平台，这主要是因为我们有创新的文化氛围，长期以来都是领先于同业的。

目前，创新已经成为了建设银行发展的推进器。“三大战略”、各个条线的很多新做法都是创新，比如“智慧城市”“银行的银行”，以及对公撮合平台等。用不了多长时间，就能看到建设银行创新带来的巨大成效。可以说，创新才大有作为，就像 Excel 虽然只是一个小工具，但解决了 20 世纪八九十年代画表的巨大难题。其他诸如制度、流程、机制、方法、模式等，都可以有创新。不管今后在哪个部门、哪个岗位，都可以找到创新之处。

最后，祝大家立足本岗位，放眼于全行，积极作为，大胆创新，为中华民族的伟大复兴，为建设银行的蓬勃发展，也为实现个人的人生价值，不断地做出更大、更好的展现。

谢谢大家！

奋力推进资管业务健康快速发展

——在 2018 年资产管理业务工作会上的讲话

章更生

（2018 年 8 月 17 日）

我们这次会议的主要任务是学习贯彻全行夏季工作会精神，回顾过去一年多来资产管理业务工作，研究部署当前和今后一个时期资管业务转型发展。下面，我讲四个方面内容，供大家讨论。

一、2017 年以来的主要工作回顾

在总行党委、董事会、监事会和高管层的正确领导下，在相关条线的大力支持配合下，资管条线面对经济新常态、市场新变化和监管新要求，认真学习领会党的十九大精神，深入贯彻落实全行工作部署，聚焦“服务实体经济、防控金融风险、深化金融改革”三大任务，坚持“稳中求进、稳中求变、稳中求好”的指导思想，一手抓转型发展，一手抓精细管理，各项指标保持平稳较快健康发展态势，资管专业化能力和队伍建设取得长足进步，市场竞争力和价值贡献度显著提升。

（一）依托并服务三大战略，资管转型注入新动能

资产管理是“住房租赁、普惠金融、科技金融”三大战略的宣传者、实践者和受益者。我们做了大量工作，取得很大进展。

1. 住房租赁资管取得突破

基于资管业务的特点和优势，率先提出了“轻资本、重资产”的业务经营理念，印发了《中国建设银行租赁住房资管业务营销指引》，提出了“乾途安居”租赁住房资管品牌，明确了十余种租赁住房资管业务模式，发行了“安居宝”住房租赁特色理财。截至 2018 年 6 月末，北京分行、湖北分行、广东分行、深圳分行资管已累计投资住房租赁项目 45 亿元。

2. 普惠金融资管多点开花

始终以“为人民理财、为企业融资、为市场护航、为改革助力、为社会纳福”为己任，努力用资管的思维、方式、工具推动普惠资管向纵深发展。与国家电网合作“智惠理财”为其 800 万个对公客户提供预交电费免开户自动理财；发行并认购了“双创债”，帮助创新创业企业拓宽融资渠道；推出了“乾元—扶享”精准扶贫系列理财产品，支持贫困地区基础设施建设和小微企业融资。截至 2018 年 6 月末，天津分行、河北分行、吉林分行、上海分行、江苏分行、深圳分行、重庆分行、陕西分行等 8 家分行已发行扶贫理财产品 19 亿元。

3. 金融科技推动资管智能化

2017 年新一代资产管理业务系统成功上线并实现了全行推广，彻底结束了外租系统的历史，显著提升了资管业务的科技含量和管理水平；联合中科院等外部机构，深入研究人工智能等前沿科技在资管领域的应用，研发并试点了“乾元智投”；开展资管大数据分析，研究客户投资交易行为，2018 年开始向分行推送潜在客户名单，强化业务协同联动，精准营销做大客户在我行金融资产的总规模。

（二）规模和收入市场领先，资管发展经受新考验

2017 年是资管“严监管”年，监管机构对我行资管业务进行了多轮次、全覆盖检查，全行资管条线经受住了考验，实现了业务规模和收入高位稳定；2018 年是资管“强监管”年，《关于规范金融机构资产管理业务的指导意见》（以下简称“资管新规”）正式落地，资管产品正式开始缴纳增值税，

强监管和去杠杆效果叠加导致理财产品管理费率骤降52BPS，今年上半年全行资管条线再次经受住了前所未有的考验，保持住了市场地位。

1. 规模高位稳定在两万亿元以上

截至2017年末，全行资管业务时点规模20853亿元，全年日均规模20595亿元，日均规模较上年增长2459亿元，增幅13.6%。业务规模四大行占比27.6%，排名第二；截至2018年6月末，全行资管业务时点规模19486亿元，上半年日均规模21446亿元，日均规模较去年同期增长583亿元，增幅2.8%。业务规模四大行占比27.6%，排名第二。

2. 收入高速增长后进入平稳期

截至2017年末，全行资管业务实现拨备前收入199亿元，账面收入182亿元。在全行中间业务收入中的占比为14.7%，为全行第二大中收产品。业务收入四大行占比28.9%，排名第二；截至2018年6月末，全行资管业务收入55亿元，较去年同期下降46.6%。业务收入四大行占比24.7%，排名第二。

3. 合规与风控形势趋势稳健

全行资管条线一直坚持“正道经营，不走捷径”的合规理念，业务健康发展、风险有效管控，与监管部门建立了良好的沟通渠道和工作机制。银保监会、审计署、人民银行等外部监管机构先后进驻总行及全行，多次开展各类现场、非现场检查和专项治理工作。资管条线高度重视，充分调动分行积极性，边查边改，以查促改。从检查结果情况看，资管条线没有发生重大违规事项和风险案件，监管发现问题整改完成率较高，得到了监管部门的高度认可。2017年全行资管条线受到监管处罚金额为260万元，占全行处罚金额不足3%。2017年在总行部门合规管理主体责任评价中，资管中心综合得分97.1分。总、分行接受检查和内控评价结果充分表明，资管业务整体健康、主流合规、内控有效。

（三）支持服务实体经济，资产拓展探索新路径

银行理财是服务实体经济、为企业融资不可替代的重要力量。全行资管条线始终将有利于实体经济高质量发展作为资产拓展的方向和标准。

1. 支持企业直接融资，标准化资产占比不断提升

截至2017年末，全行管理资产总规模为21176亿元，其中标准化资产余额5823亿元，占比为27.5%。截至2018年6月末，全行管理资产总规模为19964亿元，其中标准化资产余额6037亿元，占比为30.2%，较年初增长214亿元。债券投资2490亿元，较年初增长95亿元，较去年同期增长251亿元，同时我行自行承销债券的配置力度进一步加强。

2. 与社融增量下降同步，高收益资产配置放缓

截至2017年末，全行高收益资产（非标准化债权类资产和未上市企业股权）余额11417亿元，占总资产余额53.9%。截至2018年6月末，全行高收益资产余额10754亿元，占总资产余额53.9%。但是，2018年上半年新配置高收益资产1094亿元，较去年同期下降67.9%。尤其是资管新规发布后的5月和6月，全行高收益资产投放规模下降了97.4%。对照社会融资规模增量5月、6月两个月，较去年同期分别下降28.4%和33.4%，一定程度从反面印证了理财融资、非标融资的重要性和加快高收益资产投放的紧迫性。

3. 积极探索“非标转标”，努力转化非标优势

2017年以来，在“非标转标”标准和流程尚不明确的情况下，资管条线不等不靠，成功探索出了银行业信贷资产登记流转中心转让、理财直接融资工具、北京金融资产交易所债权融资计划、银行间ABN、交易所ABS等多种非标转化方式。截至2018年6月末，已完成“非标转标”资产52亿元，储备超过500亿元。

4. 创新研发“投资通”，实现股权直接融资

2017年，为顺应企业客户需求变化，成功研发了“投资通”产品，创新了委托投资模式，解决了企业、项目资本金难题，为信贷类资金进入实体经济铺平了道路。截至2018年6月末，包含“投资通”在内的权益类资产规模4788亿元，较去年同期增长380亿元。

5. 开办“私募证券MOM投资”，开启大类资产配置

“私募证券MOM投资”实现了投资A股、港股等股票资产和开启与私募证券投资基金合作两大

重要突破，明确私募证券机构准入流程和标准，完成了两批共31家私募机构的准入流程，拉开了多资产、多策略组合配置转型的序幕。截至2018年6月末，北京分行、上海分行、浙江分行、广东分行、深圳分行5家试点分行投资余额18亿元。

6. 服务供给侧结构性改革，支持债转股项目落地

围绕“三去一降一补”的具体要求，提出了16种资管降杠杆方案；会同建信投资，为客户量身定制包含股债结合、表内外融资结合、资金结算等一揽子金融解决方案。截至2018年6月末，我行资管业务已经支持10余个债转股项目，规模合计接近800亿元，占全行债转股业务总规模的70%以上。

（四）推进集中经营管理，业务创新迈上新台阶

以贯彻落实资管新规为契机，有序推进了资管业务的集中经营和管理，各领域创新取得了重要进展。

1. 以产品创新提升总行经营集中度

完成了存量产品梳理和新产品体系规划，明确新产品原则上由总行集中经营管理的规则，通过控制存量产品规模、加快新产品推广等措施，不断提升总行集中经营产品规模的占比。截至2018年6月末，总行集中管理的产品规模为10184亿元，占比46.4%，较4月27日增加1.3个百分点。

2. 资管条线产品创新活跃

2017年，资管条线共完成产品创新153项，全行排名第一；总行产品创新部门综合考核排名第二；完成了“乾元—私享”私人银行客户专属理财产品等3项总行级战略性产品创新。

3. 净值型理财产品增长迅猛

资管新规发布后，各类净值型理财产品相继推出，主要包括“乾元—建行龙宝”“乾元—开芯纳财（乾元宝1号）”等按日开放、T+0申购赎回、实时确认的净值型类货基理财产品，投资于非标资产且期限不错配的“乾元—稳赢”“乾元—乐赢”系列净值型理财产品，保本理财替代类“乾元—安鑫（七天）”开放式、“乾元—安鑫享”封闭式净值型理财产品等。截至2018年6月末，全行净值型理财产品规模已增长至139亿元。

4. 跨机构销售撮合初见成效

规范了跨机构销售对公非保本定制理财产品的操作，统一管理、集中调配分行理财产品销售资金和资产，实现区域间资源共享。截至2018年6月末，成功撮合25笔、合计68亿元的跨行定制理财产品。

5. 全球资产管理中心挂牌运营

2018年2月1日，全球资产管理中心在中国香港挂牌成立，迈出我行资产管理业务国际化机构布局的重要一步。截至2018年6月末，全球资产管理中心境外资产管理规模145亿港元，境内配置海外资产规模35亿元。

6. 品牌影响力进一步提升

2017年，建行资管荣获上海证券报主办的第八届“金理财”年度资产管理TOP大奖和年度机构专属类理财产品卓越奖等多项大奖；2018年上半年，建行资管又摘取证券时报主办的年度中国银行理财品牌君鼎奖和年度中国稳健收益型银行理财产品君鼎奖等奖项。

（五）践行全行利益最大化，协同联动呈现新气象

资管是整个银行集团业务联动的重要枢纽，资管条线始终坚持以“全行利益最大化”作为业务协同决策的主要标准。

1. 对公协同满足客户融资需求

组建了对公理财销售团队，运用数据挖掘客户，加大与表内融资业务、债券承销、资产证券化等业务的协同，通过理财资金配置建行自行发行的RMBS、CLO等产品，有效满足客户表内外融资需求。

2. 对私协同统筹平衡存款理财

协同个人条线，共同推动强化客户全量资金考核导向，总行层面加强了理财产品销售的统筹协调，整体平衡存款和理财的发展，共同处理好存款考核和理财流动性风险防范的关系。

3. 总分协同调动分行主动性

继续加强“四位一体”资管体系建设，加快推进理财产品总行集中经营管理模式下，分行联动营销拓展和运营操作，巩固了建行资管体制机制优势。“北上广深”四大分中心专业定位、业务特色逐渐明确，总分联动更加紧密。

4. 母子联动做大集团资管

建行集团拥有除证券资管外的所有资管牌照，

各类资管子公司一直都是资管条线最重要、最亲近的合作伙伴。截至2018年6月末，资管条线和资管子公司的合作规模已达10042亿元，占资管子公司全部资管规模的29.4%，为子公司创造直接业务收入2.7亿元。

5. 跨行联动执行总行战略意图

2017年我行成功发行600亿元优先股，股息率4.75%，息差创市场新低，为我行节约了成本。资管条线前期认购过大量其他金融机构发行的资本工具，为他行积极认购我行优先股奠定了基础。

（六）党建和风控共同护航，形成银行资管新优势

越是复杂的经营形势，越是要加强党的领导，越是要守住风险这条生命线。

1. 党建工作务实有效

资管中心始终把党建工作与资管业务同部署、同推进、同考核，坚持以全面从严治党为主线，持续推进党建工作方式创新。

2. 风险资产率保持低位

截至2017年末，全行资管风险资产余额为57亿元，较2016年年末减少1亿元，降幅1.9%，风险资产率为0.27%；2018年，在市场环境出现较大变化的背景下，全行资管风险资产余额增加7亿元至64.4亿元，但是风险资产率仍然维持在0.32%的低位。

3. 风险抵补能力持续增强

截至2017年末，全行已计提各类风险准备金余额101亿元。截至2018年6月末，计提各类准备金余额98亿元，其中理财产品风险一般准备金余额53亿元，银行操作风险一般准备金余额45亿元，风险抵补能力较强。

4. 风险资产防范处置得力

坚持风险排查常态化，严控新暴露不良资产，加强对潜在风险资产的关注与化解，力求将风险消灭在萌芽状态。从2017年初至2018年6月末，资管条线累计处置回收风险资产11亿元，化解潜在风险资产78亿元，新增潜在风险资产金额较去年同期下降60.2%。

5. 全流程风控体系初见成效

2017年以来，资管条线建立了全流程风控体系，把牢投前、投中、投后关。投前，资管条线根据全行风险偏好、年度政策限额方案及相关信贷政策开展投资。投中，将资管业务的放款审核纳入全行放款中心，实现了风险隔离。投后，总行已要求并督促各分行健全风险管理长效机制，从日常风险排查、重大事项报告、到期管理等多个环节上防范信用风险。

回顾过去一年多的时间，全行资管条线克难攻坚、锐意进取，各项业务平稳有序、推陈出新，展现了优秀的应变能力、突出的业务韧性和良好的发展前景。这是总行党委正确领导，相关部门大力支持和全行上下团结拼搏的结果。在这里，我代表总行党委，向资管条线的全体员工表示诚挚的敬意！向关心和支持资管业务发展的总行各部门、相关条线和子公司表示衷心的感谢！

二、当前形势复杂多变，机遇多，挑战大

察势者智，驭势者赢。资管条线要有紧跟政策、贴近市场、靠近客户，经常性主动研究业务发展环境的意识，更要有独立、客观、辩证的分析判断能力。越是复杂的局面，越是要有坚定的信念、明确的目标、对路的打法。未来一段时间，银行资管将有可能面临更加复杂多变的外部环境，自身也将承载老产品整改、新产品突围、公司化改革、集团化协同等诸多命题，但是有两点是清晰的：机遇和挑战并存，过渡期就是决胜期。

（一）宏观形势稳中有变，服务实体经济政策更明

未来，世界经济政治形势更加错综复杂，中美贸易战存在进一步升级的风险。上半年国内经济虽然总体平稳，但出现了明显的局部不稳定，投资和消费明显下滑，外贸顺差逐渐收窄，金融市场剧烈波动。中央政治局会议已经明确下半年要保持经济平稳健康发展，坚持实施积极的财政政策和稳健的货币政策，做好稳就业、稳金融、稳外贸、稳外资、稳投资、稳预期工作，要把补短板作为当前深化供给侧结构性改革的重点任务，加大基础设施领域补短板的力度。但不管宏观经济环境如何变化，推动实体经济由高速增长转向高质量发展的步伐不会停滞，金融服务实体经济永远大有可为。资管条线要紧跟政策导向，抓住每一波资产拓展的机遇，不断提升市场敏锐性。

（二）统一监管格局明晰，力度、节奏、协调性更好

7月20日，人民银行发布了《关于进一步明确规范金融机构资产管理业务指导意见有关事项的通知》（以下简称《通知》），银保监会发布了《商业银行理财业务监督管理办法（征求意见稿）》（以下简称《理财细则》）。《通知》意在调整过去3个月资管新规政策过严、信号偏激的方面，明确执行中模糊的边界，纠正负面预期，强调支持实体经济、稳定金融市场和社会融资总量。《理财细则》基本延续了资管新规的精神，局部提出了更高要求，同时预留了较大的政策解释空间。

总体而言，防范化解金融风险、资管统一规制的基本格局已经形成，未来的看点是如何与服务实体经济更好地结合起来，如何把握好力度、节奏，如何协调好各项政策出台时机。不管监管政策未来走向如何，资管条线都要保持发展的定力，顺势而为，实现市场地位和竞争力稳中有升。

（三）建行集团资管规模大，整体协同潜力更大

根据资管新规定义，资产管理包括银行理财、信托、证券资管、基金、期货资管、保险资管、金融投资等。养老金虽不适用新规，但实质也从事资管业务。以上8类均为“资管”。截至2017年底，中国资管业务规模114万亿元，其中银行理财30万亿元，与表内资产规模（252万亿元）之比为12%，远低于美国2015年的98%，发展空间巨大。

建行集团拥有除证券资管外的所有资管牌照，包括银行理财、建信信托、建信基金、建信资本、建信保险资管、建信财险（资管团队）、建信期货资管、建信养老金、建信投资、全球资管中心（建银国际资管、建行证券）等10个资管机构都在从事资管业务。截至2018年6月末，建行集团资管规模为53680亿元，四大行第一。未来，建行集团统筹发展资管业务，整合协同全行资管资源，围绕建行构建资管联盟，研发运营“大资管家”系统，打造一流银行全能资管，发展潜力将会更大。

（四）理财公司化趋势渐明，转型升级动力更强

目前，监管部门正在制定“银行理财子公司管理办法”，商业银行也正在积极论证、筹备理财子公司。与总行直营中心运营模式相比，子公司化更加强调“募投管退”的体系性和完整性，需要改变完全依赖银行体系的理财销售和资产拓展模式，还要处理好新老产品、新旧资产、规范整改和创新转型等一系列关系。从长远看，设立理财子公司是迈向一流资管机构的必经之路，是培育形成市场化、专业化、差异化的投研、销售、运营和协同能力的动力之源，是顺应居民理财、机构投资趋势，推动建行高质量转型发展，引领中国资管行业的胜利之匙。虽然论证、筹备理财子公司的头绪很多，但是子公司化的过程以及子公司成立后，都将为资管业务转型升级提供强大动力。

在看到机遇和挑战的同时，我们还应清醒地看到资管业务发展中存在的问题。这些问题也是今后全行资管条线要认真思考、妥善安排、积极解决的重点内容。

一是对公理财规模大幅下降，对公理财产品覆盖度亟须提升。截至2018年6月末，全行对公理财余额4728亿元，较去年同期下降3116亿元，降幅39.7%，其中深圳、北京、广东、辽宁、苏州、江苏、上海、重庆、山东等9家分行下降超过150亿元，9家分行合计下降2711亿元，占全部降幅的87.1%。截至2018年6月末，我行已购买理财产品的对公客户总数为20227户，产品覆盖度不到1%。理财产品覆盖度过低，导致对公理财规模大幅波动，理财稳存吸存和作为存款蓄水池和引流渠的作用没有得到充分发挥。

二是高收益资产配置放缓，理财收入模式面临转型。截至2018年6月末，全行高收益资产余额10754亿元，占总资产余额53.9%，与年初持平。但是，2018年上半年新配置高收益资产1094亿元，较去年同期少配置2314亿元。此外，2018年上半年理财平均成本4.37%，较去年同期上涨12BPS，平均收益4.87%，较去年同期下降40BPS，理财产品管理费率从102BPS下降至50BPS。新的高收益资产必须加快拓展，存量资产结构要主动优化调整，增强资产组合对利率风险的抵抗能力，逐步将理财收入模式由“利差型”转向“管理型”。

三是部分业务存在短板，需要加快弥补。资

产配置主要集中在货币市场工具、债券、公募基金、非标、未上市公司权益等资产上，股票、海外资产等新资产尚处于起步阶段，资产组合配置的种类较少、能力较弱；理财产品以人民币、公募、固定收益类、预期收益型为主，外币理财，私募理财，权益类、混合类、商品类理财，净值型理财较少，急需建立更为完善的理财产品线；自主投资交易能力虽然已经取得显著进步，但是资管投研体系建设、投资交易人才培养、自主投资授权审批流程设计完善等仍任重道远。

三、资产管理转型发展的思路和目标

从现在到2020年，是建行资管转型发展的决胜期。全行资管业务转型发展的主要思路是：

深入学习贯彻习近平新时代中国特色社会主义思想，坚决落实金融“三大任务”，认真贯彻全行工作会和夏季工作会精神，切实推进“三大战略”，以“稳中求进”为主基调，以“勇于担当、敢于作为”为主旋律，以“创新发展、整改转型、提能增效、夯实基础”为主方向，在过渡期内完成市场化、专业化、公司化进程；构建新的资管体系和协同机制；培育数量充足、质量上乘、结构优异的资管人才队伍；搭建集团开放共享的资管平台；开发有辐射力和吸引力的新资管系统，建立有号召力的资管联盟；广泛引入金融科技，推进资管运营管理与风控智能化；全面强化市场领先的地位，实现市场第一的目标，率先完成银行理财资管2.0转型。

银行理财2.0转型2018年阶段性主要目标：

——依托并服务“三大战略”，加大推进力度、发挥独特作用，拓展不动产资产管理，启动研发“大资管家”系统，总结推广扶贫理财、小微融资证券化、投贷联支持双创等典型案例。三大战略领域投放资金不低于200亿元。

——加大高收益资产拓展和新资产、新策略、新模式创新力度，高收益资产规模不低于年初数，不超过监管红线。

——加大理财产品创新和销售力度，净值型理财产品规模达到2600亿元，老产品规模控制在4月27日规模内。理财产品规模力争四大行第一。

——加大合规风险防控和存量资产风险资产的处置化解力度，风险资产率控制在0.5%以下，要逐步将资管风险资产处置纳入到全行资产保全体系中，要按监管要求探索非标债权资产合规回表。

——建立完善的资管投资研究体系，总行要组建宏观策略研究团队，建立全行资管投资策略决策机制，制定大类资产季度、月度配置策略；要依托分行组建4—6个投研一体化团队，试行市场化考核激励，按照全行大类资产配置策略，逐步负责相应资产和策略的投资管理。

——组建资管对公营销团队，完善资管对公客户营销网络和分类管理，将拓展客户与抢抓场景、新建渠道相结合，着力提升资金募集能力和对公理财产品营销能力，逐步建立市场化的资管营销体系。

——推动建行集团统筹发展资产管理业务，整合协同全行资管资源，率先开启集团资管“体系型竞争”先河。

——建立资管业务自主集中交易体系，在集中管控交易风险原则下，依托分行组建全行交易室，充分发挥总分行优势，提升我行资管条线主动交易获利能力。

四、当前要着力抓好的重点工作

（一）坚定信念，做大做强资管规模

资管在服务实体经济，促进企业融资结构由间接融资转向直接融资，提高直接融资比重，促进多层次资本市场健康发展方面已经发挥了不可替代的积极作用。全行资管条线对资管新规要有准确的认识，执行好、运用好资管新规。

全行资管条线要形成三大共识：一是立志办成一流资管。人民的美好生活需要一流资管，一流银行集团同样需要一流资管；二是资管新规是超越的契机。资管新规利弊兼有，只要不忘为人民理财、为实体经济服务的初心，牢记防范风险、提升真正资管能力的使命，建行资管就有在任何市场环境下实现高质量发展的底气；三是要把过渡期看成是建行资管的决胜期，“赶超先进、打造特色”是建行资管永恒的目标和不变的责任。

（二）全力以赴，推进落实三大战略

“三大战略”为建行资管业务转型发展提供了历史性的机遇和舞台，住房租赁战略为资管开

辟了“不动产资产管理”的蓝海，普惠金融战略开辟了“场景理财”的蓝海，金融科技则开辟了集团“大资管家”的蓝海。全行资管条线必须依托“三大战略”，服务“三大战略”。

1. 做好住房租赁资管

租赁住房资管原本就是资产管理的“题中之意”，也是资产管理“回归本源”拓展“代客理财”内容的重要方向，更是发挥资产管理优势、助推租赁住房业务深化发展的重要力量。在产品端，要通过抢抓住房租赁场景，创新设计“功能型”理财产品，降低租房成本，减少房屋空置，消除租赁市场摩擦，引导建立长期租赁关系；在资产端，要勇于创新、综合运用理财融资的各种工具与手段，在有效管控风险的基础上，着力解决租赁房，尤其是长租房供给不足的社会痛点；要尽快研发推出“乾途安居——不动产资产管理方案”对接“存房”业务。

2. 做实普惠金融资管

在扶贫、涉农领域，要继续推广“乾元—扶享”理财产品，精准对接资金方和扶贫、助农需求；在小微服务领域，要加快推进国家电网800万家企业预交电费自动理财项目，抓住更多场景吸引更多客户到建行开户、将更多资金转移到建行；在双创服务领域，要针对双创企业不同发展阶段不同风险特征的融资需求，通过“场外理财投资+场内证券化退出”、投贷联动等多种方式，帮助优秀的双创企业起步、成长。

3. 做强金融科技资管

全球最大的资产管理公司贝莱德，其直接管理的资产规模已经突破6万亿美元。贝莱德不仅是一家著名的资管机构，还是一家卓越的金融科技公司，其自主运营的“阿拉丁”（Aladdin）平台，融销售、投研、交易、风控等功能于一体，不仅服务于贝莱德遍布全球的分支机构，而且还有偿提供给全球超过25000位交易员使用，他们管理的资产规模估算超过22万亿美元。建行资管要围绕资管产业链，向上游集成各类投资者，向下游集成各类管理人，横向集成会计、法律、托管等各类资管服务商，通过共享服务、能力分享和交易撮合，在建行身边聚集、构建形成大资管蓝色联盟；要研发自己的“阿拉丁”，按照“开放共享”的理念持续研发“大资管家”系统，服务和支撑建行集团资管和建行资管联盟，要让科技成为建行资管发展的强大动力和金字招牌；要适度超前布局，会同行内外金融科技机构，开展前沿金融科技研究，将金融科技的成果应用于资管领域的客户服务和投资管理。

（三）快补短板，增强资产配置能力

市场并不缺少投资者，缺少的是“好资产”。市场也不缺少“好资产”，缺少的是善于配置资产的“好资管机构”。

——续延高收益资产优势。《通知》鼓励金融机构以资管为载体，继续强化服务实体经济，着力解决当前实体经济融资难的问题，同时也为高收益资产拓展打开了“一扇门”。各行一要以高度的社会责任感和业务紧迫感，争分夺秒地组织开展非标资产等新资产的拓展，优先满足国家重点领域和重大工程建设续建项目以及中小微企业融资需求；二要结合上市公司投融资需求和业务特点，拓展上市公司权益类资产配置。

——加大标准资产配置力度。一要基于总行战略创新项目“多元化标准资产集中投资管理平台”，引入市场机构担任投研顾问，联动分行搭建全行债券自主投资交易平台；二要优化调整债券投资模式并印发相关制度办法，进一步强化投前、投中、投后的精细化管理，不断提升标准资产自主投资交易水平；三要完善结算价格和考核激励机制，加大全行优质标准资产拓展力度，着力推进配置型债券投资，切实支持实体经济；四要积极推进债券发行体名单制建设和投资限额管理，稳步推进交易型债券投资；五要按照“成熟一个、发展一个”原则，有条件给予分行交易型债券投资权限，形成全行体系化标准资产发展优势；六要建设南北两个标准资产投资交易中心，紧抓二级市场波段机会增厚收益，提升投资交易能力；七要结合我行债券承销优势，重点支持央企、地方国企发行的债券，特别是符合行内信贷政策的产业债券，优先配置超短融、短融、中票、公司债等公开发行的品种；八要加快配置证券公司收益凭证。

——稳步持续推进非标转标。一要紧盯转标配置和回表政策，积极探索非标转标、资产回表、提前到期、新发产品续接等转化存量非标资产的方式，并结合目前非标转标工作的推进效果、实当”的资管队伍；五要加大岗位交流和基层锻炼力度，不断提升担当能力和服务意识。

——加快资管队伍建设。要加快资管队伍建设，进一步充实资管业务人员，形成数量充足、质量优良、结构优异与业务规模相匹配的资管专业队伍力量，保障业务可持续健康发展。

——建设研究型总部。总行资管中心一要成为投研中心，建立全行资管投资策略决策机制，制定大类资产季度、月度配置策略，明确告诉全行投什么，怎么投；二要成为资产配置中心，强化宏观经济和配置模型研究，明确告诉分行什么时间投，投多少；三要成为产品研发中心，全行统一设计、统一开发、统一发行、统一品牌，明确告诉分行发什么理财，怎么发行；四要成为客户投融资行为分析中心，指导分行为什么样的客户提供什么样的资管服务；五要成为数据分析中心，为分行整合提供数据，帮助分行挖掘资管数据；六要依托分行组建4—6个投研一体化团队，试行市场化考核激励，按照全行大类资产配置策略，逐步负责相应资产和策略的投资管理。

——加强培训，服务基层。越是政策频发、越是创新活跃，越是需要加强资管条线各层级人员的培训。下半年，除例行培训外，总行还采取了四项额外措施加大培训力度：一是送培训下分行，积极参加分行主办的基层行培训班，统一思想，凝聚力量；二是主动向兄弟部门汇报，跨条线培训，解读新规，争取支持；三是针对重点创新业务、重点分行，安排人员到总行跟岗学习，边学习边操作，学成回行转培训、带队伍；四是完善“资管条线网络投研平台”，将总行的制度和分析材料、外部合作机构的投研报告等集中在平台上分享。

——整合协同全行资管资源。要顶层设计、科学规划建行集团资管业务发展，强化母行对各资管机构的业务指导和管理，建立集团统一的风控标准和流程，建设集团共享的业务系统和平台，提高集团资管与全行的业务协同能力和水平，提升集团资管的战略执行力和价值创造力。

——打造一流银行全能资管。要充分发挥大行资管优势，全面提升投研、销售、运营和协同四大核心能力，要由金融资产管理为主向不动产资产管理、无形资产管理等延伸，着力打造全市场、全客户、全流程、体系化的竞争力，成为资管行业的引领者。

同志们，建行理财资管2.0转型的号角已经吹响，建行资管转型发展的决胜期已经开启，统筹建行集团资管开展“体系型竞争”已经箭在弦上，让我们砥砺前行，推进建行资管业务高水平快速发展，让我们凝心聚力，谱写建行集团资管崭新的篇章！

推进普惠金融业务做快 做大 做好

——在2018年普惠金融浙江大学培训班暨普惠金融业务华东片区督导会上的讲话

章更生

（2018年9月）

近期，总行组织了一系列普惠金融座谈、调研、督导，了解掌握了一些情况，下面我针对普惠金融业务发展中存在的问题和工作方向与思路等，讲以下意见。

一、要切实将普惠金融这一伟大事业做实做好

普惠金融的重要性不言而喻，小微企业贡献了国家50%的财税收入、60%的GDP、70%的创新、80%的就业、90%的企业数量。同时，小微企业是大中型企业的上下游，对接大中型企业的产品和销售，如果没有小微企业，大企业的产品就会出现滞胀的情况，将对整个经济体系都会产生影响。经济有个结构问题，小微企业就是经济体系宝塔的最底层，如果整个经济基础不好，建设银行的业务发展也就失去了活力，这个关系大家一定要清楚。从这个角度上来说，我们要将普惠金融提升到全行的战略高度来谈它的重要性。战略高度意味着什么？一是不是权宜之计，既不可等待观望，更需要久久为功。二是要有一定的分量，即要做大业务量。三是全行都要践行，各部门、各条线必须坚决服从总行党委的战略部署。

从宏观经济形势看，当前尚存在一定的不确定性。尤其是中美贸易战，给众多出口加工企业、贸易企业带来很大影响，由于反应的滞后性，预计到年底开始这种影响会更加凸显，国家层面也适时出台了一系列办法来维护经济平稳。从这个角度讲，作为国有大行，我们理所应当在经济出现新情况时做出积极贡献。

从员工角度而言，做普惠金融业务是非常锻炼人的一项工作。总行要借助这个平台锻炼干部，培养人才。同时，这也是展示能力的练兵场和大舞台，每个人都是这项伟大事业的见证者和践行者。能够参与一件载入建行史册的大事，于我们每个人而言都是非常幸运的，所以大家一定要珍惜机遇，施展才华，体现人生价值。目前，建设银行普惠金融较同业而言做得很不错，业务打法也是正确的。所以大家要坚定不移地将这一伟大事业做实做好。

二、紧紧围绕“一个中心”

“一个中心”，即推进普惠金融战略实施，当前的主要工作目标就是，推进普惠金融业务“做快、做大、做好”。

经过全行共同努力，去年我们的普惠金融业务打了场漂亮仗，四大行唯一达到定向降准“二档”标准，释放2358亿元低成本资金，对于缓解上半年资金流动性紧张起到了很重要的作用。前不久，刘鹤副总理专门为普惠金融业务到我行调研，可以说，上至国务院，下到老百姓，都知道建行将普惠金融提升至战略高度，这些对我们的工作提出了更高要求。今年发展形势比去年好得多，因为我们的系统进一步优化，产品体系进一步丰富，所以达到人民银行降准“二档”标准是完全可以实现的。不仅如此，我们既然将其提升为全行战略，就需要迈开大步，勇往直前，坚定不移地做快、做大、做好普惠金融业务。

这“三做”我曾经在总行普惠金融发展委员会会议上讲过。在座的各位都是各分行的前线指

七、要坚持结果导向

对于问题，研究过了，想过措施了，也做了工作了，紧跟着问一句，做得怎么样？这就是结果问题。我们做工作，不能天天晒闪光点，关键要关注结果。顶层设计也好，风险防控也好，都要看最终的结果。要做到这一点，实际上很简单，不需要多高的智商，就是要有敬业精神，要用心做事，扎实工作，凡事多看一步。每一个细节、每一个环节都要抠得细，事情都是做出来的，不下工夫绝对不行。要用心分析，任何问题在分析面前都不是问题。要用心布置，布置不是随便说说，一定要考虑到基层怎样执行。要用心督导，做不好绝不能听之、任之、看之。要用心解难，只要用心，很多问题都能够解决。

八、提醒“注意两点”

一是要注意小微企业生命周期的风险。我们越是快速发展，越是要加强风险防控。中国小微企业平均生命周期只有2.9年，风险还是很高的。那么在选择客户时，就要注意优选寿命长的。我们通过大数据挖掘，借助税务、电力、自来水、煤气等平台数据，就是要实现数据化择优选客。要加强风险监测，系统与人工相结合，通过系统来运行，预警后及时进行人工处理。同时，要注意贷后风险防控。比如说，我前面讲到的用电，如果它是制造业，用电量下降，就是不好的信号。总行要将此作为一个课题，研究通过对生命周期的把握来防控风险，在企业还未倒下前我们就撤出来。

二是要注意小微企业套利问题。目前小微企业贷款是有利率上限要求的，低成本资金放款后的用途必须要进行监测。要防止贷款挪用到房地产、资本市场及其他地方，严格落实穿透管理。否则，后续有可能产生两种结果，要么出现资产质量问题，要么暴露政策风险问题。因此，不论从质量层面还是政策层面考虑，都需要加大贷款用途监测力度，维护良好的金融秩序。

九、加强对小微企业深耕细作

给大家布置一个课题，各位回去都要好好研究，就是小微企业深耕细作的问题。未来我们提倡做轻资产业务，又要争取丰厚收益，这就要求我们向客户提供更广泛的服务，在提供直接服务的同时，要尽可能多地提供间接服务，比如说撮合交易；要向客户提供超值服务，比如说风险预警。我们要通过大数据，为客户提供有价值的信息。如果真正能够做到这些，我们将为实体经济发展、防范系统性金融风险做出更多贡献。实际上可做的远远不止这些，我们可以用客户的资源来服务客户，多个客户信息组合起来服务另一客户，这些在过去很难做到，但在大数据时代是完全可以实现的，这些创新才是未来增收的有力武器。

十、打出气势，形成普惠文化

我们建设银行做普惠金融，已经是名声在外。既然是战略，就要把它做大。既然是战略，就要全行执行，而不是哪一个条线、哪一个层级的事情。我们已经具备了良好的基础，探索出了适合我们的发展模式，建立起了服务平台，制造出了若干工具，研发出了若干好的产品，制发了相关配套制度规定。我们建设银行也有善于打硬仗、打大仗的传统。因此，我们有N个理由，能够把普惠金融这一伟大事业做快、做大、做好。做事就是要有股劲儿、面临竞争对手、面对业务困难，绝不退却，行动要迅速，巧打加猛打，用平台、用工具，靠联合、靠借力，打出我们的气势！

最后，再强调一点，大家会后要用业绩说话，用数字说话。千条万条，做是第一条，做业绩是第一条。不做就没有业绩，不努力做就没有好业绩。我们要将业绩指标作为衡量战略执行力的关键标准。具体的工作措施，各行之间可相互交流取经。今年普惠金融1800亿元目标，是及格线、底线，要在确保质量的前提下，推进普惠金融业务做快、做大、做好。第三季度末，各行要确保完成全年计划的序时进度，全行普惠金融贷款新增要力争达到1400亿元。进度较慢的分行，务必高度重视，分析问题，推动解决，务求实效；重点分行要充分体现大行大作为，加强担当，尽可能多做贡献；对于阶段性完成计划的分行，要继续努力，力争多超计划。总之，有招法、有结果、有数字，才是良好执行力的体现。

谢谢大家！

在粤港澳大湾区合作发展座谈会上的讲话

章更生

（2018 年 12 月 5 日）

粤港澳大湾区上升为国家战略，既是为了解决粤港澳深化合作问题，更是推进全面深化改革，创新开放合作局面，提升国家参与全球合作、全球治理能力的重大探索。今天，我们召开粤港澳大湾区合作发展座谈会，就是要统一思想、达成共识，形成合力，助推大湾区的开发建设，推动实体经济高质量发展，协助国家谱写新时代改革开放的大文章。同时，抓住粤港澳大湾区建设的大机遇，加快建设银行在这里的发展。下面我讲几点意见。

一、充分理解发展粤港澳大湾区的重要意义

（一）粤港澳大湾区具有较好的区位优势

粤港澳大湾区形成的城市群，是我国开放程度最高、经济活力最强的区域之一，在全国经济社会发展和改革开放大局中具有重要战略地位。一是经济基础雄厚。粤港澳大湾区占地面积 5.6 万平方公里，人口接近 7000 万。2017 年 GDP 实现了 1.34 万亿美元，创造了全国 GDP 总量的 12.17%，超越纽约在全美 GDP 的占比。二是地理位置优越。这里是通往东南亚、南亚、中东、欧洲海上丝绸之路沿线国家的必经之地。因此，这里是人才、知识、技术等创新资源的密集活跃区域，创新土壤肥沃，发展潜力巨大。三是交通条件便利。这里拥有世界排名第三的深圳港、第五的香港港和第七的广州港，城市九纵三横的高速公路网、珠三角城际轻轨均正在建设完善，港珠澳大桥已正式通车运行，珠江口东西两岸将实现快速连接。四是具有良好的文化基础。香港澳门与珠三角九市文化同源、人缘相亲、地缘相接、习俗相通。近年来粤港澳合作不断深化，在基础设施建设、投资贸易往来，金融社会服务合作、科技教育交流、休闲旅游等领域，形成了多层次、全方位的合作格局。因此，建设粤港澳大湾区是新时代推动形成全面改革开放新格局的新尝试，也是推动新时期“一国两制”事业发展的新实践。

（二）粤港澳大湾区为中国经济高质量发展注入新动力

中国经济已由高速增长阶段转向高质量发展阶段，当前正处在转变发展方式、优化经济结构、转换增长动力的攻关期，党中央国务院积极应对，提出了“一带一路”、振兴东北、长江经济带、粤港澳大湾区以及自贸区等一系列重大战略，就是为我国的经济发展谋篇布局，探索更多的发展路径。粤港澳大湾区的建设，有利于贯彻落实新发展理念，深入推进供给侧结构性改革，加快培育发展新动能，实现创新驱动发展，为我国经济创新力和竞争力不断增强提供支撑。

（三）粤港澳大湾区为科技创新提供沃土

中美贸易摩擦不断，暂时我们可能受到一定影响，甚至会付出一点代价，但长远来看，这是对我们的鞭策与激励。比如，美国制裁中兴通讯，如果没有这次事件，也许我们觉得购买美国的高科技产品很好、很顺畅，没有危机意识，那么就会停滞不前。粤港澳在科技研发与产业创新方面具有天然优势，科技研发、转化能力突出，拥有一批在全国乃至全球具有重要影响力的高等学校、科研院所、高新技术企业等，使得大湾区具备较强的创新能力，可以说粤港澳是创新之地，创业之地。我相信，未来粤港澳大湾区一定会建成具

有全球影响力的科技创新中心。

（四）粤港澳大湾区是提升国际影响力的利器

放眼全球的湾区，纽约湾区是世界金融的核心中枢，是金融、证券、期货、保险及外贸机构的聚集地，其中心城市纽约的GDP产出占全美的10%，对外贸易周转额占全美的1/5，制造业产值占全美的1/3，世界500强企业中1/3以上的总部都设在了这里。旧金山湾区是世界上最重要的高科技研发中心之一，主要核心硅谷是世界上最重要的高科技研发中心，这里有全美第二多的世界五百强企业总部，包括谷歌、苹果、Facebook、特斯拉、甲骨文等。东京湾区连接了京滨、京叶两大工业带，占地面积是全国总面积的3.5%，聚集了日本1/3人口、2/3经济总量、3/4工业产值，是日本最大的工业城市群。因此湾区建设对于经济的拉动效益是非常重要的，而且建立国际领先的湾区，也是树立国家形象，扩大国际影响力的关键。粤港澳大湾区与世界三大湾区相比，具有地理位置的优越性、对外开放的引领性、经济增长极的带动性等共性特征。同时又具有地域面积广、产业链条全面完整、水陆空立体交通多样等独特的优势。未来粤港澳大湾区将根据自身发展优势并结合粤、港、澳三地区域特点，逐步打造成为国际一流湾区和世界级城市群，全面提升国际竞争能力。

二、建设银行要以积极的姿态支持大湾区建设

（一）履行国有大行社会责任

粤港澳大湾区建设是习近平总书记亲自谋划、亲自部署、亲自推动的国家战略，建设银行作为国有大型商业银行，助力国家建设奋进新时代、谱写国家和民族发展更加壮丽的新史诗是我们义不容辞的责任和义务，我们要发挥金融主力军、国家主力军的作用，这也是对国家、对社会在履行企业社会责任。

（二）寻找我行新的利润增长点

正如国家经济高质量发展一样，建设银行也面临深化转型、面临寻找新的利润增长点的问题。粤港澳大湾区对商业银行而言商机巨大，能够为建设银行的业务发展带来广阔空间，抓住机遇、乘势而上、顺势而为将是我们提升区域市场竞争力的有效手段。

（三）充分展现建设银行集团优势

服务好大湾区建设，不仅仅只是粤港澳地区几个机构的事情，是整个建行集团的事。建行每个机构、每个部门、每个人都要树立大局意识，要从全行战略层面上考虑问题，站在全行利益角度支持业务发展，充分整合利用集团资源支持湾区建设。

三、全力以赴支持粤港澳大湾区建设

（一）聚焦制高点，开阔视野

我们既要有历史的眼光、历史的担当，更要有超前的眼光、高点的定位；既要埋头拉车、又要抬头看路，既要巩固传统打法的优势，又要尽快建立适应发展要求的新打法。要以更高站位、更大格局、更积极的作用，奋力推动粤港澳大湾区国家发展战略的落地实施。

（二）聚焦重点领域，用好政策

后续国家会对粤港澳大湾区出台具体政策措施，我们要随时关注政策出台情况，抢抓商机，进一步突出重点，优化服务渠道、产品和模式，争当粤港澳大湾区的主力银行、领军银行。

（三）聚焦薄弱环节，大胆创新

打造国际科技创新中心是粤港澳大湾区的核心目标之一，同时大湾区的金融竞争也进入了创新密集时代。只有具备更强的创新力、影响力和核心竞争力，才能立于市场竞争不败之地。各机构既要确保总行的“规定动作”落实到位，又要主动作为，因地制宜探索富有特色的创新举措。

（四）聚焦优势，积极推进

在具体推进工作中要做到“三个统一”与“三个共享”。

一是“三个统一”。统一构思，实现设计统一、有章可循，制度统一、有据可查。各分行要协同作战，不能再各自为营。统一标准，实现全行策略统一、步调一致。总行相关部门要统一业务发展逻辑、统一审批、统一风险偏好、统一风控，有效调动全行的积极性。统一部署，实现制度统一部署、操作统一落地执行。各分行要围绕重大政策措施，加快推出配套政策资源，确保总

行重大决策部署落地实施。

二是“三个共享”。信息共享，做业务的前提就是抓住信息源头，大湾区建设已经全面铺开，机会稍纵即逝，要建立信息共享机制，从源头获取项目清单和关键信息，通过总分联动、境内外联动等方式，不断拓展客户和业务基础。资源共享，集中人才，实现人才互通，要改变由单一机构推进业务发展模式，加快建立多机构支持、多部门参与、联动发展、资源共享的机制。立足地方经济的独特优势，集中发力，实现捆绑发展。利益共享，财会部门要抓好业务统筹，特别是在利益分行方面要把工作做得更细一点，为联动发展提供机制保障。“小精明”不如“大智慧”。智慧称为“大”，是因为凡事大处着眼、长远着想，多为别人做贡献。精明称为“小”，是因为小得小失、小谋小算，最终得不偿失。

（五）聚焦长远，转变思路

我们要转变思考问题的方式方法。既要看到眼前，更要看到未来。要有“功成不必在我”的心态，功在当代、利在千秋。

一是集大成谋长远。不谋全局者不足谋一域。农民收获稻子，经历了选种、秧田准备、育种、插秧、施肥、割草等流程，才能在秋季收获水稻。我们要善于用新视角分析问题、用新观念谋划工作、用新举措推进改革，面对新情况新问题，要积极开动脑筋、研究对策，平衡好长远与当前、整体与局部、普遍与个体的关系，在创造性开展工作上多下工夫。

二是算大账看长远。大家在做业务的时候，不能只看直接收益，也要看间接收益，要综合算账。有关部门在制定资源分配和考核激励政策的时候，要综合考虑直接收益及间接收益、近期收益及长远收益，要根据客户综合贡献整体算账，提高协同积极性；否则，如只算眼前账，好多长远看该做的事就做不成。

三是重创新立长远。大湾区地处我国改革开放前沿阵地，是创新发展的重要源泉，客户需求瞬息万变，同业竞争日益激烈，需要我们不断强化创新。大家不要总想着突破国家政策和监管制度，而要在符合规定的前提下积极创新，特别是对于我们内部不科学、不合理，难以快速应对市场变化的产品和规章制度，要按照一定的流程、一定的形式、一定的方式及时更新修订，满足客户需求变化，把握市场发展机遇。

四是观大局利长远。要树立大局意识和全局观念，特别是事关每个建行人切身利益的问题、事关建行未来发展方向的问题，更要做好打长期性、系统性、基础性工作的准备。要以“等不起”的紧迫感、“慢不得”的危机感、“坐不住”的责任感，不断推动建设银行实现价值最大化。

四、密切关注大湾区重点领域的发展机遇

围绕粤港澳大湾区建设国际科技创新中心、加快基础设施互联互通、促进要素便捷高效流动、培育国际合作新优势、加快推进重大平台建设、共建宜居宜业宜游优质生活圈等定位和发展规划，积极抢抓以下十个重点领域机遇。

（一）支持基础设施建设

粤港澳大湾区规模庞大的基础设施建设将会带来巨大的基建融资需求，基础设施是我行的传统优势领域，是我们的看家本领，支持大湾区的建设我们义不容辞。要关注香港机场和第三跑道建设，澳门、广州、深圳等机场改扩建项目。关注赣州至深圳，广州至汕尾，深圳至茂名，岑溪至罗定等铁路项目。关注沈海高速和京港澳高速等国家高速公路的改造，以及连通内地与港澳以及珠江口东西两岸的高速公路、城际铁路等项目。关注湾区内电子信息技术、物联网技术及高端软件开发等相关龙头企业。关注广东对香港、澳门输电网络，供气管道、管网等建设项目。

（二）支持高新科技型企业发展

粤港澳大湾区地处我国沿海开放前沿，是人才、知识、技术等创新资源的密集活跃区域，创新土壤肥沃，发展潜力巨大。要关注智能装备制造、汽车、石化、家用电器、电子信息等优势产业，以及制造业绿色改造升级，积极助推大湾区成为具有国际竞争力的先进制造业基地。关注香港、澳门、广州、深圳等中心城市在新一代信息技术、生物医药、新材料、智能机器人、新能源汽车等战略新兴产业的发展。加大投贷联动创新力度，为科技型企业提供全方位的综合金融服务。

（三）支持产业园和园区建设

产业园区作为对外开放、招商引资、管理创

新的重要载体，是促进产业集聚的重要平台，是粤港澳大湾区区域经济发展的重要助推器。关注广州南沙粤港澳全面合作示范区、南沙建设粤港产业深度合作园、粤澳合作葡语国家产业园。关注珠海横琴粤港澳深度合作示范区。关注横琴与珠海保税区洪湾片区联动发展，建设粤港澳物流园、粤澳合作中医药科技产业园、横琴澳门青年创业谷和粤澳合作产业园等重大合作项目建设。关注珠三角九市与港澳共建各类合作园区。

（四）深挖大型优质客户的业务

根据2018年《财富》杂志公布的世界500强企业，20家扎根粤港澳大湾区的企业登顶世界500强，彰显了大湾区经济巨大能量。此外，大湾区还聚集了大量具有创新能力的排头兵企业，如比亚迪作为国内自主品牌，品牌知名度、市场销量和新能源技术都值得称赞，客车也畅销国际市场。要顺应大湾区高质量的发展趋势，围绕专业市场、核心企业产业链及成熟商圈，深挖、优选客户群，力争拓展一批“独角兽”企业。

（五）助力中小企业“湾”道超车

建设好粤港澳大湾区是国家战略，更是广大中小企业在新经济环境下转型发展的巨大机遇。普惠金融在大湾区具有广阔的空间，深圳分行、广东分行普惠金融业务开展得很好，要继续发掘中小企业潜力。关注大湾区内中小、小微型高新技术企业，在符合国家创新驱动战略等政策前提下，全力支持民营、小微企业的发展成长，助力小微企业解决发展难题，让政策的红利落地开花，打通金融活水流向小微企业的“最后一公里”。

（六）助力居民家庭实现安居梦

我行提出“金融科技、住房租赁和普惠金融”三大战略，既是国有大行社会责任的体现，也是新时代背景下业务转型发展的方向，大湾区的建设正是对三大战略的有效实践。广东、深圳地区是我行开展租赁蓝海业务的先行者，未来可以借鉴广东和深圳的经验，结合大湾区住房租赁市场的特点，创新推出一揽子综合解决方案，助力营造大湾区内城市群宜业宜居的环境，更好地服务港澳居民跨境工作生活。

（七）全力推动大资管业务发展

随着粤港澳大湾区的产业结构升级，大湾区将成为全球高端产业和富有人群的聚居地，爆发大量的资产管理和投资需求。要围绕资金流做业务，特别要做大资管业务。我们的资管公司注册在深圳，就是要根据市场变化，加快关键产品和服务创新，要以翻江倒海之势把大资管业务尽快做好。资管公司正式成立后，要切实提高市场竞争力，着力打造专业化的投研体系，要以劈天盖地之势把大资管业务尽快做强。

（八）支持“走出去”和“引进来”企业

随着建设开放型经济新体制和“一带一路”等重大战略深入推进，大湾区将有越来越多的中国企业“走出去”和跨国公司“引进来”。我们要统筹考虑国际国内两个大局、两个市场、两种资源、两类规则，重点营销中资企业客户、本地优质客户、跨国公司企业客户，不断提升全球金融服务能力，把联动发展与融入当地、融入主流结合起来，客户走到哪里、服务跟到哪里。

（九）支持自贸区建设

广东自贸区的定位之一是粤港澳深度合作示范区，在深化三地合作、打造与国际接轨的营商环境方面已经积累了不少经验，将对大湾区建设发挥辐射和引领作用。要抓住资本市场开放、互联互通机遇，用好自贸区的政策红利，依托境外内机构优势，抢抓商机，加强产品创新和客户营销，大力支持自贸区、自由贸易港战略实施，并在全行进行复制和推广。

（十）深入推进教育工程建设

粤港澳大湾区企业多、高校多、人才多。为深入贯彻落实习近平总书记关于建设教育强国、深化产教融合、加快发展现代职业教育的重要指示精神，总行已成立建行大学。要充分发挥我行金融实践经验丰富优势，利用好建行大学校区、网络学院、与高校合作办学等多种线上、线下渠道形式，探索建立企业共享教育平台，构建企业批量化获客营销新模式，实现双赢多赢。

五、切实做好区域协同联动的工作要求

（一）加强业务联动，形成合力

联动作用巨大，通过联动我们可以实现建设银行的利益最大化，这也是我们的优秀文化所在，也是一个单位、一个企业的竞争力所在。一是各分行、子公司要采取集团军式的作战方式，加强

日常工作中的联系，联合开展业务创新、客户营销拓展，要共享客户、项目资源，及时沟通，形成业务发展合力，发挥协同作战的巨大潜力，这也是我们本次召开会议的主要目的。二是总行各部门间要做好业务联动，打破传统的考核思维，加强信息互通，业务部门冲锋陷阵，审批部门做好政策保障、绿色通道等工作，为具体业务的落地提供支持，技术部门做好系统支持和保障工作。目前总行有关部门在这些方面转变了观念，还是不错的，但是还有很大潜力。

（二）加强模式创新，推动转型

粤港澳大湾区作为创新之地，区域内的企业、政府等在金融需求及服务模式上都将会有很大的变化，因此大家不能一直拘泥于传统的思想和服务方式，要推动转型、加快创新。各部门、各机构要勇于打破传统落后流程，在合法合规的前提下，积极探索新的办法、新的流程、新的制度等，积极适应市场变化。

（三）加强信息捕捉，及时传递

当今社会，信息的捕捉非常重要，及时捕捉商机并有效传递是我们做好业务、做好协同的前提。同业竞争这么激烈，谁先营销、先取得进展，其他同业就很被动了，有些商机稍纵即逝，信息得到晚一点，客户、业务可能就流失了，所以信息要早挖掘、早传递、早处理。如果因为某些原因自身无法开展业务，要及时共享信息，把信息提供给兄弟行、子公司。

（四）运用金融科技，提升效率

我们成立金融科技公司，就是希望以金融科技为支撑，深化金融科技应用，运用金融科技的力量，依托智能平台的建设，与各类用户、各种场景深入连接，多方融入，共享交互。将平台服务渗透到企业生产经营管理等各个环节，“网”住客户、数据和资源。

（五）加强组织协调，做好服务

为切实推动粤港澳大湾区业务发展，后续会成立粤港澳大湾区合作发展委员会，决策和领导大湾区协同合作重大事项，委员会下设立办公室，尽量靠前指挥，做好信息共享、项目推进、风险联防等具体协同联动工作。此外，粤港澳大湾区的联动不局限于湾区分行，比如企业总部在北京、在上海、在武汉，那要与相关分行做好联动协调。希望各部门、各机构紧密协同、相互配合、积极发挥作用，把区域联动工作做好、做实。

同志们，作为金融从业者，能够深度参与粤港澳大湾区的建设和发展，是这个时代赋予我们的光荣使命，应倍感自豪与骄傲。百舸争流、时不我待，让我们紧握奋斗之桨，高扬奋斗之帆，为将粤港澳大湾区打造成可以媲美纽约湾区、旧金山湾区和东京湾区的国际级城市群而努力奋斗！为巩固和提高我行在粤港澳大湾区的市场综合竞争能力和价值创造水平做出更大贡献！

谢谢大家！

在第一届“建行青年说”青年论坛暨表彰先进活动上的讲话

黄　毅

（2018 年 5 月 11 日）

在座的同志们、全行的青年朋友们：

大家下午好！

今天很高兴与大家共聚一堂，畅谈建设银行战略转型的三大课题——住房租赁、普惠金融和金融科技，对先进青年和集体进行表彰。在此，我代表国立董事长、总行党委向荣获第十二届“中国建设银行十大杰出青年”以及各级“青年五四奖章”“优秀共青团员”“优秀共青团干部”“五四红旗团委（支部）”的员工和集体表示热烈的祝贺！向一直关心支持我们工作的中央和国家机关团工委、中央金融团工委表示衷心的感谢！

习近平总书记 5 月 2 日在与北京大学师生座谈会上说，青年是同新时代共同前进的一代，拥有广阔发展空间，也承载着伟大时代使命。青年要忠于祖国，忠于人民；要立鸿鹄志，做奋斗者；要求真学问，练真本领；要知行合一，做实干家。这是我们尤其是广大青年今后很长一段时间工作和学习的指导原则。田国立董事长在“五四致全行年轻同事的信”中也热情洋溢地指出，青年永远是建行的未来和希望，广大建行青年要将自身成长成才与服务社会、破解社会难点痛点问题紧密结合起来，唯其如此，才能使建行发展和个人成长之路越走越宽。建行的美好未来、青年的美好人生，都是一步一个脚印实干出来的。新时代的建行青年要倍加自信地站出来，勇做时代的弄潮儿。这些都是习近平总书记以及总行领导对青年的深情厚爱、谆谆教诲，希望大家认真学习和领会。

近年来，建设银行在“五四”前后都会组织开展青年活动。我一直强调，我们的活动每年都要有些不一样，不仅要按照共青团中央、中央金融团工委等上级团组织的要求，还要结合我们自身的工作需求，在形式上和内容上都要有所创新，都要有我们建设银行自己的特点。今天这个活动组织得很好，在形式上，搭建了全行青年对话交流、共谋发展的平台，为行领导提供了与基层一线优秀青年面对面交流的机会；在内容上，大家结合我行发展三大课题和自身工作实际，提出了不少有价值的好建议、新点子。总行党委非常重视和珍惜每一次与大家的近距离对话，在以往几年的青年活动中，我也跟青年朋友们交流过，虽然在现实中“没有永远的老师”，但是我作为青年的朋友，在此还是要跟大家谈谈想法，不是工作指示，仅是交流，希望能够与大家互相有所启发。

一、在新时代要坚定理想信念

这个时代注定是人类历史上浓墨重彩的时代，建行人已经踏上了新的征程。新的时代、新的征程需要我们坚定理想信念，认清肩上使命。对于年轻人，你们在工作岗位上还要奋斗三四十年，你们更需要有理想。而且，你们的理想一定要与党和国家团结带领全国各族人民为实现伟大复兴中国梦的奋斗征程紧密结合起来，“得其大者可以兼其小”，只有把个人理想融入国家发展大局，才能实现个人的理想抱负。

今年是迈进新时代、全面贯彻党的十九大精神的开局之年。学习领会、准确把握、贯彻落实党的十九大精神将是我们未来很长一段时间的重要任务。党的十九大的主题是什么？不忘初心，牢记使命。初心和使命是什么？就是为人民谋幸福，为民族谋复兴。党的十九大对未来做出了科学的规划和安排，第一个阶段是到2035年，在全面建成小康社会的基础上，基本实现社会主义现代化；第二个阶段，要在本世纪中叶把我国建成富强民主文明和谐美丽的社会主义现代化强国。本世纪中叶正是在座很多年轻人退休的时间，要实现上面的目标，主要靠年轻人，主要靠你们。我们要在为人民谋幸福的过程中，也找到自己的幸福感，要实现自己的价值。

对于建设银行，要成为新时代党执政兴国的金融重器，成为社会主义建设的金融主力军，成为社会主义核心价值观的倡导者，这是我们的使命和责任。从去年以来，建设银行制定了自己的战略蓝图并在全行上下达成一致共识，刚才我们就对其中的三个重要课题进行了讨论。支撑、支持这几个战略课题，还需要我们的战略研究。总行近期成立了研究院，后面也会配套建立机制，一方面为全行年轻人积极加入研究工作提供平台，另一方面为建行改革发展提供智力支持，打造有市场影响力的高端智库。在很早之前，我们决策事情可以拍拍脑袋、拍拍桌子，现在我们已经是国际化的大型商业银行，有着20多万亿元资产，有三十几家海外机构，有十几家子公司，有很多转型发展中的重要问题，不能仅靠少数几个人的有限经验和知识做出决策。比如，我们的普惠金融目前已经找到了一些方法，研究出了几大类、十几种产品，我们也成立了金融科技公司，我想，这些都只是开始，还有很多工作值得青年去研究、去努力。希望青年朋友心中有理想、手上有蓝图，在民族复兴、建行发展中找到自己发挥作用的点，在发展大局中找准自己增光添彩的位置。

二、在工作实践中坚持学习

我从参加工作至今，走过不少单位。在这些单位里，包括我们建设银行，在研究、创新方面取得了一定成绩的年轻人，都有永葆好奇心求知欲、热爱学习、坚持学习的特点。他们之所以能够勤于思考，勇于挑战体制，善于挑战不合理，都是靠学习得来的。学习虽然是一件很辛苦的事情，但是如果把学习作为一生的习惯，一定会终生受益。建设银行的青年要加强学习、坚持学习。

今年，全球经济有望继续复苏，宏观经济运行稳中向好。但经济环境更加复杂，如美国贸易战就增加了经济金融的挑战和风险因素，同时，监管政策趋严、外部风险传染危险性更大、资本供需矛盾增加、资金刚性约束增强等现实情况已经摆在我们面前，如果不学习，就跟不上时代的步伐，就无法把握现代化经济体系建设对商业银行提出的新任务新要求。

古人说，读书是“为天地立心，为生民立命，为往圣继绝学，为万世开太平”。这既是读书人的一种责任，也能体现出读书学习的一种勇敢和担当。我们读书学习，提高了知识和能力，就要敢于挑战各种矛盾，处理各种问题。当下是信息化的社会，是一个不应该有权威的社会。我们更需要培养独立思考的习惯，提高独立思考的能力，在面对尖锐矛盾和问题的时候，要在独立思考的基础上，梳理、提炼出自己的想法，能够提出解决问题的方案。

青年人要潜下心去，认真学习各种知识、理论和观点，练就过硬的本领。同时，一定要珍惜光阴、抓紧时间去学习，不要因为年轻就对学习懈怠，要以时不我待、只争朝夕的状态去学习，在实践中学习，在学习中实践。

三、在努力奋斗中开拓创新

这是一个大变化大创新的时代，如何抓住机遇、实现高质量发展，既要弘扬建设银行六十多年的优良传统，也需要进一步开拓创新。建设银行作为一个青年占比超过半数的国际化金融机构，我们的创新活力怎么体现，就是看年轻人的创新能力。

我们青年的创新能力从哪里来？除了开展“金点子”大赛等创新活动，还要勇于对现有体制、运行机制，尤其是长期以来貌似天经地义的粗犷的体制机制问题，提出一些改进建议。我们三年前提出了转型发展规划，经过探索实践，目前遇到了不少问题。我们不能只盯着转型的目标、蓝图和任务，我们还要认真研究原有的考核、授权、资源分配等机制，分析这些体制机制是否跟我们的战略目标和任务有配套的变化，能否适应转型蓝图的需要。发现问题只是第一步，还要努力拿出解决问题的方法和方案。此外，我们可以思考和参与的事情还有很多，比如从国家层面看，服务实体经济、支持产业转型升级、助力民生领域发展、破解社会难点痛点问题需要我们重点研究；从建行层面看，提高资产质量、抓好风险管控、打造自身特色、优化提升服务等问题也需要我们不断思考。青年人要结合工作实际和业务专长，主动聚焦金融领域新技术、新产业、新业态、新模式，乃至国家宏观环境和经济政策，发挥聪明才智开展前瞻性的研究和创新。同时，在推进创新中，要注重与工作实践的紧密结合，要分析创新对市场的影响，并通过申请专利等科学的方式巩固创新成果，把研究和创新始终如一地贯彻和坚持下去。

正所谓"苟日新，日日新，又日新"，生活永远是将更多机遇留给勇于和善于创新的人们。希望年轻同事有主动发现问题、创新解决问题的意识，有逢山开路、遇河架桥的意志和方法，不断提高自身的创新能力，不断提供新的思想、新的创意、新的路径。

四、在复杂环境中处理好各种关系

当前，伴随着改革和发展的不断深入，我国正处在战略机遇期和矛盾凸显期，发展与困难同在，挑战与机遇并存。哲学里讲，矛盾总是存在的。毛主席也说矛盾是"无处不在、无时不有"的。广大青年在生活和工作中面临着各种各样实际的困难和问题，如住房、子女养育教育等。但是，我们也相信，办法永远比困难多，每一代人都有每一代人解决问题的办法。如何在复杂环境中找到解决这些问题的好办法是我们需要关注的，谁找到了高明的办法，能够处理好、平衡好各种关系，谁就可能会成为大家学习的典范。

现实生活中，物质条件优越的毕竟是少数。对于大多数家庭，父母能够提供的帮助是有限的，甚至在为数不少的家庭，父母可能无法提供任何帮助。现实之所以是现实，因为它不理想，理想之所以是理想，因为它不现实。所以，我们要正确看待我们在生活中遇到的这些现实情况和问题。在实际工作中，我们要认识到，银行很多工作都是重复性的，不能因为建行是大型商业银行，就认为我们的工作就是天天与大企业、大客户签大合同，这些大场面会有，但它不代表我们工作的全部。"九层之台，起于垒土"，更多的是日复一日的默默奉献，涓涓细水，汇聚成流。正是这些细节和重复保证了一切创新的成功，磨炼了我们的品行，提升了价值高度。此外，大家要记住，条件越是艰苦的地方越能锻炼人，处理的问题越复杂越能长才干，市场竞争越激烈越能有收获。大家要趁年轻多经历、多体验、多挑战，多经历一点摔打、挫折、考验，历练宠辱不惊的胸怀、百折不挠的意志、乐观向上的精神、敢为人先的勇气。

除了眼前的个人现实问题，我们还要看到宏观环境中的大问题。清代末期名臣李鸿章曾上书朝廷"此乃两千年之大变局也"。其实，我们今天面临的国际形势更加严峻。比如，最近我们在讨论中美贸易战，为什么要用"战"这个字眼？李鸿章所处的时代都是有形的战争，他面临的是坚船利炮。对于我们，面临的不仅是航空母舰，还有经济和金融的战争。而且，中美贸易战只是现象，不是本质，中美在金融方面的竞争未来可能还会持续很长一段时间。我们国家经过几十年的改革开放和艰苦奋斗，取得了很多成果，但是，我们也要清醒地看到，我们在很多方面尤其是基础层面依然存在差距。20世纪美国就实现了国家经济转型，把高耗能、重污染的产业转移到了发展中国家，发展重点转向金融业和服务业，在知识产权等方面也加强壁垒和保护。有人打过一个比方，美国现在是把脑袋放在自己本土，把身体放到全世界。我记得，20世纪80年代，我和几位同仁合作著书，并在此基础上开始申请专利，逐步争取知识产权保护。可以发现，我们起步是比较晚的。我们要认清这些问题的本质，增强使命感、责任感和紧迫感。年轻人虽然在实际生活中面临很多困难，但是，更要看到国家面临的更严峻的挑战，我们要把自己的奋斗跟国家的前途命运联系起来，思考重大问题，在思考中提升自己，在奋斗中实现自身价值。

今天参加活动的有不少是团干部。今年是建设银行团委成立20周年。20年来，各级团青组织在围绕中心服务大局、凝聚青年创先争优、关爱青年成长成才等方面发挥了重要作用。今后，团青组织要继续发扬"党有号召、团有行动"的光荣传统，弘扬"爱国、进步、民主、科学"的精神，在建设银行发展大局中更好地发挥作用。

青年朋友们，"士不可以不弘毅，任重而道

远”，建行的发展，国家的前途，民族的命运，是你们必将担负的责任。“芳林新叶催陈叶，流水前波让后波”，青年是新时代的追梦者和圆梦人，生逢其时，重任在肩，我们会努力为大家创造更广阔更美好的舞台和干事创业的机会。希望青年朋友们志存高远，努力奋斗，在时代进步中追逐青春梦想，在建行发展中书写精彩人生，不忘初心跟党走，弄潮儿向涛头立！

强化党建引领 激发组织活力 团结带领广大职工在新时代建行发展中再立新功

——在第四届职工代表大会第三次会议上的报告

黄 毅

（2018 年 5 月 16 日）

各位代表、同志们：

根据大会议程安排，现在我向本次大会作全行工会工作报告，请予审议。

一、一年来的工作回顾

过去的一年，全行各级工会组织在上级工会和总行党委的正确领导下，以迎接党的十九大召开和学习宣传贯彻十九大精神为主线，深入学习习近平新时代中国特色社会主义思想，坚持以服务中心和服务员工为根本出发点，在团结职工群众、深化员工关爱、夯实基层基础、推进改革创新等方面加大工作力度，各项工作取得了新的进展和成效，得到了广大职工的认可和拥护。

（一）着力加强思想引领，团结和带领职工坚定不移听党话跟党走

一年来，全行各级工会组织始终把迎接党的十九大召开和学习十九大精神作为首要政治任务，引导广大职工更加紧密地团结在以习近平同志为核心的党中央周围，确保党的十九大精神在广大职工中落地生根。一是营造喜迎十九大良好氛围。总行工会在全行职工中深入开展了“喜迎十九大·转型建新功”主题活动，把“抓学习、强技能、树楷模、创佳绩”作为活动主要内容，号召全行职工以良好精神风貌和优异工作业绩迎接党的十九大胜利召开。二是以上率下迅速掀起学习热潮。党的十九大召开后，总行工会迅速行动起来，邀请知名专家为一级分行工会主席、副主席进行十九大精神专题现场辅导，各级工会也纷纷采取主题宣讲、专题研讨、座谈交流等多种形式开展学习，坚持把学习贯彻党的十九大精神作为第一堂党课、第一堂政治必修课，切实在学懂弄通做实上下工夫，积极引导广大工会干部用习近平新时代中国特色社会主义思想武装头脑、指导实践、推动工作。三是面向职工深入开展主题宣传教育。总行工会积极部署开展“奋进新时代·增彩建行蓝”主题活动，各级工会也分别结合实际制订学习宣传贯彻十九大精神专项工作方案，引导全行职工不断坚定理想信念、筑牢思想根基、凝聚奋斗共识，以新时代的新作为推动建行事业新发展。

（二）大力弘扬工匠精神，引导职工展现劳动风采、实现岗位建功

一年来，全行各级工会组织坚持把围绕中心、服务大局作为工会工作的生命所系、价值所在，把促进全行改革转型、助力各项业务发展作为发挥作用主战场，带领全行职工立足岗位建功立业。一是持续打造劳动竞赛工作品牌。各级工会紧紧围绕全行发展重点和中心工作，全年开展各级劳动竞赛 2528 个，打造了融机制创新、产品创效、服务创优为一体的多层次多类别全新竞赛模式，吸引全行近 20 万名职工参与其中，有力促进了业务发展。二是积极培育和选树先进典型。充分发挥劳模创新示范作用，新培育 50 个一级分行级劳模创新工作室，与新疆区分行共同承办全国金融系统劳模创新工作室现场交流推进活动，通过人民网等 16 家媒体广泛宣传我行劳模创新事迹，扩大社会影响力，打造工会组织服务中心工作的新品牌。圆满完成新一代核心系统建设表彰工作，开展五一劳动奖、金融先锋号、金融道德模范等奖项评选，向全国总工会、中国金融工会推荐各类先进集体和个人80余个。组织开展“身边的大国工匠”推荐学习活动，推动更多“大国工匠”式技能人才不断涌现，先进典型引领作用日益凸显。三是着力完善相关制度机制。启动《中国建设银行先进典型评选表彰管理办法》修订工作，进一步完善评选表彰体系，提高先进典型含金量。形成劳模疗休养常态化机制，在吉林、海南等分行支持下，组织102名金融级及以上劳模开展疗休养活动，不断创新活动内容和形式，增强劳模荣誉感。

（三）积极深化民主管理，构建企业与职工发展共赢的和谐劳动关系

一年来，全行各级工会组织充分发扬职工的主人翁精神，进一步健全和完善民主管理机制，全行民主管理水平不断提高，民主氛围不断浓厚。一是职代会作用得到有效发挥。依托全行1438个各级职代会和6.4万余名各级职工代表，聚焦经营发展情况和职工重大关切，职工知情权、参与权、表达权、监督权得到充分保障，职工民主管理意识显著提升。去年以来，总行相关部门对四届二次职代会征集的五个方面46件提案进行了认真研究落实，提案回复率97.8%。今年，全行职代会共征集职工代表提案82件，审核立案56件，立案率68.3%。深入开展职代会重点提案调研工作，切实提高提案质量，提升职工代表履职能力。二是企业民主管理制度不断健全。总行工会启动《中国建设银行企业民主管理办法》起草工作，推动全行民主管理向纵深发展，充分发挥民主管理在现代企业科学管理中的积极作用，促进劳动关系健康、和谐、稳定。三是行务公开机制更加完善。全行各级机构不断畅通员工诉求表达渠道，通过设立行长信箱和行长接待日，建立日常走访、现场办公制度，召开员工恳谈会等多种形式，不断深化行务公开，认真倾听员工呼声，切实解决员工反映的实际困难和焦点热点痛点问题。

（四）持续做好员工关爱，努力把“职工之家”称号做得名副其实

一年来，全行各级工会组织不断推进人本管理，加强心理关爱、工作关爱、生活关爱、组织关爱，用心做有温度的“娘家人”，职工幸福指数得到提高。一是“职工之家”建设成效显著。总行工会制发《中国建设银行“职工之家”建设与管理指导意见》并实施“我爱我家·双百工程”，为老少边穷地区和中心城市行117个“职工之家”、131个“职工小家”进行专项建设补贴，带动各级工会建家经费投入6500余万元。召开全行“职工之家”现场会，推动将“职工之家”打造成为工会组织暖人心、聚人气、铸品牌的重要工作平台。目前，全行已建设“职工之家”7237个、“职工书屋”2746个，全年分别新增1052个和595个。二是积极开展帮扶救助和送温暖工作。全年各级工会走访慰问困难员工30225人次，发放慰问金7643万元。三级“员工互助机制”全年救助员工10183人次，发放救助款3981万元。在元旦春节送温暖活动中，总行党委成员带头深入基层一线慰问困难员工，总行工会筹集500万元专项资金对全行5000名困难员工进行两节慰问，并配合金融工会对76名困难劳模和特困员工进行了慰问。三是认真做好女职工特殊关爱工作。不断完善女职工专项集体合同制度，并通过开展女职工专项健康体检、为孕期女职工发放防辐射服、举办优生优育知识讲座、建设“爱心妈咪屋”、与单亲特困女职工结对帮扶等特殊关爱举措，加强女职工特殊劳动保护，维护女职工特殊权益。目前，全行已组织困难女职工结对帮扶1100余对，建设女职工哺乳室1395个。

（五）繁荣群众文化生活，营造“快乐工作，健康生活”良好氛围

一年来，全行各级工会组织积极把握“群众性”要求，充分发挥牵头抓总作用，让职工在群众性文体活动中当“主角”、唱“大戏”。一是以赛事为龙头推动群众性文体活动蓬勃开展。组队参加全国金融系统第三届职工运动会，勇夺团体总分第一名，充分彰显我行职工团结拼搏、昂扬向上的良好精神风貌，田国立董事长、王祖继行长给予高度评价。由天津分行承办的全行第八届职工乒乓球比赛实现形式创新、内容创新、赛制创新，吸引了更多基层员工参与。二是群众性文体协会作用进一步发挥。组织召开全行文体协会工作座谈会，倾听基层意见建议。积极支持全行

1377个文联及文艺协会、3716个体育协会自主开展内容新颖、形式多样、参与广泛的群众性、经常性文体活动，不断活跃职工生活。总行机关全年新成立文体协会13个，总数已达23个，吸引1700余名员工参加。广西、贵州、厦门等多家分行还积极依托文体协会打造“文化名片”，以职工文化软实力促进业务发展，收到明显效果。三是积极搭建更广阔职工展示平台。与中国传媒大学合作举办全行首期主持人培训班，努力培养更多业余主持人才，为营销活动和业务发展服务。首次开展全行群团工作新媒体特训营。向中国金融工会积极推荐选送舞蹈、书法、篆刻、写作、摄影、微影视等领域的优秀作品和人才，全年获得各类活动奖项百余个，北京市分行“爱乐”合唱团在全国金融系统第二届合唱大赛中荣获冠军，展现了我行职工业余文化生活的高质量、高水平和可持续性。

（六）扎实推进自身建设，不断增强工会组织的吸引力凝聚力战斗力

一年来，全行各级工会组织聚焦增强政治性、先进性、群众性要求，继续在建机制、强功能、增实效上下工夫，锲而不舍深化自身改革，努力构建全行工会工作新格局。一是工作作风持续转变。总行工会组织多个工作调研组深入六家分行开展群团重点工作专项调研，倾听基层心声，了解基层情况。开展总行工会常委走基层活动，召开总行工会常委会议，参加联系点基层工会活动、慰问基层困难员工。召开一级分行工会主席研讨班，充分运用辩论、分享、讨论等多种形式深入开展工作研讨。二是组织和队伍建设不断加强。积极推动依法建会，对一级分行、子公司工会组织建设加大指导力度，全面落实基层工会选举制度，全年完成23家分行工会委员会换届工作。加强基层工会干部培训，与常培、哈培合作开发党群干部履岗能力培训项目和课程体系，力求全面提升专兼职工会干部履职能力。三是经审监督工作进一步强化。总行工会编写完成《中国建设银行工会财务经审工作手册》，修订《中国建设银行工会经审工作规范化建设考核标准》等5项制度并组建特约审计员队伍，全年对22家一级分行工会经费进行了严格审计，确保工会经费合法依规使用。

各位代表、同志们，过去一年全行工会工作所取得的点滴进步，离不开上级工会和总行党委的正确领导，离不开各级党委对工会工作的高度重视，离不开各位代表、工会干部和广大职工的共同努力，也离不开我们对做好新形势下工会工作客观规律的认识和把握。一年来的工作实践，收获的经验弥足珍贵，对于如何深入做好全行工会工作，主要有以下三点思考和体会。

一是坚持扎根群众，才能让工会工作更有温度。工会组织最大的优势是密切联系职工群众，最大的危险是脱离职工群众，必须始终站在群众的立场去思考问题，在做法上符合群众的诉求，在利益上体现群众的主体地位。近年来，各级工会持续加大基层调研力度，创造一切条件倾听来自不同岗位、不同层级职工的心声，真正贴近职工、融入职工，扎扎实实为职工做好事、办实事、解难事。总行工会大力推进“职工之家”“职工小家”建设，就是以职工需求为根本出发点，从解决吃饭、休息的痛点入手，切实改善职工的工作生活环境。山东分行经过多年努力，二级分行“职工之家”实现全覆盖，基层网点“职工小家”覆盖率超过80%。深圳分行“片区职工之家”、云南分行“特色职工小家”建设成效明显。湖南分行业余心理咨询师队伍达70余人，持续深化员工心理关爱，深受员工好评。江苏、广东等多家分行长年坚持开展服务员工“十件实事”，已形成一种长期性、制度化工作。实践证明，工会组织只有真正体现鲜明的群众性，真正把工作做到职工群众中去，才能影响职工、引领职工、服务职工、造福职工，从而走出一条旗帜鲜明、感召力强的新时代工会工作道路。

二是坚持围绕中心，才能让工会工作更有作为。我们必须始终牢记党赋予工会的职责使命，牢记工会组织的性质定位，自觉把服务大局、服务职工统一起来，在推动建行事业发展中发挥自身优势、实现工作价值。2017年，总行工会与10余个部门联合开展劳动竞赛活动，涵盖了改革转型、母子联动、创新创效、客户服务等多个主题，有力促进了业务发展。“喜庆十九大·建行好声音”客服人员劳动技能竞赛决赛通过视频向全行直播，比赛冠军被中国金融工会直接授予“全国金融五一劳动奖章”，在向全行展示客服员工职业风采和专业技能的同时，也极大激发了全行职工干事创业、不断进取的热情。各级工会通过选树劳模先进典型、培育劳模创新品牌、开展主题创建活动，在广大职工中大力弘扬劳模精神、劳动精神、工匠精神；通过持续深化职业道德建设，不断提升广大职工的职业素养；通过集中民智为业务发展建言献策，有力推动产品创新、流程优化和服务升级。必须看到，35 万余名职工是建设银行最宝贵的财富，是建行事业薪火相传、不断发展的力量源泉。作为工会组织，只有紧紧围绕全行发展大局，凝聚最广大职工的力量和智慧，才能不断创新服务职能、拓展工作领域，从而实现工会组织新的作为。

三是坚持深耕基层，才能让工会工作更有活力。群众组织最大的特点是自下而上开展工作，基层工会离职工最近，联系职工最直接，服务职工最具体，其工作质量和效果直接决定着全行工会工作能否扎实深入、取得实效。因此，要坚持重心下移、力量下沉、资源下倾，把更多的精力投入基层一线，为增强基层工会活力、发挥基层工会作用提供坚实保障。近年来，总行工会持续加大经费支出补助力度，2017 年补助下级支出 1815 万元，是2016 年的近三倍，努力为基层工会工作开展创造有利条件。工会主席研讨班还邀请了部分二级分行、县域支行工会干部参加，正在启动的全行兼职工会干部轮训工作，也坚持“一竿子插到底”的思路，直接面向基层工会干部开展培训。通过持续传导“强基层”的工作理念，目前全行兼职工会干部已从 2016 年末的 10984 人增长到 15410 人，增幅 40%，基层工会工作局面得到有效改善。事实证明，只有不断增强自我革新的勇气，坚持眼睛向下、面向基层，让各项改革措施真正落到基层、惠及基层，才能有效激发基层细胞组织活力，让基层工会组织不仅建起来，还能转起来、活起来，从而推动全行工会工作健康发展。

在总结去年工作成绩和经验的同时，我们也必须清醒地看到，全行工会工作还存在很多问题和不足，还没做的事情比做的事情多，还没做好的事情比做好的事情更多。从目前情况看，主要应在以下几个方面下工夫：工会组织职能作用的发挥需要强化，普惠工作力度需要加大，一些基层工会号召力不足、创新不够的短板需要补齐，工会干部素质需要提升，工会组织改革步伐需要加快。对于上述问题，全行各级党委和各级工会组织都要高度重视，在今后持续加以改进。

二、2018 年工会工作任务

2018 年是贯彻党的十九大精神的开局之年，是改革开放 40 周年，是决胜全面建成小康社会、实施“十三五”规划承上启下的关键一年。党的十九大宣告中国特色社会主义进入新时代，也对工会工作提出了新任务和新要求。全行各级工会组织要牢固树立“以人民为中心”的思想，始终坚持基层导向、问题导向，坚持读懂职工、服务职工，不断汇聚全行广大职工的磅礴之力，同心同德实现新时代建行事业高质量发展。

（一）坚持正确政治方向，在新时代谱写凝心聚力新篇章

一是坚持用习近平新时代中国特色社会主义思想武装头脑。要始终在政治立场、政治方向、政治原则、政治道路上同以习近平同志为核心的党中央保持高度一致，做到学深悟透甚解、精学细照笃行，推动全行工会系统学习贯彻工作往实里走、往深里走、往心里走。二是坚持以党的十九大精神科学谋划工作。深入学习习近平总书记关于工人阶级和工会工作的重要论述，找准落实十九大精神的切入点、着力点，认真贯彻总行党委要求部署，把准服务职工第一需求的通道，努力把工作的出发点和落脚点定位于职工的需求和感受，定位于职工满不满意，在增强针对性、实效性上下工夫。三是进一步加强职工思想政治引领。以学习宣传贯彻党的十九大精神为主线，用广大职工听得懂、能领会、可落实的方式，推动十九大精神入脑入心。加强理想信念教育和社会主义核心价值观教育，深化“中国梦·劳动美”主题教育，开展好“奋进新时代·增彩建行蓝”主题活动和“新时代·新征程·新女性”系列活动，引导职工向善向上向美，不断汇聚发展正能量。

（二）服务全行发展大局，在新时代激发创新创优新动能

一是着力做实做优劳动竞赛品牌。切实把劳动竞赛作为建设新时代知识型、技能型、创新型劳动者大军的主阵地。紧紧围绕战略业务竞赛、青年创新创效、现场技能大赛等领域创新竞赛内容和形式，不断扩大职工参与范围，努力打造竞赛精品工程。要主动对标高质量发展对职工素质提出的新要求，进一步发挥工会“大学校”作用，广泛开展名师带徒、岗位练兵、技能培训等活动，不断提升职工岗位技能和职业本领。二是加强和改进先进典型培育工作。积极构建先进典型培育链条，完善先进典型培育机制，形成发现典型、培树典型、表彰典型、宣传典型的完整工作体系，切实把典型培育作为推进中心工作的重要抓手、体现价值导向的重要渠道、弘扬人本文化的重要内容，努力形成一批旗帜作用鲜明、社会影响广泛的先进职工典型。三是持续深化劳模创新工作室创建工作。在总结以往经验的基础上，力争再打造一批在全行乃至金融系统叫得响、立得住的劳模创新品牌，营造劳动光荣的社会风尚和精益求精的敬业风气，努力把劳模的个体优势转化为群体优势，培养和造就更多“大国工匠”。四是进一步营造尊重劳模、关爱劳模良好氛围。积极按照《中国建设银行先进典型评选表彰管理办法》的有关要求规范先进典型评选工作，落实先进典型相关待遇。开展好特色化、精细化、人性化劳模疗休养活动，不断优化“五位一体”的劳模疗休养模式，切实加强劳模服务管理与关爱工作。

（三）维护职工合法权益，在新时代开创和谐共享新局面

一是把深化企业民主管理摆在突出位置。全行各级工会组织要以推行《中国建设银行企业民主管理办法》为契机，将推进民主管理作为今年的重要工作任务来抓。进一步依法完善党委领导下的职工代表大会制度，不断丰富职工的民主参与形式，创新行务公开方式和载体，积极探索符合基层特点的特色民主管理模式。要通过实实在在的举措，让职工的主人翁地位更加突出、归属感更加强烈。二是积极完善职工权益维护体系。各级工会要切实履行基本职责，聚焦主责主业，依法维护职工各项合法权益，推动集体协商和集体合同制度进一步落实，依法维护好女职工特殊权益，实现对职工劳动报酬、休息休假、安全保护等权益的全面保障。三是切实保障职工代表作用的发挥。不断改进对职工代表的服务和管理工作，加强基层职工代表培训，提高职工代表履职能力和水平，充分发挥职工代表接地气、知真事、懂真情的优势，确保职工代表当好“观察员”“调研员”“监督员”。

（四）满足美好生活需要，在新时代把握职工群众新期盼

一是大力推进“职工之家”品牌建设。着眼解决基层一线职工工作和生活的实际需要，倡导营业网点设计和建设理念升级，推动“职工之家”纳入网点建设统一规划，在现有网点面积标准上，提高10%用于“职工之家”建设，切实保障一线职工休息和活动区域。今年，总行工会也将继续推进“我爱我家·双百工程”建设，让更多职工在切实、管用、好使、精心、贴心的建设和服务中感受“家”的温暖。二是进一步加强职工身心健康关爱。各级工会要密切关注职工身心健康状况，多措并举提升职工身心健康水平。积极探索建立多层次、立体化、高效率的员工健康综合保障体系，利用保险保障、互助众筹、健康管理等多种手段和方式，为职工健康保障提供一揽子解决方案，有效解决职工因病致贫等突出问题。同时，要努力学习借鉴国内外各大机构在员工管理服务方面的先进经验，在办公设施、因病休假等方面更多体现人性化理念。三是推进帮扶工作精准化、规范化、常态化。各级工会要切实把“送温暖”和帮扶解困工作当成为党委分忧、替职工解难的重要实践，建立健全困难职工帮扶档案，完善日常帮扶与集中帮扶、重点帮扶与分类帮扶的“无缝衔接”，重点做好重大节日期间“送温暖”工作和基层一线员工、扶贫交流干部、特困劳模、单亲困难女员工等人群的慰问和帮扶工作，推进女职工“结对子”帮扶，加强“三级互助机制”协同响应，提高机制运行效率。四是深入开展群众性文体活动。要立足职工需求做好“工会搭台、文体唱戏”工作，积极传播“快乐工作，健康生活”理念，组织开展基层职工喜闻乐见、形式多样、富有特色、参与广泛的群众性文化体育活动。组织好全行第六届职工羽毛球赛，进一步扩大职工参与度和覆盖面。充分发挥各级文体协会、兴趣小组贴近职工的天然优势，为基层职工不断提供“适销对路”的文化产品，让每一位职工都有更多人生出彩的机会。

（五）深化工会改革创新，在新时代树立工会组织新形象

一是进一步强化全行工会组织党的建设。落实新时代党的建设总要求，以党建为统领，带动工会组织建设、职工队伍建设、工作载体建设、基层阵地建设和机制制度建设。深刻对标增“三性”、去“四化”的要求，建设高素质、专业化工会干部队伍，引导全行工会干部做到信念过硬、政治过硬、责任过硬、能力过硬、作风过硬。严格落实工会财务工作交叉检查和规范管理工作，持续加强经审监督。要按照新时代的新要求，切实提高工会经费管理能力和使用效率。二是深入推进全行工会组织改革。坚持把职工关心什么、期盼什么作为谋划推进工会改革的出发点和落脚点，继续在建机制、强功能、增实效上下工夫。把做强基层作为改革创新的着力点，进一步加大工会经费向下补助力度，提升基层工会服务功能，切实把全行工会组织建设成为党委的职工群众工作坚强阵地。三是积极创新工会网络信息化服务。主动适应时代发展趋势，加快推进全行党群综合服务平台建设，着力建设融信息管理、学习交流、员工服务、风采展示等多功能于一体的综合化网上平台。开发善融商务网上商城“行内员工定向提货专区”功能模块，有效满足个性化需求，不断提升员工体验。全行各级工会组织要充分结合实际、广泛整合资源，积极打造“互联网 + 工会”服务品牌，建立方便快捷、务实高效的服务职工新渠道，努力构建线上线下融合互动的新型工会工作体系。

各位代表、同志们，伟大的时代赋予工会组织更崇高的使命，全行发展的步伐给予工会组织更广阔的舞台，广大职工的期盼更让工会组织充满无穷的动力。全行各级工会组织要坚持以习近平新时代中国特色社会主义思想为指导，在上级工会和总行党委的领导下，不忘初心、牢记使命，锐意进取、埋头苦干，真正让职工得到越来越多、实实在在的获得感、成就感、幸福感，最广泛的团结动员广大职工在实现中华民族伟大复兴、实现建设银行事业高质量发展中作出新的更大贡献！

保障发展　创造价值 开创法律工作新局面

——在中国建设银行法律工作会议上的讲话

黄　毅

（2018 年 6 月 1 日）

同志们：

今天，我们在这里召开全行法律工作会议，回顾党的十八届四中全会以来全行法律工作取得的成绩，分析面临的形势和问题，对下一阶段重点工作进行研究和部署。此次会议是在党的十九大召开后，深入学习贯彻习近平新时代中国特色社会主义思想，不断深化依法治国的形势下召开的一次全行法律工作会议，意义重大。下面，我讲三个方面的意见。

一、三年来的成绩与经验

党的十八届四中全会通过了《中共中央关于全面推进依法治国若干重大问题的决定》。在总行党委的正确领导下，法律条线紧跟国家法治建设进程和建设银行改革发展步伐，振奋精神、积极进取，各方面工作取得了显著进步，法律事业焕发出新的蓬勃生机。突出亮点有以下几个方面：

一是法律纠纷处理效能大幅提升，价值创造能力明显增强。三年来，全条线共办理民事诉讼案件 18.86 万件，累计实现效益 990.45 亿元，其中清收债权 925.19 亿元，避免被诉案件潜在赔偿责任 65.26 亿元。经过锤炼，法律纠纷处理机制尤其是总分行协同作战能力得到明显的优化和提高。经总分行共同努力，妥善处理了重大疑难案件二十余起，处置了涉外法律纠纷和长臂管辖案件五十余起，维护了建行的合法权益、社会声誉和稳定的发展环境。

各分行结合本行实际，攻坚克难，大胆创新，为全行信贷风险化解积极贡献力量。如内蒙古自治区分行、湖北分行加强对公不良贷款诉讼工作，助力不良资产化解；厦门分行创造性地开展了快贷流程公证，实现诉讼案件批量立案，快速取得胜诉判决；河南分行主动运用失信人黑名单制度，加大案件执行力度；江西、广东等分行积极运用强制执行公证、实现担保物权程序等新手段，加快执行回收进程；湖南分行坚持实行法律纠纷维权专项费用制度，取得了良好的激励效果。

二是围绕中心，支持创新，保障发展，取得显著成效。三年来，全行共审查法律性文件 67 万件，优质高效的法律服务受到前、中、后台部门的一致好评。法律条线密切跟随业务创新步伐，参与了龙支付、快贷、善融商务、个人住房抵押贷款证券化等创新项目。紧跟我行服务实体经济、服务国家重大战略步伐，为住房租赁“蓝海项目”、雄安新区建设、智慧城市建设、市场化债转股等全行性重大项目提供了全方位的法律支持；为“裕农通”普惠金融服务、小微企业贷款、涉农贷款、绿色金融等业务发展提供了高质量的法律服务。跟随集团战略布局，全程参与了金融科技、金融资产投资、养老金、财险、马来西亚子行、哈萨克斯坦子行等境内外机构的筹备及设立工作。

各分行结合本行实际，细化措施，提高效率，尤其在支持创新上效果明显：江苏分行探索了法律审查一票否决机制；福建分行开发了格式合同信息化管理系统；北京、深圳、重庆、安徽、云南等分行积极参与业务谈判和产品创新，发挥了不可替代的作用。法律审查和咨询服务，在推进全行依法合规经营、服务业务创新发展、维护银行合同权益等方面的作用，得到进一步提升。

三是授权机制持续优化。总行建立了涵盖境内外所有机构的集团授权管理体系，覆盖面在同业领先。修订了《行长授权管理办法》，建立了超授权事项快速审批流程，完善了常规授权动态调整措施。强化授权执行情况的监督检查。自2014年开始，坚持每年进行现场检查，发现、纠正了一批越权行为，维护了统一法人授权经营体制。

四是知识产权管理工作同业领先。截至目前，全行有商标1727件、专利1195件、著作权登记544件，商标、专利申请数量多年保持四大行第一，行名、行徽等重要商标保护已全面覆盖中国境内和全球各主要国家。近年来，抓紧对具有战略意义的科技创新和产品创新实施知识产权保护，已就“新一代”核心系统和“蓝海项目”提交了约800件专利申请、100件商标申请。全行还采取有力措施，捍卫我行知识产权权利。总行成功撤销了他人抢注的“房易通”商标，上海分行主动监测发现了多起侵犯建行商标和非法使用“中国建设银行”字样的行为，采取措施进行了有效打击。

五是合同文本体系更加完善。总行建立了完善的合同文本库，涵盖800余种中英文合同，覆盖我行全部业务，是全行业务规范、安全运行的基础保障。下发了200余份合同文本填写范例，对指导基层行准确使用合同发挥了重要作用，受到广泛欢迎。近期，根据“营改增”改革要求，梳理了285种合同，及时新增、调整了增值税条款。多年来，我行从未因合同文本的质量问题遭受过业务失败和经济损失，文本质量经受住了时间的检验。

六是法律研究取得丰硕成果。全行法律条线聚焦社会及我行业务痛点难点，就农村土地流转与抵押、PPP业务、信贷资产证券化、电子签约、互联网贷款、代理销售等多个业务领域的法律问题，开展了调查研究，撰写了研究报告和指导意见。就防治债务人逃债、维护银行权益的策略进行研究，下发了多份指导意见和典型案例。近期，总行还组织开展了首次“优秀法律研究成果”评选活动，对优秀成果给予了表彰。

七是普法教育措施更加有效。全行上下认真贯彻依法治国方略和七五普法规划。近几年，全行平均每年开展法律宣讲2000余次，受众10万余人，法律知识的宣传普及广受欢迎。创新法治宣教方式，加大案例教育力度，编写了《员工之过与银行之责》一书，编纂了《银行员工常用法律法规手册》；在《建设银行报》开办了“善建法治”“以案说法”两个专栏；修订了《员工违规处理办法》，开展了多层次的宣讲。履行企业公民义务，大力推进司法网络查控系统、失信被执行人名单信息共享系统等IT系统建设，既配合了国家法治建设行动，又对银行利用大数据管理信用风险，起了很好的支持作用。

八是全行法律工作组织体系逐步健全，队伍士气得到提振。全行各级机构都更加重视法律力量建设，逐步扭转了前几年各级行法律力量削弱的状况，队伍士气得到提升。一级分行法律工作机构设置和人员配备取得了进展。去年以来，有两家分行新设了独立的法律事务部；七家分行从法律岗位或二级部变为一级部门；部分分行细分了法律岗位，增加了法律专职人员。法律工作定量考核机制也有突破，总行去年首次对全行法律工作进行考核评价。与此同时，全行法律人员的整体素质不断提高，知识结构和年龄结构都得到了进一步的优化，法律条线保障发展、创造价值的能力更强、信心更足。

近几年的法律工作，得到了总行党委的高度评价。国立董事长批示：涉诉案件处理得好，直接关系建行的收益和声誉，继续努力。祖继行长批示：法律条线在人员少、任务重的情况下，做了大量卓有成效的工作，成绩值得肯定；法律条线开拓了维权新局面，重点案子处理得当，系统管理也有提升。这些重要批示，是总行党委对全行法律工作的充分肯定和有力鞭策。

法律工作能取得这些优异成绩，有很多经验值得总结。我认为，关键的有以下三条：

一是受益于全面推进依法治国的有利形势和总行党委的高度支持。十八届四中全会通过了《中共中央关于全面推进依法治国若干重大问题的决定》，十九大把“坚持全面依法治国”确立为新时代坚持和发展中国特色社会主义基本方略的重要内容。2018年3月，中央成立了“全面依法治国委员会”。全面依法治国作为党领导人民治理国家的基本方略，在立法、执法、司法、法治社会建设和司法队伍建设等领域都得到了全面深化。尤其是司法体制改革不断推进，员额制、司法责任制实施，人民法院向全社会承诺“三年时间基本解决执行难问题”等，为银行法律工作创造了良好的外部环境。总行党委一直以来非常重视依法治行和法律工作，党委成员在不同场合对法律工作多次做出重要指示。国立董事长在听取法律工作情况汇报后，对法律工作成绩给予了高度评价，对今后的工作寄予了殷切期望。他高屋建瓴地指出：随着国家法治建设进程向纵深推进，社会经济发展不断升级，我们服务对象的法律意识越来越强，企业法律工作的地位和作用必将越来越重要。建设银行已经是世界级的大银行，必须以法治的方式经营发展。祖继行长对法律队伍建设十分关心，专门批示全行尤其是一级分行要加强法律力量建设。

二是有一个正确的理念和一套行之有效的工作机制。法律条线始终秉承“保障发展、创造价值”的工作理念，坚持面向前台、面向基层提供服务，在服务中控制风险，在保驾护航中创造价值。在重大创新活动中，法律人员和业务部门一起参与研发设计；在重大项目实施中，提供全流程一条龙法律服务；在不良资产追索中，与经营部门通力合作，维护债权。从履职方式和工作成果来看，法律部门与经营部门在工作观念和最终目标上保持一致。可以说，法律部门承担了大量前台业务工作，是全行价值创造不可或缺的组成部分。

近年来，全行法律条线根据业务发展和形势变化，不断创新，先后建立了重大诉讼由上级行统筹管理机制、案件暴露的违规问题线索移送问责机制、法律审查意见分级机制、法律课题研究团队负责机制等，逐步形成了符合我行业务实际的、务实高效的法律工作服务、管理模式。

三要归功于优秀的人才队伍和对专业精神的追求。法律人员恪尽职守、坚持原则、甘于奉献，有一种持之以恒、锲而不舍、善作善成的钉钉子精神，以及敬业、专注、创新的工匠精神。这种精神是新时代大力弘扬和倡导的职业精神，也是法律人员独特气质的体现。当然，除了这些品质外，最根本的还是法律人员精良的专业能力，以及对公平正义、规则优先等法治精神的传承和坚守。

专业能力是法律人员的立身之本，既包括法律理论功底、金融业务知识，也包括法律实践能力、综合协调能力。在面对复杂局面时，特别是在处理涉及全局性、方向性、战略性问题时，法律人员能够坚持辩证思维，合理平衡维护建行权益与承担企业社会责任的关系，以及控制业务风险与保障业务发展的关系，把原则性与灵活性相结合，不满足于“查找问题”，而是以“解决问题”为目的，在指出问题的同时也给出解决问题的建议，因此也收获了良好的口碑。成就的取得非一日之功，而是日积月累的结果，与法律人员专业过硬、作风优良、坚持操守是分不开的。

总之，成绩来之不易，全行法律人员付出了辛勤劳动！在此，向法律条线广大员工表示由衷的敬意！向长期以来关心支持法律工作的各位领导、各级机构和总行各部门表示衷心的感谢！

二、法律工作面临的机遇、问题和挑战

当前，全面建成小康社会已经进入决胜期，我国经济也已经进入追求高质量发展的转型时期；全面依法治国深入推进，立法、执法、司法领域的重大改革措施接连出台；金融业的改革与转型已经启动征程。法律工作要准确洞察大势，积极抓住机遇，勇敢应对挑战，增强责任担当，以更加进取的姿态迎接新时期的到来。

从宏观经济来看，全球经济有望继续复苏，国内经济运行稳中向好。随着“一带一路”、中国制造2025等国家战略的推进，供给侧结构性改革的深化，银行业在推动现代化经济体系建设中，将发挥更大的作用，面临更多的机会。

从法治建设来看，全面推进依法治国作为基本国策写入党章和宪法。中办、国办印发了关于推行法律顾问制度和公司律师制度的意见；银保监会下发了关于法律顾问工作的指导意见；以宪法为核心的中国特色社会主义法律体系不断完善，民法典编纂工作有序推进，知识产权强国战略深入实施，适应经济金融新形势的监管新规陆续出台，为法律工作提供了更好的法律依据与政策指引。

从我行战略来看，在巩固传统的对公与住房金融优势的基础上，我行将住房租赁、普惠金融、

金融科技作为业务转型的战略支撑，打造差异化和综合性的竞争优势，服务于改善民生、支持实体经济、绿色发展的国家战略。继续推进零售优先战略，培育资管、投行、金融交易、托管等新兴业务优势，推进国际化发展。价值取向的调整，发展战略的改变，业务领域的拓展，对法律服务提出了更高的要求，也给法律工作打开了更加广阔的空间。

新的形势、新的任务赋予银行法律工作新的机遇和新的动力，使我们对法律工作的开展进步充满了信心。但我们也应当清醒地认识到，法律工作将要面临更大压力：

一是国内金融监管不断趋严。防范化解金融风险是金融领域下一时期工作的重中之重，严监管、强监管将会持续，监管政策出台频率更快，监管规则更严密，监管范围更广泛，监管处罚力度更大。当前，监管部门加强对表外业务、杠杆水平、信贷资金流向的监管，全面规范银信类、资管类业务，继“两加强两遏制”“三三四十”系列专项治理后，又开展了金融乱象整治活动，这对综合化经营的银行集团形成了复杂的影响，对银行的公司治理、产品创新、消费者权益保护、业务合规性、案件处置、法律风险防控都提出了更高的要求，也对法律部门全面履行审查和服务职责带来了挑战。

二是境外监管及司法压力持续加大。外国监管和司法当局对反洗钱、反欺诈、反恐怖融资的要求明显趋严，海外机构稍有不慎，便面临巨额处罚和声誉风险。农业银行遭到2.15亿美元监管处罚、中国银行因Gucci案被法院处以每日5万美元罚金等事件，给中资银行敲响了警钟。中美贸易博弈加大了银行法律风险，美国企业起诉中资企业知识产权侵权的案件逐年增多，由此引发的美国法院要求中资银行提供司法协助的长臂管辖冲突也越来越多，应对的难度越来越大，稍有不慎，就可能面临巨额经济处罚和营业限制。

三是我行经营管理仍然存在大量薄弱环节。首先，相当比例的干部员工法治观念淡薄。侵占挪用客户资金、私刻盗用印章违规担保、订立虚假理财协议、参与民间高息借贷等重大违法违规行为屡次发生，金额巨大、情节恶劣、后果严重，反映出部分干部员工目无法纪。部分机构及其领导人员对法律工作不重视，也从另一个侧面印证了法治观念淡薄的问题。其次，全行信用风险防控、不良资产追索处置的形势仍然严峻。信贷领域诉讼风险集中，外部欺诈、内外勾结的案件居高不下，民事诉讼数量与金额持续保持高位。而且，员工违法犯罪行为引发的重大案件不断发生，而司法导向对银行越来越不利，只要银行内部管理存在瑕疵，就可能承担主要责任，造成诉讼应对工作难度越来越大。

四是法律工作自身还存在困难和不足。主要表现在：法律工作能力水平与依法治国新形势、与全行发展新要求相比，还有差距；法律工作的价值尚待进一步总结和挖掘，法律工作内容有待拓展，工作方法有待创新；对跨行业、跨国别业务的审查还存在困难，全集团视角、境内外一体化的法律服务体系尚待完善，熟悉外国法律的人才缺失。分支机构法律服务供给能力、组织保障能力还有较大提升空间，部分机构不落实总行要求，机构不健全、人员不充足，基层法律力量过于薄弱，法律工作开展难度较大，导致风险防控基础不牢。

三、坚持服务理念，立足价值创造，开创法律工作新局面

下一阶段，全行法律工作的总体思路是：以习近平新时代中国特色社会主义思想、中央关于全面推进依法治国的决定精神为指导，认真贯彻总行党委战略部署，紧紧围绕全行中心任务，坚持保障发展、创造价值的理念，积极应对新要求、新挑战，大力加强法律力量和法律能力建设，为建设银行的发展进步提供法律智慧，贡献法律力量。

（一）发挥政治思想统领作用，着力强化党的建设

全行法律条线要深入学习贯彻党的十九大精神，深刻领会习近平新时代中国特色社会主义思想的精神实质和丰富内涵，按照新时代党的建设总体要求和党建工作重点任务，全面加强党的建设。要严格执行中央“八项规定”及其实施细则精神，持续改进工作作风。牢固树立“四个意识”，坚定“四个自信”，认真贯彻落实总行党委各项决策部署，发挥党建引领促进作用，团结带

影响银行业务模式和盈利模式的同时，也产生了多种新的社会关系、利益关系，而这些新型关系，离不开法律的调整。未来金融业的竞争，很可能是金融科技的竞争，需要有相应的法律和制度安排，使各市场参与主体依法通过合作、协商来解决发展中出现的问题。法律部门要继续大力支持“新一代”应用能力的输出，帮助金融科技公司顺利运营、发展壮大。要关注金融科技和科技金融发展过程中的数据保护、信息安全、个人隐私保护、风险承担等法律问题，就其风险防范策略进行前瞻性研究。法律部门自身也要积极利用金融科技成果，加强数据分析，提升决策效能；并以法律工作数据反哺业务经营，支持业务决策尤其是信用决策。

四要认真开展法学研究，支持高端智库建设。建设银行一直以来都有很好的研究传统。我们之前的很多金融研究成果，为国家经济决策提供了有效依据。现在，我们是一个全球化的银行集团，必须加强集团境内外、集团各行业的研究，汇聚全行智慧打造具有市场竞争力和国际影响力的高端智库，为国家的重大经济决策发挥智囊作用，提升建设银行在国家经济政策制定中的话语权，提升中国银行业的全球话语权。研究院的口号是：“会聚之道，和而不同”。研究院有五个功能，第一是公共关系功能。把我们提炼出来的思想产品，与全中国、全世界进行交流，提升建行的影响力。第二是员工培训功能。总行开设了“机关大讲堂”，通过研究院这个平台，邀请国内很多知名专家来授课，分析世界政治经济形势和各种问题，反响很好。第三是学术研究功能。通过研究，为行内的很多问题找到解决方案，以战略高度和智力驱动支撑建行长远发展。第四是联络交流功能，建行员工中有28000多人为硕士研究生，有近500人是博士研究生，人才资源丰富。我们要搭建平台，和不同专业、不同思想的青年人才建立一种长期的联络关系，汇聚他们的思想，把思想提炼成产品，把产品推向市场，为市场服务。第五是政策影响功能，立足建行实际，为国家经济政策制定提供决策咨询和建议，扩大建行的话语权。

法律条线要大力开展金融法学理论与法治实践研究，建立跨部门、跨层级的团队，力争多出银行级、国家级的具有战略智库价值的研究成果。同时要建立优秀法律研究成果常态化评选机制，借助研究院这一平台，加强工作交流，传播建行法律人的智慧和口碑。

五要为业务创新做好法律服务。当今的银行业，创新已经常态化，离开创新便不能前进。对于每天反复发生的大量传统业务，可以依靠既有的合同、制度来规范。法律部门服务业务的着力点，要放在非标准的特殊业务，尤其是创新业务上面。近年来，银行产品迭代创新节奏明显加快，跨界、跨国、跨法域竞争已成定势。如何依赖现有的法律规则和知识体系为新生的业务，给出有价值的法律意见，考验法律人员的能力与智慧。在业务创新活动中，法律人员不要仅仅满足于做“业务审查者”，而要争取做“业务构建者”。要落实好审查意见分级制度，哪些是涉及合同效力的，哪些是涉及经济利益的，要进行区分。凡是可能导致合同无效的，必须坚持原则；凡是涉及经济利益的，根据商业规则，提示到位，供业务部门参考。全体银行从业人员，必须清楚地认识到：银行所有的业务和产品，都是以合同协议等法律性文件作为载体。没有不依赖合同的银行债权，也没有离开协议的资产安全。因此，法律服务必须围绕合同的建构去展开，只有把合同条款拟定好了，才能从事前控制好风险，也可以为争议的解决提供依据。

（五）加强法律纠纷管理，坚决维护银行权益和声誉，切实履行社会责任

受国际国内经济金融形势影响，银行业尚处在案件与纠纷高发时期。除了大量的主诉案件，被诉案件也呈现出明显的增长趋势。历史上，被诉纠纷主要是个人业务、劳动合同纠纷。当前主要是授信、理财、知识产权侵权等纠纷。现在的纠纷，类型更多，金额更大，矛盾更复杂；而且跨地域，甚至跨国境、跨法域，处理难度大。法律条线要认真总结纠纷处置经验，完善重大诉讼全行统筹联动处置机制，进一步发挥纠纷管理工作的权益维护、价值创造作用，为建设银行持续稳定发展做出更大的贡献。

一要抓好不良资产处置和债权追索。资产质量是商业银行的生命线。法律部门作为不良资产处置工作中的重要力量，要进一步加大通过诉讼手段追收不良资产的力度，积极探索运用非诉讼手段追收、盘活不良资产。要积极利用法院系统解决“执行难”的政策机遇，组织开展债权专项清理活动；要加大对市场化债转股、银政企合作基金、不良资产批量转让等处置方式的支持力度，推动提高处置效率和实际收益；要在常规诉讼方式之外，分类施策，运用高效灵活的仲裁、强制执行公证、实现担保物权等非诉讼方式提升清收效率；要借助银行债权人委员会制度、破产制度、失信惩戒等制度，坚决打击债务人恶意逃废债行为，依法推动“僵尸企业”退出市场，维护银行债权安全。要加强与立法、司法、监管部门的沟通，为银行法律工作创造良好的外部环境。

二要稳妥化解被诉法律纠纷。各级法律部门要不怕困难，敢于担当，妥善解决历史遗留问题，勇敢面对前进中的新矛盾和新问题，为业务发展和大局稳定分忧解难。各级机构负责人必须敢于和善于打官司，重大纠纷亲自研究，关键环节亲自协调，有功人员不吝奖励。要及时总结重大、敏感、疑难、复杂的被诉案件的处置经验。要善于利用和解机制，在商业可承受的前提下，及时了结纠纷，避免银行声誉受损。总行和海外分行要重视长臂管辖案件，及时反映情况，联合国内同业一致行动。要关注个人数据保护的国际趋势，认真研究欧盟《通用数据保护条例》对我行海外机构、国际业务以及其他涉欧业务的影响，提出有效对策。法律部门还要主动加强与同级纪委监察和内控合规部门的协作，对被诉案件、造成重大损失的主诉案件中发现的违规线索，及时移交，配合做好责任追究。

三要重视金融消费者权益保护。银行是典型的公众服务型企业，保护消费者合法权益是我们的法定义务，也是银行履行社会责任的重要体现。因此，面对消费者日益个性化的金融服务需求和日益增长的维权意识，我们要从维护消费者权益和良好客户关系的立场出发，防止发生纠纷，以及当纠纷发生时，妥善地进行处置。要重点关注以下四个方面：一是关注建行产品合同的法律条款是否符合法律规定和监管要求，是否保障了消费者的知情权、自主选择权等合法权益；二是关注银行在客户服务中是否履行了法定提示义务；三是处置纠纷时，在维护建行合法权益的前提下，关注消费者合理诉求，回应社会合理关切；四是关注纠纷处理中发现的问题，及时反馈有关部门，促进服务改善。

（六）贯彻落实知识产权强国战略，为提升银行品牌价值和核心竞争力注入新动能

知识产权制度旨在保护智力劳动成果，具有引领创新方向、激励发明创造、推动社会进步等多重作用。近年来，党中央、国务院就加快知识产权强国建设陆续出台了多个纲领性文件。建设银行加强知识产权工作，既是贯彻落实国家政策的客观需要，也是自身发展的内在要求。

一要促进金融科技成果向知识产权转化。建设银行以“新一代”核心系统的建设为引领，在金融科技能力方面已经领先同业。法律部门应认真研究金融科技发展的大势和规律，配合全行金融科技战略的实施，整合相关技术，积极申请专利，以专利权“护城河”巩固我行的金融科技领先优势，利用专利优势形成新的行业标准。

二要以商标为核心打造银行服务品牌。法律部门不能只是被动地接受经营部门的请求，办理商标注册，而是要将商标视为银行的无形资产，进行管理和利用。要研究商标命名、使用、注册、保护的规律，对全行商标体系进行规划，制定建设银行商标战略和商标管理规范。今后，新产品的命名，凡是需要申请注册商标的，必须按规定提交法律部门预审；未经预审且不符合我行商标命名规则的商标，不得申请注册。法律部门要牵头对我行已有商标进行体系化、谱系化管理，编织建设银行品牌商标的“家谱”。对我行的重点、核心商标，全行上下都要用心宣传和爱护，打造出更多市场知名度高、消费者耳熟能详的金字招牌。

三要建立高效的知识产权侵权应对和预防机制。一方面，我们要自觉爱护、保护建设银行的知识产权，对他人侵犯我行知识产权的行为依法给予惩罚。另一方面，要妥善处理我行侵犯他人知识产权的事件。认真总结历史教训，规范营销行为，减少侵权风险和处置成本，维护建行形象。要尽快建立运行全行统一的图片资源库，满足营销需求；改善业务设备采购方法，避免“定制式”采购引起的“共同制造”侵权风险，把当前这两类突出的侵权风险管住管好。

按照研究的规律，初步制定了相关的研究制度和工作流程，在人力、财会等部门和子公司支持下对市场化机制做了初步探索。研究院还与国务院发展研究中心和发展改革委的中国宏观经济研究院两家重量级智库建立了战略合作关系，将在课题合作、资源共享、主题研讨、人才培养等方面开展全方位合作。

建行研究院初步确定了五大功能：一是人才培育功能，利用国际智库的丰富资讯和全球精英导师，通过高端讲座论坛、学术交流研讨等多种形式，帮助员工了解世界时势动态、业界前沿信息，提升专业水平，掌握先进研究工具，为建行的发展培养储备一批具有创新思路和政策研判能力的研究和管理人才。二是国际交流功能，跟踪了解国际政治经济动态、打造开放研究平台，吸引全球研究精英，会聚各方思想，收集整合信息和资源，把建行的研究产品，与全中国、全世界进行交流，共享经验智慧，提升建行的影响力。三是学术研究功能，针对建行发展和经济金融领域热点、重点、难点问题开展前瞻性、战略性研究，为建行和中国银行业遇到的问题提供解决方案，建立一套科学、严谨、系统的学术研究范式，促进银行业改革和发展。四是政策建议功能，坚持以独立客观立场、深入系统研究为基础，立足建行和银行业实际，为公共政策提供专业建议，增强公共资源配置的有效性与公平性，提升建行的话语权。五是客户服务功能，邀请重点客户加入全球智库平台，参与高端论坛等活动，帮助其拓展国际视野，不断整合资源，创新服务模式，提升服务质量。

（三）把握智库发展规律，提升和扩大研究院的影响力

1. 坚持研究能力是立院之本，研究人才是立院核心

智库一方面是搭建平台，另一方面是要在平台上发布、交流高质量的思想产品和研究成果，因此智库虽然不局限于研究，但研究工作仍是一家成功智库可持续发展的基础，而研究人才则是建立和发展这一基础的核心力量。因此研究院从筹建起，就提出了架构、机制、薪酬等都要围绕研究工作和研究人才设计和制定，要营造出尊重研究、尊重知识、尊重人才的良好环境。目前，我们还在具体设计和探索新的人才和研究激励机制，但都将遵循资源向研究工作和研究人员配置这一核心原则。

2. 坚持“顶层设计”，充分利用好各类平台资源

建行研究院充分借鉴国内外智库机构建设的成功经验，实行理事会领导下的院长负责制。行领导担任研究院理事会理事长和院长。同时，院委会将下设国际咨询委员会和学术委员会，广泛吸纳国内外有思想、高水平、有影响力的各界人士，直接参与指导研究。其中国际咨询委员会的专家均是国际上享有盛名的知名学者，有的是诺贝尔经济学奖获得者，有的是转轨经济学领域的泰斗，有的曾担任世界银行的首席经济学家。学术委员会则主要由国内或华裔知名学者组成。这些专家作为国际咨询委员会或学术委员会委员，后续将定期来我院参加研讨会，并亲自参与和指导研究。

3. 坚持宏观与前沿研究，提高研究预判能力与实效

智库研究专注于国际性、前沿性和战略性问题，致力解决现实问题，尤其要提出具有前瞻性、预判性的政策建议。因此，研究院初步确定了五个研究方向：一是宏观经济，密切跟踪国内外宏观经济形势，分析研究国家重大战略、区域经济发展、产业结构、财政与货币政策等重点问题，提供经济形势预测、产业动态和策略建议。二是金融治理，跟踪金融结构、法律体系、金融监管、金融市场等发展变化趋势，分析研究金融制度、规则和标准，对构建“更稳定、更有韧性”的金融治理体系提出建议。三是金融创新，开展金融市场、金融技术、金融产品、金融服务等创新研究，提高金融资源配置效率，促进金融稳定发展。四是金融风险，对金融风险的发生机制、传染路径和预警防范开展研究，针对地方政府和企业债务、影子银行、房地产市场泡沫、利率、汇率等重点领域，研究提出防范化解风险的措施建议。五是发展战略，结合建行发展重点领域，如住房租赁、金融科技、普惠金融等，研究战略实施路径，完善配套政策制度、金融服务和风险防范措施，提出科学可持续的发展模式。

二、凝聚青年、培养青年，推动智库发展建设

俗话说“多士成大业，群贤济弘绩”。世上的一切研究成果、创新思想都是人产生的。硬实力、软实力，归根到底要靠人才实力。而在人才当中，思维最活跃、精力最充沛，最具有创新和尝试勇气的青年人才，显得尤为宝贵和重要。从中外智库发展历史来看，智库的产生实际为很多年轻人改变世界、提升自身价值提供了很好的机会和舞台。目前，建行有硕士 28000 多人，有近 500 人是博士，有着很好的研究基础。为此，研究院和党群工作部决定联合开展“建行智库兼职青年研究员培养工作”，整合行内研究资源，加强业务发展与研究联动，为青年人员的成长提升、发挥价值、实现理想不断搭建平台，创造条件。

前期，总行发文向全行招募首批智库兼职青年研究员，鼓励各单位推荐政治立场坚定，有良好教育背景，善于思考，敢于挑战自我，具有较强研究能力，愿意积极投身研究工作的青年加入到这个项目中。今天在座的百名青年代表就是经各个单位层层推荐，研究院认真筛选产生的首批建行智库兼职青年研究员。研究院和党群工作部将向兼职青年研究员正式颁发聘书。

成为总行智库兼职青年研究员，这既是一份荣誉，也是一份责任。各位青年研究员要在保证本职工作的同时，利用业余时间和精力投身研究工作，可以选择研究院发布的或者自己感兴趣的、有意义的课题开展研究，每年研究成果（含研究报告、创新创意等）不少于 3 篇。研究院将牵头组织评审，对优秀个人和集体给予奖励表彰，优秀成果将给予酬劳和奖金。有独到见解的高质量研究成果，优先推荐到《投资研究》《现代商业银行导刊》等刊物发表，推荐参加各类专业论文评选活动，并集结成册出版发表。有重大参考价值的研究成果，将报送内外部机构，为各级决策提供参考。研究院和团委也将充分利用行内外媒体、网站、微信公众号等渠道对青年研究成果进行宣传推广，邀请优秀青年研究员参加总行大讲堂、青年论坛、高端研讨会等活动。

这次招募仅仅是开始，未来总行团委将负责收集和传递青年研究员的需求和想法，协助研究院做好与青年研究工作的沟通协调。各级团组织要指定专人负责，做好辖内青年研究工作的组织统筹，鼓励青年踊跃报名，单位积极推荐，广泛吸纳优秀青年加入兼职青年研究员人才库，表现优秀的由研究院聘为总行智库兼职青年研究员。下一步，总行将广泛聚合资源为青年开展研究工作创造条件，发现和储备研究人才，激发青年研究内生动力，不断充实建行研究的有生力量。我们也会根据研究工作的情况和表现对大家进行考核，通过三年时间甄选出 100 人，把真正愿意做研究、适合做研究的青年选出来、留下来，发挥好大家的作用。

三、志存高远，不断学习，努力成为优秀的研究人员

过去，我曾从事研究工作，对研究工作的辛苦和不易深有体会。从事研究工作，既要有兴趣、有能力、还要有责任感、有情怀，更要能耐得住寂寞，坐得住板凳。要成为一名优秀的研究员，我想对在座的青年提几点希望：

（一）心怀家国，提升研究人员的责任感和使命感

古往今来，无数事实表明：企业要基业长青，社会要稳健发展，国家要繁荣强大，无不得益于精英人群的引领拼搏、奋发有为。在座的青年研究员是各个单位认真选拔出的优秀代表，可以说是建行乃至社会和国家的精英人群。总行党委对你们有更高的要求和期待。你们应该成为建行企业精神的践行者、社会责任的承担者、国家命运的创造者。一个人要取得成就，必先树立远大理想，方能成就个人事业，实现人生价值。希望大家要做到习近平总书记对青年期待的那样“立鸿鹄志”，心怀家国、兼济天下。在思想上增强“四个自信”，正确认识和准确把握世界与国家发展的大势，在行动上勇于担当，将自身价值的实现同党和人民的事业、建行的发展紧密结合起来，多思考一些、实践一些真正对国家、对社会有价值、有意义的事情，做一名有家国情怀、有社会责任担当的建行青年研究员。

（二）脚踏实地，提升研究专业水平和解决问题的能力

做好研究并非易事，需要独立思考，摈除浮

躁，树立正确的理念、掌握科学的方法，秉持严谨的态度。第一是寻找问题要真。胡适先生讲“舆论家第一天职，就是要细心考察社会的实在情形”。研究人员开展研究，要能找到问题的“实在情形”，分清问题的表里和真伪，多思考一些对建行长远发展有益的真问题。第二是研究方法要新。当今的创新越来越产生于交叉学科和领域之中，比如金融与科技的结合促进金融科技的飞速发展，移动互联网和传统行业的结合催生共享经济的涌现等。如果我们的研究继续就经济而谈经济，就金融而论金融，或许会进入一个死胡同，打不开新局面。随着互联网技术的发展，大家获取信息的广度和频度远超以往，也给经济金融研究和数据的应用等方面带来了很多新方法和新视角。这需要我们突破传统思维的束缚，利用科技和数据的力量为研究赋能。第三是调查研究要实。田国立董事长经常强调，“金融工作者，一定要善于了解中国的社会和国情，很多时候，对社会和国情了解得越深，就会对社会痛点理解得越深，拿出的解决方案就会越贴近实际”。问题是贴着地气生长的，只有俯下身子才能靠近问题的本质，才能准确理解研究成果传导落地的困难和原因，进而使研究成果发挥出应有的作用，真正让金融成为解决社会痛点最温柔的“手术刀”，促进社会福祉的提升。

（三）加强交流，提升研究成果的传播力和影响力

与一般的研究机构相比，除研究工作本身之外，智库还注重思想产品的交流传播。因此，青年研究员不仅要夯实研究基础能力，还要注意提升沟通技巧和表达能力。一是要善于表达。研究工作的服务对象诉求不一、要求各异，研究成果需要用恰当的风格去呈现和表达。比如，决策机构通常需要政策方案的支撑材料，更多强调逻辑清晰、分析合理、结论严谨；而社会大众在接受信息传播时，更期望通过深入浅出、通俗易懂的解读来理解公共政策。面对不同的受众调整思想输出的风格，这样才能更好地实现传播效果。最近，我向研究院的同志布置了三个题目：你心中的智库是什么样的；智库研究人员应该具备的基本素质；对建设银行转型发展的建议。我让大家去想、去交流、去沟通，中英文亲笔写，还要在规定的时间内用听众接受和习惯的语言表达出来，以此锻炼他们沟通交流的能力。你们也要有意识地锻炼自己，全面提升自己的表达能力。二是要敢于表达。有些时候，研究成果可能会与专家、领导的意见不一致，甚至有些超前。但如果你的研究有思考、有逻辑、有数据，就可大胆发声，勇敢表达。我们将努力为青年营造容错试错的空间和氛围，让大家有展现和实践的机会，或许在这里也会产生具有深远影响力的观点和思想。

这里我还想对总行各部门和各分行提点要求，希望大家加强联动和协作，支持建行高端智库的建设和青年研究工作的开展。一是要在全行积极营造重研究、求创新、谋发展的氛围。各单位要把好关口、鼓励并选拔优秀青年成为兼职青年研究人员，指导帮助青年通过实践将研究成果运用到业务发展和决策支持中。二是各单位要为青年研究人员调研、培训、研讨积极提供支持，建立鼓励研究创新和成果运用的财务资源支持制度、员工成长制度等，帮助青年夯实基础、丰富经验、快速成长。三是各单位党团组织要加强与政府、监管机构、企业的联动合作，通过联学实践、主题党团建活动等形式，为青年研究和实践广搭平台。

一代人有一代人的际遇，一代人有一代人的奋斗，一个时代有一个时代的担当。最后，希望大家未来都能在建行这个大舞台上成长为有社会责任感，有智慧和能力解决社会问题的专业精英。

谢谢大家！

在夏季工作座谈会上的讲话

黄　毅

（2018 年 7 月 24 日）

下面我就分管领域的重点工作再做一些强调。

一、推进三个重点事项

（一）加强战略管理，推进三大战略落实落地

我理解，战略是谋划全局的工程，涉及的是长远而重大的事项。3 年前，我行发布了转型发展规划，在推动规划落地的过程中，我有三条基本经验。首先，战略要在各级领导和广大员工中达成共识；其次，转型不是对原有体制推倒重来，而是循序渐进的过程；最后，战略的落地实施要与人事制度改革、优化资源配置等一系列举措配合起来。

去年以来，总行党委和国立董事长提出了住房租赁、金融科技和普惠金融三大战略，这是我行在新时代的重大战略决策，对今天、未来都具有深远意义。我想我们三大战略的实施也是一个持续性的过程。就拿住房租赁来说，住房有居住、福利、投资的功能，解决住房问题，除了收入水平、社会习俗之外，市场有租买选择机制、共享机制等一系列调节手段。这个市场是需要用心去培育的。我们之所以将其确定为战略，说明其不是吹糠见米、立竿见影、一蹴而就的事情。战略实施是反复实践、总结经验、不断提升的过程，这就注定需要我们由传统的业务管理、流程管理上升到战略管理。这方面希望大家要深化认识。这些年我们主要抓了重点一级分行和重点城市行纵深推进战略落地，这些分行还要在三大战略推进中，进一步发挥标杆行、排头兵作用，加大创新，引领战略在不同区域、不同机构、不同层级等落实落地。总行相关部门要不断完善管理工具，加大对三大战略推进的监测、评价和指导。

（二）关爱员工，进一步凝心聚力

总行党委高度重视员工关爱工作，国立董事长在全行四届三次职代会上的重要讲话，通篇贯穿着人本管理、人文关怀的理念与情怀，祖继行长的工作报告也用专门章节对员工关爱工作进行了安排部署。我做工会主席 4 年时间走过很多网点，发现员工在生活中或多或少都有焦虑现象。在这个时期，把关爱员工提高到更高的高度，是一件很重要的事情。各级党委和工会必须要更有情怀、有温度、有深度地做好员工关爱工作，视员工为最宝贵的财富，尊重员工的主体地位，在凝心聚力中充分激发事业发展的内生动力，促进员工与建行的共同发展。

同时，要为青年员工搭建广阔成长成才平台。这里我特别强调一下对年轻人的关怀。金融说到底，是人才的竞争，青年人的创造力和锐气又是很重要的部分。我希望我们在座的诸位要把对青年员工的关爱当成一个大事来抓，大力促进青年员工成长成才。

做好员工特别是青年员工成长关爱工作，应进一步发挥好职代会作用，使全行各级职代会真正聚焦员工、务实有效，不断丰富民主渠道，积极鼓励员工发声，切实把民主管理理念传导到基层一线。

（三）发挥研究院智库作用

年初工作会上，国立董事长跟大家说，要按照国际高端智库标准，创办研究院，为我行的全球化和战略转型提供智力支撑。半年来，在总行党委、董事长的领导和关怀下，智库建设取得积极进展。

一是明确了定位。年初以来，总行多次召开党委会部署研究院工作，为研究院筹建指明方向。

目前，研究院定位为智库平台，与部委的研究室、过去行里的投资研究所、现在的战略规划部不一样；跟大学、社科院、中科院也不相同。这个平台运作没有固定的模式，但有一些共性的特点，具有“培育高端人才、促进国际交流、开展学术研究、提供公共政策咨询以及服务本行高端客户”五个功能。二是初步搭建组织架构。总行党委决定在研究院下设秘书处，作为总行直属机构，形成对研究院研究工作的行政支撑，并初步形成了宏观产业经济、金融风险、公共政策和金融创新等研究板块。积极筹备建立国际咨询委员会和学术委员会，与国际上几十位顶尖学者、专家建立了广泛联系，其中有诺贝尔奖获得者，有前沿领域的顶尖学者，其中已有16位达成意向，如需要服务，便可签订协议。此外，在系统内选拔了100位年龄在35岁以下，拥有硕士研究生及以上学历的兼职研究员。三是探索建立多渠道研究机制。扩大博士后招收，吸收青年人才开展研究；在总行部门及分行探索建立特色化研究队伍，开展研究试点；与需要解决本地区重大问题的分行开展联合研究；充分发挥系统研究力量，与总行部门建立联合通道，共享专家资源。

我希望各分行，各部门，通过我的介绍对研究院有个基本概念。可以利用研究院的平台和资源，节省内部资源，整合内外力量，把整个系统的研究风气带起来。

二、相关工作要求

（一）实现资产保全业务新目标

要做好储备，加快核销。近两年，财政部赋予银行更多自主核销权，我们要用好政策红利。要利用已计提拨备，进一步加大不良资产处置力度，各分行要统一思想，采取有效措施，主动作为。要抢抓机遇，争取主动。不良贷款处置力争在1150亿元计划的基础上，实现1350亿元的目标。相关分行要切实落实主体责任，做实基础资产池，加大营销推介力度，做好第三、第四季度不良贷款批量转让，特别是抢抓第三季度关键时点，加大对资产包的推介，分行领导要亲自过问，亲自参与，努力提升成交率和回收率。要应收尽收，提高效益。上半年，全行资产保全工作取得较好成绩。下半年，要强化“代价意识”，继续加大表内不良资产现金回收和已核销资产现金回收力度。要密切配合，形成合力。资产保全工作是一项全行性工作，需要部门密切配合，总分行之间高效联动，用好政策，全面做好工作。

（二）加强基础建设，提升托管业务优势

要进一步夯实基础，深化协同联动。上半年，实现托管费收入24亿元，同比增长7%，超序时进度8个百分点。下半年，要再接再厉，将托管纳入大资管板块，建立板块联动及整体考核评价机制。要落实“应托尽托”原则，与资管、同业、投行条线及子公司做好联动，法无禁止，应托尽托，不能本行托管的，必须通过资源互换，换回托管业务，有委外投资的，充分发挥杠杆作用。要将托管服务纳入全行对公客户，特别是资管客户综合金融服务体系，提供一揽子金融服务。要进一步优化产品销售管理。保持销售政策连续性，有效利用销售渠道资源带动托管业务拓展；不断提高客户和产品的准入效率，综合考量，扩大合作客户基础；要进一步优化网银和移动端销售功能。要进一步加强托管运营中心建设。一是加快业务移交，确保运营平稳，进一步扩大运营中心业务范围。二是推进全行托管运营组织管理体系建设，落实总行集中化运营、分行属地化服务，实现总、分行一盘棋发展。三是加快推进客户服务体系建设，优化业务流程。四是加强专业托管人才建设，通过多种途径，培养我行托管运营专业化队伍。

（三）提升法务能力，做好支持保障

当前依法治国在国家治理之中的地位不断增强，立法、执法、司法领域的重大改革措施接连出台，为我行各项工作开展提供了更好的法律依据与政策指引，同时也对法治银行建设、规范业务工作提出了新的要求。特别是，我行陆续推出三大重点战略，业务领域的拓展，对法律服务也提出了新挑战。

下一步，全行要高度重视法律力量建设、加强法律人才队伍培养。此外，还要重点关注知识产权保护等相关事务，围绕三大战略做好法律支持服务。当前，保护知识产权已经成为全球共识，中美贸易战的焦点之一就是知识产权。我行作为全球系统重要性银行，无论从国家利益还是从自身利益出发，都必须加强知识产权保护。近年来，

我行所属机构发生多起通过官方微博、微信公众号等自媒体渠道营销宣传时的侵权事件，最近总行又在打一起专利侵权诉讼，均付出较高成本。各分行、部门都要重视对我们自己的金融科技知识产权的保护，对人工智能、大数据、云计算、区块链等前沿科技做好专利申请。

（四）加强合规管理，提升集团股权投资管理能力

要以并表管理为基础，进一步提升集团实质性管理能力。在“防风险、强监管”背景下，进一步加强对集团管理的统筹领导，充分发挥“集团战略协调与并表管理委员会”对子公司的协调与领导；加快建立并表管理有效性评估评价机制，进一步识别薄弱环节；借助“新一代”成果，建设并表管理系统，为深化并表管理提供支持；适当压缩集团股权投资层级，促进子公司组织架构和管理能力优化。要加强对子公司股权投资合规等治理。近年来，我行子公司投资设立附属机构情况日益增多，为此，一方面各子公司应切实承担并表管理职责，加强对附属机构的并表管理；另一方面可在坚持依法合规的基础上，由总行跨级实施并表管理，合理确定集团内部管理职责及管理流程。股权部要进一步督促子公司加强并表管理职责，进一步针对重要附属子公司的集团管理规则进行优化。

在 2018 年对公业务工作会议上的讲话

余静波

（2018 年 2 月 5 日）

同志们：

这次会议是全行工作会议召开之后最先召开的业务会议，非常重要。2018 年中央经济工作会议指出要打好三大攻坚战，并且提出要稳中求进、要高质量发展。作为对公条线，我们不仅要防范化解金融风险，也要稳中求进和高质量发展。这次会议的召开恰逢立春，一年之计在于春，要尽早行动开始部署对公各项工作。昨天上午更生副行长做了一个很全面很好的报告，回顾并肯定了过去一年全行对公业务所取得的成绩，并对 2018 年的工作做出了总体部署，黄毅副行长也就分管业务发展和对公部门联动协同提出了很好要求，我完全赞同。下面，我就分管的对公板块及相关业务谈几点意见。

一、关于战略客户业务

（一）2017 年业务发展情况

2017 年，战略客户业务条线切实履行央企、全球客户、海外重大项目的牵头营销和综合服务职责，朝着“三个成为”的目标不断前进，各项工作又上了一个大台阶。

综合金融服务能力全面提升。截至 2017 年末，已为 101 家央企及全球客户制订实施了综合金融服务方案，实现了核心类、重点类客户全覆盖。与中船工业、国电投、鞍钢等签署市场化债转股和综合化降杠杆协议，签约金额合计××亿元。积极参与蓝海战略，与招商局、保利、中广核、鲁能等央企客户签署住房租赁合作协议或达成合作意向，推动住房资源供给侧与需求侧的有效对接。加大对央企的信贷投放力度，截至去年末，央企信贷余额××万亿元，较年初增长××%。

“走出去”服务能力持续增强。紧跟国家“一带一路”、国际产能合作等“走出去”战略，坚持“融资 + 融智”导向，从“抢先机、抓项目”向“能力与质量双提升”转变。连续第三年开展“百户千亿”专项营销活动，去年新签约海外项目 249 个，金额××亿美元，其中“一带一路”项目××亿美元。2017 年在亚太区并购融资账簿管理人和牵头行排行榜中均位列第二，在亚洲区银团贷款市场牵头行排名第四，处于第一梯队。通过持续的专业化队伍培养，已初步具备综合融智服务能力，成功中标隆新高铁中方联合体财务顾问并已深入开展工作，为印尼南苏 1 号电站、瓜达尔港、土耳其气电等项目提供融资顾问服务，推动业务向“轻资本、高收益”方向发展。2017 年制定下发了跨境并购贷款、跨境项目融资、国际银团、备用银团、国际金融组织和外国政府贷款等多个国际融资产品制度性文件，为全行拓展相关业务提供了指导和支持。总行基础设施建设服务中心、境外融资中心先后在新加坡和中国香港揭牌运营，有效延伸了总部服务功能，发挥了重点机构辐射带动作用。

创新和协同联动不断深化。依托“新一代”创新客户服务的相关流程和产品，完成中石化银企直连代发工资等多项系统优化，为大众、拜耳等跨国企业建立基于 SWIFT 系统的银企信息交互机制，创新推出一汽集团“互联网 + 票据”产品。深化母子公司协同，积极探索银行与非银行业务优势互补的新型服务模式，融资租赁、信托计划、境外发债、产业基金、上市保荐等业务领域多点开花。

风险管控和化解成效凸显。坚持营销客户和防范风险两手抓，“一户一策”制定风险防控方案，并积极推动总行“30大”项目风险化解，特别是成功回收东航长达15年的1.59亿元不良贷款本金。截至去年末，战略客户部管辖客户资产质量继续保持优良，不良实现“双降”，不良率仅为0.08%。

（二）当前需重点关注的问题

央企业务机遇与风险并存，需以综合创新服务应对。一方面，国内经济保持稳中向好的发展态势，国家重大战略深入实施，央企改革持续深化，特别是党的十九大提出的“完善各类国有资产管理体制，加快国有经济布局优化、结构调整、战略性重组，推动国有资本做强做优做大”，为我们的综合性创新服务提供了重要契机，指明了发展方向。另一方面，风险防控的形势依然严峻。央企重组可能诱发的逃废债务风险，调结构、去产能可能诱发的行业性风险，降杠杆可能诱发的偿债能力风险，以及监管新规下各种合规风险，都需要我们给予高度关注，并将风险管理作为综合金融服务的一项重点工作来抓。当前，部分央企的风险从下面的子公司开始逐渐暴露，所以大家要高度重视，不要认为只要是央企就国家兜底，高枕无忧了。

服务“走出去”责任与挑战并存，需以稳健发展应对。一方面，党的十九大提出了“打开国门搞建设”“积极促进‘一带一路’国际合作”“努力实现资金融通”的要求，作为国有大行，服务“走出去”是必然的责任担当，今后仍要以央企、国企海外投资、并购重组为重点，加大对企业全球化发展的支持力度。另一方面，应该清醒地认识到，我们面临着内外部形势的严峻考验，各国监管日趋严格，美国减税缩表等行动为国际市场带来很大不确定性；与此同时，我行在制度、系统、流程、人才等方面尚不完善，经营管理能力与国际先进同业还有差距。因此，我们应认真落实好总行党委确定的海外业务稳健发展的主基调策略。

（三）2018年重点工作

深化央企综合服务。按照田国立董事长对战略客户业务提出的“当好医生、开好药方”的要求，紧跟央企改革和结构调整的战略布局，围绕客户核心需求，通过跨部门、总分支、母子公司联动协同，提供直接+间接、融资+融智的全方位综合服务。要加大支持实体经济的力度，围绕国家一系列重大战略开展针对性营销，充分挖掘服务交通、能源、基建、装备制造等领域的传统优势，大力支持雄安新区等重点区域建设，全面拓展央企住房租赁市场，用金融力量解决社会痛点问题。要将自身特色优势发挥到极致，我行服务央企的优势，在于综合金融服务方案、综合定价、综合利益调整这“三综合”经营模式，在于长期以来形成的良好客户关系，在于服务基础设施等领域的能力和经验，应进一步优化机制，发挥优势。要进一步拓宽“新一代”应用范围，与央企客户加强科技领域合作，通过金融科技手段帮助客户提升经营管理效能，拓展银行服务外延，延伸金融生态链圈。

稳健经营海外项目。按照总行党委确定的稳健发展主基调，抓住“一带一路”和国际产能合作两大主题，做好优质企业“走出去”服务工作，实现海外业务高质量发展。要持续培育海外项目财务顾问能力，培养一批既懂业务又熟悉国际法律、财务、税务等“高精尖”领域的复合型人才，抓住技术含量最高、价值创造最高的融智类轻资产业务，不断提高竞争力。要持续强化海外项目资产管理，加强对大额国际银团的牵头筹组，完善分销机制，提升分销能力，合理控制我行在银团贷款中的承贷比例，与境内外同业形成利益共同体，共担收益与风险。探索建立资产滚动机制，对风险较高、收益较低的存量资产，加大向系统外转让力度，腾挪信贷规模，投向有利于形成竞争优势或带动综合收益提升的新项目，提高资本利用效率。要持续推进海外项目融资平台建设，将总行的经营管理能力进一步向海外延伸，充分利用中国香港“六个中心、两个平台、一个基地”及新加坡基础设施建设服务中心的辐射带动作用，加强联动，做好服务。

强化风险合规管理。要持续提升央企客户精细化管理水平，进一步加强对央企改革的研究分析，定期开展风险排查工作，确保在风险可控的前提下推动央企业务持续发展。要持续加强海外项目风险管控与合规经营，落实好中央部委近期一系列有关境外投资的文件精神，坚持“有所为有所不为”，加强项目尽职调查和风险合规评估，准确把握当地金融监管要求以及市场环境、法律、文化差异，严守合规经营底线；此外，还要重点防范声誉风险和流动性风险。

二、关于授信审批工作

（一）2017 年主要工作情况

2017 年，授信审批紧紧围绕“三提高一加强”的工作目标，严格把控信用风险，科学配置信贷资源，全年共审批对公业务 39.7 万亿元，信贷储备稳定增长，有力保障了对公业务健康发展。

回归本源，持续提升服务实体经济水平。积极支持国家重点项目，全年完成项目评估 5243 个，申请贷款 × × 万亿元，近两年审批国家专项建设基金项目 334 个，金额 × × 亿元。继续保持基础设施领域传统优势，审批基础设施行业信贷业务 × × 万亿元。积极探索开展支持住房租赁市场发展的服务模式和授权机制，审批住房租赁融资业务 × × 亿元。审批普惠金融业务 × × 亿元、涉农融资业务 × × 亿元。服务供给侧改革，审批债转股业务 60 笔 × × 亿元，审批五大产能过剩行业信贷业务 × × 亿元，同比减少 × × 亿元。

科学引导，有效促进转型业务健康发展。全年审批资管类业务 × × 万亿元，增幅 × × %，增幅同比下降 × × 个百分点。推进轻资产业务转型发展。加强海外审批中心建设，“一行一式”优化授权方案，全年海外审批中心和海外分、子行共审批 × × 亿美元，提升了全球市场反应效率和能力。

严把关口，不断提高授信审批工作质量。综授覆盖率达 98.6%；评级推翻率持续控制在低水平。全年续议、否决 3020 笔 1.21 万亿元。

推进专业化建设，促进前中后台风险偏好统一。出台《授信审批专业化能力建设实施方案》，加强专业化建设，加大研究力度，全年共完成评级评估授信研究专题 90 个、总分行综授策略 253 个、审批指引类研究成果 496 个，不仅严控了信贷资产质量，而且基础工作尤其是自身能力建设、规章制度建设也上了新台阶。

（二）需重点关注的问题

各层级资源配置的协同能力需进一步提高。当前全行资本消耗占用快速增加，资本管理不容乐观，暴露出信贷资源配置方面协同效应不强的问题，资源配置的战略、战术和具体操作三个层级在目标导向、协同配合方面需进一步强化。

对公授信业务的专业工作能力需进一步提高。要深入发挥综合授信“平台”作用和资源配置作用，重点解决好盲目营销、申报材料质量不高、关系树管理不到位、额度测算不准确、策略落地执行不严格等问题。要继续提升授信审批工作能力，重点解决好授权执行存在偏差、个别分行纯新不良率偏高、分行和母子公司偏好不一致等问题。

部分领域的风险把控能力需进一步提升。要重点关注政府背景类项目风险隐患：2017 年审批的资管类业务中超过 7 成投向地方政府主导领域，少数分行仍对财政层级较低、地方财力偏弱客户盲目新增授信，部分分行存量政府类项目整改完成率不足 10%。融资租赁公司等客户风险也应引起关注，部分客户存在未来风险集中暴露的可能。此外，给大家提个醒，一定要把握好政治风险、环境风险，提高国有大行的政治站位。

（三）2018 年重点工作

聚焦现代化经济体系建设，继续提升服务实体经济能力。要紧跟国家重大发展战略，积极支持新兴战略支柱产业发展，重点保障住房租赁、普惠金融、消费金融等领域授信审批质量。要主动调整和适应政策变化趋势，持续完善授信审批标准和工作方法，加大审批部门与经营部门、申报单位的沟通交流，做好增量，优化存量，将有限信贷资源向重点领域和优质客户倾斜。授信审批既要承担控制风险的主要职责，也要将支持发展放在重要位置，做好对经营部门的服务。

保持重点领域严控态势，提升驾驭金融风险能力。要打消“幻觉”，全面提高合规经营意识，从严把控新增政府类项目授信审批标准，确保手续完备合规，业务符合外部监管和我行信贷政策要求。要加强对资产证券化、上市公司投融资等新型业务的风险研究和预判，优化债券投资的决策及授信管理方案，规范自主及委外投资债券类业务授信审批管理，切实落实“穿透审查”要求。要加强商业保理公司、中小商业银行授信的流动性风险管控，强化融资租赁客户、并购类业务的实质性风险判断，加强交易背景真实性审查，审慎把控新增授信需求。要强化低风险业务的高操作风险特征管理，纳入统一授信，严格操作规程，严防操作风险和管理真空。

优化流程机制建设，提升对业务发展的保障引导能力。要做实综合授信，进一步明确综授职能定位，提升评审层级，扩大评审参与部门，在管理上要向贷前、贷后“两头延伸”，做实“三个结合”，统一客户策略，形成管理共识。要优化审批作业流程安排，加强授权差别化动态调整机制建设，强化关键节点的时效管控，着力提高战略新兴产业及绿色信贷等重点业务审批效率。

三、关于资产管理业务

（一）2017年业务发展情况

2017年，资管业务日均规模××亿元，增幅××%；实现拔备前收入××亿元，账面收入××亿元，四大行占比××%，提升××个百分点。资产结构进一步优化，标准化资产余额××亿元，占比××%，较上年提升××个百分点；对私理财产品占比××%，上升××个百分点；理财客户数××万户，增幅××%。“大力拓展资产、大力拓展客户”活动成效显著，圆满完成资产拓展、客户拓展和收入等目标，荣获“年度金牛银行理财产品奖”等20余项大奖，“乾元理财”和“乾途资管”品牌影响力进一步提升。支持实体经济发展，全年通过理财资金累计为实体经济提供直接融资××亿元，高收益资产余额××亿元，较上年增幅××%。多项创新取得突破，推出“乾元—私享”组合型私行专属产品、“投资通”产品、“乾元”系列扶贫产品、智能投顾服务等，“全球资管中心”获批成立，资管新系统（NAMeS）上线启用。合规风控水平不断提升，截至2017年12月末，风险资产余额××亿元，风险资产率××%；计提各类风险准备金余额××亿元，较年初增加××亿元，风险抵补能力持续增强。

（二）当前需重点关注的问题

流动性管理压力会持续加大。2018年央行将继续保持稳健中性的货币政策，资金持续“紧平衡”。目前，十年期国债收益率已突破4%，国开债收益率突破5%，从侧面说明当前资金市场利率还在持续攀升。虽然定向降准释放了一定的流动性，但宽松状态不会持续很长时间。从银行理财市场看，近期在售非保本理财产品平均收益率较去年第三季度上涨了近25个Bps，预计全年平均收益率将维持在5%以上，产品端募集难度继续加大。

资管新规对业务模式转型提出挑战。资管新规对产品期限错配、净值化管理、打破刚兑、限制嵌套、资金池运作等提出更严要求，对业务规模和收入增长、流动性管理、业务模式转型等提出挑战。全行工作会已明确“推动资管业务经营模式转型”是今年资管工作的重点。接下来，总行将会在资产结构、产品结构、流动性管理等方面积极做出调整，更好地适应新规要求。

（三）2018年重点工作

对公板块开展资产管理业务联动营销，重点应做好以下几项工作：

以客户为中心，加大对公理财产品销售力度，满足对公客户多元化投资理财需求。对公客户是资管业务的重要客户群体，从全球范围看，对公客户占资管业务的客户占比超过40%。今年，资管中心将根据客户风险偏好、流动性需求、币种要求等创新推出货架式掌柜型产品服务。各行应将理财产品作为对公客户营销服务的重要工具，成立专门的联动营销团队；充分挖掘上市公司、外资企业、普通民企、保险公司、财务公司等对公客户多元化投资理财需求。

聚焦国家战略，加大资产配置力度，支持实体经济发展。非标资产方面，聚焦国家战略，通过资产收益权、股权投资、股权收益权、基金、投资通、并购等单一产品或产品组合等为国企改革、“三去一降一补”等提供直接融资支持。标准资产方面，今年将进一步加大债券、股票等标准资产自主投资交易力度，优先支持总行级战略性客户、差别化授权客户、总行级重点客户等。各分行应充分利用区域优势和审批资源，筛选信用资质较好的融资项目和发行体债券，运用理财资金进行配置。

强化全行理财资金流动性管理，做到资金集中运作，资产集中配置。为了更好地适应监管要求和市场变化，根据全行工作会议精神，今年总行将进一步强化全行理财资金流动性的统筹管理，各分行也要在全行统一流动性管理框架下，做好自身资产负债统筹管理，及时掌握行内外形势变化，提高流动性预测精确度。加大理财产品销售力度，提前做好产品布局，合理安排流动性资产结构，确保流动性安全。

四、关于投资银行业务

（一）2017 年业务发展情况

投行业务实现了非金债券承销量市场“七连冠”。承销量××亿元，市场占比××%，四大行占比××%。在 23 家分行举办 30 余场 FITS® 专场推介会，已建立起 6000 余家投行客户群，签约 FITS® 客户近 1600 家。成立了上海并购资本中心和广东并购金融中心。全年实现并购重组业务规模新增交易 120 笔××亿元，实现收入××亿元，较去年同期增长××%，进一步缩小与工行的差距。2017 年，通过承销或以财务顾问角色参与的证券化业务规模达××亿元，已注册但尚未发行的项目约××亿元，在项目类型、发行市场等方面取得全面突破。与此同时，持续推动投行产品和系统创新。

（二）当前需重点关注的问题

债券市场利率波动，企业发行意愿趋弱，市场整体呈紧缩态势。自 2016 年下半年以来，银行间流动性持续偏紧，债市利率高企，企业发行意愿趋弱，银行间债券承销市场持续萎缩。2017 年银行间非金债券市场整体承销量同比下降达 22%。未来一段时期内宏观经济仍然面临较大压力，去杠杆仍然是主旋律，继续压制债券市场的整体发行意愿。

金融体制改革日趋深化，客户需求日新月异，客观要求综合服务能力不断提升。从外部形势看，企业融资困难加剧、收费监管趋严等将对财务顾问项目落地实施造成不利影响。中性偏紧的货币政策和资管新政的出台可能提高市场资金成本，压缩财务顾问收入空间。从内部情况看，因考核激励机制不完善、专业能力不足、内外部监管检查等因素的影响，基层行畏难情绪不小，“不敢收、不愿收”的思想包袱较重，业务积极性和主动性需要进一步增强。

（三）2018 年重点工作

继续发挥债券市场服务实体经济的作用。各分行要继续将工作重点放在客户营销上，确保优质客户群体全覆盖，利用交叉营销活动加深合作关系。要拓展新业务渠道，与子公司合作推进境内企业境外发债、与外部机构合作承销企业债、公司债。要合理利用总行授予的自主定价权和操作权，进一步提升业务承办效率。要积极顺应国家政策导向，将京津冀、“一带一路”、绿色、扶贫、双创等概念与具体项目相嫁接。要整合境内外资源，借助全球投行中心成立契机，利用好香港两个投行平台，对跨境债券承销业务进行提前布局。

发力“五个一”，持续打造财务顾问能力。全面推广一个创新产品，即“飞驰—融智通”产品，整合内外部信息和报告资源，建立线上财务顾问服务渠道，去年湖北省分行在这方面做得比较好，各分行可以借鉴相关经验。开展一项自主创新试点，选择部分分行开展私募投融资顾问授权审批试点，力争在 Pre－IPO、定向增发、股票质押融资等资本市场业务领域取得突破。培养一支专业队伍，将分散在各条线和子公司的财务顾问专家，统一纳入总行专家库。整合一批客户资源，聚集融资客户、投资方和第三方合作机构资源，运用适合的产品结构设计实现资源整合。上线一个系统，配合信息技术部门，加快推进财务顾问智能服务系统开发，尽早实现系统上线运行。

多策并举抢抓机遇，全流程介入做实并购业务。“三个围绕”：①围绕国企改革，积极参与有市场知名度和影响力的国改、混改项目，树立国改金融服务市场口碑；②围绕上市公司，有针对性和方向性地选择战略新兴行业优质上市公司，提供专业化、精细化的资本市场业务服务；③围绕私募顾问，把握授信审批部门赋予的权限，为客户提供有据可循、货真价实的顾问咨询服务。

“四个突破”：①突破资金问题，通过设立系列并购基金，建立上市公司、投资机构跟投库；②突破项目问题，引导培养一线客户经理和二级分行负责人的业务敏感度和信息无损传递能力，及时捕捉业务机会，挖掘潜在项目资源；③突破技能问题，提升条线人员监管政策解读的应对能力、市场热点动态的研究能力以及项目实际的操作能力；④突破收入问题，通过业务前端介入、真实顾问提供、协议条款保证等手段，实现并购重组顾问收入持续增长，同时带动其他条线收入同步提升。

以解决社会痛点热点为导向，推广应用证券化产品解决方案。联合公司业务部扩大对公贷款证券化业务规模，为缓解流动性管理压力，进一步释放信贷规模，2018 年将安排一定的对公贷款资产证券化规模，各分行要提供好贷款资源支持，做好基础资产筛选。积极开展长租公寓、保障房、棚户区改造等资产证券化项目，加速研究和推动住房租赁债权、商业物业抵押贷款证券化（CMBS）、房地产信托投资基金（REITs）等创新业务解决方案。紧密围绕国家重大战略部署，重点开展节能环保、一带一路、京津冀协同发展、雄安新区建设等方面的资产证券化业务。深耕银行间、交易所两个发行市场，从产品、渠道、流程、服务等多维度开拓创新，通过多方联动、产品互补解决客户关心的问题，为服务实体经济贡献大行力量。

同志们，建设银行对公业务 2017 年表现优异，在同业保持领先。尽管 2018 年面临着不小的困难和压力，但是只要大家思想不滑坡，办法总比困难多。这次会议召开得非常及时，部署了工作，研究了问题，鼓足了干劲。大家回去以后，要进一步贯彻落实好党的十九大精神和总行党委的决策部署，认真传达领会本次会议精神，抓好各项工作，各分行对公业务肯定还会上一个大的台阶。春节将至，在此提前给大家拜年，祝大家身体健康，工作顺利，万事如意！

谢谢大家！

不忘初心　牢守底线
知进知退　主动作为
不断提升授信审批专业化能力

——在2018年清华大学授信审批业务综合能力提升培训班上的讲话

余静波

（2018年3月12日）

同志们：

大家下午好！很高兴和大家在国内最高学府——清华大学，开始为期一周的专职审批人综合能力提升培训班的学习。春节刚过，我们就举办这个班，主要有三个考虑：第一个是为全面贯彻落实党的十九大精神和中央经济工作会议、全国金融工作会议各项部署，对今年的授信审批工作提一些要求和期望。第二个是将当前授信审批工作面临的形势和工作中存在的一些问题和大家作个沟通和分享。第三个是近年来授信审批条线的各位同志都非常辛苦，通过举办培训班给大家鼓鼓劲，让大家从紧张的工作状态中稍作调整，来最高学府韬光养晦，边学习边提升，使大家能提高站位思考问题，提高站位做好审批工作。总之是希望我们这支专家队伍能够进一步提升专业水平、提升职业素养、提升综合能力，从而更好地管控我们的资产、更好地服务基层服务前台，更好地引导全行业务健康可持续发展，让我们的工作更具价值创造水平。为期一周的学习虽然时间不长，但是我希望大家在这个培训班努力做到三个"提升"、达到三个"更好"。下面，结合当前授信审批工作面临形势，我谈几点意见。

一、授信审批工作开展卓有成效，为全行业务健康发展发挥保驾护航关键作用

我是去年6月份开始分管授信审批工作的。与大家共事以来，深切感受到我们授信审批条线在建设银行改革发展过程中发挥着重要作用，在工作繁重、审批人数量不足的情况下，能够坚守风险底线，有效应对内外部环境变化带来的压力和挑战，高质量地为全行业务发展把好关、服好务，在提高精细化管理水平、提升差异化工作效能、加强专业化能力建设和强化系统条线管理等方面取得长足进步，不断推动了全行授信审批管理机制更加精细、流程衔接更加高效、促进转型发展更加有力、综合服务能力和防范风险能力持续提升。

（一）审批总量持续增加，质量效率得到提升

近年来全行审批总量逐年增长，如审批对公客户各类授信业务从2015年的22.3万亿元增长到2017年的39.8万亿元，增幅78.5%。个贷业务审批也从2015年的0.89万亿元增长到2017年的1.13万亿元，增幅28.1%。从产品范围上看，目前需要审批部门来把关的业务越来越多，我们支持和服务前台的触角已经延伸至全行发展的各个方面和层级，除部分以市场风险和流动性风险为主的投资理财业务外，其余的都需要经过审批部门来决策或参与决策支持，可以说已经是"全口径审批"了。

我分管资产管理业务，在这方面体会非常深，我们授信审批部门真正为资管业务把好了关。从去年银监会对四大行资管业务检查情况来看，我们建行违规现象是最少的，把关是做得最好的。从几家国有大行比较来看，我们行资产质量最早见底，目前情况比其他几家要好，这与我们授信

审批同志的付出是分不开的。

在如此繁重的工作压力下，审批部门一直以来以高度的责任心和使命感，严守风险底线，确保市场反应效率，保障着我行资产持续健康增长。近年来，在复杂多变的形势下，建行能够持续保持同业间相对较好的资产质量水平，纯新发放不良贷款率从 2015 年的 0.3% 下降到 2017 年的 0.1%，信用风险态势在同业间率先企稳，这一切与我们审批条线，尤其是各位审批人的严格把关和科学决策是分不开的。然而我们的审批工作质量，并非是靠牺牲市场机会和反应效率赢得的。我让授信审批部做了一个统计，目前总行本级信贷业务审批平均用时约 29 个工作日，其中会签方式因业务相对简单且流程更短一些（多数不需一票否决），平均用时约 18 个工作日，各分行所审批业务相对简单，其效率一般都快于总行。工作如此高效，更多地得益于我们近年来在机制流程差异化上下的功夫，初步统计 2015 年以来总行共出台 37 项差异化工作措施，主要集中在资管等创新业务、普惠金融等方面。前期中国银行授信审批部来我行交流时，就对我行授信审批效率和市场反应速度表示了羡慕和肯定。田董事长前期在听取授信审批部汇报时，也肯定我行授信审批体制和机制是比较好的。

（二）授信审批专业化能力持续增强

近年来，总行把授信审批专业化建设作为工作着力点，下发了《专业化能力建设实施方案》，制定了 2017—2020 年专职贷款审批人培训规划，每年均围绕全行中心工作和业务发展重点，制订下发专业化研究计划，详细解读政策，制定管理措施，确定底线要求，并提供现场指导和帮扶，我们授信审批部这方面工作非常扎实。2015 年到 2017 年，全行审批指引、授信工作方法、评估指引等研究成果层出不穷，有力支持了审批决策，保障了总行授信策略传导，引导分行和前台部门更好地进行信贷资源的有效配置。仅 2017 年全行就完成 90 个评级评估授信研究专题，完成 253 个总分行综授策略，完成审批指引研究成果 496 个。授信审批部除了日常审批工作，还取得了这么多研究成果，的确来之不易。

（三）授信审批条线执行能力得到提高

全行授信审批工作以审批授权及转授权为基础，目前授信业务大部分集中在一级分行及以下机构审批，其中由分行审批的金额占比在 50% 左右，但是审批笔数在 99% 左右，其中二级分行审批笔数超过 65%。因此，统一风险偏好、提高全条线授信审批执行能力是落实授信审批条线管理责任的重要内容。近年来，总行每年的授信审批工作要点均把加强条线管理作为年度工作的重中之重，先后出台“三提高 一加强”的工作管理要求，下发《境内一级分行授信审批能力评价方案》和《授信审批工作检查操作规程》，建立一级分行授信审批工作定期报告制度，持续推进“重点支持、重点帮扶”专项活动，建立授信审批工作重点联系行制度和工作约谈机制，加大对分行的调研指导力度，强化业务培训和专职审批人资格准入管理，等等。从纵向工作质量上看，2017 年全行共有 12 家分行对公纯新发放贷款未出现不良，较 2015 年增加 11 家分行；从横向总行部门间岗位考试结果上看，在授信审批岗位资格上岗考试中，我们条线的平均成绩连续两年均在参评条线中是最好的。不得不说我们这支队伍素质高、专业能力强，执行力也是让总行放心的！

同时，在服务实体经济、促进转型发展等方面，授信审批条线也取得较好成效，我就不再一一展开。以上工作成绩的取得，是包括在座各位在内的全体授信审批条线工作人员辛勤努力的结果。总行党委对授信审批条线在把控信用风险、科学配置资源等方面的努力和成绩高度肯定。在此，我代表总行党委对大家所付出的汗水和辛劳表示衷心的感谢！

二、新形势给授信审批工作带来新挑战，提出新任务和新要求

今天这个培训班主要面向贷款牵头审批人和部门负责人，大部分部门负责人同时还兼任牵头审批人，所以，在此我主要讲讲关于审批工作当前面临的主要形势以及需要重点关注的问题，与大家共勉。

（一）正确认识授信审批工作面临的新挑战

党的十九大报告指出，我国经济已由高速增长阶段转向高质量发展阶段，正处在转变发展方式、优化经济结构、转换增长动力的攻关期。报告明确提出，深化金融体制改革，增强金融服务

实体经济能力，促进多层次资本市场健康发展，健全货币政策和宏观审慎政策双支柱调控框架，深化利率和汇率市场化改革，健全金融监管体系，牢牢守住不发生系统性金融风险的底线。

近年来，金融监管趋严、资本约束增强、银行经营难度在不断加大，我行正在通过加快转型，将外部压力和约束调整转化为自身谋求发展的动力，积极应对新困难、破解新难题。同时，随着经济增速的放缓以及新旧动能的转换，企业面临的压力越来越大，市场饱和，效益下降，再加上三去一降一补供给侧结构性改革调整，传统的客户和业务将会减少，在这新旧增长动能转换期内，我们如何寻找新的有效客户源、挖掘新的业务增长点，如何促进授信结构优化、引领业务健康发展模式，如何有保有压、做好进退，是摆在审批条线面前的一道新课题，也对我们审批人队伍专业能力提出新挑战。一线客户经理在营销中，哪些客户该进，哪些客户该退，我们授信审批部门应提早给他们一些指导信号，告诉客户经理和前台部门，有效指导客户经理和前台部门做好营销工作。

前期总行资债部提出，年初以来随着政府类授信业务大量投放，导致资本被快速消耗，我行资本管控形势严峻。目前，各家银行在发展过程中都面临着资本约束的压力，但是缓解资本压力不能一味依赖股东注资，只有切实改变经营模式，优化资产结构特别是客户和产品结构，才能在满足资本监管要求基础上实现健康可持续发展。在此形势下，我们在审批决策时科学进行客户产品的选择和期限设置就尤为重要。比如，与同业在客户选择策略上是否应有所差异？是否可选择对建行和客户都更有利的产品？表内外授信品种如何合理配置？如果上报的产品对客户有利，对建行不是很有利，比如这种产品资本消耗较大，我们不能简单说不行、不同意，而是要提出调整哪些产品能使建行有利，客户也有利。其实，各种业务都是有空间的，关键是我们的能力和水平是否能够准确找到这些空间。

再如一些新兴业务，特别是资产管理、同业等业务，个别产品交易结构设计复杂，甚至存在合规隐患，风险识别较为困难。近年来，监管机构密集出台监管政策和指导意见，仅对资管类等业务，外部监管机构包括人民银行、银监会、财政部乃至国务院共出台大大小小的政策就有 160 余个。虽然我们建行在业务发展上一贯坚持稳健经营原则，审慎把控风险，合规先行，但是对部分创新业务和产品办理经验不足，研究分析不到位，政策把控不到位，也给我们审批决策增加了难度。当年授信审批和资管部门一起制定了 900 号文件，既保证业务快速发展，又确保合规经营，证明我们授信审批队伍专业性很强，能够很好应对新兴业务的挑战。

现在已到了互联网、大数据、大消费时代，由于技术进步、观念更新、监管趋严所带来的市场参与者的改变，出现不少新业态和新经营模式，是我们以前都没有经历过的。以前授信审批更多地强调把好信用风险，但现在越来越多的风险事项是市场风险、流动性风险和合规风险引发的信用风险。这些业务我们该怎么批，怎么把控，也给我们提出新挑战。

总之，业务跨界、风险叠加、形势变化、趋势演变，机遇与风险并存，如何更科学有效地决策，是摆在我们授信审批人员面前需要用心思考的问题。

（二）正确理解授信审批工作担负的新任务

2018 年是全面贯彻落实党的十九大精神和中央经济工作会议、全国金融工作会议各项部署的开局之年，为更好地完成历史赋予的任务，我们授信审批人员需要充分认知并深入思考，积极适应新时代新要求，提升风险防控站位、提高自身专业素质、不断增强授信审批能力，切实发挥好业务把关的关键作用，促进服务实体经济能力持续提升，促进资产质量持续稳定，促进授信结构持续优化。

一是要进一步增强担当意识和责任心。专职审批人是建设银行的核心人才。专业化能力是授信审批条线的核心竞争力，“专家办行”是建设银行各项业务健康发展的基础理念，建设银行核心专家就包括审批人队伍，只有不断加强审批人队伍建设，审批人专业水平不断提高，才能更好地引导促进全行经营能力的提升，建设银行持续发展才能得到有效保障。随着建设银行业务规模不断增大，表内外资产逐步发展，全行授信审批工作总量也在不断增加、审批范围也在不断拓展，信贷决策、业务指导、分析研究等工作也越来越依赖于审批人专业化优势的发挥。所以，授信审批作为风险管控的关键环节，责任重大，使命光荣。

不同时期、不同领域、不同岗位都需要具有担当精神的人，审批人这个特殊岗位在整个授信审批链条中所体现出来的担当意识和实际行动尤为重要。首先，担当体现的是对建设银行资产安全的保卫意识，“责重山岳，能者方可当之”，目前我行审批的单户信用额度不断创造新高，最高超过千亿。我们每天处理的是上千万、上亿乃至上百亿元的项目，是信贷业务准入的最后一道关口，手握“重权”。田董事长在听取总行审批部汇报时提到，我们这个行业是一个经营风险的行业，没有风险就没有效益，审批人一方面要管控风险，另一方面更要服务发展、促进发展、引领发展。我们的工作不是简单的行和不行，而是要知进知退。我理解授信审批要做到知进退，就是要知道进什么退什么，何时进何时退，如何进如何退，进多少退多少。我们授信审批人员要充分考虑前台需要什么、客户需要什么、建设银行需要什么。我们以客户为中心，先授信后审批，客户进来时我们要把关，授信时要把关，授信以后我们也要为客户发展起到参谋作用，这样客户才觉得建设银行是真正为它着想，这样的银企关系才会牢不可破。客户真正的切入点在哪里？这要我们审批人开出药方。同时，要做到知进退必须要打破常规、善于总结发现新规律。如在支持住房租赁业务上，就不能按传统套路去审批，要从全局视角积极推动，与经营部门沟通共商，及时解决授信决策中的问题。田董事长高瞻远瞩，带领全行积极贯彻十九大精神，直面社会痛点难点，履行大行社会责任担当，全力推动住房租赁业务，对我们授信审批而言，现在有些政策可能还没有完全到位，如果按照传统思维去审批可能就不对了。不能说没制度就不能批，最近授信审批部也出台了一些指导意见，也主动与经营部门共同商量，及时解决决策当中遇到的问题。授信审批部门在管控资产质量方面要有担当，在促进住房租赁等业务发展方面更要有担当。其次，担当要体现家国情怀、政治考量，对利国利民的创新业务，如“蓝海项目”，现行制度有点跟不上，我们也要积极想办法在合规范围内给予支持，急事快办。对于事关民生项目也要主动作为，既要算效益账，更要算政治账；然而对于环保不达标、高能耗的项目，哪怕经济效益再好，也不能审批。授信审批必须要提高站位，一些项目即使效益再好，但是对环境形成破坏，老百姓不拥护的，对社会造成危害的，就要果断指出这种业务不能做，这就是担当。但对于普惠金融、“小微快贷”等利国利民的事情，我们就要在合规前提下大力支持，作为大行的审批人，我们站位就应该比其他同业要高。最后，担当体现在对前台部门、对客户的服务上，体现在提高办事效率上。建设银行将这样的权力赋予我们，是对大家专业能力的认可和对个人品质的信任，我们务必对得起这份责任和信任。我们也了解到，有极少部分审批人在担当方面有所欠缺。比如有的审批人做老好人，害怕得罪前台、得罪经营部门和下属机构，对项目一味放行，否决率极低；有的审批人工作拖沓，迟迟不提交审批结论，致使流程缓慢、丧失市场机会等；有的审批人怠于学习，对新形势、新政策、新业务不去了解，只吃老本，业务水平停滞不前。这些都是极不应该的！我在这里提出三个担当，一个是控风险把关口的担当，一个是贯彻新发展理念的担当，再一个就是对基层指导和服务的担当。

二是进一步增强对宏观趋势变化判断能力和实质性风险把控能力。近年来，金融去杠杆压力持续增大，相关监管要求和政策不断出台，对各级审批人员审批决策提出更高要求。首先，要提升与资源配置相关部门的协同作战能力。当前全行资本消耗占用快速增加，资本管理不容乐观，暴露出全行在信贷资源配置方面协同效应不强。作为资源配置的执行操作层级，授信审批部门要进一步强化与资源配置的战略、战术层级部门在目标导向等方面的协同配合，要梳通传导的梗阻环节，提升信息传递和协作行动能力，提高资源配置效率。不同产品占用资本不同，我们能不能就少用高资本占用产品，多用低占用资本产品，推动银行向轻资本占用方向转变，我们要在这方面多下工夫。其次，要深入研究资管新规带来的深刻变化。尤其是非标债权、非上市公司股权及各类长期限资产投资业务，亟须研究制定经营及授信策略。同时，需尽快推进存量业务重检，提前制定应对预案，对监管鼓励领域的授信审批要谋划调整机制。最后，要高度关注投融资体制改革产生的重大影响。在财政保障范围收窄、审批决策依据权威性下降、尽调深度范围调整的情况下，银行承担的企业违规风险增加和社会责任加大，授信审批人员要不断提升项目评估专业化水平和审批决策把关能力应对新挑战。

三是进一步增强政策执行和审批把关能力。审批人员具备较高的政策执行和把关能力，是保证资产质量稳定、助力转型发展的重要基础。但有少部分分行、少部分审批人对宏观经济形势预判及对行业的专业判断能力不足，在客户选择和行业客户进入退出政策执行方面出现偏差；对风险隐患客户真实风险程度缺乏判断，错失压缩退出时机；对实质性风险判断能力不足，对反复续议、复议项目未能坚持独立、审慎判断；有的分行对再融资办理标准把握不严，个别分行再融资类贷款不良率超过 20%；有的分行对于总行已经发布的清晰政策和管理要求执行不到位，对已出现风险事项的客户再新发放贷款。此外，纯新发放贷款审批存在标准偏松、把关不审慎的现象。2015 年有 36 家分行、2016 年有 23 家分行、2017 年有 25 家分行发生纯新发放贷款当年形成不良的情况。当年审批发放当年即暴露不良，确实反映出部分分行审批环节存在不少问题。例如，2015 年，在总行上收房地产行业相关授信业务的审批授权，执行“分行初审、总行复审”流程的情况下，仍然有分行发生超授权违规审批以及分行初审把关不严的问题。2016 年，个别分行对政府购买服务贷款业务在 2 个月内集中审批投放。经总行核查，该分行政府购买服务贷款风险特征高度一致。这种突击审批投放行为，不符合银行审慎经营的原则，也容易出现因同类客户集中、资产结构单一带来风险集中等问题，一旦地方政府信用出现危机，给我行带来损失将不可估量。2017 年，全行审批的资管类业务中超过 7 成投向地方政府主导领域，个别分行政府类相关业务已出现区域集中趋势，少数分行对财政层级较低、地方财力偏弱客户仍盲目新增授信，甚至为抢占市场机会，置应有审核程序不顾而先审批放款。到 2017 年末，部分分行存量政府类项目整改完成率不足 10%，潜在合规风险较大。此外已审批的部分融资租赁客户风险也应引起关注，部分客户资质参差不齐、实力相差较大，存在未来风险集中暴露的可能。

三、提升能力、积极作为，全面做好授信审批的“四个提高”

党的十九大、全国金融工作会议和中央经济工作会议明确了当前和今后一个时期经济金融工作要求、发展方向和工作重点。全行工作会议上田董事长提出了“牢记宗旨使命，践行大行责任，以新时代的新作为推动建行事业新发展”的要求。今年的授信审批工作要坚决落实党中央、总行党委有关部署要求，要着力提升三个能力。

一是要聚焦现代化经济体系建设，继续提升服务实体经济能力。服务实体经济不是任何企业我们都要给予支持，我们指的是要聚焦现代经济体系建设，这个特别关键。要积极支持战略新兴支柱产业发展，重点保障住房租赁、普惠金融、消费金融等领域授信审批质量和效率。要持续完善审批标准和授信工作方法，加大审批部门与经营部门、申报单位的沟通交流，将有限的信贷资源向重点领域和优质客户倾斜。我们要认真学习贯彻今年的两会精神，建行从哪里来到哪里去，经济发展从哪里来到哪里去，授信审批也要跟着从哪里来到哪里去，我们只有把握了本源，工作才能做得更好。

二是要保持重点领域严控态势，提升驾驭金融风险能力。要全面提高合规经营意识，从严把控新增政府类项目授信审批标准。要加强对资产证券化、上市公司投融资等新型业务的风险研究和预判，规范自主及委外投资债券类业务授信审批管理，切实落实“穿透审查”要求。要加强商业保理公司、中小商业银行授信的流动性风险管控，强化融资租赁客户、并购类业务的实质性风险判断，加强交易背景真实性审查，审慎把控新增授信需求。要把握低信用风险业务的高操作风险特征，严防操作风险和管理真空。

三是要优化流程机制建设，提升对业务发展的保障能力和引导能力。要进一步明确综合授信职能定位，提升评审层级，扩大评审参与部门，在管理上要向贷前、贷后“两头延伸”，做实

“三个结合”。要优化审批作业流程安排，着力提高战略新兴产业及绿色信贷等重点业务审批效率。大家要提高政治站位，牢固树立新发展理念，加强创新业务研究，促进创新业务加快发展。这些工作要求，总行在春节前下发的《2018年授信审批工作要点》已经作了明确，包括重点提升七项能力，回归本源，守牢底线，知进知退，精准作为，引导全行授信结构调整优化，促进各项业务健康发展等方面。

今天授信审批人专门培训班开班，学习的目的是要学以致用。对每位专职审批人的工作要求，我想大家能否在“八个字”上下工夫，努力做到“四提高”。

一是“质量”两字，要防控风险、引领发展，提高审批质量。审批质量提升永无止境，因为工作质量是各项业务健康发展的关键。我国经济进入高质量发展阶段，全行要把质量提高作为当前的重要任务。审批质量的提高要做到既要管控好风险，又要引领业务健康发展，我们的能力更要体现在后者，要做到精准作为。我们要发出信号，让前台人员知道要往哪个方向走，要从哪个方向纠偏多少度，审批人要能这么精准作为。管控好风险方面，审批人要重视分析研究工作，认真把握经济、社会、行业、企业的发展规律和趋势，做好进退；要善于总结经验教训，打牢审批工作的专业化基础；要关口前移，精细化操作，运用共享信息和工具，科学决策，严把风险底线。我们如何把好风险呢？那就是能力提升，具有超前思维。引领业务发展方面，银行是为实体经济服务的，为实现人民美好生活服务的，因此大家要对经济社会发展、政策变化、行业变化、新旧发展动能转换加大研究。对项目审批不是简单地说行与不行，关键是要指出为什么不行，怎样才行，这才是真功夫。要指导前台营销，找可行的项目，别在不行的企业、不行的项目里做无用功，要提出清晰导向，切实服务业务发展。

审批质量提升的重心在分行审批队伍。前面提到，全行授信业务大部分集中在一级分行及以下机构审批，从近三年全行发生不良的授信业务看，由一级分行及以下机构审批的金额占比97.8%。因此，一级分行及以下机构审批质量对全行信贷资产稳定向好起决定性作用。全行授信审批管理必须顺应新形势，坚持问题导向，调整工作重心，条线管理要以切实提高全行授信审批质量为核心，要进一步做好长效工作机制建设，要强化基础管理，缩小行际之间审批质量差异，提升综合化专业化水平等工作。在提高一级分行审批质量方面，总行有很多事情要做，举办培训班只能惠及少数参训人员，还要探索建立智库、数据库等新方式，争取惠及更为广大的审批人员。

二是“效率”两字，要运用工具，依托系统，提高审批工作质量和效率。质量和效率都需要，总行计划今年要完善授信审批系统，并将审批质量和效率监测列入年内重要任务。要尽快整合需求，加快开发进度，实现对综合授信、项目评估和信用审批环节质量和效率情况的实时监测和数据分析。要查找流程优化节点，研究差别化改进措施，实现效率提高。提高工作效率，要苦干加巧干，光苦干是不行的。首先，要提升我们自身的专业工作能力，艺高人胆大，能力强处理问题就会快；其次，要学会充分利用好各种工具、系统和信息资源，起到事半功倍的效果；最后，要积极开展调查研究，运用“二八”定律，更有效地做好工作。只要对客户很了解，信贷审批人员就能用20%的时间把80%的项目决策好，这就需要我们经常调查研究，了解市场，了解客户。用剩下的80%的时间去研究20%的新型业务和项目，我们熟悉这些业务后，它们也就逐步变成80%的老业务了。

三是“服务”两字，要立足本职、勇于担当，提高服务意识。审批人要树立“我为人人、人人为我”的服务意识，有良好的服务态度，有为前台服务的意识，切忌“门难进脸难看”。首先是服务好条线，做到上级为下级服务，对落后地区、刚进建行、刚进条线人员更要给予特别帮助，还包括对信息政策资源、外部数据、行业研究等共享支持；总行要为一级分行做服务，一级分行要为二级分行做服务。其次是服务前台营销，运用定期研究成果指导分行开展营销工作；最后是要提高政治站位和担当意识，对只顾经济效益而不顾社会效益和新发展观念的敢于说“不”，对“蓝海项目”之类利国利民项目要善于特事特办、急事快办。

四是“素质”两字，要党建引领、加强学

习，提高自身素质。新时代要有新作为，提升素质也要有新要求。尤其是专职审批人更要自觉践行“专家办行”宗旨，争取尽快都成为前台部门和各级分支机构信赖的专家和老师。让他们碰到客户问题、市场营销问题时首先想到我们。首先是突出党建引领，主动做好“两学一做”，以习近平新时代中国特色社会主义思想武装头脑，增强“四个意识”，提高政治站位，践行新发展理念。其次是学习学习再学习，不仅要认真学政治、学理论，还要刻苦钻研新业务、学习新知识，做到缺什么补什么，真正成为专家里手。最后是积极参加各种培训，总分行已经开发了很多培训资源，包括现场的、网络的、境内外、行内外的，后续总行还将优化总分行、前后台联动沟通机制，打造信息交流平台，落实各项培训计划，逐步建立起多层次、差别化、多渠道的培训交流体系。希望各位同事都能积极参与，有效利用，不断提升自身职业素养，为建设一流银行作出新贡献。

我们要感谢清华大学和总行人力资源部。总行对这次培训班非常重视，在总行培训计划未完全确定之前，就已经得到人力资源部的大力支持，和清华大学沟通，包括住宿餐饮、授课教程，都尽最大努力为大家考虑；学校方面也高度重视，配备的都是最强的师资，请到了不少大牌的教授，希望大家珍惜这次难得的机会，通过不长时间的学习，尽可能多收获。

最后，提几点培训班学习纪律和要求：第一，尊重老师，虚心听讲；第二，遵守纪律，严格要求；第三，踊跃发言，团结互助；第四，学有所思，学有所获。

预祝此次培训圆满成功，祝大家学习愉快，身体健康！谢谢！

在合规官试点工作中期汇报会上的讲话

朱克鹏

（2018年1月18日）

同志们：

今天，我们召开合规官试点工作中期汇报会，主要目的是总结试点行在聚焦合规主业方面已采取的工作措施和取得的工作成效，并研究下一阶段工作安排。刚才八位分行同志和总行内控合规部负责同志的发言很好，大家的交流很充分，达到了预期的会议效果。

合规官试点推进以来大家做了不少工作，特别是聚焦合规主业之后，合规工作思路及目标基本明确，职责定位、工作框架及推进路径逐步清晰，各家行的合规工作局面得到有效改善，从整个成效讲，应该充分肯定。但从各试点行情况看，效果不均衡，大部分行开展合规工作的基本方向是对的，在合规官体系建设、合规检查、违规问题处置、警示通报等方面有探索、有成效，但也有少数分行到现在还没找到感觉，进展严重滞后，不能按总行要求执行，工作效果不理想，需要立即整改，争取尽快有所改观。

下面，我从试点工作成效、试点存在的问题、下一步推进计划等方面谈几点意见：

一、试点工作成效

（一）基本形成了符合建行实际的合规管理总体思路

经过前期的试点探索及归纳总结，我们基本形成了清晰的、符合建行实际的合规工作整体思路，即确立“一个目标”、致力于“三个提升”、夯实“六大基础”、落实“八个步骤”、最终实现“两个确保、五个减少”的目标。确立“一个目标”，即用两到三年的时间建成一个科学先进、务实管用、满足监管要求、符合建行实际、覆盖全集团的合规管理体系；致力于“三个提升”，即致力于提升全员合规意识、提升合规管理专业能力、提升合规管理水平；夯实“六大基础”，即完善组织架构、规范制度体系、健全考评机制、加强合规队伍、建设信息系统、开发管理工具；落实“八个步骤”，即通过落实制度管理、合规审查、合规检查、合规报告、违规处置、违规整改、通报警示、完善内控，形成合规管理闭环；实现“两个确保、五个减少”，即确保法律法规、监管规定在建行得到遵循，确保行内规章制度得到有效落实，最终减少案件发生、减少重大违规事件、减少监管处罚、减少因违规导致的财产损失、减少因违规导致的声誉损失。各试点行对这套合规管理总体思路基本上有了较为清晰的认识，并结合分行实际推进实施，这是我们合规官试点取得的最大成效。

（二）全行干部员工合规意识有明显提高

过去大家不知道合规是什么、合规管什么、合规如何管，通过合规工作的持续推进，合规部门加大了培训力度，并通过警示教育、案例教育、合规宣誓、“合规建行”文化建设等多种形式开展教育工作，合规教育逐步由“运动式”开展教育活动向“润物细无声”的教育方式转变，重内容、讲实效。经过几年的努力，全行对合规重要性的认识逐步提高，各行对合规工作比以往更加重视，员工的合规意识有明显提升。

（三）基本搭建起合规管理制度框架

总行用了半年多的时间，初步搭建起合规管理制度体系，围绕理顺合规管理流程、规范运行机制、强化基础管理等三个方面，制定了关于合规检查、违规认定、违规处置、案件管理、内控评价、合规考核等25项基础制度。制度体系基本覆盖了合规管理的主要方面，总体上看，我行的合规管理制度体系是比较先进、符合建行实际的，为合规条线快速聚焦合规主业提供了基本的制度遵循，让大家有章可循、有据可依。

（四）圆满完成了配合监管检查任务

做好“三三四十”系列专项治理，既是落实监管要求，也是我行提高内部管理水平的重要契机。合规部门在牵头配合专项治理过程中做了大量工作，积极跟进并落实监管检查的各项要求，组织自查、寻找漏洞、督促整改，保持与监管机构的有效沟通，较好地完成了配合监管检查的任务。

（五）合规检查工作迈出了可喜的一步

过去，各行对合规检查的认识不太清晰，合规部门过去主要在业务部门自查、审计部门监督检查、外部监管检查中充当“二传手”的角色，合规抽查及检查不够。现在，我们针对合规检查下发了制度，对提出检查项目、设计检查方案、组织实施检查、形成检查成果、运用检查成果等一整套流程进行了全面规范。各行按制度规定，已经启动了合规检查工作。尽管检查的质量和效果还需不断提升，但毕竟迈出了可喜的第一步，而且部分行已经能通过合规检查发现一些重大违规问题，不管发现多少，只要能发现就值得肯定。违规发现能力是合规部门的基本功，没有这个基本功，合规管理的有效性就会大打折扣，但提升违规发现能力绝非一日之功，不能一蹴而就，需要一个过程，需要不断培训磨炼，才能逐步提高，路子对头了、功夫下到了、专业能力强了，发现违规问题的能力自然就提高了。

（六）违规处置尤其是对重大违规的处置取得显著成效

总行制定了违规处置制度，提供了积分、约谈、通报、暂停营业、降低或取消机构授权等各种处置手段，这是大家开展合规工作的有力“武器”。但能不能用得好，敢不敢用，是担当精神问题。一个行如果不敢处置违规，就不可能做好合规工作。从目前情况来看，积分、约谈等部分手段大家已经用起来了，一定程度上发挥了威慑作用，合规部门已不是“不长牙的老虎”，但“下重手”明显不够，大家顾虑较多，归根结底就是一个敢不敢担当的问题。总行对重大违规事件及案件处置迈出了重要一步，也取得了很好的成效，如对湖北咸宁分行案件、江苏常州案件、甘肃违规担保案等处置，总体反应迅速、跟进快，措施得力，处置得当，为各行处置重大违规事件树立了榜样。

（七）强制性的合规性审查制度已初步建立

总行对合规审查办法进行了修订，着重突出了业务部门的初审、合规部门的复审及对重大事项的提前介入，对全行制度、业务、产品的创新及重大调整严格把关。目前，合规性审查工作已全面开展，推进比较平稳，在合规准入、保障业务健康发展等方面发挥了积极的作用。

（八）合规报告机制已基本形成

目前，合规报告机制已经建立，制度要求很明确，责任已经压实，有的行已经报送了重大违规问题，有的行还是零报告，但大家都已经知道了合规报告的线路及要求，对违规不会藏着掖着，不然会有责任。有的合规官已承担起合规报告的责任，按照双线报告、垂直为主的原则，及时向上级合规部门报告情况。有的合规官没有报告，可能是没发现，也可能是发现了不敢报，如果是后一种情况，将来发现合规官知道而没有报告，一律按渎职问责。如实、及时、全面向上级合规部门报告合规情况，是合规官的最基本的工作职责，也可以说是合规官的“天职”，如果连这一点都做不到，那你就不配做合规官。

（九）考核评价制度已经发挥威力

合规管理不是请客吃饭，不是温良恭俭让。没有严格的、雷霆万钧的手段是管不好的。为此，我们针对合规官、合规部门、业务条线、各分行建立了一套严格的考评体系，把考核评价的笼子扎牢。目前，合规管理的结果与过程考评并重，合规的主体责任与管理责任考评并重，对机构一把手、合规官、合规部门都有相应的考核约束。合规KPI和对合规条线工作评价增加了违规处罚等结果指标，考评结果直接与切身利益挂钩，合规KPI结果影响班子成员的奖金收入和等级行排名，合规条线评价结果排在后面的，合规官及分管合规工作的负责人当年不能评优秀。这就把合规的主体责任和管理责任压实了，一把手肯定要承担本行合规管理的第一责任，而合规官要承担直接责任。

（十）基本搭建起合规管理机构框架

各试点行已搭建起辖内的合规管理组织体系，构建了各级合规官队伍，建立了合规职能部门，配备了合规岗位及人员。尽管人员的数量不足，素质还达不到专业性的要求，但只要合规官找准了职责定位，把工作理顺，合规人员就能逐步发挥作用。

二、存在的问题

（一）聚焦主业不够

聚焦主业不够是最大、最核心的问题，有的合规官可能对合规管理认识、理解得还不够清楚到位，没有把合规管理核心功能发挥好。合规管理有若干步骤，包括合规性审查、外规内化、文化建设、理念培养等，但最关键、最核心的是发现违规、处置违规、警示通报、举一反三，这是合规管理的基础。首先要能发现会带来重大风险和监管处罚的违规问题；发现违规之后就要做好处置，有的合规官对违规不敢处置、不敢触碰，见到违规绕着走，那是担当精神不够；再之后就是警示通报、完善制度、举一反三。这几项工作做不好，实现“两个确保、五个减少”的目标就无从谈起。

（二）发现违规问题能力明显不足

发现违规问题的能力不足是目前合规管理中的一个突出问题，光有工作热情、空有一番凌云志是不行的，关键是要具备发现违规问题的专业能力。合规队伍人数不是最重要的，最重要的是合规队伍的质量，也就是专业能力，当然我们也不要指望合规队伍专业能力提升能一步到位，只有通过持续地教育培养和锻炼，才能逐步提升人员的能力素质，满足合规管理的专业需求。在目前情况下，合规部门可以与业务部门共同组成检查组，借助外部力量把队伍带起来；也可以像纪检条线一样抓培训、抓考试，加大培养力度；还可以从法律、审计、风险、纪检监察等部门引进人才，充实合规队伍。只有经过一个阶段的积累，我们合规队伍发现违规的能力才能有一个质的飞跃。

（三）违规处置“宽松软”突出

违规处置“宽松软”的现象比较普遍，影响我们工作的严肃性及管理效果。如果违规问题查出来只是减扣积分，违规机构和人员是不会在乎的。对于严重违规问题，该扣奖金的扣奖金、该暂停业务的暂停业务、该移交纪检的移交纪检，要提高违规成本，让违规机构和违规人员对其违规行为付出惨痛的代价、付出巨大的代价，让大家普遍认识到，如果合规工作做不好，出现了重大违规事件或案件，就会给银行带来巨大的经济损失、声誉损失甚至严重监管处罚，后果是十分严重的，考核上对分行会有严重后果，这样才能起到对违规机构和人员的威慑作用。今年，我们开始试行监管处罚金额与分行绩效奖金挂钩的方式，加大对违规制裁的力度，监管罚你分行多少，总行等额扣减分行绩效工资多少，倒逼分行做好合规工作，千方百计避免监管处罚，决不能像过去那样“一罚了之”。

（四）工作作风不实、抓落实不够

目前，在合规条线存在着严重的官僚主义和形式主义，工作抓落实不够，往往文件发了、培训做了，不是要求说得不够清楚，但就是不抓落实，缺乏应有的执行力，一些分行热衷于搞形式主义，搞“假大空”，练“花架子”，就是不动真格的，总行三令五申要求聚焦合规主业，但个别分行仍然置若罔闻、我行我素，搞“上有政策、下有对策”，甚至阳奉阴违、敷衍塞责。举个例子来说，总行要求各行编写重大违规案例，作为本行的员工警示教育教材，要求将近几年本行发生的、有重大损失的、有教育意义的案件或重大违规事件拿出来，编写成册，用以警示全行。对总行布置的这项工作，有的分行根本没当回事，从来就没有组织编写，还有的分行为了应付，随便找几个不痛不痒的案例拿来凑数，还有的分行虽然勉强编出来了，但质量很差，根本不符合编写案例的要求。合规管理不能空喊口号，要落实到行动上，要拿成效说话。用本行重大违规案例去教育警示本行干部员工，实践证明效果是好的，这些案例都是我们用重大代价换回来的、血淋淋的惨痛教训，不能好了伤疤就忘了疼。从事合规工作的同志都想让领导重视合规工作，我们就是要用这些活生生的案例来告诉大家违规造成的严重后果，这是提高干部员工合规意识的最好方式，同时案例中对违规人员的严肃处理结果，对其他同志也是一个重要警示和有力震慑。

国际上、国内同业、我行自身的违规事件及案件都不少，合规部门就是要从这些案例，从打包、核销的贷款中找违规线索、挖掘违规问题，处置违规问题、警示教育全行，这是合规部门必须做也应当做的一项重要工作。

（五）担当精神不够

从现阶段违规事件发生和案件查处情况看，我们面临的形势是严峻的，层层作假、上下串通的情况屡见不鲜，造成大额损失。对机构负责人的有效监督及制约是需要着重研究的一个课题。从合规的角度做好监督和制约，就是担当精神的体现，就是要敢于揭示重大违规问题，敢于大力处置违规问题。要保证合规独立性，确保总行能在第一时间掌握案件及重大违规问题、第一时间跟进处置违规，这是对建行事业负责任的表现。目前，合规条线担当精神不够具有普遍性，敢于大胆发现、揭示、报告违规、下重手处置违规机构和违规人员的分行不多，有的分行连对违规人员扣几个积分都犹犹豫豫、犹抱琵琶半遮面，还有的分行对重大违规连发个通报都瞻前顾后、畏首畏尾、缩手缩脚，甚至把纪检机构发的通报拿来充数、贪他人之功为已有。合规机构和合规人员如果不敢担当、不敢动真碰硬，那是绝对做不好合规工作的。

（六）合规实效不够明显

合规官试点当然取得了一定成效，但成效还不够明显。具体表现在：案件还没有得到有效遏制，几家试点行都发生了案件；试点行合规部门和合规官对本行重大违规发现能力较弱，对发现、防范重大合规风险作用有限；对本行重大违规处置能力偏弱，多数重大违规事件都由纪检、信贷、审计等部门查处，合规官和合规部门对违规事件处置的主导作用没有得到很好的发挥；合规部门和合规官对减少本行违规事件发生、减少监管处罚和减少违规损失的作用不够明显，从内外部检查发现违规情况看，设立合规官的分行违规事件未见明显减少，与未设立合规官的分行区别不大。因此，各试点行合规官肩负着检验合规官制度是否有效、能否全行推广的重任，所做的工作要经得起检验，要拿出真金白银的工作效果来。

三、下一步推进计划

（一）坚定推进合规官试点工作的信心

我们对推进合规官试点工作的信心不是盲目的，而是有充分理由：首先，总行党委高度重视合规工作。国立董事长、祖继行长、郭友监事长都对全行合规工作，尤其是对海外合规、反洗钱工作高度重视，国立董事长提出“合规是建行一套重要的免疫体系”，祖继行长提出“合规是立行之本”，郭友监事长提出“不合规的客户不要，不合规的业务不做，不合规的业绩不拿”。总行党委给了合规部门很大的支持，调整了内设机构，为反洗钱业务中心破天荒的一次性增配了 24 名员工，海外机构的合规人员也得到增强，可以说总行党委对合规工作既高度重视，又寄予厚望。

其次，当前监管形势的迫切需要。国外及国内监管机构“严管重罚”的趋势日益凸显，不合规要付出惨痛代价，大环境的变化使得抓合规工作更有底气和信心。尤其是中央把防范金融风险放在三大攻坚战之首，而违规是导致金融风险的重要原因之一，像 P2P、影子银行、理财、同业等市场乱象背后都存在严重的违规行为，防范金融风险必须首先抓合规，现在银监会的市场乱象治理给我们开展合规工作提供了有利的外部环境。

第三，强化合规具备现实基础。目前我行处于违规违纪多发期、案件多发期，损失也很严重。金融风险的爆发多由于违规违纪，有的背后有贪腐的利益链。金融违规不治理好，金融风险很难防得住，而要治理好金融违规，合规部门的作用不可替代、责任更加重大，所以说强化全行合规工作势在必行。

第四，全行上下对加强合规工作已形成共识。通过一两年的试点工作，我们积累了大量经验，在体系框架、制度体系、文化意识等方面，都打下了很好的基础。

（二）聚焦合规主业

合规管理不能绕弯子、打圈圈，要直奔主题、抓住核心，其他工作不是不做，但要分清轻重缓急。怎么聚焦合规主业，上面已经说过了，就是确立一个目标，致力三个提升，夯实六大基础，做好八个步骤，实现两个确保、五个减少的目标。特别是把违规问题发现、违规处置、警示通报等核心工作抓紧抓实。

要提高合规检查的针对性、有效性，抓住重点、关键和薄弱环节部位，不要普遍“洒水”。合规检查报告也不要长篇大论，尽量表格化、模板化，减少文字量，提高工作效率，如检查时间、检查名称、检查组的组成、检查所做的动作、检查发现的违规问题、对违规处置建议等，用表格展示即可，不必写出书面检查报告。检查报告表要检查人签名，以示对检查结果负责。

要建立违规事件清单制度，对每一项违规处置都要统计、记录，并定期公布。我们不是以处置多少论“英雄”，而是以发现多少违规、处置多少违规、通报多少违规作为评价大家当前工作的主要依据和主要标准。抑制案件多发、违规多发、损失多发，必须下重手。

（三）紧盯重点违规部位

做合规工作不能不分轻重缓急、眉毛胡子一把抓，要把有限的精力和资源投入重要、重点工作上。比如合规检查，我们不追求数量，要突出实效，突出某一点、某一方面、某一部位，由点到面，切口小但切口深。今年，我们就重点盯信贷领域的违规。但在信贷违规上我们也要区分重点，比如民营企业和中小企业贷款违规严重、损失巨大，我们就重点盯这个领域的贷款。我们发现违规要嗅觉灵敏，找准重点机构、网点、业务，深查细挖，把违规找出来，把违规背后的利益链找出来，决不能让那些违规操作、以贷牟利的人轻易蒙混过关，一定要让违规者受到应有的惩罚、付出惨痛的代价。

（四）改进工作作风

中央要求重点查摆和纠正形式主义和官僚主义的十种表现，我行正在布置落实，各个部门都要找自己的作风问题，合规条线更要重点查摆。去年，合规部发过一个改进工作作风的文件，得到了大家的好评，今后工作中要继续坚持。日常工作该做的要做，但要抓住重点、抓到要害，把案件遏制住，把重大违规找到，把已经形成的违规有效处置了，做出特色、做出亮点，工作要更务实、更有成效，力戒官僚主义、形式主义，搞形式主义折腾别人、也折腾自己。今后，要尽量简化汇报材料，能表格化的尽量表格化，如对违规的处置就完全可以表格化，具体列示违规事件、违规来源和渠道、违规等级、怎么处置的、怎么整改的、通报了没有，做了什么一目了然。

（五）压实合规管理责任

合规条线如果没有坚强的执行力做后盾，就不可能把合规工作做好。各行要严格按照总行要求抓好各项工作的贯彻落实，不打折扣、不搞变通，可结合分行实际采取具体措施，但不准许阳奉阴违、就是拖着不办。落实好合规管理责任就是要求大家敢于担当，对违规敢于揭示、及时报告、及时处置。

合规条线的执行力首先体现在在座的各位身上，工作做得不好、抓落实不到位，在考核和条线评价上都会有所体现，考评结果会全行公开，这些结果都是由量化指标算出来的，不是主观评出来的，分行、合规官、合规部门负责人要承担考评结果的相应责任。合规条线绝对不允许“冗懒散”存在，也不允许自行其是、想怎么干就怎么干，要按照总行的统一要求去干。

同志们，今天召开这次汇报会，既是对前期试点工作成果的一次总结回顾，也是对试点工作中出现问题的一次检讨、反思，有利于进一步明确合规工作重点和下一步工作方向。大家既要看到试点取得的成效，进一步坚定推进合规官试点的信心，也要正视试点工作中出现的问题和不足，努力在今后的试点推进工作中加以解决。各位合规官要转变工作作风，敢于担当、勇于担责，聚焦合规主业，狠抓工作落实，牢牢围绕发现违规、处置违规、警示通报、举一反三，不断强化合规管理的核心功能，大力推动合规工作取得实效。

在中国建设银行纪检监察工作会议上的报告

朱克鹏

（2018 年 2 月 7 日）

同志们：

我代表总行纪委作全行纪检监察工作报告。

这次会议的任务是：深入贯彻党的十九大及十九届中央纪委二次全会精神，总结 2017 年纪检监察工作，部署 2018 年工作任务。昨天下午，党委书记田国立同志代表总行党委作了重要讲话，就深入学习贯彻党的十九大及十九届中央纪委二次全会精神，推进全面从严治党、从严治行提出了明确要求，对全行党风廉政建设和反腐败工作进行了全面部署。各级行要认真组织学习，结合实际抓好落实。

一、2017 年工作回顾

2017 年，全行深入学习贯彻党的十九大精神，总行党委带头并督促各级党组织和党员领导干部认真履行管党治党政治责任，一刻不停歇地推进全面从严治党、从严治行走向深入。全行各级纪检监察部门牢固树立“四个意识”，坚决贯彻中央纪委和总行党委部署，聚焦全面从严治党、从严治行，忠诚履职、积极作为，全行监督执纪问责的质量和水平迈上了新台阶。

（一）深入学习贯彻党的十九大精神，推进全面从严治党向纵深发展

全行各级纪委认真落实党中央、中央纪委和总行党委的部署，加强学习教育，强化管理监督，层层压实责任。

提高政治站位。总行纪委先后 5 次召开纪委会，专题学习习近平新时代中国特色社会主义思想，制发了《关于全行纪检监察条线深入学习贯彻党的十九大精神的通知》，周密制订学习计划。总行纪委负责同志分别到浙江、上海等分行进行党的十九大精神宣讲；在总行监察部网站设立学习贯彻党的十九大精神专栏，编发 17 期学习专刊下发全条线学习；举办一级分行纪委书记专题培训班；各级纪委书记、副书记结合工作实际撰写学习心得体会，总行监察部网站择优刊发 62 篇；在《建设银行报》刊发“庆祝党的十九大纪检监察工作巡礼”文章 11 篇，“全面从严治党”评论文章 18 篇。总行纪委坚持先学一步、学深一层，引领全行纪检监察干部切实把思想统一到党的十九大精神上来，把力量凝聚到落实党的十九大关于全面从严治党和正风反腐的各项部署上。

积极推动管党治党责任层层落实。全行各级纪委积极协助党委推进主体责任落实，组织签订并认真落实《全面从严治党责任书》，完善责任清单，细化任务分解。总行纪委赴 11 家分行督导检查党委主体责任落实情况，听取了 6 家分行纪委书记现场述职、8 家分行纪委书记工作汇报。注重用“三个办法”管住“三个人”，公开约谈考核排名靠后的分行党委书记、纪委书记和纪检监察部总经理。各一级分行也对辖内二级分支行认真组织开展了“两个责任”考核，累计公开约谈二级分支行党委书记、纪委书记 127 人。针对湖南省分行党委管党治党不力、对班子成员管理不严，纪委落实监督责任不到位的问题，责成分行党委、纪委全面反思、深刻检查，并通报全行。

将从严治党的要求体现到党员干部的日常管理监督中。各级纪委把落实全面从严治党监督责任作为加强党的领导的有力抓手，强化党员干部的日常管理监督，使管党治党从宽松软走向严紧硬。总行纪委制定了《纪委对领导人员提醒谈话和诫勉谈话实施办法》，充分运用监督执纪第一

种形态。认真落实领导干部上交礼金礼品制度，全行各级干部共上交礼品 1202 件、上交礼金 136.28 万元。制定了《领导人员廉洁档案管理办法》，实行一人一档、分级管理，作为领导干部评先评优、选拔任用的重要依据。全行各级纪委共开展干部党风廉洁情况审核 22763 人次，对其中 174 名干部的问题线索进行深入核查，对 80 名干部提出了不适宜任职的意见。总行纪委完成干部党风廉洁审核 650 人次，其中暂缓 15 人，提出不适宜任职 2 人。把党的十九大代表选举工作作为严肃的政治任务，共审核中央、总行和地方党代表推荐人选 227 人。

（二）严肃执纪执规，党纪行规成为“带电的高压线”

全行各级纪委把执纪执规质量当作纪检监察工作的生命线，强化集中统一管理，坚持“三严一适度”原则，有效运用“四种形态”，执纪执规质量明显提升。坚持“有案必查、违规必究、失责必问、触犯禁令必开除、涉嫌犯罪必移送”，区分政策界限，正确把握尺度，给予责任人恰当处理。2017 年，全行对违纪违规人员给予党政纪处分 3820 人次，其中党纪处分 312 人次，政纪处分 3508 人次；开除党籍 48 人，行政开除 146 人。给予处级及以上领导干部党政纪处分 241 人，总行党委管理干部 5 人。

实践监督执纪“四种形态”。各级纪委对干部的苗头性、倾向性问题和轻微违纪问题早发现、早提醒、早教育，对问题轻微的及时采用第一种形态给予提醒诫勉。对问题较轻的予以党纪轻处分，问题严重的给予重处分。全年运用第一种形态谈话、函询、提醒、诫勉 1391 人，第二种形态轻处分 251 人次，第三种形态重处分 50 人次，第四种形态严重违纪移送司法 11 人，充分体现了以纪律为尺度，由轻到重、层层递进的执纪审查要求。

落实“三严一适度”执规要求。各级纪委严格落实“严肃、严格、严谨、适度”的执规要求。如在信贷业务违规问题责任追究方面，将违规必究与尽职免责相结合，着力解决责任追究泛化、“棍扫一大片”和以经办责任代替领导责任的问题。2017 年全行追究信贷违规责任人数同比下降 27%，但处理领导人员和管理人员的比重同比提高 5 个百分点，在“准”的基础上做到“严”。

严把执纪执规质量关。总行纪委组织召开提高执纪执规质量专题视频会，深入剖析工作中存在的问题，对执纪执规环节进行规范。针对个别分支行对责任人处分不恰当、不审慎的情况，总行纪委建立了事前把关和事后重检制度，对拟给予党纪重处分、行政开除处分的，各一级分行作出处分决定前，由总行纪委对违纪行为的定性、量纪和执纪执规程序、文书进行把关，及时发现和纠正问题。定期对全行作出的重处分决定进行重检，做到客观公正、不偏不倚、不枉不纵。

规范执纪执规程序。总行纪委规范了问题线索处置、初步核实、立案审查、案件审理、处分决定宣告执行等程序，通过双人办理、岗位分离、分级审批、集体审议、审核监督等不同方式，做到自我监督不放松、程序严格不走样。各级纪委严格自我监督，自觉将执纪执规权力关进制度“笼子”、纳入程序轨道，做到规定程序一项不漏、规定动作一个不少。

强化问题线索集中管理。从自我发现和挖掘整合行内监督资源两方面入手，把各类渠道的违纪违规问题线索集中扎口到纪检监察部门的“大口袋”。建立了巡视、内部审计、内控合规、组织人事、法律、业务部门发现问题线索后向纪委移交的常态化机制。开发上线了纪检监察管理系统，实现了问题线索统收统管和分类处置的全流程和信息化管理。2017 年，全行纪检监察部门共受理违纪违规问题线索 4141 件，涉及 5439 人次；已完成分类处置 3812 件，其中立案、初步核实 3347 件，占 88%；谈话函询 273 件，占 7%；暂存、了结 192 件，占 5%。

加大问题线索核查力度。总行纪委制定了问题线索核查管理办法，上收核查权限，完善了操作流程。按照直接核查、交叉核查、所在机构自行核查三种组织方式，全面统筹全行核查资源，构建分类核查体系。2017 年，总行纪委组织核查 175 件，其中直查 55 件。全行各级纪委充分利用账户筛查、业务排查、财务检查、内部审计等手段，深挖违规问题背后隐藏的腐败行为。总行纪委对副处级以上干部问题线索的核查情况逐一进行督办，对分行问题线索核查质量按照 A、B、C

察组织机构设置和人员配备；督促子公司健全员工违规处理办法，严肃开展执纪执规工作。配合党委组织部对14家境外机构监察专员进行调整和增补，实现境外机构监察全覆盖。首次将境外机构监察专员纳入纪检监察干部培训范围，针对性地设计课程，增强监察专员履职意识，提高履职能力。

加强组织队伍建设。总行注重把政治强、业务精、作风硬、敢担当的优秀干部选拔到纪委书记、副书记岗位，2017年，会同党委组织部提名考察一级分行纪委书记4名、纪委副书记8名。明确“设立纪委监察部门、派驻纪检组、派驻纪检监察特派员、配备兼职纪检监察员”四种人员配备模式，由各一级分行根据辖内实际情况自主选择确定。优化队伍结构，全行专职纪检监察人员比2016年底减少340人，压缩幅度接近10%。扩大一级分行向二级分支行派驻纪检组试点范围，已有广东、上海、海南等6家一级分行在辖内派驻了纪检组，派驻方式更加灵活多样，一些分行通过“一托二”的方式，由一个纪检组负责两个分支行的监督工作，人力资源利用更充分、监督独立性更强。

开展纪检监察基础工作达标工程。总行纪委制定工作量化手册，逐项进行任务描述、流程分解、标准设定。各一级分行纪委对照86项达标事项和工作标准，逐项开展自查、摸清底数、找准短板、认真整改。总行监察部负责人带队，逐一对分行进行检查验收。除青海、湖北、内蒙古、重庆、深圳、四川、西藏、黑龙江等八家分行外，多数分行达标通过验收，分行纪检监察基础工作明显改进，基本实现领导干部党风廉洁监督、执纪问责“三部曲”、纪检监察条线管理、考核评价四个方面的标准化。

强化纪检监察干部监督。总行监察部设立纪检监察干部管理监督处，统筹全行纪检监察干部教育、管理和监督工作，加强了内部“防火墙”建设。对反映纪检监察干部的问题线索认真开展核查，对查实的违纪违规问题从严处理。2017年全行共核查纪检监察干部问题线索26件，给予3名纪检监察干部党政纪处分。

实施对重点分行的督导帮扶。针对“两个责任”考核长期落后的个别一级分行，总行纪委派出专项工作组，采取“走下去”和“请上来”相结合的方式，对分行纪检监察工作开展重点帮扶，一方面对分行党风廉政建设工作进行全面检查、分析、“问诊”、指导，另一方面对存在的问题直接点出、当场反馈、见人见事见责任，督促分行全面整改。实行纪检监察工作联系人制度，总行监察部每名同志负责联系1－2个分行，经常答疑解惑，宣讲执纪执规政策，有力促进了分行工作的规范化、标准化。

2017年，在中央纪委和总行党委的领导和支持下，我们较好地完成了各项工作任务。各级党员干部的责任意识、纪律意识、廉洁意识进一步增强，各级纪委的责任担当得到强化、监督执纪问责工作力度明显加大，全行纪检监察工作迈上了新台阶，呈现出了新面貌、新气象，得到了中央纪委和总行党委的充分肯定。这些成绩的取得靠的是党的十九大精神的指引领航，靠的是各级党组织管党治党的责任担当，靠的是全行纪检监察干部的砥砺奋进。在此，我谨代表总行纪委，向支持、关心纪检监察工作的各级党组织和广大干部员工，表示衷心的感谢！向辛勤工作在纪检监察条线的广大干部员工表示诚挚的问候！

我们深刻体会到，深入推进全面从严治党、从严治行，一要以习近平新时代中国特色社会主义思想为指导，坚持党的集中统一领导、向以习近平同志为核心的党中央看齐、落实全面从严治党要求。二要以责任传导引领、以责任考核驱动，层层落实管党治党的主体责任和监督责任。三要持续保持高压态势、强化“不敢腐”的氛围，推进标本兼治、构建“不能腐”的体制机制，加强理想信念教育，筑牢“不想腐”的思想堤坝。四要把纪律和规矩挺在前面，实践好监督执纪“四种形态”，抓早抓小、动辄则咎，坚决把存量减下来，重点把增量遏制住。五要坚持驰而不息正风肃纪，着力在常与长、严与实、深与细上下功夫，推进管党治行走向严紧硬。

在充分肯定成绩的同时，我们也要认识到全行纪检监察工作还存在一些问题和不足：一是个别纪检监察部门和纪检监察干部的纪律、规矩意识有待提高，对全面从严治党、从严治行的认识还不够到位，对反腐败态度还不够坚决；二是少数纪检监察干部的专业能力、专业水平还需提升，担当精神欠缺，不能很好地适应新时代全面从严治党新任务新要求；三是个别纪检监察组织队伍建设还需要加强，人员老化、照顾性、安置性的现象仍然存在；四是分行之间监督执纪问责工作开展不平衡，部分分行基础工作仍然薄弱，执纪执规质量不高，工作效率有待提升。对于这些问题和差距，我们要保持清醒认识，直面挑战，在强基础、提质量、严管理、促担当上持续用力，切实加以解决。

二、2018 年的主要工作任务

2018 年是贯彻党的十九大精神的开局之年，做好纪检监察工作意义重大。2018 年总体工作思路是：以习近平新时代中国特色社会主义思想为指导，深入学习贯彻党的十九大、十九届中央纪委二次全会和全行工作会议精神，切实履行纪委监督责任，以党的政治建设为统领，全面推进党的各项建设，持之以恒正风肃纪，深入开展反腐败斗争，强化监督执纪问责，加强纪检监察队伍建设，推动全面从严治党、从严治行向纵深发展，为全行改革发展提供有力保障。

（一）深入贯彻落实党的十九大、十九届中央纪委二次全会精神，坚定不移推进新时代全面从严治党

党的十九大确立习近平新时代中国特色社会主义思想为党的指导思想，发出了坚定不移全面从严治党、不断提高党的执政能力和领导水平的动员令。十九届中央纪委二次全会强调要重整行装再出发，以永远在路上的执着把全面从严治党引向深入。全行各级纪委和广大纪检监察干部要把学习贯彻习近平总书记重要讲话和中央纪委全会精神作为重大政治任务，学深悟透精神实质，认真开展“不忘初心、牢记使命”主题教育，推进“两学一做”学习教育常态化制度化，全面系统学、原原本本学、融会贯通学，学出更加坚定的信仰、更加纯粹的忠诚、更加牢靠的担当。要牢固树立“四个意识”，带头用习近平新时代中国特色社会主义思想武装头脑，始终坚持纪检监察工作的政治方向，坚持聚焦主责主业，严于监督、严格执纪、严肃问责。

把党的政治建设放在首位。各级纪委要坚决维护以习近平同志为核心的党中央权威和集中统一领导。一要严肃党内政治生活。严格执行新形势下党内政治生活若干准则，切实增强党内政治生活的政治性、时代性、原则性、战斗性。督促领导干部自觉加强党性锻炼，不断提高政治觉悟和政治定力。二要严明政治纪律和政治规矩。要对“七个有之”问题高度警觉，坚决同危害党中央权威和集中统一领导的行为作斗争。对在问题线索核查过程中阻挠、抗拒组织调查，搞串供或伪造、销毁证据，提供虚假情况的，在组织函询过程中不如实说明情况或故意隐瞒问题的，要严肃查处。三要全面净化党内政治生态。要聚焦政治立场、政治原则、政治担当和政治纪律，强化监督执纪问责，协助党委有针对性地、与时俱进地加强政治生态建设。

强化全面从严治党责任。要推动全行各级党组织切实担负起管党治党政治责任。强化“一岗双责”，完善党委主导、书记主责、纪委监督、党委部门和有关部门协同的全方位责任体系。要层层压实纪委监督责任，纪委书记要对监督执纪问责的质量和效率负总责，不能流于形式，不能上推下移。各级纪委要加强对分支行和部门党组织履行全面从严治党责任情况的监督检查，克服压力传导层层递减的现象，解决一些基层党组织软弱涣散、战斗堡垒作用不强的问题。要继续用好问责这个利器，坚决把该打的“板子”打下去。要通过制定责任清单、加强检查督导、强化考核评价、坚持公开约谈、严肃查处问责、典型案例通报等措施，督促全行各级党组织各司其职、各负其责，推动管党治党延伸到基层、责任落实到基层。

（二）全面加强纪律建设，让干部员工知敬畏、存戒惧、守底线

纪律建设是全面从严治党、从严治行的治本之策，为其他各项建设提供规范和保障。必须将纪律教育、纪律执行、纪律监督贯穿于正风肃纪和执纪问责的全过程。

强化纪律教育让党员干部知敬畏。各级纪委要按照《关于加强员工廉洁合规教育和党员党纪教育的意见》，抓好每一项教育措施的落地。通过组织专家讲座、观看警示教育片等多种形式，让党纪行规内化于心、外化于行。今年重点做好三项工作：一要用好反面教材。凡查结的党员领

（六）持续强化基础管理，推动纪检监察工作再上新台阶

全行纪检监察工作以达标工程为抓手，基础管理水平不断提高。今年要在巩固、优化、提升上下功夫，推动新时代取得新成绩、新担当体现新作为。

深化纪检监察基础工作达标。去年验收没有达标的分行要认真查找工作不足，有针对性地制定系统整改措施，尽快补齐短板，迎接“重检”。今年，总行纪委还要对达标工程手册进行修订完善，全行各级纪检监察部门要不断对标、持续达标，为全行纪检监察工作整体水平再上台阶夯实基础。

优化完善纪检监察管理系统。开发上线的纪检监察管理系统，为全行纪检监察工作标准化、规范化提供了良好平台。今年，要对系统进行动态优化，适时完善问题线索分类处置、执纪执规、干部廉洁监督等工作模块，不断提升全行纪检监察信息化管理水平。各行要做好系统日常维护工作，及时录入相关信息，确保系统平稳运行，持续提高工作效率和质量。

完善帮扶督导机制。总行纪委要继续选择部分基础管理较为薄弱的一级分行开展针对性帮扶，巩固帮扶督导效果。各一级分行纪委要有“下沉一级”的意识，确定自己辖内的帮扶督导机构，深入基层帮扶，形成常态化、制度化的机制，指导基础薄弱的分支机构改进管理。

着力提升基层机构纪检监察工作能力。各级纪检监察部门要致力于提升基层纪检监察工作的能力，强化纪检监察特派员管理，做实委派，抓实特派员日常履职的监督和管理，优化特派员考核指标，突出对特派员发现问题线索情况的考核，切实发挥纪检监察特派员“派”的权威、“驻”的优势。

（七）加强自身建设，进一步锻造忠诚干净担当的纪检监察队伍

各级纪检监察部门和广大纪检监察干部要始终做到忠诚坚定、担当尽责、遵纪守法、清正廉洁。认真履行好党和人民赋予的光荣使命，确保党和人民赋予的权力不被滥用、惩恶扬善的利剑永不蒙尘。

自觉忠诚于党，确保政治过硬。纪检监察干部要更加讲纪律、守规矩，对在监督执纪问责和巡视中通风报信、泄露信息违反保密纪律的，一经发现，严惩不贷。全行各级纪委和全体纪检监察干部要把学习《习近平谈治国理政》，作为深入学习领会习近平新时代中国特色社会主义思想的基本方法和重要途径，认真组织学习，增强真学真懂、真信真用的政治自觉和思想自觉。

加强能力建设，确保本领高强。坚持每年开展专职纪检监察干部“全员考试”，采取以学代教、以老带新、以案代训、上挂下派等多种方式，强化教育培训，不断增强岗位履职能力。开展案卷点评、以案说法等活动，采取经验交流、模拟办案等方式，增强办案实战能力。

抓班子带队伍，确保履职到位。紧紧围绕监督执纪问责，加大干部轮岗、交流和培训力度，强化日常教育管理监督，加强思想政治工作，对干部既要严格要求、严格管理，又要真情关怀、真心爱护，营造风清气正、严肃认真、团结和谐、心情舒畅的良好环境。

敢担当善作为，确保作风优良。各级纪检监察干部要保持艰苦奋斗作风，谦虚谨慎、戒骄戒躁，勤奋敬业、高度负责，真正把心思和精力用到本职工作上。要坚守党性原则，敢于唱“黑脸”、当“包公”，坚决同违纪违规行为作斗争，决不能消极懈怠、回避矛盾、做“老好人”。

恪守清正廉洁，确保自身干净。有权必受监督，用权不可任性。各级纪检监察部门在行使权力上要慎之又慎，在自我约束上要严之又严。全体纪检监察干部要保持做好新时代纪检监察工作的定力、耐力、活力，以永不懈怠的精神状态和一往无前的奋斗姿态，不松劲、不停步、再出发，一刻不停歇地推动全面从严治党向纵深发展。

同志们，全面从严治党永远在路上，纪检监察队伍责任重于泰山。我们要以习近平新时代中国特色社会主义思想为指引，认真贯彻党的十九大及十九届中央纪委二次全会精神，进一步增强自身的责任感和使命感，不忘初心、牢记使命，无私无畏、奋发有为，不断取得全面从严治党、党风廉政建设和反腐败斗争新成效，努力为全行持续健康发展作出更大贡献！

在2018年总行巡视工作动员部署会议上的讲话

朱克鹏

（2018年3月19日）

同志们：

今天召开2018年总行巡视工作动员部署会，主要任务是，深入学习贯彻习近平新时代中国特色社会主义思想和党的十九大、十九届中央纪委二次全会精神，贯彻落实全行工作会和全行纪检监察工作会精神，对今年全行巡视工作进行具体部署。下面，我就做好当前和今后一个时期巡视工作，讲几点意见。

一、深入学习贯彻党的十九大精神，坚决落实新时代巡视工作基本要求

党的十九大作出中国特色社会主义进入新时代的重大政治论断，确立习近平新时代中国特色社会主义思想的指导地位，提出新时代党的建设的总目标，发出坚定不移全面从严治党、不断提高党的执政能力和领导水平的动员令。十九届中央纪委二次全会深刻阐述党的十九大关于全面从严治党的战略部署，强调要重整行装再出发，以永远在路上的执着把全面从严治党引向深入，充分体现出党中央持之以恒、毫不动摇深化全面从严治党的坚强决心和历史担当。

习近平新时代中国特色社会主义思想，既是党和国家各项事业必须长期坚持的指导思想，也是做好新时代巡视工作的指导思想。党的十八大以来，巡视作为全面从严治党的重大举措、党内监督战略性制度安排，发挥了不可替代的重要作用。习近平总书记多次就巡视工作发表重要讲话，伴随管党治党的不断深化，逐步形成了系统科学的习近平巡视工作思想，为做好新时代巡视工作提供了强大的思想武器和行动指南。根据巡视工作实践需要，中央先后两次修改巡视工作条例，实现了巡视内容、方式方法、制度建设的与时俱进。在深刻总结党的十八大以来巡视工作创新成果的基础上，党的十九大对巡视工作作出新部署，新修改的党章充实完善巡视工作内容，专列一条对巡视巡察制度作出规定，为推动巡视工作向纵深发展提供了根本遵循。根据习近平巡视工作思想，依据党章和巡视工作条例，中央制定了巡视工作五年规划，确定了十九届中央巡视工作的“路线图”“任务书”。

全行巡视干部要把学习贯彻党的十九大精神作为当前重要的政治任务。深入学习贯彻党的十九大和十九届中央纪委二次全会精神，深入学习贯彻习近平新时代中国特色社会主义思想，特别是全面从严治党思想和巡视工作思想，准确把握精神实质，紧密联系工作实际，既要发扬以往巡视工作好的经验和做法，又要不折不扣贯彻落实新时代对巡视工作的新部署和新要求，坚持巩固、深化、发展，为全面从严治党提供有力支撑。

二、以党的政治建设为统领，坚定不移深化政治巡视

习近平总书记在党的十九大报告中部署新时代党的建设任务，第一条就要求“把党的政治建设摆在首位”，强调要“以党的政治建设为统领”，全面加强党的各方面建设。这是习近平新时代中国特色社会主义思想对马克思主义党建理论的重大创新，也是对十八大以来全面从严治党实践经验的总结。巡视作为政治监督，根本目的是夯实党长期执政的政治基础、跳出历史周期率。政治巡视，政治属性是第一位的，必须旗帜鲜明讲政治，把坚决维护以习近平同志为核心的党中

央权威和集中统一领导作为根本政治任务。赵乐际同志在十九届中央第一轮巡视工作动员部署会上强调，要坚持在党的全面领导上聚神、加强党的建设上聚力、推进全面从严治党上聚焦，深入监督检查党的政治建设、思想建设、组织建设、作风建设、纪律建设和夺取反腐败斗争压倒性胜利等情况，切实解决党的观念淡漠、组织涣散、纪律松弛、管党治党宽松软等问题。

巡视组要牢牢把握政治巡视定位，贯彻巡视工作方针，坚持以习近平新时代中国特色社会主义思想为指导，以“四个意识”为政治标杆，突出问题导向，盯住“关键少数”，查找政治偏差，着力发现违反政治纪律和政治规矩、领导干部腐败、员工身边不正之风、违反中央八项规定精神、干部不担当不作为、违规选人用人等突出问题。重点围绕以下六个方面进行监督检查。

（一）围绕党的政治建设，重点检查维护党中央权威和集中统一领导情况

党的政治建设是党的根本性建设，决定党的建设方向和效果，抓住政治建设就抓住了党的建设的魂和根，可以起到纲举目张的作用。

一是检查维护以习近平同志为核心的党中央权威和集中统一领导情况。看被巡视党组织领导班子成员特别是一把手，是否在思想上政治上行动上坚决维护习近平总书记党中央的核心、全党的核心地位；是否认真贯彻党章和新形势下党内政治生活若干准则，严明政治纪律和政治规矩；是否完善和落实民主集中制各项制度，做到“四个服从”，自觉维护党的团结统一；是否存在“七个有之”，对党不忠诚不老实，搞两面派、做两面人，以及破坏党内政治生态等问题；是否存在个人主义、分散主义、自由主义、本位主义、好人主义、宗派主义、圈子文化、码头文化等问题；是否存在危害党的团结，破坏党的集中统一等问题。这实际是对领导班子政治立场、政治忠诚、政治纪律和政治规矩的考校。

二是检查坚持和加强党的全面领导的情况。“全面”二字实际是对责任的要求。各级党组织担负的是全面领导的政治责任，对本单位所有工作都要负责。政治巡视要对照全面领导的要求，深入检查被巡视党组织是否坚强有力；是否总揽全局、协调各方，发挥党的领导核心作用；是否对党的全面领导存在模糊和错误认识；是否扛起管党治党政治责任，坚持党要管党、全面从严治党。

三是检查贯彻落实党的十九大精神和中央、总行党委决策部署情况。党的路线方针政策和重要决策部署最终要靠各级党组织来抓落实。巡视组要对照党的十九大精神，对照中央及总行党委相关部署要求，深入了解被巡视党组织是否密切联系实际真抓实干；是否存在贯彻执行不坚决不全面不到位、态度不鲜明、立场不坚定问题；是否存在上有政策、下有对策，虚伪应付、实不作为问题；是否存在合意的就执行，不合意的就不执行，选择性执行问题。

（二）围绕党的思想建设，重点检查学习贯彻习近平新时代中国特色社会主义思想情况

当前，党内政治生活出现这样那样的问题，归根结底是理想信念出了问题，丢了魂、忘了本。习总书记曾告诫全党，要切实解决好世界观、人生观、价值观这个“总开关”问题，拧不紧“总开关”，这样那样的出轨越界、跑冒滴漏就在所难免。这也是为什么总书记讲“不忘初心”。思想建设是党的基础性建设，要以坚定理想信念宗旨为根基，用新时代中国特色社会主义思想武装头脑，立根固本、补钙壮骨。巡视要深入检查被巡视党组织是否把学习贯彻十九大精神作为首要政治任务，深入学习领会习近平新时代中国特色社会主义思想和基本方略；是否扎实推进“两学一做”学习教育常态化制度化，认真开展“不忘初心、牢记使命”主题教育；是否存在学做“两张皮”，形式上学习新思想、新方略，具体工作中仍然走老路等问题。同时，要关注被巡视党组织是否牢牢掌握党对意识形态工作的领导权；是否注重加强阵地建设和管理，旗帜鲜明反对和抵制各种错误观点。

（三）围绕党的组织建设，重点检查选人用人和基层党组织建设情况

一是着力发现选人用人方面问题。为政之要，莫先于用人。习总书记曾形容，选人用人失误如同埋下“定时炸弹”。巡视要深入检查被巡视党组织是否坚持党管干部原则，突出政治标准，落实好干部标准，树立正确选人用人导向；是否严格按党的干部工作原则、程序、规矩办事；是否在动议等环节存在一把手说了算等问题；是否存在打招呼、递条子，干预干部选拔任用的问题；是否存在任人唯亲、封官许愿、搞亲亲疏疏等问题；是否存在“带病提拔”、跑官要官、买官卖官等不正之风，要特别关注是否存在违反干部任职回避和干部选拔任用回避问题，盯住新员工录用、干部子女职务调整等关键环节，减少裙带关系。同时，要把发现干部不担当、不作为问题作为重要监督内容，注重发现那些患得患失、爱惜羽毛的“老好人”，推诿扯皮、上推下卸的“圆滑官”，不求有功、但求无过的“太平官”。巡视对这类问题，决不能搞“温良恭俭让”，对为官避事、为官不为的领导干部要敢于亮剑。

二是着力发现基层党组织建设方面的问题。党的基层组织是确保党的路线方针政策和决策部署贯彻落实的基础，基层党组织坚强有力，党的执政基础就能坚如磐石。检查基层党组织建设不是简单地看看是不是按时换届、是不是坚持“三会一课”，而是要对巡视发现的基层党组织弱化、虚化、边缘化问题，通过剖析典型案例，查找问题根源，最终落到党组织的主体责任上，看是否真正落实管党治党责任，牢固树立抓好党建是最大政绩的观念，是否在思想上重视、措施上得力、行动上落实，有效发挥基层党组织战斗堡垒作用和党员先锋模范作用。基层党组织软弱涣散、领导乏力就会给不法之徒以可乘之机，巡视要透过现象看本质，突出基层党组织的政治功能。

（四）围绕党的作风建设，重点检查整治“四风”问题情况

作风是理想信念宗旨的集中反映，是党性修养的外在表现。党的十八大以来，作风建设成效显著，但作风问题的顽固性、反复性决定了抓作风建设注定是一场持久战、攻坚战。从近期通报和以往巡视情况看，不收敛不收手、顶风而上、隐形变异的问题仍不同程度存在，我们要以徙木立信的精神，常抓不懈、扭住不放、寸步不让。

一是紧盯落实中央八项规定精神情况和“四风”方面突出问题。中央下发了八项规定实施细则，释放了继续从严的强烈信号。巡视要看被巡视党组织是否认真执行中央八项规定和实施细则精神，是否拿出恒心和韧劲，管出习惯、抓出成效、化风成俗。总行党委刚刚下发了贯彻落实中央八项规定和实施细则精神的办法，巡视要对照《办法》，看看各单位是否细化办法规定，执行是否到位。在紧盯享乐主义和奢靡之风、防止反弹回潮的同时，要重点关注形式主义和官僚主义新表现，看被巡视单位领导班子和领导人员是否带头转变作风，坚持身体力行、以上率下，发挥“头雁效应”，有没有实打实地摆问题、找差距。同时，要着力发现是否存在表态多调门高、行动少落实差，以会议贯彻会议、以文件贯彻文件、只作批示不抓落实等重痕迹、轻实效的形式主义问题；是否存在回避问题、慵懒无为，不作为、不尽责、懒政怠政等脱离群众的官僚主义问题。

二是紧盯特权思想和特权现象。特权思想是产生作风问题的根源，特权是最大的不公，严重侵害群众利益。以往巡视发现，有些领导干部特权思想根深蒂固，认为自己在待遇上应该“特殊”一点，有的领导班子集体违规参与劳务分配、集体享受违规发放的福利；有的班子成员只知道自己是领导干部，忘记了自己还是一名党员，平时不主动交纳党费，不参加组织生活；有的领导干部子女在行内“到点”就提拔，去的都是好地区、好机构、好部门；还有的领导干部亲属公然干预行内的信贷投放、选人用人，性质极其恶劣。领导班子特别是主要负责人是反特权的重点，巡视组要抓住“关键少数”，看他们能否正确对待和处理公与私、义与利、廉与腐、俭与奢、苦与乐、亲与清的关系；是否做到严格约束自己，注重家庭、家教、家风，严格教育管理亲属和身边工作人员；是否存在利用职权或影响力为家属亲友谋求特殊照顾，领导干部家属亲友插手领导干部职权范围内的工作和人事安排等问题。

这里要重点强调几点，第一，在落实中央八项规定精神、反对“四风”等问题上，决不能有“特殊论”错误思想，特别是对子公司更要强调这一点。子公司作为金融改革的排头兵，在产品服务、经营机制上可以灵活多样一些，但决不能借口与市场接轨、行业惯例就肆无忌惮。只要是在党的领导下，纪律面前一律平等。巡视组在巡视子公司时要严格把握这一点。第二，查找“四风”问题时，一定要严格把握政策界限和时间节点，找准突出问题，做到问题实、定性准，让对方心服口服。第三，巡视只管发现问题，不负责

首次探索对海外机构的巡视。分行巡察要覆盖到所辖二级分支机构、本部职能部门，并向城区及县级机构延伸。全行要做好全面摸底、测算，统筹安排好巡视巡察进度，将“探照灯”照到各个角落。

二是着力增强全覆盖实效。全行巡视巡察工作要坚持有形覆盖和有效覆盖相结合，防止巡视工作表面化、形式化。不能为了全覆盖而全覆盖，要坚持进度服从质量、形式服从效果，必须在“深、准、透、实”上下功夫，政治巡视要深、发现问题要准，分析问题要透，整改问题要实。全行要积极开展“回头看”，体现监督的韧性，“回头看”就是“再巡视”，既检查巡视整改情况，又发现新问题；对那些整改不到位、群众反映依然强烈，特别是对“关键少数”反映仍比较集中的单位，可以尝试开展“机动式”巡视；针对特定领域、专项问题可以探索开展专项巡视。不断探索完善全覆盖路径，出其不意，形成利剑高悬、震慑常在的巡视效应。

五、需要重点强调的几个问题

2018 年是贯彻党的十九大精神的开局之年，也是全面提升巡视监督质量、持续推进巡视工作向纵深发展的关键之年。我们要与时俱进，着眼巩固深化发展，不断提升政治巡视的综合效益。

（一）精准发现问题，当好“侦察兵”

发现问题是巡视工作的生命线，把好生命线，关键在于提高发现问题的精准度，点准“穴位”，做到有的放矢、切中要害。

一是要深化政治巡视的监督重点。深化政治巡视，必须要在监督内容上进一步突出重点、精准发力，防止泛化、虚化、浅表化。经过近两年的巡视，我们越来越发现，过去容易查找的一些“面上”的问题已经基本得到纠正，简单对照检查清单就能发现的问题越来越少，下一步发现问题的侧重点必须随之深化，由着重看表象、看形式，到更加注重看质量、看实效，把政治巡视往深里抓、往实里做，不断提高发现问题的深度和精准度。比如，检查“四个意识”强不强，要由说没说、做没做，向做得怎么样深化；检查党内政治生活情况，要由会议开没开、记录有没有等表象问题，向“三会一课”质量高不高，批评和自我批评辣味够不够，民主集中制执行是否到位等深化；检查选人用人情况，要在看程序是否合规的基础上，着重看是否突出政治标准，真正把好干部选出来、用起来，群众的反映怎么样、满意度如何。

二是要紧盯“关键少数”。巡视监督的对象是被巡视单位领导班子和领导人员，特别是一把手。所谓“治国先治吏”，一把手管好了、盯紧了，会带动一个单位风清气正和事业健康发展，反之则遗患无穷。监督领导班子、领导人员，则面临上级监督远、下级监督软、同级监督难的问题，而巡视恰恰是破解一把手监督难题的有效途径，是规范权力运行不可替代的重要举措。总行巡视组在这方面有了很大进步，敢于动真碰硬、盯住不放，近两年行内查处的重大违规违纪问题，包括一些领导干部的贪腐问题许多都是巡视发现的。巡视已经成为发现问题线索的重要渠道，起到了很好的震慑作用。下一步，还要继续坚持，不断提高政治站位和政治觉悟，相信以各位组长的工作能力和担当精神，我们能做得更好。

（二）如实报告问题，画好“政治画像”

巡视报告就是给被巡视党组织画“政治画像”，画得像不像、准不准，是考校巡视组能力水平的重要标尺。

一是班子画像要“鲜活”，突出个性和特点。要通过巡视报告，让党委对被巡视党组织的概况有所了解，对其基本状态做到“心中有数”。要从政治上看问题，历史地看、动态地看。看领导班子是否团结和谐，有凝聚力、战斗力；一把手驾驭能力如何，抓班子带队伍能力怎么样；民主集中制执行情况如何，一把手是独断专行、搞“家长制”“一言堂”，还是只讲民主不讲集中，议而不决、决而不行；班子特别是一把手政绩观、价值观如何，是注重打基础、谋长远，注重健康可持续发展，还是急功近利、只顾眼前利益，搞短期行为；领导人员的政策把握水平、专业素养和精神状态如何，群众认可度怎么样，有无个别班子成员状态不佳；履行管党治党责任、担当精神如何，是否敢抓敢管、敢于碰硬；是否具有较强的执行力、推动力，有无倾向性、苗头性问题，等等。

二是反映问题要“凿实”，保证专业性和权

威性。对巡视发现的问题，写入报告之前，要仔细甄别，去粗取精、去伪存真，坚持“言不苟造，论不虚生”，确保所有问题都有政策依据、事实基础、来源出处，经得起历史和实践检验。针对以往巡视报告中出现过的问题，特别强调：历史的问题已经整改到位的，审计等检查得出结论、巡视没有新发现的，已经核实处理过的问题，不要直接作为巡视发现问题写入巡视报告，要确保巡视报告的专业性、权威性，杜绝巡视工作投机取巧、“炒冷饭”。

（三）推动解决问题，做好“后半篇文章”

习总书记强调，巡视发现问题的目的是解决问题，发现问题不解决，比不巡视的效果还坏。要做好巡视“后半篇文章”，推动改革、促进发展。建设银行巡视工作要进一步明确责任、加强督查、强化成果运用，发挥巡视标本兼治战略作用。

一是强化整改责任。巡视整改是检验“四个意识”的“试金石”，整改不落实，就是政治上不担当。巡视发现的问题，根本责任在被巡视单位党组织，要直接找党委书记说事，真正把责任压下去。要建立问题清单、责任清单、任务清单，明确整改措施和时限，做到即知即改、立行立改、真抓实改。“善除害者察其本，善理疾者绝其源”，要透过现象看本质，通过问题找原因，举一反三，穷根溯源，做到根源性整改。同时，整改不能止步于“建章立制”，满足于阶段性成效，不能有“交了账，就过了关”的思想，要狠抓制度执行，加大持续性整改力度。

二是强化整改督查。去年，总行对政治巡视以来部分分行整改落实情况进行了现场督查，取得较好成效。今年，要继续总结经验，优化督查方案，创新督查方式，对照问题清单，重点看上次巡视的问题是否整改到位，相关责任人是否处理得当，立行立改是否改得彻底、有无反弹，特别是总行党委、巡视工作领导小组重点关注的问题是否得到解决，巡视移交的问题线索是否认真核查处置等。要用好问责武器，对整改责任不落实、整改不力、敷衍整改的，推动严肃问责、通报曝光，发挥警示震慑作用。

三是强化成果运用。对巡视发现的问题和线索，要按照干部管理权限和职责分工，及时移交处置。要打好“组合拳”，违规违纪问题交给纪委处理，特别对反映领导干部的问题线索和“四风”问题，要优先研办；要建立线索跟踪台账，与监察部门实现无缝对接，移交的问题线索决不能“石沉大海”、不了了之。选人用人中的突出问题交给组织部门处理，对那些不担当、不作为、不适宜任现职的干部，该调整要调整，要把巡视结果作为干部考核评价、选拔任用的重要依据。对巡视中发现的普遍性、倾向性问题，综合分析，形成专题报告。

六、坚持打铁必须自身硬，加强巡视队伍建设

巡视工作担负特殊使命和政治责任，总行巡视组代表总行党委的权威，要按照“信念过硬、政治过硬、责任过硬、能力过硬、作风过硬”的要求，打造一支高素质专业化巡视队伍。

第一，加强政治建设，做到对党忠诚。作为巡视干部，政治上的忠诚是第一位的，要深入学习领会习近平新时代中国特色社会主义思想，坚定理想信念宗旨，做到对党绝对忠诚。要加强党组织建设，严肃开展组织生活，引导巡视干部坚定对党忠诚、为党分忧、为党尽职的政治担当。要提高政治站位和政治觉悟，增强政治警觉性和政治鉴别力，善于从政治上辨析问题。这里，要特别强调把握政治和业务的关系。没有离开业务的政治，也没有离开政治的业务。巡视是政治巡视，不是业务巡视，但不能不了解业务，否则就无从发现问题，甚至说外行话。同时，如果政治上没有站位，就容易陷入具体业务中就事论事，无法找出政治偏差。要把业务问题放到党的领导、党的建设、全面从严治党的政治层面去分析，落到管党治党政治责任去查找，这才是政治巡视的真谛。

第二，加强能力建设，增强监督本领。巡视工作政策性、专业性都很强，巡视干部要成为行家里手，既要政治过硬，也要本领高强。要增强学习新知识、掌握新本领的自觉性和紧迫感，补强本领上的短板、能力上的不足。接下来，我们会安排为期一周的培训，大家要抓紧学习巡视工作需要掌握的政策制度、方式方法，尤其是新进组的同志要通过学习，尽快熟悉业务，尽早进入

状态，组领导和老同志要搞好“传帮带”，大家在学中干、干中学，练就敏锐、深透、能准确抓住问题要害的能力。同时，要发挥巡视熔炉作用，把巡视岗位作为发现、培养、锻炼干部的重要平台。

第三，加强作风建设，维护巡视队伍形象。要自觉弘扬党的优良传统和作风，带头执行落实中央八项规定精神，严禁借巡视调研之名变相旅游，巡视组的吃、住、行一律严格执行行内财务管理规定。巡视干部要谦虚谨慎、戒骄戒躁，踏实干事，不能口大气粗、盛气凌人。要坚持求真务实，深入实际，听实话、察实情、求实效。要强化责任担当，坚持党性原则，有敢于担当的“铁肩膀”，特别是巡视组长要敢于绷起脸来当“黑脸包公”，我们是内部巡视、内部监督，更要强调这一点。

第四，严明纪律要求，强化监督管理。律人者必先律己。巡视监督别人，必须在自我约束上慎之又慎，在监督管理上严之又严，坚决防止以巡谋私、超越权限、跑风漏气。习总书记在谈到中央巡视组组长时说，现在巡视组长很“吃香”，成为被“围猎”对象。我们虽然是内部巡视，大家也要绷紧这根弦，防止别有用心之人套取、打探巡视消息。组长要认真落实“一岗双责”，既抓工作、也带队伍，严格日常监督管理，防止“灯下黑”。最后，也请大家注意身体，巡视在外非常辛苦，经常加班加点，工作强度和压力都很大，要劳逸结合，组长们多关心爱护组里的同志；巡视办要做好支持服务保障。

同志们，继往开来启新程，重整行装再出发。2018 年的巡视工作即将开始，新时代巡视工作任务艰巨、责任重大、使命光荣，我们要不忘初心、牢记使命，保持良好的精神状态和优良的工作作风，鼓足干劲、再接再厉，坚决完成总行党委交给的巡视任务。

狠抓落实 标本兼治 深入推进合规管理体系建设

——在2018年内控合规工作会议上的讲话摘要

朱克鹏

（2018年3月23日）

同志们：

上午好！

今天，我们召开全行内控合规工作会议，主要任务是贯彻落实全行工作会议精神，总结回顾近三年来全行内控合规工作的成效，深入分析全行合规管理工作面临的形势、存在的问题，并对2018年全行合规管理的各项重点工作进行安排和部署。本次会议既是一次合规培训会，又是一次推动全行合规体系建设的动员会。

习近平总书记在十九大报告中要求“守住不发生系统性金融风险的底线”，中央经济工作会议则明确把防范化解重大风险列为“三大攻坚战”之首，其中防范化解金融风险是重中之重。应当说，商业银行的合规工作是防范金融风险的一道重要防线，对于改革发展和实现经营目标有着举足轻重的作用。

总行党委始终高度重视集团合规工作。国立董事长去年在听取总行合规部汇报时强调“合规是建行一套重要的免疫体系，要充分发挥内控合规的作用”；在今年全行工作会上，国立董事长又重申了合规管理和反洗钱工作的重要性，要求始终把合规摆在首位；在2017年度监管通报会议上，国立董事长明确提出“不懂合规的行长就是一个不合格的行长，不重视合规的行长就是一个不称职的行长”。国立董事长到建行任职之后，对约堡突发事件、新疆发生的美元事件，及海外机构子公司最近发生的合规风险事件等都做了多次的批示。祖继行长也反复强调“合规是立行之本”。郭友监事长对海外机构明确提出要严格遵守“三不”，即“不合规的客户不要；不合规的业务不做；不合规的利润不拿”。静波副行长为了推进合规官试点与合规体系建设工作，殚精竭虑，辛勤付出，为全行合规管理奠定了良好基础。总行党委的厚望和要求，是我们做好合规工作的重要动力。我们要牢牢聚焦合规管理主业，下大力气提升合规管理实效，为全行业务健康可持续发展作出更大贡献，不辜负总行党委和高管层的信任和重托。

下面，我主要讲三个方面的内容。

一、内控合规工作回顾

近几年，全行合规条线在总行党委的领导下，通过不懈努力，合规管理整体思路更加清晰，合规管理制度体系逐步健全，合规工作的核心功能得以强化，合规官试点工作有序推进，经验方法逐步向全行推广，合规管理和反洗钱管理基础不断夯实，合规各项工作取得了较好成效。

（一）抓实主线，明确合规管理的总体思路

合规管理总体思路逐步清晰。在借鉴国际先进银行经验的基础上，结合我行实践，形成了合规工作整体思路：确立“一个目标”，即建立一个科学先进、务实管用、满足监管要求、符合建行实际、覆盖全集团的合规管理体系；致力于“三个提升”，即提升全员合规意识、提升合规管理专业能力和提升合规管理水平；夯实“六大基础”，包括健全合规组织架构、打造高素质合规队伍、优化考核评价体系、规范制度流程、建立合规管理系统、丰富合规管理工具；落实“八个步骤”，包括制度管理、合规审查、合规检查、合规报告、违规处置、违规整改、通报警示、完善内控；最终实现“两个确保、五个减少”，即确保法律法规及监管规定在建行得到遵循、确保行内规章制度得到有效落实，减少监管类案件、重大违规事件、监管处罚、因违规导致的资金财产损失、因违规导致的声誉损失。特别要强调的是，“五个减少”是对集团的整体要求，具体到分行、子公司、海外机构，要争创“五无”先进合规单位，即无监管类案件、无监管处罚、无重大违规事件、无重大违规损失、无违规负面舆情。

合规官试点工作稳健推进。在国内同业中率先试行合规官制度，通过在八家分行开展试点，进行有益探索，为下一步全行推广打下了良好基础。目前，各试点行已搭建起以合规官为核心的合规管理组织架构，设立一、二级分行合规官，建立了专门的内控合规部门或团队，在业务部门也设置了合规团队或岗位。去年，总行制定了《合规官工作指引》，进一步规范了试点分行合规官的履职要求，督促合规官履职尽责。合规官试点工作开展一年多以来，取得了较大成效，但也存在各试点分行发展不均衡的问题。有的分行工作推进比较快，有的分行推进缓慢，还有个别分行推动不力，试点成效不显著。

（二）深耕布局，搭建完成合规管理制度框架

合规管理制度基础得到夯实。2017 年，总行相继制定或修订了三大类共 26 项合规管理基础制度。在规范管理方面，制定了合规报告、合规检查、违规处置、案件管理、反洗钱等 9 项制度；在规范运行机制方面，制定了“三评价一考核”等 14 项制度；在操作规程方面，制定了员工合规必读等 3 项制度。这些制度使全行合规管理工作有章可循、有规可依。

规章制度管理步入正轨。集中开展规章制度梳理规范工作，修订问题制度，集中清理废止失效制度，先后向总行 34 个部门发送 37 份《规章制度修订管理建议书》，涉及规章制度 452 个，并督促部门将问题整改到位。建立规章制度系统平台和监管规则库，整合全行 5.8 万余个存量规章制度，逐一设置标签和关键词，收录 2759 个监管规则，有效提升了制度的查询和检索效率。

（三）坚持问题导向，强化合规工作的核心功能

强制性的合规审查制度初步建立。目前，全行已建立规章制度和产品创新事项合规性审查工作机制，着力从源头加强合规管控。2017 年，全行合规性审查事项共计 2065 件，覆盖 30 个业务单元，其中涉及新业务、新产品的合规性审查 1841 件。从审查结果看，复审意见为同意的事项 1430 件（占比 69.2%），同意并附修改意见的 607 件（占比为 29.4%），及时纠正产品和业务中的合规瑕疵，体现出合规管理融入业务流程，合规关口前移。

合规检查迈出可喜一步。总行通过制定合规检查管理办法，编制合规检查要点，推动全行上下积极开展合规检查工作。各分行合规部门加大了自主检查力度，基本扭转了以往在业务检查、审计检查和监管检查中充当“二传手”的被动局面。尽管合规部门自主开展检查的能力还有待提升，但是已迈出重要和关键的第一步。2017 年，一级分行合规部门自主开展合规检查项目 191 个，总计检查约 355.1 万笔业务，除反洗钱、关联交易、操作风险等合规条线业务外，还覆盖了信贷业务、柜面业务等案件或重大违规易发高发领域。

合规报告机制基本形成。从报告范围看，合规报告已覆盖一级分行、直营中心、境外机构和子公司，确保无死角。从报告频率看，月度、季度和年度工作定期报告，重大事项随时报告，报告时效性逐步增强。全行合规条线已经树立发现重大违规第一时间报告的工作意识，有效提升违规应对与违规处置的效果。2017 年总行共收到分行报送的特别严重违规事件 34 件，为及时处置提供了重要保证。

违规整改效能持续发挥。建立科学的违规整改工作机制，针对审计发现的 10 大类“屡查屡犯”问题，督促业务主管部门从全行体制、机制、制度、流程、系统等方面进行认真整改。2017 年，总行共对 31 类审计项目、176 个主要审计发现问题的整改工作实施督促，推动重要问题的根源性整改。

违规处置效果明显。通过建立总分行联动机制，从事实核查、违规剖析、风险排查、资金资产追索、舆情应对、监管沟通等方面，完成了 9 起监管类案件和 4 起特别严重违规事件处置工作，成效突出。其中湖北分行虚假理财案、广东分行套取贷款资金案、云南分行员工窃取自助设备资金案，实现了风险敞口的全面覆盖或全部挽回损失。除个别案件外，总体上未出现大的负面舆情。全行在案件和严重违规事件的处置中，向司法机关移送 8 人，给予 66 人行政处分。对违规机构合规约谈 36 次、通报批评 36 次、责令整改 42 次、暂停业务 5 次、纳入内控评价 102 次。对违规人员违规积分约 7.4 万人次、总积分约 12.3 万分，减发年度绩效 409 人次、合计减发金额 109.96 万元。

违规通报机制初步建立。2017 年，针对专项整治工作发现的违规问题，总行共发布违规问题通报 60 次，包括员工与客户发生资金往来、贷款资金流向监控缺失、向客户提示产品风险信息不到位、开户或挂失材料审核不全面等。各一级分行合规部门也基本能按照“处理一起、通报一起”的要求，认真开展违规通报工作，充分发挥警示教育作用，使广大员工心有所畏、行有所止。

考核评价制度彰显威力。全行建立完善了内部控制评价、合规条线评价、同级部门评价和合规 KPI 考核的“三评价一考核”机制，并不断优化评价方案与指标。坚持结果与过程并重、合规的主体责任与管理责任并重的导向，对机构“一把手”、合规官或分管合规工作负责人、内控合规部门都有相应考核约束，与奖金收入、等级行排名、评优等挂钩，有效引导各机构切实履行合规主体责任与管理责任，积极实现合规管理目标。

（四）聚焦主责主业，不断完善合规管理专项工作

反洗钱管理基础得以改善。2017 年，全行共上线 8 个系统优化版本，完善了 70 项系统功能。其中，制裁清单监测系统上线试运行，开始对跨境业务进行实时监测；异常交易模型和大额交易模型不断完善，交易数据质量持续向好，数据需补录率从 2015 年的 0.6% 下降到 0.18%，IT 支持保障能力进一步增强。经过不懈努力，去年我行在四大行中率先实现作业集中化，基本完成“两个集中”，即反洗钱监测的一级分行集中和缺失数据补录的总行集中。全行可疑交易报告质量明显提升，据中国反洗钱监测分析中心反馈，2017 年我行上报的可疑交易报告中有 32 份与执法部门办理的重大案件有关联关系，立案数量居四大行之首，有效协助有权机关破获案件并获好评。境外机构反洗钱管理得到加强，跨境美元清算信息不完整等问题基本得到整改。

操作风险管理成效明显。深入推进操作风险自评估，2015 年至 2017 年，总分行累计开展 232 个自评估项目，主动识别业务风险点 1561 个，优化制度、流程和系统 89 项，及时消除风险隐患。建立覆盖总分行、海外机构和子公司的关键风险指标监测体系，涉及员工流动、系统保障、被诉案件、客户服务等 13 个重要领域，对操作风险有效监测预警。收集操作风险损失数据两万多条，全面分析全行损失数据分布情况。同时，创新统计方法，开展信贷违规损失专题分析、监管处罚情况分析，提升合规管理针对性。积极开展操作风险管理信息系统建设，提高质效，在荣获我行金融科技进步奖二等奖后，又获中国人民银行银行科技发展三等奖。

业务连续性管理不断提升。组织全行 27 个业务部门，共同开展了 87 个业务领域、123 个基础产品、100 个新一代核心系统应用组件的业务影响分析工作，形成全行应急管理及灾备管理的统一策略。这是首次由我行人员独立开展的业务影响分析工作，弥补了业务连续性管理方面的短板。针对新一代核心系统上线后技术架构和业务运营变化情况，组织推动总行各部门制定专项应急预案，重要业务的预案覆盖率达 100%，确保有效应对运营中断突发事件。

内部交易与关联交易管理平稳有效。制定了较为完备的关联交易和内部交易制度，各机构均按制度要求设立了关联交易和内部交易岗位，配备了人员。关联交易系统不断优化，节省了人力，大大提高了全行关联交易和内部交易识别、数据统计、报送的准确度。

（五）围绕集团国际化、综合化经营，强化境外机构与子公司内控合规管理

境外合规管理体系逐步健全。总行内控合规部专门设立了境外机构合规处，建行集团 32 家一级境外机构均设立了合规部门或团队，聘请了当地合规官，充实合规力量。通过建立境外机构合规官选聘机制、合规官双向报告与重大事项报告机制，提高总分行响应能力。通过对新任职的境外机构负责人的合规辅导、合规官培训班以及覆盖境外全体人员的合规网络培训，传导总行合规政策，促进境内外合规工作经验交流，提高专业能力。

境外监管沟通机制基本建立。以实施美国《沃尔克规则》和《强化外资银行集团审慎标准规则》（EPS 规则）为契机，建立了全行监管政策的联动执行机制。其中，组织完成了《沃尔克规则》项目实施工作，对包括总行本部、境内外分行、子公司以及集团联营与合营企业在内的116 家一级机构、554 家实体的 50 个交易台和1291 只基金进行全面评估，落实合规要求。建立监管检查问题整改协调机制，对建行亚洲、纽约、伦敦、多伦多等机构的监管检查整改工作进行督促与指导。2017 年，多家境外机构的合规工作获得当地监管认可，监管评级结果基本稳定，悉尼分行的审慎监管评级还获得了上调。

子公司合规管理初见成效。制定《子公司合规管理办法》和《子公司合规 KPI 考核办法》，进一步加强建行集团对子公司合规工作的统一管理。各子公司能够认真按照监管规定和总行要求开展合规工作，逐步完善公司合规体系建设，均建立了较好的信息沟通和报告机制。目前子公司未发生监管类案件、重大违规事件、无监管处罚和重大舆情事件，风险合规情况基本稳定。

（六）夯实基础，稳步推进合规组织队伍建设

合规组织架构不断完善。按照合规管理职能，总行调整了内控合规部内设处室的设置。同时，在总行党委的高度重视和人力部门的大力支持下，总行反洗钱中心建设进展迅速，补充了 34 名新员工，人员队伍力量大大增强。全行内控合规组织体系不断完善，总行各业务部门设立了内控合规处室或团队，37 家境内一级分行均设立合规部门。截至 2017 年末，全行内控合规与反洗钱专职人员总计 2930 人，境外机构合规人员 204 人，人员队伍逐步充实，为内控合规工作的开展奠定了基础。

合规条线工作作风改进明显。通过统一思想、聚焦主业，践行合规工作关键步骤，整个条线的精神面貌有了很大改观，从员工、干部到领导班子的凝聚力增强，战斗力和执行力也大幅提高。总行内控合规部主动印发《关于改进部门工作作风的意见》，明确提出十项具体措施与要求，大力整顿作风问题。合规条线工作抓得实，要求严，工作作风得到改善。

员工合规意识大幅提升。近年来，通过组织开展合规文化倡议、“合规践行”大赛、合规文化学习等系列活动，扩大合规文化的传播力与覆盖力，参与人数达 182.5 万人次。通过开展常态化的警示教育、经典案例选编、合规宣誓及“合规建行”文化建设等，摒弃“运动式”的合规教育活动方式，将合规理念的宣导潜移默化地融入日常工作中，重内容、讲实效，全行员工合规意识明显提升。

2017 年，合规条线还承担了“三三四十”系列专项治理工作。全行上下积极响应、协同工作、扎实推进，较好地完成了自查和配合监管检查的任务。从监管机构公布的结果来看，我行共发现3415 个问题，目前绝大多数已完成整改。我行最终罚款金额合计 805 万元，是五大行中处罚金额最少的，实现了总行党委确定的问题最少、处罚金额最小、不当反面典型的目标。专项治理工作基本涵盖了我行主要业务，涉及多个业务条线，是大家共同努力的成果。

2017 年，建设银行在国内银行业规模排名第2 位，品牌价值大幅提高，资产质量、业务发展、存款、贷款、中间业务收入、财务指标等在同业中都处于较好水平。今年，全行业绩快速增长，成为同业中的翘楚。建设银行取得的亮丽业绩与卓越成就，是全行干部员工努力的结果，更离不开合规条线全体干部员工为全行稳健发展、依法合规经营保驾护航所做的大量工作和辛勤付出。在此，我代表总行党委、高管层向各部门、各分行、境外机构、子公司的全体内控合规工作人员表示衷心的感谢！

二、深刻认识建立健全合规体系的重大意义与必要性

尽管我行的合规工作取得了积极进展，但内外部形势对合规工作提出了更高要求。一方面“严监管”成为常态，处罚力度不断升级；另一方面，我行案件、严重违规事件时有发生，违规导致的资金损失仍很严重，合规形势依然严峻。对此，我们必须清醒地认识到，我们的合规管理总体水平与总行党委要求、与我行作为全球系统

重要性银行所应具备的能力还有相当大的差距，全行要深刻认识进一步强化合规管理工作的重要性、必要性和紧迫性，加强合规管理、健全合规体系势在必行。

（一）充分认识银行合规工作面临的严峻形势

国际监管持续趋紧，监管处罚“大单”频出。近年来，因违规问题遭受到巨额监管处罚的银行不胜枚举，从国际同业看，包括汇丰银行、法国巴黎银行、德意志银行等国际知名银行均受到巨额处罚。据统计，2016 年全球银行共遭到处罚420 亿美金；2017 年，巴基斯坦哈比银行的纽约分行和拉脱维亚 ABLV 银行因合规问题被关闭，美国富国银行受到了资产“零增长”的严厉处罚。从国内同业情况看，2016 年以来，中资银行的海外机构共遭受了 63 次处罚，合计达 15 亿元人民币。继农业银行遭到美国监管 2. 15 亿美元处罚之后，近期某行纽约分行又因反洗钱工作不到位，遭到美联储下达的停止与中止令。

国内监管压力空前，罚款金额屡创新高。2017 年银监会开展“三三四十”等专项整治，开启了金融业“强监管”“强问责”周期的大幕，全年共开出行政处罚 3452 件，处罚机构 1877 家，是 2016 年的 3 倍，罚没金额 29. 32 亿元，是 2016 年的 11 倍。同时，还进行了人员追责，对 270 人施以取消从业或高管任职资格等处罚。进入 2018 年，强监管态势延续，监管文件出台频率大幅提高，央行、银监会连续发布多项监管规定，全面规范银信类、资管类等业务；银监会相继出台多个专项领域的监管文件，对委托贷款、债券业务、同业风险暴露、同业负债等领域进行了详细规范。与此同时，整治市场乱象力度不减，银监会提出了 2018 年整治乱象工作的相关要点，将整治银行业市场乱象的工作推入深水区。银监会对众多银行大案要案开出罚单，例如，对农业银行北京分行的“票据换报纸”案处罚 1950 万元，对民生银行航天桥理财“飞单”案处罚 2750 万元，对浦发银行违规授信案处罚 4. 62 亿元，对广发银行“侨兴债”案处罚 7. 22 亿元。同时，人民银行也因金融机构违反清算管理规定开出亿元巨额罚单，对民生银行和平安银行处以重罚。在今后很长一段时间，监管的高压态势不会变，且范围更广、规则更细，给银行的合规工作提出更高要求，带来更大压力。

行内案件和严重违规时有发生，合规工作任重道远。从我行情况来看，合规风险形势同样不容乐观，2017 年，全行境内分行共被监管处罚 168 笔、处罚金额 4736 万元，与上一年相比，处罚笔数增加 44 笔、罚款金额增加 2174 万元。同时，案件多发的态势未得到有效抑制，重大违规事件仍时有发生。2017 年全行共发生 9 起监管类案件、1 起重大案件风险和多起重大违规事件，涉案金额从以往的百万元跃升至千万、上亿元，几个分行接连暴露亿元以上大案。深入分析原因，每个案例的背后几乎都有内控缺陷或有规不循的情况，都有对风险隐患存在侥幸或视而不见的情况，都有缺乏合规意识、责任意识、危机意识，违规操作、管控不足、跟进不够、处置不力、日常检查不到位等问题。

（二）充分认识我行合规管理基础的薄弱现状

一是组织架构不健全。当前，全行尚未完全建立起上下贯通、责任清晰、条线管理顺畅的合规管理组织架构，较为完善的合规管理体系尚未形成，合规信息上下传递的及时性仍待提升，工作上传下达的落实效果还未有保障，合规管理实效仍显不足。大部分基层机构没有设独立的合规岗位，有的基层机构虽设了岗位，但专业能力与基层合规工作的客观要求仍有差距。

二是合规队伍整体偏弱。一方面，表现为合规队伍的专业能力不足。专业能力是决定合规工作成效的关键所在，既要熟悉监管规则，又要了解业务实操。从目前情况看，一级分行合规部门缺乏既熟悉监管规则、又精通银行业务的人员，现有队伍离专业性的要求尚有一定差距。试点行合规官能力也参差不齐，工作推动力度不一。另一方面，担当精神不够。责任感不强、担当精神不足是合规条线普遍存在的问题。主要表现为：一是不敢大胆发现、揭示、报告违规事件，不能确保总行在第一时间掌握案件及重大违规问题；二是违规处置偏松偏软，对于发现的违规多采取较轻的处理方式，只是积个分、谈个话，不敢下重手处置。有的分行对违规人员扣几个积分都犹犹豫豫；有的分行对重大违规连发个通报都瞻前顾后；甚至个别分行对待违规问题像看到烫手的山芋，不敢触碰、畏于处理，不能保证合规的独立性和权威性。合规工作的第一责任人是机构的一把手；合规官是直接责任人；合规部门要对机构的合规工作负最终责任和总体责任。合规部门与合规人员要有舍我其谁的勇气和一马当先的魄力。如果我们不敢担当、不敢动真碰硬，是绝对做不好合规工作的。

三是合规体系的有效性尚未充分显现。目前，全行案件高发态势还未得到有效遏制，发案数量居高不下，个别案件情节恶劣、损失巨大；重大违规事件发现能力偏弱，多数重大违规事件是由纪检、审计等部门查出，真正由合规条线发现的重大违规事件很少；违规处置力度不够，未能让违规机构和违规人员付出惨痛代价，警示作用和威慑力尚未充分发挥。这些现象说明，全行的合规体系还不健全，合规工作还存在着单打独斗、各自为战的现象，未形成有效合力。

四是合规聚焦主业不够。这是最关键、最核心的问题。制度管理、合规审查、合规检查、合规报告、违规处置、违规整改、通报警示、完善内控是合规管理的“八个步骤”，形成合规管理的闭环。当前最关键的工作就是做好发现违规、处置违规和警示通报。有的分行对合规核心功能的认识不清晰，理解不到位，对待工作敷衍塞责、得过且过，自主开展合规检查较少、重点不突出、系统不支撑，仍停留在“二传手”的角色；有的分行热衷于搞形式主义、练“花架子”，统计检查业务笔数动辄成千上万，却找不准关键和要害，未能有效发现严重违规，尤其是可能带来重大风险和监管处罚的违规；有的分行对于总行的要求搞“上有政策、下有对策”，工作方式粗糙，缺乏执行力，对发现的一般违规处置方式单一，对重大违规处置不力，警示通报工作也不见进展。合规核心工作做不好，合规管理就难以取得实效，“两个确保、五个减少”的目标更无从谈起。

五是合规管理手段、管理工具相对缺乏。当前，合规条线最大的短板就是合规管理系统无法满足当前各项工作开展的需要，系统建设进度严重滞后。合规工作各专项系统相互独立、分散，没有合理的整合，各项数据相互孤立，缺少统一视图。从管理工具来看，多项合规核心工作缺乏必要的技术手段支持。一是合规检查工具欠缺。检查问题库、检查要点等核心工具仍然处于空白，导致发现问题的能力差、检查效率低。二是监管规则库尚未充分发挥作用。合规审查缺乏工具支撑，各机构的审查工作质量参差不齐。三是合规报告缺少系统支持。定期报告大量依靠手工处理，数据质量和报送时效缺乏稳定性，人为干扰因素过大，报告效率较低。

六是境外机构合规管控能力不足。目前，全球监管日益趋严趋同，处罚力度空前，境外机构面临着前所未有的合规压力。面对监管高压态势，我行也未能“独善其身”。2017 年境外机构陆续暴露出几起合规风险事件，其中：约堡分行因反洗钱工作不到位受到南非央行行政处罚，这也是我行发生的首例境外监管处罚事件。伦敦机构、卢森堡机构、智利分行先后因基础管理不健全、公司治理不规范、合规反洗钱存在薄弱环节、审慎指标破限等原因暴露出不同程度的合规风险。几起事件看似偶发，实则反映出我行境外机构普遍存在着合规意识不足、对当地监管法规了解不够、合规主体责任落实不到位、合规资源配置不充分、缺乏监管有效沟通、合规部门核心职能未充分发挥、反洗钱能力亟待提升等共性问题。

七是反洗钱基础薄弱。尽管我行在反洗钱体制机制建设方面做了很多工作，取得很大成效，但对标同业最佳实践，我行的反洗钱工作还存在不小差距。从反洗钱系统来看，制裁清单监测系统覆盖面不全，跨境业务实时监测系统还未全面上线，可疑交易监测准确性有待提升。从基础工作来看，全行客户身份信息数据缺失问题突出，信息完整率仅有 30% 左右；报送的防御性可疑交易报告过多；部分机构因客户身份识别把关不严遭监管处罚。

（三）充分认识健全我行合规体系的重大意义

健全合规体系，是主动顺应监管变化、满足全球监管要求的需要。建设银行要确保全球合规稳健运营，就必须主动顺应全球监管标准不断提高、监管力度日益强化的演变趋势，顺势而为，不逆潮流而动，全面满足全球不同国家和地区的监管要求。监管要求是规范我们自身经营行为的硬框框、是硬性约束和经营底线，要不折不扣地主动遵循监管各项要求，不讨价还价，更不能与监管博弈。在合规意识方面，要实现由被动合规向主动合规的转变，让合规遵循成为一种自觉、自发的管理活动和业务行为，这是健全合规体系的前提和基础条件。

健全合规体系，是防范系统性金融风险、确保国家金融安全的需要。防控金融风险是打好防范化解重大风险攻坚战的重点。引发金融风险的因素有很多，虽然有经济周期和外部不确定因素等原因，但有相当一部分是由违规造成的，包括很多银行的倒闭。例如，多年前的巴黎银行破产，“百年老店”一夜之间灰飞烟灭；2008 年美国金融危机中雷曼兄弟和两房（房地美、房利美）的破产，背后都有违规经营的影子。因此，防范金融风险离不开一套健全有效的合规体系。

健全合规体系，是自觉践行国有大行责任和担当的需要。建设银行是国有大行，在国家金融体系中地位重要、责任重大。我们要充分认清作为国有大行的基本职责和天然使命，主动增强合规意识，完善合规体系建设，做知规守规的模范；要主动对标国际先进实践，持续提升合规管理能力；要自觉规范经营行为，确保合规稳健运营，践行大行责任，履行政治责任与社会责任。

健全合规体系，是服务于全行业务发展转型、提升核心竞争力的需要。能否成为一流银行，看的不仅仅是一时的业绩利润，更需要守法合规、守信诚实的品牌形象，需要无惧变化、百年不倒的稳健经营保障。要使我行保持世界一流、国内最佳商业银行的地位，就必须夯实合规基础管理、提升合规管理能力、打造出有能力敢担当的合规队伍、健全合规管理的机制流程工具、推动各项合规核心工作的执行落地、形成“不敢违规、不愿违规、不能违规”的合规文化，并最终将合规文化融入建行集团的基因。

健全合规体系，有利于降低经营风险、改善资产质量、提升经营效益。作为第二道防线，合规部门虽然不能像业务部门那样直接创造利润，但可以通过健全合规体系，有效减少案件和违规事件的发生、减少监管处罚、减少因违规造成的各方面损失，也是在创造价值。据合规部门粗略统计，2015 年至 2017 年底，涉及违规的信贷资产总金额达到了 1277 亿元，占已处置不良资产总额的 47.9%。这仅是违规损失的冰山一角，还有大量的民事败诉案件、违法案件损失都与违规直接相关。健全合规体系，有利于减少违规损失，从而间接提升经营效益。合规体系的规范完备，不仅会带来风险管控能力的整体提升，也会相应地改善资产质量，最终确保经营效益的稳步提升。

健全合规体系，有利于赢口碑、树形象，提升品牌价值。坚持合规经营，是赢得监管信任、增强投资者信心和获得市场认同的前提和基础。良好的品牌形象和强有力的品牌价值需要持续的精心维护，如果合规出了纰漏，品牌形象往往会瞬间崩塌。美国富国银行由于非法销售、账户造假，严重侵害客户权益，不仅导致监管重罚，其市值在短短几天内就缩水 7%，品牌价值大打折扣，违规带来惨痛代价。建行的品牌价值是一代代建行人辛勤耕耘换来的，只有不断健全合规体系，减少违规负面信息和舆情，才能在政府监管机构、客户、同业保持良好的口碑。我们要像爱护自己的眼睛一样来珍惜爱护建行的声誉。

（四）统一思想，明晰合规体系建设方向

加强合规管理、健全合规体系的重要性和重大意义毋庸赘言，全行对此已形成共识。健全的合规体系应至少具备以下几个基本要素：

一是一支专业敬业、务实高效、敢于担当的高素质队伍，这是做好合规工作的前提。一方面，要有专业性。作为管“尺度”和“准绳”的专业人士，合规人员既要熟悉国家法律、监管规则，也要熟悉银行业务和经营管理流程。另一方面，要有担当精神。合规部门要处置违规行为，对违规机构与个人问责，容易得罪人，要敢于“亮剑”。离开专业技能讲担当是乱担当，而有了能力不担当是不作为，须同时具备这两种素质，才称得上合格的合规人员。

二是系统完备的制度体系，实现制度分层分类、全流程管理。制度的层级和边界清晰，效力明确，没有死角、无真空，制度之间不冲突。各类制度均能及时更新维护，始终保持简便、务实、管用的制度属性，保证银行各项业务活动、管理活动均有规可循，有据可依。

三是覆盖各层级、各条线的合规组织架构，做到合规管理有部门、有岗位、有人员，职责明确、分工清晰。保证合规管理“横向到边、纵向到底”，确保总行的要求、上级机构的要求均能得到有效贯彻，让合规在各部门、各层级、各岗位都能得到有效遵循，合规管理不留空白。

四是高效顺畅的合规管理运行机制，确保合规体系内的各类主体、各种措施、各项工具能有机配合、协调运转，让合规管理发挥最大效力。其中，通过考核评价机制发挥“指挥棒”作用，保证各项合规管理措施、制度、办法、流程切实有效地得到推行，引导合规管理的目标和方向始终聚焦不偏离，达到“不待扬鞭自奋蹄”的状态；通过垂直报告机制，保证合规信息传递及时有效，上级机构能够及时掌握下级机构的情况，为管理决策、处置应对提供有力支持；通过通报机制表扬先进、批评落后，明确传导总行工作导向；通过督导机制抓合规管理的重点机构，加强对基础相对薄弱、案件和严重违规事件多发频发的机构的一对一帮扶，补齐管理短板。

五是功能强大、先进发达的系统工具，能够支持合规的全流程管理，支持合规信息的汇集分析，支持合规管理融入业务流程，支持专业化决策、精细化管理。

健全合规体系是一项长期的“系统工程”。在推进过程中，需要定期检验和阶段性验收，严把质量关。判断合规体系是否有效，“工程质量”是否达标，可以从几个维度来考量：

第一，合规意识是否提高，合规理念是否深入人心，合规文化氛围是否形成。具体而言，可以从员工的行为来判断，合规是否真正融入“血液”，成为一种本能、自觉和习惯，对合规的遵循是自己主动的、自愿的选择，而非因担心被处罚所进行的被动应对。

第二，合规的要求是否能全面融入业务流程，贯彻落实到操作执行中，通过合规审查提前阻断违规，通过检查监督事中纠正违规。在业务与合规的要求发生冲突时，能否坚定不移、毫不犹豫地选择遵循合规，把遵循合规变成习惯。

第三，违规问题能否被及时发现并报告。合规体系健全时，多数情况下合规都能得以有效遵循。一旦发生违规，是否具备及时发现违规的能力、及时报告违规的机制，能否将违规问题遏制于萌芽，遏制于单点和局部，而不至让违规滋生蔓延，破坏合规体系的健全性，影响业务的健康发展。

第四，违规问题整改是否及时，整改是否到位，能够有效举一反三，防止违规问题屡查屡犯，“按下葫芦起了瓢”。

第五，违规处置是否及时有效，是否能够作为支持合规工作的有力武器，保障合规工作的严肃性及管理效果。能否对违规机构和人员进行威慑，遏制住案件和严重违规多发的势头，有效减少损失的产生，降低负面影响的扩大。

结合当前合规工作现状，判断合规管理是否有效的短期目标应落脚于能否有效实现“五个减少”，即案件数量能否减少乃至消除，监管处罚能否有效减少，违规事件能否有效减少，违规造成的损失能否减少，负面舆情能否减少。

三、狠抓落实，积极推进合规体系建设

2017 年是打基础之年，合规管理的整体思路基本明确，制度体系初步搭建完成。2018 年则以抓落实为核心，积极推进合规体系建设。今年合规工作的成效将会直接决定我们能否顺利实现用三年时间构建完成合规管理体系建设的目标，可以说是合规管理体系建设承上启下的关键一年，抓好落实责任重大。总的要求是，全行合规条线要进一步聚焦合规主业，深化标本兼治，一方面抓核心功能建设，进一步提高违规发现能力，加大违规处置力度，强化警示通报，举一反三，不断完善内控；另一方面狠抓基础管理，尽快补齐反洗钱制度短板和系统短板，进一步加强境外合规管理。同时，要压实合规责任，进一步明晰合规主体责任、合规管理责任和合规监督责任，相关部门各司其职、协调配合、上下齐力将全行各项合规管理工作落实到位，共同推动合规管理各项工作有效落地，促进合规管理体系顺畅运转。今年，要重点抓好十个方面的工作：

（一）充分发挥合规管理的核心功能

落实合规管理“八步骤”是我们实现“两个确保、五个减少”的关键。其中，违规发现、违规处置和警示通报是当前工作的重中之重，是合规管理的“三大利器”。

一是要有效提升违规发现能力。发现违规是违规处置和违规整改、举一反三的基础和前提。发现不了违规，其他合规管理措施和行动就无从谈起。因此，各级合规部门要瞪大眼睛、拉长耳朵，紧盯违规多发易发领域和业务，千方百计主动发现违规。要整合监督资源，发挥监督合力，

建立多渠道发现违规的工作机制。合规部门除自我发现外，要善于广开门路多渠道收集汇总违规线索，如外部监管检查、内外部审计、监察、法律诉讼、信访举报等等。

要提高合规检查的独立性和权威性，丰富检查手段，改进检查方式，多使用飞行检查与突击检查等形式，尽可能提高违规发现的机率。总行要建立合规检查方案库，实现信息资源共享，尽量简化检查操作，实行清单式检查。对于监管部门通报的违规典型案例，实行排查制度，并落实排查责任；对于风险和案件易发、高发部位，要提高检查的频率和深度。鼓励业务部门自查自纠、自我整改，对于业务部门检查发现的问题，只要没造成重大损失、不良影响等后果，原则上不做违规处罚，由业务部门自己处理。对于外部监管、内外部审计及合规检查发现的问题，则应按照规定进行处罚；要科学设计 KPI 考核指标，提升违规问题发现能力的比重，对于合规检查发现的重大问题给予加分，对于应发现未发现的重大违规问题，应予扣分。

二是要加大违规处置力度。违规处置工作是合规管理最核心的功能之一，能否做好违规处置是检验合规部门有效履行合规管理责任的主要依据，也是检验合规部门是否敢于担当的试金石。合规部门就是银行内部的“交通警察”，要敢于对违规“开罚单”。对监管和审计发现的违规尤其是严重违规，一级分行合规部门必须迅速跟进、紧盯不放，不仅要及时报告、有效应对、全面整改，更要对涉事的机构和人员严肃处理。要因地制宜，用好对违规机构的通报、约谈、停止业务和取消授权等工具，用好对违规人员的减发年度绩效、取消晋升资格、调整岗位，以及移交纪检监察部门给予行政处分等措施，让违规之人无立足之地，让违规之事无所遁形。要让违规机构和违规人员付出惨痛代价，一次处罚、牢记一生。今后，对出现调查报告不及时、风险排查不到位、未能从根源整改、问责不及时或处置偏松偏软等问题的机构，要追究合规部门和相关人员的责任。

三是要强化警示通报。各机构对于案件或重大违规事件要坚持重遏制、强高压、长震慑，“发生一起、处理一起、通报一起”。警示通报不能走过场，要全辖通报、剖析违规问题、提出整改要求，做到“见人、见事、见文号”。合规部门要建立违规事件清单台账，对每一项违规处置进行统计、记录，持续追踪警示通报的情况，落实举一反三的管理要求，发挥通报的教育功效。此外，各行还要编好、用好案例教材，用本行重大违规案例去教育警示本行干部员工，要用这些活生生的案例来告诉大家违规造成的严重后果，真正达到震慑违规、遏制违规的效果。

（二）快速补齐反洗钱短板

今年全行反洗钱工作要坚持“风险为本、系统驱动”，抓住源头和要害，进一步优化系统强化管理，推动实现境内外反洗钱的一体化管理。

一是完善反洗钱制度。重点修订、细化反洗钱和金融制裁的制度流程，汇编案例库和监管规则库，编制白皮书，出台相关操作规程、指引和手册，将反洗钱管控在业务制度、流程和操作中落地。

二是要大力优化系统功能。全行推广反洗钱清单监测系统，实现对客户和跨境业务的全面筛查，并提供 5 家海外机构使用；引入规则适配器，通过数据分析和数据挖掘等方式优化模型，完善系统可视化分析和数据推送功能，进一步提升监测模型和数据的准确性、完整性。

三是夯实反洗钱基础。按照“优先系统解决、整体方案解决，最后人工补录”的方式，要下大力气提升客户信息的完整性；要进一步改善可疑交易报告质量，完善集中审定机制，定期通报可疑交易分析质量，增加重点可疑交易报告数量，减少防御性报告，提升反洗钱核心义务履职成效；要建立反洗钱工作清单和检查清单，加大考核力度，定期通报反洗钱作业完成情况，提升精细化管理水平；要建立反洗钱实验室，全行选拔一批高学历的优秀年轻人组建反洗钱专家团队，提供技术支持；加大培训力度，建立分级分类的反洗钱专业考试体系，提升专业技能与操作水平。

四是要深入推进集中作业。全行要在反洗钱数据补录集中和监测分析集中的基础上，进一步压实一级分行、二级分行、网点和业务部门的反洗钱职责，确保集中后其他反洗钱工作不缺位。今年要探索一级分行对洗钱风险分类的集中审核，保证客户、产品、渠道洗钱风险分类的准确性，并将其运用到业务风险管控。

五是要守牢制裁合规风险底线。总行今年将进一步细化制裁合规的制度、流程和话术，开展全面历史交易回溯，加强跨境业务风险管理，实施差别化管控。全行要牢固树立制裁合规底线意识，严格执行总行制裁合规制度，加强风险排查，对高风险国家和地区的客户进行名单式管理，结合不同地域、客户、产品、渠道等风险因素，审慎审批涉制裁客户的准入和退出措施。

六是要加快反洗钱境内外一体化管理。总行已经初步建立了境内外一体化的反洗钱制度框架，今年将进一步总结海外机构系统使用经验，着手统一海外机构的系统、模型和标准，启动境内外统一的反洗钱信息管理系统和共享平台的建设工作，力争实现对境内外反洗钱信息和作业数据的统一管理、直接监控。各机构要积极踊跃参与平台建设，做好系统对接、数据对接等配合工作。

（三）稳步提升操作风险管理水平

今年，全行操作风险管理工作应重点做到“两手抓”，一是抓好违规损失统计，全面准确分析全行因违规导致的资金资产损失情况，支持违规损失高发领域和部位的“靶向”管理；二是抓好操作风险、业务连续性、信息科技风险的牵头管理工作，组织推动相关部门认真落实各项监管措施，满足外部监管合规要求。

加强违规损失统计分析。近期总行下发了违规损失统计制度，明确了监管处罚、案件、被诉事件、信贷违规损失、其他违规事件共五类违规损失的统计范围和内容。各机构要按照制度要求做好分工协作，指定专人负责，加强质量控制，及时、准确提供各项违规损失数据。

持续推进操作风险管理。要继续用好操作风险自评估、损失数据、关键风险指标这“三大工具”，针对操作风险多发易发的重点领域和关键环节，加强对风险的识别评估和监测分析，及时优化制度、流程和系统，提升操作风险防控水平。

强化业务连续性和信息科技风险管理。各机构要不断提高应急预案覆盖率，加强应急预案演练，检验或改进应急预案质量，增强突发事件应对能力。目前，总行内控合规部已牵头负责全行信息科技风险管理工作，下一步将完善信息科技风险管理制度和工具。各级合规部门也要切实承担起信息科技风险牵头管理职责，配备专业人员，细化制度要求，推动工具应用。

（四）全面夯实境外机构合规管理基础

境外合规管理是全行合规工作的重中之重。各机构要把合规工作放在首要位置，当成头等大事抓。总行已于年初下发了《关于进一步加强境外机构合规管理工作的意见》，在提升合规意识、夯实基础管理、落实一把手合规主体责任、加强合规官和合规团队管理、强化合规报告制度等方面提出了系统全面的要求，各境外机构要逐项抓好落实。

坚决贯彻落实“合规优先”的经营理念。各机构要始终牢记合规风险是第一风险，要比以往更加坚持审慎经营的合规理念，在任何时候都不能以业务发展为由，突破法律法规和监管要求的底线，更不能以违规为代价谋取业务的发展。不要抱侥幸心理，为了抓住业务机会，为了做一单业务，不惜冒合规风险，这是严重的错误认识。

进一步夯实合规主体责任。各境外机构一把手要切实将合规第一责任履行到位，要对本机构合规反洗钱体系的有效性和工作效果负责。在衡量境外机构领导班子和一把手业绩方面，合规是首要标准，出了问题，一票否决。

严格执行总行报告制度要求。各机构要明确合规事项的报告路径和要求，对于重要监管信息和合规风险事项要按规定及时报告总行，不得出现瞒报、漏报和迟报的情况。

尽快弥补境外合规管理短板。当前，部分境外机构在合规管理方面仍存在机制不健全、合规责任不明晰、专业能力不足、系统硬件建设推进缓慢等问题。各机构要主动查找不足、自查自纠、采取有针对性的措施，尽快弥补本机构合规管理和反洗钱工作短板。

（五）配合监管，全力做好市场乱象整治工作

整治市场乱象是今年监管的重要举措。本次专项整治工作既是监管部门的要求，是硬任务，也是我行加快推进全行合规管理体系建设的切入点，关系到全行长远的发展，是贯穿全年的一项重要工作。去年这项工作做得不错，今年大家要再接再厉，抓紧抓实抓细，确保不放过大的风险和隐患，确保不发生大的资金财务损失和声誉风险。

确保排查全面性，坚持即查即改。排查工作一定要全面涵盖银监会工作要点所列明的八个方面、二十二个要点，特别要重视和做好对所投资的产品及相关业务的排查，以免因对方被监管处罚或由此造成的风险波及到我行，造成我行资金财务和声誉损失。对于银监会处罚通报的重大违规事件地区，相关行更要引起高度重视。各级行、各部门要把握好自查从宽、监管发现从严的政策要求，主动发现和揭示问题，全面进行整改。

加强监管沟通，做好对下指导。监管沟通是各级行，特别是主要负责人的重要职责，原则上，接受现场检查的机构一把手应当到检查现场，在发现重要情况和问题时，要保持与监管机构的沟通顺畅。各条线部门要切实负起责任，加强指导，形成全行统一的答复口径。各一级分行对于重要的问题和监管的询问把握不准的，应事先征得总行条线部门同意。总行各部门对分行的询问应认真对待，对于重大问题，必要时可派员赴当地监管部门解释和沟通。

做好内部协调与沟通。本次整治活动由合规部门牵头和协调，各级行应调配适当人员，成立专门团队或指定专人负责此项工作。本次整治工作要点和项目多，涉及的环节和岗位多、流程长、报表报告多，各级合规部门，特别是从事此项工作的人员应认真细致地做好具体工作，如实客观地反映整治工作情况和成果。

除全力配合监管机构做好市场乱象整治外，今年我们还要重点针对信贷领域开展合规专项整治。各机构应聚焦内部审计发现的、监管机构查处大案中涉及的信贷违规问题，重点从民营企业、中小企业贷款入手，关注信贷业务的真实性、合规性问题，核验制度执行与落实情况，重点整治违规操作问题。从业务监督、制度执行入手，聚焦违规事件处置，对违规问题深挖细查，对腐败线索坚决移送，对重大违规警示通报，坚持抓关键、出重拳，重震慑、敲警钟。

（六）强化合规条线管理指导和监督

条线管理是合规管理体系的重要组成部分，是各项合规工作有效落地、稳步推进的基础保障。针对全行条线管理仍然薄弱的现状，要从总行做起，脚踏实地、求真务实做好对下级机构的指导、监督和帮扶。下级合规机构执行上级合规机构的命令要不折不扣、坚定不移。不能打擦边球、上有政策下有对策、搞选择性执行，要令行禁止。

建立帮扶督导机制。要加强对各级机构合规工作推进情况的调研，深入了解合规管理中存在的缺点与不足，开展针对性帮扶。总行将建立一对一联系行机制，每位部领导、每个处长都有具体联系行，将条线管理责任落实到具体人。要定期沟通了解情况，深入现场检查，不要只听分行一面之词，还要亲自看看，总行要求做的是不是真做了，有没有做到位，做到每个联系人对联系行的合规情况都能心里有数。对基础相对薄弱、案件和严重违规事件多发频发、执行不力的机构，要一行一策、手把手帮扶，指导管理有效改进。

加强工具系统支持。总行内控合规部要加大对各机构在合规管理信息、数据、工具方法等方面的支持力度，提供更多的合规管理基础工具。完善反洗钱、操作风险、制度库等系统的功能，为分行合规工作的开展提供统一便捷的操作和信息加工分析平台，减少手工报告报表数据，提升工作效率和质量。建立监管规则库、合规审查要点清单，提供审查工具箱，保障条线合规审查工作开展的质效。

严肃合规报告通报。做好关键时点，包括季度、半年、年度的合规报告和通报工作，总结分析工作情况、支持领导决策，表扬先进、批评落后，总结经验、通报问题，及时纠偏纠误；同时依托合规报告、通报，针对条线工作评价方案中强调的重点工作，定期对推进情况和合规管理责任履行情况进行监测通报，促进条线提升执行力。

（七）完善优化考核评价

在2017年已搭建的“三评价一考核”体系基础上，今年要进一步完善优化考核评价，提升考核评价的科学性和针对性，使“三评价一考核”充分发挥指挥棒作用，真正成为合规管理的有力推手。

各分行要运用好“三评价一考核”体系。根据总行管理要求，结合自身实际，制定符合本机构特点的“三评价一考核”体系，抓住管理痛点，解决管理难点。通过主体责任评价提高横向部门合规管理能力；通过条线评价提高纵向合规条线的合规管理能力；通过内控评价提高发现内控缺陷、改正内控缺陷的能力；通过合规KPI考核传导合规管理压力，实现年度合规管理目标。对于分行“三评价一考核”体系运行状况、作用发挥情况，总行将开展检查、督导，并纳入上级对下级的评价考核中。

（八）进一步夯实制度管理基础

合规管理目标的实现、核心工作的落实均离不开科学完备的制度作支撑。各机构要准确把握制度建设的关键，确保要义明确、拿捏适度、简便易行，有效保障核心职能的执行运用。

完善合规管理制度框架。按照制度建设计划，全行今年将出台一些合规新制度，主要包括：《员工异常行为排查指引》《堵截、抵制和报告违法违规行为奖励办法》《关于进一步加强案件管理与重大违规处置的实施意见》《违规损失事件统计分析制度》和《信息科技风险管理政策》等。各机构要根据总行的制度建设进度，调整优化自身的制度体系，做好制度配套与落地实施工作。

把好规章制度管理关口。各机构要加强对本行规章制度的计划管理，合理控制、压缩存量规章制度数量。要用好制度审查工具，从源头上降低合规风险。狠抓规章制度的触发式修订，及时向制定部门提出修订建议。同时，总行将认真研究监管新形势、新要求，梳理合规性审查要点，研究、制定境外机构和子公司合规性审查指导意见，有效控制业务前端合规风险。

健全子公司合规统一管理制度体系。子公司要做好合规组织架构建设、规章制度的建设工作，定期梳理、重检公司制度，及时查漏补缺。合规部门要保障本机构的制度体系化，及时废除过时或失效的制度，并做到及时修改，保持规章制度时用时新，符合监管要求。总行要结合2017年考核经验对子公司合规KPI考核办法进行修订，并指导子公司建立健全合规规则体系。

（九）加快建立合规信息系统

信息化系统是提升管理效率的重要工具。当前，全行合规条线的系统化程度偏低偏弱，大量报告和报表需人工填报，数据处理压力巨大，系统建设刻不容缓。今年，要全力推进合规管理系统建设，蹄疾步稳地实现数字化管理、图表化展示、趋势性分析和专业性判断。

升级现有系统的功能。完善关联交易系统，优化监测预警与报表统计功能，将海外机构、子公司的数据报送纳入系统管理；在操作风险系统中，增加监管处罚数据、信贷违规损失数据的记录和统计等功能，优化应急预案及演练数据的录入、审核、统计等功能；还要优化规章制度管理系统，建立与整改、操作风险等系统的对接，从问题出发提示重检相关制度，推进证监会电子化信息查询平台的建设，以及完成新旧整改系统的升级衔接。

尽快建立合规管理系统。合规条线要快马加鞭、争分夺秒地投入合规管理系统的建设工作，研究系统架构，制定开发需求。在建设上不要追求尽善尽美、一步到位。合规工作内容多，涉及面广，一定要根据工作需要按照迫切性有序开发建设，先解决从无到有的问题，过两三年再升级改造。特别是报告报表，一定要简便易行，减少手工工作量。

（十）打造高素质合规队伍

为担负起助力集团健康发展、保障业务稳健经营的重任，合规部门要注重能力建设，打造一支业务过硬、责任过硬、作风过硬的合规人员队伍。

健全合规组织架构。本着精简、高效的原则，各级机构从工作需要出发，突出重点，整合力量，将合规部门与合规岗位设置到位。一级分行作为上传下达的关键层级，设独立的内控合规部门，可与法律部门合署办公；二级机构差异性较大，可因地制宜地采取设立独立部门、合署办公或指定部门下设团队等方式设置合规部门，对所辖网点及人员数量较多、业务规模较大的机构，要单独设置合规部门。岗位设置上，须涵盖制度管理、合规性审查、合规检查、违规处置、违规整改、内部控制、操作风险管理、关联交易管理、反洗钱等职能，保证各项工作有效落地。此外，总行制定了合规岗位职务管理办法，设立合规经理专业技术岗位序列，拓宽合规人员的职业发展空间和晋升通道。

明确职责聚焦主业。合规部门要集中精力，“深耕自己的田”，围绕违规发现、违规处置和警示通报，把核心工作做扎实。有的分行虽然机构齐整，人员也不少，但承接了过多职责；有的分行配备了合规官，但还要分管营运管理等与合规工作存在利益冲突的业务部门，这些情况都与聚焦主业的工作思路不符。队伍虽然壮大了，工作效果却未明显改善，“两个确保，五个减少”的工作实效体现不出来。

持续提升专业能力。在学习方面，通过线上的合规网络课件学习和线下的全年培训计划执行，确保从事合规工作的人员每年都能接受合规培训；在考试方面，开发合规题库，定期组织开展合规条线“全员考试”，以考促学。同时，用好总行网站和学习快报，以案例分析、研究报告、警示通报等多种形式，对好的经验做法进行总结推广，发挥带动效应。

建立合规条线专家库。根据人员的专业背景和职业经历，在全行组成不同领域的合规专家队伍，参与到合规重点工作中，保证决策的科学性和可行性。

严抓作风建设。合规条线要严抓作风建设，避免形式主义、官僚主义，不玩“花架子”，不搞“花拳绣腿”。要把工作做实、做深、做细，执行上级合规部门的要求不打折扣，切实提高执行力。还要树立大局意识、责任意识，做好合规工作是我们义不容辞的责任，确保国家法律监管规定和建行规章制度落地是我们的神圣职责。全行合规条线要为建行的健康发展保驾护航，营造良好的风气，减少消除违规，既是我们的责任，也是我们的使命和担当。要发扬功成不必在我的情怀和担当精神，甘于做“无名英雄”，投入百分之百的精力，务实高效开展工作。

同志们，健全合规体系责任重大、时不我待，需要持之以恒，长抓不懈。全行合规条线要志存高远，为推进合规体系建设设定远大目标，把合规管理作为一项事业持续开展。推动合规体系建设工作要做到不刮风、不搞运动、不是一阵子，应当扎扎实实、一步一个脚印地向前推进。不能有松口气、歇歇脚的想法，须重整行装再出发，重点抓好落地与执行，紧紧围绕发现违规、处置违规、警示通报，围绕合规管理各项基础工作，全力提升合规管理核心能力，推动全行合规工作再上新台阶，为建成科学先进、务实管用、健全的合规体系而努力奋斗！

谢谢大家！

在2018年第一季度案件防控和预防腐败联席会议上的讲话摘要

朱克鹏

（2018年4月26日）

同志们：

上午好！今天，我们召开2018年第一季度案件防控和预防腐败联席会议，主要任务是通报近期案件情况，剖析案件成因与暴露出的问题，提出进一步落实案件防控与合规管理主体责任，有效防范案件风险的工作要求。下面，我讲几点意见。

一、近期案件暴露出的主要问题

截至第一季度末，全行发生监管类案件两起，一起是江苏武进徐舟案，属于监管一类案件，涉案金额1.92亿元；另外一起是湖南分行保理业务诈骗案，属于监管三类案件，涉案金额883万元。新疆中山路支行、湖北襄阳分行也各发生了一起严重违规事件。

就目前情况看，信贷业务仍是案件与严重违规事件的高发领域。去年12月以来，千万元、甚至上亿元的重大案件与违规事件接连发生，如黑龙江分行原哈尔滨小企业中心张凯违规担保案、陕西分行信托贷款事件。今年元旦刚过，江苏分行发生了“徐舟案”；此后，福建、甘肃分行又发生了骗贷事件。这些案件与严重违规事件反映出信贷领域的案件风险隐患很大，需引起各级领导高度关注。

第一季度发生的江苏武进徐舟案和去年发生的广东潮州许少煌案，作案手段类似，都是利用虚假存单质押、虚假抵押连续骗贷，内控环节层层失守，作案人如入无人之境，连续骗取贷款，让人触目惊心，相关教训和暴露出的问题值得我们深刻反思，吸取教训。

（一）信贷基础管理较为薄弱，精细化不足

一是贷前岗位制衡失效，被多次突破。作案人长期独自一人完成全部贷前尽职调查，贷前调查双人制衡被突破。作案人利用客户经理、押品管理岗的用户名和密码，虚假发起业务申请，系统用户制衡被突破。支行经营部门各岗位人员未履行押品真实性核查职责，最基本的“账、实、簿”相符原则被轻易遗弃，质押物、抵押物、担保等风险缓释措施都被突破。二是贷中岗位监督失效，被多次突破。审批人员对于存在明显疑点、违背基本逻辑的审批事项视而不见，让违法违规行为大行其道，信贷审批被突破。放款中心审核人员均未有效识别虚假用印、虚假合同、虚假存单等问题，集中放款审核被突破。信贷资金入账涉案企业后，被迅速转入作案人他行账户和控制账户，贷款支用审核也被突破。三是贷后检查失效，被多次突破。作案人单人完成首次贷后检查，贷后检查的岗位制约和监督失效。涉案企业归还贷款资金后，未进行押品解押，未及时发现虚假押品问题，押品解压监督被突破。押品管理中，未履行押品定期重估与检查的规定动作，押品重检监督也被轻易突破。

（二）案防主体责任履行不力，责任未完全压实

案防管理的深层次问题是相关业务主管部门的合规管理与案件防控主体责任履行不到位，监督检查流于形式。一是制度执行情况的监督检查责任未完全压实。对制度一发了之，缺乏对实际执行情况的监督检查，对于执行中存在的问题跟踪不够，导致有章不循大量发生。案件发生后，

既不深入查找案件背后的内控缺陷和管理漏洞，也未举一反三完善相应的制度。二是业务管理主体责任未完全压实。按照短板理论，评价一家分行、一个部门合规管理工作扎实不扎实，不是看做得最好的方面，而是看做得最差的方面，不是看链条最硬的地方，而是看链条最弱的地方。江苏武进徐舟案中，制度约束、密码管理、系统控制都形同虚设，反映出小企业业务条线内控管理非常薄弱。三是监督检查责任未压实。一些分行的业务检查与风险排查多是运动式，花费了大量的人力、物力，起不到发现违规问题的应有作用。江苏武进徐舟案中，省分行、二级分行组织开展了多次押品检查，但对于虚假存单问题都未发现，将实实在在的风险排查工作弄成了花架子。

（三）员工行为管理不到位，管控措施未真正落地

一是客户经理、基层机构负责人与客户发生资金往来。去年，全行组织开展了信贷领域严重违规行为及案件风险专项整治工作，发现与客户异常资金往来问题70多人次，涉及金额达1.1亿元。二是客户经理、基层机构负责人协助客户过渡资金，提供搭桥贷款。黑龙江大庆分行违规担保事件中，对于已到期贷款，不是积极采取回收措施，而是向小贷公司出具贷款承诺书，帮助企业融通还贷资金。河北省分行营业部和平东路支行多名客户经理长期参与民间高息借贷，向小企业信贷客户提供过桥贷款，行为排查均未及时发现。三是涉案人员多有赌博和高风险投资异常行为。近年发生的两起盗窃自助设备资金案中，新疆的丁勇存在赌博行为，云南的胡建敏存在高风险投资行为，广东潮州和江苏武进的两起骗贷案件中，作案人许少煌和徐舟均长期进行赌博。这些异常行为或未被及时发现，或发现后未引起足够的重视，也未采取深入排查、调整岗位等应对措施，错过了及早消除案件风险的时机。

（四）案件处置能力不足，部分案件的应对失当、处置不力

总行去年印发了《中国建设银行案件管理办法》，案件处置要点写得明明白白、清清楚楚，具有很强的指导性和可操作性。然而，有些分行案件处置中出现了很多问题，案件报告、应急处理、后续处置应对不力，陷入被动。有的分行业务部门反应迟缓，案情分析不深不透，主要违规行为抓得不准，风险排查缺乏力度，资金资产追索不力，自查自纠缺乏针对性，问题整改不够及时、深入，责任认定避重就轻，不愿主动通报，缺乏担当。

江苏武进徐舟案发生后，银监会约谈了我行两次，静波副行长和我先后两次向银监会汇报案情和处置情况。银监会要求我行彻查有关质押贷款业务各环节是否存在管理漏洞或内控缺陷，要求做好案件查处，全力缩小风险敞口，严控声誉风险，严肃责任追究。

值得肯定的是，江苏武进徐舟案发生后，总行的应急处置、风险排查工作还是比较积极的。廖林首席风险官带领多个部门深入现场分析案情，组织安排问题整改。内控合规部、信贷管理部、小企业业务部、法律事务部联合调查组第一时间到武进，开展案件调查和处置督导。公共关系与企业文化部加强了舆情监测，纪检监察部启动了人员问责。相关业务部门举一反三，进一步强化了条线业务管理。授信审批部将低信用风险业务全口径纳入了统一授信管理。信贷管理部将押品管理上收至二级分行，并明确放款中心加强押品集中审核。公司业务部组织开展了信贷业务流程管理系统岗位用户及权限的集中清理、排查。各部门做了大量工作，成效比较明显，也获得了监管机构的认可。

二、下一步工作要求

年初以来，监管部门接连开出多张巨额罚单，“严管重罚”已成为常态。根据近期监管机构的公开数据，银监会对浦发银行成都分行违规发放贷款案处罚4.62亿元，对邮储银行甘肃武威文昌路支行违规票据案处罚2.95亿元，对陕西及河南银行业金融机构质押贷款案处罚5250万元，对工行黑龙江分行违规对公理财事件处罚3400万元。为整肃支付清算市场秩序，人民银行针对民生银行厦门分行（新兴支付清算中心）和平安银行为无证机构开放接口、签订代付合作协议、提供资金结算通道或划转资金等违规行为，又施以1.76亿元罚款。案件一般是监管处罚的重点，今年要尤其重视。针对当前的案防形势和信贷领域大案多发的情况，结合监管意见，我再提几点要求。

（一）强化小企业业务合规管理，落实总行党委“双小”战略

这次发生江苏武进徐舟案，教训是深刻的。作为总行业务主管部门，小企业业务部长期以来对本条线的风险管控不力，造成案件多发、违规多发、损失巨大，负有不可推卸的责任，今天正式提出批评。

一是要完善内控措施，强化小企业业务合规管理。对于这起案件，内控合规部已经进行了通报。小企业业务部要尽快向全行下发整改通知，从贷前调查、贷中岗位监督、贷后检查等环节完善控制措施，从客户选择、尽职调查、系统用户与密码管理、员工合规教育等方面提出明确的管理要求，将合规管理真正融入业务流程。要认真总结教训，举一反三，有针对性地组织整改，下大力气彻底解决小企业业务管控不足的问题。要对各分行小企业业务定期开展检查，不能仅靠审计发现、合规检查发现，要立足于自我发现、自我整改。

二是要强化责任意识，配合落实好总行党委“双小”战略。总行即将启动实施“双小”战略，责任重大，使命光荣。加快小企业业务发展，首先要强化责任意识，严格小企业业务风险管控。近年来，小企业业务发展很快，但业务管理仍比较薄弱，教训也很惨痛。利益输送、贷款诈骗在小企业客户中屡有发生，金额多为几百万、几千万元。只有加强案件风险防范，不断提升合规管理水平，才能有效助力“双小”战略落地，才能保障小企业业务等普惠金融事业持续稳健发展。

（二）压实案防“九责”，夯实案防基础

遏制违法违规行为，不能仅靠审计、合规、纪检的事后查处，更要靠业务部门落实案防主体责任，加强事前和事中的管控。案件防控必须群策群力，齐抓共管。谁的业务谁来管，谁出了案件谁就要负责，任何业务条线都不能置身事外。为明确案件防控的主体责任，总行制定了案防“九责”，从前端的合规教育、制度完善、制度执行、检查监督，到后端的违规处理、责任追究，形成了完整的案防管理链条。可以说，这“九责”做到位了，案防工作也就做扎实了，案防基础也就牢靠了。今后，案防工作做得好不好，就要用这“九责”的落实动作与效果来验证、评判。

一是要将案防职责融入业务流程。对于本业务条线发生的案件，要深刻反思，认真总结案件成因，及时弥补内控缺陷与管理漏洞。要加强制度管理，根据业务发展需要、流程变革、产品创新、监管变化等情况，及时重检、修订规章制度。补丁类的通知要及时归并，试行、暂行或变化较大的制度要及时修订，可操作性不足、体系庞杂的制度要予以整合，不符合监管要求的制度要限时整改修订，不断提升规章制度在基层的可操作性、可执行性。

二是要抓好制度执行情况的监督检查。谁制定的规章制度，谁就要狠抓制度执行与落实，不能一发了之，做“甩手掌柜”。出了问题，总分行业务部门不能推卸管理责任，将所有基层的违规问题都推到基层机构身上。总行要管好一级分行，一级分行也要管好所辖机构，一级管一级，层层抓好制度落实。要加大检查频率，找准违规多发部位，采取有效整改措施，保证每一项制度要求在基层有效落地。对于制度执行中发现的问题，总分行层面需要整改的，相关部门要迅速行动起来，抓紧修订和完善。对于基层机构执行过程中走样、跑偏的，要立即纠正，持续检查、督导。

三是要强化机控手段的应用。“新一代”核心系统建成后，机控手段更多，机控能力大大提升。对于不相容岗位控制，要尽可能使用机控方式。要全面规范系统用户与权限管理，及时清理失效用户，强化不相容岗位制约。各部门要定期重检业务系统关键环节的控制方式和控制手段，持续提升业务处理系统机控能力和预警水平。

四是要严肃责任认定与追究。对于千万元以上的重大案件，监管机构要求“一案三问，上追两级”，追究直接责任、管理责任、领导责任，有可能追究到总行部门，对此要有清醒的认识。近两年违规提供担保，违规出具承诺函，违规与客户签订借款协议、理财协议，违规加盖公章或业务用印章的案件发生比较多，是各部门关注的重点。涉案人员一经发现，一律给予开除处分。

五是要加大案件通报力度。今后，哪个条线发生案件，哪个业务部门就要先进行通报，提出整改意见，合规部门再向全行进行总体通报。要

通报作案手段、暴露出的主要问题、应当汲取的教训，以及相关的整改措施和要求。对于合规部门印发的通报，各业务部门不仅要在部领导中传阅，也要在部门内部进行传达，在条线工作中进行传导落实。各机构要利用专题会、业务会、晨会、夕会等通报案件，以现实案例警示全行。

（三）发挥部门合力，履行好相关职责

“两防”联席会议成员部门要各司其职，齐抓共管，形成合力。

一是做好案件风险专项整治与案件处置。内控合规部要履行好“两防”的牵头职责，组织开展案件查处、违规通报、监管沟通和案件风险专项治理。要组织全行深入开展信贷领域违规专项整治，聚焦信贷领域主体违规、程序违规、用途违规、操守违规、担保违规、贷后违规等六方面违规行为，通过采取有力的整治措施，扭转信贷领域违规问题多发的态势。

内控合规条线要勇于担当，敢于碰硬，加大违规处置力度。对违规机构采取合规约谈、责令整改、暂停业务、取消授权等处置措施，对违规责任人采取公开通报、积分处理、减发绩效、取消晋升资格、给予行政处分等处置措施，加大违规成本，形成有效震慑。对于违反从业“禁令”的，一律给予开除；涉嫌犯罪的，坚决移送司法机关处理。对于未严格执行制度，为涉案人员提供便利的员工，也要按照“谁办理，谁负责，谁承担责任”的原则予以严肃问责。

二是加强舆情监控，防范好声誉风险。打造一家银行的品牌与声誉，需要付出多年的努力，而砸坏一家银行的品牌，几件事足以。民生银行航天桥事件、浦发银行四川分行事件、工行黑龙江分行、农行北京分行发生的严重违规事件，都严重损害了银行的品牌形象。目前，我行的声誉风险总体上控制得比较好，但也有一些负面舆情，该控制住的没控制住。公共关系与企业文化部要会同相关部门，加强媒体监测，避免不实炒作，及时消除负面信息，将声誉风险损失降至最低。

三是相关管理部门要履好责，把好关。信贷管理部、渠道与运营管理部既是“两防”联席会议成员部门，又是业务管理部门，既要落实好各项“两防”职责，又要履行好条线管理的主体责任，加强日常合规督导检查。要突出问题导向，练就火眼金睛，提高违规发现能力。针对监管法规、行内规章制度的遵循情况，信贷违规问题易发多发部位，以及合规管理基础薄弱、违规问题多发的机构组织开展业务检查。要多渠道利用监管检查、内外部审计、法律诉讼、媒体报道、信访或举报等方式，有效发现信贷违规问题。

人力资源部要严肃劳动纪律，严格干部员工管理，强化员工纪律意识、规矩意识。安全保卫部要抓好三类案件防控，严防外部欺诈、盗窃、抢劫事件，做好应急处置。法律事务部要做好法律纠纷应对，指导分行做好资金资产保全、追索工作。纪委、监察部要加大违法违规人员处理力度，从严问责，毫不姑息。各参会部门要制定并采取有效的案防措施，第二季度“两防”联席会议将专门听取各部门工作措施汇报。

（四）强化员工行为管理，及时消除风险隐患

严管就是厚爱。小错不管不问，就会铸成大错，轻者违规违纪，重者触犯刑法，追究刑事责任。大学毕业生来到建行工作，父母把孩子交给我们，我们既要对员工家长负责任，也要对员工本人负责任，在员工教育方面必须做到问心无愧。如果教育到位了，员工再违规、违纪、违法，那可以说是咎由自取。

一是加强“三项教育”。纪委、监察部门要对党员干部进行党纪教育，强化员工的党纪意识。法律事务部门要加强员工法制教育，让员工知法、懂法、守法。内控合规部门要侧重案件与违规警示教育，及时通报每起案件。要采取典型案例教育的方式，收集和整理近年来发生的案件及重大违规事件案例，印发全行，深入宣讲，形成警示。各业务部门既要管好业务，也要管好员工。不能仅将合规教育看作是合规部门的事，要管好自己的部门和条线，加强员工教育和日常监督管理，及时发现员工异常行为，消除风险隐患。

二是继续深化员工行为管理与排查。今年，银监会下发了银行业金融机构从业人员行为管理指引，对员工行为排查提出了明确要求。总行正在配套制定管理办法，重点是确定行为排查对象、排查清单、排查方式，落实责任，求得实效。各部门要对照排查清单逐项组织员工行为排查，排查责任要真正落地，排查责任人、排查内容、排查对象、排查结果都要留痕可查。各业务部门要切实承担起本条线员工行为管理工作，将责任压实，凡是排查流于形式，发生案件的，要追究有关业务管理责任。

（五）优化合规考核，激发内生动力

今年，总行进一步调整完善了合规 KPI 考核，包括案件处置、重大违规事件处置、监管罚款、违规损失、内控评价、声誉风险六项指标。其中，案件与重大违规事件处置所占的权重达到了 45%。案件处置方面，重点考核案防“九责”落实、资金资产追索、违规处置、问题整改、案件通报等，重大违规事件处置方面也突出了这些考核要点。全行合规 KPI 考核的直接导向就是减少案件、减少重大违规事件、减少违规损失、减少监管处罚，减少声誉风险，突出结果导向。调整后的合规 KPI 考核将对一级分行整个 KPI 考核产生重要影响。

同时，总行进一步强化了部门合规管理主体责任的评价，将制度管理、案件防控、违规事件处置作为重点内容进行评价。我们制定这样的考核与评价办法，目的就是通过考核机制传导合规管理要求，激发案防内生动力。今后，发生重大案件的业务条线部门，不仅要考核扣分，在联席会上通报问题，还要向总行党委做出深刻检讨，对此各部门都要高度重视，切实抓好工作落实。

在安康定点扶贫挂职干部座谈会上的讲话

朱克鹏

（2018 年 7 月 4 日）

同志们：

大家上午好，非常高兴来到安康。这次来，一方面是和大家一起学习领会习近平总书记的精准扶贫思想，另一方面是受总行党委和国立党委书记委托，来看望大家。

大家来自不同的部门、不同的岗位，总行的也有、分行的也有，但大家都是放弃了城市里优厚的生活条件，来到农村工作。你们当中大多数同志来自于城市，少有农村工作生活经验，在农村需要面对的困难和挑战，很多可能都是你们来之前想象不到的。这次来虽然时间很短，但在和大家的交流过程中，我感觉到大家的精神状态很好，全身心地投入到了工作中。从大家刚才的发言中就可以感受到，大家对扶贫工作的热爱，对具体情况的熟悉，很多数字都能脱口而出。大家放下架子、扑下身子、克服困难、满腔热血地奋战在扶贫第一线，充分展现了建行人良好的精神风貌，这让我非常感动，我代表总行党委向你们表示衷心的感谢和崇高的敬意。

打赢脱贫攻坚战，是我党的庄严承诺，也是我们建设银行必须要完成的一项政治任务，总行党委高度重视。到 2020 年全面建成小康社会，一个村都不能少，一个人也不能少，这项重大的政治任务能不能完成，要靠在座各位的共同努力，大家作为扶贫干部，责任重大，使命光荣，借此机会，我提几点希望和要求与大家共勉。

一、认真学习领会习近平总书记精准扶贫思想

扶贫工作由来已久，但精准扶贫、精准脱贫的思想是习近平总书记提出来的。2013 年 11 月，习近平总书记在湖南省湘西州十八洞村考察时首次提出“精准扶贫”概念，指出“扶贫要实事求是，因地制宜。要精准扶贫，切忌喊口号，也不要定好高骛远的目标”。之后，习近平总书记多次对精准扶贫做出重要论述，精准扶贫思想不断丰富和完善，精准扶贫成为我国脱贫攻坚的基本方略，成为习近平新时代中国特色社会主义思想的重要组成部分。党的十九大又将打好精准脱贫攻坚战确定为决胜全面建成小康社会的三大攻坚战之一，明确到 2020 年我国现行标准下农村贫困人口要实现脱贫，贫困县要全部摘帽，要解决区域性整体贫困。

以习近平同志为核心的党中央和我们党为什么能得到老百姓强烈的拥护，就是因为我们党一切工作的出发点都是为了人民，为了让人民的生活过得更加美好。习近平总书记的精准扶贫、精准脱贫思想，是以人民为中心的思想最集中、最核心、最深刻、最生动的体现，这是我个人的理解。大家要认真学习领会习近平新时代中国特色社会主义思想，特别是习近平总书记精准扶贫、精准脱贫思想的丰富内涵和精神实质，这是我们打赢脱贫攻坚战的行动指南和根本遵循。

二、准确把握扶贫干部的角色定位

扶贫干部如何把握角色定位，对于扶贫成效起着非常关键的作用。我看过一份材料，关于扶贫干部表现较为极端的两种现象值得警惕，这种极端表现在大家身上不一定存在，但这里还是要给大家提个醒。

一种是表现得过于高调。有的扶贫干部在工作过程中带着居高临下的态度，甚至以上级派来

的人自居，不仅在工作中没有融入基层干部队伍，而且没有扑下身子，没有放下架子，没有接地气，没有将贫困群众的冷暖放在心上。有的在扶贫工作中夸夸其谈，上墙的展板做得很好，汇报的材料印得很精美，统计的表格填得很多，但不解决实际问题。还有的在选项目时官僚主义、形式主义，没有充分征求当地干部和群众的意见，或者选的项目不符合当地实际。另一种就是表现得过于低调，低调得不敢或者不愿意与群众打交道，被村干部指挥得团团转，不是在做材料就是在回单位要钱要项目，扶贫工作中缺乏主动性，一天到晚忙着，就像个局外人。有的扶贫干部来了村上就想走，整天想着尽快结束挂职扶贫任期。

出现以上这两种极端表现，核心在于扶贫干部没有充分融入当地团队，没有跟农民交心成为朋友，跟基层的干部和群众中间隔了一层皮，跟他们不亲不近。我们银行工作人员，平时上班都是穿得很正式，皮鞋西服领带，但扶贫干部在村上工作，日常穿衣要做到简朴大方，不能从穿着上就让基层干部和农民感觉有距离。我老家是农村的，我平时从来不抽烟，但在回老家的时候，我会专门买包烟装在口袋里，在村里见人就发。同时，说话我也很注意，虽然普通话在全国都是通用的，但一回老家，我立马就改成了当地话。作为扶贫干部，着装、说话、行为、举止都要接地气，要让农民感觉到与扶贫干部不是很遥远，不是不能亲近、不能接近的。一旦你们和农民走近了，他们就什么话都会跟你们说，这样大家才能真正了解情况，真正把扶贫工作做实。

三、改进工作作风，狠抓工作落实

总行党委对协助一区三县和四个定点扶贫村打好打赢脱贫攻坚战做出了总体部署和安排，有很多好的政策、好的措施，但关键是要把总行党委的要求落到实处。

刚才大家的发言都很好，我觉得大家这么多想法、这么多办法，应该让每一件都落到实处。我们要说到做到，要实事求是，不能搞形式主义，不能搞花拳绣腿，不做表面文章。早在2000多年前，荀子就区分了“国宝、国器、国用、国妖”四类人：“口能言之，身能行之，国宝也。口不能言，身能行之，国器也。口能言之，身不能行，国用也。口言善，身行恶，国妖也。治国者敬其宝，爱其器，任其用，除其妖。”荀子口中的“国妖”实际上就是现在中央所坚决反对的“两面人”，重表态，轻落实，嘴上把精准扶贫的口号喊得很响，但是没有落实到实际行动上。

一分部署，九分落实。到2020年，还有不到3年的时间，如果不沉下心来抓落实，再好的目标，再好的蓝图，再好的政策，也只是镜中花、水中月。你们在一线工作，务必要按照总行党委的要求，根据各地县情、村情、民情，有针对性地制订帮扶工作方案，落实帮扶工作措施，因地制宜，真抓实干，扎实推进扶贫工作。

四、发挥我行金融优势，创新扶贫方式

精准扶贫要做到精准，就得有针对性，除了传统的扶贫方法之外，我们要发挥国有大行的金融优势。作为全球第二大金融集团，我们有数量庞大的网点、有雄厚的资金实力、有丰富的金融产品、还有各细分行业的子公司，可以说，我们是一家金融百货公司，能够满足不同客户的各类金融需求。有这么强大的金融实力作支撑，要做好在安康的定点扶贫工作是没有太大问题的，但关键是要把我们的金融优势发挥出来。目前，安康分行的贷款规模在工农中建四大行中排第三，要有更高的目标要求。在其他地方，我们分支机构的贷款规模不一定非要争第一，但在安康，我们的贷款规模还是要争一争的，因为这里是总行的扶贫点。金融机构参与扶贫，不是单纯地看捐赠了多少资金，更多地是要靠金融工具，看我们通过金融手段投入了多少资金。在安康，要有针对性地创新一些扶贫特色产品，增加金融扶贫有效信贷投入，在环境保护、基础设施、产业扶贫等方面都可以有很多创新，这些金融创新就是我们参与扶贫工作的最大优势。同时，对于地方政府很看重的扶贫大项目，我们要全力支持，如果分行做不了，可以由子公司来做。总之，在安康，我们要做到最好，既要扶贫工作做得好，也要分行经营业绩好。

同时，我们要考虑在教育扶贫上下足功夫，这是我此次调研过程中提到最多的。一方面，我

们现在提倡可持续发展，脱贫攻坚也要可持续，要解决可持续的问题，关键就是要解决好人的问题，解决好孩子的教育问题，这是拔掉穷根、斩断贫困代际传递、实现可持续发展的根本之策。要高度重视留守儿童的基础教育，为他们创造更优良的教育环境，改善生活条件，提供丰富的教育资源。另一方面，要高度重视外出务工贫困农户的职业教育工作，让他们有一技之长，具有持续增收的技术和能力。另外，我们也要协助当地把基层干部的培训工作做好。

五、管好用好扶贫资金，把扶贫资金用在刀刃上

总行的公益捐赠资金规模由于受政策限制，每年可以捐赠的资金是有限额的，总行已经给了扶贫最大程度的支持，但仍难以满足全行扶贫捐赠需求。比如刚才提到，汉阴县计划新建一所镇卫生院，大概有1000万元的资金缺口，希望我们能无偿捐赠。我觉得，这缺口太大了，总行每年的捐赠资金是有限的，除了总行的扶贫点，还有各级分行需要扶贫资金捐赠，不能简单地靠无偿捐赠，还得在金融扶贫上想想办法，这次建信租赁公司与安康市当地三家医院签订融资租赁合作协议就是很好的创新尝试。大家要选好扶贫项目，把钱花在刀刃上、好项目上，避免扶贫资源的浪费，杜绝扶贫资金的跑冒滴漏，更不能优亲厚友，要让有限的扶贫资源发挥最大作用。

同时，大家要按照总行制定的扶贫项目资金使用管理办法，强化扶贫资金管理，严格落实项目资金管理各项要求，按规定、按流程使用资金，确保资金使用合法合规、有痕可查、有据可依。扶贫项目安排和资金使用情况一律要在镇、村两级公告公示，接受群众和社会监督。这里再强调一点，在决定扶贫项目使用扶贫资金时，必须充分征求当地意见，集体研究讨论决策。

六、严守各项纪律，展现建行人良好形象

大家要严守各项纪律，包括政治纪律、组织纪律、工作纪律和廉洁纪律等。在政治纪律方面，要牢固树立“四个意识”，坚定“四个自信”，坚决维护习近平总书记的核心地位，坚决维护党中央权威和集中统一领导，自觉在思想上政治上行动上同以习近平同志为核心的党中央保持高度一致，坚决贯彻执行中央关于脱贫攻坚、精准扶贫的各项决策部署；在组织纪律方面，要认真参加党的组织生活，自觉履行党员义务，自觉服从当地党委和驻安康扶贫工作组临时党支部的领导；在工作纪律方面，要严格落实考勤、请假、报告等工作要求，自觉遵守挂职所在单位的管理规定；在廉洁纪律方面，我们的扶贫干部在地方上官职可不小，有市委常委、副市长，也有县委常委、副县长，即使是村里的第一书记，手上都或多或少地有一些权力，要在个人廉洁自律上严格要求。同时，还要厉行勤俭节约，在吃穿住行方面做到简朴大方，展现建行扶贫干部应有的素质形象。大家作为扶贫干部，不仅代表着个人的形象，更是代表着建设银行的形象，必须有优良的作风和铁一般的纪律。

另外，希望大家珍惜扶贫这一难得的人生经历，把这段经历当作人生中一次重要的历练，在艰苦条件和复杂环境中，锤炼党性，磨练意志，增长才干。习近平总书记的七年知青岁月生活，我建议大家有时间去看看《梁家河》，看完之后，你们就能明白为什么总书记有这么坚强的意志、为什么总书记对农村有这么深刻的了解、为什么总书记与人民群众这么亲这么近。总书记常引用“宰相必起于州郡，猛将必发于卒伍”，在基层的扶贫经历对大家来说是一场考验，更是人生中难得的一次机遇，将会让你们受益终身。我相信，当以后你们再回想起当年的扶贫岁月时，一定不会后悔当年的选择，而会感觉很幸运，真的很幸运。

最后，希望大家注意安全，保重身体。陕南山区暴雨泥石流多发，我们来的路上还遇到了山体滑坡，大家雨季出行一定要注意安全。农村卫生条件欠缺，大家日常吃住要注意卫生，照顾好自己，有好的身体才能做好工作。在生活上，大家有什么需求和困难，可以随时向总行、陕西省分行反映，安康分行作为当地行，更是要在工作和生活上多给大家一些支持和关照。农村工作很复杂，面临的矛盾也很多，大家在工作中难免会受到委屈，周末了可以到安康分行来聚一聚，在

食堂改善一下伙食，同时也交流一下思想，倒一倒心中的苦水，调整好心态，健康开心地把扶贫工作做好。因为时间有限，这次没能给大家充分的发言时间，大家有什么好的意见和建议，都可以写信、发邮件或者打电话给我，总行都会认真考虑，尽力解决。别怕总行做不到，就怕你们想不到，大胆地想、勇敢地做！

谢谢大家。

在一级分行纪委书记培训班上的讲话摘要

朱克鹏

（2018 年 7 月 16 日）

上半年，在中央纪委和总行党委的正确领导下，各级纪委深入贯彻中央纪委二次全会精神和全行纪检监察工作会的部署，以政治建设为统领，以严肃执纪执规为重点，深入推进“四风”问题整治，始终保持惩治腐败高压态势，加强巡视巡察工作，紧抓干部员工党纪行规教育，全行纪检监察工作稳中向好，取得了明显成效：一是严肃执纪执规，党纪行规刚性约束进一步增强；二是保持正风反腐高压态势，不敢、知止的氛围进一步形成；三是持续深化政治巡视，巡视利剑作用进一步发挥；四是注重固本培元，纪律教育针对性进一步增强；五是强化自身建设，纪检监察工作基础进一步夯实。

同时，我们也要清醒认识到，全行纪检监察工作中还存在一些问题和不足：一是一些问题线索核查还不够深入细致；二是执纪执规政策尺度把握还不够准确；三是警示教育不够深入；四是纪检监察组织队伍结构仍需优化。

下半年，全行各级纪委要继续按照年初中央纪委二次全会和全行纪检监察工作会的部署，稳步推进各项工作任务。要提高政治意识和服务大局意识，围绕全行“三大战略”的推进落实，坚持稳中求进的工作方针，履行好监督执纪问责职责，推动全行纪检监察工作高质量发展，做出亮点和特色。重点要做好以下几项工作：

一、认真贯彻中央精神，在稳中求进中提高纪检监察工作质量水平

坚持稳中求进工作总基调，是以习近平同志为核心的党中央治国理政的重要原则和科学方法论，是新时代坚持和发展中国特色社会主义基本方略的重要内容。近期，中央纪委提出要进一步深化对稳中求进总基调的认识和理解，将稳中求进作为纪检监察基本工作方针。全行各级纪委要深刻理解稳中求进的深刻内涵，结合我行近年来的纪检监察工作实践，将稳中求进作为推动中央精神更好落地、实现纪检监察工作高质量发展的基本方针，自觉贯彻到工作全过程和各方面。

稳，就是要保持力度不减、尺度不松、节奏不变。“稳”，是基调、是大局，就是要保持战略定力、耐力，踩着不变的步伐，保持永远在路上的韧劲。近年来，尤其是中央巡视以来，全行纪检监察工作严格对标中央和中央纪委的要求，总结提炼出了执纪执规“三部曲”，提出了“三严一适度”“五必”的执规要求；采取了问题线索集中统一管理、上收核查审理权限、严把执纪执规质量关等一系列举措；修订制定了一系列新的工作制度和工作规则；实施了纪检监察基础工作达标工程、纪检监察组织队伍设置“四种模式”等一系列固本强基活动；深入推进党的纪律检查体制改革和纪检监察机构“三转”，强化上级纪委对下级纪委的领导。全行纪检监察工作格局实现了重大变革，干部员工的纪律和规矩意识明显增强，全行党风、行风进一步好转，为改革发展提供了有力支撑。“稳”就是保持纪检监察工作方法不变、执纪执规工作力度不变，深入推进全面从严治党、从严治行的节奏不变，善作善成、久久为功，使干部员工将遵规守纪养成习惯、养成自觉。

进，就是要在把握好方向和重点中奋发有为。“进”，是目标、是指向，就是要以稳为前提，在关键领域、薄弱环节上有所突破。“进”是由当前依然严峻复杂的反腐败形势决定的，是在全行深入推进“三大战略”中争取发挥更大作用决定的，是有效解决全行纪检监察工作中存在的问题

决定的。形势决定任务，任务催生方式。中央巡视之前全行纪检监察工作的突出问题是没有聚焦主业，近两年存在的突出问题是全行纪检监察工作水平不平衡，当前我们面临的突出问题是纪检监察工作质量还不够高、成效还不够巩固。“进”，就是要进一步补短板、强基础、抓重点，进一步提高执纪执规质量，进一步深化对“四风”问题的整治力度，进一步加大重点领域腐败行为的整治力度，进一步提高巡视巡察发现问题能力，进一步增强警示教育的实效性，进一步提升工作的精细化水平，使全行纪检监察工作能够稳步前进、再上新台阶。

二、聚焦监督第一职责，为“三大战略”深入推进保驾护航

党章规定，纪委是党内监督的专责机关，职责是监督执纪问责，监督职能是处于基础地位、首要位置的。中央纪委明确要求，纪检监察机关要牢牢聚焦监督第一职责、补齐监督短板，把监督挺在前面。各级纪委要紧紧围绕监督这一首要职责，定位向监督聚焦、责任向监督压实、力量向监督倾斜，在监督上全面从严、全面发力，把监督职责履行到位。

首先要突出政治监督。各级纪委要牢固树立“四个意识”，把坚决维护习近平总书记核心地位、维护党中央权威和集中统一领导作为监督的首要任务。要深刻认识到，纪检监察机关作为政治机关、作为党内监督专责机关，在“两个维护”上担负着特殊历史使命和重大政治责任，任何时候都不能模糊、动摇、放松。要加强对各级党组织、党员干部贯彻落实党中央大政方针情况和党章党规执行情况的监督检查，坚决同危害党中央权威和集中统一领导的言行作斗争，严肃查处违反党章党规、违反政治纪律政治规矩问题，确保党中央政令畅通。

其次要突出对“三大战略”落实情况的监督。“三大战略”是总行党委结合中央要求作出的战略部署，是建设银行未来发展定位。普惠金融是为了服务实体经济；住房租赁是为了解决社会痛点问题，这都是我们大行应当承担的责任；金融科技是发展的重要支撑，纪律规矩是发展保障。

对“完成党中央和上级党组织部署的任务情况”开展监督是《党内监督条例》赋予各级纪委的重要职责。全行各级纪委要把“三大战略”的推进落实情况作为监督的重要内容，重点检查各级党委是否把“三大战略”作为当前首要工作来推动。要对下级机构领导班子和领导干部贯彻落实总行党委决策部署情况进行准确评判，坚决查处上有政策下有对策、阳奉阴违、拖延迟滞等问题；高举问责利器，对推进“三大战略”中的形式主义和官僚主义问题，抓取典型、严肃问责、形成震慑。

同时，要加大“三大战略”相关业务领域违规违纪问题的查处力度，为“三大战略”推进营造风清气正的环境。如小企业信贷业务点多面广、客户量大，且从历史情况看，小企业业务是腐败问题的“重灾区”。发展小企业信贷业务，最关键的是要管住风险，尤其是管住员工道德风险。普惠金融风险防控虽然以大数据识别为主，但这是一个逐步实现的过程，目前还不能忽视业务发展背后的员工道德风险。各级纪委要结合信贷领域腐败行为专项整治工作，对小企业信贷等领域的腐败问题线索深挖细查，出重拳、下重手整治以贷谋私、内外勾结、利益输送等问题，做到“有案必查、违规必究、失责必问、触犯禁令必开除、涉嫌犯罪必移送”，促进小企业业务又好又快发展。

三、加快建立容错纠错机制，保护干部员工干事创业积极性

日前，中共中央办公厅印发了《关于进一步激励广大干部新时代新担当新作为的意见》，总行纪委也印发了关于建立健全容错纠错机制的指导意见，在建设银行报上发表了评论员文章。各级纪委要认真学习领会这些文件精神，按照中央和总行的要求建立健全容错纠错机制，宽容干部在改革创新和业务发展过程中的失误。

我们要准确把握好容错界限。深刻领会习近平总书记关于“三个区分开来”的重要内涵，坚持“四个原则”，把握好“六个要件”，结合“三严一适度”，具体问题具体分析。一是分析动机态度，看是出以公心还是缘于私利，是无心之失还是有心之过，是知错就改还是放任自流。二是分析客观条件，看是由于条件不具备、不可抗力、

发生难以预见的情况等因素，还是主观故意、失职渎职。三是分析程序方法，看是履行了决策程序或临机决断后及时履行报告程序，还是个人专断、一意孤行。四是分析性质程度，看是工作中的失误错误还是违纪违法违规，是大胆探索、先行先试还是有令不行、有禁不止。五是分析后果影响，看是否造成不可挽回的重大损害、不良影响。六是分析挽回损失情况，看是否采取积极有效措施进行补救，减少、控制损失。通过明辨“为公”还是“为私”、分清“无心”还是“有意”、判定“无禁”还是“严禁”，来严格划分“失误、错误”与“违纪、违规”的界线。

信贷问责是最需要也是最经常用到容错纠错精神的，要进一步改进信贷问责工作，把握好几个原则。一是要坚持尽职免责，对已履行规定义务，但因国家政策调整、产业环境变化等因素，导致信贷未达到预期效果或出现偏差的，该免责的要免责。二是要坚持“三严一适度”，综合考虑动机、态度、客观条件、性质程度、后果影响及挽回损失等情况，对干部信贷违规失职行为进行综合分析。如果其动机是出于公心，为了工作，为了服务客户，为了业务发展，只要对错误认识到位，积极挽回损失和影响，配合组织调查处理，可以依纪依规从轻、减轻或免于处理。三是要提高问责精准度，从精准开展责任认定抓起，理顺“认定—移交—审理—追究”机制，提高全环节、全流程质量，抓住主要问题、主要环节、主要责任开展问责，坚决防止单纯以信贷损失结果来判定违规行为的倾向。

四、深化正风反腐，以永远在路上的执着持续深入推进反腐败斗争

“四风”问题具有顽固性、反复性，纠正“四风”不能止步。上半年，据中纪委网站通报，共有27099人违反中央八项规定精神被处理；从我行上半年查处情况看，有7起“四风”问题发生在2017年以后，其中有2起发生在党的十九大以后，说明在高压态势下，仍有少数干部员工抱有侥幸心理，依然我行我素、顶风违纪。各级纪委要以钉钉子精神抓好作风监督。要盯住重点对象、重点环节、重点问题。紧紧抓住领导干部这一关键少数，督促领导干部带头转变作风，身体力行、以上率下，发挥“头雁”效应。要盯住公务接待、公车管理、业务营销、出差食宿等“四风”问题多发、易发领域，进一步督促相关机构和部门扎紧制度笼子、严格制度执行、加强制度检查，减少“四风”问题发生空间。要盯住形式主义和官僚主义，严防享乐主义和奢靡之风反弹回潮，紧抓不放、一抓到底。要坚持越往后执纪越严。对反映“四风”问题的线索，反映的时间、地点、人物清晰具体的，原则上不适用函询，一定要查深查透。对十九大以后发生的“四风”问题，一律从严从重处理。

要深入推进信贷领域腐败问题专项整治工作。专项整治是落实中央关于防范化解金融风险和中央纪委关于加强金融信贷反腐决策部署的具体举措，是推进普惠金融战略的重要保障。各级纪委要一抓到底，对2016年以来信贷领域问题线索处置及查处工作进行全面重检，对相关线索要深挖细查，绝不放过任何一个疑点。注重从不良核销和批量打包转让的信贷项目中寻找蛛丝马迹，尤其是对当年新发放即产生不良的项目，要深入分析是否存在个人谋利行为、是否存在利益输送行为。把信贷领域腐败整治和“三清查”结合起来，利用“三清查”的技术手段和经验办法，对信贷违规行为背后的腐败问题进行排查，让腐败行为无处遁形。

此外，对于审查安全要专门强调一下。总行纪委近日印发了《关于进一步严格执纪审查工作安全及纪律要求的通知》，要求确保执纪执规安全。有些年轻员工家庭条件好，突然遇到一些挫折，可能会想不开。要关注员工的思想状况，对于犯错误的员工要敲打，这是纪律要求，但是该关心的还是要关心。对于其他被处分的同志，包括给予开除处分的，要做扎实的疏导工作。纪委在找人谈话时，要看被谈话人的身体状况，看其是否有疾病，谈话时间安排上要尽可能选择正常上班时间，不要过多地在晚上或周末谈话。要精心制定执纪审查方案，考虑更加周全。在执纪执规安全上，各级纪委书记是第一责任人，要切实重视起来，确保万无一失。

五、加强警示教育，让广大干部员工在思想上划出红线、在行为上明确界限

纪律教育是筑牢干部员工思想道德防线的根

本途径。从当前我们面临的形势和问题看，下半年各级纪委必须把教育摆在更突出的位置，作为更重要的工作来抓。

上半年，全行共发生其他类案件32起，同比增加7起，增幅28%，主要涉及员工酒驾、交通肇事、扰乱社会公共秩序、嫖娼、诈骗、吸毒、赌博等。一些案件性质非常恶劣，如某分行员工在健身房冒领他人丢失的钱包，盗取他人钱财。虽然这些行为与职务无关，但反映出员工道德素质低下，有损建行的声誉和形象。还有员工违规对外出具担保、违规查询出卖客户信息、参与民间高息借贷、与客户发生资金往来等严重违规违纪、违法犯罪行为依然高发、频发，严重损害银行和客户的资金安全。员工违法犯罪，首先是自身的问题，但同时也反映出所在机构对员工教育、管理、监督不到位。

要进一步加强对员工的纪律教育。下半年，总行将组织开展“保护客户信息”专题教育和预防“非职务犯罪”专题教育，教育方案即将下发。同时，还将组织观看新拍摄的警示教育片《警钟长鸣》，启动警示教育片《百名开除案例警示录》的拍摄工作。各单位纪委要抓好宣传、组织、落实工作。组织干部员工学习相关法律法规，引导员工充分认识到出售、泄露客户信息以及吸毒、嫖娼、酒驾、盗窃等违法行为的严重后果，提升员工法制意识和自律意识。引导员工珍惜自己的家庭、珍惜自己的职业生涯、珍惜建行声誉，不越制度底线、不踩纪律红线、不碰法律高压线，做到心有所畏、行有所止。

要把教育活动做实、做细。近年来，总、分行纪委在加强员工教育尤其是警示教育方面采取了一系列的措施，但如果在基层得不到落地，所有功夫都是白废。对总行纪委和分行纪委下发的案例通报，要根据通报范围，分别纳入党委中心组学习、中层领导干部培训、纪委书记上讲堂、基层党支部“三会一课”、基层网点日常教育的重要内容和素材。要加强教育过程管理，做到教育动作可检查、教育效果可评估，既要坚决杜绝“新婚之夜抄党章”这类典型的形式主义，又要坚决避免敷衍塞责、隔靴搔痒、消极应付等老问题。总行纪委、各单位纪委要把员工纪律教育情况作为对下调研、检查的重要内容，切实防止出现“雨过地皮湿”的问题。

六、坚定不移深化政治巡视，为全面从严治党提供有力支撑

下半年，我们要坚决贯彻习近平巡视工作思想，按照中央巡视工作五年规划要求，积极稳妥地推进全行巡视巡察上下联动。

深化政治巡视。一是要提高政治站位。要牢牢把握“两个维护”，紧抓“六个围绕”，检查被巡视巡察党组织学习贯彻习近平新时代中国特色社会主义思想和党的十九大精神、落实总行党委“三大战略”的具体举措和进展，查找在党的领导、党的建设、全面从严治党方面存在的问题。二是要提高发现问题能力。发现问题是巡视工作的生命线，要抓住重点人、重点事、重点问题，紧盯“关键少数”，重点关注信贷领域、不良资产处置、选人用人、金融市场、集中采购、基建工程等权力集中、廉洁隐患较大的领域。三是要处理好政治和业务的关系。要透过业务问题分析思想道德上、廉洁上的问题，查找政治偏差，督促各级党组织强化管党治党政治责任。

强化巡视整改和成果运用。要全面深刻理解巡视工作“发现问题、形成震慑，推动改革、促进发展”十六字方针，不能仅仅止步于发现问题，做好“后半篇文章”，按照中央要求，强化巡视整改和成果运用，“推动改革、推进发展”。巡视整改的主体责任在被巡视巡察单位党组织，党委书记是第一责任人。整改不能止步于建章立制、阶段性成效，不能有“交账过关”的思想、不能让制度在抽屉里睡觉，要狠抓执行，持续整改。要强化整改督查，总行将对近年来巡视过的机构开展整改督查，重点看上次巡视的问题是否整改到位，相关责任人是否处理得当等。纪检、组织部门要切实担负监督责任，把督促整改落实作为日常监督的重要内容。如果到时发现敷衍整改、假整改的，就要严肃问责。要强化成果运用，对巡视发现的问题和线索，及时移交处置。

七、不断夯实基础，打造忠诚干净担当的纪检监察干部队伍

中央纪委提出了“专责机构、专职人员、专业能力”的“三专”建设，结合我们实际，就是

要打造“总量适度、质量优化、作风优良、能力过硬”的纪检监察队伍。

一是要持续优化组织队伍结构。在人员配备上，要坚持“在精不在多”的原则，按照“四种模式”，选精配强纪检监察干部。在机构设置上，要进一步扩大省会城市行和中心城市行派驻纪检组试点范围，已开展试点工作的一级分行要主动探索、不断总结、不断完善，加强对派驻纪检组的管理，进一步增强“派”的权威、发挥“驻”的优势、实现“专责监督”的职能，推进“派”“驻”“专”三者有机结合，不断把派驻改革工作向规范化、制度化推进，形成有效管用、可推广复制的监督体制机制。

二是要强化纪检监察工作管理、督导和帮扶。今年3月以来，我们实行了纪检监察月度简报制度，经过4个月的实践，效果很好。总行纪委对全行纪检监察工作情况掌握得更及时、对问题发现得更充分，更有利于加强对条线工作的指导。要将月度简报与季度报告、中期报告、年终述职等制度组合运用，形成加强条线管理的“工具箱”。对总行纪委在月度简报、季度通报中指出的问题，分行纪委要高度重视，切实整改，及时报告整改情况，把条线管理优势切实转变为工作成果。

三是要进一步夯实纪检监察工作基础。目前，纪检监察基础工作达标工程已基本结束。但达标工程只是起点，不是终点；达标标准只是基本标准，不是最高标准。各分行纪委要认真执行总行纪委新修订的达标手册，不断对标、持续达标，以高标准、严要求把工作做优、做强。境内子公司和总行直属中心纪检监察机构，要参照纪检监察基础工作达标工程的经验和做法，结合自身实际，制定达标标准，开展达标工作，尽快提高工作能力和水平，发挥监督作用。

四是要加强专业化能力建设。当前的纪检监察工作已不是单纯靠一腔热情就能干好的，必须有过硬的专业知识、专业能力、专业作风、专业精神作支撑。大家要充分利用“五大学习平台”，认真学习党章党规行规，认真学习中央纪委和总行党委的政策精神要求，用好党纪和行规这两把尺子，真正做到政治过硬、本领高强。要注重对银行新业务、新形态、新领域的学习，在防范化解金融风险和服务保障“三大战略”过程中炼就“火眼金睛”。总、分行纪委要加强核查人才库、审理人才库的建设，实现人员可进可出、及时补充，针对入库人员组织开展专项培训，全面提升掌握政策策略、谈话突破、运用信息化手段等专业素养，培养一批能打硬仗、善打胜仗的“特种兵”。

在夏季工作座谈会上的讲话

朱克鹏

（2018 年 7 月 24 日）

下面我结合分管工作，讲一些具体工作要求：

一、关于纪检监察工作

上半年，全行纪检监察工作总体来说稳中向好，纪检监察工作制度体系已搭建完成，工作基础不断夯实，人员队伍结构持续优化，专职纪检监察干部人数（3948 人）稳中有降（减少 6%），专业能力和工作水平不断提高，继续保持执纪执规的力度，纪检监察工作质量进一步提高，纪检监察工作已迈入良性有序稳步的发展轨道。

上半年，全行给予党政纪处分 1425 人，与去年基本持平；其中，党纪处分 149 人、政纪处分 1387 人、党政纪并处 111 人；开除党籍 40 人，行政开除 108 人；处分处级以上领导干部 150 人，其中总行党委管理干部 8 人。执纪执规政策界限和尺度总体把握较好。查处贿赂案件 2 起、员工非职务犯罪案件 32 起，主动向司法机关、地方监委移送 5 人。总行纪委通报严重违规违纪问题 97 起。

下半年，全行要继续按照中央纪委提出的稳中求进基本方针，进一步深入推进全面从严治党、从严治行，为推进“三大战略”保驾护航。重点抓好以下几项工作：

（一）保持执纪执规力度不减、尺度不松

中央巡视以来，全行按照“有案必查、违规必究、失责必问、触犯禁令必开除、涉嫌犯罪必移送”的要求，不断加大执纪执规力度，形成高压态势，干部员工的纪律和规矩意识明显增强，全行党风、行风进一步好转。近年的发案率在同业中保持较低水平，且近年新发现的案件都是陈案，真正新作案的不多。但正如习近平总书记强调的那样，在全面从严治党这个问题上，我们绝不能有差不多了，该松口气、歇歇脚的想法，不能有打好一仗就一劳永逸的想法，不能有初见成效就见好就收的想法。如果我们执纪执规工作的力度稍有放松，就有可能前功尽弃。所以，各行要按照中央和总行的要求，保持执纪执规力度不减、尺度不松，善作善成、久久为功。

（二）突出执纪执规重点

执纪执规要有重点，不能“胡子眉毛一把抓”。当前，全行要重点查处两类违规违纪行为，一类是违反廉洁纪律、以权谋私、吃里爬外、损害建行利益的行为；另一类是玩忽职守、不负责任、严重失职渎职，给建行财产和声誉造成严重损害的行为。对这两类行为，要出重拳、下重手、坚决予以查处，该开除的一定要开除，该移送司法机关的一定要移送，形成有力震慑。对于信贷领域腐败问题专项整治工作，总行纪委已作了专门部署，希望各行抓紧推进，这既是落实中央纪委二次全会精神的要求，也是建设银行的实际需要。从薛峰案的查处情况看，其以贷谋私问题非常严重，造成损失巨大，教训十分惨痛。各行要特别重视从不良核销和批量打包转让的信贷项目中寻找蛛丝马迹，深入查找背后是否存在以贷谋私、利益输送等行为。对信贷业务中隐藏的员工道德风险要早发现、早处置；对信贷腐败行为要严厉打击、绝不姑息。特别是，要重点防治中小企业、民营企业信贷业务中的外部诈骗风险和员工内外勾结问题，为普惠金融战略的顺利推进提供坚强保障。

（三）严格把握执纪执规政策界限和尺度

总行多次强调，执纪执规工作要坚持实事求是、客观公正，准确把握好政策界限和尺度，始终把执纪执规工作质量当作纪检监察工作的生命

线，任何时候都不把处理人数多少作为评价纪检监察工作的标准和依据。要充分运用监督执纪“四种形态”，尤其注重对“第一和第二种形态”的运用，坚持把纪律挺在前面。要按照“严肃、严格、严谨、适度”的执规原则，把执规工作作为严肃的政治工作来对待，对员工作出纪律处分涉及员工职业生涯、政治生命和切身利益，一定要反复权衡、慎重作出决定，尤其是对撤职、开除等重处分，更要慎之又慎，必须综合考虑动机、态度、客观条件、性质、情节、危害程度、后果影响及造成损失等情况，做出恰当的处理，做到宽严有度、不枉不纵，经得起历史和实践的检验，体现出既对党的事业负责、对建行事业负责，也对干部员工负责的职业精神。

近期，中央印发了《关于进一步激励广大干部新时代新担当新作为的意见》，总行纪委根据中央精神，结合建行实际，已经印发了关于《建立健全容错纠错机制的指导意见》，提出在八个方面依纪依法依规进行容错。希望各行认真学习领会中央精神，通过合理容错、及时纠错，保护好干部员工干事创业的积极性。一方面，该容错的大胆容。对干部在推进“三大战略”、服务实体经济、防范化解金融风险、开展金融业务创新中的探索性失误和无意过失要大胆包容；另一方面，不该容的坚决不容。不能把容错当作违法违纪违规的“保护伞”“避风港”，对明知故犯、闯“红灯”、破“底线”的错误，坚决不容。要在维护好纪律底线的同时，保护好同志们干事创业的积极性。

比如说，过去我们在信贷违规处理中存在重点不突出、责任追究泛化等问题，处理效果不太好，警示震慑作用也未能充分发挥，大家有些反映。2017 年，总行专门修订了《信贷业务责任认定管理办法》，细化了尽职免责的情形。从《办法》实施情况看，效果比较好。2017 年以来，全行信贷责任认定共涉及 27.7 万人次，其中经认定尽职免责人员（25.9 万人）占比 93.5%；认定有责人员（1.8 万人）占比 6.5%；其中 5.8% 给予扣发绩效、批评教育处理，给予行政处分（2035 人）的仅占比 0.7%。今后，我们要进一步提高对于信贷违规问责的精准度，真正做到有责问责、尽责免责。

（四）进一步巩固拓展落实中央八项规定精神成果

“四风”问题具有很强的顽固性、持久性和反复性，上半年全国查处“四风”案件 1.9 万起，处分 2.7 万人。所以中央提出作风建设永远在路上，要求对“四风”问题越往后执纪越严、问责越重。我行“四风”问题整治虽然取得了一定成效，但反弹回潮的压力仍比较大。上半年共查处“四风”问题 28 起，处理 34 人，其中有 7 起发生在 2017 年以后，这其中又有 2 起发生在十九大以后，说明在高压态势下仍有个别干部员工心存侥幸、顶风违纪。对于落实中央八项规定精神，总行党委的态度是坚决的。各分行党委也要有钉钉子的精神，常抓不懈。各分行党委班子成员要坚持以身作则、带头践行。在办公用房、周转住房、行政接待、交通食宿、婚丧喜庆等各方面以及业务营销时都要严格遵守总行规定，节假日要防止公款吃喝、公车私用等问题。在这里给大家提个醒，希望大家对“四风”问题时刻保持警惕，履行好责任，管出习惯、管出成效、化风为俗。

（五）加强对员工的警示教育

近年来，总行在加强员工遵纪守法合规教育尤其是警示教育方面下了很大功夫，也取得了一定的成效，员工遵规守纪意识明显增强。但仍有一些员工法制意识和纪律规意识比较淡薄，上半年，全行发生非职务犯罪案件 32 起，同比增加 7 起，其中以中青年员工为主。下半年，总行将在全行组织开展保护客户信息合规教育和预防非职务犯罪专题教育，组织观看新拍摄的警示教育片《警钟长鸣》。各行要结合本行实际，以案说法、以案说规，组织员工学习相关法律法规，引导员工充分认识到出售、泄露客户信息以及吸毒、嫖娼、酒驾、盗窃等违法行为的严重后果，引导员工珍惜自己的家庭、珍惜自己的职业生涯、珍惜建行声誉，把教育活动抓实、抓细、抓出成效。

纪检监察工作离不开各级党委的支持。希望各行党委把领导和支持纪委工作作为履行主体责任的分内之事、应尽之责，旗帜鲜明地支持纪委开展监督执纪问责工作，使“两个责任”的落实能够相互促进、共同推进。

二、关于巡视巡察工作

上半年，全行巡视工作取得了较好的成绩。

从总行巡视工作情况看，巡视报告的“政治画像”更加精准，对班子和个人的评价突出个性特点，能够基本勾勒出一个班子的特征；发现问题的能力不断提高，总行第一批次巡视发现问题217个，重要问题线索24个，提出工作建议52条，推进完成立行立改问题23个。从分行巡察工作情况看，大多数分行都做到了早计划、早部署，50%的分行已经在第一季度启动了巡察工作；同时，分行巡察范围不断向基层延伸，值得肯定。但也存在一些明显不足：主要是巡视整改工作仍比较薄弱，在推动真抓实改、解决问题上着力不够。部分分行巡察工作质量不高，个别分行2017年全年巡察未发现一个违纪违规问题线索，存在“走过场”现象。

今年上半年，中央印发《巡视工作五年规划》（以下简称《规划》），上周总行党委中心组围绕《规划》内容组织了集体学习，我们已经制定了我行的五年规划，总行巡视工作领导小组会已经通过了，马上要提交党委会审定。下一步，我们要按照《规划》的要求，进一步做好全行巡视巡察工作。

（一）坚守政治巡视职能定位，牢牢把握“两个维护”这个根本政治任务

《规划》提出坚决维护习近平总书记核心地位、维护党中央权威和集中统一领导，是巡视工作的根本政治任务，这“两个维护”是新时代巡视工作的“纲”和“魂”。各行在开展具体巡视巡察工作时，首先要检查被巡视巡察党组织学习贯彻习近平新时代中国特色社会主义思想和党的十九大精神的情况，从今年巡视的几家行来看，均存在学习不到位的问题，希望引起各行重视。这是政治任务，来不得任何马虎和敷衍。其次要检查落实总行党委“三大战略”的具体举措和进展情况。同时，要盯住关键少数和重点领域查找问题，要重点关注信贷业务、不良资产处置、选人用人、集中采购、基建工程等权力集中、廉洁隐患较大的领域。

（二）注重巡视工作实效，不断提高巡视巡察工作质量

《规划》对提高巡视“全覆盖质量”提出新的要求，强调“量”“质”并重，既要做到“全覆盖”，又要做到“高质量”，既不能在全覆盖上打折扣，也不能抢时间赶进度，时间和进度要服从于质量和效果。发现问题是巡视工作的生命线，是提高全覆盖质量的重要抓手之一。另外，发现的问题不应仅仅停留在鸡毛蒜皮的层面，应该是主要问题，是群众反映强烈的问题，是苗头性、倾向性问题，是有利于管党治党的有价值、有深度的问题。

（三）加强分行巡察工作，建立巡视巡察上下联动监督网

《规划》提出了“建立巡视巡察上下联动监督网”的新课题。分行党委要切实担负巡察工作主体责任，党委书记要担任巡察工作领导小组组长，对巡察发现的重点问题、重点人，要提出处理意见。要将总行通报的巡视发现问题和总行巡视组反馈意见整改情况纳入分行巡察工作重点，加强分行巡察与总行巡视联动。要继续扩大对综合型支行、县支行等基层机构的巡察覆盖面，扎实推动全面从严治党向基层延伸。

（四）加强巡视整改和成果运用，做好巡视“后半篇文章”

习近平总书记强调，巡视发现问题的目的是解决问题，发现问题不解决，比不巡视效果还坏。这次中央五年巡视规划明确指出，推动解决问题，是巡视工作的落脚点。巡视整改既包括中央巡视发现问题的整改，又包括总分行巡视巡察整改。十九届中央巡视重点是“六个围绕、一个加强”，其中的“一个加强”，就是加强对巡视整改情况的监督检查。这是中央再来我行巡视的必查内容，大家要高度重视。

三、关于内控与合规管理工作

上半年，全行合规条线聚焦合规管理主责主业，推进合规官试点工作，强化合规管理核心功能，提高违规发现能力，加大违规处置力度，补齐反洗钱管理短板，合规管理已初见成效，基本上实现了“五个减少（案件发生、重大违规、监管处罚、违规财产损失、违规声誉损失）”的目标。在案件和重大违规方面，全行上半年没有新发现的监管一、二类案件，只有一起是去年底发现、今年1月份确认的案件。发案数量和涉案金额较去年同期均有明显下降（数量减少3起，金额下降6.8亿元），据向监管部门了解情况，我们是五大行中发案件数和金额最少的行。上半年，全行也未发现新的重大违规问题，过往年度发生的几起重大案件和重大违规处置工作已近尾声，有的涉案资金已全部追回（广东潮州虚假放贷案、云南普洱侵占 ATM 资金案），有的基本实现了风险敞口的有效覆盖（咸宁票据案）。在监管处罚方面，按“大口径”（包括人行、银保监会、外汇局）统计，全行上半年的处罚金额较去年同期有所上升，但在银保监会处罚方面，和四大行比较，我行被处罚金额最少（罚单 39 张、罚款金额 1045.8 万元），四大行罚单合计 293 张，罚金约 1.1 亿元。在反洗钱方面，已基本建立起涉及境内外反洗钱和金融制裁管理的制度体系，金融制裁清单监测系统 6 月份也已上线，总分行反洗钱队伍力量得到有效充实，专业化能力有所提升，反洗钱工作在人行分类评级中被评为 BB 级，较上年度（B 级）上升一档。

尽管我们的合规工作取得了不小的进步，但总体上看，我行合规管理的基础还很薄弱，合规管理体系不够健全，合规管理工具还比较单一，合规队伍专业素质仍有待提高，合规管理系统亟待开发，在境内外“严监管”已成为常态的背景下（银保监会共对银行机构开具 1676 笔罚单，处罚金额达 14.3 亿元，是去年同期处罚金额的 4 倍多），全行加强合规管理的现实需求更为迫切。

上周，总行党委会已审议通过《关于健全合规体系的报告》，我们计划用三年时间建成一个集中统一、权威高效、科学先进、务实管用、覆盖全集团的合规管理体系，使合规成为建行的显著管理特色和核心竞争优势，为集团的高质量发展保驾护航。当前，各分行要重点做好三项工作：

（一）压实“三个责任”，守牢三道防线

做好合规工作，不仅仅是合规部门的事，必须发挥合力、齐抓共管、压实“三个责任”，守牢三道防线：

首先是业务部门要承担起合规的主体责任，守牢第一道防线。业务部门既要对制度制定和流程设计进行把关，更要对制度执行和流程运行情况进行监督检查（简单地说，就是业务部门不仅要保证制定的制度合规，还要保证制度得到有效落实和切实遵循）。应当说，没有业务部门把牢合规的第一道关口，合规管理工作是很难见成效的。

其次是合规部门要承担起合规的管理责任，守牢第二道防线。合规部门要搭建起系统化、规范化、运行顺畅的合规体系框架，提供统一的合规管理思路、方法、措施和工具，加大合规管理推进及实施力度，充分发挥合规管理统筹协调和基础保障的作用，担负起本单位合规管理的最终责任。

最后是审计部门要承担起合规管理的监督责任，守牢第三道防线，对合规管理各主体的履职情况进行监督，着力于事后揭示问题，促进合规体系的良好运转。

（二）进一步加大违规发现、处置和通报的工作力度。

查处违规行为是合规管理工作的核心功能和关键环节，而发现违规则是违规处置和违规整改的基础和前提。各分行一方面要提高合规部门通过合规检查发现违规问题的能力，针对重点领域、环节或部位，定期开展突击检查和飞行检查，增强合规检查的独立性和权威性；另一方面要整合监督资源，充分利用监管检查、内部审计、信贷管理、法律诉讼、信访举报等渠道发现违规问题线索，让违规之人无立足之地，让违规之事无处遁形。

在违规处置方面，各分行要组织做好违规认定和问责工作，尤其是对于辖内发现的严重违规问题，要及时报告，迅速跟进，有效应对，全面整改。对违规机构和人员要严肃处理，对违规机构该通报的通报、该约谈的约谈、该停止业务的停止业务、该取消授权的取消授权，对违规人员要采取灵活的处理方式，如减发绩效、取消晋升资格、调整岗位、移交纪检等，要让违规机构和人员付出惨痛代价，让他们痛彻肺腑、牢记一生。

违规通报是警示震慑、合规教育的重要手段，也是有效手段。各分行要坚持做到违规事件“发生一起、处理一起、通报一起”；同时，对于总行通报的每起案件与违规事件，要第一时间组织传达到各基层机构和一线员工，充分发挥通报的警示震慑作用，让员工知畏、知止。

（三）进一步夯实反洗钱管理基础

这里面有两项重点工作要做：一是要重点打好“完善客户身份信息攻坚战”，力争年底前将存量客户身份信息完整率提升到65%以上，这是一项非常重要的反洗钱基础工作，要达到监管要求，难度不少，工作量极大，但又是一项不得不做且必须做好的工作。在这项工作上，我们距监管要求仍有很大差距，也大大落后于同业水平。如，我行对公客户信息完整率低于10%，个人客户完整率为47%，而工商银行的两项指标均超过90%。总行已经将客户身份信息质量作为重要指标，纳入今年一级分行合规工作评价，这是一项硬任务。前段时间，总行已经对完善客户信息工作作了布置和安排，希望各分行要严格按照总行要求，增加资源配置和人员投入，加大对基层员工的培训、考核力度，多渠道主动提示客户完善身份信息，快速提升客户身份信息质量。各业务主管部门也应加强对条线的监督指导，切实提升客户身份信息的有效性。

第二项重要工作是要守牢制裁合规风险底线，严格执行总行制裁合规制度，认真开展风险排查，对高风险国家和地区的客户进行名单制管理，审慎控制涉及制裁风险的客户准入。不准许有任何侥幸心理，不能出重大差错，否则会导致严重后果。中兴通讯就是一个很好的反面教材，兄弟行也有过惨痛教训，万万马虎不得。各境外机构应按照总行要求，积极配合开展反洗钱能力评估工作，查找差距、补齐短板，确保满足属地监管要求，不断提升集团反洗钱管理水平。

四、认真做好协解人员稳定工作

上半年，总行接访量为210批次、339人次，其中协解人员上访156批次、255人次。与去年同期相比，虽然有明显下降，但上访量仍然较大。各行要坚决贯彻中央和监管机构关于信访工作的部署，按照国立董事长对信访工作的批示要求，扎实做好协解人员稳定工作。经过前期摸排，全行21家分行共确定了416名重点协解人员。下一步，要进一步加大工作力度，打一场“攻坚战”，逐步解决协解人员稳定问题。

一是要摸清底数，精准定位。各行要通过多种渠道，坚持属地原则，将摸清协解人员真实情况作为重要任务落实到各级机构，按照帮扶对象精准、资金使用精准、措施到人精准的要求，进一步掌握协解人员就业、生活、家庭、社保、低保、享受地方失业及再就业优惠政策和上访等情况，及时更新完善协解人员基础信息，建立健全重点关注对象信息台账，实行“挂号销号”管理，确保对本行协解人员问题心中有数，做到精准定位问题、精准定位人员、精准定位诉求。

二是要一人一策，综合施策。要按照“诉求合理的解决问题到位、诉求无理的思想教育到位、生活困难的帮扶救助到位、行为违法的依法处理”的原则，把协解人员关心的问题放在心上，坚持以源头化解和人员稳控相结合，微观上一人一策，宏观上综合施策。各行要以解决问题为出发点和落脚点，在现有政策框架内，对协解人员的各类诉求进行细致分析分类，凡是应当解决而政策又允许解决的问题，都要依法合规认真解决。各行要按月及时准确报送《全行重点协解人员“一人一策”名单》报表，制定的“一人一策”方案要切实管用，主要负责人要亲自审核把关，强化源头化解，一把钥匙开一把锁，争取逐月有进展，化整为零，逐年减少。

这是一个历史遗留问题，解决起来难度很大，但又是一件必须解决、躲不过去的工作。大事难事看担当，做好协解人员稳定工作，关键是看我们各级党组织和领导干部能否“扛事”，能不能带头担负起守土之责，要多下工夫、多想办法，真正把解决协解人员问题的过程作为我们践行党的群众路线、做好群众工作的过程，作为考验大家群众工作能力的过程。分行党委是做好协解人员稳定工作的责任主体，“一把手”负总责，分管行领导负直接责任，按“一人一策”方案实行名单制管理，名单中的每个人都要有相应的责任人，对于不尽心尽职的，或失职渎职的，总行要严肃追究责任。

在赖小民严重违纪违法案件警示教育会议上的讲话

朱克鹏

（2018 年 11 月 9 日）

同志们：

今天召开这个会议，主要是落实中央要求，就赖小民严重违纪违法案件开展警示教育；同时，传达学习杨晓渡同志在部分中央金融机构纪委书记座谈会上的讲话精神。总行党委对这两项工作高度重视，对总行党委管理干部的学习贯彻和对照反思工作提出了具体要求、做出了具体部署，总行纪委即将下发通知，明确具体的工作要求和安排。

刚才，德刚同志传达了中央纪委对赖小民案件的通报。赖小民案件是党的十九大以后查处的一起金融系统严重腐败案，习近平总书记对该案作出了重要批示，用“触目惊心的腐败大案”“性质极其恶劣、教训极为惨痛”对案件定性；总书记明确指出当前反腐败斗争形势依然严峻复杂，防范化解金融风险任务艰巨，决不能掉以轻心；强调要加强党对金融工作的领导、严格金融监管、坚决惩治金融领域的腐败，在金融系统通报赖小民案件并开展警示教育。对赖小民严重违纪违法问题的查处，彰显了以习近平同志为核心的党中央惩治金融腐败、防范化解金融风险的坚定决心，建设银行党委、纪委坚决拥护。大家要深刻领会、严格贯彻总书记重要批示精神，坚决拥护党中央严肃查处赖小民案件、清除金融系统重大政治和金融安全隐患、净化金融领域政治生态的正确决策部署，充分认识到进一步加强党风廉政建设和反腐败工作的紧迫性，要从赖小民案件中深受警示、吸取教训，强化廉洁自律，深入推进全面从严治党、从严治行。同时，大家要从杨晓渡同志的讲话中充分领会中央纪委关于金融反腐败的立场、政策，深刻体会党组织重在教育和挽救干部的良苦用心。我受国立党委书记委托，代表党委再提几点要求：

一、提高政治站位，坚决贯彻落实党中央决策部署

党的十九大把政治建设摆在党的建设首要位置，要求各级党组织在政治立场、政治方向、政治原则、政治道路上同党中央保持高度一致，归根结底就是坚决维护习近平总书记的核心地位、维护党中央权威和集中统一领导。践行“两个维护”、坚定“四个意识”是具体的，体现在实际行动中就是不折不扣地贯彻落实党中央的决策部署，党中央要求的坚决做到，党中央禁止的坚决不做。赖小民严重违纪事实中，性质最严重的就是违反党的政治纪律和政治规矩，完全背离党中央关于金融工作的路线方针政策，拒不执行党中央、国务院的重大决策部署，使华融公司的经营管理严重偏离正确方向，给党和国家的金融事业造成巨大风险和损失。

建行作为国有大型商业银行，践行“两个维护”、贯彻落实党中央决策部署是坚持党中央对金融工作集中统一领导的具体体现，是检验我们学懂弄通做实党的十九大精神和习近平新时代中国特色社会主义思想的重要标准，是全行上下必须一以贯之坚决执行的重大政治任务。全行每一名干部员工都要在思想上政治上行动上同以习近平同志为核心的党中央保持高度一致，围绕服务实体经济、防范化解金融风险、金融扶贫等党中央的决策部署集中发力，在金融机构中作出表率，充分发挥大行的中流砥柱作用。总行党委提出的“三大战略”、劳动者港湾建设、全面主动风险管

理等一系列战略举措，其出发点和落脚点都是为了服务实体经济，用金融的力量解决社会痛点问题，使经济运行的“血脉”畅通，筑牢防范化解金融风险的堤坝，这些都是贯彻落实党中央决策部署的真招和实招。各级党组织要深化对服务实体经济、防范化解金融风险重要性的认识，深化对总行党委战略举措的认识，用切实有效的行动来抓落实、抓推进、抓成效，始终不偏离党中央在经济金融领域的路线方针政策，确保金融稳定发展改革的正确方向，确保国家金融安全。党员领导干部要牢记自己的第一身份是共产党员，第一职责是为党工作，坚决执行党中央的决策部署，坚决贯彻落实总行党委的决定要求，做到令行禁止，政令畅通。

二、加强党的领导，深入推进全面从严治党、从严治行

党的领导是国有企业的“根”和“魂”，全面从严治党是金融事业发展的独特优势和希望所在。赖小民严重违纪违法案件再次证明，什么时候党的领导遭到了削弱、什么时候放松了全面从严治党，业务发展也就失去了根本保障。从建行的情况看也是如此，一些管党治党做得比较好的分行，业务发展也又好又快；反之，管党治党宽松软、违纪违法案件频发的机构，业务发展也严重滞后。以党建带动业务发展绝不是一句空话，政治和业务要高度统一，任何时候都不能变成“两张皮”。

（一）发挥好党组织把方向、管大局、保落实的核心作用

目前，全行各级机构党组织设置已比较健全，关键是要使党组织真正成为一个机构、一个部门的政治核心和领导核心，把稳方向、管住大局、保好落实。赖小民案件中，华融公司党的领导和党的建设淡化、虚化、边缘化问题非常突出，直接导致了政治生态的严重恶化和经营管理的严重失控。总行在日常监督检查和巡视过程中，也发现一些机构党组织核心作用发挥不够突出，如该由党委会来决策的事项由行长办公会、总裁办公会来决策，在关键事项上党委拿不定主意、做不出决定，个别党组织缺乏锐意进取和攻坚克难的勇气和能力，党组织凝聚力和战斗力不强，不能有效地组织党员、凝聚人才、动员群众等。对这些问题，各级党组织都要高度重视，坚持不懈地抓好自身建设，真正成为所在机构和部门改革发展管理等各项事业的“主心骨”。

（二）压实各级党组织全面从严治党主体责任

党的十八大以来的管党治党实践证明，只有坚持全面从严治党，才能有效解决党的领导弱化、组织涣散、纪律松弛的问题。中央巡视后，全行各级机构管党治党意识明显增强，全面从严治党深入推进，但不同分行、不同机构、不同层级之间责任落实不平衡的问题还没有得到很好解决，一些机构仍存在管党治党宽松软的问题。各级党组织要牢固树立“党建责任是第一责任”的意识，做好明责、尽责、考责、问责等各项工作；党委书记要履行好“第一责任人”职责，做到“四个亲自”，不能只重视经营管理任务，忘了党委书记的责任。要坚持真管真严、敢管敢严、长管长严，把严的要求贯穿到改革发展管理的全过程和全环节。各分行、各机构规模有大有小，但从严治党的标准不能有高有低；业务发展有快有慢，但管党治党力度不能有紧有松，都要始终坚持高标准、严要求。

（三）净化和维护好党内政治生态

政治生态好，人心就顺、正气就足；政治生态不好，就会人心涣散、弊病丛生。各级党组织要高度重视政治生态建设工作，各级纪委要当好“啄木鸟”，及时治病树、拔烂树、保护整个森林的健康。选人用人是风向标，直接影响党内政治生态的走向。要选好管好“一把手”，按照“对党忠诚、勇于创新、治企有方、兴企有为、清正廉洁”的要求，把政治过硬、业务精通、敢于担当、严于自律的优秀干部选任到“一把手”的岗位上，发挥好“头雁效应”，成为良好政治生态的源头活水。要深刻吸取赖小民案件的教训，坚持正确的选人用人导向，匡正选人用人风气，把公道正派作为干部工作核心理念贯穿选人用人全过程，让德才兼备、能力突出、群众公认的干部及时得到提拔重用，形成事业为上的良好风气。要严把选人用人政治关、品行关、作风关、廉洁关，突出政治标准，把住廉洁底线，优先选用政治上过硬、靠得住的干部，对政治不合格、廉洁

上有瑕疵的，坚决不能任用。需要强调的是，“一把手”在选人用人中要做到“一碗水端平”，坚决防止任人唯亲、搞亲亲疏疏，避免形成小圈子、小团伙。

三、坚持有腐必反，始终保持惩治腐败的高压态势

赖小民贪腐金额非常巨大、令人震惊，且绝大部分发生在党的十八大以后，给国家金融资产造成了巨大风险隐患和损失，充分说明了当前反腐败斗争形势依然严峻复杂。从建行情况看，今年我们查处了山东省分行原党委书记、行长薛峰严重违纪违法案件，薛峰违纪和涉嫌犯罪金额高达数千万元。此外，近两年我们还查处了重庆中山路支行行长张杰违规对外出具担保案、湖北咸宁潜山支行原行长肖俊内外勾结合同诈骗案、甘肃省分行投资银行部原总经理林燕违规为企业委托贷款出具担保案等一系列案件，这些案件中涉案人均有收受大额贿赂的问题，张杰的受贿金额更是高达3000多万元。无论是整个金融领域还是建设银行，虽然近年来反腐败工作取得了明显成效，但面临的腐败风险仍比较突出，决不能有松松劲、歇歇脚，甚至鸣金收兵、马放南山的想法！

金融腐败扰乱了业务运行规则，破坏了政治生态，滋生了金融风险隐患，严重威胁到国家金融秩序稳定和金融资产安全。各级党委、纪委都要坚定决心，一刻不停歇地深入推进反腐败工作。正如杨晓渡同志比喻的那样，如果不解决腐败问题，我们的经济基础就是建立在一个沙地上，或者说是在阳光下的一摊冰雪上，很快就会站不住脚的。腐败造成的金融风险和损失是非常巨大的，薛峰案件中涉及的企业已累计暴露不良19户，造成信贷不良和损失超过10亿元；重庆张杰案件造成资金风险6.9亿元，湖北肖俊案件风险金额接近10亿元，甘肃林燕案件风险金额2.5亿元，江苏常州分行博爱路支行徐舟贷款诈骗案件金额1.9亿元、山东济宁邹城支行挪用代保管票据案造成的风险和损失高达4亿元。在这种情况下，如果我们不能以零容忍的态度惩治腐败，如果还存在“家丑不可外扬”的错误想法，如果还有“不敢揭盖子”的顾虑，又如何遏制腐败案件高发态势，如何有效防范化解金融风险，如何做到对国家负责、对建行负责、对员工负责？各级党组织在反腐败问题上要立场坚定、态度坚决，坚持有腐必反、有贪必肃。当前重点是做好信贷领域腐败问题专项整治工作，对发现的腐败问题线索一查到底。尤其是一些信贷项目表面上是违规，但实际背后可能隐藏着腐败问题，要对信贷违规的原因深入分析，对存在腐败问题的要深挖细查，做到“有案必查、违规必究、失责必问、触犯禁令必开除、涉嫌犯罪必移送”，让腐败分子在建设银行无处藏身。尤其是对十八大之后仍然不收敛、不收手的，必须予以严惩，但对待存量的问题，按照晓渡同志讲话精神，要本着惩前毖后、治病救人的方针去处理。

杨晓渡同志反复强调要鼓励犯错误的同志重新做人、重新做一个好党员、做一个好干部。我们在处理干部员工的违纪问题包括腐败问题时，既要查清问题、认清责任，又要重教育、重挽救。对积极配合调查、主动交代问题、有效挽回损失、悔过态度较好的，可以从轻或者减轻处理，给予犯错误的同志“戴错立功”、重回正轨的机会。同时，也欢迎有问题但愿意改正的干部，把握住机会和主动权，及时找组织说明问题，和自己的过去划断。国立党委书记也讲过，组织给干部机会、给干部出路，前提是干部要对组织忠诚老实，如实交代自己的违规违纪事实，全部退回不义之财；如果干部对违规违纪行为不承认、对抗组织，那党委绝不包庇、绝不姑息纵容。我们在近两年的监督执纪问责中，对充分认识错误、主动退赔损失的干部，都给予了从轻减轻处理；但也有个别干部以为自己违纪行为很隐蔽，不配合组织调查，甚至掩盖事实、与相关人员串供、订立攻守同盟等，最后都是“聪明反被聪明误”，总行对这些对抗组织调查的典型案例都进行了通报。希望各级党委、纪委把中央纪委和总行的政策讲清、把道理讲透，鼓励有关人员能够迷途知返，主动向组织交代问题，争取组织的宽大处理。

四、抓住关键少数，扎紧扎牢监督网

不受监督的权力必然导致腐败。领导干部所处岗位越重要，手中掌握的权力越大，越需要加强监督。赖小民案件的一个重要警示就是要加强

对领导干部尤其是“一把手”的监督，破解对“一把手”的监督难题。

（一）纪委要切实履行好同级监督职责

同级监督包含了同级领导班子成员之间的相互监督，纪委书记的职责使命决定了在同级监督中要承担更重的责任、发挥更大的作用。中央纪委多次强调纪委要不断提醒党委及相关领导同志尽责、自律，不能走偏；否则如果金融机构出现问题，而纪委平时该抓该管的工作没有去做，纪检监察机构要负很大责任。各级纪委尤其是纪委书记要增强担当精神，要有坚强的党性原则，既然担任了纪委书记，一定程度上就是代表上级党组织在对同级党委班子成员开展监督，不能觉得在“一个锅里搅马勺”，就抹不开面子、拉不下脸，将本应该“拽拽衣角、扯扯袖子”的正常监督变成了“睁一只眼、闭一只眼”。纪委书记对应当发现的问题一定要及时发现，应当提醒的问题一定要及时提醒，超出了自己能力范围的，要及时向上级党委、纪委报告。根据金融领域反腐败严峻复杂形势，为了加强监督，增强监督的权威性和独立性，提高监督实效性，近日，中央印发了《关于深化中央纪委国家监委派驻机构改革的意见》，将中管金融企业纪委改设为中央纪委国家监委派驻中管金融企业纪检监察组，受中央纪委国家监委直接领导，向中央纪委国家监委负责。派驻纪检监察组与驻在企业是监督与被监督的关系，监督的对象主要是驻在企业领导班子及其成员，以及驻在企业党委管理人员。

（二）坚持用制度管人管权管事

把权力关进制度的笼子里是党内监督的重要经验总结，是构建“不能腐”机制的重要举措。赖小民案件暴露一个突出问题就是各项党内和公司制度未能有效发挥作用，党委集体领导异化为一把手领导、民主集中制名存实亡，赖小民有规不依、有章不循、利用制度漏洞“内行作案”等。总行纪委在查处薛峰案件时也发现信贷管理环节全线失守、制度规定成了“一纸空文”。制度的生命在于执行，各级党委要坚持民主集中制原则，严格落实党委议事规则、“三重一大”等制度规定，防止集体决策变成了“一言堂”。进一步抓好信贷、集中采购、选人用人、基建工程等重点领域的建章立制和制度执行工作，立“明规矩”、破“潜规则”，让权力在阳光下运行，减少权力寻租空间。负有审核审批、制度检查、监督制约、风险管理职责的重要岗位人员要尽职履责，做到不讲情面、不失底线，牢牢把住关口。

（三）在强化日常监督上下更大功夫

监督要做到严管厚爱，重在抓早抓小、防微杜渐，对干部的一些苗头性、倾向性问题，要及时提醒、及早纠正。党组织要切实承担起对干部的管理监督责任，既要选干部、也要管干部，既要信任干部，也要监督干部，对干部的思想情况、工作情况、作风情况、廉政情况心中有数，督促干部多照镜子、多正衣冠。要用好监督执纪“四种形态”，进一步加大对“第一种形态”和“第二种形态”的运用，在干部刚出现“小过”“小错”的时候，就及时提醒、尽早纠正，让干部得到警醒，把问题解决在萌芽状态。各级纪委要拿出滴水穿石、铁杵磨针的功夫，见物见人见细节，从点滴抓起，从具体问题管起，及时发现问题、纠正偏差。

五、严守纪律规矩，在廉洁自律上发挥表率作用

领导干部必须把廉洁自律作为自己的底线要求，不断加强党性修养，强化纪律意识，树立正确的是非观、义利观、权力观、事业观，把自律和他律统一起来，珍惜自己的家庭、珍惜职业生涯、珍惜建行声誉。

（一）坚定理想信念

总书记反复强调，理想信念动摇是最危险的动摇，党员干部没有理想信念，理想信念不坚定，精神上就会“缺钙”，就会得“软骨病”。各级党员干部要坚持用习近平新时代中国特色社会主义思想来武装头脑，对马克思主义、共产主义要坚持学而信、学而思、学而行，丰富自己的精神世界，拧紧世界观人生观价值观的“总开关”，炼就强大的“护体内功”。

（二）认真学习和遵守党章党规党纪

我们的党是一个纪律严明的政治集体，每一名党员都要深入学习党章党规党纪，自觉遵守党章党规党纪，主动接受党章党规党纪的约束。全行要把新修订《中国共产党纪律处分条例》的学

习宣传教育作为当前的一项重点工作。总行纪委专门印发了学习宣讲纪律处分条例的工作方案，各级党组织要抓好落实，通过巡回宣讲、专题辅导、案例剖析、警示教育等多种形式，将《条例》学习覆盖到每一名党员，让所有党员在思想上画出红线、行为上筑牢底线。“己不正，焉能正人”，总行党委管理干部在学习《条例》、遵守《条例》上要为全行干部员工作出表率，成为党纪的自觉践行者和坚定维护者。

（三）严守中央八项规定精神

党中央抓作风建设的决心是坚如磐石的，总行党委与党中央保持高度一致，下大力气在全行系统内整治“四风”问题，取得了一定成效。但从查处的情况看，“四风”问题禁而未绝、隐形变异的现象依然存在，如近期核查发现个别分行在党的十八大后仍然存在大量购买高档酒水的问题。为了对“四风”问题进行彻底清理，总行将下发通知，针对总行党委管理干部组织开展自查自纠。对自查自纠发现问题的，要列明时间、地点、事项、涉及相关费用，做到见人见事、具体可查。对领导干部自查自纠、主动上报、主动退还费用、对错误认识深刻的，总行将从轻或减轻处理，原则上以批评教育为主；对隐瞒不报或避重就轻的，今后一经查实，将从严处理。要把整治形式主义、官僚主义摆在更加突出的位置，近日总行下发了专项工作方案，各级党组织要对照形式主义、官僚主义突出表现形式逐项查摆问题、进行整改，纪委要督促所在机构和下级机构党组织开展好集中整治。

（四）保持清正廉洁的政治本色

全行党员特别是领导干部必须加强自律，慎独慎微，陶冶道德情操，始终不放纵、不越轨、不逾矩，永葆共产党人政治本色。重点是做到以下三点：一是处理好“公”与“私”的关系，党员干部要讲党性、重品行、作表率，关键就在于做到大公无私、公而忘私，至少是做到公私分明、先公后私。这对金融领域的干部尤为重要，我们经手的、可支配的资金太多了，一旦分不清公私，肯定会出问题。二是要自觉净化社交圈、生活圈、朋友圈，培养高尚道德情操和健康生活情趣，与客户和企业老板交往时要把握好界限和距离，建立亲、清的银企关系，防止被“围猎”。三是要管好家人和身边人，从近年来中央和我行查处的腐败案件看，家风败坏往往是领导干部走向严重违纪违法的重要原因。新修订的党纪处分条例专门增加了“党员领导干部不重视家风建设，对配偶、子女及其配偶失管失教”的处理规定，希望大家都能重视起来，对家人和身边人严格要求、严格约束。

为了深入落实习近平总书记的重要批示精神，根据中央纪委国家监委在金融系统开展赖小民案件警示教育的部署，各一级分行、直属中心、境内子公司、总行各部门都要召开专题会议，所辖总行党委管理干部要紧扣赖小民违纪违法事实和教训，深入对照反思，把自己摆进去、把工作摆进去、把职责摆进去。对照反思材料要提前报总行纪委审核，总行纪委还将对部分单位进行现场督导。

同志们，国有大型商业银行是党执政兴国的金融重器，责任重大、使命光荣。我们要紧密团结在以习近平同志为核心的党中央周围，深入学习贯彻习近平新时代中国特色社会主义思想，以更大的决心、更严的标准、更实的措施推进全面从严治党、从严治行，持之以恒正风肃纪，坚决打赢防范化解金融风险的攻坚战，推动全行改革发展取得新成效！

在 11 家重点发展分行加快私人银行业务发展专题推动会议上的讲话

张立林

（2018 年 3 月 7 日）

同志们：

开这个会的目的，我主要是想听听大家对私人银行业务的认识和理解。通过一天的交流，看得出大家都在思考，但各行的理解还有不一致的地方。私人银行业务的发展，不仅要从价值创造本身来说，更要从长远角度，看到私人银行业务对提升建设银行的核心竞争力和建设一流商业银行的品牌声誉所发挥的重要作用！

建设银行的品牌口号是“善建者行 成其久远”，应该说私人银行业务对丰富和提升建行品牌价值的作用非常大。随着市场和同业竞争的增强，虽然量上的比拼和发展还会持续一个阶段，但实际已经进入量质并举、深度竞争的阶段。由此，如何服务好我们的中高端客户、高净值客户和私人银行客户，重新回归商业银行经营维护好客户关系的本质，是大家现在要系统思考的问题。如果仅靠规模扩张来拉动增长，那么对提升建行品牌价值有其限制。结合大家的发言，下面我讲几方面的意见。

一、争抢顶尖市场必须牢牢盯住财富聚集区域

《关于加快私人银行业务发展的意见》（以下简称《意见》）已经正式印发全行，现阶段的工作重点是分类抓落实。选取 11 家私人银行业务重点发展分行是在匹配地域的经济发展水平、财富聚集程度、市场竞争能力等因素后所做的重要安排，私人银行业务只有在这 11 家分行取得突破以后，才可能更加有效地、快速地在整体上实现提升。

11 家分行在全行私人银行业务的比重，以静态数据分析，体现了区域所隐含的发展潜力和价值聚集。根据波士顿咨询发布的《中国私人银行 2017：十年蝶变十年展望》报告，中国高净值家庭 210 万户，个人财富管理市场规模 126 万亿，其中高净值家庭占 43%，且预计保持 15% 的年增长率，从 2016 年的 54 万亿元增长到 2021 年的 110 万亿元；贝恩市场咨询公司发布的数据表明，截至 2016 年末，高净值人士数量超过 5 万人的省市共 9 个，分别是广东、上海、北京、江苏、浙江、山东、四川、湖北和福建①，其中东南沿海五省市（广东、上海、北京、江苏、浙江）率先超过 10 万人。同时，广东、上海、北京、江苏和浙江五个东部沿海省市的高净值人数占全国总数的 47%，所持有的可投资资产占全国总财富的 62%。可以说，赢得了上述这些区域的市场，确立了在这些区域的领先地位，财富管理与私人银行业务才能真正抓住机遇。

11 家分行一定要探索出加快私人银行业务发展的有机体系和业务模式，既要取得量的突破，更要取得质的突破。其中，质的突破体现为：市场和客户对私人银行品牌的认可，私人银行业务管理能力的提升，私人银行业务队伍专业能力的精细化，以及私人银行业务价值贡献度的增加。需要强调上述四个方面质的突破都同等重要和急迫，都是要扎扎实实推动落实的工作。

① 河北和湖南两个省高净值人士都接近 5 万人。

二、准确理解，奋发努力，勇于担当

在准确理解《意见》，凝聚加快私人银行业务发展共识的前提下，工作推动落实过程中要结合本行实际，研究制定具体的措施、政策和机制。私人银行不仅是业务处于初期阶段，更大的问题是认识不到位，包括：没有充分认识到私人银行业务对稳定高净值客户所发挥的重要作用；没有充分认识到私人银行在拉动全行服务能力方面发挥的重要作用；没有清醒看到私人银行业务与建行大行地位不匹配。目前在私人银行市场上尚不存在绝对的领导者或赢家，各银行基本上处于同一起跑线，建行有很大发展机会。

从重点发展分行私人银行业务的集中度来看，截至2017年末，按照《意见》明确的金融资产600万元的私人银行客户标准，11家重点发展分行的私人银行客户数和金融资产分别占全行总量的62%、63%，比例明显低于11家分行所在辖区的财富市场聚集程度，可以说并没有形成真正意义上的“快牛”，还处在打基础、促发展的初级阶段。

从市场份额或客户渗透率来看，北京、上海、广东、深圳、江苏和浙江等6家分行的私人银行客户数量与辖内10万家以上的总量相比，比例尚不足5%，其余5家分行的比例也在10%以下，说明私人银行业务的发展还处于初级阶段，增长空间极其广大，必须鼓足干劲，争抢市场份额。

从同业竞争比较情况看①，11家重点发展分行中，仅有福建和湖南两家分行的私人银行客户数和金融资产排名四大行第一，而江苏、浙江等分行均排名市场末位。同时，与工行私人银行客户数和金融资产的差距中，分别有95%和90%来自11家重点发展分行，与招商银行私人银行客户数和金融资产的差距中，分别有97%和89%来自11家重点发展分行，可以说，提升同业竞争地位，比超工行和招行的主力军就是在座的各家分行。

对比全行10家重点分行整体业务情况，根据战略规划部提供的材料，截至2016年末，10家分行的合计日均存款、税前利润、中间业务净收入三项关键指标四大行占比提升；部分新兴业务快速发展，如贵金属收入跃居四大行第一、理财收入保持第二、代理保险跃居四大行第二；单位人民币结算账户和个人客户增长显著，高于全行平均水平，但11家重点发展分行的私人银行业务增速却落后全行平均水平。

上述数据和成效说明，只要分行行领导重视，扎实抓落地执行，一定能取得良好业绩和优秀市场表现。总行在年初工作会上提出“弥补短板”工作要求，不仅是相对于同业竞争对手我们要补短板，作为战略性新兴业务，在重视程度、推动力度、工作积极性和主动性等方面，也需要补短板。

同时，加快私人银行业务发展，决不能仅仅停留在“量”的增长，如果发展中没有专业能力、业务机制等方面的同步提升，“量”发展到一定程度就可能衰退，甚至是具有损坏性。做好私人银行业务，客户累积和沉淀下来的“印象”非常重要，没有好印象，业务的持续性发展就要出问题。由此，要持续加深对私人银行业务的理解，牢记质和量要同步发展。在这一点上，作为重点发展行，必须争做表率，勇于担当。

三、主动融入全行业务体系，专业专注抓发展

《意见》明确了加快私人银行业务发展的体制，其根本要义不是要把私人银行业务独立出来加快发展，而是要通过努力，尽快融入全行业务体系之中。在这个大前提下，要遵循业务规律，把私人银行业务专业能力建设的重点放在总行和一级分行，专业能力必须精细化和体系化，包括客户关系维护中发现需求的能力、产品选择的能力、资产组合配置的能力、提供顾问的能力、财富传承与规划的能力等方面。

总行要丰富对私人银行业务体系建设的全面指导、协调管理和服务支持，差异化体现在一级分行，必须建立起专业经营管理能力。总行和一级分行要同步考虑两个层级私人银行业务专业团队的建设，集中优势资源，着力解决好如何为私人银行客户提供专业服务的问题。二级分支行及以下要结合实际情况，重点建立并提升发现和维护私人银行客户的能力。

① 按时点金融资产600万元标准进行同业数据交换，目前为工行、农行和招行，中国银行尚未提供。

对11家重点发展分行，必须在今年6月30日前成立私人银行一级部门，请各家分行站在落实总行党委、高管层工作要求的角度抓好落实，还要持续加大经营管理力度，提升能力，完善机制，不断上台阶。总行要制定规则，明确各级行的私人银行业务牵头负责人，由各级分管领导、私人银行业务负责人担任，做到人员固定，责任明确，落实推动持续有效。

同时，要抓紧研究制定私人银行客户在全行不同地域和分行间的服务一致性实施方案，做实跨区域的联动服务，提升客户的服务体验。

四、聚焦私人银行客户关系管理和维护，提高信任度

私人银行业务以客户关系管理和维护为核心，目标要建立长期、信任的客户关系，争取客户信任的最大份额。要培养“懂客户”的能力，掌握客户信息，识别客户需求，理解财富问题与诉求，形成客户的详细“画像”，持续挖掘客户潜在需求和商机。

私人银行业务绝不能做成简单的产品交易驱动，这样冲出来的业务规模不可能持续，只有以客户和银行的价值双赢为起点，才能凸显出私人银行业务的真正优势。工作方法上要围绕“差异化”做文章，既要考虑产品的差异化，客户分层分类的差异化，还要考虑差异化的产品与差异化的客户之间的衔接匹配，深化客户关系管理就是做实、做深、做细差异化。

向客户提供差异化的非金融服务与金融服务同等重要，尤其是法律、税务等方面的专业咨询服务。刚才大家在发言中都谈到了客户走访、健康医疗、子女教育、出国留学等服务给客户带来的良好体验和获客成效，各一级分行要结合地域文化的差异，做好客户专属的品质服务，以深化客户关系，增加客户黏性，提升客户价值，并将其作为建立与客户信任关系的一个重要内容。

五、做好私人银行客户资产端服务，从单一产品管理走向账户组合管理

要向私人银行客户传导正确的投资价值观念，提高客户风险可接受能力，私人银行的财富顾问能力和资产端的组合配置能力要同步培养。要深刻理解做私人银行业务就是为客户管理财富，努力打造为客户配置全量资产的专业能力，建立市场机会研究、投资策略观点、资产配置模型、综合解决方案、投资产品准入、动态资产管理、客户投资收益分析和风险合规管理等在内的一整套核心能力体系。

私人银行客户服务不能仅仅建立在产品交易本身，而要建立在对客户账户的动态管理，比如对资产的检视、市场变动的提醒、调整配置的建议等，这些都体现了对客户的关心关注，体现了私人银行业务的价值。

要为私人银行客户创造价值，为全行增加综合贡献。要主动探索客户价值计量方法，运用好全行管理会计等系统，探索建立私人银行客户价值贡献全景视图，不仅要更全面、更多元，还要充分展示和呈现。

六、培养差异化、分层级的私人银行专业人才队伍

私人银行客户经理等专业人才的培养要区分层级，不能做成上下一个标准。一线的客户经理擅长于拓展和维系客户关系，但在投资策略、建议、方案等方面必须得到一级分行和总行的有力支持。

专业能力不仅要包括对产品的理解，还要具备非产品的综合知识和沟通能力。综合知识和沟通能力就是要传导到客户经理的认知上，抓得住客户关心关注的问题，和客户对得上话，最后问题解决了，客户关系才能深入发展。培养非产品的综合知识和专业能力可以利用集团子公司和行内现有资源，也可引入外部专业人士或机构。培养虽然是个持久的过程，但一定要抓紧启动，下大力气开展高水平的培训工作。

专业能力培养和使用成效的最终决定因素在机制，要坚定地推动总行和一级分行建设私人银行专业核心团队，定位为“高精尖”，这样的机制建立起来并运作顺畅了，才能真正体现私人银行业务的专业性和市场竞争力。

七、高度重视内控合规管理与消费者权益保护工作

全行要充分理解、准确把握内控合规与消费

者权益保护对做好私人银行业务的重要作用。要提高私人银行业务内控合规管理能力，强化私人银行反洗钱、反欺诈工作。

为客户提供服务，坚持把保护消费者权益作为前提。同时，私人银行业务还要高度关注队伍职业道德的建设和管束，清醒看到私人银行条线人员维护着信任的客户关系，管理着大体量金融资产，必然会受到各种内外部的诱惑，绝不能因为工作缺失而在发展中埋下风险隐患。

这次会议是加快私人银行业务发展的一个关键节点，更是重要的起点，对11家重点发展分行，希望在年底能看到明显效果。与此同时，总行财富管理与私人银行部要抓好另外两类分行的业务推动。

谢谢大家！

拥抱新时代　运用新思维
以零售优先战略为引领打造建设银行新零售

——在2018年零售及网络金融业务工作会议上的讲话

张立林

（2018年4月3日）

同志们：

本次会议的主要目的是贯彻党的十九大精神，落实全行工作会议要求，总结2017年工作，研判当前形势，在零售优先战略引领下，明确零售业务下阶段的目标、思路和措施，运用新思维打造新零售。下面我讲4方面内容，供大家讨论。

一、2017年取得的新成绩

2017年，面对严峻复杂和快速变化的经营形势，全行零售条线坚决贯彻落实总行党委战略部署，从社会需求出发聚焦痛点问题，建金融生态系统服务客户民生，推综合解决方案升级服务能力，抓零售优先落地提高贡献表现。零售业务的“半壁江山”地位持续巩固，全行EVA贡献达69%，多项核心指标同业领先。2017年的成绩主要体现在5个方面。

（一）在满足人民需求和普惠金融服务上取得了新进步

客户服务面进一步扩大。2017年末，全量客户达6.08亿人，每两个中国人中就有约一个人正享受建行服务，这也是零售业务未来发展的重要基础；有资产客户新增3336万人，在过往4年累计新增1.1亿人。私人银行客户数量和金融资产分别增长20%和15%，经营服务新模式加快落地。

服务能力进一步增强。加快产品创新和市场营销，个人客户在我行金融资产突破10万亿元，持有零售贷款突破5万亿元，银行卡发卡突破10亿张，其中信用卡发卡突破1亿张、居四大行第一，商户总量突破400万户。

敏锐捕捉民生痛点，积极提供“建行方案”。一是运用金融科技新思维和新工具，同业率先落实中央“加快建立多主体供给、多渠道保障、租购并举住房制度”的决策部署，实施“蓝海项目”发力住房租赁市场。短时间内基本实现了全国地级及以上行政区全覆盖，收获政府、市场和客户多方肯定。二是聚焦三农，推出裕农通平台+供销社/电信运营商/农村医疗机构/电商4种服务新模式，建立“村口银行”近9万个，覆盖全国15%以上行政村，为农村客户提供金融、社保、缴费和医疗等综合服务。三是依托善融商务精准扶贫，已覆盖800多个国定贫困县，扶贫交易金额突破50亿元。

（二）在打造大行品牌和收获各方认可上树立了新形象

2017年，再获《亚洲银行家》“中国最佳大型零售银行奖”，我行已连续4年获此殊荣。继“要买房、到建行”后又全面打造“要租房、到建行”品牌。率先发力推出建行支付品牌“龙支付”，面市一年多来，客户数量突破5000万、交易量同业领先。靓丽推出“安心悠享”“金蜜蜂”的“一老一小”客群专属服务品牌。“快贷”消费金融业务、“以心相交、成其久远”私人银行业务、“慧兜圈”等产品品牌也处在同业前列。第三方调查结果显示，2017年个人客户满意度79%、提升2个百分点，保持四大行第一，较招商银行（满意度81%）差距缩小。存款、房贷、借记卡、银行理财、基金、客户经理、手机银行、网银、电话银行的满意度在四大行、招商银行和交通银行的六行评比中位居首位。

（三）在巩固行内贡献和提升市场份额上收获了新成绩

从行内来看，个人人民币存款、零售类贷款、零售中间业务收入和税前利润全行占比分别达47%、46%、50%和46%。信用卡在全行中间业务产品中实现了总量和增量“双第一”。量价平衡全力做好稳存增存，大力挖掘消费信贷、保险和贵金属等增长点，效益贡献明显提升。实现经济增加值914亿元，全行占比69%、同比提升16个百分点。

从同业来看，市场表现积极有为、市场份额接续提升。个人存款余额突破7万亿元，付息率1.42%，在四大行最优付息水平上实现日均新增第二。零售中间业务收入保持四大行第一。国内最大零售信贷银行地位进一步巩固，领先优势超过3000亿元。个贷余额和资产质量四大行第一，二手房贷款新增四大行第一。快贷新增超过1000亿元，带动消费信贷新增四大行第一、余额进位。住房资金归集业务四大行占比达56%。围绕“效益、质量、规模、效率统筹协调发展，勇争第一”加快信用卡业务发展，客户数、贷款余额、中收总量和资产质量等均居同业首位。

（四）在打造金融生态和提升关键能力上展现了新作为

聚焦“圈链群”提升生态打造能力。持续打造个人客户金融生态系统，思想认识全面统一，理念思维日趋成熟，关键性工作全面落地。生态圈方面，深耕客户衣食住行，建成超过2000个支付结算生态圈。资金链方面，深入开展“招商引资”、代发业务拓展、对公经营性资金承接活动，全力做好对公和消费等源头资金链式拓展。客户群方面，客群经营方法论日臻成熟并在全行全面推开，全行重点客群和分行特色客群落地成效显著。

全面提升精细化管理和创新能力。新一代对私项目全部成功上线，为全行新一代工作画上了圆满的句号，实现了经营由部门级向企业级的革命性提升，构建了以客户为中心的客户经营架构，塑造了组件化产品创新能力。全条线参加研发9600多人次，共发布新一代应用案例10299个、全行占比37%。我行已经初步具备了企业级、以客户为中心的零售业务经营管理能力，精细化管理水平和数字化营销能力实现了快速提升，走在同业前列。下大力气推进实施各一级分行零售业务发展水平综合评价，聚焦客户经营总体成效已经成为条线上下的共识和着力点。个人客户数据分析精准营销平台上线4000多个新模型。同业率先推出“建行住房指数”和楼盘大数据平台，租赁指数覆盖18个重点城市。深化信用卡业务“一行一策”的差别化管理机制，建立城市分行损益指标体系。

集约化运营提升企业级客服能力。实现客户服务考核、资源、调度、信息、运营和问题反馈“六统一”，构建了覆盖全客群、全渠道和全集团的运营机制。多措并举提升服务能力，综合接通率81%，较整合前提升了14个百分点。“机代人”建设实现突破，机器人累计服务客户超过30亿人次。攻坚克难提升效益，营销收入增长47%，个贷自助催收分行扩展到29家。影响力进一步提升，在“第三届寻找好声音”竞赛中荣获团队一等奖。

全维度覆盖提升风险防控和消费者权益保护能力。零售信贷风险防控逐步实现周期性管理。创新工具手段完善个贷风险预警模型，提升机防机控能力，落实疑点核查，不良率0.36%、四大行最优。构建全生命周期、全流程和全要素的信用卡风险管理体系，贷前、贷中和贷后齐抓并管，加快处置、核销和回收，信用卡贷款不良率0.89%、同业最优。落实消费者权益保护工作监管要求，健全事前审核机制，规范营销服务行为。高度重视和全力解决好客户投诉，建立联席会议机制，客户问题综合解决率达98%，客服全渠道满意度达92%。

（五）在零售变革和网络支撑的深度融合上实现了新突破

充分依托新技术，以客户需求为驱动，零售和网络金融部门双向配合，加速线上线下融合，在三个“一体化”上实现新突破。一是客户关系一体化。新一代系统实现全量个人客户信息的线上线下共享和互通，基于统一客户视图，构建了全渠道统一的客户评价、细分、定价和授信管理体系，为超过四成全量客户开通了手机银行服务，线上线下一体化经营水平在四大行中保持领先。

二是营销服务一体化。产品部署“移动优先”，全行76%的基金、91%的银行理财和94%的账户贵金属由网络渠道销售；交易线上线下协同，实现微黄金、纪念币、取款等业务的线上申请和线下达成；上线客户经理APP，实现商机展示、资讯获取和在线沟通功能。三是场景融合一体化。“走出去”在外场景嵌入支付功能，支付宝、京东等平台上我行用户数和交易量均居同业第一；“引进来”将更多生活服务植入手机银行，大力推广悦生活、党费云等应用，有效实现批量获客和活客。新版手机银行APP下载量、用户数同业领先。

今年以来，零售业务狠抓旺季金融服务，再次取得了开门红。个人存款春节前夕新增峰值达7564亿元、创历史同期最好水平，截至3月末年内新增4932亿元，在纯存款和包含保本理财两个口径下均新增四大行第一。全行上下付出了辛苦努力，取得了良好成绩，值得充分肯定！截至3月29日，个人有资产客户和金融资产分别新增803万人和6526亿元，分别同比多增52万人和1008亿元。信用卡业务各项指标继续保持较快增长，全面超额完成旺季目标。

在取得上述成绩的同时，零售条线近年来沉淀积累出一系列成功经验，更需要我们秉承和坚持。首先，强化顶层设计和明确战略定位是方向保证。2006年我行提出打造国际一流零售银行，2015年提出打造个人客户金融生态系统，今年全行工作会提出零售优先战略，这都是总行基于不同发展阶段和外部形势做出的科学决策，为全行指明了方向。需要强调的是，零售优先不是要弱化我行对公业务传统优势，而是要将其加快转化到零售业务上。其次，顺应时代趋势和主动变革转型是制胜法宝。从实施网点转型到打造个人客户金融生态系统，建行始终走在零售业务改革创新大潮的前沿。最后，真正以客户为中心整合要素资源是核心要义、植根网点穿透执行是根本保障。实践证明只有牢牢抓住这两大关键，才能打造出比较优势。

同志们！2017年全行零售业务取得的一系列成绩，得益于总行党委的正确领导，得益于董事会、监事会和上级监管部门的指导支持，得益于广大奋战在营销服务一线员工们的拼搏付出。大家更要深刻认识到，公司、机构、同业、小企业、金融市场、资管和国际等对公业务部门为零售业务带来了源源不竭的源头活水，人力、资债、财会、风险、内控、渠道和科技等中后台部门给予了坚实有力的资源保障，各子公司和境外机构提供了综合营销和专业服务。我们过往的成绩植根于全集团协同，未来的发展更要依托于全集团协同。借此机会，我谨代表总行党委向各位代表并通过你们，向零售条线全体员工表示衷心的感谢！

二、新时代零售业务的机遇和挑战

中国特色社会主义迈入了继往开来的新时代，我国商业银行零售业务处在市场格局快速分化、金融科技催生重构的新阶段。主要体现在五个方面。

（一）人民美好生活要求零售业务承担更大责任

我国社会的主要矛盾已经转化为人民日益增长的美好生活需要和不平衡不充分的发展之间的矛盾。零售业务融入千家万户、根植美好生活，是银行最贴近人民生活的服务领域，有责任做得更好。一是服务要求更广。新时代条件下人民生活水平快速提升，金融需求的广泛性、全面性和迫切性正日益凸显。从服务人群看，由城市延伸覆盖到乡村；从服务内容看，不仅要涵盖储蓄、信贷、支付结算和投资理财等金融性服务，而且已经深入到社保、交通、医疗和文教等民生性领域。二是服务质量要求更高。2017年末，国内个人客户可投资金融资产余额已突破130万亿元，资产保值、增值和传承等需求十分旺盛，对优质和专业服务的要求越来越高。随着金融科技的发展，客户对服务的易得性、便捷性和高体验的要求也前所未有，银行还要重点解决普惠金融中的县域地区和长尾客户有效服务不足问题。这些既是挑战、但更是重大机遇，我们有责任也有条件承担更大责任。

（二）“消费时代”全面到来催生零售业务市场格局巨变

一是我国经济结构深度调整推动客户需求进入“消费时代”。今年“两会”政府工作报告提出“增强消费对经济发展的基础性作用”“在中高端消费等领域加快培育新增长点、形成新动能”。2012—2017 年消费对经济增长贡献率由 55% 升至 59%，已经成为我国经济增长的主动力。二是客户“资产负债表”结构发生质变。近年来国内住户贷款保持快速增长，2017 年新增达 7.1 万亿元，比储蓄存款多增 2.6 万亿。该趋势体现在客户“资产负债表”上，推动存款占比由 2013 年末的 70% 降至 2017 年的 62%。居民家庭杠杆率快速提升，家庭债务占 GDP 比重由 33% 升至 49%。这既为零售信贷业务提供机遇，更对零售负债业务带来强大冲击。三是客户代际更迭已经开始。理念更超前、需求更旺盛的“80、90 和 00 后”正成为国内消费市场的主导力量，银行必须提供与之需求更适应的产品和服务。

（三）金融科技迅猛发展颠覆零售业务传统经营模式

一是颠覆银行商业模式。金融科技突出“用户 + 云端”以客为本思维，通过将金融产品嵌入客户日常高频场景，实现了金融服务的生活化、在线化和移动化，对银行经营模式将带来巨大冲击。二是颠覆客户关系管理模式。客户行为正由线下全面向线上转移，金融脱媒加剧。金融科技巨头以支付为入口，向投资理财、消费信贷领域渗透。客户关系的全面弱化，将是我们面临的最大挑战。2016 年末，国内第三方账户已达 34 亿个，网络借贷余额已突破 1 万亿元。2017 年国内移动端交易量的 80% 以上是由非银行 APP 来完成的。三是颠覆盈利模式。麦肯锡预计到 2025 年，全球银行受金融科技冲击，消费金融、支付结算和财富管理业务利润水平将较目前分别下降 60%、35% 和 30%。

（四）同业顺势创新求变，零售业务竞争激烈

当前，同业都在运用新思维和新工具创新求变，其力度之大、步伐之快前所未有。工行明确“智慧零售”方向，推出“工银小白”服务加快“账户出海”，推出“AI 投”智能投顾服务。平安集团实施“金融 + 科技”的双轮驱动战略，发挥全集团架构优势，构建共享服务一体化发展模式，全力推进客户共享和交叉销售，打造金融、健康、汽车和房产生态圈。2017 年，净利润增速 38%，客户中有 29% 同时持有银行、保险和陆金所产品，40% 的新客户通过线上获取。上海银行抓住个人账户管理新政突破线上获客，二、三类账户交易规模已超过一类账户。

（五）监管“严紧硬”、资金“紧平衡”，零售业务面临挑战

一是资金“紧平衡”。随着金融去杠杆深化和货币稳健投放的常态化，资金面趋紧、存款竞争压力大的形势很难在短期扭转。二是监管“严、紧、硬”。首先是政策频出。如在支付结算领域，央行从重构账户体系、加强第三方支付监管、重塑移动支付规则、规范创新等多维度布局，力图重塑银行地位，决心和力度都很大。其次是穿透性强。比如“资管新规”对银行理财业务的产品分类、期限匹配、净值管理和资产池运营提出了前所未有的细化要求，固有市场格局将会全面洗牌。最后是处罚严厉。比如近期央行对两家股份制银行支付结算违法违规行为合计罚款超过 1.7 亿元。三是合规经营要求更严。进一步深化整治银行业市场乱象的监管全面展开，涉及信贷政策、消费者权益保护、不当销售和收费等多方面，对消费贷款用途、购房首付款融资的合规检查力度加大，工作稍有不慎，将面临很大舆论压力和严厉监管处罚。

面对外部冲击，我行内部经营管理中也存在一些不适应问题，比如协同机制不完善、触点管理机制亟待建立、应对利率市场化能力还需加强。王祖继行长在全行工作会上强调全行要贯彻零售优先战略，恰逢其时、意义重大，这既是对我行历史经验的总结升华，也是对时代趋势的准确判断。我们要拿出强烈的危机感、紧迫感和使命感，贯彻零售优先战略，加快零售业务发展。

三、贯彻零售优先战略，打造建行新零售

下阶段，零售业务的总体思路是：准确把握新时代历史方位，全面贯彻零售优先战略，围绕“四个跳出”创新工作思路，开放共享升级金融生态，价值共赢深化多维协同，数字互联强化科技引领，以客户为中心创造最佳体验，全力打造新零售。

新零售是金融生态系统在新阶段的再升级。2015 年，我行就提出打造个人客户金融生态系

统。历经3年，金融生态理念在全行达成共识，“圈链群”打法初步形成，借助新一代初步构建完整支撑体系，生态圈在主要行业领域实现突破。当前，新技术与金融的深度融合进入了新阶段，竞争主体发生了新变化，客户体验提出了新要求。在上述背景下，新零售应运而生。要在5个方面实现突破：一是深化“以客户为中心”理念，以消费者极致体验为中心、“客户关系为王”、遵循“人本原则”把客户的需求作为一切经营服务活动的价值起点。二是加快线上线下深度融合，要在获客模式、双向引流和服务全触点统筹管理等3个维度落地。三是科技引领，要把金融科技由“支撑力”升级为“原动力”，运用大数据、云计算、人工智能、区块链和移动互联等技术加快创新。四是从提供“综合服务方案”升级为“建行综合解决方案”，方案要实现综合化、个性化和场景化三要素深度融合、缺一不可。五是进一步巩固银行资源整合者地位，发挥集团优势，聚合优质第三方，实现合作共赢。

零售优先战略是总行准确判断内外部经营形势、明确提出的全行性战略。今年工作会上，王祖继行长用较大篇幅进行了详细阐述。这既是对全行的要求，更是对零售条线的要求。从全行维度来看，王祖继行长要求在“人财物”、信贷和科技维度向零售业务倾斜资源，今年综合经营计划和即将落地的科技体制改革政策将予以体现，将有力支撑零售业务发展。从零售条线来看，要全面落实王祖继行长“跳出个金抓零售、跳出零售抓金融、跳出金融抓客户、跳出传统抓发展”指示要求，以时不待我的精神，用新零售的实现成果作为检验零售优先战略是否扎实落地的重要标准。

全行要从开放共享、价值共赢、数字互联和以客户为中心等4方面推进新零售落地。

（一）开放共享，升级金融生态

开放共享是金融科技时代不同过往的突出特征，要求我们以更开放的心态、更长远的眼光和更开阔的视野，打破原有封闭的思维方法、经营模式和账户体系。要构建更加开放的用户体系，以可扩展、易复制的模式将建行服务外嵌到产业链场景中，实现“客户在哪里、建行服务就在哪里”，达成生态系统的升级扩围。今年要重点在以下3个领域实现突破。

一是蓝海项目。我行已在住房租赁市场上抢得先机，接下来关键是将这一平台升级为生态，打造零售业务的新蓝海，将胜势转变成胜果。当前客户和产品部门要分析平台上租赁企业和个人客户从看房、租房、用房、生活和换房等全链条需求，快速梳理、创新适配和深度嵌入储蓄、理财、支付、信贷等金融产品和服务，对于非金融服务需求，要通过引入优质第三方解决，实现从满足客户租房单一需求升级到满足客户全方位需求、从一个租赁平台升级为客户服务生态的转变。

二是移动支付便民示范工程。总行对此高度重视，近期已经做过多次部署。总的看我行开局良好，前不久央行范一飞副行长给予了我们充分肯定。支付是商业银行的核心功能和经营基础，但目前已成为商业银行普遍之痛，在零售市场的主体地位已被第三方所取代。更严重的是，原先通过支付建立的客户黏性被拦截，零售业务经营的客户基础将动摇。面对严峻的局面，央行从便民惠民的8大领域入手，以银联为支撑，通过推动重点城市示范工程的方式，意图帮扶银行重回主体地位，用心良苦！这项工程的推动力度、投入资源和动员力量都前所未有，这也是商业银行的背水一战。各分行要将这项工作升至全行战略，作为“一把手工程”推进，会后分管同志要第一时间向分行党委汇报；要参照总行做法成立领导小组，明确牵头部门，细化目标、压实责任、加强协同、落实考核；要突破重点领域，本次会议上印发了相关参阅材料，明确了8大领域的打法和案例，各分行要因地制宜加快复制推进。

三是“手机上办银行”。要勇于和善于运用互联网和开放式思维，引领银行线上经营模式变革。支付结算业务要加快轻型化、插件化和外嵌化，让客户在第三方平台和外场景都能“付出去”。投资理财业务要向内引流，使客户用我行APP将行内外资产都能“管起来”。要搭好行内平台、开放运营权限，支持分行、部门、子公司共同经营移动端，共享流量、深度融合。

（二）价值共赢，深化多维协同

打造新零售必须为客户提供综合服务，这依赖于整合和调动各方面资源。而要达到这一目的，必须秉承价值共赢理念，协同多方主体，汇集多维要素，实现良性互动和合作共赢。要在3个方面深化价值共赢，一是在零售条线内必须以客户为中心，实现不同产品之间的有效协同，这个问题一定要解决，各部门一定要跳出“部门银行”思维、树立长远眼光。二是要深化公私协同，一方面大力拓展对公业务经营中的零售业务场景、做大零售业务，另一方面通过优质的零售服务满足对公客户需要、反哺对公业务。三是要深化母子公司协同，实现母行与各子公司之间客户、产品信息共享。

一是要深化零售条线融合。要做实一级分行零售委，加强在资源、营销、队伍和科技等维度的统筹，原则上要由一位行领导统管零售业务各部门、包括渠道部门。要强化客户部门统筹作用，今年总行在支付结算、综合积分和商户管理上将会赋予客户部门一定的统筹职责，各级个金部门要勇于担当、履行到位。要加强零售综合评价，各分行今年要将结果纳入考核。要强化综合经营，提升我行借记卡作为信用卡还款账户绑定比率，发挥快贷等资产业务的拉动作用。

二是要强化公私协同。要强化对公拉动零售、零售助力对公的良性互动。各分行要在代发业务拓展、对公经营性资金承接和生态圈打造上明确各方面责任。对公部门要负责建立“连接”，抓源头客户，撬动下游空间。零售部门要负责做好跟进和“承接”，通过提供优质C端服务助力对公客户关系深化。要落实总行公私协同专题会议有关精神，加强在顶层设计、客户营销、产品创新、系统开发、培训交流、利益分配上的研究，各分行要不等不靠、率先行动，探索形成分行层面的制度安排。

三是要深化集团联动。把子公司服务作为新零售的关键一环，打造“建信”系列产品“金字招牌”，挖掘和满足母行客户需求。

（三）数字互联，金融科技引领

银行经营始终贯穿客户信息、交易数据和账务处理，这些都离不开技术支持。一部银行发展史，某种意义而言就是一部科技创新应用史。当前金融科技突飞猛进，正全面颠覆银行传统经营模式，要求我们必须用金融科技思维重新武装全员、用金融科技手段重新再造流程，把科技和业务深度融合。

一是要强化全员创新。近期总行出台金融科技创新体制改革方案，着手成立金融科技公司。零售条线要率先从终端体验出发，围绕客户深度洞察、个性精准服务和线上线下融合等关键痛点，发现问题、系统解决。每名员工都要主动去做金融科技创新需求的提出者。

二是要夯实客户信息互通基础。要加快整合不同系统和母子公司的个人客户信息数据，加快引入非结构化和行外数据，构建更完善的统一视图。要通过客户信息的互通共享共同经营客户，同时穿透识别交易行为真实性来强化风险防控。

三是要突破关键领域。要抓“账户出海”。今年将成为商业银行完成线上获客布局的关键之年，对此全行必须有清醒认识。一方面要抓住重点，上半年在“蓝海项目”上必须率先实现落地。另一方面要两端发力，总行将抓紧技术开发，争取上半年能上线支持平台；各分行要立即拓展优质合作伙伴，做好平台对接后的C端营销和获客。要用好两种模式，总行将推出定制化和插件化两种技术支持模式。定制化主要面向话语权更强的线上龙头企业，上半年要以北京分行和小米科技公司合作为突破口落地。插件化模式主要是以标准化、易复制的模式支持各分行快速拓展和上线，上半年要以上海分行和春秋航空、上海电信，深圳分行和富士康合作为突破口落地。要抓龙财富平台。要以提升理财服务能力为核心，整合客户表内外、线上线下和行内外资产信息，加快构建客户画像、智能投顾、资产配置和客户经理交互等功能，为客户个人和家庭提供全面资产负债管理服务。

（四）以客户为中心，创造最佳体验

客户是一切商业逻辑的起点，体验将成为新零售竞争的焦点。要从创造最佳体验出发，夯实客户基础、做实客户经营、做强金融和非金融综合服务，打造新型客户关系管理能力。

一是要搭建两大客户服务体系。分层服务体系方面，要坚持统一标准的客户分群分层，利用大数据工具实施分群经营，解决长尾客户服务问题；同时利用资产分层，解决中高端客户差别化服务问题。客户自激励服务体系方面，要实施基于客户综合贡献的星级服务，提供金融和非金融差别权益，推出中高端服务品牌。要通过客户自我激励来提升客户黏性、助力客户成长。总行近期将下发试行方案，完善后年内正式推出。

二是要锻造两大客户经营能力。要在各一级和二级分行本部锻造集约化客户经营能力。这两级本部特别是个人客户经营部门要增配客户经理，着力打造大数据分析挖掘、综合服务方案制定、客群精准营销活动策划和公私联动协同等重要能力。对此，总行人力部去年已下发文件提出明确要求，各分行务必尽快落实到位。近年来 AUM 5 万元以下客户的存款新增贡献一直保持在 90% 以上，是我们必须高度重视的客户群，但目前经营能力极其不足。深圳分行做了积极探索，其他分行也要争取在年内配置到位。要锻造客户经理专业专注服务能力。要壮大队伍、量质并重，着力解决重视程度下降、服务力量不足、专业素质不强和理财中心空心化问题。这是事关零售业务下阶段发展的关键问题，各分行一定要深刻认识、加快作为。要统筹对私客户经理队伍管理，全面建立机制，加快打通对私客户经理的职业发展通道，加强培训、科学评价，吸引和留住人才。

三是要实施全触点统筹管理。各级个人客户部门要牵头搭建线上线下全渠道、场内场外全触点的营销管理模式。其中，网点作用不能弱化、还要加强。要强化网点服务个人客户核心定位，依托网点与客户建立“有温度”关系。客户部门要切实担起个人客户统筹营销职能，提升网点零售业务效能，适应客户需求变化，做好网点选址和内部布局。要紧跟客流趋势，加强社区网点覆盖，优化布局流程，构建“线上交易、线下体验”新业态。

王祖继行长对重点城市分行的零售业务工作十分关注，相关分行要在打造新零售上率先发力、贡献智慧。要升级金融生态活客户，在“蓝海项目”“示范工程”和“手机上办银行”上要积极行动，注重依托线上和第三方平台，尽快改变有效客户占比低的短板。要深化多维协同增存款，面对客户投资理财化水平高的客观市场，抓存款关键是要依托大企业、大机构、大项目和大市场众多优势，沉淀低成本资金。要“一把手”推动、对公抓源头、零售抓服务，个别分行要切实改变存款市场份额低迷现状，尽快提比和进位。金融科技引领抓创新，发挥科技资源集聚的优势，率先推广成熟技术、加强项目储备，在“账户出海”、龙财富应用上率先破题。再造客户关系强机制，重点城市分行要在长尾客户直营、中高端客户品牌打造上先行先试。

四、2018 年的经营目标与具体工作

（一）经营目标

1. 个人存款：余额四大行占比提升，日均新增 4000 亿元。

2. 个人贷款：最大零售信贷银行地位进一步巩固，个人住房贷款余额和新增四大行第一，消费经营类贷款新增四大行第一、余额排名进位。

3. 客户：有资产客户新增 2800 万人。有效客户新增 1000 万人。私人银行客户新增 2.3 万人，客户金融资产新增 3200 亿元。龙支付活跃客户新增 4000 万人。手机银行活跃用户 8000 万户。裕农通服务点新增 3 万个。

4. 零售中间业务毛收入 788 亿元，其中信用卡产品 418 亿元。同业可比口径收入四大行占比提升。

5. 移动金融交易量占比 90%，善融商务交易额 1600 亿元。

（二）管理目标

1. 产品覆盖度

考核口径 5.14 个。

2. 客户满意度

保持四大行第一，较招商银行差距进一步缩小。

3. 集团协同

母子公司业务联动全面完成计划、取得新突破。

（三）具体工作

2018 年，要在贯彻零售优先战略和打造新零售总体思路下，重点抓好 10 个方面工作。

1. 依托新打法、新能力和新机制，提升个人负债业务贡献度和竞争力

个人存款工作在今年旺季金融服务活动中成功取得开门红，下阶段关键是要用好总行政策，稳住资金、保住胜果，今年一定要坚定不移把表内负债业务做实，以应对银行流动性管理和存款市场竞争的严峻挑战。今年综合经营计划对存款工作进一步加大政策支持力度，提高信贷资源配置中存款表现权重，将根据市场利率和同业竞争情况提高内转价格，提高大额存单在个人存款中的占比目标，提高

县域地区和裕农通产品定价灵活性。

一是要依托新打法，打造“交易结算银行”。强大结算网络和优质综合服务，是未来抓低成本资金的决定性因素。要抓对公源头。要做实代发和对公经营性资金承接工作“一把手”责任制，深化公私协同，提升专属服务能力。要重点关注和全力突破财政、缴费和社保上游资金，个金部门要主动对接，充分依托机构业务打造平台和加大营销的协同合力。要抓商圈闭环。全面落实央行“示范工程”政策和全行“招商引资”活动要求，举全分行合力，用好总行下发的模板案例。要抓供应链资金承接。深入优质集团企业的上下游资金链条，总行战略性合作和分行区域化营销并举，拓展产供销过程中以零售形态流动沉淀的存款资金。

二是要依托新能力，为客户综合配置负债产品抓留存。积极顺应利率市场化趋势，充分认识储蓄市场的多样性和客户需求的差别化，捕捉适销客户表内负债产品的潜在需求。要基于为客户提供资产配置视角，加大定期存款营销力度，提早承接到期资金。要用好定价策略和创新产品，现阶段要把总行已下达的政策全面“打”出去，进一步提升惠存通、智存通、旺财和大额存单产品精细管理和精准营销水平，提升定期存款占比。

三是要依托新政策，协同实现存款和银行理财业务双提升。银行理财业务对维护优质客户和支持存款增长一直发挥着重要支撑作用。“资管新规”实施后，两者也需与时俱进地加强协同、共同提升。个金部门要从客户需求出发统筹管理好全量资金分布，理财销售、到期和接续工作应统一在全行流动性管控之下。产品、客户部门要紧密配合，以抓行外资金为核心，研发符合监管导向、贴近客户需求的产品，建立净值型产品销售体系、加快培育品牌，将结构性存款作为保本业务转型重要产品加快落地。

2. 巩固最大零售信贷银行地位，加快个人消费信贷业务发展

一是要加强精细化管理，巩固房贷领先优势。要确保余额和新增同业第一，已领先分行要巩固优势，未领先分行要争先进位。要重视趋势预判，“早投放、早受益”，争取在年初就确立优势。要丰富定价要素、加强差别化定价，量价动态统筹用好信贷资源，新发生房贷定价水平要确保四大行前二。要大力发展二手房贷业务，完善产品组合和业务链条，市场活跃的地区要确保领先。要因城施策，“有所为有所不为”，更加优选区域、楼盘和客户。要加大资产支持证券发行力度，把控发行节奏、加强业务创新。

二是要全力打造住房租赁业务优势，确保“胜势转化为胜果”。“蓝海项目”要进一步升级扩围生态，保持住势如破竹的好势头。要抓好房源和平台上线，提升交易规模。要依托第三方机构合作，围绕装修、家电、物业和养老等打造居家生活产业链。要做好“CCB 建融家园”挂牌工作，扩大影响力。要积极探索存房到建行模式，各重点分行要率先示范。要以租赁住房管理和监测平台为切入点，拓展智慧城市建设新业务。

三是要围绕民生热点消费需求，提升个人消费贷款同业位次。要加强快贷业务营销拓展，扩大覆盖、做大基数，支撑业务增长。要积极推进与大型电商和消费企业的战略合作，提升获客能力和场景应用水平。要全面落实国家和监管政策，稳健推进精准扶贫小额贷款、创业担保贷款和农村三权抵押贷款等业务。

四是加快系统推广、优化综合服务，提升房改金融业务优势。要做好住房资金缴存归集，抓公积金支取资金和贷款发放资金的体内衔接，提升市场份额。要加强科技投入和5大房改金融系统营销推广，抢占维修资金等新市场。要推进分层经营和差别服务，依托房改客户优势联动快贷、联名卡和存款业务发展。

3. 客户和商户两端深度融合，再造支付结算特有新优势

要高度重视商户对零售业务的战略意义，切实把商户拓展和统筹管理抓到位，将其打造成为零售负债资金的重要来源和公私协同的重要平台，相关部门要在资金定价和科技开发等维度加大政策倾斜力度。

一是要不断创新，优化体验。要适应市场新需求加快龙支付迭代创新，尽快推出与快贷功能结合的“快贷付”、与货币基金结合的“龙钱宝”产品，加快分行特色功能的开发上线。要战略布局，“人即账户”为特征、依托生物识别等技术的新一轮竞争已经全面开始，加大资源投入、抢

占市场先机。二是要有平台思维，搭建场景。要借力“示范工程”，在医疗健康、校企园区、车主服务和公共缴费等领域搭建全行性应用平台。要将裕农通升级为县域普惠金融服务“主阵地”，因地制宜地优选模板、拓点获客，优先支持扶贫攻坚地区加强裕农通覆盖，深化第三方合作和丰富服务功能种类。三是要统筹营销，打响品牌。要落实全行工作会“龙支付作为全行移动支付品牌”的要求，加快擦亮龙支付品牌，坚持“常态化+动态化+专属化”模式，紧跟总行季节主题，积极优选优质商户，加大力度、高频营销。

4. 构建更开放网络生态，再造移动端领先优势

要基于“开办一家新业态转换下经营模式转变的新型银行”定位，构建智慧智能和体验极致的领先网络生态。

一是要巩固移动端领先优势。移动端要作为网络金融业务的核心和重中之重去全力发展。各分行、部门和子公司要积极用好、加快转化移动端客户和流量优势，将更多产品服务经场景化包装上线至移动端，进一步加快引入政府机构、金融同业优质第三方服务。要大力提升移动端的用户活跃度和产品覆盖度，加强分群分类经营，重点营销大学生、代发和信用卡等客户。二是要构建开放性的网络金融生态。要做大和做强直销银行，引入更多行内和第三方优质产品。要加大网络特约商户拓展，重点抓衣食住行场景搭建和龙头机构合作。要扩展“悦生活”平台功能，在做大传统高频缴费业务的基础上，深耕党费、教育、物业和医疗等业务。要开展差异化经营和精准化营销，实现个人网银业务稳定发展，保持客户规模和客户满意度同业领先。三是要做大做强善融商务。要继续发挥其在精准扶贫、跨境电商和供应链金融上的独特作用，加快做大做强。要开展好善融商务精准扶贫活动，做大业务规模、体现大行担当。要深度挖掘跨境电商、集中采购和企业福利业务创新点，做大企业商城交易规模。

5. 发挥综合性和专业化优势，提升投资理财服务能力

一是要挖掘保险代销业务增长潜力。要顺应回归保障大趋势，充分发挥其对存款、代发和托管等业务联动优势，巩固全行主要中收产品地位，加强长期储蓄和保障类产品销售，加深线上线下融合，加快产品服务创新，将保险打造成客户基础配置产品。二是基金代销业务要以提升客户体验为核心，贯彻客户“双大”、产品“双优”经营策略，加快券商资管业务升级，扩大优质机构合作范围。要加强总行和分行基金专家团队建设，完善服务体系，由产品驱动加快向客户需求驱动转变，与客户双赢、提升满意度。三是贵金属业务要抓投资和消费两个发展着力点，更多引导客户配置贵金属资产，实现实物与账户、自营与代理、线上与线下的全面发展。

6. 坚持信用卡业务既定目标，打造服务最佳、客户最满意和最具价值创造力品牌

信用卡业务要坚持以客户为中心，加快打造“一心一意拥有、成其幸福永远”服务最佳、客户最满意和最具价值创造力品牌。

一是要全面贯彻“CCBCC2020”方案。各分行要制定子方案，细化落实经营思路、目标计划和措施要求，在管理精细化、客群年轻化、服务智能化、交付敏捷化上培育动能。二是要深化协同联动和“一行一策”。要加强零售条线内协同联动，重点分行和一级城市分行要加强对辖内重点二级分行指导督导，提升开办率、加强损益管理、增强竞争力。三是要夯实年轻客户基础。将客户发展和经营摆在信用卡业务各项工作的首位，加快实施年轻客群经营规划，力争今年新增年轻客户占比和新客户活动率均达70%。四是要激发循环和分期信贷“两个引擎”新动能。要扩大交易额、加强客户引导、做大取现转账额和循环生息资产，加快赶超招商银行。要重点推广汽车、租房和旅游分期产品，各分行要建立汽车金融专业团队，力争全年购车分期交易金额突破1000亿元。要加快信用卡租房分期业务试点，提升“龙卡随付贷”商户分期覆盖率。五是要全面实施“信用卡精细化工程”。要加快新一代成果转化，提升网络化、智能化、平台化、自动化、数据化和流程化的“六化”新型能力，让客户感受到敏捷、精准和温馨的交付服务。

7. 借鉴经验着力弥补短板，加快私人银行业务发展

私人银行是国际一流银行的标志性业务，要

落实全行工作会“借鉴国际经验着力补短板”的要求，加快私人银行业务发展，用三年左右时间追赶上国内领先同业水平。一是要主动融入全行业务体系。要将私人银行业务尽快融入全行业务和全量个人客户的经营体系，遵循业务规律、加快能力建设，实现精细化、体系化发展。要把重点放在总行和一级分行，进一步培育客户关系维护中发现需求的能力、产品选择的能力、资产组合配置的能力、提供顾问的能力和财富传承规划的能力。二是加快建立有机体系和业务模式。既要全力实现“量”的突破，更要努力争取“质”的突破，着力提升业务贡献度和市场客户对我行品牌的认可度。三是要以客户关系管理维护为核心，以客户银行价值双赢为起点，在产品、服务和客户差异化匹配上下工夫，争取更多客户信任和更大“钱包份额”。要向私人银行客户传导正确的投资价值观念，从单一产品管理转向账户组合管理，打造全量资产的配置能力。要探索客户价值计量方法，用好管理会计工具，建立客户价值贡献全景视图，实现全面、多元和充分展示。四是要培养差异化和分层级人才队伍。加快推动总行和一级分行核心团队建设，专业人员不能在各层级都只做成一个标准，专业能力不仅包括深度理解产品，还应当具备综合知识和沟通能力。

8. 强本、提智、增价值，增强专业化和智慧化客服能力

要以强化客户服务为根本，以提升智能应用水平为抓手，以增加综合贡献为目标，增强专业化和智慧化能力。

一是要提升服务能力，改善客户体验。要优化创新体系流程，深化多维度运维管理统一，提升客户服务工作的集约化运营效能。要加强客户问题的源头协同管理，做实管理联席机制，培育客户问题成因分析和事前预防能力。要加快企业级知识库建设，支持工作效能和客户体验提升。二是要加快智慧客服体系建设，提升服务效能。要积极应用语音合成、生物识别和云计算等新型技术，加快探索建设远程客服平台。要开发人机协同、智能催收和营销一体化的外呼系统，构建全渠道服务体系，提升智慧化服务水平。三是要探索“服务 + 营销”模式转变。要积极稳妥发展外呼业务，提升线路资源利用率和人均单产。要深化非结构化数据分析运用，深入挖掘客户之声、员工之声和客户满意度的数据生产力。

9. 抓好基础工作，助力零售优先

一是要高度重视并切实抓好消费者权益保护工作。零售业务已经进入比拼市场品牌和客户口碑的时代，保护好消费者权益是成就领先品牌和实现客户银行“双赢”的前提，保护消费者权益长远来看就是保护我们银行自身的经营效益。要高度重视和吃透领会监管部门对我行消费者权益保护工作的检查和通报等要求，狠抓薄弱环节，尽快提升监管评价。要强化事前、事中和事后全流程消费者权益保护、声誉风险管理工作机制，加强部门联动，消除空白环节。要提升问题处理质效，用好知识平台、加快工单流转，“早识别早处置”，高效处理问题，避免投诉升级，将“零附加客户问题派生”作为新产品推广的重要标准。二是要守牢信贷风险底线。要千方百计管控好零售信贷风险，保持同业最优水平，为全行资产质量稳定作出更大贡献。要大力推进贷前关键风险机控和贷后检查流程再造，以消费经营类贷款用途合规、购房首付款来源和借款人信息为重点积极自查，严禁消费贷款流入房地产和资本市场等监管禁止领域。要深化信用卡业务全流程、全要素风险管理，建立风险调整后的收益评价体系，加强二级分行全流程风险监测，加大催收工作力度。三是确保合规经营不出纰漏。要重点抓好各项监管新规落实、监管检查应对工作，态度要更加积极主动，工作要更加全面细致，自查整改要更加迅速，汇报和沟通要更加充分。要强化合规意识，落实合规经营责任制，总行各部门要加大对分行的指导督导力度，提高考核评比权重，抓信贷真实性和合规性、反洗钱等关键环节，对工作不到位导致的重大合规事件要严肃问责。

10. 以党建为引领，加强队伍建设

全条线干部员工要认真学习贯彻党的十九大精神，深入学习领会习近平新时代中国特色社会主义思想，不断增强“四个自信”、牢固树立“四个意识”，自觉在思想上政治上行动上与以习近平同志为核心的党中央保持高度一致。要以党建为引领，全面提升零售条线队伍的专业能力和服务能力，做好对一线员工的关心关爱。要抓培训和资质两个关键点，大力开展各管理层级和专

业维度的培训工作，力争在今明两年实现全行对私客户经理相关岗位人员培训全覆盖。综合运用境内境外、线上线下和社会高校各类资源，助力更多各级机构“一把手”成为零售业务“行家里手”、更多分管负责同志成为专家型人才、更多的网点负责人成为带头骨干。总行近期将下发客户经理对私业务资质政策要求，各分行要全面落实，将资质管理作为重要抓手，聚焦知识、经验和专业能力等关键环节，增加人员、充分激励、提升素质。

同志们！中国特色社会主义迈入了继往开来的新时代，建行改革发展事业踏上了“发现社会问题、解决社会痛点、提供解决方案和承担大行责任”的新征程，人民日益增长的美好生活需要为零售业务创造了机遇、提出了挑战。让我们在总行党委的正确领导下，拥抱新时代、运用新思维，以零售优先战略为引领打造新零售，为全行经营作出新贡献！

恪尽职守 勠力同心
为全行改革发展作出更大贡献

——在2018年全行审计工作会议上的讲话

张立林

（2018年4月24日）

同志们：

今天我们召开全行审计工作会议，目的是认真学习领会党的十九大精神，深入贯彻落实全行工作会议的各项要求，总结2017年审计工作经验和成效，研究讨论2018年审计工作重点及工作措施，推动审计工作再上新台阶。一直以来，总行党委对审计队伍非常重视，寄予厚望。在新时代新发展的大背景下，审计面临着新的挑战，也被赋予了新的使命。全体审计人员必须恪尽职守，戮力同心，努力为全行改革发展做出更大贡献。

我到建设银行后已经走了18家分行，和18家审计机构的负责人见过面。关于审计在一家单位中的作用，常常被人误解，有的认为审计是针对个人，或者希望审计少发现问题，这些都是由于对审计工作不了解造成的。在我心目中，内审是保障银行长期健康有序发展的重要力量。作为审计部门负责人，要一直思考如何更好地履行审计职责，融入并促进业务健康有序发展。内审相当于体检，要发挥的作用是预防风险和促进经营发展。

建设银行内审是几家大行中实力最强的，作用发挥也比较充分。能有今天这样的声誉和市场认可，与在座各位的努力是密不可分的。审计所起的作用虽无法直接体现在年报的亮眼业绩中，但那些业绩背后有大量审计所做出的贡献，在此，我要对大家表示感谢！

建设银行改革发展也已经进入一个新时期，在座各位应该已经很清晰地感受到建设银行新的发展方向和思路。我们都能深刻感悟到，国立董事长到建行后做的几件大事对全行业务发展的指引作用。审计要思考在全行改革发展新形势下，如何确保改革发展措施落地生根。希望大家明确自己的职责，沉下心来，认真做好审计工作。

近几年，审计很好地贯彻了总行党委的要求，积极推进审计自身转型，在服务全行改革发展，促进安全稳健运营方面做了大量工作，揭示了很多重大风险，发现了一批深层次的问题，工作成效非常显著。我接触审计的时间虽然不长，但日常从阅读审计报告以及其他工作方面都了解了不少审计工作的相关信息。特别是前期听取了秀昆总关于审计部近几年工作的汇报，使我对审计工作有了更为全面的了解。我感觉这几年审计工作水平提升很快，成果非常丰富，切实对全行健康发展起到了很大的支持保障作用。而且在同业中，建行的内部审计有很高的声誉，在审计体制、工作机制、技术方法、队伍建设等方面，都比较成熟且具有明显的领先优势。我感觉，近年来审计工作的主要成绩体现在以下几个方面：

一是党建工作引领作用发挥充分。始终坚持把党建工作与审计业务工作同部署、同规划、同落实，持续推动全面从严治党，健全审计机构党建工作运行机制，强化“四个意识”，落实“一岗双责”，不断提升审计队伍凝聚力和战斗力。审计部党支部不断探索和创新党建工作方法，将党建引领充分落实于日常审计工作中，实现了“三个转变”，创新总结“五点”工作法，积极发挥群团组织聚人心的作用，荣获了总行机关多项表彰。注重利用新媒体技术传播优势，在审计部网页专门开设“党建园地”专栏，分享审计条线优秀党建工作实践，交流先进经验和做法，促进党建工作形成合力。

二是审计自身转型圆满收官。审计转型自2015年实施以来，历经三年努力，审计工作层次、价值、效率都有了明显提升。首先是审计覆盖面加大。每年对信贷业务覆盖率保持75%以上，新兴业务覆盖率超过50%，现场取证覆盖近六成二级机构。其次是审计重点更加突出，“海量无鱼”情况明显减少。在审计揭示问题总量上，近几年来逐年下降，但针对重大风险和问题，2017年呈报总行领导各类报告80余份，创历年最高。最后是预判风险能力增强。前瞻预判和提示了地方政府隐性债务、房地产贷款、票据业务、僵尸企业、同业投资等相关风险，帮助全行提前规避了风险，减少了资金损失。此外，融智咨询服务作用明显。不仅利用三年时间，完成了境内37家分行主要业务经营管理审计，开展了“四维度”全景视图分析；还不断以审计视角挖掘全行新的盈利增长点、研究客户群体金融行为特点，为全行业务发展提供支持和帮助。

三是审计“三项机制”建设给力。2016年以来，审计逐步建立了针对信贷和类信贷风险、重点客户、操作风险的三项日常监督机制，搭建了相关集中分析平台，及时提示信用风险、操作风险方面的苗头性、倾向性问题，助力全行风险防控。截至2017年末，将1.8万余户信贷重点客户、7万多亿元信贷余额，以及2千余户类信贷重点客户、2万多亿元类信贷融资余额纳入持续监督范围。前瞻性地揭示了票据掮客、政府购买服务贷款、个人“快贷”、委外投资等领域的风险隐患。同时，发现了不少操作风险方面的违规问题，涉及关键岗位员工非法集资或高息借贷、不当得利、私售理财产品等。

四是数据式审计开创先河。2017年正式提出了数据式审计新模式，使得数据式审计理念深入人心。数据分析已成为各项审计工作中必不可少的关键环节，在小微企业客户大数据挖掘及风险识别方法审计调查等一系列特色化审计项目中大数据应用成效加速显现。在不断引入内外部数据，积极探索运用先进大数据分析工具和技术方法基础上，审计数据分析、常态化审计监督和审计资源管理等三大应用平台建设稳步推进，全面提高审计业务与数据融合应用、作业流程控制、多视角综合分析能力，以大数据引领和驱动审计未来发展。2017年，审计部获得全行大数据应用劳动竞赛“先进单位”及“项目优胜一等奖”。

五是审计监督作用成效明显。紧密围绕全行经营管理的中心工作，坚持“揭示风险、服务发展”，持续加强对信贷业务、新兴业务、基础管理等领域的审计，加大对重大风险和重要违规问题的关注，深入分析制度、流程、系统方面缺陷，促进全行经营管理水平提升。近三年，审计条线共组织开展了140大类审计项目和3000余项次自选审计项目，上报行领导各类报告217份，编发审计简报要情97份，提出审计建议2万余条，多项审计成果得到了总行领导、管理部门和分行的高度重视与认可。

六是督促全行改进经营管理取得实效。加大对重要控制缺陷等重大问题整改的持续跟踪力度。2017年，全行通过整改提前收回问题贷款、理财产品共412.27亿元，化解不良资产或挽回损失82.4亿元，完善相关制度、流程及系统功能近1400项。同时，按照“抓重点、见成效”的原则，重点推动外包成本管控、不良资产追索等方面问题，以及费用支出不真实和“飞单”等违规行为的根源性整改，相关问题数量大幅减少。

总行审计部还是全行配合审计署工作的牵头部门，在持续全年的日常联系、工作协调、信息报告等方面开展了大量工作，牵头配合工作既得到了审计署的认可，也对促进全行稳健经营起到了积极的支持作用。此外，审计条线积极发挥自身业务优势，凭借过硬的政治素质和业务能力，在配合巡视和有关内外部检查方面，从人力、技术方面提供了大量支持，获得了有关部门的高度评价。

总体而言，这几年来审计条线在任务重、要求高的情况下，圆满地完成了各项工作，取得了很大的成绩，对全行改革发展和经营管理提供了有力的支持和服务。这些成绩的取得，得益于董事长、行长、董监事，特别是以往一直分管审计工作的郭监事长的领导、关心和支持，在座各位的共同努力，以及审计条线2700多名审计人员的辛勤努力。对此，总行党委充分肯定，这里我代表总行党委对大家的辛勤工作表示感谢和慰问！对董事和监事对审计工作的关心、支持表示感谢！

2018年是贯彻党的十九大精神的开局之年，全行正以新时代的新作为推动建行事业新发展。审计要紧密围绕全行工作会议确定的总体经营思路，紧扣“高质量发展”根本要求，找准审计工作的重点和着力点，统筹做好各项审计工作，一如既往地服务全行发展大局。下面，我就今年的审计工作提几点要求：

一、强化监督，全面服务全行稳健经营大局

2017年召开的全国金融工作会议强调了守住不发生系统性金融风险底线的要求。中央经济工作会强调的三大攻坚战中，防范化解重大风险排在首位，特别是防范金融风险。今年信用风险的防控仍然是重中之重，外部贸易条件的恶化及其链式传导对我行的影响，在座的各位要引起充分重视。国立董事长在2018年全行工作会议中指出“国有大行要以高于普通银行的标准，做到主动识别风险苗头、化解风险隐患、处置风险暴露、阻断风险传染，确保不出问题或者出了风险自行妥善消化”。这些都为审计下一步发展提出了明确的方向。审计要进一步强化大局意识，围绕全行中心工作，认真履行审计职责，坚持审计独立性原则，遵守审计职业道德，真正把审计监督做实做到位，帮助分行健全风险防控机制，稳控风险、守牢底线。

一是前瞻揭示重大风险隐患。审计要坚持风险导向和问题导向，对潜在的区域性、系统性风险，加强分析预判和揭示。特别是各审计机构，派驻在各分行，要增强敏感性，及时关注外部经济形势变化和分行经营发展状况，发现风险苗头，尽早提示，最大限度避免风险，减少损失。审计要增强对行业性问题的预判能力，看准的问题要坚定地坚持，有时候审计不坚定，分行调整的动力就弱，容易错过退出的机会。充分关注信用风险。从外部来看，地方政府债务、高杠杆国有企业、房地产泡沫等“灰犀牛”事件引发各方高度关注；去产能、高污染、高耗能行业的存量风险还将继续释放；“黑天鹅”事件频发。从行内来看，一些区域信贷风险尚在释放，部分行业信贷不良爆发较为明显，客户大额资金风险暴露有所增加，一些机构信贷基础管理仍然薄弱，违规行为时有发生。审计项目中要密切关注上述风险，围绕重点行业、重点区域、重点客户、重点产品开展审计分析，聚焦信贷风险高发领域和管理薄弱环节，帮助各级行守牢风险底线。充分关注新兴业务风险。审计要及时跟进新兴业务，提前帮助矫正方向。分行层面对于总行政策的理解和执行，还存在较大差异。有的分行强调本地特色，但必须在符合条件和规定范围里才能强调本地特色，合规为先。充分关注交叉性金融风险。各类风险跨市场、跨行业、跨境交叉传染趋势明显，监管部门也加大了监管力度，将同业、理财、表外等业务作为系列监管检查的重点，严查层层嵌套，违规加杠杆、加链条、监管套利等行为。审计要围绕投行、资管、同业等业务领域，关注监管政策的变化和要求落实情况，开展风险监控分析，前瞻预判风险趋势。交叉性金融业务审计，一要关注产品底层资产的信用风险以及是否可交易；二要关注对手交割风险；三要关注交易契约的约定是否清晰。充分关注金融科技风险。互联网金融、第三方支付、人工智能快速发展，对银行传统业务带来冲击，对客户资产安全、反洗钱和反诈骗活动也带来新的风险隐患。全行要努力运用“互联网+”的思维加快金融科技创新，提高网络金融业务水平。在创新的过程中要对随之产生的一些新风险、新问题，保持高度的敏感性。审计部门要加强对内控合规、反洗钱、消费者权益保护和信息安全等方面的关注，及时跟进提示。

二是有力支持全行案件防控。2017年，一些基层机构仍然发生了案件以及重大违规事件，有的金额甚至达亿元，全行案防形势依然严峻，不能麻痹大意。审计要始终对违规问题保持高压态势，要当好全行案件防控监督的“重器”，持续关注关键岗位员工与利益相关方资金往来、组织或参与民间借贷、经商办企业、侵占客户资金、私售产品等违规问题。对一些给建行造成重大损失的违法违规违纪典型问题，要抓住不放，采取强有力的手段，该移交的要移交，充分发挥威慑作用。同时要开拓思路，善于发现趋势性、规律性的问题，站在更高的层次分析问题，积极与内控合规、纪检、巡视等部门加强沟通与信息共享，构建全方位的案件防控体系，助力全行提升合规管理和案件防控能力。审计要思考，针对案件隐

患和信用风险，在提示分行的同时，如何能更好地提示总行相关部门以引起重视。

三是善于挖掘和查找深层次问题。审计每年都发现大量问题，但很多风险和违规问题只是表象，根源还是在制度、流程的有效性和执行上。审计要在关注业务执行合规性的基础上，着力揭示重大风险和重要缺陷，加强关注业务制度建设的健全性、业务流程设计的合理性、关键控制环节执行的有效性，分析薄弱环节和风险隐患，提出更多可操作性强、针对性强的审计建议，帮助基层机构解决问题，提升基础管理水平。同时，要不断探索挖掘深层次问题和内控缺陷的思路，推广应用全审项目内控缺陷标签。结合工作实践，注重积累技术方法，加强与相关部门的沟通和共享。

二、认清形势，及时贯彻落实外部监管要求

近几年，监管力度越来越大，要求越来越严。银监会自2015—2016年开展的“两个加强两个遏制”专项治理活动，2017年的“三三四十①”治理，到2018年初连续下发的整治市场乱象等多份指令性文件，对银行经营管理的监管明显趋严。2017年银监会对银行系统的处罚也创下了历史纪录，作出的行政处罚数量以及罚款金额，分别是2016年的3倍和11倍。要吸取同业被监管处罚的教训，千万不能掉以轻心。境内监管机构已经紧跟国际监管趋势，在不断转变监管方向、方法和思路，以适应将来金融业完全开放的格局。2018年，监管机构改革后，监管范围将更为广泛，这些都对银行表内外经营管理产生重大影响。所以，我们自己转得快一点，看得早一点，以后事情就会少一点。审计作为内部监督部门，要认真学习领会监管部门的要求，结合我行自身实际情况，加大监督力度，协助全行对重要风险提前做好防范。

一是有效落实监管部门对2018年内部审计工作的具体要求。今年2月，银监会大型银行部首次针对内部审计工作需要关注的重点，对几家大型股份制银行均采取发函形式提出了明确要求。对我行内部审计提出的要求包括要重点关注信用风险、交叉业务风险、个人贷款合规性、金融市场业务风险管理、集团内部交易合规性、境外机构管理、内部控制有效性、监管专项治理的后续整改八个方面。这些关注点针对性都很强，审计部对此已经进行了认真研究，在4月初印发全行的2018年审计项目计划中，均纳入审计重点。各审计机构要提前思考，结合驻地分行的实际情况，在审计项目中切实贯彻落实，不能有遗漏。

二是有效落实外部监管对内部审计的常规要求。一些外部监管制度在对业务和产品进行规范的同时，也对银行内部监督工作提出了相应工作要求。据统计，目前有几十项制度均涉及内部审计工作，包括信用、市场、操作风险管理，资本管理、IT管理、反洗钱及消费者权益保护等多个方面，要求内审部门定期或不定期对相关业务领域开展审计。这些都需要我们根据全行业务整体发展情况，各区域和各分行发展重点，以及审计资源情况，进行统筹安排，在日常工作中积极主动应对，做好持续关注。凡是监管机构明确要求定期报送审计报告的，必须安排相关审计，不折不扣地执行。对于监管机构提示的重点关注内容，各审计机构要在总行统一部署下，合理调配审计资源，结合驻地分行实际特点，采取多种措施，落实监管要求。

三是继续做好配合外部监管审计工作。自2008年起，国家审计署每年都对我行开展不同领域的审计。审计部长期作为牵头配合部门，开展了大量工作，得到了内外部的一致认可。2018年，审计署已启动对我行的防范重大风险和政策落实情况审计项目，3月下旬已经召开了进点会。总行审计部继续作为牵头配合部门，提供资料、沟通协调等工作量和工作难度都很大，要继续做好日常有效对接，加强协调管理，及时协调相关部门做好资料提供工作。同时，审计署工作层次高、视野广，无论是查证问题的技术方法，对重要问题的判断和揭示，还是站在更高层面对风险的分析和把握，都体现了非常高的职业素养和大局观，这些都非常值得审计条线所有人员学习和

① 三违反、三套利、四不当、十乱象。

借鉴，并运用于日常审计实践中。

三、扭转局面，尽快完善境外机构内部审计管理

当前，全球经济环境复杂多变，境外监管形势严峻，监管处罚力度空前。欧美国家监管当局对金融机构频出巨额罚单，甚至吊销营业执照、责令关闭。很多中资同业都不同程度遭到处罚，我行个别境外机构也有受罚情况，部分境外机构还被当地监管提示了内审范围和深度不够等问题，对此，国立董事长做了专门批示。对于境外监管处罚，我们要端正思想认识，千万不要以弱者的思维方式来考虑问题，要将其作为在国际市场上发展业务应该拥有的规则执行能力。可以说，我们已经具备国际化的形式，但国际化的能力仍然欠缺，对国际化制度规则的了解不够，这方面要吸取教训、引起重视。近期我已经召集总行相关部门先后召开了2次专题会议，专门研究加强海外机构内审管理，以及建立海外机构有效管理体制的措施。审计要提高站位，适应新形势、新变化，与总行有关部门共同研究相关措施，帮助境外机构降低合规风险。

一是强化境外机构内审职能，完善相关管理机制。第一要明确境外机构一把手是合规与内审有效性的第一责任人。要求和督促境外机构优先设立审计部门，补充合格内审人员，逐步健全内审制度，不断完善工作机制和操作流程，明确审计报告路线和信息报送要求。第二要构建相对集约、分层管理、专业有效的境外内审管理体系。可结合中资同业经验和区位资源优势，牢牢依托香港，研究设立境外审计中心。通过集约化管理对境外机构提供专业管理和支持，把目前总行对境外机构的被动跟踪管理，转变为主动管控，进一步提升境外机构内审工作整体效率和效果。第三要建立境外机构内审管理办法，统一框架和流程。对境外机构的内部审计流程、审计人员、审计质量、审计考核、外包管理等事项进行规范，提高专业水平和审计质量，做到流程可控、质量可控、风险可控，减少人为因素的不利影响。

二是加强境外监管政策研究，注重境外合规审计。我行境外机构布局已基本完成，境外机构数量的增加，以及境外业务量的增长，都会引起境外监管的更多关注。审计要加强对境外监管政策跟踪和研究，注重境外合规审计，为境外机构合规经营保驾护航。一方面，要提高合规意识，增强对合规问题的敏感性。合规问题中首当其冲的是反洗钱问题，也包括公司治理结构、流动性合规、客户信息数据安全等问题，这些都需要审计重点关注。另一方面，要开展监管体系研究，督促审计人员熟悉掌握各项合规管理要求。重点研究境外机构当地监管合规环境，以及监管当局对外资银行的监管态度，梳理监管政策要点，分析近几年对本国和外资银行的处罚案例，从中吸取教训，未雨绸缪。

三是加强境外审计人才培养，弥补专业人才不足。国立董事长专门提出了“迅速扭转境外合规审计不足的局面，弥补国际化审计人员不足的问题”的要求。人员问题是关键，要舍得资源投入。境外机构要配备足够的内审人员，审计条线要鼓励更多的优秀境内审计人员参与境外审计，并在境外审计人才培养上多下工夫。第一要培养境外业务专家。不仅要熟悉我行的各类境外业务，还要懂得境外机构当地的法律法规和监管要求，才能对境外机构经营发展中存在的问题进行正确的分析和判断。第二要提升外语沟通能力。境外审计人员必须具备良好的外语基础，确保正常的沟通交流，如实客观地发表审计意见。第三要加大境外审计人员培训力度。为境外审计人员创造更多的培训机会和更好的学习环境。

四、优化创新，持续提升审计工作质效

随着全行改革发展的不断深入，审计范围将越来越广，业务复杂程度越来越高，要保持审计工作的可持续、高质量地发展，大家必须在总结以往良好经验的基础上，顺应形势发展不断优化创新，提高工作质量和效率。

一是进一步巩固审计转型成果。实践证明，审计三年自身转型卓有成效，无论是审计“八性”

落实措施，还是“五个转变”目标①都已深入人心，并在日常工作中发挥着指导作用，需要大家在今后的工作中不断坚守固化和继承发扬。第一要坚守转型理念。审计转型是根据总行党委统一部署要求，基于对审计工作新常态和未来发展的研判而做出的决策，转型理念在当前乃至今后一段时间仍具有重大指导意义，需要大家继续践行。第二要固化转型经验。对以前年度审计转型成果，要认真总结和梳理，并固化到审计规章制度和操作规程中，进一步健全、丰富审计规范和理论基础，更好地促进审计工作开展。第三还要在今后的工作中不断践行转型要求，更好地围绕全行中心工作，服务发展大局。

二是进一步深化“三项机制”建设。审计创新实施的“三项机制”建设，通过两年来的不断探索和完善，已成为审计发挥监督职能的重要手段，为全行风险管控提供了有力支持，需要不断坚持、深化和优化，争取发挥更大功效。第一要把握大势，前瞻预判。持续跟进经济金融形势和外部市场环境变化、供给侧结构性改革推进情况，前瞻性地提示各类风险，协助驻地分行守牢不发生系统性风险的底线。第二要聚焦重点，抢前抓早。对员工违规违纪行为，开展动态持续监督，及时发现和纠正倾向性、苗头性问题，早提示、早预警、早防范，帮助全行有效规避员工道德风险和操作风险，助力案件防控。第三要突出协同，集约高效。在当前审计资源紧张的情况下，需要统筹协调好“三项机制”建设工作与审计项目、专业化建设等工作之间的关系，同时要对跨界、跨区域、跨产品风险实现集中分析，提高审计工作集约化水平。

三是进一步提升数据式审计水平。审计条线开展数据分析是比较早的，2000 年就开发了非现场审计系统。去年，审计条线开启了打造数据式审计的新征程，数据式审计理念已逐渐深入人心，在各项审计工作中得到广泛和深入应用。但数据式审计仍需不断拓展内涵和外延，任重而道远。要增强非现场审计能力，深入研究数据和问题之间关系，形成模型化监督。第一要继续拓展大数据理念与方法在审计工作中的应用、融合和提升，利用大数据分析的思维和方法，提高工作效率、效果。第二要不断完善大数据分析的核心技术工具，提高审计业务与数据融合应用、作业流程控制、风险和内控缺陷分析能力、根源解决问题能力，提升审计集约化管理层次。第三要努力探索大数据分析模型方法体系，总结提炼以往审计项目中相关数据分析思路及应用成果，进一步完善有关数据、工具、技术的审计方法，形成一套完整体系。

四是要进一步推动问题有效解决。总行领导十分关注整改工作，全行自上而下落实整改，不断改进管理，取得了显著成效。审计在协助、跟踪、督促整改上做了大量工作，发挥了重要作用。下一步，审计应进一步加大督促整改力度，体现责任担当。第一要增强跟踪工作的协同性。把督促整改融入日常审计流程，从问题揭示入手、从审计建议着眼、从整改效果聚焦，推动问题根源性整改。第二要持续优化审计跟踪常态化管理机制。进一步完善审计督促整改的闭环管理，健全多层面整改会商、客户与机构维度的整改统筹、整改与跟踪衔接、推广典型案例提炼分享等机制。完善考核方案，加大对督促整改效果的激励约束力度。第三要督促重大问题的整改。重点关注内控缺陷改进等重大问题，加大督促整改力度，督促全行建立问题整改的长效管理机制。

五、党建引领，不断提升审计专业化水平

审计条线要一以贯之推进党的建设，真正做到将审计工作和党建工作同部署、同落实、同检查、同考核，统一思想和步调，把全面从严治党要求落到实处，充分发挥党建对提升审计专业化能力的引领和促进作用。

一是突出党建工作的引领作用。审计条线要紧扣新时代党的建设和审计工作发展的新特点，坚持以党建工作为引领，把广大审计员工紧密团结在党周围，激发其干事创业的热情。要坚持把

① “五个转变”：由关注“已发生问题”向关注“已发生问题和潜在问题并重”转变；由关注“个案问题和局部风险”向关注“控制缺陷和群发性风险”转变；由“以专项审计为主”向“专项审计与动态、全面覆盖并重”转变；由“以揭示问题为主”向“揭示问题和解决问题并重”转变；由“着重提升查证分析能力”向“提升全面服务转型发展能力”转变。“八性”：坚持原则性，秉承独立性；强化专业性，树立权威性；注重融入性，探索前瞻性；发挥建设性，提高有效性。

政治建设摆在首位。不断增强“四个意识”，维护党的权威，坚定不移地执行党的路线方针政策，不折不扣地贯彻落实党中央各项决策部署和总行党委各项要求。要严抓思想作风建设。严格落实中央八项规定和总行党委十项要求，坚决遏制“四风”反弹回潮，坚守审计职业道德，维护审计形象。要持续完善党建制度体系。把制度建设贯穿于党建工作中，及时将工作中好的做法、鲜活经验加以总结提升，形成长效化的制度。要层层压实责任。机构负责人要切实履行“一岗双责”，实现党建工作与审计工作的有机融合，把从严管党治行的责任牢牢扛在肩上，担负好使命。

二是进一步严格内部基础管理。基础管理是做好各项审计工作的基本保障，非常重要，需要以制度化、机制化、定量化手段提升精细化管理水平，促进审计工作可持续发展。集约高效组织项目运作。随着新一代核心系统上线，全行业务数据的获取和分析更为方便。审计项目开展中，要多用非现场、用好大数据，减少现场查证时间，节约费用成本。同类业务背景审计项目要实行一体化运作，建立项目融合、成果平移的工作机制，减少重复查证。完善激励约束机制。进一步完善考核评价体系，结合审计工作中的新情况、新问题，不断总结经验，优化考核指标，发挥好考核指挥棒作用。各审计机构制订的考核实施方案，既要与总行同频共振，又要因地制宜，充分调动各级员工积极性，体现绩效与贡献相匹配。关心关爱员工。审计人员常年出差，工作很辛苦，克服了家庭生活、子女教育、老人赡养等方面的很多困难。在座的审计机构负责人要多关心审计人员的身心健康和职业发展，总行相关部门也要给予积极支持。要合理安排工作，在保证工作质量的同时注意劳逸结合。

三是打造高素质审计专业化人才队伍。审计是一项专业性很强的工作，随着全行改革发展的不断深入，也需要在培养高素质的审计专家人才方面多下工夫。要建立科学的培养机制。充分运用学习培训、实践锻炼、岗位轮换、“一对一”导师培养等措施，加快人才培养锻炼；加强人才考核评价，树立正确的激励约束导向；坚持开展人员交流，进一步优化更新队伍素质和结构；进一步拓宽晋升空间，对综合能力强、专业过硬的高素质人才，要提拔重用和人才输出相结合，形成优秀人才脱颖而出的工作机制，更好地适应新时代、新发展的要求。要加快新型人才培养。加快培养和储备熟悉资管、同业、金融市场等新型业务，特别是海外及子公司业务等审计人才，以适应审计工作新需要。选拔、建立数据式审计专家人才库，强化对大数据分析工具、方法的学习培养，打造一支懂业务、精数据分析的专家型人才队伍。加强干部队伍培养。按照“敢于担当、勤政务实、德才兼备”的标准选人用人，抓紧培养一批有潜力的优秀年轻干部，今年要完成剩余18家审计机构的处级人员选聘工作。完善审计条线处级干部聘任工作常态化机制，保持一定合理梯队。机构负责人要保持开放的心态，为各层级优秀专业人才提供发展空间。总的来说，做人要干净，做事要担当，成长渠道要畅通。

四是务必确保境外审计安全性。近期，各境外审计组将陆续出发，要重新认识海外审计的安全性，并把其提到新的高度。要重视信息安全。去境外审计比较特殊，带队的领导对保密、数据安全性要高度重视，一定不能出现纰漏。信息泄露会导致非常不良的后果。去年信息安全保密方面总行已经专门发文要求，要严格执行，确保信息安全。要注意人身安全。境外不同国家、地区的安全性差异很大，一些国家和地区还存在不安定因素。审计人员要遵循当地分行的安保措施和安排，确保出国审计人员的人身安全。要重视资料信息传输途径。审计工作具有特殊性，在目前信息传输链条不严密的情况下，要高度重视安全性。现在智能化通讯工具是“双刃剑”，境外审计尽量不要通过外部通信工具传输文件，不要通过便携式计算机携带涉密文件。要通过内部安全渠道进行信息传输。大家要提高警惕，不要在这方面犯错误。

同志们，今年的审计工作任务依然艰巨，希望大家进一步把思想和行动统一到党的十九大精神上，统一到总行党委的部署和要求上，以党建为引领，以时不待我、只争朝夕的工作状态，继续奋发进取，勇于克难攻坚，为全行改革发展作出新的更大的贡献！

谢谢大家！

落实三大战略　服务全行发展

——分管和代管业务工作安排

张立林

（2018 年 7 月 24 日）

践行三大战略　打造建行新零售

定位　零售业务是落实“三大战略”的最佳实践地

去年以来，总行党委陆续推出了金融科技、住房租赁、普惠金融三大战略，这是建设银行顺应时代变化，发现社会问题、聚焦社会痛点、提供解决方案、承担大行责任的重大举措。

以社会痛点为入口

以科技平台为支撑

以衣食住行为场景

以美好生活为愿景

零售业务与“三大战略”受众一致、息息相关，助力人民美好生活责无旁贷、机遇广阔，零售业务天然成为落实“三大战略”的最佳实践地。

基础　新零售上半年取得良好经营成效

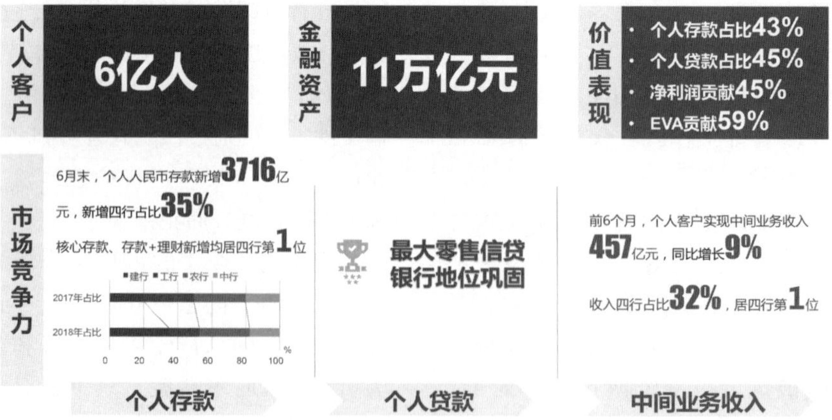

内涵　新零售是落实零售优先战略的行动方向

1. 以客户为中心

- 遵循极致体验、客户关系为王的人本原则
- 客户需求是一切经营活动的起点

2. 线上线下深度融合

- 获客模式、双向引流、服务全触点统筹

3. 金融科技引领

- 金融科技由“支撑力”升级为“原动力”

4. 综合解决方案

- 综合化、个性化和场景化深度融合、缺一不可

5. 资源整合者

- 发挥集团优势，聚合优质第三方，实现合作共赢

路径　下阶段打造建行新零售的目标和路径

开放共享

升级金融生态，向外拓展圈链场景

1. 加速账户出海，将金融服务“输出去”，延伸获客触角

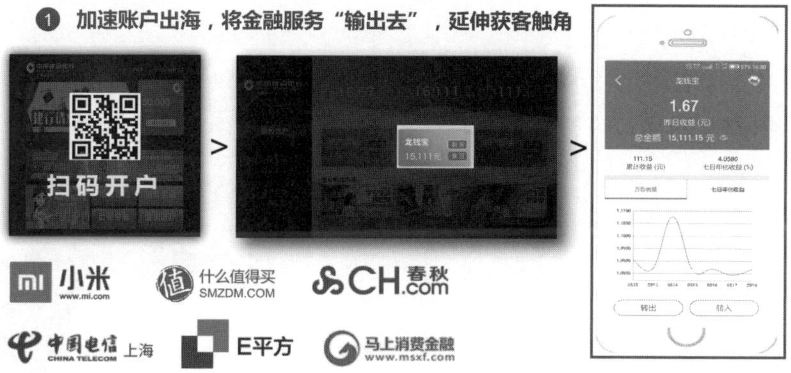

2. 以八大民生领域为重点，将生活场景“圈进来”，提供综合服务

- 借力央行移动支付示范工程，确保重点民生领域场景建设全面突破
- 借力公私联动协同，形成 B 端优势，并将其加速转化为 C 端突破“动能”

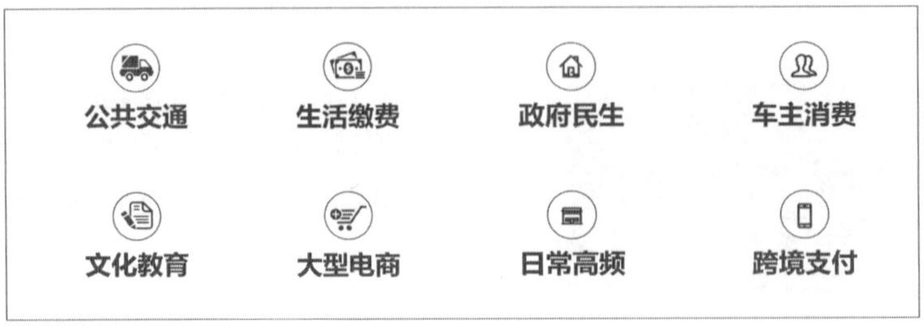

3. 深化商户的双重属性认识，打造企业级商户管理模式

属性一：商户是一类特殊客户群体

商户服务 = 客户服务 + 与生产经营相关的金融服务

属性二：商户是消费生态的场景平台

商户连接 C 端客户和银行，连接消费场景和金融服务

坚定不移推进商户“五统一”既定策略

打造企业级的商户管理模式

商户“五统一”经营

4. 将蓝海项目升级为金融生态，抓重点、谋长远并重，将胜势转为胜果

◎ 当前重点

- 抓房源、促交易，探索批量运营模式
- 推广“存房到建行”试点分行经验
- 对接智慧城市建设
- 推广住房租赁指数

◎ 谋划长远

- 升级为零售金融生态
- 围绕“房”满足全链条需求
- 提供客户视角的综合服务方案

价值共赢

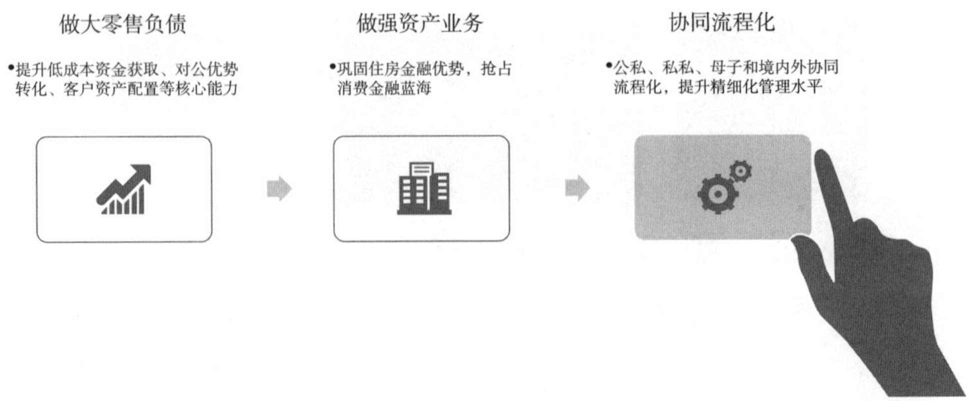

1. 负债业务：提升低成本资金获取、对公优势转化、客户资产配置等核心能力

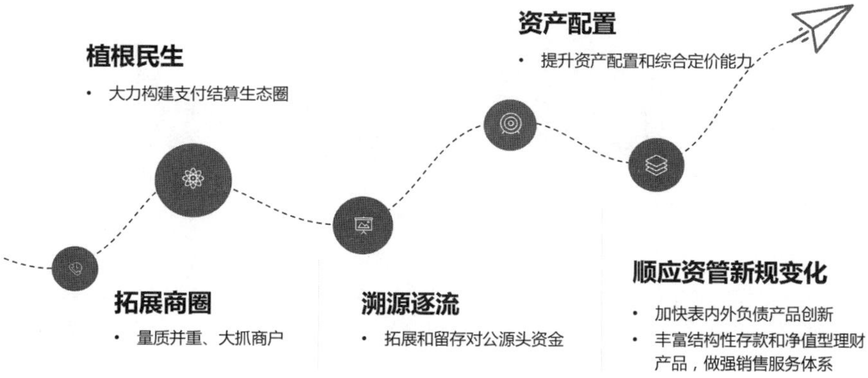

2. 资产业务：巩固住房金融优势、抢占消费金融蓝海、研究推进综合授信

强化科技引领，创新推动经营模式变革

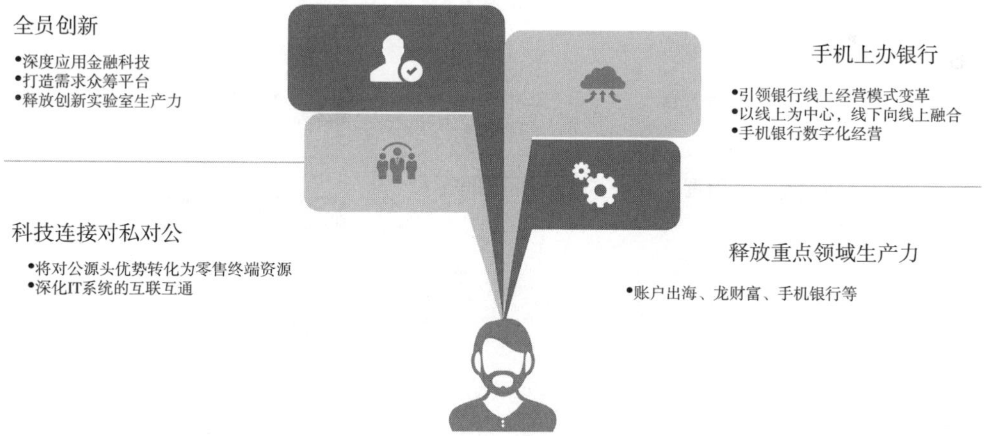

数字互联

1. 深度应用金融科技，打造需求众筹平台，释放创新实验室生产力

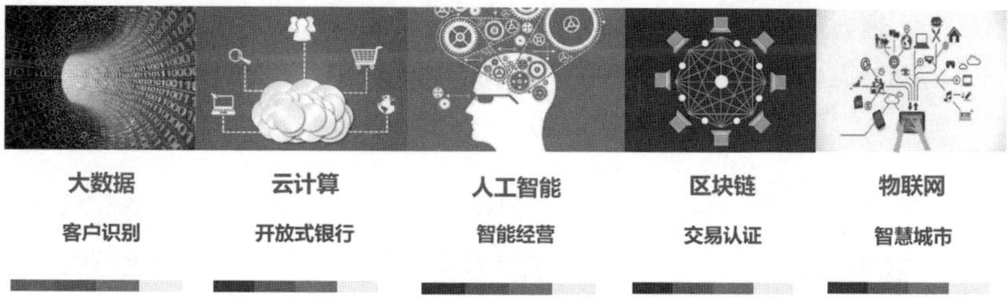

2. 依托科技平台连接对私对公，深化全行 IT 系统互联互通

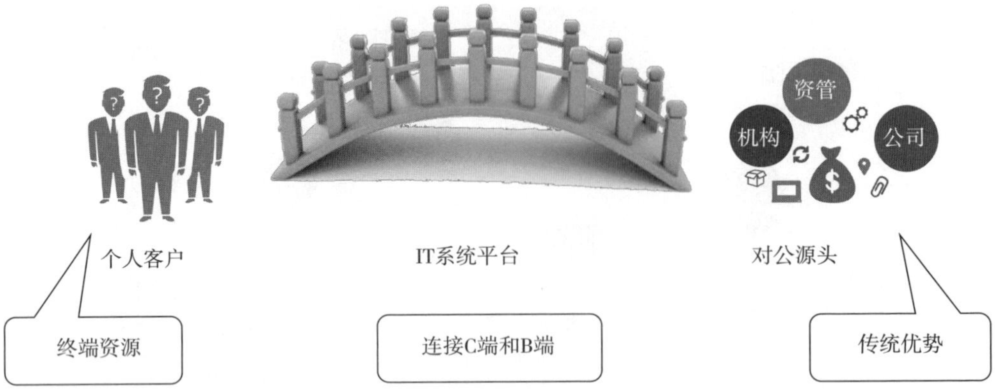

3. 手机上办银行，引领银行线上经营模式变革

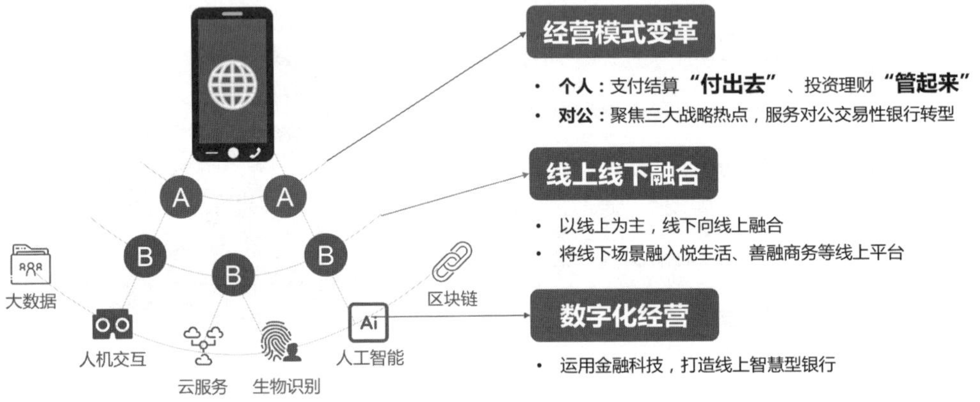

4. 释放重点领域生产力

以客户为中心

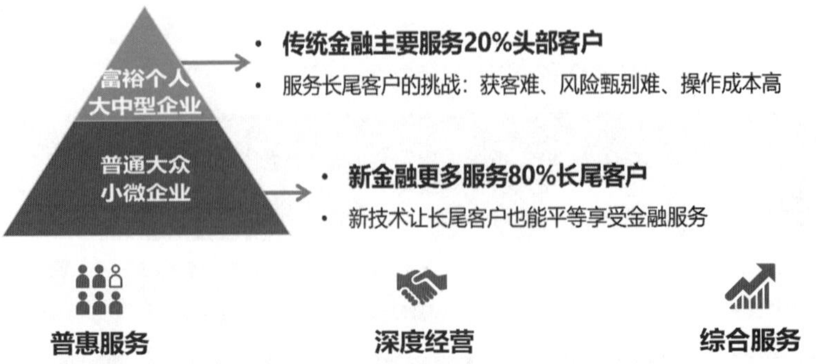

1. 普惠服务：依托金融科技，搭建平台，服务更广泛人群

2. 深度经营：搭建分层服务和客户自激励服务两大体系

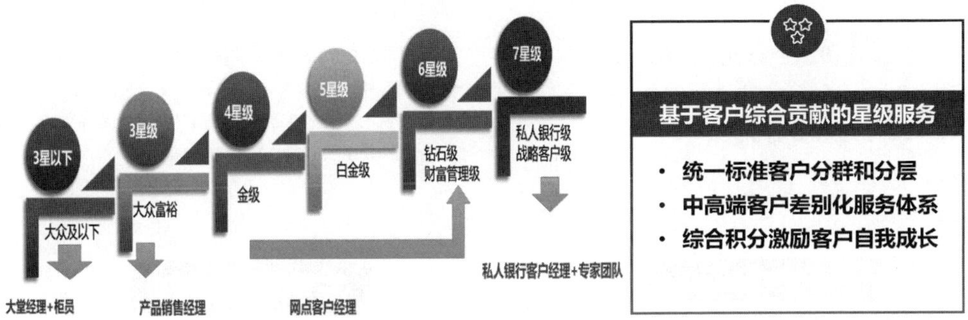

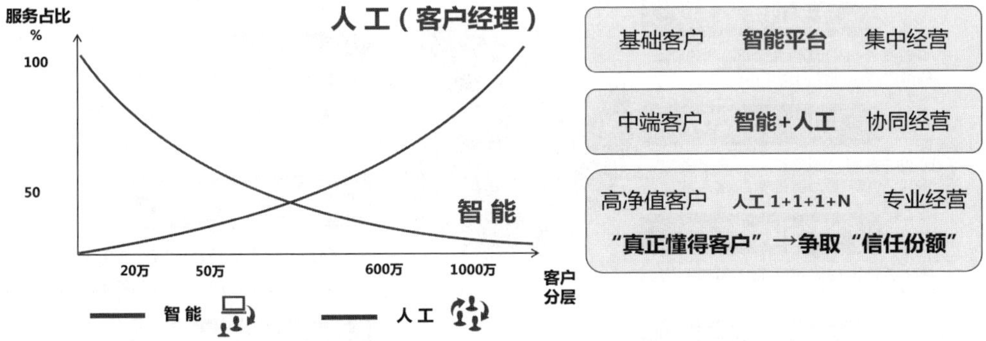

3. 综合服务：强化获客、活客和留客，提升客户体验，夯实客户基础

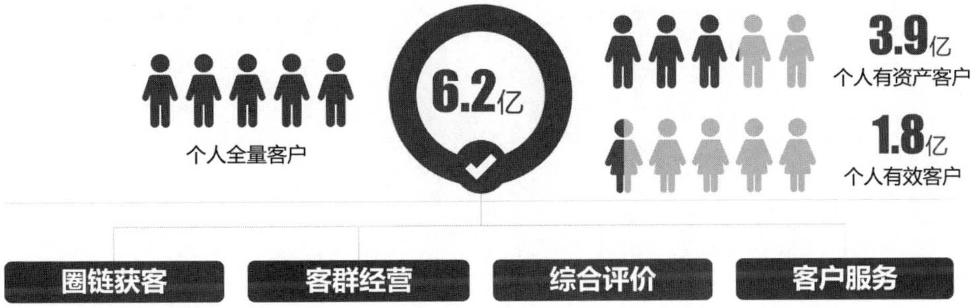

加强合规管理 稳健经营国际业务

上半年工作回顾

海外业务稳健发展

海外机构资产总额**3060.5**亿美元

商业银行类海外机构实现净利润**30.5**亿元

金融科技应用取得突破性进展

区块链贸易金融平台交易量已近**1000**亿元，市场竞争力明显提升。

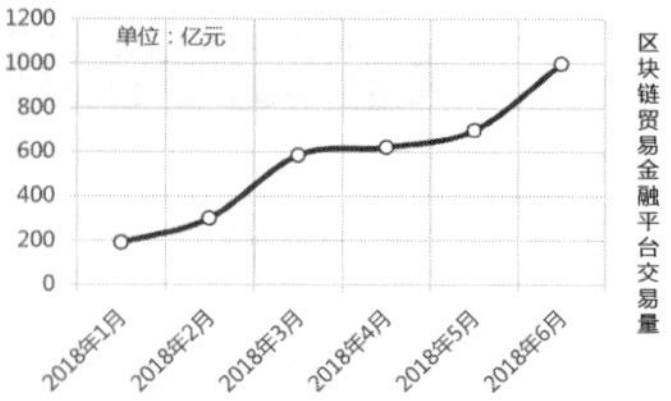

国际业务基础夯实

国际收支客户大幅增长**16%**，客户基础进一步夯实。

国际结算收入**21.5**亿元，同比正增长。

合规管理逐步增强

- 将海外机构合规管理能力放在首位，督促问题整改、及时跟进落实。
- 退出代理外汇清算业务，合理分流美元汇出汇款，减轻美元清算合规压力。
- 实现反洗钱清单监测系统对国际结算和贸易融资产品的全覆盖。
- 四行唯一获评外汇局2017年度考核A档。

下阶段工作

境外

以合规经营为抓手 确保境外机构稳健运营

严控风险

- 关注国际经济金融形势变化，及时报送重大信息，严防风险事件发生

流动性管理

- 加强境外机构流动性管理，降低期限错配率，确保不出问题

国际化人才

- 加速培养具有国际视野、熟悉国际惯例、创新能力强的专业化人才

精细化管理

- 强化境外机构日常规范化和精细化管理，力保合规经营

境外合规管理

- 加强境外机构反洗钱、金融制裁等合规管理
- 加强与境外监管机构沟通，落实监管要求
- 发挥境外合规官作用，提升境外合规管理能力

境内

以科技和产品创新为抓手 提升服务实体经济能力

发展普惠金融

- 支持中小外贸企业，推动跨境快贷、退税贷、中欧班列贷等产品发展

金融科技创新

- 建设和推广区块链贸易金融平台
- 推进先进技术在国际业务领域研究应用

把握政策机遇

- 提升人民币清算行的综合服务能力
- 拓宽“一带一路”沿线国家金融合作

重视合规管理

- 加大外汇业务合规考核力度
- 防范异常和可疑跨境资本流动

推进智能运营 提升渠道竞争力和客户体验

上半年工作回顾

聚焦金融科技抓创新

- 试点上线新型智慧银行
- 投入运营综合性网点旗舰店**101**家
- “云生产平台”应用全行推广

聚焦住房租赁强平台

- 加速住房金融服务中心建设
- 网点营销房源**18.3万**套、引流出租房源**3.4万**套

聚焦普惠金融优服务

- 普惠型网点新设开业**47**家、竣工**115**家
- 网点对外开放卫生间**6890**个，设立便民饮水点、爱心服务站等**10637**个

下阶段工作

- 服务三大战略
- 推进智慧运营
- 提升网点竞争力
- 提升客户体验

对接落地住房租赁和普惠金融战略

- 北上广深、重庆和雄安新区住房金融服务中心**力保第四季度投产**
- 做好营业网点对外宣传、业务承接、员工培训等工作。

抓网点服务和精细化管理，提升行业竞争力

- 开放共享、责任担当，建设“**劳动者港湾**”，进一步开放网点服务资源
- 千佳网点建设力争**获评数量当地四行第一**
- 网点服务**规范化、标准化、人性化、精细化**

运用金融科技工具为物理渠道赋能

- 推进智能运营体系建设，构建**生产经营一体化体系**

深化审计成果应用 服务全行改革发展

上半年工作回顾

35个审计项目

- **22**份 审计报告
- **20**份 专题报告
- **16**份 审计简报

下阶段工作

发挥“第三道防线”职责，深化审计成果应用

重点领域审计

- 重点行业、重点区域、重点产品、重点客户、重大风险
- 资管新规等影响及衍生风险

深化成果应用

- 业务：对审计收现问题有效、系统、全面整改
- 审计：跟踪整改情况，建立整改长效机制

真正让数据发声

- 深度挖掘整合内外部数据
- 对重要风险环节精准定位、前瞻揭示

境外机构内审

- 建立境外内审管理体系
- 境外机构“一把手”是第一责任人

坚持价值引领 提供精神动力和思想保障

上半年工作回顾

“上半年，全行宣传思想、公共关系与企业文化、消费者权益保护工作，以思想文化凝聚共识，以正确舆论导向营造氛围，为全行改革发展提供了有力的精神力量和文化支持。

共同思想基础更加牢固
深入学习习近平新时代中国特色社会主义思想和党的十九大精神，组织集中学习研讨活动**1200**余次

企业内在活力更加蓬勃
组织“普惠金融战略”笔谈活动，刊发笔谈文章**16**篇

改革发展正能量更加强劲
在各类新闻媒体刊稿**18万**篇，荣获国内外奖项**40**多项

社会责任履行更加自觉
资助高中生成长计划十周年，累计捐资**1.5亿**元、资助学子**9万**人

消保工作进一步夯实
坚持客户至上，加强对新产品的消保审核

品牌价值更加卓越
住房租赁品牌覆盖16亿人次

声誉风险管控更加有力
潜在风险舆情防控
重要突发舆情应对

下阶段工作

坚持理论武装
- 进一步学习宣传贯彻习近平新时代中国特色社会主义思想和党的十九大精神

强化品牌宣传
- 宣传三大战略
- 讲好建行故事
- 统一品牌形象设计

坚持文化引领
- “最美建行人”教育
- “百家优秀网点”宣传
- ……

声誉风险管理
- 规范制度流程，快速联动处置
- 加强舆情研判、风险演练、隐患排查

消费者保护
- 落实事前审核
- 提升客户满意度
- 强化问题整改

做好公益扶贫
- 长期公益项目向定点扶贫地区倾斜，加大资金支持力度
- 探索建立建行公益平台

结束语

运用新思维　拥抱新技术　打开新局面　再上新台阶

在国际业务专题研修班上的讲话

张立林

（2018 年 8 月 3 日）

同志们：

你们是一级分行分管国际业务的行长，对国际业务重视和推动很重要。随着客户金融知识的丰富和对财富管理要求的提高，客户在掂量银行的分量，对银行的要求也在提高，国际业务对维护客户关系非常重要。

刚刚总行相关部门对座谈中提出的问题都给予了积极回应，这体现了总行部门对国际业务发展的关心。建设银行对公业务是强势业务、优势业务，要变成长期有竞争力的业务，希望大家好好体会一下，王行长提出的“对公交易性业务优先发展”要求。

国际业务部是对公业务板块的重要组成部分，是综合性很强的部门，有外汇政策管理，有产品管理，还有客户服务，专业的支持部门要跟得上。流程制度规定是刚性的，但风控措施和价格变化应跟得上市场，根据变化及时调整也很重要。建设银行国际业务能发展到今天这个水平，与总行各部门的大力支持密切相关。作为后台部门，要往前走一步，融入前台部门，让建行成为一个真正以客户为中心的有机服务整体，那长期竞争力就出来了。

就下阶段国际业务如何发展并确保市场优势，我讲几点个人意见，供大家工作中参考。

一、国际业务站上了一个新的台阶

近几年，在郭友监事长的推动下，我行国际业务有了长足的进步：市场竞争力显著增强，国际结算中间业务收入曾连续两年做到市场第一，已成为国际业务市场的主要竞争者，在境内已经能和同业比一比了，某些领域我们还处于领先地位。“两全三化”战略全面落地，国际结算客户快速增长，信贷客户覆盖度大幅提高，中西部分行发展明显提速。产品创新能力同业领先，2017 年推出十余项创新产品，多项产品获得国内外权威机构颁发的奖项。系统建设取得突破性进展，历时四年，推出新一代国际结算系统，彻底摆脱了对外购系统的依赖；同业首家推出跨境电商综合金融服务平台“跨境 e+”，区块链技术应用走在同业前列。与境外金融机构合作范围大幅拓宽，合作内容不断深化。风险管理能力逐年强化，国际业务信贷产品的不良额和不良率连续多年双降，长期保持较低水平。合规管理能力大幅提高，我行在去年外汇局考核中取得了 A 档的好成绩，也是五大行中唯一得 A 的银行；MPA 考核国际部负责的跨境融资连续三个季度均获 90 以上得分，为我行 2017 年第二季度成为首家 A 档银行作出贡献；反洗钱清单监测系统已在全行成功上线，实现了国际结算和贸易融资产品全覆盖，反洗钱能力大幅提升。

二、国际业务面临的形势超出想象

国际业务面临的发展形势错综复杂，挑战超出想象，当然也有发展机遇。

（一）挑战

一是贸易条件和贸易环境的恶化。这个方面大家应深有体会，不论是货物贸易还是服务贸易今年以来都有恶化趋势。对于两头在外，中间加工的企业还好，比如苹果，美国人在商业上是很精明的。但是对其他的进出口企业，就难多了，尤其是那些对美国外贸依存度过高的行业，包括纺织服装、家具、玩具等，影响较大，盈利能力可能会大幅下降，并威胁我行信贷安全。

二是汇率贬值预期和大幅波动。今天人民币

离岸价到6.88了，对进口会有一定的抑制作用，并对盈利能力偏弱的进口行业形成压力。你们还要注意，若人民币形成持续贬值趋势，有可能会引发资金外逃，并可能进一步造成人民币贬值，从而引发贬值—资本外逃—再贬值的恶性循环，最终可能导致监管机构对跨境资本进行强力监管，并加大对违规行为的处罚力度。

三是供给侧结构调整以及信用风险暴露的问题。今年以来，整个社会的融资环境发生了很大变化，新增社会融资规模大幅下降，信用风险频频暴露，很多公司因流动性不足而出现了不能按时偿债的问题，大量网贷平台被曝跑路，受影响的行业有可能从传统产能过剩行业传染至正常行业，国际业务客户也可能受到波及。虽然目前我行贸易融资的不良率水平较低，但是大家仍然不能放松。债项违约具有交叉传染性，即使信贷资产暂时没出现问题，那不表示真安全，交叉传染可能导致正常客户出现信用风险。

四是境内外监管形势趋同。境外监管趋于严格，在境内外监管一体化趋势下，境内监管也愈发严格。从2017年开始，监管机构对银行业监管力度明显加强，处罚机构数和处罚金额成倍增加。今年外汇监管形势依然严峻，监管处罚金额还在大幅增加，处罚手段严厉，包括暂停业务资格、追究高级管理人员责任等，对相关机构的震慑作用很大。虽然去年我们在外汇局考核得A，我们还要继续做实。对政策的理解不能停留在纸面上，条线人员要将其内化于心，变成自己的东西。

（二）机遇

一是国家扩大开放。习近平主席在博鳌亚洲论坛上明确表示，中国开放的大门不会关闭，只会越开越大。在全面扩大对外开放的背景下，我国在国际贸易、双边投资、金融市场双边开放等方面改革的层次将更高，与其他国家经济往来规模将更大，国际业务发展空间巨大。习近平主席还提出了中国金融业扩大开放的一系列重要举措，银行业市场准入大幅放宽，外资银行业务范围大幅扩大，为我行拓展外资银行客户和深化业务合作带来了新的机遇。成立海南自贸区、举办中国国际进口博览会等举措将扩大我国的进出口，为国际业务拓展客户、业务发展注入新动力。

二是人民币国际化。2018年以来，在扩大开放背景下，国家制定了一系列贸易投资便利化和资本市场双向开放的便利政策，强调跨境业务“本币优先”原则。6月人民银行等九部委发布了《十三五现代金融体系规划》，明确提出人民币国际化的量化目标，即“2020年末人民币跨境收支占我国本外币全部跨境收支比例超过三分之一”。明年IMF将启动对人民币入篮的再评估。可以说，人民币国际化迎来了新的平稳发展机遇期。

三是稳外贸将成为后续国家经济重点工作之一。近日召开的中央政治局会议提出了“六稳”：“稳就业、稳金融、稳外贸、稳外资、稳投资、稳预期”要求，其中有两稳：“稳外贸、稳外资”与国际业务密切相关，稳外贸将成为后一阶段国家经济重点工作之一，预计后续还可能出台具体促进外贸发展的措施；“稳外资”是要稳住外商直接投资，对我们服务外商直接投资客户也是利好。

四是人民币贬值和大幅波动。人民币汇率单向贬值是暂时的，大幅波动是长期的。在人民币大幅波动的市场环境下，客户对汇率的避险需求增多，这是大家营销客户、增进客户关系的好时机。

三、下阶段重点工作要求

要清楚认识到发展中的不足，补短板。国际业务发展还有短板：一是客户群体过于集中；二是外汇账户不够；三是对国际业务专业性有惧怕心理，前台的客户服务意识不足；四是人才储备也不够。在我行有外汇业务的客户很多，但是有外币账户的客户不多，这里面是否有机制设计上的偏差？要真正具备竞争力，客户还要回到客户部门，国际业务部门支持要跟得上。要想实现本外币一体化，只有回到客户基础，我们才能解决根本问题。

在复杂的形势面前要善于抓住机会。在政策导向出现变化，市场大幅波动时，大家要做三件事：一是要明确抓哪些客户，二是明确哪些产品可拿来用，三是市场反应和定价要跟得上。比如，上海要举办中国国际进口博览会，中国金融业扩大开放，境外金融机构来中国投资，我们怎么反应呢？要境内外联动，跟踪和服务客户，帮助客户在中国落地。再比如，服务企业“走出去”过程中，要及时去了解客户需要，否则会被其他银行抢了先机。还比如，我们及时摸清了客户需求，提供的服务也契合客户需求，但是价格不具备优势，客户也不跟你合作。

要继续落实好三大战略。一是三大战略在国际业务条线要具体化。普惠金融，在国际业务条线就是支持中小企业“走出去”及提供贸易融资配套产品，“跨境快贷”就是这类产品。不要认为普惠金融就是普惠金融事业部的事，其他部门开发出的服务小微客户产品，也是普惠金融产品，不要把普惠理解得太狭隘。普惠金融是大概念，要具体化，同时要管理好风险。二是要运用好金融科技。金融科技优势体现在三个方面：效率、管理有效性、降低成本。国际业务条线要利用金融科技，强化产品创新能力，提高管理能力，提升客户的获得感和满意度。

服务好实体经济。要基于现有客户主体和客户量，发掘机会，服务实体经济。一是响应国家号召，服务好“走出去”企业和支持“一带一路”项目，为大型出口和“走出去”企业提供资金支持；二是提升服务国际贸易能力，为实现“一带一路”的“贸易畅通”目标贡献一份力量；三是不断提高跨境人民币业务的综合服务能力，助推人民币国际化；四是拓宽与“一带一路”沿线国家金融机构的合作范围，促进沿边金融业务发展；五是服务好“走进来”客户。

做好风险和合规管理。所有风险最终都体现为客户的信用风险。一是对信用风险，一定做到心中有数；二是在管住操作风险的前提下，要优化客户服务流程，提高效率；三是风险管理流程最好能用数字化系统进行全流程显示；四是风险预警、监控要及时跟进。对于融资类产品，包括内保外贷，要定期排查，发现风险苗头，积极协作，主动配合，绝不允许把本可化解的潜在风险变成实质风险，各分行要有清醒的认识。

风险管理还要强调合规。一是要把合规要求嵌入到流程和制度中；二是要注意合规形势境内外趋同，美国单边制裁，境外合规趋于严格的形势会延伸到境内；三是要对合规有把控和判断能力，知识和制度系统推广普及是境内合规问题的当务之急；四是境内合规是建行全球合规能力的重要体现，基础工作要抓紧推进；五是反洗钱合规，对基础信息系统补充要求比较多，要在实践中摸索适度性和合理性。

相关部门要充分理解国际业务的特点，给予有针对性的配套支持。国际业务与国内业务不同，需遵守国际惯例，以及不同国家和地区法律法规，满足国内国外监管要求，专业性强；还涉及境内境外两个市场，多个币种，多种价格，国际国内形势瞬息万变，业务发展抓的是缝隙机会，灵活性要求极高，机会你抓住就抓住了，没抓住，可能只有一两个月市场就过去了。国际业务是全行重要组成部分，在当前中国经济已高度融入全球经济的背景下，客户需求多元化，国际业务与境内业务一样，都不可或缺，且在带动外汇交易、理财、存款、客户拓展、海外业务发展等方面作用很大。要充分理解国际业务的重要性和特点，相关部门政策安排要从整体角度去考虑，该给的支持要给。要研究契合市场机会的有利政策，及时传导；低风险业务纳入统一授信管控是对的，但用信和授信不同，要结合实际情况，优化流程，做到相对灵活。

加大国际业务人才培养力度。国际业务专业性强，面临形势变化快，需要一支稳定的专业人才队伍。总行和分行的国际人才队伍建设只能加强，不能削弱。各分行领导要高度重视国际业务人才培养，总行也要加大对国际业务条线的人才输送力度。

要研究如何把国际业务建成与本币业务媲美的业务。我提出五个问题希望大家去思考：第一个问题，国际业务发展的基础到底是什么？也许大家会说是外币存款和价格竞争力，但一定要清楚，客户和账户是本外币一体化发展的最重要基础。凡是人民币业务做得好的，渗透率比较好的机构，外币业务也做得好；反之亦然。营销管理要回到客户基础。第二个问题，做强外汇业务的工具是什么？是产品跟进能力，还是系统支持能力。第三个问题，什么是外汇业务的长期竞争力？个人认为三个方面很重要，一是全行营销人员的客户服务意识；二是专业产品队伍的产品应用和选择能力；三是这两类人对市场机会敏感度和快速把握。第四个问题，金融科技对外汇业务发展要如何支持？第五个问题，总部的创新和对全系统调控能力至关重要。如果总部没有创新和对市场的总体调控能力，整个系统是形不成优势的。

国际业务是客户服务的一个重要板块，大家要主动作为，思客户之所想，行客户之所需，共同做好国际业务。把建设银行建成以客户为中心，在市场上有竞争优势的银行，才能实现“善建者行，成其久远”的愿景。

提升能力 加快转型 努力实现金融市场业务高质量发展

——在重点分行金融市场业务专题会议上的讲话

张立林

（2018 年 11 月 8 日）

开这个座谈会的目的是加深对总行发展交易性业务有关部署的理解。金融市场业务不是交易性业务的全部，但金融市场业务是交易性业务转型发展的一个重要抓手，也是全行战略新兴业务的重要组成部分。今天参会的 11 家分行和 9 个总行部门都是对金融市场业务发展作出过很大贡献的。推进金融市场业务高质量发展是建设银行整体的事，要共同研究市场和客户，这样才有凝聚力。今天会议提出的问题，希望大家带回去好好研究思考一下，角度很简单——如何更好地贴近市场需求。下面我谈几点意见。

一、近年来金融市场业务发展情况

（一）金融市场业务发展取得阶段性成效

近年来，在总行党委、高管层的领导下，通过全行上下的共同努力，金融市场业务取得了令人满意的成绩，为下一步转型发展奠定了良好基础。

1. 为全行业绩增长作出了重要贡献

金融市场业务以 20% 左右的资产规模，创造了全行 25% 的经营收入和 30% 的 EVA，对全行的收入贡献比较高。这一方面体现了金融市场业务所具有的轻资本特点和优势，也反映出条线上下具有了较好的市场机遇把握能力。一是科学研判利率走势，合理安排债券投资的节奏、品种和期限，实现了较高收益。2013—2018 年上半年债券投资组合实际收益率①连续 6 年四大行第一，名义收益率连续两年四大行第一。在这一轮利率下行周期中，2017 年集团生息资产收益率较 2014 年下降了 106BPS，而债券投资收益率仅下降了 29BPS，有效稳定了全行 NIM。此外，2015 年以来加大地方政府债券认购，还带来了可观的财政存款等综合收益。二是中间业务②收入快速增长，增速高于全行。金融市场业务每年实现中间业务收入超过 100 亿元。得益于持续的产品创新、流程优化和客户拓展，2013—2017 年 5 年金融市场中间业务收入复合增速达 13%，占全行中收比例由 2012 年的 7.5% 增至 2017 年的 11.6%。三是金融市场条线资产质量较优。2015—2017 年建行集团资产减值支出平均每年超过 1000 亿元，年均增速 29%，而同期金融市场业务资产减值回拨累计收入 5.5 亿元。

2. 市场影响力稳步提升

今年前三季度国债承销排名市场第一，人民币货币市场活跃度四大行第一。2015—2017 年连续三年获得银行间外汇市场交易综合排名第一、连续五年获“综合最佳做市机构”奖项。债券做市商综合排名、代理境外机构债券交易活跃度位居市场前列，成为“债券通”首批做市机构。

3. 风险管控卓有成效

总行本级持续加强内控制度建设，完善机控流程，强化交易员管理；建立交易对手白名单，

① 考虑国债、地方政府债利息收入免所得税，以及国债、地方政府债、政策性金融债、一般金融债、同业存单等利息收入免增值税的因素。

② 金融市场中间业务包括金融市场代客交易（代客资金交易、贵金属和大宗商品）和债券类中间业务（债券承销、债券借贷、债券结算代理），以代客交易为主。

严控信用债券准入、注重投后管理。近年来，总行操作风险保持较低水平，未发生严重操作风险事件。债券投资组合保持了零违约纪录。代客交易业务严格遵循实需原则，落实合格金融质押品等风险缓释要求，加强交易存续期管理，客户信用风险可控，近年未新增垫款。

4. 境内外、本外币一体化管理初见成效，全球布局有一定纵深，销售服务能力增强

一级分行和基层行对金融市场业务的重视程度、认识水平明显提升。成立金融市场部门的一级分行由2014年的9家增至目前的22家；22家一级海外机构设立了资金部并开展金融市场业务。近年来，通过举办客户交易大赛、产品推介会、市场研讨会等多种形式的营销活动，一方面金融市场业务客户规模实现了高速增长，另一方面金融市场条线与对公、个人、国际业务等条线的协同联动机制也逐步建立起来。2017年，全行对公汇率交易客户数7.9万户，比2015年增长了26%；个人交易类贵金属及大宗商品业务签约客户超过3100万户，比2015年增长了47%。今年前三季度，已有24家分行开展了地方政府债券销售业务，成功营销166家机构通过建行投资地方债，合计金额达1304亿元，有效缓解了我行承销压力，提高了地方债市场影响力。

5. 全球一体化信息平台建设有序推进

一是全球市场的研究信息平台初见雏形。成立了“CCB金融市场智库”，研究领域涵盖国内外宏观经济、外汇市场、债券市场、商品市场，以及海外机构所在地区市场和政策动向。研究成果通过微信公众号等多渠道发布，服务对象涵盖了行领导、总行交易前台、分行客户经理、我行客户乃至社会公众，打造了我行金融市场业务专业、高效的研究品牌形象。二是信息技术平台有较大进步。以前基本是基于外购的系统。通过持续7年多的“新一代”金融市场项目群建设，基本构建了一套框架完整、功能齐备的金融市场业务交易与流程处理体系，从根本上改变了金融市场核心系统整体落后的局面，完成了“流程全机控、数据全直通、产品全覆盖、融入全行体系”的总体目标，实现了“从无到有”的历史性突破。目前新一代金融市场系统已完成在全国37家一级分行、全球22家海外机构以及6家自贸区分行的推广上线工作，有效支撑了金融市场安全运营与业务快速增长。三是产品创新平台成果丰硕。成立了“CCB金融市场产品专家库”，加强对同业产品信息、客户需求信息的收集和共享，通过微课堂、培训等多种形式促进条线交流和优势产品的移植推广。

（二）当前业务发展面临的困难和挑战

1. 代客交易业务客户端服务基础相对薄弱

我行客户、渠道、人员等与工行、中行等同业相比存在差距，导致基础产品拓展处于相对劣势。客户方面。我行对公客户基础较好，但国际业务、金融市场业务覆盖度较低。从部分分行了解到，我行对公结算账户数量四大行第一，四大行占比达30%，但国际收支客户四大行份额仅19%，国际业务的“下游业务”对公代客资金交易客户占四大行份额为18%，四大行第四，相当于工行的82%、农行的75%、中行的50%。这主要是因为我们对客户交易需求发现能力还不够强。比如，我们的客户经理对于存贷业务都很熟悉，但对利用衍生工具对冲风险理解不足。要关注两类客户：一类是比银行更注重市场交易的，这对我们的专业能力提出更高的要求；还有一类是完全不懂金融市场的，需要我们进行培育。如果我们不能满足这两类客户的需求，那就没有拓展客户的能力。渠道方面。根据年报披露，我行物理网点数为工行的0.91倍、中行的1.39倍，网点基础与同业基本相当。但从可获得同业数据的北京等17家分行（样本涵盖东中西部地区）来看，开办对公外汇业务的网点数量仅相当于工行、中行的一半、农行的2/3。渠道的铺设涉及集中处理的问题。集中化体现在中后台的集中，业务的发现和需求受理肯定要“点多面广”。不要把专业的问题放到前端（客户经理）解决，前端负责基础资料的收集，动作要做到位。另外，哪些业务适合在总行集中，哪些适合在分行集中，要有整体判断。人员方面。根据2017年年报，我行从事金融市场业务的专业人员606人，占本行员工总数仅0.17%；而中行有1038人，占本行员工总数0.36%，数量是我行的1.7倍。要加大培养专业化人才的力度。什么是专业化人才？一级分行产品经理越精干越专业越好，往下的客户经理对机会的发现能力越强越好。做产品支持的人要兼

带营销任务，要走得出去；做中后台审核的人就是做集中、做专业化。这样人才才能节省下来，才有效率。

2. 收入对少数产品的依赖度偏高

我们根据市场变化，抓重点抓得不错，但是产品的丰富度不足。近几年租借业务发展较快，2017 年租借及配套的远期掉期收入 48 亿元，占贵金属和大宗商品业务收入比例达 67%。今年以来，根据行内政策，贵金属租借的经营模式有所调整，规模大幅压缩，前三季度租借及配套远期掉期收入 20 亿元，同比减少 49%，贵金属业务领先工行优势显著收窄，预计明年全年租借业务收入仅有 5 亿—6 亿元。若不能有效夯实能力基础，并培育新的收入增长点，贵金属业务收入可能被工行反超。不是所有的产品创新都要来自总行，37 家分行，尤其是在座的 11 家重点分行，要在发现市场需求上保持敏感性，研究需求是不是有代表性。金融市场交易产品一开始不一定有很大交易量，关键是具备办理能力，一旦出现市场机会就可以放大交易量、获得可观收益，否则就会错失良机。对于有真实需求的新产品，该发展还是要发展；套利型业务在当前监管环境下要审慎。

3. 部分重点大行作用尚未充分发挥

重点大行是全行战略推进、转型发展的排头兵，近年来积极响应总行政策导向推动金融市场业务发展，在系统内起到了带头作用。今年前三季度，深圳、江苏、福建、厦门、四川、湖北分行代客交易收入总体上超过了工行，其中福建、厦门、湖北还实现了代客资金交易和贵金属业务收入“双超”工行。但也应看到，部分重点大行金融市场业务还存在明显的短板，在本地区没有体现出应有的能力和水平。前三季度，我行代客资金交易收入占工行的 75%，与工行差距约 14 亿元。37 家一级分行中，北京、上海、广东、深圳、山东、江苏、浙江、四川等 15 家分行收入低于工行。其中，广东、浙江、北京、重庆、上海、深圳、山东、新疆、江苏 9 家分行合计差距超过 21 亿元。可以说，少数几家关键的大行与当地工行差距缩小，全行与工行收入差距就能显著缩小。如果一家分行在系统内排名前五，在当地只排到第三，这是不可容忍的。在当今科技迅猛发展的条件下，即使我们人员有限也有很大提升空间。

（三）金融市场交易业务发展空间和潜力巨大，将发挥更加重要的作用

在英国《银行家》杂志评选的全球1000 家大银行中，中国四大行居前四位。但是从股票估值来看，四大行没有得到市场认可。什么原因？因为我们对风险的平滑和化解能力有限，仍属于高资本消耗的发展模式。交易性业务是什么？是可以通过交易把规模释放出来的业务。现在没有一家外资银行强调规模要比同业大，我们要成为国际领先银行还需要继续努力。在未来十年，要跟上市场变化、牢牢把握客户，就必须发展交易性业务。交易性业务不会削弱我们对客户的引领能力，只会增强客户黏性。以个人住房贷款证券化为例，可能在报表上看我们的投放比同业少，但是在规模受限的情况下能抓住客户。虽然贷款卖出去了，但客户只认建行。为何企业客户越大、国际化水平越高，我们的服务能力问题就越突出？某些企业就是我们建行扶大的，为何我们的业务份额越来越小？有些业务跑到外资银行去了。这是值得我们反思的问题。随着中国经济重心由投资转向消费，仅靠单纯的对公存贷业务越来越难以牵引银行业绩的稳健增长，难以支撑较高的资产回报率和资本回报率，向零售转型、向交易性业务转型、向交叉销售转型是大势所趋。金融市场业务将是未来商业银行的核心竞争力。这一点全行上下要形成共识。

二、实现高质量发展需要具备几方面的能力

（一）投研能力

目前我们投研的强项仍只在境内投资性业务，而不是交易性业务，交易性业务收益还很有限（敞口较小），挣的是本分钱。投研能力是争夺市场的基石，是金融市场业务的核心竞争力之一。没有投研能力就推不出适合的产品，就没有市场机会。为何在 2008 年，某些机构连挂钩 20 年期限 CMS（固定期限掉期）的复杂衍生产品都敢做？基本上是丧失了自主判断能力。谁有能力预测 20 年的利率走势？能预判 1—2 年利率走势就很不错了。一是要在已有投研体系和分析框架的

基础上，通过回溯检验，提升对市场预判的准确度，形成引领市场的研究成果，支持投资交易决策；二是要对热点问题进行专题研究，持续跟踪市场，同时加强定量分析，做好各类资产价格的趋势分析及预判，提高研究对市场的影响力，至少在境内市场要有一定影响力。

分行要培养对市场变化的敏感性，注意收集客户信息，特别是高端客户对市场的反应（有一部分客户比我们还要专业）。总行要增强对总体的把控能力，要在市场发生变化时有产品跟进，走在前面。如果大家都开始推某项业务，你就不能赚取溢价，只能获得市场平均收益。不要总采取跟随战术，而要研究我们能干什么，没有这个勇气我们不可能领先的。

（二）活跃交易的能力

作为国有大行，应主动担当，积极作为。债券交易要充分利用我行债券投资组合规模大、投资品种齐全、定价能力强以及客户基础深厚、营销网络遍布全球的优势，积极主动发挥市场引领作用，推动债券市场不断向纵深发展。代客业务要发挥我行新一代定报价平台优势，做好银行间做市及对客报价，形成品牌。专业能力就建立在总行和一级分行层面，不必好高骛远，要向下延伸，否则交易永远活跃不起来。

与国际先进同业相比，定报价能力不足仍是我行短板。我行金融市场业务经营范围很广，涵盖了债券、货币市场、商品、汇率、利率等基础产品及其衍生工具，但不能完全实现自主定价和敞口管理，缺乏这方面专业技术的应用能力和核心竞争力。今后要集中力量弥补该短板，并致力于将其打造成我行的核心竞争力，这是根本。

（三）客户综合服务能力

提升客户综合服务能力一定要回到客户本身，为客户创造价值，提供更好的客户体验，这就要在直营理念的统一、部门联动、渠道部署等方面下大工夫。一是深化直营理念。专业能力的建设很大程度上就是基于一级分行，要树立将专业能力输送至“一线”的理念；目前很多分行都成立了金融市场（同业）直营中心，要有的放矢，切实提升产品经理和客户经理的专业专注水平并建立二者有效联动的营销机制。要对客户逐个梳理——哪些适合在省行管，哪些适合在二级分行管，哪些适合到网点管。二是要加强部门联动，交叉销售。没有金融市场交易产品，客户黏性会大大下降。我们为客户提供的金融市场交易性产品不是太多而是太少。要深化金融市场条线与公司、个金、信用卡等条线协同和上下游联动，整合产品、客户、渠道、培训、费用等资源，探索和尝试推出更多“交叉营销”模式，形成合力。对于客户群体具有重叠性、产品类别紧密相关的业务部门，要在部门间建立制度化、常态化的协同联动营销机制及信息共享机制，通过提供一揽子综合服务方案满足客户多方位业务需求，全面提升金融服务的效率和水平。三是要拓展产品渠道，增强客户黏性。与工行、中行等同业相比，我行金融市场业务在电子、物理渠道的产品布局上还要加强。电子渠道方面，改善现有网银、手机等渠道用户体验，增加订单交易、大额询价等业务功能，增加客户黏性。物理渠道方面，在我行现有对公外汇网点基础上，扩大对公外汇业务覆盖度，逐渐缩小开办外汇业务网点数与工行、中行的差距。四是客户选择上，抓大不放小，推进普惠金融。对银行来讲，发展客户千万不要分大小。一分大小，培养的基础都没有。如果只拓展大客户，最后就沦为价格竞争。可以研究下“普惠＋交易”的业务创新模式。金融市场业务与普惠金融的结合不仅仅是投资相关债券，还可以为客户提供代客交易产品。

（四）科技应用能力

离开了现代科技，我们的产品开发、需求实现是寸步难行。一定要有数字化解决问题、处理问题的能力。这对我们的传统思维、管理方式是极大的挑战。现在我们研究问题往往从机构、层级出发，那事情就复杂了。受限于对交易性业务理解的深度、需求管理队伍的力量，金融市场业务信息系统的建设和支持还只是刚刚起步。一是必须持续不断地提升科技应用水平。金融市场业务与其他条线业务相比，具有市场化程度更高、交易时效更快、风险控制更严、业务专业性更强的特点，这决定了金融市场业务开展必须更加依赖信息科技系统。一方面要充分用好新一代金融市场体系成果，利用丰富的数据库资源，在客户挖掘、精准营销、经营分析、风险防控、内控管理、数据统计、监管报表等方面做好应用，提升精细化管理水平；另一方面也要持续丰富、扩展新一代中的金融市场产品、流程和渠道功能，不断提升用户体验和产品服务水平，持续支撑金融市场业务发展。二是要深度运用现代金融科技。金融市场业务已从“资金密集型”转向“科技密集型”，与国外领先金融机构和专业金融科技公司相比，我行金融市场业务在衍生产品定价、智能交易、趋势分析、组合分析等许多核心能力方面亟待大幅提升，这些核心能力建设除了专家人才因素之外，很大程度与大数据、云计算、人工智能等先进技术的运用密不可分。因此，金融市场条线要积极探索并深度运用现代金融科技，争取用2—3年的时间在核心能力建设上有重大突破。

（五）创新能力

2008年国际金融危机爆发前，金融市场产品五花八门、结构复杂，当前的监管环境下，金融市场产品趋于简单，市场上产品同质化程度高，竞争激烈，在此背景下，全行就更要积极培育主动引领市场的创新意识，特别要在“人有我优”方面多下功夫，做出几个拳头产品，创出品牌。一是要注重运用科技手段支撑创新，积累前瞻性创新动能。二是要持续补充创新产品，提升研发效率，盯住市场和同业应该作为基本要求，要逐步培养“人无我有”、引领市场。三是注重组合创新，探索产品组合、渠道组合，通过封装、打包，满足市场需要。同样的产品篮子，有的行能够打包、组合，有的行只能销售单一产品。要对政策有透彻的理解，以及对产品有穿透式的管理、组合。四是加强流程再造创新，提升客户体验，这可以有效增强客户黏性。五是在管理上，也要积极营造开放包容、全员参与的创新文化，发掘创新人才，利用好行内的创新资源和平台，对重大创新要敢于试错和加大投入，并持续创新迭代。另外，要将好的创新成果和经验积累下来，做好成功案例条线的移植推广工作。

三、下一步工作要求

（一）目标

总体目标是进一步深化落实总行关于推进交易性业务发展的决策部署，提升建设银行交易性业务核心竞争能力。按照全行加快发展交易性业务的战略要求，切实践行“以客户为中心，以市场为导向”的经营理念，下一步金融市场业务条线要围绕提升交易业务核心竞争力这一主线，持续提升组合投研能力，持续提升交易定报价能力，持续提升客户营销和交叉销售能力，持续优化体制机制，继续推进业务转型。

在业务发展目标上，未来三年，金融市场业务在组合收益率、交易收入等指标上要保持同业前列的先发优势，力争代客交易收入、客户规模和覆盖度全面赶超工行。要继续发挥大行影响力，夯实在货币市场、债券市场、外汇市场等成熟市场上的主要做市商地位，积极谋求在大宗商品、衍生交易等新兴市场上的领先地位，重视推进在人民币国际化、“一带一路”等战略领域的交易服务能力。

（二）业务推进部署

围绕金融市场业务能力建设，聚焦条线发展目标，需要总分行相关部门加强协同、发挥合力，共同推进发展。

1. 总行金融市场部、金融市场交易中心要以提升投研能力、交易定报价能力和队伍机制建设为工作重点

要在形成建行核心技术、核心能力上下大工夫，重点从市场趋势研判、投资组合调整、交易定报价、产品及渠道创新、系统建设等方面取得新突破。

2. 要发挥协同作用加快提升客户交易服务能力

在人才队伍建设、渠道建设、考核激励、公私联动方面，在建设总行、分支行部门联动“交叉营销”机制方面，在客户经理和产品经理、交易员序列的队伍培养建设等方面，还需总行相关部门大力支持。

（1）关于金融市场交易人才队伍培养的问题，请人力部给予大力支持。各一级分行要按金融市场业务大类配备一定数量的专业人员，职责明确就是营销，总数在8—10人（每类2—3人），技术序列岗位可向金融市场条线队伍倾斜，通过金融市场业务岗位资格考试提高产品经理专业能力和客户经理知识普及率，通过客户经理轮训方

式提升金融市场产品营销能力。力争在2年内，使金融市场条线队伍人员①翻一番；二级支行及网点客户经理层面金融市场产品普及率达25%（即至少一个网点有1名熟悉金融市场业务的客户经理）。

（2）关于汇率交易物理渠道布局问题，我行开办外汇业务的网点数量、覆盖度明显低于同业，目前我行对公外汇业务网点覆盖率仅为19%左右，基础过于薄弱。请国际部、渠道部、金融市场部、金融市场交易中心共同研究一下，在我行现有对公外汇网点基础上，努力缩小开办外汇业务网点数与工行的差距。分行也要高度重视，物理渠道和电子渠道双管齐下。

（3）关于代客交易客户拓展问题，请公司部、个人部、金融市场部、金融市场交易中心共同想办法“获客、活客”，加大客户拓展力度，提升对客服务质量，向客户提供“专业化、综合化、个性化”的、用户体验好的金融产品服务，留住“回头客”，挖来“外行客”，促进我行金融市场交易业务市场竞争力得到整体提升。在营销和知识传导过程中，要做好案例总结和推广工作。

考核方面，请财会部研究客户维度的考核办法。我们目前的考核要求都是产品维度、分行维度，未能做到完全以客户为中心，这样的话协同永远只能停留在纸面上。

3. 分行要培养并输出专业技术能力，做好客户综合营销服务

要树立综合营销意识，主动将金融市场产品纳入对公客户的营销方案，通过金融市场产品与存贷汇等传统产品的多样组合来满足客户的多元需求。一级分行本部要侧重培养建设专业能力，特别是产品经理要能沉得下去、扑得出去，要将产品有效输出给客户经理和客户；基层行要侧重培养业务的发掘能力和客户日常关系维护能力，客户经理要与产品经理形成营销组合，及时响应客户需求并提供产品服务。当然，总行要及时研究发现并推出引领市场的产品，不断强化丰富产品线。有足够多的子弹积累才能及时供应到“前线”。分行产品经理要把“战线”前移，不能只做管理、协调、上传下达工作，还要积极参与客户营销、业务挖掘，指导基层客户经理发现、识别需求，与客户、客户经理建立良性互动，形成相对固定的营销组织机制。此外，一级分行可进一步尝试探索建立直营型机构和团队，筛选大客户名单，直接进行营销。要有效缩短总、分、支行决策链，主动培育大客户对市场变化的反应能力及交易需求。在队伍建设上，要继续强化党建引领作用，金融市场业务条线党员要充分发挥先锋模范作用，多往基层跑，多往客户跑，成为业务发展的中坚力量。

大行应主动作为，奋力推进金融市场业务发展。今天参会的11家分行在金融市场条线收入贡献已达65%，可谓举足轻重。请大家务必高度重视金融市场业务发展，这是提升全行交易能力的基石。金融市场业务将在建行向轻资本转型过程中起到越来越关键的作用。分行应积极谋划，主动作为，投身五大能力的实践中。

4. 风险合规管理要常抓不懈

近年来，全球监管趋严，国内监管执法、处罚力度不断加大，要把“防风险、强合规”作为金融市场业务发展的重点工作来抓，不断健全内控制度，规范业务操作，加强系统机控，做好业务背景审查、客户准入，履行好反洗钱义务，确保交易的真实性和合规性。一是严格按照监管要求和总行规章制度办理业务。外部监管规定是金融市场业务开展的底线，要严格按照监管机构要求合规开展业务，及时关注监管政策的变化，把监管规定吃透，坚持合规审慎经营。总行一定要做好监管政策解读和指导，不要简单地转发文件。一级分行与当地监管沟通要做到位，因为不同地区对政策的理解有很大的差异，要通过沟通与当地监管形成一致的理解，业务一定要取得当地监管部门的支持。二是进一步加强交易实需背景审查，确保交易的真实性和合规性。在开发衍生产品时，要获取由客户提供的能够证明其真实需求背景的书面材料，不做以投机盈利为目的的交易。三是严格押品管理，落实好风险缓释措施。加大交易存续期管理力度，做好额度调整和追加担保工作，及时排查客户履约能力和意愿，杜绝发生

① 包括总行、境外机构的金融市场交易管理人员、境内一级分行从事金融市场业务的人员。

垫款。四是对交易主体信用风险的把控一定要准。信用评级要体现准确性、延续性、可比性；客户准入门槛可适当调整，具体业务的风险状况要依据实际信息具体分析评估，保证业务正常发展。要发挥分行深入、动态了解发行体信用状况的优势，做好债券投后管理工作，遇到风险事件及时向总行报告预警。五是专业人员队伍道德风险、操作风险的管理要加强。

5. 形成总分行一体化的经营网络

提高信息传递和决策效率，增强对市场敏锐反应、快速捕捉市场机会的能力，不要因为层层上报文件贻误良机。

各位同事，今天的会议很高效，讨论了很多很好的发展思路和理念，就不少问题达成了共识，当然，关键还在于会后抓紧落实、积极行动起来。相信在全行上下的共同努力下，金融市场业务一定能够提升能力、赢得客户、实现高质量发展，在建设银行转型发展中作出应有的贡献。

在 2019 年新零售及网络金融业务旺季金融服务启动会上的讲话

张立林

（2018 年 12 月 3 日）

同志们：

旺季金融服务是我行岁末年初的一项常规工作，但当前外部环境快速变化，做好旺季金融服务较往年显得更为急迫和突出。一年多以来，全行全面推进三大战略，走出了一条与同业不同的道路，但要有效落地生根和转化为经营成果，还有很长的路要走。岁末年初既是我行开展金融服务、深化客户关系、塑造提升品牌形象的关键时段，也是展现一年来新零售探索发展风貌和成绩的关键时点。下面，我就做好 2019 年旺季金融服务工作，讲几点意见。

一、2018 年以来全行坚决贯彻零售优先，开拓进取、扎实工作、业绩良好

前 10 个月，零售业务条线上下凝心聚力、开拓进取、积极作为，全面落实全行三大战略和贯彻零售优先，进一步加快打造新零售，经受住了市场变化和同业竞争带来的考验，取得了较好的经营成绩。

（一）多项指标领跑同业，市场份额持续提升

一是个人存款市场竞争力取得新突破。截至 10 月末，个人存款时点余额 7.64 万亿元，余额四大行占比 25.4%，同比提升 1 个百分点，这一升幅创近年来新高、也居同业第一。前 10 个月，时点新增 5784 亿元，新增四大行占比达 47.0%，我行连续 10 个月保持新增四大行第一。日均余额 7.36 万亿元，日均新增 3420 亿元。个人存款的良好增长，为全行资产端资金运用提供了稳定和充足资金来源，值得充分肯定。

二是最大零售信贷银行地位进一步巩固。截至 10 月末，个人贷款余额 5.13 万亿元、新增 5124 亿元，均继续保持同业第一，较第二名优势扩大至 3136 亿元。个人住房贷款余额、定价水平、资产质量均保持四大行第一。快贷业务增势强劲，余额 1896 亿元、新增 333 亿元，个人消费经营类贷款余额升至四大行第二。

三是信用卡多项指标同业领先。信用卡客户、消费交易额、分期交易额、贷款余额、活动商户数和资产质量等多项核心指标均居同业第一，利息收入和中间业务收入四大行第一。

四是移动优先发展良好。央行移动支付示范工程推进有效，核心指标同业第一。龙支付客户已突破 7800 万人，品牌形象和业务规模同业领先。手机银行活跃用户 7028 万户，同比增长 28%。

（二）个人有资产客户新增创近年来新高，对全行经营价值贡献进一步凸显

一是个人有资产客户余额突破 4 亿人，新增创近年来新高，客户发展量质双升。有资产客户余额 4.03 亿人，新增 2878 万人、创近年来新高。个人客户在我行保有金融资产余额 11.2 万亿元，新增 7743 亿元。考核口径个人客户产品覆盖度达 5.25 个。累计激活零资产客户 2035 万人，这也是一个新的突破。

二是个人客户对全行经营价值贡献进一步凸显。前 10 个月，个人客户共实现经济增加值 880 亿元，全行占比 65%，同比提升 11 个百分点。个人客户净利润突破千亿元大关、达 1053 亿元。

三是私人银行客户数量和金融资产稳步增长。

截至9月末，私人银行客户数12.7万人，客户保有金融资产余额1.36万亿元，分别较年初增长12%和14%。家族信托、慈善信托、家族办公室等产品和服务覆盖面进一步扩大，投资策略和资产配置等一体化专业能力进一步提升。

（三）县域和商户发展全面提速，普惠服务能力进一步延伸

前10个月，新增裕农通服务点3.4万个，已超额完成全年计划。个人商户余额521万户，新增238万户，较年初增长84%。其中，个人活动商户280万户，已完成全年计划的155%。陆续制定下发了《落实精准扶贫、助力乡村振兴、加快"裕农通+"推广实施方案》《贯彻落实全行普惠金融战略、加快专业市场商户拓展实施方案》等多个重要文件，县域和商户业务的顶层设计工作取得新突破。近年来，我们对商户作为一类特殊客户的认识和布局较同业更早，拓展成效更明显。今年负债业务的良好增长，商户端的贡献值得充分肯定。下阶段这项工作一定要抓牢，这是事关低成本资金增长的长期性和战略性问题。

（四）数字互联运用金融科技转型发展，场景生态建设成效显著

手机银行客户突破3亿人，微信银行关注客户突破6000万人，网络金融业务客户数量、业务规模和品牌影响力均居同业第一。持续深化"智慧、生态、协同"战略方向，进一步加大网络金融服务工具的推广力度，进一步以客户为中心深化线上线下协同，应用水平和创新能力全面提升，场景生态覆盖范围不断扩大。

（五）市场认可和品牌形象继续提升

我行连续4年荣获《亚洲银行家》"中国最佳大型零售银行"称号。裕农通业务荣获"2018年中国最佳普惠金融产品"、快贷业务荣获"2018年中国最佳个人信贷产品"。龙支付推出两年来，品牌形象和业务规模领跑同业。深耕细作既有品牌，"安心悠享""金蜜蜂"的一老一小客群专属服务、"快贷"消费金融业务、"以心相交、成其久远"私人银行业务发展良好。

上述成绩的取得，首先要得益于2018年旺季金融服务全行布局谋篇早、政策调整及时有效，特别是王行长亲临活动启动会并作重要讲话，给予了条线上下巨大鼓舞和有力支持；也得益于各分行贯彻总行零售优先战略的坚决执行。这里，还要特别感谢资债、财会等部门对旺季金融服务工作的理解和布局。今年以来，以开放共享、价值共赢、数字互联和以客户为中心为方向的新零售打造正加快扎实落地，这既是前10个月成绩的重要经验所在，更是我们在下阶段经营工作中，特别是在2019年旺季金融服务中必须继续坚持和牢牢把握的方向。借此机会，我代表总行党委，向大家并通过你们，对全行每一位员工的付出和支持，表示感谢和祝贺！

二、抓好旺季金融服务、服务零售优先战略，必须拿出更大的力度、作出更大的贡献

2018年旺季金融服务启动会上，王行长深刻分析了新时期零售业务的机遇与挑战，要求全行必须顺势而为，坚定不移加快推进零售业务优先发展。从一年以来的形势变化和经营实际看，王行长确实看得准、布局早。当前，其他三大行、股份制银行等都在加大力度抓零售，如何做大做强零售业务是同业讨论最多的话题之一。2019年在零售业务上的竞争可能将超出我们的想象，全行必须拿出更加强烈的危机感和紧迫感，加大力度、多做贡献，资债、财会部门要与前台业务部门密切沟通，高度关注同业定价等维度的政策变化，及时调整应对。

（一）贯彻零售优先和抓好旺季金融服务是应对经济周期波动的重要支撑

全球经济总体保持复苏但分化加剧，增长的不确定性增加。美国挑起的贸易摩擦，对全球特别是中国经济增长影响十分重大和深远。从GDP增速来看，美国逐季提升，欧盟地区特别是德国仍显疲软，"金砖五国"中，中国和印度平稳，但其他国家增速下滑。在这一大背景下，商业银行的对公和国际业务将面临更大的不确定性；相比而言，零售业务因为基本为本土业务受到影响较小。零售业务有条件、也有义务为全行应对经济周期波动提供有力支撑。2019年的旺季金融服务工作，具有重要的战略意义。

（二）贯彻零售优先和抓好旺季金融服务是在当前经济环境下稳定全行经营业绩的重要保障

国内经济总体平稳，但"稳中有变、稳中有

忧”，挑战因素增多，部分指标持续走低，经济下行压力加大。短期看，房地产投资回落，基建投资大幅放缓，制造业增长乏力，社会融资总量同比增速逐月下滑；行业和企业效益分化，有的行业亏损面扩大；受国内外经济不确定性风险导入和市场间交叉传染影响，国内股、债、汇市场波动幅度加大。长期看，经济新常态下的供给侧改革进入攻坚阶段，国内结构调整的阵痛继续显现，财税、金融风险防控、社保、房地产、尖端技术研发等问题仍在突破过程中。王行长多次强调过，贯彻零售优先是全行改革和发展必须坚持的方向，是大型商业银行市场竞争力的重要支柱，这是由零售业务特殊性和重要性、影响力和动员力所决定的。零售业务具有鲜明对冲风险“润滑剂”作用。在经济上升期，是银行经营的助推器；而在经济波动期，则是银行经营的稳定器。今年以来的经营实践，进一步印证了上述判断。

从“三低”维度来看，一是不良率低，全行零售贷款不良率0.45%，全集团为1.48%；二是付息率低，个人存款付息率1.46%，全行则为1.50%；三是信贷成本率低，零售信贷成本率0.49%，全行则为1.00%。从“三高”维度来看，一是效益贡献高，零售业务经济增加值贡献达65%，2008年以来10年间没有过负增长；二是经济资本回报率高，零售业务63%，全行为28%；三是国有大行客户口碑、品牌形象和社会影响力均与零售密切相关。截至9月末，四大行一般性人民币存款在国内存款类金融机构中余额占比38%，而个人存款占比则高达45%，全行约六成的员工从事零售业务，各级机构的士气、战斗力主要源自零售业务。国有大型银行在零售业务上有天然和历史形成的口碑优势，这是其他银行同业很难撼动的，我们一定不能丧失掉。抓好旺季金融服务、收好官和开好门，具有重要的现实意义。

（三）资金面趋紧、监管面趋严，贯彻零售优先和抓好旺季金融服务既拥有广阔机遇、更面临多重挑战

从资金面来看，短期内宽松格局赋予抢抓资金的大好时机，长期内趋紧方向要求我们顺势而为、提早布局。今年以来，央行多次降准并释放流动性，资金面有所宽松，结合旺季资金流密集特征，这为商业银行抢抓资金提供良好时机。比如货币基金产品收益率总体水平已降至3%以下，而银行理财收益率还稳定在4%左右，表内利率市场化创新产品收益率与表外产品“价差”缩小，这为明年旺季期间抢抓行外资金赋予了难得市场良机，全行上下必须高度把握这一趋势、必须全面用好政策和工具，在旺季金融服务中抓好行外资金。再如资管新规实施后，银行理财业务目标客群大幅扩展、净值化转型方向更加明朗，这既打破了银行理财业务固有市场格局，也为银行与互联网金融公司争夺客户碎片化小额理财资金带来有利契机。明年旺季期间，全行必须大力加快银行理财业务转型，设计部门要进一步加大投放力度，销售部门要进一步提升精细管理和精准营销能力。昨天，《商业银行理财子公司管理办法》正式推出，进一步降低了产品起售门槛，我们必须加快转型，步伐越慢将越不利。

长期看，虽然资金面短期有所宽松，但长期趋紧的大趋势和大逻辑并未改变。在货币供给维度，M2的同比增速由2013年的14%降至今年10月末的8%；前10个月，社会融资总量同比少增4716亿元。在客户资产负债维度，居民杠杆率已由2015年的49%升至目前的65%，住户贷款余额2015年以来累计增长了1.8倍。有一个问题值得大家高度关注，居民收入增速放缓但房贷等信贷规模却较快增长，这意味着客户未来将用更多资金还贷，存款、消费资金总量则势必萎缩。就一般性存款而言，公司、机构存款也面临着更大的增长压力，负债业务必须在旺季尽快提前着手。客户资产配置维度，在互联网金融、资管新规和“保险姓保”等政策多重推力下，储蓄理财化趋势将进一步深化，已经培育形成理财需求习惯的资金将很难再回流储蓄存款。全行上下务必头脑清醒、认准大势、提早布局，加快提升利率市场化和差别化定价能力，提早把更多的客户资金抓进和留存行内。

从监管面来看，回归本源的导向更加明确、规范竞争的要求更加严格。在投资理财端，货币政策稳健中性，利率市场化深化，零售负债业务进入市场充分竞争的新时期；资本市场在底部盘整震荡，保险市场回归保障，国家大力推进租购并举住房制度改革，资管新规全面实施，这都为商业银行做大客户资金总量营造更加理想的外部市场环境。而在支付结算端，央行重构银行账户体系，大力推进移动支付示范工程，互联网机构备付金100%集中交存、实施“断直连”。可以说2019年的旺季金融服务相较往年有更好、更理想的外部监管环境。

（四）贯彻零售优先和抓好旺季金融服务，是我行助力实体经济的重要一环

今年以来，全行助力实体经济发展和保持稳健经营面临多重挑战。一是个别区域和分行的不良贷款反弹压力比较大，制造业、房地产行业风险仍在释放并可能还会持续。二是负债和中收增长变得更加困难，一般性存款增速下滑过快，结构性增长不均衡。三是区域大行和重点城市分行在贯彻零售优先、加快对公交易型银行转型等维度存在薄弱环节。要解决这些问题，需要通过贯彻零售优先和抓好旺季金融服务，增加全量资金和拓展存款增长，为我行支持实体经济发展提供稳定资金支持。

（五）零售旺季的特征明显，抓好旺季将决胜全年

一是资金流旺。今年第一季度，我行个人客户资金净流入规模达1.11万亿元、占上半年总量的75%，春节当月的资金净流入规模就达6940亿元。第一季度全行个人存款和客户金融资产新增分别占前9个月新增量的73%和86%。虽然零售业务的市场形势和客户需求近年来发生了翻天覆地的变化，但资金旺的特征不仅没有减弱、反而愈发凸显。二是客户流旺。旺季也是返乡探亲、出国旅游和消费购物需求最旺盛、客户金融行为最旺盛的时期。今年第一季度，全行银行卡完成交易70亿笔、交易额4.5万亿元，分别同比大幅增长59%和52%。三是产品需求旺。旺季更是个人客户进行家庭财务筹划和资产配置的关键时期。四大行合计看，第一季度零售中间业务收入在前9个月收入总量中占比达到40%；我行第一季度保险和贵金属销量分别占前9个月总量的60%和53%。今年分行实践表明，旺季抓得早、抓得实、抓得好才能抓住全年，旺季金融服务获得一等奖的湖南、陕西和福建分行，在前三季度零售业务综合评价中也居前10位。各级机构党委特别是“一把手”必须精心谋划、加大投入、充分造势，集中全力抓旺季，全力实现开门红。

三、运用新零售打法、凝聚全集团合力，奋力夺取岁末年初新成绩

今年旺季取得的成绩和收获的经验难能可贵，明年旺季面临的机遇和挑战前所未有。在年初零售业务工作会上，我们提出要加快打造建行新零售，全面提升开放共享、价值共赢、数字互联、以客户为中心的经营能力，全面实现新零售理念、方法和路径的扎实落地，2019年旺季金融服务就是这一工作的首战。

2019年旺季金融服务的总体思路是，进一步以客户为中心，落实三大战略和贯彻零售优先，运用新零售打法、凝聚全行合力，以做大客户资金总量和增加个人存款为核心目标，抓客户增长、抓支付生态、抓中间业务、抓资产业务，提升精细化关键能力，奋力夺取新成绩、确保实现开门红。

2019年旺季金融服务的主要目标是，个人存款日均新增4500亿元，实现零售中间业务收入260亿元，个人有资产客户新增800万人。

2019年旺季金融服务的活动安排是，在“二零一九、幸福久久”主题下，紧扣旺季特点和客户需求，策划开展好针对到店和线上客户营销的“新春福到、幸福久久”活动，针对代发业务协同营销的“服务专享、幸福久久”活动，针对旺季消费营销的“欢欣乐购、幸福久久”活动，针对返乡出行营销的“团圆共庆，幸福久久”活动，针对旺季资产配置和增值营销的“财富满仓，幸福久久”活动。要运用全面推送、精准聚焦、串接场景、灵活多样的营销策略，全力宣传造势与引爆舆论，立足核心品牌与形象宣传，实现营销更精准、更有效、更简单直接、更易于接受，全力在客户和市场中打开知名度、形成影响力、扩大覆盖面。

为落实好上述思路和目标，要重点抓好6方面工作：

（一）贯彻零售优先，以协同联动新思维打好旺季战役

一是一把手带头狠抓旺季，谋局开篇。去年约有25家一级分行召开了由一把手主持的旺季金融服务启动会，充分说明各级机构领导班子特别

是主要负责同志对零售业务的战略眼光、系统思维和专业能力都在提升加大。我希望在2019年旺季金融服务工作中，有更多的一把手同志能亲自研究、亲自部署、亲自督导。各一级分行要成立由一把手担任组长的工作组，落实总行部署，全力谋局开篇。

二是全集团更加开放共享，深化协同联动。在明年旺季金融服务中，要高度重视协同联动抓零售、抓旺季的重要性，这既是贯彻零售优先的核心要求，也是新零售的基本理念。总行在服务方案中将新增协同联动维度考核激励指标。打好明年旺季首战，要更加注重凝聚全集团合力，更加注重运用开放共享和价值共赢思维，将公私、私私、母子和渠道协同能力推上新的水平、实现新的突破。各分行要以客户为中心，整合产品、服务、渠道资源，订目标、强考核、配政策、抓落实。要深化公私协同，结合岁末年初资金流动的特点，狠抓代发工资业务、对公经营性资金留存、商户拓展、银行理财转型等工作，因地制宜地创新制订涵盖对公、个人客户的一揽子综合服务解决方案。要深化私私协同，各分行要充分发挥零售委机制抓手作用，统一协调资源，主推综合服务，实现客户与产品、负债与资产、B端与C端协同共进的良好局面。要深化母子协同，将各子公司差异化和特色化产品作为旺季金融产品线的重要补充，母行和子公司要双向落实和共享产品、渠道、考核、研发、营销资源。要深化线上线下协同，充分发挥各渠道优势，做好客户服务、产品销售和营销宣传的协同联动。

（二）强化资金引流，以旺季特点新视角提升市场份额

负债业务的稳定增长，对全行三大战略推进、经营效益增长和流动性管理安全具有重要作用。在明年旺季金融服务中，全行要顺应利率市场化和资金面长期偏紧的大趋势，积极作为、提早作为和创新作为，做大客户资金总量，提升存款市场份额。

一是全行抓存款、协同抓存款。对公业务部门要在代发工资、对公经营性资金等维度进一步加大源头资金引流力度。机构业务部门要密切配合建好支付结算生态圈、沉淀低成本碎片化资金。理财产品设计部门要顺应资管新规的要求，加快业务转型、加强产品创新。价格管理部门要继续发挥今年旺季的良好经验，加强与业务部门沟通，先发制人、精准施策，进一步提升定价授权的灵活性，有效满足旺季大额存单需求，积极协同存款产品创新。二是抓对公源头性资金。各分行要将代发业务全面嵌入对公客户综合营销和对公信贷审批流程，加强科技系统应用和精准营销，常态化拓展经营结算资金。要紧跟国家乡村振兴战略趋势要求，抢抓县域对公源头性资金。三是抓活期交易性资金。要聚焦客户日常生活需求，依托多样便捷的支付结算产品和增值金融服务，吸收碎片化和低成本资金，抓商户、抓消费，实现客流、信息流、资金流闭环管理。四是抓网点稳存增存和过程化管理。用好总行个人存款差异化价格授权政策，将定期类存款增长作为网点旺季期间的核心工作，全面落实过程化管理要求，紧密结合区域特征，做好主动营销存款规范化运作。五是抓存款产品化销售和多样化配置能力。深化“存款＋”思路，创新完善产品体系，通过多元组合兼顾客户流动性和收益性需求，促进资金沉淀。六是抓增量、抓流失、抓到期。加强理财、保险、基金、黄金产品的统筹销售，加大营销力度，做大全量资金。

（三）强化有效经营，以活跃客户新目标提升旺季业绩

客户是一切商业活动逻辑的起点，也是零售经营的出发点和落脚点。零售业务的各项工作都要回归到客户层面，简单“围着产品打转”无法实现可持续发展，各部门、各分行对此都必须有清醒认识。要加强对客户的透彻了解和精准“画像”，提升穿透把握和总体控制能力，比如厦门分行就做得很好，很好地实现了规模和效益平衡增长。在明年旺季金融服务中，必须进一步坚持以客户为中心，发挥零售委牵头作用，全面统筹各类资源、打出大零售经营合力。

一是力促有资产客户提档升级。根据旺季资金特点，要重点加强有资产客户的营销与宣传，全力吸引和挽留长尾客户资金。二是抓商户、企业主等重点客群经营。结合旺季购销两旺、资金回笼和发放奖金特点，要做好消费、代工、结算商户、企业主等重点客群经营，策划匹配营销方案，推介具有竞争力的适配产品，实现批量化获客和资金沉淀。三是发挥网络金融渠道优势，助力线上活客。要针对新客户、手机银行客户、高星级客户、龙支付客户等四大类客户开展推荐、绑卡、交易、消费的回馈、抽奖、返券等活动，针对平台商户全力推广善融商务年货节系列活动，拓规模、调结构、促活跃、增黏性。四是依托快贷和信用卡业务撬动和满足客户的消费需求。要顺应“消费时代”客户需求趋势，以消费循环信贷和分期信贷为引擎，以快贷等为拳头产品，加大零售信贷资源投放，通过快贷支用赠礼、合作商户优惠酬宾活动积极满足客户消费需求，做好场景化综合营销和交叉营销，提升客户活跃度。五是拼抢高端客户，与私人银行客户建立更加紧密的关系。抓住旺季高端客户返乡、资金回流、家族聚会、两节拜访等特点，要精心策划、组织和实施系列私人银行客户活动。纵向上，各级管理人员要主动拜访客户，各一级分行分管行长、二级分行一把手都一定要熟悉和了解所辖私人银行客户，通过与客户建立紧密信任关系和给予客户更大尊重，拓展私人银行业务和其他商业机会；横向上，要运用重点产品、资产配置等工具，通过专业资产配置和高效市场反应能力，获得客户的持久信任，提升客户钱包份额，扩大我行私人银行业务影响力。

（四）优化金融生态，以构建场景新手段满足旺季客户需求

一是打造圈链群，完善场景金融服务。要以央行示范工程为总纲，依托金融科技做好生态聚群、串链、扩围，实现“金融+”，将账户渗入场景，打造民生场景、撬动消费场景，提升C端客户活跃度，升级生态圈建设。二是聚焦龙支付，统一好品牌和工具。强化龙支付统一品牌地位，在线下收银台、线上支付入口等所有面向客户触点充分布放广告或展板，统一主打我行龙支付品牌，针对重点场景合理把握好活动节奏，强化B、C两端对我行支付品牌和产品的认知和熟悉。三是拓展商户，密切跟进和同步创新。要深入剖析商户本质属性和表层特征，切实做好商户分类、产品适配及营销拓展等工作。在传统消费领域要重点抓好商超、日用百货等资金密集型和餐饮、加油等交易高频型商户。在新兴消费领域要加强趋势研判，密切跟进新热点，与商户同步创新和升级服务。四是依托裕农通，打造农村金融新生态。要以“裕农通+”普惠金融服务为支点，开展“三个周边”营销，着力完成裕农通服务点覆盖计划，打造普惠、开放、共享的“村口银行”。五是依托消费场景建设，巩固信用卡业务的市场竞争力。要综合运用和创新重点产品服务，开展属地化主题促销活动，深入挖掘不同客群消费需求偏好，加快打造信用卡本地生活消费生态圈。

（五）强化金融科技，以智能经营新模式再造竞争优势

一是推进智能经营，提升集约化经营的贡献。要在分行本部建立直营团队，按照总行要求全面启动个人客户智能经营模式。要深入开展客户数据分析工作，全面分析旺季资金流向新特点，积极研究获客活客、稳存增存的直营方案，以低成本、准实时的模式，提升接触、营销和维护客户直营效果。二是拓展账户出海，为行业合作赋能。顺应客户行为由线下向线上和移动端迁移的趋势，将我行账户开立、支付工具、存款产品嵌入外部场景，加强与政府机构、线上重点商户、第三方服务提供商合作，联合开展营销宣传与业务拓展，全力输出产品服务。三是大力推广龙财富，增强资产配置管理能力。要开展好多层级、多渠道、多方式营销宣传，以提升客户综合理财服务能力为核心，研究整合客户表内表外、线上线下和行内行外的资产信息，增强构建客户画像、智能投顾、资产配置功能，为个人和家庭提供平台化、共享化、开放式、智能型的资产和负债管理服务。四是抢抓住房租赁市场，对接智慧城市建设。抢抓旺季个人客户租房、用房和换房等需求，把握智慧城市建设服务的机遇，依托新一代优势，向住建、房管部门配套提供含物业、维修资金系统、渠道、服务一体化的综合解决方案。

（六）强化风险控制，以合规管理新要求进一步做好消费者权益保护工作

旺季不仅是零售业务营销的黄金时期，同时更是客户服务和风险防控的关键时段。零售业务的各级机构和全体员工要增强敏感性，抓好消费者权益保护、服务质量提升和风险防控等工作。一是深入推进风险的“全面管”“主动管”。要高度关注信用卡分期、快贷等业务的信用风险防控工作，在规模快速增长过程中要切实做好客户选择，平衡好业务发展和风险防控的关系，提高认识、开动脑筋，各分行对所在区域内风险特征一定要心中有数。二是持续提升员工内控合规意识及执行能力。要加大内控培训、业务督导、检查评价工作力度，严格贯彻反洗钱、客户信息完善、客户尽职调查要求。要结合近期外汇局系列检查的要求，进一步加强个人外汇业务合规管理工作。三是加强产品合规销售。落实责任、加强管理、确保合规。四是狠抓消费者权益保护。要提高认识理念、狠抓薄弱环节，强化事前、事中和事后全流程消费者权益保护和声誉风险管理机制。

同志们！在2018年旺季金融服务的有力带动下，零售业务经营今年以来取得了良好成绩。当前，内外部形势发生了新变化，贯彻三大战略和零售优先吹响了新的号角。在2019年的旺季中，我希望全行上下创新思维、奋发努力、再接再厉，贯彻零售优先，运用新零售打法奋力夺取旺季新成绩，为下一阶段打造新零售、抓好岁末年初工作和2019年经营奠定坚实基础。

谢谢大家！

在渠道运营条线风险防控（视频）会议上的讲话

张立林

（2018 年 12 月 21 日）

同志们：

今天，我们召开渠道运营条线风险防控视频会，主要是通报渠道运营部位近期案件情况，剖析近三年案件成因与暴露问题，目的是提醒大家高度关注当前严峻形势，强化案件防控、风险防范主体责任及管理责任，进一步采取有效措施，消除、化解案件风险。

从通报的案件情况看，当前案防形势不容乐观，我们的管理水平与我行的愿景还有较大差距。有的作案手段简单粗暴，有的员工入行三个月就开始作案。这些都值得大家深刻反思。我们对“身边的人、身边的事”，到底管了没有？作案人员之所以得逞，里面有一个重要原因，就是“习惯替代了制度、关系代替了制度执行”。希望各行渠道运营条线管理人员，特别是分管行长，要带头研究违规作案的手法、分析案件发生的原因。

渠道运营是一张网，17 万名员工是网上的一个个结点。单靠总行去发现和解决问题，是远远不够的，这就需要从每一个人做起、从身边抓起，人人都要履职尽责。渠道运营部门有人认为，“点多、面广，人多、业务复杂，很难管”，但正因为难管，才更需要渠道运营部门尽心尽责。有的领导干部汇报案件时，把没造成损失说成成绩，这样的想法，还可能酿成更多案件。当前，我们处于数字转型、银行转型的阶段，新一代核心系统上线后，很多制度不一定能跟得上技术推动、业务发展的变化，很多新问题只有在不断实践中才会被发现。渠道运营部门要充分调动和发挥一线员工发现问题、解决问题的智慧和能力，“高手在民间”。

现在外部环境比较复杂，对我们员工的引诱也比较多。我们在管好业务的同时，也要管好身边的员工。这既是对银行负责，也是对员工本人和家庭负责，更是尽到了社会责任。从目前反映的情况来看，部分机构“重业务、轻管理”“重发展、轻合规”，给基层网点风险防控带来比较大的负面影响。这些重大违规事件的发生，反映出部分分行忽视案防、管理松懈的现状，也暴露出一些管理人员对违规行为熟视无睹、员工排查敷衍应付、发生案情隐瞒不报等不良行为，值得有关分行领导深刻反思。各行要引以为戒，切实增强对案防工作长期性、艰巨性、反复性的认识，始终保持案件防控的高压态势。

从外部的监管检查情况来看，监管部门对我行柜面业务的处罚有增无减。所以我希望这次会议以后，各分行党委班子要认真研究，这些案子虽然发生在柜面、反映在渠道运营条线，但实际上是我们整个业务体系的制度和建设存在漏洞。下面，我就当前渠道运营条线风险防控和合规管理，提几点要求：

一、强化主体责任意识，压实各级机构管理责任

我行“三大战略”已进入纵深推进阶段，物理渠道是“三大战略”落地实施的神经末梢，风险防控比以往任何时候更加重要。各级领导人员要坚持正确的业绩观、发展观，增强责任意识和担当意识，做到“守土有责、守土负责和守土尽责”。

各级分支机构要认真落实“案防九责”主体责任，重申一下“案防九责”包括合规教育、完善制度、制度执行、自查自纠、违规处理、报告

移送、约谈通报、配合查处和落实案防职责。要加强合规文化建设，强化员工的行为管理，及时查处违规行为，组织风险排查和专项整治，强化监督检查，严格制度执行。合规是每一个主管部门和在岗人员的主要责任之一。各行要认真落实营运主管委派制，严把营运主管准入关，切实做到真委派、严履职，充分保证委派营运主管履职的独立性、权威性和有效性。

各级分支机构负责人要肩负起本机构案件风险防控第一责任人使命。分管领导要认真履行好本条线案防工作的管理责任，时刻绷紧案防这根弦，定期主持风险例会，分析案防形势，部署案防措施。发生重大事件要协调相关部门组建联合调查组，共同查明原因。委派营运主管要严格监督规章制度执行，督促问题整改，及时排查并报告风险事项。

各行要层层压实责任，综合运用重大事件约谈、聘任考核挂钩、任前谈话、问责追责等方式，强化对所辖分支机构及其负责人主体责任和管理责任的尽责监督，对管理不到位、失职失责的机构和人员，一律严肃查处，同时追究上级管辖行分管领导的管理责任。今天参会的渠道运营、个人、房金等条线要排查内控缺陷，其他业务条线也要排查，都要狠抓制度落实，优化控制流程与控制手段，堵塞漏洞。

总行和分行要抓好主体责任的落实，总行重点抓好管理和指导的有效性，分行重点抓好监督和执行的有效性。各分行在处理案件过程中要保持公正严肃，充分发挥震慑和威慑作用，不能因为某些事来和稀泥。

总分行还要研究完善条线激励机制。目前，委派营运主管日常受罚的多，奖励的少，有的主管职级待遇仍没有落实，导致营运主管的工作积极性不高，渠道运营部要对此摸底，搞清原因。尽管有些激励措施没有到位，但一个在岗人员的职业道德和岗位履责要求，是不应该被打折扣的。各行要认真研究，逐步完善基层机构管理人员“责、权、利”对等的激励机制。对尽职履责的管理人员要出台免责措施，在薪酬待遇、职位晋升等方面给予鼓励措施，充分调动和保护营运主管、网点负责人的工作积极性，发挥风险防范第一道关口作用。

二、抓好专项活动，建立长效管控机制

风险防控是各个条线的本职工作，总分行都要常抓不懈，不要当成运动一搞了之。不能等出了事，才重视和研究防控措施，要一级抓一级，每一级都履好职、负好责，要严肃处理不排查、走过场、敷衍应付等行为。各级行要树立“严管就是厚爱，监督就是保护”的理念，把员工行为管理及合规教育提高到保障业务稳健发展、维护建行长治久安的高度抓牢抓实，对苗头性、倾向性问题早发现、早警示、早处置。

一是要抓好基层机构员工行为排查。会前，总行渠道运营部已部署专项排查工作，下发了“渠道运营条线员工行为排查清单”，采取“线下背靠背清单筛查”“线上稽核对标疑点”方式，重点核查营运主管、柜员、清机加钞等关键岗位人员。各行要认真对待，周密安排，对于异常行为员工，要采取谈心谈话、批评教育、违规处置、调整岗位、强制休假等措施，有效阻断风险。后续，总分行要不断总结经验，持续改进排查方法，优化排查模型，常态化地组织基层员工行为排查。

二是要认真组织警示教育。总行11月初已下发文件要求组织开展渠道运营条线警示教育，各一级分行内控合规、纪检监察、渠道运营等部门要加强协同，统一制订巡讲计划、统一安排师资力量、统一设计案例内容，确保完成基层机构及一线员工双覆盖。要组成违规警示教育小组，走进基层，对一线员工“面对面”进行警示教育。要以案件与重大违规事件为切入点，以被开除、移送、判刑、问责、追责的员工为反面典型，用鲜活的案例教育警醒员工，用身边的事教育身边的人；不仅要通报对违规人员的查处情况，还要通报相关管理人员的问责情况，既要让员工认识到违法违规应付出的代价，更要让管理人员深刻认识到管理失职应承担的后果。教育员工自警自省，提高集体责任感和荣誉感。

三是要普及行规行纪。总分行要充分运用远程网络工具，开展“精准点学”营运安全主题活动，普及“三线教育”（底线、红线、高压线），让员工知道红线和底线在哪里，把合规要求内化于心、外化于行。

三、提高机控能力，精准防控风险

当前，物理渠道转型、各类业务下沉，网点营销模式、业务流程、系统规则发生重大变化，服务不断延伸，总分行都要深入研究这些新格局、新变化、新特点，不断探索新思路，制定新策略，实施新举措。对暴露的风险，各部门都要认真分析原因，采取针对措施，将风控要求融入业务流程，在系统管控上下工夫。比如，渠道运营部门要在后督和监控模型上想办法，对有些问题日终或者第二天就要抓出疑点，发挥震慑作用，避免案件在几个月、半年后，甚至等客户来要钱时才发现。要联合利用系统和数据去建立模型，比如，网点每个柜员那里都有监控镜头，每台智慧柜员机那里也有，都有可取样的数据，要充分利用这些资源研究大数据预警模型。

一是加强系统流程管控，增强风险控制刚性。各部门要跳出过去出了问题就层层“加锁”、打补丁、人盯人的老套路。借助先进技术手段，运用大数据、生物识别等新技术，加快推进电子验印、支付密码、人脸识别等技防应用，实现以机控替代人控。既要管控风险，又要兼顾客户和员工体验。不要风险没控住，客户和员工的体验反而丢了。同时，各行要推进集约化风控管理，加快授权队伍建设和人员配备，“让专业的人办专业的事”，要不断扩大“远程集中授权、审核”业务范围，持续减少前台人工授权操作，有效阻断和隔离柜面操作风险。

二是增强数据防控能力，提升智能化风控水平。要实行系统化的管理，培养智能风险管控和分析能力。要充分借助数据分析工具，挖掘客户特征、交易类型和员工行为等关联信息，持续优化稽核模型，完善风险预警机制，精准筛查操作风险，发挥数据模型赋能作用，以小成本管大风险。我们要靠持续的风险预警机制，及时发现违规行为，把道德风险降到最低。同时，要强化“现场与非现场”“线下与线上”检查协同，突出问题导向，实施风险分类和差别化管理，提高检查工作的针对性和实效性。

四、严肃执纪问责，保持高压态势

一是及时上报。总行已下发加强重大风险和突发事件报告的通知，但有些机构仍迟报、瞒报，刚才通报的河北省分行两起事件，发生在去年和今年上半年，涉事机构没有上报，直到近期被举报揭发出来，河北省分行要好好反思，查明原因，严肃处理。各行发生重大风险和突发事件，必须第一时间报送总行，对迟报、瞒报、甚至串通搞“封锁消息”的，要追究分行管理责任。

二是加强整改。各行要建立违规问题整改跟踪监督机制，对发现的违规问题，举一反三，深层次查找原因，采取根源性治理措施，明确整改对象和期限，切实做到“三个不放过”（违规问题原因未查清不放过、整改未到位不放过、问责未落实不放过）。

三是严肃问责。“动员千遍，不如问责一次”。发生重大事件，既要问责当事人，对负有管理责任、领导责任的人员也要严肃问责，不能对下通报的时候，只说当事人的责任，不说管理人员的责任。要通过严肃问责，让涉事机构和责任人员有切肤之痛，倒逼案件防控责任的落实。对连续发生重大事件的，总行将组织约谈，约谈后仍无实质性改进的，追究一级分行行领导的责任。总行前期已约谈了青海省分行分管行长、内控及渠道部门负责人，近期还将约谈有关分行。

同志们，风险防控和合规管理没有小事，它需要我们从点滴做起；合规管理永远在路上，它需要我们在心底里牢记。各行都要以习近平总书记“进一步增强防范金融风险能力”重要指示精神为引领，勇于担当、主动作为，坚决遏制案件和风险事件的发生，支持保障全行业务的稳健发展。

谢谢大家！

优化信贷结构 强化基础管理 提升全面主动管理信用风险的能力

——在2018年信贷管理工作会议上的讲话

廖 林

(2018年9月20日)

这次会议的主要任务是贯彻全行工作会议、夏季工作座谈会精神，推进“三大战略”实施，落实全面主动管要求，进一步优化信贷结构，强化基础管理，为稳健经营和创新发展提供保障。

今年夏季工作会上，国立董事长、祖继行长对推进“三大战略”作了全面部署。去年9月，全行信贷管理工作会议上，祖继行长明确要求风险管理要“由被动控向主动管”转变。在新形势下不失时机优化信贷结构，是打赢防化风险攻坚战、落实“三大战略”、推动全面主动管的当务之急。

结构决定物质的质量。大家都知道金刚石和石墨都是由碳原子构成的，专业术语叫“同素异形体”，但是碳原子组合结构不同，导致硬度和价值的天壤之别；砼结构是建筑工程学术语，就是我们常说的混凝土，将水泥、沙子、石子等松散、流质的材料以一定结构比例拌在一起，固化后成为高强度的建材，这种结构不是一成不变的，根据不同建筑需要进行调整，调整有严格的工程技术标准，结构配比不合适，建材性能就不达标，就会有“豆腐渣”工程，形成安全隐患；还有一个美学中的例子，构图、造型设计需要遵循黄金分割比例0.618，实际上说的也是结构问题，主次分明、合理分布才是美的。

业务结构会影响银行的能力和价值。同样市场环境下的不同银行，资产结构不同，其抗风险能力和市场价值也大不相同。美国的富国银行，得益于其业务结构较为合理，零售、小微企业等自身优势领域资产占比较高，因此在国际金融危机中受市场波动冲击较小，危机后连年保持市值全球第一；反之，拥有158年历史的雷曼兄弟公司，因持有大量次贷相关资产，导致最终破产，并成为全球金融危机的导火索。危机10年后再回头看，很多教训值得认真深思。

观察系统内的分行，由于资产结构不同，经营管理和风控效果也呈现差异。如厦门行重视信贷结构规划安排，相对合理的信贷结构保证了持续稳健经营；福建行曾经在低端加工制造业、担保圈的客户占比高，成为不良集中爆发区域，近年来下大力气优化结构，坚持零售优先导向，资产质量出现稳中向好的势头，也实现了重回一类行的目标。

根据全行部署，我就推进信贷结构优化谈几点意见。

一、优化信贷结构为全面主动管理信用风险奠定基础

近年来，全行主动应对复杂的形势，着力推动风险管理长效机制建设，实现了风险指标平稳向好，与经营指标、效益指标相互支撑、均衡协调，得到监管部门、投资者和客户的广泛认可。

全行实施“三管齐下”（党委管、全面管、主动管），推动“五个到位”（责任到位、监督到位、人员到位、考核到位、管理到位），夯实“十项基础”（风险偏好、风险计量、风险政策，风险防线、行为管理、风险制度、信息共享、风险报告、风险工具、风险预警）成效显著。可以说，适应新时期全面主动管理风险的体系已初步形成。回顾以往风险历程，增强代价意识、提高预判能力，最终目的是把握风险规律，既管住当期风险，又管好预期风险。

管理预期风险，主动优化结构很重要。我们在多次业绩发布和路演中，发现无论是媒体、分析师还是投资者都非常关心结构问题，把它作为预测银行发展方向、评估银行投资价值的重要考量因素。而且都有这样一个共识，认为信贷结构主动优化比被动优化好，深层次优化比浅层次优化好，着眼长远优化比短期优化好。实践表明，结构优化越早、越深入，资产质量就越稳，对持续发展和价值贡献就越大。

（一）信贷业务结构优化支持了全行可持续发展

在产品和服务同质化趋势下，能否赢得竞争优势，关键在于结构的前瞻性优化。我行在巩固基建贷款、住房按揭贷款、“双大”贷款三大传统优势的同时，创新推进住房租赁、普惠金融（“双小”）、金融科技三大战略优势，打造了传统和新兴业务相得益彰的可持续发展格局。6月末，境内分行对私贷款5.6万亿元，占比达到45%，较10年前提升了近22个百分点，零售优先的优势进一步巩固；对私贷款RAROC为32.9%，大大高于全行平均水平。在对公信贷传统优势领域，基础设施贷款达到3.5亿元，比5年前增长近1万亿元，在对公贷款中占比53%，不良率仅0.78%，北京、重庆、贵州、云南等行贡献突出。在战略性业务领域，大力发展普惠金融和住房租赁业务，普惠贷款余额4913亿元，较年初新增728亿元，大幅领先同业，广东、深圳、江苏、湖北等行发挥引领作用。得益于结构优化和定价水平提升，上半年集团净利息收益率2.34%，同比上升20个基点。

（二）行业结构优化促进了资产质量稳中向好

全行积极推行“零售优先”，6月末境内分行对私贷款不良率0.45%，远低于集团1.48%的平均水平，起到质量“稳定器”作用。对公贷款行业结构持续优化，优先支持和选择支持行业贷款余额6.3万亿元，占对公贷款95%，风险较高的压缩行业贷款余额降至3148亿元。加快去产能、去杠杆和僵尸企业出清，累计退出风险客户297亿元，四川、安徽、江西、宁波等行坚决果断。管控地方政府贷款，监管类平台贷款余额下降至1505亿元，比年初减少203亿元。主动调整结构和存量贷款的及时腾挪，在很大程度上纾解不良压力，避开了“灰犀牛”，形成稳定资产质量的“缓冲垫”。

（三）风险分类结构优化保证了资产质量管控余地

与主要同业相比，我行资产质量率先实现企稳向好，其中夯实风险分类对质量管控产生重要影响。从监测考核看，由单纯强调不良率等结果性指标，转变为结果性、趋势性、过程性指标并重，构建“七率”指标体系，引导全行主动改善分类结构。从分类标准上看，我行严于同业，坚持本息逾期天数大于60天的、发生垫款的均调整为不良，对于发生公开市场违约、他行不良的，也从严分类。从当前经济形势和同业发展趋势看，我行不良率保持在1.4%～1.5%的区间，新暴露不良率回归到1%以内，关注类占比维持在3%附近，信贷成本率控制在0.9%左右，这样的结构既可持续，又有余地，厦门、广西、新疆、湖南等行多年质量保持稳定。上海、苏州分行今年以来信贷结构调整力度加大，总体上保持了稳定态势。得益于资产质量基础扎实、结构合理，在新旧准则切换时，我行权益类资金减少额四大行最少，6月末全行拨备覆盖率193.16%、拨贷比2.85%，较年初上升14.37个百分点、0.19个百分点；年化信贷成本率0.94%，较去年同期下降0.02个百分点。通过优化结构，全行把握了资产质量管控主动权，增强了应对复杂局面的能力。

（四）绿色金融和扶贫贷款增长体现了大行担当

国立董事长和祖继行长多次强调，国有银行要有大格局大担当，要在国家建设中有大作为。全行信贷结构优化也体现了这个要求。近年来，全行突出绿色金融和精准扶贫的政策导向，有力地支持了“污染防治攻坚战”和“精准脱贫攻坚战”。目前，绿色贷款余额已突破一万亿元，占对公贷款的15%，9月17日我行成功在境外发行绿色和可持续发展债券，广东、浙江、新疆、江西、贵州等试点行积极探索绿色信贷之路；此外，通过加大扶贫资金投入力度，精准扶贫贷款余额达820亿元，较年初增加130亿元。

近年来，全行结构优化成效显著，但与全面主动管的要求相比仍有差距。当前外部形势复杂，强监管、去杠杆、去产能、环保治理等因素交织，不确定性因素增加；部分行还没有全面主动的风险管理意识，对信贷结构调整缺乏敏感性和主动性，停留在想做什么就做什么的阶段；有的分行信贷结构不平衡、发展不充分，重增量不重质量、重增量调整不重存量优化；有的分行信贷结构安排不合理，优先支持领域、新兴行业业务占比低、过剩产能和高风险领域贷款多；少数分行风险分类结构失衡，关注类贷款占比低，对风险变化不敏感，有险不报或出现正常类贷款直接下迁到不良等情况，这些都制约了全面主动管的效果。

为应对出现的新问题，围绕全面主动管要求，总行去年布置“风险架构、信贷结构、资产质量、拨备计提、经济资本”等5个专题研究，要求各行每年形成研究成果，提升专业能力，这些做法要坚持下去，特别是要突出问题导向。下一阶段，要开展“对公信贷资产质量管控、线上信贷业务风险管理、对标先进行的风险管理比较优（劣）势”的专题研究；风险暴露多、管理基础弱的行，更要找准病根、剖析病因、重检药方，尽快提高主动管理风险的能力。

二、优化信贷结构为提升信贷资源的价值创造提供保障

EVA是衡量价值创造的核心指标【EVA =（收入 - 支出） - 经济资本 ×10.5%】。提升价值创造就是要通过信贷结构优化扩展收入来源、提升息差水平，减少拨备支出、降低经济资本占用。要建立长效的信贷结构优化机制，提升信贷管理的价值创造能力。

（一）信贷结构优化总体要求

要遵循集团统一风险偏好导向。风险偏好体现“三明确”（明确：做什么、不做什么、做要承担多大风险）；要高度重视风险计量工作，规划风险边界，确定组合管理要求，精准描述PD、LGD下精算经济资本占用，指明结构优化的方向，成为结构优化工作的基本遵循。全行要深刻理解风险偏好，细化相关政策，准确传导偏好要求。

要遵循集团统一信贷政策导向。全行信贷政策要优化结构导向，体现“三分类”，对不同行业与客户群体提出“优先支持、选择支持、压缩退出”要求，通过“九宫格”和重点领域“黑白名单”管理，落实“有扶有控、有保有压”差别化管理策略。各机构要严格执行，把总行鼓励的业务做好，要求退出的坚决退出，不得在执行上变通。

要遵循精细化管理导向。对辖内不同结构问题要统筹考虑，从行业结构、区域结构、批发与零售结构、产品结构、客户结构等五个维度优化。此外，期限结构、担保结构、收益结构、成本结构也应该一并考虑。信贷结构安排要与信贷管理能力和资源配置相匹配，要服从监管规则，顺应社会期待，发挥比较优势，重点盘活存量、用好增量，实现对各类结构的监测管控精细化，确保指标保持在合理区间。

结构优化中要处理好的几个关系。一是境内行与境外行结构安排的关系。信贷资源新增规模配置的重点仍在境内。海外机构要坚持稳健信贷策略，业务发展速度要与合规管理能力相匹配。二是表内与表外业务的关系。无论表内表外、信贷与非信贷或类信贷，凡是实际承担信用风险的业务，均要遵守信贷政策规定，并着力补齐相关业务在信息共享、协同控险、清收处置方面的短板。三是短期与长期的关系。看清中长期业务走势，有规划地优化信贷结构，切不可只盯短期收益，忽视长期风险。四是不同产品与业务领域之间的关系。优化结构要全面落实好国家政策，积极支持出口、消费和国家重大项目。要坚持零售优先，巩固住房金融领先优势，大力发展个人消费信贷，提升信用卡业务竞争力。夯实对公业务发展基石，扬长避短，发力普惠金融、住房租赁，支持新兴领域，形成新竞争优势。五是优化存量与拓展增量的关系。我行大部分业务来自存量客户，要在安排好增量业务结构的同时，将更多精力放在存量结构优化上，做好“进、保、控、压、退”工作。明确“进”的方向，积极支持国家重点扶持、总行政策鼓励发展的领域；体现“保”的态度，对符合具备发展前景和市场竞争力、遇到暂时困难企业，有所帮扶，不主动抽贷断贷；严格“控”的要求，对产能过剩行业、风险敏感行业严格准入，强化贷后管理；把握“压”的节奏，对行业景气下行、技术相对落后、风险隐患高的客户、项目，积极稳妥地减额授信；注重

“退”的方式，主动退出僵尸企业、高风险领域贷款，但要避免“退死”。

（二）构建信贷结构优化的长效机制

全行在推进信贷结构优化实践中探索出许多行之有效的做法，要及时总结提炼，工作重点要放在健全信贷结构优化长效机制上，着力实现三个转变：由自下而上被动生成信贷结构向自上而下主动引导信贷结构转变，由各自为政、结构管理软约束向全行统一要求、常态化管理硬约束转变，由以定性管理要求为主向定性与定量管理手段并重转变。

要落实信贷结构优化责任。分行党委（班子）是本行信贷结构主动调整的责任主体，要及时传导总行统一风险偏好和信贷政策要求，研究决策信贷结构优化目标、工作机制等重大事项，定期听取信贷结构优化报告。分行风控委要充分履行决策协同职能，组织落实党委决策部署，审议信贷结构优化方案，研究结构优化重要事项，定期评估结构优化情况。信管、计财、经营部门要密切配合，形成合力。

要将信贷结构优化融入信贷流程关键环节。客户准入环节，要按照信贷结构优化目标甄选客户，严格行业属性和评级调整管理。如，江西行率先实行贷前诊断的做法值得肯定。其他试点分行要按总行要求，落实好诊断工作，把好客户准入关。授信环节，要切实发挥综合授信平台作用，通过“两定一提”，推进授信职能向“两头延伸”，与市场营销、信用审批和贷后管理相结合，统一风险偏好。审批环节，要加强穿透审查和实质性风险判断，对不符合政策导向、不符合结构优化的项目严格把关。放款环节，强化投放管理，建立优先支持领域绿色通道。贷后环节，要充分发挥贷后跟踪会议的客户再选择作用，建立主动退出客户台账。

移位再贷要积极腾挪信贷资源支持新的优质客户和结构调整，全行一年内收回再贷的贷款按照移位再贷20%计算，可腾出约8000亿元规模。产品创新要重点针对信贷政策优先支持领域，在风险可控、满足消费者权益保护和反洗钱等监管要求的前提下，积极研发资本占用少、满足客户需要、适应新业态的新产品。风险资产处置要重点优化经营处置结构，不良资产处置的质、效、量与全行战略安排相匹配，为后续风险管控、化解重大风险，创造条件，留足空间。

要加强对信贷结构优化的督导。做实限额管理，对贷款增长过快、潜在风险高的领域实施总量管控。要定期分析信贷结构指标变化情况，评估结构优化成效，发现异常，及时纠偏。实施差别化减值准备计提、适度经济资本奖惩，并将结构优化纳入KPI、全面风险评价等考评体系，引导各级行主动优化结构。要建立完善激励约束机制，对优化结构而产生的当期利益损失予适当补偿，提高基层机构积极性。

（三）信贷结构优化的工作重点

一要全面推进“三大战略”实施。实施住房租赁、金融科技和普惠金融三大战略，是建设银行在新时代的重大战略决策，是我行承担社会责任、打造未来业务新结构和新优势的必然选择。信贷结构优化要以“三大战略”为目标方位，抓住时机全力推进。

把握住房租赁市场前所未有的发展机遇。发展住房租赁业务有助于平抑房价、稳定市场，也有利于银行的风险控制。房地产市场稳定对质量稳定意义重大。全行要贯彻落实住房租赁业务战略部署，充分发挥信贷手段的杠杆撬动和资源整合作用，按照稳健、可持续原则，将信贷资源优先投向可为我行带来租赁房源的优质客户。要落实好住房租赁授信审批“三优先”和区域、客户、产品差异化原则，提高授信审批的效率和质量。同时要严格管理，避免信贷资金流入中介机构。全行要审慎开展三年期以上个人住房租赁贷款，不为住房租赁机构收购、装修个人房源提供融资，对高杠杆住房租赁机构要审慎介入，防范其快速扩张带来的风险。对商业用房或商品住宅改为租赁住房的项目，要严防客户擅自出售房产，防止信贷资金变相用于房地产开发。

创新风险管理模式助力普惠金融发展。要依托大数据拓展客群和管理，形成与业务发展速度匹配的管理能力。建立线上风控机制，构建以机控、数控、智控和技控为核心的风控新管法，全面提升风险分析、计量、监测、化解、反欺诈以及公私联动等“六大能力”，确保对潜在风险能看得见、厘得清、控得住。强化线上线下协同控险，前中后台各部门要肩负起条线风控责任。要在允许创新业务试错容错的同时，管控好资产质量，新发放贷款不良率要控制在1%以内。今年第四季度是线上业务集中还款期，要主动识别风险，提前清收，严控逾期。探索线上快速处置机制，支持普惠金融良性发展。

积极主动拥抱和依托金融科技。要运用科技手段联通并穿透对公对私业务，重塑金融生态和经营模式；要通过科技让服务更温暖、风控更精准，将建设银行打造成现代科技银行；在此基础上，与同业分享成熟风险管理科技，以开放心态为金融业赋能，将风控服务扩展。

二要坚持零售优先发展策略。要加大对私贷款投放力度，以住房金融、消费金融为重点，着力打造新零售模式，牢固树立大零售协同理念，通过提升服务，先予后取，优化客户体验，增加客户黏性，保持领先地位。要以金融科技赋能消费信贷，加快“快贷”业务发展。“快贷”业务代表着消费信贷的未来方向，对提高资金使用效率、降低业务成本、化解融资难融资贵意义重大。要持续做大客户基数，扩展“快贷”功能，对接消费场景，促进快贷支用需求提升。强化对公对私业务协同，加快形成对公带动零售、零售反哺对公的良好局面。在协调发展对公业务的同时，要主动调整贷款结构和风险结构，为对私业务发展腾挪空间。要防范个人高杠杆风险，加快建立个人客户统一额度管理制度，推进个人信贷业务纳入统一授信管理体系。严防P2P“爆雷”等对个人客户的导入性风险，对假商户、第三方支付内外串通、数据造假等欺诈风险和违规违法事项，要加大打击力度。

三要加快发展绿色金融。国家深入推进“污染防治攻坚战”，释放出数万亿的市场空间。环保执法日益严格，企业自身环保问题引发银行信用风险、声誉风险。全行要“图之于未萌，虑之于未有”，下好先手棋。要强化绿色发展理念，以绿色信贷带动绿色金融业务全面发展，把绿色金融债和绿色资产证券化发行后的项目落地工作抓紧抓实。要严格环境和社会风险管理，落实“环保一票否决制”，做好环境和社会风险客户的化解处置工作。要完善绿色金融运营管理机制，加强协调联动，重点推进组织体系、岗位设置等工作，各行要安排专岗专人推进。

四要优化批发业务结构。国内非金融企业部门整体杠杆率偏高、违约率相对较高，为此要明确发展重点和管控重点。要按照统一标准对待不同所有制经济主体。民营经济对我国GDP贡献逾六成、解决九成的社会就业，服务实体经济要服务好民营经济，充分发挥国有大行“头雁”效应，做好民营企业和小微企业融资服务，解决融资难融资贵问题；要做到“弱有所扶、特殊帮扶”，体现大行担当。要在毫不动摇巩固和发展公有制经济的同时，毫不动摇地鼓励、支持、引导非公有制经济发展，激发非公有制经济活力和创造力；要在风险可控的前提下，共同应对风险。

要抓好先进制造业信贷业务发展。适应制造业转型升级趋势，压缩退出低端制造业，加大先进制造业贷款投放力度，在客户选择上要按照“市场发育成熟、掌握关键技术、行业地位领先”的要求，优中选优，逐步积累经验。

要抓好新消费产业信贷业务发展。今年上半年消费对经济增长贡献率达到78.5%，消费驱动的基础性作用不断提升。要顺应消费升级趋势，深入挖掘市场潜力，加大教育、卫生、文化、体育、旅游等公共服务领域信贷投放，稳妥探索医养结合、智慧健康养老等新业态的有效信贷模式。

要注重管理好两类业务。对房地产业务，把握贷款投放节奏，严格限额管理，严格总量控制，大力提高抵质押方式占比。对政府类融资业务，一方面，要落实国家基础设施领域补短板工作，择优支持资本金到位、运作规范的项目，按照市场化原则满足在建项目合理融资需求。另一方面，要坚持稳健合规原则，优化投向结构，适度控制财政风险较高区域的信贷投放，多渠道稳步退出不合规的隐性融资业务。

五要优化海外机构和子公司信贷结构。落实“一行一策”的海外信贷管理政策，适度控制资产增速，重点调整存量结构，由单一依靠联动业务转变为均衡协调发展。加强行业“三分类”管理，发展真实联动业务，拓展优质客户群体。对经营所在地在中国境内的客户，要按照境内信贷政策执行。落实客户“三分类”管理，加大优质客户支持力度，对压缩退出客户落实“一户一策”退出计划。规范三类业务发展，除港澳外，其他机构要控制零售业务规模；除总行牵头或有相应担保安排业务外，审慎开展跨境信贷业务；落实联动业务贷后管理责任，对第一还款来源不足、交易背景有瑕疵的业务限期整改。子公司要遵循集团统一风险偏好，按照穿透原则，落实好信贷政策导向，严禁介入在母行出现风险的客户。

六要强化对风险的结构性管控。“物必先腐而后虫生”，风险难消灭但可分散、可转移，可缓释，要在坚持实质风险判断、严格五级分类前提下，区分不同类型风险做到有序释放，实现以“小震”化解“大震”。要加强对“七率”指标的实时监测，更加注重过程指标管理，促进拨备覆盖率、拨贷比、信贷成本率和信贷损失率等核心指标协调改善。要加强关注三级贷款管理，体现风险化解前瞻性。要做好“113”领域风险化解工作，“30大”项目要做到敞口减少、风险缓释增强，对重点帮扶行，要用两三年时间，把信贷管理水平提上来。加大不良资产处置力度，保量提质，全力以赴完成全年目标，核销和批量转让总量不低于去年。要全面加强低信用风险业务管理，回归业务本源，严格交易背景和还款来源审核。要推进押品集约化管理，做好押品选择，调整担保结构，增强风险缓释能力。要防范导入性风险，增强市场敏感性，对风险问题快速响应。要加强业务真实性审查，防止外部欺诈等案件风险向我行传递。

三、信贷结构优化需要提升专业化信贷管理能力

优化信贷结构，需要对行业与客户等发展趋势进行专业研判，需要专业的精准施策、专业的流程把关，这些对总分行经营管理人员都提出更高要求。当前，经济社会快速发展，新技术、新工具层出不穷，信贷经营管理工作要“换一种打法、换一种管法”，提升信贷经营管理能力尤为迫切。

（一）信贷管理要从“有人做”提升到“有专业能力做”

要确保信贷管理专业人员数量与所在机构的经营规模、客户结构、集约化水平和风险管理复杂程度相适应。注重信贷管理人员的职业发展，完善选拔、培养、晋升机制，探索适度提高绩效分配系数，增强岗位吸引力。要注重提升队伍的专业素养，充分应用建行大学等教育平台，提升风险管理人员风险预判、风险报告和对风险科学决策的能力。

（二）风险管理岗位要融入业务流程并形成有效制衡

落实“四眼”原则，要敢于主动揭示风险，主动有所作为，参与贷前调查，出具风险评价意见，推进押品集约化管理，实施集中放款审核，参与信贷检查，扎实开展轨迹管理的年度全覆盖，开展风险监控预警，做好风险分类认定。风险管理岗位在独立履职时，要坚持问题导向，注重审计成果运用，主动加强与外部监管和内外部审计的沟通回应。

（三）人工智能、信息技术、大数据（AID）手段要充分运用

风险管理越来越依靠全流程的金融科技手段支持。要持续优化全面风险监控预警平台（RAD），在此基础上开发人工智能工具，引导分支机构主动揭示和化解风险。要借助信息技术平台、大数据分析工具加强对“灰犀牛”的分析，预判市场趋势和风险动态，推动信贷管理从“经验型”向“智能型”、由“人控”向“机控”转变。

（四）全面从严治党要落实到队伍建设中

要以习近平新时代中国特色社会主义思想为统领，牢固树立“四个意识”“四个自信”，按照“六稳”要求充分发挥风险管理对服务实体经济、防范金融风险的支撑作用；要严格履行“一岗双责”，忠诚干净担当地发挥好表率作用；深入开展金融信贷领域腐败行为专项整治，对违规零容忍；继续推进精准认责，抓住“关键少数”，避免认责泛化；要严格从业人员行为管理，重点治理“弄虚作假、有章不循、懈怠不为、不当交易等违规行为”。

我国经济由高速增长转向高质量发展阶段。全行要落实“全面主动管”要求，以全面的结构优化助力高质量发展；以主动的结构优化把握新时代的发展机遇、规避新变化的各类风险，全面提升服务国家建设、防范金融风险、参与国际竞争能力，为全行稳健经营和创新发展打下坚实基础。

助推三大战略，成就创客梦想

——在全行首届“创新马拉松”活动（视频）启动会上的讲话

廖　林

（2018 年 10 月 12 日）

同志们：

大家上午好！首先，我对产品创新与管理部徐捷总经理和深圳市分行彭白萍资深副经理所做的精彩演讲表示感谢。

“48 小时创新马拉松”是近年来国内外领先创新企业广泛运用的一种开放式创新孵化模式。今年 8 月，总行产品创新与管理部参与并指导深圳市分行依托深圳产品创新实验室成功举办了“48 小时创新马拉松活动”，详细情况深圳市分行已做了介绍。对此，国立董事长高度评价并指示“在全行组织开展 48 小时创新马拉松活动”，祖继行长也给予充分肯定并对全行活动开展提出了明确要求。

总行今天召开全行首届“创新马拉松”活动（视频）启动会，就是为了贯彻落实田国立董事长、王祖继行长有关批示精神，以创新实践推进住房租赁、金融科技、普惠金融“三大战略”实施，提炼标准，打造品牌，构建具有建行特色的创新孵化长效机制。这既是总行党委对全行创新工作提出的新要求、新部署，也是对全行创新条线的新考验和创新能力的新提升。

战略是创新的方向、基层是创新的沃土、青年是创新的主力军。为落实总行党委要求，产品创新与管理部在总结深圳市分行活动经验的基础上，聚焦“三大战略”，抓住战略、基层及青年三个着力点，详细拟订了活动方案，徐捷总经理刚才对活动方案内容已经做了详细介绍。借此机会，我谈几点意见。

一、充分认识开展“创新马拉松”活动的重要意义

创新一定要融入建设银行的大局和中心，如果离开了“围绕中心、服务大局”这八个字，创新就无从谈起。总行党委对“中心”和“大局”的要求非常明确，就是围绕“建设国内最佳、国际一流商业银行”的目标推进“三大战略”。这是我行在新时代的重大战略决策，传承优势，立足当前，着眼未来，意义深远。而“三大战略”的推进实施，又离不开创新的支撑和引领。此次在全行组织开展“创新马拉松”活动，就是以创新实践推进“三大战略”实施。因此，要充分认识活动的重要意义，准确把握活动的定位。

一是以活动为载体，积极打造全员创新的新文化、新模式。“创新马拉松”活动作为一种新的创新模式，其精髓和核心是两个关键词，一个叫创新赋能，就是先明确一个创新主题，再通过广泛、快速集聚组织内外部各类创新资源并促进自由组合、高强度碰撞和加速孵化实现快速创新；另一个是最小化可行产品原型（MVP）概念，即通过孵化、路演、PK，最终筛选出一个或多个最小化可行业务方案或产品原型（MVP）。为此，我们一方面要了解“创新马拉松”活动相对于传统创意征集活动的不同和改进之处，充分发挥“创新马拉松”活动在解决创意碎片化、引入专业导师支持和创意后续转化等方面的长项和优势，打造全员创新的新模式、新做法；另一方面，万变不离其宗，“创新马拉松”活动的宗旨仍然是为全行员工搭建创新舞台，仍然要靠广泛发动基层和员工力量，尤其是集聚一批有创新热情的青年员工共同创新，积极营造“勇于挑战、善于创新、敢于跨界”的全员创新理念。因此，各单位应积极鼓励基层员工广泛参与，充分发挥青年作为创新主力军的作用，激发他们的创新潜能，要

注意与已有的绿树工程和青年创新小组活动成果结合好。活动过程中，要注意挖掘典型引导推广，发现和培养创新人才，培养一批建行创客，以创新实践培育尊重创新、鼓励创新、勇于创新的创新文化。

二是以活动为试点，逐步探索形成一整套前瞻性创新孵化机制，并推动一批高质量的项目方案转化落地。近年来，为了增加企业创新活力、推动企业战略转型、寻求新的盈利点，许多企业开始推进内部创新孵化，可以说，鼓励内部创新孵化已越来越普遍地成为大型公司培育创业精神、不断创新求生的利器。《财富》杂志调查表明，世界500强企业中名列前100位的公司中已有65%采用了内部创新创业孵化机制，诸如谷歌、微软这样的跨国巨头近年来也将创业孵化视角延伸至全球，设立了多家创业孵化器，营造创新创业生态圈。国内的中国电信、海尔、长虹、阿里巴巴、腾讯等诸多行业龙头，也纷纷建立内部创业孵化机制，鼓励员工内部创业或者设立投资基金及创业孵化基地培育新项目。

招商银行自2017年起，每年提取上一年税前利润总额1%，设立专项基金支持体外孵化。

多年来，我行持续优化创新机制，如：2016年，总行出台了《关于完善体制机制 加快产品创新的若干意见》，提出每年安排适量的行长基金，专门用于战略性产品创新的前瞻性研究、外部合作、学习交流和各类体验活动的投入；今年，总行又制定出台了《金融科技创新体制改革总体方案》，明确产品创新与管理部门要成为建行内部的创新孵化器，按照天使投资基金的生存与经营逻辑，打造成建行内部的优秀天使投资人。按照这一定位，对于本次活动中脱颖而出的具有战略性、前瞻性和价值潜力的创新方案，总行将配备专项孵化基金，并联动总行业务部门及科技部门，在活动中设置了现场“认领”项目环节，承接并推动优秀孵化成果进入研发环节，将创新转化为实实在在的生产力。与此同时，我们将以此次活动为试点，探索构建具有建行特色的创新孵化长效机制，进一步完善全行产品创新体制机制。

三是以活动为契机，打造建行有社会影响力的创新名片和创新品牌形象。本次活动名称是“中国建设银行首届‘创新马拉松’活动”，其含义就是要把这项活动常态化，以后每年都要举办，而且不能简单定位于总行组织开展的一项专题工作，更要努力将其打造成为建设银行具有较高社会影响力的创新名片和创新品牌形象，要举全行之力，加大投入，做出标准、形成品牌。

二、切实加强活动的组织推动

全行要将活动开展作为践行“三大战略”的重要组成部分，加强组织推动，统筹协调资源，形成创新合力，确保有序高效。

一是组织精干力量加强活动统筹推进。总行要做好活动的总体部署、资源配置、统筹协调等工作。产品创新与管理部、金融科技部、党群工作部要发挥核心作用，做好活动整体组织实施、原型制作IT支持、优秀成果展示、评奖与宣传组织等事项。党群工作部还要把三场活动从招募组建、导师辅导、路演PK整个过程的花絮和精彩镜头都留下来，到明年年初的工作会上进行展示，把青年员工的创新激情激发出来、保留下来。总行其他相关部门要做好活动的协同支持。各一级分行、直属机构及境内子公司要做好活动的动员部署和方案执行。湖南、广东、深圳三个分行作为活动承办行，应成立由分行行领导牵头的执行组，落实好三场48小时加速孵化活动的现场承办工作。

二是组建内外部导师库和专家评审小组。中科院联合深圳市政府在深圳设立创客学院，给青年和创客提供了非常好的条件，三个月内免租金提供办公场所，三个月后免费提供导师资源进行创业辅导，并以众筹方式引入风险资本，创客完成创意以后，马上就众筹、出产品，确实对创新创业起到了非常重要的作用。总行产品创新与管理部要尽快牵头组建由总行相关部门处级以上人员组成的内部导师库，并联合外部合作伙伴组建外部导师库，负责预孵化和48小时加速孵化阶段创新团队的专业辅导和支持。总行小企业业务部（普惠金融事业部）、住房金融与个人信贷部、金融科技部要分别牵头组建相关部门参与的普惠金融、住房租赁、金融科技创新专家评审小组，网络金融部、产品创新与管理部、数据管理部、金融科技创新委员会办公室参与三个专家评审小组，负责招募和预孵化阶段创新方案及团队的评选。希望我们这次组建的外部导师团队和专家评审小组充分学习借鉴外部先进经验，切实发挥作用，通过“创新马拉松”活动，把好的创新方案发掘出来并进行孵化。

三是注重创新方案的产品化。把一个个 good idea 变成数字化的原型展示出来，这一点非常重要。这次活动，要通过创新赋能和最小化可行产品原型等方式，解决创意碎片化、导师支持和创意后续转化等问题。

三、活动开展推进要求

全行要按照总行的统一部署和要求，落实各方职责，认真做好各项工作。

一是总行产品创新与管理部作为活动牵头组织部门，要在活动中发挥好整体组织推进作用。要在活动统筹组的指导下，统筹协调总分行相关部门形成合力，做好活动组织策划，保证活动有序推进，并协调提供必要的人、财、物等资源保障，以确保活动一炮打响；要以“三大战略”和零售优先、培育对公交易业务优势等作为创新方向，紧跟新产业、新业态和新技术等发展趋势，针对社会痛点、难点问题和客户迫切需求；要积极引导并组织全行员工参与活动，及时发现基层创新的“金点子”，聚全员创新智慧，精选出高质量的创新方案及团队；要牵头做好内外部导师库的组建、发布、匹配、协调工作，发挥导师“传道、授业、解惑”的作用，将基层的创新热情与专业的创新素养相结合，减少“盲人摸象”，提升创新质量。

二是总行各部门是本次活动的参与者、指导者与优秀方案的“认领”承接方。“创新马拉松”活动不是总行哪一个部门的事，是全行的事。各部门要打破部门银行、条线银行的固有思维，积极参与到项目的引领、承接、转化工作中来。在组建创新团队时，应打破纵向层级思维限制，积极联动各一级分行、子公司，组建总分行、母子公司联合团队报送方案；要发挥总行“站得高、看得远”的专业优势，积极推荐创新意识强、业务经验丰富、专业能力出众的处级以上人员作为内部导师和评审专家，为活动提供业务支持与方向指导；对活动中发现的优秀孵化成果，要做好项目的主动认领、承接与转化推动。小企业业务部（普惠金融事业部）、住房金融与个人信贷部、金融科技部三个部门，分别作为三大战略的牵头评审部门，要从创新方案的先进性、复杂性、价值性、合规性等维度综合评价，做好筛选和把关工作。金融科技部及建信金融科技公司要派员参加由业务和 IT 人员共同组建的紧耦合任务团队，提前参与项目孵化，并提供快速原型制作的现场 IT 支持；对于孵化产生的优秀创新方案，经总行业务部门“认领”承接后，金融科技部要为项目优先配置 IT 开发资源，打通连接 IT 开发的“最后一公里”，推动优秀孵化成果的转化落地，快速形成生产力。党群工作部要发挥长期开展工会、团委和青年工作的组织优势，协助做好本次活动的宣传、发动和展示。

三是各一级分行和境内子公司是本次活动的主力军。总行本部、境内分行、子公司、海外机构四大板块都要全面参与此次活动。分行和子公司应结合自身情况，参照但不限于“48 小时创新马拉松”模式，广泛发动员工积极参与；鼓励基层员工结合工作实践提出创新方案，并大胆突破横向行际界限，加强分分联动、母子联动，发挥基层贴近市场、贴近客户的优势，组建跨层级、跨分行、母子联合团队报送方案；有条件的要为员工创新方案的形成与完善提供力所能及的人、财、物和智力支持。子公司的政策更灵活、人力流动相对容易，更要发挥优势，把活动做好。

根据国立董事长指示，明年初工作会上将举办一场优秀孵化成果的展示转化路演。届时，将现场展示并由后续跟进研发的归口部门“认领”优秀孵化项目，以实现创意、孵化和研发的无缝对接。活动现场还将颁发活动组织奖、十大孵化项目、十大创新团队、十大创新导师等奖项。

总行党委对此次活动高度重视，国立董事长亲自倡导并给予很高的期待，这既要求我们具有求真务实、脚踏实地办好此次活动的责任担当，更是我们阔步前行、开拓创新的强大动力。希望大家深刻领会、切实贯彻总行党委关于产品创新工作的新要求、新部署，迅速行动，下大决心、花大力气推进此项工作，积极打造全员创新的新文化、新模式，推动全行创新工作实现新突破，并以创新实践切实助推三大战略实施。

谢谢大家！

全面主动　深耕细作
全力提升安全生产精细化管理水平

——在2018年全行安全生产工作会议上的讲话

廖　林

（2018年10月27日）

这次会议的主要任务是：深入贯彻全行工作会议、夏季工作座谈会精神，围绕落实“三大战略”，推动安全保卫工作迈上新台阶，为稳健经营和创新发展提供保障。下面，我就加强全行安全保卫工作特别是安全生产工作谈几点意见。

一、安全保卫工作要融入全面风险管理体系

（一）切实履行职能，以平安创建统领安全保卫工作

安保职责包括外部案件防控、安全生产、治安保卫、维护稳定和突发事件处置等五大职能。近年来，全行围绕总行党委的战略部署，深入开展“平安建行”创建工作，安全保卫工作责任、制度、应急、考核、防卫、保障等体系化建设水平不断提高，转型创新不断深化，先进典型不断涌现。在今年的评比表彰中，河北、辽宁、山东、湖北、四川分行和金科部、卡中心、武汉园区、建信人寿、建行亚洲被评为平安创建先进单位；智取劫匪的于丽、慧眼识诈的马瑞、勇斗暴徒的郭佳林3人组等被评为平安建行标兵。

推进案防转型，案件风险化解成绩喜人。按照“守底线、强责任、补短板、推转型”要求，积极推动案防局面、案防重心、案防手段、案防管理、案防格局、案防目标“六个转变”，强化案防制度机制和流程管控，积极化解案件风险，全行第三类案件保持低位运行。2017年以来，查处监管口径第三类案件2件，涉案金额6000多万元；有效化解风险事件48件，涉及金额40多亿元；成功堵截各类案件579件，避免直接经济损失25亿元。

聚焦“双基”管理，安全生产工作保持领先。总行持续六年开展安全检查，发现和消除安全隐患数十万计。2012年以来，在公安部、银监会组织的多轮银行业安全评估中，我行均居四大行第一。在第五轮评估中，有16家分行拔得头筹，数量等于其他三行之和，重庆分行在全部五轮安全评估中始终保持同业第一。在安全生产监管方面，高海涛“检查”团队作出了突出贡献。

加强治安保卫，重点部位运行平稳有序。重点加强北京洋桥、稻香湖和武汉南湖“两地三中心”监督检查，推进洋桥安全隐患问题整改，组织稻香湖园区安防方案专家评审，推动南湖园区防汛大坝建设。总行在同业中率先使用人脸识别出入管理系统，南湖园区智慧安防建设也先行了一步。

应对形势挑战，安全维稳工作效果明显。积极应对群体上访组织化、规模化、多元化趋势，扎实做好党的“十九大”“两会”等重要会议、香港股东大会等重大活动，以及重大节假日安全维稳工作。2017年，总行本部妥善应对缠闹访113批1192人次，协调公安出警3000多人次。在安全维稳工作方面，白雪峰“治安”团队值得充分肯定。

强化应急管理，突发事件处置卓有成效。2017年以来，处置5级以上地震29次、超强台风20多次。今年以来自然灾害频发，广东、深圳等分支机构防灾救灾工作开展有序。北京、山东、广东、陕西等地相继发生突发事件，有关单位处置稳妥得当、信息报告迅速准确、声誉风险控制

有效，体现大行的应急水准。

（二）坚持科技支撑，提升安保工作技防和机控能力

远程监控系统“五统一”“反欺诈”系统和安保管理系统等安保智能化科技创新取得重要进展。王健力“五统一”团队、周家荣“反欺诈”团队、李勇“信息化”团队做出了突出贡献。

强化共享理念，着力推进“五统一”项目建设。按照“五统一”规划，“智能化、集约化、综合化”的新一代远程监控系统建设稳步推进。总行指挥中心和福建、湖北分行试点建设进入收官阶段，山东、河北、江西分行中心效用发挥明显。2017年以来，全行利用远程监控系统制止盗抢案件180件、破坏自助设备4000多次，处置突发事件1.4万次，发现违规操作8万多起。

突出融合思路，继续深化“反欺诈”系统开发建设。目前，反欺诈系统已与人行、银监会平台对接，建立了“总对总”“点对总”直连查控机制，实现了案件查控由线下向线上集约化转移，为服务普惠金融、开展业务反欺诈奠定基础。2016年7月系统上线以来，累计查询200多万笔，累计冻结止付30余万笔，控制涉案资金200多亿元，汇聚涉案黑名单约900万条。

坚持数据驱动，充分发挥安保管理新系统的作用。安保信息管理系统2.0版成功上线，三级安全预警平台累计发布预警3700多期，平安建行公众号关注用户26万人，大幅提高了共享、高效的信息化管理水平。

（三）坚持围绕中心，服务大局

我国经济已由高速增长阶段转向高质量发展阶段。高质量发展落实到建行就是要推进“三大战略”，坚持稳健经营和创新发展，围绕建设国际一流商业银行目标，全行安全保卫要紧紧围绕中心开展。

努力践行“三大战略”。国立董事长和祖继行长多次强调，建设银行作为国有大行要有大格局、大担当，要在服务国家经济建设中有大作为，依托金融的力量来解决社会痛点难点问题。住房租赁、金融科技、普惠金融“三大战略”及劳动者港湾、建行大学、C端突破、零售优先、培育交易业务优势等配套措施是我行承担社会责任、打造未来业务新优势的主动战略选择。安保工作要切实增强践行“三大战略”的责任感、使命感，以智慧安防助力住房租赁，以金融科技引领科技兴安，以安保大数据服务普惠金融，为“三大战略”提供安全服务和保障。

积极融入集团大格局。安保工作要认真贯彻落实稳健经营和创新发展要求，在安全评估、智慧安防、基础管理、安全生产等方面取得和保持与建行地位相称的比较优势。要全面覆盖总分行、子公司、直属机构、海外机构四大板块，正确处理“条”的指导监管与“块”的主体责任关系。要主动对标国际欧美日发达国家和国内先进银行，向“国内最佳、国际一流”的管理目标稳步推进。安保工作已纳入风险板块，要与建行发展战略相适应，与全面风险管理相契合。要坚持问题导向，善于运用金融科技手段解除安全管理痛点，认真落实“党委管”“全面管”“主动管”要求，确保责任、监督、人员、考核、管理到位，切实履行安保风险管理职责。

二、全面主动地推进安全生产工作

党的十八大以来，以习近平同志为核心的党中央高度重视安全生产工作，总书记对安全生产工作作了一系列重要指示。今年是安全生产改革年，国务院成立了新的安全生产委员会和应急管理部，对安全生产领域推出了一系列的重大改革措施。全行要坚决贯彻落实中央要求，毫不松懈地抓好安全生产工作。

总行连续三年分别以安保转型、科技转型和案防转型为主题召开全行会议。这次会议专题研究部署安全生产改革发展问题，意义重大。全行要紧密结合建行实际，坚持安全发展，坚守发展不能以牺牲安全为代价这条不可逾越的红线，以防范遏制重大安全生产事故为重点，坚持安全第一、预防为主、综合治理，提升防范化解安全生产的风险能力，支持全行稳健经营和创新发展。

（一）全面落实安全生产领导责任

要健全领导干部安全生产责任制，坚持党委班子负责、一岗双责、齐抓共管、失职追责，完善安全生产责任体系。各级机构主要负责人是本单位安全生产第一责任人，班子其他成员对分管范围内的安全生产负领导责任。总行筹备成立安全生产委员会或是领导小组，各级机构都要成立安全生产工作领导机构，由主要领导负责，成员由同级党委成员及相关部门负责人组成。各级党委要认真贯彻执行党的安全生产方针，统筹推进经营发展和安全生产工作，定期研究解决安全生产重大问题，加强安全生产监管队伍建设，严格安全生产绩效考核和失职追责。要严格落实各级机构主体责任，建立健全自我约束、持续改进的内生机制。要实行全员安全生产责任制度，做到安全责任、管理、投入、培训和应急救援“五到位”。

（二）明确安全生产的部门和条线监管责任

安全保卫部门作为安全生产监督管理部门，负责安全生产制度标准和政策规划制定、监督检查、应急救援管理、事故调查处理、宣传教育培训等综合性工作，承担职责范围内的安全生产监管职责。负有业务条线安全生产监督管理职责的有关部门，要依法依规履行相关业务领域安全生产监管职责，严厉查处违法违规行为。没有条线管理职责的其他业务主管部门负有安全生产管理责任，要将安全生产工作作为业务管理的重要内容，从业务规划、政策标准、行政许可等方面加强安全生产工作。有关部门要在职责范围内为安全生产工作提供支持保障，共同推进安全发展。

（三）深化安全生产改革创新

近年来，总行对全行开展了三轮安全检查，发现隐患 9755 个，其中Ⅱ级以上重大风险 2171 个。从检查情况看，一些机构存在对安全生产不重视、责任不落实、安保机构人员缺失、基层管理弱化、隐患问题此查彼犯和屡查屡犯等较为严重的问题，需要全行从制度层面深化改革创新。要探索创新安全生产巡查工作制度，参照国务院安委会《安全生产巡查工作制度》，成立巡查组，建立定期巡查机制，开展重点约谈，解决专业检查治标不治本的问题。要建立安全生产责任考核追溯制度，实现安全生产过程痕迹管理，严格执行安全事故问责和“一票否决”制。要建立风险管控和隐患排查治理双重预防机制，从制度、技术、应急等方面有效管控风险特别是重大风险；全面深入排查治理隐患，定期分析评估隐患治理效果。要加强安全生产标准化建设，落实银行业金融机构安全评估标准、GA38、GA745 标准，完善 JAB800，创新安全巡查标准工具，将安全生产标准化融入风险管理体系和建行标准化建设，全过程强化风险防控和安全预警，严防安全生产领域出现“黑天鹅”和“灰犀牛”。

（四）推进安全生产工作向精细化管理转变

近日祖继行长主持召开了精细化管理工作专题会议，指出精细化管理是我行打造比较优势、提升核心竞争力、落实“三大战略”的基础性工作，要求重点推进综合管理扁平化、资源配置精准化、系统运营智能化、协同机制流程化、风险合规数字化。近年来安保工作体系化建设取得了明显成效，今后一个时期全行要坚持以“平安建行”为抓手，推动工作重点由体系化建设向精细化管理转移。

一是加强消防安全管理。完善消防安全管理办法，出台工程施工消防安全管理办法、高层建筑楼长制。认真吸取近期巴西国家博物馆、陕西西安南大街支行等火灾事故惨痛教训，强化在建工程动火作业、外包业务操作和办公楼消防的安全监管。总行已部署引进消防工程师的工作，总行安保部、各生产园区、各一级分行要按要求配置消防专业人才。

二是加强人身安全管理。近年来员工非正常死亡事件频发，总行下发了员工人身安全事件管理办法，各单位要坚持以人为本，认真做好员工安全教育和关心关爱工作。

三是加强“两地三中心”安全管理。采取最高级别的安全策略、零容忍的安全制度，准军事化的安全管理，加强应急演练，强化实体防护，打造智慧安防体系。

四是加强基层安全管理。近年来基层安保机构减少，基层安全管理出现盲区。总行要求科学合理设置基层安保机构，不搞一刀切，各分行要切实加强基层安保机构建设，已有机构不撤并，对一些民族边疆地区、特别是监管有明确要求、管理幅度大、安全形势复杂的地市二级分行应单独设立安保部门。

五是加强境外机构安全管理。业务延伸到哪里，安全生产责任就覆盖到哪里。要贯彻总行精细化管理工作部署，积极推进安保智能运营平台建设，集视频报警、日常管理、安全服务和应急处置于一体，覆盖“四大板块”。要加强安保精细化管理考核评价，提升精细化管理水平。

（五）依托科技创新解决安全生产领域的痛点

国立董事长强调，抓好安保工作意义重大，既要提高责任心，又要在提高科技含量上下工夫。会议选在南湖园区召开，就是让大家开阔视野、树立科技思维。总行安保部在科技创新方面做了大量工作，要再接再厉，坚持一张蓝图画到底，依托科技创新推动安保转型。

加快建设“五统一”项目。要充分运用人工智能、物联网、大数据等技术，这是一项复杂的系统工程，科技含量高、建设周期长，要在试点经验的基础上加快项目建设，按照总体规划做好部署推广，争取早日实现全行互联互通和业务共享。

充分应用“反欺诈”系统。系统成功上线以来，使每日几万笔的司法查控响应时间由平均7.5个工作日降低至秒级，为前台节约了大量的工时及费用。许多业务部门急需安保部门在系统共享和使用上给予支持，但受制于分行安保部门人员结构、技术力量和风控能力的不足，各分行安保部门要积极引进科技人才，充分利用“五统一”“反欺诈”系统服务业务管理、风险防范及普惠金融。近日总行在全行部署开展创新马拉松活动，大家要积极参与，依托科技创新解除安保工作的痛点。

（六）以“三个全覆盖”开展安全生产大检查

总行决定于10月下旬至12月底，在全行集中开展安全生产大检查。全行要抓好落实，一要高度重视安全生产大检查，要切实提高政治站位，强化责任落实，坚决遏制重特大安全事故发生。二要做到“三个全覆盖”，要按照“全覆盖、零容忍、严治理、重实效”的要求，做到覆盖境内分行、海外机构、总行部门、直属中心、生产基地、子公司等所有机构；覆盖业务运营、生产系统、电子银行、基建项目、消防管理等安全运营所有领域；覆盖网点、金库、办公楼、计算机房、自助区等所有办公营业场所。三要加强组织领导，各机构要成立由主要领导任组长的安全生产大检查领导小组，落实人力、物力和财力保障，要务求实效，坚持“零容忍”原则，对重大隐患要挂牌督办并落实整改。

三、切实抓好安全保卫各项工作

（一）积极防控外部侵害案件

外部侵害案件具有多发性、突发性、广泛性、技术性、暴力性特征，安保部门防控任务艰巨、责任重大，必须勇于担当、积极作为。要全面落实案防责任制，构建“主动防御、技防为主、责任清晰、群防群控”的案防体系。要重点防范假理财、假票据、假印章等欺诈风险，加强新渠道、新业务案件分析研判，严防不法分子利用办公营业场所作案。要按照“谁出事、谁处置、谁化解”的原则，增强各级机构自我化解处置能力。要严格报告制度，做到内外有别，妥善化解资金风险、声誉风险、法律风险和案件风险。

（二）切实做好治安保卫工作

要按照“四级管理、五极防范”要求，加强重点部位的内部治安管理和安全巡查，维护正常秩序和安全。要加强营业办公场所安全管理，积极推行智慧安防，运用智能手段防范不法分子骗盗作案。要加强委托事务监督管理，强化过程控制和风险约束，避免以包代管、一包了之。要贯彻落实公安和国安机关要求，认真抓好国家安全人民防线和扫黑除恶相关工作。

（三）认真抓好安全维稳工作

今年以来，总行应对处置各类群体上访事件187批次2257人次，安全维稳压力依然较大。总行党委高度重视安全维稳工作，各机构要提高政治站位，强化考责问效，把安全维稳工作纳入“一把手”工程，切实履行好促一方发展、保一方平安的责任，把不稳定因素控制在萌芽状态、化解在基层，充分依靠地方政府、公安机关，妥善处置和化解群体性事件。

（四）积极稳妥处置突发事件

近年来，各种突发事件的频发高发，考验各级领导和员工的应对能力和驾驭复杂局面的能力，要不断优化应急预案，完善应急救援体系，开展应急演练和避险自救培训，提高应急处置能力。要树立责任意识，面对重大突发事件，主要责任人要在第一时间、赶到第一现场、掌握第一手情况、召开第一次会议、发出第一份报告，做好局面控制和过程引导，防范声誉风险。

四、努力打造符合现代金融特点的专业化安保队伍

进一步提升政治素养。要以习近平新时代中国特色社会主义思想为指导，牢固树立“四个意识”，坚持“四个自信”，做到“两个坚决维护”，全面加强党的建设。要认真贯彻总行党委的决策部署，严格履行党委负责、“一岗双责”，抓好班子、带好队伍，切实发挥基层党组织的战斗堡垒作用和党员先锋模范作用，全面提升“三个能力”，忠诚、干净、担当地努力践行“三大战略”，落实稳健经营和创新发展。

进一步提升专业能力。国立董事长指出，要建立一支符合现代金融特点的专业化安保队伍。要提高敏锐性，胸怀全局，紧跟总行党委战略部署，提高政治敏锐性，关注国内外大事，把握国家宏观经济政策，审时度势，研判风险，确保中央决策部署和总行要求落实到位。要提高前瞻性，“饱带干粮晴备伞”，既要管控当期风险，又要管控预期风险，防范风险做到未雨绸缪、有备无患；管控风险要善于发现蛛丝马迹，主动应对；化解风险要对症下药，有的放矢。要加大培训力度，加强业务交流和岗位锻炼，提高安全保卫队伍的专业化水平。

进一步提升综合素质。要认真学习《中国共产党纪律处分条例》等党规党纪，围绕“爱安保、钻安保、精安保”，着力提升安保队伍的综合素质。要力戒形式主义官僚主义，深入开展对照检查，切实改进工作作风，增强服务意识，强化责任担当。要加强员工行为管理，广泛开展廉洁从业教育，坚决杜绝以权谋私、利益输送等问题。

岁末年初，各项工作任务繁重。安保条线要全面主动抓好安全生产工作，坚决防范重大事故案件发生，全力支持全行的稳健经营和创新发展。

第三部分　改革发展与内部管理

一、改革创新与业务发展

资产负债管理

2018年全行资产负债实现稳健协调发展，业务结构优化；服务实体经济质效提升，普惠金融贷款新增四大行第一，圆满完成新发放小微企业贷款监管降价目标；存款、中间业务等市场占比提升；ROA、ROE、NIM、资本充足率等关键业绩指标保持同业前列；风险管控和精细化管理能力提升，流动性持续保持平稳，利率风险、汇率风险适度可控；央行MPA指标从第二季度起连续保持A档评级。集团资产负债集中统一管理进一步深化，基础进一步夯实，信贷、资金、资本资源配置效率稳步提升。

一、做好统筹平衡，促进全行业务稳健协调可持续发展，保持关键业绩指标同业领先

（一）集团资产负债计划充分体现战略导向，计划管理统筹性、前瞻性和精细化进一步增强

建立完善以经济资本为核心的计划管理体系，将资金、资本、风险、效益等约束贯穿计划编制全流程。根据经营实情年度中间调整部分业务计划，做好关键时点业务统筹调度，保持资产负债协调增长，关键指标稳健均衡和同业领先。加强MPA管理，第二季度以来保持A档评级。加强形势和政策跟踪分析，为全行决策提供参考。

（二）深入贯彻落实党中央、国务院关于推进降低小微企业融资成本的决策部署，提高服务实体经济质效

制定进一步加大支持民营和小微企业发展的26条举措和工作要求。严格落实降价要求，调整内外部价格政策，圆满完成一个百分点的降价目标，以实际行动为民营经济和小微企业纾困，助力实体经济发展。

（三）统筹平衡信贷资源，支持重点领域发展，结构调整成效明显

加大实体经济支持力度，足额保障普惠金融贷款增长。坚持零售优先，积极满足个人住房和消费金融信贷投放。支持绿色信贷、先进制造业、并购等实体经济重点领域。落实债转股定向降准政策，安排专项计划200亿元。助力住房租赁战略推进，安排专项计划55亿元。

二、深化系统性网络化拓展存款，持续夯实负债基础，量价表现保持同业领先

（一）筑牢存款基础，强化稳存增存措施，提升存款可持续发展能力

一是制订稳存增存专题工作方案，确定了八个基础性、系统性专题的量化目标和具体措施，形成了今后三年存款发展的行动方案。二是举办存款转型发展高级研修班，为分行提供了新形势

下拓展存款的新理念、新思路、新想法，持续引领存款高质量发展。三是提高关键时点存款预测的精细化程度和管控力度，引导存款平稳发展。2018 年，全行人民币存款日均增量增速均为四大行第二，市场占比进一步提升；存款偏离度是四大行中唯一从未突破监管要求的银行。

（二）圆满完成 830 亿元资本债发行，充实全行资本实力和长期资金

一是持续做好与监管沟通，审批效率明显提升。二是牵头建立总分行协同销售机制，理顺条线职能，形成更高效率、更有合力的资本债发行机制。三是合理把握发行窗口，压低融资成本。2018 年，建设银行资本债发行溢价低于同期主要同业，获得“优秀金融债发行人”奖章。

三、积极组织推动全行中间业务发展，促进重点产品快速增长，全面实现中间业务发展目标

（一）克服不利因素影响，圆满完成各项计划目标

在理财收入缺口高达 91 亿元情况下，积极挖掘新的收入增长点，实现手续费收入 1230 亿元，增速 4.4%，全面完成年初计划目标，保持收入总量、增量、增速四大行第二，市场份额稳中有升。

（二）推动重点产品快速发展

通过对标先进同业，精选优秀案例举办重点产品培训，开展分行间标杆交流及“送课上门”等方式，积极推动具有市场发展前景的 8 个重点产品快速发展，着力解决制约业务发展的痛点问题，有效提升市场竞争力。

（三）建章立制、有效控制支出过快增长

一是采取多项措施对手续费支出管理流程全面优化，优化方案获全行产品创新“流程优化奖”二等奖。手续费支出快速增长势头得到有效遏制，增速较 2017 年下降了 22 个百分点。

四、健全资本管理体系，强化资本压力传导，推动资本集约化发展

（一）资本充足率保持同业领先，实现资本内生式发展

预计年末集团资本充足率为 17.1%，较上年提升 1.6 个百分点。在不考虑外部资本补充的情况下，资本净额增速高于风险加权资产增速 7 个百分点，实现资本内生式增长。资本管理成绩获银保监会表扬。

（二）挖掘资本节约空间，完善资本管理机制

完善覆盖全集团的资本计划管理体系，通过结构调整、穿透计量、产品创新等措施，节约风险加权资产约 6000 亿元。优化考核、推广案例、加大培训力度，提升分支机构监管资本意识；对标国内外先进同业，明确今后管理方向；按季披露集团资本管理情况，组织董事调研并提交《高质量发展与资本集约化转型》报告。跟踪研究巴塞尔协议Ⅲ最终版、TLAC 等实施动态，积极向监管部门提出政策建议。

（三）组织推动全行精细化管理推广工作

组织召开精细化管理专题会议，编制下发三年推进方案，明确目标方法、工作重点和考核评价体系。挖掘重庆开州支行作为二级分行精细化管理典型，推进优秀管理案例向全行推广。

五、积极应对市场变化和业务发展中的突出问题，前瞻性地采取了一系列有力措施，有效平衡规模、风险和效益的关系，在有力支撑业务发展的同时核心资产负债定价优于同业。

（一）前瞻性调整内外部价格，有效支持业务发展

一是增强存款价格弹性，加大对普惠金融、零售优先、电子渠道等重点领域和存款产品创新的价格支持力度。2018 年全年存款新增四大行第二、付息水平四大行最低。二是强化资产风险定价能力建设，进一步完善定价机制，新发非贴贷款利率水平四大行第一。三是多次调整内转价格，及时、有效地引导全行资产负债期限结构和产品结构的调整，优化资源配置。

（二）加强净利息收益率的管理，NIM 水平重返四大行第二

抢占定向降准先机，加强资产负债定价管理，优化业务结构，稳定建设银行利差水平；按季分析同业资产负债结构及 NIM 情况，针对同业变化，及时调整资产负债策略，增强政策调整的有

效性和针对性。全年集团 NIM2.31%，超过工行，重回四大行第二。

（三）强化集团利率风险管控，提升利率风险精细化管理水平

建立利率风险三级限额管理体系，优化集团利率风险管理传导机制，强化海外分行和子公司利率风险管理。持续改进利率风险计量方法和计量精度，满足巴塞尔及银保监会最新监管标准。修订银行账簿利率风险管理办法，完善架构流程，优化情景设定、计量方法等。

六、流动性风险管理始终坚持稳健审慎，强调前瞻性预测、动态化管理和外部政策适应性，充分发挥大行“稳定器”作用

（一）前瞻性应对内外部资金形势和资金形态变化，确保全行支付结算安全

各项监管指标持续满足监管要求；备付率水平保持稳定，月度波动区间明显收窄，全年日均备付率 1.02%；配合央行开展公开市场操作，稳定市场预期，获得监管机构的高度肯定；在人民银行对全国 4300 多家的首次金融机构评级中荣获最高档，存款保险费率水平在所有金融机构中保持最低。

（二）做好预期管理，顺畅资金来源运用通道

一是向“前”看，做好预期管理，前瞻应对内外部资金形势和资金形态变化；二是执行“中”，顺畅资金来源运用通道，充分发挥流动性管理的系统协同效应；三是“后”回溯，梳理监管监测指标，完善指标计量指引；四是配合“上”，传导央行货币政策导向，落实金融机构评级和存款保险工作；五是夯实“下”，修订完善流动性管理办法，借助金融科技和大数据分析，提升流动性管理精细化水平，取得了丰硕的管理成果。

七、夯实信用类表外业务管理基础，产品结构持续优化，资本集约化水平提升

（一）加强计划管理，推进结构调整，提升资本集约化水平

一是实现资源有效配置，推动轻资本产品发展，加权风险资产折算系数下降 4.3 个百分点。二是推动可撤销贷款承诺发展，节约风险加权资产 1530 亿元。

（二）夯实管理基础，提升精细化管理水平

一是下发信用类表外业务管理办法。二是分析完成《近年来表外业务发展情况及下一步发展思路》，得到行领导好评。三是推动实施贷款承诺大数据分析项目，揭示贷款承诺在产品、分行和客户等维度的分布规律，提出管理建议。四是实施非融保函综合贡献度分析项目，研究政策因素对业务发展的影响，初步提出管理建议。五是进一步改善数据质量。

八、优化计划考核指标体系 4 推动子公司提质增效，向高质量发展转型。进一步健全集团层面流动性风险管理体系

（一）明确提出子公司质量提升优先于规模增长的发展策略，推动子公司实现高质量发展

完善计划分类管理机制，差异化安排发展策略，业务发展突出高质量，侧重能力效率的提升，重点发展轻资本占用、高价值回报业务。2018 年，子公司经营效率明显提升，剔除资本市场估值影响，净利润同比增长 17%，快于资产及管理资产增速；ROE9.3%，同比提升 0.4 个百分点。

（二）健全集团层面流动性风险管理体系，建立母行对子公司流动性应急支持机制

将子公司流动性风险管理内容纳入集团《流动性风险管理办法》；完善应急管理机制，正式下发《子公司流动性风险应急支持预案（试行）》；强化子公司流动性风险日常管理，指导子公司制定年度融资策略，并通过考核、监测等方式督导落实。

九、积极应对复杂的外币宏微观经营环境，加强外币资产负债计划与价格政策统筹协调，确保外币流动性安全

（一）审慎安排外币资产负债发展，境内外流动性管理稳健

稳健均衡安排年度外币资产负债计划，把握合规底线，引导外币业务回归本源服务实体经济。

（二）加强境外机构资金统筹管理，成功发行建行首只绿色和可持续债券

2018 年，境外资金平台实际成交 101 笔，累计成交金额等值 66 亿美元；2018 年 9 月 17 日，建设银行在中国香港和卢森堡分别发行美元可持

续债券和欧元绿色债券，为建设银行首次发行的绿色主题债券，并创造了中资机构单次单期限单币种债券发行的最高金额。

（三）提升外币价格管理规范化和差异化水平

调整负利率币种存款内转收支政策和自贸区价格授权政策。对部分分行试行差异化价格授权政策，提高分行业务灵活性。年内5次调整外币内部转移价格和外部价格授权为稳存增存和信贷投放发挥积极作用。

十、加强系统建设，推进金融科技、大数据在管理中的应用，助力全行转型

（一）推进金融科技战略的落地实施，深化系统应用，助力管理效能提升

一是开展资产负债管理、海外流动性、综合定价自动监测与智能评估等系统项目建设。二是启动内部资金转移计价系统重构项目，全面提升系统效率及可拓展性。三是积极参与同业流动性管理成果输出，构建流动性监测体系，助推建设银行技术和管理能力输出。

（二）规范工作机制，建立部门科技项目的全生命周期管理体系

结合全行金融科技战略规划要求，以需求的全生命周期管控为出发点，对部门科技项目实施的过程管控进行了统一规范，形成《资产负债管理部项目管理办法（试行）》。统筹规划部门系统建设资源，提高管理与决策效率，为金融科技和大数据分析应用项目的有序推进奠定基础。

十一、顺利完成定期报告编制，有效推动评级上调

（一）高质量完成定期报告编制和披露工作，2017年度报告赢得国际金奖

按时保质完成2017年年报、2018年第一季报、半年报、第三季报及相关业绩公告、摘要等文件的中英文编制工作。2017年年报在美国媒体专业联盟（LACP）举办的全球年报评选比赛中获得金奖。

（二）精心组织评级访谈，有效推动建设银行自身实力评级上调

2018年5月，惠誉将建设银行生存力评级由bb调升为bb+，穆迪将建设银行基础信用评估由baa2调升为baa1。三大机构对建设银行评级结果在国内同业中保持前列。

执笔：高华军

财务会计管理

一、加强综合经营计划过程管控，兼顾当前利益与未来发展，顺利实现年度经营目标

2018年宏观经济增长稳中有变，银行经营环境更趋复杂，建设银行全面考虑各项影响因素，加强对综合经营计划全过程管理，积极做好损益预测、管控和财务分析等工作。同时考虑宏观经济下行和未来经营压力，坚持审慎拨备计提，通过逆周期管理为未来发展蓄势储能，应对未来经营和风险的不确定性。

通过精心组织，统筹协调，圆满完成经营计划，实现年度经营目标。主要指标均衡协调符合预期，各项指标继续保持同业较优水平。

二、积极发挥财务管理引领和保障职能，着力支持“三大战略”实施

（一）资源配置契合战略实施，推动全行“三大战略”向纵深推进

针对普惠金融战略，从客户、规模、渠道、

营销等多维度配置财务资源，促进夯实客户基础、做大业务规模、拓展服务触角，支持普惠金融业务高质量发展；针对住房租赁战略，通过“蓝海出击，周周比拼”竞赛活动，对不同区域分行实施分组差异化费用激励，支持从房源、用户双向拓展，扩大住房租赁交易平台影响力，积极推进住房租赁业务发展；针对金融科技战略，安排专项资源夯实金融科技能力建设，重点投向社会化平台建设、大数据基础设施及人工智能、区块链等新技术应用，大力支持系统和产品研发迭代，有力支持全行科技支撑能力提升。

（二）绩效考核紧密围绕战略，强化全行战略有效传导

对分行考核，将原“转型规划推进”指标调整为“战略推进”指标，突出战略发展要求，强调战略业务引领地位。对总行业务部门经营业绩评价与分行考核办法相衔接，横向分解落实战略推进目标和各项经营任务，充分发挥部门在战略推进中的组织和引导作用；提高协同联动指标分值，新设普惠金融、智能财务顾问和龙支付活跃商户覆盖度等联动指标，扩展部门协同范围，加强部门间战略业务的协同联动；丰富创新指标考核内涵，在原有产品创新指标基础上，增设大数据应用指标。

（三）深入推进管理会计应用，为管理决策提供有力支撑

建立健全普惠金融盈利计量模型，为普惠金融业务发展提供坚实的数据基础。结合金融科技给普惠金融业务获客方式、业务模式、风控管理等方面带来的变化，应用作业成本法思路，优化普惠金融贷款运营成本分摊模型，区分前、中、后台成本，建立不同的成本优化方案。

（四）探索金融科技创新应用激励机制，鼓励全员创新

为解决金融科技原始动力不足、现有项目后续迭代更新乏力的问题，激发业务人员利用金融科技创新提高工作效率、提升服务客户能力，联合相关部门共同研究提出在全行建立金融科技创新应用激励机制的建议方案，拟从全生命周期对于科技创新应用做出贡献的团队或个人，采取多种形式的激励措施。

三、坚持激励价值创造与经营效率，围绕“稳健经营、支持业务发展”，优化财务资源配置，激发经营发展内生动力

（一）传导稳健经营理念，有效支持业务发展

调整内部管理费计量规则，抑制分行规模扩张冲动。出台非融资性保函经济资本加点幅度下调和战略客户经济资本打折政策。对由于拨备计提政策和经济资本计量政策带来的薪酬影响，出台相关平抑政策，机制化地解决分行实际困难。紧密跟踪工资改革最新进展，统筹协调好全行盈利、工资和储备之间的关系。对有效客户、金融市场业务、代发工资、ETC、龙支付等战略重点业务，安排专项投入较上年有所增长，同时加大金融科技投入和研发费投入。

（二）坚持精细化管理，持续推进“机制化+标准化”配置资本性支出，资源使用效率进一步提升

统筹配置财务资源，除分行自行安排外，总行安排支付结算B端C端增幅86%，有力地支持了全行零售业务的发展和对新型支付结算市场的争夺。优化分行机制化测算模型指标，增加引入自助设备使用效率指标作为成本效率调节系数，加强在用设备交易数据监控分析与资源投入产出分析，引导分行提升资源配置和使用效率，同时加强年度计划执行管控。固定资产计划执行达到管理层预期。

（三）优化信用卡中心预算编制，建立非人力费用与增量收入挂钩的机制化配置方式

按照保障基础运营、增量收入挂钩的方式控制总量费用，在不突破总量的前提下，按照匹配业务、严控标准、保障重点的原则配置分项费用，取得较好效果。在利息和手续费净收入增长21.5%的背景下，非人力费用同口径较上年增幅9%，控制在机制化配置总额之内。费用结构也向重点业务调整。

（四）资源配置进一步向基层倾斜，针对一线员工加大普惠安排

增加安排艰苦边远地区专项津贴、提高体检费配置标准、提高补充医疗保险人均标准并推进

全行统一购买商业保险、实施置装费“范围、标准和频率三统一”，并保障政策按标准在二级分行及以下普惠落地，切实增强了员工获得感，调动了员工积极性。

（五）积极落实脱贫攻坚部署，持续开展精准扶贫工作

安排善融商务专项扶贫费用3000万元，扶贫专项固定资产支出4864万元。做好金融精准扶贫总分行结对帮扶，完成贵州扶贫效果评估和督查工作。

（六）对海外机构引导关注合规和风险管理，对子公司持续完善差异化绩效挂钩机制

进一步明晰海外机构经营以“稳健发展”为主基调，业务发展应与合规和风险管理能力匹配，资源配置加大合规投入和重点地区发展投入。保持子公司差异化绩效挂钩机制稳定的基础上，对配置参数和配置政策进行滚动调整，同时强化行业对标，引导子公司实现价值创造。

四、突出企业级定位，完善绩效考核体系，不断提升考核科学性和精准性，引导全行可持续发展和稳健经营

（一）绩效考核突出企业级定位，加强考核机制传导

绩效考核办法全行统一，考核指标设置也体现企业级定位。加强分行考核办法审批管理和日常指导，重点把关分行办法对全行战略的传导和对外部监管要求的落实；定期发布分行考核数据，追踪经营情况，便于分行分析各项指标在系统内和同业中的比较优势和差距，督促分行全年经营目标顺利实现。海外机构配合“一行一式”重检，在分类管理的基础上进一步突出“差异化”考核。子公司KPI考核方案继续保持总体框架不变，为子公司经营发展提供相对稳定的政策环境和管理预期。

（二）强化全面风险考核，夯实可持续发展基础

加大中收指标考核力度，突出对交易性业务的考核导向。加大集团全量资金增长指标考核力度，继续推进集团综合化发展，同时强调核心存款重要地位。考核户均移动支付交易额增长，进一步引导抢占移动金融先机。风险指标与全面风险管理评价方案衔接，覆盖全面风险管理、信用风险、市场风险和其他风险。海外机构考核，进一步加大KPI考核中风险合规和规范化管理指标权重，并将海外机构全面风险评价结果对接年度KPI风险管理考核。

（三）落实外部监管政策，促进全行合理合规竞争发展

根据银保监会监管要求，不再设置存款竞争力相关指标，明确分行等级行评定降等及KPI“一票否决”处理等违规情形，专项设置“社会责任”加分项指标，强化监管要求落实。积极配合监管机构各项检查，跟踪监管通报情况，积极整改落实监管机构提出的考核办法整改意见。

（四）积极配合财政部绩效评价工作，评价结果优秀

财政部确定建设银行2017年绩效评价得分为91.09分，四大行第一，评价结果为优，评价级别为A类AAA级，较2016年AA级评级提高一个级别。

五、持续优化费用结构，进一步提升成本效率，全面提高成本管理整体能力和竞争力

坚持按照机制化、标准化和规范化的总体要求，推进精细化管理，持续优化费用结构，进一步提升成本效率。2018年集团成本收入保持相对同业成本竞争优势。

（一）全行业务管理费符合预期安排，成本管理取得良好效果，费用结构进一步优化

定额类费用总体基本实现零增长，专项管理类费用总体增幅与利润增长基本匹配。其中，招待费继续严格管控，持续下降；积极支持三大战略实施和定点扶贫工作开展，广告费、宣传费、会议费和差旅费同比有所增长。

（二）持续深化成本管理，提高基础管理能力和综合服务支持能力

持续推进房屋租赁精细化管理，发布加强房屋租赁规范化管理的要求。持续推进外包有序规范管理，继续将外包服务费作为管控类费用提出管理目标。持续加强钞币运送费管控，制定行际差异化控制目标，并引导分行结合本行经营管理

实际，有效控制费用。

（三）加强综合积分精细化管理，建立积分与业务相互促进的良性循环

发布个人客户综合积分财务处理方案，建立起积分新增与信用卡消费等挂钩的约束机制，实现积分与业务、效益的良性循环，有效控制全年积分成本增长。同时推动综合积分业务系统改造，将积分的成本和盈利影响直接反映到具体经营条线和经营机构，促进业务条线对积分成本的自我约束。

（四）总行本级继续加大成本控制力度，努力压缩无效低效成本支出

总行本级对照厉行节约反对浪费相关制度，梳理各项费用标准，进一步扩大费用定额标准覆盖率，跟踪费用实施情况，有效控制成本支出。完善部门控制费用管理实施方案，进一步明确列支范围、支出标准及内部操作规程。

六、大力探索、推进金融科技在财会领域应用，有效提升全行财会管理能力和效率

（一）大力支持“新一代”系统的建设与推广

推进“新一代”海外系统的建设与推广应用。配合新租赁准则实施，完成租赁资产管理系统开发上线。持续优化和改造综合经营计划系统的流程管理、计划监控、净利息收支预测模型，以及财务分析报表等方面的功能，以更好开展全行计划财务工作。顺利完成延伸性项目投入产出评价平台建设和推广应用工作，优化了公私联动项目的产出评估，夯实了优化资源配置和项目管理的基础。

（二）资源配置探索运用大数据分析手段，统筹管理战略性业务数据

以“新一代”和大数据为支撑，运用“绿树”项目研究成果，通过企业级数据应用平台自动获取和加工大部分战略业务指标的数据，为进一步分析研究、资源配置优化等奠定良好基础。

（三）转变管理会计职能，提升管理会计工具对业务决策和前瞻性经营判断的支持作用

运用大数据手段，加强业务分析，促进管理会计由数据展示向数据分析应用转变。尝试从财务数据向业务数据延伸，获取有效经营过程数据并形成简要数据报表。

（四）积极响应金融科技战略，全力推进员工差旅自助服务项目建设

搭建由出差审批、商旅预订、费用报销三大模块组成的线上操作平台，实现基于互联网的差旅预算控制、事财审批、标准过程管控、集中支付、直联核算和事后数据分析，改善员工差旅体验，提升财务管控能力。PC 和 APP 端已于年中同步释放出差申请审批及费用报销等功能，并在福建、厦门市分行成功试运行。

（五）将机器人技术应用于定期财务报告和决算报表，实现数据加工处理、核对等编制流程的自动化

财务报告实现利用机器人技术合并财务报表和各项附注底稿、报告上数、四套报告一致性核对、重大差异波动分析等的自动化编制，决算报表实现了包括数据加工、数据审核及软件填报等主要编制流程自动化。

（六）引入科技手段和数据分析方法，补强财务穿透监督职能

利用“绿树工程”项目成果，在全行开展非现场模型疑点核查工作，扩大了财务监督的覆盖面，加强了监督的穿透性，有效遏制了基层机构制度执行不到位的问题。借助新一代系统解决待结案诉讼费长期挂账问题。通过新一代业务交易驱动核算手段，协同资产保全业务模块优化，推动待结案诉讼费业务流程全部由系统承接，解决长期手工核算、挂账难清的问题。

七、持续优化财会制度、流程及手段，夯实规范化管理基础，提升对经营发展的服务支持能力

（一）持续完善集团财务及会计制度，不断提升财务管理规范化水平

持续更新优化各项财务制度，同时全面启动梳理海外机构现有制度、流程，提升海外机构财会制度规范化水平。不断加强集团化会计制度建设，构建适应交易核算分离的会计制度体系。

（二）加强对分行、海外机构及子公司的财务监督管理，进一步提升集团财务规范化水平

牵头全行贵金属租借业务的调整和账务核对工作，并在年终决算中进行了相应部署，力求将

贵金属对账工作常态化，有效防范风险。持续规范境内外系统内往来核算，加强核算事前、事中、事后全流程控制。加强海外机构和子公司监督管理，进一步提升集团规范化水平。

（三）发挥财会管理专业职能，积极参与业务发展研究、支持业务发展

开展移动支付变化背景下业务模式及财务应用的专题研究。参与公私协同利益分享工作，研究制订重点协同分享项目的利益分享方案，促进公私协同发展。坚持推进全行税务管理精细化、规范化，着力控制税务风险，引导业务部门逐步树立纳税合规意识，增强税务风险控制能力。加强估值结果分析及应用，为业务管理和决策提供支持。全面完成网点考核利润计量系统推广，解决网点考核数据“最后一公里”问题，支持网点考核利润计量多样性、灵活性调整需求，搭建了基层机构考核利润计量数据平台，帮助基层机构识别业务价值点、分析业务成效，从底端和前端助力提升业务发展质量。

八、加强财会基础信息管控，紧抓财会队伍建设，促进财务报告质量和效率双提升

（一）统筹做好会计准则转换工作，确保准则转换平稳，集团同步有效实施

发布了新租赁会计准则科目调整及会计核算规定，对租赁业务的确认、计量、变更和相关信息的列报做出具体规范。制定了完备的新旧准则账务结转方案，在全球范围内成功实现新准则统一落地实施，确保了集团2019年财务报告能够满足会计准则、监管规定和相关披露要求。

（二）加强会计信息质量控制，确保会计信息的准确性

进一步优化了财务数据监控系统功能，加强总账监控与行长日报等报表审核的衔接、联动机制，持续做好总账数据的动态监控，保证了会计信息的准确性。

（三）修订选聘外部审计师工作规程，协调外部审计师选聘，顺利完成过渡轮换工作

根据财政部相关规定，对选聘外部审计师工作规程进行了全面梳理，拟定了新的选聘外部审计师管理办法并经董事会审计委审议通过。按照管理办法，协助顺利完成外部审计师选聘相关工作及过渡审计前期相关工作。

（四）积极开展财会专业队伍建设，提升新时期队伍的专业素养和履职能力

组织4期集中培训班，培训内容丰富、形式多样，注重理论联系实际，取得了较好的成效。同时，通过在总行跟岗培训等形式，加强分行财会人员的综合能力培养；坚持财务报告集中会审制度，并推广至海外分行及子公司，促进了报告团队成员真正做到学懂、会用，全面提升分行报告团队成员的综合能力。

执笔：王坤

股权与投资管理

一、主动作为、强化统筹，深化集团并表管理

（一）探索建立并表管理有效性评估机制，圆满完成自评估

探索建立并表管理有效性评估机制，组织总行相关部门开展评估，深度掌握总行部门对子公司、子公司对下属机构各层级管理的大量翔实资料，摸清建设银行并表管理能力现状，识别薄弱环节，确定改进重点，制定工作任务并按计划推进落实。

（二）首次实施集团并表管理咨询项目，推进相关系统建设

针对并表管理暂无系统支持、手工报送、多头报送的情况，牵头整合系统建设需求，对总行

主要并表管理部门 IT 系统对子公司覆盖情况、对子公司数据需求及子公司系统建设情况开展调研，以此为基础设计了系统主要功能模块，规范子公司公司治理的流程管理。

（三）落实“穿透式”监管要求，强化子公司附属机构管理

一是提高集团股权投资信息管理精细化水平，按季公布的并表机构范围调整穿透至集团最底层全部附属机构。二是督促子公司建立逐级并表的管理制度体系，突出公司总部管理责任，建立全面内部授权体系等。三是按监管要求压缩集团股权架构层级，对子公司缩短股权层级提出规范性要求。

二、加强战略管理，引导支持子公司向高质量发展转变

（一）建立编制子公司三年滚动商业计划机制，强化战略引导子公司

组织子公司对现行发展规划进行重检评估，建立编制三年商业滚动计划机制，引导子公司发展更加契合整体定位和高质量发展要求。新编制的三年滚动商业计划，根据子公司发展阶段明确差异化发展策略，丰富了集团对子公司战略管理体系和工具。

（二）持续优化子公司考核机制，促进子公司向高质量发展转型

针对部分子公司经营发展主要依赖“铺摊子、做规模”业务结构不合理、资本回报不高等问题，研究提出子公司 KPI 考核建议。考核导向上，引导子公司回归主业，优化业务结构，突出子公司策应集团战略要求，将落实集团管理要求、落实并表管理要求等情况纳入考核。

执笔：王楠

公司业务

一、秉承战略要义，拓展对公业务边界

（一）链动双小，普惠升温

一是以网络供应链业务为抓手，打造普惠金融战略重心。已累计向 3.3 万家企业发放 5385 亿元网络供应链融资，其中本年累计投放 1843.06 亿元；贷款余额 916.83 亿元，新增 672.40 亿元，其中，带动普惠金融贷款新增 215 亿元；带动普惠金融客户新增 8563 户。网络供应链合作平台突破千户、达 1184 家。二是聚焦社会痛点，同业首创“民工惠”业务。以供应链金融为抓手疏通产业链梗阻，实现农民工工资实名制、零拖欠、精准到账，有效解决“农民工讨薪难”的社会难题，已有 24 家一级分行相继开展该业务，共为 6423 位农民工发放工资 5508 万元。三是制定下发支持民营经济指导意见，推出以“五个优先、四个强化、四个保障”为主要内容的“组合拳”，加大优质民企支持力度，民营企业贷款余额 1.72 万亿元，占比 28.67%，增速 9.1%，高于国有企业 3.39 个百分点。

（二）平台经营，科技制胜

一是成功上线对公智能撮合平台。针对客户“余”“缺”需求，进行在线智能撮合，为平台企业打造互利互惠、互通有无的经营生态圈。已上线 PPP 项目、国企混改、融资租赁、投资融资、金融扶贫、资产转让、旅游投资、节能减排及文化产业等 9 个子平台，自 6 月 23 日上线以来累计发布需求 20 万余条，撮合成功 8000 余条。二是深化智慧服务应用。研发对公客户画像、客户精准挖掘、集团客户识别、精准扶贫、商机定位、好客户识别、ASTER 资金链路及重点客户公开信息推送等 8 个总行级项目，已在全行或部分分行

2018 年 9 月 30 日，建设银行与紫光集团举行全面战略合作签约仪式。

推广应用；研发手机 APP 对公条线移动办公，推动财务报表智能识别转换工作；会同房金部打造个税及薪酬管理云平台，锻造普惠金融利器。

（三）创新模式，扬帆蓝海

公司住房租赁贷款累计发放 159.74 亿元，支持住房租赁企业 81 户，贷款余额 153.64 亿元，所支持项目涉及租赁房源 8 万余套。金融支持住房租赁模式荣获《银行家》杂志 2018 年“十佳金融产品创新奖（对公业务）”。

（四）培育能力，交易提速

一是对公中收连续七年四大行领先。按照四大行可比口径，实现公司中间业务收入 370 亿元，四大行占比 30.1%，四大行第二；其中，公司部牵头中间业务收入 207 亿元，占比近 63%。二是五项产品收入四大行领先。单位人民币结算、境内保证四大行第一，银团贷款、承诺业务、代收代付四大行第二；全行牵头银团贷款 142 笔，同比增长 24 笔，牵头总金额 3814 亿元，同比增长 603 亿元，参加银团 81 笔，参贷金额 855 亿元；三是对公信贷资产证券化破零，成功发行信贷资产支持证券 508.55 亿元。四是移位再贷 1.27 万亿元，超额完成年度计划，信贷结构持续优化。五是以票据周转提升收益水平，实现贴现业务收入 63.12 亿元；贴现收益率 4.68%，同比提升 1.34 个百分点。

二、深耕客户经营，焕新对公客群体验

（一）账户继续领跑同业

人民币对公结算账户总量达到 944.78 万户，四大行首位，新增 150.41 万户，增量、增速连续七年保持四大行第一。基本户总量 705.2 万户，新增 120.09 万户；基本户占比为 74.64%，较年初提升 0.98 个百分点。

（二）拓客活客成效显著

公司机构客户总量 573.02 万户，新增 95.16 万户，增速 19.91%，增量、增速四大行第一。有效客户 255.29 万户，新增 46.41 万户，计划完成率 264.57%；加权后有效客户 1051.99 万户，新增 108.96 万户，计划完成率 215.98%。信贷客户大幅增长。信贷客户 46.75 万户，新增 20.56 万户；其中，有贷户 45.68 万户，新增 20.92 万户，四大行第一。智能平台批量获客初见成效，6 月 23 日上线半年累计注册客户 15 万户。

（三）客户营销成果丰硕

与吉林、广东、沈阳、贵州、深圳、大连、甘肃等省/市领导高层会谈；与小米、新希望、连云港港口、科大讯飞、捷豹路虎、特斯拉等企业深化合作。造价咨询服务在雄安新区连中三元，成功入围中央军委后勤保障部财务局军队工程抽审服务，入选中央国家机关、中远海运等重要客户造价咨询机构库。企业年金央企中标率市场第一，成功中标中国黄金、中国铝业、三峡集团、中国林业等多家央企。

（四）客户管理规范精细

完善客户信息，对公客户信息完整率大幅提升至 92.67%，CRS 信息采集任务完成率为 99%。强化头部客户精细化管理，累计为 568 家总战成员企业调整客户标识；梳理 41 户总战客户集团关系树、额度分配和使用情况。实现系统支持集团客户关系树的梳理与识别功能，开展综合授信额度 50 亿元以上的重要对公客户集团关系树梳理。规范审计机构管理，完成对公客户合作会计师事务所名单初始化工作，上线专业管理系统，实现精准控制信用评级特例事项调整。

三、释放金融活水，助力实体经济发展

（一）资源倾注实体经济

支持“一带一路”、粤港澳大湾区、京津冀、长江经济带、雄安新区等国家重大战略执行，基础设施领域贷款余额为 34681.71 亿元，新增 1321.77 亿元，增幅为 3.96%。规范稳妥拓展 PPP 业务，贷款余额 1145.99 亿元，新增 573.77 亿元；积极布局先进制造业领域，战略性新兴产

业贷款余额再上台阶、达到3856亿元。绿色信贷余额突破1万亿元（1.04万亿元），新增730亿元。加大项目储备，公司机构客户贷款储备92495亿元；其中，审批通过未签约和签约待投放两个阶段储备额为37793亿元，新增4052亿元。

（二）多层次助力脱贫攻坚

召开2018年全行扶贫工作会议，制定2018年金融扶贫工作计划；牵头制定《金融扶贫跨越2020行动计划》，上线“区块链金融精准扶贫平台”；指导分行推进安康一区三县重点扶贫项目；创新“跨越2020——N+建档立卡贫困户”产业扶贫模式，精准扶贫贷款余额为1751.59亿元，新增258.94亿元，增速为17.35%，高于同期各项贷款平均增速。涉农贷款余额为1.76万亿元，新增199亿元。

（三）调控领域压降有序

监管类平台贷款余额为1309.26亿元，比年初减少398.99亿元。产能严重过剩行业信贷余额为1540.98亿元，较年初减少33.79亿元；贷款余额1201.09亿元，较年初下降57.36亿元。全年共退出262.42亿元，信贷退出计划完成率203.5%。房地产开发贷款质量显著提升，余额为3493.72亿元，新增518.03亿元；其中，一线、二线城市房开贷余额占比为86.46%，比年初提升为1.32个百分点；不良率为1.12%，比年初下降1.11个百分点，降幅达50%。棚户区改造贷款余额为1032.6亿元，新增579.25亿元，增幅为127.78%。

（四）表外结构持续优化

银行承兑汇票、境内保证及贷款承诺三项产品余额1.88万亿元，新增2106.18亿元，增幅为11.19%。其中，电子承兑汇票、非融资性保证、可随时无条件撤销业务占比持续提升，占比分别为98.56%、96.97%、53.96%，分别比年初提升8.41个、0.88个、40.91个百分点。

四、夯实业务根基，扬帆高质量发展

（一）企业存款稳健增长

人民币对公存款日均余额为8.38万亿元，新增3452亿元，计划完成率为101.53%，新增四大行第二；付息率为1.25%，连续五年保持四大行最低；对公商户稳存作用突出，对公商户客户总量77.8万户，新增24.9万户，其中高贡献度对公商户客户新增4.75万户，计划完成率为125.1%；对公商户结算账户存款日均余额为9122亿元，新增1614亿元，计划完成率为100.9%；系统化网络化吸存卓有成效，雷达系统应用持续深入，累计推送商机近28万户，在M1同比增速大幅下降的背景下，对公活期存款占比66.1%，比年初提升0.5%，发展基础进一步夯实。

（二）队伍建设不断夯实

提升队伍素质，全年共举办22期培训班、完成1509人次培训。开发完成《公司战略》中高级客户（产品）经理岗位培训教材，努力为“三大战略”实施和对公业务高质量发展筑牢培训基础和人才保障。总结先进经验，开发17门百佳客户经理优秀案例课程。创新研发对公信贷业务英文海外培训课程，送培训到海外。组织完成印尼子行大中型客户业务线职责、团队和业务流程等帮扶任务，提升子行大中型“走出去”客户业务承接能力。全力配合建行大学客户关系研修院筹建工作，积极参与建行研究院课题。

五、坚持创新驱动，焕发业务发展生机

（一）产品供给迭代更新

全年公司条线共完成超过50项创新，包括“智享+”产业级共享金融平台、单位特色存款2号产品、投标快保、“境内保证互联网查询”服务等。完成“善行城建”主品牌及子品牌设计，启动“FINDUSTRY”品牌设计。下发《公司业务产品创新与全生命周期管理办法》，完成产品重评估。

（二）产品服务屡获佳绩

一是全年在行内外的各类评比中荣获十余个奖项。其中，在总行首届创新马拉松活动中，“存房通”和农民工普惠金融服务平台均获二等奖；与分行联合创新的“智享+”智能共享项目、“工程宝”工程资金管理云平台项目双双获得一等奖。《利用工商新注册企业模型推动客户账户提升方案》荣获“新一代”案例评选二等奖，并在2018年青年创新创效大赛中荣获第二名。在《中国银行业》杂志社主办，中国银行业协会银团贷款与交易专业委员会组织的2018年银

团贷款业务评优活动中，荣获银团贷款“最佳业绩奖”“最佳管理奖”和“行业贡献奖”三项大奖，五个牵头银团项目荣获“最佳项目奖”，管理发展类获奖情况位列同业首位。“跨越2020—N+建档立卡贫困户”产业扶贫模式，荣获“2018年新浪财经金融企业扶贫创新奖”“优秀扶贫带头人”。二是获得有关部委高度认可，市场影响力显著提升。当选亚金协产业金融合作委员会第一届主任单位，发布《全球产业金融观察报告（2018）》。会同小企业部成功申报农业农村部“金融科技在农村金融领域的创新应用”课题，获得金融支农服务创新试点资格及中央财政资金支持。与工信部开展技术改造重点项目三方联动试点工作。荣获中国电子信息行业联合会“最佳产融合作示范银行”。

六、发挥基石作用，业务协同纵深推进

（一）协同联动建章立制

印发《中国建设银行协同发展指导意见》，构建以《指导意见》为纲领性文件，公私协同、母子协同、区域协同、境内外协同等四大领域制度为基石的“1+4”协同制度体系。印发《中国建设银行对公业务协同机制流程化工作方案（2018—2020年）》，提出未来三年协同机制建设的总体思路、发展目标和主要工作。印发《京津冀地区对公客户协同营销及行际分配指导意见》，科学计量协同成效、充分调动各方积极性。

（二）业务协同提质上量

ETC电子标签数量超过2200万个，业务覆盖28个省、34家分行，其中，ETC中高端客户较年初新增40.2万个，计划完成率为118.74%；新增信用卡客户137万户；代发工资个人有效账户9716万户，累计代发金额38061亿元，同比新增4215亿元，计划完成率为137.07%。与建信租赁、建信信托、建信资本、建信期货、建信人寿、建信养老金、建银咨询实现联动超2500亿元。推进珠三角联动项目340个，京津冀联动项目达83个，累计批复授信金额1272亿元；同时率先实现对京雄城际铁路项目的融资支持；在雄安新区注册企业、新注册企业、央企基本户开户率均居同业第一。组织召开“粤港澳大湾区合作发展座谈会”，助力国家战略落地。

七、强化预判研判，分析指导及时有效

（一）热点难点及时解读

密切关注中美贸易摩擦，开展相关客户风险排查，形成《关于中美贸易战对我行客户的影响分析的报告》。加强政府类业务管理。开展政府类业务调研工作，完成《关于财金23号文对我行政府类业务影响分析及政策建议的报告》等报告4篇，提出政策建议。积极应对房地产政策变化。完成《关于结合宏观经济形势对当前房地产市场形势进行分析判断的报告》，预判下一步政策形势和市场走势。强化对公存款管理。完成《对公存款发展情况及稳存增存工作措施建议》等报告3篇，为业务管理提供参考。继续推动IIPI客户指数发布及应用。

（二）条线指导精准有效

全年共起草20余份营销指引/指导意见，包括重点普惠金融业务、网络供应链普惠金融业务、乡村振兴综合金融服务等各业务领域。对总行规章制度进行全面重检工作，涉及废止规章制度76条，新增规章制度41条，修订规章制度21条。

八、强化合规经营，资产质量稳步提升

（一）合规管理全面加强

部署条线内控合规工作，下发年度内控合规管理工作指导意见，召开全行视频培训会、举办专题培训班。提升条线反洗钱管理水平，下发《公司业务反洗钱工作要点》，开展条线反洗钱培训，配合反洗钱工作要求、落实条线职责。强化员工行为合规管理，下发《近年客户经理严重违规典型案例》，开展全行CP系统岗位角色配置及使用情况排查及整改工作。

（二）风险防线持续加固

持续做好对公信贷内控名单管理工作，扩展名单范围，合理下放管理权限，提高内控名单管理工作效率及名单管控力度。优化大中型信贷客户“体检”指标，继续做好“体检”工作。做好重点风险客户管理，执行相关债委会、协调机制委员会相关工作，守住风险底线。密切跟踪监测相关领域风险，以及对公业务媒体舆情，确保及时有效应对。担保机构业务管理优化，政府性担保公司占比比年初提升1.3个百分点，担保机构

综合授信系统管控功能上线。

（三）认真落实监管要求

积极配合审计署2018年防范化解重大风险和政策落实情况审计、经济责任审计相关工作，积极沟通，高效反馈，认真整改，全年共计处理审计需求160余份。积极配合外汇局、普华永道、安永等外部审计工作。严格落实监管要求，落实监管会谈、监管通报、深化整治市场乱象工作等相关要求，做好沟通、自查及具体问题整改工作。充分利用各专项审计报告、审计简报等内审成果，加强管理，及时补足管理短板。

（四）资产质量稳步提升

对公贷款逾期率为1.78%，逾期余额为1208亿元，控制在计划范围内；对公不良贷款额为1379亿元，不良率为2.03%，比年初下降0.2个百分点；逾期不良剪刀差为负，优于同业；关注类贷款额、关注类贷款率分别为1957亿元、2.88%，持续“双降”①；表外垫款余额为45.34亿元，比年初减少4.15亿元。同时，积极推动“30大”项目风险化解，部门牵头7个项目信贷余额较年初下降13.66亿元（均为现金回收）。

执笔：郭芳辰　彭湛　董源

战略客户业务

一、主要工作业绩

（一）各项业务指标保持良好增长

战略客户业务条线牢固树立全行整体利益最大化的价值观和大局观，通过跨部门、总分支、母子协同联动，着力打造综合业务和协同联动平台。截至2018年末，战略客户部管辖客户贷款余额为18125亿元，较年初增长1259元；存款日均余额为62889亿元，较年初增长94亿元；全年实现主营业务收入316亿元，增速为8.15%；其中中间业务收入35亿元，增速为16.38%；拨备前利润246亿元，增速为6.51%；本外币不良贷款余额为25.7亿元，不良率为0.14%，远低于全行对公贷款不良率水平。

（二）海外重大项目经营稳健发展

深刻领会并严格落实总行党委海外项目稳健经营要求，抓住“一带一路”建设和国际产能合作两个主题，以央企、国企海外投资、并购重组为重点，做好优质企业“走出去”服务工作。2018年，全行新增签约海外项目190个，签约金额236.7亿美元，海外项目经营继续保持健康发展的态势。累计为29个“一带一路”沿线国家的117个重大项目提供了金融支持，签约金额207亿美元。

2018年，为适应监管政策及市场变化，更好地服务“走出去”战略及“一带一路”建设，总行先后下发中信保项目险贷款、出口信贷再融资业务、日税租赁飞机融资、境外筹资转贷款操作规程及国际银团贷款业务营销指引，持续规范完善和创新发展国际融资产品体系。跨境并购融资方面，新签约项目21个，签约金额27.6亿美元，完成紫金矿业收购加拿大Nevsun、万科收购普洛斯、南方电网收购智利电网等多个重大项目，在2018年亚太区（不含日本）并购市场簿记行排名第二、委任牵头行排名第六。出口信贷与跨境项目融资方面，余额达到26.47亿美元，较年初增长28%；实现利息收入1.05亿美元、中间业务收入0.42亿美元，较上一年度分别增长50%和

① 数据来源于CMIS。

2018 年 5 月 21 日，建设银行在总行大楼召开重点分行战略推进座谈会。

28%；创新“中信保直通车”和“建信融”产品并成功实现项目落地。飞机融资业务方面，新签约爱尔开普公司飞机资产包、芬兰航空日税租赁、Goshawk 航空租赁公司飞机资产包置换等项目 26 个，涉及总投资 37.6 亿美元、飞机 53 架；首次推出日税租赁飞机融资业务，利用日本独有的税务结构有效降低航空企业成本，在英国《航空金融》杂志首届“中国航空金融和租赁奖项”评选中独家荣获“亚洲金融年度交易”大奖。转贷款业务方面，充分发挥资金价格优势，积极“扩流入”，降低企业融资成本，截至 2018 年末，业务余额达到 835.9 亿元人民币，覆盖 29 家境内分行和 11 家境外机构。

二、主要工作措施

（一）深入践行“三大战略”

1. 普惠金融。积极探索央企电子平台、核心企业供应链、资金支付数据、经销网络拓展普惠金融等多个业务模式，构建数据化风控体系，解决央企上下游小微企业融资贵、融资难的痛点难点问题。依托大客户电子平台拓展普惠金融，与国家电网公司开展合作，基于其电费收缴融资、预存电费理财等业务场景，研发“云电贷”“智慧理财”等产品；对接联通“沃易购”平台开发“沃 e 贷”产品，实现经销商线上融资，为平台上 2300 户个体工商户累计发放贷款 1.8 亿元。依托核心企业供应链平台拓展普惠金融，以“e 信通”为例，截至 2018 年末，开展该业务的央企核心企业共 304 户，拓展普惠金融客户 5354 户，贷款余额为 116.7 亿元。依托大企业资金支付数据拓展普惠金融，选取 128 家央企及全球客户下属核心企业 5346 户，通过资金支付数据挖掘，整理出普惠金融 6124 户目标客户名单并已下发各分行，作为重点客户群开展营销活动。依托客户经销网络拓展普惠金融，为烟草经销商提供线上“平台快贷 + 智慧理财”产品，全年新营销下游经销商近 4 万户；与铁路总公司合作，推出“站商惠”金融服务方案。

2. 住房租赁。抓准央企及全球客户在长租房建设、购置、租赁、运营及员工住房方面的需求，利用其在土地、房源上的优势，探索创新服务模式，开展业务营销。截至 2018 年末，已与保利、招商局、中建、宝武、中粮等 14 家客户签署住房租赁业务合作协议，投放住房租赁贷款 20 笔，余额为 47.5 亿元。

3. 金融科技。充分发挥科技优势，积极探索系统输出、平台对接、数据共享、资源互换等模式，构建新型银企合作关系，2018 年推进中资企业“走出去”新型银政企综合服务平台、中石化银企直连代发工资项目、国网电商平台、烟草经销商平台、核链云贷供应链快贷平台、海外项目信息管理平台等科技项目 23 个。

（二）着力深化综合服务

1. 深耕实体经济，服务重点领域。按照“增强服务国家建设能力”的要求，主动强化服务实体经济的使命感和责任感，将资源向符合国家重大战略的重大基础设施、高端装备制造等重点项目倾斜。基本建设贷款全年新增 395.82 亿元，有力支持和服务实体经济发展。全面助力央企深化改革，深入挖掘业务机会，创新银企合作模式。积极支持央企市场化债转股，与铁路总公司签署 500 亿元铁路债转股框架性协议并中标首单市场化债转股项目——厦深铁路项目，积极推进与电建、宝武、中旅、国新、兵工等客户的债转股合作。支持央企混改，参与中石油 1000 亿元混改基金并出具 200 亿元投资意向函，为中茶第二期员工持股计划提供员工持股融资，借助“国改通”等产品为电煤央企混改做好金融服务与支持。服务雄安新区建设，从源头上抓营销商机，大力营销在新区注册成立 32 家央企客户，目前已有 31 家开户，其中 23 家开立基本户。

2. 搭建服务平台，优化综合服务。2018 年，总行组织对已实施的98个综合金融服务方案完成重检及更新制定，对新纳入总战名单的75个客户分批启动方案制定工作。在现有总行版基础上，创新开发分行版（客户版）综合金融服务方案系统，将对公、对私、子公司的近300个产品通过系统实现与客户需求的自动适配。完善综合利益调整机制，2018年调整现金管理网络存款收益为20.97亿元、现金管理服务费收入为1468.09万元，涉及15576个网络、8471个经办机构、网络沉淀存款日均1484.65亿元；开发上线现金管理网络综合利益调整系统，实现调整工作全流程自动处理，并将调整频率提高至按月，调整结果直接下沉至经办行，更加有效调动基层机构服务积极性。

3. 强化协同联动，提供多元服务。进一步强化"集团作战"模式，持续推进"一点接入、联动服务、综合解决"的营销服务模式，满足大客户综合性、多元化需求。一是对公联动保持强劲。投行业务方面，盘活存量贷款，实现所辖客户信贷资产证券化合计205亿元，全年完成债券承销2145.5亿元；养老金业务方面，成功中标中国黄金、中国铝业、中国烟草等客户多项年金业务，所辖客户托管资产净值达到1248.2亿元；现金管理方面，搭建现金管理网络107个，新签约账户290个；金融市场业务方面，投资客户各类债务融资工具余额合计1942.7亿元，办理黄金租借业务44吨。二是公私协同渐入佳境。创新网络金融服务，依托央企拓展下游个人客户，完成中石化加油站、中石油燃气站聚合支付系统上线，帮助金币总公司等客户入驻善融商城开展电子商务合作；创新代发工资服务，全年所辖客户代发工资业务达到633.98万户，同比增长8.96%；持续推广信用卡业务，为建筑业央企发行联名卡1.4万张，继续推动与湖北供销社"裕农通"业务合作，累计发行"裕龙卡"285万张。三是母子协同亮点纷呈。全年落地母子协同项目51个，涉及资产证券化、境外发债、住房租赁、股权投资、PPP项目建设、融资租赁、市场化债转股、股权投资等，业务量超过500亿元；联合6家子公司编写完成《"央企改革·联动赢"系列产品营销服务手册》，有效解决央企混改、降杠杆、提质增效等方面的痛点、难点问题。

（三）稳健经营海外项目

1. 强化总行牵头经营管理。由战略客户部专业团队牵头，为企业提供融"融资顾问、承诺函、文本制定、银团筹组与分销、贷款代理、资金汇路安排"为一体的全流程综合金融服务。2018年，总行牵头完成紫金矿业并购、孟加拉吉大港超临界燃煤电站、中粮国际示范性银团等重大项目，全流程牵头经营能力持续提升。以国际银团等重点经营产品为依托，积极拓展境内外市场营销渠道，成功获任亚太区贷款市场公会（APLMA）中国委员会主席行，为参与国际竞争营造良好商业合作环境。

2. 发展融智型、交易型轻资产业务。持续攻坚财务顾问业务。在提供融资业务的同时，按"融资+融智"导向努力参与海外项目财务顾问业务，总行2018年跟进财务顾问项目10余个，已签约隆新高铁等项目4个，开展并购标的推荐、交易撮合、拟订项目工作计划、选聘第三方顾问、组织和协调顾问、设计投资架构、制订融资方案、搭建财务模型等多个方面的工作。提升国际银团的牵头筹组和分销能力，业务重点由以自身持有大份额为主向交易型银团转变，2018年在香港、澳门银团市场簿记行排名第三、委任牵头行排名第五；海外融资中心自成立累计签约银团贷款75笔，实现手续费收入3.93亿港元和利息收入7.28亿港元，轻资产交易型业务的收入比例上升较快。

3. 创新搭建"走出去"新型银政企综合服务平台。平台通过满足政府政务电子化需求，为企业提供"走出去"政策、项目信息等统一窗口及专业咨询顾问服务，实现批量获客。湖南省分行试点上线后，2018年国际业务重要指标当地同业第一，国际收支量增速历史首次跃居系统第一，成效显著。目前已确定6家推广分行。

（四）推进风险合规管理精细化

1. 强化风险防控。持续开展央企客户分类管理及风险排查工作，在服务央企中坚持"有所为有所不为"，将央企回归市场一般主体地位，进行独立、客观判断。2018年组织开展央企客户专项风险排查工作，分析提炼央企客户18项主要风险点，针对4665家存量央企有贷客户开展专项风险排查，形成高风险、中风险客户名单。加强央企客户风险分层管理，制订综合金融服务方案，充分结合风险排查工作成果，明确经营策略、产品配置和风险防控等工作要求；针对包括“30大”在内的高风险客户，逐户制订风险化解方案，推动总对总化解工作；针对中风险客户，总行按月监控变化，并指导分支机构及时采取加固债权等有效措施。截至2018年末，累计化解130亿元高、中风险客户贷款。依托科技支撑加强所辖客户全流程风险管控，配合风险管理部在全面风险预警平台中开发上线了战略客户风险预警独立模块，补充并优化27项集团及单一客户维度预警指标，实现牵头客户经理对成员企业的风险预警和监测，6月末上线以来系统共发现50家红色预警客户，经分析研究后将风险属实的13家纳入高、中风险客户跟踪名单。

2. 深化合规管理。2018年在全行内控合规管理框架下，重点在防范金融制裁风险、产品反洗钱管理、规范制度梳理、配合监管审计等方面加大了工作力度。

执笔：姚颖

机构业务

一、机构存款突破3.7万亿元大关

机构业务有力支撑全行负债，“压舱石”作用突显。截至2018年末，全行机构存款时点余额为37863亿元，在对公存款余额中的占比为45%；日均新增2808亿元，在对公新增中占比达81%，在全行一般性存款新增中占比38%。22家分行的机构存款日均新增在对公中的贡献超过50%，负债贡献持续提升。机构类全量客户27.91万户，较年初新增1.54万户。

二、机构类资产业务及中间业务稳中有进

资产质量不断优化。机构业务条线贷款余额为2490亿元，较年初负增130亿元，主要原因为贷款回收额较大；贷款有效投放1857亿元，贷款不良率仅0.03%，较年初下降0.03%，远低于全行不良平均水平。

中间业务超额完成全年任务。截至2018年末，全行机构类中间业务收入8.12亿元，计划完成率为107%，超额完成全年任务。

三、“九大社会化平台”建设成果丰硕

1. 智慧城市平台建设领先同业，打造政务服务“样板间”。在同业中率先推出“智慧城市政务服务平台”，并发布《智慧城市——中国建设银行政务服务平台白皮书》，受到社会各界广泛关注，人民网等14家主流媒体进行了专题报道，并荣获中国信息协会颁发的“2018年中国政府信息化管理创新奖”、国家发展和改革委员会城市和小城镇改革发展中心颁发的“2018年中国城市治理智慧化优秀奖”。与社科院和国脉智库共同发布了《首届中国营商环境评价报告》，是国内首次由银行机构参与营商环境评价，为智慧政务综合服务体系的构建起到重要示范和引领作用。

总行领导高度关注平台建设工作，并就云南

2018年10月16日，建设银行与中国人民解放军某集团军举行战略合作协议签约仪式。

智慧政务平台建设进行批示：“总行各部门全力支持云南完成此项工作，举全行之力，聚全行之智支持配合”“努力把云南项目打造成全国政务服务的‘样板间’。”

2. 宗教事务管理平台填补同业空白，赢得政策源头认可。领先同业首创宗教事务管理平台并快速全行推广。中央统战部领导及中央宗教工作督察组在浙江、河南调研督导中，对宗教平台给予高度评价。平台实现37家分行全覆盖，其中全省上线6家，整体上线、签约的地市达140余家，区县1200余个。新增宗教对公结算账户1700余户，增速达34%。平台对公获客7.1万户，对私获客459万户；全国共7000余家宗教场所使用平台财务管理；带动电子功德箱覆盖30家分行、600余家宗教场所；黄金积存覆盖861家寺庙，累计50公斤黄金；宗教联名卡发卡1939万张，关联存款1025亿元。

3. 数字化社保建设全线推进，科技助力社保生态体系构建，业务指标再创新高。智慧人社、电子社保卡、失地农民、退役军人、农民工等系统平台成功上线推广。科技能力有效转化为效益贡献能力，客户黏性持续增强，业务外延不断扩展，带动社保存款新增2350亿元，连续两年社保存款新增超过2000亿元，比2017年新增多238亿元。同业首家开发退役军人综合服务平台，并发行退役军人服务卡。国家领导人，中央政法委、公安部、退役军人事务部等部委领导人员均对退役军人综合服务平台进行了考察，并给予高度肯定，在全国产生明显示范效应。成为全国社保基金理事会信息化建设项目主要合作银行，与客户共同设计开发系统规划方案并建设实施。农民工工资系统建设因地制宜，系统覆盖22家分行，归集资金434亿元，服务农民工群体超过290万人，代发工资353亿元。

4. 党群综合服务平台推广迅速，获客效果显著。党群综合服务平台是同业首家完整涵盖党工团日常工作管理及费用收支全流程管理功能的综合服务平台。自8月份上线以来，已实现37家一级分行全覆盖，对公签约7.72万户，对私覆盖1384万人。全行党费账户2.5万户，较年初新增7079户，增速为39.47%；党费存款157.23亿元，较年初新增15.94亿元，增速为11.28%。

5. 安心养老服务平台同业首创，构建智慧养

2018年10月31日，建设银行与复旦大学举行战略合作签约仪式。

老新生态。安心养老平台赢得民政部门认可，依托民政部门在全国范围实现合作。平台已实现全行37家一级分行全覆盖，在全国37个地市、172个区县上线，用户包括全国385家各级民政部门，5652家养老机构、服务商，管理长者数量达500余万，对公获客5600余户，对私获客516万人，APP注册用户突破130万。

6. 军警系统搭建和品牌建设相得益彰，“八一工程”取得新成效。针对部队需求打造“军建安鑫”“智慧营区”“拥军安鑫”三大军队专属品牌，配合系统的建设推广，取得良好的市场反响。同业独家搭建“军建安鑫”业务系统，实现37家一级分行业务全覆盖，签约客户171家；同业首创“智慧营区”综合服务平台，已完成一期上线，开立5个军级账户，带来56亿元存款新增；“拥军安鑫”军人专属服务品牌为80余万军人客户提供“一点接入，全网办理”的线上金融服务，通过手机银行渠道对3亿用户进行集中宣传。

7. 智慧政法项目顺利投产，进一步夯实政法客户基础。作为同业首家总行级政法领域整体金融科技服务平台，为监狱、戒毒所、看守所等提供服刑或管制人员资金统一管理，已在天津、山西、河南、西藏等地监狱、公安共21家客户试点上线，并启动覆盖公安、法院、监察委、监狱、戒毒、看守所等领域的全面推广工作。政法相关领域存款余额856.1亿元，新增91.8亿元，客户数15212户，新增897户。

8. 公益教育综合服务平台逐步推广，社会影响力不断扩大。作为市场上首家完全公益性的教育综合服务平台，提供了新的扶贫渠道和持续性

扶贫方式。目前已与2288个教育局（委）、学校、青少年基金会等签约，上线学校8449户，个人用户1033万户。

9. 校园生活和医疗卫生服务平台完成立项，进入开发阶段。校园生活e码通功能在武汉大学推广；医疗卫生服务平台拟与云南政务平台对接，释放部分线上挂号功能。

四、重点业务领域实现重大突破

1. 独家冠名支持第四届中国“互联网+”大学生创新创业大赛。2018年，连续第四年全面参与并冠名“建行杯”中国“互联网+”大学生创新创业大赛。国务院副总理孙春兰视察“大学生创客秀”和建设银行展区，并出席大赛闭幕式，对建设银行全力支持“双创”大赛给予高度评价和赞扬。四年来，共为赛事投入资金约7000万元人民币，惠及500万大学生客户群体。同时在多地建立大学生创新创业培训基地，为大学生双创提供实习实践、培训指导、融资融信等方面支持。

2. 开辟军队工程建设领域独有阵地。与军委后勤保障部签署《军队工程项目竣工结算审核框架合作协议》，是唯一获此资格的金融机构。目前，累计承接军队工程建设项目投资近400亿元，签约后共参与承接军队工程建设项目164个。

3. 成功中标多项中央级社保项目代理资格，超额完成各项业务指标。成功中标中央单位职业年金计划主托管人资格，托管规模市场份额第一。职业年金归集账户覆盖度同业第一，中央、山东、新疆3个统筹区职业年金计划托管人全部中标；协同建信养老金公司在中央、辽宁、山东、河南、新疆5个统筹区受托人招标中全部中标。中标中央社保卡发卡银行资格以及全国社保基金理事会划转国有资本专用结算账户独家开立资格。率先推出“电子社保卡”，覆盖8个省区，签发量为10274张，签发覆盖地区、签发量均列同业第一。在大行中独家与人社部开展大数据合作，挖掘10亿级社保大数据价值。全行机关事业单位养老保险业务综合增速为13.38%，计划完成率为133.8%，开立机关社保账户3260个，归集资金826亿元，开立职业年金账户1453个，归集资金1330亿元。金融社保卡新增发卡1700万张，计划完成率为144.82%，累计发卡量达到1.2亿张，沉淀个人存款530.22亿元，成为C端获客的重要手段。

4. 军改营销取得突破性进展。把握军改机遇，成功开立军委机关事务管理总局、陆军、空军、火箭军、战略支援部队天军、沈阳联保中心6个代建办账户，市场份额超过50%。成功开立武警部队军级装备账户14个，市场占比达36%。全行新开立团级以上账户205个，其中，师级以上账户140个，较去年多增28个。军人（含武警）住房公积金贷款累计发放量153.63亿元，继续保持同业第一。

5. 与重点客户在重要业务领域开展战略合作。与复旦大学、中国农业大学、厦门大学等知名高校签署战略合作协议；与国家体育总局开展全面合作并签署战略合作协议。落实住房租赁战略，运用B2B2C模式解决北京交通大学自有产权住房租赁管理的痛点，开启了双方全面合作。作为首批合作单位，与财政部及其他金融机构共同设立国家融资担保基金，助力小微企业和“三农”发展，打造普惠金融新生态。与工信部开展“财务共享中心项目”的独家合作。首批实现“财关库银横向联网”项目全国推广。完成山东药品溯源、天津智慧口岸等项目的上线推广，助力全链条高效发展。

6. 民政部、国家宗教事务局、全国总工会等社团三大源头客户实现全面突破。参与全国总工会的工会经费、补助费收缴发放顶层设计流程，并就公有云、大数据及工会会员普惠服务等合作达成共识。帮助国家宗教事务局解决宗教事务信息化滞后等痛点问题，就搭建全国统一的宗教事务基础数据库达成合作意向，带动全行宗教客户拓展。取得民政部社会组织管理局认可，民政E线通从源头批量获取社团长尾客户，现已在19家一级分行推广应用，社会团体、基金会等长尾客户较年初新增活期结算账户1.48万户。将社团业务作为全行普惠金融战略落脚点之一，分别与河南省工商联签署智慧服务平台合作协议，与深圳电子商会、深圳企业文化研究会签署300亿元和50亿元普惠金融战略协议，与苏州民政局联合发布“至善行”慈善品牌。

7. 财税领域合作不断深化。抢抓机构改革机遇，新增中央财政授权支付业务零余额账户450户，新开立税务客户基本户94户。成功中标代理中央财政授权支付业务资格。领先同业推出“慧缴费”社保费税务征缴系统，已有15家分行完成系统上线。独家参与财政部“公务之家”试点，打造“公务员客群生态圈”。首批开展中央国库集中支付电子化试点，完成全部省级、178个市级、460个县级财政国库集中支付电子化上线。

五、产品创新稳步提升

总行“智慧城市政务服务平台”及“善行宗教综合服务平台”2个战略性创新项目的研发及推广工作取得重要突破，同时牵头完成了社保综合服务平台、国家医疗保障局综合服务方案、退役军人事务部综合服务方案、单位委托贷款业务优化、党群综合服务平台和国家税务总局综合金融服务方案6项重点项目创新。推动分行完成128项产品创新、207项移植创新，其中重点项目移植推广163项，列入可移植库的重点产品累计50项。

执笔：张蓓

同业业务

一、2018年度主要经营情况

（一）同业负债情况

同业存款总体平稳，四大行排名第一。截至2018年末，同业存款时点余额为11603亿元，较年初新增490亿元；日均余额为11652亿元。从结构上看，活期存款平稳增长，较年初新增1588亿元，弥补定期存款缺口；定期存款服从全行流动性大局，主动吸收力度有所降低。四大行位次上，人民币口径时点、日均余额均排第一位。

同业条线全口径存款时点余额为13232亿元，较年初下跌1066亿元，主要受支付机构客户备付金集中交存央行影响，第三方支付机构存款下降1765亿元。

（二）同业资产情况

同业资产增长较好，新投放创新高。截至2018年末，同业资产时点余额为7657亿元，较年初新增3072亿元。从结构上看，新增主要得益于流动性资金供给增多，存放同业和票据买返等流动性组合新增3789亿元；同业投资（含委外投资）主动压缩，余额较年初下降1432亿元。同业资产投放规模创新高，累计新发生额为30242亿元，新增6359亿元，增幅27%；新发生资产以存放同业和票据买返等流动性资产为主，占比89%。

2018年1月4日，建设银行行与中国财务公司协会举行战略合作协议签约仪式。

（三）中间业务收入情况

同业条线中间业务收入为18.13亿元，同比下降2.83亿元。分别受同业投资规模主动压缩和证券市场持续低迷因素的影响，代理同业资金清算业务收入、证券保证金存管手续费收入下降较多；代理对公保险、代理信托、同业账户透支业务中收增长较好。

（四）效益情况

效益创造显著增强，全年经营净收入为126亿元，同比大幅增加，主要得益于资产规模增长、利差扩大。

资产负债利差为1.97%，较去年提升62BPs。为全行NIM回升作出贡献。主要受益于竞价机制全面落实和委外估值良好回升。

2018 年 4 月 2 日，建设银行与中信建投举行全面业务合作协议签约仪式。

（五）客户发展情况

一是持续加强重要客户营销，增强合作黏性。推动多次行领导级别高层会晤，与中国银行、国寿集团、上证所、银河证券、中金公司、云南农信联社、中国财协等 12 家重点客户签订全面战略合作协议；与平安财险、太平洋人寿等 10 家客户开展专项营销活动；成为上海清算所跨境外汇交易中央对手清算业务的唯一结算银行、首批清算会员，并荣获“优秀结算成员奖”等六项大奖；荣获中央国债公司 2018 年度“优秀结算代理人”等十项大奖；营销上海保险交易所、中债上海总部开立基本结算账户，中债数据中心开立唯一专用账户；不断深化与重要同业客户的合作关系。

二是持续做好同业客户信用额度的管理工作，为资产业务发展提供授信支撑。同业授信客户总数为 447 家，授信总量为 82319 亿元，用信量为 22483 亿元。其中银行授信客户为 176 家，授信总量为 71551 亿元，用信量为 20411 亿元；证券、保险等非银客户授信 271 家，授信总量为 10768 亿元，用信量为 2072 亿元。

（六）风险内控情况

1. 践行主动风险管理，风险排查不留死角。开展全行范围的中小金融机构风险排查，通过自查、现场检查、季度排查等形式对现行制度、客户管理、专营和非专营业务进行逐项、逐笔排查和整改；对代理信托、券商交易结算资金交收记账等业务进行专项检查，严防操作风险。

2. 推进客户差异化管理，严格执行风险限额。结合客户风险管理政策及合作情况，开展 2018—2019 年度国内金融机构客户风险分类管理和差异化分类管理工作，提高风险识别能力和管理水平。严格执行同业业务的各项风险限额，定期监测，全年未发生重大超限额事项。

3. 重视制度建设，落实合规经营。根据监管要求及业务发展需要，及时修订债权类同业投资、银期直通车、票据质押式回购、CTS、代理信托等多项业务制度；所有同业业务均按照底层资产开展季度风险分类、减值准备、风险预警、资本计量等工作，持续关注实际融资主体风险情况；培育合规文化，积极落实反洗钱等合规工作要求。

二、2018 年度经营亮点

（一）扎实推进同业合作平台建设

框架协议签约数达到 2327 份，超额完成年初计划。稳步推进国开行等五大战略项目，零售智能风控等多项产品成功落地；搭建同业合作平台运营系统并成功上线，为平台产品推进落地提供系统保障；建立平台相关制度，规范发展。

（二）稳步搭建“蓝色共享”生态圈

在广泛调研的基础上设计和开发“蓝色共享”平台，目前实现生态圈会员管理、指标上传、应急流动性支持等功能，开发完成多个独立流动性指标管理工具。

（三）持续深化母子、公私联动

CTS 客户总量为 5206 万户，四大行第一；开展股票质押式回购交易银行专用账户监管服务，与个金部合作推出专属“融信龙卡”，带来大批高端客户；代理信托余额为 206 亿元，同比增长 28%。保险资产托管规模增长良好，托管规模和收入增量、占比提升均四大行第一；代理建信财险保险规模为 7103 万元，同比增幅为 75%；代理建信人寿团险保费规模为 6.15 亿元，同比增长 12%。与建信投资合作，投放 200 亿元债转股资金；配合开展战略性新兴产业基金保险机构募资工作，促成国寿集团、人保集团等 5 家保险机构成为战新基金理事会成员单位。

（四）产品创新提质增效

2018 年同业业务中心获得总行“创新进步奖”，共完成总行战略性创新项目 1 项、总行部门联动战略性创新项目 3 项。其中同业合作平台获批战略性创新项目；此外，完成总行重点产品创新9项，有效推动重点业务发展，包括建信人寿实现同业合作平台实时代收付保费功能首家落地、标志着业内首笔定向降准支持市场化债转股资金正式到位的建信投资债转股专项降准资金对接、建信信托首批落地代理资金信托计划网络金融渠道、创新推出财务公司外汇业务审单咨询服务等。通过创新有效扩展了同业业务的内涵和外延，有力支持全行的业务转型发展。

（五）积极布局“沪伦通”业务

牵头总行相关部门和伦敦分行，共同推进“沪伦通”前期准备工作，与监管机构、交易所、券商等相关方密切沟通，申请“沪伦通”试点存托人资格并已获银保监会同意批复。

（六）进一步完善同业业务系统功能

2018年同业业务系统新上线部分同业投资产品和委外专户产品额度占用功能；手机端新增同业客户交易渠道，实现线上自助询报价；启动同业三期客户管理、风险预警及扩展项目。

（七）成功上线票交所直连系统

配合上海票交所进行系统开发并正式上线，实现票据业务的线上交易、成交单自动生成、系统自动清算和自动会计核算等功能，完成全行票据业务重大基础设施的升级改造。

执笔：李骄龙

普惠金融业务

一、2018年业务发展情况

（一）普惠金融贷款新增翻番，圆满完成战略指标任务

截至2018年末，全行普惠金融战略指标贷款①余额为6728.08亿元，较年初新增2226.91亿元，较上年翻一番，占全部人民币贷款新增的18.2%。

表1　　普惠金融战略指标贷款新增结构

报告期：2018年12月31日　　单位：亿元，%

	年末余额	占比	年新增额	占比
8+1指标汇总	6728	100	2227	100
其中：纯线上模式	1546	23	846	38
信用快贷	1167	17.3	710	31.9
质押快贷	19	0.3	2	0.1
平台快贷	0.4	0.01	0.2	0.01
个人快贷	359	5.3	134	6
其中：线上与线下相结合模式	1632	24.3	1130	50.7
其中：网络供应链业务	238	3.5	215	9.7
其他	3313	49.2	36	1.6
小微传统模式	1356	20.2	-171	—
小贷传统模式	1957	29.1	207	9.3

① 普惠金融贷款：普惠金融战略指标，统计口径为“8+1”，即人民银行定向降准8项指标+单户授信500万—1000万元（含）小型微型企业贷款。

（二）落实监管要求，贷款新增超国有银行新增之和

普惠金融贷款新增达到人民银行定向降准“二档”① 标准。截至2018年末，银保监会“两增”口径普惠金融贷款余额6310亿元，比年初新增2125亿元，增幅高于各项贷款增幅42.62个百分点，新增为四大行之首。贷款客户数119.19万户，比年初新增47.74万户。第四季度普惠型小微企业贷款②平均利率5.29%，较第一季度下降1.08个百分点，完成监管要求。小微企业贷款③不良率2.85%，控制在同期全行各项贷款不良率2个百分点以内。

（三）服务客户领航同业，获客成效显著

截至2018年末，法人小微企业贷款客户数四大行占比67.3%，客户新增四大行占比83.5%。“小微快贷”贷款余额2832亿元，较年初新增1857亿元，当年累计投放5440亿元，服务客户34.2万户。截至2018年末，“惠懂你”APP下载量267.4万次，累计绑定企业68.1万户，有贷款余额客户4.6万户。

（四）资产质量持续向好，不良贷款实现“双降”

截至2018年末，普惠金融战略指标不良贷款余额165亿元，较年初下降35亿元；不良率为2.45%，较年初下降1.97个百分点；当年新发放普惠金融贷款不良率为0.44%。“小微快贷”不良率为0.32%，保持高质量发展。

二、2018年工作亮点

（一）顶层规划设计，理论研究成效显著

制定普惠金融战略三年规划，研究发布普惠金融蓝皮书、小微指数，首次打造我国普惠金融“晴雨表”。

（二）组织服务体系加速完善

在一级、二级分行普惠金融事业部全覆盖基础上，开展基层机构特色化布局，组建了784家普惠金融特色网点，开办小微业务网点占比达92%。

（三）打造服务普惠的“建行模式”，创新成果突出

丰富“小微快贷”产品体系，场景化、定制化设计16朵云贷系列产品。国内银行业首推面向企业端市场的“惠懂你”APP，开创互联网平台式获客模式。建设银行普惠金融“五化”模式和“三个一”体验深入人心。

（四）精准滴灌，创新涉农扶贫模式

创新推出“跨越2020——N+建档立卡贫困户”产业扶贫模式；推动创立建设银行支持乡村振兴服务品牌“善建惠农”；推进智慧乡村平台建设，创新线上产品“农信云贷”“地押云贷”；开发“区块链金融精准扶贫平台”。

（五）服务成效获高层及社会各界认可

李克强总理、刘鹤副总理莅临视察并对小微金融服务工作予以肯定；银保监会发布普惠金融白皮书，列举建设银行“小微快贷”案例；行领导在全国性电视电话会议、国新办新闻发布会上作经验交流，并接受央媒专访；各级媒体报道建设银行普惠金融成效6500篇，唱响“普惠之声”。

三、2018年工作措施与成效

充分发挥普惠金融发展委员会办公室作用，协同相关成员部门共出台20余项政策措施，共下发了157份业务办法、制度及指导意见等文件；准备领导讲话，会议材料，报送国务院、人民银行、银保监会普惠金融及小微企业金融服务成效等综合性文字材料超过150份。

在战略推动和业务发展方面，主要做了以下工作。

（一）完善战略顶层设计，引领业务发展

制定普惠金融战略三年规划，明确“123”发展目标。研究提出普惠金融战略发展思路、重点领域、发展路径，在战略引领下，普惠金融不仅要在小微服务领域持续深耕，还要不断拓展客户群体和服务内涵，赋能金融生态，在带动更多社会资源服务大众民生提升社会价值的同时，实

---

① 人行普惠金融定向降准政策：“一档”：普惠金融贷款新增占各项贷款新增比例达1.5%，法定存款准备金下调0.5%；“二档”：普惠金融贷款新增占各项贷款新增比例达10%，法定存款准备金下调1.5%。

② 口径为单户授信总额1000万元以下（含）小微企业贷款，含个体工商户及小微企业主贷款。

③ 口径为四部委标准小型、微型企业（含个体工商户及小微企业主）贷款不良率。

现普惠金融业务自身的持续发展。

（二）优化政策支持体系，保障战略推进

在信贷规模上，配置普惠金融专项信贷计划，足额满足普惠金融业务需求。在费用配置上，安排普惠金融贷款新增挂钩费用、小微企业客户新增激励等专项费用，激励基层机构。在考核上，提高一级分行KPI中“普惠金融”考核权重，调动分行积极性。在内部转移价格上，先后三次调整内转价格，小微企业贷款的内转价格比其他贷款降低110～115BPS。在信贷政策上，完善普惠金融信贷政策，保障差异化信贷需求。

（三）强化战略宣导推进，形成发展共识

一是总行党委高度重视，决策部署、凝心聚力。成立普惠金融战略推进领导小组，协同推进战略落地。行领导在全行夏季工作座谈会、组织人事工作会等重大会议多次强调普惠金融战略重要性，并召开4次普惠金融发展委员会会议及普惠金融专题会议，以及华东、中部、西部及东北片区督导会议，深入推进战略实施。二是开展普惠金融战略系列宣讲活动，将各层级机构思想认识统一到总行战略部署上。通过部领导赴分支机构专题解读、开展专题培训班等方式，强化各层级人员对普惠金融战略的理解和认识。在《建设银行报》以“畅谈普惠金融 推进‘双小’战略”为主题，专版刊发九期47篇笔谈文章，促进战略思考和实践。

（四）实施平台经营策略，布局综合服务平台

立足普惠金融综合服务提供者、经营性主体

2018年9月6日，建设银行举办“建行惠懂你”APP发布会。

2018年12月20日，建设银行“小微信贷服务导航”上线。

聚合地、创业者乐园，布局普惠金融服务平台体系。一是在国内银行业唯一推出面向小微企业的“惠懂你”手机移动端融资新平台。支持线上贷款测额、预约开户、客户识别、在线授权、贷款审批、支用还款等一站式办理。推进平台“出海”，推动客户群批量快速接入，实现全渠道、多触点、零距离服务。二是建设智慧乡村特色平台，拓展农村长尾市场。从农民生产、生活场景入手，设计农村产权综合服务、土地流转信息服务、农业生态产业链等功能，逐步建立全方位嵌入农村社会的生态圈。以智慧乡村为原型的“布谷计划——乡村金融生态聚合平台”在建行首届创新马拉松普惠专场中斩获第一名的好成绩。

（五）坚持创新驱动发展，持续丰富产品体系

一是不断丰富“小微快贷”产品体系。创新研发小微企业“结算云贷”“医保云贷”“政采云贷”“投标云贷”“乡村农担贷”业务，优化上线“抵押快贷”V2.0。二是研究“交易快贷”小微企业供应链融资模式，衔接成长型客户融资需求，延长企业经营链条。三是创新“裕农快贷”产品。成功申报农业农村部金融支农创新课题，创新上线裕农快贷，为农业经营主体发放信用贷款。四是推广“裕农通+”，拓展大众市场。截至2018年末，全行建立裕农通服务点达15.1万个，年内新增6.1万个，覆盖全国超过27%的行政村。

（六）批量营销获客，推动市场扩容

一是深入客群研究，细化“双小”梳理。全行共梳理小行业1235个，小客群1299个，制定优先发展小行业目录，明确重点信贷投向，加强客户群营销管理。二是加强外部合作，组织“1533”专项行动，推进与发展改革委、工信部、科技部、国家税务总局、工商局等五个政府信息平台总分行两级对接。三是力推代缴税工程，聚集客群，积累数据，实现代缴税业务与“云税贷”业务相互促进。截至2018年末，“云税贷”贷款余额为724.9亿元，比年初新增528.9亿元。四是依托“双大”客户，批量服务小微企业。截至2018年末，已与近1200家核心企业（平台）开展网络供应链业务合作，累计向3.3万家企业发放5385亿元网络供应链融资。与国家电网公司合作，研发“云电贷”“智慧理财”产品，为其上下游4000万企业用电户提供金融服务。

（七）促进渠道融合，拓宽服务功能和半径

一是开展基层机构特色化布局，挂牌784家普惠金融特色网点，同时，不断下沉营销服务重心，包括建立网点小微企业业务标准化流程、设立网点普惠金融服务专区（服务室）、配置网点普惠金融专员，推动网点办理小微业务。二是强化电子渠道推广。创新推出小微企业ERP云平台，为中小微企业提供集进销存管理、经营分析等综合服务。大力发展手机银行，为小微企业客户提供便捷的移动金融服务。

（八）完善智能控险机制，提高可持续发展能力

依托金融科技优势，建立“六位一体”控险机制，提升风险智能化管理水平。一是强化数据获客控险，通过数据整合、模型迭代等，精准聚类画像，有效筛选优质客户。二是强化实时监测控险，充分运用客户监测工具、指挥中心的可视化视图等，全方位监测、分析和预判风险。三是强化反欺诈控险，优化完善黑名单、灰名单管理，充分利用法院、公安、政府网等信息平台加强信息交叉验证。四是强化机控执行控险，明确系统机控要点和条件，减少操作性风险。五是强化专业处理控险，建立小企业中心集约化作业机制，提高标准化操作水平，防范操作风险、道德风险。六是完善电子合同等管理，通过网络“赋强公证”等，强化法律保障控险。

（九）加强内控合规管理，保障业务合规运行

一是制定《中国建设银行小企业信贷业务禁止性规定（2018年版）》，强化员工行为管理，明确从业底线，防范操作风险和道德风险，消除案件隐患。制定《中国建设银行普惠金融小微企业信贷业务尽职免责管理办法（2018年版）》，进一步明确减免责要求和追责要求，引导尽职履责。二是开展小企业信贷业务专项检查，重点检查小微快贷等新业务模式贷款、近三年新发放小企业不良贷款及逾期非不良贷款等，及时发现信贷经营管理中的薄弱环节，指导分行做好整改，举一反三。三是配合做好银保监会“整治银行业市场乱象”专项活动、审计署经济责任审计等监管检查工作，针对发现问题研究落实整改要求，确保整改到位。

（十）拓展服务内涵外延，构建普惠金融新生态

研究发布普惠金融蓝皮书、建行·新华普惠金融－小微指数，首次打造我国普惠金融“晴雨表”；实施建行大学金智惠民工程，为中小企业家、创业者等提供培训，助力企业发展成长，近两年来培训小微企业主31.8万户；建设“劳动者港湾”，开放网点共享空间1.4万个，为环卫工人、出租车司机等户外工作者歇脚停靠提供便利场所和贴心服务。

执笔：李雪

资产托管业务

一、2018年主要经营业绩

托管规模突破12万亿元。2018年，在资本市场整体低迷情况下，全行托管规模达到12.22万亿元，较年初增长6817.32亿元，增速5.91%；资产托管规模总量、增量四大国有商业银行第二，增速、占比提升四大国有商业银行第一。

2018年，建设银行荣获《中国基金报》公募基金20周年特别评选“最佳托管银行”“东方财富风云榜”“最值得信赖托管银行”和“2018年度最佳托管银行”等奖项，托管实力得到市场认可。

二、2018年主要工作及亮点

（一）托管运营中心正式开业并顺利投产，总行处室职能相应进行调整

经过两年筹备，中国建设银行托管运营中心（合肥）完成员工招聘及培训、干部竞聘、监管报备等一系列工作，于2018年初入住合肥生产中心园区，五月份正式投入运营，承接了清算、核算、监督等运营职责，建立了运营中心、分中心统一标准的风险管理框架。2018年12月，顺利完成上海分中心人员转制划转工作。

（二）多措并举推进分行托管业务发展

1. 下发《分行托管业务营销指引》《托管业务营销分层管理指引》，明确分行营销职责，解决分行托管业务该干什么的问题。

2. 制定《分行自营资产托管业务操作规程》，解决分行自营资产托管业务怎么干的问题；开发完成并组织推进分行托管业务简易核算功能上线，通过标准化作业流程规范分行托管业务运营。

3. 制定《一级分行资产托管业务考核评价方案》《2018年托管费收入分成方案》，发挥好考评指挥棒的导向作用。

4. 组织督导，推进分行业务发展。年初召开分行分管行领导托管业务座谈会，年度中间又多次组织召开分行托管业务座谈会；部领导带队，分别赴四川、山东、江苏、吉林、福建、广东、黑龙江、上海等分行进行业务宣讲、营销推动和业务督导；先后组织并为分行提供培训支持50余场，参训人员超过5000人。

5. 建立“集中化运营、属地化服务”运营模式，解决了无证券类运营资质分行开展证券类资产托管业务的需求。

通过全行上下共同努力，分行对托管业务研究和发展的重视程度明显提高。2018年，河北、江苏、河南、吉林、黑龙江、云南、厦门、山东、苏州等九家分行先后成立托管业务一级部门，全行成立托管业务一级部（独立或合署办公）的分行达到15家，初步构建分行托管业务组织管理架构。

（三）市场拓展成效显著

1. 证券投资基金托管业务收入市场占比第一。

2. 成功中标中央单位职业年金计划主托管人资格；先后以第二名成绩中标新疆、山东等省、自治区机关事业单位职业年金计划托管人。助力地方国企改革，成功中标四川国企改革ETF基金及联接基金的托管人。

3. 与全球最大资产管理公司开展托管与外包业务合作，成为其全球服务商中唯一中资银行，服务能力得到客户高度认可，并提出加深合作意向。

4. 中港基金互认业务继续保持领先，是市场首家和唯一一家银行类互认基金代理人。

5. 积极争取存托人资质，制定并下发10余部相关制度，推动系统建设，加快与基础设施服务机构和首批券商机构的系统对接。目前存托人

资质申请已获银保监会批复。

6. 养老目标公募基金托管取得行业多个第一。养老目标基金是国家养老保障体系第三支柱的重要工具，建设银行托管了首批14只养老目标基金中的6只，只数最多；国内首只养老目标基金、单只首发规模最大、单只户数最多的养老目标基金均托管在建设银行。

7. 全国社保基金托管平稳运营，服务得到认可，托管规模不断追加。

8. 如期完成企业年金存量受托、账管业务移交。

（四）基础管理工作得到进一步加强

1. 修订下发《资产托管业务管理办法》，在此托管业务基本“大法”的基础上，进一步修改、完善并下发30部托管业务管理办法、操作规程、业务指引等制度，其中：综合管理类3部、业务管理类9部、营销及服务类4部、运营管理类9部、风险管理类5部，基本形成了完整的资产托管业务规章制度体系。

在P2P平台不断爆雷的情况下，为规范管理，制定下发《网络借贷资金存管业务指引（2018年版）》，对全行网络借贷资金存管业务进行规范，并先后下发了《关于下发网络借贷资金存管业务风险提示的通知》《关于进一步加强网络借贷资金存管业务风险管理的通知》，进行风险揭示，提出管理要求和措施。

2. 狠抓工作落实。将全年工作计划分解成76项重点工作事项，涵盖市场营销、业务运营、条线管理、基础管理、建章建制、系统建设、业务培训、业务创新等诸多方面，逐一分解落实，责任到人，按月检查进展情况。

（五）不断深化部门间联动

将“应托尽托”写入《资产托管业务管理办法》，“应托尽托”理念得到相关部门的认同。与个人部建立了长期稳定的托管主代销收入分成机制；与资管中心实现本行理财全托管；与房金部就住房资产证券化项目托管建立良好合作机制。

推进与子公司联动。与建信养老公司开展养老保障管理产品合作，托管规模为1700亿余元；承接建信金融资产投资有限公司四只“债转股投资计划”产品，托管规模近80亿元。

加强境内外联动。与海外机构合作，先后在苏黎世、伦敦、巴黎举办3场投资论坛，成功推荐建设银行的跨境托管业务，提升海外市场的知名度。加大海外机构营销督导，手把手教分行进行潜在客户营销，多家海外分行取得进展。全年新增跨境客户8家，获得“沪伦通”项下托管委任。

（六）制定托管业务发展规划

围绕五年赶超发展目标，确立三个发力方向，明确十项赶超措施；提出部门联动需求，努力解决影响托管业务长远发展的体制性、机制性问题。

（七）持续推进业务创新

连续两年举办托管业务创新评选会，在产品创新、业务创新的基础上，增加创意创新，营造全行托管条线重视创新发展的良好氛围；互联网资金存管项目是全行首个托管业务重点战略性创新项目。

（八）开展全行托管业务大检查

针对发现问题，督导分行落实整改，编写风险案例集，为分行业务规范与内控风险管理提供借鉴。

（九）开展形式多样的培训与宣传活动

1. 组织开展托管二十年庆祝及宣传活动。在《建设银行报》以两个专版宣传托管业务二十年发展历程和取得的成就，组织拍摄托管20周年宣传片，在行内条线会议及托管行业协会会议上展示托管业务品牌形象；利用微信公众号等渠道以通俗易懂的形式向社会普及托管知识，宣传建设银行托管业务。

2. 加强托管条线宣传与信息共享。通过总行和部门主页、建设银行公众号、托管业务公众号及《托管业务动态》等渠道及时发布托管动态，促进行内部门及分行对托管业务的了解与信息交流。

3. 举办内容丰富、形式多样的业务培训。开展部内培训21期，除托管业务外，还邀请行内外专家、境外合作机构传经送宝，拓展员工视野；组织托管条线业务骨干人员培训班，研究解读资管新规，提升分行对资管产品的净值化运营能力；组织市场托管业务培训班，学习国外先进同业经营管理经验；组织“新一代”托管业务系统培训，提升托管系统应用水平；召开海外机构跨境托管业务专题培训2期共4场，26家海外机构全程参加培训；组织全行职业年金托管业务培训，提高分行职业年金托管竞争力；组织反洗钱培训和杜绝“老鼠仓”主题培训，加强员工职业道德教育。

4. 配合中国证券投资基金业协会和中国银行业协会完成托管20周年系列纪念活动、行业重要会议和行业报告编写和发布等工作。

执笔：杨增亮　邹一铭

结算与现金管理

2018年，全行结算与现金管理业务稳健发展，单位人民币结算账户实现历史性赶超，工商合作持续深化，“禹道”产品线日益完善，综合服务水平不断提升，产品营销推广成效显著，对全行的价值贡献不断提升。

一、账户工作实现历史性突破，总量跃居四大行第一

2018年第一季度，我行单位人民币结算账户总量首次跃居四大行第一，提前实现赶超目标，开创了市场竞争的新局面。一是强化账户同业对标。将账户拓展作为基础性、战略性工作持续推动，保持账户增量、增速双第一的发展势头。二是持续推进工商合作。全行工商合作工作进入成熟期和收获期，成为可靠的账户拓展源头。三是全力打造账户管理工具。立足于大数据应用和新一代科技实力，整合流程、渠道、服务，深化工商数据应用，优化开户服务流程，对全行对公账户业务进行重大变革，组织研发“账户管理工具库”，推出“账易行”开户品牌。

截至2018年底，单位人民币结算账户（人行口径）总量为944.78万户，较年初增长150.41万户，增速为18.94%，与同业第二的领先优势已扩大至56.09万户。基本户总量为705.20万户，保持四大行第一，占账户总量的74.64%，较年初提升0.98个百分点。

二、依托金融科技优势，狠抓产品创新研发，打造对公客户营销服务利器

2018年，全行践行金融科技战略，保持创新优势，取得丰硕成果。一是推出“监管易”产品。广泛应用于政府资产资金监管、农民工工资监管和共享经济模式资金监管等行业，已为5970家客户提供多渠道、全流程、线上线下结合的资金监管服务，监管账户余额334亿元。二是推出“惠市宝——对公专业结算综合服务平台”。积极落实普惠金融战略，全力打造智慧专业结算生态圈，通过辐射效应带动账户、商户、客户、产品、存贷款等产品的全面渗透。三是不断丰富全球现金管理产品。在亚太地区首家推出SWIFT－AMH服务，不断升级跨境远程支付、全球账户信息报告等产品功能，为客户提供全球资金集中收付、全球支付智慧管控等智能收付款产品，帮助客户实现全球资金收付款的快速通达。四是持续推进重点产品功能创新。推出虚拟平等现金池“计息管家”，拓展产品适用客群，提升产品竞争力；推出“智能存”产品，满足公积金中心等资金充裕型客群资金增值需求；推出单位结算卡“卡账簿”管家；推进票据池3.0——“银票云贷”小微企业普惠金融产品联动创新，将票据池产品与小微客户抵押快贷业务深度融合，进一步丰富信贷业务产品。

2018年，总行共完成18项产品创新项目，其中，战略性产品3项、重点产品15项，存量产品迭代优化78个功能点，分行自主创新项目71个；荣获《贸易金融》评选的2018年度“最佳现金管理产品创新银行”，产品创新成果和能力得到了业界和市场的高度认可。

三、加大客户推介力度，加强协同联动，发挥产品吸存固客优势

2018年，全行上下协同，横向联动，加大产

品宣传推介力度，做好客户营销支持，不断提升产品价值贡献。一是重要客户营销取得显著成效。成功中标三星（中国）全球人民币的净额轧差唯一清算银行；营销国资委下属企业中国华录集团大额资金数据采集信息报告服务项目，将华录集团全部65个本外币账户全部转至我行开户，实现了“连根拔”；牵头完成小米集团的现金管理综合服务方案编制及述标，并成功中标小米集团跨境双向人民币资金池主办银行项目；利用我行SWIFT－AMH服务的业界首发优势，在创维集团财务公司和中国化工集团财务公司成功上线，实现客户全球资金可视化；为浙江日电产集团、TCL集团、大连华瑞重工集团、吉林交通建设投资集团等40家总行、分行级客户提供跨行现金管理产品服务。二是网点营销能力持续提升。积极落实普惠金融战略，组织开展“积微成著 致远未来”等网点主题营销，推广网点沙龙、微营销等多种普惠金融客户营销维护方式，不断提升网点获客能力。积极开展产品套餐定制和营销，扩大客户结算积分在拓户提质和产品签约等方面的应用，以交易促结算资金沉淀。

2018年，现金管理活跃客户248.86万户，覆盖全行对公客户的41.48%，较年初增长45.26万户，增速为22.23%。重点产品吸收存款2.53万亿元，较年初新增2795.59亿元，稳存增存效果持续显现。规模以下无贷户总量为326.30万户，较年初增长61.90万户，增速为23.41%。规模以下无贷户日均存款为4794.56亿元，较年初新增724.57亿元，增速为17.80%。

四、创新产品场景化应用，加强案例推广移植，不断提高综合服务水平

2018年，全行依托科技金融优势，持续推进产品场景化、组合化和方案化应用。一是在资金监管领域取得有效突破。依托“监管易”产品大力推进在工程项目建设领域、医药采购资金监管、预售房资金监管领域服务，有效解决资金监管不力问题，促进存款沉淀并带动相关业务发展。二是全球现金管理服务能力进一步提升。结合区域经济特点，为跨国企业提供跨境账户信息报告、跨境远程支付、跨境人民币双向现金池等产品服务，创新SWIFT报文应用，大力推进全球现金管理业务发展。三是继续深化传统优势产品应用。围绕现金池、票据池、单位结算卡及“智能存”等迭代创新产品，在企业财资管理领域深耕细作，进一步巩固银企合作，拓展现金管理产品市场竞争力。四是创新大数据营销新模式。通过开展数据挖掘建模、打通数据推送通道、拓展数据应用功能，实现大数据在结算与现金管理业务中的智能化、场景化应用，为各级机构营销人员提供在线、精准的大数据商机信息支持。

五、加强精细化管理，把牢业务合规关，不断提升风险管理能力

2018年，全行积极落实各项监管要求，不断提升业务管理水平，强化合规管理。一是提升账户精细化管理水平。下发《中国建设银行单位人民币账户业务操作指引（2018年版）》和《中国建设银行单位外汇账户业务操作指引（2018年版）》，有效促进账户管理、制度执行、业务培训、监督检查等工作的开展。按照外汇局的部署，开展部分资本项目清理整合工作，进一步便利外汇业务办理，简化银行企业操作流程。二是牵头全行支付安全风险排查工作。积极贯彻落实《中国人民银行办公厅关于开展支付安全风险专项排查工作的通知》（银办发〔2018〕146号）要求，牵头组织全行支付安全风险专项排查工作的推进实施。将176项排查要点逐一拆解，提出排查要求，明确排查范围、排查方法及整改要求。三是贯彻落实反洗钱监管要求。在开户、产品签约等业务环节，通过优化系统控制规则和功能，着力做好客户身份信息识别和反洗钱、反诈骗以及其他合规性检查等工作，切实履行反洗钱义务，防范虚假开户，推进业务合规管理。四是组织开展结算收费检查。落实“整治市场乱象”工作要求，从强化合规收费理念、重申“四有原则”、明确践行普惠金融的战略导向、建立精细化管理的长效机制等层面，对结算收费管理工作提出具体要求，并布置结算收费检查。

执笔：张航　秦婧

个人金融业务

一、主要指标情况

（一）个人客户经营效益持续提升

2018年，全行个人客户实现经济增加值962亿元，全行占比69%；其中个金条线经济增加值557亿元，全行占比40%。个人客户中间业务收入726亿元，增速为22.8%，全行占比62%；个金条线中间业务收入410亿元，全行占比35%。

（二）个人客户量质双升

2018年末，全行个人有资产客户4.1亿人，新增3600万人、增量创历史新高，近三年合计新增超过9600万人；个人有效客户1.45亿人，新增1200万人；个人客户金融资产余额11.7万亿元，新增1.05万亿元；AUM0.2万元以上个人客户产品覆盖度5.3个，较年初提升值0.28个。

（三）个人存款、存款银行理财新增四大行双第一

2018年末，全行个人人民币存款时点余额为7.7万亿元，时点新增6698亿元，新增量创历史新高，四大行第一、占比37.1%，；日均新增3915亿元，四大行第二、占比38.1%。有36家分行个人存款新增位居四大行前两位，其中23家新增四大行第一。个人存款银行理财合计新增9810亿元，四大行第一，实现表内表外负债业务的统筹管理和协同发展。个人银行理财余额为1.7万亿元、全行占比77%；新增3104亿元、全行占比75%，四大行第一、占比68.4%。落实资管新规要求，加快净值化转型，个人净值型产品占个人银行理财增量的91%。

（四）个人中间业务收入四大行第一

个金条线中间业务毛收入为410亿元，可比口径四大行第一、占比30.3%。重点产品四大行“数一数二”，其中实物贵金属四大行第一，个人支付结算、人身保险、基金等6项产品四大行第二。个人中收四大行第一的分行有20家，四大行第二的分行有13家，四大行第三的分行有4家。

1. 个人支付结算收入四大行第二。2018年全行个人支付结算业务实现中间业务收入183亿元，居四大行第二、占比32.8%。年末借记卡9.7亿张，新增7223万张；全年消费交易额为21万亿元，增速为34%。

2. 代理对私人身保险收入四大行第二。2018年全行对私人身保险实现中间业务收入53.6亿元，四大行第二、占比30.7%。

3. 代销基金收入四大行第二。2018年全行代销基金实现中间业务收入30.4亿元，四大行第二、占比27.8%。

4. 实物贵金属收入四大行第一，账户贵金属收入四大行第二。2018年全行实物贵金属业务实现收入9.2亿元，四大行第一、占比32.2%。2018年全行账户贵金属业务实现收入18.9亿元，四大行第二、占比26.8%。

（五）移动支付和场景布局同业领先

龙支付客户为8502万人，新增3816万人，龙支付客户覆盖率63.9%①；银联云闪付6项核心指标均居同业首位；央行移动支付示范工程核心指标同业第一；建生态、布场景，累计建成2022个生态圈，新增1203个。

（六）县域普惠金融服务覆盖提升

2018年末，全行县域个人有资产客户1.34亿人，新增1312万人；县域个人存款日均新增1592亿元。“裕农通”服务点15.1万个、新增6.1万个，已覆盖全国27%的行政村和我行90%的扶

① 龙支付客户在个人有效客户中占比。

贫点。

（七）个人商户快速增长

2018年末，全行个人商户464万户，新增183万户，增长为64%；活动个人商户280万户，活动率为60%；个人商户存款日均余额为2341亿元，增速为37.3%；龙支付活跃商户195.5万户。

（八）平台化经营释放生产力

推出龙支付APP、龙财富、账户出海、智能直营等19项新产品服务。加快龙支付功能迭代优化，业务规模和品牌形象同业领先；成功推出“龙财富”，加快打造财富管理核心能力和拳头品牌；推出智能直营业务，实现客户一键交易；“账户出海”与20家机构成功合作，北京市分行与小米、青岛市分行与海尔、上海市分行与中国电信等合作取得突破性进展。

（九）集团协同成效显著

加强公私、私私、母子、境内外、总分行等协同，形成集团整体合力。个金条线代销建信人寿保费为334亿元，代销建信基金公募产品余额为2949亿元，代销建信养老金、信托和期货合计销售额371亿元。

（十）品牌形象持续提升

我行连续4年荣获《亚洲银行家》“中国最佳大型零售银行”称号；“裕农通”业务荣获“中国最佳普惠金融产品”，同时荣获《零售银行》“最佳年度普惠金融大奖”。

二、主要措施

（一）深化经营，量质并重抓个人客户发展

一是加强客户拓展和维护。深化“三个并重”策略，新开户有资产客户占比68.5%，零资产客户激活率为10%，年初有资产客户保有率为96%。二是深耕百类核心客群差异化经营。推出大众智能直营等平台，打造“安心悠享”老年客群服务品牌，推出养老存款、养老理财等专属产品；推出“金蜜蜂”龙卡，加快研发大学生成长账户，“金蜜蜂”大学生综合金融服务方案覆盖全国三成高校和六成大学生。三是加强客户服务管理。下发个人客户服务管理办法，抓客户经理队伍建设。在“中国金融理财师大赛”4个权威赛事中获奖数量居同业首位。全行个人客户经理①6.8万人，个人客户经理客户满意度连续8年六行（四大行、交行、招行）第一。

（二）力拓源头，加快创新抓个人存款增长

顺应利率市场化，统筹表内表外，创新全量资金拓展和经营模式。一是构建资金生态体系，抓源头资金和圈链群场景资金，系统化网络化稳存增存。全年代发工资个人户9714万户，代发工资3.8万亿元，新增4190亿元。县域个人存款日均新增1592亿元，占个人存款日均新增的40.7%。二是积极捕捉利率市场化条件下个人客户对存款产品的灵活化收益需求，打造个人存款智能化“加工厂”。构建活期类、定期类、组合类、工具类4大产品线，陆续推出聚财、E托保等新产品，深度满足个人客户多元化需求。三是统筹表内外资金。创新“存款+”和“理财+”资产配置模式，推出账户增值保、智富盈等产品，做好个人存款银行理财衔接，推进银行理财净值化转型。四是加强稳存增存过程化管理。加强考核通报和经验分享，巩固提升网点对个人存款特别是定期存款增长的重要作用。

（三）增收节支，提升投资理财市场份额

一是保险业务方面。推进保险销售转型，优化结构，创新推出裕农保、商户保等重点客群专属保险。二是基金业务方面。从资产配置角度强化基金销售，多策并举做好服务和投资者教育，基金客户突破1200万人。三是贵金属业务方面。坚持自营、经销和代销业务均衡发展，实物贵金属收入连续3年四大行第一，建行压岁金5年销量突破1000万套，猪年压岁金销售超330万套，超过同业销量之和，成为建行名片。四是代理国债业务方面。持续推进凭证式和电子式储蓄国债基本承销业务发展。五是外汇业务方面。打造“出国惠”服务品牌，境内外联动，助力建行亚洲、澳门分行零售业务发展。

（四）打造场景，连接BC两端再造支付结算新优势

一是初步打响龙支付品牌。龙支付客户快速增长，活跃客户近六成，创新推出乘车码、数字

---

① 口径为直接从事个人客户维护的网点客户经理和产品销售经理。

校园卡、龙卡贷吧、黄金红包、缴费等功能。二是落实央行移动支付示范工程，聚焦8大场景民生领域。我行移动支付服务已覆盖全国485个市县公交服务、478家医院、超过50%以上的大中城市生活缴费和464所学校。三是做优借记卡传统业务，消费交易金额同比增长34%。

（五）服务民生，创新模式抓普惠金融服务

一是推进商户品牌、平台、营销、协议和风险控制“五统一”。商户共享综合服务平台成功上线，进一步提升商户业务管理灵活化、信息全景化等服务能力。二是推出“龙商通”专业市场云服务方案。聚焦市场管理方和商户痛点，全国1810个专业市场接入我行“龙商通”专业市场云服务。三是打造“裕农通+”县域服务模式。聚焦服务“三农”、乡村振兴和金融扶贫三位一体目标，以“裕农通”平台为核心载体，基于县域生活、社保、农业和社区4大场景，搭建对接供销社、卫生系统、通信公司、电子商务、住房租赁、民生服务、公益组织、智慧政务、养老机构、教育机构10大平台，全面提升县域金融和非金融综合服务能力。

（六）精细管理，基础保障进一步巩固

一是落实零售业务综合评价。牵头搭建零售业务全景视图，完善零售业务综合评价体系，按季度通报评价，差别化指导，重点城市分行市场竞争力提升显著。二是推动协同机制流程化落地。充分发挥对公源头优势，注重形成对公带动对私、对私反哺对公的良性互动；推动一级分行做实零售委，提升零售板块协同效率。三是开展一系列综合营销和主题营销。依托企业级精准营销平台，全面开展“助力美好生活”旺季营销，“基情一秋，金喜相伴”建行理财嘉年华等服务活动。

（七）加强合规管理，防范个人金融业务风险

一是落实监管要求，做好反洗钱工作。做好新增客户身份信息采集，完善存量客户信息识别、补录，客户身份基本信息总体完整率达84.57%。做好清单监测系统建设，防范金融制裁风险。制定反洗钱相关制度，将反洗钱工作嵌入业务流程。二是做好审计通报及检查问题分析及整改。三是做好案件防控，整治市场乱象。落实案防九责，做好案件防控工作。对私售“飞单”、擅自修改合同、违规承诺回报、虚假宣传、“双录”规范等问题认真开展自查，确保不留问题死角。四是加强内控合规宣传，使合规文化深入人心。

执笔：赵鸿

财富管理与私人银行业务

2018年全行私人银行业务实现了稳定增长。随着业务快速发展的态势和成效逐步显现，荣获了“中国私人银行大奖——最佳国有银行奖”“年度卓越私人银行奖”“最具领导力私人银行品牌奖”等综合性大奖，以及“最佳私人银行——家族传承服务奖”“最佳私人银行——最佳风险管理奖”等专业领域细分奖项。

一、私人银行业务快速发展，各项业务指标完成情况

截至2018年12月底，私人银行客户金融资产（AUM）达13485.12亿元，较上年新增1889.82亿元，增幅16.30%。私人银行客户数量127211人，较上年新增17009人，增幅15.43%。

二、精心策划实施私行十周年活动，深化客户关系管理，提升客户美誉度和市场影响力

2018年是建行开办私人银行十周年。十周年系列活动，通过开展创意设计私人银行品牌宣传广告、举办高水准境内外活动等，提升了客户美誉度和市场影响力。其中，作为独家协办方举办“亚洲私人银行研讨会”，期间，行领导赴新加坡分行调研，专程会见私人银行贵宾并与客户进行深入交谈。研讨会得到中国国内及新加坡当地媒体的广泛关注，媒体普遍围绕“三大战略”，突出了中国建设银行国际化形象、客户服务能力和社会责任担当，进一步扩大了建行私人银行品牌知名度。

三、智能应用搭台，拳头产品与品质服务带动业务快速发展

依托金融科技赋能，打造具有市场领先优势的移动私人银行，推出手机银行私人银行专版，移动私行能够智能识别客户，涵盖了客户与私行客户经理在线交互、精选理财、活动邀请、顾问服务、专享资讯、私享礼遇、私行中心、集团服务等功能。加强投资研究专业能力建设，按季度发布《大类资产配置策略分析》，跟进专题研究，举办高水平宏观经济、投资策略沙龙；构建“为客户配置资产”产品体系，向资产配置主导模式转型；家族信托业务进一步放量，新签约委托金额261亿元，资产配置规模248亿元，大幅超过年度计划，在北京、上海、广东、深圳和山东创新开展家族办公室服务，围绕总资产超过5亿元的超高净值客户及个人、家族、企业及社会责任等全方位需求，联动整合我行集团内外全产业链资源，提供家族财富管理与传承、家族治理、家族企业持续经营及社会慈善等四大类。

四、引入顶尖市场咨询研究，为加快业务发展引入“外脑”

落实行领导“私人银行业务要有新进步，为客户投资提供高水平咨询”指示要求，引入业界顶尖的波士顿公司，合作启动私行业务咨询项目。深入访谈行领导，沟通行内部门、分行和集团子公司，引入业界最佳实践，主动对标UBS、汇丰银行、招商银行等领先同业。广泛调查和深入了解私人银行客户需求，开展市场报告、发展建议、投资研究、家族办公室等专题研究，务实突破。

五、持续培养专业能力，分层建设专业人才队伍

围绕提升私人银行业务“融智”能力，借鉴学习国际一流私人银行，聚焦培养顶尖私人银行财富顾问开展国际定制化培训，培训取得了丰硕成果，研究提出了打造“客户信任”的私人银行客户服务体系，健全“为客户配置资产”的业务平台和强化培训与认证，建设私行专业能力与人才队伍等三方面业务发展建议；推动私行专业人才培训向层次化、规范化和体系化方向发展，突出专业技能训练，学以致用效果突出，培养了一批在家族财富传承业务领域具有推动力和影响力的专业人才（领头羊）；开展财富管理辩论赛、推行“智勇先锋”项目、打造“私行百人工程”专业团队、举办资产配置大赛和技能大赛，扩大行内专业影响力；培养兼职师资，首批33名私人银行兼职培训师纳入总行兼职师资库，为20个分行提供培训60余期。组建“私人银行条线资产配置小组”，加快私人银行条线人员在资产配置、开放式产品平台建设等相关专业能力建设，建立市场机会研究、资产配置策略、投资产品准入和跟踪评价等一整套核心能力体系。

六、做实私人银行中心，增强专业辐射和支持能力

扎实做好私人银行中心“152工程”，提升精细化客户经营水平，协同支行网点共同拓展市场客户，切实发挥“活客”和“留客”作用。截至年末，全行管理客户金融资产规模超过50亿元的私人银行中心达58家，其中超200亿元的6家，超100亿元的14家，超50亿元的38家。制定标杆私人银行中心评定管理办法，运用6方面41项具体指标开展验收，对中心经营能力进行全方位综合评价，夯实私人银行中心经营规范。

七、主动融入积极作为，协同联动发挥特色作用

发挥私行特色和服务优势，助推住房租赁战

略实施，激发私行客户“存房”需求，增加房源供给；协同普惠金融战略实施，开展联动营销竞赛和“私企变私行”活动，协同提供代发工资、小微快贷等多产品解决方案；运用金融科技成果，在业内首创家族信托顾问业务系统，推出手机银行私人银行专版，开发实施 DAF 慈善平台；以私行服务为切入点，将“三年实现对总战、总主等对公客户高管层个人高端客户发展全覆盖”列为对公业务协同机制重点目标。

八、制度建设合规先行，规范私人银行业务反洗钱与内控合规管理

将内控合规管理要求内化到业务流程，制定私人银行业务反洗钱工作制度办法，构建私人银行客户身份识别及私人银行业务关系审核流程，提升反洗钱风险管控措施及能力；组织全行开展内控合规评价，结合年内各类审计及检查发现问题进行整改，保障业务健康快速发展。

执笔：王娟

住房金融与个人信贷业务

2018 年住房金融与个人信贷业务条线着力落实零售优先，住房租赁平台累计上线房源超过 1300 万套，个人贷款余额突破 5 万亿元，房改金融资金归集余额超过 3 万亿元，个贷资产质量保持四大行最优，证券化业务成功进入国际市场，业务创新力和市场竞争力进一步提升。

一、工作成果

（一）住房租赁战略快速推进，上线房源数量远超预期

截至 2018 年末，我行已与 326 个地级及以上行政区域签订住房租赁平台合作协议，监管服务系统已在 288 个城市上线。平台累计上线房源 1330 万套，注册个人用户 1124 万户，合作的中介机构、专业租赁机构等 10167 家，在 27 个分行打造 136 个“CCB 建融家园”长租社区，最大最阳光租赁平台初具规模。

（二）个人贷款余额首次突破 5 万亿元，国内零售第一大行地位稳固

截至 2018 年末，全行个人贷款余额为 51877 亿元，比年初新增 5731 亿元，还原证券化数据后，比年初新增 8140 亿元。余额领先同业第二名 2958 亿元。个人贷款余额在全行各项贷款中占比 41. 17%，比年初提升 0. 61 个百分点，零售优先战略成效显著。

（三）个人住房贷款余额保持同业第一，二手房贷款余额超过一万亿元

截至 2018 年末，全行个人住房贷款余额为 49380 亿元，比年初新增 5573 亿元，还原证券化数据后，比年初新增 7955 亿元。余额在四大行中占比 29. 63%，保持同业第一。其中，二手房贷款余额为 12363 亿元；比年初新增 2418 亿元，在住房贷款新增中占比 43. 39%，较上年提升 3 个百分点，贷款结构进一步优化。

（四）快贷累计客户近 1000 万户，带动个人消费经营贷款余额同业位次提升

截至 2018 年末，全行个人消费经营类贷款余额为 2497 亿元，比年初新增 158 亿元。余额超越工商银行升至第二位，连续第二年同业位次提升。其中，快贷余额为 1899 亿元，比年初新增 336 亿元，当年新增客户 376 万户。

（五）住房资金规模突破 3 万亿元，房改金融业务优势持续巩固

截至 2018 年末，全行住房资金归集余额为 30185 亿元，比年初新增 2305 亿元。其中，住房资金存款比年初新增 722 亿元，在全行对公存款增长中贡献较大；公积金个人贷款余额为22103亿元，比年初新增1613亿元；公积金归集余额四大行占比超50%，稳居同业首位。

（六）个人贷款、住房贷款、消费经营类贷款不良率均比年初下降，资产质量均为四大行最优

截至2018年末，全行个人贷款不良额为176亿元，不良率为0.34%，比年初下降0.02个百分点，远低于四大行平均不良率。个人贷款逾期额为338亿元，逾期率0.65%，与年初持平。在贷款余额快速增长的情况下，个人贷款、个人住房贷款、个人消费经营贷款资产质量均保持四大行最优。

（七）个人贷款利息收入同比增幅超过15%，中间业务收入超上年水平

2018年全行累计实现个人贷款利息收入2257亿元，同比多增332亿元，增幅达17.23%。其中住房贷款利息收入2128亿元，同比多增300亿元，增幅达16.40%；个人消费经营贷款利息收入129亿元，同比多增32亿元，增幅达32.89%。全年累计实现中间业务收入36.51亿元，同比增长7.25%，其中房改金融中间业务收入32.96亿元。

（八）个人住房贷款资产证券化发行规模市场占比42%，稳居同业首位

2018年，全行发行22单个人住房抵押贷款资产支持证券（RMBS），发行规模2421亿元，为国内信贷资产证券化市场最大的发起机构。我行RMBS率先获得AAA级国际评级，成功引入日本三井住友银行等外资机构投资合作，提升了我行的品牌影响力。

二、2018年主要工作举措

（一）深入推进住房租赁战略，推动建立房地产市场长效机制

在研究政策、分析市场、总结住房租赁项目推进情况的基础上，把从“上平台”到“用平台”转变、从“获客”到“活客”转变、从“探索创新”到“加快发展”转变作为工作重点，着力提升精耕细作、做深做透的专业专注能力，进一步提升住房租赁市场领先优势，并取得显著成效。

加大平台推广力度。以住房租赁平台为基础，延展服务范围，在苏州分行、四川省分行分别对接当地公安系统、房管局，逐步拓展住房全场景服务；成功中标住建部全国住房市场监测系统，开启建行服务国家住房市场的新篇章。

探索推动存房业务。研究确定以租赁权与经营权分离的经营模式作为主推模式，设计完成业务良性循环发展方案，推动部分分行加强资金运用，创新拓展存房业务。

促进多主体供给长租房源。推动建设“建融家园”、城中村改造等长租社区，加强装修、家居、运营等各链条的上下游合作，与海尔等知名企业建立家居产业联盟，引领长租消费，推动生态圈建设。

加快推动住房租赁扩围赋能。对接粤港澳大湾区住房租赁需求，成功复制平台服务模式；在广东、山东等地试点智慧社区，2018年末上线智慧社区246个；在湖北襄阳、安徽马鞍山上线智慧房管，为建设智慧城市打开通道。

（二）坚持差别化信贷政策，守牢个人住房贷款市场地位

深入贯彻落实监管要求，加强市场形势分析研究，动态灵活调整信贷资源配置，优选房地产开发企业与合作楼盘，加强中介机构准入退出管理，优先满足优质客户的房贷需求，巩固了领先优势。

适应市场向存量化发展的趋势，主动调整贷款投放结构，建立与“我爱我家”的业务合作机制，二手房贷款比年初新增同业第一，实现房贷业务双轮驱动。

推动住房贷款业务模式创新，加快引入二手房交易资金监管、预审批、信息交互中心等功能模块，提高了业务办理效率，提升了客户服务满意度和市场竞争力。

（三）贯彻落实普惠金融政策，加快个人消费经营贷款创新发展

依托快贷平台积极对接外部数据，加大地方特色的普惠金融产品和服务创新力度，推出地税快贷、军转e贷、农户快贷等十多项普惠金融个人贷款产品，有效推动了普惠金融业务发展。

细分场景丰富产品体系，上线投放了京东快贷、地税快贷、烟草快贷等多项创新产品，逐月优化快贷功能，进一步提升了客户体验，拓展了优质客户群体。

试点上线智慧社区，已拓展至33家分行245个小区，注册用户超过4万户，覆盖业主19万人，有效地促进了商户拓展和我行品牌效应提升，推动了社区金融发展。

（四）深入打造房改金融生态圈，巩固传统业务优势

加快住房资金业务系统的建设推广工作，累计向700多家住房资金管理部门客户输出科技系统及渠道解决方案，服务全国140万个公积金缴存单位和7800万名缴存个人，房改金融生态圈日趋成熟，为获客、活客提供了有力支撑。

积极配合公积金中心做好住房公积金缴存归集，抢抓公积金个人贷款投放，强化资金闭环管理；积极推进住房维修资金精细化管理工作，以系统推广带动业务发展。

加强房改金融双名单制管理，组织全行深入推进房金责任客户管理和分层营销，为客户量身定做综合金融服务方案，进一步增强客户黏性，提升客户满意度。

（五）加强风险管控，确保房金业务合规经营

强化主动风险预警管理，持续优化个贷风险预警模型，当年优化模型30个，新增模型7个，全部上线模型达89个；按月组织预警模型重点疑点核查，对重点疑点核查结果进行常规抽查，推动疑点核查工作制度落地。

鼓励分行组建催收团队，补充催收力量；研究推出智能催收等手段，扩充催收资源；探索多种不良处置手段的创新应用，有效拓宽不良个贷处置通道。

高度重视内控合规管理，强化二手房贷款合作中介机构管理，完善快贷的贷前贷后有关环节风险管控，指导分行防范公积金个人贷款操作风险；围绕监管关注重点，有针对性地组织专项风险检查，督导分行增强合规意识。

（六）常态化发行资产证券化产品，提升市场影响力

坚持合理选择入池资产利率水平，提升了表内资产生息水平，优化了信贷利率结构。2018年发行的22单个人住房抵押贷款资产支持证券的入池基础资产加权平均利率为4.81%，低于同期新发放贷款利率70BPS。

除个人住房不良贷款、信用卡不良资产证券化产品的常态化发行之外，新发行个人商业用房贷款、个人消费类贷款不良资产支持证券，进一步丰富了基础资产类型。

推进证券化业务的国际化探索，发行标普AAA级国际评级的建元系列产品2单，引入境外投资者11家，境外投资总额为44亿元，为持续境外发行奠定了基础。

（七）借助金融科技赋能，夯实业务发展基础

延续个贷业务流程再造（一期）的优势，上线了借款人主体真实性、收入真实性、首付款真实性等贷前关键风险点的系统机控功能，完成了风险监测检查、贷款催收业务模块等贷后流程再造工作，实现了个贷业务全流程优化。

牵头研发个人客户综合授信管理项目，以个人+小微企业的客户级视角，搭建综合额度测算模型、信息共享平台、贷前风险预警平台，覆盖零售类信贷业务，有效支撑零售优先战略的实施。

持续推进建行住房指数，其中住房租赁指数已覆盖52个大中城市，包括国家首批住房租赁试点城市和主要省会城市；住房价格指数已完成全国级、三大区域级、31个省级、40个城市级指数上线。

执笔：王毅　黄有纲　蔡军花　潘霓

信用卡业务

一、业务发展情况

（一）经营效益快速增长

截至2018年底，全行信用卡实现同口径业务收入602亿元①，同比增长26%，其中中间业务收入为487亿元，同比增长29%；中间业务收入全行占比为30.52%，同比提升4.5个百分点。成本收入比30.1%，较年初下降5.2个百分点；生息资产占比68.1%进一步增长，同比提升0.17个百分点，近三年提升10个百分点。

（二）主要指标增势明显

截至2018年底，全行信用卡累计发卡量达到1.2亿张，客户总量突破9000万户，连续四年同业第一；当年净增发卡1447万张，净增客户838万户。当年实现信用卡消费交易额2.99万亿元，同比增长14%，对全国社会消费品零售总额贡献达到8%；其中，分期交易额为4148亿元，同比增长14%。信用卡贷款余额达到6533亿元，占全国个人短期消费信贷余额的8.3%，当年新增899亿元。全量商户数累计达到193万户，承接消费资金3.3万亿元，关联存款日均余额超过8600亿元。

（三）多项核心指标同业第一

信用卡客户总量、贷款余额、中间业务收入、分期业务收入资产质量等多项核心指标同业第一，业务收入、消费交易额和交易笔数、分期交易额等指标保持四大行第一，客户满意度六大行第一。

（四）资产质量同业最优

截至2018年底，全行信用卡逾期90天以上不良率为0.97%，与年同期基本持平，低于六大行平均水平0.75个百分点，资产质量保持同业最优。

二、主要工作进展

2018年以来，信用卡中心全面深化效益、质量、规模、效率、风控、合规统筹协调发展，坚持打造“一个体系”“两个引擎”，推进“七化核心能力”建设，取得显著成效：

（一）全面推进实施CCBCC2020战略规划，以精细化工程深化转型

在提前实现原三年规划目标的基础上，2018年初制定了CCBCC2020战略规划和“四优化 四提升”精细化工程实施方案，明确未来三年全行信用卡转型总体方向和重点举措，推动各项规划措施在分行落地。细化安排并完成了28个精细化工程项目。其中，上线账务机器人实现全天候自助对账，节约原人工对账时间70%；电子账单替代率达到90%，当年累计节约纸质账单成本近8000万元；信用卡催收策略优化项目上线后风险账户回收率较之前提升约4个百分点。业务转型发展的内生驱动力持续提升，业务全流程逐步实现敏捷运行。进一步明确了将龙卡信用卡打造成为客户家庭消费支付、循环信贷和消费信贷领域市场第一选择的战略目标。

（二）落实“零售优先”战略，深化“一行一策”机制，加快提升信用卡市场竞争力

优化“一行一策”调研机制，2018年先后78次调研指导分行，突出强调对重点城市行、二级分行、县支行和基层网点的针对性。围绕深化转型、创新发展、客户年轻化体系、第一引擎、第二引擎以及风险管理等方面，先后举办18期全行信用卡业务推进培训班，进一步统一全行认知，加快提升各分行信用卡业务经营能力和市场竞争力。

① 全条线业务收入和中间业务收入为剔除政策调整因素后的含税收入，主要包括积分计提直接冲减中间业务收入35.2亿元、第三方支付收入计量政策调整、营业外收入等。

（三）积极推进C端突围，“一个体系”建设蹄疾步稳

一是深挖行内优质客群，开展代发工资客户一体化综合营销，全年进件超过900万件，优质代发工资客户信用卡渗透率达到33.5%。联动个人、房金、网金等条线深化优质客户交叉渗透，有近7000万名信用卡客户绑定手机银行，渗透率达到77%，同比提升6个百分点。二是围绕客户年轻化加强全要素结构化适配，全行35周岁以下信用卡年轻客户3894万户，年轻客户活动率为66.2%，创历年新高；年轻客户户均收入622元，同比增长15%。三是加强客户细分与产品适配，创新推出优享卡、MUSE卡、“龙卡贷吧”虚拟卡等新产品，其中优享卡上市8个月发卡量超100万张。四是持续完善客户经营管理体系，加大多卡客户未激活和睡眠卡清理力度，新客户活动率超过65%，客户质量、活跃度进一步提升。

（四）搭建美好幸福生活消费金融平台，“两个引擎”涨势强劲

一是加快打造“一心一意拥有 成其幸福永久”信用卡温情品牌，以创新发展、服务民生15周年为契机，组织开展“感恩有您 幸福永久”系列主题活动，全行营销宣传遍地开花，市场反响热烈。二是发力“支付生命工程”，通过加强支付创新和移动支付绑定，进一步抓好B端商户和C端客户之间的支付连接。截至年末，信用卡客户移动支付绑定率达到50%，同比提升9个百分点，移动支付交易额同比增长43%。三是创新打造汽车消费金融生态圈，建设百家“汽车金融主题支行”，全年投放购车分期贷款775亿元，拓展总总合作主流汽车厂商集团60家、经销商集团62家，各级分行合作经销商总数超过3万家，全国每百辆乘用车中有4辆由我行提供消费信贷支持。四是完善安居金融产品货架，创新挖掘教育、留学、医疗等细分市场潜能，升级装修分期精细化管理效能，打造建行“家装节”品牌，全年投放安居金融贷款超过460亿元。五是打造商户分期平台，以总总项目为抓手，以线上项目为重点，大力拓展苹果、京东、苏宁、国美等优质总总合作商户，打响“龙卡随付贷”业务品牌，全年实现交易额48亿元，同比增长116%。

2018年3月29日，建设银行举办龙卡优享信用卡上市发布会。

（五）多点发力“慧兜圈”，普惠金融生态建设成效显著

全行“慧兜圈”累计签约商户119万户，全年实现收单交易额9314亿元，结算账户日均存款达2239亿元。依托“慧兜圈”平台向全行推广药品追溯码、人脸支付、慧美食、慧商贷、慧开票、慧修车、慧泊车、国安宝等多项惠民服务行业应用项目，全方位渗透居民衣食住行消费场景，有效联动推进了对公信贷、资金结算、存款增长、客户经营等多项业务发展。其中，“药品追溯码”应用已覆盖全行6.8万个医药类商户，累计查询笔数68万笔；人脸支付已在全国上百家商户上线，并在首届进口博览会、世界人工智能大会上成功展示。

（六）纵深推进金融科技战略，“七化核心能力”全面提升

一是金融科技赋能方面，在全行推广龙卡贷吧、鹰眼定位、客户回馈平台、权益增值平台等一批优秀金融科技项目，全年实现233项系统需求、728个功能点上线。二是大数据应用方面，成功举办三期“育苗工程”，为37家分行培养75名育苗学员；引入外部数据支持全年查询量超过5000万笔，发布4300余项客户数据标签，覆盖42项业务场景，全年触达客户1.3亿人次。

（七）推动客户服务工作向“洞察客户、预见服务”转型

一是完善服务机制，实现从“面向运行中心”向“面向分行”的转变。在全行设立1140人的信用卡员工体验官团队，围绕产品创新、功能优化、服务改进等方面提出建议，推动“点子落地生金”。加强分行信用卡满意度工作指导，

2018年8月30日，建设银行举办龙卡信用卡发卡15周年暨新产品上市发布会。

推动满意度调研成果落地，并加大投诉考核力度。我行信用卡客户满意度继续保持六大行第一，每万户投诉量同业最低。二是强化金融科技应用，更好满足客户诉求，实现“智慧客服”向“智能客服”转变。通过“两升一降”项目，实现对传统信用卡客户服务手段、策略和日常运营的流程重组、渠道优化、人工替代以及智能升级。完成信用卡产品服务创新实验中心建设，打造产品服务创新孵化，完成机器人商店刷脸购物等项目的研发。通过流程优化、自助渠道分流和智能服务应用，每百万卡电话量下降至4.8万通，客服作业量减少30%，相当于节约160个服务人力。三是实现从经营支持向服务价值创造的转变。深耕细作现有营销产品，以数据驱动策略与精细运营，严抓拓新和引流，电话营销业务整体效益、质量、规模、效率均提升明显，信用卡营销条线人员年人均创收同比提升64%。启动并持续扩大挽留覆盖面，全年面向151万客户实施挽留，同比增加52%；客户挽留成功率44.4%，同比提升17百分点。

（八）严守风险防控底线，全流程风险管理能力持续提升

贷前强化全流程“识假、治假、打假”，严格落实监管“刚性扣减”要求，在审批组件中实时接入FICO评分、同盾等外部数据，月均识别拦截高风险申请22万户，有效防范欺诈申请和共债客户风险；自主研发年轻客户评分模型，精准识别优质年轻客户群体。贷中加强额度精细化管理、主动风险预警排查和资金用途管控，严控刷卡资金流入房市、股市、投资等领域，全年累计处置风险账户71万户，管控风险敞口49亿元。推进实施统一商户风险管理，加强客户和商户“事前、事中、事后”欺诈伪冒风险防范，完成反欺诈侦测系统功能改造，全年信用卡欺诈损失额下降68%，内外卡商户欺诈率分别下降0.07BP和0.3个百分点。贷后持续优化催收策略、工具和渠道，积极推进资产证券化，全行回收处置创历史新高。当年共回收处置不良贷款121亿元；共回收表外资产14.7亿元，其中已核销资产当年回收额9.6亿元，受托资产回收5.1亿元。

（九）坚持稳健合规经营，全面内控合规管理工作持续深化

一是率先在全行建立矩阵式内控管理体系，优选合规专员，将内控合规管理有效延展到分行，构筑“横向到边、纵向到底”的全条线内控合规管理体系；二是紧盯关键环节和监管关注重点，将“客户真实、需求真实、申请资料真实、交易真实、商户真实、消费真实、用途真实”等“七真实”和“合规监管”作为核心基础，督促全条线守牢合规经营底线。三是创新探索大数据检查方式方法的应用，对20家分行开展信用卡合规现场检查，持续强化全员、全机构、全流程、全生命周期的风险经营和内控责任意识。四是强化内外审检查发现问题和风险苗头的整改，指导督促分行立行立改、严肃问责。

执笔：石朝阳

网络金融业务

一、业务发展情况

2018 年全年个人手机银行用户 3.10 亿户，较年初增长 4316 万户；企业手机银行用户数 106 万户，较年初增长 46.5 万户。手机银行用户交易额为 58.24 万亿元，交易量为 219.15 亿笔。手机银行在用户规模、交易规模、应用市场下载量等评价指标中稳居同业第一，继续保持竞争优势。

2018 年全年个人网银用户 3.05 亿户，较年初新增 3427 万户。企业网银用户 757 万户，较年初新增 154 万户。短信金融服务用户数达到 42525 万户，较年初新增用户 4425 万户。微信银行关注用户数 8900 万户；其中绑定账户的用户数 6443 万户，较年初新增 1487 万户，增幅为 30%。建设银行微信银行用户数、业务规模和品牌影响力连续多年稳居同业第一，蝉联国资委与清华大学联合发布的“中国企业 500 强新媒体指数榜”榜首。

二、以场景拓展为基础，以技术创新为手段，进一步抓交易、促闭环，构建产品交叉销售、资金体内循环、价值贡献联动提升的完善的网络金融生态系统

（一）以聚合支付产品抢抓小额高频交易场景，网络特约商户及支付交易规模遥遥领先，对存款及中间业务收入促进作用愈加凸显

2018 年网络特约商户达 195 万户，较年初增长 1673%。网络支付交易量 374.72 亿笔，同比增长 37.33%；交易额为 16.57 万亿元，同比增长 44.92%。在支付宝、京东、美团、苏宁、唯品会等大型支付机构及电商平台的交易份额均位于同业第一。

（二）“悦生活”贴近民生需求，深耕缴费服务领域，全面覆盖各类生活场景，并成为营销对公客户的有力抓手

2018 年全年“悦生活”平台累计部署服务场景 8 大类 249 项，缴费场景数累计达 6.87 万个，新增 3.5 万个；服务商户数 6.48 万户，当年新增 3.26 万户；交易量为 2.59 亿笔，交易额为 1304 亿元。

（三）善融商务对标先进电商，优化购物体验，成为交易引流、稳存增存、协同营销的重要平台

全年善融商城发展商户 5.62 万户，注册会员 2644.66 万名，有效买家 155.93 万个，实现交易额 1174.26 亿元。通过善融商务营销他行转我行对公客户 2.55 万户，全年日均存款为 69.06 亿元，日均贷款为 197.18 亿元，中间业务收入为 5926.73 万元。

三、发挥网络金融渠道、服务、流量优势，积极支持全行战略，以产品创新提升智能服务水平，助力全行业务快速发展

（一）践行金融科技战略，完善客户体验，优化渠道服务功能八千五百余项，为网络金融业务智慧转型全面赋能

1. 深度融合金融科技，打造智能手机银行，持续推动移动金融创新与体验升级。在金融科技应用方面，手机银行引入语音识别、VR/AR、人工智能、图像识别技术等技术，推出语音菜单导航、智能语音交互、虚拟手机银行、自动识别文本信息等服务。在手机银行智慧城市建设方面，推出涵盖智慧政务、智慧交通、智慧医疗等八大类近 5 万个服务项目，与各省市政府部门开展合

2018年10月11日，建设银行在陕西省安康市举办“善心融爱 共助安康”善融商务线下扶贫推介会暨公益捐助活动，助力安康脱贫攻坚。

作，将社保、公积金、交通罚款引入手机银行，实现掌上政务办理，群众少跑路；尝试无感停车和公交卡充值合作，用户生活更便利。在智慧银行建设方面，全新推出“建行2017年度账单”，为客户呈现全渠道交易收支及资产负债信息。推出以智能投顾为核心的财富管家“龙财富”服务，利用客户历史交易信息进行投资推荐。针对信用卡、军警、代发工资、学生等客群的不同需求展现专属的首页菜单和UI风格，实现同一个App，不同客群专属版本。

2. 直销银行由点及面快速发展，借助第三方互联网流量获客、活客，输出有竞争力的产品和服务，开启新的经营模式。直销银行以Ⅱ类账户“e账户”为基础，实现从开户到交易的全流程互联网化，以场景化应用为核心，将金融产品和服务嵌入“高频”的衣食住行等生活场景中。2018年全年直销银行服务累计开立“e账户”1792万户，交易量3499万笔，交易额154亿元，同比增长89亿元。

3. 借助“新一代”金融科技成果，建设“神算子”网络金融智能推荐平台，数据化经营能力持续增强。一是基于自主研发的流数据技术，实现分钟级交易联动推荐。二是上线智能推荐平台批量式、触发式消息推荐模式，完成千人千面广告的对接。2018年全年“神算子”智能推荐平台共发送精准短信2.1亿人次；推送手机APP消息1.9亿人次；发布“千人千面”广告870项。

4. 积极运用人工智能等新技术，提升智能化水平，推动网络金融安全服务创新。积极运用人工智能、生物识别、知识图谱分析等技术，初步搭建完成具备敏捷风险感知能力、智能风险分析能力和快速风险决策控制能力的网络金融智能“风控大脑”。2018年全年通过智能前端及事中风险防控拦截风险事件56668起，避免客户损失2.69亿元，关闭钓鱼网站及支付链接数量11547个。积极扩大人脸识别、手机SE（华为手机盾）等交易场景应用，加快推进带身份证识别蓝牙盾安全工具创新。2018年全年开通建行刷脸认证的用户数已经达到2.2亿户，刷脸认证日均交易量达到350万笔；开通建行声纹认证的用户数已经达到接近130万户，日均交易量达到17万笔；指纹支付应用的手机银行用户超过6000万户。

（二）发挥平台流量入口优势，为住房租赁战略提供网络渠道服务支撑

一是支持住房租赁业务互联网域名的注册及配置，为住房租赁业务注册专属一级域名ccb-home.cn，安排部署相关二级、三级域名500余个，为住房租赁业务提供互联网基础服务支撑；为住房租赁业务注册微信公众号“CCB建融家园”及配套的微信商户号（支付号）及App ID，丰富该业务的互联网布局。

二是发挥渠道优势全面引流，在国际互联网网站首页全新规划了“建融家园”专区，手机银行客户端推出“按居贷”服务并提供相关App下载入口，善融商务客户端增加蓝海项目服务入口，以流量优势为住房租赁业务引流。

三是加强网络金融服务嵌入，实现聚合支付和悦生活等网络金融产品服务嵌入住房租赁App，支持客户消费融资、缴纳房租、水电费和物业费等服务。

（三）发挥网络金融覆盖面广、服务效率高、经营成本低的优势，搭建全面服务普惠金融的网络平台

制定《网络金融服务普惠金融战略实施方案》（建网〔2018〕57号），利用网络金融服务助推普惠金融战略实施。

1. 积极运用互联网思维和技术创新，创新推出小微企业ERP云平台，为小微企业（商户）提供丰富的支付、结算、现金管理等产品。2018年全年企业ERP云平台注册会员达到12.08万户，较年初新增 11.79 万户。

2. 加强线上线下融合，扩大“双小”客户线上服务入口，为小微企业客户提供便捷的移动金融服务。依托个人手机银行、企业手机银行随时、随地、随身快捷办理，加快为普惠金融群体打造一站式移动综合服务平台。2018 年全年网上银行和手机银行“小微快贷”交易量达 250.09 万笔，交易额达 6573.39 亿元。配合“裕农通”将手机银行的投资订单与“裕农通”进行协同，向农民群体重点推荐我行投资理财类产品。

3. 创新打造“龙 e 付”聚合支付，强化场景建设及网络特约商户拓展。“龙 e 付”聚合支付是提供一点接入、“一站式”资金结算和对账等服务的聚合多种支付产品。有效降低小微企业系统投入，极大地简化了小微企业的接入、手续费及运维成本，充分满足消费者多元化的支付需求。通过交通出行、零售餐饮、生活缴费等与客户息息相关的小额高频支付场景建设，迅速扩大商户规模和市场份额。

4. 满足网络特约商户全方位服务需求，打造企业级商户服务云平台。基于“新一代”搭建的企业级商户服务云平台是为线上线下商户打造的一体化“一站式”服务平台，在企业网银、个人网银、手机银行、商户外联平台等多渠道为商户提供支付结算、商户管理、商户服务等支付解决方案及综合金融服务。

5. 响应国家金融扶贫号召，利用善融商务平台服务优势，解决贫困地区特色产品销售难题，电商扶贫影响力进一步提升。

一是加快引入扶贫商户，扩容扶贫专区，扩大扶助范围。2018 年全年善融商务当年新增扶贫商户 1938 户，累计入驻扶贫商户 3878 户（本年新增 1938 户），供应扶贫商品 8.94 万件，扶助范围由 2017 年末的 545 个贫困县扩大至 845 个贫困县，扶贫交易额为 99.50 亿元，善融商务对接建档立卡贫困人口 6.8 万户 17.2 万人。新设 20 家特色扶贫馆，扶贫馆数量增至 26 家，创新推出爱心值、工会提货和扶贫商品溯源等扶贫应用。

二是聚焦总行定点扶贫，助力安康脱贫攻坚。设立善融商务安康扶贫馆，引入安康“一区三县”扶贫商户 59 户，供应商品 747 件，配套开展总行定点扶贫专项营销活动，大力推介茶叶、大米、魔芋、蚕丝等多种安康优质特色农副产品，当年线上扶贫交易额超过 1.2 亿元。

三是加强银政合作，多方共襄乐业扶贫。携手中国妇女发展基金会，帮助哈尼族留守贫困妇女出售当地红米，增收脱贫；联合北京市分行，与北京市扶贫协作和支援合作工作领导小组办公室、北京市支援合作促进会、北京首农食品集团有限公司开展战略合作，设立善融商务“北京消费扶贫馆”和线下扶贫商品展示交易中心，推介北京对口帮扶的“7 省 89 县”特色商品；在商务部指导下，发挥银行系电商扶贫“领头羊”作用，作为唯一一家银行系电商平台，加入商务部发起设立的“电商扶贫联盟”，参加“首届中国贫困地区特色农产品品牌推介洽谈会”，积极对接相关扶贫企业入驻善融商务。

执笔：王婕

金融市场业务

一、主要业务指标

2018 年，金融市场业务按照年初既定经营策略和风险政策稳步开展，积极落实关于对公交易性业务做出优势的重要部署，总体经营情况良好并符合预期。资产规模合计 5.09 万亿元（债券投资组合 4. 77 万亿元，货币市场组合 3280 亿元)，占全行总资产的 22. 58% 。

二、各业务板块发展

（一）债券投资业务继续保持良好经营效益，为全行利润作出重要贡献

占建设银行资产比例约五分之一的总行本币债券投资组合兼顾了流动性、安全性、收益性，在利率大幅下行的市场环境下，坚持价值投资导向，加强市场走势研判和波段操作，不断优化组合结构，实际收益率达 4. 90%，较 2017 年提升 9. 3BPS。

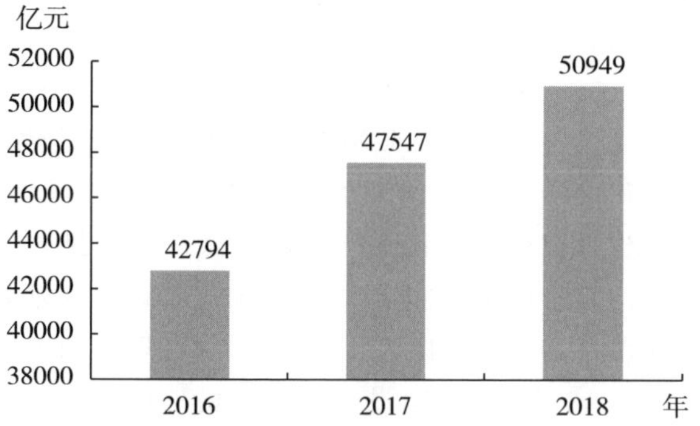

金融市场业务资产总额

（二）货币市场交易能力持续提升，保证全年关键时点流动性平稳运行

2018 年，货币市场业务充分发挥大行“市场稳定器”“政策传导器”作用，维护市场稳定。人民币日均备付 1. 02%，保持同业较好水平。货币市场交易量、活跃度均位居四大行第一；货币市场净收入 134 亿元，收益率为 3. 12%，较上年底提高 12BPS。

（三）金融市场中间业务客户基础进一步夯实

2018 年，金融市场全口径中间业务收入 108 亿元，净收入占全行中间业务收入比约 9%。积极应对内外部经营压力，通过主动优化产品结构、调整交易报价策略、加强上下游业务联动、开展系列营销活动等方式，代客交易业务客户基础进一步夯实。其中，对公汇率交易客户数量创历史新高；大宗商品套保及对公黄金积存两项业务交易客户数均达到业务开办以来的峰值。

（四）金融市场产品创新卓有成效

2018 年金融市场部与金融市场交易中心共完成海外机构流动性统一管理平台、跨境资金交易综合服务方案、铂金租借等 14 项产品创新。其中，海外机构流动性统一管理平台作为战略性项目根据“集中经营、统一管理”总体思路，依托新一代数据，覆盖表内表外多项业务，通过地图示警、报表查询多维度展示，有效实现指标检测、数据管理、风险预警等功能。平台的推出加强了海外机构资金经营的集中统一管理，确保了集团流动性安全。

执笔：孟令海

金融市场及交易业务

一、金融市场业务主要经营成果

2018 年，金融市场业务积极落实关于对公交易性业务做出优势的重要部署，总体经营情况良好并符合预期。资产规模合计 5. 09 万亿（债券投资组合 4. 77 万亿元，货币市场组合 3280 亿元)，占全行总资产的 22. 58% 。

（一）债券投资业务继续保持良好经营效益，为全行利润作出重要贡献

占建设银行资产比例约五分之一的总行本币债券投资组合兼顾了流动性、安全性、收益性，在利率大幅下行的市场环境下，坚持价值投资导向，加强市场走势研判和波段操作，不断优化组合结构，实际收益率达 4. 90%，较 2017 年提升 9. 3BPS。

（二）货币市场交易能力持续提升，保证全年关键时点流动性平稳运行

2018年，货币市场业务充分发挥大行“市场稳定器”“政策传导器”作用，维护市场稳定。人民币日均备付1.02%，保持同业较好水平。货币市场交易量、活跃度均位居四大行第一；货币市场净收入134亿元，收益率为3.12%，较上年底提高12BPS。

（三）金融市场中间业务客户基础进一步夯实

2018年，金融市场全口径中间业务收入108亿元，净收入占全行中间业务收入比约9%。积极应对内外部经营压力，通过主动优化产品结构、调整交易报价策略、加强上下游业务联动、开展系列营销活动等方式，代客交易业务客户基础进一步夯实。其中，对公汇率交易客户数量创历史新高；大宗商品套保及对公黄金积存两项业务交易客户数均达到业务开办以来的峰值。

（四）金融市场产品创新卓有成效

2018年金融市场部与金融市场交易中心共完成海外机构流动性统一管理平台、跨境资金交易综合服务方案、铂金租借等14项产品创新。其中，海外机构流动性统一管理平台作为战略性项目根据“集中经营、统一管理”总体思路，依托新一代数据，覆盖表内表外多项业务，通过地图示警、报表查询多维度展示，有效实现指标检测、数据管理、风险预警等功能。平台的推出加强了海外机构资金经营的集中统一管理，确保了集团流动性安全。

二、2018年金融市场交易业务主要经营成果

经营客户基础不断增强，一方面主动优化结构、夯实基础，着力稳定既有业务收入，为培育新的收入增长点争取时间；另一方面，加快新兴业务推广步伐，努力弥补结构调整产生的收入缺口。全年实现经营收入124亿元，产品创新工作扎实推进，风险应对能力不断提高。

（一）业务指标完成情况

贵金属和大宗商品业务。业务结构持续优化，年末黄金租借余额同比下降72%。账户金交易量同比增长18%，实物贵金属销售态势良好，黄金、白银对客销售分别同比增长26%和43%。

代客资金业务。受市场激烈竞争等因素影响，业务收入有所下降；外汇期权、结构性存款嵌入衍生交易增长较快。剔除增值税转回影响，汇率业务本级做市收入较2017年同口径增幅约10%；利率业务衍生交易收入同比增幅68%。

债券交易业务。坚持做市交易与客户营销并重，进一步提升了我行市场影响力，实现收入和交易量双增。全年债券及衍生交易经营收入同比增长34%。交易账户总交易量同比增长60%；其中做市交易量同比增长67%。

（二）主要做市和交易指标排名前列，市场影响力不断扩大

认真落实“交易业务要更有市场影响力”的要求，努力拓展交易对手、提升报价质量、增加成交量，各项交易业务做市表现均处于同业领先，同时积极参与国际市场做市报价提升国际竞争力。一是建设银行在银行间外汇市场做市综合排名已连续四年位居前两位。二是债券做市商综合排名位居市场前列。2018年日均债券做市只数同比增长39%。三是全年建设银行代理境外机构债券交易业务存量居市场第一。四是建设银行作为“债券通”境内首批做市机构，本年度与境外机构（或产品）交易量同比增长297%，在人民币债券市场国际化过程中做出积极贡献。五是在贵金属及商品市场影响力不断提升。积极参与由中国黄金协会、世界黄金协会共同主办的中国国际黄金大会，探讨世界经济格局变化与黄金行业发展趋势。作为大会战略合作伙伴方，成功举办“商业银行黄金与金融科技”分论坛。

（三）践行“三大战略”取得积极成果

一是积极落实普惠金融战略，成功落地“农保通”。主要面向我行农业贷款客户，在不增加农民额外负担的前提下，通过提供价格保险的方式，帮助农民规避未来价格波动的风险，同时也提高我行农业贷款的回收率。二是加大对公企业网银渠道营销力度，积极为中小企业客户提供汇率交易服务。通过总分行交叉营销、总行直接营销报价、企业网银渠道推广，进一步夯实我行代客汇率交易客户基础。三是为中小企业客户提供大宗商品价格波动风险管理，积极运用大宗商品套保工具服务客户需求，大宗商品套保客户数及

交易量均大幅增加。四是通过大数据应用实现精准营销，与数据管理部、上海数据分析中心合作开展多个大数据分析项目，并印发《关于加强金融市场交易业务大数据应用的通知》（建交易〔2018〕14号）指导分行加强大数据应用，对潜在客户进行营销。

（四）主要工作措施

1. 积极开展营销活动和组织条线培训，对业务发展提供有力支持客户营销方面，以客户为中心、队伍建设为核心、分行需求为导向，加强产品综合营销，夯实客户基础，提升客户交易活跃度，全年组织9个全国性大型营销活动。支持分行方面，组织前往北京、天津、湖南、山东、深圳等分行进行调研，参加杭州举办的分行座谈会，帮助分行分析发展机遇，解决实际困难，传导总行政策。全年走访了31家分行，总行直接参加重点客户营销活动157次。

分层培训方面，将工作下沉到二级分行，全年组织18场全行现场及视频培训，累计培训5.7万余人次。制订对公金融市场交易业务专家队伍管理方案，优化人才培养长效机制。编制对公金融市场交易业务营销手册，为基层员工提供指导工具；组织开展“3721齐头并进”和“魔鬼训练营”活动。举办五大片区“百里挑一”对私金融市场交易业务培训师选拔和员工交易大赛。

2. 加强产品创新和流程优化，有效提升业务竞争力。产品创新方面，完成铂金租借产品创新；完成汇率中间价交易产品、金融债预发行交易、债券上市前交易产品的首笔交易；完成预付款远期业务创新，将大宗商品类客户的融资与套期保值有机结合，为客户提供综合金融方案。系统和流程优化方面，全年促成17项技术开发及协同项目的立项，其中结构性衍生交易全流程上线，首次搭建结构性衍生交易的全流程直通式处理流程，支持我行结构性存款业务在新形势下的快速发展；企业网银汇率业务优化功能上线，进一步丰富了我行网银汇率产品生态，提升客户体验。

3. 扎实开展研究工作，市场影响力不断提升。着力建立面向客户具备较强市场影响力的研究体系。一是市场研究深入黄金、白银、铂金、原油、铜、铁矿石、大豆等主流品种，发布常规研究报告约280篇；二是增加《交易观察》专题，精选对全球市场的专题点评和公司研究，目标打造研究精品，扩大市场专业影响力。三是联动17家分行建设贵金属、能源、有色4个研究基地，指导分行完成多项有地域特色、与客户营销紧密相关的分析报告，为密切银企合作、支持当地产业发展提供智力支持。

4. 加强风险管理，坚持合规发展。一是紧盯汇率波动，密切关注外汇市场风险。及时提示分行了解客户现金流状况和履约意愿，跟踪存续交易估值变动，按行内风控要求追加交易担保。二是加强对发行体信用风险的排查，提高交易活跃度同时确保不出现信用风险事件，2018年全年交易信用债涉及发行主体无评级下调企业。三是加强黄金租借业务的合规管理，停办融资性黄金租借业务，回归业务本源，服务黄金实需企业。四是定期筛查交易对手集中度风险和白名单执行情况，开展交易员合规检查，排查风险隐患，建立整改问题库，对薄弱环节不断改进和强化。此外，在当前银保监会、外汇局等监管部门不断加大监管力度的情况下，及时传达监管政策和关注，跟进分行在自查及现场检查过程中暴露出来的问题，协助分行与监管机构进行沟通与解释；针对内审对贵金属与大宗商品业务审计发现的问题，同步开展分析和根源性整改，促进全行金融市场交易业务的政策合规，确保业务持续稳健发展。

执笔：张晨羽

资产管理业务中心

一、理财规模稳中有升，重点产品取得突破

随着国内经济增长速度放缓和严监管政策的逐步出台落地，资管业务面临着较大的保规模压力。资管中心认清形势，正确应对，调整工作，最终实现了理财业务规模在高位稳中有升，巩固了市场地位，调整了业务结构，获得了客户认可，为全行做强资管条线、决胜资管业务转型奠定了牢不可破的基础。

2018 年全行理财产品余额为 21883 亿元，较年初增长 1030 亿元：一是净值型产品增长迅速，规模四大行第一。全行发行净值型产品 192 只，余额为 2996 亿元，较年初增长 2975 亿元，余额与新增均居四大行之首；二是非保本产品较快增长，规模四大行第一。全行非保本理财产品规模 18465 亿元，较年初增长 1157 亿元，余额超过工行居四大行第一；三是个人类产品大幅增长，规模四大行第一。全行对私理财产品规模 16843 亿元，较年初增长 3178 亿元，余额超过工行居四大行第一。

二、资产配置能力持续增强，资产结构显著改善，投资收益突破 1000 亿元

持续强化投研能力和大类资产配置能力建设，从资产结构优化和期限匹配方面下工夫，2018 年标准资产占比明显提升，期限错配情况显著改善，抵御市场波动冲击能力更强。

全年理财产品实现投资收益 1004 亿元，首次突破千亿元大关。标准资产余额为 8138 亿元，比年初增长 1584 亿元，增幅为 24.2%，总资产规模占比为 36.8%，比年初提升 6%。配置型债券余额为 2067 亿元，增幅为 27%；新配置资产平均期限为 213 天，较上年缩短 961 天，新发行产品平均期限为 133 天，较上年延长 17 天。

三、采取“保地让利”策略，市场地位更加稳固，资产质量保持优良

受资管新规影响，2018 年银行理财行业收入大幅下降。因缺乏保本理财增量贡献和非标资产配置受限等因素，我行降幅更大，依靠分行拓展非标的传统优势受到严重限制。此外，由于产品久期拉长和付息率上升，理财产品端平均付息率较上年上升 44 个 BP，影响我行收入超过 90 亿元。2018 年我行向投资者分配收益 913 亿元，较上年增长 102 亿元，稳健、可靠、投资能力强的市场形象深入人心。截至 2018 年末，全行理财风险资产余额为 62 亿元，风险资产率为 0.28%，各类风险准备金余额为 97 亿元，资产质量保持稳定。

四、聚焦总行“三大战略”，全力支持实体经济

依托并服务三大战略，全力推进三大战略在资产管理业务领域深化落实。一是全力推进三大战略在资管深化落地，以资管的思维和方式解决战略推进过程中的难点问题。2018 全年资管对住房租赁融资规模为 48.36 亿元，全行已发行扶贫理财产品 87 亿元，普惠金融理财产品规模达 171.89 亿元。二是聚焦国家战略，大力支持实体经济。2018 年末，建设银行向民营企业投放理财资金存量规模超过 1500 亿元，全年累计投放近 600 亿元，投向基础设施建设、制造业、服务业等实体经济领域超 10000 亿元。

资管业务解决住房租赁痛点。2018 年先后走访了全部 12 个住房租赁试点城市和多个农村集体用地建设租赁住房的试点城市，撰写了《资管服务租赁住房市场业务的思路与方法》系列调研报告，系统性地提出了建行服务住房租赁的发展策略、经营策略、房源策略和竞争策略。印发《中国建设银行

2018 年 8 月 17 日，建设银行 2018 年资产管理业务工作会议在云南省昆明市召开。

租赁住房资管业务营销指引》（建总函〔2018〕180 号），重点分析了住房租赁战略推进过程中的痛点问题，并从资管角度提出解决方案。

普惠资管模式多效果实。发行扶贫、普惠专项理财产品。截至 2018 年末，发行扶贫理财产品 87 亿元，普惠金融理财产品规模达 175.99 亿元。理财资金直接投资涉农、小微和双创企业。截至 2018 年末，建设银行理财直投已为涉农、小微和双创企业提供融资 25.47 亿元。持续支持民营企业融资。截至 2018 年底，建设银行理财向民营企业投放资金存量规模为 1620.75 亿元，2018 年新投放 568.22 亿元。

借助金融科技推动资管转型。以理财子公司筹建为契机，搭建“大资管家”平台。资管中心和金科部、金科公司已经启动立项工作，明确了“三系统一平台”的整体架构，确认了构建覆盖全产品、全资产、全市场、全交易、全渠道、全生命周期“大资管”生态圈的愿景。敏捷开发快速应对资管新规影响，提升客户体验。整合行内产品、系统、渠道资源，深入挖掘客户需求，深度嵌入客户生产、生活场景，创新推出了“智慧普惠综合理财服务”。重视数据应用，打造数据资管。通过加强数据源头管理、推动跨系统数据共享、数据挖掘分析应用等方式，提升数据质量和应用效果。

五、主动应对各种监管检查，运营管理水平持续提升，监管处罚最少，合规工作趋势稳健

2018 年全年，资管条线积极配合监管机构各类检查，高度重视沟通协调，边查边改，以查促改，得到监管部门的高度认可。全年资管条线没有发生重大违规事项和风险案件，受到监管处罚金额，四大行最少，比上年减少 40 万元，监管发现问题整改完成率较高，得到了监管部门的高度认可。总、分行接受检查和内控评价结果充分表明，资管业务整体健康、主流合规、内控有效，使得基础更加牢固，业务更具质效，抗风险能力更强，有效避免金融市场剧烈波动冲击。

六、积极稳妥地推进理财业务集中经营，集中经营效果显著

2018 年有序推进分行组合型理财产品集中经营，统筹全行理财产品流动性管理，增强风险抵御能力。完成了存量产品梳理和新产品体系规划，明确新产品原则上由总行集中经营管理的规则，通过控制存量产品规模、加快新产品推广等措施，不断提升总行集中经营产品规模的占比。同时上收天津市分行组合型产品投资权限，逐步推进分行池上收进程，全行产品流动性集中管控初见成效。

2018 年，总行管理产品实现收入 57 亿元，全行占比为 67%，占比较年初提升 15 个百分点；总行管理产品规模为 13149 亿元，全行占比为 60%，占比较年初提升 12 个百分点；总行管理产品配置非标、权益类资产 1231 亿元，全行占比为 67%，占比较年初提升 42 个百分点；总行管理产品非标、权益类资产余额为 5356 亿元，全行占比为 55%，占比较年初提升 28 个百分点。

七、加快理财业务转型，首家获批筹建理财子公司

坚定推进理财业务 2.0 建设，奋力加快转型升级节奏。在总行党委的指导下全力推进理财子公司的筹建工作，并于 2018 年 12 月 26 日获得银保监会首家批准筹备设立理财子公司。

建设银行从理财子公司筹建着手，逐步明确资管在集团层面的定位问题，在加强总分行、各资管子公司间协同和开展体系型竞争方面的理论研究取得了一定成果，为加快理财业务转型奠定了基础。同时在大资管领域理论研究取得突破，有效传播资管理论和理念，建立集团资管理论体系。

执笔：钱文彬　麻男迪

投资银行业务

一、积极践行“三大战略”，落地成果不断显现

金融科技方面，实现系统建设业务全覆盖，“三大系统一个模块”（债券承分销系统、财务顾问智能服务系统、资产证券化业务系统和并购撮合交易模块）正式上线，并基本完成业务迁移、线上获客，持续优化升级，实现内部控制系统化与业务嵌入式的风险管理。普惠金融方面，制定投资银行部落实普惠金融战略工作方案，提供覆盖普惠客户全生命周期的金融解决方案。发行供应链资产证券化，服务支持800多家小微企业。累计承办双创债务融资工具23亿元、扶贫票据60亿元。住房租赁方面，形成投行服务住房租赁多种业务模式，在不占用建设银行经济资本情况下，引导社会资金189亿元服务住房租赁市场，在住房租赁领域债券注册规模达354亿元。

二、坚持多措并举，提升服务实体经济质效

一是运用多种手段为实体经济提供直接融资1.4万亿元，为企业发行非金债券4265.33亿元，助力建设银行充分发挥信贷、债券、股权“三支箭”作用。二是聚焦社会痛点、优化发行机制、缩短准入流程，创设信用风险缓释工具（CRMW），开展多场市场辅导和路演推介活动，民企债券存续余额（1603.67亿元）和年度承销规模（583.1亿元）均为四大行第一，平均发行价格6.46%、低于市场平均价格8个基点。举办投行业务民营企业培训班，依托建设银行培训资源优势开展金融辅导和知识输出。三是与发展改革委共同发起设立3000亿元国家级战略性新兴产业发展基金，基金理事会和专家咨询委员会正式成立，为打造建设银行基金业务优势奠定基础。

2018年3月15日，建设银行2018年投资银行业务工作会议暨“两大”拓展活动先进表彰在湖北省武汉市召开。

四是发挥先发优势，加强母子联动，实现综合化降杠杆相关业务（含债转股）落地金额1200亿元。五是积极推动绿色、跨境等特色概念债务融资工具项目，累计为13个发行人注册1147亿元绿色债券项目，实现90余笔、超400亿美元中资企业境外债承销发行，成功中标法国农贷、摩科瑞集团熊猫债项目。

2018年12月6日，建设银行与广东恒健投资控股有限公司举行飞驰全面金融解决方案服务协议交换仪式。

三、做优对公交易性业务，夯实业务发展基础

一是深入拓展投行客户，营销触点逐步下沉到基层网点，通过开展年度营销活动、“增客户扩内涵”主题活动和财务顾问竞赛活动，新增投行有效客户超2571家，不断扩大了投行品牌影响力。二是推进对公交易性业务体系建设，从承销和销售两端共同发力债券业务，创新业务品种，建立包销机制。积极把握降杠杆、并购重组、国企改革等市场热点大力推进新型财务顾问业务。发挥广东、上海两大并购中心的辐射带动作用，充分运用并购贷款战略性专项配置资源。强化资产证券化企业评级、资产筛选、尽职调查等全流程管理，树立品牌优势。三是密切母子联动协同，充分整合集团资源，优化完善与建信投资、建银国际、建信保险资管等母子公司联动机制和利益分成机制。四是投研创新并举，建立《FITS·投行研究》平台，刊发62篇研究报告。建立88人兼职研究员队伍，组织开展8个课题研究。全条线完成140余项产品创新，实现12家分行20项自主创新产品、向23家分行复制推广形成48项次移植创新产品。五是聚集专业人才效应，突出“高精新缺”要求，制订投行业务专家人才库方案。建立“飞驰创新说”投行条线青年创新研究小组，打造跨条线、跨区域、社群化的业务交流平台和创新孵化平台。建立专业化、全球化的研学平台，举办跨境投行业务系列培训、并购重组实战训练营、青年创新研究月度分享会等近20期、覆盖800余人次的特色培训课程。

四、坚持合规先行，将全面风险管理理念融入投行业务全流程

一是坚持主动管、全面管，总行投资银行部单设风险合规与系统支持处，做实第一道风险防线，把牢操作风险、合规风险、市场风险和声誉风险。建立投行业务全面风险管理体系，重检完善债券承销业务准入标准，加强债券存续期管理，健全定期风险排查和巡查工作机制，累计排查债券1290期，涉及402家发行人。未出现操作风险、声誉风险事件，有力发挥了国有大行金融稳定器作用。二是落实合规主体责任，把内控合规和反洗钱管理要求嵌入各项经营管理活动。加强建章立制，完善新制度、新业务、新产品、重大项目合规性审查程序，针对监管、审计发现问题即查即改、从源头整改。全年条线、部门均未发生案件和重大违规事件。

执笔：陈祎聪

国际业务

一、金融科技创新应用行业领先。

一是同业率先建立区块链贸易金融平台，系统内近40家境内外机构参与，并与20家同业签订合作协议，截至2018年底，累计交易金额超过2000亿元。二是积极推进“跨境e+”与海关“国际贸易单一窗口”对接，首批实现总对总直联，为外贸企业提供全流程线上化金融服务。三是依托大数据技术，同业首创“跨境快贷”系列产品，为小微外贸企业提供纯信用、全线上的融资服务，实现贷款“秒批、秒放”，取得良好的社会反响。四是人工智能审单项目在业内实现零的突破，第一期功能于12月15日成功在单证业务中心、河北和宁波分行试点上线。五是搭建跨境人民币潜在客户挖掘模型，筛选出首批潜在目标客户推送至分支机构，实现精准营销。

二、普惠金融战略在国际业务条线落地开花。

创新同业首个外贸普惠大数据信贷产品“跨境快贷—退税贷”上线一个月后，授信客户数量近400户，累计投放近9000万元。创新“政保贷”产品，通过引入政府外贸担保基金作为增信措施，为当地小微外贸企业提供信贷支持，已在山东、浙江、福建、宁波等多地开展。创新“商保通”产品，在重庆地区率先开展与优质商业保理公司合作的新模式，为供应链核心企业的配套供应商提供保理融资服务。

三、海外机构布局进一步完善，海外业务经营管理稳健发展

伴随新西兰分行正式成立，至2018年末，建设银行在全球29个国家和地区拥有各级境外商业银行类机构近200家。

商业银行类海外机构实现管理口径净利润82.3亿元人民币，同比增加7亿元，增幅为9.3%，实现了在总资产规模下降情况下的利润正增长，资产收益能力进一步提高。海外机构规范化管理水平稳步提升，重要事项上报及时，子银行董事会运行更为规范，公司治理显著改善，监管评价稳中向好，实现了稳健发展目标。

跨境人民币业务发展迅速。2018年，跨境人民币结算量1.63万亿元，同比增长65%；中国建设银行作为伦敦人民币清算行累计清算量突破30万亿元，继续保持亚洲地区以外规模最大清算行。

境外金融机构业务取得新进展。先后与多家境外银行和保险公司签署谅解备忘录，丰富境外金融机构客户类型，拓展将境外资金引入境内等多领域合作机会；成功参展SIBOS年会，推动与境外同业合作；新一代境外金融机构额度管理系统上线，额度管理机控水平和精细化程度进一步提升。

四、风险和合规管理水平进一步提高

一是加大对分行外汇合规考核力度，积极配合外汇局经常项目核查和全面检查，强化牵头职能，主动配合各部门和分行加强与外汇局的沟通，妥善处理重点问题。二是与监管机构保持密切沟通，与行内相关部门和条线积极联动，人民银行MPA考核取得了A档的好成绩。三是国际结算与贸易融资反洗钱清单监测系统实现境内机构全覆盖，并成功在东京、首尔分行试点，反洗钱合规管理的机控能力显著提升。四是推进外汇政策审核的集约化运营，实现11家分行的收付汇政策审核总行集中处理。五是开通外汇局监测系统银行联机接口，在新一代成功上线企业分类名录查询和机控功能，实现系统对外汇汇入的合规机控，解决了前台业务痛点。六是新一代RCPMIS系统直联在全国范围内上线，基本完成全部报表的直联申报，大幅简化了申报流程。七是有效管控国际业务产品信用风险，妥善化解内保外贷项目合规隐患，资产质量在高水平上继续保持优良。

五、外事管理和对外合作再上新台阶，国际影响力持续扩大

推动高层对话与国际交流合作，服务行领导参加APEC工商领导人峰会、亚金协理事会会议、国际货币基金组织和世界银行年会等高级别国际会议10余次，出席各类境内外事活动80余场。牵头中英金融峰会、中英企委会等合作机制。

积极履行国际保理商联合会副主席职责，代表国内同业参与和决策国际组织事务，促成国际组织与中国银行业协会达成战略合作，提升中国保理业在国际组织中的话语权和影响力；“中国建设银行区块链贸易金融平台交易量突破2000亿元大关”位列《贸易金融》2018年中国贸易金融十大新闻之首；先后荣获《环球金融》杂志“最佳贸易融资创新银行”“人民币国际化最佳中资银行”、深交所“优秀资产证券化参与机构”、《亚洲银行家》“中国最佳贸易融资银行”和“最佳库存管理”等多项大奖。

坚持“实事求是、有保有压、总量控制、结构优化”的外事管理原则，全年因公出访团组数量和人数较上年减少6.5%和4.3%。

六、综合保障能力明显提升，单证处理集约化水平进一步提高

一是加强公文运转、文印、培训、费用支出等管理工作，2018年全年流转公文8000余件，在总行部门中居于前列，综合事务办理质量和效率进一步提高；二是加大研究力度，强化文字综合、

业务分析和宣传工作，展现部门良好形象；三是加强保密和安保工作。下发《关于加强国际业务部涉密岗位人员管理的通知》等四份制度文件，增强员工保密意识，确保涉密事项办理合法合规；明确责任，细化安保后勤工作措施，为业务发展提供了有效保障。

截至2018年末，集中到中心集约化处理的境内机构34家，境外机构13家。在人员变动频繁的情况下，单证业务的营运效率大幅提高，风险得到有效控制。

执笔：甘小芳

渠道与运营管理

一、发挥渠道运营优势，“三大战略”落地成效明显

网点普惠金融业务做出实效。积极贯彻普惠金融战略，实现13353个网点开办普惠金融业务，开办率达92%，同比提升11个百分点；网点具备普惠金融业务资质的人员新增1万人，累计5.8万人，同比提升26%；配置普惠金融专员3400余人，覆盖2500余个网点；打造普惠金融特色网点784家，覆盖70%的二级分（支）行；强化营销服务，网点普惠金融贷款达6600亿元，新增2200亿元。

住房租赁业务全面开展。推动全部网点承接住房租赁业务咨询及营销引流，向住房租赁平台引流710万人次，达成出租房源25万套；依托网点拓展房源、获客活客，全年新增房源620万套，联动新增对公结算账户8800余户、个人一类账户近8万户。试点实施全行住房租赁系统房源图片集约化审核，开业8个住房金融服务中心。

2018年6月27日，建设银行云生产应用试点总结会在河南举行。

金融科技多领域、多场景应用。人脸识别全渠道部署，人脸库突破2亿人，覆盖9大类近百项业务场景。试点投产8个数字化门店和5个数字化展厅，为客户带来智慧服务体验。同业率先试点建设智能金库，入库及清分效率提升50%，交接效率提升3倍。建设银行智慧银行、汽车银行参展重庆智博会，受到广泛关注。在首届“创新马拉松”活动中，获住房租赁专场二等奖、金融科技专场二等奖、优秀团队奖、优秀导师奖等四个奖项。深圳、广东、上海、江苏、四川等分行走在渠道数字化转型的前列。

二、促进开放共享，公益形象与服务水平双提升

“劳动者港湾”为社会注入正能量。积极履行社会责任，向公众开放1.43万个“劳动者港湾”，累计服务4900万人次，127万户外劳动者、2200家企业和机构成为建设银行客户。“劳动者港湾”成为建设银行标志性公益服务品牌，被中央网信办和全国总工会授予“网络正能量专题活动”“同心圆”特等奖，被新华网授予“2018社会责任优秀案例奖”。

行业“千佳”创建结硕果。加强组织推动，树立服务标杆，121个网点被中银协授予“行业

2018年8月31日，建设银行在北京东四支行举行“劳动者港湾”服务品牌发布会。

千佳单位”，四大行第一，较上期增长48%，四大行唯一实现正增长。营业网点和自助设备的个人客户满意度均四大行第一。

网点规范服务再上新台阶。同业率先实施银行营业网点服务基本要求、评价准则两项国标认证，27家分行获行业认证。在雄安和上海打造无障碍服务标杆网点，提升网点大众客户服务水平。召开全行“服务质量提升年”动员会，促进网点服务提质增效。据第三方神秘人检查评价，建设银行渠道服务质量连续多年保持同业领先。

流程创新提升客户及员工体验。上线多渠道预约预处理、组合交易、电子签名等463项业务功能，简便客户业务办理，为基层员工减负。推动电子印章替代实物印章，电子印章覆盖柜面97%的对私交易、82%的对公交易及智慧柜员机的全量对私业务。远程集中授权覆盖98.84%的网点，精简并上收柜面授权审核事项102项。

三、深化集约运营，支持集团业务发展

启动智能运营体系建设。规划设计智能运营体系，印发《智能运营体系建设方案（2018－2022）》，明确了“提升全行运营质量和效率，优化资源配置，促进管理协同，统一价值主张和风险偏好”的实施目标，着力构建“接触层、交付层、管控层”三层架构体系。

集约化运营支持场景不断拓展。全年新增29类、累计174类事项实现集约化运营，日均95万笔，同比增长17%。重点推进外汇业务集约化运营，开展11家分行对公外汇政策性审核总分行协同云生产试点，业务上收率由28%提升至69%，为网点开办外汇业务奠定基础。为建行亚洲、澳门分行的零售定期存款、信用卡等业务提供离岸集约化运营，新增建信人寿保单录入等集约化处理，支持集团业务发展。

云生产平台产能持续释放。逐步深化云生产模式，由信息采集拓展到对公外汇审核、远程授权等领域，17.27%的行内集约化生产任务由云生产完成。云宠物用户拓展至384万，吸引43%的用户开通手机银行，获客效益明显。运用云宠物抽奖，在陕西安康试点创立“造血式”精准扶贫新模式，社会效益显现。

四、优化渠道布局，综合效能持续提升

网点总量持稳结构调优。境内营业网点14873个，四大行占比23%，规模保持稳定。持续提升网点经营效能，全年完成198个旗舰店建设，优化低效网点布局319个；普惠型网点累计开业135个，填补51个空白县域，县域网点达4313个，县域覆盖率达80%。布放“龙易行”移动设备7300台，进一步延伸物理渠道服务网络。

升级完善自助渠道功能。自助设备硬件及软件功能全面升级，优化惠民缴费、吞卡领回等105项功能；ATM“刷脸”取款在全行推广上线，清机任务刷脸审核推广率超90%，效率提升，风控加强。打通智慧柜员机银联贷记通道，全年节约交易成本1900万元。试点大额存取款设备，20万元以上存款耗时由15分钟降至7分钟。推动自助设备跨一级分行、分行辖内调配4000余台，盘活存量设备5803台。

网点岗位资源配置优化。建立网点弹性排班指数监测机制，促进网点人员精细化调配，全年柜面业务量超全行均值三倍以上的高压力柜台数下降20%。试点实施网点岗位角色优化，制定网点员工岗位角色权限模板。试点网点岗位运营平台，上线电子例会、直通任务管控等功能，推进网点负责人、营运主管履岗线上流程化管控。

渠道经营效能增强。全行网点维护个人客户6.69亿人，同比增长8.3%，其中AUM50万以上客户增长11.1%；维护对公结算客户264万户、网均180户，客户基础进一步夯实。手机银行、网上银行网点新签约个人客户同比增长2.7%和5.6%，网上银行新签约对公客户同比增长

28.8%，线上线下协同成效明显。

五、推进精细管理，运营支持提质增效

金库及现钞管理不断深耕。强化库存管理，科学测算金库库存限额，现金备付率下降0.03个百分点，日均库存减少16亿元，同比降幅2.3%。日均库存黄金104.72吨，同比降幅9.5%。落实监管要求，假币浓度由百万分之0.44下降至0.33，建设银行获国务院反假货币工作联席会议多次表彰；圆满完成人行7批次纪念币发行任务；试点研发现金红包产品。

集中清算核算运营质效提升。跨行支付清算业务保持高速增长，人民币跨行汇款50亿笔，同比增长29%；外汇汇款585万笔，同比增长6.2%。研发智能汇划路由模式，人民币汇款单笔成本四大行最低，同比降低11%，获上海清算所“优秀清算会员”奖。实现跨境汇款全币种集中筛查，境外账户行黑名单查询量降低60%。开发集中核算业务线上审批平台，大幅提高核算处理效率。

运营支持响应能力增强。完成银联差错及核算信息交换107个业务功能上线，协同实施理财卡境外交易和境外争议处理流程再造，获银联“中国银联差错处理卓越运营奖”。优化数据协查系统应用，提升效率和用户体验。响应集团机构员工管理需求，完成多次优化，支持业务创新。

交易业务后台支持有力。主动参与金融市场业务产品创新和制度流程优化，完成外汇买卖、本币债券等12类产品结算清算64万笔，同比增长34%；完成海外清算系统12项功能优化、四家海外机构系统直连。获上海清算所“优秀结算成员”奖、外汇交易中心“外汇做市最佳后台支持奖”。

六、强化风险防控，保障业务稳健发展

全面加强制度建设。根据业务发展、系统建设及运营模式变化，及时更新完善规章制度。制发网点战略业务相关流程规范，支持普惠金融、住房租赁业务合规有序开展；配套系统上线，建立柜面业务手册、营运主管一日流程等操作规范；结合业务模式创新，统一规范集中授权、生物识别、电子印章等管理要求。同时，根据运营业务的海外及子公司拓展，建立相应的集约化规章制度和操作流程。

风险防控机制逐步完善。建立渠道运营条线重大事项报告、风险例会、合规约谈等管理机制，推动稽核与督导线上线下“联防联查联治”。加强营运主管的委派管理与培养，筑牢风险防控的第一道关口。开展监管、审计发现典型问题专项治理和员工行为排查；组织“精准点学”活动和员工警示教育，普及行规行纪，全面覆盖基层机构及一线员工。

技防力度加大。新研发稽核模型614个，稽核发现各类差错28万笔、潜在资金损失事件1678起，挽回潜在损失16.52亿元。推广自助设备“刷脸”审批、“刷脸”清机、试点自动盘库，控制“一手清”风险。推广新一代远程现金实物盘点应用，实现全天候、突击性的非现场检查。

七、关爱员工成长，激发基层队伍活力

持续加大营销服务转型。网点综合营销服务人员占比持续提升至67%，网点专职客户经理占比持续提升至18%，高柜柜员占比持续下降至24%，支持网点营销服务功能拓展，促进普惠金融、住房租赁等业务在网点实施落地。

不断提升员工综合素质。持续优化研发网点客户经理、网点员工综合能力提升等系列教材；创新eSpace、微信等线上多渠道培训方式，全年网点直通视频培训1621期、44.3万人次，微信“慧识金”培训151万人次；系统规划、组织开展全行网点人员轮训，网点具备综合岗位资质的客户经理占比提升至65%，30%的网点员工具备服务对公信贷业务能力，实现专业水平与综合素质能力“双提升”。

大力推动员工关爱。总行渠道、人力、财会、党群等部门联合开展基层员工关爱调研，梳理分析基层员工面临的痛点，从岗位、工作、成长、能力、生活5个方面提出12项具体关爱举措，充分调动基层员工干事创业的积极性。

执笔：冯园园

数据管理

一、监管数据报送工作高质量完成

及时准确完成人民银行、银保监会等监管数据报送工作，全国金融统计监管考核“零扣分”，1104 监管报表、资本充足率报送工作得到监管机构的肯定。监管数据质量持续提升。征信数据质量工作在人民银行的考核中连续三季度排名第一。推动实施了监管数据质量专项治理项目。通过监管报送流程自动化机器人自动完成 1104 部分监管报送自动化校验流程，在提升数据质量的同时极大地减轻了人工核对工作量。征信合规管理水平进一步提高，建立征信信息安全领导小组例会机制，形成了涵盖征信业务全流程的制度体系文件。大力配合外部监管检查工作，征信、EAST 现场检查结果明显好于同业。配合审计署对建设银行进行的经济责任等审计工作，共处理数据需求 100 多份，提供报表及明细数据近 2000 张（份）。此外，还积极利用监管返还数据服务行内经营管理。

二、数据治理组织架构和机制渐趋完善

一是数据治理组织体系基本成形。在金融科技创新委员会下设立数据治理专业委员会，负责组织制定企业级数据资产管理策略、数据能力建设规划、数据治理实施路径、资源投入方案，对保证数据治理成效，发挥数据资产价值负领导责任。明确数据管理部“监管数据报送执行者、数据资产管理者、数据产品和信息知识提供者、企业级数据能力建设推动者”四个角色的职能定位，牵头全行数据治理体系建设和数据资源综合管理工作，履行数据治理专业委员会办公室职责，对上海大数据智慧中心进行业务管理，牵头推动全行数据管理与数据应用能力持续提升。原上海数据分析中心更名为上海大数据智慧中心，明确上海大数据智慧中心是负责全行大数据分析挖掘和智能化应用工作的实施机构，负责为全行增强数据能力、挖掘数据价值提供专业化支持。各业务部门和各分行是数据需求的提出方，也是数据成果的最终使用者和评估者。技术部门是数据治理基础设施的建设者，负责为数据管理和应用提供技术支持。境内外分行、子公司负责建立本机构的数据治理机制和流程，落实各项数据管理要求。

二是补强机构和人员配置。优化总行和上海大数据智慧中心处室设置，数据管理部增设规划与制度处、集团数据处、大数据应用管理处、外部数据管理处等四个处室，增加后处室达 13 个，人员编制扩充到 100 人；上海大数据智慧中心增设了普惠与互联网金融处、创新处、数据产品转化处、数据服务处等四个处室，增加后处室为 10 个，人员编制超过 200 人。总行多个部门已设立或准备设立数据专业处室，如总行人力资源部设立信息化建设处，普惠金融事业部成立数据金融处，网络金融部设立数据分析处等。

三是加大考核和配套资源。大数据应用已纳入一级分行 KPI 和总行部门考核。数据工作配套资源逐步倾斜，数据板块专项费用在全行综合经营计划财务资源中专项安排；数据需求的统筹实施机制进一步完善，与 IT 开发机制的分工协作和有序衔接已经理顺。

四是培养数据专项人才。连续三年组织实施“绿树”大数据种子人才培养工程，共开展 11 期培训，累计实施 257 个大数据项目，为全行培养数据分析人才 597 名。建立了全行数据专业人才库，全行大数据人才方案启动编制。

三、数据治理基础管理取得明显进步

一是数据治理基础进一步夯实。依托新一代核心系统建设，建设银行已建成初步的数据管理

和应用体系，形成了数据需求统筹、数据规范、数据质量管理、大数据应用管理等机制，全面推广了企业级数据应用平台、员工业绩计量系统、微信企业号等数据线系统，为方便全行各级机构和员工直接获得数据创造了条件，提供了工具，夯实了数据能力建设基础。

二是全行外部数据引入加速，数据应用广泛。已接入62项外部数据，其中总行统一接入32项外部数据，从分行接入区域性外部数据30项，为全行普惠金融、住房租赁、风险管理、客户营销、流程优化等提供广泛数据支持，直接支持了惠懂你、科技云贷等19项普惠业务产品的研发。截至2018年底，全行应用外部数据成功营销新注册客户78万户，营销成功率17.72%。外部数据管理平台当年查询次数达6400万次，移动端“外数慧查”产品日均查询量1.3万笔，极大地支持了业务发展。绝大多数分行已建立了外部数据资源引入和应用的常态化工作机制，充分发挥外部数据价值。

三是数据质量持续提升。认真做好全行风险数据加总达标工作，推动完善企业级数据质量管控体系。着力提升建设银行监管报送数据质量，满足强监管数据要求。进一步完善反洗钱身份信息重点目标客户范围，精确指导分行补录，提升工作效果。通过外部工商数据为对公客户信息进行批量赋值，累计3200多万条，改进了数据质量，大大减轻分行反洗钱补录工作量。截至2018年底，对公、对私客户身份基本信息总体完整率分别从4.44%、46.21%提升到92.67%、84.57%。

四、数据能力对全行战略推进、精细化管理的支撑作用进一步显现

一是自主用数平台客户体验不断提升。企业级数据应用平台稳定高效运行，为普惠金融等战略推出数据模板625项，查询量达37万次。员工业绩计量系统功能点超过560个，实现了与个人精准营销平台和对公商机系统的自动对接。优化“慧视”系列数据产品，全行用户超过7万，其中财私、风险等条线应用广泛，已经通过慧视辅助经营管理取得了较好的效果。微信企业号全年推送各类商机和风险提示信息近100万条，正逐步成为内部员工的移动办公助手。新一代海外数据应用开始启动，明确第二批自主用数海外推广分行，累计取消手工报表报送51张。

二是大数据项目实施和价值转化能力增强。2018年共实施大数据应用项目800多个，超过了前三年总和。加快优秀大数据案例复制推广，共提炼可复制项目63个，分行累计复制765次。在支持“三大战略”和精细化管理方面，实现全行客户数字画像的标签数量达到4300余个，累计推送4500万次商机，支持信用卡预审批库达到1.3亿户；住房价格指数已覆盖全国38个城市，住房租赁指数覆盖52个城市，龙信商查询用户数突破350万人。苏州分行创新推出不动产信息共享项目，得到自然资源部、银保监会的高度认可。两部委拟联合发文推进不动产信息共享，为在全国推广“苏州模式”创造了有利条件。总行普惠金融事业部、公司业务部、网络金融部等部门以及上海、四川、广东、福建等分行都实施了一批卓有成效的重点大数据项目。

三是为集团各机构、重要会议和行领导提供数据服务。牵头为集团内各机构提供各类数据服务近800项。为夏季工作座谈会提供大资管、大零售等分析材料，为行领导提供数据分析报告25份。其中，总行数据管理部牵头撰写的《近三年春节期间对公和个人存款变化情况报告》等得到行领导的高度肯定。据初步了解，不少分行数据管理部门都为管理层提供了有价值的数据分析报告，如上海分行《快贷不良客户画像与风险管理分析报告》、四川分行《零售业务月度分析报告》等，都对业务经营决策产生了积极影响。

四是数据能力输出模式初步形成。以“模式可复制、组织可推广、能力可提升”为工作原则，研究客户数据能力建设需求的可行性，向武汉农商行、成都银行、贵阳银行等同业客户介绍建设银行数据治理能力和大数据应用工作机制建设情况，支持向同业赋能工作推进。

执笔：任岳辉

金融科技工作

一、完善科技管理体系

按照总行《金融科技创新体制改革总体方案》，组织制定了金融科技创新委员会工作规程以及重大项目审核会会议规程，明确了金融科技创新委员会运转机制。细化金融科技创新委员会办公室和金融科技部工作职责，落实科技人才、财务资源、业务需求的统筹管理，强化技术架构、实施、风险统一管理。推进数据中心整合，配合组织成立运营数据中心，强化运维统一管理。推动金融科技公司人员、财务、资产等事项划转，完成了存量开发项目总体合同、现有系统的运维合同、新建开发项目框架协议，金融科技公司已顺利运转。总体形成了金融科技创新委员会管总、金融科技部主建、运营数据中心（测试中心）及金融科技公司主战的格局。

建立标准化、规范化、专业化的金融科技团队，由IT技术支持成功转型为金融科技综合解决方案服务。建立ITBP（技术服务业务伙伴）服务团队，快速响应业务需求，按照企业级架构统筹业务需求，组织制订方案、安排立项实施。开通分行需求通道，受理2594项需求，受理总行需求2016项，同比增加26.16%。分行间需求合并927项，跨部门及总分行需求整合了227项，形成企业级有效需求3456项，需求质量明显提升。完善架构管控机制，提升效力，持续维护业务模型资产。坚持业务需求模型化，与项目立项同步完成业务建模，企业级能力进一步提升。

改变原有按年度立项方式，实现项目审核工作常态化和规范化。每周召开项目审核会，项目审批效率不断提升，平均审批时间由以往36天缩短到14天，审批效率提高为原来的2.5倍。项目目标和评价标准具体化、可度量，核减项目工作量9070人月，核减工作量占项目申请工作量21%，项目管理专业性得到大幅提升。

架构方案严格遵循企业级标准，通过架构标准流程和管控工具提升架构管理能力，2018年，共发布数据项110115个、C’数据模型实体数为13342个、数据库表数为26431个、报文接口57923个、交易线46364支等。促进全行业务精细化管理和流程优化，提升客户体验、节约IT成本。

二、优化完善金融科技管理制度

遵循全行制度管理体系，结合金融科技特点，制定金融科技制度框架，明确金融科技制度层级及各领域制度建设规划。制定金融科技制度编写指南，明确金融科技制度体例结构、合规性以及内容一致性等要求，规范制度编写行为。重点启动了金融科技一级办法及项目管控相关标准的制定工作，制定出台了《中国建设银行金融科技项目管理办法（2018年版）》《中国建设银行企业级架构管理办法（2018年版）》《中国建设银行信息系统运行管理办法（2018年版）》《中国建设银行信息安全管理办法（2018年版）》等科技管理基本制度。借鉴国际标准，结合建设银行实践和历史数据，制定了《项目开发工作量评估管理规定》以及配套模板，形成了涵盖需求管理、项目管理、架构管控、生产保障及安全管理的金融科技制度体系，进一步理顺了金融科技管理机制。

制定《中国建设银行金融科技创新委员会工作规程》《中国建设银行金融科技创新委员会办公室金融科技项目审核会会议规程》，调整项目组织管理，协调好企业级管控与快速响应之间的关系，适应建设银行项目管理工作的新形势、新要求，全面贯彻落实金融科技体制改革要求，做到科技管理有法可依，有章可循。

三、布局金融科技战略规划，夯实金融创新基础

为指导建设银行未来五年的金融科技发展，按总行党委部署，我部组织启动金融科技战略规划工作，在充分调研业界领先企业布局、研究技术演变趋势及金融创新动向的基础上，组织编写了《中国建设银行金融科技战略规划（2018－2023年）》，明确了科技驱动、能力开放、构建平台生态、鼓励创新、包容创新的指导原则，2018年8月规划已正式发布。

推进人工智能、大数据、区块链、公有云、开放银行等新技术平台建设，推动一体化协同研发平台、资产管理平台等管理平台建设，启动20个基础能力建设项目，组织金融科技创新活动。

人工智能方面，组织启动了人工智能项目群，包括客户交互、运维知识图谱等10个项目，目标是提供图像识别、智能安全、知识图谱、自然语言处理、视频识别和语音识别等6大类服务、释放18个企业级AI服务，形成建设银行AI专业能力。

大数据方面，组织建立大数据云服务平台，通过数据集成、智能调度、数据管理等平台组件，提供一站式数据挖掘、统一数据开发、数据地图、知识图谱构建等服务，为各应用系统提供大数据能力并为业务场景释放提供数据支撑。目前已初步完成大数据云基础环境搭建，满足云南政务等急迫的大数据应用需求。

区块链方面，以公有云为依托搭建了全行统一的区块链服务平台，已经在住房租赁、药品监管、精准扶贫、农产品溯源、公益慈善、存证追溯等场景中落地了多个标杆性项目。上线了新一代区块链贸易融资平台，已经涵盖信用证、保理、福费廷等多个产品。

公有云方面，2018年7月19日，国内首家大型国有银行提供的公有云——建行云正式投产，提供了24个公有云主流云服务。上线以来，已完成50多个机构客户需求对接，和1000多家意向客户签署框架协议。中组部网络干部学院系统、农发行网上银行已落户建行云。同业公有云平台、内蒙古肉牛交易平台、善建益行、对公专业结算综合服务平台、裕农通海尔小顺管家、吉林电子化、建信财产保险、海淀公共资源中心等32个公有云项目技术方案已完成，建行云用户正呈现快速增长。

开发能力方面，建成投产开放银行，无缝对接行业生态，以标准、高效、安全的接入方式，将金融服务、数据服务融入第三方应用场景，打造开放、融合、共赢的业务生态，赋能合作伙伴，广泛服务于社会大众。

项目管理方面，建设了承载IT管理模式和方法的“一体化协同研发平台”，加强企业级项目实施和架构管控、提高研发效率，实现一体化的管理视图，提升企业级IT治理的数字化和智能化水平。建设集团统一的企业级IT资产全生命周期管理平台，健全账实联动机制，提高管理效率和决策分析水平，提升建设银行金融科技治理的核心竞争力。

创新组织方面，组织开展金融科技主题创新活动，征集了130个金融科技创新方案和团队，筛选出15个优秀方案和团队，发现了一批颇具价值的技术创新项目，增强了持续创新能力。

经过全行科技条线的共同努力，建设银行共向国家知识产权局提交专利申请200多件，主导颁布了我国金融行业第一个生物识别技术标准《移动金融基于声纹识别的安全应用技术规范》。新一代核心系统建设荣获银行科技发展奖特等奖，《商业银行普惠金融业务风险管控体系研究与实践》等2项课题荣获银行业一类成果，整体情况居行业前列。

四、赋能业务发展，持续推进成果转化，助力业务创新和发展

2018年金融科技以“新一代”为抓手，持续推进成果转化，助力业务经营、运营支持与风险合规的持续创新和发展。

利用新一代加快新金融服务建设，以“智慧政务”为核心，搭建九大平台，支持政府客户构建公共服务生态体系。通过九大社会化平台的建设，建设银行助力政府不断提高社会服务和治理能力，同时通过社会化平台提供的服务抓手，进一步密切建设银行与政府机构类客户的关系，为建设银行提供重要获客和活客服务渠道，新一代应用效果正在呈现为经营胜果。

持续优化住房租赁综合服务平台，实施了“蓝海战略”，组织推进住房综合服务二期项目立项，拓展功能，通过区块链支持多点的房源数据同步、拓展公积金租金支付、房源一键发布、拓展租赁场景到校园、支持多模式搜房等；上线二手房买卖功能；完成租赁监测系统与公积金中心对接，差异化服务支持；支持公租房特色功能，多城市版本集中框架改造等。

以客户为中心，探索创建普惠金融新体系、新模式，着力打造普惠金融新生态、新优势。一是打造“惠懂你”品牌，创新“互联网获客+全线上信贷服务”的业务新模式，精准对接用户需求，真正将金融服务送到小微企业手中。二是利用内外部数据创新融资产品，增加土地经营权流转、企业购电等17类场景客户数据，扩充授信、准入、贷后预警等35类数据模型，创新垦区农户贷款、市民快贷等14个融资产品。三是创新“裕农通”服务模式，将小顺管家农村水站培育成建设银行县域市场的农村触点，实现裕农通平台和青岛海尔小顺管家间互相引流，拓宽建设银行活客渠道，增加资金沉淀。通过平台互相引流获客，仅青岛县域地区即可发展触点约1000个，每个水站连接农户30个家庭，预计服务农户6万户左右。四是打造“劳动者港湾”，彰显建设银行“服务大众、促进民生”的品牌形象，致力于成为最具社会责任感的银行，并在心系人民、服务社会中不断实现新的发展。截至12月31日，全行“劳动者港湾”APP注册用户数超过581万，88万名户外劳动者因体验“劳动者港湾”服务转化为建设银行个人客户，1993家企业和机构因“劳动者港湾”合作转化为建设银行对公客户。全行正式挂牌并向社会开放“劳动者港湾”14307个，覆盖境内37家一级分行、868家二级分支行和全部具备条件的营业网点。五是打造建行大学网络平台，为企业大学运营管理提供信息化支撑，截至12月31日，建行大学PC版门户和微信版门户上已有视频教学课程7421门（其中行内4604门，行外2817门），微课1230门，电子图书1405本，专兼职教师1680人，累计举办303场在线直播活动，开通107个论道频道，微信服务号粉丝数近24000人。

基于互联网+打造全线上全流程商户云服务平台，实现商户管理“五统一”，建成开放共享的商户拓展与商户服务体系，以B端带C端，打造建设银行服务消费生态圈的核心竞争力；同时，C端发力，依托龙支付打造建设银行数字支付品牌和自平台入口，实现场景和支付的突围，并以此为基础打造建设银行新零售。拓展专业市场、电子发票等行业云应用服务。截至12月底，全行已推广应用至942个市场，获客商户9.7万户，市场商户周交易笔数58.8万笔，周交易金额7.29亿元。创新实现电子发票云服务，将其嵌入B端商户服务、C端客户支付流程中，为商户、客户提供支付+开票的一体化行业应用，提升商户综合服务能力。

鼓励分行创新，总分联动完成山东分行药品追溯、内蒙古分行肉牛市场、河北分行退役军人事务管理、深圳分行善建益行、青岛分行裕农通海尔小顺管家等企业级解决方案。

贯彻落实总行党委“打造金融机构的银行”战略部署，构建以建设银行为主导的“IT科技+场景金融+实体经济”的新型共享金融生态圈。组织建立同业运营平台，初步建立金融科技输出能力线上全景视图，实现金融科技输出产品体系线上化管理。金融服务基本覆盖银行业务范畴的同业金融科技云服务产品体系，组织完成含14个基础云服务产品的“同业合作平台（一期）”“财务公司行业服务云”“金融租赁服务系统”“造价咨询业务服务平台”四个项目的立项，初步形成了覆盖银行、财务公司、金融租赁、造价咨询等金融行业的金融科技服务能力；建立了包含35个产品、160个子产品、157个微服务的《同业合作金融科技产品目录》，建设银行同业金融科技合作产品与能力获得了同业客户的高度认可。截至2018年底，全行已与2660家客户签订合作框架协议，与11家客户签署了产品服务合同。

继续支持全面风险管理理念在新一代建设中的落实。以普惠金融业务为起点启动模型风险组件和模型工场建设，将信用风险模型和计量嵌入到业务流程中，实现更快、更准、更全地识别风险；部署“慧风控”上线，囊括内部信息、境内外信息、信贷和非信贷信息，充分发挥“新一代”企业级大数据优势，实现客户、机构，各类风险状况统一展示、趋势分析；以系统化方式实现衍生品交易对手 CVA 和 RWA 计量，原业务人员手工计算约 18 个工作日，系统化后预计 3 小时内完成，大大提升了交易对手风险管理的时效性。

推进金融市场领域海外资金集中管理、海外流动性指标、同业存单及产品流程创新、金融市场业务管控统一视图应用系统建设，不断支持新产品创新，提升机控能力、业务处理效率以及客户体验，降低金融市场业务交易风险。启动金融市场业务指标统一视图，提高金融市场条线精细化管理水平，为决策管理人员及相关业务人员对业务现状的掌控、分析以及对未来业务发展决策提供数据支撑。

推进集团一体化建设，已完成 26 家海外机构的新一代核心系统推广，覆盖 22 个国家和地区。实现新西兰分行的筹建、约翰内斯堡分行新一代系统正式切换投产、澳门分行新一代零售业务系统全面上线，及建行亚洲上线新一代信用卡系统。完成了中德银行、建信养老、建信租赁、造价咨询、建信人寿等子公司共计 24 项业务需求的可行性分析、方案设计、立项实施等工作。组织拟定《中国建设银行股份有限公司子公司 IT 一体化运维管理办法》，从服务模式、服务内容、需求准入、服务协议、服务水平、服务计价、风险管控等方面规范子公司对母行运维资源和能力的共享，提升集团综合竞争能力。

五、加强基础平台建设，研究智能化运维，保障系统安全稳定运行

建设智能数据中心，启动智能化运维平台建设，有序落实智能化运维体系规划，实现中心智能化运维转型。实施运维数据建模，定义运维数据标准，建立运维数据平台，及时掌握运维信息状态，形成企业级的运维工作数据视图，实现对运维的统一管控。优化服务水平协议管理，建立服务目录、服务项及服务等级，实现对服务水平一体化的在线管理，真正实现向以服务客户为中心、对外提供运维服务转变。

推进投产变更规范化和自动化，常规、重大投产以及主机数据库升级、贷记卡主机下移、澳门分行、建亚贷记卡以及中德银行上收顺利完成。加强重保，贯彻人民银行“断直连”保障工作。“双十一”业务高峰期间，建设银行支付渠道平稳畅通，快捷支付交易峰值达 21995 笔/秒（网联交易峰值 92271 笔/秒），是去年“双十一”峰值的 1.73 倍。“双十一”全天，建设银行网络支付交易笔数 2.07 亿笔、交易金额 640 亿元，交易笔数、交易金额和交易峰值等均位列同业第一。

持续推进灾备建设工作，实现了员工渠道双中心接入，完成了主机网关、存款借记卡、运营配送、托管、机构管理等产品服务子系统灾备投产，实现建设银行存取款、转账等关键业务灾备能力的端到端覆盖。推进境内外分行互联网 VPN 灾备方案实施，保证分行网络线路中断情况下网点可接入总行正常办理业务，已完成 15 家海外分行互联网 VPN 灾备方案实施和演练。推进建信人寿子公司灾备实施。

完善安全架构体系，保持架构持续领先。构建云安全保障体系，释放云数据库加密等云安全服务，支持金融科技社会化应用输出。构建数据安全下载服务平台，提升全流程、机控化、智能化的数据安全保障能力。推进高级持续威胁感知系统应用，提升网络安全保障能力。运用人工智能提升移动智能设备的风险精准识别，推进手机 SIM 盾、位置服务、二维码认证等安全产品创新，提升电子银行安全体验。全面应用生物特征认证，主导颁布了我国金融行业第一个生物识别技术标准《移动金融基于声纹识别的安全应用技术规范》，提高了建设银行生物特征应用在金融行业的影响力。平衡安全和客户体验，电子银行安全保障效果显著，全年累计发现和处置钓鱼网站 2800 余个，监测并保护密码被猜解的账户 9 万个，拦截风险事件 4 万余起，避免客户资金损失 2.3 亿元。以赛代练、以赛促学，夯实全行网络安全队伍的实战防控能力。组织开展全行第一届安全攻防与实战培训和竞赛，荣获人民银行“2018 金融业网络安全攻防比赛”一等奖、公安部“2018 中央企业网络安全技术大赛”二等奖（金融行业第一名），通过实战实践，不断提升网络安全保障水平。

配合审计署完成金审平台数据模型和系统建设，并在其他九家大型银行和股份制银行推广，获得了审计署金融司肯定与好评。配合完成公安部网络安全专项检查，建设银行网络安全等级保

护建设情况获得检查组充分肯定与高度评价。组织外部审计机构开展总行端海外系统鉴证评估、数据中心外包能力评估、SWIFT 系统安全评估等事宜，出具审计鉴证报告供海外机构、子公司满足当地监管合规使用。

执笔：杨光

战略与政策协调工作

一、强化集团战略管理，发挥战略引导作用

（一）积极组织开展战略监测及评价

按照定期监测集团战略推进情况等的工作要求，组织总行相关部门对集团发展规划总体目标和重点专题推进情况开展监测分析，就集团战略推进、战略发展目标完成情况等重大战略事项展开评估和研究，完成《2017 年度中国建设银行战略执行情况报告》，经董事会战略发展委员会 2018 年第四次会议审议后通过。同时，还就董事关注问题集中研究，积极回应，向董事会战略发展委员会提交《关于手续费及佣金净收入的情况报告》等。

（二）实施开展战略目标重检

按照董事会战略发展委员会会议要求，启动集团战略发展目标重检修订工作。依据监管部门对商业银行发展要求，根据外部环境变化趋势，结合集团三大战略推进实际和要求，组织协调总行相关牵头部门，对集团战略发展目标完成涉及的重点问题及指标进行研究、论证和重检。目前，已收集整理重点专题板块、部门有关任务目标的修订意见及措施，与相关部门进行多轮讨论和沟通，初步形成了对集团战略目标体系补充完善的工作建议。

（三）不断完善战略风险管理

一是定期监测战略风险情况，开展战略风险评估及监测工作。组织三十余个总行部门开展战略风险的年度评估，完成《2017 年度全行战略风险评估报告》；向董事会风控委提交战略风险季度监测报告及《关于我行战略风险管理情况的汇报》等材料；向银保监会提供战略风险评估材料等。二是研究制定战略风险精细化管理三年规划。根据工作安排，参与风险管理数字化板块工作，研究制定战略风险领域的精细化管理三年规划，明确未来三年战略风险精细化管理重点。三是做好战略风险日常管理工作。通过沟通会议、阅提意见、提供素材等方式积极配合资产负债管理部、风险管理部、审计部、内控合规部等开展监管机构和行内部署的评估、自查等工作。

二、推动重点区域战略引领，激发标杆示范作用

（一）加强十家重点分行的战略督导与管理

有针对性地加大战略动态监测分析，特别跟踪重点分行对“三大战略”的推进与实施情况，及相关工作进度，及时汇集信息，完成并提交《重点分行转型工作情况及 2018 年工作建议》等报告。圆满完成 2017 年度 10 家重点分行战略推进的评价工作，作为 KPI 加分项激励引导 10 家分行精准发展。结合“三大战略”推进，5 月，以问题为导向，在北京组织召开 10 家重点分行战略推进座谈会，明确目标，形成共识，扎实推进各项工作。同时，为进一步落实贯彻会议精神，结合“三大战略”推进要求，组织总行相关 16 个部门开展分类指导、目标确立、政策制定等项工作，进一步拓展目标管理内涵，积极对接现有考核办法，调整形成了 10 家重点分行 2018—2020 年战略推进未来发展目标，以及战略推进评价指标；结合重点要求，进一步修订印发了《重点分行 2018—2020 年战略推进评价

办法》（建总发〔2018〕325号）。

（二）提升重点城市行战略落地能力

总结了重点城市行2015—2017年三年行动方案完成情况，下发《关于23家重点城市行2017年考核情况的通报》（建总函〔2018〕162号），实现重点城市行首个三年行动方案圆满收官。组织对三年方案完成较好的重点城市行及其一级分行进行评优，下发《关于表彰重点城市行战略推进先进单位的决定》（建总发〔2018〕241号），表彰激励贡献较大分行更好地发挥战略引领和示范作用。同时，在常州培训中心组织2018年战略推进培训班，对各一级分行以及重点城市行相关主要负责人进行集中宣讲；加强与综合经营计划的衔接，加大绩效考核引导，制订2018—2020年战略推进三年方案，督促城市行全面深化推进重点战略。

三、围绕“三大战略”，提升研究价值

根据行领导“保持优势，开拓创新，打造品牌，凝聚人才，成为高端智库机构”的指示精神，结合主管行领导具体要求，部门围绕“三大战略”，从着力打造一流水平和自身特色研究品牌和智库入手，不断加强研究基础能力建设，强力推进重点战略研究，取得积极成果。

（一）积极改进研究方法

一是主动加强与社科院、高校等外部机构，以及行内研究院等其他部门、分行的交流协作，通过参加会议、讲座，交叉、联合工作等多种方式，不断开拓研究人员视野，汲取好的经验和做法，提升研究敏感性、前瞻性和实效性。二是注重调查研究和大数据分析运用，加大定量分析研究力度，使分析判断更为准确、论证更具有说服力，进一步提升研究报告的深度和广度。

（二）及时推出研究成果

牢牢把握我国经济已进入高质量发展发展这一本质特征要求，围绕“三大战略”等进行深入研究分析。通过对分行、基层和相关子公司的调研，组织力量撰写“三大战略”相关推进、落地等研究，为领导提供决策参考。如：《我行拓展住房租赁的几点建议》《我国普惠金融发展现状、市场前景与我行战略重点建议》《住房租赁对购房的替代效应分析》《建设银行发展大数据金融的分析与建议》《发展人工智能的政策方案》《金融科技发展趋势与我行策略建议》《金融科技风险防范与建议》等。

（三）决策智库作用得到显现

一是高质量为主要领导提供专业参阅材料。为领导参加货币政策委员会会议、人行座谈会，准备《宏观经济金融形势与货币政策参阅》《宏观经济金融形势与货币政策分析》；并提供“十三五”规划委会议所需《“十三五”：积极进展、关注问题及对策建议—“十三五”规划会议讲话背景材料》等。二是为领导积极撰写演讲稿、及大型会议相关材料。部门参与、撰写行领导演讲稿《发挥国有大型银行防控金融风险的主力军作用》《金融科技助力航运业变革》《贯彻落实党的十九大精神，打造新时代银行的核心竞争力》。并为领导专报《建行与主要同业比较及重点关注》《对商业银行核心竞争能力的初步分析》《从“陀螺”评价体系看我行的差距》《国民总储蓄率下降背景下存款增速下滑的情况分析》《危机以来国际银行业发展六大趋势》等参阅材料。三是为领导出访、会见提供相关素材。为行领导参加陆家嘴论坛、会见匈牙利驻华大使、澳大利亚审慎监管局会谈、参加银保监会经济形势座谈会等撰写相关素材，还为高管准备《推进企业并购重组》《关于我国当前战略选择》等内参材料。

四、聚焦前沿重点，进一步打造研究品牌

（一）及时向上级报告研究成果

把握大势、聚焦痛点，根据工作要求，在时间紧、任务重的情况下，组织普惠金融部、创新部、住房金融部等相关部门，开展国有商业银行支持民营经济的相关研究。通过专题研讨和调研，完成《国有商业银行改革发展情况》《国有商业银行支持民营经济相关研究》等研究报告。

（二）持续加强趋势研究

深入开展宏观经济金融形势分析。撰写《新机遇，新挑战，新突破—2018年宏观经济金融形势分析》《外部环境不确定性增强，增长压力市场波动加大—下半年宏观经济金融形势分析与展望》，作为年度全行工作会议、夏季座谈会参阅材料。撰写《国际经济形势分析与展望》《全球主要经济体经济回顾与展望》《美联储货币政策

分析》《从中美贸易发展历史看中美贸易战》《中美贸易发展现状及对贸易统计差异的分析》《对全球金融市场中心的市场展望》《美国历次301调查的比较研究》等参阅材料。把握发展趋势，完成《金融同业热点观察》27期。紧密跟踪国际、国内先进同业发展动向，深刻把握国家政策精神，完成《高质量发展阶段银行业趋势分析》《建设银行服务经济高质量发展的六大应对策略》等相关研究。

（三）及时跟进相关业务研究

完成了《国际银行交易业务发展趋势》《资管新规对我行经营影响的分析》专题报告。积极参与银行业协会组织的课题研究，完成《中国银行业发展报告（2018）》中《我国银行业数字化转型加速》的专题报告；银行业协会主持编写的《金融科技背景下商业银行转型之路》的第六章。

（四）为部门分行提供服务支持

作为监事代表部门，积极参加监事会办公室组织的各项议事参事工作，深入开展普惠金融调研，参与撰写《关于我行普惠金融发展的调研报告》。积极参与我行研究院的筹建、研究等工作。并积极参加研究院各项会议交流、交叉研究等，为研究院的制度建设、人才培养、专业研究提供支持。同时，积极参与全行性工作，加强与部门、分行间的互动协作，先后与为部门、分行、海外机构提供各类材料100多份；阅提意见、反馈材料50多项，积极参加全行知识竞赛、首届创新马拉松等活动，提交住房租赁“微金融”科技创新可视听项目”进入复赛阶段。

五、拓展对外交流，进一步提升建设银行影响力

（一）积极与人民银行、监管机构、相关部委等开展工作交流

一是按要求为监管机构提供汇报材料。每年定期不定期完成银监会、人民银行、财政部等部委机构要求的汇报、问卷材料达50余份。二是为财政部、银保监会提供建设银行改革发展情况，反馈战略规划和金融科技等调研材料。三是为参加银保监会、人民银行等监管机构形势分析座谈会，并提供《当前国际经济金融形势》、《中美贸易发展现状》等素材；四是积极参与人民银行牵头组织的开发性金融课题组有关工作，加大同业往来，积极发声。

（二）牵头参与银行业协会相关工作

一是组织商业银行稳健发展能力（GYRO-SCOPE陀螺体系）评选工作。年内，牵头组织相关部门进行商业银行稳健发展能力调查问卷填写，并代表建设银行参与具体测算和评选。二是牵头组织全行各单位、各部门参与中国银行业发展研究优秀成果（2018）评选工作，汇总上报论文73篇，建设银行15篇成果获奖，创历年之最；三是牵头组织改革开放40周年青年研讨会征文活动，组织全行《中国银行家调查问卷》填写。

（三）推动参与外部协会工作

一是做好与亚洲金融合作协会亚洲金融智库委员会的日常相关沟通与协调工作。经重点邀请与自行报名，建设银行成为亚洲金融合作协会亚洲金融智库委员会、首席经济学家合作委员会的副主任单位。作为牵头联系部门，与协会委员会建立了积极的对接和沟通，较好完成了行领导、部领导作为理事参加“亚洲金融智库委员会成立大会暨首届年会”的相关工作。二是参与中国金融教育发展基金会相关工作。作为建设银行代表参加《金融从业规范—风险管理》《金融从业规范——外汇交易》标准起草工作组工作。三是积极参与了在长沙举办的金融教育基金会的活动，扩大影响力。

六、办好两刊，做好博士后工作站平稳交接

（一）坚持正确宣传舆论导向，着力提高办刊质量

两刊积极配合“三大战略”的推进，加强稿件组织策划，围绕全行的中心工作，刊发“征稿启事”，全年刊登“三大战略”方面的文章30余篇，占全年总篇数的25%。同时将建设银行“三大战略”的宣传图片及时印发在《现代商业银行导刊》封页上，积极向行内外传导。

（二）不断规范内部工作流程，努力提升编审水平

增设投稿邮箱、“征稿启事”，规范来稿、投稿与审稿；改善内部工作流程，及时向作者退稿，加强与作者的沟通，提高工作效率，确保稿件质量。《现代商业银行导刊》共处理了370多篇来

稿，刊登了183篇文章。《投资研究》全年处理了1000多篇来稿，每月审稿40万字、校对40万字。完成“两刊”版面设计、编排、核红、印刷、发行等工作。上半年还按照国家新闻出版总署的要求，按时完成了“两刊”的年度核验工作。

（三）积极发挥刊物对内宣传作用和对外品牌效用

努力把“两刊”办成有特色的金融投资类刊物，不断提升两刊的学术水平和认可度。2018年，《投资研究》继续成为北大核心期刊（第八版），并新入选社科院核心期刊扩展版，影响力进一步扩大。行内投稿的文章中，有两篇分别获得银行业发展研究成果评选特等奖和一等奖。

（四）做好博士后流动站移交工作

上半年，较好指导两名博士后人员参加研究，撰写刊发《人民币国际化进程与路径选择研究》（《现代管理科学》2018年，第5期），《后危机时代商业银行经营目标的新思考》论文，组织参与部门相关工作。下半年，按照要求顺利完成博士后流动站相关工作的移交。

执笔：朱红艳

客户服务

一、所有业务指标实现持续快速增长

全面实现2018年工作目标，获得中国银行业协会2018年“综合示范单位”“创新成果突出单位”和“价值贡献突出单位”称号。

——全渠道综合人工服务接通率达86.88%，较2017年提升6.13个百分点，创历史最高。

——客户服务综合满意度超95%，客户问题综合解决率突破98%，95533、400热线满意度六行第一。

——智能渠道全年服务客户12.88亿人次，在全渠道业务总量中占比升至71.53%；智能机器人问题识别率达99.45%。

——据统计，全行电话营销总额745.18亿元，营销收益36.37亿元，分别较2017年提升23.90%和18.40%。

——信用卡逾期90天内催收回收1302.33万户、1437.25亿元，较2017年增长5.31%、12.71%，中心职责范围内非风险账户回收率97.18%，较2017年提升0.39个百分点。

二、智能创新取得突破性进展

“云客服”平台引领同业，贯穿客服业务全流程的机器人军团开发应用全面起步：咨询服务机器人“小微”可解答8900余类问题，满足99.56%智能渠道客户需求；语音导航机器人“小导”在宁波分行成功试点，准确率超过80%；催收机器人“小催”成功试点，日拨打电话5万余通；文本居家客服正式推出，电话居家客服进入技术试用阶段；智能质检及排班应用范围持续扩大；“建行客服”微信公众号粉丝累计超246万，语音、文本、视频、图片等全媒介满足客户多样化金融需求。

三、催收回收户数金额再创新高

一是在信用卡逾期账户和逾期金额双增、百万张卡人力配比仅为同业一半的情况下，实现回收户数、金额、人均产能“三增长”、创历史新高，人均回收金额较2017年提升12.48%达1.37亿元。二是首次应用智能机器人开展信用卡低风险账户催收，8月份上线以来累计回收84.75万户、62.76亿元。三是个人、小企业贷款人均催收10.16亿元，较2017年提升17.29%。

四、外呼营销质效持续快速提高

一是制定下发外呼业务操作规程等6项制度

2018 年 10 月 30 日，中国银行业协会 2018 年银行业客户服务中心综合评估结果揭晓，建设银行客户服务中心获评中国银行业客户服务中心综合评估最高荣誉“综合示范单位”。同时，客服中心还获评“创新成果突出单位”，武汉分中心获评“价值贡献突出单位”。

规范、组织全行外呼业务大检查，全行外呼业务发展的规范性、合规性得到前所未有的改进。二是全行外呼种类扩展至六大类近 30 种，营销型和服务型外呼业务兼备的分行扩展至 33 家。营销总额和收益连续两年保持高速增长，全行年人均创收 187 万元，较 2017 年提升 5.65%。

五、客户满意度连续两年同业六行第一

一是分管行领导牵头组织多部门协同解决客户痛点和服务难点，全周期客户问题管理成效显著，4 次总行级联席会议、26 期客户之声、165 次问题协调推动上百个痛点问题妥善解决。二是客户问题在线解决与总行层面处理力度再提高，“花呗”扣款、跨中心转接等数十项服务流程再造，有“温度”的解决方案全面推广，综合问题解决率升至 98.28%，全行工单及时办结率 99.9%以上，较 2017 年提升近 5 个百分点。

六、员工响应创新引领同业

员工响应网络实现“智能解决 + 专家会诊”创新发展，在员工渠道移动 APP 成功部署，推出“智享搜索”、调优“三码智能”，全年共解决员工疑难问题工单 64.53 万个，较 2017 年增长 81.46%，“一键秒回”智响应解决占比达 74%。

七、“企业级知识百科全书”建设全面推进

一是“建行知识百科全书”拓展至建行企业号、员工 APP 移动端及集团子公司，知识应用及培训深入网点一线。二是创新知识地图、知识图谱等展现形式，完成投资理财、个贷、智慧柜员机等 21 类业务 3.2 万余篇知识文档整合，精简 97%冗余，知识集约度和易用性提升。截至 2018 年底，平台知识储量 8 万余篇，员工日均知识查阅量 10 万次。

八、系统化多维度人力资源管理成效凸显

一是动态招聘在所辖各中心全面铺开，招聘计划完成率较上年提升 34.53 个百分点。二是关爱留人、事业留人、思想留人成效凸显，员工离职率较上年下降 3.26 个百分点，低于同业平均水平 7.3 个百分点。三是高素质专业化干部队伍建设取得突破性进展，选优配齐 7 个分中心负责人，近 10 年来首次中层干部聘任工作稳步推进。四是凝聚众智开发首套客服业务岗位教材，成书 12 册、电子化课件及案例 92 讲。五是实施“三优”策略和“奖勤、奖优、奖贡献”政策，为优秀员工搭建展示平台，全年评选推荐先进集体 36 个、先进个人 183 人，10 人进入总行专业人才库，1 人获评 2018 年度“十大最美建行人”。

九、集约运营连续两年保持零风险、零舆情

“主动管、自动控”风控机制进一步强化，近百项管理制度梳理完善，“三到位一明确”安保工作法在全行安保工作会上分享。员工法律法规意识、敏感问题识别和规范操作能力大幅提升，全年协司法及协防业务冻结、保全金额 4.73 亿元，甄别反馈全行疑似风险事件 149 起，联动全行解决疑难客户问题 165 个，妥善受理升级投诉 846 笔，实现全年服务运营零风险、零舆情、零案件。

执笔：苑春磊

研究院工作

按照“边筹建、边研究、边发挥作用”思路，研究院按照高端智库标准，搭建符合未来智库发展的运营机制。成立一年来，在体制机制和课题研究方面都取得一定成果。

（一）“边筹建”——创新体制机制，搭建新型国有银行智库平台

1. 创新确立研究院组织架构。经反复研究和探索，确立院委会领导下“三位一体”的组织架构框架。“一体”是指研究院，研究院总体定位为智库平台；“三位”是指支撑研究院有序运作的三个实体机构：一是设立研究院秘书处；二是依托建信金融科技公司，；三是成立海南金融研究院。

2. 探索建立新型智库人才队伍机制。一是创新研究人才管理机制。为打造专业、专注、稳定、优质的研究人才队伍，充好发挥考核激励的保障吸引作用，规范和统一人员岗位管理，积极探索争取实现差异化、市场化、研究导向的人力资源管理机制。二是加速与市场接轨严格选聘外部研究人才。为进一步壮大研究人员队伍，在广泛调研的基础上，在总行人力资源部、建信金科、建信住房支持下，建立市场化高端研究人才选聘机制。成立专门的招聘小组，采取“单个议价，一人一价”的模式，成功引进多名市场化高端研究人才。三是加大博士后招收力度。博士后工作站划转至研究院，启动全行系统内博士后招聘，增加校园招收频次和招收数量，调整博士后生活费用和住房补贴标准，提高博士后工作站在同业的竞争力。目前，在站博士后达到16人，四是初步搭建形成有梯度和特色的研究人才队伍。引进外聘研究人才带来新思路和新方法，在站博士后定期提供新鲜血液，与建行内部人员相互碰撞产生智慧火花，有助于激发研究活力，创造更加优秀的研究成果，使研究院迅速进入深度工作状态，有利于行内研究力量稳步成长壮大。

3. 推动搭建交流合作支持平台。以研究院为平台，聚集国内外一流的专家学者进行学术交流与学术研究，搭建学界、政界、业界深入交流的主体外脑，深入研究战略性、基础性、前瞻性重大问题，逐步探索确立自身学术特色与学术优势。一是成功推动高端战略合作。重点推进与国务院发展研究中心、中国宏观经济研究院等国家高端智库机构的战略合作，在课题研究、信息数据共享、人才培养等多方面开展深入交流，力争实现“优势互补、资源共享、相互支撑、合作共赢”的良好局面。二是推动搭建专家委员会和专家库。通过机关大讲堂活动、学术交流活动、课题立项评审会等形式，调研并探索专家聘请落地方案，与50多位专家进行初步对接与合作。三是积极开展学术交流。先后赴近30家高端智库机构调研交流，学习借鉴国内外智库的先进做法，为研究院的长远发展积累经验。在党群工作部大力支持下，邀请嘉宾李扬、余永定、黄益平等知名专家学者举办13期机关大讲堂，总行本部、分行、子公司广大员工在现场或通过视频系统观看讲座，倾听学术大咖对经济金融的最新前沿观点。举办各种类型学术交流研讨活动近百场，千余人次专家学者参与研讨。

4. 全面构建全系统研究体系和协同平台。整合行内研究力量，营造浓厚学术氛围，为全行培育和储备研究人才。一是充分调动青年研究人才积极性。全行招募首批100名建行智库兼职青年研究员，初步形成以参与研究、联合研究和自主研究相结合，以“青年论坛、学术杂志《青年思享汇》、青年研究e沙龙”三大品牌活动为抓手的工作思路。二是加强系统研究力量整合建设。先后赴总行多个部门和分行调研，了解研究需求，积极促进业务发展所需与研究院课题方向对接。

探索推进筹建浙江民营经济研究中心，加强系统研究体系建设。三是组织全行系统开展研究工作。组织开展“落实三大战略，提升研究能力”全行系统研究活动，得到全行上下热烈响应和积极支持，形成研究论文近600篇，涌现出一批具有较好前瞻性、创新性和思考深度的原创研究成果。

5. 努力夯实研究基础管理。不断增强党建工作，完善体制机制，提升管理能级。一是强化党建引领研究工作。研究院及时成立党支部，按照总行党委统一部署开展主题教育，积极组织集体学习和主题党日活动。集体学习新颁布的《中国共产党党支部工作条例（试行）》等党章党规。组织开展警示教育、形式主义官僚主义集中整治。二是构建完备的制度体系。根据高端智库运维模式，构建起更加高效、灵活、合规的运维管理体系，并全面制定配套机制和管理办法，包括《研究院管理架构和规则》《研究院院委会会议议事规则》《研究院秘书长办公会管理办法》《专家例会和专家工作职责》《研究院课题管理办法》《研究院科研管理办法》《研究院参加外部学术交流活动管理办法》《研究院业务管理费用的相关标准及安排》《研究院课题经费管理办法》等，探索建立智库机构运作新机制，依法合规提供资源支持。三是成功打造“三核”学术期刊。研究院负责《投资研究》编审工作。《投资研究》持续入选北大核心期刊目录和南大CSSCI核心期刊目录扩展版，并新入选社科院核心期刊目录扩展版，影响力进一步扩大。

（二）“边研究”——聚焦经济金融和建行重大战略，研究工作初见成效

一年来，研究院出版《中国金融展望2018》和《金融科技研究与评估2018》两本专著，文章《履行国有大行社会责任，圆梦全体人民住有所居》入选中宣部《伟大的变革》论文集并受邀参加改革开放40周年理论研讨会，论文《市场竞争与商业银行风险承担》荣获中国银行业协会2018年发展研究优秀成果特等奖，这是我行首次获得该奖项特等奖。刊发参阅件、专题报告、工作论文、观察述评等内部参阅资料60多份。

1. 探索规范课题研究项目管理机制。一是制度先行。为促进课题研究工作的科学化、规范化和制度化，在充分借鉴国内外智库经验的基础上，制定印发《研究院课题管理办法》，确定《研究院业务管理费用的相关标准及安排》，探索建立智库机构运作新机制，依法合规提供资源支持。二是规范管理。按照项目管理方式，通过对课题立项、评审、执行、结题等实施流程管理，加强研究质量管控，推进课题研究和管理工作。三是科学规划。启动年度课题规划制定工作，广泛征集研究院内外建议意见，形成课题规划讨论初稿，发送行内各部门、分支机构进一步征求意见和修改完善。四是规范发布。建立研究成果发布共享机制，积极探索研究品牌建设，为行领导及相关业务部门提供决策参考。

2. 围绕“三大战略”，支持全行业务发展。一是深入开展住房租赁金融服务研究。围绕发展住房租赁业务，促进银行与房地产良性循环的问题，重点研究开展住房租赁金融的服务模式、市场地位、战略定位，可借鉴的住房制度经验，以及长租公寓市场热点、发展困境、解决方案等。与国研中心合作开展“金融支持住房租赁业务研究”，深入广东、北京、天津、海南市场调研，组织多次研讨会形成观点报告。二是深入剖析银行业金融科技态势。围绕金融科技助力银行业转型的问题，发布新书《金融科技研究与评估2018——全球系统重要性银行金融科技指数》，全球首次评估，入围“2018年度金融科技图书TOP 30”榜单，启动金融人工智能分级研究，全方位解构金融科技的业务要素与技术要素。三是深入开展普惠金融研究。围绕融资难融资贵问题，形成《融资难融资贵悖论与金融发展》《普惠金融研究现状和简要综述》《普惠金融实质与发展路径》《企业融资难融资贵问题的系统分析和应对》等成果。与总行普惠金融部一起，编纂普惠金融报告，参与发布新华小微金融指数。

3. 紧跟经济金融热点重点问题，提供决策参考。一是组建专业研究板块方向。围绕经济金融热点重点及银行经营发展问题，确定重大课题研究、海南金融研究院、宏观经济研究、金融研究、公共政策研究、交流合作等板块。二是宏观研究。与中国宏观经济研究院开展《经济形势分析》《金融政策发展趋势和实证分析》等合作课题，部分课题已经开展并完成阶段性成果，完成《外环与内压下货币政策的选择》《2018年下半年经济与货币政策推演》《少子老龄化对我国经济金融的影响》《经济政策选择与经济理论》等专题论文。三是中美贸易研究。中美贸易对抗形势升级，针对潜在重大风险跟踪评估，联合武汉大学开展研究中美贸易对抗跟踪评估，编写《金融危机的可能途径及应对策略》等阶段性研究成果。四是金融研究。组织行内外专家学者召开《金融危机的推演》内部学术研讨会，发布《金融危机的可能途径及应对策略》阶段性研究成果。

4. 围绕国家重大工程，为海南自贸区建设建言献策。一是共同成立研究机构。联合中国（海南）改革发展研究院，在海南共同成立智库型研究机构，2018 年 9 月总行党委会审议通过，海南省政府 9 月份批准成立海南金融研究院。2018 年 10 月底，中改院联合研究院等单位共同主办第 84 次中国改革国际论坛，黄毅副行长以“中国金融的市场化与法治化”为题在论坛开幕式致辞演讲。二是开展自贸区课题研究。黄毅副行长亲自主持确定海南研究院房地产及有关专题研究的方向和规划。初步启动海南自贸港课题预研工作，开展海南房地产研究并指导海南分行短租平台建设，完成《关于自贸港背景下海南房地产长效机制实现路径的建议》。三是开展互联网信息安全研究。抓住互联网产业问题，调研走访有关律所、协会等多家单位，撰写《推动互联网企业境内上市，维护国家网络安全》提出相关建议。

执笔：李昊

境内附属公司改革发展与内部管理

一、建信基金管理有限责任公司

（一）主要经营管理业绩

资产管理规模效益再创新高，三大业务板块均跻身行业三甲。截至 2018 年底，公司资产管理总规模达 1.62 万亿元，较上年增长 3000 亿元，位居行业前二。其中，公募基金规模达到 6331 亿元，首次挺进行业前三，跃居银行系第一；专户业务规模达到 4640 亿元，在行业规模下降的情况下，逆势增长 1031 亿元，跃升行业第一；建信资本管理规模 5203 亿元，较上年增长 940 亿（剔除建信宁波规模口径），增幅 22%，跃居行业第一；新增规模达 1451 亿元，增幅 30%，增量排名行业第二、银行系第一；全年日均管理规模 6521 亿元，较上年增加近 2500 亿元，增幅达 62%。

财务效益稳步提升，净利润突破十一亿。2018 年公司全年实现合并净利润 11.46 亿元，同比增长 13%，超额完成年度预算目标，再创历史新高。全年实现营业收入 28.26 亿元，同比增长 12%；ROE 27.19%，ROA22.09%，成本收入比 46.53%，继续保持行业较好水平。

投资业绩稳健优良，多只产品业绩排名行业前列。2018 年公司公募投资业绩保持稳健，整体业绩排名前 51% 分位，其中偏股型基金排名前 55% 分位，偏债型基金排名前 45% 分位，全年为投资者盈利达 186 亿元，位居全行业第二位。专户方面，固定收益类组合中，有 20 多个组合取得了 5% 以上收益率；权益类产品中，国寿集团和国寿股份委托账户累计排名始终位于同期可比账户的前列。

客户数量取得新突破，客户留存率创新高。2018 年，公司客户总量达到 2241 万户，较上年增长 49%；活跃客户 1018 万户，较上年增长 58%；客户留存率达到 45%，创近十年新高。

（二）转型创新卓有成效

一是“金字塔”受托资产结构体系雏形已现。公司在同业中率先获得 MSCI、农产品、能源化工及黄金 ETF 等指数授权，全年发行中证 1000、上证 50、创业板、MSCI、恒生港股通等多只 ETF 和指数增强创新产品，大幅扩充了工具类产品线，其中MSCI首发规模达20亿元，募集规模居行业首位，助推公司指数类基金规模增长近1倍，达到历史最好水平。

二是香港子公司获批筹建。在总行各部门以及信安、华电等股东单位的大力支持下，公司已获批设立香港子公司，目前正全力推进筹建工作。公司全年发行10只专户QDII产品，创历史新高；担任马来西亚联昌信安首只RQFII基金全权投资顾问，规模6亿元，为未来香港子公司开展跨境业务积累宝贵经验。

三是市场化渠道建设成效凸显。在巩固建行渠道优势的基础上，公司深耕互联网、券商、机构直销等行外渠道，形成全渠道协调发展、共促增长的良好局面。2018年公司公募规模中，非建行规模2607亿元，较上年增长53%，占比达到41%，较上年提升4个百分点。

四是战略协同成绩斐然。2018年公司深入贯彻总行子公司工作会精神，在战略协同方面进一步加大联动，实现母子公司合作共赢。产品代销方面，行渠道代销规模达2949亿元，较年初增长563亿元，增幅24%；联合研发创新产品方面，公司抢抓银行理财产品转型契机，与总行资管中心合作打造首只T+0按日开放式净值型理财产品“建行龙宝”；开展战略协同活动方面，公司贯穿全年组织召开了5场大型活动，覆盖37家分行，参与人数超700人。

五是建信资本转型成果显现。2018年建信资本致力于提升主动管理能力，打造核心业务品牌，以财务顾问身份参与信贷资产证券化业务35单，发行规模约2974亿元，全市场排名第一，收入贡献2.2亿元，同比增长1.3倍，贡献了近50%的主营收入。企业资产证券化业务持续发力，全年新发产品3单，规模余额124亿元。与总行公司部合作，成功落地高能环境与宏达环保并购项目，并与北京分行合作完成高能环境1.8亿元并购贷款发放，实现“上市购”业务突破。

六是风控合规有序有力。2018年，宏观经济下行，股票市场频现闪崩、停牌、退市，债券市场信用风险集中爆发，公司面对复杂严峻的风险管理形势，采取有力措施，主动化解风险，实现全年零风险合规事件。通过建立发行人限额管理机制，丰富发行体信用风险控制指标，强化事前、事中、事后全流程管控。构建公司规章制度信息库，提升规章制度管理的科学化、规范化水平，在业务部门配备了23名合规管理员。公司先后两次提高风险准备金计提比例，五次主动补充风险准备金，货币基金风险准备金在10月底按时达到了200倍覆盖的监管要求。

执笔：建信基金　赵鹏宇

二、建信金融租赁有限公司

（一）主要经营成果

截至2018年底，管理和持有租赁资产余额1799.7亿元，较年初增长182.69亿元，租赁资产规模排名行业第5位；实现净利润15.38亿元，ROE 10.85%，ROA 0.96%，全年租赁资产投放566.26亿元（含管理资产），融资租赁资产不良率0.78%，不良资产10.62亿元，在经济下行压力下实现了双降。公司的经营成绩也获得了外部单位的肯定，先后荣获2018第九届金貔貅奖“年度金牌金融租赁公司”，2018中国融资租赁腾飞奖“最佳风控租赁企业”，近四年连续在案防监管评价中获最高等级“绿牌”评价。

（二）转型发展亮点、经营管理及业务发展成果

一是发挥融资融物优势，有力策应集团三大战略。普惠金融领域，探索支持“双小”的租赁业务模式，研究服务民营经济健康快速发展。特别是扶贫攻坚方面，在陕西省安康市开展了金融项目、教育、公益等一系列精准扶贫工作，积极履行国有金融企业社会责任。住房租赁领域，以为建行“云平台”获取房源为出发点，以住房租金为标的，努力探索轻资产模式，累计投放23.5亿元，为“云平台”储备了7261套可租赁房源。金融科技领域，协同集团科技力量，打造租赁行业云服务平台，以云服务模式对外输出金融科技产品，已取得阶段性成果。

二是坚持回归租赁本源，服务实体经济发展。围绕大交通、城市综合基础设施、高端装备制造等六大优势领域，深化三大品牌影响，努力提升公司综合竞争实力。飞机租赁加强创新，完成建行集团首笔国际日税交易和单架飞机双币种匹配融资，当前拥有和管理的飞机逾170架。绿色租

赁加强探索，积极推广“厂商租赁+绿色新能源汽车”业务模式，支持了十多个中心城市的上万辆新能源公交车租赁服务。民生服务因地制宜，有效盘活城乡一体化建设中投入卫生、教育、医疗、旅游等基础设施的建设资金，推进中西部地区社会经济发展。

三是积极稳妥拓展海外市场。完善国际化布局，逐步推进爱尔兰平台实体化。加快船舶业务拓展步伐，通过自主方式拓展海外优质航运企业，完成首单船舶境外经营租赁和首单资产出让交易。

四是进一步拓宽融资渠道，优化负债结构。圆满完成境外4亿美元公开市场债券发行，并首次在新加坡、香港两地交易所同时上市；成功发行120亿元人民币金融债，获评中债年度金融债优秀发行人。年末公司共获得108家金融机构给予授信，授信额度共计4264亿元。

五是进一步提升精细化、专业化、信息化管理水平，夯实转型发展基础。强化全面风险管理，构建具有租赁特色的风险控制机制，严守风险底线；着力提高定价管理、法律合同管理效率；加强智慧化管理，实施新租赁核心业务系统二期建设；优化财务会计管理，围绕三大战略统筹激励考核；完善用工机制建设，强化市场化机制选聘优秀人才；综合服务工作主动有效，为公司健康可持续发展提供保障。

执笔：建信租赁　王欣

三、建信信托有限责任公司

全年实现净利润20.28亿元，较2017年增长11%，全年资本回报率17.26%。信托资产规模14039亿元，与2017年基本持平。其中核心信托规模8186亿元，较2017年增长2466亿元，预计行业排名第二位；集合信托规模2883亿元，较2017年下降1417亿元，预计行业排名第七位。固有资产规模158.18亿元，同比增长23%。固有资产不良率保持为0，信托项目资产质量较好，总体风险可控。

（一）发挥信托优势，积极策应总行“三大战略”

一是全面布局住房租赁业务。募集资金向建信住房公司完成出资2.45亿元。创新开发了业内首例房屋租赁权“财产权信托”，并迭代设计出“财产权信托+资金信托”的双信托“存房”模式，年末存量项目59个，规模超过1800万元。落地全国首单储架长租公寓CMBS项目，融资规模为60亿元；设立首单银行间市场住房租赁资产支持票据40亿元。

二是精准普惠小微企业、农民工等目标客户。依托建信融通互联网供应链金融信息服务平台，助力中小企业低成本、高效率融资。年末，存量贷款客户约6300家，普惠金融客户占比80%，贷款余额突破400亿元，普惠金融贷款占比40%。该平台荣获《亚洲银行家》颁发的“2018年度中国最佳金融供应链项目”。

推出“建信开太平农民工综合服务平台”，实现工人作业场景可视化和数据穿透，构建透明高效的工资发放平台。年末，累计上线达20万人次，活跃用户约6万人，按月足额发放农民工工资超过12亿元，为改善建筑产业整体生态、构建更大规模信用支付平台奠定了基础。

三是金融科技助力智慧建信迭代更新。依托金建投资平台，推出“乾元智投”系列产品，为市场提供了大类资产配置的“建信建议”。依托总行“新一代”系统优势，推进掌上建信、HR-MIS、分成管理、下属企业信息管理、数据仓库、财务机器人等系统建设，提升智慧管理能力。

四是扶贫攻坚更加投入。设立“建信精准扶贫慈善信托”，定向捐助陕西安康扶贫项目。首期信托资金185万元，惠及贫困农户约510户、1800人。发行“善行系列”集合资金信托计划，专项捐赠中国妇女发展基金会“微笑行动”公益项目。

（二）推进业务创新，服务实体经济发展

一是国企改革业务成长为集团“金字招牌”。聚焦国企改革“双百行动”，实现试点央企全覆盖。国改一号、二号基金规模达到9.66亿元，累计出资7.89亿元，落地江苏国信、长江文化、长远锂科等10个项目；国改三号基金募集1.39亿元。“国改通”产品接入“新一代”系统，上线“撮合通”新平台，为拟混改客户和投资者提供撮合服务，至年末，投融资需求共报送388笔，160余家国企客户提出了需求。

二是股权投资、并购重组业务“量增质优”。

私募股权投资业务方面，落地项目近20笔，规模超30亿元，包括五株科技项目、京东物流A轮境外融资等；成立新能源产业基金和纾困民营上市公司的股权投资基金。并购重组业务方面，设立投贷联动基金5亿元，形成了“飞驰合翼并购通”为纽带的产品业务基础；协助京蓝科技完成收购中科鼎实，与五矿集团合作收购中电电机；推出收购民营上市公司控股权的产业基金。

三是资产证券化业务巩固领先地位。新设公募信贷资产证券化项目45单，规模3429亿元，市场占有率保持排名第一；新拓展中行、农行等机构客户。在总行首届“创新马拉松”活动中，与总行房金部联合组队参赛两个资产证券化项目，分别荣获“住房租赁”专场一等奖和“金融科技”专场二等奖。

四是家族信托品牌保持领军优势。年末。存量财富管理业务规模达270.8亿元，较年初新增64.5亿元，家族信托（财富信托）、消费信托、慈善信托三大产品系列更加成熟，业务品种和规模稳居行业首位。荣获《亚洲银行家》评选的中国大陆首个“中国最佳家族信托产品/服务”大奖，被《证券时报》评为“年度优秀财富管理品牌”。

五是金融市场业务得到稳步拓展。主动投资业务发展态势良好，债券投资收益水平居市场前列；首款股票投资型产品“盛世宏潮”跑赢大盘，同期业绩在公募偏股型基金排名前12%。权益类证券投资体系、PB交易系统基本建设完成。线上主动融资、同业存款等业务在同业对标中均处于市场领先地位。

（三）推进精细化管理，着力提高管理水平

2018年是公司的“精细化管理年”，通过补短板、抓细节，管理质量明显提升。

风险管理和内控水平提高。主动加强风险合规管理，认真落实资管新规及配套要求。完善差异化审批流程，审批专业化水平进一步提高。接受中国银保监会、北京银监局及国家审计署等多项外部检查，积极整改检查指出的问题，风险合规水平持续提升。开展项目交叉检查，做好“三评”工作，推进内控长效机制建设。全年未新发生重大风险项目。

人力资源管理富有成效。科学设计、有序推进组织机构改革逐步到位，顺利实施新的职级体系，引进优秀专业人才，优化队伍结构成效明显，落地培训项目25个，提升员工综合素质，实施“员工关爱计划”，营造和谐人文的良好环境。

重点运营管理工作完成良好。经营计划与会计核算在促进创收增效方面发挥了积极作用，优化财务系统、强化规范管理、建立数据管理机制等取得较好效果。及时准确地完成2580个信托独立核算单位的核算，分配收益5700次、1938亿元，引进财务机器人、优化TM系统，托管工作智能化水平明显提升。

战略及业务研究水平提升。建立完善研究体系，在宏观、行业、产品等不同层次推出研究报告200余期，为公司决策及业务开展提供广泛的智力支撑。

全面加强对下属企业管理。完善“四集中一垂直”管理框架，清晰界定下属企业范围，精心设计和推进下属企业清理、新设和变更实施方案，得到总行认可。

各项基础管理不断优化。规章制度体系更为健全，执行力度有所提升，开通制度查询系统；上线销售星空系统，加强工作任务管理；项目业务档案实现集中管理。

执笔：建信信托　王鑫蔚

四、建信人寿保险有限公司

（一）主要经营成果

2018年，公司紧扣集团战略，坚定不移深化改革、推进转型，取得了多方面的成绩。

业务结构不断优化。全年规模保费（含账户式医疗）达到434.8亿；新单税前价值型期缴51.3亿，同比增长6.9%。续期保费收入65.7亿，同比增长88.4%；期缴业务占比（新单+续期）提升至28.1%，同比提高8.5个百分点；非中短存业务新单占比68.8%，同比提升13.1个百分点。

内涵式发展能力不断增强。全年实现净利润7.15亿，同比增长18.4%；年末总资产1322亿，较年初增加3.2%；ROE 8.56%，较上年提升0.85个百分点；财务投资收益率5.03%，银行系排名第一；全年定价新业务价值7.9亿；综合偿付能力、核心偿付能力充足率分别是163%和127%，满足监管要求。

竞争力提升体现市场价值。《亚洲保险竞争力排名研究报告》中，公司名列亚洲寿险市场32名、中国大陆市场14名，领先银行系公司。穆迪和标普维持对公司A2和A-的较高评级，评级展望为稳定。

经营区域不断扩大。年内成功开业吉林分公司。二级、三级机构扩充到23家和115家。

风险合规工作受到肯定。SARMRA监管评估2018年免检。

品牌价值提升。公司先后获得"年度寿险公司"、"年度最佳转型寿险公司"等奖项，社会口碑良好。

（二）主要经营管理措施

一是体制机制创新。启动首批七个体改项目；综合金融业务在13家机构试点；建信资管完成收购建信股权投资公司；建立五大板块专业委员会为主线的议事协调机制；完成银保、运营、财务、内控、资产管理等组织架构人员调整；出台事务外包管理办法；狠抓办文办事办会效率，加大重点工作督办力度，各项工作抓出实效。

二是持续深化母子公司协同。与建信信托合作的保险信托业务在全行铺开；与总行小企业部共同推进的"小微快贷-贷无忧"业务取得良好效果；推出"龙守护"建行员工及家属产品套餐；总行同心保障计划项目落地；共建"战略协同精英"荣誉体系；金服公司与总行信用卡中心合作开发智能机器人外呼系统。

三是产品服务创新。完成74款在售产品、153款下市及未上市产品全面清理整改，20款新产品备案及审批；"龙龘"产品满足高端客户需求；"龙安馨康"重疾产品体现多次给付、无忧保障特性；"优享保e家"主打"一张保单保全家"理念；税延养老产品正式上市；服务品牌"悦享健康"引入"治未病"理念；官微、官网自助服务功能进一步完善，微信新增自助理赔功能，累计理赔服务2万余人次，基本实现微信自助理赔、电子投保、电子发票、电子保单等全覆盖；建信e保APP覆盖度大幅提升，电子投保业务流程嵌入GPS定位功能，投保要素优化21项，扩展近40项移动展业服务，实现电子保单实时承保出单，总体承保时长缩短约30%。

四是销售模式创新。固化"两高一常"期缴销售模式；推出微链营销方式；开展"财智小当家"等主题营销；官微"龙安e生"出单量超过建行线上渠；个险1+N综合金融模式全国推广；政府经办业务福建医保项目落地；上海医保卡项目通过验收。

五是各项基础管理能力进一步增强。2018年，公司在产品研发、渠道经营、人才培养、财务与投资管理、市场化补充资本、运营和IT建设、风险合规，以及母子公司协同等各领域工作有明显进步。

执笔：建信人寿　钱永圆

五、中德住房储蓄银行有限责任公司

（一）主要经营成果

2018年，中德银行深入分析全行经营环境、自身状况和监管要求，确立了"一心一意抓存款，聚精会神搞住储，充分借力谋发展，精细管理提效率"的经营思路，有效激活了经营局面。

2018年主营业务指标积极向好。一是住储业务增长创历史最好水平。住储存款余额89.74亿元，在一般性存款中占比84.43%，同比提升16.56个百分点，新增26.10亿元，增幅41.01%。二是负债结构优化初见成效。一般性存款年末余额106.29亿元，新增12.51亿元，增幅13.34%；日均余额98.47亿元，新增14.87亿元，增幅17.79%。压缩同业负债42.2亿元，年末同业负债依存度52.31%，同比降低10.33个百分点；三是主动盈利能力略有改善。剔除非经营因素的影响后，主动盈利能力较上年略有改善，在贷款日均规模压降7.83%的情况下，同时全行业务管理费仅比上年增长266万元。四是资产质量控制较好。年末不良贷款余额9，242万元，低于计划控制值188万元，不良贷款率0.45%，低于计划控制值0.10个百分点。

（二）主要经营管理措施

第一个方面，投身"三大战略"取得突破。

一是在建总行的大力支持下，中德银行业务系统成功并入"新一代"，成为建行集团首家与母公司实现IT高度一体化的子公司。二是积极响应国家“租售并举”政策，在建行深圳市分行的大力支持下，结合中德银行独有的“住房储蓄”品牌优势，用金融智慧助力打造“先租后买”的住房新模式。三是积极贯彻建总行党委关于履行社会责任的要求，深入落实母子公司协同战略，在全行网点设立了“劳动者港湾”。

第二个方面，协同联动逐渐深化。

一方面加强了建行电子银行代理渠道建设，实现了代理住房储蓄产品展示、合同试算、合同签订、合同存款、合同查询等业务功能。目前，13 款住房储蓄产品在建行电子银行渠道上架销售。另一方面委托建行代理住房储蓄贷款业务的管理办法、操作流程、职责分工、系统需求实现等内容已基本明确，为全面开展住房储蓄建行代理销售奠定了基础。

第三个方面，优化产品初见成效。

围绕充分借力贷款“卖点”，有效化解存款“难点”，精准管控匹配“要点”开展产品优化。一是全面总结和评估开业以来推出的住房储蓄产品，陆续停售了 9 款产品。二是推出“合力赢”“助力存”，有效增加了住房储蓄资金来源。截至年末，“合力赢”“助力存”业务净增存款 2.02 亿元。三是探索建立住房储蓄产品体系，改变存贷款制式化匹配的现状，使存款规则更便于客户理解，贷款权利更便于客户使用。

第四个方面，精细管理取得实效。

一是财务资源精准匹配。KPI 考核指标由原先的 20 项调整为 8 项，使全行有效聚焦“抓存款”中心工作。二是优化中德银行经营管理架构，整合职责相近的管理部门，增加了经营机构数量。三是调整管理部门组织结构，撤销了综合处和 2 人以下处室。四是严格控制人员总量，在保障新开业分行人力需要的情况下，全行员工净减 1 人。同时，人员分布更加优化，2018 年度总部人数减少 22 人，9 名员工由总部调整至经营机构，充分保障前台经营需要。

第五个方面，风险合规体系更加健全。

一是持续健全全面风险管理体系。制定了《中德住房储蓄银行风险偏好陈述书》，修订了全面风险管理办法，制定了全面风险管理“五个到位”实施方案和压力测试管理办法等，完善了制度体系。二是进一步完善合规管理体系。健全了流动性风险、市场风险、资本及外包事项等管理规范文件。三是发挥内部审计职能。全年共实施审计项目 14 个，促进内部控制持续改进。

执笔：中德银行　樊秉彤

六、建信期货有限责任公司

（一）主要经营成果

1. 收入利润维持稳步增长，净资产收益率较快提升。

2018 年，公司实现营业收入 1.95 亿元，较上年同比增长 9.38%，其中手续费收入 6726.35 万元，同比增长 13.4 %。实现净利润 2763.38 万元，同比增长 28.82%。净资产收益率为 4.14%，比上年提高 0.82 个百分点。

2. 交易规模大幅增长。

公司 2018 年全年累计成交量达到 5588.5 万手、累计成交额 3.42 万亿元，较上年同比分别增长 95.73%、77.37%。

3. 风险管理子公司业务成为公司新利润增长点。

风险管理子公司建信商贸各项业务快速增长，截至 2018 年末累计实现净利润 691.24 万元，较上年同比增长 232.11%，ROE 达到 8.48%。

4. 经营成果得到交易所认可。

2018 年，公司获得上海期货交易所优秀会员金奖，上海国际能源中心优秀会员奖，大连和郑州商品期货交易所优秀会员奖。同时，公司还获得多个商品交易所的产业服务奖项，得到了交易所的高度认可。

（二）主要经营管理措施

1. 服务手段日益丰富，服务实体经济取得实效。一是服务区域不断扩大。2018 年，建信期货增设深圳和西北 2 家分公司，在山东临沂、四川成都增设了业务团队，在太原派驻业务人员。二是服务范围不断拓宽。2018 年 9 月，公司获批取得期货投资咨询业务资格，进一步满足客户在大宗商品与衍生品市场上的咨询服务需求。三是服务技术不断提高。公司交割服务能力持续增强。2018 年公司完成交割业务总额达到 82.74 亿元，同比增长 176.1%；交割总手数 11.20 万手，同比增长 121.6%。交割品种覆盖国内期货市场大部分品种，并在原油期货上市后，完成了原油期货的首次交割。公司还首次协助客户办理了交割品牌的注册，协助安康畜牧企业办理交割仓库的申请。

2. 践行总行三大战略，普惠金融取得新进展。2018 年，为践行集团普惠金融战略工作要求，建信期货结合自身业务特色启动了新疆喀什棉花、内蒙古阿荣旗大豆、云南西双版纳天然橡胶以及陕西安康玉米 4 项“保险 + 期货”价格试点项目，其中棉花、天胶、玉米项目为扶贫项目，投保金额达到 3659. 98 万元，涉及贫困农户 2204 户。四个项目均已赔付，金额达到 211 万元。公司通过上述项目实现了精准扶贫，切实保障了贫困农户利益，得到当地农民和政府的高度认可。公司获得 2018 年中国证券期货业最佳创新金融产品扶贫项目奖，安康汉滨区帮扶项目以及新疆喀什棉花价格试点项目又分别被国际金融报评选为 2018 年“最佳‘一司一县’结对帮扶案例”和“创新扶贫案例”。另一方面，公司还在四川省盐源县启动了苹果场外期权创新扶贫项目，使场外衍生品平台在普惠金融工作中发挥更大作用。

3. 加快银期联动创新，风险管理作用更加显现。建信发挥风险管理子公司的现货平台功能，2018 年配合集团继续优化大宗商品买断融资产品，与建行上海分行合作，创新以供应链融资方式为客户设计大宗商品买断融资产品方案，项目涉及金额近 10 亿元人民币，有效解决了客户供应链上成员企业额度不足的问题，获得客户高度认可。除此之外，公司还与浙江分行、深圳分行成功落地了集团内首笔非标大宗商品（螺纹钢）买断融资业务。公司在 2018 年与总行相关部门联合开展了 5 项大宗商品境内外联动套保业务，交易品种包括铜、铝、锌、大豆，后续随着交易品种的增加，将吸引更多客户参与。同时，公司还利用风险管理子公司平台，与总行相关部门建立了交易对手关系，进一步实现了母子公司业务的资源互补。

4. 优化客户服务能力，客户体验有所提升。一是重塑研发管理架构，进一步充实研发人员，推进产品再升级，丰富研投报告的多样性和层次性，使服务内容更贴近客户需求。二是充分发挥会议营销的作用。全年共举办各类推介会、研讨会、沙龙讲座共 46 场，会议主题涵盖宏观经济、期货基础知识、企业套期保值、产业链研讨、金融及衍生品等。其中，召开产业类营销会议 32 场，会议主题涵盖范围广、更贴合市场发展形势，能够有效满足客户需求。三是保持信息技术优势，新增多套极速和深度行情系统、完善“建信期货 APP”的基础功能和行情交易性能，在营销高频客户方面取得了较大进展，大幅提高公司交易规模。

5. 完善风险与合规管理体系，风险与合规管理能力明显增强。2018 年，建信期货重点以落实“五个到位”为抓手，一是建立起“班子负全责，‘一把手’负总责”的管理机制，明确各主要风险的责任部门和职责；二是强化各类交易业务过程管控，规范交易员等重要岗位人员管理，同时逐步改进技术管控手段，通过自主开发或引进先进管理系统与工具来强化风险预防与管控工作；三是围绕重点业务和风险环节展开审计工作；四是提升合规与风险管理在绩效考核中的占比，将各类检查结果纳入考核评价中，规范员工行为。全年未发生监管处罚和操作风险损失，各类风险监管指标持续符合要求。

执笔：建信期货　李宏伟

七、建银国际（控股）有限公司

（一）主要经营成果

2018 年，在总行的战略指导下，建银国际发挥自身作为集团全球投行业务平台的功能优势，积极策应全行“三大战略”，深入贯彻落实集团发展要求，努力提质增效，规模增长适度，市场竞争力持续提升。

一是投行业务市场竞争力持续增强。建银国际投行业务市场竞争力稳中有进，2018 年以保荐人及全球协调人角色完成 IPO 项目数量位列中资银行系投行第一，其中成功参与了 2018 年港股募资规模最大的两个 IPO 项目（中国铁塔和小米集团），并且在 2018 年港股募资规模前十大的 IPO 项目中，建银国际参与了其中六个项目，体现了公司服务大型 IPO 项目的能力；在并购业务方面，全年完成并购项目 11 单，连续第七年完成香港地区并购项目数量位列中资银行系投行第一；证券研究能力获市场认可，在全球领先的专业信息服务提供商汤姆森路透社（Thomson Reuters）2018年全球卖方分析师评选（中国内地及中国香港地区）中，建银国际研究团队荣获“最佳盈利预测能力”第1名及“最佳选股能力”第1名等奖项。

二是加强品牌构建，树立市场声誉。建银国际秉承“为社会承担全面的企业公民责任”使命，积极履行企业社会责任。在总行号召下，先后参与了陕西安康一区三县扶贫、四川革命老区精准扶贫及联合国儿童慈善基金会福泽儿童计划等慈善扶贫工作。

公司业务发展得到市场广泛认可，获得国内外各类重要奖项37个，包括：荣获英国金融时报“中国最佳投资人”（前三名）；荣获亚洲知名财经媒体《财资》（The Asset）颁发的“香港最佳本地企业及机构顾问”奖；荣获和讯网“最佳中资投行”等奖项。

（二）主要经营管理措施

发挥平台功能，策应集团战略。为支持集团落实推动国家级战略贡献力量，建银国际发挥基金业务经验优势，积极参与战新基金的筹建工作；助力集团发展金融科技，做好设立建信金融科技有限责任公司的出资工作；发挥在港资本市场专业能力，协助51信用卡等内地金融科技独角兽企业在港融资；创新服务思路，开展普惠金融，在投贷联动业务基础上，设立建银科创投贷联动基金，以行动积极策应总行“三大战略”。

夯实业务基础，提升专业能力。为进一步提升建银国际全员业务经营能力，深化合规经营理念，公司组织全员召开了“业务经营及内控合规研讨会”。会议全方位、分层次、分条线地贯彻落实了业务转型发展要求，通过这一举措，夯实了公司管理基础，为各条线进一步提升了业务发展质量。

执笔：建银国际　王剑

八、建信养老金管理有限责任公司

2018年，公司深入贯彻总行“住房租赁、金融科技、普惠金融”三大战略，贯彻落实新发展理念，坚持稳中求进工作总基调，积极参与我国多层次养老保障体系建设，持续加大市场营销拓展力度，深入实施特色化创新，牢固守住风险底线，各项业务实现了稳健高质量发展，试点取得了阶段性成效。

（一）资产规模持续壮大，财务状况持续向好

公司实现了养老金管理资产规模的跨越式增长。截至2018年末，公司资产管理规模4421亿元，实现净利润6081万元，均超额完成全年业务发展目标。资产管理规模结构进一步优化，投资管理规模达到1403亿元，占总规模32%，较上年末增长7个百分点。资本使用效率逐步提高，2018年ROE2.71%，同比增长2.6个百分点。

（二）贯彻落实总行“三大战略”，推进蓝海项目实施落地

公司紧跟总行战略，成立蓝海项目工作组，不断延伸总行蓝海项目服务链条，将公司养老金管理业务深度嵌入总行蓝海项目战略当中，用金融手段助力百姓住有所居。将房屋租赁与养老有机结合起来，提出“存房+养老”产品模式，老年人和准老年人的存量住房纳入建行集团住房租赁平台，租金收入用于购买公司发行的养老保障产品，后端对接与公司合作的养老机构提供的各项养老服务。打造建养“安心”“省心”“放心”系列产品体系，创新研发“飞来哟”附加养老权益型系列养老保障产品。上线安心养老综合服务平台暨建颐人生APP，截至2018年末，挂网养老房源总数已超过32000套，与393家市级民政部门达成政府端使用意向，APP注册用户超过140万人，平台用户已初具规模。

（三）市场拓展成效显著，职业年金成绩斐然

一是加强母子联动，启动职业年金攻坚战，全面组织市场拓展，职业年金营销取得“八战八胜”。连续中标新疆区、山东省、中央机关、河南省、辽宁省和福建省职业年金计划受托人，实现“六连贯”。同时成功中标新疆区、中央机关职业年金投资管理人，表明公司在职业年金领域获得广泛认可。二是积极拓展企业年金新增市场，先后中标青海盐湖、中航工业、富滇银行、广东烟草等一批大型重点企业的年金资格。

（四）投资核心竞争力持续提升，投资管理业绩保持领先

公司以投资管理为核心，采取“投研一体化”的模式，建立起完善的投资管理制度和规范化的投资决策流程，以通过市场化的方式组建了专业的投资管理团队，公司企业年金投资业绩始终名列市场前茅，并且一直保持了稳健增长。根据人社部最新公布数据，公司企业年金单一计划含权类组合收益率在21家投管人中排名第2。

（五）企业年金业务资格延续，存量业务移交顺利完成

人社部正式批准同意延续公司企业年金基金受托管理、账户管理、投资管理资格。公司按照监管部门和总行部署，积极推进运营移交工作，存量业务移交已圆满完成，累计完成235个存量计划运营移交。其中，涉及受托计划54个、受托+账户管理计划69个、账户管理计划112个，移交受托资产792.4亿元，移交个人账户316.9万户，移交完成率均达到100%。

（六）创新活力不断增强，产品体系日趋完备

一是创新研发市场首款互联网养老保障产品“飞月宝”。联手天弘基金、蚂蚁金服，成功研发国内市场首款互联网开放式个人养老保障产品“飞月宝”，有效填补了市场空白，并逐步发展成为市场规模最大、影响力最强的个人养老保障产品。截至年末，“飞月宝”规模1400亿元，服务个人客户665.63万人。二是创新推出失地农民养老保障产品，将征地拆迁款进行递延支付和运营管理，在四川仁寿、江苏南通、山东临沂等地推广。

（七）风险防控全面加强，基础工作不断夯实

贯彻落实总行全面风险管理“五个到位”相关要求，建立起整套适合养老金公司经营特点的风险防控体系，编制风险偏好书，形成了与建行集团一致的风险偏好，构建了全员参与的风险管理文化，确保对业务实施有效的风险防控。风险防范攻坚战成效显著，公司资产质量整体情况良好，未发生不良，公司自成立以来从未发生重大违法、违规事件，投资的各类资产也从未发生信用违约事件。实施质量管理提升攻坚战，加强制度流程梳理和优化，精细化管理水平不断提升。

（八）发挥行业创新引领作用，市场影响力不断提升

公加强同业合作，与多家机构签署战略合作协议。积极在中国养老金融50人论坛、金融街88号论坛等平台发声，撰写年度养老金融蓝皮书，参与国内首次养老金融调查、监管部门组织的第三支柱建设研究课题等，为全面建成多层次养老保障体系建言献策。获得“2018中国新经济年度领军品牌”“文化塑造奖”等荣誉，公司产品被评为第九届金貔貅奖“年度金牌创新力金融产品”、第五届创新为老服务大赛“十佳创新项目”、中国养老金融50人论坛“优秀实践成果奖”等多项荣誉。

执笔：建信养老　陶星

九、建信财产保险有限公司

2018年，是建信财险成立党委的第一年，也是建信财险夯实基础加快发展的一年。公司以党的十九大精神和习近平新时代中国特色社会主义思想为指导，积极融入建行“三大战略”，不断推动发展质量变革和效率变革，各项工作取得优异成绩。

（一）主要经营成果

一是全年实现保费收入3.84亿元，同比增长57%，超额完成总行下达的综合经营计划。其中，车险5755万元，非车险32653万元，非车险占比85%，显著优于同业。二是综合成本率136.3%，同比下降约297个百分点；净利润较2017年减亏12899万元，减亏幅度57%。三是实现税后财务投资收益4164万元，计划完成率138.79%，综合投资收益率4.53%。四是公司偿付能力充足率609.67%。2018年第一至第四季度公司在银保监会组织实施的风险综合评级中连续获评A类；在反洗钱分类评级中，被人民银行银川中心支行评为2017年度A类。五是在银保监会组织的“2018年保险法人机构公司治理现场评估”中，公司综合得分90.95分，评级为“优秀”，位列所有参评财险公司第一名。

（二）主要经营管理措施

一是以政治建设为统领，全面加强党的建设。

2018年，公司党委、纪委正式成立，党建工作进入新的发展阶段。公司党委成立后，切实履行"一岗双责"的要求，增强"四个意识"，坚定"四个自信"，坚决做到"两个维护"，充分发挥党建引领示范效应，不断加强党组织自身建设，成立党委职能部门和纪委办事机构，在总公司本部符合条件的部门均独立设立党支部，明确支部的主要工作职责，通过发挥支部的思想政治优势和组织优势，抓工作落实和业务成效，充分体现了"把支部建在连上"的政治优势。

二是融入集团战略，策应建行发展。住房租赁方面，积极发挥财险的风险保障、信誉保障功能和产品碎片化、场景化、灵活性特点，创新开发"租房保""按居保"等专属产品，为建行提供4个保险方案、13款产品，数量居所有子公司前列。积极推动与15家分行开展住房租赁业务合作，服务房源及客户超10万，提供风险保障超200亿元。普惠金融方面，深入研究建行主业场景、客群痛点，围绕普惠政策及建行战略需要，制定33项保险解决方案，以财险功能拓宽普惠金融服务的广度和深度。通过探索新合作模式，2018年保险服务惠及小微和民营企业客户2426户，累计提供风险保障金额249.33亿元，实现保费收入969.02万元，为建行创造中间业务收入251.03万元。公司"微小保"产品被中国保险报评为"2018年度创新保险产品奖"，连续两年荣获年度创新保险产品奖。金融科技方面，为建行提供银行业领域之外的多维数据支持，将保险行业数据引入行内，利用大数据助力建行主业发展。如信用卡中心在信用卡及专项分期业务过程中，通过调用中保信平台掌握的全行业车险数据，解决了原来查验方式存在的弊端，提升了工作效率。母子协同方面，2018年实现联动保费收入2.81亿元，其中，建行对公条线联动保费收入7791万元、对私条线联动保费收入9520万元，与全国37家一级分行全部建立了业务合作关系。主动做好建行资产及建行员工的保险服务工作，全年受理建行固定资产统保项目保险案件335起，涉及建行近千家网点，为建行资产提供了有效风险保障。

三是公司核心业务提质增效，取得新突破。非车险业务，保费增速居行业前列，保费贡献度超过行业平均56个百分点，业务结构显著优化，赔付水平优于行业近20个百分点，牢守了承保风险底线。车险业务，客群特色突出，以建行员工为目标客群的直销业务和以建行客户为目标客群的代销业务保费收入合计贡献度超过65%，凸显银行系财险公司特色。互联网业务，全年实现保费收入7261.2万元，行业排名比2017年提升5位。自营平台、悦生活平台等高效益保费同比增长778.2%。实现了与建行员工APP等近10个建行平台的对接和10余家第三方网络平台的业务合作。"建信财险APP"正式上线，打造融多样化生活场景和互联网保险生态圈于一体的"综合移动金融服务平台"。上线运行以来，在界面设计、用户体验等方面初步反馈良好。投资业务，坚持稳健审慎投资，市场预判和把握能力不断增强，上半年抓住债券配置行情果断拉长久期，下半年抓住资金面渐趋宽松机会大胆开展质押式回购交易，资金运作收益水平显著高于同业。

四是支持保障水平进一步提高。客户服务方面，在工作量激增的情况下，及时响应客户诉求，客服热线满意及非常满意占比达到99.39%，亿元保费投诉量、万张保单投诉量处于行业较低水平。扎实推进公司信息化建设工作，完成开发项目42个，实现系统需求849项，累计建成系统共计67个。"双优混合架构保险核心系统"荣获IDC中国金融行业最佳创新项目奖。建设银行的"新一代"核心系统，曾于2107年获得IDC最佳创新大奖，这项荣誉是对公司成立以来在核心系统建设方面的充分肯定。风险合规方面，贯彻落实总行风险管理"三管五个到位"要求，完善公司风险偏好管理体系和风险管理责任体系，设立了风险与内控管理委员会，强化了风险管理责任落实，提升了公司风险管理能力。进一步完善和优化公司合规管理制度体系，有效降低了公司违规和法律纠纷风险。

执笔：建信财险　朱琳琳

十、建信金融资产投资有限公司

2018年，市场化债转股政策密集落地，在总行党委和高管层的领导下，建信投资把握机遇，攻坚克难，坚持依法合规经营，继续保持市场引领地位，全面完成了各项工作目标。

（一）年度经营业绩显著

截至2018年末，建信投资市场化债转股累计签约7233亿元，落地1534亿元；其中2018年新增签约1322亿元，落地526亿元。建信投资在行业内首家支取母行债转股定向降准资金，全年共计使用166亿元。2018年末资产总额328亿元，净资产123亿元。

（二）主要业绩成果

成功推进龙头企业签约落地，首单铁路债转股项目落地。2018年，新增签约3家央企，11家地方国企。新增落地攀钢集团、江西能源等26个项目，协同推进集团银行存贷款等业务。通过聚焦于行业龙头企业，公司市场化债转股示范效应不断增强，4月与铁路总公司签署铁路行业首单500亿元债转股框架协议，并确定厦深铁路为首个合作落地项目。经过多轮谈判后达成一致，已到位资金17亿元。

大力支持国企混改、民营企业纾困，不良资产项目取得突破。江西能源等项目，通过市场化债转股、引入民营投资者和员工持股等方式推动国企改革。与苏州盛虹等5家优质民营企业签约180亿元，落地3家共67.5亿元。从4家民营企业收购资产79亿元，帮助民营企业纾困发展。主动收购5个项目不良债权193亿元，帮助集团化解风险，也收获积极的社会效益。

贯彻落实集团战略，党建工作形成特色。建信投资探索创新普惠金融实施的新途径，与陕西煤业、哈投集团签署2单普惠金融项目；积极助力精准扶贫，拟定定点扶贫计划。积极落地金融科技战略，加快债转股业务支持系统建设。坚持党建引领，深入推进十九大精神学习贯彻。创新工作思路，着力打造支部党建特色的同时加强廉洁自律，扎实推进纪检工作。

（三）管理不断完善

攻坚创新，推动业务扎实发展。向监管部门申报15单专项投资计划，与中国国新等3家机构达成合作意向。成立基金管理子公司，成功落地第一只合伙制基金。形成投后管理基本管理架构，实现投后管理全覆盖。

严控风险，确保业务合规推进。建信投资坚持全行统一风险偏好，制定全面风险管理“五个到位”实施细则，明确风险管理组织体系。完善公司各项制度，建立健全公司授权体系。实现风险管理，内控合规与业务发展的良好平衡。

执笔：建信投资　陈佳林

境外分支机构

一、香港机构（建行亚洲、香港分行）

（一）业务发展情况

截至2018年末，建行亚洲（含香港分行）资产总额达1054.0亿美元，较上年下降12.6%；全年实现税后利润6.6亿美元，较上年增长6.9%。资产负债结构更为合理，经营业绩实现较好；拨备更加充足，不良资产率和不良贷款率等指标优于当地同业；积极探索推动总行“三大战略”落地香港，为香港社会的繁荣稳定贡献力量。

（二）主要经营管理举措

1. 新一代境内外一体化版本在建行亚洲成功上线，标志着建设银行倾力打造的新一代境内外一体化系统已全面完成并完美收官。

2. 举行粤港澳大湾区住房租赁服务发布会，正式向港澳居民提供住房租赁服务及相关金融服务。

3. 践行普惠金融，持续为香港中小企业发展提供金融服务，开展“金智惠民”工程，为市民提供金融理财教育及培训。

4. 交易银行业务取得突破性进展，正式落地交易银行信托与代理服务，成为香港首家提供完整信托与代理服务产品的中资银行。

5. 成立战略发展部，研究机制正式启动，已发布多份紧扣时事热点的高质量报告。

6. 市场地位不断提升，首次获委任为亚太区贷款市场公会中国委员会主席行，并正式加入国际资本市场协会。

此外，建行亚洲积极履行企业社会责任，品牌影响力和市场形象大为提升。在中国银行业协会主办的"中国银行业社会责任工作评选"活动中，江先周董事长荣获"最佳社会责任管理者"奖，建行亚洲也成为唯一获奖的中资银行海外机构。

二、新加坡分行

（一）业务发展情况

1. 利润实现快速增长。实现净利润 1.4 亿美元。

2. 资产结构优质发展。资产总额 185.7 亿美元，较年初增幅 11.3%。不良率、不良额继续保持为零。

3. 管理指标大幅优化。ROE40.15%，较上年增加 7.67 个百分点；ROA 0.79%，较上年增加 0.15 个百分点。

（二）主要经营管理举措

1. 合规管理获得监管肯定

2018 年是分行的"合规管理提升年"，分行全面加强内控合规管理，取得良好成效。

2. 市场竞争能力显著增强

分行在当地中资机构中继续保持净利润排名第二、总资产排名第三位的名次。

3. 业务发展成效显著

通过主动营销和产品提升，客户结构和资产结构实现二八反转，可持续盈利能力上升；通过发行债券，吸收央行存款等方式，拓宽融资渠道，夯实了流动性管理基础。

三、法兰克福分行

（一）业务发展情况

2018 年末，法兰克福分行总资产 40.4 亿美元，实现主营业务收入 1978.6 万美元。

（二）主要经营管理举措

1. 稳健合规经营再上台阶，内审对分行各事项审计结果均为最高等级 A 级，无重大审计发现。

2. 强监管下有序创新。将持有的欧元债券从托管行转出自行管理，为提供债券托管服务做好准备；协调香港机构等与戴姆勒集团就境外人民币购售业务达成合作协议；推动宝马、大众集团等德资企业在中国发行熊猫债；360T 外汇交易平台上线。

3. 中收逆势增长，净收入同比增 7.5%；网银客户数、交易量和交易额位列海外前三。

4. 牵头上报大众金融等内部银团；联合北京分行参与组建戴姆勒全球备用银团；新增博世和莱尼集团全球授信，全球授信牵头户数在海外机构中名列前茅。

5. 深化"跟随"和"联动"，为兵工、中集、中鼎、徐工集团办理内保外贷；协助约堡分行向大众南非子公司提供备用双边贷款。

四、约翰内斯堡分行

（一）业务发展情况

2018 年末，约翰内斯堡分行总资产 26.9 亿美元，全年实现净利润 2558.4 万美元。

（二）主要经营管理举措

1. 落实"一行一式"转型规划。成功牵头海外重大项目 Aspen 药业（非洲制药行业龙头），成功营销央行和主权类机构 Bank of India（印度五大银行之一）、莱利银行集团（南非五大商业银行之一）、非洲进出口银行等，业务覆盖非洲地区近十个国家。

2. 上线新系统、执行新标准。克服反洗钱整改压力、人员不足等困难，在总行支持下成功上线新一代系统，顺利实施 IFRS9 国际会计准则标准。

3. 不遗余力推进合规工作。持续完善规章制度，加强合规检查力度，提升培训效果，完善系统建设，合规优先理念不断深入人心。

4. 积极履行企业社会责任。作为南中经贸协会会长单位，牵头编写并发布《在南非中资企业履行社会责任报告》，树立了建行良好的品牌和形象。

五、东京分行

（一）业务发展情况

2018 年，东京分行以“重合规、控风险、调结构、增效益”为经营指导方针，较好地完成了各项经营指标。截至 2018 年末，东京分行资产总额 192.2 亿美元，净利润 3976.4 万美元，同比增加 14.7%。

（二）主要经营管理举措

1. 积极促成日本三井住友银行首次购买我行个人住房抵押贷款资产支持证券，实现了我行与日资金融机构在资产证券化领域合作的成功试水。

2. 成功搭建日税租赁飞机融资平台，举办日税租赁飞机融资业务研讨会暨银企交流会，面向各航空公司和专业机构推介我行日税租赁飞机融资业务。

3. 把握中日关系升温机遇，稳步建立与本地优质客户与金融机构的合作关系，大力营销日本国立大学、独立行政法人等机构客户，日元存款初具规模。

4. 开展“基础管理年”活动，进一步夯实管理基础，重点加强资产负债精细化管理，致力于在资本约束下提高效益，盈利能力稳步提升。

六、首尔分行

（一）业务发展情况

2018 年分行实现净利润 5837.1 万美元，年末资产余额 169.1 亿美元，获得韩国银行颁发的“金融稳定奖”，是唯一获此奖项的当地外资银行。

（二）主要经营管理举措

1. 积极推进创新。首次作为牵头行完成了对三星、SK、现代汽车韩国前三大集团的全球授信；首次以 Lead Arranger 角色参与银团贷款；办理了系统内首笔区块链保理业务；获得马来西亚央行指定的 AOO 资质，是唯一一家获准在境外办理林吉特业务的在韩中资机构。

2. 助力三大战略。尝试区块链业务模式和中小企业供应链融资，加入韩国 KFTC 清算系统并开通韩币跨行转账网，韩币跨行转账实时处理能力跻身当地外资银行前列。

3. 合规稳健经营。贷款不良额、不良率保持为零，连续三年获当地权威评级机构“AAA”评级。

4. 践行社会责任。荣获首尔市政府颁发的“城市绿化突出贡献奖”，党建工作连续两年受到中国驻韩使馆表彰。

七、伦敦机构（建行伦敦、伦敦分行）

（一）业务发展情况

2018 年末，伦敦机构总资产余额 96.0 亿美元，全年实现净利润 941.9 万美元。

（二）主要经营管理举措

1. 公司机构业务稳步发展，战略项目成功落地。牵头完成希思罗机场等 4 个海外重大项目。

2. 资本金管理成功避险，资金业务经营能力不断增强。通过认真分析研判市场，准确把握市场时机，成功锁定人民币资本金汇率波动风险，规避了对损益造成的较大影响。

3. 人民币累计清算量突破 30 万亿元。英国人民币清算行继续保持亚洲地区以外规模最大清算行地位，助力伦敦成为中国主权外最大人民币清算中心。

4. 服务全行战略，筹备建行大学伦敦学院。代表总行成功与英国伦敦政治经济学院、伦敦商学院、牛津大学赛德商学院和剑桥大学丘吉尔学院穆勒中心签署战略合作备忘录，为建行与英国顶尖院校在合作办学、人才培养等领域创建合作的良好开端。

八、纽约分行

（一）业务发展情况

2018 年末分行总资产 234.0 亿美元；全年主营业务收入 1.36 亿美元；净利润 8594.0 万美元。

（二）主要经营管理举措

1. 发挥美元中心区域优势，积极营销国际货币基金组织、哈佛大学等美洲知名客户，运用多样性筹资工具拓展当地市场，丰富美元投资产品，试水美元回购市场，持续拓展融资渠道，继续实现业务资金完全自筹，同时为集团其他机构提供适当流动性支持。

2. 适应内外部环境变化，主动调整信贷业务结构，进行应收租赁账款保理等产品创新，与亚马逊等本地客户新建合作关系，贷款规模稳健增长，资产质量保持良好。

3. 完善、修订《纽约分行反洗钱工作指南》、信贷资产减值准备方法论等规章制度20余个，涵盖银行内控合规、风险管理、财务管理等多个方面。进一步夯实基础管理，精细化管理水平明显提高。

九、胡志明市分行

（一）业务发展情况

2018年，胡志明市分行坚持“稳健发展”的主基调，落实集团发展战略要求，以业务经营为中心，努力从源头上防范和化解金融风险，各项经营活动健康发展。2018年，分行资产规模为4.4亿美元，净利润417.0万美元。

（二）主要经营管理举措

1. 联动业务与落地业务并重，在积极配合境内外分行为“走出来”客户提供海外延伸金融服务的同时，依托本地市场，不断挖掘新的业务机会。

2. 聚焦境内外优质客户，信贷资产质量继续保持优良，不良贷款为零。

3. 通过营销存款、同业拆借等方式增加筹资渠道，在岸资产部分基本实现本地自筹资金自我发展，对集团资金依赖度大幅降低，自我造血能力明显提升。

十、悉尼分行

（一）业务发展情况

2018年，悉尼分行进一步夯实合规和风险管理基础，深化本地化发展，市场竞争力持续提升，总资产达到171.2亿美元，全年实现净利润5257.1万美元。

（二）主要经营管理举措

1. 牵头优质客户的银团融资项目，保证信贷质量，提升在本地市场的竞争力。

2. 调整信贷结构，全年新增投放优先支持行业，逐步退出低评级客户；加大绿色信贷投入，全年新增绿色信贷1.6亿美元。

3. 探索合作新模式，与联邦银行、西太平洋银行、美国银行等建立贸易再融资合作关系，拓宽融资渠道。

4. 尝试产品创新，与境内分行合作业内首笔区块链国际双保理业务。

5. 探索总行三大战略在海外实践，撰写《从国际化视角思考建设银行三大战略》《澳大利亚住房租赁市场》等报告；与澳大利亚首家数字银行探讨合作机会；与澳中中小企业协会签署合作备忘录。

十一、建行俄罗斯

（一）业务发展情况

2018年末，建行俄罗斯总资产3.7亿美元，全年实现净利润557.4万美元。

（二）主要经营管理举措

1. 合规优先。全年增补、修订160余项合规相关制度及流程；当年总行审计发现整改率达95%；积极拥抱监管，与俄央行进行四次现场会议，在俄央行经营管理综合评价中保持2.1档的同业领先水平，交易授权控制、信息安全管理、反洗钱工作有效性、AML/CFT制度完备性等合规管理分项指标提升至“优秀”。

2. 稳健经营。推进全面风险管理，强化监管指标监控；加大中俄优质客户营销力度，持续扩大客户基础，加强境内外联动，全面完成“一行一式”指标，新增代客汇率远期及掉期业务，主动压缩高风险个人客户，彻底退出ATM业务，探索人民币做市业务；完成办公楼过户，莫斯科代表处关闭事宜取得突破进展。

十二、迪拜国际金融中心分行

（一）业务发展情况

遵循总行“稳健发展”主基调，严控合规风险，稳步拓展各项业务。依托迪拜作为中东及北非地区国际贸易和金融中心的区位优势，为中资企业“走出去”和当地优质企业提供全面的金融产品和服务，助力实体经济发展。2018年末，分行总资产46.5亿美元，全年实现净利润1372.0万美元。

（二）主要经营管理举措

1. 强化合规管理，提升合规意识。主动与监管机构保持紧密沟通，完善合规组织架构，严格落实监管新规，提升员工合规意识。

2. 开展产品创新，拓宽负债来源。推出债券回购产品，成为海外机构中率先与境外银行开展买断式债券回购的机构之一。

3. 业务取得新突破，助力人民币国际化。成功完成本地重要客户委托的大额人民币外汇买卖业务，当年人民币结算量及市场占比均居当地金融同业领先地位。

4. 牵头完成阿联酋最大集团客户之一迪拜投资公司集团全球授信工作。

十三、台北分行

（一）业务发展情况

截至2018年末，分行税前净利润、授信总额、ROA及ROE指标均大幅领先可比同业，其中，税前净利润6805万美元，年增幅25%。

（二）主要经营管理举措

1. 实现规范化管理与业务转型的协调开展，为提升综合经营管理水平插上两个“翅膀”。以规范化管理作为保障，促进了产品创新、资产负债结构的优化，提高了风险防范和业务处理能力。

2. 扬长避短、取长补短，克服困难与挑战，实现业务发展弯道超车。拓宽联动业务渠道，实现了落地业务、联动业务和金融市场业务多元并举的业务结构。

3. 注重企业文化建设，积极承担社会责任。积极参与当地经贸合作和文化交流项目，包括两岸企业家峰会、两岸金融合作研讨会等，并致力推展人民币国际化，连续四个年度获颁台湾期货交易所“人民币汇率期货造市绩效卓越奖”。同时秉持关怀精神，针对台湾地区花莲地震灾区捐款新台币300万元，用于支持花莲抗震救灾、重建家园。

十四、建行欧洲

（一）业务发展情况

建行欧洲（含所辖分行）和卢森堡分行2018年积极贯彻总行党委要求，坚持合规优先、稳健发展的主基调，协同联动促发展，多措并举实现了经营与管理水平双提升。继2017年卢森堡机构首次实现整体扭亏为盈之后，2018年实现了子行（全辖合并口径）和分行双盈利。截至2018年末，卢森堡机构总资产81.8亿美元，全年实现净利润4204万美元。

（二）主要经营管理举措

1. 公司治理出成绩、监管互信促发展。完善公司治理规范，强化董事会管理，重新定位关键职能岗位，加深与监管的理解和互信，为建行欧洲稳健发展奠定基础。

2. 业务种类求创新、绿色金融引注目。集中资源做大做强大型项目融资、飞机租赁融资等传统业务，同时积极创新服务内容，成功代表建行集团发行首笔绿色欧元债券，获得欧洲投资人一致认可以及政府和市场的好评。

3. 总分协同共发展、规模利润双突破。在总行的指导下落实区域总部管理体制调整，建行欧洲全辖形成了“下好建欧‘一盘棋’、奏好发展‘协奏曲’”的共同理念。

十五、澳门分行

（一）业务发展情况

2018年末，澳门分行总资产83.7亿美元，全年实现净利润3975.9万美元。

（二）主要经营管理举措

1. 加快联动业务转型，持续拓展落地业务

积极跟进粤港澳大湾区联动服务，不断探索粤港澳大湾区创新合作模式，成功办理首笔跨境人民币资产转让业务、首笔区块链福费廷业务及首笔国际商业转贷款，参与多笔本地和香港重点银团项目，首次被邀为债券Co－Manager，拓宽了银团贷款项目来源。

2. 多元化资产负债来源，降低资金成本

同业存款及CD发行大幅增长，对分行中长期资产业务形成有力支撑，持续推进同业客户拓展工作，债券业务快速发展，投资对象和品种进一步多元化。

3. 落实金融科技战略，实现新一代系统海外首家上线

在总行的有力指导下，分行克服时间紧、任务重、人力紧张等困难，经过一年多的精心部署和准备，成功实现新一代对私业务系统在澳门分行的海外首家上线。

十六、新西兰机构（建行新西兰，新西兰分行）

（一）业务发展情况

2018年末，新西兰机构资产总额17.7亿美元，全年实现净利润906.3万美元；盈利在本地中资同业中居于首位。

2018 年 2 月 2 日，建设银行新西兰分行举行开业活动。

（二）主要经营管理举措

1. 着力深耕本地市场，成功拓展恒天然集团、第一燃气、利特尔顿港、Mercury NZ 等一批本地优质客户，并为中央水利灌溉项目提供信贷支持。

2. 夯实内控合规管理，加大合规资源投入，将内控合规团队升级为独立部门，并扩充人员力量；贯彻“合规优先”经营理念，持续加强监管沟通。

3. 持续完善公司治理，制定《子行董事会考核评价办法》，并予以实施，不断提高董事履职能力；进一步完善董事会议事规则。

4. 加强财务管理，研究机构成本分摊和内部转移定价机制，强化经济增加值考核导向。

5. 拓宽融资渠道，加强流动性管理，成为中国银行间市场外币拆借会员，并发行首笔美元债券。

十七、多伦多分行

（一）业务发展情况

2018 年末，多伦多分行总资产 17 亿美元，全年实现净利润 1282.1 万美元。

（二）主要经营管理举措

1. 内外联动，积极支持国内优质企业“走出去”

为飞鹤奶粉在加拿大的当地政府支持项目皇家牛奶提供建设资金；积极支持紫金矿业在加拿大的收购项目，作为银团参与行，并担任账户管理行职责；作为银团牵头行为建信金融租赁子公司 Compass Shipping 9 提供贷款支持。

2. 一行一式，大力拓展当地优势行业中的龙头企业

分行成功参与加拿大输油管道行业龙头、炼油行业龙头企业银团贷款项目；成功为加拿大汽车零配件行业前三的企业提供银团贷款服务；成功为当地优质矿产企业提供授信支持。

3. 资金业务

为客户提供 24 小时不间断盯市交易服务，完成大额美元即期换汇业务；积极推广总行人民币熊猫债券发行承销服务，营销客户包括魁北克省财政厅、丰业银行等。

十八、建行巴西

（一）业务发展情况

在总行的领导和帮助下，积极落实总行“一行一式”及子行商业计划书各项要求，业务规模质量持续提升，相关工作也得到监管机构认可和支持。2018 年末，建行巴西总资产 60.8 亿美元。

（二）主要经营管理举措

1. 子行信贷总额较年初增加 26.7%，高于市场平均增速 23.6 个百分点。不良额、不良率持续保持双降态势。

2. 立足当地市场，不断夯实客户基础，2018 年共为 30 户中资企业提供等额 4.5 亿美元融资等各类服务，着力打造中国业务特色。同时，不断拓展代客资金交易、债券投资等业务；加大同业合作力度，积极参与本地银团，争取巴西国开行授信额度；丰富客户产品品种，提升非利差收入。

3. 制定完善子行风险偏好，优化调整风险委员会职责及汇报路线等，严格落实总行和当地监管机构全面风险管理要求。同时，以监管检查及总行审计为抓手，不断完善内控合规体系建设，全年无重大合规风险及监管处罚事件发生。

十九、苏黎世分行

（一）业务发展情况

2018 年苏黎世分行在合规先行的原则下，实现跨越式发展，开业前三年实现连续两年盈利。2018 年末，分行总资产 28.7 亿美元；全年实现净利润 376.6 万美元。

（二）主要经营管理举措

1. 合规、反洗钱工作成效较好。瑞士金融监管局高度认可分行合规工作，宣布相应减少审计频率。反洗钱工作连续两年监管审计零发现。优化反洗钱系统 Transwatch，实现了海外机构首创。

2. 公司业务基础全面夯实。累计营销公司类客户 72 户，较上年末新增 27 户。落地业务方面，目前 8 家（在瑞共 9 家）全球 500 强客户已落户分行。

3. 与瑞士冯托贝尔银行（Vontobel）合作研发“一带一路”金融产品，签署合作备忘录。

4. 实现托管业务突破。瑞士最大私人银行 Bank J. Safra Sarasin 获得银监会颁发的 RQFII 执照，成为瑞士第一家获得 RQFII 资格的银行。

5. 人民币清算行地位确立。2018 年全年人民币清算量为 7030.41 亿元。

6. 熊猫债业务成功中标，成为除香港地区以外首次成功中标熊猫债业务的海外分行。

二十、智利分行

（一）业务发展情况

2018 年，智利分行围绕总行海外发展战略，大力拓展落地业务，加快业务转型发展，充分发挥南美首家人民币清算行优势。2018 年末，分行总资产 2.7 亿美元。

（二）主要经营管理举措

1. 内控与合规管理水平继续提升

（1）将内控合规管理嵌入各业务流程，加快推进反洗钱系统建设。

（2）进一步完善各委员会架构和管理机制，提升各委员会的运作效率和决策能力。

2. 充分贯彻“一行一式”政策，实现落地转型

（1）全力推进落地业务持续发展，并通过加速信贷结构调整，提高中间业务收入贡献度。

（2）精准营销智利具有行业垄断优势的优质大中型企业。

3. 全力支持“走出去”项目和企业，成为中资企业交流平台

通过精准服务、营销，获得广大中资企业的认可，社会影响力进一步提升。

二十一、建行印尼

（一）业务发展情况

2018 年，子行实现净利润 767 万美元，同比增长 53%；总资产 11.2 亿美元，同比增长 1.7%。

（二）主要经营管理举措

1. 积极应对内外部压力及挑战，成功办理首笔由子行牵头的银团贷款项目，全面完成总行下达的综合经营计划。

2. 重点做好贷前审查及贷后管理工作，加大不良贷款清收处置力度，提升资产质量。

3. 严格落实监管要求，加强与监管沟通效率与频次，确保子行经营管理合法合规。

4. 依托总行丰富培训资源，多次派本地员工参加总行各类境内外培训项目，极大提升子行员工归属感自豪感。

二十二、建行马来西亚

（一）业务发展情况

2018 年末，总资产 10.8 亿美元，年度增长 62%。税后利润 273.8 万美元。各项关键业绩指标稳健均衡，不良率、逾期率为零。

（二）主要经营管理举措

一是通过融智服务为恒源石化收购壳牌炼化设计银团贷款结构，成功在马来西亚市场筹组银团。

二是作为马新高铁中资联合体唯一中资财务顾问，参与马新高铁国际项目投标工作，为项目起草公司治理结构、融资层级设计、财务模型测算、长期限利率汇率管理等意见书，为投标马新高铁项目奠定了基础。

三是投资了我行第一笔伊斯兰债券，完成伊斯兰债券投资新产品准入，扩大我行债券投资种类。

四是获马来西亚央行授权唯一中资行“林吉特指定海外交易商”资格，使我行支持马来西亚境外林吉特业务，为支持一带一路大型项目跨境林吉特业务结算提供支持。

校对：马佳　卢大明　马京京　林韬

二、内部管理与风险控制

办公室（党委办公室）工作

一、精心服务，当好党委决策“参谋员”

（一）领会精神，做好“文书”

切实履行党建工作职责。一是组织学习贯彻党的十九大精神，起草印发《关于开展学习宣传贯彻党的十九大精神专项督查的通知》，牵头组织开展专项督查，并起草专项督查情况报告。二是切实承担党建工作领导小组日常事务，协调召开党建工作领导小组成员单位联席会议3次，定期编发党建工作摘报，推动党建重要工作部署、重大事项落实。三是健全完善党建工作制度。印发《中国建设银行党务公开实施办法》，规范党务信息公开；印发《关于进一步规范督查检查改进考核工作的通知》，改进督查检查；印发《关于规范党务制度性文件解释权的通知》，推进党务制度建设规范化。四是进一步加强和改进作风建设。印发《关于重点查摆形式主义、官僚主义新表现深入推进作风建设的通知》《关于深化“四风”整治 把作风建设不断引向深入的通知》《关于开展作风建设自查工作的通知》，推动全行深入开展作风建设自查工作。严格执行中央八项规定精神，印发《中国建设银行党委贯彻落实中央八项规定和实施细则精神的办法》。五是根据总行领导班子人员变化和工作需要，及时协助总行党委对总行党委成员（行领导）以及高管人员工作分工进行调整；印发《关于党委成员基层联系点有关事项的通知》，完善总行党委成员基层联系点制度。六是严格落实中央关于党委规范性文件报备制度，全年报备文件13份，并全部通过中办法规局审核；做好党委书记文件流转服务，完成相关文件资料及批示登记1503条，定期整理重要批示，刊登值班动态。

（二）服务领导，做好“助手”

一是高效服务支持行领导履职。行领导秘书积极发挥协调作用，较好地完成了日常工作沟通、出差调研安排、外部来访接待等工作任务。自觉学习与行领导履职相关的制度规定和财务标准，邀请纪委监察部相关处室负责人讲授纪律处分条例和八项规定精神贯彻执行情况。及时将行领导指示传达到位。

二是重要工作勇于担当。重大任务抓实抓好。在国务院领导到建设银行考察的组织中发挥担当作用，做好现场人员协调，为考察有序进行提供保障。重要会议守正出新。近年来首次组织在京外召开夏季工作座谈会（一类会议），并取得预期效果；会议期间高效协调各方处理多重交叉任务，如同一时间5位党委成员分别在不同地点交叉参加4场活动。全年组织行长办公会议11次，牵头组织传达习近平总书记重要讲话及国务院有关会议精神等重要会议30余次。重要活动落实落细。协调安排行领导出席陆家嘴论坛、重庆智博会、天府金融论坛等重要活动近 20 次，与北京、云南、吉林等省市政府领导会见 20 余次；协助组织银保监会纪检组调研、建信住房公司开业仪式等重要活动 10 余次。主动靠前组织杨文升副行长告别仪式，仪式现场安排一对一接待 40 余位内外部领导同志，协调总分行近 500 人参加。

三是基础工作稳中有进。制度不断更新完善。修订“负责人请假报告管理办法”，并专门制作工作流程图和操作手册；梳理分析自 2011 年以来的全部行长办公会 315 个议题资料，为督促和收集上会议题打好数据基础。延展文件分办等工作链条，发挥在线化产生的数据资源价值，多年来首次对外部来文分办情况、值班动态错情等进行了较为详尽的统计分析，并通报全行，用数据说话激励先进、提示问题。落实优化值班安排方案，参考同业做法，将总行党委职能部门负责人纳入节假日带班范围，将工作日晚间值班人员范围扩展到室内各处室。在线化棋近尾声。历经 3 个月研发值班动态编发、行长办公会议组织模块。文件记录单、电话记录单模块调试完成，研发机要文件管理系统。至此，自 2012 年开始的基础工作在线化已近收官，初步实现由线下向线上、由信息流向数据流的转变，为下一步大数据挖掘和 AI 应用奠定了基础。增强事务性工作科技含量，搭建信息共享网络平台，梳理并上传多年来办文办会办事的电子资料；通过快速扫描等方式实现零散纸质材料的电子化、应用智能语音识别系统及翻译机、为值班室等重点区域安装智能指纹锁等，提高工作效率。

（三）以文辅政，做好“智囊”

起草全行重要文稿及行领导讲话材料。一是起草行领导重要讲话文稿，包括在全行年度工作会、夏季工作座谈会上讲话材料，以及向国务院领导的汇报讲话稿和 PPT 课件等。二是起草党委向中央的报告、党委年度述职报告、年度工作总结，以及管理层履职报告。共起草上报传达学习中央精神类报告 10 份，包括《中国建设银行关于学习贯彻中央经济工作会议精神的报告》《中国建设银行党委传达学习中央关于杨晶同志严重违纪问题通报精神的报告》《中国建设银行党委关于落实党的十九大精神推进作风建设有关情况的报告》等。三是起草报送财政部、审计署等建设银行贯彻执行中央八项规定情况等综合性汇报材料；起草行领导在青年干部培训班、专题党课、国务院领导调研和重要签约仪式等的授课讲稿与讲话素材；完成全国政府秘书长和办公厅主任会议精神贯彻落实情况的报告与会议书面交流材料。四是开展专题调研。牵头开展商户业务专题调研，调研报告得到行领导充分肯定；牵头完成银保监会关于金融科技专题调研材料撰写，组织接待现场访谈；配合银保监会开展金融支持关键领域自主创新专项调研；联合风险部开展中美贸易战影响专题调研。五是完成年鉴编撰；完成《中国金融年鉴》和建设银行年报、中报有关材料的起草报送工作。六是继续开展老领导口述行史资料、历史图片、实物、文献等资料的挖掘整理工作。

二、精准传达，当好政策落实“督导员”

（一）做好“特派员”，促决策落地有声

一是强化督察督办。抓好重大决策、重点任务、重要专项的贯彻落实。继续加强对行领导重要指示批示的督办，2018 年共发出批示督办通知单 20 件，对 21 次批示事项立项督办，并加强跟踪督促反馈。狠抓行长办公会议督办事项的办理，全年共发出会议督办单 25 件，对 11 次行长办公会议部署的 69 个事项立项督办。安排部署 2018 年国务院大督查工作，接待国家开发银行等同业就督查督办工作进行交流学习。实时总结整理行领导工作思路及观点，并及时传导督促落实，督办重要业务事项近 170 项，协助组织行领导专题会议 400 余次；参加商户拓展和协同联动调研、河南及重庆普惠金融专题调研等活动，形成调研报告 5 篇。于节假日对近 20 家分行开展值班情况抽查。抓好下级行请示事项办理工作。加大重要事项的催办力度，定期抽查已办结事项。督查各分行、子公司、海外机构请示事项 8041 件，较上年减少 1082 件，已办结 7963 件，完成率 99%，平均用时 5.6 个工作日，较上年减少 0.6 个工作日。

二是提高信息质量。丰富《每日动态》内容，加强选题策划，集中反映全行推进转型、提升市场竞争力有借鉴意义的做法、遇到的问题以及工作建议等。全年共印发《每日动态》专刊 6

期、副刊23期、编发各类信息236条。精心组织信息专报，用稿量排名居五大行第二位；组织相关部门完成银保监会政务信息投稿约稿25次。做好网站信息日常管理，加强企业门户主页信息的审核，确保涉密信息脱敏。

（二）做好“宣传员”，为发展摇旗呐喊

积极发挥《建设银行报》信息主渠道的作用，紧跟全行发展重点。围绕宣传贯彻党的十九大精神，在新闻版块常设《宣传贯彻十九大精神 完成新使命 再上新台阶》栏目。聚焦“三大战略”，在新闻版同步开设《扬帆“蓝海”，大力推进住房租赁业务》《金融科技率先发力，引领未来》《实施“双小”战略 发展“普惠”金融》三大栏目。理论版围绕“三大战略”、精准扶贫、C端突围等全行战略重点和热点话题，进行专题专版报道。积极宣传扶贫工作，在第五个全国“扶贫日”当天，在客户版开设专版集中展现建设银行在党建扶贫、电商扶贫等方面开展情况。开设“劳动者港湾 新时代之光”专栏。针对改革开放四十周年这一重大历史节点，推出《四十年40图——建设银行投身改革开放掠影》专栏。并对精细化管理、风险防控、零售优先、C端突围、服务实体经济、优化资源配置等内容做跟进式不间断的报道。持续推进《建设银行报》转型创新，整合版面资源，以较新的姿态顺应需求，吸引并影响读者。

三、精确定位，当好全行工作“服务员”

（一）做好“管家”，夯实基础管理

一是印章管理持续加强。强化行务公章基础管理。制发《关于落实进一步深化整治市场乱象工作有关要求的通知》，组织总行各部门对本部门公章管理相关情况进行自查，同时要求各分行办公室进行相关自查排查；制发《关于重申印章管理相关规定的通知》；针对各分行2017年度内部控制缺陷分析报告中关于印章方面存在的问题，制发《关于落实内部控制缺陷整改要求的通知》，组织各分行逐一分析研判并进行整改；同时，赴基层机构开展行务公章专项调研。

持续推进科技管章工作。组织各一级分行推广上线OA系统“印章管理模块”；配合采购部完成印章机控设备招投标工作，完成中标供应商产品功能补充测试准备相关工作。

督导业务印章管理。对总行各业务印章归口管理部门进行相关指导，提示总行各业务部门加强对归口管理印章的管理。

二是档案管理集约化。创新工作思路，探索“档案管理理念前端介入”方法，形成“档案管理随业务延伸”机制。

开展档案宣传和文化建设。在全行范围组织开展以“档案见证改革开放”为主题的征文活动。组织在总行及各分支机构办公楼张贴档案知识宣传画、制作档案宣传视频，利用宣传栏、楼宇视频等多种形式宣传国家档案政策制度和建设银行档案工作。

持续推进档案信息化建设。组织开展档案信息化专题研究与需求论证分析，参与云档案项目的开发与测试工作，实现人员与机构的知识图谱管理；探索大数据挖掘分析在档案管理中的应用方向，并完成档案存储需求分析预测项目报告。加强档案信息管理系统的培训与督导，举办2018年总行本部档案管理业务培训班；通过综合档案管理系统对总行部门和各分行档案归档进度和归档质量进行非现场监测。作为国家档案局银行系统档案协作组2018年的组长单位，建设银行圆满承办协作组2018年度工作会议。

加强档案科学管理。不断完善对全行档案工作的管理。形成《中国建设银行档案管理工作有关情况报告》；探索建立档案库房规范化、标准化、智能化管理机制。合规做好总行本部各类文件管理。

三是办公系统探索国产化。同业首开国产化平台系统应用。经过14个月研发，中国建设银行国产化平台商密办公自动化系统（OA2）V1.0版于11月30日成功上线试运行，标志着建设银行在同业中首家规模化、体系化应用全国产化计算机平台开发信息管理系统。

持续推进办公管理信息化建设。全年共完成公文管理各模块、秘书工作、印章管理、信息刊物等模块及其他系统优化功能点240余项需求的开发。深挖OA系统应用，改造“部门信息”功能，将部门自办信息简报统一纳入电子化规范管理范畴。积极推进并完成文件交换系统改造项目实施，完成新增文件交换柜（产品）采购、安装、调试，以及文件交换系统中21个外部交换单位信息的核对调整。编写办公自动化大数据应用智能决策支持业务方案，优化用户体验。研究并确定人力资源信息系统云生产功能与OA系统对接的实施方案。

强化管理培训提升全行公文管理质效。印发《关于2017年各单位重发与退回文件情况的通报》《关于进一步加强公文管理的通知》《关于巡视发现总行部门公文管理问题督促整改落实情况的报告》《关于规范总行公文发送单位统称及排序的通知》，办文质量和效率稳步提高。印发《关于规范总行部门信息简报编报工作有关事宜的通知》，对各部门编发信息简报进行规范管理。举办总行各部门公文管理情况通报及业务培训班；举办2018年第一、第二期OA系统管理与操作培训班，分别组织各海外机构、审计机构和境内子公司和各一级分行参训。组织分行业务骨干集中研发教程。

四是保密工作科学化。利用保密科技手段做好监督，守牢保密防线。采取网络化方式进行内网计算机的保密体检与筛查，及时发现并整改失泄密风险隐患。在总行本部组织完成了4000余台内网计算机的保密自查。对12个一级分行及所辖部分二级分行的一些内网计算机（共计100余台）进行了抽查。

加强各项基础保密管理，做好当前。先后组织召开3次保密委员会、密码工作领导小组相关会议。牵头国家安全人民防线建设的相关工作，会同安全保卫部等相关部门组织召开相关会议、制定相关制度措施。压实领导干部保密工作责任，继续组织全行七职等以上的领导干部签署《中国建设银行领导干部保密工作责任书》。抓好涉密人员管理，组织总行本部未轮训人员50余人进行补训，并做好因私出国（境）行前保密教育和开展复审工作；面对新的外部形势，制定我行人员出国电子设备遭到入境检查的相关应对措施。持续开展保密宣传教育与培训，制作完成保密两识教育课件，加入建设银行网络学习系统中供全行员工网上学习；协助总行人力资源部完善《中国建设银行新入职员工手册（文字版）》保密相关要求；在全行范围内组织保密警示教育片学习2次；对总行部门、个别分行进行保密专题授课5次；组织举办保密干部培训班2次。重视监督检查，组织全行保密自查自评工作并开展全行保密工作专项督查，抽查了12个一级分行和所辖部分二级分行，覆盖率到达30%以上；组织总行本部相关涉密文件（内部参考）保管情况的抽查。做好本部保密咨询服务与支持保障。

健全保密管理制度体系、注重科技创新，谋划好未来。全面启动保密管理相关制度的修订工作，初步完成《保密工作管理办法》、定密工作操作规程的起草工作；梳理建设银行国家秘密事项的细目、商业秘密事项范围与目录；制定下发《关于规范涉密人员保密管理及组织复审等工作的通知》；转发国家保密局关于对外交往与合作提供涉密资料及国家秘密载体出境保密管理的规定。紧跟保密科技前沿做好应用，协助推进国产化平台商密办公自动化系统应用；完成总行国家电子政务内网接入区的相关建设工作，稳步推进涉密领域国产化替代工程和国家电子政务内网相关建设。着眼保密新科技加强研究，会同数据管理部在上海大数据分析中心开展了建设银行商业秘密智能定密大数据应用项目研究，初步实现文本数据自动化定密。

（二）做好“护卫”，强化后勤保障

牵头全行员工差旅自助系统建设，完成商旅供应商采购。紧密与机场车站航空公司及协议酒店的合作，保障领导与员工的出行。

信访办公室坚持以人民为中心，以“两确保一下降”①为目标，以抓好协解人员“一人一策”源头化解为重点，推动信访工作取得积极成效，全年未发生重大过激行为。全年共接待各类群众来访427批次、852人次，全国“两会”、“5·13”、股东大会、中非论坛等重要敏感时间节点的进京上访人次、批次、涉及机构数量与同期相比均明显下降。建设银行的信访维稳相关工作多次得到银保监会和总行领导的充分肯定。

一是规范来信来访办理。坚持有信必登、及

① 两确保一下降：确保不发生集体闹访影响稳定、确保不激化矛盾引发极端事件，力争实现各一级分行进京上访总量逐步下降到个位数。

时转办原则，“全程留痕”，细化来信转办原则与分类应用标准。2018 年，总行接收并登记处理来信 862 件，对 187 件来信进行跟踪督办，对两批次 172 件“我为大督查提建议”来信和留言进行专项督办。建立总分行联合接访日常工作机制，加强总分行之间信访工作交流；协调总行主管部门现场接谈，督导相关分行工作组开展劝返工作；坚持信息零报告制度，督导各一级分行深入排查、密切监测重要预警信息和突发情况。

二是健全完善管理机制。加大考核力度，抓好责任落实。建立多部门共同参与的专项工作机制，不断强化统筹组织协调能力。压实分行领导责任机制，坚持“一把手”负总责、分管领导亲自抓、相关部门分工合作的责任体系。细化协解人员台账管理，深入研究分析协解人员诉求，有针对性地制定源头化解措施，坚持一人一策、逐人逐事做好疏导、化解和稳控。强化考核问责机制，制定《信访工作考核方案》，将信访工作纳入各级分行党委主体责任考核、KPI 考核及领导班子综合竞争力考核。

三是加强调研督导与业务培训。成立由总行和分行职能部门参加的信访工作调研组，赴 15 个分行进行调研督导。进一步提高信息分析研究能力，全年共起草上报银保监会和行领导有关报告 30 多份，编发《信访动态》6 期，定期向总行领导和有关部门报送《来信情况分析》和《来访情况分析》。加强信访信息系统建设和大数据应用，完成信访信息系统编写需求说明书，共涉及 4 个模块 59 个功能点。组织全行信访实务工作培训，增强信访队伍的凝聚力战斗力。

四是加大帮扶救助力度。按照上级要求，牵头拟制《专项帮扶救助工作方案》《专项帮扶救助指导意见》，为各金融机构提供参考依据；加强与各级地方政府相关部门的沟通、协作，帮助特困协解人员申请低保救助、公租房、廉租房、公益性就业岗位等有利政策，为协解人员提供就业信息、推荐就业岗位、创造就业机会。将特困协解人员纳入关爱救助范围。

五是全力做好重要敏感时期信访维稳。进一步完善协解人员进京上访应急处置预案，加强属地联动。积极主动与属地信访、公安、街道办等部门沟通协作，及时了解访情、掌握舆情，对重点人员情况进行排查并采取相应稳控措施。与此同时，严格落实保密纪律，对因保密规定不落实造成会议内容失泄密的，严格追究责任人和领导责任，切实防止在处置风险中产生新的风险。

执笔：张悦

定点扶贫工作

一、进展情况与成效

（一）确定“一把手”负责制

建设银行将定点扶贫工作作为总行党委重要政治责任，党委成员多次通过实地调研、召开会议等方式推动定点扶贫工作，切实强化组织领导。

2018 年 5 月 8 日至 12 日，党委书记、董事长田国立前往安康市实地调研、检查指导总行定点扶贫工作，并分别与安康市及一区三县主要领导进行交流座谈，共商扶贫脱贫之策并督促地方切实承担脱贫攻坚主体责任。党委书记、董事长田国立先后主持召开 2018 年扶贫工作会议和定点扶贫工作座谈会，部署推动落实定点扶贫工作。

1 月 22 日至 23 日，党委副书记、行长王祖继在 2018 年全行工作会议上对扶贫工作进行安排部署。4 月 8 日，党委委员、副行长章更生主持召开金融扶贫领导小组办公室会议，审议通过《中国建设银行 2018 年精准扶贫工作计划》《中国建设银行总行定点帮扶安康市汉滨区 汉阴县 紫阳县 岚皋县脱贫工作指导意见》《中国建设银行 2018

年扶贫领域作风问题专项治理实施方案》等制度文件。5月8日，章更生出席2018年扶贫工作会议，对扶贫工作作出具体部署。7月3日至4日，党委委员、纪委书记朱克鹏前往安康调研定点扶贫工作，并主持召开座谈会对扶贫干部作风纪律提出明确要求。10月11日至12日，党委委员、副行长张立林前往安康出席"善心融爱 共助安康"善融商务扶贫推介会暨公益捐赠活动，通过消费扶贫，进一步推动帮助安康特色农产品销售，并通过教育扶贫，不断改善当地的教育基础设施。

（二）持续选派干部挂职

干事创业，关键在人。建设银行在2017年选派干部担任一区三县副县长和驻村第一书记的基础上，持续向一区三县选派挂职扶贫干部，做到期满压茬轮换，确保帮扶工作不断档。同时，为加大对深度贫困地区县域倾斜力度，2018年，建设银行新选派了4人分别担任一区三县扶贫局副局长和1人担任安康市电子政务办公室副主任。目前，建设银行在安康挂职扶贫干部共有16人，其中1人担任安康市委常委、副市长，5人分别担任一区三县副县（区）长，1人担任安康市电子政务办公室副主任，4人分别担任一区三县扶贫局副局长，4人分别担任第一书记，1人担任深度贫困村驻村工作队员。建设银行将16名干部组成了驻安康扶贫工作队，并要求其成立临时党支部，筑牢脱贫攻坚战斗堡垒，充分发挥党员先锋模范作用，坚持党建引领扶贫工作，强化对定点扶贫工作的组织领导、科学规划和精准设计，实现基层党建与脱贫攻坚"双推进"。

建设银行党委书记、董事长田国立多次强调，脱贫攻坚的主战场就是检验、发现优秀干部的第一线，对扶贫挂职锻炼期间表现突出的优秀干部，必须优先使用。2018年建设银行党委印发了《关于在脱贫攻坚一线培养锻炼考察识别干部的意见》，从制度上加强了对挂职扶贫干部的日常管理、考核和使用。建设银行一是加强对挂职扶贫干部的日常管理。2018年，建设银行先后两次派出工作组，会同安康市及一区三县组织部，深入挂职扶贫点实地考察谈话，全面了解扶贫干部挂职期间的履职表现。二是加强对扶贫干部的关心关爱。建设银行每月为扶贫干部发放生活补助，同时，每年定期安排扶贫干部回京体检，并为其办理任职期间人身意外伤害保险。特别是针对驻村扶贫干部，建设银行统一为其配备了电脑、打印机、电视机、洗衣机等工作、生活用品，为扶贫工作提供坚强的后勤保障。三是妥善做好扶贫干部返行后工作安排。除了挂职期间的生活保障外，建设银行还明确将扶贫资历作为干部考核、任用的指标之一，进一步加大对工作优秀、群众认可的扶贫干部提拔使用力度，为扶贫干部提供政治保障，让有为者有位。2018年，建设银行总行共提拔使用了8名安康挂职扶贫干部，其中提拔厅局级干部3人，提拔处级干部5人，极大地调动了扶贫干部的工作积极性。

（三）持续投入资金帮扶

2018年，建设银行向一区三县无偿捐赠帮扶资金1098.46万元；帮助引进资金550.75万元；培训基层干部196人，培训技术人员1072人。均超额完成责任书中的承诺。

通过捐赠资金，建设银行支持贫困村发展了辣椒、金银花、茶叶等特色产业，提升贫困地区自我"造血"能力；并帮助当地贫困村建成了垃圾处理、太阳能路灯、产业路灯一批民生工程，持续捐赠"母亲健康快车"总数达16辆，为农村妇女儿童及时就医提供帮助。同时，建设银行通过举办夏令营、实施高中成长计划、协调中国教育发展基金会多种渠道支持教育扶贫扶智。

（四）帮助引进扶贫企业

建设银行发挥自身企业客户资源广的优势，积极帮助安康引进扶贫企业。多次与安康市政府负责人和一区三县招商局对接，形成《关于安康市招商引资需求调查的报告》，梳理出一区三县迫切需要引资引智的富硒食品、饮用水等7大产业现状，并有针对性地组织中粮集团、国家电网、中茶公司等总行级战略客户到安康实地考察。

中粮集团已初步与安康市"扶贫空间"达成合作意向，将集中采购安康特色农产品，通过"我买网"进行销售；中茶公司已与安康市多家茶叶企业达成合作意向，将免费向当地茶企提供培训，并计划通过增资入股、联合成立公司等方式投资安康富硒茶叶产业。同时，建设银行积极推动新希望集团与地方生猪养殖龙头企业合作，在建设银行的协调下，陕西省相关负责同志已于9月带队赴四川实地考察。

12月11日，建设银行与海尔集团、安康市人民政府在青岛共同签订《扶贫合作框架协议》，建设银行将与海尔集团共同发挥银企优势，从家电下乡支持贫困群众移民搬迁、助力贫困村建强基层党组织、招商引资帮助安康发展特色产业等多方面开展扶贫合作，助力安康打好打赢脱贫攻坚战。

（五）积极开展消费扶贫

2018年，建设银行直接线下购买一区三县扶贫特色产品283.26万元，超额完成责任书中承诺。发挥安康地区水资源优势，将岚皋县富硒水“南宫山泉”确定为建设银行总行办公会议用水，已累计采购近2万箱。在食堂餐厅，每天提供一款安康扶贫特色菜，在无形中促进员工通过消费参与定点扶贫工作。

4月和10月，建设银行在安康市先后举办了两期电商扶贫线下推介会，邀请来自北京、上海等14个省份的45家采购商，撮合外地采购商与安康当地供应商交易，共达成采购意向近4000万元。2018年，建设银行通过自有电商平台“善融商务”帮助一区三县销售扶贫特色产品8481万元，更帮助全国重点贫困区县销售扶贫特色产品74498.96万元，超额186%完成责任书中的承诺。

在消费扶贫的同时，建设银行要求供货企业针对贫困群众建立减贫帮扶机制，以岚皋县“南宫山泉”水厂为例。一是要求企业定向招聘建档立卡贫困户在水厂务工；二是要求企业每向建设银行销售一瓶“扶贫水”，需提取0.3元注入安康扶贫慈善基金，专项用于一区三县贫困村产业发展、教育医疗、基础设施和基层党建等扶贫项目。目前，扶贫慈善基金已积累资金近20万元。

（六）创新金融扶贫工作

金融扶贫贷款是金融机构加大对贫困地区资金支持力度的重要方式，也是建设银行定点扶贫的特色手段。2018年，建设银行批准一区三县扶贫贷款37396万元，包括月河综合治理PPP项目26500万元，小微快贷5987万元，新社区工厂贷2459万元，富硒茶叶贷150万元，精准扶贫个人贷款2300万元。通过扶贫贷款，支持当地产业发展和基础设施建设，从而带动贫困群众增收脱贫，力争将定点帮扶的责任田打造成金融脱贫的示范田。同时，建设银行还在创新推广“第一书记”扶贫贷，赋能全国20.6万名第一书记支持贫困村合作社发展；与全国工商联、国务院扶贫办共同探讨金融支持参加“万企帮万村”的9万多家民营企业。

除了上述可精确测算的公益捐赠和金融扶贫贷款投入以外，建设银行还从以下方面加大帮扶投入力度。

一是利用金融科技的优势帮助安康建设智慧政务信息系统。主要包括政务信息资源共享交换平台、互联网政务服务平台和政府网站集约化平台三大平台。越贫困的地区越需要高科技的滋润。通过援建智慧政务信息系统，可以提升安康市整体的工作效率，从而让安康各级领导干部能集中精力投入脱贫攻坚。

二是在农村地区推广“裕农通”普惠金融服务点。将银行开到了村口，改善农村金融环境，打通农村金融服务的“最后一公里”。截至2018年末，建设银行在一区三县共建立了459个“裕农通”普惠金融服务点，发放5000余张扶贫助农卡，覆盖35个镇、461个行政村，为近10万名贫困群众提供便利。

二、重要举措

（一）多措并举，加大对深度贫困地区倾斜力度

针对脱贫攻坚工作向深度贫困地区聚焦的形势和政策变化，建设银行发挥金融优势，加大对深度贫困地区金融扶贫贷款投入力度。2018年建设银行扶贫工作会议指出，全行扶贫工作要聚焦深度贫困地区，扶贫政策要向深度贫困地区倾斜，新增信贷投入要优先满足深度贫困地区脱贫攻坚需求，力争实现深度贫困地区金融扶贫贷款增速高于全行各项贷款平均增速。安康市汉滨区、紫阳县、岚皋县作为陕西省确定的深度贫困县，同时又是建设银行总行定点扶贫点，在资金、资源、项目方面得到了全行的大力支持和投入。总行专门针对一区三县研究制定了《总行定点扶贫区域对公信贷业务差别化管理政策》，确保扶贫信贷持续、有效投入安康市深度贫困地区。2018年，建设银行批准一区三县扶贫贷款37396万元。同时，建设银行通过整合集团资源，调动各分行、子公司主观能动性，在资金投入、招商引资、政策支持、产业带动等方面下大力气抓好深度贫困地区定点扶贫工作。建设银行旗下全体子公司共同发起设立“建信联合扶贫专项计划”，三年内向一区三县无偿捐赠600万元，用于一区三县医疗、教育和民生保障等领域的扶贫工作。

（二）健全长效工作机制，加强督查检查

建设银行严格落实党中央关于开展扶贫领域督查检查工作有关要求。2018年，建设银行根据前期督查过程中发现的问题，印发了《进一步加强对定点扶贫工作督促检查的指导意见》，不断完善督促检查制度保障机制，从政策落实进度、措施实施效果、政府群众意见、资金使用监督、问题整改机制、挂职干部履职等方面，建立起常态化督查检查工作流程，便于及时发现问提、解决问题，确保脱贫过程扎实、脱贫结果真实。

（三）丰富培训形式，不断加大扶贫培训力度

2018年，建设银行在建行大学华中学院为一区三县基层扶贫干部、贫困村“三委”成员以及农村致富带头人50余人举办了“建行扶贫 你我同行”培训班。同时，建设银行在建行大学华东学院为全行驻村第一书记100余人举办了定点扶贫培训班。另外，建设银行针对一区三县镇村干部、园区企业主、电商企业运营人员以及贫困群众等不同受众，邀请各行业领域专家、学者和企业家举办“金融大讲堂”培训，2018年累计培训各类技术人员1000余人。2019年，建行大学正式成立，建设银行也启动了“金智惠民”工程，将重点为小微企业主、个体工商户、基层乡镇扶贫干部和贫困群众等开展培训。

三、典型经验与创新做法

（一）正面引导形成全员踊跃参与扶贫的良好局面

2018年，建设银行党委书记、董事长田国立亲笔撰写《建设银行报》头版署名文章——《认识老毕》，向全行员工讲述安康扶贫干部老毕（汉滨区挂职副区长毕宗让）的扶贫故事，不仅让全行员工被老毕同志踏实、专业、奉献的工作精神所感动，更是让全行员工深切认识到建设银行党委对定点扶贫工作的重视和对扶贫干部的关心。建设银行党委书记、董事长田国立多次强调，脱贫攻坚的主战场就是检验、发现优秀干部的第一线，对扶贫挂职锻炼期间表现突出的优秀干部，必须优先使用。2018年建设银行党委印发了《关于在脱贫攻坚一线培养锻炼考察识别干部的意见》。仅2018年，建设银行总行就提拔使用了8名安康挂职扶贫干部，其中提拔厅局级干部3人，提拔处级干部5人，让有为者有位，极大地调动了扶贫干部工作积极性。

在明确的政策导向和正面激励下，建设银行总行优秀干部都将能到安康一线参与定点扶贫工作当作一份荣誉和一份责任，积极踊跃报名到一线参与扶贫工作。2018年，共有20名处级干部、28名科级干部自愿报名到一区三县挂职工作，并有2名干部在两年扶贫任期满后主动申请留任至2020年。建设银行认真组织挂职干部选派面试工作，确保选出最优秀的干部充实到脱贫攻坚第一线。

2018年，国务院扶贫办印发《扶贫信息》第5期——《中国建设银行组建定点扶贫工作队》，专题宣传报道了建设银行在选派挂职扶贫干部工作中的有关经验做法。

（二）通过“善融商务”电商平台促进消费扶贫

安康地区生物资源品种繁多，产出的农产品富含人体所需的微量元素硒。建设银行依托“善融商务”电商平台，着力拓宽一区三县特色农产品销售渠道，促进消费扶贫。“善融商务”消费扶贫有如下特点：

一是不以盈利为目的，一直实行商户免费的政策。对于扶贫商户，还专项配备扶贫费用，为商户网上店铺装修提供设计支持，并为农村电商运营人员提供免费培训，为部分扶贫商品提供包邮服务。

二是在“善融商务”的PC端和手机APP首页显著位置开辟了“安康扶贫馆”专区，并长期在首页广告位上免费推介扶贫特色产品，增加扶贫产品的曝光次数和购买总量，提升数据流量。

三是发动全行员工和客户开展形式多样的爱心购买贫困地区优质特色扶贫产品的活动，通过“爱心值”激励、评选“消费之星”等措施，促进员工和客户消费扶贫产品。截至2018年末，通过“善融商务”电商平台帮助一区三县销售扶贫特色产品8481万元。

（三）“新社区工厂贷”助力贫困群众移民搬迁

陕西省安康市位于秦巴山区集中连片特困地

区，属于典型的“一方水土养不起一方人”的深度贫困地区。“搬迁脱贫一批”成为了安康全面打好打赢脱贫攻坚战的重要抓手。为帮助当地贫困群众通过移民搬迁实现安居乐业，建设银行创新推出了“新社区工厂贷”，为新建社区工厂提供方便快捷的经营性资金贷款支持，支持工厂持续发展，带动贫困群众稳定脱贫。“新社区工厂贷”有如下特点：

一是贷款利率与贫困户带动程度紧密相关。新社区工厂带动贫困户程度直接影响贷款利率价格，最高可执行基准年利下浮 10%，有效激发业主招收贫困户务工热情。二是贷款评估机制活，降低工厂贷款门槛。针对新社区工厂刚成立、缺乏合格有效押品的痛点，建设银行重新设计信贷评价思路，为业主提供纯信用，免抵押，免担保，低利率贷款，大大降低贷款门槛。三是风险防范机制强，确保银企双赢可持续。建设银行联合安康市政府建立了“政银合作、风险共担”的贷款风险防范机制，安康市政府建立专项补助资金、税费减免、白名单推荐、风险补偿金等四项机制，为“新社区工厂贷”提供支持。截至 2018 年末，建设银行共为安康市 38 户企业发放“新社区工厂贷”2459 万元，带动 2833 人就业，其中贫困人口 886 人。

2018 年，国务院扶贫办印发《扶贫信息》第 80 期——《中国建设银行创新金融贷产品 支持定点县扶贫移民搬迁工程》，专题宣传报道了建设银行“新社区工厂贷”的有关经验做法。中央电视台、人民网、《金融时报》和陕西电视台等媒体也多次宣传报道“新社区工厂贷”典型案例。

（四）发挥集团优势，打造金融扶贫新高地

建设银行与下设 10 余家子公司共同建立“总行统筹、子公司独立执行”的工作机制，以新思路、新举措推进定点扶贫工作。充分发挥集团子公司牌照优势，通过“银行 + 非银行”综合投融资手段，提升地方金融资源可获得性。如建信租赁子公司与一区三县 6 家公立医院签订合作意向书，用于采购医疗设备，改善医疗环境和水平；建信人寿子公司通过“保险 + 贫困户”模式，为 3000 余名贫困群众提供人身财产保障，保额超过 7000 万元；建信期货子公司协助生猪养殖龙头企业向大连商品交易所申报生猪期货交易库，帮助企业对冲市场风险。

截至 2018 年末，集团子公司已投入帮扶资金 200 余万元，购买当地农特产品超过 130 万元，救助贫困儿童 110 余人，惠及农户 600 余人。

执笔：范蔚然

风险管理

2018 年，建设银行荣获《亚洲银行家》2018 年度“全面风险管理成就奖”、《21 世纪经济报道》2018 年度“亚洲卓越风险管理银行”等多项殊荣，风险管理成效显著。

一、健全风险管理机制，完善全面主动风险管理体系

（一）进一步发挥风险偏好在集团业务发展和风险管控中的战略引领作用

一是牵头 2019 年风险偏好陈述书重检，以提升价值创造、强化资本约束、平衡风险收益、履行大行职责为导向，明确“做什么、不做什么、如果做承担多大风险”，围绕业务结构布局和发展导向进行优化调整。二是细化完善风险偏好管理要求，拟定《中国建设银行风险偏好管理办法》，进一步明确工作职责，规范偏好的拟定、重检、纠偏等机制，完善传导机制，同时提出子公司风险偏好管理要求。三是按季组织相关责任部门对 2018 年风险偏好传导及执行情况进行监测，及时向高管层及董事会报告，确保各项经营

管理活动符合风险偏好要求。

（二）开展主要风险评估工作，修订《中国建设银行全面风险管理办法》，细化完善管理要求

一是牵头开展主要风险评估，在以往按风险类型评估的基础上，增加业务条线维度，对各业务条线关键风险点、固有风险和风险管理情况进行识别与评估，促进三道防线沟通交流，推动一道防线更好履责。二是根据最新监管要求，修订出台《中国建设银行全面风险管理办法（2018 年版）》（建总发〔2018〕357 号），对风险治理架构，风险管理策略及风险偏好，风险管理政策、程序及限额，管理信息系统和数据质量，督察、内控和审计等要素进行了规范。

（三）完善覆盖境内分行、海外机构和子公司的全面风险管理评价体系

一是开展 2017 年全面风险管理试评价工作，将评价结果通报全行。二是出台 2018 年风险管理评价方案，完善境内分行、海外机构和子公司差别化评价体系，将评价结果与 KPI、领导班子综合竞争力监测等考核体系挂钩。

（四）建立全面风险管理轨迹督察制度，完成 37 家境内分行和 10 家子公司督察

一是建立全面风险管理轨迹督察制度，印发《关于加强全面风险管理轨迹督察的通知》（建总函〔2018〕471 号）和《关于加强子公司全面风险管理轨迹督察的通知》（建总函〔2018〕810 号），明确督察事项和判断标准，建立督察工作机制，规范督察工作流程。二是全面完成 37 家境内分行和 10 家子公司的轨迹督察，实现了对各项风险管理要求执行情况的跟踪、监督和评价，并对主要发现问题进行通报。三是以督促改，引导分支机构主动查漏补缺，特别是加强薄弱环节的管控，夯实基础管理，实现全行风险管理从“被动控”向“主动管”转变。

（五）制定集团风险共享制度，完善全面风险报告制度

一是建立集团风险共享制度，印发《中国建设银行风险信息共享管理办法（试行）》（建总发〔2018〕29 号），明确风险信息共享范围、总行本级和各一级机构共享管理要求，提升协同应对和决策支持能力。二是完善分行全面风险报告制度，印发《关于进一步完善季度全面风险报告的通知》（建风管〔2018〕35 号）。制定集团风险信息共享报表模板，按季汇总完成报表。

（六）在集团统一风险框架下，强化子公司、海外机构风险管控

一是按要求定期开展子公司风险管理集中报告，子公司分管负责人进行年度述职。安排子公司年度风险管理情况集中报告会议，推进会议部署事项落实。将公司治理、风险考评、分管履职“三个强化”嵌入子公司董事会年度工作计划，推动子公司持续完善公司治理，聚焦主业，从源头上控制风险。二是按季开展子公司风险自评估，按季监控子公司风险偏好执行情况，确保集团风险偏好在子公司的落地与执行。三是对海外机构风险管理现状及存在的问题进行研究，完成《强化海外机构全面风险管理的几点建议》和《海外机构风险管理状况简析》。四是梳理重检海外机构风险报告和信息共享制度，整理补充海外机构审计问题库，研究探索海外机构全面风险管理轨迹督察机制。

（七）做好年度监管通报、季度监管会谈的相关工作，健全整改责任机制

一是牵头组织年度监管通报及季度监管会谈工作，做好年度监管通报、季度监管会谈的牵头整改落实。印发《监管通报整改落实方案》（建总函〔2018〕573 号），全面落实监管要求；针对季度监管会谈纪要等重要监管要求，制订工作方案，建立跟踪反馈机制，逐条分解落实。对年度和季度监管通报中涉及分行的问题下发情况通报，明确整改要求。二是跟踪整改落实情况，按季填写、更新整改跟踪台账。配合相关部门，做好银保监会整改跟踪台账现场评估的相关工作。

（八）扎实推进全球系统重要性银行监管达标工作

一是加强精细化管控，明确第三层级资产划分的业务范围及估值管理操作要求，对保本理财等业务进行底层资产穿透并积累可估值证据信息，有效控制第三层级资产增长。二是编制 2018 年集团恢复与处置计划，根据监管要求和内外部形势变化，重检关键定义，完善预警指标和触发值，经跨境危机管理工作组审议通过。三是开展系统重要性银行管理研究，深入解读监管要求，剖析系统性风险事件，完成专题研究报告16份，为管理决策提供支持。

（九）加强预期风险管理，持续跟踪全球金融市场变化

一是开展极端风险和全球风险分析研究，定期发布全球风险信息分析，做好跨市场、跨业、跨境交叉传染和导入风险的研判、预控，增强风险管理的前瞻性和敏感性。二是开展风险理念研究，在全行范围内征求风险理念相关建议。三是完成《以全面主动为核心做实风险管理》等风险评论共6篇。四是紧跟监管动向和风险管理热点，对资管新规、理财业务监督管理办法等最新监管政策进行分析解读，提出应对措施和建议。五是结合实地调研，针对中美贸易摩擦、地方政府债、民营企业贷款、美联储加息、原油期货上市、涉股资产、房地产投资、P2P平台客户等热点问题撰写多篇研究报告。

二、主动创新，助力三大战略实施推进

（一）主动开展住房租赁调研及测算，促进业务高质量发展

一是赴多家分行和建信住房开展业务调研，形成《关于促进住房租赁业务快速健康发展的措施及建议》报告。二是开展存房业务盈利模式测算，分析影响盈利的关键因素，对存房业务提出重点关注事项的建议。三是在行业限额管控中，对发展住房租赁业务突破行业限额的情况进行豁免，推动全行“存房”和“租赁”业务发展。

（二）加强金融科技对外赋能，打造智慧风控新模式

一是积极参与金融科技输出，“慧系列”风控产品成功输出富民银行、东正汽车金融、马上消费金融、聊城农商行等客户。这是建设银行通过同业合作平台向客户输出的首个智能风控产品，也是建设银行对轻型化、标准化、敏捷化的同业金融科技输出的首次探索与尝试。二是制定《风险管理数字化工作方案（2018—2020年）》（建总函〔2018〕1168号），开展智慧风控体系建设路线图研究，提升风险管理智能化水平。

（三）强化线上控险，全力服务普惠金融战略实施

一是全面升级小微企业风险计量模型，研发小微申请评分卡、行为评分卡，研发小微企业电子商业承兑汇票质押贷款评分卡，针对供应链融资开发云票贷评分卡模型，同时创新研发集中排险工具（扫描仪），支持贷前客户选择。二是开展普惠制度重检和系统优化，制定《关于进一步优化普惠金融业务风险管理机制的指导意见》（建总函〔2018〕747号），引导线上线下风控资源整合，保障普惠金融业务高质量发展。三是依托全面风险监测预警平台（RAD），开发小企业部普惠金融交易经营监测组件，实现了抵押快贷业务线上集约经营和批量风险管控。

（四）风险管理数字化工作加快建设

制定全行风险管理数字化工作方案（2018—2020年）。立足“新一代”信息系统、数据资源和风险计量的技术优势，围绕智能风控体系建设，从全面风险管理、系统性风险防控、信用风险、市场风险、操作风险、流动性风险、其他风险七个方面提出三十项工作措施。

三、打造智慧风控体系，提升价值创造能力

（一）成立风险计量中心，打造集团风险计量集中研发平台

国内大型银行中首家成立风险计量中心，提升风险计量的全面性和精细度，提升模型研发、部署和应用效率，为建立智慧风控体系奠定坚实基础。

（二）整合部门级预警系统，搭建企业级风险监测预警和信息共享统一平台

全面风险监控预警平台（简称RAD）集成六大对公预警系统，接入两大零售预警系统结果，按照“统一覆盖、统一标准、统一管理、统一发送”原则，实现了对各类业务风险的统一监测，搭建起集团全量风险和客户全量敞口信息共享平台，建立了配套管理制度，全面提升集团预警响应和应对质效。

（三）运用经济资本计量和行业限额等工具，提升组合风险管理能力

一是加强经济资本精细化管理，强化与监管资本协调，优化低信用风险业务、境外机构、同业、资管业务经济资本计量方法，细化期限调整因子，做好定期通报和考核评价，进一步发挥经

济资本和 RAROC 等核心工具在全面风险管理中的“指挥棒”作用。二是完善集团限额体系，严格行业限额监测与管控，将同业、资管、债转股业务纳入限额管控范围，持续发挥行业限额管理在防范风险集中，优化资源配置和结构调整中的引导作用。

（四）优化升级非零售信用风险计量工具，提升风险排序能力和客户选择能力

一是加大战略业务和重点风险领域支持力度，优化升级担保公司评级模型、境内金融机构评级模型、地方政府评级模型和风险限额模型，提升风险排序能力和客户选择能力。二是通过大数据分析，形成财务报表套用识别规则和管控方案；推动财务报表智能识别录入工作，支持客户自行上传财报数据，实现 Excel 格式报表识别，解决业务痛点。三是持续推进评级系统“机控”工作，截至 12 月末共执行评级“机控”1750 次，涉及客户 1378 户，占有评级有余额非零售客户 2.67% 的评级“机控”客户，覆盖了 40.16% 的有评级违约客户。

（五）服务普惠金融，完善零售信用风险评价体系

一是在零售风险数据集市中引入人行重要信息提示、电信运营商、同盾数据、FICO 评分等外部数据。二是将个人客户风险评分应用于 360 分析平台，支持客户精准营销。三是按月进行全面风险扫描，发布高风险预警名单，锁定贷后风险管控重点。

（六）强化操作风险计量，对行为风险、运营风险等开展研究

一是总行风险管理部设操作风险计量处，建立审计、监管通报等问题库，推动相关问题的整改，开展行为风险研究，撰写《关于行为风险与行为监管相关情况的报告》。二是对全面风险评价中安保风险、信息科技风险等考核指标开展研究，推进运营板块业务风险评估，在全面风险管理框架下推进操作风险相关计量与管理工作。

（七）深入开展压力测试工作

一是总行风险管理部设预警与压力测试处，按照行领导要求，创新研发适合建设银行实际的季度宏观经济预测模型。二是按照监管要求，开展恢复与处置计划（RRP）压力测试、内部资本充足评估（ICCAP）压力测试等定期压力测试，密切跟踪经济金融热点难点问题，主动开展宏观情景和中美贸易摩擦压力测试等专项压力测试，防范系统性风险。

（八）启动模型工厂建设，提升模型验证能力

一是提出全新一代模型工场的设计方案，启动并完成模型工场 IT 立项工作。二是起草模型风险管理办法，探索建立全行模型风险管理框架。三是完成 31 个模型的投产前验证工作，重点做好三大战略相关模型验证工作；对 134 个信用风险资本计量高级方法模型及模型支持体系开展全面投产后重检；推进 25 个市场风险内部模型法投产后验证工作。

（九）推进资本管理高级方法海外机构实施和监管现场评估问题整改

一是支持建行亚洲资本计量高级方法三年达标项目，指导建立 3 个非零售评分卡模型，覆盖总行海外评级模型不适用的 1600 多户中小企业客户；优化信用卡申请及行为评分卡，完善治理架构和风险报告流程，基本搭建高级方法政策制度体系。二是依托新一代海外部署总体规划，完善海外机构银行账户信用风险暴露分类功能。三是持续推进监管现场评估问题整改。

四、加强集团市场风险及交易业务风险管理，促进业务稳健发展

（一）健全市场风险“三全六交”风险管控架构

一是印发《2018 年投资及交易业务风险政策限额方案》等制度文件，协助设立香港资金运营中心，实现跨业务板块风险偏好的统一传导和境内外管理协同。二是拓宽管理半径，将债券承销业务、托管类业务纳入全面风险管理范畴，识别声誉风险隐患。三是专题研究建设银行代理类业务管理现状，建立集团涉股业务定期报送制度，强化对新兴业务的风险排查和预警。四是把好新产品准入和审批关，全年完成 25 项新产品的风险分析评估。五是完成市场风险计量引擎自主研发，研究新监管要求下市场风险资本计量要求。六是持续推进金融市场业务风险事件分析及管控项目，为业务发展夯基筑石。

（二）强化直营业务全面风险管理

一是建立金融机构客户分类制度和业务分层准入机制，按照客户风险大小匹配产品类别，建立十二宫格产品准入机制；二是制定资管、同业业务风险分类办法，基本实现“穿透”至底层，提升风险分类的准确性；三是积极推进业务数据接入行内风险管理平台，推动同业、资管业务风险限额监控、线上风险分类、风险管理融入业务流程等功能的实现；四是按季重检金融机构客户黑名单，有效防范外部导入风险；五是主动预警和化解风险；六是加大风险资产的化解和处置力度。

（三）建立市场风险督察和资管业务“113”督导机制

建立市场风险管理督察机制和资管业务“113”重点督导机制，做好境内外机构市场风险督查机制的落地；选择10家重点分行进行专项指导，强化10家委外投资机构精细化管理，推动30大风险资产的化解处置。

（四）“慧风控”交易投资风险组件上线，实现对四大板块投资交易业务风险的整合和智能管理

“慧风控”手机端交易投资风险组件12月上线运行，实现了对四大板块投资交易业务风险的整合和智能管理。实现指标计量、风险画像、智能推送、风险分析等七大功能。

（五）持续开展全球金融市场风险监控及报告

聚焦全球宏观经济趋势和金融要情，对中美贸易摩擦、土耳其货币危机、美联储加息、中国原油期货上市、意大利政局变动等突发事件和重大市场波动快速反应，研究分析其对建设银行业务的影响。

（六）构建交易投资业务“七率”风险指标体系

搭建交易投资业务风险“七率”指标体系，设置7个一级指标（下设31个二级指标），覆盖集团交易投资业务的限额执行情况、债券市值相对于名义余额的变化情况、交易投资业务和承销业务的资产质量、风险价值（VaR）、标准压力情景下银行面临的损失率、投资交易业务价格公允性及准备金提取情况，从而更加全面直观地反映集团交易投资业务的关键风险。

（七）加强集团人民币信用债投资“穿透式”管理

对13家成员单位、2000余家发行体、共1.3万亿元信用债资产展开全覆盖式的风险排查，全年发现风险隐患发行体53家，主动向建信期货、建信信托等子公司发送5期风险提示，指导子公司及时化解潜在风险。集团信用债违约率显著低于全市场违约率，风险管理比较优势明显。

五、夯实培训基础，全面提升风险管理队伍专业素养

（一）筹建建行大学风险管理研修院

筹建建行大学风险管理研修院。完成风险管理研修院章程、院委会议事规则、研修院组织架构、培训项目组织流程、2019—2021年培训规划的初稿，广泛征求分支机构培训需求，梳理出学院11个主要成员部门共283门课程。

（二）实现部门培训集中统一管理，培训效果有力提升

加强培训的集约化管理，将部门所有培训集中到综合处统一管理，实现统一划分培训对象及培训内容，统一境内外、分支机构培训，统一培训人员培训规划。2018年，举办各类培训班16期，共计培训950人次。

（三）创新培训形式，持续强化集团风控

搭建总行与海外机构的风险管理交流平台，首次举办海外机构分管风险负责人专题研修班。来自22家海外机构的39名人员参加了培训，其中有17名为外籍人员。首次举办子公司分管风险的高管人员和部门负责人专题培训班。专题举办二级分行分管负责人培训班（3期），强化风险工具的应用和风险偏好、风险管理文化的传导，进一步提升基层行风险管理能力。

（四）积极对外赋能，举办金智惠民培训班

在河南举办金智惠民·智能风控培训，首次以建行大学形式，向中小金融机构输出建设银行智能风控先进做法。

执笔：程秀霞

资产保全业务

一、2018 年经营处置情况

2018 年集团经营处置不良资产 1604. 88 亿元，其中：处置不良贷款 1463. 68 亿元，其中境内分行处置不良贷款 1443. 51 亿元，计划完成率 125. 48%。境外机构处置不良贷款 16. 02 亿元。子公司处置不良贷款 4. 15 亿元。处置不良非信贷资产 19. 34 亿元，其中变现回收 9. 88 亿元。处置受托资产 46. 80 亿元，现金回收 18. 78 亿元。已核销资产现金回收 75. 06 亿元，较上年增加 22. 70 亿元，增幅为 43. 35%。共回拨减值准备 384. 14 亿元，较上年增加 12. 98 亿元。其中，①现金回收回拨 217. 61 亿元;[①] ②批量转让回拨 91. 47 亿元；③已核销资产现金回收 75. 06 亿元。

二、2018 年经营处置特点

加大处置力度，持续畅通“出口”，圆满完成各项不良资产经营处置任务目标。主动衔接资产质量管控安排，共处置不良贷款 1463. 68 亿元，腾挪贷款规模 1331. 68 亿元。

提升处置质效，提高价值贡献，表内外现金回收均创历史新高。抓好表内外资产两个“应收尽收”。表内不良贷款现金回收 380. 68 亿元，较上年增长 29. 53 亿元，增幅为 8. 41%；已核销资产现金回收 75. 06 亿元，较上年增长 22. 70 亿元，增幅为 43. 36%。

创新应用“新一代”，建设资产保全平台，进一步提升价值创造和精细化管理能力。重构系统功能，建设资产保全业务经营管理平台，投入大量人力财力，厘清数据源头，优化业务流程，加强分析应用，目前主体功能已成功上线。

发挥协同效应，拓宽处置渠道，不良资产债转股实现突破。研究制定《中国建设银行不良资产市场化债转股债权转让业务操作规程（2018 年版）》，主动联动建银投资加强业务，最终实现北方重工、山东晨曦、山东大海等 41. 64 亿元债转股债权转让落地，其中现金回收 10. 86 亿元。

加强过程管控，夯实经营基础，均衡处置度和精细化管理水平持续提升。坚持“抓当季、看下季”，加强计划督导，着力推动均衡处置和精准管控。坚持“抓两头、带中间”，优化保全资源配置，促进重点分行同业、系统“双进位”。批量转让实行统一立项、基准日、中介机构、信息发布、问题清单、营销推介、集中竞价“七统一”管理模式，回收率四大行最优。

三、2018 年主要工作措施

（一）积极主动作为，服务国家战略和全行大局，不良资产经营处置能力持续提升

一是确保处置总量。加大经营处置力度，畅通资产质量出口，共处置不良贷款 1463. 68 亿元，计划完成率为 126. 58%。单户处置现金回收、呆账核销、证券化、已核销资产现金回收、不良非信贷资产处置等五项指标创历史新高。

二是优化处置结构。实现表内外不良资产现金回收 455. 74 亿元，较上年增加 52. 23 亿元，增幅为 12. 94%。单户处置现金回收总量、占比均居四大行第一。优化批量转让业务流程，充分挖掘资产亮点，提升项目回收价值，全年批量转让回收率为 47. 49%，居四大行第一。

三是提升处置贡献。加大现金回收力度，加强已核销资产名单制管理，加大受托资产经营处

① 现金回收回拨为估算值。资产保全业务经营管理平台 3 月将上线拨备回拨功能，届时将与准备金系统对接，实现拨备回拨数据按月计算。

置，完成华融汇通受托资产兑付。共实现拨备回拨384.14亿元，其中现金回收回拨217.61亿元，批量转让回拨91.47亿元，已核销资产回拨75.06亿元。

（二）践行三大战略，打造资产保全解决方案，服务中心服务大局能力持续提升

一是加大普惠金融不良处置力度。切实做好普惠金融不良贷款的监测、分析与处置流程研究等工作。下发《关于加快推进普惠金融不良贷款处置相关工作的通知》、委外催收操作流程等政策要点，实现无抵押个人快贷清单式核销、小微快贷线上核销等。全年共处置普惠金融公司类不良贷款72.15亿元。

二是积极践行住房租赁战略。挖掘保全服务住房租赁战略的新模式，实现租赁房源扩容和多样化、不良押品价值挖掘、处置效益提升等多方共赢。动态组建"资产保全经营中心住房租赁业务合作资产库"，完成首批222个项目入库工作。

三是建设资产保全平台。创新运用"新一代"成果，强化金融科技运用，重构系统功能。坚持精细化、智能化、可视化、一体化经营管理理念，打造"多位一体"的资产保全业务经营管理平台，推动资产保全业务再上新台阶，助力金融科技战略推进。

四是坚决支持民营企业发展。全面梳理近年民营企业不良贷款存量及处置情况，形成《关于多策并举化解信贷风险 支持民营企业发展的指导意见》，积极利用债委会机制和破产重整程序，采取贷款重组与兼并转股等手段，支持与帮扶民营企业发展。

（三）强化过程管控，持续优化处置均衡度，精细化管控能力持续提升

一是加强计划管控。坚持"抓当季，看下季"，季初抓好当季处置任务摸排，提前谋划下季度工作，推动均衡处置和精准管控。第一季度、第二季度、第三季度和第四季度经营计划完成率分别为19.95%、51.15%、89.39%、126.58%，处置均衡度持续改善。

二是紧盯重点分行。坚持"抓两头、带中间"，制订重点联系行工作方案，山东、福建、河南等5家重点联系行全年共处置表内不良贷款509.33亿元。按季对重点分行、重大项目进行"一对一"现场诊断和督导，加大环渤海、中西部、东北等资产质量管控压力较大地区的资源倾斜力度。

三是优化批量业务流程。统一立项、基准日、中介机构、信息发布、问题清单、营销推介、集中竞价，持续优化批量转让业务流程，加大关键环节和典型问题把控力度，提升批量转让市场品牌形象。

四是推进精细化管理。下发精细化管理指导意见，重点围绕对公不良财产线索查找、个贷不良尽职追索、已核销资产日常管理、系统运维等四项内容，推进条线精细化管理。建立呆账核销项目储备库，修订已核销管理细则和抵债资产减值准备实施细则，规范表外销案操作，夯实基础管理。

（四）重构系统架构，建设资产保全业务经营管理平台，金融科技应用能力持续提升

一是全方位做好创新应用。持续学好、用好新一代，加强金融科技运用，打造创新型应用平台。坚持"以客户为中心"，实现平台建设与新一代应用良性互动，实现不良资产经营数据全行共享。探索大数据分析决策及人工智能技术应用，提升自动化智能化水平。

二是按计划推进平台建设。强化过程管控，编制平台周报28期，召开专题会议16次，联席会议7次。累计投入平台建设人员近百人，技术人员投入40余人，梳理2354个功能点，形成3387页、23万字需求文档，编写1.2万余个测试案例，梳理38万余条数据。

三是提升智能化管理水平。以企业级客户信息为基础，构建五维客户全景视图。基于大数据和人工智能技术，实现财产线索"天眼"查询。建立综合经营计划管理模型，助力经营计划执行、监测和督导。研究呆账核销自动化处理方案，利用图文识别智能审核核销要件。

（五）紧抓关键环节，以制度、数据、系统、考核、队伍为抓手，全面管主动管用心管能力持续提升

一是建设分层分类制度体系。重检各类基本规章、管理办法、操作规程、管理要求，先后制定下发公司类不良贷款、零售类操作规程、已核销实施细则、抵债资产实施细则、单户不良及关注三级管理要求等多项办法规程。

二是确保数据“真实、准确、完整、及时”。依托资产保全平台，逐户、逐项分析数据差异，对公不良客户、个贷不良客户数据日均差异分别控制在亿元和千万元以内，实现核销前后信息延续。大幅提升数据及时性，实现客户自动接收和流水自动统计。

三是强化考核约束。用好考核“指挥棒”，优化考核机制，研究制定《2018年度资产保全业务考核方案》，设置合规经营、质、效、量、基础管理五大类考核指标，针对不良贷款现金回收率指标对分行实施差别化考核。强化KPI约束，引导全行加大经营处置力度，提升经营处置价值贡献。

（六）完善经营机制，着力补短板强弱项，不良资产经营管理能力持续提升

一是推进经营处置创新。主动管控不良项目债转股工作，研究制定债转股操作规程，打通处置出表通道，加强与建信投资业务协同，向农银投资、工银投资、中银投资加大推介力度，实现3户、41.64亿元项目债转股债权转让落地。

二是优化诊断机制。研究制定总行不良资产集中诊断工作流程及要点，形成“诊断意见有落实，落实情况有监测，监测结果有反馈，执行效果有评价”的诊断闭环机制。

三是优化审批授权。按照“差别管理、权责对等、风险可控”的原则，对呆账核销、破产重整等资产保全业务审批授权事项进行变更调整，新增市场化债转股审批授权事项。适当调增境内一级分行审批权限，提高差别化审批程度，着力推动权责对等和均衡处置。

四是强化母子公司联动。加强与建信投资协同，推进不良贷款市场化债转股并取得突破，公开转让不良资产PX项目可转债5.85亿元。积极联动建信信托和建信租赁推进渤钢集团、劲达兴等重大项目风险化解。

（七）坚持标本兼治，倡导真实、务实、落实的工作作风，依法合规经营能力持续提升

一是全力配合审计署工作。持续配合好审计署工作的开展，根据审计需求保质保量及时反馈72份材料，对审计署提出的问题，积极响应沟通，提前评估可能出现的问题，及早应对，主动整改。

二是开展业务检查。开展资产保全业务检查，共检查项目5.03万户、本金3463.30亿元，未发现严重违法违规行为。认真剖析检查发现问题原因，从完善制度规范、加强培训督导、强化操作执行等方面落实根源整改。

三是加强根源性整改。高度重视审计和监管检查发现问题，建立问题跟踪台账，持续落实整改要求；将审计问题纳入业务检查，确保整改成效。深入挖掘问题成因，及时开展制度重检，推广分行有效措施，力争实现根源性整改。

执笔：杨蕊

信贷管理

一、积极服务“三大战略”，主动探索“风控新打法”

（一）制定专项管理政策，重点支持住房租赁业务

一是在全行信贷政策中明确将住房租赁业务作为优先支持领域，享受相应的经济资本奖励政策。二是制定住房租赁信贷业务专项管理政策。积极拓展与品牌租赁企业的合作；允许优质客户就风险缓释事项办理例外核准。

（二）加快信贷管理系统功能研发，强化金融科技应用

借助“新一代”系统平台，推动风险管理从“经验型”向“智能型”、由“人控”向“机控”、由“被动控”向“主动管”转变。实现押品管理集约化管理六个关键环节系统功能上线，逐步实现放款审核、合同制作、贷后跟踪、责任认定、大额风险暴露等功能的开发应用。开发海外押品管理系统。

（三）创新风控模式，促进普惠金融稳健可持续发展

一是建立主动风险防控联席会议机制。针对普惠金融等重点领域，前中后台部门定期会商、协同控险。二是完善普惠金融专项信贷政策。提出“7类20项”差别化政策安排。三是加强普惠金融信贷制度建设。牵头制定个人统一额度授信管理办法，防范过度授信风险和交叉违约风险。四是完善普惠金融资产质量专项监控机制。及时分析研判并主动应对资产质量变化趋势。

二、主动管理预期风险，保障资产质量稳中向好

（一）保持质量管控力度，做实资产质量基础管理

信贷管理指标体系从盯住不良走向“七率”监管，进而走向“7+5”指标体系①，更加注重指标的均衡性、协调性和可持续性。严格风险分类标准，加强逾期贷款管理，将关注类贷款占比控制在合理范围；修订信贷损失准备金计提管理制度，做好拨备的前瞻性测算和管理；优化考核机制，引导分行主动充分释放风险，做好风险暴露与处置的衔接；加强零售类贷款、线上业务资产质量监测，对资产质量异常波动及时干预督导。年末集团不良贷款额为2008.81亿元②，不良贷款率为1.46%，比年初下降0.03个百分点；逾期贷款额为1757.21亿元，逾期贷款率为1.27%，比年初下降0.02个百分点，逾期不良负剪刀差251.60亿元；集团关注类贷款占比2.81%，较年初下降0.02个百分点；境内分行新暴露不良比率为1.16%，同比下降0.11个百分点；拨备覆盖率为208%，拨贷比为3%。各项指标持续满足监管要求，多项指标优于同业。

（二）坚持推进“113”工作，加强风险化解处置

做好10家一级分行资产质量管控督导工作。做实10家重点二级机构的“四个一”③帮扶，制订“一行一策”帮扶方案。优化“30大”项目风险化解方案，创新“20+X”风险分层动态管控机制，加大风险化解处置力度。截至年末，总行党委成员督导的10家一级分行不良率为1.87%，较年初下降0.14个百分点。重点帮扶的10家二级分行管理能力稳步提升，其中5家分行实现不良额（率）“双降”。

（三）构建多维监控体系，强化风险监测预警

强化以信贷客户为中心的统一信用风险监控，搭建覆盖“三大维度、十类指标”的监控体系。建立风险问题库，明确正常关注类客户、贷款逾期欠息客户、负面舆情客户等重大信用风险报告标准，推动风险管理由事后报告向前瞻防控转变。重大信用风险事项前瞻性管理能力提升，全行纳入重大风险管理的非不良客户、余额占比增加，创近5年新高。

三、强化信贷政策引导，推进信贷结构优化

（一）明确信贷政策导向，引导信贷结构优化

持续完善“1+70”与“三分类、九宫格”信贷政策管理，围绕“遵循性、协调性、有特色”原则，做好信贷结构安排。落实国家战略、供给侧改革要求，推进重点行业“去产能”及“僵尸企业”出清，提升服务先进制造业能力。加快对公信贷结构调整，提升制造业、批零业经营能力。研判地方政府债务和房地产风险，防控“灰犀牛”。2018年，全行优先支持行业信贷增速为3.01%，高于对公信贷平均增速2.85个百分点；行业“三分类”政策执行情况符合预期。

① 7个监测指标，即不良贷款率、逾期贷款率、新暴露不良贷款率、关注类贷款占比、纯新发放不良贷款率、关注类贷款迁徙率、垫款率；5个监控指标，即还原核销后当年不良率、拨贷比、拨备覆盖率、信贷成本率、信贷损失率。

② 文中数据均为初步统计数据，与最终审计后数据将存在一定差异。

③ “四个一”工作要求包括一次专题培训、一次实地调研、一次贷后跟踪会议、一个重点项目处置。

（二）坚持绿色发展理念，打造绿色金融运营管理机制

组织召开全行绿色信贷工作推进会，着力构建绿色金融运管机制和业务体系。推进五省（区）绿色金融改革创新工作。丰富绿色金融产品和服务，明确业务标准和规则，督导分行落实环境和社会风险管理政策要求，加强绿色分行等级管理。开展绿色信贷自评价，推进绿色金融信息披露。绿色贷款增速为7.52%，远高于对公贷款平均增速，成为对公优质资产的重要组成部分。

（三）贯彻零售优先战略，支持零售业务发展

充分利用信贷政策工具体系，引导全行加大对“双小”和个人客户信贷投放力度，保持个人住房贷款传统优势。积极研究零售类信贷业务风险规律，探索信用卡业务、快贷业务、云税贷等线上业务风险防控模式。牵头成立跨部门的消费信贷研究团队，探索建立消费信贷的管理机制和有效模式。

四、全面落实“五个到位”，流程管理能力持续提升

（一）落实责任到位，构建职责明晰、认责精准的信贷责任体系

制定信贷岗位尽职尽责工作手册，明确信贷业务全流程、各环节的规定动作、履职标准、违规情形；建立信贷业务责任认定结果移交工作机制，实现认责与问责的有序衔接；明确总行权限项目26项规定操作；根据主要风险成因抓关键环节，根据核心岗位职责抓关键人员，提高认责专业化水平。

（二）落实监督到位，全面履行信贷管理监督职责

建立完善信贷风险督察、风险协同管控、风险约谈等信贷风险监督机制，对发生严重违规问题、重大风险事项、信用风险管理评价结果落后的机构负责人约谈提醒、会商整改措施、跟踪督导成效。在资产质量、信贷政策、押品、贷后等重点领域开展持续性业务监测，及时纠偏。落实信贷领域市场乱象整治要求，加大对重点区域、重点部位、重点业务的主动检查。

2018年9月20日，建设银行2018年信贷管理工作会议在南昌召开。

（三）落实人员到位，持续推动信贷管理条线队伍建设和信贷文化建设

按照信贷管理人员与客户经理1∶5的人员配比要求，充实信贷人员队伍。持续跟踪、按季督导专职信贷管理岗位人员到位情况，结合培训、考评等工作，提升信贷队伍人员素质。持续推进信贷文化建设，组织分行深入开展“一带头、两反思、三必讲”，传导健康信贷文化理念。

（四）落实考核到位，探索平衡风险收益的奖惩机制

持续开展信用风险管理评价，提升考核评价的主动性和自动化水平。优化资产质量计划考核体系，将关注类贷款纳入条线考核指标，做好减值准备测算。支持全行战略发展，对普惠金融相关业务实行差别化考核。

（五）落实管理到位，提升信贷全流程精细化管理水平

1. 完善信贷制度体系。建立大额风险暴露限额管理体系，建立集团层面以客户为中心的全口径信用风险集中度管理模式；强化客户选择、担保方式选择、异地授信等重点环节制度管理；完善信贷业务操作手册，规范全行对公信贷业务的操作性规章。

2. 探索建立贷前诊断会议机制。选取10家分行试点建立贷前诊断会议机制，通过前中后台协同履职，强化贷前调查和真实性核查，规范例外事项管理，共同做好客户选择工作，实现风险管控关口前移。

3. 持续提升放款审核质效。修订放款中心管理办法，完善放款中心数据分析和流程监控；推

进合同制作职责上收，《合同制作＋平台，强化风险防控精细化管理》的案例获“全行学好用好新一代案例”优胜奖。

4. 强化贷后跟踪检查。推进贷后跟踪会议机制落地实施。开发贷后跟踪会议管理系统，提升贷后信息数据管理能力。制定信用风险观察名单管理规定，统一潜在风险客户管理机制。

5. 持续推进押品集约化管理。发布《商业银行担保物基本信息描述规范》，成为信用风险领域首个金融行业标准；重检授信业务押品管理办法；将押品集约化管理嵌入对公信贷业务流程；加强客户担保关系分析，加强股票类押品监控，追踪评估机构管理。

6. 加强海外机构及子公司管理，全面提升国别风险管理能力。制定海外机构差别化信贷政策及管理规定，提升信贷资源配置效率，探索差别化开展跨区域业务。完成69个国家的国别风险评级及发布，对9个新兴市场国家开展评级重检；完成年度国别风险限额分配工作，完善国别风险限额管理体系；建立科学审慎的国别风险准备金计提模型及管理制度，提升国别风险抵补能力。

执笔：孟庆然

授信审批管理

一、主要业务指标运行良好

（一）授信审批笔数大幅增加

2018年，全行对公客户信用审批84.5万笔38万亿元，笔数同比增加61.9%，审批金额下降4.8%。其中，境内信用额度业务审批笔数为3.5万笔、金额为26.8万亿元，笔数同比下降16.4%、金额同比增长4.7%；境内单笔信用业务审批80.4万笔、金额为8.4万亿元，笔数同比增长70.7%、金额同比下降23.6%。全行审批个贷1215万笔1.49万亿元，与2017年同期基本持平。

（二）综合授信覆盖率高位平稳，全球授信和集团并表授信进展良好

稳步推进综合授信，全行共完成综合授信评审2831户9.04万亿元。其中，总行评审191户4.92万亿元，金额同比增长28.1%；分行评审2640户4.12万亿元，金额同比增长15.7%。集团客户综合授信覆盖率为98.74%，稳定在年度覆盖率目标（95%）之上。连续4年实现海外机构集团客户全球授信全覆盖，全年共完成全球授信146户4.1万亿元。将集团客户与子公司发生的授信业务从“事后管理”转向“前端管控”，子公司集团并表授信余额达2583.2亿元，同比增长825.3亿元，增幅为46.95%，有效统一母子公司风险偏好。

（三）项目评估总量下降，客户评级推翻率保持稳定

加强分行评估质量考核，引入七个行业项目关键指标偏离度审查，全年共完成评估项目4865个，同比减少7.2%；申请贷款3.77万亿元，同比减少1.7%。其中，通过绿色通道完成住房租赁项目评估60个，总投资678亿元，申请贷款381亿元；绿色信贷领域完成项目评估1131个，申请贷款金额1.11万亿元。

加强信用评级审定规范化管理。对信用评级模型进行优化调整，组织8家分行对审定指引再次重检。全行审定对公客户评级8.58万户，同比减少4.74%。评级推翻率3.47%，同比下降0.08个百分点。

二、主要工作措施成效显著

（一）助力“三大战略”稳健发展

1. 普惠金融战略。结合普惠金融业务特点，提出“两个转变”审批理念，即由单笔风险收益

判断向未来市场机会选择和整体价值判断转变，由过程中逐笔配置资源向事先参与系统性战略安排转变。通过思维观念上率先转变，在下放审批授权、精简申报材料、加强业务研究等方面多措并举，提升全条线服务普惠金融业务的能力和效率。2018 年在全行对公和个人审批总量同比略降情况下，全年全行审批通过普惠金融领域对公贷款 66 万笔 4166 亿元，笔数和金额同比分别增长 112%、86.5%。

2. 住房租赁战略。按照“优先评估、优先受理、优先审批”三项原则，保障住房租赁业务审批效率。截至 2018 年末，全行累计审批对公住房租赁授信业务 659 亿元，在百强房地产客户综授方案中核定住房租赁专项额度，实现全国住房租赁试点城市及雄安新区全覆盖，带动房源上线约 9 万套。

3. 金融科技战略。以跨处室的大数据、管理优化和监测分析三个专业团队为骨干，持续推进授信审批管理平台和 RAD 系统开发。目前授信审批管理平台（一期）功能已上线，首次实现了全辖各类授信审批业务质量和效率的统一实时监控分析；RAD 系统 2018 年累计上线审批业务监测模块 95 个大项 209 条监测规则，实现授信审批流程作业监控全覆盖。

（二）持续优化信贷结构，资源配置水平有效提升

1. 审批结构持续优化。一是引导新增房地产开发贷款审批方向。2018 年全年审批新增房地产开发贷款 4750 亿元，其中综合实力前 20 强企业新增占比 46.1%，上升 3.9 个百分点，位于一、二线城市的项目占比 62.4%。二是严控地方政府隐性债务融资，严把低财政层级项目审批。全年审批主要以地方财政资金还款的单笔业务 4985 亿元，同比下降 46.4%。通过率为 81.5%，低于全行平均水平 12.2 个百分点。三是积极支持绿色信贷、精准扶贫等领域业务发展。全年审批绿色信贷单笔信用业务 5216 亿元，同比增长 27.3%。审批精准扶贫贷款 264 亿元，同比增长 80.1%。审批对公支农贷款 1415 亿元。四是助力交易性业务快速发展。全年审批理财投资债券业务 2785 亿元，同比提升 21.7%。

2. 以提升能力为重心，有效引导海外机构资源配置。海外审批中心覆盖范围扩大到除建行欧洲及其下辖机构、法兰克福分行、苏黎世分行外的所有海外机构，总行本级与海外审批中心建立双向联动作业机制，提升总行对跨境业务和全球授信客户的审批把控能力。

3. 强化母子联动，集团风险偏好进一步统一。一是规范集团并表综合授信管理，在满足监管要求的同时将风险管理覆盖集团四大板块。二是支持债转股等业务推进。对子公司制订的债转股方案提供咨询意见，帮助完善方案。

（三）推进精细化差别化建设，提升业务支持保障水平

1. 坚持动态差别化审批授权。一是给予部分境内分行授信审批特别授权和风险事项化解特别授权，支持分行提升重点业务审批效率。二是明确低信用风险业务审批授权安排，推进低信用风险业务彻底实施“审贷分离”，全面强化低信用风险业务审批质量管控。三是动态调整差别化授权客户名单，定期重检全行专户授权名单。

2. 持续推进流程机制精细化管理。一是制定《2018 年精细化管理全行推广方案要点》《授信审批部 2018—2020 年精细化管理工作方案》，将精细化管理措施向全行推广。二是持续推进授信审批集约化精细化水平。修订完成《大中型对公客户综合授信与信用审批操作规程（2018 年版）》。三是主动适应监管新规，及时细化调整配套政策。下发《资产管理类业务申报审批合规性审查要点（2018 版）》。

（四）加大监测检查力度，强化重点领域风险防控

1. 加强重点领域风险防控。一是细化重点领域客户分级，明确政策导向，完成政府类业务、城投公司客户、租赁和保理公司、金融机构客户等授信情况分析，部署落实联合授信监管要求。二是跟进市场热点及业务重点，分析股票质押式回购、员工持股计划类理财业务风险特征、业务现状，提出方案要点及审批建议。三是紧扣外部经营形势变化，完成对美出口前二十强企业授信风险情况分析。四是强化纯新不良审批动态监控，下发通报，提示关注审批存在的问题，加强审批质量管控。

2. 依托 RAD 系统，强化风险预警。2018 年全年完成系统报警事项核查处置 614 笔 8500 亿元，向分行下发授信审批核查意见书及整改意见书共 46 份，督促分行及时整改，防范风险。

3. 开展授信审批工作现场检查。2018 年对 21 家一级分行授信审批工作进行现场检查，全面完成三年全覆盖目标。对检查发现问题分析成因，提出要求，督促相关分行及时整改。

4. 强化条线合规经营管理。深入推进条线“预防腐败 遏制案件 强化合规”工作，制订工作方案并下发全行，结合银保监会《进一步深化整治银行业市场乱象的意见》，开展部内整治市场乱象自查并形成报告。做好外部审计及监管检查配合工作。

（五）推进专业化建设，强化队伍基础提升业务能力

1. 严把条线队伍准入关口。协助人力部完成 32 家分支机构 98 人次新聘、离任专职审批人和审批部门负责人任职资格审查，其中管理岗 28 人，专业技术岗位 70 人。

2. 强化专业化能力培养。一是加强专业化培训。按计划精心组织 2018 年培训工作。二是积极推进建行大学工作开展。撰写《风险管理研修院 2019—2021 年培训规划》（授信审批部分），向部内全体人员征集意向课程，统筹安排 2019 年度培训计划课程安排。三是组织参与《大型商业银行综合管理》系列培训教材撰写工作。

3. 强化专业化研究及成果转化应用。全年全行共制定审批指引（含审批标准）437 篇，同比增幅为 29%，计划完成率为 146%。其中，总行完成审批指引 26 篇；各分行发布区域审批指引 302 篇、审批标准 109 篇；共完成评估指引 75 个，授信专业化研究课题 351 个。

（六）强化考评监督，完善条线管理体系

1. 加强条线考核评价。下发《2018 年度境内各一级分行授信审批能力评价方案》《2018 年海外机构授信审批能力评价方案》。完成对境内分行 2017 年度能力评价和 2018 年上半年能力评价，引导分行对照评价结果，查找授信审批工作漏洞和不足，促进提升管理水平和执行能力。

2. 完善分行工作约谈机制。针对上海市分行集中办理大额存单质押业务、重大风险事项频发、融资租赁公司审批量集中等问题，约谈上海市分行分管行领导及部门主要负责人，对工作中存在的问题提出整改和管理要求。

执笔：周言

内部审计

一、揭示风险，提示问题，全面履行审计职责

一是持续完善对三大重点业务领域的动态审计模式。倡导全局、跨界和大数据的思维模式，在已有的实践经验基础上，持续对信贷、类信贷、操作风险三大领域开展动态审计调查。通过日常随时的动态分析和风险研判，建立对苗头性倾向性问题、重大风险隐患、外部敏感性信息的快速反应机制。

二是加大对基础领域的专项审计监督。从贷款分类审慎性及重点信贷违规问题、低风险授信业务、票据业务、地方政府性债务相关信贷业务、并购贷款五个方面，聚焦套贷新手法和违规新通道，提示地方政府隐性债务、并购贷款、票据业务等“灰犀牛”风险；揭示利用快贷产品欺诈牟利的新型外部风险，以及中介机构囤房炒房套贷套利等问题。密切关注资本市场风险对股权质押类理财业务的风险传导；关注债券发行体潜在的违约风险，以及穿透管理、缩短交易链条等监管

要求的执行情况。

三是强化集团审计职责。开展10家海外机构①主要业务经营管理情况审计。发挥审计数据分析平台优势，打造海外业务审计模型体系。深入关注海外机构合规及反洗钱管理，提示合规风险客户特征变化和洗钱新手法。了解最新监管动态和重点。建立整改机制和跟踪机制，力促监管检查发现问题整改。开展建信租赁、中德银行、建信养老金3家子公司综合经营管理审计。重点关注集团管理要求落实效果、外部监管政策执行、风险管理措施有效性等，促进集团综合化经营管理及子公司经营管理水平的提升。

四是加强对金融科技的审计关注。开展北京、成都、上海开发中心专项审计。及时揭示日常运维管理、关键场所出入管理、终端访问管理等方面的问题，提示信息泄露风险，防止开发中心陷入重开发轻运维的盲区。开展运营数据中心审计。以流程建设视角重点关注运行监控、事件管理、问题管理、信息安全管理、供应商管理等流程，挖掘流程设计、制度、工具等方面的改进空间。

五是全面落实监管要求。构建分行层面经济资本管理分析指标体系，从业务操作规范性、数据质量、理念传导、计划考核、信贷资源分配、监管资本压力传导等方面，关注经济资本管理现状，促进资本管理集约高效；密切关注境内外监管处罚重点领域或环节，内保外贷履约风险突出等风险隐患，提前预警。

六是发挥审计融智咨询作用。重点关注营销服务、成本管控、风险防控、流程优化方面的精细化管理，总结各分行探索精细化管理的经验和亮点，查找问题和不足，为精细化管理由体验式的个案推广向机制化、系统化建设推进提供了参考。对重点区域发展、客户结构、优化发展、产品、盈利成本、增值服务和技术结构APP等方面，提出了改进建议，助推“零售优先”战略发展；特别针对存量非标资产化解问题，依据资管新规要求，结合非标资产剩余期限结构、客户信用等级和行内信贷政策等因素进行了深入分析。

七是做好领导干部经济责任审计。启动建设银行经济责任审计管理办法的修订工作，力求从制度层面规范审计相关主体的职责和义务，推动经济责任审计实施的规范、科学和有效。坚持境内外分行、子公司、直营机构负责人离任审计全覆盖，确保覆盖范围和监督力度。

二、主动靠前，专业献计，服务助力“三大战略”

内部审计积极跟进全行发展战略，多层级、多形式传达和解读，制定下发内部审计服务与助力“三大战略”的思路和措施，引导各审计机构建立跟进研究、学习交流、资源配置、考核激励等一系列配套机制，与“三大战略”最新实践同频共振。住房租赁方面。围绕住房租赁战略业务的平台建设、产品设计、政策配套等内容，借鉴国内外实践，以及行内先进经验，梳理战略推进中的痛点、难点、堵点问题，寻求解决方案。普惠金融方面。利用数据式审计工具和方法，分析外部欺诈的表现形式和行为特征，促进各级经营机构防范相关风险；对六类小微企业客户群体的深入研究。提升审计机构服务当地分行推进普惠金融战略的水平；揭示“小微快贷”产品客户准入、额度计算和贷后管理等机控环节的数据应用能力有待提升等问题。金融科技方面。结合金融科技战略的科技输出和对外赋能要求，加强对“公有云”技术和相关风险的研究。从数据质量、数据整合、技术工具、安全管理和团队建设等方面，关注大数据应用能力体系建设。

三、突出重点，持续跟踪，力促问题有效解决

持续加大对重要问题整改的跟踪力度，不断探索创新审计跟踪方式方法，促进审计条线从发现问题向管理问题转变，实现全局全员全流程督促解决问题。一是优化审计跟踪工作流程。制定下发《审计跟踪工作指导意见》，明确跟踪工作职责分工，重构和简化工作流程，加大对关键内部控制缺陷和重要风险事项的审计跟踪力度。二是持续关注整改效果。在审计项目中落实审计跟踪要求，聚焦内部控制缺陷和重要风险事项，及

① 新加坡、纽约、澳门、巴黎、多伦多、东京、胡志明市分行，建行亚洲、建行新西兰、建行俄罗斯等。

时督促整改责任主体采取应对措施，弥补控制缺陷，防止风险扩大。三是积极为有效解决问题提供审计建议。深入分析全行性整改不力六类问题背后的内控缺陷，为重点问题的解决提供相应审计建议。通过跟踪验证，评估内控缺陷整改效果，总结弥补设计缺陷、纠正运行缺陷的经验，对整改仍不到位的内控缺陷提出进一步改进建议。

四、发挥优势，提升服务，全力做好沟通协调

持续保持与国家审计署、外部监管部门的良好沟通，加强与总行部门的协调联系，积极协调外部审计过渡转换工作，发挥上传下达、内外协调的枢纽作用。一是牵头配合国家审计署两项审计。在工作量大、复杂程度高、时间要求紧的情况下，秉承一贯耐心细致、认真严谨的工作作风努力做好配合，协调好行内各层级的汇报、联系和沟通。二是顺利衔接配合外部审计工作。按董事会审计委员会要求，认真做好外审牵头联系工作，保障了外部审计管理工作的平稳过渡和顺利开展。参与2019年外部审计师选聘；协调外部审计过渡转换；协调处理2018年财务报表预审；完成日常管理和保障等相关工作。三是完成国家审计署内部审计丛书编写工作。按照审计署金融司“银行内部审计丛书编写方案”总体安排，牵头并高质量完成了《大数据技术在银行内部审计中的应用》丛书，以及《银行内部审计实务与案例》《银行内部审计案例汇编》《银行境外内部审计指南》等系列丛书部分章节的编写工作。

2018年4月24日，建设银行2018年审计工作会议在北京明苑会议中心召开。

2018年8月30日，2018年建设银行审计专题研修班在北京总行党校召开。

五、强化管理，练好内功，完善自身基础建设

一是持续探索和推进数据式审计。组织开发“对公信贷客户交易数据分析”模块，构建对公信贷客户评价指标模型，评估客户风险变化趋势，揭示关键风险因素，对区域和行业风险进行预测。组织开发“业务分析与研究”模块，从业务经营、风险管理等维度对各级行进行整体评价和画像。引入推广新的数据分析工具与方法，实现数据信息自动处理，数据抽样、数据探索、分析评估等功能，提高工作质效。以新一代组件为出发点，不断研究引入可用数据，有力地支持审计工作开展。探索构建非结构化数据分析工具及方法体系，初步搭建了非结构化数据智能分析平台，迈出了审计条线非结构化数据分析工作的第一步。着手启动审计人工智能应用项目建设。以自然语言处理、知识图谱、机器学习三大核心技术为基础，与现有非现场审计系统形成互补融合，按照“搭平台，建工具”“上场景，推应用”“拓功能，促迭代”三个阶段分步实施，研发各类能有效提升审计工作质效的应用工具。

二是不断加大对海外机构内审的管理力度。按照“整体有效、责任清晰”的总体要求，完善管理措施，多方面、全方位强化海外机构内审管理，健全海外机构内审管理机制，提升海外机构内审工作有效性。加强海外审计人才培养，全方位提升团队成员业务素质和海外审计能力。加强对海外机构内审计划的审核，指导其加强对重点业务、风险事项和总行关注内容的审计。进一步

明确海外机构内审建设与管理要求，督促其加强内审工作，加强审计质量控制。开展国际大型银行和中资同业内审情况调查，交流海外机构内审管理经验，掌握海外机构内审管理机制流程，并对所有境外机构内部审计情况进行了摸底调查。

三是多措并举落实内控基础审计理念。就审计准则核心理念与关键要点，结合审计准则执行中常见的问题和理解错误、认识偏差，进行针对性讲解和纠正，增进审计人员对于内控基础审计理论的理解。强调专业研究服务于审计核心职责的定位，不断完善以内部控制基础审计方法论为基础、以评价风险管理和内部控制效果为目标、与实际项目充分接轨的基础审计方案。针对项目规范执行情况在系统内开展调研，梳理审计项目内在逻辑，用实践经验区分差异事项与审计发现，推动审计思维从结果驱动向流程驱动转变。

四是夯实自身基础管理，提升队伍能力素质。根据监管最新要求，对照形成《内部审计章程》的修订建议。跟进内外部制度更新以及落实情况，定期重检内部审计规范，维护内部审计规范系统性架构。指导结对机构制定三年协作规划、年度协作方案，开展工作协作，共同提升审计履职能力。编制《2018 年度审计系统考核方案》，加大动态监督、审计项目、审计跟踪、数据式审计的考核力度，突出审计项目主体地位，充分发挥机构考核指挥棒作用。组织先进评选，树立标杆、交流经验。依托建行大学，紧密结合审计工作实际和审计队伍能力发展需要，制定审计条线培训工作两年规划，从课程、讲师、学员、培训模式四方面入手，搭建审计培训体系。开展审计部月度培训和现场培训，全年共开展短期现场培训近 200 次，审前培训 400 次。

执笔：任毅

内控合规管理

一、明确合规体系建设规划

2018 年 7 月，《关于健全建行合规体系的报告》经第 19 次党委会审议通过，确立了建设银行合规体系建设的时间表和路线图：明确合规体系建设目标，即用三年（2017—2019 年）时间，建成一个集中统一、科学先进、权威高效、务实管用、覆盖全集团的合规管理体系；压实“三个责任”，即业务部门、各机构承担合规的主体责任，合规部门承担合规的管理责任，审计部门承担合规的监督责任；夯实“六大基础”，包括健全合规组织架构、打造高素质合规队伍、优化考核评价体系、规范制度流程、建立合规管理系统、丰富合规管理工具；落实“八个步骤”，包括制度管理、合规审查、合规检查、合规报告、违规处置、违规整改、通报警示、完善内控；最终实现“两个确保、五个减少”的合规管理目标。合规体系建设规划的确立，指明了合规体系建设的整体方向，为各项工作有序推进奠定了坚实基础。

二、强化合规工作的核心功能

（一）合规预防机制初显成效

违规损失统计机制初步建立。定期统计分析监管处罚、案件、被诉事件、信贷等方面的违规损失数据，及时定位违规关键部位，提升统计数据的总体质量，加强分析结果的实际运用。

案防基础得到进一步夯实。健全“两防”联席会议机制，进一步压实案防“九责”；印发《员工行为管理办法》《堵截抵制和报告违法违规行为奖励办法》，持续完善案防制度体系，从正反两方面约束员工行为，营造全员抵制违规的良好氛围；针对内控缺陷和管理漏洞，组织实施根源性整改，加强关键业务领域的风险排查与监督检查。2018 年，全行案件数量得到有效控制，无

2018 年 3 月 23 日，2018 年全行内控合规工作会议在京召开。

新发生重特大案件，监管类案件共 7 起，较 2017 年同期减少 1 起、涉案金额减少 4.2 亿元。

金融制裁合规风险机控能力显著提升。反洗钱清单监测系统在境内 37 家一级分行全面上线，境外机构推广取得突破，从根本上提升了金融制裁合规管理水平。2018 年，在跨境交易环节有效阻断高风险交易 3519 笔，在开户环节有效识别高风险客户 19773 个，风险控制效果初步显现。

（二）合规运行机制彰显威力

发力重点环节，通过开展制度统领、计划管理、审查管理、效力管理，强化制度全流程管理；以《监管规则与政策解读》专刊为平台，全面加强外规内化工作。2018 年，全行政策解读运行良好，共发布 16 期《监管规则与政策解读》；制度重检初见成果，部门间移交制度 135 个，废止制度 1025 个，制定修订计划 298 个；制度总体数量有效压缩，总行现行规章制度 4064 个，比年初减少 780 个。

建立合规性审查要点协同研究机制，编制合规性审查要点，促进合规性审查全面介入产品创新流程，实施事前、主动合规风险管理，保障业务创新，助力“三大战略”。2018 年，全行开展合规性审查 4695 项，比 2017 年增长 133%，其中创新事项 4544 项，占比 96.78%。

聚焦信贷、票据、资管、印章、收费、双录、征信等违规多发环节，组织突击检查、飞行检查和合规检查。2018 年，全行共开展合规检查 181 次，开展突击、飞行检查 98 次，全面提升违规发现能力。

建立分类整改管理机制，针对监管、审计、合规检查发现的需总行层面整改的问题，压实相关部门整改主体责任。2018 年，各类检查发现需总行整改的 141 个问题，已基本完成整改。

加大对违规处置措施的应用力度，及时对案件和重大违规事件进行通报，对全辖形成震慑。2018 年，全行共处置各类违规事件 3229 起，印发 11 期案件和重大违规事件通报，充分发挥警示作用。

（三）合规管理推进机制不断完善

针对不同管理主体，兼顾过程导向和结果导向，建立差异化考核评价体系，提升合规管理效果，促进业务发展与合规管理目标的有机统一。

三、夯实反洗钱管理基础

完善反洗钱管理组织体系。2018 年，总行反洗钱业务中心升格为二级部，37 家一级分行均成立反洗钱中心，实现了可疑交易监测一级分行集中、数据补录总行集中，形成了“集中做、系统做、专家做”的工作模式。

客户身份信息完善工作进展顺利。全行对私、对公反洗钱重点目标客户身份基本信息总体完整率大幅提升，基本达到同业平均水平。

可疑交易报告实现提质减量。反洗钱监测分析系统和可疑交易模型持续优化，异常交易告警数量较年初下降 60.81%，可疑交易报告报送数量较年初下降 66.67%。

制裁合规管控水平显著提升。全行建立涉敏国家（地区）客户的差别化管理机制，对较高以上洗钱风险的国家（地区）客户实施名单制管理。

2018 年 6 月 26 日，建设银行举办 2018 年度境外机构合规官培训。

四、落实合规管理专项工作

操作风险管理成效明显。加强不相容岗位与重要岗位管理，优化操作风险控制措施，增强集团风险防控能力。开展关键风险指标监测，增强操作风险预警能力。集团操作风险基本平稳，操作风险损失率控制在银保监会设定的监测目标值0.06%以内。

信息科技风险管理机制初步形成。制定信息科技风险管理制度，明确信息科技风险管理职责、内容、策略和流程；设计信息科技风险监测指标，提升信息科技风险管理工具应用水平。

内部交易与关联交易管理平稳有效。升级关联交易管理信息系统，提高数据收集的及时性和完整性，大大提高了全行关联交易和内部交易识别、数据统计、报送的准确度。

五、强化境外机构与子公司内控合规管理

境外机构合规管理体系框架落地实施。2018年，全行进一步加大境外机构合规资源投入，通过聘请第三方机构开展反洗钱能力评估、选派合规专员、开展自查评估、强化合规风险提示与通报等手段，夯实境外合规管理基础，整体提升合规管理能力，全行境外合规管理工作稳中向好。

子公司合规管理初见成效。建立合规信息报告机制，及时掌握子公司合规管理情况。开展子公司合规工作评价和内控合规（案件防控）考核，有效指导各子公司开展合规工作。2018年，各子公司未发生监管类案件、重大违规事件和重大舆情事件，合规风险情况基本稳定。

六、提升合规管理科技应用水平

集团合规管理平台系统成功投产上线，共包括32个业务模块、149项功能点、270支系统服务，实现了对违规处置、合规审查、违规损失统计、员工行为积分、合规报告等多项合规管理核心工作的电子化支持，为实现合规工作的数字化管理、图表化展示、趋势性分析、专业性判断奠定了重要基础，增强了金融科技在合规工作中的应用。

执笔：王秀萍

产品创新与管理

2018年，我部在总行党委的统一部署和领导下，深入学习贯彻党的十九大精神，以建设创新型银行为目标，聚焦“三大战略”，以深化落实《关于完善体制机制 加快产品创新的若干意见》为抓手，着力完善创新机制，着力提高创新质量，在产品创新成为促进我行业务发展新引擎、市场竞争力新动能，为社会难点痛点问题提供解决方案等方面取得了一定成绩。

全年创新工作以“引领性创新”为总体目标，进一步提升产品创新对全行核心经营指标贡献度。产品创新以寻找契机，为社会痛点难点提供解决方案为己任，新增了一批在市场上具有引领地位、品牌知名度高的核心产品。全年完成产品创新达1300余项，在严把创新创效质量的前提下创新数量保持稳定。创新产品全面覆盖大数据、人工智能、云存储、云计算、区块链、物联网、小微金融、科技金融、民生金融等多个热点领域。

一、围绕中心工作，推动创新型银行建设再上新台阶

（一）紧扣“三大战略”，大力推进全行产品创新

1. 聚焦“三大战略”研究调整创新工作机制。在计划、考核、评奖等方面进行政策倾斜，对创新项目设置创新领域分类，突出“三大战略”创新导向，实现重点领域创新情况的持续跟

踪和管理。对“三大战略”类具有重大意义或社会影响的创新项目，优先推评产品创新与流程优化特等奖和一等奖。以“三大战略”创新产品本质提炼为核心，从“重移植”向“推广移植并重”调整移植工作思路，多措并举推荐重点产品88个，完成移植452项次，助推“三大战略”落地。加大总行重大战略性创新项目统筹管理，采取以“三大战略”为核心的前瞻性项目群孵化方式，以实践推进“三大战略”实施。搭建“创新马拉松”活动平台，营造全行投身“三大战略”氛围，凝聚全行创新智慧。

2. 住房租赁产品创新亮点纷呈。一是通过“创新马拉松”活动住房租赁主题层层选拔，收获了“‘蓝海动力’筑巢计划”“毕业通蓝海 校园到家园”“你的权益我的家——银行间市场权益型REITs”等一系列优秀创新项目。二是2018年总行战略性创新项目中的“住房租赁云平台”，依托建行新一代先进架构和技术优势，搭建了一个由低耦合产品组合而成的住房租赁生态平台，包含政府公共住房服务、企业租赁服务管理、住房租赁服务共享、住房租赁监管服务、住房租赁监测分析五大系统，满足住房租赁平台各参与方线上需求。三是确定住房金融智能服务中心、家庭不动产财富管理、智能看房、不动产资产管理4个前瞻性项目，探索多主体供应、多渠道保障、租购并举住房业务新模式，为个人客户提供更多更优质的住房租赁金融服务。

3. 利用金融科技赋予传统业务新活力。一是打造互联网+不动产抵押登记“苏州模式”，成功验证并存储全国国土资源系统发放的首份电子权证，针对数据库、通信、服务制定建行标准，实现材料精简、流程简化、数据共享三大创新。二是组织研发“众创平台建设项目”，协同推进企业级需求整合。以“实用性、先进性、前瞻性”为基本原则，将自上而下的需求统筹管理与自下而上的创意收集、筛选、整合、转化有机结合，构建全行统一的创意需求全流程管理平台。平台一期移动端APP版本已完成开发，2019年1月和3月，移动端、PC端两个版本将正式上线。同步梳理全行自上而下的创意活动统筹管理模式，推进创意需求统筹管理工作制度建设。三是与网金部、深圳分行联合组织“金融科技”创新产品客户营销活动，向客户推荐“无感支付”等12个创新产品。

4. 持续提升我行普惠金融产品服务能力。一是充分发挥创新“第一动力”作用，全面贯彻落实总行党委普惠金融战略部署，下发《关于全面推进普惠金融产品创新工作的通知》，提出全面推进普惠金融产品创新工作的总体思路、工作目标以及四方面14项具体措施。二是确定新型普惠金融模式、土地流转、广深科技创新走廊和豫政助农服务等4个前瞻性项目，针对社会痛点拿出切实可行的金融解决方案。三是经“创新马拉松”普惠金融主题激烈的智慧火花碰撞，“布谷计划——乡村金融生态聚合平台”“融e运——铁路货运普惠服务平台”等项目得到各方认可。四是与普惠金融部、广东分行联合组织“普惠金融”的创新产品客户营销活动，向客户推荐“科技金融4.0”等综合服务产品体系。

（二）多措并举，进一步夯实创新基础管理

1. 加强创新项目计划管理。一是强调进一步提升创新质量，2018年提出“引领性创新”工作目标，关注创新对全行核心经营指标的贡献度。二是严格创新项目认定审核流程，确保创新产品合法合规，并符合发展导向。三是进一步明晰重点移植产品的认定标准，关注实效性，实行动态管理，构建原创行优选推荐、我部审核、业务部门进行创新产品本质和普适性把关的重点移植产品质量把控流程。

2. 实行全行产品创新工作差异化管理、分类考核。一是将产品创新指标列入总行产品经营管理部门和一级分行KPI考核体系，加大对战略性创新和移植创新项目的考核。二是实行分类施策，赋予领先分行、中游分行、潜力分行不同的考核权重，激发不同分行的主观能动性，进一步提升产品创新对全行核心经营指标的贡献度。引导十多家创新领先的一级分行，发挥示范带头作用，为全行贡献更多高质量的成果，成为系统内和当地同业中最具创新力的机构。领先分行推出了一批引领型创新产品，新产品对分行的利润贡献度进一步提升。十多家中游分行，推出了一定数量引领型创新产品，大力开展移植创新工作，提升创新能力。十多家潜力分行，因地制宜，寻求新突破，广泛开展移植创新，实现创新成果共享。

3. 加大创新激励力度。根据行领导“要加大奖励力度，力争将总体奖励金额提高到一千万以上”要求，2018年持续加大产品创新激励力度，提升“产品创新与流程优化奖”奖励额度，调动全员创新积极性。产品创新实验室专项财务费用较上年增加200万元，加大对前瞻性引领创新项目的投入。进一步优化移植创新费用激励，为重点创新领域联动总行业务部门，依托分行开展相关主题的移植创新产品现场推介活动配置专门费用，发挥总行业务部门引领作用和原创行的带动作用，加强分行优秀原创产品直接面向全行目标客户的快速推广应用。

4. 研究探索行内孵化机制。一是探索建行内部优秀天使投资人的生存与经营逻辑。尝试将创新部门逐步打造成为建行内部的优秀天使投资人，及时收集、整合有孵化价值的创意，探索将创新计划管理与科技研发立项有效衔接，完善创新项目的资源配置、研发模式和激励约束机制。二是引进近年来国内外领先创新企业广泛运用的开放式创新孵化模式，搭建“创新马拉松”活动平台。活动紧紧把握“战略是创新的方向、基层是创新的沃土、青年是创新的主力军”的要求，积极打造全员创新的新文化、新模式；逐步探索形成一整套前瞻性创新孵化机制，并推动一批高质量的项目方案转化落地；打造建行有社会影响力的创新名片和创新品牌形象。

5. 坚持审慎创新，加强风险控制。向董事会风险管理委员会汇报我行2018年产品创新情况。下发《关于加强产品创新风险防控与消保审核的通知》，指导各单位树立正确的产品创新“风险观”，将创新风险管理贯穿到产品研发与经营管理的全过程，开展新产品洗钱风险评估和合规性审查，并把消费者权益保护等要求嵌入产品创新流程中。对于内外部检查、审计发现的问题及时改进。落实监管要求，防止不当创新和过度创新。

6. 加强创新产品的监测和竞争力分析。一是持续完善年度四大行产品竞争力分析工作，优化比对指标体系，从产品功能、操作流程、电子渠道部署、风险控制、市场表现5个方面，引入产品市场等数据，深入开展重点业务领域竞争力分析，不断提升比对报告质量。总体来看，2017年，四大行产品创新呈现出“注重普惠金融、强化科技创新、促进开放融合、去同质化”的特点，小企业、三农、住房租赁、消费信贷、科技金融领域创新活跃，四大行创新正在由高度同质化向“标准+特色”转变。我行产品竞争力不断提升，领先业务领域总量与工行基本持平，四大行优势竞争领域变化在工行与我行间拉锯。二是加大对区块链、人工智能、普惠金融等重点和前沿领域的监测和比对分析，不定期开展特定领域专项调研，形成专题研究报告。三是完善信息收集渠道，继续通过分行收集和第三方机构采购相结合的方式获取同业信息。四是及时发布同业最新产品创新动态，不断丰富动态发布内容，使日常监测逐步涵盖同业新产品动态、我行新产品动态、产品比对、行业政策解读、创新知识普及等方面。

7. 推进实验室布局谋划。实验室承接并完成总行战略性创新项目原型51项、前瞻性项目原型26项、同业比对报告等41份、客户体验78项，较上年持续增长。全年新增香港、河南两家产品创新实验室。香港实验室是我行首次境外布局，主要以跨境金融创新为核心，紧密跟踪世界金融科技发展趋势和新经济、新技术、新市场发展潮流，成为建行了解全球创新动态的窗口、风向标和桥头堡。河南实验室定位于智慧城市、乡村振兴、服务“双小”为重点的普惠金融模式创新，兼顾基于中原腹地区位优势的特色物流金融创新，让创新部门实实在在走向普惠金融战略实施第一线。

8. 加大重点产品移植推广力度。通过对分行产品经理培训、典型案例宣讲、现场及视频专题推介、“创新速递”微信宣传等多种形式，全方位推动重点产品移植共计1806项次。2018年，我部分别联动机构部、财私部、金融市场部、投行部举办四期条线重点移植产品视频培训班。先后联动个人部、普惠金融部、网金部，依托湖南、广东、深圳分行举办“零售优先”“普惠金融”“金融科技”领域重点产品客户推介会，直接面向客户推介“乐享建行”等9个重点产品，向分行推广累计26个产品。

9. 推进母子产品联动创新和一体化产品创新管理。继续将子公司产品创新统一纳入创新计划进行管理；组织子公司参与全行产品创新与流程优化评奖；积极联动子公司开展总行战略性创新项目；持续更新子公司可推广产品库，将子公司适合在全行推广的优秀产品创新成果纳入全行产品创新移植推广平台，加大在系统内的推广力度；

研究协同营销模式及实施路径，积极推进全集团统一产品客户视图展示，明确子公司产品创新管理内容及要求。

10. 规范完善产品目录。一是制定发布《中国建设银行产品目录管理办法（2018 年版）》，规范产品目录管理职责体系和管理流程。二是支持总行、境内外分行和子公司在新一代产品研发平台中维护可售产品，支持各部门新增可售产品 93 个；增补分行特色可售产品 750 个；支持建亚梳理可售产品 574 个，澳门分行梳理可售产品 271 个，其他海外分行新增可售产品 14 个；支持中德银行梳理可售产品 127 个。

11. 继续推进新支付工具研发工作，抢占业务高点。在熊猫项目领导小组的正确领导下，在上级的指导下，按照总行领导"高标准完成研发任务，力争勇拔头筹""树立更高目标，提出最先进的方案，确保在竞争优选中占有一席之地"指示精神，经过熊猫项目工作组一年时间的共同努力，目前已按照上级的时间要求完成熊猫项目研发业务方案、技术方案、封闭试验方案、退出预案及详细业务需求设计编写及原型设计工作。2018 年 9 月 11 日，上级调研组专题调研我行项目研发进展情况，对我行研发工作给予充分肯定。目前，熊猫项目工作组正按照人民银行的要求，全力以赴推进项目开发实施，确保 2019 年 3 月上线试运行，2019 年 9 月底前完成运营试验，高质量完成熊猫项目研发试验任务，体现建行作为国有大型商业银行的能力和担当。

为了确保我行研发试验工作在上级竞争优选中赢得优势，为建行争取未来的技术优势和业务优势储备能力，助力"三大战略"落地实施，熊猫项目工作组针对电子支付领域的痛点问题，在与外部软硬件科技公司广泛交流、赴境内外分支机构深入调研、与上级充分沟通，并报请熊猫项目领导小组同意后同步开展了以硬件钱包、境外支付、外国人来华支付、边贸支付、物联支付为主攻方向的应用场景专题创新研究。同时未雨绸缪，深入分析了熊猫项目全面推广对宏观经济、金融体系、商业银行、支付市场格局及建设银行经营管理等方面可能造成的影响，供决策层参考。

加强创新文化建设。进一步总结创新成效，树立创新先进，推广典型案例，通过建行报、企业网、企业公众号等自媒体加大创新宣传。深入推广"鼓励、开放、宽容、审慎"的创新理念。推进全员创新，鼓励员工发挥优势，提出创新需求，并结合自身岗位开展微创新。在"创新马拉松"活动中，我部牵头提出旨在提升产品原型敏捷设计和打造客户极致体验能力——"智绘 + 体验设计平台"创新方案荣获了金融科技主题三等奖。

12. 切实抓好作风建设，提升工作效率。重点从调查研究、会议活动、文件简报、出国访问、宣传报道等方面细化要求，强化监督，压紧压实"两个责任"，切实抓好作风建设，增强部门战斗力。一是做实调查研究，切合实际解决问题。深入调研了中科创客学院，探索我行创新孵化机制与发展模式；加大跟紧同业前沿力度，研究构建国内外先进同业对标体系。二是优化重点创新产品移植推广方式，通过提高会议活动效率和质量，提高移植成效。三是减少各类文件简报，提高文件简报的质量和效率。

13. 加大全行创新队伍培养，提升创新能力。一是以"投身三大战略，成就创客梦想"为主题开展的"创新马拉松"活动，为全行员工搭建创新舞台。以"勇于挑战、善于创新、敢于跨界"的全员创新理念，广泛发动基层，集聚了一批有创新热情的青年员工。活动在招募阶段收到 37 家一级分行、10 家子公司、32 个总行部门、11 家总行直属单位、1 家海外分行的创新方案；在预孵化阶段对创新方案牵头人及相关人员等共计 205 人进行了设计思维、创新方法与工具等方面的集中培训；在"48 小时加速孵化"阶段评选出 45 个获奖成果、团队和人员覆盖 15 家一级分行、12 个总行部门，共表彰人员 455 人次。二是聚焦"重点工作部署、核心人才培养、难点问题研究"，采取邀请行内外专家的形式，面向 37 家分行、8 家子公司在常州、哈尔滨培训中心先后举办了五期培训班，覆盖产品创新与管理工作归口部门负责人、业务骨干，对公、零售产品经理约 460 人次。三是采用线上线下结合，与部门分行联动的方式，举办了一系列围绕"三大战略"的产品推介会、培训会，增强了全员创新意识，提升了条线员工改革创新能力，助推产品创新工作快速健康发展。

执笔：何静

法律事务管理

一、主要工作业绩

（一）支持“三大战略”和“双优”战略成果丰硕

将法律服务的重心调整到“三大战略”和“双优”策略上来，从产品研发、重大项目、法律文件审查等方面全力保障战略实施与推进。

（二）授权动态化对业务的支持效果显著增强

与业务部门紧密合作，共办理基本授权变更、股东意见调整、制作特别授权书等授权事项273件，授权对全行战略的支持更加有效。

（三）民事诉讼维权再创佳绩

全行通过诉讼回收现金298.22亿元，避免被诉案件潜在赔偿责任21.94亿元，两项合计实现效益320.16亿元。妥善处理知识产权纠纷130多件，有效避免了业务中断、巨额赔偿、声誉受损等严重后果。

（四）知识产权申请保持同业领先

截至2018年底，全行共有商标1897件，同比增长10.2%；共有专利1161件，同比增长16.9%；计算机软件等著作权登记562件，同比增长3.9%。建设银行专利、商标申请数量继续保持同业四大行第一。

（五）法律服务质量获各方高度肯定

坚持原则性与灵活性相结合，在重要业务方案设计、项目谈判、合同拟定、规章起草等关键环节，给出质效双优的科学答案。法律条线全年提供法律审查服务26.89万次，同比增长7.99%，涉及法律性文件46万份。总行本部审查法律性文件、规章制度以及提供书面咨询意见6000件次，参与重大项目和产品创新150余项。

（六）业务研究能力不断提升

顺应法律与监管环境的最新变化，围绕业务发展痛点、难点、热点进行研究，撰写了《银行资产管理业务法律问题专题研究报告》《欧盟〈一般数据保护条例〉应对策略研究报告》《再融资及期限调整担保法律问题指导意见》《应收账款质押法律问题指导意见》等14个指导性文件，分析法律风险，提出解决方案。

（七）标准合同文本体系建设取得新成果

全面修订理财业务、委托贷款业务、家族信托顾问业务、快贷业务标准合同文本，制定5份支持保障类标准合同文本，全年制作、修订、认定标准合同文本200余份，标准文本库已涵盖970多种合同。

二、主要措施和效果

（一）紧扣重心，全力服务“三大战略”

支持住房租赁业务成功开展。帮助建信住房完善公司治理，深入研究“总行在间接出资方式下如何实施有效控制”法律问题。配合做好将住房租赁资产权属转让至建信住房有关工作。参与住房租赁体制建设，参与起草并审查全部战略合作协议及规章制度，协助更新个人住房租赁贷款管理办法及配套合同。参与阳光城长租公寓资产支持专项计划研发，为住房租赁ABS业务创新决策审批提供重要法律依据。

助力普惠金融业务开花结果。基于普惠金融产品的特点，积极寻求契合普惠金融特殊需求的风险防范之路。协助业务部门在传统押品之外尝试企业助保金、风险补偿金、知识产权质押等新型押品，并积极推进建设银行与政府背景担保公司的合作，参与乡村普惠金融服务平台、“跨境快贷——出口贷”与“跨境快贷——退税贷”业务、智慧普惠综合理财服务方案（国家电网版）、格莱珉普惠金融业务合作等工作。

支持金融科技战略顺利实施。专人专职全程

参与建信金融科技的申设，为子公司的治理结构设计、法律工作机制建立作出重要贡献。全面参与同业合作平台、集采云平台、小微企业 ERP 云平台的建设，参与建信云数科技公司筹建、“直销银行”模式创新、“账户出海”服务、“龙财富”投资理财服务等业务工作，保障建设银行产品和服务输出过程中的合法权益。

（二）贴近“双优”，为产品创新及重大项目保驾护航

专人专职参与“熊猫项目”，牵头运营退出、应急管控组件需求设计，以及项目的关键法律问题分析、配套制度和协议的编写等工作。全方位服务零售优先，对商户“五统一”项目、个人结构性存款业务、客户资产全球统一视图业务、个人账户增值保系列产品等提出有针对性的法律建议。为对公交易性业务发展“保驾护航”，对信用风险缓释凭证业务、SWIFT – AMH 业务、沪伦通业务等多项重大创新提供了高效法律支持。起草《中国建设银行隐私政策》，在内容条理性、告知全面性、风险披露充分性、客户授权合规性等方面比同业更胜一筹。为建行大学、网络供应链、票据池及银行承兑汇票质押国际业务、银保易、惠市宝、资产证券化等多项重要业务提供法律建议。

（三）优化机制，法律纠纷处置成效突出

优化法律纠纷管理机制。将总行管理的民事案件分为全行重大案件与总行本部普通案件，全行重大案件由总行直接管理；总行本部普通案件委托外部律师代理，法律事务部负责确定诉讼目标、督促律师履职。在新的机制下，有限的管理资源得到了合理调配，全行大案要案的处置取得突破性成果，总行本部诉讼全部妥善处理，成功化解 NIKE 长臂管辖“两难”困境，指导海外分行应对刑事司法协助、其他长臂管辖案件 20 余起。

完善法律纠纷管理机制，推动形成全行维权工作合力。启动了《法律纠纷管理办法》《法律纠纷和解管理办法》《律师聘用工作管理办法》修订工作。主动推进全行公司律师制的建立，制定了《公司律师试点工作方案》。高度重视消费者权益保护纠纷的妥善处理，引导、鼓励分行通过和解、调解等方式满足消费者的合理合法诉求。

为不良资产追索提供有效法律方案。印发《关于抓住“基本解决执行难”有利机遇 运用强制执行手段维护银行权益的通知》。继续为全行不良资产处置提供支持，参加 9 个批次共 91 个不良资产包批量转让的卖方尽职调查、报价评审等工作。

“互联网 + 法律”模式取得良好效果。充分运用科技手段管理法律风险，延伸法律工作的价值链条，将法律科技嵌入业务流程。牵头研发了员工渠道和微信平台的“客户涉诉风险提示”功能，进一步优化了“总对总”网络执行查控系统功能。

（四）主动作为，以知识产权赋能业务发展

主动出击，商标确权工作捷报频传。蓝海项目全部商标，包括“CCB 建融家园”“建融家园”以及“要买/租/住/存房 到建行 + 图形”在核心类别上全部喜获注册，奠定了建设银行在住房服务领域的商标品牌优势。通过诉讼，“善融”“善融商务”商标被认定为驰名商标，实现了建设银行驰名商标零的突破。“房易通”商标在成功撤销他人恶意抢注的相同商标后，历经“九年抗战”终获注册。精心策划，拿到“龙支付”商标注册权，实现了建设银行互联网支付重要品牌的全面保护。指导山东分行成功注册“慧兜圈”商标。

主动维权，坚决打击他人侵犯建设银行商标的行为。以“零容忍”的态度，发现一例打击一例。指导上海分行、信用卡中心、建信住房公司有效处理了“建行闪电贷 APP”等 3 起他人假冒建设银行商标的不法行为。

主动布局，保护金融科技创新成果。主动服务全行金融科技战略，会同渠道部，对全行智慧柜员机项目进行专利挖掘，梳理出 30 多项发明创造，拟提交专利申请。

主动应对，有效控制知识产权侵权风险。妥善处理了自助回单柜、智慧柜员机等特别重大专利侵权纠纷，应对好每一个行政执法、行政确权、行政诉讼、民事侵权诉讼程序。巧定策略，主动出击，全年妥善处理知识产权纠纷 130 多件。

主动规范，不断完善全行知识产权管理机制。修订《知识产权管理办法》，将“企业名称”纳入管理范畴，建立了创新产品命名由法律部门预审核的机制。完善自媒体图片使用机制，制定了规范自媒体管理的规定，完善自媒体发布信息的审核要求以及素材使用的合法性判断标准。建立全行正版图片库，解决营销宣传中图片来源的合法性问题。

（五）支持发展，不断提升授权管理效能

增强授权动态调整，满足“三大战略”发展需要。调整了境内各一级分行公司住房租赁授信业务审批授权，办理了多项涉及金融科技公司的授权事项，对授信审批、保全、投行等多项业务授权进行了动态调整。

增强特别授权管理力度，建立事后跟踪评价的监督机制。及时在制度中增加对特别授权跟踪管理的条款，督促职能部门梳理近两年来授权人签发的特别授权事项。

优化授权工作流程，夯实管理基础。制定下发《行长授权管理操作规程》，明确了授权管理主要事项的操作流程和管理要点，授权管理的精细化和可操作性进一步提升。

（六）拓宽视野，大力支持集团法律工作

支持研究院开展新型智库建设。参与建银（海南）金融研究院的设立，就研究院与国家顶级智库的战略合作的有关问题提出优化建议，参与国际咨询委员会的设立。

全程服务村镇银行股权转让项目（“春分项目”）。起草并负责项目核心法律文件——《股权转让合作框架协议》的最终定稿，审定27家村镇银行与建设银行当地分支机构的一系列“落地协议”，全程参与“处置类”贷款的方案制定。

为境内外子公司业务发展与公司治理完善提供法律支持。继续主动协助和督促巴西子行向原股东索赔，对多家子公司增资扩股等重大事项以及公司治理文件制定修订发表法律意见，对俄罗斯子行、纽约分行不动产购置事项提供咨询建议。

加强对境外法律工作的调研指导。形成了《关于规范境外法律工作的若干意见（初稿）》，赴建设银行欧洲和法兰克福分行进行调研，就GDPR在欧盟的实施情况，欧盟银行业监管态势、当地机构法律工作现状等进行了充分的沟通交流。

（七）响应号召，搞好案例教学和警示教育

积极履行法律普及和法治教育职责，全力抓好案例教学和警示教育，引导员工知敬畏、明戒惧、守底线。公开出版《员工之过与银行之责》一书，详细剖析金融行业50个典型反面案例。发布4批《银行业法律纠纷典型案例》。继续办好建设银行“善建法治”“以案说法”2个专栏，刊发文章54期。开展“12·4”国家宪法日的学习宣传，在总行信息服务站刊载“宪法学习30问”。编写法律网络课件——《民法总则篇》《物权及担保篇》《刑法篇》。组织本条线开展普法送法活动，全年共举办法律培训、宣讲、竞赛2200次，受众16万人次，编发法律刊物312期，发布法律风险提示/指导意见1631次。

（八）加强管理，多策并举深化法律条线建设

组织召开全行法律工作会议，开展5次研讨调研，开展全行法律工作先进集体、先进个人和优秀法律研究成果评选，下发《境内一级分行2018年度法律工作考核评价方案》并组织开展法律条线第二次考核评价，在分行自查基础上对10家分行进行法律工作现场检查和指导，完成对“法律工作管理信息系统”的二次优化，启动了《法律工作管理办法》的修订。总行举办了2个现场法律培训班，培训160人次，推动和帮助分行加强法律力量建设，1个分行新设了独立的法律事务部，部分分行增加了法律专职人员。

执笔：宁欣

安全保卫工作

2018年，安全保卫部紧紧围绕践行“三大战略”和服务高质量增长，主动融入全面风险管理体系，深化科技兴安和平安创建，切实抓好安全生产、维护稳定、案件防控、治安保卫、应急管理各项工作，为全行安全稳健运营提供了坚实保障。

一、聚焦安全生产，努力夯实精细化管理基础

一是主动谋划全行安全生产工作顶层设计。推动成立中国建设银行安全生产工作领导小组，切实加强安全生产工作组织领导。召开全行安全生产工作会议，深化安全生产改革创新，依托金融科技解决安全生产领域的痛点问题，推进安全生产工作向精细化管理转变。坚持一岗双责、齐抓共管、失职追责，组织签订安全管理责任书，健全完善“五位一体”责任体系。二是深入开展安全生产大检查。按照“全覆盖、零容忍、严治理、重实效”的要求，连续第5年在全行组织开展安全生产大检查，对发现的隐患问题及时督促整改，有效防范了安全风险。按照两年一轮的部署，对15个一级分行进行安全抽查，巩固提高了基层安保管理水平。按照“静态清零、动态掌控”原则，在全行部署开展消防安全大检查，重点加强在建工程、办公营业场所消防安全监督管理，推动消防安全管理责任和制度落实。三是安全评估蝉联四大行第一。认真贯彻落实公安部、银保监会《银行业金融机构安全评估标准》，扎实做好第五轮银行业金融机构安全评估相关工作，建设银行以96.6分第三次蝉联四大行第一名。广东汕头分行守押业务实现社会化，全行最后34支枪支上缴公安部门，标志着建设银行守押社会化改革工作全面完成。四是加强海外机构安全管理。探索海外机构安全管理体系化建设，构建“一行一策”的安全管理模式。启动海外机构安全管理平台建设，研究制订海外机构员工人身安全与住所安全防范方案，加强国际安全领域交流与合作，正式加入国际银行安全协会。

二、强化责任担当，扎实做好安全维稳工作

一是妥善处置进京上访突发事件。坚决贯彻总行党委关于加强安全维稳工作决策部署，针对近年来上访组织化、规模化、多元化趋势，加强与各级政府、公安机关沟通协调，加强总分行和有关部门分工合作，坚持源头上抓好稳控，对苗头性问题进行预警，对重点人员进行稳控，把苗头隐患控制在萌芽状态、化解在基层，稳妥化解了“四平老少乐”“山西联盛”“浙江草根投资”等业务纠纷引发的群体性上访事件。二是全力保障股东大会等重大活动安全。提前做好与公安部门和驻港警联办的沟通，加强与董办、信访办、建行亚洲以及有关分行的协调配合，妥善做好京港两地会场安保工作，确保了股东大会安全顺利召开。全力以赴做好李克强总理、刘鹤副总理来行视察、英国前首相卡梅伦来行的安保工作，圆满完成业绩发布会、“劳动者港湾”发布会、建行大学成立发布会等300余次重要活动的安保工作，以良好形象和规范服务赢得广泛好评。三是多措并举保障员工人身安全。坚持以人为本、生命至上，切实把员工人身安全摆在首位，制定下发了《员工人身安全突发事件管理办法》，实行分级分类管理原则，稳妥做好员工人身安全突发事件的应急处置、信息报告等工作。

三、全面主动积极，防范和化解外部案件风险

一是切实发挥安保风险管理职能作用。坚持围绕中心，服务大局，以智慧安防助力住房租赁，以金融科技引领科技兴安，以安保大数据服务普惠金融，为“三大战略”提供安全服务和保障。坚持问题导向，主动运用金融科技解决安全管理痛点，将全行远程监控系统及180万个视频资源点纳入风险管理体系。二是严肃查处第三类案件及案件风险。全面落实案防工作责任制，强化案防制度机制和流程管控，指导各级机构多措并举防范第三类案件和案件风险，及时约谈发生第三类案件的分行负责人，协助有关机构有效处置化解案件风险，避免外部侵害风险事件升级为监管案件。三是成功堵截案件风险能力大幅上升。研究出台堵截案事件办法，创立堵截案事件通报机制，按季通报堵截案事件情况。全行共成功防范和堵截案件645件，避免直接资金损失21亿元。四是积极履行企业社会责任和法律义务。坚决落实党中央国务院决策部署和监管机构相关要求，对扫黑除恶专项斗争有关工作进行部署，依法高效做好涉黑、涉恶账户的查询、冻结工作。认真协助公安机关做好司法查控工作，20余次协调涉

恐案件线索的跨省紧急查控，得到公安部、银保监会充分肯定。

四、依托金融科技，努力构建技防机控体系

一是“五统一”项目建设取得突破性进展。福建、湖北两个试点分行圆满完成指挥监控中心建设，江西、山东、河北等分行指挥监控中心效用发挥明显，全行按照“五统一”规划和标准建成远程监控中心27个，新一代技防系统升级改造工作取得重要进展。圆满完成总行指挥中心建设以及中心与建设银行核心网络之间的传输网络线路建设任务，总行指挥中心相继与湖北分行、福建分行和武汉生产园区实现数据传输，标志着远程监控系统三级架构互联互通。在总行指挥中心成立AI训练联合实验室，为实现风险管控人工智能识别提供了重要抓手。二是“龙视界”视频管理系统成功上线。坚持综合应用和技术集成，历时近三年成功研发出行业领先的企业级“龙视界”视频管理系统，实现了平台统一、全行共享及智能管控，为安保服务业务提供平台支撑，开启建设银行智能管理、智能运营的重要一步。三是“反欺诈”系统机控作用成效显著。通过“安保+云计算”建成司法直连查控平台，实现司法查控自动化、集约化处理。通过“安保+大数据”建成外部欺诈风险数据库，实现对涉案人员全方位画像。通过“安保+反欺诈”融入业务发展，对接惠普金融、住房金融、对公信贷等业务系统，构建事前、事中、事后三道反欺诈防线，全面主动发现并防控风险，积极助推“三大战略”。四是“智慧安防”技术得到广泛应用。制定下发《人脸识别办公楼出入口控制系统规范》，成功将AI智能应用推广到全行，并在总行大楼和长安兴融中心率先完成人脸识别门禁改造。加强武汉生产园区、北京稻香湖园区、成都生产基地和合肥生产基地智慧安防建设，高起点打造智慧安防体系。成功研发总行安全管理与考核系统并在总行直属机构和境内子公司上线运行，提高了智慧安防管理水平。

五、深化平安创建，营造平安建行人人有责的文化氛围

一是推进平安文化建设。连续第二年在全行部署开展安全宣传月活动，深入学习贯彻习近平总书记总体国家安全观思想，学习安全发展理念和安全生产法规，组织安全技能培训，开展应急处置演练，宣传先进典型经验，开展案例警示教育，促进了平安文化传播。主动对话一级分行、总行部门、直属机构、子公司主要负责人，全年有13名“第一责任人”接受访谈，分享抓安全促发展经验，引起广泛关注。二是表彰平安创建先进典型。组织开展第四次“平安建行”创建活动先进评选表彰活动，为全行各级机构和广大员工树立学习榜样。智救人质的山东省分行济南龙奥支行于丽、慧眼识诈的陕西省分行西安太元路支行马瑞、勇斗歹徒的总行数据管理部郭佳林等3名平安建行标兵，在全行安全生产工作会议上交流心得体会，引起强烈反响。三是安保创新成果广受同业好评。建设银行“五统一”项目建设、“龙视界”视频管理系统、外部欺诈管控系统、平安建行体系化建设、安全管理标准JAB800等创新成果分别荣获金融安防工程建设奖、金融安全管理创新奖、金融反欺诈工作成果奖。《金融安防》杂志以封面和22个专版介绍建设银行反欺诈工作经验，“五统一”项目宣传片在全行安全生产工作会议上首播后引起广泛认同。运用新媒体新技术制作并推广的11个科技创新H5小片，得到监管机构和银行同业的广泛好评。

执笔：李海斌

三、党建工作与队伍建设

人力资源管理

一、提高政治站位，落实党建责任

（一）深入学习贯彻习近平新时代中国特色社会主义思想和党的十九大精神

把学习贯彻习近平新时代中国特色社会主义思想和党的十九大精神作为首要政治任务，对全行党员领导干部和普通党员开展全覆盖培训。先后举办4期党的十九大精神专题研讨班，对总行党委管理的领导干部进行分期分批培训，邀请中央宣讲团成员、行内外有关领导专家进行专题辅导。抓好全行1.2万余名处级领导干部集中轮训。指导各基层党组织依托“三会一课”、主题党日等多种载体，创新形式开展线上线下培训，覆盖全行近20万名普通党员。开展党的十九大精神和党章党规知识测试，跟踪检验学习成效。制定印发《关于进一步深化党的十九大精神学习教育的通知》，在全体党员中开展三项专题学习，进一步巩固培训效果。

（二）推进基层党建工作向“职业化”“纵深化”“常态化”发展

瞄准“职业化”，打造专业专注的党务工作队伍。制定下发《关于进一步加强全行组织条线人员队伍建设的通知》，在一级、二级机构设专职“组织员”和专兼职组织岗，强化专职组织工作力量配备。着眼“纵深化”，推动党的领导在集团全线贯通。在符合条件的3家境内子公司设立党委，指导8家子公司党委做好“党建入章”工作，分别指导4家境外机构党支部按规定完成换届选举、支部负责人变更；开展“党员之家”升级建设观摩交流研讨活动，探索基层党组织活动阵地升级建设思路。坚持“常态化”，推动全行基层党建永葆生机和活力。在总行设立组织二处，常态化开展督导检查。坚持每年组织基层党建工作专题片观摩交流活动，选树先进典型，展示标杆风采。以现场和非现场述职相结合，扎实推动年度基层党建述职评议考核工作全覆盖。

（三）统筹落实基层党建重点任务

制定印发《关于进一步做好抓党建促脱贫攻坚工作的通知》，以党建铁肩扛起脱贫攻坚重任，全行已累计安排使用党费用于脱贫攻坚近2300万元，派驻扶贫干部超过1000人，派驻村第一书记超过200人。高标准组织开好民主生活会，加强对下级机构党委的督促指导。高质量抓好发展党员工作调研排查和清理收缴党费使用管理情况自审工作。不断优化党员队伍结构，扎实细致做好党内统计、组织关系接转、走访慰问生活困难党员等各项基础性工作。

二、强化班子功能，打造过硬队伍

（一）选优配强各级领导班子

坚持党管干部原则，严格执行干部选拔任用

制度，突出政治标准，坚持事业为上。选优配强各级机构“一把手”，配齐配强一级分行党委副书记，2018年，共调整9家一级分行和8个总行部门主要负责人，新提拔一级分行和总行部门主要负责人12人。为19家分行配备党委副书记，其中新提拔17人，切实把副书记岗位作为“一把手”的储备和培养平台。紧跟业务发展需要，进一步调整优化子公司和境外机构领导班子。全行新提任领导人员325人，其中新提任正职41人，交流任职50人。

（二）持续完善干部培养选拔机制

牢固树立重视基层的用人导向，制定《关于在脱贫攻坚一线培养锻炼考察识别干部的意见》，把基层一线以及贫困艰苦地区作为培养锻炼干部的“主战场”，持续开展总分行干部交流任职。组织实施境外机构领导人员继任人选公开竞聘工作，为全行国际化发展提供干部储备。

（三）大力培养选拔优秀年轻干部

立足全行基业长青的需要，不断优化领导干部队伍年龄结构，为全行改革发展事业补充新生力量。目前，总行部门级领导人员中，“70后”正职7人，副职104人，占比分别达到15.5%和41.7%；选拔一批信念坚定、业绩突出、会经营善管理、能抓班子带队伍的年轻干部走上分行“一把手”领导岗位。目前，分行“一把手”中“70后”的7人，平均年龄47.9岁。

（四）坚持从严管理监督干部

精心组织开展领导干部报告个人有关事项工作，全年集中填报率达100%。扎实开展重点查核和随机抽查工作，全行共查核领导干部775人，因未如实报告而受到组织处理的136人。用好提醒、函询和诫勉措施，2018年共提醒547人、函询6人、诫勉37人。对一级分行选人用人检查全覆盖，督促问题分行认真整改落实。借助科技力量改造优化系统，实现“一报告两评议”全覆盖，一级分行选人用人整体认可度达到99.12%，连续两年提升。

三、健全体制机制，培育人才红利

（一）优化完善人才工作体制机制

研究制定《关于进一步尊重人才用好人才留住人才的指导意见》，做好全行人才工作规划制度体系的顶层设计，为今后一段时期全行人才工作提供重要指引。着眼于培养一支适应全行改革发展、推进“三大战略”的高素质高层次青年管理人才队伍，举办全行青年管理人才培训班，总行、一级分行、子公司等共计184名青年管理人才参加集中培训。首次印发《全行人才测评工具及产品目录》，为分行人才培养选拔工作提供具有建行特色的测评工具和服务产品。

（二）持续推进“213人才工程”

分层分类对“213”人才实施定制化培训和实践锻炼。围绕改革发展战略业务及重点领域，首次拓展哥伦比亚大学等国际名校。全年组织各类培训1.5万人次，6.2万人天，超额完成计划。加强入库人才的多岗位历练。

（三）统筹境内外两个市场选育国际化人才

制定《全行国际化人才发展规划》，明确全行国际人才发展的指导思想、发展目标、主要任务和组织保障，进一步完善国际化人才管理体制机制。启动CCBU－PHBS国际化人才综合管理培训项目，培训总分行选拔处级干部25人。及时优化充实海外人才库，加大内派人员选派力度，选派149人到境外机构工作，较2017年增加140%。扩招储备外语类人才和小语种专业人才。

（四）加强科技条线干部人才队伍建设

围绕服务金融科技战略的需要，加强直属机构领导人员的充实调整力度，重点提拔任用一批在“新一代”建设中涌现出的经验丰富、敢于担当、勇于创新的领导人员，在全行科技条线进一步推动形成“有为必有位”的积极氛围。

四、优化组织架构，推进效能管理

（一）构建适应战略需要的组织架构

进一步健全普惠金融组织体系，总行小企业业务部（普惠金融事业部）更名为普惠金融事业部（小企业业务部），一、二级分行普惠金融事业部实现全覆盖。协同渠道部推进普惠网点建设，新设116个、升格133个普惠型支行。制定印发《金融科技创新体制改革总体方案》，整合设置金融科技创新委员会，成立金融科技子公司。推动雄安新区分行设立完成并正式开业。围绕提升国际化发展质量，设立海外审批中心、香港资金运营中心，挂牌成立全球大宗商品交易中心、全球创新投资中心等。

（二）稳步做好机构和人员总量管控工作

牵头编制2018年度机构发展计划，境内新设支行177个，升格二级分行5个、升格支行669个，境外设立2家分行。综合考虑各分行经营管理需要、盈利情况和减员情况等因素，合理确定年度人员总量计划和招聘计划。2018年底，本行口径员工总量34.99万人。为提前应对退休高峰，适当增加招聘数量，制定2019年招聘计划1.35万人。开展人才专项招聘，人员配置向“三大战略”领域倾斜。持续优化校园招聘工作，创新宣传形式和内容，提升雇主品牌影响力，2018年度全行共计招聘9053人。主动跟进全行业务发展需要，多渠道充实总行相关部门及直属中心专业人才，补充新生力量，优化人员结构。

五、科学配置薪酬，强化考核绩效

（一）精准配置薪酬资源

继续执行“增人不增资，减人不减资”政策，核定一级分行基本工资费用。合理安排二级分行及以下机构员工岗位津贴。兼顾属地化原则，落实科技数据条线倾斜政策，核定直属机构人力费用。缩小工资偏离度，保持审计机构与分行员工收入的横向平衡。以促进价值创造为目标，精细化核定境外机构人力费用，对合规官等重要岗位和条线予以倾斜，更好发挥薪酬的激励保障作用。

（二）完善薪酬分配机制

制定实施《关于优化境外机构薪酬管理的意见》，创新与总行职级对标的薪酬指导线，释放系列优化措施。兼顾合规和员工利益，规范总行本部住房福利待遇。针对年薪制人员，实施与经营管理责任挂钩的年薪制度。规范全行补充医疗福利，提高员工医疗保障水平，建立全行补充医疗费用正常增长机制。

（三）提升薪酬服务质量

应对监管政策变化，圆满完成全行工资总额申报工作。协助指导建信金融科技公司制定员工费用预算。适应机构管理需要，设计与总行本部统一的异地处室薪酬分配规则。优化升级薪酬系统，以自动核算、节省人手、提升质效为原则，上线投产自动化发薪项目，进一步提升绩效薪酬的管理效能。

六、变革教育体系，提升培训格局

（一）高质量规划建设建行大学

致力于建设新时代、新金融、新生态的企业大学，全面规划建设建行大学。构建建行大学管理体制，成立校务委员会，下设办公室，总行教育培训部更名为教育学习发展部，与校委会办公室合署办公。制定印发《建行大学（企业大学）建设总体方案》，以专业化、共享化、科技化、国际化的办学理念，打造既面向员工、又赋能社会、推进产教融合的教育培训平台。科学规划校区总体布局，统筹推进银校合作，与中南财经政法大学、香港科技大学等多所境内外名校签署合作协议，设立7个境内区域校区和3个境外校区。突出定位特色，强调专业专注，设立普惠与零售、住房金融、金融科技大数据等9大专业研修院和7大专业学院。着眼于提升教育培训工作数字化、智能化水平，建立建行大学网络学院。探索建立具有建行大学特色的教学体系。融合行内行外力量、凝聚境内境外智慧，以匠心品质精心设计建行大学校徽校训。按照“精美、精致、精彩”的要求，稳步推进建行大学标准化视觉设计工作。以高规格、高水平、国际化的标准举办“共享众知普惠众智”建行大学成立发布会，在行内外引起强烈反响，中央电视台《新闻联播》和《晚间新闻》栏目播出发布会现场视频新闻。

（二）高起点建立新金融人才产教融合联盟

着力推进人才和人力资源供给侧改革，联合中国人民大学等11家知名高校发起“新金融人才产教融合联盟”，共同开展课题研究、创新孵化、成果转化、职业培训，推动实现银校供需对接、资源转化、价值交换和利益共享。深化教育链、人才链、创新链和产业链的进一步贯通，共同推动教育与金融产业协同发展。目前，联盟除11家发起成员单位外，已有25家意向成员单位。联盟的筹建受到国家发展和改革委员会的肯定。

（三）高标准实施“金智惠民”工程

坚持将建行大学建设与服务战略、服务民生紧密结合，制定印发《建行大学金智惠民工程实施方案》，统筹推动全行启动“金智惠民”工程，针对社会热点难点问题开展惠民培训，共享优质金融教育资源。培训对象重点覆盖小微企业主、个体工商户、双创人群、城镇普通工薪家庭以及扶贫对象、涉农群体、扶贫干部，已在全国各地举办538期惠民培训班，培训人员近5万人。

（四）进一步强化教育培训基础保障

制定印发2018年教育培训工作意见，统筹推进各级各类干部员工教育培训工作，为全行改革发展提供全方位、多层次、持续化的培训保障。编制首套《“三大战略”系列辅导丛书》，组织开发县域支行行长普惠金融战略推进示范培训项目，上线“三大战略”网络培训课程。依托数字化管理理念和大数据应用思维，首次编制《岗位资格考试大数据分析报告》，提升岗位资格考试科学化水平。针对分行新员工培训痛点难点，组织开发新员工培训项目，印发《新入职员工手册》。加强专兼职师资队伍建设，目前全行共有培训师资2597人。

七、完善制度体系，夯实工作基础

（一）统筹推进制度建设

制定印发《关于进一步尊重人才用好人才留住人才的指导意见》《一级分行领导班子综合经营竞争力监测评价办法》《关于进一步加强全行组织条线人员队伍建设的通知》等规章制度和规范性文件，进一步健全完善组织人事工作制度体系，更好地适应当前全行改革发展需要。强化对制度执行监督检查和跟踪问效。

（二）全面加强信息化建设

打造建行大学网络平台，构建立体学习生态圈、智慧教学供需链、智能运营驾驶舱、知识智库云平台和建行大学公有云，为建行大学提供科技支撑体系。综合集成“员工全景视图”、人力资源“云生产”、建行员工APP等功能模块，全面规划设计构建“智慧eHR”体系。作为中组部中网院资源共建共享首批八家试点单位中唯一金融企业，率先完成一体化系统建设及网络平台对接。探索“人力资源+大数据”新模式，推动组织人事数据分析人才培养和课题研究。

（三）深入开展基础研究

坚持“深、远、实”定位，精心编发《组工参考》共11期。积极开展“未来银行业态下的人力资源管理”战略研究，把握未来银行业态和人力资源管理发展趋势，形成前瞻性研究成果，为强化战略人力资源管理提供参考。

执笔：焦乐

纪委、监察工作

一、加强政治引领，纵深推进全面从严治党

全行各级纪检监察机构坚持以习近平新时代中国特色社会主义思想和党的十九大精神为指引，把贯彻落实中央纪委二次全会精神作为全年工作主线，把讲政治贯穿于纪检监察工作全过程。

组织全行纪检监察条线认真学习党的十九大精神。通过《建设银行报》、总行监察部网站等平台刊发专题文章和心得体会共72篇，编发学习专刊12期；各级纪委书记通过上讲堂、专题党课等形式，带头宣讲十九大精神569次。结合建设银行实际梳理、制定驻行纪检监察组工作任务，以扎实有效行动抓好二次全会精神落实。

加强对中央和总行党委决策部署落实情况的监督检查。组织开展扶贫领域腐败和作风问题专项治理，总行纪委书记带队赴安康调研扶贫干部作风情况，并与扶贫干部集体廉洁谈话。督促各分行党委认真落实总行党委“三大战略”，将分行推进情况纳入党委主体责任考核范围。根据中央精神，制定出台容错纠错的有关指导意见，鼓励干部在守牢纪律红线和制度底线的前提下，在

推进“三大战略”、促进改革发展中大胆作为、勇于创新。

积极协助党委落实全面从严治党主体责任。完善考核机制，制定印发2018年度“两个责任”考核方案，实施纪委书记履职评价办法。总行纪委对2017年“两个责任”考核排名靠后的5家一级分行党委、纪委主要责任人进行公开约谈，考核结果和约谈情况通报全行。总行制定了《中国建设银行党员领导干部述责述廉办法》，对《党内监督条例》相关规定进行细化，进一步唤醒各级领导干部责任意识。

全力以赴落实派驻改革这一政治任务。总行纪委认真学习习近平总书记关于派驻监督的重要讲话精神和《关于中央纪委国家监委向中管金融企业派驻纪检监察组的实施意见》的工作要求；积极向党委汇报，结合实际制定派驻改革方案，稳妥有序推进原监察部职责移交、派驻纪检监察组内设机构及人员编制规划、分支机构内设纪检机构职责设定、相关规章制度梳理制定等各项工作，确保派驻改革的顺利推进实施。

二、坚持质效并举，进一步深化执纪执规“三部曲”

全行各级纪检监察机构坚定不移地唱好执纪执规“三部曲”，提高问题发现能力、精准查处能力，改进警示通报效果。2018年，全行共受理问题线索4145件，共给予党政纪处分3212人。其中，党纪处分282人、政纪处分3141人、党政纪并处211人；给予开除党籍65人，行政开除176人；处理处级及以上领导干部318人，其中总行党委管理干部11人。

规范化、精准化处置问题线索。充分运用纪检监察管理系统，加强问题线索集中统一管理，根据线索情况恰当选用处置方式，强化问题线索分办督办管理，实行动态跟踪。2018年，全行完成分类处置3711件，其中立案、初步核实3238件，占87.3%；谈话函询181件，占4.9%；暂存、了结292件，占7.8%。

保持执纪执规力度不减、尺度不松。深化运用监督执纪“四种形态”，既见树木又见森林，既重惩治又重预防。2018年，全行运用“四种形态”处理5101人次。其中，运用第一种形态1659人次，占“四种形态”总人次的32.6%；运用第二种形态给予轻处分3084人次，占比60.4%；运用第三种形态给予重处分339人次，占比6.6%；运用第四种形态19人，占比0.4%，进一步向“管住大多数”拓展。坚持“严肃、严格、严谨、适度”原则，一方面，厘清关键问题，抓住“关键少数”，避免“棍扫一大片”，2018年，在党政纪处分人数总量减少的情况下，全行处级及以上领导干部受到党政纪处分人数同比增长32%；另一方面，综合考虑行为人的动机、事实、性质、造成的损失和悔过态度，给予恰当处分。

加强警示通报。将个案通报和集中通报相结合，对严重违规违纪违法案件，一律点名道姓通报曝光，充分发挥警示作用，2018年，总行纪委共通报案件和违规违纪问题269起。坚持问题导向，深刻剖析案件暴露出来的员工管理、责任落实、制度约束等方面问题，督促全行以案为鉴、以案促改，如通报相关人员对抗组织调查、违反政治纪律问题，在全行形成深刻警示；通报某分行贷款诈骗案件，点明业务管理和人员管理中存在的漏洞，要求各级机构切实防范风险。

三、深化标本兼治，保持反腐败高压态势

全行各级纪检监察机构紧紧围绕遏制腐败蔓延势头这一目标任务，聚焦关键人员和重点领域，将治标与治本相统一，惩治与预防并重，坚持有腐必反，有贪必肃，始终保持反腐败高压态势。2018年共查处贿赂类案件11起。

坚持对腐败“零容忍”。对腐败案件发现一起，查处一起，充分形成震慑。总行纪委配合北京市监委完成山东省分行原党委书记、行长薛峰腐败案件调查处置工作，薛峰被给予“双开”处分。组织开展信贷领域腐败行为专项治理，深挖细查问题疑点，坚决查处腐败问题。加强扶贫领域违纪问题查处，如查处了两名分行驻村干部违规变通列支、套取扶贫经费资金的问题，给予党内严重警告处分。认真贯彻落实总行党委要求，组织开展“三清查”重检工作，规范员工行为管理，斩断利益输送链条，巩固“三清查”成果。

抓好以案促改工作。总行纪委召开了赖小民

案件警示教育大会和薛峰案件警示教育大会，深入开展案件对照反思，督促总行党委管理干部对金融领域反腐败形势思想认识到位、自我警醒到位、查摆问题到位。总行纪委制定了《关于认真做好赖小民严重违纪违法案件对照整改工作的意见》，结合建设银行实际制定了针对性工作措施，指导、督促案发行制定整改方案，切实解决落实主体责任不力、监督失效、内控管理混乱、信贷文化扭曲等问题。

四、狠纠“四风”问题，深入推进作风建设

全行各级纪检监察机构紧盯“四风”问题，一个节点一个节点坚守，一个问题一个问题突破，惩处、教育、监督多方发力，推动全行作风建设不断深入。

严肃查处“四风”问题。2018 年，全行共查处“四风”问题43 起，其中有7 起发生在十九大以后；处理 62 人，其中给予党政纪处分 33 人。坚决遏制“四风”问题反弹回潮。

集中整治形式主义、官僚主义。总行纪委印发了专项工作方案，督促各级机构领导班子和领导干部深入开展对照整改。再次组织全行七职等及以上干部开展“四风”问题自查自纠。截至2018 年底，总行党委管理干部中已有62 人主动上报“四风”问题，退缴相关费用，积极进行整改。

针对关键节点和薄弱部位持续发力。主动出击查纠“四风”，部署各级纪检监察机构在节假日对辖内开展检查，总行纪委在元旦假期对北京市分行公车封存情况进行了突击检查。扎紧制度“笼子”，配合相关职能部门及时完善落实中央八项规定实施细则的相关制度，就公车私用问题专门研究制定管理制度，进一步明确公车使用的政策要求，统一执纪标准。

五、体现严管厚爱，强化干部员工日常教育监督

全行各级纪检监察机构坚持教育治本，抓深抓细纪律教育，使干部员工知敬畏、存戒惧、守底线；立足监督基本职责，从严从实做强日常监督，让干部员工习惯在受监督和约束的环境下工作生活。

一是深入开展党纪教育。以“学条例，明纪律，守规矩”为主题，各级纪委书记和监察部门负责人到基层机构巡回宣讲新修订的《党纪处分条例》，总行先后到广东、深圳、内蒙古、辽宁、大连、江苏等12 个一级分行宣讲。各级机构通过党委中心组学习、专题辅导讲座、知识竞赛、微信课堂等多种形式，实现党纪教育全覆盖。

二是开展“三项专题教育”。开展保护客户信息、预防非职务犯罪和违反治安管理处罚法、“三珍惜”廉洁文化教育等三项专题教育，督促干部员工增强法纪意识、提高道德修养、守牢法律底线。总行纪委选取了近两年全行发生的员工违法犯罪典型案例，拍摄警示教育片《警钟长鸣》，在全行组织观看，累计播放5000 余场，员工观看38 万余人次；启动薛峰案件警示教育、开除案例警示录、《沉溺赌博 输了人生——徐舟案件警示录》等警示教育片拍摄工作。

三是常态化推进廉洁教育。总行纪委制定了《党风廉政教育工作指引》，实现教育过程规范化，教育形式标准化。各级纪委书记、纪委副书记坚持每季度开展“纪委书记上讲堂”活动。各分行纪委通过组织开展主题征文、知识竞赛、旁听庭审、参观监狱、送案例下基层、基层巡讲等多种形式，基本实现了对37 万余名干部员工廉洁教育全覆盖，引导员工筑牢“不想腐”的思想防线。

四是从严从实开展日常监督。规范运用“第一种形态”，总行纪委制定《谈话函询实施办法》，进一步健全谈话函询工作程序。加强廉洁档案管理，摸清“廉情”信息，将苗头性、倾向性问题禁于未萌，止于未发。认真落实党风廉政意见审核和任职廉洁谈话制度，对拟提拔重用的干部严格审核把关，认真开展任职谈话，督促新任职干部守住底线。

六、加强自身建设，提升纪检监察工作水平

全行各级纪检监察机构坚持“打铁必须自身硬”，正视自身短板和不足，严管理、固基础、强监督，着力提升全行纪检监察工作水平。

一是健全工作报告和管理机制。总行纪委修

订纪委议事决策规则。建立纪检监察工作月度简报制度，加强对下级机构纪检监察工作的掌握、管理，及时纠正偏差。优化纪检监察工作中期报告和年度报告制度，总行纪委和监察部负责人对总行直管单位纪检工作情况逐一进行书面点评，直指工作中存在的问题，督促整改。

二是夯实纪检监察工作基础。坚持并深化纪检监察基础工作达标工程，总行纪委对《纪检监察工作达标手册》进行修订和完善。督促2017年未通过总行验收的8家一级分行纪委全面整改、重新达标，2018年全部通过验收。加强纪检监察工作宣传，向中纪委网站报送信息稿件20篇、被采用14篇，各项数据在68家中管企业和中管金融机构中继续保持第一；总行监察部网页全年共发布稿件800余篇，日均访问量达到700余人次，在总行42个部门中排名前五。

三是加强组织队伍建设。总行纪委全年会同党委组织部和一级分行党委提名考察10名纪委书记、11名纪委副书记，严格把握条件和标准，选好纪检监察工作“带头人”；指导建信金融租赁、建信财险、建信金融科技3家子公司设立纪委（目前已有8家境内子公司成立了纪委）；推进省会城市行和中心城市行派驻纪检组试点工作，目前6家一级分行共向二级分支行派驻了29个纪检组，形成了比较成熟的派驻模式，监督效能明显提高。

四是坚持正人先正己。强化对纪检监察干部的管理监督，总行纪委印发了《关于全行纪检监察条线进一步纠正“四风”加强作风建设的通知》，组织各级纪检监察机关深入查摆形式主义、官僚主义问题，主动接受广大干部员工监督。深入核查反映纪检监察干部的问题线索，对查实的违规违纪问题一律从严处理，2018年全行共给予16名纪检监察干部党政纪处分。

执笔：尹媛媛

巡视工作

一、突出监督重点，提高发现问题的精准度

发现问题是巡视工作的生命线，建设银行着力提高发现问题的精准度，点准“穴位”，做到有的放矢、切中要害。一是突出履行“两个维护”政治责任。将被巡视党组织学习贯彻习近平新时代中国特色社会主义思想和党的十九大精神，结合地域特点、分行实际，落实住房租赁、金融科技、普惠金融“三大战略”推进情况，作为巡视监督的首要政治任务。二是紧盯“关键少数”。盯住领导班子和领导人员，特别是“一把手”这个关键中的“关键”，按照政治巡视定位，针对违反“六项纪律”、中央八项规定精神等问题，制定“一人一表”对照检查清单，梳理细化检查要点、归纳总结检查方式，指导巡视组对照清单，对领导人员逐一“过筛”，确保政治巡视不跑偏，探索巡视破解一把手监督难题的有效途径。三是抓住权力运行的关键环节和重点领域。结合银行业特点，重点关注在信贷审批、不良资产处置、选人用人、集中采购、基建工程、资产管理等重点领域和关键环节的腐败问题，特别将“信贷领域腐败问题”作为巡视监督的重中之重，对超出常理的违规贷款、严重损失贷款，民营企业、小企业贷款，已经核销和批量转让的异常贷款等盯住不放，查找违规背后的以权谋私问题。与审计部门建立协作机制，运用IT系统筛查资金往来情况。巡视中发现，在集中采购、信贷业务等领域，均存在部分领导干部和关键岗位员工与客户发生不正当资金往来等问题，有的金额较大、时间跨度较长，有明显利益输送迹象，已作为重要问题线索进行移交。

2018 年 11 月 21 日，建设银行召开 2018 年总行部门巡视进驻动员会。

二、加强巡察工作领导，建立巡视巡察上下联动的监督网

各分行巡察工作是建设银行巡视工作向基层的有力延伸，是党内监督纵向到底的重要方式。建设银行探索建立全链条管理体系，不断规范和深化企业内部巡察。一是制定年度巡察工作要点。明确年度工作思路和工作重点，指导分行以党的政治建设为统领，深化政治巡察；明确巡察全覆盖任务，将巡察范围延伸至城区支行、县支行；完善体制机制，规范巡察报告、移交、反馈、整改流程；对机构设置、队伍建设、基础管理等工作提出全面要求，有效规范各行巡察工作，提升巡察质量。二是强化日常管理。按照中央文件要求，下发《关于一级分行党委书记听取巡察汇报情况报备制度的通知》，督促分行党委履行巡察工作主体责任；明确巡察报备和报送事项，要求各分行按时报送年度巡察计划、巡察工作定期报表、主要负责人任免等材料，及时、准确、全面掌握分行巡察进展情况，按季度形成巡察工作报表，建立巡视巡察上下联动监督网。三是加强考核评价。2016 年以来每年开展全面考核，持续压实主体责任，考核结果通报全行，并与“两个责任”考核挂钩，充分发挥指挥棒作用，防止责任逐级递减，确保总分行巡视巡察上下联动，实现同频共振、同向发力。

三、做好巡视“后半篇文章”，推动标本兼治

发现问题不解决，比不巡视的效果还坏。建设银行着力抓实巡视整改，不断彰显巡视监督的严肃性和公信力。一是加强整改督查。总行党委对巡视整改工作高度重视，近期专门成立巡视整改督查处，主要负责巡视整改情况的督察督办，促进巡视成果运用。同时，专门派出 2 个巡视组，对去年巡视过的单位开展“回头看”，重点了解上次巡视反馈意见的整改落实情况，看整改是否到位，有没有走过场、报假账、选择性整改、边改边犯、前紧后松等问题，持续强化再监督，体现再震慑。二是规范移交督办。为促进整改督查工作的有序有效开展，对部分关键环节工作进行梳理和优化，制定并下发《关于问题线索、信访处理及巡视移交等相关工作的提示》，整合线索报告和信访报告，对问题线索实行分类管理，建立线索管理台账，规范巡视移交程序等，为日后便于整改“对账”，及时掌握整改进度和结果，进一步夯实了管理基础。三是发挥巡视治本作用。建设银行落实巡视工作方针，将在巡视中发现的一些带有普遍性、倾向性的突出问题进行总结归纳，从体制机制、监督管理上深挖问题根源，提出操作可行的意见建议，形成专题报告。截至 2018 年底，共提交专题报告 11 份。党委书记、巡视工作领导小组田国立同志亲自批示，并部署相关条线、部门研究解决问题的政策措施。相关职能部门积极响应，及时研究出台相关政策，堵塞制度漏洞，完善体制机制。巡视工作真正发挥了寻找弊端根源、推动改革的治本作用，取得较好成效。

四、加强信息化建设，提升系统服务能力

建设银行注重加强巡视工作信息化建设，自主开发建立了巡视工作支持管理系统。2018 年，在原有一期测评、问卷功能的基础上，继续加大投入，启动开发系统二期建设，着力构建信息化网络体系，打造一套全行统一、数据集中、流程处理的巡视工作日常办公平台。一是强化对现场巡视各环节的支持。将巡视进驻至巡视离场期间各项工作系统化、模块化，通过系统流程规范巡视各项业务操作，通过便利的数据信息采集和搜索提高工作效率，并同步实现巡视档案管理的电子化。二是加强对巡视信息和数据统计分析支持。研发面向巡视业

务人员的数据分析和报表定制工具，拓展巡视数据应用广度和深度，实现对各类报表的生成、校验、上报、汇总等全面系统报送。三是提升对巡视管理决策的支持服务能力。搭建管理驾驶舱，通过图表形式，面向总分行巡视办、组领导直观显示各类指标，支持“钻取式查询”，实现对指标的逐层细化、深化分析。实时反映总分行巡视工作的开展情况，对异常指标进行预警。力求通过信息化建设水平的不断提升，为强化巡视巡察上下联动、助力巡视工作向纵深发展提供技术保障。

执笔：张琦

公共关系与企业文化工作

一、坚持正面宣传，汇聚发展正能量

（一）宣传贯彻落实国家重大决策部署

贯彻落实民营经济座谈会指示精神，深度聚焦民营经济和小微企业发展，建设银行作为银行业代表就落实习近平总书记有关指示精神首家发声，五大央媒采访建设银行领导，对建设银行支持民营经济情况予以重点报道。其中，新华社刊发报道不到5小时阅读量突破100万次。协调建设银行领导出席国新办“银行业服务民营、小微企业”新闻发布会，相关报道2000余篇。组织改革开放40年系列宣传，开展“走进建行 走近建行人”主题采访、改革开放40年主题征文以及融媒体宣传等，集中展示建设银行成就。

2018年11月26日，建设银行与中国妇女发展基金会共同在北京举行“母亲健康快车”捐赠发车活动。

（二）积极做好“三大战略”主题宣传

精心制定宣传策略，安排宣传计划，通过邀请媒体出席活动、协调高层发声、举办新闻通气会、主流媒体调研采访以及协调媒体评论员、大V、自媒体第三方发声等形式，灵活运用新媒体手段，开展多角度、全方位、立体式宣传，为“三大战略”提供了有利的舆论氛围，新战略新理念新品牌深入人心。

住房租赁方面，持续宣传创新金融服务，引导住房消费新理念，助力破解社会痛点的担当和作为。建设银行领导在“陆家嘴论坛”，《央视财经评论》，“人民财经高峰论坛”，银保监会例行新闻发布会，纷纷予以推介。协调组织《人民日报》、新华社、路透社等境内外有影响力的媒体调研采访，《人民日报》先后以3个整版报道住房租赁业务，并以《人民日报内参》形式报送中央领导。

金融科技方面，大力宣传以科技驱动引领发展，构建开放共享生态圈的举措和成果。利用金科公司开业契机，结合“无人银行”热点，组织百余家媒体采访，协调第三方评论，共刊发稿件7400余篇，成功为开业造势。积极协调金科部领导专家发声，组织媒体到直属中心、网点体验采访，宣传建设银行科技实力。

普惠金融方面，大力宣传服务实体经济，支持小微企业的大行担当和创新成果。邀请《人民日报》、新华社、中央电视台、《金融时报》等20余家媒体参加普惠金融启动大会，现场采访。推出高层权威解读，建设银行领导在《中国金融》发表署名文章，并接受央视专访。协调全行统一行动，部署分支机构在各地主流媒体及新媒体渠道，第一时间集中宣传。做好“惠懂你”APP宣传，实现全行同频共振。配合中银协“铭记初心砥砺前行高峰论坛”调研，组织媒体赴福建调研采访。做好《中国普惠金融蓝皮书》和“建行·新华普惠金融——小微指数”发布以及建设银行入选《人民日报》“2018中国普惠金融12大典型案例”宣传，全面展现普惠金融业务的成果和优势。

（三）大力宣传全行重大活动

高标准做好劳动者港湾宣传，大力传播履行社会责任、传递人文关怀的大行情怀。协助举行“劳动者港湾”发布会，隆重发布“劳动者港湾”服务品牌和APP，组织分支机构宣传力量，借助全媒体渠道，实现宣传“一盘棋”，掀起各方热议热评高潮，形成强有力的宣传声势。积极做好建行大学宣传，邀请媒体现场采访，组织策划内容传播，提升品牌影响力。持续做好金融扶贫宣传。利用全行扶贫大会契机，掀起扶贫宣传热潮；深入挖掘扶贫故事，重点开展电商扶贫宣传。例如，邀请媒体赴安康采访“社区工厂贷”；协调福建贫困果农滞销荔枝宣传，短短2小时助销爱心荔枝1.8万斤。协调组织新华社、《金融时报》等媒体调研采访，宣传建设银行推进债转股的领先优势。

（四）精心策划组织新闻发布

利用重大新闻、重大事件和重要活动契机，策划高水平新闻发布活动，积极组织参加有影响力的媒体活动。全年协调安排各类新闻发布活动50余次，总行行领导、部门负责人参加媒体活动40余场次。建设银行领导参加国新办新闻发布会，出席“陆家嘴论坛”及“中国发展高层论坛2018年会”，做客央视财经评论，引起广泛关注。此外，建设银行领导还出席2018中国银行业发展论坛、《人民日报》“第二届人民财经高峰论坛”及中国普惠金融创新与发展峰会，均取得良好反响。通过高层权威声音，持续宣传了建设银行服务百姓安居乐业、建设现代美好生活的理念、举措和成果。分别以住房租赁和普惠金融为主题，策划组织2次银保监会例行新闻发布会。会同相关部门举办“惠懂你”APP上线发布会、劳动者港湾发布活动、建行大学成立发布会以及《中国普惠金融蓝皮书》和“建行·新华普惠金融——小微指数”发布会。

（五）全力以赴做好工作会视频片

圆满完成2017年全年工作会视频片以及2018年年中蓝海工作回顾总结片，受到行领导及参会领导同事的广泛点赞，有力提振了干事创业的士气。全力做好“一部手机办事通”项目宣传工作，会同机构部提前策划部署，与新华网开展深入合作，确定宣传方案，多次赴云南调研协调，为项目上线做好宣传预热准备。

二、强化品牌建设，助推业务发展

（一）精心做好品牌包装，助力新战略推进

推出住房租赁、金融科技、普惠金融及劳动者港湾品牌形象包装，提供标识Logo、字体、理念、宣传语、广告等全套品牌资料，完成住房金融服务中心、普惠金融网点、裕农通网点以及劳动者港湾等专项形象设计。推出建融家园“长租即长住，长住即安家”长租理念、普惠金融“乐业成长，源远流长”品牌形象、劳动者港湾品牌形象等，得到广泛传播。

（二）鼎力支持业务营销，打造重点业务品牌

集中打造“裕农通”“龙财富”“善行城建”等重点业务品牌，全年设计80多支战略业务广告。在央视、网络、院线、机场、框架、报刊、广播等渠道，投放龙支付、悦生活、善行城建、裕农通、快贷、多模式现金池等40余支广告，累计曝光达75亿人次，其中，央视38亿人次、网络28亿人次、机场1800人次、框架4亿人次、报刊1686万人次、广播5亿人次。与知名文化脱口秀节目“晓说”、财经节目“潜流”合作，开展建融家园“理想生活·家”“大鱼漫画”等主题营销活动。“理想生活·家”“大鱼漫画”分别获得中国国际广告节“2018广告主金牌案例”和凤凰网“最具传播效果奖”。

（三）加强营销创新，内容传播取得突出成效

与三联生活周刊、南风窗等主流媒体合作，推出“试与平凡把酒言欢”“且燃微光映苍穹”

"劳动者港湾：极具现代精神的创意"等爆款文章。"试与平凡把酒言欢"曝光量达到530万+，创下业界内容营销新高。建设银行领导多次对深度文章给予高度评价。主动策划"来自陌生人的温暖""发现城市英雄""送TA上头条"等劳动者港湾话题营销，活动阅读量6833万人次，评论5.6万条。与媒体合作"用爱诉说"暖心图文系列，以漫画风等创新形式，通过第三人诉说，多波次营销推广，塑造传统银行新形象。

（四）提升品牌意识，强化品牌管理

连续三年举行VI检查，研发全行VI课件，开发最潮对战答题小程序，进行VI知识网络竞答活动。下发全年广告投放策略，开发上线品牌素材管理系统和图片库系统，开展全行平面广告创意评比。推出"逢节必有图"节日营销57支海报，形成了建行特色广告品牌。强化集团品牌管理，设计企业形象平面广告，修订名片版式。积极推进稻香湖展示中心建设。

三、强化理论武装，筑牢思想基础

（一）认真做好十九大精神学习宣传工作

通过行内外多种渠道，传统媒体与新媒体多种形式，及时报道全行学习十九大精神的动态。协调人民日报、经济日报、紫光阁等中央媒体对建设银行学习宣传十九大精神进行报道，《人民日报》以《擦亮党建这张"金名片"——中国建设银行将党建融入公司治理各环节》为题，报道我行加强党建工作有关做法和成效，引起强烈反响。

（二）扎实做好中心组学习服务工作

2018年，总行党委中心组围绕"全面从严治党""全面深化改革""学习《规划》和条例"等主题，组织安排7次集中学习及研讨活动，强化理论武装，增强"四个意识"，坚定"四个自信"。编辑《党委中心组学习参考资料》、"全国宣传思想工作会""改革开放40周年"等专题辅导资料，及时为各级党委中心组学习研讨提供支持。加强对全行各级党委中心组学习的指导和检查，对学习重点内容安排提出要求，对半年、全年学习情况分析。同时，通过列席中心组学习、检查调研等方式，多方面加强对分行和子公司的学习指导。

（三）创新开展思想教育和精神文明建设

组织第二届"最美建行人"评选宣传活动，评选出十大"最美建行人"，把评选活动做成展示最美事迹、宣扬最美精神的过程，用典型人物诠释和宣传核心价值观，共有234万人次阅读量，微信个人投票216.4万张，机构投票111张，员工及客户留言1万余条。组织精神文明单位交流活动，80家全国文明单位发布倡议，号召各机构在新时代"引领金融文明，助力文明社会"建设，做到"五弘扬五争做"，通过"现场展示+书面案例交流+移动端H5推送"等多种方式交流，以及多层次、多渠道、多媒体的跟进宣传，实现了全行80家全国文明单位的大检阅、大亮相、集中发声，强化了文明单位的角色认同和责任担当。

四、坚持文化引领，凝聚战略共识

（一）组织"普惠金融战略"笔谈及基层文化采风活动

为进一步强化战略认同，在建行报和"文化建行"同步开设"普惠金融战略"笔谈专栏，共收到49个单位的61篇文章，其中各机构一把手41篇。编辑刊发九期。开展"三大战略 扎根基层"文化采风活动，挖掘宣传基层员工故事，提炼打造"朱超工作法""巡山雷达控风险"等经验做法，推出河北、江西、安徽、浙江等分行系列宣传报道，编写优秀案例汇编，促成经验交流，助推业务发展。

（二）开展"同心赞颂 爱我建行"文化主题活动

共收集歌曲、微视频和摄影书画等作品近600个，并通过H5等新媒体形式、线下布展等方式，宣传员工创新拼搏的精神风貌。全行各级机构开展展示活动300余次，发布活动图片4000余张，信息报道1000多篇，点赞留言近50万次，较好激发全行热爱建行、投身"三大战略"的自豪感和责任感。

（三）开展评估交流评比活动

通过对不同管理层级、不同业务条线、不同区域分支行综合调研，从战略知晓、认同、掌握、践行等层面，构建"新战略 心动能"评估模型，提出解决思路与方案，为凝聚文化共识、推动战略落地提供决策参考。组织开展总行级文化建设示范单位交流研讨活动，充分发挥示范单位典型引领作用。以“2017—2018 年全行企业文化建设先进单位和先进工作者评选活动”为抓手，评选推出企业文化建设优秀个人 40 人，企业文化先进单位 30 个。

五、夯实基础管理，声誉管控更加有力

（一）全力以赴妥善应对负面舆情

压缩舆情扩散渠道，主动澄清事实引导舆论，先后处置约堡分行监管处罚、晚宴海报等重要舆情，及时应对西安南大街营业大楼火灾、租房分期合作机构暴雷等突发事件，有效防控村镇银行整体挂牌出售等潜在声誉风险，尽力减小舆论负面影响，取得较好效果。全年共监测并处置各类负面舆情 3627 条，基本做到了不蔓延、不扩散、不升级。据第三方专业机构监测发布，建设银行负面舆情总量、负面舆情发生率均为同业四大行最低。

（二）推动声誉风险专业化水平提升

按照建设银行领导舆情防控讲话指示精神，重检和修订声誉风险管理办法，进一步明晰责任分工，理顺管理路径，完善媒体舆情应急联络机制，健全完善声誉风险制度体系。把全行各机构舆情应急联系领导人员和工作人员信息印制成册，建立舆情工作群。强化舆情信息分析使用，每日编制《媒体敏感信息摘报》，为业务决策提供参考；每日收集住房租赁市场舆情信息，建设银行领导多次作出批示。将消费者权益保护、企业社会责任、识别化解潜在风险的内容写入风险偏好。多途径强化全员声誉风险意识，推出“媒体采访及舆情应对专题”微视频，累计学习达 14.96 万次。开展全面风险管理评价，对境内一级分行、海外分行、子公司考核打分，考核覆盖面、有效性进一步增强。主动加强声誉风险管理研究，破除痛点、化解难题、推动工作。

六、坚持客户至上，提升消保工作价值

（一）持续完善消保工作报告和整改机制

定期向董事会社会责任与关联交易委员会、监事会履职尽职监督委员会报告消保工作开展情况；认真按要求向监管部门报送工作情况，全年累计报送消保年度工作、自评报告、投诉核查、宣教总结等报告 45 份。加强消保问题整改，开发上线产品信息查询平台，向客户展示在售及存续期内的投资理财类产品信息。推动相关机构分别开展 11 次内部审计、监管会谈和监管通报问题的整改，确保相关问题得到有效改进。

（二）进一步加强投诉管理

严抓投诉管理，在消保 KPI 考评中增设投诉数量指标。有效处理监管转办投诉，加强统计分析，约谈问题较为突出的分行。推动升级客服系统，统一客户投诉认定标准。编制《网点现场投诉处置手册》，着力提升网点一线员工现场投诉处置效率和质量。持续开展客户满意度调查，聚焦产品和渠道服务中暴露的问题和短板，有针对性地进行优化和整改。2018 年，建设银行个人客户总体满意度为 81.0%，继续保持同业五大行排名第一，较上年提升 2.3 个百分点。

（三）消保审核工作逐步走上正轨

落实消保工作行为融入管理目标，对新产品和服务、规章制度、营销宣传材料、互联网产品发布、格式合同文本以及特殊业务 6 个方面进行消保审核。全年共完成消保审核业务 159 件，提出修改意见 283 条，从源头上有效地避免了金融消费纠纷的发生，审核工作步入正规化、规范化、流程化轨道。

（四）推进消保宣传教育工作创新

组织开展“3·15 金融消费者权益日”“普及金融知识，守住‘钱袋子’”“金融知识宣传服务月”等主题宣教活动，鼓励分行自主设计金融知识普及宣传作品，加深公众对于金融的理解。全年宣教活动共有 1.4 万多个营业网点参与，累计出动宣传人员 20 余万人次，发放宣传材料 1200 万余份，受众消费者超过 2900 余万人次。建设银行获评银保监会 2018 年“金融知识普及月金融知识进万家”暨“提升金融素养 争做金融好网民”活动先进单位。

七、落实“三带一融合”公益理念，践行大行社会责任

（一）持续打造公益品牌，不断提高建行公益影响力

认真组织实施公益项目，全年对外捐赠近

9000万元，较去年大幅增长。按照“捐赠政策导向、捐赠资金支持、公益项目覆盖”原则，持续加大对全行定点扶贫工作支持力度，定点扶贫捐赠6200万元，较上年增长25%，共实施各类扶贫项目300余个，一大批贫困户受益并脱贫。举办母亲健康快车发车活动，累计捐资5400万元，购置357辆快车，216万人次受益。举办资助高中生成长计划十周年座谈，宣传建设银行“一次性捐赠金额最大、实施范围最广、直接受益人数最多”的公益项目。拍摄《暖》《十年筑梦、我们一起成长》《善建者行》等公益微视频，《暖》传播达百万次。

（二）创新工作思路，落实“三带一融合”公益理念见成效

积极推进建行公益新生态建设，启动全行统一的公益平台和低碳绿色能量系统开发工作。贯彻落实“三带一融合”公益理念，成效显现。带上员工做公益，首次策划员工公益支教活动，来自全集团的20名志愿者及媒体赴安康下辖的五个乡村小学开展支教活动，有效激发员工对建行的自豪感和归属感；组织第二届建行夏令营，策划圆梦微心愿活动，51个山区孩子的心愿被总行员工认领；带着客户做公益，联合网金部创新组织“善心融爱、共助安康”电商扶贫推介暨公益捐赠活动，号召客户加入扶贫攻坚中。带动机构做公益，协调教育发展基金会捐赠320万元支持改善安康地区的教育基础设施；融合业务做公益，联合网金部和妇基会，共同推进扶贫商品云南红河“哈尼红米”上线到善融商务平台，累计销售红米7万余斤，帮助当地数百贫困户人均增收500元。

（三）对标国际标准编制社会责任报告，继续保持同业领先

共披露204个量化指标，比去年增加10个，特别在环境指标方面取得突破，首次将披露范围拓展至总行及国内37家一级分行本部，使报告在合规性和与国际接轨方面继续走在同业前列，并获得董事会、高管层、机构投资人、外部评级机构好评。主动宣传，报告发布传播超过150万次。加强国际上有关ESG信息披露和管理的研究，联合相关部门共同推动建设银行ESG信息披露工作，不断提升报告编制水平。

八、坚持创新驱动，新媒体宣传成效显著

（一）自媒体建设取得突破

“今日建行”作为建设银行官方新闻发布平台上线，标志着建设银行新媒体宣传进入新阶段。截至2018年末，“今日建行”粉丝关注量突破18万，刊发篇数422篇，总阅读量达257万篇次，主要指标在企业类新闻公众号中名列前茅。建设银行领导对“今日建行”开设专门批示，扶贫工作感想文章《认识老毕》在“今日建行”发布，传播量突破10万+，后又多次撰写署名文章在“今日建行”首发，均突破10万+。创办一年以来，“今日建行”切实履行官方新闻发布平台职责，讲好建行故事，传播建行声音，已成为媒体获取建设银行信息的重要渠道。“文化建行”稳步发展，关注量突破10万，全年推送稿件300篇，阅读人次70万次。“文化建行”积极配合“普惠金融战略”笔谈、“最美建行人”评选等活动，组织策划宣传，取得突出传播效果，已成为全行企业文化传播的重要阵地。此外，还创办官方抖音短视频蓝V账号，抢占短视频宣传新阵地。目前已发布作品17个，点击量近80万。

（二）新媒体传播日趋成熟

积极通过长图、H5、MV、漫画、短视频、直播等新媒体形式进行宣传，有力提升了传播效果。如，住房租赁营销宣传，灵活运用新媒体手段，以场景化营销、漫画、街采、直播等新媒体传播形式，让传播内容真正潮起来，取得突出效果。借助新媒体强大传播力，加大内容传播力度，如与三联生活周刊等媒体合作，策划推出系列深度评论文章，引发广泛好评。此外，在员工思想教育等传统工作中，大胆尝试和使用新媒体。如“最美建行人”评选活动中，利用微信公众号进行投票，通过“文化建行”推出“最美建行人”介绍。公益活动中强化新媒体使用，通过H5、美篇等，提升传播效果。消保宣传教育中鼓励分行推出生动形象的新媒体宣传作品，加深公众对于金融的理解。

九、斩获多项大奖，品牌竞争力显著提升

认真组织奖项参评，2018年，荣获国内外各类奖项荣誉100多项，品牌价值大幅提升。建设银行时隔8年再次独家赢得英国《银行家》杂志“2018年中国最佳银行”大奖；获得《亚洲银行家》杂志“2018中国最佳大型零售银行”“2018中国年度最佳普惠金融产品”；荣膺美国《环球金融》杂志“最佳中国银行”“人民币国际化最佳中资银行”两项大奖；获《金融时报》“年度最佳普惠金融服务银行”大奖；在英国《银行家》杂志发布的2018年“世界银行1000强”排名中连续第5年位列第2位；连续8年获得中国银行业协会颁发的“年度最具社会责任金融机构奖”综合大奖。所获奖项覆盖综合经营、住房租赁、金融科技、普惠金融、社会责任等方面，得到客户和社会各界好评。

十、加强条线建设，提升业务能力

（一）召开全行宣传思想文化工作会议

建设银行领导对会议高度重视，出席会议并发表重要讲话，会议总结经验和成绩，研究新形势和新问题，明确把学习宣传“三大战略”作为主要任务，为宣传思想文化工作指明了方向。配合会议精神贯彻落实，整理编发8篇系列评论员文章，通过建行报专版刊发。各单位通过多种形式，学习宣传贯彻会议精神，为推动全年宣传思想文化工作提供了有力保障。全行有22个分行召开了本单位宣传思想文化工作会议。

（二）深入开展基层检查调研

围绕工作任务落实，全年共组织专题调研21次，调研人员55人次，涉及55家单位及基层网点。围绕“三大战略”和宣传思想文化工作会精神落实，赴天津、陕西、甘肃等7个分行开展综合性专题调研，及时将调研情况报告行领导，通报各单位；会同党口部门对山东、青岛分行和建信信托等单位党委中心组学习进行专项督查，加强具体工作指导；对安徽、贵州、福建等8家单位进行VI检查调研，实现了近3年一级分行检查全覆盖；对陕西、黑龙江、深圳等6个分行进行消保专项检查，有针对性地解决问题；组织相关处室人员，赴港澳地区同业及外资机构，调研品牌管理、社会责任、宣传用品等方面的经验做法，为加强和改进工作提供参考。

（三）加强条线人员培训与工作交流

全年举办新闻宣传与声誉风险、品牌管理、社会责任管理、消保管理、企业文化等培训班6期，共培训人员420人次。部门人员外出为基层机构现场授课辅导26次。组织《建行文化培训教材》修订工作，推进文化培训标准化建设。配合研发品牌管理、公益平台系统，开发消保工作、社会责任网络培训课件。加强工作交流和经验分享，办好内部工作简报。全年编发《媒体监测快报》251期、《公关工作动态》26期、《公关快讯》26期、《消保工作动态》12期、《口述行史工作》2期。《公关工作动态》围绕“三大战略”主题，重点策划安排“落实全行宣传思想文化工作会议精神”“三大战略员工故事征集”“各单位工作亮点及成效综述”等6个专题内容，共刊发80篇经验。其中，从征集的300多篇故事中精选推出12篇典型故事，连续3期持续宣传，受到基层欢迎。

（四）进一步强化制度建设

制定印发《2018年公共关系与企业文化工作考评方案》，统筹安排分行考评工作；结合行领导分工及部门职能，及时调整总行精神文明建设工作领导小组，并修订文明单位管理办法；制定印发《企业文化标准》，突出“三大战略”学习宣传；修订《声誉风险管理办法》《媒体舆情快速联动应对机制》，健全完善声誉风险制度体系；制定印发《消费者权益保护工作指引》《消费者权益保护工作考核评价办法》《关于进一步加强客户投诉管理工作的通知》《关于进一步加强消费者权益保护相关内容审核管理的通知》，不断推动消保要求融入业务领域相关规章制度之中。

（五）探索人才库建设

制定印发《关于建立宣传思想文化人才库的通知》，对全行宣传思想文化人才库建设进行部署。各单位围绕公文写作、通讯报道、新媒体传播、活动策划、广告创意5个专业类别，共推荐921人。部门成立人才库管理团队，重点做好人才库使用、培训、激励、管理等相关事项。

（六）推进“老干部口述行史”拍摄工作

专门成立项目团队组织策划和拍摄，采购外部专业公司进行技术支持。先后形成历史大事件目录（1994—2014年）、1993—2004年时代背景、创作大纲、采访提纲索引等文字材料。自8月开机以来，已累计采访拍摄总行23位老领导，各项工作正有序推进。

执笔：娄芸

党群工作

一、深入强化政治学习，按新时代党的建设要求扎实推进总行机关党的建设

（一）组织处级党员干部集中轮训，学习宣传贯彻党的十九大精神

依托总行党校、常培、哈培、清华大学等行内外教育机构，举办总行机关处级党员干部专题辅导班12期，共培训1000多人次，实现了培训对象全覆盖。

（二）开展学习贯彻十九大精神及党章党规知识竞赛

以“学习贯彻十九大·三大战略建新功”为竞赛主题，内容涵盖党的十九大精神、宪法、党章党规、习近平总书记系列重要讲话及“三大战略”等各个领域知识，发动广大党员编题、选题，组建题库，6000余人次参赛。

（三）组织学习宣传贯彻十九大精神专项督查

组织力量对10个支部进行了现场督查，访谈各层级党员干部70余人，组织不同层级的200名党员干部参加了闭卷测试。

（四）举办专题辅导讲座提升理论学习水平

着力打造“机关大讲堂”学习品牌，创新采用联办和自办相结合的形式，一方面邀请专家精讲解读习近平新时代中国特色社会主义思想和党的十九大精神；另一方面为配合推进三大战略贯彻实施，围绕党员群众关心的热点焦点问题邀请专家学者授课，为大家带来新知识、新技术、新见解。

2018年5月17日，建设银行召开第四届三次职工代表大会第三交会议。

（五）围绕三大战略开展联学实践活动

将党建和业务工作紧密结合，以党建引领三大战略落地实施为主题，组织开展了“融入三大战略·感受人民情怀”支部微党建联学实践活动。住房金融与个人信贷部、普惠金融部、金融科技部等三大战略相关部门牵头，总行70余名党员干部深入基层，共同推进三大战略落地实施。

（六）创新形式开展“身边的榜样”宣传评选活动

开展总行本部“身边的榜样”宣传评选活动，增加了“身边的榜样”十佳集体和十佳个人的评选环节，事迹总点击阅读量突破66万，总投票数达651万。经过层层推选和严格审核，最终评选产生80个先进集体和个人。

（七）夯实基层组织基础，严肃支部政治生活

总行党委成员坚持参加所在党支部、党小组

的政治学习和组织生活，带头讲授党课，发挥了表率作用。坚持基层党组织换届督促提醒机制，严格党员发展质量，派员列席支部、党小组“三会一课”、民主生活会、组织生活会等，督导支部落实组织生活制度。着力宣传推广优秀支部工作法，举办“机关微党建·支部工作法”党建述职分享会。

（八）推进警示教育常态化，从严抓实经常性纪律教育

结合落实中央和国家机关党的政治建设推进会精神，制发文件明确机关各党支部开展经常性纪律教育要求，坚持把教育嵌入干部日常管理流程。贯彻中央和国家机关警示教育大会精神，认真落实警示教育活动各项部署。坚持“身边人教育警示身边人”，组织各党支部观看总行纪委拍摄的警示教育片，学习纪检监察工委和总行纪委通报的各种案例。坚持警钟常敲时鸣，加强过节纪律教育提醒，巩固违反中央八项规定精神问题专项整治成果。开展“送纪律”教育活动，创新形式督导支部落实好直接教育管理职责。

（九）坚持把纪律挺在前面，强化监督执纪问责

组织机关员工开展对预防非职务犯罪和违反治安管理处罚法行为自查申报，金融信贷领域腐败行为专项整治，加强廉洁风险点防控等专项整治活动，强化员工从业行为监督。严格落实任职廉洁谈话制度，做好干部提拔任职党风廉洁意见回复、处级领导干部操办婚丧喜庆事宜备案、员工礼金礼品上交登记等，加强机关纪委日常监督。认真做好总行本部非总行党委管理干部党员违反党纪问题线索管理和处置工作，协调审计部等部门对问题线索深挖细查，从严执纪问责，严肃处理违反党纪的党员。

二、聚焦增强政治性、先进性、群众性要求，在新时代展现工会工作新风采

（一）深入学习贯彻工会十七大精神，开好四届三次职代会

年初组织提案筛选和重点提案调研并首次开展了重点提案大会发言，充分聚焦职工利益重点问题，丰富了向职工代表报告的内容，选举了新一任职工代表监事；形成《中国建设银行企业民主管理办法》征求意见稿，并提交职代会讨论。2018 年建设银行被中国金融工会授予“全国金融系统职代会制度建设示范单位”。

（二）开展劳动竞赛，助推三大战略和“劳动者港湾”建设

与相关部门联合组织开展“融入三大战略，争创时代佳绩”、创新创效大赛等主题劳动竞赛活动。与中华全国总工会、中国金融工会、中国银行业协会等机构合作推进“劳动者港湾”建设事宜。在全总、中央网信办组织开展的“网聚职工正能量，争做中国好网民”主题活动中，“劳动者港湾”建设项目荣获金奖。

（三）弘扬正能量，做好先进典型的选树宣传

积极选树先进典型，开展全国及全国金融五一劳动奖和先锋号的评选推荐、巾帼标兵和巾帼标兵岗的评选推荐等工作，加强劳模事迹和典型人物宣传工作。持续举办劳模疗休养活动，提升劳模自豪感。

（四）强化员工关怀，持续推进全行“职工之家”建设

推进“同心计划”员工健康综合保障项目，联合相关部门下发《关于印发“同心计划”员工健康综合保障方案实施意见的通知》，同时启动总行互助机制。在全行打造 100 个职工之（小）家样板工程，补助 100 个经济欠发达地区和边远地区的职工之（小）家。开展了“善融商务个人商城工会定向提货”功能试点工作。

（五）在实践中探索，开展丰富多彩文体活动

成功举办全行第六届职工羽毛球比赛，49 支代表队 580 多名队员参赛，创历届参赛人数之最；举办“奋进新时代·增彩建行蓝”全行职工演讲比赛决赛和环渤海地区职工足球赛，探索多样化、区域化、小型化的群众文体活动模式。启动全行职工文化体育联合会筹建工作。

（六）开展主题系列活动，展现女职工风采

以“新时代·新征程·新女性”主题系列活动为载体，组织动员广大女职工在投身建行改革发展的大潮中建功立业，争创一流。系列主题活动针对女职工特点，开展了包括创先争优、读书征文、最美建行家庭评选和自选主题项目

等系列活动。浙江分行工会上报的“夸夸咱们的女员工”自选项目，被中国金融工会评选为获奖项目。

（七）多策并举，积极维护女职工权益

不断推进女职工权益保护专项集体合同的签订履约工作，实现全覆盖；继续改善女职工“四期”保护条件，优化女职工工作环境，加快“哺乳室”等设施建设。积极维护生育二孩女职工合法权益，帮助她们解决工作和生活中遇到的困难和问题。积极引导和组织女职工通过职代会、行务公开等民主管理形式，主动参与民主决策、民主管理和民主监督。

（八）强制度，抓管理，做好经费审计检查

制发了《中国建设银行基层工会收支管理实施办法（试行）》等制度办法，从制度层面规范建设银行工会财务管理，确保建设银行工会费用收支有据可依。做好例行年度审计和日常监督检查工作，对24家一级机构的2016—2017年度工会经费收支情况进行审计，两个审计项目获得全国工会优秀审计项目。

（九）用心服务，着力提升总行机关工会组织活力

召开总行机关职代会，让员工依法合规地参与民主管理、民主决策和民主监督。成功举办了总行本部暨离退休迎春团拜会、“唱响新时代”文化艺术节活动。通过节日慰问、员工子女入学、困难员工救助等将关爱员工落到实处。代表中央国家机关参加全国职工乒乓球赛，积极组织参加“雄安新区·容城”劳动者杯乒乓球邀请赛等行内外各类文体比赛。广泛普及群众性文体活动，根据员工意愿成立各类文体协会共25个，会员累积超过2600人次。各协会组织各种培训、训练、文体活动一千余次。

三、正确引领，搭建平台，助力青年员工成才、建功

（一）贯彻共青团十八大会议精神，开展全行“青年大学习”活动

团的十八大召开后，第一时间向各级团组织和各行团干部、青年员工传达会议精神，引导青年员工深刻领会党中央对青年一代的关怀、期望与嘱托，坚定为中国梦奋斗的理想信念，激发青年员工干事创业、岗位建功的热情。开展“青年大学习”活动，开展青年论坛、征文、讨论等活动。

（二）搭建多种平台，助力青年成长

组织开展“行领导与青年员工面对面”“建行好声音”“建行青年说”“根在基层”“积分圆梦·微公益”“援疆夏令营”等活动，引导青年在全行经营发展中发挥才智、积极创新。与研究院联合发起“智库青年研究人才培养计划”，招募和选拔了100名第一批兼职青年研究人才，并举办了工作启动会和三大战略课题研讨，结合扶贫工作要求开展青年志愿公益活动，成功完成全行首届创新马拉松活动整体宣传工作。

（三）加强阵地建设，推进组织建设

加强与工会、党建工作的融合协调，继续在全行指导推进“三建合一”，为开展团青活动提供场所。成立全行“青春建言”宣传队，参与行内重大项目和团青工作宣传，采用量化打分与青年评价相结合的方式开展一级机构团委的年度述职评议工作。策划开展全行青年员工思想状况和心理健康水平调查，为开展有针对性的工作，满足青年成长需求打下基础。

（四）认真发掘培育，做好全行团青条线评选评优工作

开展第十二届“中国建设银行十大杰出青年”、各级青年五四奖章，“两优一红”、金融和总行级服务明星、岗位能手“双百”等评选活动，部署青年文明号开放周活动，开展“新时代 新青年”学习教育、“新时代 新形象”主题宣传和“新时代 新作为”岗位实践以及主题优秀人物访谈宣传活动。

（五）树立特色品牌，做好机关团青工作

完成机关团委换届工作，成立机关青年志愿者协会。组织青年员工开展课题研究、创新、竞赛等活动。巩固机关团委特色品牌，组织开展青年学习、总行第九届机关龙舟赛和第六届中央国家机关龙舟赛、单身联谊、读书分享、“激越冬日”活力PK赛、原创音乐剧等活动，鼓励各支部发挥自身优势，整合资源，以多种方式开展活动，凝聚青年，丰富青年员工文化生活。发动青年共同编写《CCB总行青年》。

四、加强自身建设，提升党群条线工作能力

（一）创新需求，培训党群团条线人员

举办2018年全行工会主席（副主席）工作研讨班，并创新开展“主席为我建小家”主题实践活动；开展新媒体培训班、全行主持人培训班，做好人才储备；举办女工干部培训班，提升女工干部履职能力；举办全行财务经审培训班，重点培训全行工会财务人员和特约审计员；举办全行基层团干部培训班和一级行团委书记培训班，并启动团青工作体系化教材开发工作，基本完成《团青工作实务》的网络课程内容编写工作。

（二）以“互联网+”思维创新党群工作

坚持党群工作与金融服务创新的结合，以创新、共享、智慧、共赢等“互联网+”思维打造党群综合信息管理系统升级版，在满足内部管理需要的基础上，优化系统性能，提升用户体验，建成全行员工交流沟通的平台。同时通过系统产品化，实现向社会和客户的推广应用，建设线上线下相互融合、行内行外相互促进的党群工作新阵地。

执笔：王雁

党校（高级研修院）工作

一、高度重视、精心组织，深入推动学习贯彻落实习近平新时代中国特色社会主义思想和党的十九大精神

（一）承办学习贯彻十九大精神培训班

联合党群工作部承办处级党员干部学习贯彻十九大精神培训班共4期，并组织主体班学员通过参观展览、观看直播、组织知识竞赛、主题研讨交流等一系列丰富多彩的活动，努力推动十九大精神进教材、进课堂、进头脑。

（二）开展习近平新时代中国特色社会主义思想和十九大精神教学活动

邀请中央党校多位知名教授，辅导学员深入学习习近平新时代中国特色社会主义思想和党的十九大精神。邀请社科院、国家部委专家学者到党校宣讲经济金融形势，开设相关课程。

二、突出特色、提升质量，圆满完成全年培训计划

2018年，党校（高级研修院）举办2期主体班，与总行有关部门合作承办了4期总行本部处级党员干部学习贯彻党的十九大精神专题培训班和14期专题研修班，共计培训1046人次、培训时间248天，培训量为12311人天。

（一）做好教学设计，突出培训重点

两期主体班办班过程中，严格执行中央党校的教学培训计划要求，突出党的理论教育和党性教育内容，邀请总行领导和高管到校授课，符合中央党校教学指导计划提出的理论教育和党性教育不低于总课时70%、习近平新时代中国特色社会主义思想不低于必修理论课程50%、领导干部授课不低于总课时20%的要求。同时，在主体班中安排金融特色课程，根据建设银行实际情况开展课题研修，取得丰硕的学习成果。

（二）加强现场教学，强化理想信念和反腐倡廉教育

组织学员到国家博物馆参观纪念改革开放四十周年展览，到司法部燕城监狱参观并听取前中国银行副行长赵安歌现身悔过，邀请司法部燕城监狱警示中心主任李晓楠到校做警示教育专题讲座，邀请中国社会科学院法学所研究员翟国强到校做《弘扬宪法精神，推进宪法实

施》专题讲座，组织学员就赖小民严重违纪违法案件撰写廉洁自律材料并召开专题警示研讨会；赴古田开展党性锻炼现场教学活动，重温党的历史，牢记党的宗旨，更加坚定“不忘初心，牢记使命”。

（三）加强教学管理，提升教学质量

梳理主体班办班过程，立足实效性和可操作性，制定了主体班培训项目管理手册；为科学考核评价建设银行党校分校教育质量，制定了《建设银行党校分校教育质量评估办法（试行）》，以切实提高“一校三地”党校教育工作的质量和效果；为加强总行党校兼职师资队伍建设及管理，建立并储备一支与党校职能相适应的高素质兼职师资队伍，结合建设银行和党校实际，制定了《中国建行银行党校（高级研修院）兼职师资管理办法（试行）》和《党校兼职师资库信息资料管理规定（暂行）》，实现了师资管理制度化、流程化和体系化。根据机关分校《中央国家机关部门党校办学质量评估办法（试行）》（国工发〔2017〕6号）和《关于开展部门党校工作专项评估的通知》（国工办发〔2018〕2号）要求，党校结合学习党的十九大精神情况，对办学质量各个环节进行自查，教学质量评估获得了机关分校评估工作组的高度认可。

三、积极探索、开拓创新，围绕建行大学和全行培训工作整体部署做好培训项目规划设计

（一）做好领导力培养相关规划设计

2018年10月，围绕建行大学整体工作部署，受总行人力资源部委托，党校成立了领导力开发工作小组，专题研究“领导力高级研修院”建设规划与实施的相关工作。工作小组通过实地走访、电话访谈、参加领导力专题论坛、搜集资料等多种方式，对国际著名商学院、标杆企业大学以及国内外知名咨询机构进行了调查研究，了解了不同类型领导力培训机构的办学理念、课程体系、成功经验以及存在的问题等。在此基础上，形成了《建行大学“领导力高级研修院”建设方案》和《领导力高级研修院培训项目实施方案》，获得总行领导和有关部门的高度认可。

（二）研究开发各类培训项目

“一校三地”组成课程开发团队，针对新设立子公司、直属机构和新任职二级分行的党委书记和党委委员，从党的基本理论、党性教育、党委工作实务、党建引领业务发展等方面设计开发了为期5天的专题培训系列课程，综合运用案例教学、专题讲座、互动教学、现场教学和模拟演练等多种教学形式，实现新任职党委成员在党务工作知识、技能和理念等方面的系统性提升。

四、围绕中心、服务战略，有效发挥“三个子平台”作用

（一）发挥全行重大专题课题研究子平台作用

2018年，在面向全行各部门、各分行征集意见基础上，确定了“以党建引领和推动新时代职业银行家队伍建设”等16个选题，作为第38期专题研究班和第39期干部进修班的重点研修专题，通过专题研修增强“三个能力”，真正将对十九大精神的所学所思所悟融入建设银行党建和改革发展各项工作。

（二）发挥案例提炼子平台作用

开发广东省分行党建案例、“钢贸风云”等全行基层党建和经营发展典型案例，在多个培训班中开展案例教学，取得良好效果。

（三）发挥成果转化和推广应用子平台作用

2018年，党校首次搭建《学习思考》讨论学习平台，组织大家围绕全行经营发展尤其是“三大战略”中的实际问题开展深入研讨，提出有针对性的对策建议，包括《关于进一步落实和推进金融科技战略的一些具体思考和建议》《建设银行高质量发展指标体系设计思考》《构建旅游金融服务圈 打造精准扶贫新模式》等多篇《学习思考》，报送总行领导、高管和各部门参阅。2018年10月，党校首次推出微信公众号，并设立三大宣传版块，加强理论宣传和成果推广。

五、夯实基础、提高效能，稳步提升各项管理水平

（一）完善各项规章制度，提升内部管理规范化水平

严格执行每周例会制度，完善重点工作督查

督办机制，提升工作效率。修订采购管理办法，在比照总行集中采购制度的同时，结合校内采购特点制订出效率更高的采购方案，指导各处室采购规范化；加强对采购合同执行过程的审核及执行结果的评估，提高供应商提供产品和服务的标准水平，在全年培训量同比增长993人天、增幅7.2%的情况下，仍节约采购成本54万元。通过完善相关规定、梳理支付流程、调整管理模式、加强相关培训，2018年党校在日常财务预算管理及执行方面均有明显改善，合理配置资源的同时，减少不必要的浪费，节约了成本。

（二）软件开发和设备维护两手抓，提升校园信息化建设水平

充分调研各处室需求，制订教学管理系统开发需求计划，针对教学和后勤管理两方面需求提出业务场景和功能列表，包括统一支撑平台、学员注册报名、教务管理、班主任管理、评价管理、学员管理、移动端应用等功能模块，基本形成课程库、师资库、用户库和成果库。同时，继续做好教学多媒体设备维护和技术支持工作，在设备维修与维护检查中加大巡查力度，完善相关工作流程，有力保障教学运转。

（三）加强培训和管理，提升后勤保障服务精细化水平

坚持从细处着手，从严从实规范服务、优化流程、细化标准，制定了客房服务安全管理规定、设备安全运行日报规定、高空坠物安全防范规定、用电用气安全规定、食品安全管理规定、库存物资管理规定、运动场馆安全规定等12项制度，进一步完善了值班管理规定、突发事件应急处置试行预案等管理制度，梳理了客房服务、会议服务、车辆服务、设备维修等各班组服务流程，从学员报到接待、物品准备、生活服务到需求沟通等严格按流程操作，重视每个环节，提升精细化服务水平。

执笔：邹玲

第四部分　境内分行改革与发展

北京市分行

北京市分行行长　袁桂军

一、业务发展概况

【负债业务】全口径存款余额为17264亿元，较年初新增2462亿元，增量达到历史最高水平。一般性存款余额为12729亿元，新增突破千亿元，达到1028亿元。个人存款余额为4085亿元，时点（419亿元）和日均（214亿元）新增均本地区四大行第一，超过其他三行新增额的总和。

【资产业务】各项贷款余额为7504亿元，新增1011亿元，本地区四大行第一，新增额四大行占比由上年的29%提升到34%。

【中间业务】实现中间业务净收入86.86亿元，四大行占比由上年的29.83%提升到30.17%。24项可比口径产品中，8项收入四大行第一，其中代理资金清算、住房金融等4项产品四大行占比超过50%。

【经营效益】拨备前利润254.62亿元，较上年增长14.66亿元，增速为6%。

【资产质量】不良额为15.67亿元，不良率为0.21%，四大行最低，较上年末下降0.02个百分点。

【客户基础】对公加权有效客户52.66万户，新增4.5万户；个人加权有效客户突破3000万户，达到3040万户，新增262万户。经过11年的连续追赶，单位人民币结算账户总量达到39万户，四大行第一；新增量保持四大行第一，占四大行新增总量的67%。

【三大战略——住房租赁】签约19家政府客户、297家企业，覆盖了中央、北京市和全部区级政府；上线真、准、实房源62.3万套/间；监管、监测、公共住房、企业租赁、共享服务“五大系统”全面上线。

【三大战略——普惠金融】普惠贷款新增83亿元，增速为118%，贷款余额、新增额、增速、贷款户数、户数新增均排名区域第一；不良率为0.49%，较年初降低0.17个百分点。与北京市扶贫帮扶办签约，将北京对口扶贫的7省89县农产品引入善融商城销售，扶贫交易额较上年增长超过25倍，增长率系统第一。建成“裕农通”便民服务点345个，覆盖了10个郊区的98个乡镇、42个金融空白村和6个重点帮扶村。全辖网点开设了“劳动者港湾”，每周服务20多万人次，备受社会赞誉。与中央财经大学签订合作办学协议，助推建行大学办学工作。

【三大战略——金融科技】云平台获客总量为519万个，对私获客量系统第一；依托新一代托管技术优势，获去年北京地区全部中央级年金托管招标项目。

【员工获得感和幸福感】员工费用为50.48亿元，较上年增加1.45亿元，实现了员工收入增长3%的目标。

二、主要工作举措

（一）抓党建、提站位

坚定红色信仰。学习全覆盖。分行党委进行了6次党的十九大精神专题学习，党委成员到基层党建联系点宣讲21次，全行开展中心组理论学习412次；组织了10期行处级领导干部十九大精

2018 年 6 月 12 日，北京市分行与链家北京理房通支付科技有限公司举行战略合作协议签约仪式。

神专题培训班，全覆盖轮训中层干部 300 多人。形式有创新。开展跨部门、跨区域的联学共建活动 431 次，共建对象涵盖中央国家机关工委、总行、兄弟分行、分行各单位、部队、裕农通服务点以及众多客户的党组织。清单保落实。制定《二级分支行党委主体责任清单》，明确 90 条措施要求，压实“两个责任”。制定了 47 个党建类规范性文件，强化制度刚性。

坚定理想信念。建堡垒，366 个综合网点均设立了独立党支部，全辖基层党组织设立党务工作部，建立了组织员队伍。创品牌，抓好党员之家升级建设，升级了 18 个总行级示范点、89 个分行级示范点。转作风，出台《全面联动机制总方案》，确立了“支行吹哨、部门报到”等联动原则，通过七项联动，解决大企业病问题。强考核，对 36 家二级行开展“两个责任”全覆盖考核，考核结果挂钩干部年度评档和绩效分配。严问责，查处违规违纪问题 8 件，给予党纪政纪处分 15 人次，点名道姓通报曝光。

坚定发展信心。党委“把方向、管大局、保落实”的作用更突出，结合地区特点布局“三张图”，梳理 15731 个重点客户和项目，推动 1185 个取得显著进展。坚持以员工收入增长 3% 倒排经营计划，让员工有更多获得感。加大调研督办力度，全年组织督办各类重要事项 125 项。编制了三大战略实施推进图，表格化督办和推进各项战略。

（二）推战略、解痛点

分行党委将落实三大战略的重要意义总结为“大是、大事、大势、大市”，将战略作为长期使命，通过把战略变成方案，把方案变成商业模式，最终变成长期可持续的盈利模式，实现了长期使命与当期盈利的有机统一，探索出了发展的新方式。

住房租赁创新四种存房模式。“整收整租”无偿委托模式，以交大为代表，上线房源 731 套，吸存 4 亿元，并推广中标北师大公寓管理项目。“散收整租”资源整合模式，以新机场项目为代表，解决了职工周转住房难的痛点，改善了营商环境。“散收散租”网点公司模式，13 家住房金融中心已受理咨询客户 3929 户、签约 139 户，收持个人客户房屋 58 套。“整收散租”军队模式，大力推广军队、商改住和人才公寓用房。

普惠金融解决融资痛点。针对融资难，以大数据批量筛选优质小微、民营企业，普惠贷款户新增近万户，增速为 106%；推广“民工惠”，为 13 万农民工开立了工资支付保函，为劳务公司发放贷款 6.7 亿元。针对融资贵，加大定价支持，第四季度新发放普惠贷款加权利率为 5.18%，较第一季度下降 119BPS。针对融资慢，大力发展 24 小时服务、几分钟放款的线上贷款，其中，网络供应链普惠贷款 39.5 亿元，新增 35.7 亿元。

金融科技支撑推动给力。新建大数据项目 60 个，其中鹰眼惠达、慧诊脉、私享慧聚、客户资产配置有效性 4 个项目已进入总行产品库；代客交易、现金管理等新一代成果推动实现中收 13.5 亿元。

（三）抓重点、攻难点

支持实体力度大。运用贷款、理财、表外信

2018 年 12 月 6 日，北京市分行与中央财经大学举行合作办学签约仪式。

贷等多种方式满足实体经济融资需求，年末融资余额为1.24万亿元，较年初增长1164亿元；包括了疏解贷项目140个，京津冀协同发展项目22个，国企“走出去”海外重大项目13个，棚改项目14个。

服务民生出实招。推出“京东快贷”，支持民生消费，投放5.7亿元，惠及6万多客户。创新“e企通”，筛选出优质企业主近万名，投放快贷5.33亿元。发放公积金贷款288亿元，年末余额为1580亿元，保持区域第一。

筹资业务抓重点。新开军警账户28个，其中基本户16个，新成立的各军种代建办均落户分行，各保障大队账户也多在分行开立；公检法司客户新增52户；拓展党群、教育、养老对公客户近5000户；机构存款日均新增510亿元。同业存款余额达到5073亿元，重夺地区四大行第一。

“一把手”工程增速快。制定《建设银行北京市分行代发业务总方案》，代发额为2318亿元，同比增长300亿元，增速为16.3%。信用卡分期交易额为112亿元，同比增速为17%。新增对公商户2.5万户，银联清算活跃商户四大行第一。ETC卡激活总量超过72万张，区域第一。托管规模达到2.55万亿元，中收突破9亿元，均保持系统第一。

（四）增收益、创价值

创新驱动增收益。完成自主产品创新75项，移植创新88项，兄弟分行移植北京分行创新190项，荣获总行首届创新马拉松普惠金融一等奖。银关融、工资支付保函等新产品，推动境内保函收入达到3.4亿元。国际业务实现中收9.92亿元，在系统和区域均名列第一，在地区所有银行参加的外汇管理规定考核中获得A类行第一名。前移私行业务营销，AUM600万元以上私行客户新增1055人，同比多增589人，AUM总量新增125亿元，同比多增54亿元。

结构优化增收益。编制《建设银行北京市分行主要产品价值贡献分析报告》，引导全行不断优化资产结构。加强移位再贷，全年净回收对公贷款1380亿元，全部移位投放到新客户。大力发展低风险的票据贴现业务，年末余额为300亿元，新增290亿元，新增额四大行占比86%。大力压缩低效表外资产，节约经济资本占用，清理加权风险资产318亿元，创造EVA4.1亿元。

内外联动增收益。与境内分行以及其他银行联动，推进银团贷款储备项目落地，中收同比增长127%。与海外分行联动，利用境外市场资金价格优势推广跨境结算等优势业务，单位外币结算收入同比增长38%。

（五）控风险、精管理

有效防控信用风险。进一步落实风险管理进党委要求，制定《建设银行北京市分行全面风险管理轨迹督察工作方案》等19项制度，落实党委管、全面管、主动管的“三管齐下”。全面完成资产质量控制计划，10个信用风险重点项目余额较年初减少9.64亿元；处置不良贷款13.52亿元，计划完成率为145%。

夯实内控合规基础。反洗钱防线更加牢固，补录客户身份信息1600余万条，上报人行重点可疑报告13份。主动适应严监管形势，按照银保监会部署全力整治市场乱象，自查发现具体问题已全部整改，未发生资金损失。合规与警示教育持续强化，搭建了学习、交流、共建、警示、曝光五大平台，组织全体员工观看《警钟长鸣》警示教育片，开展“三珍惜”等多项专题教育，合规文化更加深入人心。

实现平安稳定运营。圆满完成两会、中非论坛等重要时期的安保任务。堵截诈骗等案件27起、金额为414万元，应用稽核监测系统堵截潜在资金损失事件85笔、金额为808万元。出台制度，进一步规范员工使用微信、微博等网络媒体，处置潜在舆情风险100余起，建设银行声誉得到有效维护。开展“不忘初心、砥砺前行”消保服务竞赛，客户满意度继续保持区域四大行第一。

（六）带队伍、育人才

围绕战略选拔人才。制定《选拔任用三大战略突出贡献人才方案》，30名员工获得奖励晋升资格。持续加强客户、风险、产品经理“三支队伍”建设，总人数达到4226人，较上年增长45%。开办周末大讲堂，培训模式进一步优化。

调整干部队伍年龄结构。选优配强各级领导班子，集中补充一批年富力强的骨干到中层管理岗位，调整中层领导干部124人次，其中提职68人，新提任副职平均年龄42.7岁，青年干部占比不断提升。

加大员工关爱力度。制定《2018年关爱员工身心健康十件实事》，包括提高体检标准、完善医保体系、为全体员工增加商业医疗保险等，年内全部按时完成。发放互助基金补助956人次、327万元；为588人次申请到互助保障款211万元。调剂解决89名员工就近上班。组织离退休老同志参加“一月一主题”文化活动，上门慰问老同志86人次。

塑造良好发展氛围。举办“投身三大战略，绽放青春风采”活动，500多个任务型团队带领青年员工在战略落实中建功立业。大力宣传三大战略成果，发出建设银行好声音，在全国级媒体发稿近2000篇。

执笔：杜国增　何冰

天津市分行

天津市分行行长　邱书民
（2018年7月免）

天津市分行行长　张　敏
（2018年7月任）

一、业务发展概况

2018年，天津市分行负债业务全口径存款余额为2754.5亿元，较年初新增96.5亿元；各项贷款余额为2992.2亿元，较年初增长76.4亿元；不良贷款率为2.24%，较上年末略有下降；全年实现中间业务净收入21.5亿元，拨备前考核利润68.4亿元。人民币对公存款余额保持四大行第一；个人储蓄存款时点与日均新增均为四大行第一，取得近年来最好成绩；个人住房贷款余额、新增均为四大行第一，保持市场绝对领先地位；个人消费经营类贷款余额、新增均为四大行第一；中间业务收入保持四大行第一；对公人民币全部结算账户和基本结算账户新增保持四大行第一，占比均接近40%。

二、主要工作举措

（一）落实“两个责任”，深化全面从严治党

2018年，天津分行自觉以习近平新时代中国特色社会主义思想引领党的建设和创新发展。分行党委把政治建设摆在首位，层层压实全面从严治党责任，严格“两个责任”考核，形成齐抓共管工作合力。加强思想建设，持续推进学习宣传贯彻党的十九大精神相关工作安排，注重在“学懂、弄通、做实”上下工夫，与全行中心工作紧密结合，努力做到以学促做、指导实践。坚持大

2018年12月21日，天津市分行与滨海新区人民政府战略合作协议签约仪式。

抓基层、抓好基层导向，完善基层党组织设置，突出政治功能和组织力提升。持续改进作风，认真查找“四风”问题特别是形式主义、官僚主义新表现，逐项落实整改，接受全行监督。分行党委全力支持纪委开展监督执纪问责，扎实推进巡察工作，对党员干部违规违纪行为坚决查处，形成震慑。制度化、常态化、全覆盖开展案例警示教育，抓早抓小、防微杜渐。制订分行扶贫工作方案，统筹做好金融扶贫和定点扶贫工作，积极履行国有大行社会责任。

（二）深入推进三大战略，引领分行创新发展

住房租赁迅速打开局面。积极探索与天津区域特点契合的住房租赁服务模式与特色产品创新，营造住房租赁新生态。完成建信住房租赁服务（天津）有限责任公司注册工作，全力推进“CCB建融家园”品牌建设。到去年末，建设银行住房租赁综合服务平台已签约合作企业34家，累计发布房源11.27万套，累计注册认证“建融家园”用户11.65万户。推出配套租赁信贷产品，累计投放贷款17.67亿元。创新推出“按居贷”个人住房租赁贷款产品、“随付贷”租金分期等业务，为新移入市民住房问题提供建设银行方案。试点开展存房业务，开启买房、租房、存房全链条住房金融服务新模式，解决社会痛点问题，体现大行担当。

普惠金融实现厚积薄发。制定《天津市分行普惠金融战略实施方案》，加大“医、食、住、行、学、商”领域普惠金融创新拓展。搭建供应链金融综合服务平台，以“双大”带动“双小”在线批量获客，为587家企业发放贷款16.74亿元，供应链小微企业融资服务模式得到市政府领导高度肯定。创新推出系列特色普惠金融产品，举办“建设银行惠懂你”APP上线发布会，加大宣传推介力度。截至去年末，普惠金融贷款余额为52.64亿元，当年新增31.11亿元，任务完成率为172.2%，系统排名第4。积极建设“劳动者港湾”，营业网点全部完成挂牌服务，树立起“服务大众、促进民生”良好形象。落实总行战略部署，与南开大学合作成立建行大学华北学院，搭建“金智惠民”培训平台，促进产教学融合，为社会发展赋能。

金融科技实现新突破。制定《天津市分行金融科技战略实施方案》，细化KPI考核激励措施，建立跨部门、分层级任务型团队，协同联动、合力推进实施工作。持续开展“学好用好新一代”活动和“森林计划”大数据应用培训，落实总行新一代大数据应用案例移植与推广，不断提升数据分析和应用水平。加大金融科技云平台营销推广力度，总行对一级分行开放的12个平台在天津分行全部实现破冰并取得阶段性成果。与天津口岸办签订战略合作协议，支持中国（天津）国际贸易“单一窗口”和统一收费平台建设，成功上线“智慧口岸综合服务平台”，成为首家上线银行、首家统一监管账户开立银行，得到总行和市政府领导高度评价。与市委市政府相关部门共同推进“数字天津”建设，在智慧政务APP、政融支付平台建设等方面提出建设性思路，为项目下一步成功上线打下良好基础。

（三）对公零售互促共进，更好支持实体经济

发挥对公业务板块传统优势，带动全行协同发展。大力支持轨道交通、电力能源、环境治理、住房租赁、棚户区改造等经济社会发展重点领域和重大项目，全年累计投放人民币对公贷款876.26亿元。提出进一步加大支持民营经济和小微企业发展28项举措，落实人民银行要求开展“金融服务民营和小微企业百日行”活动，天津分行先进做法作为标杆案例在全市进行学习推广。联动建信投资公司为泰达控股降杠杆暨市场化债转股提供资金支持，为本市国企混改增添新动能。

2018 年 1 月 30 日，天津市分行召开 2018 年度工作会议。

认真落实监管新规，理财融资收入、债券承销业务收入在地区同业中保持领先优势，在系统内排名居前。紧抓政府机构改革契机，成功营销市退役军人事务局、医疗保障局基本户落户天津分行，独家中标天津市社保局社保 APP 微信缴费资金存放银行，社保卡发卡量新增连续 3 年市场排名第一。成功中标雄安市民服务中心全过程造价跟踪审计项目、天津渤化集团“两化”搬迁造价项目等十几个国家重点建设项目。现金管理、国际结算、资产托管、同业业务等对公交易性业务稳步推进，为存款和利润增长发挥积极带动作用。

落实零售优先战略，举全行之力加快弥补历史短板。狠抓源头类资金，强化存款精细化管理，个人储蓄存款拓展取得近年来最好成绩。依靠圈链打法和批量拓展，个人有资产客户保持较快增长势头，个人客户市场覆盖度为 60.5%，较年初提升 6.4 个百分点。融智类产品销售保持良好发展势头，代理基金业务保持四大行第一、占比 42.4%，对私人民币结算及借记卡、代理保险、贵金属业务居同业四大行第二。公私联动加大商户拓展力度，被中国银联天津分公司授予移动支付便民示范工程“优秀单位”荣誉称号。个人类贷款实现快速增长，余额在各项贷款中占比达到 44.58%，比年初提升 6.78 个百分点，信贷结构更趋合理。信用卡累计客户数达到 122 万户，实现中间业务收入 3.1 亿元，在各二级行成立信用卡业务经营中心，为未来业务快速健康发展提供重要支撑。手机银行活跃客户新增 84 万户，移动金融交易占比达到 85.41%，比 2017 年同期提升 13 个百分点。柜面服务质效稳步提升，五星级网点整体评价高于系统平均水平 2.33 分，完成 2 家中银协千佳示范单位创建，同业并列第一。

（四）落实全面风险管理要求，强化内控合规建设

全力化解风险管控资产质量。组织“控逾期、压不良、提质效”活动，完善重点帮扶行机制，强化层级和条线“双线防控”责任目标管理，经过全行共同努力，去年末不良贷款余额、逾期贷款余额、新暴露不良贷款额全部低于总行控制计划，资产质量下滑态势得到初步遏制。全年处置不良资产 10.17 亿元，深挖已核销资产潜力，完成逾期超过十年的不良贷款滨江系处置工作，实现 2 亿余元本金全额回收。此外，积极推动“渤钢系”债务重组，接任债委会主席行后，迅速组织专业力量投入工作，认真落实主管部门和监管机构要求推动制定重整方案，得到总行和市领导充分肯定。

认真推动合规管理各项工作有效落实。深化落实市场乱象治理要求，开展信贷领域合规专项治理等合规检查，加大违规处置和整改问责力度，充分发挥警示效力和震慑作用。实行内控合规工作清单化管理，明确各机构职责，并对工作效果进行综合评价。与天津审计分部密切合作，完善分行征信管理制度，强化征信内控与问责机制，在人民银行征信管理执法检查中天津分行实现“零处罚”，得到总行高度肯定。强化反洗钱管理，推动全行客户信息完善工作。持续优化 IT 基础环境运行支撑能力，确保信息系统安全稳定运行。以“安全生产改革年”为主线持续推进“平安创建”，实现不发生重大恶性案件、重大安全责任事故、重大群体性事件的既定目标，为全行转型发展和安全运营提供坚强保障。

（五）搭建员工成长平台，凝聚干事创业合力

实施人才强行战略，为广大干部员工搭建干事创业舞台，全年提拔任用行（处）级领导人员 12 名，交流、调整 44 名，8 名优秀基层负责人走上挂职锻炼岗位，40 名员工成为金融科技人才库首批入库人才，完成 975 名转制员工晋升等级工作，极大激发广大干部员工工作热情和积极性。

一年来，全行注重运用新媒体平台做好内外

部宣传，塑造建设银行品牌价值，增强企业文化的感召力和吸引力。注重打造以“关爱员工”为核心的企业文化，深化职工民主管理，发挥群团组织桥梁纽带作用，完善职工之家建设、搭建交流活动平台，推进温暖工程关心关爱一线员工，使全行的向心力和凝聚力不断得到加强，营造出“心相通、情相融、力相合”的和谐发展氛围。

执笔：吕树楠

河北省分行

河北省分行行长　李　民

一、业务发展概况

【主营业务稳健发展】一般性存款日均余额为6838.0亿元，系统第8、同业第2；日均新增334.2亿元，系统第7、同业第2。本外币各项贷款时点余额为5315.2亿元，居系统第7、同业第2；本外币各项贷款时点新增262.4亿元。年末个人及对公加权有效客户新增分别排名系统第4、第7位；单位人民币结算账户总量和新增均排名同业第1。实现中间业务净收入46.5亿元，系统第11、同业第1。实现拨备前利润150.2亿元，同业第2，人均拨备前利润同业第1；账面利润保持系统第9；经济增加值45.7亿元，较上年提高8.5亿元。

【三大战略纵深推进】普惠金融“8+1”口径贷款余额为291.29亿元，系统第7；银保监会口径贷款余额为256.9亿元，同业第1，客户数5.33万户，同业第2；“惠懂你”APP拓展认证企业数量等五项指标均居系统第1。住房租赁平台实现市级全覆盖，公租房系统、共享和监测分析系统等均实现全国首批上线；位居总行“蓝海出击、周周比拼”竞赛活动KP I考核甲组第三，四个大类指标（两个达人、两个猎手）均位列系统前五，其中租赁企业781家、注册用户数据123万户，均居系统第1；租房业务石家庄“存房池”、雄安“订单式”、唐山“商转公”特色明显，存房签约1107笔，系统排名第6。金融科技平台实现落地，平台总获客量为195万户，稳居系统前列；新一代业务成果指标居系统第7，较上年跃升19个位次；全年完成大数据原创项目79项，系统第3；多项创新需求获总行认可，其中退役军人服务平台、智慧监察平台被总行纳入全国推广计划。

【对公业务稳中有进】机构关键客户账户新增2405户，是上年的2.6倍。对公存款时点和日均余额均保持同业第1，对公存款日均余额排名系统第10。对公贷款余额、对公非贴贷款余额、贴现贷款余额均居同业第1，对公贷款新增同业第3。对公板块实现牵头中收17.42亿元，系统排名第10，同比前进1位；可比口径收入同业排名第2。

【零售业务势头良好】个人有资产客户2060万户，新增195.3万户，均居系统第5位；个人有效客户总量781.2万户，新增64.53万户，折算后新增325.75万户，分居系统第3、第5、第4位；私人银行客户系统第7。个人存款日均余额为4089亿元，系统同业均居第2；日均新增263

2018 年 4 月 27 日，河北省分行与中国人民解放军中部战区陆军举行“军建安鑫”试点项目系统启动暨资金监管协议签约仪式。

亿元，居系统第 3、同业第 2 位，市场占比同比提升 10.76 个百分点，创历史最好水平。个人存款时点余额为 4298 亿元、新增 431 亿元，系统同业均居第 2。大零售板块实现 EVA44.73 亿元。中间业务收入同业第 1，市场占比 34.7%。新发放个贷加权利率同业第 1。个人客户产品覆盖度居系统第 7。智慧社区云平台社区数和业主数均居系统第 1，注册数系统第 2。裕农通服务点数量系统第 2。

【投行资管平稳发展】投行牵头收入实现 4.4 亿元，其中资产管理业务收入 3.37 亿元。实现资管投行融资总量 473 亿元，其中债券承销 417 亿元，理财资产项目及母子联动 55 亿元。年末理财产品余额为 927 亿元，较年初新增 206 亿元。

【国际业务稳健发展】国际收支客户总量、增量均排名系统前 10；区块链科技平台客户数、跨境 e+客户数分列系统第 2、第 1。实现国际结算量 162 亿美元、结售汇交易量 77 亿美元、跨境人民币结算量 117 亿元，均排名四大行第 2。在 32 家非试点一级分行中率先取得退税贷突破。国内信用证余额（开证+议付）35.15 亿元、系统第 3，国内证福费廷余额为 36.8 亿元、系统第 2；跨境融资投放 39 亿元，同比增长 43.9%；外汇衍生产品交易量达到 16.96 亿美元，同比增长 47%。

【信用卡业务提比进位】年末信用卡贷款余额为 315.7 亿元，系统排名前进 1 位至第 6 位，较年初新增 34 亿元，系统第 7；不良贷款率为 0.81%，同业最优，低于系统平均水平 0.16 个百分点。当年信用卡客户净增 46.5 万户、系统第 3，累计客户数 461 万户、发卡 641 万张，均居系统第 4、同业第 1。新增年轻客户 42 万户，累计 202 万户，均居系统第 3，同比进两位。当年信用卡消费交易额 1415 亿元，系统第 5，同比增长 18%。信用卡及收单收入 21.40 亿元，产品贡献度高达 61.9%，市场占比 36.1%，稳居同业第 1。

【网络金融业务争先进位】户均移动支付交易额、悦生活场景数以及企业 ERP 客户数均居系统第 1。龙付活跃商户数系统第 2，善融扶贫交易额和开放银行平台均居系统前 7。手机银行活跃客户 407 万户，系统第5；善融商务交易额系统第 1；网络特约商户 14.9 万户，其中活跃商户 11.7 万户，系统第 2 位；网络金融直接业务收入 5.03 亿元，同比增长 46.60%，其中个人电子银行业务收入 4.32 亿元，同比增长 47.48%；单位电子银行收入 7093.13 万元，同比增长 41.41%。

【资产质量稳中向好】审计前不良贷款额为 64.46 亿元，比年初减少 22.47 亿元，不良贷款率为 1.21%，比年初下降 0.51 个百分点。资产质量排名同业第 2。

二、主要工作举措

【高度重视党建引领】引领各级领导班子和领导人员“强党建、带队伍、抓管理、谋发展”，严格落实中央八项规定及实施细则精神，扎实开展形式主义、官僚主义集中整治工作，加强党风廉政建设，强化“两个责任”落实，推进全面从严治党从严治行。指导所辖基层党组织以“一分行一品牌，一支部一特色”，深入推进党建工作与业务发展、经营管理深度融合。将做好员工思想政治工作作为以党建带队伍的有力抓手，有效发挥党的政治优势。重视抓好年轻干部培养选拔和关键岗位历练，开展基层网点负责人“百人工程”培养。

【深入推进“双基”工程】建立全省统一的岗位职务管理体系，加快低职等优秀员工职务晋升，全面启动客户经理初始化聘任，将专业技术五、六级职数向基层优先配备，组织二级行专业技术四级人选推荐选拔。员工费用预算向基层关键岗位倾斜，认真落实“关爱员工十件实事”，以“互联网+”思维推进基层群团组织建设，营造“尊敬奋斗者、关爱奉献者、崇尚担当者、重

2018 年 12 月 29 日，由河北省委退役军人事务工作领导小组主办的“河北省退役军人优待证颁发仪式”在河北省分行直属支行一楼大厅举行。

用实干者”的良好氛围。加快渠道建设步伐。

【全力推进三大战略】成立一把手任组长的三大战略工作推进领导小组，制定《以党建推动“三大战略”实施的指导意见》和《“三大战略”业务推动实施意见》，强化绩效考核和资源配置，培树典型案例，深化创新应用。以雄安新区为核心，以省会城市、环首都城市为重点，探索三、四线城市住房租赁市场发展模式，优先发展公租房业务，打造河北公租房特色，实现了多个“全国第一”。积极与税务、住建、国土、海关、电力、工商以及部分大中型客户沟通对接，搭建“圈链平台”，把普惠金融与服务实体经济、涉农、扶贫等工作相结合，加快普惠金融特色网点建设，积极推动“惠懂你”APP 营销，“惠懂你”APP 认证企业数、注册用户数、个人认证数、绑定企业数及认证企业数均居系统第 1。以总行 14 个平台和 12 项“新一代”业务成果为抓手，通过开放的共享平台及丰富的场景应用，打造信息流、资金流、客户流的生态圈闭环。

【推动业务稳健发展】因地制宜，全力拼抢县域份额；推广“政银对接”拓户新模式，促进低成本、稳定存款沉淀；积极发展资产托管业务，重点推进央企、国企、上市公司等重点客户的人民币结构性存款，承接存量理财资金、吸引行外资金。围绕京津冀协同发展、雄安新区建设及冬奥会筹备，抓好高端高新产业转移项目及重大设施建设项目对接，综合利用各类产品服务河北钢铁、河北建投等“走出去”项目。大力推进同业合作平台签约。加大对住房租赁、普惠金融、扶贫、涉农等领域的信贷资源倾斜力度，积极拓展战略新兴产业、绿色信贷等新兴领域，支持改善民生。教育、卫生行业贷款余额连年居四大行第 1，办理全行系统首批线上全流程“民工惠”业务。围绕“开放共享、价值共赢、数字互联、以客户为中心”，全力推进零售优先。

【加强主动风险管理】把加强全面风险管理放到更加突出的位置，完善机制、压实责任、强化督导，为健康稳健发展提供了坚强保障。坚持“三管齐下”，严格落实“五个到位”，着力做好信贷风险预期管理，加“快”不良资产化解处置进度，资产质量实现稳中向好。开发了具有分行特色的大数据风险预警管理模型；全年共处置不良资产 65.9 亿元，完成总行计划的 140.7%，创历史最好水平。加强合规文化建设，压实内控合规责任，做好检查审计发现问题整改，加强案防与员工行为管理，内控合规管理水平稳步提升。以“平安建行”创建为统领，高度重视安全管理；完善现场检查、稽核监测、非现场检查“三位一体”风险管控体系，增强了柜面风险管控能力；加强反洗钱客户身份识别管理和 IT 风险管理，加强信访、印章、保密、国安、OA 及档案等管理，强化政务值班和紧急突发事项应急处置，营造了安全稳定运营环境。

【持续推动精细化管理】建立贷款利益分享机制，按季动态调整三大业务板块综合业绩评价方案，推进基层绩效考核项目，及时明确和有效传导有利于提升价值创造力的考核重点和经营导向。制定精细化管理推进方案。加强定价精细化管理，有效引导资源配置，提升综合收益。年末，本外币存款付息率、贷款收益率均居同业第 2，新发生人民币非贴贷款定价同业第 1，净利息收入保持稳健增长。加强风险成本、运营成本精细化管理，进一步提高了成本效率，其中信用风险经济资本占用比率比年初下降 0.36 个百分点。

执笔：史庆辉

山西省分行

山西省分行行长　尚朝辉
（2018 年 7 月免）

山西省分行行长　江文波
（2018 年 7 月任党委书记，9 月任行长）

一、业务发展概况

【负债业务】各项贷款余额为 2205 亿元，四大行第二；新增 190 亿元，四大行第一，占比 26.7%，增幅为 9.44%，高于系统平均水平。信贷结构进一步优化，个贷占比 41%，较上年提升 5.7 个百分点。

【资产业务】一般性存款日均余额为 3225 亿元，日均新增 102.6 亿元，四大行第二，占比 32.1%。核心存款日均新增 93.9 亿元，四大行第一，其中企业存款日均新增 21.8 亿元，四大行第一；个人存款日均新增 72.2 亿元，四大行第二。

【中间业务】实现中间业务净收入 18.9 亿元，四大行占比 33.6%，排名第一。占主营收入比重持续提升。

【客户发展】单位人民币结算账户总量、基本结算账户数均为同业第一，增量增速保持四大行第一。

【经营效益】实现主营业务收入 87 亿元，同比增加 1.7 亿元，其中，净利息收入同比增加 1.6 亿元。实现拨备前利润 52.6 亿元。

【资产质量与风险控制】不良贷款额为 70.78 亿元，不良贷款率为 3.21%。处置不良贷款 34.4 亿元，完成总行计划的 211%，提升 111 个百分点。

【内控合规建设】将整治银行业市场乱象及信贷领域专项治理作为常态化重点工作推进。开展客户身份信息完善攻坚战，对私客户身份信息完整率为 86.4%，对公客户身份信息完整率为 95.4%，圆满完成总行目标。

【公司业务】对公存款日均新增连续五年同业第一；贷款定价水平保持四大行第一，贷款加权利率、加权浮动利率同业第一。

【零售业务】达标生态圈数量 15 个，慧兜圈行业应用效果显著，慧泊车、慧美食、慧商贷等商户数系统排名前列。

【投行资管业务】承销非金融企业债券 240 亿元，四大行第二。

【信用卡业务】累计客户、消费交易额、分期交易额、商户总量、累计贷款余额、业务收入

2018 年 8 月 20 日，山西省分行举办“劳动者港湾”挂牌仪式暨媒体开放日活动。

6 项指标四大行第一，中收占比超过四成。

【住房金融业务】个贷余额为 803 亿元，新增 176 亿元，余额市场占比 50%，新增占比 47%，资产质量保持四大行第一。

【网络金融业务】手机银行、个人网银客户规模均突破 750 万户，微信银行交易量系统第三，善融商务交易额、悦生活交易量居系统前列。

【国际业务】对公外汇存款时点余额及日均余额连续三年保持同业第一，对公结售汇量连续三年完成“双超工行”目标，跨境人民币结算量同比新增 71.2%。

二、主要工作举措

【提升政治站位，践行三大战略】山西省分行坚持“有质量有效益”发展理念，大力推进三大战略落地，不断夯实客户基础，强化精细化管理能力，持续提升综合竞争力。金融科技全面开花。完成 43 个新一代优秀案例推广应用；12 个科技平台实现上线获客，智慧政法平台打造的监狱系统生态圈作为经验交流案例全国推广，区块链平台获客数完成计划的 500%。住房租赁全面上线。与省住建厅签署综合服务平台合作协议，提供建设银行方案，贡献建设银行智慧；优选 43 家重点企业进行平台演示和政策解读；企业房源上线 8200 套，公租房导入 7.8 万套，平台注册用户 4.6 万户，多个地市实现在线交易破零。普惠金融全面落地。出台“支持民营经济 28 条”；普惠金融新增四大行第一，占比达 67%。“民工惠”业务迅速破零上量，CCTV 财经频道专题报道、反响热烈，省政府分管副省长专门批示表扬建设银行做法；与省住建厅、人社厅签署“建筑行业信息化建设”“建筑用工市场管理系统建设”合作协议，着力打造全国建筑领域金融合作新标杆。主动履行社会责任，个人扶贫贷款新增超额完成监管计划，金融精准扶贫贷款增速高于对公贷款平均增速，“裕农通”服务点实现定点扶贫村全覆盖，电商扶贫交易额系统第二，全辖营业网点设立“劳动者港湾”。

【巩固对公优势，支持实体经济】支持国家和全省重点建设项目。抓住政府在基础设施领域补短板的窗口期和全省综改、供改的机遇，紧跟国家在房地产领域的最新政策和全省城中村改造等机遇，重点储备交通、电力、市政基础设施和房地产等领域重点项目。对公大中型项目储备 1438 亿元，增长 346 亿元。为山西交控集团、大西铁路、吕临铁路、太原中海仲兴房地产等优质客户发放贷款 227 亿元。积极开展存量挖潜增效，移位再贷 249 亿元。助力供给侧结构性改革。举办“全国煤炭行业市场化债转股研讨会”，签署 350 亿元国企改革暨综合化降杠杆业务合作协议，同煤集团债转股资金落地 10 亿元。有力支持企业“走出去”战略。创新“开证融链通”“福费廷”等国际业务产品，为企业融资 20 亿元人民币。

【夯实客户基础，提升负债份额】开展系列营销活动，加强资源配置。对公存款扭转财政、社保、外币等多种因素叠加影响，年末反超工行。个人存款以大额存单、聚财系列存款以及传统定期等存款产品为抓手，持续优化存款结构。抓好重点源头资金，突出工作重点。坚持代发工资业

2018 年 9 月 29 日，山西省分行与国药集团山西有限公司举行战略合作签字仪式。

务“一把手工程”定位，将代发业务嵌入对公客户综合营销和对公信贷审批流程，加强源头客户和基本户、有贷户营销。紧盯煤炭、烟草、铁路等系统性客户和大型房地产客户。推进存款过程管理，强化调度督导。紧盯到期资金、循环资金、CTS资金、县域资金等四类资金。在关键时刻，及时了解掌握同业变化情况，建立“横向到边、纵向到底”工作机制，协同联动，加强督导。

【深化标本兼治，全力管控风险】深化风险管理职责进党委。明确“摸清底数、准确分类、提足拨备、加快处置”思路，持续完善全面风险管理机制，修订风控委议事规则，实施党委、条线、基层立体防御体系；制定全面主动风险管理实施细则，绘制流程架构图，传导总行和监管风险偏好。强化全流程主动防控。坚持“标本兼治”，主动调整分类，逾期不良持续负“剪刀差”；针对小企业存量不良暴露较多、零售条线逾期增加的问题，调整政策、压逾清欠，遏制攀升势头；发挥贷后跟踪会议平台作用，明确客户进退策略、风险预警级别；提升风险抵补能力，全年拨备计提62.5亿元，创历史最高，拨备覆盖率由131%提升至171%，风险抵御能力进一步增强。推进风险管理专业化建设。强化经济资本工具应用，月均节约1.5亿元，在信贷业务增加184亿元的情况下，少占用经济资本14亿元；完善风险缓释工具集约化模式，累计调减押品价值21亿元。

【坚持务实高效，提升精细水平】增强服务优质客户能力。深耕司法、武警系统，全省监狱单位、武警系统所有基本户落户建设银行。全国首家上线监狱服刑人员“一指通”系统，实现全省3万多名服刑人员生活费、劳动收入近3亿元在建设银行系体内循环。优化财务资源配置。坚持激励价值创造，深化员工费用精细化管理，工资侧重激励约束，福利费侧重普惠。业务管理费充分考虑费用支出动因、系统工具预测、近年支出变化等因素，重新核定基本运营费用。加大战略转型业务费用配置，有效支持业务发展和经营目标实现。强化过程管控，实行按季考核和滚动计划管理。加强经济资本全流程管理。突出“增量管控、回报约束”，明确贷款经济资本占用底线标准，对超出部分视同无效占用并双倍计量成本；对高资本占用新发放贷款执行差别化审核流程。坚定结构调整的定力，优先发展零售业务、绿色信贷、普惠金融、总重和总战等轻资本、轻资产业务。制定2018年结构调整利益补偿方案，引导各行积极主动退出低效、无效经济资本占用。加强产品定价管理。根据市场价格竞争形势，及时调整人民币存款及非贴公司类贷款定价授权权限，并对重要议价客户实行差异化定价授权政策；调整小微企业贷款内外部价格，优化普惠金融贷款定价审批流程，支持普惠金融业务发展。

【发挥党建引领，夯实发展基础】深入学习贯彻党的十九大精神。明确分工、细化方案、协调推进；组织党委中心组学习14次，举办全省“一把手”十九大精神培训班及8期重点对象培训班；通过公众号发布好经验、好做法；各级工会、团委纷纷开展“知识竞赛学”“专家辅导学”等活动。严格落实主体责任。调整党建工作领导小组成员，明确工作职责。制发二级分行领导班子综合经营竞争力监测评价办法，党建工作由软约束变为硬指标。深入开展“三大战略大学习、大讨论、大实践”活动，推动党建与业务工作深度融合；组织开展“党建＋社区”“党员＋客户”系列活动，隆重表彰“党员＋普惠金融”“党员＋信用卡分期”活动中的先进党组织和优秀个人，将党建优势转化为发展优势。树立正确选人用人导向。倡导“六有”工作理念，树立“二十字”干部选配标准，拓宽人才培养渠道，加速三大战略与新兴业务领域的专业化人才培养；落实关爱员工“十件事”，举办“最美建行人”风采展示大赛，汇聚正能量。从严治党从严治行向纵深发展。召开万人警示教育大会，警示全行；狠抓作风建设，重点查摆形式主义、官僚主义十种新表现，公示存在的问题及11条整改措施，接受广大党员群众监督。印发《山西省分行党委贯彻落实中央八项规定和实施细则精神的办法》，坚决遏制“四风”反弹回潮。保持案防高压态势。落实联席会议机制，深入开展员工行为排查、信贷领域腐败行为专项整治、扫黑除恶专项斗争；制定巡察五年规划；落实信访责任制，积极开展矛盾调处化解和不稳定因素稳控工作，保障稳定大局。

执笔：薛峰

内蒙古自治区分行

内蒙古自治区分行行长　邵　斌
(2018 年 3 月任)

一、业务发展概况

【负债业务】一般性存款日均余额为 2763 亿元，当年新增 21 亿元。在地区四大行，考核口径存款日均余额占比 29.66%，排名保持第一。其中，个人存款日均新增 122.67 亿元，系统排名第 13 位，增幅为 8.86%，系统排名第 5。

【资产业务】各项贷款余额为 2500 亿元，四大行占比 31.73%，排名保持第一。其中，个人类贷款当年新增 93 亿元，增幅为 16%，系统排名第 12。

【中间业务】实现中间业务净收入 17.58 亿元，同比增长 1.63 亿元，同比增速为 10.24%。中间业务净收入四大行占比 34.42%，排名保持第一。

【经营效益】实现税前利润 54.31 亿元，同比增长 43.2%。地区四大行占比 69%，排名保持第一。实现经济增加值 18.68 亿元，同比增长 13.3 亿元，超额完成全年计划。

【资产质量与风险控制】考核口径不良贷款余额为 54.74 亿元，较年初减少 8 亿元；不良贷款率为 2.19%，较年初下降 0.3 个百分点，实现双降。逾期贷款余额较年初减少 2.33 亿元，逾期不良剪刀差 -0.89 亿元，逾期贷款率较年初下降 0.08 个百分点，实现双降。

【客户、账户】单位人民币结算账户总量、新增、增幅保持四大行第 1。账户总量四大行占比 38%，新增四大行占比 55%，账户新增系统排名第 3，增速系统排名第 7。基本结算账户占比 77.6%。成立商户中心，净增商户 3.8 万户。个人客户经营综合竞争力系统排名第 14，加权个人有效客户增速系统排名第 2。

【三大战略】住房租赁战略。上线平台 28 个、上线房源 4.6 万套，注册个人用户 4 万户；乌海实现全区首家“建融家园”挂牌；智慧社区云平台项目上线 3 个，累计导入住户 1841 户。金融科技战略。全行均实现金融科技平台落地。创新推出“结算快贷”“云缴费”“中国草原肉牛之都网”。与呼、包、鄂等地区全面对接“智慧政务”业务。推出“无感支付”“一码扫尽”等，推进智慧城市建设。普惠金融战略。全面完成“两增”监管目标。普惠金融战略指标银监口径贷款新增 7.14 亿元，计划完成率系统排名第 13。建成普惠金融特色网点 13 个。支持民营企业稳定健康发展，授信 1000 万元以下小微企业贷款增速 26.3%。辖内网点“劳动者港湾”全部开放，累计服务 60 万人次。与内蒙古大学签署《合作办学框架协议》，举办 3 期金智惠民培训。

【零售业务】个人存款时点、日均余额及新增额全部实现四大行第 1，增速系统排名第 1 和第 5。零售条线中收占总中收的 73.2%。理财产品、代理基金、代理对私保险、贵金属等主要业务收入均列四大行第 1。住房贷款余额首次实现四大行第 1，住房资金归集余额、新增四大行排名第 1。AUM600 万元以上私人银行客户净增系统排名第 15 位，增速系统排名第 3；私人银行客户及 AUM 总量均居四大行第 1。信用卡业务中间业

2018 年 4 月 10 日，内蒙古区分行与呼和浩特市人民政府举行住房租赁战略合作协议签约仪式。

务收入占全行中间业务净收入的 44.3%；实现消费交易额 918 亿元，系统排名第 12；累计客户数、分期交易额、贷款余额等多项核心指标四大行第 1。个人电子银行产品覆盖度 2.02，系统排名第 14；手机银行、个人网银、企业网银客户新增四大行第 1；善融商务活跃商户系统排名第 15；移动金融交易量占比 90% 以上。

【对公业务】公司类贷款加权利率四大行排名第 1。对公资金体内循环率系统排名第十，对公资金体内承接率系统排名第五。养老金个人账户增速 16.17%。机构条线有效客户增速系统排名第 1。对公一户通签约客户等资金结算产品及现金管理业务系统排名靠前。债券承销收入、理财业务收入四大行排名第 1。

【国际业务】对公外币账户新增完成 1013 户，计划完成率为 145%。国际收支客户增长率保持在系统前十名。外汇资金交易量同比增长 44.5%，国际结算量同比增长 51%，均四大行排名第 2。贵金属及大宗商品业务收入四大行占比 37%，排名第 1。对公黄金积存实现交易客户 614 户，全年新增有交易客户数系统排名第四。大宗商品累计交易额 1.28 亿美元，系统排名第四。

【资产质量与风险控制情况】全年处置不良资产 45.5 亿元，已核销资产现金回收系统排名第六位。信贷结构持续优化，个人类贷款（含信用卡）占比提高至 27.2%；四类具有“灰犀牛”特征贷款余额减少 73 亿元；“去产能”等总分行重点控制行业贷款继续下降；政府购买服务贷款（不含棚改）余额降至 382 亿元。

【扶贫工作】创设“善融·内蒙古扶贫馆”。“善融商务 + 龙头企业 + 贫困户”电商扶贫模式在兴安盟落地。全行派驻扶贫驻村干部 76 人。扶贫点帮扶贫困人口数较年初减少 63%。投放扶贫资金 180 万元，全年资助 200 名贫困高中生。为贫困地区小学捐赠 2 个音乐教室。向 6 个贫困旗县捐赠母亲健康快车。在贫困地区中小学开展爱心支教活动。

二、主要工作举措

【坚定不移强化党建引领】深入学习宣传贯彻党的十九大精神，积极开展宣讲活动，举办集中轮训 10 期，专项督查实现二级分行全覆盖。健全党建工作责任体系，逐级签订《全面从严治党责任书》，下发《全面从严治党主体责任任务清单》。结合总行党委第二巡视组巡视发现的问题，建立完善相关制度 39 项。加强干部队伍建设，健全干部考核机制，对干部进行“回头看”。加强青年人才培养，组织实施“青草人才”计划。建立金融科技人才库。建立领导人员后备人才储备制度。加强基层党组织建设，召开党建工作会议、区分行机关党员代表大会等。实现“支部建在网点”目标。开展“党章在我心中，党旗高高飘扬”“联学共建”活动。深入推进“两学一做”常态化制度化和“不忘初心、牢记使命”主题教育。

【坚定不移推进从严治行】深化“四种形态”运用，给予党政纪处分 40 人，运用“第一种形态”57 人。开展各项党纪警示教育活动 602 场次。全年对 39 家机构开展了巡察，发现各类问题

2018 年 6 月 5 日，内蒙古区分行举办普惠金融产品推介会。

404 个，考核系统排名靠前。“四风”问题专项整治深入开展，进一步规范公务用车等管理规定。加强作风改进，制定实施《区分行关于切实加强和改进工作作风的若干意见》。合规管理制度体系逐步完善。开展合规检查 85 次，发现违规问题 1034 个；机构处置 118 个，人员处置 2775 人次。建立健全合规考核评价方案。全面落实深化整治银行业市场乱象工作。全力做好合规文化建设、反洗钱、征信合规和信息安全等工作。

【坚定不移加强全面风险管理】严格落实“风险管理职责进党委”，以“五个到位”为抓手，做实做细全面风险管理对各类风险的全覆盖。制定全面推进主动管理风险 23 条措施，实施全面风险管理轨迹督察。客户评级质量持续向好，综合授信保持全覆盖。风险预警、集中放款、稽核监测、柜面风险、押品管理等对经营风险的防范和化解作用进一步增强。提升声誉风险管理水平，未发生负面舆情。积极推进“平安创建”工作，实现了“不发生重大恶性案件、重大安全责任事故、重大群体性事件”的目标。连续 7 年实现信息系统无事故。

【坚定不移服务国家和自治区大战略】紧跟西部大开发、京津冀协同发展、内蒙古东北部地区沿边开发开放、呼包鄂协同发展等国家及自治区战略步伐。抓住内蒙古作为“一带一路”建设重要节点地区的机遇，加大开拓创新力度，积极支持基础设施项目以及“中蒙俄经济走廊”建设。加大对民生领域、三农三牧、军民融合、绿色环保等领域以及创新驱动的支持力度。截至 2018 年末，涉农贷款余额为 797 亿元，较年初新增 28.8 亿元；绿色信贷余额为 299 亿元，较年初新增 46 亿元。承销、认购地方政府债 185 亿元，认购量占比 16.3%。

【坚定不移推动重点业务发展】巩固对公业务优势。区分行党委成员挂钩重点城市行的机构业务发展。夯实客户账户商户基础，成立商户中心，推进商户业务统一管理。提升对公交易性业务竞争力，保持资金结算业务优势；全面推进金融市场业务发展；推进网络银行业务发展。加快国际业务发展。多措并举稳存增存。通过提升低成本资金获取、对公优势转化、客户资产配置等核心能力，大力拓展留存对公业务转化的源头性资金；强化到店客户精准营销，提高定期存款总量占比，巩固房金类存款优势。促进中间业务收入稳定增长，抓好信用卡、第三方支付结算、单位新型结算等重点产品发展，确保规范发展，加强手续费支出及服务收费管理。

【坚定不移抓好宣传思想文化工作】推进关爱员工措施落地实施。推进专业技术岗位职务聘任工作常态化，实行旗县支行职务与职等并行制度；制定员工流动管理办法，妥善解决两地分居、父母患有重大疾病照顾等生活困难问题；健全完善帮困扶贫长效机制和员工互助基金制度，建立补充医疗保险商业化运作模式；发放艰苦边远地区津贴和基层岗位津贴；解决网点员工就近上班，改善用餐条件，落实年休假制度等；制定《异地交流干部支持保障方案》；强化驻村扶贫干部生活保障；设立行长信箱；开展青年员工家长进建行活动；召开青年员工座谈会；为全行员工定制行服；区分行本部对全体员工开放并整顿地下停车场；完成 260 家网点员工生活区与党员之家、职工之家建设改造。持续加强企业文化建设。全年在行内外媒体开展宣传报道 700 余次；大力培育和践行社会主义核心价值观和价值理念；强化品牌管理，提升社会美誉度。

执笔：其木格

辽宁省分行

辽宁省分行行长　杨铁军

一、业务发展概况

【主要业务指标完成情况】一般性存款日均余额为4223亿元，四大行第一；新增63亿元，四大行第二。各项贷款余额3230亿元，四大行第一；新增145亿元，四大行第一。实现主营业务收入121亿元，中间业务净收入27.4亿元，拨备前利润73亿元，四大行第一；净利息收入93亿元，增长2.7%。对公有效客户5.3万户，新增0.77万户；个人有效客户415.1万户，新增28万户。单位人民币结算账户20万户，四大行第一；新增3.64万户，四大行占比62%。

【对公业务】对公存款日均余额为1636亿元，四大行第一，其中，人民币存款日均余额1578亿元，四大行第一。本外币对公非贴贷款余额为1575亿元，其中，人民币对公非贴贷款余额1558亿元。人民币贷款新增163亿元，四大行第一，增速高于其他三行平均水平2.97个百分点；还原不良资产处置、债转股、个人住房贷款证券化后，贷款实际新增266亿元。贴现余额为373.74亿元，四大行第一，系统第一；比年初新增218.06亿元，系统第2；直、转贴累计投放628.67亿元，系统第一。

【零售业务】个人客户金融资产3724亿元，新增282亿元；个人存款日均余额为2587亿元，新增104亿元，四大行第一，占比62.43%，提升35.53个百分点。个人客户经营收入53.8亿元，总行零售业务发展水平综合评价排名跃升至第四。个人贷款余额为1162亿元，四大行第一；累计发放332亿元，新增90亿元。住房公积金贷款余额为822.6亿元，新增38.5亿元。

【投行资管业务】承销企业债券62.16亿元，四大行第一，占比89%；认购地方政府债99亿元，累计认购金额超过千亿元，同业第一；分销信用债规模51.3亿元，系统第十；分销利率债规模为29.27亿元，系统第六。新增非标理财资产配置13.64亿元，年末理财资产余额为415亿元，实现中间业务收入4.03亿元。

【金融市场业务】黄金积存业务量为1325.4公斤，交易金额为3.61亿元，累计完成交易客户703户，新增645户，系统第三。实现铜、镍、豆粕、铁矿石、螺纹钢、热轧卷板、动力煤、橡胶8个品种大宗商品套保业务突破，拓展客户17户，系统第八。贵金属及大宗商品业务实现中间业务收入1.3亿元，四大行第一，竞争力水平系统第一。

【信用卡业务】信用卡客户新增25.15万户，新客户活动率为64.09%，提升3.62个百分点；累计客户250.28万户，同业第一；消费交易额为583亿元，同业第一，增长20.8%。全量商户25.36万户，新增14.55万户；龙卡随付贷14780万元。实现中间业务收入7.88亿元，增长28.8%。

【网络金融业务】手机银行活跃客户193万户，新增46万户，增速为31%。龙e付商户新增10万户，系统第5；活跃商户3.5万户，系统第7；交易额突破150亿元，新增对公客户9138户、个人客户3.5万户，叠加开通小微快贷1725户、

2018年3月9日，辽宁省分行与盛京银行股份有限公司举行全面战略合作协议及同业合作平台签约仪式。

贷款余额1.1亿元。搭建悦生活场景2083个，新增712个，交易额突破37亿元，缴费客户66万户，民生缴费项目数同业第一。善融商务有效买家7.3万户，交易额17亿元。

【国际业务】对公外汇存款日均余额为8.8亿美元，四大行第一，占比42.9%。国际结算收入1.52亿元，新增0.41亿元，四大行第一；增速37.1%，四大行第一。跨境人民币业务量577亿元，四大行第一；新增279亿元，四大行第一；增速为93.6%，四大行第一。国际业务客户1489户，新增77户，四大行第一。

【普惠金融业务】“8+1”口径普惠金融贷款余额为99亿元，新增19.8亿元；小微企业贷款客户6717户，四大行占比70.2%，新增3458户，四大行占比92%，完成“两增”监管要求。“小微快贷”各项产品累计投放70.6亿元，其中，“云税贷”累计投放37.64亿元，“抵押快贷”累计投放3.5亿元。“惠懂你”APP累计下载3.8万次，绑定企业8417户。

【住房租赁业务】政府签约实现14个辖内政府（包括省住建厅）全覆盖，企业签约207家。平台上线总数45个，实现辖内城市全覆盖，小辽宁地区实现“监管+企业+共享”全覆盖。房源上线5.61万套，注册用户13.5万户。在总行“蓝海出击，周周比拼”竞赛评比中，6次入围甲组前5位（其中2次均名列第2）。

【金融科技业务】助力住房租赁及普惠金融战略实施，完成100余项总行配套改造项目及分行特色业务需求开发和上线。其中，蓝海项目上线系统45个；为小微企业、个人客户及政府部门量身研发“云税贷”“抵押快贷2.0”“政采云贷”等多项快贷类业务；率先设计开发完成裕农通手机APP生活缴费功能。

【资产质量与风险控制】审计前不良贷款额为44.03亿元，不良率为1.36%，比年初下降0.06个百分点，其中，对公下降0.02个百分点，个人下降0.1个百分点。累计处置不良贷款46.9亿元，其中不良资产现金回收6.69亿元，现金回收已核销资产1.09亿元。风险抵补能力稳步提升，计提减值准备62.67亿元，比年初增加24.58亿元；拨贷比3.2%，提升0.61个百分点。

【内控合规建设】完善内控合规体系建设，强化刚性约束，合规检查发现问题333个，处置31起违规事件，问责96家机构、260人次。扎实推进整治市场乱象和信贷领域专项治理，自查发现问题281个，已全部整改。建立员工行为排查与监测评估机制，加强操作风险关键控制环节管理，全年未发生监管类案件和重大违规事件。积极配合审计检查，对发现的问题进行根源性整改。深化反洗钱工作，发挥科技力量比对信息，对公客户信息完整率95.89%，系统第6；个人客户信息完整率为85.61%，系统第15。有序开展金融制裁监控和回溯调查，妥善化解投诉事件。

二、主要工作举措

（一）全面贯彻总行“三大战略”，以“建设银行方案”解决社会民生痛点难点

一是普惠金融引领同业助力补短板。第一，强化组织推动。制定战略实施方案，设立普惠金融沈阳服务中心，健全责任体系，强化考核激励。第二，丰富产品体系。“双小”承接“双大”，网络供应链上线核心企业46户，普惠金融贷款余额为2.6亿元；云税贷、抵押快贷2.0、账户云贷等“小微快贷”系列产品，新增贷款14亿元；普惠贴现新增13亿元。第三，拓宽服务渠道。“小微快贷”网点开办率97%，提升14.1个百分点。第四，延伸服务社会功能。推广“裕农通+手机银行”模式，新增“裕农通”服务点2608个；在全省网点建立“劳动者港湾”，开放网点服务资源，APP注册用户9万户；实施“金智惠民”工程，向社会普及金融知识。

二是住房租赁推动租购并举市场建设。第一，纵深推进“蓝海”战略落地。第二，以租赁平台拓展新格局。以“房产云”突破沈阳市自有住房租赁管理平台限制，通过功能融合拓展，接入政府监管系统，打造“一站式”房产行政管理和综合服务平台；与芒果公司合作，借助“住房链”全国首家实现房源双向同步；联动安心养老平台，拓宽房源渠道。第三，延伸业务领域，采用轻资产模式，实现存房业务落地。

三是金融科技赋能驱动服务渠道拓展。第一，深化“新一代”系统应用。推广员工业绩计量系统，网点考核应用率达100%，网均应用指标18.3个；优化精准营销商机，月均商机数量压缩59%。第二，同业输出成果突出。签署《同业合作平台框架服务协议》67户，向7户提供信息科技咨询服务。第三，平台建设助力业务发展。推进“机构业务科技年”，政务、养老、教育、宗教、党群等智慧政务平台上线客户857家，平台对私客户转化4.3万户，对公客户转化0.3万户。上线“工匠宝”平台，开立保证金账户104户，存款余额为13亿元；开立代发专户362户，代发金额1.2亿元。

（二）坚持服务实体经济，对公业务基石作用进一步巩固

一是全力支持国资国企改革。为中城集团提供重组财务顾问等综合金融服务，盘活资产，解决企业融资困境，新增贷款31.9亿元。对接国有资本运营改革需求，为沈阳产投、盛京金控等平台提供授信额度69亿元。积极配合政府参与港口资源整合，营口港债转股落地44.2亿元。

二是服务实体经济质效不断提升。打造服务民营和小微企业的“建设银行模式”，出台33项举措，为7600余户民营企业提供信贷支持，贷款余额224亿元。助力商事制度改革，创新“银政通”，通过工商登记电子化服务，简化登记手续，抓牢客户拓展的源头。

三是交易性业务逐步形成规模。新增现金池、票据池、银企直联等现金管理产品329户，实现中间业务收入0.92亿元，现金池累计归集资金588亿元，票据池入池金额为241亿元。新增“监管易”客户93户，沉淀资金16.18亿元。承销非金融企业债券62亿元，四大行第一。运用区块链贸易金融平台，累计办理国内证福费廷业务

2018年3月6日，辽宁省分行与辽宁省国家税务局、辽宁省地方税务局举行“线上银税互动”合作备忘录签署仪式。

612亿元，系统第1。资产托管业务实现收入0.67亿元，同比增长59.1%。投行业务转型初见成效，完成东北地区首单应收账款证券化项目，促进非标转标，拓展首笔非建设银行承销的债券5亿元。

四是机构业务实现拓户增效。第一，抢抓政府机构和事业单位改革契机，稳固原有优势，营销省医保局跨省及异地就医结算、省退役军人事务厅实有资金等账户；新增公益性事业单位93家，与省属五大基地中的四个建立合作。第二，大力拓展军警客户，新增军级账户1户、旅级账户3户，签订“军建安鑫”协议6户，军警客户时点存款余额124亿元，系统第3。第三，积极推进“公检法司”业务，省公安系统合作平台新增账户28户，省高法案款管理系统上线法院22家，新增监察委基本账户和案款专户22户，合计带动存款新增5.6亿元。

五是联动营销取得新成绩。第一，深化公私联动，抢抓源头资金留存率，代发工资额为1028亿元，增速为18.22%，基本户代发覆盖度为12.45%，系统第4。第二，发挥条线联动合力，营销省本级职业年金归集账户和30个市县级账户，新发金融社保卡10.8万张；积极推进公积金网厅、物维等系统上线，新增公积金客户3.1万人，住房资金归集总额突破千亿元，归集新增64亿元，带动存款新增25.9亿元；启动芒果公司全款卖房交易资金承接项目，15天内承接资金5783万元，客户承接率由7%提高至53%。第三，扩大境内外联动优势，与海外分支机构协作抢抓业

务机会，引入境外低成本资金418亿元。第四，强化母子公司联动，代理建信人寿保险12.6亿元，实现中间业务收入0.49亿元。与建信养老金合作，中标辽宁省职业年金受托人。

（三）扎实推进零售优先，为转型发展提供坚强有力的支撑

一是商户商圈经营取得突破。建立商户集中经营模式，承接商户收单691亿元，带动存款增长41.7亿元。惠兜圈商户3.44万户，新增3.05万户，其中“慧开票”商户1.27万户，系统第2。商户业务与普惠金融业务相互促进，为1725户龙e付商户办理“小微快贷”1.1亿元；围绕沈阳五爱、铁西九路家具城、朝阳豪德等专业市场，累计向120个客户投放贷款3000万元。

二是继续巩固个人住房贷款业务领先优势。推进个人住房贷款业务流程改革，对沈阳地区优质楼盘统一签约、集中管理，办理借款标准时间由10个工作日缩短到5个工作日以内；为重点房企优质楼盘提供差别化政策，前19大房企业务份额占比42%，提升4个百分点；优化业务经营策略，倡导信贷业务去中介模式，严把客户准入关。还原证券化后，个人住房贷款余额为1165亿元，新增139亿元，均为四大行第一。

三是移动金融生态升级扩围。推进移动支付便民示范工程建设，完成八大场景拓展计划，移动支付交易量911万笔，同业第一；实现移动支付交易额214亿元，户均交易额为5153元，增长4160元，系统第6。

四是服务能力持续增强。创新业务模式，完善考核激励，强化对下指导，私人银行客户数和客户金融资产的余额四大行第一、新增同业第一；家族信托业务快速增长，委托金额新增21.2亿元，系统第4。试点上线智能直营系统，对3.8万长尾客户进行精准营销，带动存款新增3.8亿元。优化柜面业务流程，科学设置网点岗位及劳动组合，网点客户经理、产品销售经理、大堂经理分别增加了7%、12.6%、24.7%。打造服务品牌，开展星级网点评定，4家网点获评银行业协会年度“千佳”，同业第一。

（四）持续推进体制机制改革，精细化管理作用显著

一是推进协同管理精细化。建立“三大战略”推进工作周例会制度，打破部门界限，搭建沟通协作平台，召开会议23次，研究议题140项，对业务发展重点问题当场研究、当场决策，有效提升管理效能。

二是推进人力资源管理精细化。省行本部经营部门人员占比由33.8%提高至35%，二级行本部经营部门人员占比由48%提高至55.1%。提升人岗匹配度，全年交流员工910人，人岗交流率达7%。

三是推进财务管理精细化。费用管理“财权”“事权”分离，建立监督制衡机制，优化审批流程和支出管理要求，提升资源配置效率。开展“成本精细化管理年”活动，规范库存物资管理，实现零库存；首次对全省1361处房产进行现场盘点，规范房产租赁管理；制定11项定额费用管理标准，全年压缩2093万元。

四是推进经济资本管理精细化。优化管理策略，引入考核奖惩机制，实施全流程管控，全行信用风险经济资本占比4.38%，下降0.48个百分点。建立二级行对公信贷管理与主管行领导绩效挂钩机制，解决关键时点大额授信客户无有效客户评级、贷款技术性逾期等问题。

五是推进业务管理集约化。上收沈阳地区采购项目及小辽宁地区非属地化采购项目，省行本部完成集中采购项目383项，比2017年增加201项，节约金额0.36亿元，节约率7.65%，提高3.66个百分点。集中管理全行物理渠道建设，改造、优化原有流程，竣工项目90个，是2017年的2.4倍。完成沈阳地区运钞车与执勤保安集中管理，压缩钞币运输费320万元，节约执勤保安费用6%。

（五）夯实管理基础，全面主动风险管理取得实效

一是加强信贷风险管控。全面贯彻总行“三管齐下”和“五个到位”要求，继续实行省分行党委成员牵头风险化解工作机制，持续推进“113”工程。建立直营监管“五项机制”，有效管控金融市场交易、同业业务风险。

二是助力防范区域重大金融风险。系统首单通过市场化债转股债权转让，处置北方重工不良贷款14.9亿元；以上市公司股票抵债等方式，处置抚顺特钢不良贷款3.2亿元；首次运用免除担保责任、释放抵押物等方式，回收公司类不良贷款4.48亿元。

三是不良资产攻坚战成效显著。通过司法、诉讼等手段，加大催收、呆账核销处置力度。不良个贷核销呆账资产1.54亿元，完成三个批次个贷不良证券化5.63亿元；处置信用卡不良贷款3.25亿元，增幅为69%，个贷不良及逾期实现“双降”。

（六）建设高素质员工队伍，打造新时代企业文化，激发干事创业活力

一是强化干部队伍管理。坚持新时期好干部标准，持续改善干部结构，选优配强领导班子，提拔正职领导人员14人（含副职主持工作2人）。坚持基层导向，建立干部横、纵向常态化交流机制，全年交流领导人员60人。健全干部考核监督机制，按季对KPI考核排名靠后的管理人员谈话46人次。

二是打造阶梯人才队伍。建立人才工作考核督导机制，把人才工作作为班子考核重要依据。加强对人才的培养和锻炼，75名“213”人才、81名“200”青年人才得到提拔。启动金融科技人才库建设，择优选拔76名专业人才。首次在校园招聘中录用9名管理培训生，储备年轻、高素质人才。

三是分层分类开展培训。突出围绕党性教育、金融知识和业务发展重点领域，加快培养结构性短缺人才，全年累计举办培训项目774期，培训3.67万人次。

四是建设积极向上的企业文化。举办“大爱如歌 暖心你我”践行十九大精神诗词大会，开展“机关党员作表率”、选树“最美建设银行人”等活动，引导全行员工立足本职敬业奉献。落实关心关爱员工举措，制定“六必访 六必贺”实施细则，增投重大疾病保险。

（七）党建与业务同频共振，引领全行以新的使命担当改革奋进

一是汲取红色力量，提高政治站位。组织全行各层级开展党的十九大精神专题培训227次，参训7690人次，带领全行将习近平新时代中国特色社会主义思想学深悟透，不断树牢“四个意识”，坚定“四个自信”，坚决做到“两个维护”。

二是从严管党治行，落实主体责任。认真履行“第一责任人”职责，严格执行党委工作规则；认真开展“两考核一评价”，公开约谈排名靠后单位的主要负责人11人次。

三是强化组织建设，提升组织力。全行党支部720个，增加45个；二级分（支）行均建立基层党建工作联系点，网点主要负责人党员比例提高至92.4%，基层组织覆盖和工作覆盖持续扩大，成为坚强的战斗堡垒。制定机关党委和纪委工作实施细则，编制党支部工作清单，压实机关党建工作责任。

四是深化作风建设，自查自纠形式主义、官僚主义新表现。认真学习贯彻中央八项规定及其实施细则精神，制定细化办法，开展作风建设自查和晒清单治“四风”活动。严格规范市场、招待、差旅等费用管控，确保列支合规。

五是全力支持纪委履责，强化巡视监督作用。建立《纪律检查委员会工作规则》等制度，继续充实纪检监察条线力量。制定《巡察工作五年规划》，2018年巡察了6个二级行、9个省行部门，对6个单位开展专项巡察，发现问题322个，已全部整改。积极配合总行巡视，对发现问题立行立改。

六是狠抓党风廉政建设，严格执纪问责。全覆盖开展“三项教育”活动，提升廉洁与党纪警示教育成效。坚持有腐必反，深入推进信贷、采购等领域腐败行为专项整治，始终保持惩治腐败的高压态势。全年处理各类违纪违规人员185人次，其中党纪处分8人次，行政处分177人次。

七是发挥党建引领作用，凝聚发展力量。以联学联建、特色党日活动等激发基层活力，组织“百日万众 争做贡献”主题活动，各级党组织全部参与信用卡分期营销和商户业务拓展。以“党建+金融+产业+善融+公益”模式助力脱贫攻坚，投入定点扶贫捐赠资金170万元，建设项目16个；新增金融精准扶贫贷款1.56亿元，增速为50.2%；开设善融商务辽宁扶贫馆，累计销售商品4.8万件，交易额为9984万元，是2017年的6.9倍。

执笔：郭曦

吉林省分行

吉林省分行行长　梁德顺

一、业务发展概况

【主要经营指标保持领先增长】

全口径存款时点、日均余额及新增额均位列本地区四大行首位，个人存款余额历史上首次超越同业，位列四大行首位。对公存款时点余额、日均余额、日均新增额居四大行首位。全行全口径存款时点余额为 2760 亿元，四大行占比 32.6%。时点新增 85 亿元，四大行占比 51.7%。

各项贷款余额及新增额居四大行第二位，对公贷款余额与新增额均居四大行第一。各项贷款余额为 1847 亿元，较年初新增 111 亿元。其中，对公贷款新增 50 亿元，个人贷款新增 61 亿元。

全年实现中间业务净收入 18.5 亿元，拨备前利润 50.9 亿元，继续保持同业领先。

结算账户总量 13.4 万户，净增 1.4 万户；基本账户总量 10.7 万户，净增 1.3 万户，总量、新增额均居同业首位。

不良贷款额为 47.7 亿元，比年初下降 1.85 亿元；不良率为 2.58%，比年初下降 0.27 个百分点。逾期贷款额 46 亿元，比年初减少为 2.64 亿元；逾期率为 2.49%，比年初下降 0.31 个百分点。实现不良逾期双“双降”，逾期不良负“剪刀差”1.68 亿元。

【各项重点业务市场竞争力不断增强】

公司业务方面，积极助力“金融助振兴——吉林行动”，签约项目 55 个，签约金额为 530.8 亿元，居同业首位。重点支持了棚户区改造、电力、旅游、化工、热力、高速公路等一批重大项目建设，持续加大对一汽、轨道客车等核心企业支持力度，公司条线贷款新增 80 亿元，本地区四大行第一。梳理 763 户重点支持民营企业，民营企业贷款新增 7 亿元，绿色信贷新增 7.4 亿元，精准扶贫贷款新增 14.7 亿元。“公司业务 +”对战略业务拉动作用显著，对公商户增幅达 125%，ETC 新增 18.4 万辆，同业新增占比 60%；对公基本户代发覆盖率 5.7%，较年初提升 1.86 个百分点。

机构业务方面，为搭建政府和行业综合服务平台发挥了对接主导作用，密切了与各级政府和机关团体、军警、法检及科教文卫领域的合作关系，机关事业单位养老保险账户和金融社保卡发卡量稳居同业首位，荣获总行“机构业务科技年”活动突出贡献集体。

投资银行业务方面，实现理财融资 30 亿元，完成债券融资 169.8 亿元。其中，承销认购政府债 110.3 亿元，四大行第一。

国际业务方面，持续保持同业领先优势，国际结算、代客资金、贸易融资三项重点产品中收连续四年居同业首位，获得 2018 年全省外汇局合规管理考核 A 类行称号。

个人金融业务方面，新增实现历史性突破，全省个人核心存款时点余额赶超工行跃居四大行首位，成为全国第七家余额超越工行的一级分行。开展了“凝聚收官嘉彰、践行零售优先”和“剎尾巴攻坚战”专项活动，全省个人存款正增长网点占比 90%，建设生态圈项目 139 个，上线缴费项目 148 个，实现居民生活缴费全覆盖；代发金

2018年4月24日，吉林省分行与吉林省公安厅联合召开全省公安窗口全面推行无现金收费模式新闻发布会。

额为482亿元，同比多增15.8亿元，全年代发拆迁补偿资金32亿元。

住房金融业务方面，个人一手房、二手房贷款新增50.7亿元，私行客户金融资产余额、新增额均居同业首位。

信用卡业务方面，6项主要指标居四大行首位，新增年轻客群13万户，发展“慧兜圈”商户1.4万户，实现分期交易额64.2亿元。

网络金融业务方面，实现户均移动支付交易额4338元，聚合支付活跃商户1.8万户，新增“悦生活”云服务场景1226个，搭建“吉林扶贫馆”并上线15个贫困县310款扶贫商品，实现交易额1652万元。

【“三大战略”推进取得丰硕成果】

一是发挥金融科技优势，构建了一批系统性、行业性、民生性共享服务平台。积极参与省委省政府“数字吉林”建设，制订了省分行金融科技工作方案，全行形成了金融科技应用开发合力，全行平台共签约项目366个，上线项目325个。新一代应用、大数据应用、科技创新三项完成率均超过100%，中间业务收入2.16亿元，实现年日均存款余额1368亿元。我行自主开发上线运行项目30个。上线了一批以全省互联网+公安、省级和县级财政非税收入电子化为代表的政务类平台，以e商融通、e税融通、金税e保、公积金G系统、物维M系统为代表的系统性平台，以智慧医疗、智慧校园、智慧营区、无感支付停车场为代表的民生服务平台，以“e农心合”智慧乡村综合服务为代表的乡村振兴服务平台。这些平台既便民利企，又促进了政府“放管服”改革，更为我们带来了广阔的获客空间。

二是发挥普惠金融服务优势，着力解决社会民生痛点需求。建立了普惠金融业务审批绿色通道，全行普惠金融贷款余额为78.2亿元，服务客户5.9万户。为全国中小微企业提供网络供应链融资600亿元，融资总量系统排名第一。深耕欧亚、中东商圈小微客户，加快推动了小微快贷、云税贷、个人快贷、农担贷等重点产品，为9179户自主择业军转干部投放“军转e贷”3914万元，实现“民工惠”业务投放1392万元，小微快贷授信客户新增3666户，账户云贷商机转化率居全国第5位。在全省农村建立了3256个“裕农通”普惠金融服务点，实现定点扶贫村全覆盖。全行323家机构全部对外开放“劳动者港湾”服务区，累计服务27.7万人次。通过建行大学“金智惠民”工程，培训了53名乡村扶贫干部。

三是发挥住房领域传统优势，创新推进住房租赁战略。全国第15家完成住房租赁合作协议签约全覆盖，第6家实现三大基础系统全覆盖，东北首家、全国第14家完成CCB建融家园挂牌，成立了“玉梅·乐居工作室”，平台上线住房租赁企业30家、中介机构47家，发布房源6.4万套，注册认证用户5.9万人，实现线上交易702笔。

【风控管理要求落实有效】

积极推进“三去一降一补”政策与“僵尸企业”出清工作，退出企业8户，金额为4.2亿元，化解处置了25户重大信用风险项目，金额为26.9亿元，出台了45条支持民营企业和小微企业发展信贷措施。持续开展“信贷管理提升年”及“调结构、控减值、降资本、提升RAROC水平”活动，提出了信贷管理“十从严”要求。在客户准入、授信审批、押品管理、放款审核、贷后检查等环节加强了信贷全流程管理，集团客户综合授信首次实现全覆盖，核减押品价值15.5亿元。认真做好RAD系统推广应用，预警跟踪客户182户。通过调整信贷结构、增强风险缓释措施等九大措施压降存量信贷业务经济资本26.16亿元，节约EVA 2.75亿元。

2018 年 12 月 26 日，建行大学在吉林大学培训学院举办吉林省分行金智惠民扶贫干部第一期培训班开班仪式。

【内控合规和精细化管理日趋完善】

一是深入开展“双基”管理提升年活动，全行共梳理规章制度 101 个，整改落实深化整治市场乱象工作问题 44 个、内外部审计及监管移送问题 409 个、案件防控问题 59 个，报送反洗钱可疑交易报告 22 份，召开了 6 次消费者疑难投诉和重大投诉联席会议，持续做好反假币宣传培训工作，强化人行征信管理，对公客户信息完整率由 41.4% 提升到 92%。二是全面细化优化各项管理，完善了 KPI 和等级行考核方案，制定了重点业务挂钩考核办法；资源配置重点支持“三大战略”“零售优先”和战略性重点业务发展；经济资本占用 119.3 亿元，较年初减少 7.6 亿元，对公客户和个贷客户 RAROC 值均高于全国平均水平；对公客户信用评级推翻率由上年的 4.6% 下降到 2.4%，大中型客户信用审批平均用时由上年的 7.8 天减少到 4.5 天。

【党建优势和队伍素质全面引领增强】

把持续学习贯彻领会习近平新时代中国特色社会主义思想和党的十九大精神作为首要政治任务，认真组织开展了中心组学习、集中轮训、红色专题教育、高质量发展大讨论等学习活动。改造升级了 34 个“党员之家”示范点，开展了与省中行系统党建共建活动、“2 + 1 + 1”结对帮扶活动、“建行泗水情”扶贫体验活动。制定了省分行党委贯彻落实中央八项规定和实施细则具体办法，省分行行领导 81 次深入 101 家分支行开展工作调研。双向交流干部 46 人，二级分支行到省行学习交流 21 人，组织各类培训 189 期，培训 9886 人次，开展了 10 期、300 人次赴南跟岗培训。

二、主要工作措施

【注重运用“三大战略”深刻内涵升华全员为民服务情怀】

着力强化对“三大战略”学习传导，组织开展了“三大战略在落实”主题征文，通过一系列学习和活动，全行对“三大战略”的内涵要义有了更加深刻的理解和认识，全行进一步提高了政治站位，强化了责任担当，开拓了思路视野，切实增强了解决社会痛点难点问题的金融服务能力。

【注重运用创新思维激发全行各项工作拓展活力】

把创新作为推动各项工作发展的源动力，在应对挑战、破解难题、拓展市场、创效增收、强化管理等方面发挥了有力的促进作用。扎实推进了“金点子”创意工程和“创新马拉松活动”，营造了全员参与的浓厚创新文化氛围，2017 年共提出创意 9756 条，人均提出创意 1 条以上，创新成果覆盖了前中后台和经营管理方方面面，以创新促发展的理念已成为全行共识。

【注重运用“公司业务 +”综合营销服务机制提升全行市场竞争力】

持续推进传导“公司业务 +”“平台 +”“客户 +”“1 + N”综合金融服务经营理念，充分发挥公司业务引领作用，强化信息共享和综合服务方案设计，自觉形成了“ + ”的意识，自觉搭建了综合营销互动平台，进一步打通了跨板块、跨条线、跨层级的综合营销通道，形成了对公对私相互拉动、相互渗透的综合营销机制。积极推进公司业务 + 商户、代发工资、ETC、信用卡分期等战略业务拓展，为全行实现高质量可持续发展打下了坚实基础。

执笔：贺楷元

黑龙江省分行

黑龙江省分行行长　樊庆刚

【经营效益】实现主营业务收入69.69亿元，本地区四大行列第二位，拨备前利润35.78亿元，四大行列第二位。

【资产负债业务】本外币全口径存款日均余额为2685亿元，新增105.1亿元，一般性存款日均余额为2675亿元，新增105.4亿元，四大行排名第一；一般性存款时点余额为2766.5亿元，新增186亿元，四大行排名第三。

本外币各项贷款余额为1235.1亿元，比年初新增80.2亿元，其中：对公非贴贷款余额为590.1亿元，新增－57.1亿元，四大行排名第三位；个人贷款余额为567.4亿元，新增86.3亿元，四大行排名第三。

【中间业务】实现中间业务净收入14.04亿元，净利润23.5亿元，居四大行第一，市场份额达到32.8%、同比提升1.9个百分点；同比增长2.2%，增幅分别高于系统和东北四大行平均增速2和7.2个百分点。其中，零售及网络金融板块净收入占比74.9%，同比提升2.6个百分点；贷记卡、第三方支付、代理保险、代销基金、银团贷款和新型财务顾问等多项业务发展迅速，创收规模居四大行前二位，合计实现净收入7.6亿元，占总量的54%、同比提高11个百分点。

【资产质量】不良贷款余额为33.7亿元；比年初减少31亿元；不良率为2.73%，比年初下降2.87个百分点。全年新暴露不良贷款10.6亿元，全年共处置不良贷款41.6亿元。

（审计前数据）不良贷款额和不良贷款率分别降至33.7亿元和2.73%，同比减少31亿元和2.87个百分点，降幅四大行最大；不良贷款率列系统内第29位，同比提升八位。逾期贷款减少24.3亿元，降幅为43.9%；逾期贷款率2.52%，下降2.28个百分点。

【客户发展】人民币对公结算账户跨越式增长，总量达到17.32万户，相继反超农行和工行，首次跃居四大行首位，市场份额29.1%，增量占比43.4%、增量、增速均居四大行第一。公司机构和个人加权有效客户分别新增0.56万户和138.8万户，均超额完成计划，系统内排名分别提升五位和十二位。手机银行当年新签约活跃客户新增125.3万户，同比多增80.4%，增速列系统内第一位。

【普惠金融】普惠金融战略扎实启动，业务迅速上量。全面完成银保监会口径普惠金融“两增”目标，贷款规模同比增长为49.7%，高于各项贷款平均增速42.8个百分点；有贷款余额客户同比增长24.2%。银保监局口径普惠金融贷款新增14.1亿元、增幅为49.3%，增量四大行占比48.1%。普惠金融（8＋1口径）贷款余额53.1亿元，新增16.1亿元，计划完成率为139%、列系统内第十位。“小微快贷”授信和贷款客户分别增加1818户和1478户，授信金额及贷款余额分别达到16亿元和12亿元，增幅分别为154%和264%。制订专项实施方案，针对性提出了9类19项支持民营和小微企业的政策举措。助力乡村振兴和精准扶贫，全国首个大数据农业金融服务平台上线，创新推出了垦区“农户快贷”“农信云

2018 年 9 月 19 日，黑龙江省分行与黑龙江省住房和城乡建设厅举行全面战略合作签约暨全省供热企业贷款金融服务对接会。

贷”“地押云贷”“农户抵押快贷”和“农户信用快贷”5 项产品，目前已覆盖全省 47 个县区和垦区 9 个管理局，有效缓解了农业农村融资难、融资贵、融资慢问题。

【蓝海项目】住房租赁战略深入实施，系统广泛覆盖。搭建共享平台，激活存量房源，住房租赁服务系统上线区域总量 43 个，列系统内第十四位，累计上线房源 4.88 万套，新增注册用户 4.18 万户，其中，企业租赁管理系统在 13 个市（地）区全面上线；租赁监管系统成功登陆省会城市。与 40 家租赁企业和 98 家中介机构建立了合作关系，佳木斯、鸡西、鹤岗、双鸭山、黑河、绥芬河政府公租房源全面入驻平台。“蓝海出击周周比拼”竞赛成绩列东北三省一区第一。“建融家园”正式挂牌，“要租房 到建行”品牌影响力和美誉度不断提升。

【金融科技】金融科技战略稳健推进，项目多点开花。金融科技“五大平台”累计签约 490 个，其中活客平台 341 个，活客规模达到 3.75 万户。智慧政务平台对公客户量及全口径获客量分列系统内第十位和第二位。智慧城市项目取得重要进展，“码上讷河”平台顺利上线并完成 3 期优化，开创了县域“互联网 + 政府 + 多场景应用”的先河，在系统内率先实现了政融支付社保缴费功能；齐齐哈尔市级便民支付平台——“鹤城在线”正式发布运营。创新运用“互联网 + 智慧医疗”理念，打造东北三省首家“智慧医院”系统。智慧油田项目一期功能“禹道通达”投入应用，实现了对大庆油田所有对公结算账户的集中管理及 7 大类“线上 + 线下”智能收缴费功能、大庆油田无现金报销系统成功上线。此外，紧贴市场需求，善用科技利器，完成自主创新项目 11 个，其中 3 个项目被总行列为引领型创新项目。38 个移植创新项目在龙江大地开花结果。重点产品被移植次数列系统内第 7 位。新产品被超过 55 万人次办理和使用，实现经营收入近 1.4 亿元。推出了“惠农宝”一号大宗商品套保产品，拓展了玉米、大豆“银行 + 保险 + 期货”模式及大宗商品场外期权模式。“粮易融”作为首个农业产业链创新金融产品投向市场。网络银行供应链业务从无到有，核心平台发展至 10 个，投放量达到 12.9 亿元。办理了全国首笔大豆美式场外期权套保业务，以及系统内首笔银行同业客户国外保函业务。有效满足社保部门职业年金扣收需求，填补了系统空白。同时，在 421 家网点全面建设运营“劳动者港湾”，APP 用户下载量近 3 万；与哈工大签署产教融合办学协议，正式启动了“金智惠民”工程。

【便民支付工程】体系化大力推进便民支付工程建设，带动商户业务加速发展，场景大类覆盖率达到 91%，场景总量增至 6961 个，移动支付关键指标连续 7 个月居全省同业 23 家银行首位，清算交易量累计 1551 万笔，市场份额高达 39.8%，超过第 2 至第 6 位机构的总和；商户规模发展至 9.95 万户，为上年末的 4.8 倍。其中，POS 商户净增 1.24 万户，列系统内第八位、同比提升 18 位，增幅 68.7%；“悦生活”商户增量列系统内第 2 位，同比增长近 7 倍；龙支付商户新增 6.32 万户，列系统内第二位、同比提升 33 位。同时，以网点为中心，锁定并形成涵盖 200 万户潜在营销目标的商户地图，为后续精准营销奠定了资源储备基础。商户关联存款日均余额为 141.5 亿元，新增 52.4 亿元、增幅为 52.2%，占一般性存款新增的 49.7%。

主要工作举措

【主动顺应全面从严治党纵深推进的新形势，突出党建引领】突出政治建设统领地位，树牢“四个意识”，坚定“四个自信”，切实践行“两个维护”，保证了党中央和总行党委政令畅通。

2018年12月26日，黑龙江省分行和黑龙江省自然资源厅举行不动产抵押登记业务框架协议签约仪式。

一是强化思想理论武装，开展了科级以上干部学习贯彻党的十九大精神全覆盖轮训。二是实施人才储备规划，目前在库人才621名；选拔71名八职等以下优秀青年人才挂职锻炼。全年提拔省分行管理干部35人，其中高级专业技术人员11人；晋升八、九职等人员372人。客户经理实行名单制管理，总量突破2800人，新增1043人。完成了省分行本部科室负责人聘任和二级分支行中高级专业技术岗位职数核定。三是完善组织条线工作人员配备，推动“党员之家”升级建设，广泛开展了“十个一”系列活动。抓党建促脱贫攻坚，累计下拨123.7万元清理收缴党费，专项用于贫困村党组织建设。驰而不息改进作风，细化贯彻中央八项规定及其实施细则精神，提出了38项作风标准和执行要求，对二级分支行异地交流任职干部周转住房相关费用执行情况进行了督导；开展了领导人员“四风”及其他违规违纪问题自查自纠；推动形式主义、官僚主义问题整改落实，督查督办机制持续完善、效率不断提高，省分行本级督办事项平均办理时长缩短1.1天，报表统计工作量减少45%以上。深入开展正风肃纪专项整治工作，聚焦关键领域和敏感环节，将信贷经营管理作为重中之重，实施信贷违规治理专项行动，重点重检了28个授信项目责任认定情况，严厉打击和震慑了权力寻租行为。四是严肃监督执纪问责，持之以恒开展廉洁从业教育和案例警示反思，巩固“三清查”工作成果；进一步提高问题线索管理规范化水平和责任追究质量，全年处理违规违纪责任人110人次，其中开除11人、撤职5人、降级4人，向属地纪委监委和公安机关移送涉嫌违法犯罪人员8人；深化巡察监督效能，对26个单位开展了巡察，对3个二级分行开展了巡察“回头看”，建立了“双反馈、双整改”制度。

【以实施“三大战略”为突破，统筹并扎实做好各项经营管理工作】将“三大战略”与业务发展深度融合，围绕“一个重心、两个坚持、三个主线”的总体思路，抓好住房租赁战略落实；坚定不移推动普惠金融业务上量、提质、增效；坚持金融科技引领，巩固先发优势，抢占市场竞争制高点，不遗余力加快“智慧乡村”农村金融服务平台建设；公私协同，力保实现“一把手工程”和年度重点业务发展目标。

【聚焦重点环节和关键领域精准配置新资源，提升服务实体经济质效】跟进国家和地方战略实施步伐，强化项目对接服务，大中型贷款资金主要支持央企、路桥工程等重点基建项目和优质产业主体，投放规模达到330亿元。有力支持地方供给侧改革，稳步压缩钢铁、煤炭、火电等重点管控行业信贷规模，累计退出19.1亿元。大力支持薄弱领域，绿色信贷新增20.4亿元，增幅列系统内第二位；发放垦区支农贷款12.5亿元；精准扶贫贷款新增10.5亿元，同比增长3.8倍。市场化债转股项目“破零”签约，助力优质民营企业降杠杆。若还原资产证券化因素，个人住房贷款新增82.1亿元，居四大行第一。信用卡分期交易额达到52.7亿元、创历史新高，增速58.1%，高于系统平均水平44个百分点，系统排名第一。

【坚决贯彻党委全面主动管理风险的新要求，不断夯实控险基础】以打好资产质量绝地反击“三大战役”为主线，实现了风险由“被动控”向“主动管”的转变。通过倾斜配置、移位再贷、压退结合等方式，主动优化信贷投放结构，保证了新发放贷款质量稳中有升，年内纯新投放贷款未出现逾期或不良，进一步夯实了信贷资产质量的基础。授信客户评级质量大幅提升，评级推翻率和评级审定偏差等主要指标均优于系统平均水平。全面风险监控预警平台（RAD）应用效果显著，风险预警能力、处置核查质量和“机控”管理水平不断提高。押品关键流程线上集约化管理能力明显增强，风险缓释效果进一步提升。信用类债券投后管理、资产管理、同业业务基础资产风险管理持续融入流程。完善贷前诊断、贷（投）后跟踪监测机制，严格落实信贷管理长效体系规范，潜在信用风险防范更加有效，违约概率偏离度大幅下降，新暴露不良贷款为10.6亿元、低于计划4.6亿元，新暴露不良比率较上年下降2.3个百分点，减值计提控制在总行考核区间下限。不良资产处置质、效、量全面提升，全年处置不良贷款41.6亿元，超额完成计划，同比多处置13.6亿元；实现已核销资产现金回收0.7亿元，计划完成率为243%。

【坚持推动落实系列专项治理整治的新举措，切实加强合规管理】以全面提升合规管理能力为核心，认真落实总行帮扶督导意见，成立了合规检查专家库，以及合规检查清单库，编制了15份合规检查清单。组织实施合规检查153次，着力推进违规行为屡查屡犯问题治理，梳理出普遍发生的关键性亟待整治问题要点。违规处置力度明显加大，累计处置违规事件51起。启动"治理违规违章 创建合规分行"专题活动，建立了"部门抓条线、条线对部门负责"的合规管理责任体制，发现违规问题3215个，其中性质严重的81个，违规排查监测治理立体化网络格局正在形成。扎实开展深化整治银行业市场乱象工作。抓实违规问题系统性根源性整改，审计追踪整改完成率达到97.7%。反洗钱作业水平和风控能力稳中有升，可疑交易人工处理率及客户风险等级分类完成率均达到100%，对公和对私客户身份信息完整率分别提高至87.4%和80%。启动审计发现问题责任认定重检，对违规处置宽松软现象形成了有力制约。强化违规惩戒警示教育作用，从严处置违规责任人，持续对员工严重和一般违规行为查处情况进行公开通报。我行取得原哈尔滨小企业经营中心负责人私自对外出具保函被诉案件终审胜诉，不承担任何责任，未形成经济损失。

【稳健有序促进运营管理体制机制的新调整，不断释放动力效率】明确了省分行本部部门职责，突出经营部门直营职能，择优选聘全日制研究生学历员工，充实了管理力量。重新核定了省分行本部部门人员编制和科室数量，以及二级分支行本部人员编制及部门管理岗职数。省分行营业部完成重组，哈尔滨地区体系化运营管理水平进一步提高。对公信贷经营管理"两个中心"组建全面落地。成立了省分行外呼中心和托管分中心。优化薪酬配置，建立了省分行直管领导干部业绩档案，实行"一人一表"考核；规范了二级分支行及其下辖机构负责人绩效薪酬核定与分配模式；开发应用了网点效益查询渠道，将穿透至网点的效益挂钩激励工资直接配置到基层机构。全年实际安排工资总量11.2亿元，同比增长7%；人均工资达到10.6万元，居本地区四大行首位。强化授信流程支持保障，大数据类小企业信贷业务审批时长压缩至2.5个工作日，放款审核效率列系统内第九位。有序推动网点分类建设和布局优化，撤并及转轻型网点20个。智慧设备分流业务占比达到62.2%。集约化运营水平持续提升，柜面远程集中授权网点上收率和试点行业务上收率分别提高至100%和86.4%。人脸识别技术辅助身份审核项目已覆盖所有网点，自动处理率达到88.4%。

此外，安全保卫、企业文化、教育培训、信访维稳、法律支持、印信保密、群团组织等工作也都取得了令人满意的新进展新成效。

执笔：王玉明

上海市分行

上海市分行行长　段超良

（2018 年 6 月免）

上海市分行行长　林顺辉

（2018 年 6 月任）

一、业务发展概况

【经营效益】全年实现税前利润 142.43 亿元，实现经济增加值 61.24 亿元。

【负债业务】本外币全口径存款日均余额为 11682 亿元，同比同口径较上年新增 345 亿元，增幅为 2.96%。本外币一般性存款日均余额 9687 亿元，同比同口径较上年新增 401 亿元，增幅为 4.17%。

【资产业务】本外币各项贷款余额为 6378 亿元，同比同口径较上年新增 596 亿元，增幅为 8.95%。人民币各项贷款余额为 6067 亿元，同比同口径较上年新增 562 亿元，增幅为 9.61%。

【中间业务】全年实现中间业务净收入 69.28 亿元，同比同口径新增 0.79 亿元，增幅 0.97%。

【公司业务】本外币对公存款日均余额为 6293 亿元，同比同口径较上年新增 267 亿元，增幅为 4.22%。本外币对公贷款余额为 3779 亿元，同比同口径较上年新增 253 亿，增幅为 5.82%。

【个人业务】本外币个人存款日均余额为 3393 亿元，同比同口径较上年新增 134 亿元，增幅为 4.08%。本外币个人类贷款余额为 2599 亿元，同比同口径较上年新增 347 亿元，增幅为 15.06%。

【资产质量】不良贷款额为 47.68 亿元，不良贷款率为 0.75%；逾期贷款额为 43.13 亿元，逾期贷款率为 0.68%。

【获得荣誉】都市普惠金融获上海市政府颁发的“小微企业信贷业务”最高奖励 1000 万元。上海虹桥会展支行荣获首届国际进口博览会同业唯一“最美金融服务窗口”称号。分行荣获上海市银行同业公会 2018 年度“机构贡献奖”“年度创新奖”“银团贷款最佳机构奖”“科技金融服务奖”，以及“小微企业金融服务创新奖”。16 家网点获评上海金融工委“五星级”优质服务网点，8 名员工获评上海金融系统“优质服务明星”。

二、主要工作举措

【坚定不移加强党建工作和干部队伍建设】深入学习贯彻习近平新时代中国特色主义思想和党的十九大精神，增强“四个意识”，严守“六大纪律”，保持坚定的政治自觉。贯彻中央和总行组织人事条线工作会议精神，制定加强组织条线人员队伍建设实施意见，抓实抓牢基层党建重

2018 年 12 月 28 日，建设银行上海张江分行揭牌。

点任务，按季督查基层党建基础工作，确保党建工作各项要求不折不扣在基层落地。接受总行政治巡视，发现问题立查立改，按照要求深入整改；集中自查自纠形式主义、官僚主义问题，推动全面从严管党治行向纵深发展。开展巡察和“回头看”，召开全员警示教育大会，开展“十个一”警示教育、“三珍惜”廉洁文化教育、员工党纪行规测试活动，营造全行风清气正的政治氛围。从完善管理制度体系、搭建人才展示平台、加速青年干部成长、加大现职干部交流等多方面入手，不断优化各级领导班子结构，提升干部担当作为能力。全年提拔使用领导干部 58 人，其中 40 周岁及以下年轻干部 15 人；落实推动干部能上能下、问责“庸懒散拖”行为制度办法，树立起“能者上、平者让、庸者下、劣者汰”的鲜明导向。

【坚定不移确保总行党委决策部署不折不扣落地】促成总行与市政府签约，大力推进存房上海模式，通过母子联动推动子公司受理存房 12814 套，签约 5008 套，平台上挂房源 42 万套，APP 新增用户 38 万户。单位人民币基本账户新增四大行占比 47%，普惠金融贷款新增本地区四大行占比 56.4%。推出“建谈”乡村振兴品牌，创新金山“三个百里贷”、农业担保基金贷等助农信贷产品。劳动者港湾全网点覆盖，537 个“裕农通”服务点入乡进村，3616 人次接受建行大学“金智惠民”培训，6 家高校 e 银行开业。金融科技重点平台获客 50.25 万户，同业合作平台 6 项指标系统前列，13 项首单落地，同业客群全覆盖，“工程宝——工程资金管理应用平台”获总行“创新马拉松”一等奖，刷脸支付、无感支付、无人银行等创新获广泛好评，实施大数据原创项目 101 个，继续被评为系统最具创新力分行。

个人存款日均新增四大行占比第 1，个人有资产客户、中高端客户、个人客户的 AUM 增量和增速 6 项指标四大行第 1，私人银行客户和 AUM 的增量、增速提升到系统第 2，个人住房贷款余额和新增及信用卡 8 项核心指标四大行第 1，7 家网点获评中银协“千佳”示范单位，系统同业双第 1。实施对公业务“久久赢领”行动，交易圈存资金占比提升 3 个百分点，中收占比提升 10 个百分点，对公结算、现金管理、新型结算产品、网络供应链贷款、跨境双向人民币资金池客户、国际收支客户等快速增长。

【坚定不移做好风控、合规和案防工作】全面主动加强风险管控。落实“三管齐下”“五个到位”要求，优化信贷结构，聚焦价值创造，守牢风险底线。有序处置自贸区 FT 低风险业务，存单质押低信用风险信贷余额较年初下降 1111 亿元，891 笔当年到期业务全部安全回收；全力推进不良资产处置，现金回收超额完成总行下达计划。进一步树立合规经营导向。强调合规是银行经营的生命线，认真配合做好进一步深化整治市场乱象、反洗钱及金融制裁合规管理、客户身份信息完善和信息安全保护、征信，收费专项检查等工作。在上海审计分部大力支持下，狠抓问题根源性整改。首次建立案防安保、合规内控、风

2018 年 11 月 27 日，上海虹桥会展支行获评首届中国国际进口博览会银行业“最美服务窗口”。

险审计、舆情投诉联防联控机制，全年未发生重大违规违纪事项、重大恶性案件、安全责任事故和群体性事件。

【坚定不移抓创新发展，支持服务实体经济】全力服务首届中国国际进口博览会，总行领导亲临现场并给予充分肯定。发布支持民营经济和小微企业发展20条措施，同业首家将位于科创核心承载区的张江支行升格为张江分行，国际金融中心要素板块合作全面加强，搭建移动支付便民示范工程场景1406个，云闪付交易量本地区同业第1。签约服务5个本市重大项目，承贷金额38亿元。推动搭建长三角区域联动机制，成功落地杭州地铁双保理项目。创新办理“走出去”融资项目32个，签约金额31亿美元；全球授信客户97户，金额9127亿元。加强科技型企业信贷支持，贷款新增85亿元。支持城市更新建设，城镇化建设贷款投放79亿元，完成2个特色小镇建设贷款项目投放。

【坚定不移打基础、谋长远】强化精细管理创造价值理念，推动资源配置更加精准。深入做好客户发展工作，在巩固和发展客户数量的同时，加快提升产品覆盖，形成获客活客留客黏客的良性互动。把人心作为最大政治，做实做细员工关爱。为员工特别是非沪籍青年员工申请公租房提供帮助，向子女考上大学的员工发放奖励，给长期病休的员工提高待遇，替离退休老同志办实事。在全行倡导开短会、发短文、说短话，设置每周无会日，合理调整会议安排，让员工从文山会海中摆脱出来，集中精力抓发展、抓落实。

执笔：邱博

江苏省分行

江苏省分行行长　张　毅

一、业务发展概况

【主营指标】截至2018年末，一般性存款余额为8833亿元，新增301亿元，均列本地区四大行第二位，余额份额提升0.1个百分点。一般性存款付息率低于四大行均值4BPs，其中企业存款付息率四大行最低。各项贷款余额为7568亿元、四大行第二，还原证券化后贷款新增836亿元、四大行第一。中间业务净收入71亿元，四大行第二，零售板块中收四大行第一、份额提升0.5个百分点。实现拨备前利润206亿元。

【三大战略】普惠金融战略引领市场。普惠贷款新增153亿元，新增系统第三，四大行第一，四大行占比45%。创新产品“苏叶云贷”授信客户275户，投放1.2亿元，成为系统内规模最大平台快贷产品。融入农村生活场景建成“裕农通”平台5000多个，服务农户23.5万户。大力推进“民工惠”，辖内六地市上线农民工代发系统。住房租赁战略加快推进。各项指标均超额完成总行计划，住房租赁KPI排名甲组第五。扎实推进住房租赁服务平台运营，各地市签约全覆盖，为省住建厅打造住房监测平台正式启用。平台上线房源24万套，在线交易2.5万套，个人用户注册数69万户。为南京安居集团发行7亿元系统内首单住房租赁永续债。系统内首个自有闲置资产改造建融公寓项目在南京落地，社会反响热烈。金融科技战略深化创新赋能。金融科技平台获客

2018年11月22日，江苏省分行与东南大学举行合作办学框架协议签约仪式。

户数对公系统第三。“智慧人社”在连云港落地成为建行社保输出第一单，在南通打造“商户诚信评价系统”被总行认定为引领型创新项目，零售信贷风险特征挖掘项目获总行风险管理创新实践一等奖，智慧政务“我的常州”政融支付项目成功上线。有效助力政府解决失地农民刚性进保、菜场便民支付及食品药品追溯等民生问题。

【风险内控】账面口径不良四大行最优。行内考核口径不良率为1.18%，低于系统平均水平0.28个百分点，不良额为89.59亿元，控制在计划范围内，当年新暴露不良额同比下降5.14亿元，逾期贷款与不良剪刀差保持稳定。风险抵补能力持续增强，拨备覆盖率为260%，提升17个百分点。处置不良贷款58亿元，现金回收占比44.8%，继续保持在较高水平，已核销不良现金回收3.23亿元，创历史新高。全年接受65项外部监管检查项目未发现特别严重违规问题，监管处罚较上年下降40%以上。

【客户基础】商户拓展总行十二项考核指标九项系统第一，商户日均存款新增280亿元，对公消费类活跃商户数和个人活跃商户总量翻番。个人有资产客户增速四大行第一，有资产客户占全量客户比重56%，较年初提升2.3个百分点。填补重点机构客户空白点122个，新开省司法厅等5个省级账户、省武警总队等22户重点军警账户、6个本科及三级医院账户。对公基本户新增四大行第一，新增四大行占比42.5%；国际收支客户增量四大行第一，总量进位。

二、主要工作举措

【从严治党汇聚干事创业强大动能】一是把政治建设摆在首位。把学习贯彻新思想和十九大精神作为首要政治任务。全年省分行党委专题集体学习10次，班子成员讲授专题党课15次，党委职能部门联合开展专项督查6次。二是加强党的组织体系建设。连续两年把党建工作纳入二级分行KPI，2018年首次作为二级分行领导班子年度考核和综合竞争力监测指标。严防机关党建“灯下黑”，制定省分行机关党建工作考核办法。建强基层战斗堡垒，网点负责人党员占比提升至90%。打造党建品牌，评选出12个“一行一品”和“四个十”先进典型。三是建设高素质人才队伍。选人用人坚持“四不唯”和向基层倾斜，全年共提拔六、七职等岗位人员45人，七成有基层任职经历。统一后备人才体系，搭建基层机构负责人“扬帆计划”培养平台。实施省分行本部第三批优秀年轻干部基层挂职。四是扎实推进党风廉政建设。层层压实“两个责任”，按季开展考核。深入做好“三项教育”，下发8批次违规违纪问题通报。组织开展对公务用车、公务接待、差旅管理监督检查和信贷领域腐败行为专项治理。认真贯彻落实中央八项规定和实施细则精神。针对形式主义官僚主义的整治，持续加强作风建设，推动省分行部门重梳制度、再造流程。全力做好总行巡视配合和整改，扎实开展整治巡察。

【“三大战略”加快培育竞争优势】一是推进普惠金融可持续发展。完善组织架构和经营机制，初步搭建省市县行及网点四级立体营销体系，所有分行均完成“信贷工厂”设立，出台尽职免责实施细则、明确规定动作。集中力量抢先拓展圈

2018年9月5日，江苏省分行举办“建行惠懂你”APP上线发布会。

链群客户，大力推进白名单客户营销，“云税贷”“抵押快贷”新增分居系统第二、第三位。将普惠与脱贫攻坚与乡村振兴相结合，金融精准扶贫贷款新增12亿元。二是铺展住房租赁建设新格局。围绕房屋大力实施创新，探索提供全产业链条、全生活场景、全生命周期金融服务。各级机构“一把手”负责，全面推进住房租赁战略，各级党委班子带头攻坚营销。制定《2018年蓝海项目推进方案》，全年配置2005万元专项费用。13个业务部门主动融入蓝海，在平台推广、房源上线和APP注册等40多项工作上协同推进、聚合作业。三是深化金融科技创新赋能。推进全员思想转型，省分行党委带头加强学习，部门主要负责人给党委讲解本部门新一代系统应用。加大科技人才培养，成立87人金融科技创新骨干团队，完成近80场宣讲培训，覆盖所有二级分行。编制分行《金融科技战略推进实施方案》，结合总行战略对分行未来五年各条线金融科技发展进行详细谋划。

【“三优策略”大力推进结构调整】一是提升零售优先支撑作用。个人委统筹零售板块内部的计划安排、资源配置、营销活动等事项。发挥对公部门撬动作用，推动零售业务批发做。零售存款、贷款、EVA、中收、客户金融资产对分行贡献度较年初提升。个人住房贷款余额及新增四大行第一，信用卡5项主要指标四大行第一、客户满意度同业六行第一。深化母子公司协同，全年代销建信基金、建信人寿系统第四，代销建信财险系统第一。二是保持移动优先领先优势。抢占市场不放松，提升主动线上经营意识和能力，将手机银行作为产品销售和平台推介的首要载体，要求各部门主动营销，共享客户、系统及数据资源。提升民生和新消费场景获客活客能力。手机银行活跃户总量突破600万户，净增170万户，均居系统第二。当年新签约活跃率为66.2%，系统第二；上年活跃客户持续活跃率为82%，较年初提升18个百分点。移动支付户均交易额系统第一。三是坚持做优对公交易性业务。进一步拓宽现金管理覆盖面，对公网络活跃客户占对公客户的46.8%，系统第二；现金池、票据池活跃客户县支行全部“破零”。新型投行民企信用风险缓释凭证、动态调整中期票据等七项产品实现系统内首单。代客资金业务基础夯实，结售汇客户新增系统第三。托管业务完善架构，省分行成立托管一级部，首次取得证券资金托管资格。网络供应链快速发展，网络银行贷款新增系统第三。

【全面主动管控风险筑牢发展基础】一是持续提升全行风控执行力。压实“风险管理职责进党委”，全年省市分行主要负责人牵头召开风控委会议186次，“一票否决”15.8亿元。全行化解处置潜在风险98亿元。建立全面风险管理评价体系和“督察报”制度。出台信贷结构调整优化工作规划。严格放款中心审核，全年否决不符合条件放款555笔、207亿元。二是做好重点领域管控。坚持既定的房地产和政府类信贷策略不放松。对涉污行业客户全面摸底，年末涉污行业客户信贷余额较排查日下降72亿元。对涉美经营客户实行动态名单制管理，跨境风参、内保外贷、代客衍生交易等业务排查清除5户风险。完善低信用风险业务操作规程。三是扎实推进专业化能力建设。开展审批标准化系列研究，形成48项研究成果在全辖应用。省分行本级实施授信审批效能管理“三项制度”，优化再造审批流程，信用审批业务受理审批平均耗时较上年压缩2.65个工作日。加大回收盘活力度，有序推进打包核销，积极创新处置模式。四是持续强化内控合规及反洗钱工作。扎实做好案件风险排查和屡查屡犯重点问题治理。反洗钱实现省分行集中作业，年末对公和对私客户身份基本信息完整率分列系统第四、第六位，可疑交易情报价值明显提升，14次受到监管表彰。

【夯基固本释放经营发展动能】一是将商户拓展作为重中之重。以商户拓展抓源头、建生态、造闭环，承接资金流动，抢夺支付结算主阵地。全年对商户拓展专项配置员工费用6500万元，是上年14倍；二级分行KPI考核中商户权重由1.5分大幅提升至10分。建立“月商”和“周检周报周结”制度，各级机构一把手亲自研究部署和营销督导。围绕八大金融生态圈聚焦真正消费类商户，推进四级机构分层营销，积极探索实践圈链群打法，提高商户拓展质效。组建各级商户专业营销团队130个，各级挂钩客户走访率达到90%。二是提升渠道布局及服务效能。加快渠道圈建设，全年累计调整机构隶属关系146个，新建轻型网点40个，为进一步推进扁平化管理打下基础。加大县域农村覆盖，全省GDP30亿元以上乡镇实现物理渠道全覆盖。温情打造“劳动者港湾”，覆盖全辖网点，累计提供服务约20万人次。全力做好消费者权益保护，全年受理银监转办投诉11笔，同比下降26笔，总量四大行最少。

执笔：产俊　王璐

浙江省分行

浙江省分行行长　高　强

一、业务发展概况

【效益】实现拨备前利润173亿元，同比新增14亿元，增幅为8.8%。经济增加值62亿元，同比增长10亿元，增幅为19.2%。存贷利差3.02%，保持本地区四大行最高。

【存款】本外币核心存款日均余额为6959亿元，新增338亿元，列系统第6。其中，对公存款日均新增268亿元，个人存款日均新增70亿元。

【贷款】各项贷款余额为6095亿元，列系统第6；较年初新增557亿元，列系统第4；同比多增270亿元，对公贷款新增近五年首次浮出水面。

【中间业务】实现中间业务净收入73.8亿元，列系统第4；同比新增14.1亿元，增速23.7%，超过系统平均增速。

【资产质量】审计后不良贷款余额为84.4亿元，不良贷款率为1.38%，分别较年初下降67.1亿元和1.35个百分点；新暴露不良47.3亿元，同比下降为53.5亿元，降幅为53%；逾期额为71.2亿元，较年初下降39.4亿元，四大行最小，逾期率为1.17%，剪刀差维持负值；累计处置不良贷款114.3亿元，受托资产处置实现中间业务收入4.3亿元。

二、主要工作举措

（一）党建引领，因地制宜推行“三大战略”

一是全面推进“党建+”概念掷地有声。号召各级党组织把聚精会神抓党建与一心一意谋发展相结合，不折不扣完成十九大精神的学习贯彻，全面推行党务公开。大力推广开门做党建的工作模式，以“不忘初心，‘红船精神’领航，共建新时代党建高地”为主题，打造党建+乡村、党建+学校、党建+项目、党建+企业、党建+社区的党建共建生态，成功与安吉余村等一批代表性单位建立了党建共建示范基地，辖内各级党组织已与省内近500个重点单位签订共建协议，开展共建活动700余次。全面启动“党建引领、普惠助农”专项工作，打响建设银行在浙江的普惠助农品牌。

二是普惠金融“三做”见成效。做快推广，成功将“惠懂你”APP嵌入“浙江小微”公众号、连连通服务平台以及杭州财政局政府采购网，将“小微快贷”嵌入省市场监督局“小微服务云平台——微端”，持续提升线上信贷服务的可获得性。做大客群，通过平台模式批量获客，联动连连集团创新推出“出口退税云贷”，深化银政合作创新推出“政采云贷”，针对科创型小微企业创新推出“科创菁英贷”。做好支撑，实现各二级分行普惠金融战略推进领导小组全覆盖，7个二级分行设立一级部建制的普惠金融事业部，52家普惠金融特色网点进行挂牌（二级分行覆盖度达100%），全省681家营业网点均开展普惠金融业务，服务体系不断完善。全年普惠金融“8+1”贷款余额581.9亿元，列系统第三；较年初新增135亿元，占各项贷款新增的24%，列系统第四。“小微快贷”已成为市场口碑产品。

三是蓝海项目千帆竞发。住房租赁综合服务平台上线全国领先，实现我省地级及以上行政区全部上线，累计上线房源92.38万间，列系统第四位；企业租赁服务管理系统、政府公共住房服务系统、住房租赁监管服务系统和住房租赁服务共享等4个系统实现全省全覆盖；住房租赁监测分析系统已在3个地市上线；杭州地区已打通市住保房管局到住建部的网络，成为全国首家采集住房租赁信息数据的城市；联动建信住房，实现住房租赁业务授信投放21.7亿元，存房突破2000套，累计挂牌“CCB建融家园”项目4个；成功投放首笔住房租赁理财业务，办理全国首笔住房租赁售后回租业务。

四是科技赋能作用凸显。分行特色系统开发推广和升级优化成效显著。完成7项新产品上线，其中，全年非税资金清算量451亿元，增长13倍，多项指标占据同业第一；国土金通系统全省合作率84%，四大行第一，系统上线率达100%；打造“悦政务”服务品牌，成为同业中首家将政务网服务产品嵌入移动服务渠道的银行；搭建首个全省性社保专户资金信息管理系统；全国首创电子凭证库实现在财政资金管理上的组合应用；全国首张不动产登记电子证明在嘉兴分行试行启用；推出智慧法院、智慧司法、智慧监狱等多个信息化产品，获得广泛好评。特色业务功能进一步拓宽，STM已累计实现特色功能18项，裕农通渠道上线8大类缴费业务，投放量居系统前列。截至年底，总行已推出的金融科技10个重点平台中，我分行获客总数54.5万户，列系统第十一位，其中有7个平台列系统前十位。全年实施了一批有影响力的大数据项目，项目总量达54个，是上年的10倍，大数据KPI考核进入了全国前10，员工业绩计量系统应用单项考核全国第四。

（二）结构调整，转型创新促发展

客户拓展上，坚持“零售优先”“六型”优先。一是零售信贷占据半壁江山，实现零售贷款余额3017亿元，保持50%的结构比重，其中信用卡业务较年初新增69.4亿元，增幅为23%，居系统第二、四大行第一；个人中收贡献率达72%，较上年提升12个百分点；传统消费贷重点支持农户、个体工商户等普惠客户需求，比年初新增34亿元，居四大行第一。二是对公客户量质并举。人行口径绿色贷款余额307.14亿元，比年初增加60.84亿元，增速24.7%，较对公贷款平均增速高出15.92个百分点。公有制经济成分客户贷款余额占全部对公贷款57.7%；上市公司及所在集团信贷余额973亿元，较年初新增236亿元，重点营销上市公司开户335家，覆盖率为80.9%；名单内科技型企业开户4707家，开户率达40.8%，较年初净新增1706户，超额完成全年计划任务；大力支持地方重大项目，实现对公非贴贷款新增214亿元，居系统内第四；投贷联动业务破茧而出，全年合计落地6单。

产品营销上，思路开阔、亮点频现。单位人民币结算账户新增7.1万户，四大行占比35.1%，保持第一；成功落地首单民营企业降杠杆项目（中天集团）、首单地市级平台点心债（湖州交投），获省政府高度肯定；成功实施全省首笔非公开定向债务融资工具认购业务支持浙江省“凤凰计划”；成功落地系统首笔“跨境收付通”业务，同业首笔跨境及跨行区块链福费廷业务；资产证券化托管业务规模新拓展328亿元，列系统第三位，逐步形成托管区域特色。先后推出无感支付、智慧票务等21个特色产品。

渠道建设上，集约化与智慧化转型显成效。全年撤并低效网点13个，旗舰网点增至8个，智慧柜员机交易量占比72.4%，柜面业务迁移率达93.3%；移动金融交易量占比达93.2%，移动交易笔数是柜面交易近14倍，移动支付总金额、户均移动支付金额均列系统第三位；手机银行活跃客户首次突破300万户，同比新增77.4万户，列系统第七位；系统内首家将龙支付引入网约车出行服务场景。全面推进“劳动者港湾”建设工作，并创新“劳动者港湾——第三方综合体”模式，与33家第三方单位签订合作协议，积极引入资源，提升品牌形象。

管理与创新上，精细化程度不断提升。一是定价管理精细化。坚持差异化和多样化定价原则，存贷利差四大行第一（3.02%），较上年提高16BPS；存款付息率四大行第一（1.47%），较上年上升2BPS；贷款收益率较上年提升18BPS，新发放贷款利率与浮动水平均为四大行第二。大中型企业贷款下浮比例较上年有明显下降。二是服务精细化。创建“天龙团队”管理平台，发布服务案例2202个，创建动态2956条，响应处理下级行服务需求452个，持续推进“最多跑一次”“四减”改革。三是创新管理精细化。研发上线系统首个众创空间平台，全年共完成自主创新195项，移植创新191项次，数量较去年提升30%。四是财务管理精细化。继续严格中央八项规定，会议费同比下降18.87%，招待费同比下降5.28%，车辆使用费同比下降3.35%。同时加大业务宣传投入，宣传费同比增加184万元，增幅2.19%。五是体系化实施“大小本部”集约化管理，试点推动营运管理部下辖智能运营中心“三定”（定编定岗定价）工作，基本建立起业务中心类机构薪酬独立核算的集约化管理机制。

（三）从严治行，合规经营保发展

一是做深做实全面风险管理。夯实党委风控主体责任，明确了“三管齐下”“五个到位”各项规定动作，构建起全面风险管理体系。建立省分行党委成员督导重点分行资产质量工作机制，5家重点帮扶行均实现了不良额、率双降；“二十大”重点项目信贷余额较年初下降10.8亿元，主动优化名单客户全年退出敞口79.3亿元；坚持根源性整改，2018年检查发现问题客户数和问题金额均较2017年大幅下降。

二是合规经营和案件防控能力不断增强。开展“合规管理提升年”“科技合规金点子”等形式多样的合规文化建设活动，连续三年由行领导带头进行合规宣誓，不断深化合规理念入脑入心。组织开展市场乱象整治、信贷领域专项治理等重大检查工作，积极配合各类外部监管检查51次；深入推进合规官试点工作，合规数字化管理的探索走在全国前列，合规审查和洗钱评估系统、反洗钱工作平台、积分管理系统等科技手段的运用不断丰富；客户身份信息识别成效斐然，对公、对私客户信息完整率双双超过90%；征信合规主动管的良性格局已经形成，全分行征信用户数从680人缩减到250人，提炼的征信“八严八禁”得到总行推广。

三是压实“两个责任”，强化廉洁合规。充分运用总行巡视成果，以推进党组织书记抓党建工作责任制为抓手，层层签订《全面从严治党责任书》，开展“四风”集中整治督导，严肃查摆形式主义、官僚主义问题，组织纪委书记上讲堂活动和警示教育活动，教育覆盖面达100%，全分行作风建设向纵深推进。

（四）以人为本，构建和谐文化助发展

一是加强干部队伍建设。全年提拔六、七职等实职管理岗位职务35人，省管干部岗位交流41人；补充选拔一批省分行六、七职等实职管理岗位职务后备人才，投放一批八、九职等管理岗位职务，为干部队伍年轻化奠定坚实基础。

二是加大人才培养力度。统筹推进浙江分行“千人工程”人才计划和“6+3”[①]。

人才队伍建设，制定客户经理量化配置模型，全年配置改善率超过70%。响应建行大学使命，与浙江大学签订银校合作框架协议，开展“金智惠民”工程，实现培训资源的深度共享使用。

三是深化企业文化建设。开展“最美建行人”“最美建行家庭”评选活动，举办“新时代劳动美 青春梦”主题演讲比赛，开展“三大战略”青年论坛、演讲比赛，发起“点滴力量 温暖他人”爱心义卖等志愿公益活动，成立“钱潮新青年”新媒体工作室，进一步加强宣传思想文化建设，积极弘扬建行正能量。省分行团委荣获“2017年度全国金融系统五四红旗团委”称号，杭州分行叶晓勤被评为总行十大“最美建行人”。

执笔：陶懿

① 投行、国业及金融市场、同业、科技金融、私人银行、信息及大数据六大战略转型人才和对公、对私、营运。

安徽省分行

安徽省分行行长　戴跃明

一、业务发展概况

截至2018年末，全行一般性存款余额为5090.18亿元，日均新增461亿元、本地区四大行第一；各项贷款余额为3579.72亿元，新增386亿元、四大行第二。中间业务净收入29.3亿元，四大行第一。拨备前利润98.3亿元，同比增加3.5亿元。不良贷款率为0.95%。全年保持安全运营。

【对公业务】一是全行对公存款余额为2891.1亿元、新增358.1亿元，余额和新增均四大行第一、系统内排名分别第九和第四；二是全行对公贷款余额为1580.59亿元、新增119.64亿元，余额和新增均居四大行第二；三是对公账户总量30.92万户，四大行占比31%；基本户总量23.14万户；全年账户净增4.98万户，四大行占比37.6%。四是银保监会口径普惠金融贷款余额为333.43亿元，新增111.23亿元，贷款余额和新增均居四大行第一、系统内排名第五。五是国际结算量193.50亿美元，四大行第二；跨境人民币量153.87亿元，四大行第二；结售汇量80.19亿美元，四大行第二；外汇贷款余额57176万美元，四大行第一。六是机构一般性存款时点余额为1540.02亿元、新增207.1亿元，日均余额1481.4亿元、新增187.11亿元，四项指标均列四大行第一，系统内排名分别第八、第四、第八、第五。七是承销各类债券133.56亿元，继续保持四大行第一、占比53.06%；全口径理财产品余额为520.43亿元，系统内排名第六。

【个人业务】一是全行个人存款时点新增314亿元，四大行第一，系统内排名第六；日均新增149.8亿元，四大行第二，系统内排名第八。二是全行个人贷款余额为1729.72亿元、系统内排名第十二，新增234.26亿元、系统内排名第十。三是私人银行客户总量2261户，四大行第二；成功有效签约家族信托业务量系统内排名第二，实现配资3.01亿元。四是信用卡全量商户净增11997户，系统内排名第九；信用卡消费交易额、跨行活动商户数持续保持四大行第一。五是全行住房资金存款余额232.36亿元，系统内排名第十一；新增46.87亿元，系统内排名第六。

【中间业务】中间业务净收入29.3亿元，实现连续五年四大行第一。个人条线实现中间业务收入3.54亿元，其中代销基金业务收入四大行第一，代销保险业务收入四大行第二；对公条线实现中间业务收入10.62亿元，位于四大行第一。

【重点业务】“降资本 控拨备”成效明显，全年信贷减值计提比总行计划节约10亿元，信贷经济资本占用节约11.12亿元，风险管理贡献经济增加值8.67亿元。全行新增信用卡分期交易额156.9亿元，分期交易额系统内排名第十一。对公总行级高价值商户2506户、系统内排名第五，有效客户31.72万户、增量系统内排名第七；个人商户总量27.61万户，活跃商户净新增15.76万户、系统内排名第二，当年活跃商户16.4万户、系统内排名第五。对公资金承接率45%，系统内排名第二十二；个人经营性资金承接率达到

61.5%，系统内排名第十九。全行累计代发982亿元、系统内排名第十四，新增154亿元、系统内排名第十，增速为18.6%、系统内排名第六，新增有效代发个人账户32万户、系统内排名第五，有贷户代发率20.1%、系统内排名第十一。手机银行用户数、交易量、交易额等七项指标四大行第一；签约客户数达到1060万户、四大行第一；当年活跃用户374.3万户、系统内排名第七，同比净新增166.7万户、系统内排名第三，同比增幅80%、系统内排名第一；个人网银当年活跃用户数系统内排名第二。

【资产质量与风险控制】实现不良贷款“双降”。2018年末，不良贷款34.17亿元，较年初减少0.13亿元；不良率为0.95%，较年初下降0.12个百分点，同业最优，不良率连续三年持续下降，资产质量实现稳中向好。处置不良贷款32.70亿元，同比增加5.71亿元；不良贷款处置比率系统内排名第九；不良贷款批量转让现金回收率达55.91%，较安徽当地市场和系统内平均回收率分别高出11个和8个百分点；全年共核销呆账贷款11.8亿元，呆账核销额和核销计划完成率系统内排名分别第十和第六。全年未发生案件和严重违规违纪事件。

二、主要工作举措

（一）充分发挥党建统领作用

一是深入学习宣传贯彻党的十九大精神。制定学习宣传实施方案；开展走进基层党建联系点、二级分（支）行以及所在党支部等“三走进”活动；分期分批组织集中培训。二是落实党建工作机制。坚持党建工作领导小组成员单位联席会议制度；落实2018年党建工作“十件事”；规范全行党委议事决策，落实清单管理，开展专题培训，并对全行党委会召开情况进行督促检查。三是强化基层党组织建设。突出基层党组织政治功能，培养党员干部；抓好党委书记、支部书记和党务工作者三支队伍建设，配备二级行组织员队伍；推动“党员之家”升级建设工程。四是深化全面从严治党。严格执行中央八项规定精神和总行党委关于落实中央八项规定实施细则的有关要求，制订了省分行党委29条落实措施，防止“四风”反弹；强化“一岗双责”，逐级签订全面从严治党责任书和廉洁自律承诺书；不断完善“两考核一评价”考核体系，加强对各级党组织党建工作年度考核和结果运用；严肃监督执纪问责；开展“三清查”、信贷领域腐败行为专项整治，强化员工廉洁从业教育和行为监督管理；持续开展违规违纪案件通报，保持高压态势；发挥巡察利剑作用，全面深化政治巡察。

（二）注重推动高质量发展

一是积极推进“三大战略”。普惠金融做成了亮点，银保监局口径普惠金融贷款余额和新增均位居四大行第一，2018年作为一级分行的唯一代表出席了银保监会普惠金融专题新闻发布会。住房租赁形成了突破，成功推动省、市政府全面签约，上线房源不断增长。成功打造马鞍山智慧房产信息管理平台，成为系统内首个上线的智慧房管平台和首个部署在“公有云”的政府平台。金融科技做出了特色，总行考核的12个金融科技平台，分行已有9个取得营销成果，其中4个平台获客数位列系统前十。抓特色应用，形成了“徽畅皖美”特色生态圈、“支付有声 喜闻乐建”账户出海项目等一批有影响力的典型案例。大力推广员工业绩计量系统。推动智慧银行建设。二是全面落实零售优先。省分行和二级行均成立了零售委；人力、财务、信贷、科技等资源均向零售倾斜；把平台和场景作为获客、活客的主渠道；组织手机银行全员营销，签约客户数四大行第一；网络金融、代发工资、信用卡分期等零售板块重点工作实现跨越式发展。三是主动深化对公转型。打好“移位再贷”“商户拓展”“资金承接”和“网络银行”四大攻坚战役，完善大数据应用、队伍建设、综合考核三大支撑保障，持续推进对公业务深化转型。加强财政社保等重点客户营销，财政领域账户及资金市场覆盖率再创新高，机关事业养老保险账户总数市场第一，非税、国库、网招三大电子化系统市场覆盖率市场领先。对公资产业务将结构调整作为重中之重，全力以赴做好存量贷款移位再贷工作，降低经济资本占用。加快小企业“小额化”进程，500万元及以下小微企业贷款余额占比61.15%，比年初提升17.72个百分点。四是强化发展质量提升。做实“风险管理职责进党委”，建立全面风险管理评价体系；强化信用风险管理，确保遵循统一的风险偏好、风险策略和风险底线；增强风险管理价值创造能力，常态化开展“降资本、控拨备”活动；加快不良资产处置，全面超额完成总行目标任务；落实合规工作“十件事”，在营业部和22个二级行设立合规管理中心；反洗钱工作得到人民银行肯定；把营运主管纳入管理岗，落实柜面管理任务清单制；筑牢“两防”体系，加大员工行为管理、案件风险排查以及违规问责力度。

（三）突出文化引领

一是加强企业文化建设。在新办公大楼设计建设企业文化馆，创新开发企业文化全景视图项目。稳步推进风险文化、合规文化和专项文化建设，建立廉政文化示范点。组建青年创客联盟，设立青年创客基金，全行首届创新马拉松大赛中，四个项目入围，有两个项目分获普惠金融板块和金融科技板块三等奖。成功打造“劳动者港湾”服务品牌，全行446个网点全部对外开放服务，与省总工会开展全面合作，累计服务客户约200万人次，受到社会广泛关注。做好建行大学品牌建设，与安徽大学签署合作办学协议，举办金智惠民培训班。持续开展文明创建和社会公益活动，扎实推动定点扶贫和金融扶贫工作。二是加强人才队伍建设。贯彻落实总行“213人才工程”实施方案和安徽分行“123人才”培养培训计划，健全人才动态管理机制，补充7名拔尖人才和34名骨干人才。培养金融科技人才，从信息技术部选派3名业务骨干到七职等管理岗位进行挂职锻炼。持续推进“双百工程”，做好第二批人才培养“百人工程”人员考核使用；启动第三批人才培养“百人工程”，选派50名青年员工到县支行进行为期两年的挂职锻炼。开展业务员择优晋升、职务与职等并行择优晋升工作。三是落实关爱员工各项措施。坚持常态化推进关爱员工工作，制定2018年“关爱员工十件事”，解决广大员工的实际关切。巩固完善职代会制度，强化职工民主参与、民主管理和民主监督的职能，组织召开省分行第四届第一次职工暨会员代表大会。开展形式多样的送温暖和各类文体活动，保障员工身心健康，激发员工活力，凝聚起全行员工投身改革发展的强大动能。

执笔：凌云

福建省分行

福建省分行行长　刘丽华

一、工作简况

【价值创造更加给力】实现主营业务收入180.68亿元，同比增加4.74亿元；税前利润为82亿元，同比增长43%；创造经济增加值29.59亿元，同比增长191.87%。一般性存款付息率为1.07%，本地区四大行最低、系统第五；中间业务收入突破50亿元，增长5.8%，创近5年的新高；中收总量是第二名工行的1.7倍，领先优势扩大1.7亿元。

【竞争优势持续体现】一般性存款、各项贷款余额和新增额，日均数与时点数，四大行第一。一般性存款日均余额4473亿元，日均新增203亿元，余额领先第2名农行的优势扩大了48亿元；

存款付息率保持四大行最优、系统领先。各项贷款余额为4610亿元，当年新增322亿元，余额领先第2名的优势扩大91亿元。

【“三大战略”打响品牌】普惠金融贷款当年新增79亿元，同比翻番，贷款增量稳居四大行第一，客户增量超过前3年总和。小微企业类贷款余额四大行占比50%，当年新增四大行占比70%。普惠贷款增速为51%，比各项贷款平均增速高43个百分点，客户新增1.4万户，增幅为46%，圆满完成“两增”监管目标。精准扶贫实现电商扶贫全省23个贫困县全覆盖。全辖网点100%挂牌“劳动者港湾”，服务劳动者119万人次，吸引了24家单位开展文明与惠民共建，打造“金智惠民 智惠八闽”品牌，培训村支书、村主任和大学生村官近百人。住房租赁在系统内率先实现“四大系统”全覆盖。累计上线房源30万套，是既定目标的30倍；实现线上交易超万笔，系统第6；新增注册用户47万户，系统第7。金融科技云平台对公对私获客数分别居系统第1位和第7位；100%完成总行“新一代”案例复制，15个大数据重点选题实现成果产品化。

【客群经营成果丰硕】个人有效客户突破600万户，零售“六大客群”特色经营成效明显，客户金融资产增长129亿元，增速为9%。大众长尾客户直营“九大项目”维护客户716万户，增加金融资产87亿元，激活零资产客户56万户。手机银行用户总量达到1200万户，四大行占比超过40%，活跃用户406万户，增幅14%。私人银行客户数、金融资产保持五大行第一（含招行），万分之四的私人银行客户，贡献了13%的金融资产。信用卡消费和分期交易额、收入系统第四，发卡量、客户数、交易额、贷款余额、活动商户数、客户满意度等核心指标四大行第一，“慧兜圈”行业推广用户数系统第一。个人住房贷款投放680亿元，同比多投101亿元；新增287亿元，居同业第一。对公有效客户总量突破7万户。单位人民币结算账户突破30万户，账户总量、增量连续5年四大行“双第一”。项目储备同比增加500亿元。新增各级机构改革新设单位75户、重要机构账户110户。小额无贷户日均存款新增33亿元，增幅系统第五；现金管理高级客户突破11万户，新增存款31亿元。商户和代工客群进步明显。对公商户增长超100%，个人活跃商户增长2.8倍，网络活动商户增长37倍；信用卡商户收单交易超过工行，夺得四大行第一。代发工资累计841亿元，同比增长32%，居系统第二。

2018年10月30日，福建省分行举办“凝心聚力促转型三大战略谱新篇”主题党日暨道德讲堂活动。

【风险管理全面加强】全面完成综合资产质量控制计划，“五额”“七率”全部好转，主要考核指标系统位次提升。不良额64.6亿元，比年初下降29亿元，降幅为31%；不良率为1.40%，比年初下降0.78个百分点，连续10个季度下降，保持四大行最优。处置不良87.5亿元，实现回收盘活24.6亿元；已核资产现金回收7.5亿元，是上年总量的1.2倍，创历史新高。全年不良处置，带来减值回拨超过14亿元。

【保障体系更加有力】配合外部监管检查项目24个，问题整改率100%；行内审计发现问题同比减少285个，问题整改率97%，同比提升4个百分点。生产系统平稳运行，账务核算准确无误，全辖网点、金库、楼房、机房、自助区“五大重点部位”安全无事故。信贷类主诉案件100%胜诉，法律和声誉风险也得到有效管控。

【文明创建成效凸显】全辖5家全国文明单位全部蝉联，全行系统连续8届获评全省“文明行业”，“千佳”网点获评数量同业第一。莆田分行许朝霞当选全国十大“最美建行人”。

二、主要工作措施

【坚定不移抢占战略高地】

在普惠金融战略方面，编制战略发展蓝图、

制定重点客群营销方案，搭建政府合作平台，在信贷支持、客群拓展、综合营销、渠道应用、品牌宣传等方面积极作为，初步形成了业务扩面、产品连线、渠道赋能、助力零售的“大普惠”格局。在系统和当地同业中，率先推出“云税贷”“政采云贷”，创新“闽”字号系列产品，取得积极反响。创新的“政采云贷”，得到省财政厅、省工信厅、人行福州中心支行、福建银保监局、省金融办联合发文力推；推广“裕农通+”模式，新增587个服务点，覆盖79%的县域。中银协普惠金融专题采访调研在全国金融机构中独家选择我行。

在住房租赁战略方面，抓好项目落地、房源拓展、平台建设、客户体验四大重点工作，积极推进战略指标进位提升、平台系统优化升级、主题公寓挂牌建设、创新案例孵化评选等，走出一条“福建特色”的蓝海推进之路。扎实推动平台建设与应用，打造了“建融家园”全场景体验品牌，成功落地养老主题公寓、全流程线上公积金冲还租、与中介机构“区块链”技术对接等5个“全国首创”。挂牌7个“建融家园”，系统第五。住房租赁KPI考核乙组第四。

在金融科技战略方面，通过明确考核目标、理清推进思路、搭建组织架构、设计实施路径、组建虚拟团队、强化考核督导、加强战略宣导等，初步建立统筹协调、整体推进工作机制。发挥高效协作优势，全力推进平台获客及“新一代”应用取得成效。赋能业务拓展，为客户解决系统问题或提供技术解决方案，助力抢客户、拓市场、增份额。全国首批与省级政务APP平台“闽政通”合作，已对接收费项目60多个，在系统内首家上线全省性的非税缴费项目。新版住房公积金系统通过住建部“双贯标”验收，助力全省实现公积金数据大集中，公积金归集四大行占比72%。依托“学费云”涉足1500多家教育机构，当年缴费突破20亿元；与团省委共同推进“智慧团建”，触及百万青年的客户群。

【坚定不移抓价值创造】

一是以生态思维强力抓好稳存增存。聚焦全量资金，加强对公对私协同，提高资金承接率和循环率，同时协调存款和理财业务发展，吸引行外资金，让客户更多的资金在建行体系循环；坚持量价平衡原则，在强化获取平台型低成本资金的同时，用好用活价格政策，科学组织定期存款，特别是中长期定期存款的营销。对公存款方面，建立高效的联动机制，做好财政、社保、军警、事业单位、房改金融等重点客户扩面提质，打造对公存款新优势。继续发挥联动营销的优势，服务好重点机构客户、重点无贷户，进一步提高我行市场份额。对公存款日均新增、时点新增系统位次均创近五年最好水平。个人存款方面，紧盯消费资金、春节热点资金、“三大源头”资金（对公经营性资金承接、代发工资、重点潜力目标客户）、“房”字号资金、拆迁资金、分红资金、资本市场资金等重点开展营销。个人存款日均余额及新增、时点余额及新增四项指标均居四大行首位，存款余额连续15年四大行第一。

二是以经营思维积极推进资产管理。一方面，用好增量，更加突出资本回报、结构优化、加强负债业务拓展的导向，将有限资源用到优质客户上；另一方面，用活存量，坚持工作前移，抓好移位再贷和资产证券化工作，更好地满足客户需求，增加价值创造。同时，强化过程主动把控，合理摆布信贷资源，强化经济资本精细化、专业化管理，清理无效低效资本占用，最大程度减少当年减值计提和消耗。全行经济资本回报率比年初提升9个百分点，信贷减值计提比总行计划少12亿元，降幅达32.4%。

三是以积极态度拓展中间业务收入。重点发展信用卡、新型结算、资金交易、网络金融、代销业务、并购业务、银团贷款等。对私板块继续做强信用卡分期系列产品，聚焦购车、房贷、手机银行三大客群，聚焦网点、电子、商户三大渠道，推动交易新提升，确保业务发展后劲。对公板块，加强对重点客户的产品组合营销，提高交易性和融智型业务收入的占比。金融市场方面，提升结售汇市场份额，用好汇率衍生产品，满足套保需求，并进一步抓“融资+资金交易”组合产品，争取更大效益。

【坚定不移抓客群经营】

零售客群智慧经营。深入践行“零售优先”战略，坚持跳出个金抓零售，做实个人委运作机制，加强协调管理，强化深度交叉经营，多产品做穿做透。坚持跳出零售抓金融，从满足人民美好生活需要的高度抓业务，服务社会热点、解决客户痛点、突破经营难点，强化私私联动、公私联动，以及与建信人寿等子公司的大协同，推进零售业务、网络金融业务、对公业务全面融合。坚持跳出金融抓客户，构建客户分层分类体系，全渠道获客、差异化维护。坚持跳出传统抓发展，依托技术手段和大数据，通过全渠道发展、全量客户拓展、全量资金运作，增创零售业务的新优势。零售业务发展水平综合评价稳居系统前3，个人客户经营综合竞争力评价保持系统第2；创新个人资金托管“龙易管”，冻结金额累计超过120亿元。“悦生活”活跃场景总量、交易额系统“双第一”，“刷脸取款”渠道覆盖度同业第一。通过“裕农通”等模式拓展县域市场，52%的县域客户，贡献了65%的个人存款增量。

对公客群综合经营。把符合建行信贷政策、前景较好、综合贡献度较高的客户作为主攻目标，跳出传统的存贷款思维，为重点项目提供高效的综合金融服务。坚持多元融资综合服务，树立表内外、本外币、传统及新兴业务一体化综合营销理念，积极发掘建行集团投行、租赁、信托、基金、养老金等融资资源，多渠道引资入闽，满足重点项目的融资需求。坚持提升投行资管服务能力，重点抓好并购业务，为客户提供贷款、理财、撮合交易全链条金融服务。全面梳理省内上市公司、房地产等重点客户，整合全辖投行业务专业人才，实现财务顾问业务的新突破。抓好债券承销，提升市场份额。主动适应资管新规，稳步推进标准资产拓展。发挥好福建的区位优势，落实总行“两全三化”战略，夯实国企客户基础，稳定外汇存款规模和份额。抓住政策窗口期，提升跨境人民币经营能力，整合创新跨境业务，提升市场占比。金融市场业务重点依托期权、利率互换、结构性存款、套期保值等产品，更好地发展代客交易业务，打造交易型银行。分行拿下全省最大的海外并购项目紫金矿业，最大的交通基建项目福厦高铁，最大的市政项目福州地铁4号线，最大的PPP项目上汽产业园；营销承接亿元以上造价项目49个，增长23%。为新福建建设提供各类资金超过4500亿元；出台支持民营企业30条举措；在当地同业、全行系统率先与省农业农村厅、与省农信社开展合作，服务乡村振兴战略；承销债券60亿元，四大行占比44%，稳居第一。

机构客户重点突破。开展“机构业务科技年”活动，集中精力做好总行“九大企业级平台”的推动落地，助力政府转型，促进普惠民生。公共医疗“三码合一”、监察委“智慧政法”、部队“智慧营区”以及同业客户“蓝色共享”等系统均列入总行试点范围。省退役军人事务厅、省自然资源厅、省委网信办、省农业农村厅、省委军民融合办5个省级单位落户我行，存量国税局基本户、零余额账户无一流失。新增8个军警结算户，数量、质量历年最优。公共资源交易中心开户率88%，土拍资格覆盖率98%，财政国库代理资格覆盖率89%，都是同业第一。与省社保局、省数字办、福州大学等9个重点客户签订合作协议。深入开展“固优势，拓蓝海，补短板”县域网点机构业务劳动竞赛活动，将机构业务拓展力量下沉到县域和网点，重点抓好财政、征迁和交易资金营销。县域机构日均存款增长9.6%，高于对公存款增幅2.5个百分点。

【坚定不移抓风控管理】

强化全面风险管理。出台“主动风险管理”24条贯彻落实意见，建立或完善重点帮扶、风险督察、重点业务联席会等25项风险管理工作机制。构建“纵到底、横到边”的联防联控体系。推进放款审核、贷后管理、押品管理“三个专业化建设”，提升风险管控的主动性和有效性。同时，落实“三管五到位”工作，深入推进全面风险管理，重点加强市场、操作、声誉、流动性、信息科技等风险管控。落实实质重于形式和穿透管理的原则，金融市场、同业、资管三大业务保持无不良、无垫款、无违约。

强化合规管理和案件防控。明确2018年为“合规文化提升年”，强化合规考核和评价，强化监管沟通配合，深化整治市场乱象，取得良好成效。我行作为大型银行唯一代表向银保监会督导组做经验交流。及时有效处置监管信访，未造成重大不良影响和监管处罚。针对监管检查处罚要点，开展合规检查，加强对业务关键合规风险点的管控。监管检查发现问题整改率100%。分类施策运用高效灵活的公证、仲裁，为个人快贷、小微快贷业务解决诉讼难点，自行代理70%诉讼案件，信贷类主诉案件100%胜诉；司法强制执行回收现金13.8亿元。积极推进完善客户身份信息，对公对私客户身份信息完整率分别提升52%和26%，夯实反洗钱工作基础。加强案件风险和员工行为“双排查”，全力做好案件和重大违规事件处置工作。健全案防管理工作机制，组织全行万人警示教育大会及法律合规、案件防控知识全覆盖巡回培训，增强员工合规意识。

强化安全运营。远程监控系统“五统一”试点行建设初具规模；扎实开展安全生产大检查和案件风险化解处置工作；积极贯彻落实中央扫黑除恶专项斗争工作，有效抗击自然灾害，全辖安全无事故。全面落实消保工作，从压实主体责任、健全奖惩机制、加强重点工作督导入手，切实优化基础服务管理，客户服务满意度在四大行排名第一。强化营运安全管理，特别是对金库管理、自助设备集中清机等风险易发点，通过落实检查制度、完善机控措施等，及时发现问题、堵塞漏洞，营运后台38套生产系统平稳运行，49类集中账务核算准确无误，22项柜面集中作业高质高效，27座金库、2052台集中维护自助设备安全作业无事故。

【坚定不移抓机制优化】

坚持研究式推进工作。抓紧市场调研、同业研究，找准目标客户与市场。持续抓好青年客群、民生领域、三农、科技企业服务、智慧社区、养老产业等重点课题的破题、落地、见效，实现“抓准切入点、带动一整片”。结合当地特色资源，深入研究市场机遇，积极拓展闽南高净值客户、闽西红色资源、闽北林业、三明医改市场等，在“创新+借鉴”中，不断增强市场竞争力。

坚持创新驱动。经营管理部门带动基层发挥主体作用，围绕客户需求，加强自主创新，主动移植推广好经验，同时做好数据挖掘、营销谋划，储备了一批有市场竞争力的新产品、新打法。分行收到创意超过4600条，有效创意超过1500条。在总行首届创新“马拉松”比赛中，住房租赁“学易居”项目，获得全国一等奖，在总行工作会议上展示，更夺得现场特别奖；普惠金融“步步为盈”项目、金融科技“善学堂”项目，双双获得全国三等奖。我行获奖数量与深圳行并列系统第一，荣获优秀组织奖。

坚持智能运营。推动线上线下融合。挖掘物理渠道功能，更好实现负债和资产业务一体化经营，推进柜面业务集中授权，在智慧柜员机上，积极运用人脸识别技术和远程审核功能，挖掘智能银行产品销售和客户服务潜力。立足于“转型创效”，以渠道配置、试点直营、电话营销、创新运用为抓手，搭建经营平台。95533直营项目创效突出，普惠金融服务点拓展县域客户、电销保险、电销账单分期等取得明显成效。深化营运集约化建设。全面梳理、优化柜面交易授权控制条件，减少了近30%资金结算相关业务柜面授权量。同时，简化代付协议签订流程，推进授权划缴款三方协议签订的电子化、探索账户年检集中和批量处理模式，多渠道减轻网点工作量。

【坚定不移强化党建工作】

政治建设持续加强。坚定不移执行党的路线方针政策，不折不扣落实总行党委决策部署。坚定履行“两个责任”和“一岗双责”，深入推进“两学一做”学习教育常态化制度化，扎实推进“12345党建工程深化年”。基层党建持续巩固。落实26项重点责任清单，“党建+”模式日趋成熟。做透“党建挂钩结对帮扶”，下沉党建力量，所有二级行聘任组织员，所有支部配备党建联络员；新增独立党支部172个，选配青年支部书记助手190名，新建或升级“党员之家”162个，网点主要负责人党员比例提升5个百分点。开展“我知我行”党建共创活动250多场，4.5万人次参与。

党管干部、党管人才持续落实。注重正职和关键岗位人员配备，优化班子和干部队伍结构，实现年龄梯次搭配、专业知识匹配、管理经验互补。全面实施人才导师制，结成“3123”人才师徒597对，为1185名青年员工配备双导师，启动“未来；我来”人才成长计划，选拔培养“未来星”人才35人。职务职等并行制度，惠及基层经营机构405名员工。新投放到基层的五、六级专业技术岗位职务职数占比达到68%。

注重员工关爱。坚持以“把员工获得感、幸福感打造成全国建行系统的标杆”为目标，持续推动品牌建设工程。打响“劳动竞赛”品牌，全年投入工会经费180多万元。培树先进典型，我分行单位及个人荣获福建省金融级以上综合性荣誉30余次。发挥好职代会和“职工之家”两个平台优势，为推进全行发展凝聚了正能量。建设“新关爱·心温暖”关爱员工品牌，推进“我爱我家”建家活动，创新“智慧龙”员工子女关爱品牌，继续推进落实倾斜基层、关爱员工21条措施，将员工关爱工作做细做实。全辖工会共投入慰问金338万元，“冬送温暖”“夏送清凉”慰问员工9千余人次。

正风肃纪持续深化。实践监督执纪“四种形态”，谈话函询占比由上年不到3%提高到12%，“第一种形态”提醒教育同比增长46%；政绩处分78人次，开除3人。开展万人警示、巡回宣讲。巡察4家二级行和所辖34个县支行、7个省分行部门，提出意见建议121条。驰而不息反“四风”，大力整治形式主义、官僚主义；践行“马真”精神，推进省分行为基层办实事120件，全辖各级机构，层层为员工办“十件实事”。

执笔：周卉

江西省分行

江西省分行行长　万国平

业务发展概况

【主要业务快速增长】全量资金日均新增430亿元，一般性存款日均新增330亿元，增长12%，本地区四大行占比38.6%。各项贷款新增245亿元，创历史新高。中间业务净收入26.68亿元，四大行占比32.86%，较上年提升0.73个百分点。主营业务收入增长10.2%，拨备前利润增长11.4%。

【资产质量稳中向好】不良贷款余额为33.37亿元，比年初下降1.12亿元；不良贷款率1.38%，比年初下降0.21个百分点。处置不良贷款21.36亿元，现金回收全量不良资产12.81亿元，为全行利润增长作了贡献。

【客户基础更加稳固】对公账户新增3.96万户，四大行占比48.4%。对公基本户新增3.32万户，四大行占比46.5%。借记卡净新增168.6万张，四大行占比34.5%。贷记卡客户净新增26.1万户，四大行占比41.5%。公司机构有效客户、个人有效客户增幅分列系统第五位、第九位。对公和个人客户产品覆盖度分列系统第九位、第十五位，较上年分别前移一位、四位，提升值分列系统第十四位、第八位。

主要工作举措

【三大战略强势推进】普惠金融发力全面铺开，“8+1”口径贷款比年初新增38.2亿元，完成总行计划的125%，系统内排第十五位，普惠金融贷款超额完成银保监会“两增两控”目标要求，较好地满足了小微企业融资需求。住房租赁打响建行品牌，累计上线企业和共享房源1.8万套、公租房源15万套，完成交易2084笔，综合排名位列系统内非试点行第八位。率先在系统内推出“租房+生态养老”长租房源，完成33家养老机构、11家民政机构上线安心养老平台，上线房源9700套，注册用户8.22万人。金融科技深度融合发展，率先在全国银行业发行电子社保卡，在系统内成功撮合首笔PPP项目业务，在撮合平台上入驻首家保税区管委会客户。14个社会化平台获客 38.6 万户，系统内排第 20 位。劳动者港湾向社会传递正能量，在网点开辟专属空间，配备便民设施，为户外工作者提供喝水、歇脚的地方，全行累计服务客户 46 万余人次，劳动者港湾正在成为建行标志性公益服务品牌。“千佳网点”创建取得突破，获评网点 2 个，四大行排名第二。建行大学探索金融教育新路径，与江西财经大学合作，成立建行联合大学，已组织七期 200 余名农场主、裕农通服务点业主、小微业主的培训，得到了普遍认可。“裕农通”补齐三农服务短板，全省服务点达到 2501 个，比年初新增 1077 个，覆盖所有乡镇和建行定点扶贫村，把小额存取款、转账汇款、生活缴费等金融服务送到田间地头和农民身边。

【客户战役脚踏实地】紧紧围绕总行党委“三大战略”、零售优先等工作部署，狠抓客户拓展与金融生态圈建设，打牢江西分行发展的客户基础。狠抓客户拓展，针对企业客户、机构客户、个人客户基础薄弱的短板，分行提出对公客户和个人发卡“每年与市场领先者差距缩小 5 个百分点、与市场追随者扩大 5 个百分点”的发展目标，强力推进“四抓四进、八大市场、二十二大战役”，“4822”① 客户战役都落实牵头部门，都落实行动方案，都有年度目标任务，都对标对人考核。抓金融生态圈，依托金融科技手段，围绕客户的“衣食住行教、生老病死养”全生命流程，打造“有房一族、有车一族、缴费一族、康养一族、工会普惠龙卡、洪城一卡通”六大生态圈。通过持之以恒抓客户、抓账户，对公账户、借记卡和贷记卡总量均居四大行第一，四大行占比分别达到 34%、32%、31%；财政社保专户市场覆盖率、高校合作覆盖率、二甲以上医院合作覆盖率分别达到 55%、82%、72%，均居市场第一。

【服务实体成效显著】信贷投放再创新高，新增各项贷款 245 亿元，加上不良贷款处置及资产证券化 138 亿元，实际新增贷款 383 亿元。通过债券承销、表外理财和母子联动，实现综合投融资 116 亿元，较好满足了客户多元化融资需求。支持实体彰显担当，完成全省首单省能源集团 5 亿元债转股，该项目作为全国债转股唯一典型案例，在国家博物馆庆祝改革开放 40 周年展览中专门展示。基础设施贷款余额 411 亿元，占对公贷款的 40%；战略性新兴产业贷款余额 281 亿元，较年初新增 12.2 亿元；绿色贷款余额 202 亿元，较年初新增 23 亿元；产能过剩行业贷款余额持续下降。金融扶贫精准滴灌，25 个贫困县新增贷款 38 亿元，增速达到 15.5%，高于全行各项贷款增速 4.2 个百分点。投入扶贫专项资金 1400 余万元，全行定点扶贫村累计实现脱贫 1889 户、6884 人。“善融商务”平台实现扶贫交易 5.5 亿元。连续三年被省政府评为定点扶贫先进单位。

【内控管理扎实有效】坚决落实“风险管理职责进党委”“三管齐下”“五个到位”各项要求，全力以赴抓好风险管控，保持了安全稳定运行。突出信用风险管控，建立贷前会诊、贷中审计、贷后集中监控、问题贷款管控等机制，近年来当年新暴露不良贷款均未超过 1%，资产质量保持稳中有升的良好趋势。强化操作风险管控，通过“六个中心”②，依托系统和机控手段，每天对全行近 6000 人、77% 员工的每笔业务、每项操作实时监控，发现问题的数量逐月下降，既规范了操作，又防范了风险。切实防范监管风险，连续四年召开全行违规违纪专项整治动员大会，严格落实人行“三反”和外汇管理、银保监会乱象治理以及总行“两防”工作要求，狠抓七大重点领域管控，较好地防范了各类风险的发生。狠抓员工行为管控，强化排查和自查，对违规违纪违法问题一律从严处理、从重问责。审计作用和能力持续增强。另外，在安全生产、保密等方面，坚决落实总行各项要求，保持了安全稳定运行。全年没有发生严重违规违纪行为，没有发生监管类和贿赂类案件、重大责任事故和重大风险事件。

① “四抓四进、八大市场、二十二大战役”：“四抓”包括抓户、抓卡、抓代发、抓全员；“四进”包括进社区、进园区、进商务区、进校区；“八大市场”包括收入分配、县域、支付结算、理财资金、资本、信贷、消费和社区金融市场；“二十二大战役”包括社保、学校、医院、商户、建筑业、养老金、善融商务、缴费、私人银行、对公有效客户/个人有效客户、资金体内循环、对公小额客户提质/个人零资产客户激活、ETC、CTS、二手房贷款客户、公积金贷款客户、龙支付、小微快贷/个人快贷、慧兜圈 + 餐饮、物业管理公司 + 长租房、智慧停车场、商品交易中心 + 城市田园综合体战役。

② “六个中心”：放款中心、稽核监测中心、远程监控中心、贷后管理中心、反洗钱中心和押品管理中心。

【坚持全面从严治党】认真学习宣传贯彻党的十九大精神和习近平新时代中国特色社会主义思想，牢固树立“四个意识”，坚定“四个自信”，坚决做到“两个维护”。坚持学用结合，把学习成果与支持实体经济发展、解决社会痛点问题结合起来，切实担负起国有大行的政治责任、经济责任和社会责任。认真履行“两个责任”，履行“一岗双责”，坚持党建和业务“两手抓、两手硬”，做到同谋划、同部署、同考核。强化责任传导，层层签订责任书，细化责任清单，加强考核评价，形成齐抓共管的合力。全年对“两个责任”考核排名靠后的单位公开约谈5人次，并通报全行。强化对纪委监督执纪问责的领导和支持，从严查处违纪违规行为，全年共审理违规违纪问题86个，给予党政纪处分107人，其中给予党纪处分9人、行政处分103人。强化巡查监督，全年共巡查二级行3个、省分行部门6个，发现问题900个，移交问题线索6件。强化基层党建工作，规范基层党组织设置，按照“支部建在网点”的要求，全行新设立党支部190个、新设立党总支54个。下拨建设经费240万元，支持266个基层党组织建设“党员之家”，确保开展活动有场所。加强与各地教育、卫生系统对接，通过开展“党建+”创建工作，激发了基层党组织活力，促进了战略合作和业务发展。

执笔：卢松　吴建辉　余菲

山东省分行

山东省分行行长　段红涛

一、业务发展概况

【效益指标】实现拨备前利润155.33亿元。

【负债业务】一般性存款日均余额为7503亿元，日均新增159亿元；一般性存款时点余额为7805亿元，新增531亿元，居本地区四大行首位，新增四大行占比38%。其中对公存款时点新增172亿元；个人存款时点新增358亿元。

【资产业务】各项贷款余额为5224亿元，新增197.3亿元。其中个人类贷款新增320.4亿元、居系统第三位。

【中间业务】实现中间业务净收入55.71亿元，居同业第二位，四大行占比29%。

【业务转型】加快落实零售优先战略，个人存款、贷款、中间业务收入行内占比分别达到51%、50%、60%。加快提升风险缓释水平，抵质押信贷业务占比61.87%。定价管理水平四大行最优，人民币存贷利差（2.99%）居四大行首位，人民币活期存款占比51.84%，较上年提高1.54个百分点，客户结构持续优化。

【客户拓展】着力构建“万户培育、千户成长、百户升级”的客户梯队。8项核心指标居四大行首位：对公结算账户总量43.24万户、新增5.09万户，对公基本户总量29.39万户、新增4.37万户（第三季度末、人行口径），手机银行客户总量1932万户、新增239万户，信用卡发卡量为658万张、消费交易额为1930亿元。12项战略指标居系统前三：商户总量为22.35万户、达标商户总数为10.15万户，均居系统第1；个人有

2018年10月9日，山东省济南分行与济南市经济和信息化委员会、智慧泉城智能科技有限公司举行济南新型智慧城市建设合作框架协议签约仪式。

资产客户总量为2488万户、有效客户总量为854万户，均居系统第二；手机银行客户总量居系统第二；“跨境e+”活跃客户4790户、居系统第2，总量为6676户、居系统第3；信用卡发卡、客户、年轻客户、有效活动客户、达标商户等均进入系统前三。

【资产质量与风险控制】不良贷款余额为150.08亿元，不良率2.87%，不良率四大行最优；逾期贷款余额为166.72亿元，逾期率为3.19%，均为四大行最优。全年累计处置不良贷款257.32亿元（实际做账205.67亿元），同比多处置27.2亿元。已核销资产现金回收9.6亿元，是2017年回收量的3倍。

二、主要工作举措

【坚定不移推进“三大战略”】聚焦住房租赁。实现了政府签约全面覆盖、五大平台全面上线、房源营销全面发力，在总行“蓝海出击，周周比拼”竞赛活动中，获得乙组总分第一、奖金第二，KPI考核系统第5。依托自有房产打造“智慧人才公寓”样板，树立建行人才公寓山东模式。聚焦金融科技。率先按照总行标准将省分行本部金融科技人员配备到位，改组金融科技部为前台经营部门，组建3个科技团队派驻对公委、个人委、风控委，建立500人的青年科技后备人才库。率先建成全国首家集政府监管、药品追溯、公众查询“三位一体”的综合服务系统，并在5300家农村诊所、1.2万家“裕农通”服务点、1.7万家药店上线。围绕居民衣食住行消费需求，积极创建智慧场景“十大示范工程”，全年建成各类场景1.4万个，金融科技社会化项目投入达到2亿元。聚焦普惠金融。单列小微企业信贷计划，大力推广“惠懂你”APP及“小微快贷”，累计为2.6万户小微企业提供453亿元贷款（含个体工商户和小微企业主），“惠懂你”APP覆盖客户达8.3万户。全力抓好渠道延伸，建成“裕农通”普惠金融服务点12430个，全辖网点“劳动者港湾”均已向社会挂牌开放。扎实深化金融扶贫，先后选派13名同志担任“第一书记”，捐赠扶贫资金548万元、投放扶贫贷款24.4亿元，建成系统首家善融扶贫工作站，扶贫交易额27亿元，居系统首位。

【全力以赴提升精细化管理能力】推广精细管理模式。学习移植总行精细化管理案例，做精做细客户营销、风险管控、数据应用、经济资本管理等各项工作。2018年，分行信用风险经济资本占用比例5.95%、比年初下降0.57个百分点，其中个人贷款经济资本占用比例3.07%、比年初下降0.04个百分点，评级违约校准经济资本0.21亿元、比年初下降48.81亿元。推进内控合规转型。制定修订规章制度112项、增加完善应急预案419个，组织各类演练7691次；开展客户身份信息完善攻坚战，对公、对私客户信息完整率分别达到97%、93%，较期初分别提升89个、50个百分点，分别居系统第2和第1。近三年保持安全稳定运营，涌现出“5·11”成功处置持刀绑架抢劫人质事件先进群体，获总行、山东银保监局、济南市公安局表彰。加快建设智慧渠道。贯彻“移动优先”策略，积极推进“在手机上办银行”，手机银行客户总量超过1900万户，活跃客户总量超过500万户，分别居系统第2位、第3位；充分释放金融科技活力，智慧柜员机业务量累计达5040万笔，同比增长30.1%，达到同期柜面账务性交易量的3.03倍；上线63项智慧柜员机特色功能，业务交易超过100万笔。

【坚持不懈巩固区域融合发展能力】完善“一主两副、多极支撑、多核带动、多点突破”战略，推动实现条线互通、机构互动、板块互联、区域融合式发展。“一主”示范引领。充分发挥济南“省会城市+新旧动能转换先行区+总行重点城市行”的多重优势，在系统内首批设立新旧动能转换金融创新实验室，全面加快业务发展。“两副”率先发展。将潍坊、烟台分行作为全行发展的重要“两翼”，倾斜资源重点支持，全力打造鲁中、鲁东地区业务增长极。“多极”竞相赶超。对“一主两副”以外的13家分行，两两分组、同台竞技，胜奖败罚、激励先进，按月考核、按季兑现。“多核”重点发力。对投行、金融同业/资管业务、信用卡、私人银行、资产保全等“五大中心”实行市场化薪酬分配与效益增长挂钩机制，激励其率先提速、树立标杆。“多点”加速突破。将县域作为业务发展的重要根基和增长点，按照强县强行、强县弱行、弱县强行、弱县弱行进行划分，通过分类管理、明确目标、强化支持，促进弱行向强行转变。

【驰而不息强化全面风险管控能力】认真落实“风险管理职责进党委”要求，以“五个到位”为抓手完善风险管理体制，加快资产质量脱困突围。加大管控力度。建立信用风险化解处置“双513责任体系”，制定信贷经营主责任人管理办法，构建起党委“统领”、客户部门“主战”、产品部门“主建”的风险管理格局。严控不良新增。全面实施信贷审批、押品管理、信贷放款、经营责任人、责任认定等工作的集中上移和集约化管理，2018年以来分行对公大中型新拓展客户发放贷款保持零不良，个人类贷款不良率0.23%、居系统第10位。提升处置质效。打好已核销资产“掘金”之战，加大已核销资产回收力度，全年共回收已核销资产9.63亿元，较上年同期增加6.33亿元，完成总行计划136.36%。创新处置方式。推进市场化债转股，成功实施日照晨曦集团（26.41亿元）、东营大海集团（22.14亿元）不良资产债转股，完成了系统首单不良资产债转股项目，为化解区域金融风险提供了新的路径。

【坚定不移发挥党建统领全局能力】全面压实主体责任。将学习宣传贯彻党的十九大精神作为首要任务，党委成员带头讲党课16次，培训干部员工1.4万人次；将开展党委巡察作为关键抓手，对52个机构开展常规巡察，对48个机构实施巡察回访；将净化政治生态环境作为重点工作，认真配合做好薛峰专案查办，在全行处级以上人员中开展正风肃纪专项教育活动，召开专题组织生活会，深入进行反思，抓好警示教育。选优配强干部队伍。坚持“党管干部”原则，制定完善20多个制度文件，初步形成了干部选拔、培育、管理、使用的全链条机制。广泛选拔人才，2017年以来，先后开展8轮公开遴选，全行从基层选拔和向基层选派的六、七职等干部数量占选拔任用总量的75%，选任9名本部年轻干部到基层任职挂职、组织10名科级干部开展省分行部门与基层机构双向交流。持续改进工作作风。全面查摆解决形式主义、官僚主义新表现，在全行开展“庸懒散慢拖瞒”问题专项治理活动，在分行本部推行“单一窗口”服务管理办法，实施“最多跑一次”信贷审批服务，信贷审批效率提升17%，打通服务基层、服务客户的“最后一公里”。加大员工关爱力度。扎实为员工办好办实“十件实事”，出台新入行大学生、偏远县域机构员工关心关爱政策。解决员工就近上班、异地分居问题，建立省内分行和与其他一级兄弟分行间调动常态化机制。建设完成省分行行史馆，将其打造成为对外营销展示的品牌窗口、对内凝聚士气的教育基地。

执笔：刘太丽

河南省分行

河南省分行行长　石永拴

一、业务发展概况

（一）主要业务指标完成情况

——全行集团全量资金（日均）余额为7743.94亿元，比年初新增553.93亿元，其中一般性存款日均余额为5871.01亿元，比年初新增363.11亿元，同业排名第一，系统排名第五。

——各项贷款余额为4624.63亿元，比年初新增396.06亿元，增速为9.37%，新增同业排名第二，系统排名第八。

——实现中间业务净收入46.53亿元，同业排名第一，系统排名第十。

——对公有效客户9.96万户，比年初新增1.77万户，系统排名第八，折算后增速10.23%；个人有效客户724.43万户，比年初新增66.12万户，折算后增速为10.9%。对公有效客户和个人有效客户（折算后）新增分别居系统内第十二和第七。

——不良贷款余额91.58亿元，比年初减少3.86亿元；不良率为1.98%，比年初下降0.28个百分点。逾期贷款83.72亿元，比年初减少3.99亿元；逾期率为1.81%，比年初下降0.26个百分点。

——实现账面利润59.83亿元，同业排名第四，系统排名第十四，同比下降3.62亿元。

（二）各主要业务板块经营情况

【对公业务】对公存款本外币时点余额2570亿元，时点新增109亿元，时点新增系统第15，同业第2。对公存款人民币时点新增116亿元，同业第1；对公贷款余额2252亿元，新增83亿元，新增额系统第15，同业第3。

【零售业务】个人存款日均新增252.47亿元，本地区四大行第1，系统第4。个人中间业务收入9.3亿元，系统内居第7位，同业第1，同业占比31.5%。个人有资产客户新增219万户，系统排名第2；个人有效客户新增66万户，系统排名第4；个人有效客户折合后新增303万户，系统排名第7；AUM0.2万以上客户产品覆盖度较年初新增0.325个，系统排名第10。

【投行资管业务】实现投资银行业务收入58289万元，系统排名第6，较上年提升1个位次；全年共承销各类债务融资工具19期，累计金额首次超过100亿元，市场占比达50%，是省内首家债券承销量破百亿的国有银行。

【金融市场业务】同业及金融市场条线直营中收1.83亿元，计划完成率为89.71%，系统排名第10位，同业排名第1。同业资产累计发生额达到2748亿元，同比增幅为27.46%，系统排名第四位。同业负债时点余额为58.96亿元，日均余额为133.7亿元，同比新增13%、28%，日均余额同业排名第1位。

【信用卡业务】重点产品当年新增69.4万张，系统排名第2，计划完成率达到169.34%。消费交易额达到1726亿元，系统排名第3，同比增幅为20.8%。当年新增发卡、消费交易额同业保持第1位，本地区四大行占比31.2%、33.1%。

【网络金融业务】手机银行、个人网银客户

新增分别为351.3万户、178.95万户，均居系统第2；微信银行客户新增92.5万户，计划完成率为165.2%，居系统第3。

【国际业务】对公外汇存款时点余额18.35亿美元，系统第6，较上年末提升2个位次，中部六省第1。首家成功接入“单一窗口”平台，促进外汇业务线上试点。

（三）“三大战略”业务发展情况

住房租赁五大系统全部上线，成为全国5大平台全部上线的5家分行之一，平台获客数系统第8。普惠金融贷款（人行定向降准口径）新增系统第7，超过工、中、农三家银行新增之和，省内同业首家实现“银税直连”，“云税贷”贷款和客户新增均居系统第3，省领导专门批示肯定，并写入河南《政府工作报告》。首创智慧政务安阳模式并在全国推广，对公获客数系统第1、对私获客数系统第9。实现全国首家省级“智慧宗教”服务平台上线，新增开立宗教账户230户。

（四）资产质量与风险控制情况、内控合规建设情况

主动优化信贷结构，绿色信贷贷款余额为256.83亿元，较年初增加24.14亿元，增速为10.37%，占比较年初提升0.67个百分点，并实现不良额与不良率的“双降”。持续完善内控合规管理体系，建立“三评价一考核”制度，深入开展合规检查、信贷领域违规专项治理和深化整治市场乱象自查，提升反洗钱风险防控水平。

（五）其他特色业务

总行推出的机构业务五个平台，包括智慧政务服务平台、宗教事务管理服务平台、党群综合服务平台、安心养老综合服务平台、公益教育综合服务平台，先后在河南落地生根，并得以快速推进。账户总量、全年新增、新开均为本地区四大行排名第一，账户总量四大行占比38.89%。

二、主要工作举措

（一）明确总体思路

遵循中央和总行高质量发展要求，聚焦“三个发展”①，发力“三大战略”，明确总体思路，紧扣形势及政策变化，转变理念、策略和打法，抢占新业务发展先机，为全年业务发展提供了科学指引。各项业务稳中有进，客户营销增势强劲，三大战略有效突破，主要业务指标基本实现“同业数一数二，系统保十进五”。

（二）推进三大战略

将三大战略作为转型发展的内在要求和根本动力，齐心协力，重点突破，推动三大战略实现良好开局。住房租赁战略稳步推进，挂牌“建融家园”19个，系统第3；“建融家园”和“建融公寓”APP注册用户达41.87万户。普惠金融战略全面发力，“小微快贷”授信金额破百亿元大关，贷款及客户新增均居系统第5。金融科技战略引领发展，成功中标郑大一附院智慧医院建设项目，实现省内三大龙头医院合作全覆盖。与郑州大学签订战略合作协议，联合设立“智慧金融大数据联合实验室”，成为该校学生收费账户唯一合作银行。

（三）狠抓转型创新

着力抓转型、抓重点、抓关键，培育新动能、新亮点。新综融稳步发展。综合融资累计办理量836亿元；网络供应链业务累计投放67.23亿元，同比增幅达161.09%，系统第七；新投放市场化债转股126亿元，累计投放226亿元，位居系统、同业双第1；理财资产投放量系统第3，其中，产业基金投放量系统第1，投资通理财投放量系统第2；买返票据四年蝉联系统第1，存放同业业务量首次破千亿，贵金属租借蝉联同业第1；成功发行首单“飞驰—债转股”资产支持票据、“飞驰—信惠”行外非标转标类资产支持票据。新零售持续发力。前三季度，在总行零售业务综合评价中居第12，较上年底提升4个位次；个人存款新增、个人中间业务净收入行内占比分别达到69.53%、61.98%；建信保险销售规模系统、同业双第1，基金业务收入系统第4、同业第1。系统内首家研发推出龙支付乘车码、食堂码等创新产品，龙支付电子校园卡项目成功落地，ETC客户存量、记账卡客户新增均居同业第一。搭建生态圈20个，系统第2，新增高校生态圈5个，建设网点微生态圈400多个；上线94个民生缴费项

① 加快发展，持续发展，健康发展。

目，累计上线量达到 160 个。新亮点不断培育。高贡献度对公商户数系统第 9，对公商户存款日均新增系统第 9；龙商通达标专业市场量系统第 5，信用卡商户当年净增系统第 1，慧兜圈装机商户数、交易额均居系统第 3；网络特约商户累计交易额系统第 10，同比增长 24%。上市公司综合服务能力逐步提升。制定郑州地区转型发展三年规划，转型发展稳步推进。“三个一”工程①深入推进，补短板、增优势的积极性、主动性不断增强。创新创效亮点频现，完成自主创新 56 项、移植创新 118 项、引领性产品创新计划 5 项；在总行创新马拉松活动中，“豫建 · 益农宝”创新方案荣获二等奖，“河南省智慧工商联服务平台”荣获三等奖，“建融佳人线上机器人客服”项目荣获三等奖。

（四）强化发展基础

聚焦资产质量和风险管控，着力解决制约发展的突出问题和短板。打好资产质量保卫战。把资产质量管控作为重中之重，重检优化信贷经营管理理念、打法，坚持“三管齐下” “五个到位”，风险管控更加主动；坚持有序释放、有效管控，多策并举推动不良资产处置化解，不良贷款、逾期贷款均实现“双降”，为重返健康可持续发展轨道提供了有力支撑。构筑稳健有力的风控体系，开展“平安建行”创建工作，有序推进旧网点达标整改，加强应急管理，切实抓好信访维稳、保密和声誉风险管理工作，确保重点时段、重要节点安全稳定，实现全年安全运营“无案件、无事故”。

（五）坚持党建引领

管党治党全面从严。注重压实“两个责任”，推动党建与业务经营相互融合，深入推进“建行之光”系列活动，在示范带动中形成从严治党的强大势能；以“作风建设年”为主线，实施“五大作风提升工程”，深入查纠“四风”问题，整治形式主义、官僚主义，增强警示教育的辐射面、渗透力。队伍建设卓有成效。组织省分行 7 个部门 9 个副总经理岗位公开竞聘，选人用人更加公开透明；完成省分行本部员工绩效考核及分配改革，激发人力资源活力；扎实推进“213 人才工程”，选拔建立“青年人才库”和“专业人才库”，构建多层次人才支撑体系；推进“员工成长引航计划”，组织编写“员工成长计划书”，激发员工干事创业的激情。员工关爱更有温度。加快“省分行党委关爱员工十件实事”落实，慰问困难员工 573 人，爱心助学惠及员工子女 1686 人；召开五届二次职代会，持续推进民主管理制度落实；组织开展“同心赞颂，爱我建行”主题活动和“我的建行芳华”主题文化活动，积极运用微信平台等新媒体做好文化宣传。

执笔：孙俊岭

① 解决一个突出的短板问题；学习移植创新一个能推动业务持续发展的新产品、新服务；打造一个具有河南特色、在系统内叫得响的亮点业务。

湖北省分行

湖北省分行行长　林顺辉
（2018 年 6 月免）

湖北省分行行长　王　浩
（2018 年 6 月任）

一、业务发展概况

【经营效益】全年实现拨备前利润 125.9 亿元，同业排名第二。比上年增长 3.8 亿元，增幅为 3.1%。实现税前利润 62.8 亿元，实现经济增加值 13.05 亿元。

【负债业务】本外币全口径存款时点余额为 6270.89 亿元，四大行占比 27.92%，本地区四大行第二；新增 424.41 亿元。一般性存款时点余额为 6218.11 亿元，四大行占比 27.98%，四大行第二；新增 447.72 亿元。本外币全口径存款日均余额为 6147.04 亿元，四大行占比 28.6%，四大行第二；新增 281.34 亿元。一般性存款日均余额为 6065.44 亿元，四大行占比 28.6%，四大行第二；新增 283.23 亿元。

【资产业务】新增社会融资总额为 763 亿元，其中各项贷款新增 405 亿元（四大行第四），信托、租赁、理财等直接融资 358 亿元。各项贷款余额为 4478.86 亿元。

【公司业务】企业存款日均余额（本外币）为 2647.75 亿元，四大行第二；新增 161.56 亿元，四大行第四，增速为 6.5%。公司类贷款余额为 2305.96 亿元（含贴现），新增 201.67 亿元，增幅为 9.58%。

【个人金融业务】个人核心存款时点新增 271 亿元，四大行第一；个人存款日均新增 122 亿元，四大行第二。个人全口径时点新增 235 亿元，四大行第二；个人存款付息率为 1.47%，四大行第一。个人类贷款余额为 1977 亿元，四大行第一。

【中间业务】全年实现中间业务净收入 35.5 亿元，四大行份额为 29.7%。其中，公司条线实现中间业务净收入 15.2 亿元，四大行第二，个金条线实现中间业务净收入 20.3 亿元，四大行第一。

【资产质量】不良贷款余额为 55.27 亿元，比年初增加 12.01 亿元，比总行控制计划少 4.73 亿元；不良率为 1.23%，当地同业不良率排名中稳居第二。

【战略性业务】全年累计为 3.7 万户普惠型客户提供 322 亿元的信贷资金支持，其中当年新增 1.69 万户、71.7 亿元。推进“裕农通 +”布点 1.26 万个，累计发放裕龙卡 341 万张，沉淀存款 243 亿元。信用卡中收同业四大行第一，净增客户 31 万户，四大行第一。代客交易收入四大行第一。与中国进出口银行构建全国首单美元存放—福费廷联动业务模式，实现“大同业”跨条线业务置换创新。地方政府债承销保持市场第一。

【内控合规建设】推进内控合规工作体制改革试点，在6个二级分支行试点合规特派员，成立内控合规督查组。开展“每月一合规”主题教育等活动，强化员工合规意识。扎实开展治理市场乱象自查和“排雷”行动，聚焦违规代客、信贷领域等开展专项治理。严格落实反洗钱、外汇合规管理等监管要求，推动反洗钱集中作业提质增效，客户身份信息完善攻坚战取得阶段性成果。制定案件防控处置奖励办法，开展合规卫士评选表彰活动，加强合规管理考核激励，加强处置手段运用。充分发挥合规管理核心功能，运用“三大利器”，形成“四重保障”，实现“两个确保、五个减少”。接受人行武汉分行征信巡查、检查，无重大违规和处罚，客户信息安全管理防线更加牢固。

二、主要工作措施

【扎实推进总行战略，加强先进文化传播】一是快速发展普惠金融。加强“惠懂你”APP营销推广，推进“裕农通+”布点，覆盖50%以上的行政村，完成“裕农小顺”示范点建设。二是推动住房租赁上量升级。全省新增17个系统上线，累计55个系统上线，实名注册用户81.8万人、上线房源33.55万套、线上交易3139笔。大力推动“建融·房管家”业务，联动建信住房服务子公司累计营销客户1.2万户，受理3253套，已签约并收房1017套。三是稳步输出金融科技服务。与湖北省联社、武汉农商行等78家金融机构签订了同业合作框架协议；公共资源招投标保证金业务覆盖全省，市场占比67%；成功营销省内最大商业集团武商集团和省内最大交通枢纽天河机场；无感支付覆盖7万个停车位；“速缴通”学杂费缴交惠及1305所学校、88万个学生家长；与省交管局全面合作线上智慧交管业务；为武汉大学、华中科技大学等143所学校及医院客户信息化建设提供服务；农民工工资代发监管市场份额超过50%。四是积极推进“劳动者港湾”建设。网点挂牌率系统内率先实现达100%，饮水休息充电点覆盖率达100%，对外开放卫生间覆盖率为86%。与政府机构、交管部门、社会团体衔接开展共建合作，打造特色港湾。积极开展“大爱建行，善建者行”助残服务，加强网点无障碍服务的软、硬件建设，为行动困难客户开展上门服务、设置绿色通道等，切实提升特殊客群的服务体验。五是抓好建行大学华中学院建设。全力做好建行大学华中学院的组织筹备工作，成为总行第一家与地方高校签约共建的学院。积极开展“金智惠民”工程，社会反响热烈，得到省政府领导批示肯定。六是落实零售优先战略。零售业务发展水平综合评价系统第6。个人存款付息率为1.47%，四大行最低。个人住房贷款余额、利率及个人消费经营贷款新增均为同业四大行第一。个贷不良额为7.34亿元，不良率为0.37%，为四大行最好水平。信用卡中收四大行第一，净增客户31万户，四大行第一。移动支付便民示范工程领跑同业，云闪付APP绑卡35万户，达标商户1.1万户。发展聚合和慧兜圈商户13.7万户。建信人寿规模保费销售额系统第7，建信新发基金销售额系统第6。七是推进交易性业务优先。单位人民币结算账户新增连续四年四大行第一。地方政府债承销保持市场第一，代客交易收入四大行第一，跨境融资增幅为155%，跨境融资汇率交易收入系统第2。各类咨询收入系统第3，中部五省第一。

【全力服务实体经济】助力打赢三大攻坚战。守牢金融风险安全稳定底线，强化全面风险管理，紧盯资产质量“七率”，推进重大风险项目化解。扎实开展精准扶贫，逐步探索出“裕农搭台、电商先行、信贷引导、科技支撑”的普惠金融扶贫可持续发展之路。助力污染防治攻坚，制定推进绿色信贷工作方案，新增绿色信贷46.6亿元。积极助推供给侧结构性改革。严格落实总行及监管单位信贷政策、风险偏好，把牢审批入口，守住风险出口，合理配置资源。加强重大项目和重点客户综合服务。组织编制《30大战略客户综合金融服务方案一户一策》。大力支持武汉地铁项目、杨泗港大桥等城市基础设施建设，主动对接省政府万亿战略性新兴产业推进实施方案，重点支持长江存储器、华中数控等一批战略性新兴产业项目。积极支持民营和小微企业发展。实施加大资源投入，优化信贷政策，完善业务流程，强化产品创新，加强科技驱动，落实尽职免责等务实举措。

【着力夯实发展基础】深入落实员工关爱。坚持以人为本，将员工收入增长与二级分支行领导班子旺季营销考核挂钩，将住房补贴纳入日常工资体系，研究推进“同心计划”保险保障项目，加强员工培训培养，丰富文体活动，团青工作有声有色，增强员工的获得感、幸福感、归属感。健全完善内控合规体系。推进内控合规工作体制改革试点，强化员工合规意识，扎实开展治理市场乱象自查和“排雷”行动，严格落实反洗钱、外汇合规管理等监管要求，制定案件防控处置奖励办法，开展合规卫士评选表彰活动，加强合规管理考核激励，加强处置手段运用。加强数据能力建设。开展数据质量专项治理活动，强化后台监测分析，夯实数据质量基础。做好安全稳定工作。细致做好信访维稳、安全保卫等工作，严格落实扫黑除恶专项斗争各项部署要求，组织开展全行安全生产大检查活动，做到“三个全覆盖”。

【持续加强党的建设】强化党建首位意识。坚持以政治建设统领全行党的建设各项工作，树牢“四个意识”，坚定“四个自信”，把坚决维护习近平总书记的核心地位、坚决维护党中央权威和集中统一领导作为最根本的政治要求，坚定不移执行党的路线方针政策，不折不扣贯彻党中央经济金融决策部署和总行党委工作要求。深入学习宣传贯彻党的十九大精神。深入推进学习宣传贯彻党的十九大精神实施方案，开展学习宣传贯彻党的十九大精神专项督查，设置“学习贯彻党的十九大精神”专栏。持续强化党风廉政建设。党委班子带头，严格贯彻落实中央八项规定精神和实施细则要求，坚决反对和查纠“四风”，深刻反思金融业出现的严重违规违纪违法问题，集中整治形式主义、官僚主义问题，努力形成“头雁效应”。严格落实“两个责任”，扎实开展“两考核一评价”。狠抓廉洁合规从业教育，围绕“三项教育”、新党纪处分条例等重点内容，分层级、多方式、全覆盖强化全员教育，党风廉政和纪检基础工作大幅加强。

执笔：李志浩

湖南省分行

湖南省分行行长　文爱华

一、业务发展概况

（一）主要业务指标完成情况

截至2018年底，一般性存款余额为6628亿元，较年初新增392亿元，四大行占比41.72%。累计投放贷款3781亿元，各项贷款余额为4698亿元，新增541亿元，同比多增156亿元，创历史最好水平，系统第5，四大行占比35.37%。实现中间业务净收入51.3亿元，增幅为15%，四大行占比47.48%。实现税前利润119亿元，增幅为6%，继续保持同业第1；经济增加值53亿元，超额完成总行计划。不良率、逾期率分别为1.09%、0.91%，较年初均下降0.06个百分点，不良贷款、逾期贷款均控制在总行计划内。

（二）公司业务

对公存款为2812亿元，较年初新增71亿元，余额四大行占比38.26%，继续稳居首位。公司机构有效客户新增3.8万户，完成总行计划的

2018 年 1 月 8 日，湖南省分行与湖南移动在长沙举行全面战略合作签约仪式暨产品发布会。

212%；单位人民币结算账户新增 3.6 万户，四大行占比 49.4%，创历史新高。对公贷款余额为 2714 亿元，四大行占比 34.88%，较年初新增 230 亿元，系统第 4，四大行占比 34.91%。工业及制造业贷款投放 520 亿元，其中智能制造相关行业贷款投放 168 亿元；服务领域贷款投放 889 亿元，民生领域贷款投放 349 亿元。涉农贷款、精准扶贫贷款余额分别达到 811 亿元、115 亿元，超额完成总行计划；民营企业贷款余额为 814 亿元，增速为 14.5%，高于全行对公贷款增速 5.3 个百分点；普惠金融贷款新增 109 亿元，余额达到 294 亿元，均为系统第 6，新增四大行占比 67%，完成监管全年计划的 431%。对公外汇贷款余额为 8.5 亿美元，累计投放贸易融资 35 亿美元，四大行占比均超过 40%。认购地方债 293 亿元，认购比例为 14.7%；债券承销量逆势破百亿达 116 亿元，市场第一。

（三）个人金融业务

个人存款 3816 亿元，四大行占比 35.14%，比年初新增 321 亿元，四大行占比 46.28%，比第二名的农行多增 154 亿元，个人存款总量超过了邮储银行，个人业务优势进一步扩大。个人贷款 1984 亿元，比年初新增 310 亿元，余额、新增四大行占比分别为 37.92%、35.73%，稳居同业首位。个人客户总量超过 2800 万户，个人有效客户新增 309 万户，系统第 5。个人账户承接经营性资金 1497 亿元，资金体内循环率 87.3%，系统第 1。作为系统内银联无卡支付唯一接入分行，日均交易量 400 万笔，产生中收 7.8 亿元；银行卡中收总量、增速均为系统第 1。信用卡中间业务净收入 21 亿元，在全行中收占比 41%；个人商户累计 41 万户，系统第 2；个人商户日均存款新增 105 亿元，系统第 1。手机银行总量 1592 万户，新增 201 万户，创历史新高，活跃客户 435 万户，个人客户覆盖度为 65.14%，系统第 1。个人房贷新增 285 亿元，系统第 5，二手房贷款再次翻番达 153 亿元，新增四大行占比 70%。零售业务发展水平综合评价持续保持系统第 1，荣获“湖南省最佳零售银行奖”，为省内唯一获奖金融机构。

（四）资产质量和风险控制

建立贷后跟踪会议制度，平均押品覆盖率为 99.85%。不断加大资产处置力度，主动拨备 37.5 亿元，覆盖率为 249%，提升 46 个百分点。处置不良贷款 43.9 亿元，现金回收 17 亿元，完成总行计划的 223%，获总行唯一的现金回收先进集体奖。回收地方政府融资贷款 206 亿元，提前回收政府背景类理财业务 64 亿元，无一户逾期欠息。批量转让 7.8 亿元，回收率 40%，成交价格全省市场最高。完善已核销资产回收激励约束机制，已核销资产现金回收 2.3 亿元。

二、主要工作举措

（一）服务地方经济建设

深化与省商务厅战略合作，完善“湘企出海 +”综合服务平台功能，服务企业 2400 家，应邀陪同省委省政府主要领导出访越南等“一带一路”沿线国家，与湖南电力院、中南院签订海外

2018 年 6 月 15 日，湖南省分行与湖南省电子政务中心举行“互联网 + 政务服务”一体化平台合作签约暨全省统一支付平台建设启动仪式。

项目合作协议。开展“服务实体经济 对接民营企业”市州行活动，全力支持民营企业发展，共对接企业83家，采集融资需求236亿元，受到各市州党政领导的热烈欢迎和充分认可。融入长沙市委市政府“千人帮千企 百日大行动”活动，对接企业498家，批复贷款51亿元。下调民营企业贷款及普惠贷款利率，较年初下降115BPS，惠及民营企业客户1.4万户。加速推进华菱钢铁去杠杆，投放当地同业和系统内首笔省属国企市场化债转股11亿元。深化银证合作，与省电子政务办等4家单位签订战略协议，签约总数达13个；支持国家机构改革，积极主动为省退役军人事务厅、省应急管理厅、省税务局、省医疗保障局办理账户落户，全行区、县级以上国家机构改革账户新增173个。扎实推进精准扶贫，62个定点扶贫村整体脱贫，脱贫人口1.14万人，圆满完成了各级政府交给的脱贫任务，荣获总行“扶贫组织奖”。

（二）大力推进三大战略

与省住建厅纵深推进战略合作，独创“智慧住建”系统；全面上线住房租赁平台，实现14个市州全覆盖；为社会保障对象提供47万套公租房，累计发布41万套市场化房源，建融家园注册用户40万户。普惠金融搭建银政、银税、银企、银担平台228个，与省经信委合作，共建奖补资金申报平台系统，对接小微企业、个体工商户近千户，贷款超过10亿元；与省国税局合作上线“云税贷”业务，服务客户15万户，贷款超过12亿元。扎实推进金智惠民工程，围绕“金融梦”“创业梦”“电商梦”等社会难点热点问题，开展培训108期，培训8111人次，提升了金融惠民的广度和深度。完成自主创新项目53个、移植创新项目56.5个，乐享建行荣获总行创新一等奖，连续三年获总行“最具创新力奖”；完成湖南产品创新实验室（系统中西部地区首家创新实验室）建设并投入使用，建立了本行的产品创新中心和建行品牌的展示中心；圆满承办总行首届创新马拉松活动，两个项目荣获一等奖。搭建十大综合服务平台，首创智慧政务平台“湖南模式”，实现市州全覆盖，在19个一级分行复制推广。推动智慧医院和智慧校园转型，新增立项银医通41个、银校通16个。推进金融生态圈项目建设，上线项目620个，做深做透项目268个；设立金湘通“村口银行”服务点累计2.69万户，交易量占全国裕农通的52%，沉淀存款62亿元，服务客户106万个。

（三）强化内控严控风险

坚持风险管理职责进党委，按照“五个到位”要求，全面推进风险全过程的主动管理。对接14个市州、300个平台公司，对1200笔1218亿元存量政府债务，实施一户一策或多策，缓解平台公司偿债压力。省行领导牵头指导“20大”项目化解处置工作，制定“315工程”评价考核办法，考核结果在二级行主要负责人年度考评中占10%；将关注三级视同不良贷款管理，关注类贷款比率1.98%，较年初下降0.45个百分点。前移风险端口，在信贷经营条线设置风险管理岗，建立贷前风险经理平行作业机制。强化专职三级风险经理在内控合规管理体系中的牵头核心作用，出台考核评价方案，加强定期述职和约谈通报。明确三个层次八个关键岗位的合规履职要求，形成上下协同联动的工作机制。对案件或重大违规事件坚持“发生一起、处理一起、通报一起”，全年公开通报严重违规事件6起。针对重点环节独立开展合规检查，处置违规责任机构365次、违规责任人988次。针对违规多发点加强行为排查，做到抓早抓小、防微杜渐，全年积分5700人次。推进平安建行创建，实现了无重大违规、无重大安全责任事故、无案件的目标，被省委、省政府评为社会管理综合治理“先进集体”，连续8年被评为“平安单位”。

（四）持续加强党的建设

围绕十九大精神主题，省行、二级行党委开展党委中心组学习272次；开展主题培训4124期、集中学习研讨4908次，培训2.2万人次。组织签订《全面从严治党责任书》，制定责任清单，将责任细化分解为39项具体措施。坚持教育治本，抓实典型案例警示教育，巡讲58场次，教育实效性进一步增强。印发“四个融合”指导意见，推动“四个融合”在全行落实落地。组织机关与基层党支部结对帮扶，优化基层党组织，党支部719个，实现党组织全覆盖，建成党员之家380个，发展党员180名。坚决反对“四风”，压缩发文数量1116份，同比减少22.6%，严肃查处公款吃喝、公车私用、违反婚丧喜庆规定等问题

4起，对14名存在倾向性、苗头性“四风”问题的领导干部进行提醒谈话，勤俭办行，全行招待费、车辆费同比分别下降4.5%、12.8%。严肃执纪问责，立案查处违纪违规问题105件，党纪处分35人次，政纪处分196人次，处理人数较上年大幅减少，党风行风持续明显改善。

执笔：杨红

广东省分行

广东省分行行长 刘 军

一、业务发展概况

主要业务指标：截至2018年底，一般性存款日均余额为13538亿元，新增767亿元；各项贷款余额为9869亿元，新增1312亿元。中间业务收入、一般性存款日均和时点、个人存款日均和时点、本外币各项贷款、个人类贷款和个人住房贷款等八项主要指标系统第一。中收、一般性存款日均和贷款四大行占比分别较年初提升1.11个、0.14个和0.55个百分点，市场竞争力提升。

经济增加值、税前利润、拨备前利润分别为114.6亿元、248.5亿元、309亿元，同比增速分别为8%、9.9%和9.6%，远超系统平均水平；中间业务净收入126.3亿元，同比增速16.8%，经营效益提升。

【“三大战略”业务】住房租赁，在总行住房租赁KPI考核甲组第一。上线房源158.3万套，在线签约4万套，在线支付5.4万套，与19个地市政府签订平台共建协议，上线系统80个。存房营销受理2.13万套，已完成评估报告1.74万套，签订存房协议1.18万套，支付长租收益权破万达到1.09万套。普惠金融，贷款余额为710亿元，新增335亿元，增幅为90%，同业第一；为民企提供贷款1691.87亿元，当年新增399.71亿元，增幅为31%；“云税贷”余额和户数占全国建行的19.6%、18.7%，均列系统第一。金融科技，搭建“8+N”移动支付便民工程场景1.45万个，智慧社区云平台与146个楼盘社区签订合作协议，实现总行党群、养老、宗教、公益教育、政法5大平台上线落地；搭建共享开放平台，“码上花”“校园e码通”“交通龙卡”“科企贷贷看”等多个平台应运而生；丰富政务服务职能，“云缴税”“社保云缴费”“广东政务通”“智慧社保”等平台接入；优化营商环境，创新银税直连系统、“普惠金融e登记”“校园e银行”服务；与汇桔网合作创新推出“知商贷”“跨境快贷——退税贷”；“惠州工会”“开太平”“触点生活”等14家直销银行/账户出海项目落地；推动同业合作平台等金融科技同业输出，开发推出AI贷前调查系统、RAD预警系统。

【公司业务】企业存款日均、时点余额分别达到7127亿元、7259亿元，分别比年初新增478亿元、608亿元，日均、时点新增额均排名四大行第一。对公非贴贷款余额为4372亿元，比年初新增617亿元，新增额排名四大行第一，余额四大行占比23.83%，比年初提升1.29个百分点。对公中间业务净收入60.2亿元，同比增长9.5%，位列系统第一。公司机构有效客户加权前、加权后、全量客户余额和新增均系统第一，有效客户加权前、加权后增幅系统第二。单位结算账户实

2018 年 10 月 25 日，广东省分行与韶关市人民政府举行《乡村振兴战略合作协议》签约仪式。

现 4 项系统第一和 3 项同业第一。其中，有效客户加权后余额为 97.14 万户，比年初新增 16.25 万户，连续两年系统第一；单位结算账户余额为 86.35 万户，比年初新增 20.45 万户，四大行占比 27.84%，排名第二。

【零售业务】个人存款日均余额突破 6400 亿元，达到 6411 亿元，四大行占比 22.23%，较年初提升 0.22 个百分点；时点余额突破 6500 亿元大关，达到 6681 亿元，市场占比 22.22%，较年初提升 0.64 个百分点。个人中收四大行占比达到 29.97%，较年初提升 3.11 个百分点，市场位次保持第一；系统占比 9.55%，系统第一，同比提升 0.27%、比年初提升 0.1%。个人加权有效客户、AUM5 万元以上客户分别新增 562 万户、15.4 万户，增速分别为 10.84%、5.92%，超全国平均水平；个人有资产客户数量和个人客户金融资产余额分别突破 3600 万户和 10000 亿元大关。私人银行级客户拓展系统领先，AUM、客户数余额及新增四项指标系统排名领先，其中客户数 13830 户，新增 1540 户，客户 AUM 余额为 1633 亿元，新增 189 亿元。个人住房贷款余额、新增额分别为 4444 亿元和 461 亿元，系统排名双第一。信用卡中间业务收入、分期业务收入、分期交易额、信用卡净增客户、净增发卡、贷款余额等六项核心指标当地四大行第一。

【投行资管业务】管理理财总规模超过 8000 亿元，占全国建行理财总规模的 35% 以上，系统第一；债券承销量承销量 351 亿元，四大行第二；托管规模突破 1.1 万亿元，同比增长 63%；累计交易量突破 13.4 万亿元，为 2017 年的 1.5 倍。

【移动金融业务】手机银行活跃客户达 736 万户，绝对值、同比提升值、同比增速均为系统第一。手机银行、网上银行、微信银行和短信金融客户分别达 2807 万户、2747 万户、483 万户、2636 万户。移动金融交易量占比（94.6%），超过全国平均水平 2.6 个百分点。个人电子银行 2018 年度账务性交易量达 28 亿笔，在全渠道中的占比高达 99.4%；企业网银账务性交易量在全渠道的占比高达 97.22%。

【国际业务】国际结算量首次突破 2222 亿美元，同比增长 10.5%，系统第一；重点产品“科技贸易通”投放 191 亿元，“科技跨境融”投放 235 亿元；年国际收支量百万美元以上科技企业达 1033 户，同比增长 62%；国际收支客户新增 1450 户，超额完成总行计划；亿元以上授信客户跨境金融产品覆盖为 78.89%。

【风控与合规工作】分行不良贷款余额为 94.54 亿元，不良率为 0.96%，较上年下降 0.09 个百分点。其中，公司类不良贷款 2016 年起得到有效控制，不良率逐步回落；个人贷款和信用卡资产质量保持稳定，不良率保持在较低水平。2018 年审计新发现问题整改率为 97.58%，屡查屡犯问题整改成效显著，2018 年屡查屡犯问题类型复发率下降 79%。

二、主要工作举措

（一）坚持转型发展，保持先发优势，推动“三大战略”实践落地

一是加强宣导“三大战略”，凝聚战略共识。省分行、二级分支行层面调整了组织架构，成立了金融科技委员会，优化资源配置、强化工作落实，省分行党委班子成员 8 月和 12 月先后两次带队到各二级分支行开展“三大战略”调研，各级党组织组织开展“三大战略”主题党日活动，全员意志汇聚到“三大战略”的旗帜下。二是强化经营联动，提升品牌影响力。立足总行“三带一融合”的公益活动格局，“万小企扶万农户”打造了普惠金融精准扶贫样本，“劳动者港湾”营造了共建共治共享社会治理格局，“金智惠民”让教育资源更好地普惠大众，“孔雀计划”为企业和城市发展留住人才，“大五时光”“劳动者之

2018年10月31日，广东省分行举行农民工普惠服务平台“民工惠”产品推介暨发布会暨签约仪式。

家”关爱城市弱势群体。

（二）深化改革创新，激发内生动力，打造经营管理卓越执行

一是深化经营管理机制改革，激发管理动能。2018年7月，广州分行挂牌，进一步明确了广州地区经营管理责任主体，形成了“同一市场，统一策划，高效响应，竞争有序”的经营管理格局。以佛山分行为试点，探索实施“中心+网点”的扁平化经营模式。在本部设立六个经营中心，每个中心成立独立党支部，中心和网点联动经营。推进佛山、顺德机构改革，顺德分行纳入佛山分行统一管理，强化区域协同联动。本部改革提升机关动能，明确省分行本部“管理、监督、创新、服务”的新定位，优化调整内设部门职能，实行分类管理、分类考核，同时精减人员和科室。先后自上而下、自下而上两次开展简政放权，首批落实74项，二批落实108项。

二是坚持创新是第一动力，激发创新活力。发挥广东产品创新实验室、金蜜蜂创客空间等机制平台优势，开展创新马拉松、天使投资、“三大战略 你我同进”等创新活动，2018年激励员工费用超700万元，奖励人才3500次，近两年创新实现效益约45亿元。连续6年被总行评为“最具创新力分行”。在广东金融百优奖评比活动中，省分行获评“十优银行保险业机构奖”和“十优金融创新奖”。

（三）坚持服务实体经济，融入区域改革发展

一是对接一心一链。支持国际科技创新中心建设，迭代推出“FIT粤”4.0科技金融综合服务方案，迭代科创企业“技术流”专属评价体系，获得总行产品创新一等奖。目前，与省分行建立业务合作的国家级高新技术企业已达20947家，资产融资支持达2091.5亿元。支持基础设施互联互通链条建设，持续打造综合金融服务标杆，巩固扩大基建领域传统优势。对接重点建设项目清单，组建284个重点项目任务型团队，累计授信4363亿元，安排资金投放400多亿元。新增PPP项目储备382亿元，贷款投放62.3亿元。投资认购了2018年粤港澳大湾区土地储备专项债117.6亿元，成为了粤澳政府合作基金首期200亿元的牵头托管银行。

二是对接一带一圈。支持“一带一路”推进，加大对跨境客户的全球授信力度，支持了南方电网、中交产投等重点企业“走出去”项目以及南航、九元航空等民航企业发展；“跨境e+”、全球现金管理等大数据线上产品得到了快速推广应用，支持宜居宜业宜游优质生活圈建设，针对移粤就业、移粤创业、长者养老等群体，打造租赁房源“集市”，通过普惠金融积极支持港澳青年和中小企业在广东创业。持续深化“建行·金蜜蜂”教育金融品牌，大学生客户数量超120万，市场占比超60%，金融服务覆盖5509家幼儿园。与华南理工大学联合设立建行大学大湾区学院，培养高层次人才。

三是对接一乡一府。全面推进服务乡村振兴战略，出台了新“县十条”政策，提供“8惠18免”服务，致力打造“善建惠农”品牌。目前，已与韶关、云浮、清远等地政府签署乡振兴战略合作协议；2018年开立村组账户超500户；办理了全省首笔新农村建设造价咨询业务。服务省市县机构改革，政府机构类账户累计新增超500户。机关保账户综合覆盖度超过93%；代发养老资金600多亿元，市场占比28%；首创“社保卡全流程在线自助办理补换卡”智慧社保模式；搭建全省各地市农民工工资支付分账管理业务平台，累计代发900万人次、发放金额超70亿元；累计认购广东省地方债354亿元，占比14.3%；全分行具有统发工资资质126项，年统发工资金额超500亿元，市场占比53%，资质覆盖度、统发金额都是同业第一。

（四）强化内部控制，守牢风险管理底线红线

围绕打好“三大攻坚战”，完善全面主动风险管理体系和机制。通过重点业务联席会、贷后跟踪会、贷前诊断会抓实“三道防线”主体责任。主动压退观察客户约80亿元，退出8类风险客户约144亿元。RAROC水平持续改善，信贷成本率约0.6%，接近总行风险平抑下线。创新实施贷后差别化管理，跟踪诊断观察名单客户覆盖率100%。

健全合规管理体系。推广以合规官为核心的合规转型，推进以常态化检查为核心的基层行合规管理模式，运用会商、约谈、监测、考核、建议五项工作机制，推动业务部门强化指导、整改、监控、帮扶、考核“五个到位”。持续开展“合规平安年”活动，强化查找问题的整改，屡查屡犯问题下降了79%。

（五）深化党建工作，凝聚员工力量，营造干事创业氛围

一是以十九大精神为统领，全面贯彻学习习近平新时代中国特色社会主义思想。采用党委中心组学习、专题培训班、班子成员到基层宣讲等形式，全年开展中心组学习10次，班子成员带头到基层开展十九大精神宣讲50余次，各二级分支行班子成员深入基层宣讲490多次、讲党课284次，各级党委累计举办学习贯彻党的十九大精神培训班134期，参训15415人次，实现辖属党员培训全覆盖。各级党组织建立了内外部结对共建关系1700对，打造了“点、线、面”网格化党建格局的新载体。二是坚持培养和选拔干部。着力培养复合型领导干部，实施“青年人才培养计划”。2018年全年调整领导人员146人。坚持干部能上能下，全年共对5名履职较差的领导人员进行适应性调整。做好干部储备，安排35名干部挂职培养。加强市场化专业人才队伍打造，全年提拔专业技术三级8人、四级38人。1054名网点负责人获得任职资格。三是持续强化作风建设。建立“明责、督责、考责、问责”四位一体全链条、闭环式“两个责任”落实体系，构建起“一条主线、两大工程、三个平台”的党风廉政工作体系。紧盯形式主义、官僚主义问题，开展了4轮涉及25个部门的专项巡察。2018年，分行招待费、公务用车费分别同比下降0.05%和2%。四是持续推出关爱员工“温暖工程”十件实事。对1000多家网点环境进行了改造，对省分行7楼食堂售饭区进行升级改造，重新整修了行史馆，安排了17.5万人天的员工培训，对43名夫妻两地分居、家庭住址离单位较远的员工就近调整，举办青年联谊活动85场2500多人次，累计投入资金745万多元开展“六必访、六必贺”活动，开展困难职工慰问1690人次，帮扶慰问金额618万元。实现员工平均工资水平达到19.5万元，同比增幅6.1%。

执笔：刘慧君

广西壮族自治区分行

一、业务发展概况

（一）主要业务指标完成情况

【负债业务】截至2018年底，一般性存款日均余额为3020.2亿元，新增117.5亿元，增速为4.1%。其中，对公存款日均余额为1636亿元，新增3.1亿元；储蓄存款日均余额为1384.2亿元，新增113.7亿元，增速9.0%，四大行排名第一，四大行占比30.8%。

【资产业务】各项贷款余额为2668.5亿元，新增261.9亿元，增速为10.9%，四大行排名第一。其中，对公非贴贷款余额为1382.9亿元，新

广西壮族自治区分行行长　李思影

增94.3亿元，增速为7.3%，四大行排名第一；个人贷款余额为1220.1亿元，新增146.7亿元，增速为13.7%。

【中间业务】实现中间业务收入25亿元，四大行占比31.9%。其中，信用卡、理财、贵金属、代理保险、代客资金业务和托管业务六大重点中间业务产品合计实现中收12.6亿元。

【经营效益】实现主营业务收入104.3亿元，拨备前利润71.6亿元。

【资产质量】不良贷款余额为14.41亿元，不良率为0.54%，实现“双降”，资产质量连续15年保持四大行最优、系统前列。全年不良贷款处置24.2亿元，不良回收盘活9.9亿元，已核销资产现金回收1.1亿元，均创历史新高。

【客户发展】对公有效客户（折算前）新增1.3万户，增速为34.7%；个人有效客户（折算前）新增31.5万户，增速为11.5%。人民币对公结算账户突破20万元大关，新增5.2万户，增速为34.3%，新增、增速连续7年保持四大行第一。

（二）主要业务板块经营情况

【对公业务】为区内重大项目融资超过200亿元，投放基本建设贷款137亿元，余额为874亿元，重点支持了云桂铁路、防城港核电、南宁轨道四号线、新扶高速公路、桂林机场改扩建等一批区域内重大项目；通过内保外贷、跨境风参、境外发债、债务融资工具承销等方式为优质企业拓宽融资渠道；绿色信贷有力地支持了沙江河综合治理、地下综合管廊PPP、邕江综合整治、扩建及提标污水处理厂等生态项目；与自治区发展改革委等5个政府部门，以及广西艺术学院、广西医科大二附院等25家企事业单位签订合作协议；拓展76个职业年金归集账户等机构类账户。

【零售业务】全行借记卡新增发卡161万张；借记卡累计消费额为4553亿元；个人客户金融资产新增168.7亿元；私人银行客户总量1747户，增速为23.73%；私人银行客户AUM总量为163.4亿元；龙支付用户新增72万户；代发额同比增长115亿元；拓展4700余个农民工工资保证金专户。

【投行资管业务】全行资管投行业务资产余额331亿元；资管投行业务融资总额为233.5亿元；全行资产管理和投资银行业务实现中间业务收入3亿元；债券承销业务量40亿元，同比增长4亿元；认购地方政府债193.6亿元；全年理财产品发行1513只，总募集金额为403.2亿元。

【信用卡业务】信用卡累计客户总量164.9万户，净增19.3万户；信用卡活动客户新增12.7万户；信用卡商户新增1.3万户；信用卡贷款余额为155亿元，新增27亿元；信用卡业务净收入9.3亿元，新增额在主营业务收入新增中占比41.9%。

【网络金融业务】手机银行活跃客户185.9万户，净增38.1万户；微信银行客户总量118万户，新增54万户；短信银行693.1万户，新增83万户；个人网银活跃客户21.4万户；企业网银活跃客户6.2万户；善融商务交易额为24.4亿元；移动金融交易量占比93.6%；悦生活党费云服务交易量88万笔。

【国际业务】对公外汇存款余额为4.5亿美元，日均余额4.2亿美元；全年累计办理跨境人民币业务169.8亿元，办理国际结算66.1亿美元，办理结售汇业务20.9亿美元。

（三）“三大战略”业务发展情况

【租房租赁】与自治区住建厅、14个地市政府以及101家企业开展住房租赁业务合作，累计上线48个租赁服务平台近13万套房源，为近2000户居民解决了住房难、租房贵的问题，为自治区建立租购并举的住房供应与保障体系提供了有力支持。

【金融科技】完成总行12个推广平台签约全覆盖，为全区近3万个企事业单位客户、近60万个人客户搭建信息科技化和资源共享平台，实现对公获客近2万户，对私获客近26万户；在人行南宁中心支行主办的“2018年广西银行业网络安全攻防技能竞赛”中荣获第一名，体现了区内同业中较高的网络安全水平。

【普惠金融】普惠金融“两增”贷款余额为86.7亿元，新增40.8亿元，增速为89.1%；贷款户数2.7万户，新增1.2万户；贷款新增、增速均居四大行第一；贷款新增四大行占比58%，客户新增四大行占比75%；贷款利率处于同业较低水平，帮助2.8万户小微企业解决融资难、融资贵问题；与广西大学合办首期“建行大学”主题培训——“金智惠民·普惠金融中小微民营企业家培训班”。

（四）风险管理与内控合规建设情况

深化“三管五到位”，制定信贷结构调整三年规划，运用大数据预警系统为信贷业务“深度体检”，全面管、主动管能力进一步提升。成功防范和堵截外部侵害风险事件38起，涉及金额53万元，全年无刑事治安案件和安全责任事故发生。

（五）其他业务情况

【渠道建设】完成42个网点轻型化转型，撤销离行式低效自助银行65个；推进物理渠道智慧转型，全年布放智慧柜员机1052台，点均3台，智慧柜员机迁移率92.7%；加速“裕农通”服务点铺设，净新增1157户，实现扶贫点、机构空白县域、城乡结合处“三个全覆盖”，点均存款85万元；“劳动者港湾”建设已实现网点全覆盖，累计服务社会公众超5万人次。

【企业文化】广西区分行荣获广西银行业2017年度“服务八桂综合贡献奖”“服务八桂‘小微’贡献奖”和“服务八桂绿色贡献奖”等多项荣誉；广西区分行荣获全国群众体育先进单位；南宁新华支行等3个网点荣获中国银行业协会“千佳示范单位”称号，数量居四大行第一；丁卫杰、杨浩获评全国金融“五一劳动奖章”；“善心慧思、爱润春苗”公益品牌作为全国建行系统和广西金融系统唯一入选项目被评为2018年度全国银团合作优秀项目。

【扶贫工作】通过定点帮扶实现827户家庭、3523人预脱贫，全面完成脱贫任务；持续加大对贫困地区的资金支持力度，投放扶贫贷款13.8亿元；信贷支持列入广西扶贫企业名录客户61户，累计发放贷款9.5亿元；在定点扶贫点柳州融水县高培村打造“村集体合作社＋公司＋农户＋后盾单位＋政府”五位一体的产业扶贫新模式。

二、主要工作举措

【抓好五个“重点”，推进住房租赁快速发展】一是搭平台，夯实住房租赁业务基础；二是拓房源，多维度收集住房租赁相关信息和目标客户，建立房源分级储备体系；三是促交易，对特定对象的房源项目组织批量交易，提升平台活跃度和用户使用率；四是抓创新，打造“租房＋养老”新模式，首家在总行租房租赁平台上实现养老机构房源上线，创新长租房源供给渠道；五是强帮扶，做好项目案例推广、培训、指导，构建快速的市场反应机制。

【做到三个“加强”，促进金融科技融合落地】一是加强目标管理，梳理各科技平台目标客户清单，明确区域平台营销重点，落实意向客户签约；二是加强注册管理，大力推进平台对私客户注册和综合金融服务工作，切实发挥平台获客、活客功效；三是加强需求分析，从对公、零售两个层面深入分析客户需求，为上平台的客户提供全方位的综合金融服务。

【探索“互联网＋供应链＋普惠金融”业务新模式】创新推出小微企业“助销e贷”产品，5分钟内即可完成从申请贷款到资金到账的全部流程，解决了传统信贷业务融资难、融资慢、融资繁等许多难题，并拓展应用至多个广西特色产业。

【打造零售金融圈链工程】打造35个零售金融生态圈以及八大对公明星圈链，存款新增近80亿元；推进广西分行圈链100大客户工程，带动上下游客户日均存款新增6亿元；形成九大便民生态网络，打造“智慧安居 乐享八桂”生活服务金融品牌，荣获人民银行“示范商圈街区拓展奖”等奖项；搭建“智慧学校”银校平台项目81个，覆盖学生超50万人。

【大力推进产品创新】共完成自主创新49项、移植创新77项，荣获总行“创新进步奖”；举办首届创新马拉松活动。同业首创司法资金智能化管理平台、智能交通APP缴费平台、“工商注册建行通”平台等，提升客户资金交易的便利性。创新推出蜜农贷、助销e贷等产品，并在全国首创公租房租金质押贷款，满足各类客户资金需求。新上市的创新产品带来日均存款新增103.7亿元，解决客户融资需求55.7亿元，实现中间业务收入3.4亿元，实现综合效益约5.9亿元。

【深入推进党建工作和队伍建设】深入推进党建“六大工程”和纪检监察“四大工程”，有效促进党建工作与业务发展深度融合。十九大精神深入宣贯，各级党组织开展面对面宣讲950余次，专题学习研讨285次，举办十九大精神培训班84次，促进十九大精神落地生根。树立未来“金融人”概念，建立“3156工程”管理人才梯级和“千名客户经理精英”专务人才梯级；大力构建“一工程、三计划”人才培养平台，强化人才队伍平台建设，着力建设梯次人才队伍；搭建涵盖“213人才工程、四百人才、千名综合金融服务精英、鹰计划”的“一工程、三计划”复合型人才培养平台。

执笔：刘轶菲

海南省分行

海南省分行行长　张中科

一、业务发展概况

截至2018年末，一般性存款（不含保本）日均余额为1009亿元。其中，企业存款日均余额为637亿元；个人存款日均余额为372亿元，比年初增长14.6亿元。全行各项贷款余额为860亿元，比年初新增142亿元，增速为19.73%，余额上升至四大行首位，增速在系统内和四大行中均排名第一。

实现主营业务收入37.61亿元，比上年增加2.58亿元，增幅为7.35%。实现税前利润20.68亿元，比上年增加0.45亿元；净利润为15.5亿元，比上年增加0.34亿元。主营业务收入、税前利润、净利润均超额完成总行下达的任务计划。全行考核口径存款日均余额1031亿元，

【公司业务】企业存款时点余额693.73亿元，比年初增长71.11亿元；企业存款日均余额为667.5亿元，比年初增长117.19亿元，增速为21.3%，排名系统内第二。对公贷款余额为347亿元，当年累计投放127.76亿元。新发放非贴对公贷款加权利率排名系统内第四；贷款收益率排名系统内第三；小企业贷款完成“三个不低于”监管目标。

【个人金融业务】个人存款时点余额为360.24亿元，比年初增长12.33亿元。个人类贷款（不含信用卡）余额为371.61亿元，比年初新增114.52亿元，个人类贷款余额、新增额均位居四大行第一。其中，个人住房贷款余额为316.08亿元，比年初新增94.99亿元，四大行第一；住房资金归余额、委托性住房存款余额和公积金个人住房贷款余额三项指标继续保持同业第一。个人住房贷款加权利率系统内第八。

【中间业务】全行实现中间业务净收入8.59亿元，同比增加0.89亿元，同比增速为11.55%，完成总行计划的104%，收入总量、增量、增速均居四大行第一。

【资产质量与风险控制】全行本外币不良贷款额为4.49亿元（含信用卡透支），不良贷款率为0.52%，资产质量系统内排名前列，其中不良率居系统内第四。全年实现了总行“五无”先进合规管理目标，全辖连续两年未受监管处罚、无监管类案件、无重大违规事件、无重大违规损失、无违规负面舆情。被当地人行评为反洗钱A级企业。

【创新突破】全年完成自主创新项目11个、重点移植项目14个；私人银行业务荣获总行“私人银行业务突出贡献奖”、海口私人银行获评“最佳私人银行中心奖”；全辖所有网点一次性高分通过银行业网点服务国家标准认证，成为省内首家完成国家标准认证的商业银行；分行海府支行被中银协授予“2018年银行业文明规范服务千佳单位”称号；省分行机房运行管理通过国际标准化IS09001和GB/T19001质量管理体系认证，走在系统前列；保密管理在总行和省保密局开展的保密自查自评督查中均获得优秀。全行人民币结算账户新增保持四大行第一，总量四大行第二；结算与现金管理业务收入排名四大行第一；个人加权有效客户增速系统内排名第4；普惠金融贷款余额、贷款新增、客户总量、客户新增四项指标均居四大行首位；代理保险业务跃居四大行首位，增速系统内排名第3；信用卡账户活动率系统内排名第4，授信额度使用率系统内排名第2；手机银行活跃用户占比系统内第9，个人网银活跃用户计划完成率系统内排名第2，个人网银活跃用户占比提升值系统内第7，悦生活平台新增计划完成率系统内排名第1、增长率排名第3；财务顾问收入四大行占比系统内排名第6。

二、主要工作举措

（一）突出重点谋大事，“三大战略”进一步落实落地

1. 多管齐下加快推进住房租赁“蓝海项目”。一是加快住房租赁综合服务平台推广运用，已与全省15市县签订《住房租赁战略合作协议》，并在其中七个市县实现住房租赁平台上线。全年新增上线房源11065套。二是创新设计“共享农庄智慧云平台”，紧扣海南建设共享农庄乡村振兴新载体机遇和海南租赁市场特点，以“旅居短租”为切入点，带动我行住房租赁综合服务平台向汽车租赁、养老旅居、农产品溯源、“互联网＋认养”农业模式等方面延伸。分行的“共享农庄智慧云平台”项目在总行首届“创新马拉松”大赛中获得住房租赁主题二等奖、优秀团队奖。三是加大住房租赁企业信贷支持力度，为省政府拟新建的2万套保障性住房项目承建单位提供全面金融服务，营销有央企背景的房企海南信达地产与海口市供销社合作开发住房租赁项目，并深入与碧桂园等大型房企的业务合作。四是创新提供住房租赁资管服务，利用资产收益权融资方式支持演丰统筹城乡示范镇建设。五是加大个人住房租赁贷款服务力度，为海口“昌荣星城”600套环卫工人定向租赁房源项目提供“按居贷”个人住房租赁贷款，实现个人住房租赁贷款“零突破”。

2. 集中精力打造普惠金融业务新优势。一是开拓小微企业融资新渠道。与国税实现银税数据直连，通过税务平台系统批量发现、营销客户。截至2018年末，分行“云税贷”授信客户为1174户，授信金额为7.87亿元，占小微快贷授信总额的39.35%；抵押快贷2.0版成功上线，实现海口、三亚两地集约化处理。截至2018年末，抵押快贷授信余额为3.27亿元；多举措营销推广“惠懂你”APP，全行绑定企业1453户，完成率为242.2%。二是以“裕农通＋”为抓手打造普惠金融生态圈。与供销社、医疗单位、校园、农资企业、通讯行业、超市等服务点建立跨行业合作机制，将服务点同步营销成我行商户，形成“裕农通＋”生态圈。三是全力拓展普惠金融个贷业务，做大做强个人商业用房贷款，开展工商易贷通链圈营销和供应链快贷平台推广。截至2018年末，我行普惠金融贷款增速为40.17%，较各项贷款增速高20.44个百分点；贷款户数为9916户，同比增加2477户，完成“两增”监管考核目标。普惠金融贷款余额、贷款新增、客户总量、客户新增四项指标均居四大行首位。

3. 科技赋能助力系统平台遍地结硕果。宗教事务平台上线“海南省宗教事务管理服务平台”；公益教育平台在三亚、文昌等地6家学校上线；安心养老平台有海口普亲、颐养公社、银康等10家养老机构上线；党群综合平台有4家党委及工会客户上线；智慧政法应用平台上线

“服刑人员资金管理系统”，开立9个监狱企业专用账户，成为独家为监狱管理系统提供金融科技综合服务的国有银行；智慧政法应用平台上线“建设领域现场施工人员实名制管理系统”；社保服务平台在三亚上线“社银专网”直联系统，实现社保资金支付全程电子化管理；“银医银校通”项目上线9家医院、3家学校；智慧菜场率先在全国创新推出“信用+溯源+支付”的智慧菜场2.0版，被总行收录为优秀案例在全行推广；悦生活场景成功打造智慧水费、智慧点菜、智慧物业、智慧停车、智慧便利店等多类惠及民生的金融平台系统。

（二）筑牢发展根基，增强服务实体经济的持久动力

1. 着力夯实客户根基。一是重点公司客户方面，主动对接和全力攻关“总部经济”，达成明确意向企业27个，已在我行开立账户23个。二是个人客户方面，依托个人金融生态圈促进个人客户增长。截至2018年末，个人加权有效客户323.09万人，比年初新增40.14万元，增速为14.19%；个人产品覆盖度为5.08，提升值0.42，增速为9.1%，系统内排名均为第二；新开户客户产品覆盖度为6.02，系统内排名首位。三是机构业务客户方面，全年新开立农民工代发工资专户370户，代发工资人数达9.18万人次，代发工资7.51亿元，存款余额54亿元；成功营销海南省军区、南海舰队航空兵部队两个海南省唯有的正军级军警客户。四是资管同业客户方面，与海南银行、海口联合农商银行、海航财务、海南股权交易中心等21家同业客户完成同业合作平台签约及平台系统注册。

2. 加强“九个阵地”建设。实现银税系统直连上线，新增授信客户582户；为中化化肥等核心企业提供综合服务，新增其下游经销商贷款客户45户；发挥慧兜圈业务场景营销优势，实现分期交易额23.11亿元，活动商户数四大行第一；与12个市县开展代发工资专用账户合作，新开立农民工代发工资专户370户；实现企业租赁平台、政府监管平台、共享服务平台、政府公共住房平台等多个平台上线，新增房源数达11065套；，新增“工商易贷通”客户329户；发放二手房贷款21.09亿元，新增占比同比上升12.06%；成功搭建党建、医院、校园、超市、水务等10个平台，已为超过百万人次的市民提供服务。

3. 实施“453”基础工程。要求各行抓好个人消费贷款、快贷、小企业、分期等四项小资产业务；以及商户、代发工资、有效客户增长、私人银行、手机银行五项重点基础业务；确保客户贷款需求和抵质押物真实、确保信贷客户经理与贷款客户无利益输送、确保信贷客户经理与贷款客户无资金往来等三个确保。

（三）加强全面风险管理，守牢风险、“两防”和安全运营底线

1. 强化全面主动风险管理。一是认真落实“风险管理职责进党委”要求，做实责任到位、管理到位、监督到位、人员到位、考核到位的“五个到位”。二是细化完善贷前诊断会议工作机制，拓宽贷前诊断范围，实现全域协同控险；三是创新建立“客户经理剖析生活会议制度”，定期召集信贷客户经理开会分析业务、剖析不足，杜绝假贷款和违反禁令风险事项发生，打通基层信贷风险管理“最后一公里”。四是推行“信贷与集中采购廉洁承诺书制度”，严管与信贷客户和供应商之间的不正当资金往来行为，打通关键岗位纪律管理的“最后一公里”。五是强化信贷资产质量管控，资产质量继续保持优良，排名系统内前列；加大不良处置力度，全年共处置不良贷款59215万元，完成总行计划的142.44%。

2. 实现“五无”创建目标。一是构建“三线网格化日督平台”，加强员工警示教育，打通合规与警示教育的“最后一公里”。二是组织开展“深化整治银行业市场乱象”专项治理活动，全面排查重点业务领域、环节和部位，自查发现问题455个17182笔，已整改16709笔，整改率为97.25%；加强信贷领域违规专项治理，共发现问题30个并全部完成整改。三是持续推进内部控制标准化建设，建立健全相关管理制度和操作规程；强化同级管理和基层合规能力建设，出台合规专员履职管理细则，进一步压实合规专员责任。四是加强反洗钱管理精准化建设，建立洗钱高风险客户监控机制，落实好总行及监管机构反洗钱客户身份识别工作的要求。年末，实现“五无”先进合规管理单位创建目标。

3. 发挥巡察“利剑”作用。一是制定下发分行巡察工作规划（2018—2022 年）等制度，进一步规范巡察行为，严明巡察纪律。二是扎实推进巡察工作全覆盖。全年按计划顺利完成 5 个批次 10 个单位的巡察工作。三是严肃处理违规违纪问题，去年全行共给予党政纪处分 22 人。

（四）加强干部员工队伍建设，营造积极奋进、充满关爱的工作氛围

1. 加快优化干部队伍结构。大力培养选拔优秀年轻干部，在去年选拔任用的 31 名领导干部中，35 岁及以下的年轻干部 14 名，占比为 45.16%。持续加强后备人才队伍建设。2018 年，共提拔各类后备人才共计 14 名，其中“213 人才”6 人。注重在脱贫攻坚一线考察识别干部，2018 年将 1 名工作突出的扶贫干部聘任为县支行副行长。

2. 用心做好员工关爱工作。积极推动基层工会“职工之（小）家”升级改造，并在有条件的基层工会逐步推进“五小”阵地建设；建立和完善基层机构员工职务与职等并行制度，发挥职等在确定员工工资待遇方面的作用，拓宽基层行员工职业发展空间。2018 年共有 172 名表现优异的基层机构员工根据职务与职等并行制度晋升职等。

关注年轻员工职业生涯发展，缩短年轻员工低职等任职年限，新员工入行三年半后，在符合晋升基本条件的基础上，均晋升至十职等进一步激发青年员工的干事创业热情，创造良好的职业生涯发展前景。激励关爱老员工，对业绩突出的十职等及以下且行龄较长的员工晋升至上一职等，鼓励员工长期为建行服务，不断发挥工作积极性与创造性。

坚持薪酬增长向基层机构、业务一线和直接创造价值的岗位倾斜，从 2018 年四季度起按每人每季 500 元，全年 2000 元的标准向二级分行及以下机构员工发放岗位津贴。

3. 全面完成年度定点扶贫任务。截至 2018 年末，分行及所属 15 个市县支行承担的 167 户建档立卡贫困户和巩固脱贫户，年人均纯收入已超过省定脱贫标准线 3523 元的标准，收入增幅均高于当地平均水平，圆满完成 2018 年地方政府下达的脱贫任务。

执笔：张斌　王天雷　黄智

重庆市分行

重庆市分行行长　王晓永

（2018 年 2 月免）

重庆市分行行长　王新立

（2018 年 2 月任党委书记，5 月任行长）

一、业务发展概况

【主要指标】截至 2018 年底，一般性存款日均余额为 3004 亿元，新增 187 亿元；本外币各项贷款余额为 3375 亿元，新增 374 亿元，新增系统排第 10，其中人民币贷款新增 400 亿元；不良率为 0.79%、逾期率为 0.94%，继续保持系统和四大行前列。

完成拨备前利润 88.9 亿元，四大行第 2，同比增长 7.1%，总行计划完成率 103%；中间业务净收入 25.8 亿元，四大行第二，增速高于总行 4 个百分点，总行计划完成率为 108%。

【对公业务】本外币对公存款日均新增 124 亿元、时点新增 177 亿元，双双进入系统前 10，余额系统排位提升 2 位；单位人民币结算账户新增 2.84 万户，其中基本账户新增 1.84 万户，余额和新增均为四大行第一；加权有效客户新增 2.56 万户，新增为上年 4.3 倍；对公客户产品覆盖度为 5.64，系统第六。

【零售业务】零售贷款余额、新增及零售中收均居四大行第一，零售主要指标实现“五个过半”，经济增加值占比 78.5%，净利润贡献占比 55.1%，主营业务收入贡献占比 51%，金融资产余额占比 52%，零售贷款余额占比 54%；个人有资产客户新增 85 万户，大众富裕客户增速系统第四，信用卡客户总数、新增客户数等 12 项核心指标均居区域四大行第一，个人客户满意度调查四大行第一。

2018 年 1 月 26 日，重庆市分行召开 2018 旺季营销主城区推动会。

【住房租赁业务】累计上线房源 34.8 万套，在线租赁交易 7500 笔，KPI 考核系统第 9；投放住房租赁专项融资 1.8 亿元；商品房预售资金监管系统代理接入 23 家银行、实现 904 个楼盘规范签约。

【普惠金融业务】新增普惠金融贷款 67 亿元，增幅为 81%，四大行第一，；总行计划完成率为 163%，系统第五。

【金融科技应用】智慧政务独家实现省级平台合作，实现全国首家智能风控产品输出，智慧社区、教育、宗教等多个平台考核列系统进入前十名新一代成果应用考核排名第九。

【对公交易性业务】全年累计发债 111.5 亿元，首次突破百亿元大关，承销规模四大行“五连冠”；取得 15 个区县职业年金托管资格，市场占比达 45%，保持同业第一；托管规模达 1540 亿元，系统第八，其中信托保管规模增速系统第一；贸易融资新增 107.6 亿元，系统第一；代销基金收入四大行占比达到 44.4%，四大行第一；代理保险收入 7361 万元，四大行第一，增速系统第二。

【资产质量与风险控制】不良贷款率系统第七，四大行第二；逾期率系统第十二，四大行第一。实现银行业金融机构安全评估“五连冠”。

【内控合规管理】实现无监管类案件、无重大监管处罚、无重大违规事件、无重大违规损失、无违规负面舆情的“五无”合规管理工作目标；反洗钱工作连续八年被人民银行评为重点可疑报告先进单位；外汇业务连续八年被人民银行评为 A 级。

二、主要工作举措

【深入推进“三大战略”】围绕“安居”，深入推进住房租赁战略。一是加速完善住房市场“新连接”。上线住房租赁综合服务平台五大系统，上线直辖市首家住建部监测分析系统，助力政府创新打造全国首个全流程、全线上服务的商品房预售资金监管系统。二是健全全链条金融服务体系，持续优化企业住房租赁支持贷款、个人“按居贷”。三是坚持市场化运作，发挥建融住房服务公司市场化优势，稳步推进项目运营。

围绕“乐业”，深入推进普惠金融战略。一是充分调动全行力量发展普惠金融，开展“网点

2018年10月17日重阳节，重庆市分行在南山举办机关本部离退休人员重阳节座谈会。

提能”工程，实现275个网点开办普惠金融业务。二是全力推动产品创新，推动政采云贷、公积金快贷、个税快贷等多个产品上线上量。三是与重庆工商大学签署合作办学协议，启动“融智、扶智、财智”行动计划，开展惠民培训680余人次。四是在全辖281个网点建成“劳动者港湾”，服务户外劳动者约64万人次，4个网点新获“银行业文明规范服务千佳单位”称号，同业第1。

围绕“共享”，深入推进金融科技战略。一是加快营销服务转型。践行“科技先行”理念，设立跨部门跨层级、机动灵活的IT服务团队，加快推动IT服务向前台延伸。二是推进金融科技战略多点开花。参展中国首届“智博会”，展示40余项先进金融科技成果，智慧小镇智能银行累计接待市民6.6万人次；跳出金融建场景，为智慧政务、政法、扶贫、教育、医疗、社保等全面提供智能化解决方案；发力同业生态，加快打造“金融机构的银行”，向71家金融机构输出建行科技能力。三是不断增强数据支撑。引入公积金、税务等数据，丰富快贷产品；复制优秀案例61个，原创大数据项目12个，承接即席数据需求近600项。

【着力提升发展质效】全面落实零售优先战略。一是在理念上引导。做实零售委职能，探索跨部门跨条线交叉考核，逐步完善“对公带动零售、零售促进对公”机制；强化“全量资金”经营理念，促进存款与中收协调发展。二是在资源配置上倾斜。在人力、财务、信贷资源等方面，加大向零售条线倾斜。三是在平台建设上发力。全力推进移动金融生态系统建设和账户出海，围绕公交地铁、医疗健康等重点民生领域，搭建各类缴费服务场景超2000个。

进一步夯实客户基础。一是做大客户总量。通过深化与税务、科委、工信、工商等市级部门合作，搭建多个批量获客平台。二是做强客户质量。抢抓机构改革重大机遇，强化重点机构客户和账户营销，取得两江新区、沙坪坝两大财政专户资格，成功营销重点招商引资客户206户。强化个人客户分层分类经营，推广星级客户差异化服务策略，开展“善者”系列主题活动72场。三是全力推进商户攻坚。按照“五统一”要求，加快做大商户规模，对公商户日均存款新增系统第10，个人高贡献商户计划完成率系统第3。

加快对公交易性业务发展。一是把握市场窗口和政策机遇，运用各类资管、投行产品为客户提供全面金融解决方案。二是持续推进托管集约化运营，重点推进信托财产保管、保险资产托管、银行理财产品托管和各类交易类资金托管业务发展。三是发力贸易融资，落地全市首笔“跨境e汇通”，成为支付宝在渝唯一合作银行。四是聚焦代理基金、保险、子公司产品，扎实推进代理业务。

【强化全面风险管理】持续提升全面风险管理能力。一是强化风险管理对重点业务支持保障能力。强化对“三大战略”等重点业务的风险预判与控制，完善普惠金融预警监测核查、公证确权引进仲裁、集中批量确权、集中委外催收、标准化核销“五项机制”。二是强化当期和预期风险管理。分行党委按季听取全面风险情况汇报、部署风险管理重点工作；党委班子主动靠前指挥，牵头“双十大”项目风险化解。三是强化不良资产处置质效。累计完成不良处置16.7亿元，现金回收及盘活占比73.5%。

扎实推进“合规管理年”工作。一是持续深化合规文化建设，通过“知”“行”“查”“改”“评”五个步骤16项活动，突出“三线”教育和警示教育，让全行员工“守纪律、讲合规、明底线”。二是扎实开展重点领域合规工作，在全辖深入推进市场乱象整治、信贷领域专项治理等重点工作。三是加快完善内控合规长效机制，推动反洗钱中心机构改革，16个分支行新设内控合规部；完善“1个总体方案+12个配套制度”的管理体系，完成62项规章制度的审查修订。

【全面推进从严治党】强化党建引领。一是旗帜鲜明讲政治。组织专家讲座、知识竞赛、党建测评等系列活动，分期分批、分层分类开展十九大精神学习培训，引导全行员工不断树牢“四个意识”，增强“四个自信”，坚决做到“两个维护”。二是压实“两个责任”。制订“两个责任”落实方案，配套完善考核办法，将考核结果纳入等级行、KPI、竞争力考核，层层压实“两个责任”。三是加强对分行巡察工作的指导，推动制定巡察工作五年规划，派出4个巡察组对9个支行、6个分行部门开展巡察；增强纪检监察工作力量，增设沙坪坝等三家二级分支行纪委。四是深化作风建设。优化领导干部党建联系点，实现所有基层行、所有行领导全覆盖。启动“强化责任 提升质效”主题活动，聚焦“形式主义、官僚主义”新表现，通过本部表率示范带动全行转作风、正行风。

【持续干部队伍建设】一是夯实人才基础，完善全行人才库，常态化推进分行本部科室人才选拔，夯实中层干部基础，加快培养选拔优秀年轻干部。二是在战略推进中发现人才，职数配置向“三大战略”、扶贫攻坚等方面倾斜。三是倡导创新向上文化，发动全行员工积极参与“三大战略”创新和实践，组织“最美建行人”等各类先进评比，发挥先进典型示范作用。四是做实员工关爱，全面推行“员工关爱十条措施”，持续增强员工幸福感和获得感。

执笔：谢志军

四川省分行

四川省分行行长　杨丰来

一、业务发展概况

（一）主要业务指标、“三大战略”业务发展、资产质量与风险控制等情况

——主要业务指标保持领先。截至2018年底，一般性存款余额突破9000亿元，日均余额为9128亿元、系统第四，日均新增753亿元、系统第三。对公存款日均新增484亿元，系统第二，储蓄存款日均新增269亿元，新增四大行占比提升5个百分点。各项贷款余额为5088亿元，新增477亿元、系统第六。

——“三大战略”稳步推进。上线住房租赁系统67个，注册用户新增超过100万人，房源发布超过100万套，在总行周周比拼竞赛中综合得分名列第一。总行普惠金融“8+1”口径贷款余额为225亿元，新增96亿元、系统第七、提升一位。金融科技平台获客量427万户，综合排名系统第四、“新一代”业务成果应用系统第十。

——效益质量持续向好。实现中间业务净收入45亿元，四大行占比27%、提升0.7个百分点，增量四大行第一。实现拨备前利润162亿元、系统第七。不良贷款额为67亿元，不良率为1.3%，实现双降，控制在总行计划内，风险资产总量（不良+关注）四大行最低。内部控制评价保持系统内一类行，排名第五。

（二）各主要业务板块经营状况

零售业务方面，深入落实零售优先，针对重点潜力客群，持续开展场景外嵌营销工作，储蓄存款日均新增269亿元，系统第二。加大私人银行客户营销服务力度，私行客户数四大行第一。加快拓展期缴保险、首发基金，保险代销收入系统第五，基金销售收入四大行第一，实现个人中间业务收入近31亿元，占全分行的68%，四大行占比33%、排名第一。强化对房地产重点区域、客户和项目营销，累计发放房贷552亿元，创历史新高。个人贷款新增305亿元，系统第六。信用卡业务方面，实现中收16亿元，占全分行的36%，同比多增近4亿元、增速为30%，信用卡累计客户量、消费交易额、中收总量均居同业第一。网络金融业务方面，大力推进“移动为主”，手机银行活跃客户净新增80万户，人行移动支付便民示范工程六项核心指标同业第一。渠道建设方面，加快物理渠道智能化建设，分类建设网点60个，积极推进智能设备布放，台日均交易量88笔，系统第一。打造优质服务标杆，7个网点获评“银行业文明规范服务”千佳示范单位，系统并列第一。

对公业务方面，加强账户营销，新增单位人民币结算账户6万余户，四大行占比42%，保持第一；账户总量逾34万户，首次居四大行第一。持续发展现金管理业务，打造“禹道通达”多银行现金管理平台，成功实现“一点接入，集中管理”，单位结算及代理清算收入四大行第一。销售同业存单超过120亿元，系统第三。积极开展银证合作，CTS新增25万户、四大行第一，实现中收1900万元、系统第一。深入挖掘四川地区托管资源，托管业务收入同比增长70%，增长额系统第三。投行资管业务方面，大力借助资管产品，投放短久期非标资产18亿元。同业中率先推出四川高速扶贫中票、中电建水电绿色中票等，承销企业债73亿元、四大行第一。金融市场业务方面，系统推进债券分销业务，总量246亿元，四大行及系统第一。着力发展贵金属租借业务，实现收入9155万元，四大行占比77%，对公金融市场业务收入同业第一。国际业务方面，加快全量客户拓展，国际收支客户新增423户、系统第一，跨境人民币结算量285亿元、同业第一。引入低成本资金，投放跨境融资95亿元，创收8000万元、同业第一、系统第二。荣获总行“2018年度对公业务先进集体”称号。

二、主要工作举措及成效

（一）深化全面从严治党，加强组织建设

加强党的建设。分行党委切实担当管党治党主体责任，一年来召开18次党委会研究党建工作，持续完善党建工作领导小组工作机制。逐级签订《全面从严治党责任书》，将党组织书记履职管党治党责任情况纳入领导班子和领导干部考核评价体系，通过督导、考核、通报、约谈等措施，层层压实主体责任。把落实总行巡视整改作为深化全面从严治党重要契机，先后完善19项制度机制，对4名责任人进行责任追究，巡视反馈的问题和建议明确责任，任务分解到部门、到人，积极推进整改。全力配合总行巡视“回头看”，做好边巡边改。围绕学习贯彻党的十九大精神，全分行在内外部媒体发布信息300余篇，组织专题培训班，参训1.9万人次。完善机关党委设置，有序推进符合条件的联合支部改单建，进一步拓展“支部建在网点”覆盖率，全年新设39个党支部，推进30个联建支部改单建，所辖党支部总数575个。

建设高素质专业化干部员工队伍。优化调整领导班子，新提拔任用处级干部38人，交流62人次。加强科级干部队伍建设，省分行14名八职等干部到基层任职，分支行9名八职等干部到省分行任职，通过交流锻炼拓宽经营视野。贯彻落实《关于进一步尊重人才、用好人才、留住人才的指导意见》，深入推进专业人才体系建设，激励广大员工加强学习，在2017年选拔互联网金融、国际化等人才的基础上，继续通过笔试、面试公开选拔了金融科技、互联网金融（第二批）等6大类人才，入库160人，为员工特别是基层青年员工搭建展示平台。启动“小企业·新链融”人才淬炼计划，共308人通过“云端众包”方式参与普惠金融项目建设。

（二）支持实体经济，服务社会民生

加大重点项目信贷支持力度。围绕四川“一干多支、五区协同”“四向拓展、全域开放”战略部署，加强重点项目跟进力度。天府机场高速、两河口水电站等重大基础设施项目投放54亿元，市场占比28.5%。成功营销成都地铁3条线PPP项目，通过审批50亿元，份额四大行第一。系统对接天府国际机场及其配

套工程，抢抓项目资本金累计65亿元，成功营销施工单位账户17户，带动承建资金126亿元，占比42.5%。抓住全省招商引资重点领域，为重点项目授信金额近千亿。为省内重点外贸客户提供贸易融资166亿元，拉动外币存款日均新增4亿美元、系统第二。

积极服务社会民生。继续做好机关事业单位养老保险金融服务，一年来为全省6万余家机关事业单位、300万参保人员和90万退休人员代收付1100万笔，连续4年资金清算保持"零差错"。全力以赴做好智慧政务平台搭建，拓展77个生活缴费项目，带动开立财政、社保、党政机构账户39户。深化"智慧校园""智慧医疗"系统推进，"校园一卡通"产品综合服务方案在川大、电子科大等重点高校广泛运用，代收学费增加10%。成功取得16家三级医院独家代理清算资格，创新推出"掌上智慧医院""华西移动导诊易"，被总行评为引领型创新。"银医通""银校通"新增20户，总数保持系统第一。依托农民工监管系统、"民工惠"等项目，已办理"民工惠"2.6亿元，发放近2万人次。以"裕农通"为抓手，实现"定点扶贫村全覆盖"。

支持民营经济发展。坚持"大中小微，国有民营，一视同仁"政策，优选区域、优选行业、优选客户，重点服务先进制造、涉农企业、绿色金融、消费金融等领域民企信贷需求，民营企业贷款余额390亿元，新增40亿元。构建网络供应链普惠金融服务平台，与33个核心企业（平台）合作，累计投放54亿元，余额38亿元，总行考核小组第一。

（三）落实总行"三大战略"

全力推进住房租赁。全国率先实现监管服务、公租房和企业管理系统全省覆盖，立足市场，活跃平台，实现房源和用户数量双破百万，签约超10万笔。深化机构类客户合作，全国率先走进高校，省内高校合作覆盖率超过40%。系统内率先以集约运营体系支持住房租赁项目，多项运营指标系统第一。

加快发展普惠金融。坚持"以小为主、以微为重"，以搭建平台、创新产品为抓手，稳步推进普惠金融业务发展。大力推进"抵押快贷2.0""云税贷"等重点产品。16家小企业中心正式运营，实现系统录入、业务审查、贷款审批等环节后台集中。新设电商信贷中心，探索小微信贷发展路径。积极推进普惠金融业务渠道落地，打造22家普惠金融特色网点。大力拓展"惠懂你"，累计下载13万次，系统第三。借力金融科技，搭建"AI稽核平台"，将稽核嵌入小微信贷全流程，全量小企业贷款不良率1%、系统第四，下降1.2个百分点。

加强金融科技应用。在同业及系统内首创"e票通"票务系统，获总行一等奖，在泸沽湖景区上线，并与20余家景区签订合作协议。加强"新一代"应用推广，"成都铁路局资金定向集中管理"等3个案例在全行推广。加快推进善行宗教、安心养老等12个金融综合服务平台在辖内落地运营，6个平台获客数系统前五。加强大数据应用，大数据创新项目73个，复制优秀案例74个。

（四）提升精细化管理能力，夯实经营管理基础

持续推进全面风险管理。严格落实党委成员督导机制，6家督导行不良额、率实现"双降"。做实全面风险管理轨迹督察，结果良好、排名系统第二。认真落实供给侧结构性改革，主动压退产能过剩客户贷款6亿元，政府背景客户信贷投放减少110亿元。主动调整信贷结构，优先支持行业贷款增速8%，高于公司类信贷业务平均增速5个百分点。强化重点行业监测排查，加强预警管理和处置，化解观察客户68户、75亿元，其中全额化解26户、37亿元。加强重大信用风险客户管控，省分行"30大"客户压退20亿元。加大不良资产清收处置力度，处置不良资产28.6亿元，其中现金回收7.8亿元。总行信用风险管理评价排名第八。

加强合规管理和案件防控。编制三年合规文化建设行动方案，强化员工合规教育。坚持"小得罪是大保护"，借力金融科技，开展现场与非现场、专项治理与重点检查等多维度排查。做好稽核风控协同，加强员工违规行为精准筛查。强化反洗钱基础工作，认真履行反洗钱义务。主动做好舆情管理，全年未发生声誉风险事件。积极推进"平安建行"创建，获评总行先进集体。2018年暂无监管类案件发生，暂无重大违法违纪事件和重大责任事故苗头发生。

提升精细化管理能力。整合渠道管理和运营

资源，探索成都城区行专业化经营。推进中心金库智能化建设，试运行落地自动拣选、自动盘库、自动仓储等功能。持续优化授信审批流程，大中型客户审批时效缩短2.4天，总行授信审批能力评价A档、系统第四。创新建立供应商评委跨机构交叉评审机制，采购预算节约率9.8%。加强成本管控，信贷经济资本占用比例下降1.2个百分点、系统第一，14项定额费用7项下降。统筹推进创新工作，完成自主创新项目57项、系统第九，移植创新208项、系统第二。

（五）加强企业文化建设，积极履行社会责任

举办“最美建行人”“身边好支部好党员”“同心赞颂、爱我建行”和青年智库人才选拔等活动，挖掘培育优秀青年员工，发挥先进典型示范效应，15家单位、18名个人荣获省级、总行级以上先进表彰。自贡分行被评为“2017—2018年全国金融系统文化建设标兵单位”和“2017—2018年全行企业文化建设先进单位”。加强员工关爱，补助65个职工之家、职工小家338万元，丰富离退休老同志文化生活，组织举办文体活动206次，春节期间看望慰问困难员工和离退休人员625人次。完善扶贫工作机制，新设金融扶贫科，加大扶贫信贷投放，金融精准扶贫贷款余额239亿元、新增35亿元。选优配强帮扶干部，派出驻村干部42人。用好总行310万元捐赠额度，重点支持18个改善民生、脱贫产业类项目实施，帮扶29个贫困村、近800户建档立卡贫困户、2800人脱贫。系统内第三家全部网点开放“劳动者港湾”，承担大行责任、展现大行格局。省分行获评“四川银行业年度最具社会责任金融机构奖”“四川银行业年度金融扶贫先进单位”。

执笔：蒋杨

贵州省分行

贵州省分行行长　王　浩
（2018年6月免）

贵州省分行行长　李洪茂
（2018年7月任党委书记，10月任行长）

一、业务发展概况

（一）主要业务指标完成情况

截至2018年底，一般性存款、对公存款、个人存款日均新增额和增速均为四大行首位。一般性存款日均余额为2576.60亿元，当地四大行占比余额保持四大行第二，新增65.41亿元，增幅为2.61%。其中，对公存款日均余额为1559.62

亿元，新增 32.22 亿元，个人存款日均余额为 1016.98 亿元，新增 33.19 亿元。各项贷款时点余额为 2170.57 亿元，新增 244.55 亿元，增幅为 12.70%，新增额创新高，增速系统内排名第 5，高于全国和西部地区平均水平。其中，对公贷款时点余额 1376.03 亿元，新增 120.88 亿元；个人贷款时点余额为 794.55 亿元，新增 123.67 亿元。累计投放 745 亿元，比去年多投放 117 亿元，积极支持绿色信贷、扶贫攻坚和涉农等重点领域、普惠金融、消费金融等战略业务的信贷需求。个人类、信用卡、普惠金融、涉农贷款、扶贫贷款实现较快增长，增速均高于各项贷款。拨备前利润实现 70.70 亿元，四大行排名第二。

（二）各主要业务板块经营状况

【公司业务】单位结算账户新增、增速及四大行占比提升值均四大行排名第一，新增四大行占比达 52.58%；基本户占比持续提升，四大行排名提升至第一，新开基本户占比达 83.52%。账户拓展带动全行公司机构客户稳步增长，全量客户增速系统内排名位列第四。持续加大支持基础设施的支持力度，为公路、铁路、水利等行业客户提供各类融资 90.60 亿元。大力支持绿色信贷，支持节能环保项目 96 个，贷款余额为 356.03 亿元，绿色信贷余额为 356.03 亿元，新增 46.54 亿元，增速 15.04%。借力省政府扶持工业中小企业融资实施平台，全年新增“贵工贷”金额 3.51 亿元，获得省政府风险奖补金 981.49 万元。金融精准扶贫贷款余额为 318.01 亿元，较年初新

2018 年 6 月 15 日，贵州省黔西南分行与黔西南州政府签订旅游扶贫战略协议。

增 40.34 亿元，余额及新增均列系统第一，新增增速为 14.53%。引资入黔服务支持实体经济发展，累计投放较上年增长 11.83 亿元，租赁、信托业务系统内均排名第八位，巩固财政社保传统优势，全年承接中央社保补助金约 80 亿元，承接国库定期存款 155.72 亿元，四大行占比 28.49%；在全省代理财政覆盖度为 79.19%，代理社保覆盖度为 89.39%。全年签署同业平台意向合作协议 103 户，计划完成率 114.44%；办理同业资产业务 73 亿元，金融机构活期存款时点余额 42.29 亿元；累计办理同业定期存款 148 亿元，预计实现净利息收入 782 万元；托管业务规模 204 亿元，较年初新增 36.43 亿元。

【零售业务】有资产客户 670.42 万人，新增 71.82 万人，创历史同期新高，计划完成率为 193.06%，系统内排名第六；AUM0.2 万以上客户产品覆盖达到 5.03，较年初提升 0.3，系统第 13 位。个人客户经济增加值 13.17 亿元，中间业务收入 11.78 亿元。个人结算、短信、代销基金、实物贵金属、对私代理保险、国债等多项产品中收排名四大行第一。个人贷款投放及净新增（还原资产证券化）四大行第一，利率水平和资产质量保持四大行最优。

【投行资管业务】理财资产配置余额达到 159.36 亿元，其中理财资产配置非标资产余额为 151.36 亿元，配置标准资产 8 亿元，系统排名 24 名。累计实现中间业务收入 26836 万元，其中资管业务收入 19975 万元，系统排名第 18；投行业务收入 9684 万元，系统排名第 17。全年完成地方政府债券承销 303.74 亿元，市场占比 14.16%。

【金融市场业务】全年完成代客结售汇量 12.42 亿美元，同比增加 1.29 亿美元，增长率为 11.5%。完成代客利率业务量 1.91 亿美元，同比增加 0.75 亿美元，增长率 64.88%，系统内排名第 14 位。加强代客资金产品组合运用，实现跨境融资总行掉期交易量 13.2 亿元，利率互换、掉期、远期等衍生品交易量 1.1 亿美元，结构性存款 1.3 亿美元。

【信用卡业务】信用卡当年净增发卡 39.58 万张，完成率为 119.83%，系统排名第六，净增客户 20.74 万户，完成率统排名第五。其中，年轻客户新增 17.94，计划完成率 110%，系统排名第

2018年9月21日，贵州省遵义正安支行走进街区普及金融知识，讲解反假币、网络安全防范知识。

四。当年实现消费交易额391.9亿元，完成率系统排名第七；实现分期交易额81.82亿元，计划完成率为106%。信用卡贷款余额为128亿元，当年新增33.8亿，系统排名第八。

【网络金融业务】个人手机银行活跃用户达131万户，手机银行当年新增用户数、短信银行中收四大行排名第一，占比分别为33.88%、39.59%，持续领跑同业。推动善融扶贫，扶贫交易额全国排名第13，成功打造“4000箱红心猕猴桃40分钟抢购一空”“美猴橙党建扶贫”等多个精准扶贫案例，推出“贵州毕节扶贫馆”，为全国第二家二级地区扶贫馆。

【国际业务】全年共保有国际收支客户199户，完成国际收支量21.06亿美元，同比增加2.4亿美元，增长率为12.85%，四大行排名第三。完成跨境人民币结算量27.63亿元，同比增加11.19亿元，增长率为68.1%，四大行排名第三。全年完成中间业务收入4699.89万元，同比增加629.09万元，增长率15.45%，计划完成率为108.04%。四大行排名第二。外汇信贷余额为25.69亿元，增长率为39.6%，当年累计投放外汇信贷28.85亿元。

（三）“三大战略”业务发展情况

【普惠金融业务】普惠金融“8+1”贷款余额为66.04亿元，较年初新增21.81亿元，四大行第一。普惠金融贷款（人行降准口径）增速为46.04%，高于各项贷款平均增速为33.34个百分点，同比多增4.7亿元。创新落地“黔商龙贷”“4321担保贷”等产品；推进“黔烟通”“满帮e贷”等“供应链+快贷”产品创新；与省经信委合作开发“惠企补贴贷”。推进“代缴税工程”，签约新客户7067户；大力推广“惠懂你”APP，实现累计下载2.2万次，绑定企业超1.1万户；经济效益突出，小企业贷款经济资本占用比例3.77%；联动效应凸显，关联对公有效客户新增5053户，增长率为193.97%；个人客户新增15557户，增长率为32.46%。创新信贷工厂“一点对全省”的抵押快贷集约化办理模式，新增投放占全年抵押快贷新增的81%。

【住房租赁业务】住房租赁业务实现快速发展，系统上线38个，房源超13万套，平台注册用户数超21万户，入驻中介及企业227家，近8万人次利用我行平台进行房屋真实性核验，KPI排位乙组第6，在总行蓝海项目周周比拼活动中荣获56次总行表彰。

【金融科技应用】14个平台中，具备对外推广的12个平台实现全面突破，入驻平台客户达110余万，实现平台获客31.78万户，获客数综合考评得分系统排名第19，“新一代”重点成果应用存款日均增长和中收综合考评得分系统排名第21。在总行创新马拉松比赛活动中荣获优秀团队奖。在全省网点推广部署前端服务管理系统、安全客户端2.0版、新版ETC系统。“聚合支付”遍及政务、交通、体彩、校园、医药、商超等应用场景，上线3个“直销银行”项目，3个“无感停车”项目。

（四）资产质量与风险控制情况

【资产质量与风险控制】不良贷款额为17.20亿元（审计后，含信用卡，下同），较年初减少0.88亿元，不良贷款率为0.79%，较年初下降0.15个百分点，全面完成总行下达的资产质量控制目标。全年累计处置各类不良资产7.9亿元，实现不良资产现金回收（不含对公批量转让实现现金回收、不含个贷证券化实现现金回收）2.04亿元。

【内控合规建设】创建“关心关爱员工 创建健康家园”工作机制，深入开展合规教育及合规文化建设。完成93项规章制度、业务、产品及重大项目的合规性审查，其中64项涉及三大战略业务、产品审查；提出修改意见79条，被采纳70

条。围绕监管处罚点，结合案件、违规防范重点，组织合规检查，提升违规发现、整改和处置能力。深入实施可疑交易甄别等集中作业，提高反洗钱业务水平。

（五）其他特色业务

【其他业务】手机银行用户突破500万户，新增四大行占比35.78%居第一，短信银行账户数676.9万户，增速为17.61%，居全国第三。达标生态圈计划完成率240%，全国排名第1。个人高贡献商户加权计划完成率184%，全国排名第2。“云闪付”绑卡户数、交易新增均位列全省金融机构第一位；是唯一一家获贵州省移动支付便民示范工程所有五项集体奖的银行。“劳动者港湾”APP推广完成率排名全国第2。获评中银协“千佳”网点数量跃居四大行第一。建融慧家注册用户数全国排名第四；P9口径对私客户全国排名第一；通行人数约24.4万人，全国排名第二。分行2018年完成17个自主创新项目；完成29个移植项目；被兄弟分行借鉴移植24个创新项目。“云税贷”“小微快贷”荣获贵州省金融机构支持地方实体经济创新金融产品评选活动二等奖，“兴黔支持贷”获得三等奖。

二、主要工作举措

【统一思想，提高认识，全力推进“三大战略”】成立“三大战略”工作领导小组、设立“三大团队”。成立11个重点项目任务型团队，贵安新区智慧政务平台上线运行，花果园智慧社区项目实现突破，满帮集团综合金融服务平台顺利推进，与贵州大学签订了全面深化合作暨合作办学。租房租赁业务密切与各级住建部门合作，稳步推进住房租赁业务，“要租房，到建行”品牌影响力初步建立。金融科技业务对内通过科技手段提高经营管理水平，对外通过技术输出提供信息化支持，实现批量获客。普惠金融业务发挥产品多、价格低、操作简便的优势，支持实体经济建设，提升对民营及小微企业的融资服务能力。

【回归本源，根植实体，支持社会经济建设】加大对我省水利、公路、铁路等基础设施的支持力度。助推供给侧结构性改革，大力支持贵州省工业信息化及国有企业发展，为175家省属国有企业及工业信息化企业提供融资支持，信贷余额达695亿元。发挥集团优势，母子公司联动引资入黔。建立住房租赁、绿色信贷和精准扶贫领域授信审批绿色通道。紧跟“一带一路”倡议，积极拓展非传统国际业务对公客户。2018年，全省国际收支前10大、100大客户中，我分行覆盖率居四大行第一。

【系统布局，统筹规划，落实零售优先战略】以新零售理念为指导，提升过程化和精细化管理，持续夯实客户和队伍两个基础。进一步发挥公司委、个人委统领协调作用，推进融合发展。打造“建行汇商通”品牌，深耕信用卡客群，拓展民生应用场景，搭建“约惠贵州”营销平台和首个直销银行项目“贵州通”。推进“劳动者港湾”建设，提升客户服务效率，优化渠道功能布局，完成“校园e银行－金蜜蜂”形象设计及改造工作。

【责任担当，深度融合，助力贵州脱贫攻坚】派驻第一书记和驻村干部定点帮扶，开展党建结对帮扶。试点六盘水红心猕猴桃项目，探索“（核心企业）龙头公司+金融+农户”扶贫模式，打造建行扶贫样板。投放全省首笔内部银团PPP旅游项目贷款4.79亿元；投放产业扶贫贷款10.07亿元，带动三万余贫困人口就业；与建信租赁、建信信托合作扶贫；推出农民住房财产权抵押贷款、“农富贷”农户小额信用贷款，解决贫困农户小额贷款需求。大力推进“黔货出山”，善融商城扶贫交易额18526万元，居全国第13。

【强化内控，增强风险防控能力】严格执行风险管理进党委要求，切实落实总行“党委管、全面管、主动管”“五个到位”工作要求。持续跟踪信贷资产质量趋势，保持严控风险常态化，巩固资产质量稳中向好态势；建立“30大”重点项目风险化解机制，提升资产保全置价值创造。有序退出高风险领域。加强“健康家园”文化建设，共建立“健康小家”1302个，开展了家访、走访442人次；各类谈心谈话等2113人次；报告违规线索8人次。深入实施反洗钱和客户洗钱风险等级分类数据集中作业。

【强化落实，全面深化从严治党从严治行】改进调研方式，班子成员到二级分支行调研48次，实地调研走访慰问营业网点68个，指导基层抓好党建及业务发展工作。坚持“零容忍”，保持“两防”高压态势。抓好“两防”源头管控，重点聚焦“六个方面”，着力解决员工关切实际问题。进一步深化“四风”整治，梳理47条简政放权审批事项，制定18条改进作风具体措施。

执笔：邓欢

云南省分行

云南省分行行长　陈中新

一、业务发展概况

【负债业务】截至2018年底，一般性日均存款余额为3722.95亿元，较年初新增191.1亿元，增长5.41%，新增四大行占比37.76%，居第二位。其中对公日均存款余额为2213.45亿元，新增60.85亿元，增长2.83%，新增占比44.40%，四大行第一；个人日均存款余额为1509.50亿元，新增130.26亿元，增长9.44%，新增占比35.79%，四大行第一。

【资产业务】各项贷款余额为2635.33亿元，较年初新增276.68亿元，增长11.73%，新增四大行占比34.81%，居第一位。其中公司类贷款余额为1453.42亿元，新增104.18亿元，增长7.72%，新增占比29.50%，四大行第二；个人贷款余额1181.91亿元，新增172.50亿元，增长17.09%，新增占比39.05%，四大行第一。

【经营效益】实现税前利润62.2亿元，四大行占比30.2%，保持同业第一；中间业务净收入19.9亿元，四大行占比31.3%，保持同业第一。

【客户商户】对公账户新增2.63万户，总数反超他行1.07万户，居四大行第一；个人全量客户、有资产客户、有效客户增速分别列系统第1、第8、第4；新增个人商户9万户，系统第12，新增对公商户2万户，系统第5；信用卡客户158万户，四大行第一，年轻客户新增占比系统第4，分期交易额四大行第一、增速系统第2位；手机银行当年活跃客户190.6万户，活跃率为27.7%，系统第7。

【资产质量】不良贷款余额为32.72亿元，不良率为1.23%，资产质量同业最优，连续三年未发生当年对公纯新发放不良贷款。

二、主要工作举措

【党建支撑，全面从严管党治行】把强党建与推转型、强管理、提内控、防案件和保合规紧密结合起来，认真落实全面从严治党主体责任。一是提高政治站位，深入学习贯彻党的十九大精神。旗帜鲜明地坚持党对一切工作的领导，不断强化“四个意识”，坚定“四个自信”，增强政治敏锐性和鉴别力。出台《关于贯彻落实十九大精神 进一步加强党的建设的意见》，提出30条具体措施，把学习贯彻党的十九大精神与深入贯彻落实“三大战略”紧密结合起来。二是扛稳主体责任，全面从严管党治行。持续抓好《全面从严治党责任书》的落实，层层传导压力。充分发挥党委总揽全局、协调各方的作用，每季度召开党建工作领导小组成员单位联席会议，做实领导班子周例会制度，召开党委会议23次。深化“严实新细廉”五字作风要求，持续开展“转提暖创”和“六个一”活动，解决基层问题544项，查纠形式主义、官僚主义新表现，以赖小明、薛峰等严重

2018年11月20日，云南省分行与富滇银行举行全面战略合作协议签约仪式。

违纪违法案件为鉴，常抓严管。三是着力提升组织力，加强基层党建。树立一切工作到支部的鲜明导向，突出政治标准和政治功能，推行党建工作10件事“红色计划”，建设党建宣传长廊、红色书轩，建立党员之家231个，举办31期教育培训，推送37期微党课，引导广大党员拼搏奉献在前、营销拓展在前、创新突破在前、攻坚克难在前，把基层党组织建设成为坚强的战斗堡垒。

【战略引领，创新发展释放动能】全面推进“三大战略”，聚焦社会民生痛点难点，以金融的力量赋能社会，在助力经济社会发展中实现业务的新发展。一是金融科技实现了新突破。跳出金融建场景，与云南省政府合作智慧政务建设项目，开创中国政银合作“建行模式”，首期上线153个事项，有序承接政府信息、政务和公共资源，全过程融入对公撮合、安心养老、建融智医等多个行业应用，奠定了社会化平台运营基础。发力同业生态，打造“金融机构的银行”，向农信社输出同业平台，成为全国首单省级同业成功案例，与多家省内中小银行、证券公司等金融机构签约为其开发科技应用系统。赋能机构业务，上线全省法院执行案款“一案一账户”管理系统，为省国土厅独家开发采矿权出让收益预存金管理系统，成为云南省非税互联网平台建设唯一合作银行，与省地方金融监督管理局合作搭建金融监管及预警平台。二是住房租赁开辟了新领域。43天完成全省监管系统联网应用，累计上线平台51个，全国第7位，实现监管、企业、公住房、共享、监测五大系统全覆盖；上线公住房房源16.6万套，全国第9位。在昆明、大理、版纳、德宏、保山、普洱6个重点地区打造旅游、康养、候鸟式居住等云南特色康养租赁业务，累计上线特色房源2.6万套，昆明成为全国首个上线“美好家园”定制化特色住房租赁监管系统的省会城市。不仅在租赁市场抢得先机，也进一步巩固了传统住房金融市场优势，个人贷款余额突破1000亿元，达1066亿元，较年初新增145亿元，余额、新增连续七年四大行第一位。三是普惠金融绽放了“五朵云”。结合区域资源禀赋，契合云花、云茶、云烟、云药、云游“五云”特色优势，着眼城乡一体化探索普惠金融新模式。云花从解决C端痛点入手赋能花卉产业链服务，创新研发“龙花拍”线上拍卖交易资金充值系统，为客户量身打造“云花贷”产品，打破他行垄断10年的花拍竞争格局；云游同业首创“e游通”产品，实现全国首单500万元旅游行业网络供应链贷款投放；云茶、云烟创新推出商圈易贷、云商贷产品；云药为2000余家医药零售企业提供“药品追溯”行业应用。

【主动作为，服务社会精准有效】让金融聚焦重点领域穿透落地，服务实体经济、助力美好生活，努力争创有责任、有情怀、有温度、有效益、有质量、有理想的“六有银行”。一是融入发展大局，支持重大项目建设。积极跟进国家和省属重大项目建设，强化项目对接，主动服务“一带一路”建设，多渠道提供资金1598.5亿元，贷款同比多增106.2亿元。助力省属企业综合化降杠杆，落地金额210.3亿元；认购地方政府债220.2亿元，支持债务置换及重点项目建设；助推云南企业“走出去”，实现“建信融”在全国范围内的首创，支持8个境外建设项目融资；出台26条精准措施定向帮扶民营和小微企业，投放民企贷款95.2亿元，占对公贷款投放的13.8%。二是助力乡村振兴，推动城乡共赢发展。抢抓乡村振兴、特色小镇、易地扶贫搬迁等业务机遇，积极进行突破。与省发改委独家签署支持“特色小镇”建设战略合作协议，五年内将为全省特色小镇组织资金300亿元。推出“民工惠”等专属金融解决方案和服务新平台，以银行新角色的介入解决农民工讨薪难痛点。搭建“裕农通+”平台，建立了1726个裕农通普惠金融服务点，为县域农村广大农户提供普惠金融和云南政务服务便利。产业扶贫、就业扶贫、基建帮扶、电商扶贫等多维发力，2018年累计向88个贫困县投放贷款163亿元，带动和服务建档立卡贫困户就业52万人。三是坚持零售优先，深化民生领域服务。通过圈链群新打法抢抓B、C端获客，嵌入服务场景寻求资源禀赋和发展重点的高度契合，抓好交通、医药、商业综合体、特色餐饮等10个大类生态圈建设。大交通生态圈搭建起以一卡通、中油龙卡、ETC、交通便民龙卡、高速公路服务区、公交车、出租车、客票代售、无感停车、无感加油、机场等为关键节点的生态网络，同业领先优势明显。校园生态圈与昆明理工大学等多所高校合作发行联名校园一卡通14.7万张，推动校园管理、交通出行、健康监控等“无卡化”。专业市场以龙支付聚合码拓展菜市场53个。生态圈直接带动发卡177万张，发卡占比66%，沉淀存款56亿元，占个人存款新增的43%。

【内控合规，守牢稳健经营底线】从源头做好全面风险管理和内控案防工作，风险总体可控。一是全面主动管控风险。严格执行“风险管理职责进党委”要求，突出党委管、主动管、全面管，以落实“五个到位”为抓手推进全面风险管理，风险总体可控。建立适应“三大战略”的风控新模式，推进“764”重点督导帮扶项目风险化解，深化全面风险监控预警平台等科技手段运用，全行信贷全流程精细化管理水平明显提升，资产质量同业最优。二是深化“七个层次”内控合规案防体系。通过查处案件、专项治理、排险除患、深刻反思、顶层设计、构建体系“案防六部曲”，不断深化“七个层次”内控案防长效机制。将每年7月18日定为全行警示教育日，开展专项教育、专项排查、专项治理“三个专项”活动，组织合规教育巡讲，做实“三清查”自查自纠工作，建立41个员工行为风险管理视图模型，完成36个机构现场巡察，充分发挥审计体检医生作用，启动“五统一”远程监控项目，推动全行形成“不想为、不愿为、不能为、不敢为”氛围。

【文化引领，营造干事创业氛围】着力营造“尊敬奋斗者，关爱奉献者，崇敬担当者，重用实干者”的干事创业氛围。一是队伍建设添活力。出台《重大工作突破奖励办法》，将“三大战略”和主营业务作为检验干部的练兵场，营造广阔平台使有志者都有出彩机会；调整充实38个领导班子，新提拔44名六七职等领导干部，全面提升队伍战斗力；实施启航、英才、储备等人才培养工程，通过团委书记公开竞聘等方式发现和储备了一批“80、90后”优秀年轻人才。二是企业文化聚活力。落实“双基”工程，进一步打通员工晋升通道，择优晋升563名工作满3年（含）的12－14职等员工；盘活基层机构薪酬资源，研究基层员工收入保底政策；推出关爱员工10条举措，举行年度颁奖礼，组织全省运动会、员工集体生日，办好老年大学，激发了干事创业热情。三是开放共享增活力。与云南师范大学签署《合作办学框架协议》，向社会公众开放教育资源。探索与政府机构联合办学，筹备金融素养提升千人培训计划，为政府各级干部、企业家特别是民营企业家、个体工商户、社会民众、涉农群体等普及金融知识，共同营造云南良好金融环境。同业首家、全国系统领先搭建“劳动者港湾”，推出29个的士之家，建立7家出租车特惠餐厅，红河总工会率先将我行劳动者港湾融入其“职工驿站”建设，全行日均服务近8000人次，网点弃号率下降6.3个百分点。

执笔：王誉

2018年1月3日，陕西省分行与西安市政府签订住房租赁市场发展战略合作协议。

2018年1月11日，云南省分行举行中油龙卡联名上市发布会。

2018年1月16日，安徽省分行举办“建行因您而精彩”服务品牌发布会。

2018年2月2日，河南省分行与郑州大学举办服务支持一流高校建设战略合作签约暨智慧金融大数据联合实验室揭牌仪式。

2018年2月12日，青海省分行机关举办2019年迎新春团拜会。

2018年2月12日，青岛市分行与华通集团举行智能停车系统建设项目合作协议签约仪式。

2018年2月27日，湖南省分行与湖南省公安厅举行湖南公安便民龙卡首发仪式。

2018年3月16日，北京市分行与北京交通大学举行战略合作协议。

2018年3月28日，中国建设银行广州住房金融服务中心开业仪式在天河举行。

2018年4月5日，苏州吴中支行成功举办“好美吴中 和合至善”共鸣共建行动启动暨第五届“保护母亲湖 我们在行动”公益放鱼活动。

2018年4月19日，海南省分行携手海南省国家税务局召开“小微快贷—云税贷”产品发布会。

2018年4月23日，甘肃省分行召开中共中国建设银行甘肃省分行“业余党校”（员工夜校）成立大会。

2018年4月24日，大连市分行与大连市工商业联合会举行"连商单位结算卡"启动仪式。

2018年5月4日，云南省分行举行全省建行青年讲演大赛暨五四表彰大会。

2018年5月7日，重庆市分行在延安举办领导干部学习贯彻党的十九大精神专题研讨班。

2018年5月10日，哈尔滨培训中心举办"中国梦·劳动美"职工演讲比赛。

2018年5月18日，福建省分行、建信养老金和福建金泰康乐养老服务有限公司租房养老项目签约暨“建养安心”养老保障产品发布会在福州举办。

2018年5月25日，山西省分行在运城市盐湖区北相镇北相小学举行“积分圆梦.微公益” 快乐音乐教室捐建活动。

2018年5月25日，青海省分行举办“榜样的力量”百佳及星级网点表彰授牌仪式。

2018年5月26日，常州培训中心女工委组织“走进传统文化，体验活字印刷“儿童节亲子活动。

2018年6月12日，深圳市分行举办“长租长住，减租减负”活动发布暨CCB建融家园公益驿站开业仪式。

2018年6月15日，江西省分行与江西省民政厅举行全面战略合作协议的签订仪式。

2018年6月21日，宁波市分行参加2018宁波市融资对接会。

2018年6月23日，河北省衡水故城支行利用周末到助农取款服务点为农民朋友送服务到家门口，将金融服务切实普惠到广大人民群众。

2018年6月28日，内蒙古自治区分行团委开展“助力扶贫 爱心支教”青年志愿者活动。

2018年6月29日，浙江省分行召开“榜样的力量——2018年庆祝‘七一’暨‘双先’表彰大会”。

2018年7月13日，哈尔滨培训中心举行“聚焦十九大 培训展风采”总结表彰大会。

2018年7月18日，江苏省分行与连云港人力资源和社会保障局举行江苏连云港“智慧人社”上线发布会，系建行系统社保输出第一单。

2018年7月30日，贵州省贵阳京瑞支行劳动者港湾一角。

2018年7月31日，新疆维吾尔自治区分行举办“青春梦·建行蓝”2018年新行员入职培训结业汇报会。

2018年8月2日，山东省分行与山东省食品药品监督管理局签署共同推进药品追溯体系建设合作协议。

2018年8月3日，天津市分行与天津住宅集团举行助力长租公寓发展战略合作签约暨CCB建融家园揭牌仪式。

2018年8月3日，上海市分行举办“智者择善 善建者行”建行私人银行“智善”公益慈善平台发布暨首期慈善集合信托计划成立仪式。

2018年8月8日，安徽省分行在合肥滨湖新区支行营业部举办“劳动者港湾”品牌发布会。

2018年8月9日，北京市分行与北京环境卫生工程集团有限公司举行战略合作框架协议暨“劳动者港湾”合作协议签约仪式。

2018年8月9日，新疆维吾尔自治区分行与乌鲁木齐国际机场“智慧停车”项目启动仪式在乌鲁木齐国际机场T2出港大厅成功举行。

2018年8月16日，河北省分行与中国信用保险公司河北分公司联合举办“进出口企业出口信保及普惠金融产品推介会”，会上共同签署了战略合作协议。

2018年8月16日，湖南省分行举办“第二届创客大赛现场表彰暨展示活动”。

2018年8月28日，黑龙江省分行举办“建行杯”黑龙江省第四届互联网+大学生创新创业大赛。

2018年9月5日，辽宁省分行举办支持住房租赁市场发展服务与产品推介会，并现场与万科公司、碧桂园集团签署全面合作协议。

2018年9月6日，宁夏回族自治区分行举办“建行惠懂你”智能获客APP上线发布会。

2018年9月7日，大连市分行举行“建行惠懂你”智能获客APP上线发布会。

2018年9月10日，青岛分行携手青岛银联全面启动移动支付便民示范工程主题宣传月活动。

2018年9月17日，山西省分行利用太原理工大学新生军训期间开展进校园营销工作。

2018年9月19日，湖北省恩施分行参加“2018年送金融知识进校园——暨防范打击‘非法校园贷’系列主题活动启动仪式”。

2018年9月21日，贵州省黔西南分行举行“布依八音坐唱，庆祖国母亲69华诞”创意活动。

2018年10月12日，西藏区分行举办首届个人业务劳动技能竞赛。

2018年10月17日，广东省分行携手广东省扶贫办举办“万小企扶万农户”普惠金融精准扶贫三年行动计划（2018-2020年）启动仪式。

2018年10月17日，西藏区分行在那曲开展了“结对帮扶”活动，为区分行驻村点贫困户捐款捐物。

2018年10月24日，天津市分行到蓟州区别山镇前楼村进行定点扶贫调研。

2018年10月24日，辽宁省分行举办践行“三大战略”暨青年说创新创效风采展示大会。

2018年10月31日，黑龙江省分行与建信金融资产投资有限公司、黑龙江鑫达企业集团有限公司共同举行20亿元债转股合作签约仪式。

2018年11月10日，深圳市分行举办2018年职工趣味运动会。

2018年11月13日，上海海事大学建行e银行开业。

2018年11月20日，广西区分行在定点扶贫点融水县大浪镇高培村举行融水高质量脱贫攻坚推进座谈会并向定点扶贫点捐赠62.5万元，支持建设中草药种植基地“高培药谷”。

2018年11月22日，广西区分行举办三大战略“桂”在创新——2018年先进表彰暨原型孵化现场展示活动。

2018年11月23日，厦门市分行与厦门市工商联（总商会）联合举办“支持民营企业发展暨合作签约仪式”，全面启动支持民营企业举措。

2018年11月30日，内蒙古自治区分行在乌兰察布市商都县医院举行“母亲健康快车”捐赠仪式。

2018年11月30日，重庆市分行组织“庆祝改革开放40年暨纪念人民币发行70周年”金融知识宣传活动。

2018年12月20日，四川省分行举办第二届（2018）“身边好支部好党员”宣讲会。

2018年12月21日，江苏省分行与江苏省住建厅在南京举行住房租赁战略合作协议签约暨省住房租赁监测分析系统启动仪式。

2018年12月22日，贵州省分行积极响应总行电商扶贫号召，两天时间助力毕节乌蒙山区水果萝卜30000余斤，农户好评如潮。

2018年12月26日，吉林省分行与吉林大学举行合作框架协议签约仪式。

2018年12月29日，吉林省分行和吉林艺术学院举行全面合作签约仪式暨i未来原创艺术平台入驻善融商务商城签约仪式。

西藏自治区分行

西藏自治区分行行长　查克健

一、业务发展概况

（一）主要业务指标完成情况

截至2018年底，全口径存款日均余额为1040.93亿元，比年初增加87.02亿元，增幅为9.12%；其中对公存款日均余额为849.91亿元，比年初增加78.07亿元，增幅为10.12%；个人日均存款余额为191.08亿元，比年初增加8.95亿元，增幅为4.92%。

各项贷款余额为657.19亿元，比年初新增35.96亿元，增幅为5.79%。其中对公贷款增长23.89亿元，增幅为4.08%；个人贷款增长12.06亿元，增幅为16.95%。

（二）价值创造能力稳步提升

全年实现税前利润25.57亿元，完成总行预算调整后计划。经济增加值13.65亿元，挂钩工资总量增长0.68%。实现中间业务净收入1.83亿元，同比增速为22.84%，增速排名系统第1。存款付息率为0.77%，系统排名第1；中间业务支出增速低于收入增速10个百分点；业务及管理费用较上年压缩1000万元。

（三）资产质量保持系统最优

年末不良贷款余额为4357.3万元，较年初减少1050.79万元，不良率为0.07%，较年初下降0.02%，实现不良额、不良率“双降”，资产质量继续保持系统第1。全年不良资产处置3894.5万元，其中现金回收3368.89万元，已核销资产现金回收406.93万元，均超额完成总行下达的任务。

（四）客户、账户基础不断夯实

折算后对公有效客户新增9023户，增幅为17.6%，系统内排名第5；折算后个人有效客户新增15.36万户，增幅为13.4%，系统内排名第6。对公全量账户3.43万户，较年初新增4，814户；正常结算账户2.64万户，较年初增长17.38%，其中：基本账户2.27万户，较年初增长19.71%。

私人银行客户数量新增系统排名第一，个人和对公产品覆盖度提高值列系统第一和第12。

（五）“移动优先”战略推进效果明显

手机银行客户数37.44万户，当年活跃客户数8.4万户，同比净增2.95万户，增速为54.17%。移动金融交易量占比76.55%，较年初提升10.29个百分点。户均移动支付交易额系统排名第一。

（六）渠道运营转型成效显著

离行自助银行与营业网点之比2.06，系统排名第二。自助设备全功能服务率为98.37%，较上年同期提升0.45个百分点。智慧柜员机对公业务迁移率为65.27%，系统排名第三；对私业务迁移率为92.19%，系统排名第九。龙易行台均交易量2085笔，系统排名第一；柜面远程授权业务上收率达79%，系统排名第四。

（七）对公业务基石地位进一步巩固

资产业务紧盯“十三五”重点项目，对公贷款余额四大行第一。公司类存款客户基础持续巩固，抢抓15家产业集团整合组建契机，成功营销12家在我行开立账户，承接资金80亿余元；营销国网西藏电力有限公司新增项目资金50亿余元；实现公司类存款日均新增63.58亿元，对公

2018 年 2 月 8 日，西藏区分行召开 2018 年工作会议暨党建工作会议。

资金承接率比年初提高 1.34 个百分点，系统排名第二，资金体内循环率比年初提高 1.86 个百分点，系统排名第八。

（八）零售业务发展步伐加快

个人存款时点余额较年初新增 8.55 亿元，四大行占比提升 0.07%。个人非存款金融资产日均余额较年初新增 11.19 亿元，占比较 2017 年同期提升 3.88 个百分点。房改金融业务、个人住房贷款继续保持同业第一，个人消费贷款增长迅速，余额达到 22.03 亿元，占比和增幅四大行第二。零售条线中间业务净收入全行占比 58.26%，较 2017 年同期上升 2.36 个百分点。重点产品贡献突出，其中信用卡及商户收单实现净收入 4291.34 万元，占比 23.49%，较 2017 年同期上升 4.47 个百分点。

（九）新兴业务优势显现

对公理财产品销售区内市场占比 90%，荣获总行“资产管理业务最佳市场表现奖”；个人投资理财增速系统排名第一；连续三年获得自治区地方政府债券主承销商资格。办理首笔保险中介机构注册资本金托管业务和“e 信通”业务。

（十）金融科技支撑作用显著发挥

金融科技创新能力不断提升。加强系统内优秀案例移植，成功落地微服私访、对私承接对公项目、资金归行易等新一代优秀项目。加大科技人才培养，自主开发能力显著提高，完成“招商引资”、客户信息补录报表、报表脱敏、公积金数据变更等项目自主研发上线。金融科技助推经营质效持续提升。主动挖掘客户需求，以金融科技平台为抓手扎实推进“智慧政务”“智慧营区”“智慧校园”“智慧政法”项目建设，自治区监狱狱管资金系统成功落地，成功上线党群、公益教育、善行宗教等综合服务平台、自治区本级财政非税系统、社银平台，“银医合作”、商户云、无感支付等项目稳步推进。

（十一）普惠金融业务快速发展

立足改善企业“融资难”“融资环境差”等难题，加大“惠懂你” App 推广宣传应用，以“账户云贷”“结算云贷”“抵押快贷 V2.0”等重点产品开展营销拓展，与自治区工商局、税务局签订战略合作协议，扎实推进银政、银税合作，拓展小微企业获客渠道。2018 年，全行普惠金融贷款余额为 14.93 亿元，较年初新增 6.54 亿元，增幅为 77.95%。普惠金融贷款户数 833 户，较年初新增 502 户，增幅为 151.66%。支持民营和小微企业户数 939 户，较年初新增 574 户，增幅为 157.26%。

（十二）住房租赁市场确立先发优势

积极落实“住房租赁”战略，率先与自治区住建厅签署战略合作协议，上线拉萨市住房租赁管理平台，在助力区内住房租赁市场发展的道路上迈出了坚实的一步，得到了主管部门和监管机构的大力支持和认可。

（十三）大行责任担当进一步凸显

扎实推进金融精准扶贫，服务民生薄弱环节。与堆龙区人民政府签署产业扶贫项目合作协议；

2018 年 10 月 29 日，西藏区分行与西藏大学合作办学框架协议签约仪式在西藏大学藏式会议室举行。

重点支持了芒康县绿野食品、拉萨平桥、堆龙冷链等产业扶贫；支持藏中和昌都联网工程、苏洼龙电站、叶巴滩电站等项目扶贫。2018 年，全行产业扶贫贷款余额 6.24 亿元，项目扶贫贷款余额 36.59 亿元，实现产业及项目精准扶贫 24726 人。彰显为民情怀，在全区 32 家营业网点挂牌设立“劳动者港湾”，暖心服务户外工作者群体。推动“金智惠民”工程落地，与西藏大学签订合作办学框架协议，举办首期乡镇扶贫干部培训班，树立了区内产学联动的典范。

二、主要工作举措

（一）经营管理机制持续完善

批发条线深入落实综合联动营销机制，持续优化综合金融服务方案，公私联动重点推动商户业务、社会保障一卡通等项目；建立对公客户精细化、分层级名单制营销管理机制；调整优化拉萨各城区支行对公信贷作业模式，强化条线经营管理职责。零售条线持续推进“一行一策”，推动网点精细化经营管理；制定零售条线综合评价体系，扎实推进规范化管理；举办首届个人业务劳动技能大赛，提升条线员工综合素质。

（二）资源配置更加合理高效

财务资源配置更加高效。完善全面预算管理制度，坚持实行分类预算、分类授权、分类管理模式，加强财务资源周期管理，进一步优化财务资源结构。加大对普惠金融、金融科技战略、商户拓展、信用卡等重点转型业务的财务支持。人力资源配置更加合理。持续强化各行部班子建设，严格执行干部选拔任用规定和程序，提拔任用七职等以上干部 14 人，配齐配强了各二级分行、分行部门“一把手”。

（三）风险管理能力不断增强

严格落实总行党委“全面管”“主动抓”和“五个到位”要求，持续加强风险管理制度体系建设，落实轨迹督察和二级分行全面风险管理评价制度，全面风险管理管理水平逐步提高。大力推广监控预警平台系统运用，强化风险监测预警，实现押品系统集约化管理，严把审批关，从源头防范信贷风险，审批通过率为 98.77%，夯实信贷风险管理基础。

（四）内控合规管理体系初步搭建完成

全面落实合规管理“八个步骤”，聚焦合规主业，构建了“横向到边、纵向到底”的合规管理体系，进一步完善以各级合规负责人、合规岗、专家人才库为主的组织架构体系，建立双向报告机制、多层级考核机制、多方会议协商机制，合规管理主动介入能力显著提升。合规审查机制初步建立。

（五）深入学习宣传贯彻党的十九大精神

精心组织培训宣讲，掀起学习习近平新时代中国特色社会主义思想和党的十九大精神的热潮。党委书记带头、党委成员结合基层调研、党建督查等机会，深入员工宣讲十九大精神。举办处级以上培训班 3 期，党务工作者培训班 1 期，实现党委成员宣讲全覆盖，处级以上领导培训全覆盖，全行党员学习全覆盖。

（六）纪检监察工作有效推进

持续开展“两考核一评价”，夯实“两个责任”。积极配合总行党委巡视，全面深入开展清查整改。扎实开展廉洁教育、警示教育，深入开展信贷领域腐败行为、违规担保、形式主义官僚主义和领导干部利用名贵特产等资源谋取私利等专项问题治理活动，遵规守纪意识普遍增强。完善分行巡察体制机制，深化政治巡察，2018 年巡察发现问题 50 个，监督作用显著发挥。严肃执纪问责，全年共受理违规违纪问题线索 16 件，问责处理 9 人次，其中开除 2 人。

（七）党建引领成效显著

举办“党在我心中”朗诵比赛、微视频比赛等丰富多彩的党建活动，募集爱心捐款 19 余万元，开展“党建助脱贫 结对送温暖”结对帮扶活动，《驻村队员的一天》宣传片荣获总行特等奖。基层支部广泛开展“党建 + 军队”“党建 + 社区”和“党建 + 金融”联学联建，“党员营销团队”“党建每日学”等特色活动，促进党建与业务深度融合。

执笔：雷勇

陕西省分行

陕西省分行行长　杨新丰

一、业务发展情况

（一）主要业务指标完成情况

截至2018年底，一般性核心存款时点余额为4692亿元，新增369亿元，增长率为8.5%；日均余额为4516亿元，新增304亿元，增长率为7.2%；时点余额和新增、日均余额和新增，均居当地四大行第一。贷款余额为3053亿元，新增270亿元，当地四大行第一，增长率为9.7%。中间业务净收入25.3亿元，当地四大行第一，占比39.4%。拨备前利润91.16亿元，当地四大行第一，同比增幅为3.7%；拨备后利润74.85亿元，当地四大行第一，同比增幅为13.5%。

个人有效客户新增190万户，增长率为10.9%，系统第8；个人产品覆盖度5.48，系统第8。私人银行客户人均资产1184万元，系统第2。对公账户新增3.8万户，增长率为19.6%，账户总量和新增、基本账户总量和新增，均居当地四大行第一。机构客户全量新增1298户，有效客户新增2865户，首次双双迈进系统前三。

（二）各主要业务板块经营状况

【对公业务】对公存款日均余额为1992亿元，新增85.9亿元。对公非贴贷款余额为1669亿元，新增66亿元。对公贷款累投811亿元，对公结算业务收入1.45亿元，均居当地四大行第一。资金体内承接率为49.1%，系统第9。

【零售业务】个人存款日均余额为2523亿元，时点和日均、余额和新增、监管和核心做到“八个当地四大行第一”。个人消费贷款余额、新增均居当地四大行第一，投放量突破百亿。个人中收18.6亿元，当地四大行第一，占比为37%。零售业务综合评价系统第3。

【投行资管业务】资管投行收入4.74亿元，托管业务收入1.72亿元，投行综合融资483亿元，资产托管规模1317亿元，承销企业债券188亿元，高收益资产新增61亿元，第三方引资50亿元，理财产品销售余额为592亿元，均居当地四大行第一。

【金融市场业务】承销地方政府债券183.68亿元，贵金属租借收入4510万元，均居当地四大行第一。外汇买卖收入627万元，系统第3。代客资金业务收入领先对标行的优势系统第5。

【信用卡业务】分期交易额为133亿元，当地四大行第一；计划完成率为125%，系统第3。分期通渗透率为10.68%，系统第1。信用卡贷款余额为176亿元，新增48.6亿元，系统第4、当地四大行第一；增幅为38.3%，系统第2。信用卡消费交易额为582亿元，当地四大行第一，增幅为28.8%。信用卡业务综合考评系统第一。

【网络金融业务】移动支付交易额259亿元，系统第8。聚合支付特约商户15万户，系统第2；活跃商户10万户，系统第3。手机银行活跃客户221.8万户，当地四大行第一。个人网银活跃客户77.7万户，系统第5。

【国际业务】贸易融资投放104亿元，同比翻番。跨境融资投放26.9亿元，当地四大行第一。“跨境e+”平台签约客户436户，是上年的

2018年1月17日，陕西省分行与西安公积金中心签订战略合作框架协议。

17倍。福费廷累投74亿元，当地四大行第一，占比54%。

（三）“三大战略”业务发展情况

【普惠金融业务】银保监“两增两控”口径普惠金融贷款余额、新增和增速，客户总量和新增等五项指标，均居当地四大行第一。“8+1”口径普惠金融贷款余额为106亿元，增幅为55.1%；人行定向降准口径普惠金融贷款新增34亿元，计划完成率为170.9%。

【住房租赁业务】上线住房租赁平台37个，政府监管平台、企业平台及公租房平台实现地级以上城市全覆盖。签约住房租赁企业387家、公租房管理部门10家，上线房源52.92万套，成交1.79万套。

【金融科技应用】机构五大平台累计签约562户，上线378户。创新研发金融科技项目47个，实施大数据项目30个。公益教育平台签约69户，系统第2。同业合作平台覆盖全部客户类型，落地系统内首单信托公司同业合作平台增值服务。

（四）资产质量与风险控制情况、内控合规建设情况

【资产质量与风险控制情况】不良贷款额和率分别为28.95亿元、0.95%，各较上年末下降3.91亿元、0.23个百分点。逾期贷款35.86亿元，逾期贷款率1.17%，分别较年初下降1.36亿元、0.17个百分点。拨备覆盖率为268.22%，同比提升79.87个百分点。

【内控合规建设情况】启动“合规建设深化年”活动，完善长效机制11项。深化市场乱象整治，监管处罚金额76万元，同比减少16%。压实违规整改责任，内外部审计检查问题整改完成率分别为95%、98%。

二、主要工作举措

【聚焦社会痛点难点，全面发力“三大战略”】出台普惠金融发展十条意见，挂牌普惠金融特色网点41家，锁定八大客群，高举高打；设立西安抵押快贷集中作业中心，业务平均办理时间由30天缩短至3天，上线仅5个月的时间，抵押快贷净增7.3亿元，增幅为2230%；自主开发“普惠云”，被总行升级改造为“惠懂你”，下载量4.79万次，绑定企业1.22万户；独创普惠金融风控工具，存量客户检核准确率95%以上；“惠企小诸葛”荣获总行首届“创新马拉松”普惠金融专场二等奖；曲江支行营业部“爱心饮水点”被总行升级为“劳动者港湾”，覆盖辖内所有网点，服务人次85万。突出方式创新、模式创新、手段创新，努力打造具有里程碑式影响力的住房租赁陕西模式。创新大学生专属住房租赁信贷产品“居梦贷”，累投61笔、59万元，荣获总行首届青年创新创效大赛三等奖；系统内首推无资产存房模式，成交房源1.2万套、系统第1，存房客户人均产品覆盖度是分行平均的2倍，被11家一级分行复制推广；咸阳成为全国首个实现住房租赁监管平台与市场化平台直联的地市，备案中介97家，覆盖率99%；“要换房 到建行”荣获总行首届“创新马拉松”住房租赁专场三等奖。坚持业务部门提需求、科技部门做支撑，做宽视野、做多场景、做大体系，全力淬炼金融科技利器。搭建全国首个税务系统社保费线上征收平台，覆盖3000万居民，年收费30亿元；“智慧加油”交易60.7万笔、9621万元，被13家一级分行复制推广；签约成为7个地市智慧城市建设唯一合作银行，延安政融支付平台成功上线，嵌入智慧城市服务场景37个，安康互联网政府平台正在升级改造；系统内率先将直销银行外嵌“佰付美”平台，实现“账户出海”，e账户新增37万户，系统第一。

【做大做强支柱业务，打牢持续经营压舱石】推行对公存款、代发工资“双亿”大单激励机制，突破教育卫生空白客户30多个，机构存款日均余额1023亿元，当地四大行第一。牵头组建陕西省最大单制造业银团贷款，对公贷款新增80亿元，系统第13。灵活运用PPP模式对接铁路、能源、公路等重点项目，PPP贷款余额为70亿元，实现翻番。建立住房金融服务专区19个、服务专柜391个，个人贷款余额为1341亿元，新增190亿元，个人住房贷款余额和新增、住房资金归集余额和新增、公积金贷款余额和新增等多项房金指标均居当地四大行第一。

【突出客群化经营，践行新零售优先】深耕代发、车主、老年三大客群，一群一策。开展代工专场推介会85场，累计代发1038亿元，增幅为15.33%；一次性大额代发59个、84亿元；个人有效代发账户280万户，新增85.59万户。源头拓展车主客群，龙途乐享卡新增41万张，带动个人存款新增42亿元。建立老年客户服务示范点50个，老年客户存款新增134亿元，AUM5万以上老年客户新增3.19万人。

【厚植经营土壤，焕发市场经营新活力】打响商户争夺战，推行抓承接、抓循环、抓沉淀"三抓"策略，平台化、场景化拓展商户。龙商通云服务接入专业市场124个，覆盖收单商户5957户。个人商户16万户，净增11.6万户；活动商户计划完成率为435%，系统第1。对公商户2.17万户，增长率为72%。

【聚力全面风险管理，守牢合规经营底线】细化落实"五个到位"，构筑起覆盖各层级、各条线、各环节、所有员工的全面主动风险管理体系。区分操作、管理两个层面，从6大主题、27项动作入手，开展信贷管理提升年活动。处置不良资产19.59亿元，非核销处置比率为66.34%，主动压缩退出风险蔓延客户103户、69亿元。坚持盘活化解为主，逐户精耕已核销资产，已核销现金回收1.75亿元。开展"谨记违规案例 合规在我心中"学习教育，推行"7+9"违规处置应用；严格规范客户信息采集标准，对公、对私客户信息完整率分别为90%、85%，分别较年初提升89个、26个百分点。

【压紧压实"两个责任"，从严管党治党】做优示范党员之家21个，升级改造党员之家113个，点亮活动阵地。新设党务工作部14个，增配组织员16人、专兼职党务人员13人。累计宣讲党的十九大精神513场次，举办专题培训30期，实现处级干部、党组织书记轮训全覆盖。强抓"四风"问题整改落实，细化落实中央八项规定和实施细则精神为10个方面、28个事项，查摆形式主义官僚主义新表现17个，集中整治。推行西安城区行纪检体制改革，"一托二"派驻纪检组6个，西安城区专职纪检监察人员压缩56%。全国率先实施新提拔领导干部廉政考试制度，凡提必考、以考促学。开展"以案释纪 警钟长鸣"百日宣讲，人均接受教育3.6场次。

【履行国有大行责任，助力打赢脱贫攻坚战】实施定点扶贫项目28个，惠及贫困人口5494人。金融扶贫贷款余额为97.8亿元，新增10.8%。全国首创"新社区工厂贷"，累投2459万元，实现安康10区县、70家新社区工厂全覆盖，带动886名贫困户增收，被中央电视台新闻直播间专题报道。善融商务扶贫交易额为1.97亿元，增幅为490%，系统第9。上线"秦青筹"公益众筹平台，启动"善心慧思——百分爱心助学圆梦行动"，募集善款32.6万元，结对资助贫困学生326名。系统内率先推出"一户一码"溯源体系，扶贫农产品溯源到村到户。开展"百名干部进千户"活动，300多名干部深入1000余名贫困户，结对子、察民情、解民困。裕农通服务点1674个，系统内率先实现定点扶贫村全覆盖。

执笔：徐迪

甘肃省分行

甘肃省分行行长　方华平
(2018 年 1 月任)

一、业务发展概况

【主要业务指标完成情况】截至 2018 年底，全口径存款时点余额为 1727.36 亿元，实现税前利润 9.78 亿元。各项贷款余额为 1384.71 亿元，较年初新增 61 亿元，增幅为 4.61%。其中，对公类贷款余额 864.65 亿元，新增 5.39 亿元，增幅为 0.63%；个人类贷款余额为 520.06 亿元，新增 55.61 亿元，增幅为 11.97%。公司机构加权有效客户 127350 户，较年初新增 1068 户；个人加权有效客户 7987350 户，较年初新增 716729 户。

【对公业务】对公存款日均余额为 876.46 亿元，较年初新增 –26.66 亿元。全量客户数达到 71174 户，较年初新增 8967 户，增长率为 14.41%；有效客户加权前数量为 32231 户，较年初新增 3849 户，增长率为 13.56%，有效客户折算后数量 127350 户，较年初新增 1068 户。全年 ETC 发卡新增 39617 个，完成总行下达计划的 159%，存量及新增持续保持市场第一的领先优势。对公达标商户新增 1402 户，高综合贡献度对公商户客户新增 365 户，全行对公商户客户结算账户日均存款比年初新增 17.04 亿元。

【零售业务】个人存款日均余额达到 848 亿元，时点余额达到 897 亿元，实现了个人存款日均及时点余额四大行占比双提升。个人核心存款日均新增 27.5 亿元，同业占比 176.2%。时点新增 60.3 亿元，同业占比 66.3%，实现日均和时点新增占比同业及系统“四个第一”。个人有资产客户新增 51.2 万户，完成总行计划的 140%，增速为 8.82%，系统排名第 23。个人加权有效客户新增 71.4 万户，完成总行计划的 125%；增速为 9.8%，系统排名第 28。个人客户产品覆盖度达到 5.38，系统排名第 11。个人商户本年新增 11 万户，系统排名第 6 位。达标生态圈建设 23 个，总行计划完成率为 153%，系统排名第 4。裕农通服务点新增 1083 个，总行计划完成率为 181%，系统排名第 6。中间业务收入占比四大行第二，代销基金、代理寿险、实物金和账户排名同业第二。

【电子银行业务】移动金融交易量占比达到 92.37%，较年初提升 10.75 个百分点。手机银行活跃客户总量为 116.81 万户，手机银行活跃客户占比 25.25%。龙支付个人活跃客户达到 68.43 万户，完成全年计划的 114.05%。网络特约活动商户达到 31474 户，完成总行计划的 629.48%。善融商务有效买家完成 15377 户，完成总行计划的 102.51%。善融商务交易额实现交易额 17243 万元，完成总行计划的 101.43%。个人网银活跃客户达到 8.12 万户。

【房地产业务】住房资金归集余额 443.78 亿元，新增 42.62 亿元，全年计划完成率为 129%，四大行占比 56%，市场份额继续保持第一。个人住房贷款余额 377 亿元，新增 41 亿元，余额和新增四大行占比分别为 36.44% 和 28.05%。实现中间业务收入 6554 万元，计划完成率为 101%。

【投行资管业务】实现中间业务收入 4921.99 万元。实现高收益资产配置新增 7.1 亿元，余额

2018年2月9日，甘肃省分行召开2018年工作会议。

达83.95亿元。实现新型财务顾问业务收入1703.43万元，同比增幅为146.16%，总行任务完成率为170.3%，系统排名第5。实现16亿元市场化债转股业务成功落地，成为甘肃省首单市场化债转股业务。累计实现银行间市场债务融资工具承销42.17亿元，占当地市场份额的15.87%，市场份额第一。实现建行系统内及甘肃当地市场首单私募永续债发行。

【国际业务】外汇对公存款时点余额为7653万元，较年初减少54523万元；外汇对公存款日均余额为40140万元，较年初减少48636万元。外汇贷款余额为19.98亿元，较年初增加5.73亿元。国际结算量25.79亿美元，跨境人民币结算量13.96万元。实现中间业务收入13232.17万元，其中：贵金属租赁业务收入5718.81万元，四大行占比47%，四大行排名第二；国际结算手续费收入2545.64万元，四大行占比42.98%，四大行排名第一。

【资产质量与风险控制】不良额、不良率、逾期额、逾期率较年初均下降。截至2018年末，全行不良贷款额为36.80亿元，不良率为2.66%。逾期贷款额39.69亿元，逾期率为2.87%。垫款1.99亿元，垫款率为1.45%。2018年共处置不良贷款314589万元，完成总行计划的205%。其中，公司类处置223029万元，个人类处置70388万元，不良信用卡处置21172万元。从处置方式看，回收盘活86139万元，呆账核销105045万元，公司类批量转让116794万元，信用卡证券化6611万元。

【其他业务】结算账户总量131247户，四大行占比37.49%，基本账户92426户，四大行占比37.28%，全行账户总量、净增及基本户总量、净增均四大行排名第一，并实现“六连冠”。管理“养老金受托资产”10.33亿元，新增1亿元；管理“养老金托管资产”32.16亿元，新增1.98亿元；管理“养老金个人账户数”1.08万个。兰州地区一般性存款日均余额为796.66亿元，四大行占比32.35%，四大行排名第一。其中，对公存款日均余额为448.28亿元，四大行占比28.67%，四大行排名第三；个人存款日均余额为348.38亿元，四大行占比38.76%，四大行排名第一。

二、主要工作举措

【全面落实三大战略，努力打造核心竞争力】一是大力推进住房租赁。全省全年累计发布房源39063套，政府公租房18917套，累计线上交易1971笔，注册用户81305户。已有240家中介机构入驻建融家园，28家租赁企业入驻建融公寓。全省14个州市按照“监管+”模式全面完成平台上线工作，实现与全省住建部门《住房租赁业务战略合作协议》签约全覆盖。推出“毕业季·留兰州”住房租赁“鸿鹄计划”，通过住房租赁综合服务平台为高校青年教师、在校研究生、应届毕业生提供优质租赁房源，推行免押金、按揭支付租金等优惠政策，解决高校毕业生住房难题。二是全面推进金融科技。成功与庆阳市人民政府签署“智慧政务”综合平台合作协议，成为甘肃辖内唯一一家金融机构与地方政府进行智慧政务合作的商业银行。与39家客户实现同业合作平台签约，占全省法人金融机构客户数的32.2%；商户共享上线33个专业市场，平台入驻市场商户1347户，区块链上线18户，公益教育综合服务平台、党群综合服务平台、宗教事务平台、安心养老平台客户签约量均在系统排名中位值以上。成功搭建“掌上城市”服务平台，涵盖教育、政务、社区、出行、旅游、医疗6大模块700余项服务栏目。创新上线非税电子化代收服务，实现省、市、县（区）一体化覆盖，当地代收市场份额占比达到61%。创新研发上线监狱服刑犯人跨区域医疗消费资金自动结算系统，成为全国司法系统唯一定向支付平台，助力“智慧政法”建

2018 年 4 月 17 日，甘肃省分行与甘肃省工商行政管理局签订《服务市场主体登记注册便利化战略合作协议》，并举行“政银便民通”业务启动仪式。

设。三是强力推进普惠金融。持续开展普惠金融“1533”行动、“千企万户 普惠陇原”“秋收行动”和“挖潜增效 提质上量”、走市场拓商圈等营销活动。截至 12 月末，普惠金融战略指标（“8+1”项）贷款余额为 76.56 亿元。“小微快贷”贷款余额为 17.9 亿元，较年初新增 12.2 亿元，贷款客户 6653 户，较年初新增 4023 户。“惠懂你”APP 累计绑定企业数 15204 户，系统排名第 12；累计认证企业数 14842 户，系统排名第 14。建设 52 个普惠金融特色支行示范网点，网点普惠金融业务开办率为 97.55%，排名系统前列。甄选优质核心企业为其上游小微企业提供普惠金融贷款，带动 99 户小微企业，发放普惠金融贷款 2.6 亿元。加大“普惠金融+精准扶贫”模式的运用，2018 年末全省县域布放裕农通服务点 1256 个，较年初新增 1083 个，完成总行全年计划。依托“善融商务”创新电商扶贫模式，探索推广“我有一棵树，足以来扶贫”活动，2018 年实现交易额 36 万元，果树认购 4100 棵，惠及 300 余户建档立卡贫困户。

【积极履行国有大行责任，全力支持地方经济发展和脱贫攻坚战略】

一是主动实施信贷结构调整。联动子公司建信投资为酒钢集团投放市场化债转股 16 亿元收债资金，为企业“去杠杆”，有效降低企业融资成本。截至 2018 年末，压缩退出行业信贷余额为 114.83 亿元，较年初下降 5.96 亿元，降幅为 4.93 个百分点。二是大力发展绿色信贷业务。持续加大绿色产业信贷投放力度，主要投向兰新铁路双线项目、天平铁路和兰州市城市轨道交通 1、2 号线工程等清洁交通、清洁能源、资源节约与循环利用、节能减排、生态保护和适应气候变化等五大领域。截至 2018 年末，绿色信贷业务贷款余额 331.59 亿元，较年初新增 12.53 亿元，增速为 3.93%，高于分行对公贷款平均增速 3.3 个百分点。三是积极支持小微企业及民营企业发展。依托云税贷、结算云贷、账户云贷、抵押快贷等“小微快贷”和“e 贷款”等业务，充分运用“建行惠懂你”APP 一站式信贷服务平台，有效缓解小微企业融资难题，有力拓宽小微企业融资服务渠道。深化与甘肃省国家税务局合作，积极支持诚信纳税企业发展。在全省率先开展通过互联网方式签订授权划缴税款协议，真正实现“让数据多跑路、让群众少跑腿”。四是积极支持贫困地区特色产业发展。积极打造以“电商扶贫先行、信贷扶贫创新、普惠金融延伸、捐赠项目支持、定点帮扶带动”为核心内容的“甘肃建行精准扶贫模式”，全面助力脱贫攻坚。组织开展“追溯原产地”甘肃省分行定西中药材线下采购会等活动，将电商扶贫工作落到实处。截至 2018 年 12 月末，善融商务共发展总行级扶贫商户 88 户，扶贫交易额实现 1.178 亿元。供应商品 2000 余件，客户交易订单 23847 笔，共发展扶贫有效买家 1.5 万户。累计发放涉农个人贷款 110.3 亿元，惠及 3.6 万多农户和 393 个农业龙头企业（合作社）。五是圆满完成定点帮扶阶段性任务。全面完成建档立卡、干部派驻、入户走访、摸底统计、政策宣传、两节慰问、捐助捐赠、产业帮扶、考核评价等基础性工作，实现了 64 个贫困村干部派驻全覆盖、联户帮扶责任人进村入户全覆盖、两节慰问贫困户全覆盖。截至 2018 年 12 月末，已脱贫 20 个村，剩余 44 个村；已脱贫 2451 户、9858 人，剩余 784 户、3250 人。

【有序推进渠道智慧化转型，持续提升综合金融服务能力。】一是拓展物理渠道服务网络，提高普惠金融服务覆盖面。开办普惠金融信贷业务网点达 95%，普惠金融服务能力持续提升；持续拓展金融服务范围，机构县域覆盖度已达 74%，空白机构县域减少至 18 个；打造“龙易

2018 年 6 月 20 日，第八届“敦煌行·丝绸之路国际旅游节”丝绸之路国际旅行商大会在嘉峪关市召开，甘肃省分行与甘肃省旅游发展委员会签订战略合作协议。

行”移动营销服务新渠道，大力推广“龙易行”移动智能终端应用，支持网点人员走出柜台为客户灵活提供上门金融服务，延伸普惠金融服务触角。二是“劳动者港湾”建设全面推进。对外营业网点全部设立“劳动者港湾”，对外提供临时休息、饮水、避雨、充电、上网等服务，累计服务客户逾 25 万人次。三是持续提升网点服务质量。4 个营业网点获得 2018 年银行业文明规范服务千佳单位荣誉称号，获评网点数量位居当地四大行第一。四是不断提高自助渠道综合化服务能力。自助柜员机“刷脸取款”、智慧柜员机“生物识别”新技术的推广应用，为客户提供了更加便捷、高效的金融服务。五是推进网点大堂服务智能化，营业网点电子信息展示设备接入总行智能管控平台，实现了网点 LED 屏、电子海报机、液晶电视、自助设备、智慧柜员机等电子设备信息的统一发布与管理。六是金融科技助力柜面业务风险防控。采用身份审核人脸识别应用技术、柜面集中处理系统业务远程授权，拓展了通过远程集中授权堵截柜面风险交易的新渠道，全年累计堵截风险交易 410 笔，涉及金额 42114 万元，其中堵截冒名开户 11 笔。

【增强合规意识，提升合规管理水平】一是聚焦合规管理，强化核心职能建设。2018 年全年共完成检查项目 16 个，对机构处置 539 次，对人员处置 1837 人次，印发违规通报 20 期。二是加强事前事中防控，促进合规融入业务。完成合规性审查事项 70 次，指导各条线梳理废止分行级规章制度 46 个，发布监管政策解读 9 期，编制业务合规手册 11 份；强化违规问题整改，年内内部审计发现问题数量较上年同期减少 72.3%。三是强化警示教育，提升全员合规意识。2018 年在全行开展了“遵制度 守规矩”合规警示案例巡讲活动 22 场次，参与员工 6315 人；组织合规知识“每日一考”微信答题 22 场次，累计参与 112962 人次，通过率达 88.08%；创新“现场培训 + 回顾测试”模式，年内举行 33 次现场普法活动，发放反洗钱宣传折页、传单、书籍 500 余册。四是密切监管配合，合规工作得到监管机构认可。甘肃建行在 2018 年人民银行兰州中心支行年度综合评价为 A 类，甘肃省银行业金融机构反洗钱工作考核评估中评为 A 类第一名。五是强化反洗钱管理，提升风险防范能力。实现反洗钱监测的作业集中化，可疑交易报告质量明显提升，获得甘肃省国家安全厅的通报表扬，客户基本信息完善工作全面完成总行既定目标。

【坚持全面从严治党，营造干事创业氛围】一是深入学习贯彻党的十九大精神。从严管理教育党员，成立“业余党校”，针对全行不同层级、人员类群成功举办 30 期培训班，全行 1825 人次参加培训。二是加强组织条线队伍建设。明确省分行本部、二级行、基层经营机构党务工作人员的配备数量、条件，大力选拔政治过硬、堪当重任的优秀干部，不断推进全行党建工作向职业化、纵深化、常态化发展。三是加强基层党组织建设。提出 8 项具体措施，确保基层党组织与经营管理架构同规划、同设置、同管理，使党员在基层网点达到全覆盖，基层网点单位主要负责人党员达到全覆盖。全年共建设“党员之家”245 个，建立党员责任区 138 个，党员示范窗口 308 个，党员先锋岗（示范岗）527 个。四是加强领导班子和干部队伍建设，为全行“三大战略”落地提供智力保障和人才支持。以培养“四有”员工、“四强”管理者为目标，着力构建干部培养、考核、选拔、管理、激励“五个体系”，大力营造“四个人人”的干事创业氛围，最大限度激发价值创造活力。

【聚焦主责主业强化监督，保持反腐败高压态势】一是提高政治站位，树牢“四个意识”，增强“四个自信”，做到“两个维护”，狠抓“两个责任”落实，持续强化管党治党的政治自觉。二是通过强化纪律教育使党员干部知敬畏，坚定不移唱好执纪执规“三部曲”，灵活运用监督执纪“四种形态”，使全行合规意识得到加强。三是驰而不息深化“四风”整治，紧盯“四风”新变化新动向，集中整治形式主义、官僚主义，扎实开展了落实省分行工作部署专项督查，工作作风持续转变。四是狠抓巡视整改工作，从严治行初现成效。总行巡视组反馈意见后，省分行党委提出“不仅要改事，更要改人心、改氛围、改风气”的整改目标，通过紧盯整改实效，全行规矩意识明显增强，全面从严治行形成共识。五是进一步加强纪检条线系统管理，推行二级行纪委书记“一人一表”清单化管理，细化二级行纪委书记监督工作内容，压实二级行纪委监督责任，进一步提高了工作质效。

【深化政治巡察，发挥利剑作用】一是把握巡察定位，深化政治巡察。牢牢把握政治巡察定位，持续深化政治巡察。完成辖内6个二级行、5个省分行部门的巡察工作任务，延伸巡察至91个县域及城区营业网点机构，覆盖面达到100%，占辖内巡察对象总数的30.91%。二是突出问题导向，查找政治偏差。聚焦“六个围绕、一个加强”，紧盯“关键少数”，紧盯集中采购、选人用人、信贷业务、资产管理等重点领域和关键环节，坚持原则，较真碰硬，发现并如实报告问题124个，提出巡察建议36条，移送《立行立改通知书》56份。三是强化巡察整改，重视成果运用。建立问题整改台账，实施“台账式管理”和“销号落实”制度。认真剖析问题，找准“症结”，强化整改长效。持续关注巡察成果的应用与转化，形成“巡察一个、震慑一片”的监督效应。

执笔：王敦生

青海省分行

青海省分行行长　李振宇

（2018年6月免）

青海省分行行长　梁世斌

（2018年6月任党委书记，8月任行长）

一、业务发展概况

【主要业务指标】截至2018年12月31日，青海省分行实现账面利润5.54亿元，四大行占比17.47%，居第三。全口径存款时点余额为889.62亿元，比年初减少7.35亿元。一般性存款时点余额为886.83亿元，减少8.96亿元；日均余额为887.81亿元，减少11.33亿元。其中，对公存款时点余额为461.72亿元，减少26.24亿元；日均余额为485.74亿元，减少14.09亿元。个人存款时点余额为425.11亿元，新增17.27亿元；日均余额为402.07亿元，新增2.77亿元。同业存款余额为2.3亿元，新增1.95亿元。各项存款、对公存款余额四大行占比分别为29.91%、28.15%，均居第二；个人存款余额四大行占比为32.03%，重夺第一位次。各项贷款余额为741.6亿元，新增27.04亿元，增长率为3.78%，完成计划的94.04%，余额和新增额四大行占比分别为28.72%和20.03%，居第一和第三。不良贷款余额26.82亿元，减少0.93亿元，比总行全年控制数多0.16亿元；不良贷款率为3.62%，下降0.26个百分点。实现中间业务收入4.16亿元，完成计划的107.48%，四大行占比31.38%，继续保持同业第一。

【公司业务】推广应用新一代"对公雷达"系统，加强资金体内循环和承接，对公商户新增305户，结算账户存款日均余额新增0.85亿元。烟草跨行支付结算项目归集对公存款62.8亿元，日均存款余额为5.96亿元。紧密跟进青海省"五四战略""十三五"规划、青洽会签约成果开展集中营销，重点支持了鲁能新能源多能互补、黄河上游500M光伏发电、红星美凯龙家居市场等项目，全年累计发放公司类贷款345.09亿元，网络供应链贷款2.99亿元，PPP项目贷款落地6200万元。

【机构业务】加大对社保、军警、财政、医院、学校、同业等重点客户营销力度，开立一个军级账户、五个旅级账户，实现移防青海部队及下属单位账户全覆盖。成功开立西宁市财政局社保资金定期账户，新增存款2.5亿元，社保养老资金承接率为53.95%，账户覆盖度为86.13%，市场占有率为45%。与青海省农信社、九州证券公司等5家客户签订同业合作平台框架协议，同业覆盖度为75%。办理存放同业业务49亿元，同比增幅为63.3%。

【投行业务】独家主承销盐湖股份15亿元超短期融资券，其中投资认购3.5亿元；完成469亿元地方政府债券招投标及青海国投100亿元中期票据置换工作；发行"乾元"保本理财产品4.76亿元；持续推进盐湖股份及西部矿业债转股

2018年12月4日，青海省分行与海东河湟新区管委会举行战略合作协议签字仪式。

项目落地，助力青海省供给侧结构性改革。

【零售业务】个人贷款余额为97.86亿元、四大行占比41%，新增13.95亿元、四大行占比54%，均居同业第一，个人贷款投放量创历史最高水平。信用卡净增发卡6.64万张，净增客户4.35万户，均居同业第一；贷款余额为24.47亿元，实现分期交易额16.34亿元，消费交易额为103亿元。移动金融交易占比提升15.79%，系统内排名第一。移动支付交易额为14.4亿元，增长率为95.39%。网络金融客户规模达380.31万户，个人手机银行活跃客户规模达26.02万户。私人银行客户311户，金融资产28.76亿元。

【房金业务】住房资金归集新增11.21亿元，同比多增7.55亿元，完成计划的102%。个人住房贷款全年投放22.04亿元，同比多增8248万元，四大行占比第一。二手房贷款投放6.88亿元，新增6.15亿元，四大行占比第一。二手房贷款新增占房贷新增的56%，同比提升24个百分点，住房贷款结构优化效果显著。公积金个人贷款投放20.94亿元，同比多投放7.44亿元，贷款新增四大行占比48.81%，居四大行第一。

【中间业务】明晰中收产品发展重点，做好产品分析和预测，协调部门、分支行联动合作，充分挖掘中收发展潜力。明确县域中收中长期发展目标，强化激励约束考核，加强中间业务精细化管理。制定《手续费及佣金支出管理实施细则》，提高手续费支出管控能力，促进中间业务规范发展。中收总量、增量均保持四大行第一。

【国际业务】强化境内外联动，办理2笔跨

境融资性风险参与业务，办理非融资性保函业务2100万美元。办理国内信用证项下的福费廷买入、卖出业务，金额为3.18亿元，实现金融科技区块链福费廷业务“零”突破。国际结算业务实现中收1292.63万元，同比增长229.46%，系统内排名第一。为青海省投资集团和青海省通用航空公司美元外债还本付息办理购汇7.78亿美元，代客资金交易业务保持四大行第一；人民币利率互换业务和结构性存款业务实现破零。办理400公斤黄金租借业务，贵金属租借量升至四大行第一。

【交易性业务】举办电子社保卡首发仪式，实现省直、西宁、海西、海北电子社保卡首发。全年发放社保卡21.6万张，激活率为30%、提升13个百分点，沉淀存款28.17亿元，消费交易额为41.39亿元。单位人民币银行结算账户总量达3.99万户，四大行占比30.59%，账户总量及新增账户连续三年保持四大行第一位。成功取得西部矿业投资管理人资格，新增0.65亿元投管资产规模，实现投资资产2.37亿元；取得盐湖股份6.17亿元的受托管理人资格，实现受托资产12.9亿元；企业年金账户管理数为2.31万户。

二、“三大战略”业务发展情况

【住房租赁业务】上下协同联动，全力抓好平台上线，住房租赁业务四个平台成功上线运行。抢抓重点渠道，房源拓展双向发力，储备长租房源2687套，平台发布房源174套。传导长租文化，打造住房租赁平台品牌，进驻西宁市房屋租赁市场，成立住房金融服务中心，提供住房租赁全流程租前、租中、租后O2O规范服务，打通百姓“安居”“最后一公里”，推动住房租赁市场健康发展。

【普惠金融业务】在省分行及全辖19个分支机构设立普惠金融事业部，全辖114家网点全部达到“小微快贷”业务开办要求，91%的网点开办普惠金融信贷业务，普惠金融贷款余额18.39亿元，比年初增加0.65亿元。创新实施“社保卡+裕农通”服务模式，积极拓展基层供销社、烟草公司零售商等合作伙伴，新增“裕农通”服务点128户，交易金额205万元。举行“劳动者港湾”全面启动发布会暨揭牌仪式，建成“劳动

2018年12月17日，青海省分行与青海省人力资源和社会保障厅举行战略合作协议签字仪式。

者港湾”114个，网点覆盖率100%，服务客户7万人次。

【金融科技】成立金融科技创新委员会，将数据管理中心升格为数据管理部。创新同业产品“慧利通”，开立对公基本账户2户，交易笔数6万笔。加大“新一代”大数据应用案例的移植及创新力度，科技创新案例17个，产品创新案例9个，大数据应用项目15个。系统内首家上线智慧统战民族宗教事务平台，实现统战、民族、宗教事务管理一站式服务。开放银行、党群综合服务等10个重点金融科技平台上线，累计获客27.45万户。

三、主要工作措施

【强化财务管理，资源配置引领作用有效发挥】成功上线“新一代”管理会计系统网点利润计量模块，实现对网点考核利润精准计量。加强高弹费用的管控力度，招待费、会议费、广告费同比下降4.2%、27.67%、8.55%。制定资本性支出、闲置房产管理、房地产权证、财务费用支出等12项财务管理规章制度，明确操作流程，严肃财务纪律，从制度层面堵塞漏洞。

【坚持多措并举，资产质量稳中向好】认真落实“党委管、全面管、主动管”和“五个到位”工作要求，层层签订《风险防控工作责任书》，完善风险监测预警和早期干预机制，严格执行信贷退出计划，强化贷前、贷中、贷后风险管理，做好重点风险化解处置工作。绿色信贷余

额为229.88亿元，覆盖度为38.73%。不良贷款余额为26.82亿元，减少0.93亿元；不良贷款率为3.62%，下降0.26个百分点。处置不良贷款15.9亿元，现金回收本息7.05亿元。

【强化内控管理，合规意识进一步强化】建立"两评价一考核"机制，扎实开展"五无"先进单位创建活动，加强反洗钱客户身份识别管理，完成31个内外部审计检查项目整改。持续推进"平安建行"主题创建活动，深入实施信访工作规范化、信息化、法制化建设，舆情管控积极有效。

【全面从严治党，党建工作持续加强】深化党的十九大精神学习宣传贯彻工作，党委成员宣讲十九大精神34场，对25个基层党组织进行现场督查。对照形式主义、官僚主义新表现，查找差距和不足，制定22项整改措施，在企业网公示接受全行员工监督，各级领导干部深入进行自查自纠，开展信贷领域腐败问题专项整治，召开赖小民案件对照反思专题会议，营造风清气正的良好政治生态。制订廉洁与党纪教育实施方案，将总分行员工严重违纪违规典型案例通报传达到每位员工。严格监督执纪问责，全年给予党政纪处分44人次。建立《总行党委巡视整改任务分解清单》，总体完成6个方面、15大类、30个具体问题的整改，全力配合巡视"回头看"工作，推动管党治党常态化、长效化。基层党组织建设明显加强。将党建工作成效作为基层党组织书记考核的重要内容，按12.5%的权重挂钩奖惩。出台《青海省分行非领导岗位职务聘任管理办法》，新提拔副总经理级以上领导干部23人。在省分行设置科室86个，聘任科室负责人93人，择优聘任2016、2017年度挂职干部71人，优秀年轻干部培养选拔力度持续加大。

【坚持以人为本，发展动能不断汇聚】实施营业网点公休日及节假日轮休制度，从心理、工作、生活、组织关爱四个维度制定十五项具体措施，在体检保健、休假疗养、就近上班等方面为员工办好事、办实事、解难事，员工获得感和凝聚力切实增强。着力提升员工素质，培训员工1.8万人次，聘任九职等以上专务人员109人。青海省分行党委向全体老干部发出慰问信，主要负责人登门看望慰问离退休老干部，增强了离退休人员的归属感。

执笔：王斌

宁夏回族自治区分行

宁夏回族自治区分行行长　张　敏

（2018年7月免）

宁夏回族自治区分行行长　张　庚

（2018年7月任）

一、业务发展概况

【主要业务指标】截至2018年末，全口径存款日均余额为703.3亿元，四大行占比30.3%，四大行第一。各项贷款余额为726.1亿元，四大行占比29.5%，占位第二；新增39.7亿元，四大行占比27%，占位第一。

【公司业务】截至2018年末，我行本外币对公存款时点余额为296.95亿元，四大行占比27.75%，四大行第一；日均余额为333.82亿元，四大行占比30.19%，四大行第一。

【个人金融业务】个人存款日均余额（含保本理财）为355.8亿，四大行占比30%，四大行第二；日均新增19.8亿，四大行占比29.5%，四大行第一；时点余额（含保本理财）372.9亿，占比30%，四大行第二。

【中间业务】全年实现中间业务收入5.81亿元，四大行竞争优势明显，总量持续领跑同业，领先第二名的工行1.92亿元，四大行占比达35.2%，同比提升3.1个百分点。系统内28项产品中，收入达1000万元以上的产品有11项，承诺费、对公人民币结算、银行承兑、现金管理、对公保险、贷记卡等产品优势凸显，四大行占比排名第一。

【亮点业务】截至2018年末，手机银行、个人网银用户总量居四大行首位，市场占比分别为36%、40%；手机银行、个人网银用户新增继续保持同业第一，新增占比分别为33%、34%。信用卡业务规模再创新高，截至2018年底，全行累计发卡量76.54万张，增速为21%，净增发卡13.28万张，发卡客户完成率系统排名第一；新客户活动率为84.7%，继续保持系统第一；商户活动率为83.9%，系统排名第二；活动户均消费额为6.89万元，系统排名第三；累计客户数、消费交易额、分期交易额、贷款新增、贷款余额、收单商户数、收单交易额、中间业务收入、资产质量均四大行第一。其中客户总量、商户总量、消费交易额、贷款余额、中间业务收入连续六年四大行第一。存放同业累计业务量101亿元，实现了分行自开办此项业务以来的最好成绩。实现对公财险中间业务收入895万元，完成率210%，系统内排名第二。

二、主要工作举措

【全面加强党的建设】深入学习党的十九大精神，坚定不移推动从严治党向纵深发展。高度重视党的十九大精神的学习宣传贯彻工作，制订学习宣传贯彻党的十九大精神实施方案，认真学习传达会议精神，组织党委中心组学习宣讲，分层次开展学习培训。举办了全行处级以上领导人员深化党的十九大精神研修班，由党委副书记讲授专题党课，通过现场培训+视频培训+网络直播同步的形式向全行进行了直播。创新学习形式，利用移动学习平台进行课程推送学习。加强基层党组织建设。组织开展党员之家升级建设评比活动。全面推行支部党日活动。全年共组织184次主题党日活动，共有3215人次参与。

【全力推进“三大战略”】

普惠金融业务积极稳健发展。确立跨条线、多部门的组织体系，不断完善考核与督导机制，深挖重点客户群，全力以赴完成普惠金融发展任务。截至2018年末，普惠金融领域8+1项指标贷款余额为31.62亿元；“小微快贷”客户2072户，较年初新增783户，贷款余额为5.09亿元，较年初新增1.38亿元；“云税贷”客户余额数306户，较年初新增117户，贷款余额为1.22亿元；“抵押快贷”客户余额数286户，较年初新增252户，贷款余额为1.83亿元，较年初新增1.47亿元，所辖网点支行均能开办“小微快贷”服务，业务覆盖度达到了100%。“劳动者港湾”建设快速推进，一个月内实现了全辖网点全覆盖。与宁夏大学成功签约合作，开展“金智惠民”工程。通过以上措施产生了积极的社会效应，初步打响了建行普惠金融品牌。

抢占住房租赁业务市场先机。采取切实有效的措施加大对政府和企业的深度营销和合作，将政府公租房及符合条件的社会房源进驻平台，并积极推进我行平台的使用，实现交易量的提升，最终实现住房租赁业务“质”的突破。截至2018年末，住房租赁监管服务系统、政府公共住房服务系统和企业租赁服务管理系统均实现五个地市上线全覆盖。

重点推进金融科技平台落地。充分发挥ITBP团队的作用，做好金融科技创新推广工作，充分挖掘“新一代”功能，找准案例在区域金融市场的特色应用，突出案例应用的规模化，使之快速形成生产力，创新性地支持分行业务发展。截至2018年末，推广上线7个重点平台，累计获客32341户，推广完成“新一代”案例30个，客户年日均存款余额400.2亿元。

【着力优化信贷业务结构】

严格执行信贷结构调整政策，积极支持实体经济，用好信贷资源，实现精准投放，巩固和提升市场地位。积极开展营销活动，紧盯自治区主导产业和特色产业，项目营销取得了显著成效，贷款投放实现稳步增长。同时信贷结构调整加快，基础设施领域、绿色信贷领域增长加快，成为全年贷款增长的主力军。截至2018年末，基础设施领域贷款余额为199.12亿元，比年初新增28.62亿元，占对公贷款新增120%，增速为16.79%，高于全行平均增速10.95个百分点；绿色信贷领域贷款余额为95亿元，比年初新增21.46亿元，占对公贷款新增90%，增速为29.18%，高于全行平均增速23.34个百分点。行业政策执行有力，贷款主要投向传统优势行业，电力、热力、燃气及水的生产和供应业、金融业和采矿业等行业。限制性行业贷款规模得到有效控制，贷款较年初下降1.48亿元。

【丰富网络渠道建设】

丰富网络渠道建设，发展直销银行、无感支付等业务，推动“互联网+”数字化校园、聚合支付+智慧医疗等生态场景，着力打造金融生态圈；推动“悦生活”云平台重点场景建设。截至2018年末，聚合支付商户数达6473户，实现交易量332.33万笔，交易额3.45亿元，沉淀时点存款余额为13.69亿元，日均存款余额为17.07亿元，日均存款净新增16.45亿元。“悦生活”云平台重点场景取得突破，截至2018年末，“悦生活”平台场景达497个，本年新增295个，实现交易量36.61万笔，交易额为2.47亿元。

持续推进物理渠道建设，优化自助设备布局，提升设备效能及风险防控能力，拓展智慧柜员机渠道使用效能及功能应用；积极推广“龙易行”移动营销服务渠道，实现“坐销”向“行销”的转变，增强了营业网点外拓营销、上门服务能力。截至2018年末，全行智慧柜员机562台，投放率为100%，设备活动率达99%以上，年总交易量620万笔，月均比上年新增21.2万笔，全年台日均交易量39笔，设备交易量与台日均交易量呈逐月递增态势；重点业务指标迁移率达93.08%，较上年提高9.51个百分点。

【夯实基础，强化发展支撑】

夯实客户基础，加强核心客户的深度营销和维护，为大型客户量身定做服务模式，提供资源保障，提升核心客户的满意度和忠诚度；做强机构客户根基。持续开展“五个一”工程及机构重点客户“大拜访”活动，充分发挥高层引领、基层落实、联动配合、资源共享的作用，举全行之力推动机构业务大跨越、大发展，深化与财税等机构部门的合作。

夯实服务基础，强化网点基础设施管理，认真做好国标落地实施，组织开展营业网点服务标准化自评，逐条对标，查缺补漏；开展银行业千佳示范单位创建；加快完善神秘人检查、各二级行服务检查、分行远程监控监督以及客户服务评价“四位一体”的服务质量监督体系。

夯实管理基础，深挖存量账户潜力，调优账户结构，深入开展账户提质增效工作；改进考核体系方法，加强对价值创造的考评激励；加快运用员工业绩计量系统等新一代和大数据工具与手段，提高考评与费用兑现频次，做到部分主要产品按月考评兑现，提升员工积极性。

【筑牢防线，防范金融风险】

防范信用风险，落实“风险管理进党委”“五个到位”和“主动风险管理”风险管理长效机制；开展“压不良、降逾期、提质量”活动，督导季度资产质量指标任务的落实及完成；强化“代价意识”，紧抓表内外不良资产现金回收工作，层层传导现金回收优先的政策导向，并及时研究提升回收盘活能力的具体措施。

防范合规风险，开展了党风廉政建设和内控合规“一岗双责”的专项活动，将内控合规工作渗透到全行各项工作中；明确了监管类案件信息与案件风险信息报送要求，规范了我行监管类案件信息与案件风险信息报送工作。

防范案件风险，主动适应新形势要求，把查防金融诈骗、盗窃、抢劫、“三类”案件和重大责任事故作为重要内容常抓不懈，提升处置化解各类风险的能力；积极配合自治区公安厅反欺诈中心工作，创立“账户限额冻控”机制，对涉案资金实施精准拦截；通过组织综合检查、交叉检查、突击检查、专项检查等，对各类安全隐患及时进行整改，保障全行安全发展。

【培育动力，激发发展活力】

聚焦队伍建设，以事业为重选人用人，牢固树立重视基层、注重实绩的选配导向；加强干部的经常性教育管理，及时对领导干部进行提醒、函询和诫勉谈话，防微杜渐；注重个人特点，定制化开展人才培训，按照“缺什么补什么”和“分层分类”的原则，根据人才成长经历、发展潜力和弱点不足等情况，科学制订人才培养提升计划；充分运用挂职锻炼、任职交流、参与巡察和现岗位加强培养等形式，丰富人才履职经历，提升人才综合能力。

执笔：鞠瑶

新疆维吾尔自治区分行

新疆维吾尔自治区分行行长　杨险峰

一、业务发展概况

【主要业务】截至2018年末，一般性存款日均余额为2243.14亿元，较年初新增21.45亿元。各项贷款余额为1637.24亿元，较年初新增88.48亿元。中间业务净收入（含离岸）总量、增量同业双第一，全年实现净收入15.87亿元，增速为12.65%，市场占比32.54%。全年实现拨备前利润50.1亿元，完成总行计划的100.1%；经济增加值16.01亿元，完成总行计划的100.56%。不良贷款实现“双降”，不良贷款额为12.98亿元，不良贷款率为0.79%，分别比年初下降0.31亿元和0.07个百分点。

【公司业务】截至2018年末，对公贷款余额为1142.4亿元，新增49.6亿元，对公传统信贷、资管投行及霍尔果斯创新离岸共实现投放834.62亿元。大力推动债务融资工具、债转股、资产证券化、跨境融资等业务，综合投融资规模153亿元，基础设施贷款投放105亿元。成功中标新疆社保局职业年金受托、投管和托管机构资格，在全国首家实现行政事业单位新建职业年金计划管理人资格全覆盖。对公账户总量连续4年位居同业第一，对公客户数新增1.6万户，对公产品覆盖度提升值系统内第一，对公商户新增6415户，机构业务新开户921户，是上年的1.8倍，并实现对公营业网点机构客户全覆盖。

【个人业务】截至2018年末，个人全量资金（个人存款+理财）时点新增110.8亿元，同业第一。个人类贷款余额为494.82亿元，新增38.85亿元，余额及新增均居同业第一。个人加权前有效客户新增25万户，增速为13.57%；个人产品覆盖度位居系统内第一。信用卡发卡累计突破200万张，分期交易额突破100亿元；网络金融中间业务收入首次破亿，移动支付交易额达74.12亿元；悦生活场景累计达1188个，“水、电、气、暖”等智慧生活覆盖多个地州县市；善融商务交易额达2.3亿元，善融扶贫交易额为998万元。

2018 年 2 月 1 日，新疆区分行召开 2018 年工作会议。

【普惠金融】坚持“以微为主、以微为重”，加强对民营、小微企业融资支持。截至 2018 年末，银保监会口径普惠型小微企业贷款余额 51.41 亿元，新增 17.23 亿元，贷款余额及新增同业占比分别达 37.94%、47.29%；小微企业贷款户数 16912 户，新增 7990 户；贷款、户数余额及新增四项指标同业第一。不良率下降 1.02 个百分点，资产质量位居系统前列。完成银保监会“两增两控”监管目标，网点“小微快贷”开办率达 100%；“惠懂你”APP 绑定企业 1.12 万户；打造亲民惠民懂民的“朱超工作室”品牌，朱超入选总行第二届最美建行人，“朱超工作室”荣获总行首届创新创效大赛三等奖。

【住房租赁】住房租赁战略取得三大突破。一是与自治区住建厅、兵团住建局及全疆 15 个地州市均完成合作协议的签订；在 7 个城市共上线 13 个住房租赁平台，发布房源 28163 套。二是住房租赁在线交易实现零突破；首个“建融家园”在乌鲁木齐成功挂牌。三是围绕自治区政府关切的嵌入式居住、以房管人、社会面管控的需求，探索形成系统内首家极具地方特色的“住房租赁 + 社会维稳 + 互联网金融”四级监管新模式。利用住房租赁推广契机撬动智慧政务平台建设，主动介入政府“互联网 +”政务建设领域，独家全程参与克拉玛依市智慧政务项目标准化建设。

【金融科技】金融科技赋能获客活客留客。对总行已上线的 12 个云平台均实现获客，客户数达到 6.72 万户。上线自治区保费税务代征系统、有色集团信息化平台、“民工慧”等项目。与财政厅、公安厅联手打造非税平台。劳务实名制项目实现与总行新一代系统直联对接，累计开立对公账户 2329 户，发卡 24 万张，代发工资额 29 亿元。网络供应链从 3 个平台发展到 17 个平台，累计投放超过 35 亿元。直销银行实现突破，成为同业首家将银行业务输出第三方的金融机构。智慧医疗服务 281 家医疗机构；智慧停车场无感支付用户数、交易笔数、额度均列系统内第一。

【兵团业务】积极配合兵团改革工作，全面完成 71.49 亿元的团场贷款承接转换，实现兵团本级及下辖 14 个师本级代理国库集中支付和非税收缴代理业务 100% 中标，是疆内唯一一家实现该领域全覆盖的金融机构。充分把握 2018 年兵团创新棉花收购新模式的机遇，累计投放贷款 26 亿元；配合兵团高效完成地方政府债券首次发行工作，成功承销 4.5 亿元；大力推动裕农通普惠金融服务点建设，兵团区域服务点总量已达到 102 个，当年新增 30 个。

二、主要工作举措

【金融服务实体经济更加有力】聚焦自治区固定资产投资重点项目，通过 PPP、供应链融资、投资理财、债融等组合产品，为老城区改造、机场扩建、奥体中心等多个重点项目提供金融支持，累计投放 681.89 亿元。聚焦“旅游兴疆”战略，与乌鲁木齐、昌吉、伊犁、阿勒泰、吐鲁番及兵团第十师签订战略合作协议，与 59 个景点开启合作，累计投放 41.5 亿元。金融精准扶贫有序开展，从自身实际出发，拿出了一系列行之有效的举措，加大对贫困地区信贷支持力度，支持贫困地区产业发展，全行金融精准扶贫贷款余额为 11.58 亿元，较年初新增 4.37 亿元。

【对公业务基石作用更加稳固】对公信贷不仅在支持基础设施建设等实体经济发展方面作用显著，且带动交易性业务快速增长和融资、融智能力快速提升，“一主”带动“两翼”快速发展。银团贷款同比增幅达 198.68%；财务顾问业务收入同比增长 168.98%，计划完成率达 213.70%，系统内第二，总行对我行“飞驰·融智通”业务拓展予以高度认可；债券承销量及收入均居同业第一。充分发挥离岸板块创新优势，实现霍尔果斯境外人民币板块资产业务投放 100 亿元，吸收境外人民币存款日均 124 亿元，实现中收 7124.86

2018年6月28日，新疆区分行召开庆祝中国共产党成立97周年暨先进基层党组织、优秀共产党员、优秀党务工作者表彰（视频）大会。

万元，账面利润2.3亿元。福费廷业务年内跨上新台阶，发生量突破百亿；跨境人民币实收实付结算量、国际结算业务中间业务收入以绝对领先的市场份额占据同业第一。

【零售业务价值贡献作用更加明显】个人中间业务收入占中收的69%，较年初提高11个百分点，为全行经营成果提供了有力支撑。信用卡业务14项核心指标位居同业之首，26项指标系统内前列，信用卡中间业务收入突破10亿元，中收对全行的贡献超过50%，在个人条线占比达到70%以上。ETC市场保持长达2年独家承办，存量和新增保持市场双第一，累计签约客户55万户，占市场总量的86%，带动信用卡发卡25万多张，沉淀存款近130亿元。代发工资金额增长122亿元，换发二代军保卡1万余张，手机银行、个人网银活跃用户均超额完成年度目标，增速列全国第10、第6位。

【人才培养突出战略化】实施“人才战略年”“七才工程”，提出“123”好干部标准，通过处级干部73人次、科级干部447人次的晋升和调整，极大提升领导班子、中层干部战斗力；开展赴湖南分行跟岗培训，打造基层机构负责人引领力；召开青年人才大会，激活人才队伍爆发力；创新开展新行员全景化培训，注入队伍建设生命力；推进具备6大新特点的专业技术岗位聘任，塑造员工职业生涯发展感召力。

【资源配置注重科学化】信贷资源配置充分体现战略导向，优先支持个人和普惠贷款发展，表外业务高风险加权资产占比明显下降。财务资源向三大战略和重点业务倾斜，对新零售业务专项配置激励近亿元；对普惠贷款专项配置资源近千万元；对金融科技投入费用5600万元，占延伸性支出的30%；三大战略考核权重占KPI的40%。积极向总行争取政策、腾挪资源较好地支持保障了战略拓展。

【综合管理提升精细化】优化业务流程，推进中后台事务向本部集中，远程集中授权已覆盖277项柜面交易。强化大数据应用能力，围绕商户拓展、小微客户、对公存款等方面提供5万余条精准营销数据；实施“惠商宝”客户差异化定价等21项大数据项目；提供459次大数据分析服务，为业务良性发展提供了有力的支撑和保障。

【合规管理增强实效化】认真贯彻落实总行及监管机构各项治理工作，针对内控管理薄弱环节和相关产品风险点，通过飞行检查、突击检查等发现问题；加强违规处置，处置各类违规事件13起、违规人员165人次；强化违规整改，问题整改率达96.24%；扎实开展季季有主题、一季一谈话、合规大讲堂等系列活动，合规文化氛围更加浓郁，合规意识进一步增强，全年未发生案件和重大责任事故。

【资产质量管控扎实推进】深化落实风险管理职责进党委，扎实推进“五个到位”，健全风险决策机制，对于不符合监管规定的业务即使不存在风险隐患，也坚决放弃；加强全面风险管理，前中后台三道防线职责明确地做好事前、事中、事后的全流程风险管理；主动调整信贷结构，认真贯彻“三去一降一补”政策，保持钢铁、电解铝等信贷资产零不良；信贷风险管理既“稳”又“实”，资产质量同业最优，总行给予“新疆分行是多年质量保持稳定的四家分行之一”的高度评价。

【持续加强党建引领】创新“百条党建”工作机制，打造“大党建”政治生态。深入学习党的十九大精神，实施“234”学习机制，开展全覆盖式处级干部轮训；开展十九大全覆盖督导检查，督促295个问题完成整改。建立“双12+4+1+N”的“党员固定活动日”制度，各党支部开展活动3000余次，通过党建共建联建探索客户拓展新模式。多套组合拳提升组织力，民主生活会、基层党建述职会、百名书记讲党课等开出了成效、讲出了生产力，新建“党员之家”98个，举办“迎建党97周年党内评先表彰活动”，党建宣传片荣获总行党建工作专题片一等奖。

【全面深化从严治党、从严治行】将党风廉政建设工作与业务工作同部署，坚决支持纪委严肃执纪问责，区分行党委会议对党风廉政建设工作有关议题进行研究部署12次，听取纪委专题工作汇报5次，召开纪委会议7次。严格执行总行警示教育全覆盖的要求，督促各级机构落实对辖属员工的教育、管理、监督的职责，组织观看警示教育片184场，11890人次参加；案例通报学习779场次，17833人次参加，聚焦执纪问责，全行给予党纪处分2人次、行政处分47人次。

【履行企业社会责任，彰显大行爱民情怀】用心打造“劳动者港湾”，辖内所有网点均建成“劳动者港湾”，惠及公众数量不断扩大；网点服务不断升级，旗舰型网点已有七家，打造三家普惠金融特色网点；两家网点被评为银行业文明规范服务“千佳示范单位”。用智创办建行大学，与新疆财经大学合作成立“建行大学新疆分校”，共建“新金融人才教育联盟”，面向小微企业主、个体工商户、双创人群等经营者，举办金智惠民培训班35期，参训人次合计1423人次。用情做好扶贫攻坚，扎实开展“访惠聚”“民族团结一家亲”等工作，选派140名干部员工赴37个村（社区）驻村，7名干部任深度贫困村第一书记，1000余名干部员工结亲下沉，8个贫困村、4654人实现脱贫。

执笔：杨福

深圳市分行

深圳市分行行长　王　业

一、业务发展概况

2018年全年实现拨备前利润211.1亿元，增幅为9.6%；中间业务净收入92.9亿元，增幅为14.8%，占主营业务收入比重达36.2%，比上年提升0.3%，收入结构持续优化。

【主要业务】截至2018年末，分行全口径存款日均7525亿元，其中人民币一般性存款日均5601亿元，新增19亿元；同业存款日均1430亿元，新增105亿元。人民币各项贷款余额为5873亿元，新增738亿元，其中普惠金融贷款（“8+1”口径）余额为961亿元，新增383亿元，增幅为66.3%，在人民币各项贷款新增中占比达51.9%，比上年提升11.3%。全口径存款、一般性存款及各项贷款总量等主要指标均保持市场领先地位，稳步实现高质量发展。

【对公业务】截至2018年末，分行本外币企业存款日均和余额持续保持同业第一，其中人民币企业存款日均市场份额为31.57%，余额市场份额为31.58%，比2017年提高1.64个百分点。人民币对公非贴贷款余额为2944亿元，四大行排名第一，2018年新发放人民币对公非贴贷款2154亿元，新发放贷款价格加权平均上浮30.58%，定价水平同业第一。对公中间业务账面收入（含投行不含资管）31.96亿元，四大行总量第一，四大行占比33%。对公账户规模连续六年保持第一，人民币结算账户总量突破41万户，四大行占比34.12%，四大行第一。

【零售业务】截至2018年末，分行个人客户全量金融资产日均3211亿元，新增516亿元，增幅为19.2%，系统第1；储蓄存款日均（不含保本）1586亿元，新增93亿元；个人客户经营综合竞争力系统第五，保持系统领先地位；有资产客户新增突破100万，圆满完成“百万计划”，增速城市行第1；私行客户数量和金融资产增速保持同业五行第一，私行客户全量资产占比保持系统第一；首创国内“善建益行”公益金融品牌，创新推出五级公益慈善金融产品体系；对私中间业务收入份额保持四大行第一；完成智慧银行迭代更新、135家网点“劳动者港湾”挂牌建设；分行营业部和华侨城支行获评“全国千佳文明示范单位”，获评网点数量四大行第一。

【投行资管业务】截至2018年末，分行投行资管业务收入为15.31亿元，其中资管业务收入为12.95亿元，投行业务收入为2.36亿元，仍居四大行第一。全量资产中，债券类资产占比17%，较年初提升5个百分点，资产结构更加优化；资产组合型产品中，个人及私人银行客户理财产品余额为835亿元，比年初增加124亿元，占比71.1%，公司客户理财产品余额为319.6亿元，比年初增加161.1亿元，占比27.3%，理财资金来源更为稳定。

【金融市场业务】2018年实现分行口径中收6.6亿元，计划完成率为117%，业务收入连续三年保持同业第一位次，四大行占比均在30%以上。积极提升网银结售汇普及率，全年业务量及客户数增幅分别为49%、29%，网银结售汇渠道占比提升12%。

【信用卡业务】截至2018年末，分行信用卡业务收入突破20亿大关，喜获总行颁发的“先进分行奖”等五项大奖。累计客户数、消费交易额、分期交易、贷款余额和中收等十项指标四大行第一，年轻客户新增、网点产能、账单分期金额渗透率等九项指标系统第一。截至2018年末，深圳市分行信用卡累计发卡量320万张，全年净增发卡34.6万张；累计客户数达到249万户，净增客户23万户；无感支付绑卡20.36万户；消费交易额（不含分期）839亿元，同比提升22.6%；

2018年8月17日，深圳市分行举办“同舟行 见真情”支持实体系列活动发布会暨银企合作签约仪式。

分期交易额为173.2亿元，同比增长9.7%。

【网络金融业务】截至2018年末，分行个人电子银行业务中收32.83亿元，系统排名第一；移动金融交易量占比95.93%，系统排名第三；手机银行覆盖度为61.46%，系统排名第四，累计提升18.58%；手机银行活跃客户总数为195.55万户，净增38.21万户，总行计划完成率为165%；龙e付聚合支付活跃商户390户，计划完成率为195%；企业手机银行活跃客户1.92万户，计划完成率为160.64%，系统排名第二。

【国际业务】持续推进转型创新发展，成功办理系统首笔“跨境快贷——平台贷、退税贷”，为59家小微企业发放贷款4.3亿元、余额为1.4亿元，发生额、余额系统占比分别为47.7%、76.6%。创建“区块链+贸易金融”品牌，年获客38户、业务量150亿元；推出“深圳信用证区块链联盟”填补总行区块链运用空白；深度参与央行主导的“湾区贸易金融区块链”平台建设并成为首家业务落地银行；与腾讯合作办理国内首笔区块链跨境融资业务。

【普惠金融业务】推出“百行千亿”普惠攻坚活动，截至2018年末，分行普惠金融贷款余额961亿元，系统占比14%；当年新增383亿元，在分行各项人民币贷款的新增中占比52%，系统占比17%，当年新增量接近2015—2017年三年新增总和，余额和新增额均位居系统第一、四大行第一；普惠金融客户3.8万户，客户新增1.4万户，占对公授信客户新增的99%。普惠金融贷款四大行占比79%，贷款客户四大行占比72%。

【住房租赁业务】截至2018年末上线租赁房源项目280个，共76595套，挂牌“建融家园”项目5个，新增注册用户24.2万户；2018年6月开展存房业务，探索互联网存房模式，受理存房10492套，成功签约7070套。

【金融科技应用】“E租通”“交易云贷”“平台云贷”等一批创新项目的落地。运用语音识别、文本分析、机器学习等大数据手段推动分行数字化营销、数字化风控与数字化合规三大体系建设。深化布局场景化经营，推出“无感支付”“福彩钱包”等创新产品，其中拓展上线无感支付停车场数量超1500个，市场占有率高达70%，同时首创无感加油、洗车及车检，保持市场占有率绝对领先。在C端方面绑卡客户数已超50万，同业占比高达80%以上。

【资产质量与风险控制】截至2018年末，分行不良贷款额为85.09亿元，不良率为1.378%，分别比年初减少2.01亿元和下降0.002个百分点，控制计划完成率为102.19%。不良额、不良率四大行排名第二，较年初上升2名。2018年全年共回收处置不良贷款81.46亿元，计划完成率218.61%。

【内控合规建设】深入落实合规官试点工作，深化合规建设方略，进一步建立健全分行合规体系，用科技手段解决合规问题，加大了违规发现的处置力度，全年无案件发生，无特别严重违规事项。

【特色业务】设立创业者港湾——科技创新垂直孵化平台，充分金融聚合优势，与风投机构、核心企业、高校科研院所、外部孵化机构、国际创业平台和内部孵化平台构建“平台中的平台”，创新普惠金融产品“孵化云贷”，打造5.6万平米的科技创新产业园，打造“金融+平台+科研+教育+服务”综合孵化生态，构建开放式、国际化的孵化平台。目前创业者港湾已准入34户合作机构，孵化云贷投放15笔，金额合计6749万元。

二、主要工作措施

【以高质量党建赋能高质量发展】切实履行党建主体责任，激发基层党建新活力。制定学习贯彻十九大精神实施方案，合计6大类58项详细措施，扎实推进学习宣传。首创多功能智慧党建平台“移动大学”，累计实现在线直播、微党课学习和竞赛中心等43个学习功能模块；推动阵地建设与支部特色工作方法、智慧党建相结合，打造出营业部、智慧银行、公益驿站等特色鲜明的升级建设示范点。依托“劳动者港湾”和CCB“建融家园”公益驿站，创新推动党建资源向公众开放，努力打造“联学共建+业务发展+支持实体+服务民生”党建生态圈。

成立分行党委定点扶贫领导小组，建立“支行+部门+贫困户”责任人制度。分行领导先后22人次到在上村调研，慰问贫困户80户次。建立“一个党建中心，两类示范带头，三种温暖帮扶，四项培训扶持”攻坚体系。通过扶持药材种植、果园基地、电商扶贫、消费扶贫和创新小额扶贫信贷等方式，持续探索普惠金融扶贫可持续发展模式；先后建成自来水厂、三面光引水渠、河道清理及路灯更新等民生工程；全方位支持在上小学教学，搭建远程多媒体电教室和“公益教育平台”，得到了总行和当地政府高度评价。在紫金县扶贫成效年度考核中以97分并列第二，在广东扶贫济困红棉杯中获得铜奖，并获得中国慈展会感谢状。

全面落实纪委监督责任，狠抓监督执纪问责。层层签订《全面从严治党责任书》435份，将“三严一适度”要求落到实处，以前所未有的问责力度，对违规违纪问题进行了追究惩戒。共给予党政纪处分31人次，执纪执规力度明显加强。悬利剑、常震慑，制定《分行巡察工作五年规划(2018—2022)》，以五年为一个周期，完成对全辖的巡察工作。2018年完成对3个二级分支行、部分下辖网点、6个部门的巡察工作。

【积极开展住房租赁业务创新，纾解社会痛点】截至2018年末上线房源项目280个，合计76595套；行业首创个人住房租赁贷款“按居贷”，累计发放241笔，合计1691万元。搭建开放共享住房租赁生态圈，打造“科技+普惠+租赁”全新存房生态模式，推出“建信房管家”业务，将房源拓展由B端向C端延伸，推动个人将空置房源投入市场，受理存房10492套，成功签约7070套；打造建融家园经营中心和建融家园公益驿站。

【上下齐心推进普惠金融，服务社会民生】推出“百行千亿 普惠万家”活动，同时推动建行与格莱珉银行达成战略合作，共同推进普惠金融项目发展。截至2018年末，普惠金融贷款余额961亿元，新增383亿元，相当于前三年新增总和，余额和新增额均居系统第一、四大行第一；普惠金融客户3.8万户，新增1.4万户，四大行第一。小微企业客户数量四大行占比86%，贷款余额四大行占比67%，成为深圳银行业的表率。按照总行部署，先后开展三轮小微企业领域的降价，降幅高达178个BPS，惠及2.8万小微企业客户。

提前完成全辖网点劳动者港湾建设，每天为全社会提供服务约3000人次，日均点均服务约25.23人次。提升物理渠道普惠服务交付能力，实现100%网点提供普惠金融服务，对具备加装条件的网点完成无障碍通道建设100%覆盖。

积极扶持高新技术企业，大力推动创业创新，每年投放不少于100亿的普惠金融贷款，聚焦国家战略新兴产业，打造“金融+科技+产业”综合孵化生态，构建开放式、国际化金融孵化器平台模式，解决初创型科技产业发展的痛点与难点。

积极推进建行大学华南学院及“愚公学院”建设，抢占人才高地，积极为社会赋能。与香港科技大学携手推进建行大学华南学院建设，同时探索构建“愚公学院”，积极为社会赋能，进一步贯通教育链、人才链、创新链和产业链，打造“政府+建行大学+科技产业园+普惠金融服务”产教融合的金融教育生态圈。

【不断提升金融服务实体经济能力，坚决打好高质量发展战略主动仗】与政府机构和监管单位等进行深度对接，重点支持符合深圳产业结构、主营业务突出、盈利模式清晰的实体企业和外向型企业。与多个深圳特色行业近10家企业代表签署了银企战略合作协议。贷款投放向实体企业倾斜，保持同业第一。截至2018年末，向实体企业表内非贴贷款投放合计1823亿元。2018年10月建信信托与深投控共建150亿元纾困基金。

服务“一带一路”倡议和“走出去”企业。与中信保重新签署战略合作协议，扩大业务合作，为9家“走出去”企业提供1.4亿美元融资（含中兴3000万美元），华为马拉维5700万美元出口买方信贷项目成功签约等。

【全面推进金融科技战略，为社会赋新能】推进“建行－腾讯”联合创新实验室建设，落地“智慧银行AI大脑”、语音银行、智能营销等项目。与香港中文大学（深圳）等联合共建金融科技创新实验室，通过项目孵化的机制引领银校合作新模式。抢在微信、支付宝前在无感支付交通领域打响了“建行金融科技”第一枪，覆盖智慧出行四大场景。深圳主要道闸公司均与分行完成唯一收单行签约，且首批已签约商户数超2000家。目前，上线无感支付停车场数量超1500个，市场占有率高达70%，同时首创无感加油、洗车及车检，保持市场占有率绝对领先。在C端方面绑卡客户数已超50万，同业占比高达80%以上。

深入开展国际、跨境业务创新，深度参与大湾区建设。依托总行“贸易融资区块链平台”，创建“区块链+贸易金融”品牌，年业务量150亿元；推出“深圳信用证区块链联盟”；作为核心银行深度参与央行主导的“湾区贸易金融区块链”平台建设并成为首家业务落地银行；与腾讯合作办理全国首笔区块链跨境融资业务。单一窗口方面，成功办理同业首笔线上付汇、海关税费支付、预开户等业务；开发“对公外汇业务AI审核系统”，减少人工环节、提高合规审查准确性。

依托“新一代核心系统”，创新引入生物识别、大数据、人工智能、物联网等金融科技，打造预约、识别、分流、展示、互动、交易、营销、风控、运营、管理、评价共“十一大智慧”版块52项功能于一体的新型智慧银行。

【深化零售优先战略，探索、构建现代商业银行零售业务经营模式】一是践行零售优先，推动个人全量金融资产大发展。个人全量金融资产常态化余额保持四大行第一，近两年全量资产累计增长近1000亿，增幅高达41%。截至2018年末，全量资产日均新增516亿元，增速为19.2%，系统第一；储蓄存款日均新增92亿元，余额新增105亿元，日均和余额增量均四大行第二。二是提高价值创造能力，中收四大行份额大发展。截至2018年末，对私中收四大行占比34.4%，四大行第一。三是零售客户经营综合竞争力大发展。基础客户直营初显成效，2018年全行有资产客户新增突破100万，圆满完成“百万计划”。

【持续完善全面主动风险管理体系，打好风险防控攻坚战】持续落实总行“全面管、主动抓”工作要求，建立“抢前抓早”风险化解机制，将经营性风险与偶发性事件影响进行区分，以逆周期风险调节思路，积极化解因市场周期带来的临时性负面影响。截至2018年末，有6家实体企业因临时性困难而面临再融资难题，贷款余额合计42亿元。分行迅速制定风险化解方案，一是加强与金融办、同业机构联动，协商共同进退；二是建立临时性困难客户的会商机制，一户一策制订方案进行纾解，疏通货币信贷传导机制。分行领导分片包干，牵头负责数额较大的风险事项。2018年，更是通过加快诉讼、不良资产推介公开招标、债权转让、呆账核销、以物抵债等多种手段，全年共回收处置不良贷款81.46亿元，计划完成率为218.61%。

持续对新产品、新业务、新制度和新服务开展合规性审查，针对新产品、新业务、新制度和新服务累计审查超过130项。强化内控合规制度建设，2018年以来，统筹监管检查9项，促进合规性审查、反洗钱、案件防控等长效机制建设。完善监管外规和内规的制度库建设，从源头上降低合规风险。持续传导合规文化和理念，提高员工敬畏度。

【持续做好队伍建设，强化“勤奋工作、愉悦生活”良好氛围】鼓励干部员工到基层干事创业，在职业发展、薪酬待遇等方面向基层和艰苦区域倾斜，让基层成长起来的干部“占便宜”，近年全行新提拔的领导干部70%来自基层，员工年度职务晋升中80%来自基层。强化经营管理人才队伍建设，实施网点负责人培养计划，通过线上碎片学习形式，帮助领导人员开阔视野，更新观念，树立战略性思维。持续推进213人才工程及青年干部培养计划，选派优秀干部关键岗位和网点挂职锻炼，加速青年人才成长。按照“夯实技术基础、强化金融理论、加速跨界融合”原则，培养储备一批兼具市场与技术融合度与敏锐度的金融科技人才。

加强员工关爱，强化“勤奋工作 愉悦生活”良好氛围。制定员工关爱22项举措逐项紧盯落实，完善员工互助机制，建立员工医疗应急基金，做好对生活困难人员的慰问、帮扶工作。开展个性化体检、员工补充医疗保险自选等，得到了广大员工的一致拥护。

执笔：杨皓臣

大连市分行

大连市分行行长　张喜军
（2018 年 12 月免）

大连市分行党委书记　李岩梅
（2018 年 12 月任）

一、业务发展概况

【主要业务指标】截至 2018 年末，一般性存款时点余额为 1302 亿元，四大行第二；新增 74 亿元，由上年第四跃升为四大行第一。各项贷款余额为 1117 亿元，四大行第二；新增 79 亿元，由上年第四跃升为四大行第一；其中，对公贷款新增、增速四大行第一；个人贷款余额、新增四大行第一。全年实现中间业务净收入 9. 14 亿元，四大行第一。存款付息率由 2017 年初的 2. 34% 降至 1. 65%，由四大行最高降至最低；贷款收益率为 4. 30%，由上年第二降至四大行第三。

【零售业务】截至 2018 年末，个人存款时点新增四大行第一，较上年提升三个位次；个人贷款新增 54 亿元，个贷全年累计投放 189 亿元，四大行第一。私人银行指标系统排名全线提升，私人银行综合评价系统排名第五，较上年提升 29 位。信用卡净收入、净增发卡、净增商户、分期交易额均为四大行第一，净增发卡增速系统排名第 1，较上年提升 19 位。网络银行用户新增、增速四大行第一，总量重回同业首位。

【对公业务】全年实现社会融资总额 273 亿元，创历史新高，居同业首位，荣获大连市金融贡献奖。教育、医疗卫生行业市场份额占比分别为 70% 和 80% 以上。债券承销费收入计划完成率为 367%，系统排名第 1。养老金新增客户数市场占有率为 73%。跨境人民币结算量、对公结售汇业务交易量、国际结算收入四大行第一。实现首笔“民工惠”业务贷款投放。

【普惠金融】截至 2018 年末，民营企业贷款为 193 亿元，占当期本外币对公贷款的 32. 6%；涉及有贷户新增 662 户。普惠金融贷款余额与贷款户数均位列四大行第一，小微快贷贷款户数增速为 274%，系统排名第三，“惠懂你” APP 有贷户绑定率系统排名第五，无贷户绑定率系统排名第 8。

举办“劳动者港湾”品牌发布暨服务启动会，辖内 100 余家营业网点“劳动者港湾”对外开放。与东北财经大学签订合作办学协议，联合举办第一期“金智惠民”公益讲堂。金融精准扶贫取得新成效，推动“造血式”帮扶，发放“元宝扶贫贷” 132 万元，实现当地村民增收 540

2018 年 6 月 29 日，大连市分行与大连市农委签署战略合作协议并举办“龙支付”杯大连菜篮子品牌展示宣传活动启动仪式。

万元。

【住房租赁】住房租赁企业管理平台和住房租赁服务共享平台上线，与市不动产登记中心达成系统直联合作意向，上线企业及中介 13 家、房源 1191 套；建融家园及建融公寓 APP 注册用户达 5100 户。

【金融科技】释放“金融科技”优势，赋能智慧城市建设，重点推动了六大类 27 个项目，助力企业加快数字化转型升级，营造共生共荣生态，凸显建行金融科技优势，有力提升市场竞争力和影响力。

【资产质量】强化重点领域风险排查，全年组织开展信贷业务检查项目 26 个。处置不良贷款 36.31 亿元，总行计划完成率为 141.91%；回收已核销不良资产 2.1 亿元，总行计划完成率为 145%。

二、主要工作措施

【坚持党建统领，构建坚强有力干部人才队伍】

一是深入学习宣传贯彻十九大精神。分行党委带头深入开展学习，重点抓分行党委和基层党组织两个层级，组织了全行领导干部轮训；强化“一岗双责”，实现“两共建一促进”。二是实施“队伍建设年”。锻造担当有为的高素质干部人才队伍，持续推进“512 人才培养工程”。三是全力配合总行巡视工作。认真贯彻落实中央及总行巡视要求，成立整改落实工作领导小组，制订整改落实方案，立行立改，抓源头整改，扎实做好巡视后半篇文章。四是坚持作风建设常抓不懈。制定分行党委贯彻中央及总行关于八项规定相关要求落实的实施细则；组织各机构“一把手”参观反腐倡廉警示教育基地，召开分行最大规模警示教育大会，制定“新红线本”，严格员工行为管理。

【紧跟总行战略部署，推进“三大战略”落地】

在普惠金融战略推进上，设立普惠金融事业部。健全机制，搭建平台，率先同业与市税务局合作实现银税直连；积极推进小微快贷系列产品，大力推广“惠懂你”APP，成功上线“云税贷”“抵押快贷 2.0”业务，创新研发“渔易贷”业务，打造了客户营销新模式。完成“两增两控”任务目标，四大行领先。助力民营企业和小微企业发展。出台“三十条措施”，支持民营和小微企业拓展融资渠道、降低融资成本。

在住房租赁战略推进上，建立了住房租赁专业团队，通过完善住房租赁业务工作机制，抓房源、促交易，加强住房租赁品牌覆盖，填补住房全链条中租房空缺。

在金融科技战略推进上，推动总行交流平台上线，先后启动大连市食品药品安全综合信息服务平台、大连商品交易所大宗商品要素合作平台及铁矿石国际化创新项目、英特尔全球现金管理 SWIFT 外汇买卖创新项目、中国华录集团“国资委对央企大额资金动态监测数据采集信息报送”创新系统项目、“跨境 e+”对接中国（大连）跨境电子商务综合试验区线上综合服务平台、“互

2018 年 8 月 17 日，大连市分行举行“劳动者港湾”品牌发布暨服务启动会。

联网 + 不动产抵押登记”数据信息共享平台等六大类27个项目，助力大连智慧城市建设。

【启动实施“客户中心年”，推动客户经营意识转变，全面提升分行发展质量】

一是实施“零售优先”，打造个人金融生态系统。强化“零售优先”一把手工程，搭建“分层管理、分类经营、分群精耕”客户服务体系，提升客户管理、维护、统筹、经营能力，提高客户满意度、产品覆盖度、零售业务综合评价贡献度。运用大数据平台进行客群需求特征分析，实施痛点解决和多场景覆盖，做深生态圈链，推动账户出海，提升客户资产配置能力，巩固个贷业务同业优势，大力推动“慧兜圈”、悦生活云平台业务，完善“1 + 1 + 1 + N”专业团队模式和“五步法”，强化客户关系管理，做实七大核心金融服务，全面提升私人银行经营水平。

二是筑牢对公业务领先地位，提高综合金融服务能力。全年为大中型项目建设及重点客户融资97亿元，新增30亿元。与自贸试验区大连片区管委会开展战略合作，开通“自贸通”窗口，推出“自贸区服务驿站”。机构业务开创新局面，成为大连食药智慧监管平台唯一合作银行；与大连理工大学签署战略合作协议；成功营销4810厂基本账户及15亿元存款。保本型理财产品当年发行余额总行计划完成率系统排名第1；非金融债务融资工具承销量四大行第一；对公结售汇突破60亿美元，创历史新高；成功举办国际业务三十年客户推介活动，有力提升市场影响力。

三是深化协同联动机制。强化公私协同及条线内一体化经营，实现代发工资新增63亿元，增速34.5%，系统内排名第1，较上年提升35位。母子公司联动，成功办理分行首笔代理建信财险业务；为建信租赁推荐合作项目8个；与建信养老金合作，参与恒力炼化一体化项目银团组建，提供资金支持40亿元，实现配套企业开户26户，中收1200万元。

【全面推动风险内控管理水平提升】

一是推进全面风险体系机制建设。积极落实“党委管、全面管、主动管”以及“五个到位”的风险管理理念。搭建全面风险管理框架，推行风险负责人月度例会制度，完善风险考核评价，建立风险督察机制。强化重大风险项目处置化解，开发“账户行为”模型，主动实施预警预控，实现重大潜在风险项目现金回收17.72亿元。

二是深化信贷集约化管理。加强评级管理，建立会商机制；推动放款中心业务扩容，实现押品6大关键环节集约化管理，有效提升风险缓释能力。

【夯实业务发展基础，增强高质量可持续发展能力】

一是启动实施“精耕细作年”。坚持围绕客户、效益、资源、服务和流程、过程控制，推进8个分行级实施项目落地。定价管理水平进一步提升，人民币非贴各项贷款加权利率四大行第一，经济资本管控能力持续加强，“三高”领域资本节约效果显著。

二是大力推进创新和大数据应用工作。全年完成自主产品创新25项，较上年增长79%，完成重点产品移植创新23项，较上年增长77%；开展了首届“创新孵化创客行”大型创意竞赛活动，征集各类创意437项。

三是提升渠道服务效能。完善“三级服务检查”机制，强化服务督导；成立消费者权益保护部，加强双录管理，“一行一策”做好投诉处理，分行服务水平大幅跃升，在大连市银协银行业年度服务评价中，三年三跃升，由2016年的第19位、2017年的第3位，跃升至第1位；两家支行获评“中国银行业文明规范服务千佳示范单位”，打造了行业服务标杆。

四是加强员工关爱和规范管理。发挥党政工团合力作用，召开职代会，开展系列员工活动，强化员工技能培养，增强了全行凝聚力。两名员工获评第四届“中国百佳金融理财师”，一名员工荣获第十届福布斯富国优选理财师全国14强。

执笔：雷作

宁波市分行

宁波市分行行长　江文波
(2018年7月免)

宁波市分行行长　方建平
(2018年8月任党委书记，12月任行长)

一、业务发展概况

【主要业务】截至2018年末，实现税前利润21.25亿元，同比增长103.4%，增幅四大行第二；经济增加值盈利2.31亿元，同比增加8.52亿元。主营业务收入48.63亿元，同比增幅为6.05%。贷款收益率为4.37%，连续七个季度逐季攀升；经济资本回报率为12.29%，较年初大幅提升6.4个百分点。中间业务净收入10.35亿元。

【资产质量】不良贷款余额为29.4亿元，比年初减少2.8亿元；不良贷款率为1.86%，比年初下降0.28个百分点。逾期贷款率、关注贷款率分别比上年下降0.35和0.24个百分点。新暴露不良同比减少1.2亿元，大额潜在风险客户贷款总量大幅减少25亿元。全年处置不良贷款17.9亿元，已核销现金回收2.52亿元。

【信贷结构】各项贷款余额为1584亿元，还原不良处置、地方债置换等因素，人民币贷款较上年实际新增139.4亿元。其中个人类贷款余额占比45.25%，较上年提升3个百分点。个人住房贷款余额为644.01亿元，总量、投放量保持四大行第一。优先支持行业和逐步压缩行业贷款余额呈现“一升一降”良好态势。

【客户发展】对公人民币结算账户新开1.25万户，净增8175户，其中基本户净增4805户，均保持四大行第一。个人加权有效客户新增44.4万户，超额完成总行计划。

【普惠金融】“8+1”项普惠金融贷款余额为46.44亿元，较年初新增12.92亿元，计划完成率系统排名较上年大幅提升18个位次。贷款客户数7204户，增幅超70%，客户总量和增量均列四大行第一，贷款余额和增量均位列四大行第二。成为全国首批“抵押快贷”V2.0试点分行，授信金额和贷款余额分别超8亿元、6.2亿元。“小微快贷”累计服务客户4098户，投放贷款超50亿元。在宁波市金融办、财政局、人行、银监局组织的小微企业贷款考评中荣获一等奖。

【住房租赁】基本实现政府公共住房服务系统区域业务覆盖落地，企业租赁服务管理系统、政府公共住房服务系统上挂房源数分别较年初新增5016套和12761套，投放住房租赁贷款近2

2018年3月23日，第二十九届宁波国际汽车展览会在宁波会展中心举行，宁波市分行积极组织城区行开展购车分期业务营销。

亿元。

金融科技。党群、宗教、公益教育、同业、安心养老等6大金融科技平台推广取得突破。独家承接宁波市政府“智慧后勤”项目，独家试点不动产抵押登记进银行，独家开展与市民宗局“善行宗教”财务系统合作，独家试点非税业务自助机票据打印功能。区域及系统内率先实现公积金支取“指尖化”，区域首发电子社保卡。

【国际业务】累计实现国际结算量151亿美元，其中出口一般贸易同比增幅为16%，占比较去年提升13个百分点。网银结售汇业务量24.8亿美元，系统第9。成为宁波地区首家将区块链技术应用于金融业务的银行。

【资管投行业务】总收入增量、增速均列系统第7。债券承销收入继续领跑同业，七大类核心财务顾问占财务顾问总收入80.39%，占比较上年翻番。全口径债券业务收入增速系统第5，债券承销收入总量四大行第一，份额达53%。债券承销量增长23亿元，增幅为97%。

【母子公司联动】联动建信租赁合作放款8亿元，联动建银国际合作放款13.8亿元，联动上海自贸区分行和茅台租赁开展融资租赁FT双保理10亿元，实现并购财务顾问、售后回租融资租赁保理等业务的首单突破，荣获总行飞驰创收提升卓越奖。

【信用卡业务】实现中收2.4亿元，四大行第二；ETC电子标签、商户规模与收单交易额保持四大行第一，全量收单商户、收单交易额保持四大行第一。

网络金融业务。手机银行用户规模达到226.25万户，市场占比持续领跑同业；网络特约商户活动商户数达到5097户，是上年度的67倍。

二、主要工作举措

【坚决贯彻总行要求，三大战略推进步伐稳健】住房租赁全面推进。分支行均成立了由“一把手”任组长的专业工作小组。密切跟踪地方政策，加强区域分析，重点突破批量保障房源上线。充分利用网点等物理渠道优势，做好营销、需求和信息的收集。

普惠金融加快拓展。出台“普惠十条”措施，完善经营架构，实施平台经营，强化组织推动。建立标准化营销推广模式，全年小微快贷等产品授信客户数新增2068户，客户数达到历史峰值。

金融科技赋能发展。成立金融科技创新委员会，新设金融科技部，组建信息技术业务合作伙伴服务团队参与业务营销。通过专家团队组建、基层调研、指引编纂、操作辅导、培训交流等举措加强平台营销推广。

【坚持零售优先，零售业务整体向好发展】突出零售优先地位。建立综合金融服务方案，制定公私会商机制，推动公私协同共赢。全年代发金额同比增长28.07亿元，完成总行计划为281%。累计拓展智慧菜场10个、“惠停车”停车场18个、“融医付”医院16家、一卡通项目覆盖校园24个，全市公交车实现银行卡和手机PAY支付。个人日均存款企稳回升，年末个人存款时点和日均新增提升至四大行第二。

厚植客户发展根基。深入开展“走近我的客户”活动，年末个人全量客户数、有资产客户数分别较年初新增19.4万户和22.1万户，个人有效客户数和加权有效客户数均超额完成总行计划。私人银行客户数新增78户，人均AUM新增及增速均列系统首位。践行“移动优先”，年末手机银行用户规模同业市场占比持续领先，手机银行、网上银行活跃用户占比系统排名明显提升。

加快住房金融发展。加强楼盘项目储备，提高楼盘审批的效率，全年累计营销合作楼盘129个。依托快贷产品四大行独家打通公积金客群批量获客渠道，全年新增公积金客户7000户。住房公积金归集余额213.5亿元、新增13.3亿元，均居四大行第一。房贷定价系统排名比上年大幅提升13个位次。

【加快结构调整，对公业务全力做精做强】对公贷款稳健增长。每月对接储备转化进度，每周制订贷款投放计划，每日监测贷款新增情况，加快贷款投放，年末对公贷款余额856.1亿元，较年初新增13亿元。累计发放项目贷款85.1亿元，较上年多投放26亿元。

企业存款同比正增。开展企业存款专项营销活动，加强存款督导和关键时点管理，年末人民币企业存款日均余额为878.28亿元，新增22.17亿元。其中机构一般性存款时点、日均实现双增长。定向发行大额存单4笔，定向发行额度为15亿元。全年重点结算产品吸存超200亿元，较年初提升53亿元，增速为32%，系统第3。

客户拓展保持领先。开展制造业“攀高攻坚”大走访，组织参与融资对接会、银企座谈会等，密切客户联系。制定重点营销客户差别化政策，推送工商注册新一代商机。对公加权有效客户净增4341户，计划完成率系统第4。对公高贡献度商户新增311户，计划完成率为151.46%。机构账户新开户578户，创历年新高。

【突出转型创新，精细管理持续深入推进】增强直接经营意识。将前台经营部门的职能从管理为主向管理和营销并重转变，尽力解放基层生产力。强化高层营销走访，将重点客户、重点区域营销挂钩分行行领导和部门负责人，全年累计走访客户近300人次。

优化财务资源管理。大幅压缩经营费用，员工费用及业务管理费支出均控制在总行年末控制数内。坚决贯彻中央八项规定和总行关于勤俭办银行相关要求，重点费用管控项目圆满完成总行控制目标。

推进产品创新移植。完成自主创新项目14个、总行移植创新项目34项、普通创新12项，均超过总行计划目标。“时间银行服务平台”“新常态下服务出口型小微企业新视角”二项创新方案分别入围总行“金融科技”和“普惠金融”主题预孵化。

【严格风险管控，资产质量呈现向好态势】深化全面风险管理。出台全面推进主动管理风险实施意见。每季召开资产质量对接专题会议，摸清风险底数；建立预警快速响应机制，按月通报预警事项。加强重点领域常态化监控，全年共下发风险提示书40份。完善重大风险事项管理，全年向总行报送重大信用风险报告8个、舆情监测报告4份。

提升不良处置质效。坚持司法手段先行，公司类大额项目和个人类项目诉讼率近年来始终位列系统前三甲。在项目处置方案设计上优先采用回收盘活手段，灵活运用财政部和总行核销新政，打包处置依赖度逐年降低，处置结构显著优化。已核销资产现金较去年同期增长72.13%。

强化内控合规建设。全年完成合规检查项目96个，发现问题121个，全部落实整改。积极推进客户身份信息整治工作，对私和对公客户信息完整率分别达到92%、94%。严厉整治柜面严重违规操作行为，专项整治活动覆盖148个基层营业网点和人员，实现全年全辖无监管类案件。

【全面加强党建工作，凝心聚力抓好队伍】加强党的建设。贯彻落实党的十九大精神，班子成员累计8次深入基层进行宣讲；开展了覆盖全行的主题学习培训和讲座活动。整治形式主义官僚主义新表现，通过查摆整改存在的问题、设置行长信箱等举措改进工作作风。抓实党风廉政建设工作，制发有关管党治党、从严治行工作措施、“主体责任”考核细则；开展了形式多样的警示教育活动。

强化队伍建设。选好配强各级班子，新提拔分行中层领导人员23人，晋升支行中层干部151人。完成后备库建设，147人列入分行中层正职、副职后备库和重点培养库。组织本部岗位公开竞聘，竞聘上岗15人。实施分支行青年员工岗位交流，选派22名优秀青年员工进行挂职和跟岗锻炼。优化员工内部等级体系，341名员工转制为中长期，382名经办岗位员工晋升。

执笔：张哲

厦门市分行

厦门市分行行长　黄惠玲

一、主要业务指标

截至2018年末，一般性核心存款时点余额为1511亿元，四大行占比38.3%，较上年提升0.6个百分点，同业首家突破1500亿元大关；当年新增95亿元，四大行占比50.5%；其中对公存款余额为795亿元，年新增42亿元；储蓄存款余额为716亿元，当年新增53亿元。

各项贷款余额为1439亿元，年新增97亿元，新增四大行占比37.3%，也同业首家突破1400亿元大关；其中个人贷款余额为859亿元，四大行占比36.6%，对公贷款额为580亿元，四大行占比29.7%。贷款结构更合理，民营企业信贷客户占对公授信客户93%，提升1个百分点。

全年实现拨备前利润35.6亿元，四大行占比39.5%，符合发展预期；实现中间业务收入13.9亿元，四大行占比34%，完成年度计划任务。

不良贷款余额为12.67亿元，不良贷款率为0.88%，分别较年初下降6.3亿元和0.53个百分点，按五年还原口径，不良率在建行系统内排名第2；逾期贷款率为0.54%、关注贷款率为1.44%，均位居建行系统前列；按同业同等口径，不良率仅0.42%，资产质量保持四大行最优。全年完成不良资产处置17.5亿元。

坚持移动优先，手机银行用户数达到260万户；移动金融交易量占比96.6%，手机银行活跃率为36.1%，均在建行系统内排名第1。

二、主要工作亮点及举措

【全面支持住房租赁市场发展】2018年1月，建信住房服务（厦门）有限责任公司正式成立；5月，发放全市首笔线上个人租赁贷款；7月与市住房保障管理中心签订《住房综合服务平台建设合作协议》，成为厦门市政策性公共住房服务平台唯一战略合作伙伴；9月，与驻厦某部队签署《住房租赁共建合作协议》，成为建行系统内首家与军队客户开展住房租赁合作的分行。

截至2018年底，分行已累计发放各类企业住房租赁贷款近6亿元。“建融家园”实名认证客户12万户，CCB建融公寓上线企业36家、房源2.8万套，上线房源类型丰富多样，包括养老公寓、高校教职工宿舍、优质企业员工宿舍、市场化公租房等。；累计发放各类住房租赁企业贷款5.89亿元。实现全国首家住房信息全面接入住建部住房监测分析系统，厦门市首家介入政府租赁监管平台，成为厦门市政策性公共住房服务平台唯一战略合作伙伴。

【加速发展普惠金融】不断加强乡村服务，落实普惠裕民。在网点服务力较弱的岛外偏远郊区全面推广裕农通普惠金融业务，通过设立裕农通服务点、结合网点外拓模式，为乡镇客户提供金融下乡服务。全年分行拓展服务点20个，服务辐射十余个乡镇，并开展金融知识及防诈骗培训下乡、龙支付满减优惠活动。针对建筑工人群体量身打造筑梦龙卡，此举大大解决了建筑公司需费时费力通过柜面支票大额取现用于发放工地建筑工人的劳务工资等问题。

截至2018年底，分行小微企业贷款户数5920

2018年11月16日，厦门市分行与科拓通讯技术股份有限公司签订战略合作协议。

户，当年新增1826户，增幅为44.6%；单户1000万以下小微企业贷款余额68亿元，当年新增18.8亿元，较年初增长38%，比各项贷款平均增速高出30.8个百分点；全口径小微贷款不良率为0.5%，比年初下降0.36个百分点。普惠金融业务网点覆盖率为100%，系统排名第1。

【支持民营经济发展】针对民营经济，分行提出“3、4、5”的发展目标，即民营企业不良贷款容忍度控制在3%以内，信贷余额在对公余额中的占比超过40%，信贷新增在对公信贷中占比超过50%；并推出“加减乘除”十项举措：“加”科技、平台、链接、比率、资源、激励，“减”费用、流程，“乘”智慧，“除”责任。其中，“加”科技，依托AID，即人工智能、信息技术、大数据等高科技手段精选客户，让金融科技为银行服务赋能，把真心做事业、真正干事业的民营和小微企业选出来，全力支持其做大做强。“加”平台，广泛联通外部公共信息，创新多样化担保方式信贷产品，提升企业融资的可获得性。“加”链接，发挥“大行业、大企业”客户的基石作用，借助其平台、渠道、信用、链条优势，将金融“活水”从“双大”引流向民营、小微企业，实现对产业链上下游民营及小微企业的融资服务，为其提供无地点限制、无时间限制的无缝衔接链式金融服务。

针对企业的各类融资需求，除提供“表内+表外”融资渠道外，分行利用自身渠道优势，积极为其寻找第三方资金，有效拓展其融资渠道。在资产证券化（ABS）投资方面，分行通过供应链保理ABS融资，有效解决民营企业上下游中小企业融资需求；针对本地上市公司，通过员工持股计划、股票质押、定向增发、可转债等多元化的资本市场融资产品，全方位满足民营企业融资需求。

截至2018年底，分行民营企业信贷客户占对公授信客户93%，比2017年提升1个百分点，全年累计信贷投放额超过1000亿元；通过理财、基金、信托、资管计划等方式为在厦企业提供直接融资，总融资规模超过350亿元。

【不断创新金融科技】分行实施金融科技战略，推动建行综合金融服务解决方案更加“技术流”与“智能化”。先后推出“物业e家”，搭建物业服务、业主缴费、物业管理等全流程线上办理的社区物业综合管理平台；与停车平台服务商合作“无感停车”，将无感支付与智能停车系统相结合，同时配套支付优惠活动，停车最低只要1元，让市民畅享更快更省更时尚的智能停车新体验；创新推出医疗结算“银联专线直联+特色清算”模式，为广大市民提供最便捷的医疗结算移动支付服务，推动“智慧医院”落地。

分行运用金融科技为企业搭建智能撮合平台，为资金或资源需求双方提供信息发布、需求撮合、商机推荐等综合金融服务。通过供应链融资为核心企业及其上下游供应商提供7×24小时、“一点接入，全国共享”的网络金融服务。截至2018年底，分行网络供应链累计投放量近10亿元。14个金融科技平台总获客数15.8万户，系统排名第21位。网络供应链全年上线13家，存款余额为11.9亿元，在总行分组考核中排名第1。完成撮合平台、监管易、信用中国等10个总行创新项目，通过验收数量系统排名第3。

【支持重大项目建设】在成功牵头组织厦门市有史以来最大的一个基础设施建设项目——厦门市轨道交通1号线一期工程139.23亿元银团贷款后，积极参与厦门轨道交通4号线工程，授信额度18亿元，已支用1.25亿元。

分行积极对接台联电在厦联芯集成电路项目，作为银团贷款联合牵头行，提供了一期7亿元的授信支持，后续二期预计将提供3亿元美元授信支持。为两岸金融中心、软件园三期、火炬高新区人才用房、杏林湾营运中心、紫光科技园等项目发放城镇化建设贷超过30亿元，为厦门新机场前期大小嶝造地围堰工程提供人民币7.6亿元的海洋经济建设贷款授信额度，并为新机场建设出具人民币220亿的贷款意向书。为宸鸿科技、东亚电力等涉及新兴科技、能源客户发放贷款人民币38.77亿元。

分行还通过与建行新加坡分行境内外联动，发挥境内外协同优势，为厦门大学马来西亚校区建设给予了5000万美元的授信支持，支持我国“一带一路”倡议的第一个教育行业“走出去”项目。

【扎实服务实体经济】机构业务紧跟政府机构改革，成功拓展全市12个国税基本户，为全面抢抓改革机遇奠定了良好的基础。投行资管业务转型初显成效，高收益资产余额153亿元，其中标准化资产投资占比64%；债券承销金额超百亿元，保持四大行第一。金融市场业务远期结售汇收入增长278%，系统内排名第3。同业业务规模系统排名提升5位至第13位，综合收益同比增长157%。国际业务结算收入四大行占比28%，位居四大行第一。造价咨询业务稳步发展，成功承揽轨道交通3号线、6号线保障房综合体等市政重点项目。

【巩固提升零售领先地位】私人银行客户数突破1800户，客户金融资产突破200亿元。个人住房贷款当年新增27.9亿元，位居四大行第一，占比58.5%。快贷余额为27亿元，四大行占比45.5%，位居第一。信用卡当年实现中收3.74亿元，保持中收第一产品位置。云闪付拓展12万户，稳居同业第一；龙支付活跃商户覆盖度为37.7%。

【基础管理精细落地】强化大数据与新一代创新应用，实现柜面授权、账户年检等多项业务后台集中，其中远程授权业务覆盖率为83%、人脸识别率超过90%，建行系统排名第4。

城建支行获评中银协千佳网点；启动网点周末轮休，有效释放人力资源，网点服务能力不断提升。分行累计收到各类表扬578人次，比2017年多3倍。

全辖网点全面设立“劳动者港湾”，启动“金智惠民”，开展金融知识普惠教育，覆盖面达800人次；累计开展“金融知识进万家”300场，现场服务消费者逾6万人次。连续16年走进溪林村、灌口镇开展扶贫助学，2018年累计助学结对子19位；连续17年助力厦门国际马拉松赛；积极开展善融扶贫，金额315万元。成功协办“第四届中国大学生互联网+大学生创新创业大赛”，纳入总行年度大事记。

【党建引领作用凸显】开展三期处级及以上领导干部学习贯彻党的十九大精神集中轮训，覆盖184人次；各支部开展专题学习合计152次。各级党组织与政府部门、重点客户、街道社区等开展共建活动116次，其中常态化结对子共建单位46个。创新开展“七个一”庆七一活动，提升全体党员党性修养。打造基层党建品牌61个。

围绕“三严一适度”，扎实推进监督执纪。编发“指尖党言纪语”、送警示案例培训到基层96场，实现案例巡讲全覆盖；深化“三清查”，推进信贷领域腐败行为专项整治工作；大力开展形式主义、官僚主义整治，综合运用“四种形态”强化执纪问责；完成对22个机构的巡察，持续营造风清气正的发展环境。

优化班子结构，全年调整交流88人次，交流率43%。搭建干部梯队，将内设机构负责人纳入管理岗位职务管理，择优聘任244名科室负责人。加快人才培养，组建ITBP百人团队、加强科技类专项人才培养选拔，48名员工晋升五六级专业技术岗位职务级别，畅通员工职业通道。创新培训管理，推广移动学习新模式，开展中层干部、青年员工多层次职业生涯培训，强化岗位认同，提升各类人才适岗能力。推进建行大学建设，与厦门大学签订产教融合框架协议，探索创新金融人才培养新模式。关心青年成长，组织行长午餐、满意度调研；优化136名新行员培训方案，双选59名客户经理上岗，充实网点营销队伍。员工凝聚力进一步提升，2018年员工离职率较上年下降22%。

分行获评总行2017—2018年企业文化建设先进单位和改革开放40年中国企业文化优秀单位；并荣获厦门市“最佳零售银行”“金牌财富顾问团队”“最具温度金融服务品牌”等多项荣誉称号。

执笔：陈勇鹏

青岛市分行

青岛市分行行长　郝子建

一、业务发展概况

【主要指标完成情况】截至2018年末，本外币全口径存款时点余额 为1494.33亿元，同比新增175.48亿元，增幅为13.31% ，同业四大行第一；一般性存款新增188.38亿元，同业四大行第一，新增占比35.77%。人民币各项贷款余额为1382.09亿元，新增211.14亿元，同业四大行第一。实现税前利润26.78亿元，增速为18.29%，超额完成全年计划，并创历史新高。实现经济增加值9.48亿，增速为12.67%。实现中间业务收入11.13亿元，同业四大行第一，占比达到30.60%。

【对公业务】截至2018年末，对公存款余额为795.26亿元，四大行第一，同比新增135.72亿元，四大行第一；其中公司存款余额为446.28亿元，四大行第一，同比新增30.36亿元，四大行第三；机构存款348.98亿元，四大行第三，同比新增105.36亿元，四大行第一；人民币对公贷款余额为620.03亿元，四大行第三，新增107.28亿元，四大行第一；公司加权有效客户增8988户，增速为10.26%，直属六行排名第三。

【零售业务】截至2018年末，个人存款新增余额为581.37亿元，排名四大行第三，同比新增52.66亿元，四大行第二，受到总行零售条线通报表彰；个人贷款余额为762.11亿元，四大行第二，新增103.86亿元，四大行第二。个人加权有效客户增长48.55万户，增速为8.40%，新增直属六行排名第四。累计信用卡客户数达到71.06万户，当年净增客户6.50万户，直属六行第三，同比增幅为83.60%，直属六行第二。全年实现中间业务净收入3.85亿元，同比增长25.60%，增速直属六行第二。手机银行活跃客户58.08万户，同比净新增19.45万户，计划完成率为114.43%，增速达到50.36%，系统排名第四。实现电子银行中间业务净收入6735.92万元，同比增长2648.93万元，增速达64.81%。

【投行资管业务】全年实现收入1.35亿元，计划完成率为48.27%，其中财务顾问收入5446.46万元，同比增幅171.10%，经营计划完成率为247.57%，完成率系统内第一。办理投行综合融资业务137.15亿元，其中理财融资67.30亿元，直属六行第三，同业四大行第一；债券承销69.85亿元，同比增幅为157.65%，承销量四大行第一。投行各类融资余额达355.66亿元，较同期增长106.66亿元，增幅高达42.84%。

【金融市场业务】同业资产业务日均余额113.72亿元，直属六行第三，同比新增88.86亿元，系统排名第7，直属六行第一；实现净利息收入7216.40万元，系统排名第13（提升16位），直属六行第二（提升3位），比同期新增5386.50万元，294.36%，收入增长额系统排名第6，直属六行第二，增长率系统排名第二，直属六行第一。实现中收4622万元，六行第四。

【国际业务】全年实现外汇中间业务收入2.67亿元、国际结算量245.48亿美元、对公外币贷款余额49.52亿元，均位居同业第二；实现国

2018 年 1 月 6 日，青岛市分行召开 2018 年工作会议暨旺季营销动员会，并与支行签订目标责任书。

际结算收入 1.08 亿元，居同业第一。全口径国际收支客户实现 2178 户，同比增幅 11.69%。国际结算量、对公外币贷款余额、国内信用证收入三项指标进入系统前十位。业内首推“区块链 + 物联网”物流金融产品，实现了大宗商品“货押融资”线上新模式的突破；助力岛城企业“走出去”，为 16 家市重点企业提供信贷支持 10.52 亿元；加大民营企业信贷支持力度，提供境外项目融资支持 5.61 亿美元。

【“三大战略”业务】住房租赁平台注册用户 7.39 万户，发布房源 1.81 万套（公租房 1.41 万套），完成合同备案 165 套，当期浏览量 22.65 万次，房源核验 1993 套，签约租赁企业 10 家，合作中介机构 8 家，在总行“蓝海出击　周周比拼”竞赛活动中 9 次获得奖项。新增中介机构数和当期浏览量位居乙组直属城市四大行第 1 名；当期浏览量乙组系统排名第 6 名。普惠金融贷款余额为 45.82 亿元，比年初新增 16.59 亿元，计划完成率达 134.10%，系统排名第 12，六行排名第二；普惠金融客户 7934 户，较年初新增 3053 户，“云税贷”客户较年初新增 1128 户，贷款新增 5.17 亿元。金融科技平台获客数量 8.74 万户；“新一代”业务成果实现日均存款新增 188.82 亿元，中间业务收入 2.81 亿；共完成 41 个案例推广工作，完成率为 100%。

【资产质量与风险控制】不良贷款额为 42.35 亿元，不良率为 2.96%，持续稳定“双降”，逾期贷款额 17.89 亿元，逾期贷款率为 1.25%，逾期额、率均为四大行最低，负剪刀差同业唯一。积极优化信贷结构，零售类贷款占比提升至 53.23%；结构优化促进了收益水平提升，客户总体 RAROC 值为 15.78%，高于系统内平均水平 3.46 个百分点。

二、主要工作措施

【坚持党建引领，打造红色引擎】一是抓实党建责任“关键点”。年初印发《党委一号文》和《党建工作实施方案》，建立“五个加强、五个抓实”的长效机制，明确“四个不动摇”，以 20 项工作任务贯彻落实中央和总行党委的各项决策部署。制定了《进一步加强市分行党委班子自身建设意见》，严格执行党委议事规则和程序。党委成员带头宣讲党的十九大精神，扎实做好宣传贯彻方案 61 条举措的落地。认真履行“两个责任”和“一岗双责”，坚决做到“四个同步”“四个亲自”，每季度经营形势分析会上专题通报党建工作，每季度深入基层开展党建现场检查，切实把党建工作融入经营管理各项工作。进一步深化作风建设，集中整治形式主义、官僚主义，制定下发专项工作方案，以 4 个方面 20 种表现为重点，明确 22 项工作措施，大力倡导“三办”作风，不断提高服务基层的质效。

二是扩大基层组织“覆盖面”。制定《进一步加强基层党建工作的意见》《党支部工作手册》《党员之家升级建设指引》等指导性文件 11 项，扎实提升基层组织“五个覆盖”，做到业务发展到哪里，党的基层组织就覆盖到哪里，党支部的

2018 年 11 月 27 日，青岛市分行与青岛百森通签署全面战略合作协议。

战斗堡垒作用就推进到哪里。

三是搭好融合发展“连接线”。分行把促进业务发展作为党的建设的出发点和落脚点，围绕“党建＋攻坚”“党建＋责任”“党建＋服务”“党建＋合规”“党建＋精准扶贫”，打造党员发挥作用的广阔平台，切实发挥党员先锋模范作用。

【推进三大战略 助推高质量发展】按照内部“思想有认识、推动有机制、落实有责任”和外部“媒体有声音、服务有成效、社会有反响”的原则，全方位、多层次、立体化地推进“三大战略”，确保“三大战略”在青岛市落地生根。

一是住房租赁“三创新”。研究制订了《2018年住房租赁业务战略发展实施方案》，围绕政府、租赁企业、中介机构、个人客户四大主体，切实抓好八项举措，通过“互联网＋住房租赁＋N”模式，实现银政创新，系统内首家上线住房租赁五大平台，成为青岛市政府住房租赁综合服务唯一合作银行，全面替换政府原有的公租房管理系统，完成我行住房租赁平台与公积金系统对接，成功将个人租金交付、房源纳入平台；实现银企创新，在总行的大力支持下，通过资金对接、资源对接，完成系统大数据整合，与海尔集团开创了新蓝海合作模式；实现平台创新，创新“CCB网上不动产超市”，依托手机银行“悦享生活”平台，有效打通客户在金融服务、政务服务、中介服务最后“一公里”瓶颈，创新“智慧停车管理模式”，实现对平台客户停车服务。

二是普惠金融“三拓客”。制订了《2018年普惠金融战略业务发展实施方案》，坚持高目标引领，围绕十个着力，重点抓好七项举措。依托互联网思维和大数据技术，与青岛市税务局合作搭建了山东地区首个“线上银税互动”平台，形成了“互联网＋智慧社会＋金融融资”小微企业金融服务模式。研发“禹道惠行”小微企业成长服务方案，打造“积微成著 致远未来”沙龙品牌。

三是金融科技“三融合”。制订了《关于金融科技全力助推智慧青岛建设实施方案》，将大市政、大交通等“九大领域”作为落实金融科技战略的重要抓手，荣获2018年度“金融科技创新奖”。推进城市融合，完成青岛市便捷支付平台与我行政融支付系统对接，上线市级财政非税移动支付项目，打造青岛市智能停车一体化平台；推出岛城首批全国统一电子社保卡；与学校、医院进行业务合作，提升岛城教育及医疗信息化水平。推进应用融合，与海信集团财务有限公司及多家私募基金公司签约同业合作平台框架协议，助力同业合作。为企业搭建信息共享平台，为海尔财务公司定制“财务公司内部账户入账即时通”产品，助力企业发展。推进协同融合，组建分行ITBP服务团队，全面提升客户需求的响应速度；成立分行数据管理部二级部，加大条线数据队伍建设，组建三级联动的“数据创客”团队，全方位、多层次部署精准营销任务，加强数据管理体系建设。

四是打造乡村振兴“青岛样板”。在总行的支持下，深入调研、积极探索、密切对接、快速行动，运用“三大战略”破解难题，与海尔集团通过“产品、场景、平台、品牌”四大叠加，在海尔原有“健康水站”的基础上，打造了“裕农小顺”的共享平台，探索出一套乡村“金融＋产业”的综合服务方案。2018年10月实现平台对接后，用30天时间就实现了平度、莱西1000个村庄全覆盖，为50万村民创业增收精准助力，得到了社会各界的高度评价和广泛关注。

【聚焦高质量发展，夯实业务发展基石】一是加快零售业务突破。根据总行零售优先战略部署，制订了《零售优先战略实施方案》，采取金融生态、客群经营、协同联动三项“升级”措施，共建成金融生态圈30个，悦生活场景数达383个，交易量0.14亿笔，系统内第3；分期交易额28.11亿元，同业第一，打造出便民、利民、惠民的智慧金融服务品牌。个人客户经济增加值占比76.01%，高于总行平均水平7个百分点；个人存款时点和日均规模四大行占比分别提升0.54和0.33个百分点，零售条线中间业务收入四大行占比提升4.21个百分点，由四大行末位提升至第二。

二是夯实客户基础。持续推进《客户发展规划》和“三重客户”拓展，重点存量客户贷款同业占比提升2个百分点，重点目标客户和重大贡献客户分别突破66户和32户。实现“跑马圈地”的同时，以提升产品覆盖度为抓手实现“精耕细作”，制定下发《客户发展规划重点产品覆盖度提升实施方案》，个人产品覆盖度为522.67%，较上年提升27.52%，提升值系统内第17，直属六行第二；对公产品覆盖度为545.45%，较上年提升23.93%，提升值系统内第三，直属六行第一。

三是优化信贷结构。推动“轻资产、轻资本”发展模式转变和业务结构调整，不断提升精细化管理水平和资源配置效率，零售类贷款占比提升至53.23%。以移位再贷为重点，统筹梳理，主动退出95户、41亿元潜在风险较大或综合收益较低的公司类信贷业务，公司类优先支持行业信贷新增、绿色贷款新增均达到总行和监管部门要求。

四是强化创新驱动。完成自主创新项目18个，移植创新项目27个，创近年新高；“旅游一卡通”项目被系统内分行移植5次，并荣获青岛市金融创新奖（四大行唯一）。积极组织开展总行首届“创新马拉松”活动，征集方案120个，其中，参与总行的“手机百宝箱——开放式手机银行”荣获一等奖。

【强化基础管理，确保稳健经营】坚决守牢内控合规底线。坚持问题导向，按案件易发领域、监管重点和处罚点、审计发现严重问题点、部门重点管控点四个维度，对关键风险事项进行分级管控，并有针对性地开展合规检查，加强整改措施及落实情况的跟进。着力加强员工思想教育。按季召开“从严治行”全员警示大会、开展基层合规教育巡讲；通过案例通报、以案释法、案例宣讲、演讲比赛等多种形式抓好警示教育。全年未发生监管类案件，无特别严重违规事件，无监管罚款。

【抓班子带队伍，激发员工创业激情】一是发挥班子“领头雁”作用。带头做组织生活的表率，主动参加基层行民主生活会，以普通党员身份参加支部组织生活会，把主动学习、参与组织生活当成锤炼党性、坚定信仰的“大熔炉”。带头做民主集中的表率。全年召开党委会37次、行长办公会20次，切实发挥党委班子抓大事、管全局的核心作用；在综合协同上做到分工不分家，发挥领导班子的整体效能，并通过网站将班子成员、中层干部的每日工作展现在员工视线之下。带头做推动业务发展的表率。紧跟经济发展趋势，积极开展高层营销，对事关市行发展的重大项目、重点工作，主动作为，做好领路人；深入基层开展党建、业务调研117次，建立起联系群众“直通车”，不断激发全行发展活力、释放发展潜能、厚植发展基础。

二是建立“四个一”人才选拔培养机制。树立一个鲜明的用人导向，坚持“看德才选人，凭实绩用人”；实施一套赛马机制，充分发挥“六位一体”考评在干部选用、考核、奖惩中的作用，形成“干部带动业绩提升、业绩促进干部成长”的良性循环，全年共提拔或重用领导干部41人，平级调整21人，转任非领导职务8人；建立一套人才成长机制，依托网点竞争力考核建立网点负责人职务聘任绿色通道，6人获得了职等晋升，13人缩短了职等晋升任职年限条件；抓实“213”人才培养，8名拔尖人才、24名骨干人才实现晋升；培育一支年轻化干部梯队，储备后备干部122名，新入库人员平均年龄34岁；加大后备培养使用力度，至今已提拔或重用20人。

三是着力提升员工获得感。始终把提升员工获得感作为责任和担当。成功承办总行第六届职工羽毛球赛，在系统内展示了青岛分行干部员工过硬的工作作风和良好的精神风貌；持续开展四季送关爱的十二项活动，让员工感受到建行大家庭的温暖。积极开展“因您而精彩”劳动竞赛系列活动，掀起争做“金牌团队”，争当“金牌员工”新热潮。

执笔：安瑜

苏州分行

苏州分行行长　张伟煜

一、业务发展概况

2018年，苏州分行紧跟总行党委战略导向，坚持以党建工作为引领，以价值创造为核心，以重点领域为突破口，保平安、调结构、促创新、强基础，开创新时代高质量发展，努力提升综合竞争力和价值创造力，各项工作稳中有进，实现新突破。

【资产业务】截至2018年末，大资产为4364亿元，比年初新增276亿元。各项贷款余额为3164亿元，列四大行第二，四大行占比25.62%。其中，人民币贷款日均新增243亿元，四大行占比28.45%，列四大行第一。

【负债业务】截至2018年末，一般性存款日均余额为3040亿元，列四大行第二，四大行占比24.48%，较年初提升0.16个百分点；日均新增149亿元，列四大行第二，四大行占比28.13%。

【中间业务】全年实现中间业务净收入31.1亿元，列四大行第一，四大行占比30.16%。主营业务收入为114.09亿元，同比增幅为5.79%。

【效益指标】全年累计实现拨备前利润85.59亿元，同比增幅为3.59%；税前利润68.18亿元，同比增幅为12.76%；经济增加值27.78亿元，同比增幅为17.94%。成本收入比为20.51%，列系统第二。

【资产质量】不良贷款额为20.88亿元，不良贷款率为0.66%，继续实现“双降”。

二、主要工作举措

【履践大行责任，战略引领打造新优势】住房租赁业务创新推进。住房租赁综合服务五大平台全部上线，累计上线租赁企业58家，发布房源60余万套，新增建融家园注册用户23.6万户，达成在线交易签约2285笔。新增住房租赁贷款1.95亿元。独家承建“苏州市房屋租赁信息监管与服务平台”，赢得政府高度认可。多渠道扩大品牌影响力，“建融家园”成功挂牌3家。积极探索住房租赁业务新模式，推进住房租赁子公司筹建。

普惠金融持续让利提质。深化板块经营、平台经营、链式经营、数据经营四轮驱动模式，2018年普惠金融贷款新增36.57亿元，增幅为41.56%，新增四大行占比40.65%。“向小向微”成效显著，系统内率先上线在线抵押系统，2018年末“房押快贷”余额27.3亿元，列系统第12位。构建科创金融生态圈，累计支持小微型科创企业700余户、贷款金额近8亿元。主动减费让利，严格规范服务收费管理，第四季度新发放小微企业贷款平均利率5.2%，较第一季度下降100BPs。

金融科技驱动力明显增强。积极布局住房租赁、同业金融服务、智慧城市、军警、宗教等领域，创新“互联网+不动产抵押登记”项目，成为自然资源部全国推广范式；全国首家全面上线善行宗教事务服务平台五大模块；丰富聚合支付平台应用场景，满足医院、法院、交警、旅游局等定制化需求。开发个人委综合管理平台、对公信贷经营系统、超级雷达、金融GIS等项目，强化科技为业务深度赋能。

【发力重点领域，经营业绩再上新台阶】统筹协同，资产结构持续优化。银团贷款同比增幅

2018年10月28日，苏州分行举办“践行三大战略，共创美好生活”职工环金鸡湖健步走活动。

为20%，签约数同比增幅为37%；绿色贷款同比增幅为16.45%；战略新兴产业贷款同比增幅为8%；网络供应链业务加快发展，2018年上线33家网络供应链平台。积极适应资管新规优化资产结构，2018年非标资产投放列系统内第2位。个人贷款、住房贷款余额保持四大行第一，房改金融保持当地领先地位。

明晰方向，负债增长卓有成效。明确对公存款发展十大方向、个人存款发展二十大方向，明晰业务逻辑，加强精准营销。2018年人民币对公核心存款日均新增系统排名第5；个人存款日均新增四大行占比32.51%。坚定资格必得，抢抓财政、社保、土拍等热点资金，中标取得住房维修基金资格2家，实现苏州土拍保证金区域全覆盖。把握政府机构改革机遇，在税务等领域取得积极突破。

多点突破，创收能力不断增强。基础性收入与融智性收入并重，实现单位人民币结算业务收入同比增长系统排名第6；银团、保函、承诺及保理等重点产品收入同比增幅均超过50%。实现资管投行业务收入5.34亿元，债券承销稳居市场第一。金融市场代客资金收入同比增幅40%，地方债和同业存单分销创新突破。提高零售业务收入贡献，“两金一险”重点产品创收列四大行第一；信用卡业务创收同比增幅为37.9%；网络金融业务创收同比增幅56.3%。

创新打法，重点业务实现突破。投贷联动和债转股业务富有成效，新落地股权项目14个，金额为17.14亿元；投贷联基金一期成功成立；盛虹集团10亿元市场化债转股项目成功落地。对公重点客户综合化经营有序推进，100家对公重点客户综合贡献度同比提升47.58%。信用卡业务保持良好势头，分期交易额增幅为11.8%；消费交易额四大行占比33.2%。移动金融不断创新突破，户均移动支付增长率为493.14%，列系统第一。私人银行业务取得有效进展，私行客户金融资产占比达14.94%，系统排名第7位。落地金融创新智能信息化展示中心及创新实验室建设，成为新的营销展示平台。2018年共完成自主创新88项、重点项目移植创新46项。

【筑牢风险防线，稳健经营收获新成效】资产质量稳中有升。落实“五个到位”，健全风险信息共享机制，全面风险管理体系持续完善，风险管控重点由“控不良”向“控关注”转变。提高不良资产经营质效，全年处置不良贷款19.25亿元，其中纯现金回收5.7亿元，处置表外已核销资产1.56亿元；压缩退出潜在风险资产43.89亿元，提高潜在风险客户的经营能力。内控案防扎实稳健，不断完善合规管理体系，开展合规检查，加大违规处置力度，实现总分行“五无”工作目标。强化反洗钱管理，荣获总行、苏州人行先进单位称号。

【深化改革创新，精细管理激发新动力】谋全局，组织架构持续完善。建立健全三大战略组织架构，全力推进战略实施。推进二级行机构改革及综合化经营，优化人力配置提升价值创造。调整吴江分行、盛泽支行隶属关系，整合对公和个人放款中心、押品管理科室，推动智能运营建设，上收常熟、太仓分行金库，进一步整合资源、提升管理水平。

抓人才，队伍建设深入推进。深入推进分行“8212人才工程”建设，选拔17名年轻优秀干部担任挂职助理；充实优化中层副职后备队伍，储备后备人才88人。打造普惠金融、私人银行专职客户经理队伍，加强高级专业技术人员队伍管理，开展“行业专家大讲堂”、业务训练营等，着力建设高素质人才队伍。

助改革，激励约束有效实施。以激励价值创造为目的，持续优化资源配置和绩效考核。加大综合竞争指标考核权重，鼓励有质量的竞争力提升。完善绩效考核与薪酬分配机制，提升关键价值创造岗位薪酬水平。进一步明确二级机关经营管理部门职责定位，出台行级督办事项执行力监测实施办法等，促进提高工作执行力。

提效能，精细化管理不断加强。根据总行推进精细化管理工作三年滚动计划，细化制订分行2018—2020年精细化管理推进实施方案，建立推进工作机制。坚持量价平衡，不断优化定价管理，人民币一般性存款付息率四大行第二，付息率变化幅度系统排名第4。持续强化资本效益约束，2018年末信贷业务经济资本占用比例5.18%，同比下降0.05个百分点，列系统内第15位。

促转型，网点建设稳步提升。实施“双基”工程，强化基层网点和网点负责人能力建设。提前完成网点转型发展三年规划，42个普惠金融、住房金融等特色网点完成授牌，首家智慧银行对外开业，率先建成两家校园e银行。加强金融科技运用，智慧柜员机业务迁移率达90.49%。

【筑牢思想根基，党的建设呈现新气象】高扬信念之帆，提升党建水平。深化党的十九大精神学习贯彻，凝聚全行思想共识。加强基层党组织、分行机关党建工作，强化责任落实。持续推进“一建带二建、三建促共建”工作。加强员工关爱，丰富职工文化生活，激发青年员工创新创造活力。创新升级食堂管理，提高员工用餐满意度。

绷紧纪律之弦，深化从严治党。强化考核硬约束倒逼“两个责任”落实到位。严肃执纪问责，运用监督执纪“四种形态”处理95人次。驰而不息抓作风建设，研究制定分行贯彻落实中央八项规定实施细则，深入推进形式主义、官僚主义集中整治，开展形式多样的警示教育活动达972场次。深化政治巡察，加强巡察成果运用。

坚守大行担当，致力公益事业。全力做好产业扶贫、善融扶贫等，创新“以购代捐”等模式，带动员工、客户、共建单位投身扶贫事业。致力慈善事业，推出“至善行”慈善公益品牌。积极打造“劳动者港湾”，206个网点“劳动者港湾”挂牌并对外开放，累计提供服务超12万人次。大力推进金智惠民工程，2018年累计举办各类主题培训11期。

执笔：杨雪梅

建行大学东北学院

哈尔滨培训中心主任　于宁哲
(2018年12月任建行大学东北学院
党委书记、院长、资深经理（专业技术一级))

2018年，建行大学东北学院深入贯彻落实党的十九大精神和全行工作会议精神，深化全面从严治党，紧紧围绕建设银行改革发展新部署和建行大学成立后对教育培训工作新要求，以保持适度培训规模为基础，以提高培训质量为主线，全面落实总行培训计划，积极推动东北学院改革创新发展，切实提升“三个核心能力”，增强“三个看齐意识”，打造高素质专业化员工干部队伍，为全行改革发展提供培训支持和保障。

一、培训业务工作概况

【培训工作量】全年共承办培训班464期，培训学员32538人次，完成培训工作量216585.5

人天。其中，现场培训班399期，培训学员26038人次，完成培训工作量203332.5人天；非现场培训班65期，培训学员6500人次，完成培训工作量11100人天；远程课件制作折合培训工作量2153人天。

【开发与研究】全年开发新课程34门，研发新项目6个，参与总行项目研发10个。完成科研课题研究6个，其中，中心级课题2个，部门级课题4个，完成案例教学开发4个。

【远程培训工作】全年开发完成总分行电子课件210个。在远程培训课件技术实现方式上，自主技术实现115个，外委95个。

二、主要工作举措

【重点突出质，稳定保持量，培训量质同步发展】一是重点抓好现场培训工作。克服了总行培训计划变动较大、集中轮训十九大精神培训项目导致分行培训需求难以全面满足、培训资源长时间处于满负荷运行、一号公寓改造导致资源调配压力加大等困难，通过根据培训需求变动情况适时的调整培训计划，在总行培训需求较少的时间段及时落实分行的培训计划等措施，圆满完成现场培训工作量。

二是积极推进开展多种培训方式。将非现场培训工作作为现场培训工作的有力补充，满足分行培训需求。共为北京、天津、河北等19家分行和建信人寿、中德银行2家子公司提供非现场培训。远程培训工作有序推进，远程培训方式不断丰富，微课、电子书等新兴远程培训方式应用率不断提升。其中，为总行人力资源部制作的“三大战略系列辅导”微课于2018年9月7日正式上线总行移动学习平台，得到全行员工广泛好评，总行人力资源部特意发来了感谢信。网络考试工作不断推进，为广东、内蒙古等四家分行和总行内控合规部提供在线考试服务63837人次。

【持续推进教学改革，提升服务建设银行发展、响应培训需求的能力】一是重点抓好学习贯彻党的十九大精神培训项目和普惠金融战略推进培训项目的研发和应用。紧跟建设银行新时代新任务、新使命、新战略、新导向，组织开发了学习贯彻党的十九大精神培训项目。在项目和课程开发过程中，采用中心党委顶层设计，课程研发团队集体备课的新模式，保证了课程的质量和授课的效果，得到了总分行的一致肯定。上半年，共承办十九大精神培训项目培训班42期，涉及17家分行和5家子公司，培训学员3267人次，其中处级培训班27期，培训学员1807人次。普惠金融培训项目是紧跟总行战略发展及时启动的又一个重点培训项目。该项目借鉴了十九大精神培训项目的课程研发模式，采用团队研发和团队备课，已举办了3期示范培训班，得到了总行的肯定，受到了学员的认可。

二是认真做好项目课程梳理工作。为进一步增强原有项目和课程的针对性和实效性，更好地适应建行大学教育培训新形势，对原有的培训项目和课程进行了梳理和整合，共梳理出46门新开发课程，100门优化升级课程和11门整合课程。

三是案例教学开发初见成效。完成了《党建引领与业务发展案例》《二级分支行经营管理典型案例分析》《普惠金融业务相关案例》《对公客户经理经典营销案例解析》4个案例教学开发工作，其中《党建引领与业务发展案例》和《对公客户经理经典营销案例解析》已在培训班中投入使用。成立了案例中心，对案例库中的案例进行规范和整合，在640个案例中精选出了100个案例并汇编成册，供培训师开展教学和学员学习使用。

四是培训师科研能力进一步提升。完成了2个中心级课题和4个部门级课题研究工作。课题研究工作是今年增加的一项新指标，每个课题都成立了课题研究团队，团队成员协调分工，确保课题研究的进度和质量。

五是主动对接建行大学建设工作。认真领会《建行大学（企业大学）建设总体方案》，并成立专门工作小组，按照建行大学建设方向和任务分工，主动研究开展对接建行大学的各项工作任务，形成了《建行大学东北学院特色办学建设方案》初稿，主动思考并提出了东北学院在建行大学体系中应发挥的作用，初步确立了东北学院特色办学的发展目标和建设路径，为今后各项工作开展明晰了思路和方向。

【不断提高培训管理服务水平，进一步提升学员体验，保障服务品质的能力】一是深入推进“抓管理、强服务，切实提升学员体验”主题活动。在查摆问题，提出整改措施的基础上，从持续整改落实方面下功夫，以学习贯彻党的十九大精神培训项目实施为契机，培训管理、后勤服务等部门尽职尽责，精诚合作，将“学员为本，体验为先”的服务理念落到了具体工作中。创新培训管理方式，明确服务标准，细化服务内容、优化服务流程，培训管理和服务水平有了较大提高，在学员中形成了良好的反响。

二是后勤保障服务水平不断提高。积极推进园区基础设施维修改造建设工作。一号学员公寓维修改造工程已完工，改善了学员住宿环境。园区中心景观和园区道路改造工程已开始动工，图书资料室改造工程、办公楼安装电梯工程也在积极推进中。通过开展“向服务明星标杆看齐、向标杆企业看齐”服务文化月活动和岗位竞赛练兵活动，统一后勤服务人员的思想认识，明确了服务标准，餐饮服务、公寓服务、运输服务等各方面的服务工作有了明显改观，后勤保障作用显著加强。

三是安全管理工作常抓不懈。将安全保卫职责由总务部调整至办公室，进一步强化了安全保卫工作的保障安全、监督落实的职能。严格执行学员安全管理的相关制度要求，做好学员安全提示和教育工作，提高学员安全意识。加强对学员课余时间、外出考察等重点环节地引导和管理，优化学员安全管理方式。加强园区秩序维护、开展消防安全大检查，为学员和员工创造安全的学习和工作环境。

【进一步夯实基础管理工作，提升把握时代要求，推进改革创新的能力】一是加强规章制度的梳理甄别工作。组织开展了规章制度梳理甄别工作，合理控制、压缩存量制度数量，精简篇幅，简化流程，为提高管理效率和管理水平提供制度层面的保障。

二是电子化信息化建设步伐不断加快。先后派遣10人次参与到建行大学网络平台的建设中，为建行大学网络平台的建设提供支持。完成了企业网WIFI建设，在办公楼、培训楼、综合楼和各公寓研讨室布置了企业网WIFI，为员工和学员提供了便捷的工作环境。

三是进一步提高综合管理水平。财务和采购精细化水平不断提升，财务预算执行率和采购效率不断提高。在部门考核中增加了“年度重点工作和核心能力建设”考核项，绩效考核的激励约束作用和导向作用进一步提升。

【多措并举加强员工队伍建设，促进员工全面发展】一是努力打造高素质专业化员工队伍。着重加强对干部担当意识的培养，对勇于担当的领导干部给予合理的容错机制，进一步理顺部门间的沟通协调机制。注重员工“工匠精神”的培养，员工履岗能力进一步提升。

二是加强员工培训实习调研工作。加强对部门员工培训工作指导和监督，合理安排培训费用，培训效果进一步提高。进一步拓宽培训师实习调研的渠道，培训师专业能力进一步提升。派遣新入职员工到黑龙江省分行交流锻炼一年，增强新员工对建行业务的理解和认知。

【切实抓好党建工作，提升党建工作对业务工作的统领作用】一是认真抓好党建工作。坚持党建工作和业务发展同谋划同部署，以党的十九大精神和习近平新时代中国特色社会主义思想为重点，通过开展中心组理论学习、党支部集中学习等方式在各层级开展理论学习工作，切实提升党员党性修养。加强基层党组织建设，开展了党支部书记抓基层党建工作述职评议考核，并在年度绩效考核指标中加入“基层党建工作”考核项目，进一步将党建工作落到实处。狠抓党风廉政建设，进一步严明党的纪律，加强对党员领导干部教育和监督，组织开展了合规从业教育和廉洁教育。合理运用监督执纪的“四种形态”，认真开展三清查工作，促进全面从严治党向纵深发展。

二是深入推进企业文化建设。组织开展“不忘初心，牢记使命”和“学习崇高精神，坚定理想信念”主题党日观影活动，坚定员工的理想信念。加强工会、团委工作，加大员工关心关爱力度，做好服务老干部和离退休人员工作，为东北学院创造和谐向上的良好氛围。

执笔：和素军

建行大学华东学院

常州培训中心主任　屈建伟
（2018 年 12 月任建行大学
华东学院党委书记、院长）

一、培训工作概况

2018 年，华东学院完成全口径培训总量 22.74 万人天。全年共举办各类现场培训班 470 期，培训师教学平均满意度达 98.61%。培训组织管理平均满意度达 99.72%。

【现场培训精耕细作】一是严把课程验收关。规范课程开发流程，严格课程验收标准，全年通过申请立项并验收新课程 16 门。二是打造项目品牌化。学院承办了模拟银行决策专题培训项目、基层机构负责人培训项目、“213”骨干项目等一批总行级常规培训项目，形成了良好的口碑和成熟的品牌效应。2018 年，模拟银行决策项目组在多年积累的基础上，完成了《商业银行管理者模拟决策》图书编写和出版工作。三是加大自主项目研发。对私客户经理轮训项目突出重点，兼顾个性化学习需求，全年共完成 38 期班轮训任务；信贷风险专题培训项目敏锐捕捉行内业务风口，顺利推出并实施培训 7 期；团干体验式训练营、心理资本提升项目、青年成长加油站等项目收获总分行高度赞誉。四是聚焦培训需求分析能力提升，完成了《学员培训需求调研工作指引》编写工作。

【网络培训创新有为】全年开发完成各类网络课件 479 个，完成网络培训 10.4 万人，建行大学网络平台课件转换 1000 余个，多媒体课件素材库建设工作初见成效。一是优化升级自主项目。新一代模拟训练系统 3.0 版开发新增业务模块 54 个；公司客户经理进阶式培训项目新开发完成 28 门图文动画类网络培训课程；对私客户经理微课项目开发完成 34 门微课程。二是运用互联网思维创新发展思路，积极尝试微课开发“众创化”，根据学员提供的案例素材开发了 34 门微课；赴分行开展微课“辅导开发”，对外输出网络课件开发技术和素材，指导学员自主开发微课 61 个。三是积极承担好全行网络学习系统运维工作。全年完成网络课程注册 409.54 万人次，移动学习注册 449.97 万人次，现场班课程注册 126.51 万人次。

【考试测评厚积薄发】全年完成考试项目 138 个，累计考试 23.19 万人次；测评项目 39 个，累计测评 5217 人次。一是测评业务厚积薄发取得新突破，在线测评产品数量由 6 个增至 18 个，并在总行指导下制定了《建设银行人才测评工具及产品目录》，该产品目录已正式下发全行。二是考试命题技术进一步精进，高效完成全行岗位考试 14 个科目的题库维护工作，认真完成总分行委托的各类选拔招聘笔试、面试命题工作。三是发挥专业优势，全程深度参与总行客户经理竞争力评价体系建设项目、全行岗位资格考试大数据分析项目。四是积极拓展测评业务应用范围，将人才测评技术应用于培训发展、外部招聘、人才盘点等多个领域，进一步增强人才测评业务生命力。

【党校办学稳中有进】全年共完成了 41 期班的教学组织和学员管理任务，参训学员 2991 人。一是不折不扣执行中央和总行党委要求，办好专

2018 年 2 月 4 日，常州培训中心举办“新起点 新征程 新跨越”2018 年新春茶话会。

题研究班和干部进修班。强化理论学习，夯实学员政治理论基础；抓好自选动作，加强学员理想信念教育；加强课题研究指导，两个主体班聚焦“三大战略”提交了 20 篇课题研究成果。二是紧跟政治形势和党建理论发展，持续动态维护更新课程内容，完善党建课程体系。不断丰富教学手段，引入故事教学法，增加教学互动性，激发学员参与性。三是加大自主项目研发力度。开发并顺利实施了十九大精神专题培训项目、党建心理项目等，积极跟进总行新任职党委成员培训项目课程开发和试讲，并顺利通过总行党校课程验收。

二、主要工作措施

【把握机遇，精准发力实现新突破】一是发挥培训所长助推三大战略。聚焦“三大战略”，开展培训需求调研与分析，完成了《金融科技培训情况调研报告》和《普惠金融培训需求调研报告》，并提出学习项目策划方案。2018 年，开发完成《住房租赁源起》《普惠金融利国利民》《互联网思维》等近 10 门“三大战略”课程。开设了《案例面对面：三大战略与基层机构业务发展》《迪士尼策略：三大战略执行中存在的问题及解决思路》等主题教学活动。在培训实施方面，配合总分行成功举办了 20 期“三大战略”专题培训班，培训学员近千人次。二是积极参与建行大学建设。组建跨部门团队参与建行大学网络平台选型产品测试、平台建设、平台运营等工作；开展了建行大学智慧课堂课题研究、课程体系建设课题研究等工作。三是积极探索创新推进培训转型。将传统培训与“互联网＋”相结合，尝试将网络微课、线上直播等互联网技术应用到培训中，依托建行大学网络平台推出了近 10 门直播课程和 10 门微课程。践行开放共享办学新理念，积极助推“金智惠民”工程落地。2018 年，学院与分行开展了多项金智惠民“TTT”合作项目，输出网络课件开发技术，青年培训师还直接参与了分行举办的金智惠民培训班授课任务。

2018 年 6 月 28 日，常州培训中心举办庆祝建党 97 周年纪念活动，党委班子全体成员出席活动。

【强基固本，深化从严治党新要求】一是深入学习贯彻党的十九大精神。学院班子坚持当好表率、做好示范，先后多次通过党委会、中心组学习，围绕十九大精神和习近平新时代中国特色社会主义思想等，开展专题学习和研讨。党委书记带头讲党课，班子其他成员深入部门、分管条线讲授十九大精神专题党课，组织处级干部十九大精神专题培训班 3 期，组织全体党员十九大精神专题讲座 3 期，推动十九大精神在工作中落地生根。二是加强基层党组织建设。学院先后下发了党建工作计划及考核细则、党支部书记党建述职评议考核工作方案等文件，夯实党建工作基础。学院每季度召开一次党建工作联席会议，加强党建工作督查督办和情况通报，推动全面从严治党向基层延伸。创新丰富党建活动形式，学院组织举办发展论坛、党务骨干专题培训班、凤阳小岗村党性教育主题党日活动等；各支部积极探索开展世界咖啡、拆书帮、翻转课堂等多种形式的支部学习活动。学院组织拍摄的《党旗飘扬进课堂—常培探索学习十九大精神新方法》微视频入选全国金融系统党建创新成果微视频展示活动百

2018 年 10 月 8 日，建行大学华东学院全体党员干部赴凤阳县小岗村党性教育基地开展主题党日活动。

优案例。三是持之以恒正风肃纪。学院党委全面支持纪委履职，定期听取纪委工作汇报，研究党风廉政建设事项。全年召开相关议题党委会 6 次，解决党风廉政建设的重大问题，安排党风廉政建设重点工作。深入开展“四风”治理，学院党委制定了贯彻落实中央八项规定和实施细则精神的办法，并对照总行党委有关要求，围绕形式主义、官僚主义新表现进行了重点查摆和专项治理。加强员工廉洁合规和党员党纪教育，全年组织学习总行下发的违规违纪案例通报文件 30 余份、分批次集中观看《警钟长鸣》警示教育片、参观常州市看守所，以案为戒教育引导全员树立党章党规党纪意识，恪守红线、底线、高压线。

【凝心聚力，抓实精细管理促发展】一是持续完善流程制度，守牢安全合规底线。推进“平安建行”创建工作，通过梳理完善现有规章制度、管理办法、应急预案等，进一步夯实制度基础；严格落实巡查、抽查、大检查等制度，切实抓好“五大”安全管控。制定《轻微违规行为积分补充标准》，进一步增强员工合规意识、规范员工职业行为。严格落实重大采购项目集体决策工作机制，梳理完善集中采购商品目录，进一步规范了采购行为，有效防范风险。二是秉持精细管理理念，提升运营保障能力。坚持科技引领，通过试点智慧校园项目，积极引入小龙人服务，持续完善学员管理流程制度，积极探索学员管理新模式等途径，不断提升学员管理水平。通过提供个性化服务、丰富学员课余生活和细化接送站服务等多样举措，持续完善服务流程，持续深化服务内涵。三是注重员工队伍建设，激发员工干事活力。推进专业技术人员队伍建设，积极搭建人才发展平台。全年完成了 6 名员工专业技术岗位职务聘任，10 名员工中、高级专业技术资格申报和确认等工作。加快培训师队伍建设，聚焦建行大学建设对教育培训工作的新要求，着力提升培训和研究两大功能，通过开展差异化、精细化的培训，行内实习、深度参与总分行项目、业务课题研究等方式，积极探索新形势下培训师队伍建设，以人才发展推动华东学院改革发展。完善优化劳务派遣制员工薪酬体系，充分保障派遣员工利益，稳定服务人员队伍。四是注重群团组织建设，凝聚改革发展合力。学院工会努力健全以职工代表大会为基本形式的民主管理制度，组织开展劳动竞赛、身边榜样评选、年度评优评先等活动，选树典型标杆，发挥榜样引领作用。积极开展趣味运动会、健步行、摄影展、健康知识讲座等活动，丰富员工业余文化生活。学院团委根据团员青年的特点和需要，组织开展青年大学习、青年风采展、青年文明号开放周、主题读书等活动，激发广大员工爱岗敬业、创新创造的热情。

执笔：田艳

CHINA 中国建设银行年鉴 2019
CONSTRUCTION BANK ALMANAC

第五部分　综合统计

中国建设银行股份有限公司资产负债表

（2018 年 12 月 31 日） （除特别注明外，以人民币百万元列式）

	附注	本集团		本行	
		2018 年	2017 年	2018 年	2017 年
资产					
现金及存放中央银行款项	6	2632863	2988256	2619762	2973506
存放同业款项	7	486949	175005	463059	126766
贵金属		33928	157036	33928	157036
拆出资金	8	349727	325233	354876	286797
衍生金融资产	9	50601	82980	47470	75851
买入返售金融资产	10	201845	208360	183161	194850
应收利息	11	不适用	116993	不适用	111436
发放贷款和垫款	12	13365430	12574473	12869443	12081328
金融投资	13				
以公允价值计量且其变动计入当期损益的金融资产		731217	578436	529223	395536
以摊余成本计量的金融资产		3272514	不适用	3206630	不适用
以公允价值计量且其变动计入其他综合收益的金融资产		1711178	不适用	1614375	不适用
可供出售金融资产		不适用	1550680	不适用	1402017
持有至到期投资		不适用	2586722	不适用	2550066
应收款项类投资		不适用	465810	不适用	575994
长期股权投资	14	8002	7067	50270	51660
纳入合并范围的结构化主体投资		—	—	161638	187486
固定资产	16	169574	169679	140865	144042
土地使用权	17	14373	14545	13443	13657
无形资产	18	3622	2752	2690	1831
商誉	19	2766	2751	—	—
递延所得税资产	20	58730	46189	55217	43821
其他资产	21	129374	71416	147305	91671
资产总计		23222693	22124383	22493355	21465351
负债					
向中央银行借款	23	554392	547287	554392	546633
同业及其他金融机构存放款项	24	1427476	1336995	1410847	1323371
拆入资金	25	420221	383639	323535	318488
以公允价值计量且其变动计入当期损益的金融负债	26	431334	414148	429595	413523

续表

	附注	本集团		本行	
		2018 年	2017 年	2018 年	2017 年
衍生金融负债	9	48525	79867	47024	73730
卖出回购金融资产款	27	30765	74279	8407	53123
吸收存款	28	17108678	16363754	16795736	16064638
应付职工薪酬	29	36213	32632	32860	29908
应交税费	30	77883	54106	74110	51772
应付利息	31	不适用	199588	不适用	197153
预计负债	32	37928	10581	36130	8543
已发行债务证券	33	775785	596526	702038	538989
递延所得税负债	20	485	389	6	39
其他负债	34	281414	234765	141985	95324
负债合计		21231099	20328556	20556665	19715234
股东权益					
股本	35	250011	250011	250011	250011
其他权益工具					
优先股	36	79636	79636	79636	79636
资本公积	37	134537	134537	135109	135109
其他综合收益	38	18451	-29638	21539	-24225
盈余公积	39	223231	198613	223231	198613
一般风险准备	40	279725	259680	272867	254864
未分配利润	41	990872	886921	954297	856109
归属于本行股东权益合计		1976463	1779760	1936690	1750117
少数股东权益		15131	16067	—	—
股东权益合计		1991594	1795827	1936690	1750117
负债和股东权益总计		23222693	22124383	22493355	21465351

中国建设银行股份有限公司利润表

（2018 年度）　　　　除特别注明外，以人民币百万元列示

	附注	本集团		本行	
		2018 年	2017 年	2018 年	2017 年
一、营业收入		658891	621659	607761	562284
利息净收入	42	486278	452456	471853	430982
利息收入		811026	750154	781859	713821
利息支出		-324748	-297698	-310006	-282839

续表

	附注	本集团		本行	
		2018 年	2017 年	2018 年	2017 年
手续费及佣金净收入	43	123035	117798	117306	113855
手续费及佣金收入		138017	131322	130734	126067
手续费及佣金支出		-14982	-13524	-13428	-12212
投资收益	44	14586	6411	7443	4656
其中：对联营和合营企业的投资收益		140	161	—	—
以摊余成本计量的金融资产终止确认产生的净损失		-2241	不适用	-2391	不适用
公允价值变动收益/（损失）	45	144	-32	1714	502
汇兑收益		6153	14455	6805	11606
其他业务收入	46	28695	30571	2640	683
二、营业支出		-350377	-323473	-311939	-280300
税金及附加		-6132	-5767	-5852	-5472
业务及管理费	47	-167208	-159118	-156537	-149427
信用减值损失	48	-151109	不适用	-149114	不适用
其他资产减值损失	48	121	不适用	475	不适用
资产减值损失	48	不适用	-127362	不适用	-124042
其他业务成本	49	-26049	-31226	-911	-1359
三、营业利润		308514	298186	295822	281984
加：营业外收入		1070	3983	1007	3710
减：营业外支出		-1424	-2382	-1267	-1951
四、利润总额		308160	299787	295562	283743
减：所得税费用	50	-52534	-56172	-49378	-52063
五、净利润		255626	243615	246184	231680
归属于本行股东的净利润		254655	242264	246184	231680
少数股东损益		971	1351	—	—
六、其他综合收益	38	38214	-28995	35659	-22235
归属于本行股东的其他综合收益的税后净额		38050	-28427	35659	-22235
（一）不能重分类进损益的其他综合收益		-133	801	253	801
重新计量设定受益计划变动额		-296	593	-296	593
指定以公允价值计量且其变动计入其他综合收益的权益工具公允价值变动		120	不适用	506	不适用
其他		43	208	43	208
（二）将重分类进损益的其他综合收益		38183	-29228	35406	-23036
以公允价值计量且其变动计入其他综合收益的债务工具公允价值变动		35734	不适用	35044	不适用
可供出售金融资产产生的损失金额		不适用	-37498	不适用	-35881
可供出售金融资产产生		不适用	9067	不适用	8923

续表

	附注	本集团		本行	
		2018 年	2017 年	2018 年	2017 年
的所得税影响					
以公允价值计量且其变动计入其他综合收益的债务工具信用损失准备		301	不适用	609	不适用
前期计入其他综合收益当期因出售转入损益的净额		-149	不适用	-253	不适用
前期计入其他综合收益当期计入损益的净额		不适用	3403	不适用	3708
现金流量套期		-267	470	-267	470
外币报表折算差额		2564	-4670	273	-256
归属于少数股东的其他综合收益的税后净额		164	-568	—	—
七、综合收益总额		293840	214620	281843	209445
归属于本行股东的综合收益		292705	213837		
归属于少数股东的综合收益		1135	783		
八、基本和稀释每股收益（人民币元）		1.00	0.96		

中国建设银行股份有限公司现金流量表

2018 年度　　　　除特别注明外，人民币百万元

	附注	本集团		本行	
		2018 年	2017 年	2018 年	2017 年
一、经营活动现金流量：					
向中央银行借款净增加额		—	110473	—	110488
吸收存款和同业及其他金融机构存放款项净增加额		602520	766290	590898	751673
拆入资金净增加额		16211	79857	—	29663
以公允价值计量且其变动计入当期损益的金融负债净增加额		11922	18588	10872	18740
已发行存款证净增加额		40963	141011	39671	148479
存放中央银行和同业款项净减少额		367756	32837	353012	—
拆出资金净减少额		—	47448	—	80567
买入返售金融资产净减少额		6778	—	11863	—
收取的利息、手续费及佣金的现金		1005730	911742	967473	870400
收到的其他与经营活动有关的现金		252156	155039	245293	124264
经营活动现金流入小计		2304036	2263285	2219082	2134274
存放中央银行和同业款项净增加额		—	—	—	-5448
拆出资金净增加额		-50390	—	-88802	—
以公允价值计量且其变动计入当期损益的金融资产净增加额		-35256	-92424	-22326	-34795

续表

	附注	本集团		本行	
		2018 年	2017 年	2018 年	2017 年
买入返售金融资产净增加额		—	-105468	—	-127459
发放贷款和垫款净增加额		-852702	-1299971	-851056	-1190454
向中央银行借款净减少额		-3121	—	-3121	—
拆入资金净减少额		—	—	-15155	—
卖出回购金融资产款净减少额		-44616	-115297	-44886	-116926
支付的利息、手续费及佣金的现金		-331462	-327235	-317079	-316333
支付给职工以及为职工支付的现金		-98834	-97576	-92672	-92423
支付的各项税费		-88111	-91429	-85044	-88766
支付的其他与经营活动有关的现金		-183713	-54795	-177134	-33597
经营活动现金流出小计		-1688205	-2184195	-1697275	-2006201
经营活动产生的现金流量净额	51（1）	615831	79090	521807	128073
二、投资活动现金流量：					
收回投资收到的现金		1202207	1446732	1079167	925343
收取的现金股利		1037	2237	522	133
处置固定资产和其他长期资产收回的现金净额		2612	2911	1685	556
收回纳入合并范围的结构化主体投资收到的净现金		—	—	25848	24422
投资活动现金流入小计		1205856	1451880	1107222	950454
投资支付的现金		-1553492	-1525529	-1346371	-1105742
购建固定资产和其他长期资产支付的现金		-20783	-22263	-15899	-14688
取得子公司、联营和合营企业支付的现金		-1360	-1544	—	-12000
对子公司增资支付的现金		—	—	—	-2636
投资活动现金流出小计		-1575635	-1549336	-1362270	-1135066
投资活动所用的现金流量净额		-369779	-97456	-255048	-184612
三、筹资活动现金流量：					
发行债券收到的现金		123524	34989	107917	22030
子公司吸收少数股东投资收到的现金		—	3569	—	—
发行优先股收到的现金		—	59977	—	59977
筹资活动现金流入小计		123524	98535	107917	82007
分配股利支付的现金		-76811	-70688	-76689	-70548
偿还债务支付的现金		-6319	-6347	-2209	-1790
子公司购买少数股东股权支付的现金		-138	—	—	—
偿还债券利息支付的现金		-11335	-12708	-10343	-10818

	附注	本集团		本行	
		2018 年	2017 年	2018 年	2017 年
筹资活动现金流出小计		-94603	-89743	-89241	-83156
筹资活动产生/（所用）的现金流量净额		28921	8792	18676	-1149
四、汇率变动对现金及现金等价物的影响		14390	-18211	13678	-20047
五、现金及现金等价物净增加/（减少）额	51（2）	289363	-27785	299113	-77735
加：年初现金及现金等价物余额		571339	599124	514678	592413
六、年末现金及现金等价物余额	51（3）	860702	571339	813791	514678

中国建设银行存、贷款主要指标统计表（人民币）

2018 年 12 月　　　　单位：亿元

项　　目	本期余额	比年初新增		新增比 2017 年同期（±）
		2018 年	2017 年	
一、一般性存款	161955.88	8043.98	9037.65	-993.67
1. 对公存款	84642.93	1346.22	7003.68	-5657.46
其中：活期存款	57305.16	1887.76	5431.98	-3544.22
定期存款	27337.76	-541.54	1571.70	-2113.24
2. 个人存款	77312.96	6697.76	2033.97	4663.80
其中：活期存款	32640.64	1067.24	1952.21	-884.97
定期存款	44672.32	5630.53	81.76	5548.77
二、归入存款口径的金融机构存款	8246.80	-444.39	-240.15	-204.24
三、保本理财资金	3417.25	-126.57	258.92	-385.49
1. 对公保本理财资金	1422.13	-539.38	-803.09	263.72
2. 个人保本理财资金	1995.12	412.81	1062.02	-649.21
四、同业存款	2930.07	1022.17	-1821.74	2843.91
五、各项贷款	125995.07	12247.64	9296.98	2950.66
1. 对公贷款	66463.53	4926.44	1818.11	3108.33
其中：贴现贷款	3135.99	1893.76	-3758.11	5651.87
2. 个人类贷款	58412.14	6638.00	8382.61	-1744.61
其中：个人住房贷款	49380.44	5572.96	6115.88	-542.92

注：1. 个人类贷款包括个人住房贷款、个人消费类贷款和信用卡透支，不含“个人买方信贷”。

2. 个人住房贷款中含个人商业用房贷款。

中国建设银行存、贷款主要指标统计表（外币）

2018年12月　　单位：亿美元

项　　目	本期余额	比年初新增		新增比2017年同期（±）
		2018年	2017年	
一般性存款	**459.51**	**-200.43**	**14.11**	**-214.54**
一、对公存款	366.16	-192.52	22.19	-214.71
其中：活期存款	136.91	-38.82	16.35	-55.17
定期存款	229.24	-153.70	5.85	-159.55
二、个人存款	93.36	-7.91	-8.08	0.17
其中：活期存款	45.63	-1.02	1.45	-2.47
定期存款	47.73	-6.89	-9.54	2.65
归入存款口径的金融机构存款	**19.49**	**-1.89**	**1.59**	**-3.48**
同业存款	**42.50**	**-15.04**	**-19.05**	**4.01**
各项贷款	**343.05**	**-259.65**	**10.64**	**-270.30**
一、短期贷款	66.16	-12.49	4.99	-17.48
二、中长期贷款	96.20	-73.52	-3.01	-70.51
三、进出口贸易融资	87.45	-236.14	9.72	-245.86
四、各项垫款	0.92	0.26	-1.30	1.56
五、境外贷款	92.33	62.25	0.25	61.99

中国建设银行个人贷款主要指标统计表（本外币）

2018年12月　　单位：亿元

项　　目	本期余额	比年初新增		新增比2017年同期（±）
		2018年	2017年	
个人贷款合计	**58418.35**	**6637.64**	**8380.05**	**-1742.41**
1. 个人消费贷款	2101.25	174.69	1176.18	-1001.50
2. 个人助学贷款	0.54	-0.26	-0.35	0.08
3. 个人住房贷款	47536.04	5561.45	6118.12	-556.67
4. 个人商业用房贷款	1820.68	37.99	21.25	16.74
5. 个人其他消费贷款	0.01	0.00	-0.03	0.03
6. 下岗失业人员小额担保贷款	1.32	0.42	-0.35	0.77
7. 个人助业贷款	365.83	2.08	-100.20	102.28
8. 个人住房最高额抵押贷款	23.78	-26.49	-23.51	-2.98
9. 个人支农贷款	27.56	-19.16	-8.31	-10.84
10. 个人信用卡透支	6534.20	899.80	1197.25	-297.45
11. 个人其他贷款	7.13	7.13	0.00	7.13

中国建设银行各分行存款主要指标统计表（本外币）

2018 年 12 月　　单位：亿元

地区	一般性存款		其中：对公存款		其中：个人存款	
	本期余额	比年初新增	本期余额	比年初新增	本期余额	比年初新增
境内合计	**165114.12**	**6908.15**	**87159.51**	**227.67**	**77954.61**	**6680.48**
总行本级	44.31	-14.25	44.30	-14.26	0.01	0.01
信用卡中心	112.27	7.88	0.16	-0.11	112.12	7.99
长三角	29611.79	95.14	17676.43	-748.01	11935.37	843.15
上海	9761.80	-115.38	6285.23	-227.98	3476.57	112.61
江苏	8997.32	381.86	4843.53	30.84	4153.79	351.02
浙江	6440.93	-445.28	3655.12	-709.39	2785.82	264.11
宁波	1400.45	12.14	946.70	-8.37	453.76	20.51
苏州	3011.29	261.81	1945.85	166.89	1065.43	94.91
珠三角	25411.28	-194.26	13546.87	-1186.23	11864.40	991.96
广东	13942.05	1227.91	7259.16	608.00	6682.89	619.91
深圳	5299.40	-1868.68	3589.86	-1973.23	1709.54	104.56
福建	4658.44	351.32	1902.87	137.08	2755.57	214.25
厦门	1511.38	95.18	794.98	41.93	716.40	53.25
环渤海	31649.43	2429.10	17603.80	1065.41	14045.63	1363.68
北京	12686.15	1042.64	8601.04	624.05	4085.11	418.60
山东	7804.62	530.64	3855.29	172.48	3949.33	358.16
天津	2684.81	109.12	1508.98	-6.24	1175.82	115.36
河北	7158.17	568.64	2860.62	137.41	4297.55	431.23
青岛	1315.69	178.06	777.87	137.72	537.82	40.34
中部	34530.88	2607.43	16441.21	958.77	18089.67	1648.67
山西	3255.23	173.56	1351.57	46.00	1903.66	127.57
广西	3082.77	197.65	1650.94	49.72	1431.83	147.93
湖北	6218.11	447.72	2754.62	176.67	3463.48	271.05
河南	6051.90	421.71	2570.01	108.90	3481.89	312.81
湖南	6628.49	392.02	2812.26	71.48	3816.23	320.54
江西	3166.05	369.69	1759.26	190.65	1406.79	179.04
海南	1038.15	-16.29	651.50	-42.71	386.66	26.42
安徽	5090.18	621.36	2891.05	358.06	2199.13	263.30
西部	32568.88	1252.91	17440.66	60.10	15128.22	1192.81
四川	9388.17	742.35	5312.33	425.04	4075.84	317.31
重庆	3104.23	288.56	1694.70	176.65	1409.54	111.91
贵州	2387.08	-144.29	1365.70	-184.00	1021.38	39.70
云南	3815.31	135.47	2222.65	-3.62	1592.66	139.09
西藏	803.30	-116.89	598.47	-124.99	204.83	8.09
内蒙古	2820.02	120.28	1211.62	-106.54	1608.40	226.82
陕西	4691.56	328.90	2064.91	126.38	2626.65	202.52
甘肃	1718.48	17.26	821.94	-43.08	896.54	60.34
青海	886.83	-8.96	461.72	-26.24	425.11	17.27
宁夏	639.53	-31.26	296.95	-35.35	342.59	4.09
新疆	2314.38	-78.51	1389.69	-144.17	924.69	65.66
东北	11185.28	724.20	4406.09	92.00	6779.19	632.20
辽宁	4476.85	407.65	1699.66	137.41	2777.19	270.24
吉林	2640.17	56.45	1079.04	-92.84	1561.13	149.29
黑龙江	2766.50	186.05	1006.37	26.28	1760.13	159.77
大连	1301.75	74.05	621.01	21.15	680.74	52.90

注：存款不含保本理财资金。

中国建设银行各分行贷款主要指标统计表（本外币）

2018 年 12 月　　　　单位：亿元

地区	各项贷款		其中：对公贷款		其中：个人贷款	
	本期余额	比年初新增	本期余额	比年初新增	本期余额	比年初新增
境内合计	**128352.88**	**10683.81**	**68135.17**	**2908.05**	**58418.35**	**6637.64**
总行本级	2144.02	1377.45	344.66	235.22	0.00	0.00
长三角	24788.70	1220.50	13135.76	-46.09	11652.95	1270.68
上海	6377.59	-285.60	3778.75	-578.37	2598.85	296.77
江苏	7568.15	648.77	3868.40	167.56	3699.76	481.30
浙江	6094.99	557.10	3077.43	268.09	3017.56	289.01
宁波	1584.14	74.20	867.32	-4.52	716.82	78.72
苏州	3163.83	226.04	1543.86	101.15	1619.96	124.88
珠三角	22095.28	1595.50	9911.68	512.66	12183.61	1082.84
广东	9869.48	1312.25	4379.49	620.80	5489.98	691.45
深圳	6176.49	-136.03	3193.55	-214.09	2982.94	78.06
福建	4610.12	322.12	1758.77	49.51	2851.35	272.61
厦门	1439.20	97.15	579.87	56.44	859.33	40.71
环渤海	22375.10	1632.17	13064.27	610.35	9310.82	1021.82
北京	7412.39	1029.03	5538.17	902.04	1874.22	126.99
山东	5223.66	197.26	2677.08	-123.11	2546.58	320.37
天津	2992.24	76.44	1658.29	-141.90	1333.95	218.34
河北	5315.15	262.44	2521.19	10.19	2793.97	252.25
青岛	1431.66	66.99	669.55	-36.86	762.11	103.86
中部	25528.30	2566.53	12979.40	914.02	12548.90	1652.51
山西	2204.74	190.22	1258.33	-5.24	946.40	195.45
广西	2668.53	261.92	1448.47	115.25	1220.06	146.68
湖北	4478.86	404.87	2305.96	201.67	2172.90	203.20
河南	4624.63	396.06	2252.18	83.46	2372.45	312.60
湖南	4698.30	540.59	2714.08	230.11	1984.22	310.47
江西	2413.14	245.46	1026.11	122.45	1387.03	123.01
海南	860.38	141.77	393.67	46.67	466.70	95.09
安徽	3579.72	385.65	1580.59	119.64	1999.13	266.01
西部	23993.46	1877.56	14341.48	573.73	9651.98	1303.82
四川	5087.73	477.24	2693.00	172.31	2394.73	304.93
重庆	3374.81	374.37	1547.97	96.38	1826.84	277.99
贵州	2170.57	244.55	1376.03	120.88	794.55	123.67
云南	2660.62	282.71	1478.66	110.22	1181.96	172.49
西藏	657.19	35.96	586.00	23.89	71.19	12.06
内蒙古	2499.82	-23.38	1819.37	-116.55	680.45	93.17
陕西	3053.07	269.83	1711.74	79.75	1341.32	190.09
甘肃	1384.71	61.00	864.65	5.39	520.06	55.61
青海	741.60	27.04	619.61	7.90	122.00	19.14
宁夏	726.09	39.76	502.03	23.94	224.06	15.82
新疆	1637.24	88.48	1142.42	49.63	494.82	38.85
东北	7428.02	414.11	4357.93	108.14	3070.09	305.97
辽宁	3229.67	144.55	1948.80	44.30	1280.87	100.25
吉林	1846.72	110.75	1149.25	49.94	697.48	60.81
黑龙江	1235.08	80.24	667.62	-6.06	567.46	86.29
大连	1116.55	78.57	592.26	19.96	524.29	58.61

注：信用卡透支数据已拆分至各分行。

中国建设银行各分行国际结算业务量情况统计表

2018 年 12 月　　单位：笔，万美元

地区	进口业务		出口业务		边贸业务		收入
	笔数	金额	笔数	金额	笔数	金额	（人民币万元）
境内合计	**1513967**	**52254954**	**3035716**	**58763343**	**26721**	**364883**	**386448**
总行本级	1365	271548	4957	5469	0	0	2681
长三角	574462	14860033	1194488	23636506	0	0	81404
上海	233220	7177398	195092	5565839	0	0	27123
江苏	89509	1973057	213251	2903845	0	0	17864
浙江	77301	1782093	530077	10324736	0	0	19273
宁波	27824	610557	87453	899469	0	0	5717
苏州	146608	3316928	168615	3942617	0	0	11427
珠三角	426376	18251538	946619	17253146	0	0	100257
广东	120360	11461053	384820	10758570	0	0	44897
深圳	251305	4844386	190468	3664859	0	0	35800
福建	22363	795576	225160	1314327	0	0	10585
厦门	32348	1150523	146171	1515390	0	0	8975
环渤海	244924	9259165	466950	9808570	0	0	104941
北京	118984	4014439	67721	4880092	0	0	49372
山东	65703	2567245	235182	2355130	0	0	23758
天津	17988	737919	20467	437555	0	0	11148
河北	22725	689036	79601	931522	0	0	9898
青岛	19524	1250526	63979	1204271	0	0	10765
中部	99913	4734445	228025	3956923	8349	203056	42908
山西	1510	469836	4447	223090	0	0	3179
广西	6184	264810	9652	193021	8349	203056	5120
湖北	29073	822291	42493	551571	0	0	2807
河南	20907	690378	69818	826703	0	0	7511
湖南	12256	713272	26682	543818	0	0	8012
江西	5353	588849	21433	682323	0	0	4489
海南	7138	152692	5021	33709	0	0	1759
安徽	17492	1032317	48479	902688	0	0	10031
西部	98945	2532969	84810	2636023	13242	137243	30269
四川	28158	812144	22218	591535	0	0	1897
重庆	24405	812520	20472	1186182	0	0	6479
贵州	4661	78544	3523	170881	0	0	1837
云南	9511	80059	6532	76569	2662	32872	3542
西藏	60	55	217	2971	0	0	0
内蒙古	11830	243128	7131	182920	9273	93350	768
陕西	12326	158294	14614	205110	0	0	1738
甘肃	1014	147424	1737	111226	0	0	2546
青海	530	74658	433	11004	0	0	1293
宁夏	911	23032	1988	32469	0	0	961
新疆	5539	103111	5945	65156	1307	11021	9209
东北	67982	2345256	109867	1466706	5130	24584	23988
辽宁	17634	804945	39204	629081	0	0	15275
吉林	16928	664065	23033	121902	0	0	1180
黑龙江	8098	164911	8873	63287	5130	24584	799
大连	25322	711335	38757	652436	0	0	6735

中国建设银行各分行中间业务收入情况统计表（本外币、境内）

2018 年 12 月　　　　单位：万元，%

地区	中间业务毛收入	中间业务支出	中间业务净收入	同比增速（毛收入）
境内合计	**13701567**	**1291935**	**12409632**	**1.03**
总行本级	-161295	45742	-207038	-267.71
长三角	2834788	230866	2603922	1.02
上海	752506	59676	692830	-17.47
江苏	771860	64736	707124	-10.18
浙江	838435	78540	759894	33.23
宁波	115247	9953	105294	3.65
苏州	356740	17961	338779	21.18
珠三角	3023882	231561	2792321	11.43
广东	1371269	111793	1259476	18.25
深圳	958578	66969	891609	9.01
福建	544870	42440	502431	4.77
厦门	149165	10359	138806	-3.50
环渤海	2399630	205435	2194194	-3.33
北京	913215	54060	859155	0.29
山东	626481	73085	553395	-7.22
天津	221353	11172	210181	-20.23
河北	518956	55949	463007	1.72
青岛	119624	11169	108455	9.99
中部	2663142	289612	2373530	1.66
山西	205059	19383	185675	4.08
广西	243183	21885	221298	-1.03
湖北	387002	42795	344206	-10.50
河南	517620	52344	465275	-2.74
湖南	587027	73790	513236	13.23
江西	294884	30697	264187	4.04
海南	94050	8188	85863	11.03
安徽	334318	40529	293789	2.64
西部	2190173	225562	1964612	6.22
四川	501158	53578	447580	4.68
重庆	278445	24846	253599	2.45
贵州	232642	16883	215760	15.22
云南	219256	22801	196454	-2.82
西藏	20574	2270	18303	21.81
内蒙古	195632	19821	175811	11.10
陕西	285772	32556	253216	5.95
甘肃	148349	19621	128728	-1.62
青海	46968	5371	41598	10.29
宁夏	67109	8987	58122	11.82
新疆	194267	18827	175440	15.76
东北	751247	63156	688091	-3.95
辽宁	296736	22857	273880	-5.84
吉林	197768	15904	181864	-6.78
黑龙江	157859	16898	140961	3.69
大连	98884	7498	91386	-3.61

中国建设银行各分行借记卡主要指标统计表（本外币）

2018 年 12 月

地区	发卡总量（万张）	存款余额		交易总额		购物消费额（万元）
		余额（万元）	卡均（元）	余额（万元）	卡均（元）	
境内合计	**104117**	**381495251**	**3664**	**11532835023**	**110768**	**2100434204**
长三角	15596	54439331	3491	1828248026	117223	324844750
上海	2547	23777279	9336	415338850	163072	66390615
江苏	6022	17748790	2947	552063035	91676	106249931
浙江	4236	7846985	1853	573309513	135356	100530754
宁波	967	2572702	2660	92584002	95725	15539528
苏州	1825	2493575	1367	194952626	106843	36133921
珠三角	15806	19173928	1213	2318897123	146714	396210812
广东	8844	8090941	915	931995037	105378	194960982
深圳	2829	2287757	809	364202994	128720	55966670
福建	3265	3941467	1207	824804447	252655	116517122
厦门	867	4853763	5597	197894644	228190	28766038
环渤海	16784	52386267	3121	1727787759	102945	308374358
北京	2716	4640217	1708	435973091	160500	81885807
山东	6338	17890450	2823	558511180	88115	102400277
天津	1780	19963812	11216	109021889	61252	18303946
河北	5131	7319086	1427	552337420	107657	90848354
青岛	818	2572702	3143	71944179	87900	14935976
中部	26985	136287746	5050	2889615392	107081	543786804
山西	3017	7952681	2636	200932601	66602	40093720
广西	2150	2423566	1127	226391491	105323	45613536
湖北	4193	20373351	4859	518468968	123655	102334864
河南	6668	17672017	2650	611069867	91648	113625691
湖南	4783	36952515	7726	596261295	124663	116331511
江西	2687	20231495	7528	331207847	123241	49842459
海南	470	7743543	16492	63255869	134718	12294920
安徽	3018	22938576	7600	342027456	113315	63650104
西部	20798	89196885	4289	2028324159	97526	397374114
四川	4833	6751828	1397	514602143	106485	99597339
重庆	2220	21060871	9485	234050630	105408	43567223
贵州	1544	9032913	5851	181505775	117565	38787939
云南	2295	1503094	655	224862478	97990	46419592
西藏	137	11333556	82487	31521920	229420	4655702
内蒙古	2160	11986236	5550	202768330	93883	36683267
陕西	3057	5211745	1705	278350580	91058	57490917
甘肃	1543	2451871	1589	125627525	81416	26627667
青海	808	2192666	2715	44712991	55363	8795554
宁夏	593	5288802	8913	74523557	125595	12203980
新疆	1608	12383303	7701	115798232	72015	22544933
东北	8149	30011094	3683	739962565	90806	129843366
辽宁	3045	561657	184	256074492	84102	46682067
吉林	1729	7396448	4278	218343552	126298	34646110
黑龙江	2371	15661839	6604	198859116	83855	36498245
大连	1004	6391149	6367	66685405	66436	12016944

中国建设银行各分行信用卡主要指标表

2018 年 12 月　　　　单位：户，张，万元，元/户，%

地区	一、规模类指标										二、效率、质量类指标			三、效益类指标			
	客户拓展				消费交易			贷款投放									
	1. 累计客户数	2. 净增客户数	3. 新增年轻客户数	4. 净增发卡	5. 纯消费交易额[1]	6. 分期交易额[1]	7. 收单交易额[2]	8. 贷款余额	9. 其中：分期贷款余额	10. 当年新增贷款	11. 客户活动率	12. 贷款收益率	13. 不良率	14. 业务收入（不含增值税）	15. 其中：中收	16. 活动户均收入	17. 信用卡中收在分行占比
全国总计	**90006358**	**8379890**	**8100794**	**14473339**	**274030500**	**41479169**	**334615356**	**65332574**	**38396813**	**8985456**	**61.51**	**6.51**	**0.97**	**5271428**	**4181601**	**985**	**30.52**
长三角	15658137	893071	1116438	1454243	38845805	7214792	82252420	10576431	6744687	1268216	54.11	6.46	0.84	925129	751448	1104	28.18
上海	4403997	114242	236070	194791	10976342	1669200	31154973	2490350	1407887	250298	56.01	6.61	0.57	223196	172590	907	24.28
江苏	4912071	317566	362075	450355	11521854	2089044	13216765	3055294	1953647	170954	49.77	6.78	1.07	272358	224316	1113	31.20
浙江	4344811	326284	361869	527789	11617440	2533594	31630926	3657894	2491509	693996	55.79	6.09	0.80	317082	266595	1346	33.73
宁波	729358	23934	41789	34808	1788649	230646	2395198	363051	185839	7703	51.83	6.55	1.27	32710	24340	881	22.26
苏州	1267900	111045	114635	246500	2941520	692307	3854557	1009841	705804	145264	59.88	6.42	0.77	79783	63607	1076	18.88
珠三角	14635330	1269758	1398139	2520849	49018282	9338469	32463322	14462749	9526470	2106537	65.91	6.61	1.03	1131034	914743	1212	32.63
广东	7397816	843478	848347	1794666	21127200	5204965	16998006	7548292	5365794	1825924	65.50	6.74	0.97	552428	445364	1205	35.58
深圳	2494314	230378	271614	344361	9212484	1732442	5591837	2477224	1513040	103101	69.04	7.18	1.25	225168	178505	1359	19.19
福建	3887334	133417	212160	270869	16166212	2049145	8912163	3822708	2277376	121498	66.34	6.06	1.07	306877	253242	1182	52.52
厦门	855866	62485	66018	110953	2512385	351918	961317	614526	370260	56014	58.41	6.13	0.69	46562	37632	938	27.06
环渤海	14830175	1209682	1200798	2040612	45058852	5288157	61019399	8988213	4783192	765606	62.12	6.02	0.86	780875	635317	868	28.24
北京	3365881	181860	207815	324228	8229796	1119650	26964712	1694102	916745	139628	55.12	6.73	0.71	160224	126144	876	14.27
山东	4919106	412055	409183	877440	18608681	1650085	16150012	3268263	1562725	197689	65.28	5.70	1.02	291552	237752	926	41.45
天津	1221747	85462	94649	100657	2071374	230772	2740471	432898	224127	-33259	47.15	6.83	0.75	40598	30932	721	14.47
河北	4612411	464856	419216	639958	14149662	2006561	12291842	3156668	1840647	340274	68.25	5.90	0.81	255173	214036	838	45.92
青岛	711030	65449	69935	98329	1999339	281088	2872362	436281	238948	121274	59.48	5.82	0.64	33328	26453	821	23.48
中部	19822678	2217946	1974016	3704112	70066614	8937157	83199530	15251203	8400412	1980977	62.52	6.32	1.07	1271742	1032307	1074	42.61
山西	2512868	234586	199859	422786	8769494	706352	3308082	1433478	613347	194749	64.15	5.65	1.05	116325	89331	738	48.79
广西	1648816	192685	176462	333909	5681276	926046	5293534	1549678	957121	269799	67.57	6.76	1.19	125572	101084	1197	46.39

续表

地区	一、规模类指标										二、效率、质量类指标			三、效益类指标			
	客户拓展				消费交易			贷款投放									
	1. 累计客户数	2. 净增客户数	3. 新增年轻客户数	4. 净增发卡	5. 纯消费交易额[1]	6. 分期交易额[1]	7. 收单交易额[2]	8. 贷款余额	9. 其中：分期贷款余额	10. 当年新增贷款	11. 客户活动率	12. 贷款收益率	13. 不良率	14. 业务收入（不含增值税）	15. 其中：中收	16. 活动户均收入	17. 信用卡中收在分行占比
湖北	3263547	308908	269734	497745	9170615	1195554	6332711	1962489	1043767	290100	56.18	6.42	1.02	157412	123227	884	34.69
河南	3921302	454913	424418	865541	17256335	1299388	13010137	2581346	955518	541597	69.73	5.17	1.20	205131	165762	790	34.54
湖南	3928787	461296	414355	701046	13655984	1927285	31744624	3316303	1915154	212494	61.06	6.95	1.17	300015	246189	1326	45.58
江西	1962607	260775	221145	430996	7827375	1089030	12004453	1763335	1010401	17185	58.53	6.64	1.07	163854	136948	1484	51.65
海南	353278	35966	37016	56920	1783121	231275	2801341	413678	238210	71734	70.18	6.76	1.00	37097	28703	1570	32.89
安徽	2231473	268817	231027	395169	5922414	1562226	8704648	2230895	1666893	383319	58.40	6.33	0.78	166336	141064	1347	47.97
西部	18356559	2301794	1939235	3887583	54321496	8470757	61852840	12700331	7197694	2454087	63.76	6.96	0.94	1116541	873747	1003	44.20
四川	4150238	485011	379282	803039	9734463	1907441	13305833	2588971	1550050	474634	62.69	7.83	0.93	242836	189795	973	41.88
重庆	1731066	191772	183664	332869	5273427	773975	11536011	1234342	704460	132917	61.09	7.07	1.27	112647	86609	1104	33.57
贵州	1373084	207429	179435	395061	3918871	818195	4389551	1282082	844912	338041	65.66	7.16	0.91	101701	78472	1211	37.01
云南	1589029	192083	171549	334515	5094794	779901	5513986	1155718	638984	273783	66.93	6.60	0.88	95417	72277	949	35.84
西藏	80065	13629	12315	19687	266902	36951	1628146	58856	28320	9115	74.79	8.79	1.01	7339	5336	1342	27.37
内蒙	1836559	216132	173594	338089	9186210	788976	3197009	1402972	507483	160858	73.45	6.03	0.67	119970	91878	937	52.90
陕西	3548417	464682	396315	840329	5830422	1328971	7948317	1755609	1170205	486104	50.92	6.74	0.93	141333	115642	811	45.09
甘肃	1493783	172261	158143	272750	5478993	622733	5291339	1083516	536242	165426	69.89	6.57	1.17	97082	75506	984	57.33
青海	361502	43485	34209	66000	1030549	163412	2094816	244702	137407	55172	69.00	7.59	0.92	24038	17736	1018	41.35
宁夏	603226	83173	73584	132767	3268868	244527	2142551	505917	195083	116235	79.28	5.85	1.55	46187	35779	1032	60.77
新疆	1589590	232137	177145	352477	5237997	1005675	4805279	1387647	884549	241802	68.67	7.15	0.62	127992	104716	1251	62.03
东北	6702841	487551	472042	865964	16738041	2229837	13827846	3353648	1744357	410032	58.73	7.03	1.11	317891	245817	825	35.48
辽宁	2502844	157686	165485	327157	5474476	841077	4542148	1189893	663556	99327	57.67	7.28	1.27	114641	89444	802	32.41
吉林	1797676	142942	131325	225887	5598658	642352	3285435	1064648	526416	100518	62.28	6.89	1.04	101081	78245	929	43.60
黑龙江	1745150	143813	119677	232272	4225433	526964	4253827	759511	354051	167179	58.37	6.88	1.03	70660	53208	715	36.80
大连	657171	43110	55555	80648	1439474	219444	1746435	339596	200334	43009	54.05	6.88	0.97	31509	24920	910	26.87

注：1. 账单分期、消费分期、商户分期、益贷卡交易额双边计入纯消费交易额；

2. 收单交易额含网络商户收单交易额。

中国建设银行分行网络金融业务主要指标表

2018 年 12 月　　　　单位：户，%，万元

地区	移动金融柜面替代率		企业网银当年活跃用户数		个人网银当年活跃用户数		手机银行当年活跃用户数		善融商务交易额	善融商务个人商城交易额
	期末数	比年初	期末数	同比增长	期末数	同比增长	期末数	同比增长	期末数	期末数
总计	91.99	6.99	3117150	646601	13995739	—	81015266	18223067	11742576	670429
长三角										
上海	91.11	5.11	202985	32537	299392	—	2238665	415747	646653	39276
江苏	93.65	9.60	204145	52493	542560	—	6021501	1695207	852119	43618
浙江	93.24	7.78	128813	30044	423174	—	3048781	774447	430837	10243
宁波	83.98	6.49	26109	2230	95071	—	514323	119730	92348	2717
苏州	91.93	10.25	64601	11195	125698	—	1302947	339800	326071	12169
珠三角										
广东	94.61	6.39	312958	93753	1650261	—	7364005	1861498	442975	62957
深圳	95.93	2.08	141795	17385	317391	—	1955457	382098	45602	7857
福建	96.35	2.55	133030	26586	470727	—	4061809	507004	959037	81781
厦门	96.65	2.30	55442	4127	288071	—	939201	111414	107021	1848
环渤海										
北京	89.89	5.61	141653	22159	390076	—	2122504	436672	42988	30825
山东	93.64	7.07	136562	20610	634113	—	5033087	1329368	1342744	57922
天津	85.41	13.01	36616	7184	95046	—	841338	199671	137345	10115
河北	92.70	7.39	151941	26459	977365	—	4069303	687171	1672374	37330
青岛	92.38	10.50	25101	5092	72896	—	580789	194529	160990	7573
中部										
山西	90.45	7.72	41487	10982	168668	—	1441344	336780	625213	15363
广西	93.57	6.94	62282	21211	214319	—	1859105	380756	244416	9937
湖北	92.20	7.00	127128	25311	520068	—	3529701	490521	520001	26203
河南	89.61	9.34	125206	27522	545098	—	3513035	839949	287349	37872
湖南	91.57	5.39	87705	15015	1061347	—	4353391	722696	339664	32602
江西	91.73	6.30	79158	14979	185467	—	1606797	281283	462909	22209
海南	92.03	7.18	28347	6718	56417	—	437005	112458	4924	2642
安徽	89.71	7.74	95532	21784	1269318	—	3743054	1666994	198381	12442
西部										
四川	88.99	3.63	147098	27102	521961	—	3477553	802805	391353	14158
重庆	90.39	4.82	64417	12487	303027	—	1880931	376257	329999	6687
贵州	90.94	6.42	44905	11840	87512	—	1309422	203151	62351	8792
云南	91.25	8.38	55921	10902	239988	—	1905804	460739	200460	11141
西藏	76.55	10.29	8598	2186	5552	—	83988	29512	536	126
内蒙古	90.05	8.26	42596	9740	132339	—	1357706	295547	204464	7843
陕西	92.97	5.95	70347	15377	772153	—	2218421	214869	286919	15095
甘肃	92.37	10.75	31185	5894	81220	—	1168053	133059	17243	1725
青海	83.53	15.79	11166	2009	17894	—	260193	43278	1282	484
宁夏	90.98	11.76	19749	4283	85161	—	494864	135950	1597	444
新疆	93.22	9.66	48486	11265	528354	—	1165521	302796	24996	22585
东北										
辽宁	90.65	9.95	69260	18578	267115	—	1930814	459641	165594	6135
吉林	88.46	6.31	49834	10902	373853	—	1221030	168614	26850	6385
黑龙江	82.67	8.03	29956	6545	123943	—	1398707	564141	16050	2059
大连	86.25	10.10	15036	2115	53012	—	565089	146939	70921	1267

中国建设银行各项存款市场占比表（本外币、分地区）

2018 年 12 月　　　　单位：亿元，%

地区	各项存款				其中：对公存款				其中：个人存款			
	余额	占比	比年初	占比	余额	占比	比年初	占比	余额	占比	比年初	占比
全国总计	**177478.34**	**25.63**	**6727.06**	**15.75**	**88246.27**	**26.54**	**-428.25**	**-3.39**	**79356.11**	**24.49**	**7135.73**	**27.70**
长三角	32071.42	23.17	13.15	0.19	17963.96	24.45	-886.74	-37.62	12253.92	21.35	868.52	19.69
上海	11353.47	26.68	-141.57	-11.69	6370.68	28.49	-263.37	-47.41	3457.55	23.43	137.88	17.70
江苏	9337.21	24.42	435.01	22.64	4947.81	25.51	31.56	4.67	4224.77	23.30	340.41	28.54
浙江	6782.96	17.86	-501.04	-18.94	3694.39	18.75	-739.79	-121.10	2995.33	17.46	272.59	14.42
宁波	1413.53	21.31	1.77	0.77	952.75	22.74	-16.47	-16.08	459.41	19.04	20.55	15.40
苏州	3184.25	24.50	218.98	24.30	1998.33	25.53	101.33	24.59	1116.86	22.62	97.09	23.44
珠三角	28108.06	27.82	473.40	18.39	14201.10	28.63	-1352.28	-54.38	11585.35	25.56	1058.53	27.86
广东	14994.05	25.22	1668.63	38.71	7738.74	27.78	651.93	48.13	6557.62	22.20	640.83	27.16
深圳	6777.86	29.88	-1635.40	-51.54	3656.51	28.63	-2147.39	-48.99	1591.15	26.06	110.47	21.57
福建	4790.20	32.29	343.68	27.64	1965.67	30.13	112.83	23.18	2751.67	33.97	246.32	31.80
厦门	1545.95	37.88	96.49	49.94	840.18	34.35	30.35	54.86	684.91	43.34	60.91	39.67
环渤海	35715.72	23.79	3080.10	22.59	17544.91	22.16	809.33	12.57	14411.00	23.49	1467.66	28.89
北京	16082.75	21.70	1579.97	19.28	8337.81	17.79	331.16	6.97	4209.41	22.87	456.34	32.92
山东	7979.17	25.91	533.69	29.94	3849.18	27.96	171.80	46.08	4034.49	24.17	355.68	25.99
天津	2933.33	24.66	166.05	25.52	1668.26	28.90	42.43	32.10	1210.43	20.50	126.23	27.07
河北	7336.09	26.54	615.49	24.76	2893.07	29.18	128.65	15.33	4377.29	24.92	476.42	28.47
青岛	1384.38	24.31	184.90	35.46	796.59	27.93	135.29	39.47	579.38	20.92	52.99	28.50
中部	35298.18	28.24	2576.40	30.26	16445.13	30.58	923.32	28.19	18430.10	26.40	1672.01	31.32
山西	3325.03	24.43	180.48	27.14	1364.73	27.60	44.23	25.93	1948.25	22.73	138.63	27.58
广西	3118.20	26.06	193.59	27.72	1656.61	30.26	46.76	27.11	1446.50	22.65	148.34	27.11
湖北	6391.20	27.95	385.99	25.32	2717.01	26.61	163.83	21.37	3587.56	28.95	235.29	31.02
河南	6152.53	27.46	443.54	27.05	2526.09	29.82	95.56	21.21	3530.28	25.79	334.44	28.71
湖南	6764.27	36.42	371.56	41.73	2818.77	38.26	76.90	27.76	3847.20	35.14	329.74	46.50
江西	3278.52	26.13	377.20	31.16	1782.09	31.03	185.82	31.96	1446.34	21.78	186.33	28.94
海南	1050.71	23.00	-22.18	-14.67	656.43	25.38	-45.98	-18.10	394.03	20.11	23.93	21.05
安徽	5217.72	28.29	646.22	31.72	2923.40	32.54	356.20	32.05	2229.94	24.19	275.31	30.63
西部	33543.43	28.07	1353.54	19.58	17642.18	29.68	15.34	0.64	15633.67	26.53	1370.05	30.67
四川	9604.19	28.37	779.24	30.07	5350.09	32.33	438.75	35.39	4194.63	24.65	345.21	25.14
重庆	3171.94	25.22	280.21	24.55	1677.70	26.33	163.28	23.07	1425.09	23.80	117.37	26.64
贵州	2415.85	28.33	-144.13	-564.11	1368.44	28.42	-191.96	-86.77	1034.46	29.06	42.11	26.09
云南	3848.18	30.20	132.90	22.34	2232.62	34.04	-6.99	-5.73	1608.98	26.54	147.06	33.18
西藏	948.69	26.70	-111.45	-86.87	738.56	26.89	-121.17	-74.71	208.29	26.09	8.57	28.05
内蒙古	2919.74	29.29	120.53	18.23	1218.53	30.16	-103.35	-228.65	1670.19	28.55	229.09	36.01
陕西	4878.45	30.15	330.72	27.76	2074.13	30.49	105.03	18.85	2744.88	29.76	242.32	37.20
甘肃	1751.82	27.69	30.34	10.58	827.34	26.88	-33.28	-45.66	919.46	28.80	65.16	32.75
青海	900.46	29.91	-7.77	-11.95	461.94	28.20	-29.75	-566.67	437.77	32.03	22.34	35.03
宁夏	670.47	29.24	-13.43	-27.82	296.85	27.76	-37.83	-93.22	372.87	30.49	25.19	27.13
新疆	2433.64	23.26	-43.62	-10.01	1395.98	24.21	-167.39	-234.77	1017.05	21.84	125.63	33.50
东北	11444.72	30.35	761.89	37.33	4403.18	35.08	89.12	19.90	6929.98	28.06	691.03	40.77
辽宁	4540.07	32.72	393.89	46.67	1703.37	37.48	133.97	44.60	2804.54	30.39	271.70	44.99
吉林	2735.40	32.57	81.33	46.32	1092.13	37.96	-87.96	-47.31	1615.11	29.79	174.75	50.03
黑龙江	2818.92	26.95	206.85	25.23	1002.36	29.95	27.72	8.82	1803.83	25.71	180.54	34.62
大连	1350.33	27.12	79.82	39.59	605.32	33.92	15.39	79.89	706.50	23.32	64.04	29.08

注：1. 本表数据来源于人民银行信贷收支月报，2018 年 12 月 31 日人行美元汇率 6.8632。

2. 与建行口径比，人行各项存款均包含保本理财资金，“对公存款”多包含邮储银行协议存款。

3. 占比为建行占国有四大银行的比重。

中国建设银行各项贷款市场占比表（本外币、分地区）

2018 年 12 月　　　　单位：亿元，%

地区	各项贷款			
	余额	占比	比年初	占比
全国总计	**128349.52**	**26.30**	**10663.88**	**23.41**
长三角	24788.10	24.13	1215.57	15.66
上海	6377.15	27.01	-289.50	-78.99
江苏	7568.11	25.56	648.50	23.76
浙江	6094.96	20.45	556.94	16.90
宁波	1584.12	21.51	74.06	14.21
苏州	3163.76	25.62	225.57	26.59
珠三角	22094.87	28.21	1589.19	22.75
广东	9869.23	24.76	1310.45	29.19
深圳	6176.41	31.03	-140.08	-11.71
福建	4610.06	32.29	321.90	30.94
厦门	1439.17	33.49	96.92	37.36
环渤海	22374.44	27.20	1628.65	28.85
北京	7412.01	30.30	1027.75	34.79
山东	5223.51	23.26	196.58	22.14
天津	2992.21	26.88	76.04	16.28
河北	5315.12	28.26	262.18	28.76
青岛	1431.59	26.49	66.10	15.56
中部	25527.84	29.12	2564.58	27.71
山西	2204.74	27.88	190.22	26.64
广西	2668.49	28.40	261.79	30.73
湖北	4478.83	27.92	404.71	22.05
河南	4624.42	29.28	395.19	25.90
湖南	4698.21	36.10	540.25	35.37
江西	2413.13	25.97	245.37	25.86
海南	860.35	27.01	141.68	32.42
安徽	3579.67	27.47	385.37	27.22
西部	23993.28	27.83	1876.73	26.87
四川	5087.68	24.43	476.98	23.66
重庆	3374.79	27.74	374.19	27.49
贵州	2170.57	25.93	244.53	25.70
云南	2660.59	27.92	282.59	36.06
西藏	657.19	29.03	35.96	26.89
内蒙古	2499.80	32.15	-23.46	-17.28
陕西	3053.06	32.05	269.79	32.11
甘肃	1384.68	26.77	60.92	21.12
青海	741.60	28.72	27.03	20.03
宁夏	726.08	29.83	39.73	28.36
新疆	1637.24	29.36	88.47	44.16
东北	7427.93	30.03	413.69	49.17
辽宁	3229.61	33.56	144.34	55.91
吉林	1846.72	31.30	110.74	76.53
黑龙江	1235.05	23.70	80.17	24.14
大连	1116.55	27.92	78.44	73.74

注：1. 本表数据来源于人民银行信贷收支月报，2018 年 12 月 31 日人行美元汇率 6.8632。

2. 占比为建行占国有四大银行的比重。

第六部分　专题与调查研究

一、高层论坛

为打赢防范化解金融风险攻坚战提供纪律保障

中国建设银行党委书记、董事长　田国立

党的十九大把防范化解重大风险作为决胜全面建成小康社会三大攻坚战的首要战役。其中，金融风险是当前最突出的重大风险之一。十九届中央纪委二次全会指出，要着力解决选人用人、审批监管、资源开发、金融信贷等重点领域和关键环节的腐败问题。国有大型商业银行要牢固树立“四个意识”，在思想上政治上行动上同以习近平同志为核心的党中央保持高度一致，自觉承担起防范化解金融风险的重大政治责任，发挥出“稳定器”“压舱石”的中流砥柱作用。国有商业银行纪检监察机构作为银行内部的监督部门，在防范化解金融风险中具有重要的、不可替代的作用，应当牢记职责使命，敢于担当、有所作为，为打赢防范化解金融风险攻坚战做出应有的贡献。

纪检监察机构在防范化解金融风险中大有可为

习近平总书记在全国金融工作会议上深刻剖析了 8 个方面的金融风险。对国有大型商业银行来说，这些风险都是现实存在的。金融风险形成和发生的原因比较复杂，既受到国际金融风险的传染，也有国内经济周期的影响；既有市场因素，也有操作因素、道德因素。近年来，从发生的一系列重大金融风险事件来看，大多数都是由于金融机构及其员工违规违纪引发的。从银行业的情况分析，银行相当一部分不良信贷是由于员工违规违纪造成的，这些违规违纪行为背后往往又隐藏着内外勾结、以贷谋私、利益输送等腐败问题，呈现出信用风险、操作风险、道德风险由表及里并相互交织的现象。从近期媒体公开报道的一系列金融违法案件看，基本上都有银行员工和外部不法分子内外勾结的情况，因员工违规违纪行为和腐败问题引发的金融风险以及造成的资产损失不容忽视。

防范化解金融风险，一方面，要从内部控制上把住“第一道关口”；另一方面，要加大对违规违纪和腐败行为的查处力度，解决滋生金融风险的深层次问题。银行纪检监察机构作为企业内部的监督部门，承担着党的纪律审查和企业内部监察的双重职能，承担着维护银行体系健康和资产安全的重要职责。银行纪检监察机构在防范化解金融风险中要找准职责定位，强化监督执纪问责，发挥在纪律教育、违规查处、警示震慑、督促整改等方面的独特优势，将银行因违规违纪产生的风险和损失降到最低程度。

抓好防范化解金融风险决策部署落实情况的监督检查

检查党的路线方针政策和决议的执行情况，是党章赋予纪律检查机构的重要职责。防范化解金融风险是中央作出的重大决策部署，银行纪委要提高政治站位，坚决贯彻落实中央的决策部署，履行好专责监督职责，围绕防范化解金融风险强化监督检查，督促各级机构把思想统一到中央对金融风险的认识和判断上来，把力量凝聚到防范化解金融风险的任务落实上来。对防范化解金融风险表态多调门高、行动少落实差的机构和部门，抓住典型、严肃问责、形成震慑。要高度重视与金融风险有关的信访举报，提升敏感性和洞见力，做到以小见大、以个案窥全貌，既查个案问题，也对所在单位领导班子和有关干部贯彻落实党中央决策部署情况作出科学准确的评判。银行巡视机构要把被巡视单位贯彻落实中央决策部署情况作为巡视重点，深入了解被巡视单位党组织是否牢固树立了风险防范意识、是否有效落实了防范化解金融风险的各项规定和要求、是否对重大风险及时采取了处置化解措施，深入发现和揭示金融风险中隐藏的违规违纪和腐败问题。通过强有力的监督，确保党中央的决策部署在金融机构落地生根、令行禁止。

从严查处引发金融风险的各类违规违纪行为

党的十九大将纪律建设纳入党的建设总体布局，是党建理论和实践的重大创新。对商业银行来说，加强纪律建设既是落实全面从严治党要求的具体体现，也是防范化解金融风险的现实需要。银行是高风险行业，必须依靠严密的制度来控制风险、防范风险，如果制度得不到执行、形同虚设，银行面临的风险就会越来越大。未来银行的竞争既是发展质量和发展速度的竞争，也是遵规守纪和合规经营的竞争。

银行纪检监察机构是银行内部查处违规违纪行为的主责部门，要按照党的十九大精神和要求，进一步聚焦主责主业，深化转职能、转方式、转作风，加大对违规违纪行为的查处力度，把纪律和规矩真正严起来、执行到位，形成“带电的高压线”。一方面，可以充分发挥震慑作用，强化“不敢腐”的氛围，减少因违规违纪产生的金融风险；另一方面，有利于银行及时发现风险，有效采取保全措施，减少、挽回经济损失。同时，违规违纪行为的查处过程，也是对银行业务经营管理、制度流程、内部控制的深度“体检”过程，能够有效发现其中的制度漏洞、流程缺陷、管控不力等问题，通过督促相关部门有效整改，起到举一反三、堵塞漏洞的风险防控治本作用。当前，要重点查处信贷、影子银行、房地产金融、地方政府融资等突出风险领域的违规违纪问题，既严肃追究违规违纪者的直接责任，也对重大案件中的领导责任和管理责任进行有力问责。

重点查处金融信贷领域的腐败问题

十九届中央纪委二次全会强调，紧盯重点领域和关键环节，着力解决选人用人、审批监管、资源开发、金融信贷、大宗采购、土地出让、房产开发、工程招投标以及公共财政支出等方面的腐败问题，不断增强震慑遏制作用。将金融信贷作为反腐败斗争的重点领域，体现了党中央对金融领域反腐败形势的准确判断和科学决策。党的十八大以来，金融领域反腐败斗争取得了重大突破和显著成效，但金融领域腐败问题仍比较突出，违法乱纪案件仍处于高发状态，反腐败形势依然严峻复杂。信贷是银行最主要的资源，也是最容易发生腐败案件的业务部位，银行干部员工以贷谋私、收受客户好处，放松贷前调查、贷款审查、贷后管理，甚至与社会不法分子勾结骗取银行贷款等情况还时有发生，给银行资产安全造成了严重威胁。

国有商业银行要坚决贯彻中央关于金融反腐的要求，以信贷领域为重点，以坚如磐石的决心和“狭路相逢勇者胜”的斗争精神，坚持无禁区、全覆盖、零容忍，坚持重遏制、强高压、长震慑，坚定不移地深入推进反腐败斗争。银行纪检监察机构要协助党委开展好反腐败工作，发挥专业优势，对信贷腐败问题出重拳、下重手进行专项整治。通过整合群众信访、巡视发现、业务部门移交、审计移交等渠道，多方位发现信贷领域的问题线索，将查违规与查违纪全面结合起来，深挖背后隐藏的腐败问题。对涉嫌违法犯罪的干部员工，坚决移送司法机关，绝不姑息纵容，形成震慑。在加大信贷腐败查处力度的同时，全力做好相关信贷风险处置化解工作，减少信贷资产损失，保护好信贷资产安全，守住不发生系统性风险的底线。

（原载《中国纪检监察报》2018 年 4 月 12 日）

开启新时代中银协工作新征程

中国建设银行党委书记、董事长　田国立

过去三年，在原银监会和民政部的指导下，在广大会员的大力支持下，中国银行业协会深入学习贯彻习近平新时代中国特色社会主义思想和第五次全国金融工作会议精神，秉承“一切为了会员，一切依靠会员”的办会理念，紧密围绕“自律、维权、协调、服务”四项职能，以促进实现会员共同利益为宗旨，服务会员的意识和能力不断增强，并在加强行业自律、维护正当权益、协调有序发展、提升服务水平等方面做出了积极贡献。目前，会员单位从三年前的 374 家增至 673 家，观察员单位从 4 家增至 35 家，专业委员会从 25 个增至 31 个。

2015 年，中银协连续第二次被民政部授予“全国先进社会组织”的荣誉称号；连续第二次获得 5A 最高等级全国性行业协会商会。2017 年，民政部顾朝曦副部长在中国社会组织网撰文指出，中银协在全国性行业协会商会中走在了改革发展的前列。

强化自律规范　推动银行业服务品质提升

作为行业自律组织，中银协一直致力于推进自律合规体系建设，通过不断补充和完善各类行业规范和标准，保障银行业规范、有序、健康发展。

制定行业规范，维护市场竞合秩序。在制定行业规范方面，中银协独立或联合发布利率、保理、信用卡、养老金、服务收费、完善残障人士银行服务等数十项自律规范文件。在推进银行业供给侧结构性改革方面，组织发布了《中国银行业“减费让利支持实体经济”倡议书》，并编写了《商业银行减费让利支持实体经济发展有关情况报告》。在消费者保护方面，连续三年开展“3·15”消费者权益日和“普及金融知识万里行”专题活动，编写《中国银行业从业人员消费者权益保护知识读本》。此外，持续推进中国银行业营业网点文明规范服务评估工作，打造“百佳”“千佳”文明规范服务金字招牌卓见成效。2017 年郭树清主席与国开行等九家大型国有银行董事长共同为示范单位授牌。

参加国新办举办的银行业支持“一带一路”举措成效新闻发布会。2017 年 5 月，中银协牵头会同国家开发银行、进出口银行、工商银行、中国银行四家机构负责人在国新办举办银行业支持“一带一路”举措成效新闻发布会，全面介绍了银行业服务“一带一路”战略的成效，引起各方关注，并被《人民日报》等中外媒体广泛报道。

引导银行业做好重要节假日金融服务。2018 年 2 月，中银协在原银监会新闻发布会上发布了《关于做好春节期间银行业金融服务的倡议》，号召各银行业金融机构用心、用情、用力做好春节期间金融服务，并提出了服务重点、服务方式等 18 条具体措施。倡议发出后反响强烈，得到了银行业普遍支持和响应，倡议内容被中国政府网全文转载。

深入开展维权工作　维护银行业合法正当权益

为做好银行业权益的“守护人”，中银协秉

承“大维权”思路，全力协调公安、司法等部门，通过多样形式、多种渠道全力维护银行业合法权益。

制定实施“中银协依法保护银行债权、打击逃废银行债务”专项活动计划，全面开展“四个一批”专项活动。针对会员单位报送的534份债务人信息逐条核对，形成发布名单，涵盖“通报一批”的47家金融机构、225户债务人、本息合计约505亿元；“公示一批”的60家金融机构、220户债务人、本息合计约354亿元；“督办一批”的133个案件、合计约149亿元；“制裁一批”的29家金融机构、108户债务人、本息合计约145亿元。此外，完成对200户严重失信债务人在会员单位的内部通报工作。

助推社会信用体系建设。与国家发改委金融司签署涉金融失信惩戒合作协议，审核、确定并发布涉金融失信名单1500家。制定《银行业金融机构“失信人”名单管理办法》《“逃废银行债务机构”名单管理办法》等，多渠道维护银行债权。

与最高人民法院深化合作，形成行业维权合力。报送银行业重大疑难执行案件共16件，金额近28亿元，已执行3亿余元。报送银行业执行积案4万余件，金额近3000亿元，已清理7000余件，金额约80亿元。协调处理中国银行、德意志银行、北京银行、招银租赁等18起会员单位的维权案件。推动解决大船海工等重大债务违约问题，最终推动大船海工按约定偿付利息人民币4600多万元、美元1000多万元。

维护银行业良好声誉。2017年9月，中银协牵头四家银行出席国新办精准吹风会，向中外媒体重点介绍了我国银行业整体发展、信贷资产质量等情况，并以“评级不能只见‘树木’不见‘森林’”为题撰文回应标普下调主权及部分金融机构评级，中国政府网全文转载回应文章。此外，发挥“协会－专家－媒体”合力，针对商业银行存款利率变动、20家银行停贷等舆情，组织专家撰写署名文章，正面引导舆论。连续三年举办“银行业年度十件大事”“好新闻评选”“匠心精神高峰论坛”等活动，营造行业良好发展氛围。高质量出版发行《中国银行业》杂志，打造专业一流的媒体平台，树立行业正面形象，弘扬金融正能量。

加强协同效应　搭建政策沟通桥梁

中银协始终坚守“会员之家”的角色定位，充分发挥行业与监管之间的桥梁纽带作用，积极向有关部门反映行业诉求，促进相关政策有效贯彻执行。

推动银行业营改增政策实质性落地。邀请财政部和税务总局解读新规，反馈银行业对营改增政策的意见建议，促成六项补丁政策及《财政部税务总局关于资管产品增值税有关问题的通知》（财税〔2017〕56号文）的出台，明确了银行业固定资产抵扣事项和涉农机构保留3%征收率纳税等税收优惠政策，确保银行业税负实现只减不增的改革目标。同时，向银监会报送银行业营改增执行情况和改进建议，并获得郭树清主席肯定批示。为帮助会员单位做好营改增转换工作，编制了《银行业营改增实施指南》《营改增理论与实务研究》等。

建立银行高管与监管领导沟通机制，积极反馈行业发展诉求。组织商业银行高管拜访人民银行、原银监会、证监会、外管局、商务部等部门，深入探讨行业发展与监管问题等，向人民银行反馈关于MPA、实施全口径跨境融资宏观审慎管理、资管新规的相关意见，推进银行业可持续健康发展。积极配合和参与国际金融监管协作等工作，向巴塞尔委员会反馈关于巴III最新修订情况，向标普反馈关于《银行资本评估方法论》等相关意见，并与国际同业组织一同向欧盟委员会等机构递送联合意见书，表达我国银行业对欧盟中间母公司（IPU）监管措施的意见和诉求。

提升服务质效　助力引领银行业科学发展

为全面提升行业服务质效，中银协围绕行业需求和发展，深入研究行业发展趋势和各业务条线，形成系列优秀研究成果有效推动了银行业的科学发展。

服务监管机构，切实当好监管部门的助手。连续三年组织召开城商行年会并发布《城商行发展报告》，制作《守善固本行稳致远：城商行发展回顾及展望》等专题片，全面展示了城商行改革发展的良好风貌，举办第一届全国性股份制商业银行年会，郭主席和曹副主席对年会的成功召开均予以充分肯定。

服务行业需求，引领行业科学稳健发展。注重报告引领。连续7年发布《中国银行业发展报告》，连续9年发布《中国银行家调查报告》《中国银行业社会责任报告》等；连续多年发布《中国农村金融发展报告》《中国普惠金融发展报告》等；首次发布《在华外资银行发展报告》《大陆台资银行发展报告》《村镇银行十年发展报告》等。注重评级引领。发布“陀螺评价体系”评价结果，打造了独具特色的中国银行业评价体系。发布以银行核心一级资本净额排序的“中国银行业100强榜单”。在标准引领方面，发布《中国银行业无障碍环境建设标准》团体标准，并推动立项国家标准。逐年升级《中国银行业营业网点文明规范服务标准评价体系》并发布为团体标准。

推进开展绿色金融、普惠金融，持续提升薄弱领域金融服务水平。组织29家银行签署《中国银行业绿色信贷共同承诺》，发布《中国银行业绿色银行评价实施方案》。编写全球第一本《绿色信贷》中英文教材，英文版已刊登世界银行国际金融公司绿色信贷跨国工作组官方网站，向全球银行业展示了中国绿色金融教案。连续两年举办中国普惠金融国际论坛、中国中小企业投融资交易会，向中外媒体全面介绍我国银行业在服务“三农”、服务小微、服务薄弱领域的实践做法，为国际普惠金融发展提供了中国范式和案例，加强了普惠金融国际交流与合作。

全面对外合作交流　提升国际影响力

中银协始终坚持开放融通、兼收并蓄的理念，既“请进来”，向国际同行学习借鉴，又主动“走出去”，在世界舞台展现中国银行业的多姿多彩。

加强多双边金融领域交流合作。在京成功举办IBFed（国际银行业联合会）第48次董事会，出席第50次、52次董事会。参加FCI（国际保理商联合会）年会，成功促成建设银行成为FCI执行董事，并举办“中国之夜”专题活动。与瑞士银行家协会共同举办中瑞金融圆桌论坛，与韩国银行业联合会共同举办中韩银行业发展论坛。举办中国银行业服务“一带一路”研讨会，外资银行助力“一带一路”建设座谈会。发起筹建成立亚洲金融合作协会，主持亚金协第一届第三次理事会，并在中东欧金融前沿问题论坛上作了题为“把握机遇携手前行共同推进中欧金融合作共赢”的主旨演讲，向中东欧16个国家介绍了中国经济和银行业改革发展成就。

与国际性组织及多国银行业组织扩大交往合作。与联合国环境规划署、世界银行集团国际金融公司及德国、法国、意大利、捷克、卢森堡银行业协会新签合作备忘录，与匈牙利银行业协会续签合作备忘录。

成立台资银行委员会。专门成立台资银行委员会，加强两岸交流合作。推动台资银行参与国家开发银行等银团贷款试点。成功举办台资银行年会，组织开展“银鹰”港台青年学生暑期到大陆银行实习计划，参加两岸企业家峰会年会，成功推进台湾银行业机构参与大陆银团贷款业务。

着力人才培养　加强专业化银行家队伍建设

中银协开展多层次、广覆盖、高质量的各类教育培训活动，着力培养既具有全球视野又熟悉实际情况的高素质专业化银行家队伍。

一是通过国家引智平台以“请进来”的方式，与哈佛大学肯尼迪学院共同举办“中国银行家高级研修班”，每年与香港金管局合作举办两期“内地银行家风险防范与转型发展研讨会”，与香港交易所合作举办两期“中国银行家资本之路专题研讨会”。

二是充分发挥东方银行业高级管理人员研修院作为国家级专业技术人员继续教育基地的价值，举办5期国民经济重点行业前沿讲堂、7期银行业前沿问题大讲堂和93期高端研修班。

三是推动银行业从业资格考试正式更名为银行业专业人员职业资格考试，并纳入国家职业资格目录。三年来，组织6次全国性考试，422万人次报考，33万人获得资格证书。

四是上线并平稳运营银行业专业人员继续教育网络学习系统，累计上线课程141门、421学时，机构注册350多家，注册人数30万余人，累计学习课程约310万学时。

从严治党治会　加强协会内部建设

三年来，中银协党委认真履行基层党建责任，主动谋划党建工作，加强协会内部建设，确保协会党委主体责任履行到位。

把学习宣传贯彻党的十九大精神作为首要政治任务，全面开创党建工作新局面。在全体员工中开展“我为协会做了哪些有价值的工作？我为会员单位提供了哪些有意义的服务？我为银行业稳健发展、为党的金融事业做了哪些贡献？”问题大讨论。扎实开展“两学一做”学习教育活动。从协会实际出发，创新开展“两引两争”活动，即在党员中开展“创建引领型党支部、争做引领型党员”，在员工中开展“争创一流业绩，争做优秀员工”活动，实现党组织活动全覆盖，调动全员干事创业的积极性。

把纪律和规矩挺在前面，落实八项规定不留死角。制定《贯彻落实中央改进工作作风密切联系群众八项规定精神的实施细则》和《违反中央八项规定精神专项整治工作方案》。严格考核考勤纪律，研究制定《员工考勤暂行管理办法》，坚持党建工作与绩效考核指标挂钩，每季度采用平衡计分法对党建和内部管理、工作业绩以及党风廉政建设进行综合测评，推动协会工作切实从“业务至上”向“一岗双责”转变。

补短板堵漏洞，从制度上扎紧“不能腐”的篱笆。制定《财务管理工作指引》《采购管理办法》等规章制度，在财务、办公、因公出国（境）等方面健全内控机制，用制度管钱、管人、管事。

坚持民主集中制，完善协会治理机制。协会不断提高党建工作的制度化规范化水平，制定了《干部选拔任用工作实施细则》，规范选人用人程序。制定了涉及“三重一大”等方面的规定，每周召开党委会，要求“三重一大”必上党委会研究，特别重大的依规报理事会或银监会。第七届理事会期间，共组织 17 次理事会、4 次常务理事会、2 次监事会，向理事、监事单位印发 34 期理事监事阅悉件。

迈入新时代　再上新台阶

目前，中国银行业协会的各项工作已经站到了一个较高的平台上，下一步的发展更重要的还是要以问题为导向，在新形势、新变化中找准新方向，推动协会工作整体再上新台阶。监管部门对中国银行业协会未来的工作重点做了明确的指示和要求，我们要在深刻学习领会的基础上，深入谋划、合理部署，推动工作、指导实践。要以行业自律组织身份，规范银行业行为和市场秩序，使银行业有序竞合。以行业整体代表身份，强化沟通协调与政策协同，反映银行业的诉求，帮助行业排忧解难，促进会员单位实现共同利益，维护银行业合法权益，重点维护好银行债权、业务特许权和行业知识产权，为会员单位争取话语权。以行业服务平台身份，努力打造宣传舆情、信息科技、国际交流等平台，强化培训服务等职能，不断提高从业人员能力水平，培养高素质银行家队伍，促进银行业稳健经营和发展。

在监管部门、民政部的指导监督下，中国银行业协会在加快建设社会主义现代化新征程中要积极做到“服务国家、服务社会、服务群众、服务行业”，争做有担当的现代社会组织，努力把中国银行业协会建成全国性社会组织的标兵和榜样。在未来工作中，我们应志存高远，脚踏实地，勇担重担，开拓新局，努力研究谋划新时代银行业发展新思路、新举措，开启新时代中银协工作的新征程！

（原载《中国银行业》2018 年第 4 期）

开启普惠金融战略发展新时代

中国建设银行党委书记、董事长　田国立

在全党全国人民深入学习党的十九大精神、习近平新时代中国特色社会主义思想之时，中国建设银行（以下简称“建行”）启动普惠金融战略，可以说恰逢其时。

提高站位，深刻理解普惠金融战略的深远意义

普惠金融业务是落实中央部署的政治任务，是服务国家战略、服务社会民生的责任担当，是建行的重大战略选择，是赢得未来市场的重要战略调整安排。

普惠金融是新时代一项重要的政治任务

普惠金融涉及小微、双创、扶贫、三农等领域，涵盖范围广泛，关系国民经济质量和效益，关系就业和民生改善，是解决新时代发展不平衡不充分的社会主要矛盾、实施乡村振兴、打好脱贫攻坚战、支持实体经济补短板、降低社会融资成本、推动全面建成小康社会的需要，是践行创新、协调、开放、绿色、共享新发展理念的战略领域。

党中央、国务院高度重视普惠金融事业，党的十九大、全国经济和金融工作会议、政府工作报告均作出战略部署。国务院、人民银行、银保监会分别召开会议、组织调研、密集部署。激励普惠金融发展的配套政策频出，法治环境逐步完善。政策红利的释放，政务信息资源共享平台的搭建，传递了清晰的国家要求和政策导向，普惠金融业务是我们必须要完成的政治任务。同时，商业银行发展普惠金融正面临着前所未有的政策机遇和良好的生态环境。

普惠金融是建行作为国有大行的责任担当和使命

国有大型银行要有大格局、大担当，着力服务国家、服务人民。60 多年来，建行与共和国同呼吸共命运，矢志不渝坚守“国家利益至上，服务建设为本”的理念，为国家现代化建设作出了历史性贡献，走出了一条具有鲜明特色的国有大型银行兴行强国之路。尤其在服务实体经济、支持产业转型升级、助力民生领域发展、破解社会难点痛点问题等方面，建行义不容辞。

普惠金融正是一个对社会事业和人民生活具有重大意义和深远影响的事业。小微企业贡献了 60% 的 GDP、80% 的就业、50% 的税收和 70% 的创新，不仅是吸纳就业的“主力军”，更是激励创新、带动投资、促进消费的“生力军”，是中国经济的新引擎、新动能。李克强总理强调，小企业是个大市场，业务潜力很大，要把支持小微企业看成一个大事业。通过发展普惠金融，要为国家实实在在解决一些社会痛点、民生难点问题。源于社会、回馈于社会，让艰苦创业的企业家们和广大人民群众有充分的获得感，这是建行一直坚持的优良传统和家国情怀，也是作为大国重器理应主动承担的社会责任和使命。

普惠金融战略是建行进入新时代的重大战略决策

从建行诞生之日起党和国家就把“建设”的使命赋予我们的肩头，“哪里有建设，哪里就有建设银行”，基础设施建设、房地产一直是建行的传统定位和比较优势，“要买房，到建行”的品牌享誉至今。20 世纪 90 年代中期，建行契合于短缺经济下大规模经济建设的时代背景，在向商业银行转轨的过程中寻找新定位、谋定新战略，在优势比较中提出实施以依托大行业、大企业为核心的“双大”经营战略，那是根据自身实际，审时度势作出的精准决策。该战略的实施成为推动建行繁荣发展的立行之本，成就了建行 20 多年的辉煌。

现在，国际国内经济形势已发生了巨大的变化，经济金融格局也不断改变，中国经济由投资拉动向消费驱动转变已经成型，经济结构调整和动能转换带来了市场新变化，在互联网和高科技发展的推动之下，市场资源配置方式在很多领域发生了颠覆性改变。新的市场业态加速呈现。与此同时，一些传统领域产能过剩日益严重，在经济从高速度向高质量发展方式转变过程中，风险压力正在积聚，特别在金融领域表现突出，系统性金融风险防范成为当前三大攻坚战之首，下一步加大金融领域对外开放将更令我们压力倍增。

在此背景之下，我们必须看到这样三个趋势。第一，国民经济投资拉动的格局正在发生演变，固定资产投资的边际收益率近几年不断下降，在高储蓄率的背景下，消费驱动是经济增长的必然选择。伴随着投资拉动的动能衰减和消费时代的到来，我们依赖的传统的大型基础设施建设项目明显减少，且持续产生的增量有限，房地产业也已发展到一定地步，余地可判。第二，金融新生业态在互联网技术的催生下快速诞生与迭代，新业态新模式对传统银行业务的冲击很大，对我们来说“消失的银行”绝不是危言耸听。第三，目前实体经济与虚拟经济的关系出现严重偏差。在国民经济校正过程中，实体经济在供给侧改革中呈现生机，而“双小战略”是支持实体的金融服务，正逢其时。未来市场的快速成长，将更多地依赖于无数实体经济的新兴主体和成长主体。我们国家目前注册的市场主体近亿个，这是一个庞大的数字，这不仅是一个量级概念，要知道未来更多的腾讯阿里都会在其中诞生成长。

说到这里我想起了一些地区的例子。新中国成立很多靠重工业发展起来的城市，大项目居多，大企业聚集，不少城市都因为一两个大型企业而兴，老百姓生活在这种环境里很幸福，但是多年过去了，现在再靠这个“大”字，结构调整机遇丢掉了，产业升级的感觉没有找好，市场培育无法充分。当市场深度开放，面对新的经济形态和高质量发展考验，无法适应，无力承接。这些地区的问题是很好的启发。应该认识到，大趋势有时是很残酷的，做“大”的业务已经习惯了，当大的风险向我们投放了阴影，当一场危机正一步步走来，毫不夸张地说，我们可能还在灰犀牛背上狂欢。今天，必须有强烈的危机意识，一定要认识到我们正站在发展和衰落的关口，面临着艰难的选择。

经过反复研究，我们认为在新的时代背景下，应该面向蓝海、面向大众、面向草根，在巩固好传统优势的同时做出战略调整。为此我们提出普惠金融战略行动计划，即迅速实施“双小”战略。用“双小”与“住房租赁”“金融科技”相互形成战略支持。用“双小”连接和承接“双大”，用住房租赁连接和承接住房按揭，用金融科技连接和承接对公对私业务，这样无疑能够与原有优势形成融合，与外部市场形成链接，我们的竞争优势将形成差异性和综合性。“双小”战略指小行业、小企业。这个小行业，是指行业细分行业演进状态下的小行业，是细分市场基础上的小行业，这是专业化精细化的结果，并不是说是容量小的行业，因此并不代表小众市场，而是大众市场。而小企业，是指海量的小微企业和个体工商户等市场主体，这里面既有与大众生活息息相关的，也有代表未来社会发展趋势创新的，还有围绕乡村振兴战略的新型农业经营主体等，这些目前相对弱势的企业没有被金融满足，但这些是国计民生，是未来发展，这里面商机巨大！大银行掌握着巨量的金融资源，一旦向中小微企业发力，必将极大改善这些企业的生存发展环境，促进实体经济快速发展。

可以说，在新兴金融科技的支持下，传统的“二八”定律正在被颠覆。未来的金融，必将是得草根者得天下，我们要看到时代发展的大势。我们要不忘初心，保持我们传统业务的优势；同时与时俱进，根据新的形势进行调整。

当前，我们正站在建行历史的转折点上，正处在一个跨度20年的历史性时刻，建行要顺应国家经济发展大势，主动变革，老树发新枝。战略调整不仅需要方法转变、模式转变，更需要观念转变、思想转变。习近平总书记在博鳌亚洲论坛2018年年会演讲时指出，“一个国家、一个民族要振兴，就必须在历史前进的逻辑中前进、在时代发展的潮流中发展。”普惠金融战略具有深远的经济意义和社会意义，发展普惠金融业务，不是被动地完成任务，而是主动承接社会责任，顺应发展大势。

创新思维，深入把握普惠金融战略的科技属性

发展普惠金融（双小）业务不是靠良好的愿望，而是要靠能力。普惠金融战略的落脚点和实施核心就是平台经营、数据经营，以金融科技为支撑，由单一提供金融产品到搭建外部交互开放、内部充分整合的平台，进而为市场和客户服务，增强客户黏性和认同，产生流量和交易，拓广拓深经营空间和未来市场。用一句话概括，就是以互联网思维，运用好平台经营模式，不断提高数据资产经营能力，打造金融新生态。

互联网思维。在基于互联网的大数据、云计算等科技的不断发展背景下，需要对市场、用户、产品、企业价值链乃至整个商业生态进行重新的审视和思考。以前以客户为中心，其实是以客户价值为中心，选择高净值客户提供金融产品，帮助客户提升价值。而互联网时代，以客户为中心，是以客户关系为中心，谁能吸引更多的客户沉淀，谁能建立更加广泛的、稳定的客户联系，谁就能赢得大数据和大市场。

服务平台建设。互联网思维的核心特点是大数据、零距离、透明、分享、易操作，实施方式即平台经营。要以平台经营模式做实普惠金融战略，即由建行搭台，各方唱戏，与各类用户、各种场景深入连接，多方融入、共享交互，集聚客群，经营“内容”，生成“流量”，从而实现数据的积累，再把数据作为一种资产来经营，创造更丰富的内容，进一步增强客户黏性，产生更多的流量，实现良性循环。平台经营模式在建行已有成功案例，比如，建行推出的住房租赁蓝海项目，既是落实中央“房子是用来住的、不是用来炒的”要求，也是自身业务发展的需要，住房租赁综合服务平台一经打造出，发展的如火如荼，并且有了进一步的深化连接。同时，建信金融科技公司成立，意在搭建同业合作共享平台，服务社会，打造同业合作生态。

“双小”战略推进模式与“双大”的根本不同在于平台建设。双大更多是个性化服务，而“双小”则在于平台上的资源整合。因为客户需要的不仅仅是个别产品服务，而是一个全方位的金融生态。要以金融科技应用为支撑，通过客户聚合、场景接入、数据集成，输出产品，实现服务。这个平台一定是开放的，要走出去、引进来，将普惠客群、银行同业、地方政府、核心企业、第三方服务机构等迁入进来，“多位一体”，实时交互。要融入客户生产生活场景，与住房、购车、餐饮、出行等服务应用连接，挖掘潜在商机。精准定标客群，解决“痛点”，切中要害，实现“大片”客户的快速接入，引导和创造客户需求。普惠金融平台，面向客户的是金融产品、交易服务、综合服务等。可搭建基于客户视角的金融产品超市，形成供应齐全、优势突出、组合多元的产品体系，满足客户信贷融资、资金结算、投资理财、在线ERP、融资与融智、线上与线下相结合的一站式金融需求。运用区块链技术，促进传统贸易融资向依托产业链的“交易金融”模式跨越，实现资金流、信息流和物流“三流闭环”，持续开展数据挖掘利用，扩大客户服务范围。还可以提供全生命周期管理服务，包括孵化服务、咨询服务与成长型服务等。

大数据应用。普惠金融平台的载体是跨越各种终端设备的，如电脑、手机、甚至未来智能穿戴设备。后台支撑的是全方位打通的系统，以及开放式接入的各类数据及数据挖掘应用。用户无论在任何时间、任何地点、以任何方式接入平台，均能实现客户信息同步整合，实现多点触发，集成管理。平台内沉淀积累的数据信息是建行未来的重要资产，以企业级视角，分析挖掘数据价值，支持客户精准营销、产品创新优化、精细风险管控、客户维护与价值创造、流程效率改进等多维功能，打造数字化管理条件下的竞争优势。

抓紧布局，推进普惠金融战略的实施

健全体制机制，构建普惠金融的新格局

建立适合的业务经营机制。未来，建行普惠金融客户将形成可观量级，这对目前的经营体制带来不小的挑战。客户经营管理不好，不仅难以提供高质量的服务，更容易出风险。要着力推进一体化经营、综合化服务和系统化管理。加强与普惠各类市场客户的衔接，强化中后台支持保障，深化客户关系管理。目前，总行、分行、支行“三级”普惠金融垂直组织架构已经形成，但是机构设置不能停留在挂牌上。总行已责成有关部

门近期下发文件，明确职责和经营定位，强化责任落地，确保建立结构完整、职责清晰的普惠金融组织架构体系。

充分整合人力资源。金融科技的发展节省了大量柜台工作人员。而普惠金融客户群体分布广泛，且多扎根在基层，因此，前端营销渠道要铺开，正可充分借力网点人员的释放，提高复合型客户服务能力。这样既解决客户数量众多与我行专职人员严重不足之间的矛盾，推动普惠金融服务机构向基层网点及县域、农村延伸，扩大服务覆盖面，同时也为大量的一线工作人员提供了职业生涯发展的好机会。

搭建普惠金融研究体系。实际上普惠金融是一个国际化的大课题。在普惠金融领域里，还有许多亟待解决的理论和现实问题。国有大银行更应有所发现有所突破。为此，我们将建立产学研结合的普惠金融研究智库，并加强应用，使建行成为国内乃至国际普惠金融研究的领先者、推动者和影响者。

配置战略资源，形成发展合力

2018 年，建行党委下决心全力推进普惠金融业务，在落实银保监会“五专”经营机制的基础上，形成相对完整的普惠金融政策体系，与普惠金融战略定位、经营发展需求及监管要求相适应，促进普惠金融业务专业专注专营。

首先，针对普惠金融业务快速增长需要，专项配置普惠金融贷款规模。其次，要建立起符合普惠金融业务特点的专项绩效考核制度。把能不能运用互联网思维，能不能迅速把普惠金融抓出成效作为衡量各分支行一把手是否具有现代银行领导素质的重要指标。普惠金融客户很多都非建行传统擅长经营的领域，是新兴主体、新产业、新业态，因此，相关部门要加强研究，信贷管理制度、审批制度要创新，要契合客户特点，跟上业务发展的要求，也要订立相关的考核指标。

加强风控管理，确保业务高质量发展

普惠金融的客户群庞大，业务相对复杂，面临着经营风险、市场风险，甚至声誉风险。我们必须保持头脑清醒。

风险控制是银行的生命线，做好风控工作，需要换一种“打法”，过去传统的那套小企业信贷风险管理方式实践证明是控制不了风险的，绝不能再“穿新鞋走老路”，要建立新的控险模式。大数据和互联网、智能技术提供了零售业务新的风控技术的条件。事实上，平台建设才是解决风险管控全过程的有效途径。将与各有关方、内外部信息平台对接，在场景服务中全面收集各类信息，做到能够真正“了解客户”，强化大数据应用。要以“全面管、主动管”的原则，以钉钉子的精神，实施全流程主动管控，提升风险识别的敏感性和准确性，做到能看得见、厘得清、控得住。

加快普惠金融人才队伍建设

战略确定后，干部是决定因素。人才队伍建设是实现普惠金融业务可持续发展的基础和重要保障。我们将在普惠金融平台上培养一大批拥有创新精神和技术能力的人才，承担起下一个二十年建行发展的重任。

（原载《中国金融》2018 年第 10 期）

服务大众安居乐业　建设现代美好生活

中国建设银行党委书记、董事长　田国立

新时代标注了新的历史坐标。商业银行以什么样的姿态迈进新时代，亟待探索破题。

西方有识之士对金融业沉疴多有反思。诺贝尔经济学奖获得者罗伯特·席勒倡言，推进金融大众化，建设“好的社会”，把华尔街客户享受的利益带给沃尔玛超市的顾客们。格莱珉银行创始人尤努斯在其新书《普惠金融改变世界》中，开篇以“资本主义的失败”为题，呼吁重新设计整个金融体系。

我国金融发展到今天，取得辉煌成就，但也面临着旧矛盾和新问题错综交织的复杂局面。银行不能继续陶醉于“灰犀牛”背上的狂欢，留恋于“躺着赚钱”的美好时光。面对新时代经济社会矛盾的新变化，银行是时候该做出改变了。

从哪里来到哪里去，这是永恒的哲学命题。我们做金融，也要多问问自己，银行是干什么的？是为了什么？

习近平总书记指出，人民对美好生活的向往就是我们的奋斗目标。银行要回归到服务社会的本源上来，为实现人民对美好生活的向往贡献一份力量。

中国梦具体到人民大众来讲就是安居乐业的梦。金融不应该是“高大上”的贵族话题，它关系到百姓居家生计、柴米油盐。银行属于服务业，是实实在在为大众服务的机构，只有回应人民的期盼和诉求，才有我们的事业发展。这不是我们放低身段，而是社会在俯视着我们，市场在教育着我们。改革开放 40 年来，是千千万万的消费者，是前赴后继的企业家，为银行铺垫了发展的基础、成就了如今的基业。饮水思源，我们要心怀感恩和敬畏，始终把大众的切身利益和安危冷暖放在心上。

金融人的使命，不只是用理论去解释问题，更要找到切实的办法来解决问题。今天，我们只有本着专业精神和社会责任感，脚踏实地解决社会问题，重塑商业银行的价值观和服务文化，才能让银行业重新赢得民众的尊重，让银行工作者重新赢得职业的尊严。

为此，建设银行作出了势在必行的选择：

——蓝海战略落地实施，为“安居”提供建行方案。我们坚持“房子是用来住的不是用来炒的”定位，以金融力量激活住房要素市场、稳定租赁关系、平抑租赁价格，纾解社会的痛点。CCB 建融家园建设、住房租赁综合服务平台推广、建信住房服务公司开业等，我们已形成了覆盖全国的租赁服务网络，打响了“要租房到建行”“要存房到建行”的品牌，引领了“长租即长住，长住即安家”的社会新理念。后续还要由此切入，打造智慧社区平台，多渠道整合社会资源，推动智慧城市建设，营造宜居宜业的环境，使百姓共享现代金融发展的成果。

——普惠金融全面发力，为“乐业”添注源头活水。大数据的时代，得草根者得天下。我们果断启动了“双小”战略，以“双小”承接“双大”，落实共享发展理念，提升小行业小企业的金融服务可获得性。创新普惠金融模式，借助大数据和系统机控推出了“小微快贷”等定制化产品，依托集团战略客户、优质核心企业搭建供应链金融服务平台，破解信息不对称难题，做到普惠金融“精准滴灌”和穿透落地。全面履行社会责任，形成“带上员工做公益、带着客户做公益、带动机构做公益、融合业务做公益”的新格局。在全行营业网点建设“劳动者港湾”，给交警、环卫工人、出租车司机等户外工作者一个歇脚的地方，为社会增添一份温馨。我们深知，金融的普惠性不只是体现在对中小企业金融资源的提供，更体现在从金融的角度对社会各阶层需求的深刻理解，以及对社会大众特别是弱势群体根植于心的服务热忱。我们着力探索普惠金融可复制可持续的模式，形成长效的新机制。

——金融科技引领发展，为“共享”搭建开放平台。我们依托“新一代”系统形成的技术优势，融现代科技、客户洞察、金融场景、产品运营于一体，由过去技术应用者向行业引领者、标准制定者跨越。成立了建信金融科技公司，启动金融科技（“TOP+”）战略：强化科技驱动，为金融发展创新深度赋能；推动能力开放，为社会提供技术和信息共享服务；拓展平台生态，为客户和合作伙伴营造生态圈。我们努力以共享的理念整合资源，以科技的力量造福大众，以金融的智慧回馈社会。

“三大战略”的路径选择，赋予银行格局和视野、情怀和担当，让金融能够真正成为解决社会问题温柔而有效的手术刀，成为整合社会资源的耦合剂。全行要聚焦战略奋发有为，激发起全员的责任与坚守、激情与创造。要在这些工作中发现和选拔人才，培养和锤炼干部。战略全面实施，也使银行逐步由“宝塔形”转变为矩阵形，每个人都能在其中找到自己的定位和发展空间，每个人的好创意好做法都可能在全行得到应用和推广。这将为广大员工特别是基层年轻人创造更多人生出彩的机会。

金融工作说到底是社会实践工作。像住房难住房贵、融资难融资贵这些社会痛点，都有其复杂的成因，解决起来不可能毕其功于一役。既然“病去如抽丝”，那就让建行人从我做起、从现在做起，既以金融工作者的专业和专注，更以社会工作者的热情和担当，深入社会研究问题，沉下心来一根一根地剥茧抽丝，为社会大众的安居乐业而奋斗！

（原载《建设银行报》2018 年 7 月 26 日）

以现代科技驱动金融回归与跨越

中国建设银行行长　王祖继

党的十九大提出了建设现代化经济体系的战略任务，建设现代金融体系既是题中之意更是重要基础。随着新技术革命蓬勃兴起，现代科技已经深度融入经济社会各领域，并在潜移默化中重塑现代金融体系的运行模式和发展路径。

现代科技驱动金融向本源回归

现代科技并没有像一些专家预言的那样“颠覆”传统金融，而是促使金融以新的形态回归本源。借助互联网、大数据以及人工智能、云计算等新兴技术，金融服务逐步融入社会生产生活、百姓衣食住行的各种场景，直达普罗大众身边，使得原本“高大上”的金融服务变得触手可及，原本游离于传统金融服务视野之外的“长尾客户”和弱势群体等能够便捷、低成本地获取金融服务。

借助现代信息科技和金融专业经验的融合，金融机构得以在很大程度上破解信息不对称的难题，既有效匹配供给和需求、又精准防范风险，引导金融资源从低效率领域流向高效率的实体部门，疏通金融为实体经济供血输氧的“毛细血管网络”，促进经济高质量发展。

现代科技驱动金融向未来跨越

科学技术是第一生产力，未来引领金融市场的必然是那些善于运用现代科技，并以此赋能产品创新、服务创新、商业模式创新的金融机构。习近平总书记指出：“新一轮科技革命带来的是更加激烈的科技竞争，如果科技创新搞不上去，发展动力就不可能实现转换，我们在全球经济竞争中就会处于下风。”

从发展趋势看，金融和现代科技的融合催生出现代金融新的行业生态，并重构未来的金融版图。从金融消费端的支付结算、借贷、投资、理财等，到金融供给端的产品设计、服务推送、运营组织、风险管控等，都在发生深刻的变化。这变化对金融机构带来的既是挑战，也意味着换道超车的难得契机。跟进“第四次工业革命”步伐，着眼未来积极引入新技术工具、运用新技术思维，快速提升金融服务效能和资源配置效率，才能打造未来中国金融的核心竞争力。

就建设银行自身发展历程看，科技进步一直是推动创新与进步的强劲动力。早在 20 世纪 90 年代，建行就率先制定了计算机应用发展规划，前瞻性开展了金融信息化探索，布局信息技术在银行业务中的全面运用。改制上市之后，建设银行立足自身实际，全面吸纳国际银行业先进经验做法，深度融合前沿金融科技，持续加大科技研发和 IT 建设投入。长期的技术积累和自主创新，促进了建行经营管理、业务创新和风险管控能力的快速提升。这其中，建设银行历时 6 年自主研发成功的“新一代核心业务系统”发挥了至关重要的作用。

“新一代核心业务系统”作为建行有史以来

开发内容最多、改造最彻底、难度最大的金融科技创新工程，其建成投产标志着建行金融科技水平迈上新的台阶。主要体现在：一是以高标准的安全、规范和效率实现了银行业首例“企业级”金融科技建设工程。实现标准化、结构化、组件化，开展企业级产品、流程、数据、用户建模，构建了“四位一体”的建行集团业务蓝图，将过去以账务为中心的系统重构为以客户为中心的系统。二是提供了业界领先的全视图功能。形成了集团层面的统一客户视图、统一产品视图，打通全行渠道壁垒，构建了一体化运营体系；整合集团全面风险视图，丰富了管理工具箱，提升了系统效率和安全性。三是建立了先进的企业级数据管理和数据应用体系，完整定义8万多项数据规范，构建起全景、多维、互联、共享的统一数据视图，形成了贯通全行五级机构、一致性的数据获取和信息交付能力。四是形成了以“四个一”为导向的企业级工程实施方法，即一套业务模型、一套IT框架、一套实施工艺、一套管理流程。五是积累了一批拥有自主知识产权的应用软件和技术成果，通过科技攻关、迭代创新，形成了金融核心技术积淀和专业力量储备。

在此基础上，建行又启动了金融科技战略，组建了建信金融科技公司，制订了新一轮金融科技规划。整体统筹建设集团智能运营系统，支撑零售、批发和投行资管三大业务条线，使产品、服务、业务模式创新和全面风险管理贯穿全流程，建成兼具“管理智能化（Intelligent）、产品定制化（Customized）、经营协作化（Collaborated）、渠道无界化（Boundless）”特征的智慧金融生态。金融科技创新给银行发展带来新气象，注入了新动能。

以“金融+技术”深耕市场 优化服务、完善风控

通过多介质客户触点接入客户生产经营和日常生活，使金融服务更加接地气。柜面、自助柜员机、智慧柜员机等物理渠道，与手机银行等线上渠道紧密结合，实现数字互联、全网立体式服务。以灵活的组件化产品、定制化方案，为客户多维度提供横跨零售、对公、投融资、私人财富管理等综合金融服务，做到“千人千策”“一企一案”。运用人工智能和大数据等技术，形成联动触发机制，实现集团前中后台纵向贯通集成，增强了精准快速风险响应和智能风险管控的专业能力。

以“金融+技术”普惠公众 纾解痛点、赋能社会

建设银行全面实施普惠金融战略，通过金融科技与银行专业经验相结合，线上与线下相结合，探索出既不同于传统银行、又有别于互联网公司的小微企业贷款新模式。截至2018年11月底，全行实现普惠贷款新增1644亿元。全面实施住房租赁战略，解决社会痛点问题。借助金融科技搭建融五大功能系统于一体的住房租赁综合服务平台，为政府机构、租赁企业、租客、房东等提供“全链条”服务。其中还运用区块链技术，解决了房源验真的市场难题。住房租赁平台的推广，既增加了社会租赁房源供给、平抑市场租金水平，又使得租房交易更加规范透明。建设银行还通过平台开放共享和金融技术能力输出，帮助客户、同业提升经营管理和风控水平，使得金融科技真正成为普惠民生之公器。

为者常成，行者常至。现代科技发展日新月异，金融机构只有快步跟进科技进步大潮，与时偕行、返本开新，才能在日趋复杂的市场变化中增强驾驭风险的本领，厚植稳健经营的基础，提升创新发展的能力。

（原载《金融电子化》2018年12期）

金融科技破解小微融资难题

中国建设银行副行长 章更生

国有大银行理应承担起支持小微企业的责任，引导资金精准滴灌到最急需金融服务的群体。同时，这些群体对于银行自身也是一个潜力巨大的市场。

小微企业活，就业就旺，经济就兴。金融作为现代经济的核心和血脉，是激发小微企业活力、助推小微企业成长的重要力量。2018 年以来，针对破解小微企业融资难、融资贵的问题，党中央高度重视，国务院常务会议 6 次专题研究部署，上至金融管理部门，下至基层金融机构，都在努力做好小微企业金融服务。作为国有大型商业银行，必须提高政治站位，坚决贯彻党中央、国务院的决策部署，以实际行动将服务小微企业真正落到实处。

大型银行应该积极支持小微企业的发展

改变中国社会面貌，不能只靠大企业，要更多地依赖于万千小企业。而小微企业融资难、融资贵的问题，造成了实体经济“毛细血管”的堵塞。国有大银行理应承担起支持小微企业的责任，引导资金精准滴灌到最急需金融服务的群体。同时，这些群体正在迅速成长，对于银行自身也是一个潜力巨大的市场。

新时代做好小微金融服务具有重要意义

小微企业贡献了 50% 的税收、60% 的 GDP、70% 的创新、80% 的就业，占企业数量的 90%，是建设现代化经济体系、推动经济高质量发展的重要基础，是扩大就业、改善民生的重要支撑。支持小微企业发展，是银行业服务实体经济的重要方向，是防范化解金融风险的重要抓手，是践行“创新、协调、绿色、开放、共享”发展理念的具体实践。

同时，银行的生存与发展，是根植于经济基础之上的，银行的利润来源于社会，理应要回报社会，主动担当起应有的社会责任，让艰苦创业的企业家们和广大人民群众有充分的获得感。

从银行自身发展来看，大银行不服务小微企业就没有未来。随着经济体制改革的不断深化，金融新生业态快速介入与颠覆，我们面临利率市场化、金融脱媒趋势以及互联网金融公司竞争压力，基础设施建设、房地产等传统业务空间不断收窄，风险逐渐积聚。新兴产业、服务业、小微企业等市场主体快速成长。目前，全国小微企业达到 9300 万户。如果不支持小微企业，不发展普惠金融，无疑等于丢掉这片巨大的蓝海。

银行支持小微企业的难点

当前，小微企业金融服务可得性的问题，仍有相当一部分没有解决。对于小微企业“大市场”，非不想，实不能。

小微企业融资难，难在缺信息、缺信用。就个体而言，不得不承认小微企业是经济体系中的弱者。银行不敢给小微企业贷款，主要是担心产生不良而被问责，因而放贷积极性相对不高。客观来说，小微企业不良率相对较高，主要是因为小微企业客户数量众多，资信材料真实性、有效性不足，经营管理能力相对较弱，风险缓释措施有限，抗风险能力相对较差。银行如果用传统的做大中型企业信贷业务的方法做小微信贷业务，即散单经营且主要依靠财务报表，则成本高、风险大、效率低、责任重。

小微企业融资贵，主要是需求与供给不平衡，大多是由融资难引起的。很多小微企业很难从正规金融渠道获得融资，被迫求助于高息借贷。即使从正规金融渠道申请贷款，为增强信贷业务安全性，采用抵质押、担保等措施成为银行服务小微企业的主要做法，担保链条的加入推高了小微企业融资成本。贷款到期后，如果为满足“先还后贷”要求使用民间过桥贷款，小微企业融资成本又将大幅提升。

如何破解小微企业融资难、融资贵的问题

小微企业融资难、融资贵是世界性难题，这是一项系统性工程，需要社会各方共同努力。

解决融资难重点应围绕三个问题：一是银行不敢贷的问题，二是银行放贷积极性的问题，三是银行自身对小微企业服务的方式方法问题。中央等有关方面已出台定向降准、增值税减免、差异化监管等多项措施，创造了良好的政策环境。在现有政策基础上，针对不敢贷，一是持续推动公共信息平台建设，推动各级地方政府强化公共信用信息的归集、共享，进一步向银行开放有关数据信息，以解决征信问题；二是进一步提高对银行经营小微业务的容忍度，落实尽职免责，避免一出风险就处罚。针对放贷积极性，一是在小微企业不良处置方面给予更加宽泛的政策，如简化呆账核销申报材料，审议方式由银行自主决定；二是在现有定向降准政策基础上，采取“累进制”方式，即随着银行普惠贷款投放递增，存款准备金下浮比例也相应增大，使银行对小微企业放的贷款越多则相应的收益越大；三是制定硬性的小微企业贷款新增占比要求，实行小微企业贷款与其他贷款按一定比例同步增长，小微企业新增贷款占比高则不限制，如果小微企业贷款没达到要求，其他贷款也不能投放。

同时，银行自身必须要适应小微企业的特点，转变“打法”。一是简化业务流程，减少人力成本，提高服务效率；二是充分利用大数据，破解信息不对称的难题；三是以“平台”为方向，集成资源做深普惠服务；四是运用移动金融，打造方便小微企业贷款的环境。

关于解决融资贵，一是应全面考虑量价平衡，大中型银行利率远低于其他融资渠道，只要其大量投放市场，小微企业整体的贷款利率必然下降，为此，应着力引导大中型银行加大信贷投放；二是降低小微企业贷款利率天花板，针对贷款利率高的一些金融机构硬性规定小微贷款利率上限，对超出者采取相应的约束惩罚手段。

建设银行破解小微企业融资难题的实践探索

近年来，建设银行认真贯彻党中央、国务院决策部署，以小微企业融资难融资贵、居民住房难住房贵等社会痛点作为发力点，通过金融和科技的融合，积极为大众“安居乐业”探索金融解决方案。截至2018年9月末，建行小微企业（含个体工商户、小微企业主）贷款余额1.49万亿元，贷款客户87.4万户，较年初新增26.9万户，增长44.39%，累计为超过170万户小微企业提供超过6.4万亿元信贷资金支持。

零售理念支持了业务模式的创新。针对小微企业客群数量多、分布广、需求多样、财务信息不充分的突出特点，建设银行转向零售业务模式，基于“大数法则”，于2012年在大银行中率先研发零售小微企业评分卡，围绕履约能力、信用状况、交易信息等非财务信息，实现对客户的多维度判断。以评分卡模型为核心，建立专属业务流程，在有效控制风险的前提上，实现对客户的批量化服务。经过多年实践，以建设“新一代”核心系统为契机，将不断优化的评分卡模型与“新一代”核心系统相结合，推出“小微快贷”，打造数据化、自动化、智能化的全新模式，解决了传统做法风险大、成本高、效率低的问题。在此基础上，围绕小微企业实际需要创新定制系列产品，形成了分类分层的产品体系，实现客户来了“总有一款适合你”。

金融与科技融合实现了增信用、提效率、降成本。一是大数据“画像”。发挥企业级数据管理和应用优势，打通对公、对私业务系统，广泛搜集企业和企业主在建设银行的金融资产、资金结算等数据，对接人民银行、税务、工商等政府公共信息平台，建立大数据生态体系；借助新兴科技实现内外部数据集成和交叉验证，作出精准的客户画像，为准确评估客户资信创造条件。二是业务流程再造。以零售小微企业评分卡为基础，运用新一代系统组件化功能实施流程再造，实行标准化、自动化审批，在客户信息完整的情况下，真正做到秒申秒批秒贷。三是智能风险管控。将

风险底线和风控标准嵌入系统，建立大数据选客控险、模型化系统排险、智能化预警避险等全流程风控机制，并应用合规和反欺诈技术，实现小微企业业务风险的有效管控。四是多渠道部署。客户可通过建行网银、手机银行、智慧柜员机、官方网站、建行惠懂你 APP 等进行贷款申请、支用和自主还款，随时随地享受服务。五是融资成本降低。“小微快贷”除贷款利息外，无担保、过桥等费用，同时采用按需支用、随借随还、按日计息的资金使用方式，减少资金占用。截至 2018 年 9 月末，建行“小微快贷”突破 2300 亿元，累计为超过 45 万客户发放 5300 多亿元贷款。

大行优势提升了小微金融服务覆盖。一是依托“双大”客户，批量服务小微企业。发挥近两万户大企业客户的基石作用，借助其平台、渠道、信用、链条优势，将金融活水从“双大”引流向小微企业。创新供应链网络银行服务，通过信用转换和交易增信，实现对产业链条上下游小微企业的融资服务。二是立足网点渠道，纵深拓展小微金融服务。适应小微企业扎根大众市场的特点，推动营业网点转型为融小微企业客户营销、产品推荐、业务办理等功能于一体的综合化营销服务平台，不断下沉服务重心，1.3 万家网点能够为小微企业提供信贷服务，形成物理渠道、电子渠道交互融合的立体渠道网络。三是发挥集团优势，满足客户综合化需求。推出 ERP 云平台，为小微企业提供集进销存管理、经营分析等综合服务。依托“善融商务”，培育扶持小微企业商户。在信托、保险、咨询等方面提供多元化服务，如建信融通，以供应链金融为切入点，为 1000 余户小微企业提供信贷支持。

战略定位保障了业务行稳致远。2018 年 5 月，建设银行明确提出普惠金融发展战略，聚焦“双小”，调整战略重心，着力强化金融资源供给和人才、技术保障，建立长效机制。一是强化战略共识。引导全行将战略重点转向大众市场，深度拓展小微、双创、涉农、扶贫等民生领域。二是完善组织体系。在充实总行普惠金融事业部人员，一级、二级分行普惠金融事业部全覆盖基础上，部署在每个二级分行至少设立 1 家普惠金融特色支行，研究网点岗位设置和服务标准，持续提升服务能力。三是强化考核激励。在落实银保监会“五专”机制的基础上，着重强化信贷资源倾斜和正向激励保障。2018 年，安排普惠金融领域专项贷款规模，对小微企业贷款实施内部资金转移价格优惠；提高一级分行 KPI 普惠金融指标权重；为基层拓展客户安排专项激励资金。

大型银行要成为小微金融服务综合解决方案提供者

实践证明，大型银行不仅可以服务大型企业，只要转变方式，也可以服务于小微企业，并且能够服务得很好。不仅要做先行者，还要体现大行担当，做市场推动者和创新引领者，不断培育经济发展新动能，支持实体经济和金融体系稳健发展。

第一，完善业务模式，推动小微金融服务扩面上量。小微企业金融需求远未满足，需要大行不断创新业务模式，形成更多的信用结构组合和产品线。一是快速拓展市场客群，提高覆盖率、可得性和满意度。推进市场研究，持续开辟客户入口渠道，加大多维度产品供应，让更多客户能够享受简单、便捷、快速、低成本的小微金融服务，促进客户结构优化。如建设银行正探索在税务、电力系统以及京东等平台部署相关产品，扩大服务范围。二是提高产品创新的适配性，有效契合客户需求。以客户视角创新，加强对不同区域、不同行业、不同客群的分析研究，加强客户需求匹配和产品适配，形成覆盖中小微、城市农村、商户创客等各类市场群体的产品体系，并针对不同客群特点，不断打造新的业务模式。三是进一步提高单户可贷款量。一方面，由以微为主到小微并重；另一方面，适当降低客户的信贷条件，扩大客户可获得贷款的额度。

第二，强化资源保障，建立长效经营机制。在进一步深入有效落实“五专”机制基础上，推动政策安排体系化并转变为长效性政策机制。一是持续做好信贷资源倾斜。加大信贷投放力度，充分保障小微企业客户融资需求。如建设银行单独配置普惠金融贷款规模，在使用过程中分支机构不得挤占、挪用。二是强化考核激励。在分支机构和领导班子考核中，结合实际充分考虑小微企业金融服务情况。对执行较好的分支行，通过安排专项激励费用、绩效考核倾斜、利润损失补偿等方式予以奖励。三是加强调查研究。及时发现基层行在发展小微企业业务上的问题，调整相关政策，增强基层行业务拓展积极性。四是完善风险管理机制。不断完善适合小微市场客群特点的风控模式，加强风控平台的整合与运用，强化主动性的风险管控，形成体系化、集成化、全面化的小微金融业务风险管理能力。

第三，赋能社会生态，带动更多金融资源服务大众民生。作为大型银行，不仅自己要做得好，还要为企业赋能、为中小银行赋能、为社会赋能。一是为企业赋能，输出综合服务。小微企业的需求，不止于信贷，不止于金融。如建设银行针对客户市场拓展、信息咨询、成长孵化等需求提供服务，并进行企业培训。近年来，全行邀请客户参加小企业业务培训1.26万期，31.8万户小企业客户受邀参加。二是为同业赋能，输出模式与技术。大行要形成可推广的成熟模式，引领同业共同发展小微企业融资业务，提升整个金融体系对小微企业融资的供给能力，才能更好地解决融资难、融资贵难题。同时，大行已经确立了技术系统的领先优势，通过帮助中小银行提升技术系统以及数据整合、数据挖掘能力，使它们有能力为小微企业提供融资。三是为社会赋能，坚持开放共享。通过合作开放，引入政府、金融同业、核心企业、第三方服务机构，将普惠服务融入生产生活各类场景。如建设银行正在聚合内外部资源，打造普惠金融服务平台体系，为金融生态的各方参与主体赋能，实现共同成长、多方共赢。同时，我们不仅要解决小微企业融资难题，还要为农户、贫困户、劳动人民等更多社会大众提供普而惠的服务。如在全行营业网点建设“劳动者港湾”，给交警、环卫工人、出租车司机等户外工作者一个歇脚的地方，为社会增添一份温馨。

（原载《中国金融》2018年21期）

党内监督是党自我净化的根本途径

中国建设银行纪委书记　朱克鹏

党的十九大报告明确指出，“增强党自我净化能力，根本靠强化党的自我监督和群众监督”，要求加强对权力运行的制约和监督，把权力关进制度的笼子。党的十八大以来从严管党治党的实践表明，坚持和深化全面从严治党，必须强化党内监督，以严密有效的监督制约，实现党的自我净化，始终保持党的先进性和纯洁性。

党内监督是权力监督的重要方式。法国启蒙思想家孟德斯鸠讲过：“一切有权力的人都容易滥用权力，这是万古不易的一条经验。有权力的人们使用权力一直到遇到界限的地方休止。”列宁也曾深刻指出：“不受制约的权力，必然导致不受节制的堕落。”权力的自我扩张性和两面性决定了权力滥用和腐败很容易发生。古今中外，权力腐败都是人亡政息的重要原因之一，苏联东欧一些国家执政党丧权亡党的一个深层次原因就是权力过于集中，缺乏监督制约，特别是党内监督缺位。我们党长期执政，既有巨大的政治优势，又面临着严峻考验，最大的考验和风险还是来自于我们党的内部，最大的挑战就是能否对权力实施有效监督。对我们党来说，外部监督是必要的，但从根本上讲，必须强化自我监督，在党内形成科学管用的防错纠错机制，只有解决党长期执政条件下的自我监督问题，才能跳出“其兴也勃焉、其亡也忽焉”的历史周期率。我们党之所以伟大，不在于不犯错误，而是从不讳疾忌医，敢于直面问题，具有强大的自我纠错能力。在革命、建设、改革各个时期，党内监督在探索中创新发展，《中国共产党党内监督条例》出台，实现了党内监督的新突破，为全面从严治党提供了重要支撑。历史和现实证明，党内监督在保持党的肌体健康方面发挥着不可替代的作用。

党内监督是有效而必要的监督方式。在我国权力监督体系中，包含了党内监督、国家机关监督、民主监督、司法监督、群众监督、舆论监督等多种形式。邓小平指出，“我们党经历过多次错误，但是我们每一次都依靠党而不是离开党纠正了自己的错误”。党的执政地位决定了在党和国家各项监督制度中，党内监督是第一位的、最根本的监督。党政军民学、东西南北中，党是领导一切的，坚持党的领导是最高政治原则。党和国家实行集中统一领导，党不仅掌握中央政权，而且完全掌握地方权力；不仅掌握着国家公权力，对社会也发挥着重要的治理作用。因此，在党长期执政条件下，政治监督实际上就是对党的监督，在各种监督方式中，最有效、最根本的监督就是党内监督。离开党内监督，其他监督就会落空；党内监督失灵，其他监督必然失效。

党内监督要形成合力。党内监督是全党的任务，必须充分发挥各监督主体的作用，目前党内监督体系已经构建，关键是要各司其职，形成监督合力。党中央统一领导党内监督工作，同时在党的中央组织内部相互监督，体现了以上率下、率先垂范。党委（党组）开展全面监督，在党内监督中负主体责任，既要任用干部，也要管理、监督干部。纪委是党内监督专责机关，进一步强化监督执纪问责职能，发挥专责作用，有助于提高监督实效。党的工作部门加强职能监督，有助于党的路线方针政策在本机关、本系统得到贯彻执行。党的基层组织作为党员组织关系、工作、活动的基本单位，对党员进行最直接、最密切的日常监督。党员是党的肌体细胞，党员民主监督是党内监督的基本方式，要充分保障党员行使监督的权利。

强化纪委专责监督职能。党章和党内监督条例将纪检监督界定为专责监督，体现了其权力与责任的统一，开展党内监督，不仅是党章赋予纪委的权力，更是必须担负的责任。党的纪律检查机关从诞生之日起就肩负着党内监督的职责，从党的五大设立中央监察委员会、新中国成立后设立纪律检查委员会、“高、饶”事件发生后设立中央和地方监察委员会，到党的十一届三中全会恢复设立纪委，再到1993年纪检、监察实行合署办公，再到目前正在推进的国家监察体制改革，无论党的纪律检查机构名称如何改变、领导体制如何变更，党内监督的核心职责始终没有变。党的十八大以来，中央推进党的纪律检查体制改革，目的就在于增强纪委专责监督的相对独立性、权威性和实效性。党的十九大作出了健全党和国家监督体系的部署，将纪委职责凝练为监督执纪问责，为纪委履行专责监督职责提供了政治保障和制度保障。

强化党内监督要抓住“关键少数”。党内监督是制度性安排，没有禁区、没有例外。但是，党的领导机关和领导干部特别是主要领导干部无疑是党内监督的重点对象。领导干部掌握的权力越大，越应该加强监督，越应该主动接受监督。各级一把手是关键少数中的关键，必须通过加大上级党组织的监督力度、做实纪委对同级党委的监督、充分发挥领导班子成员之间的相互监督、改进自下而上的民主监督，使其决策、用人、用权更加公开透明，破解一把手监督难题。

党内监督重在抓早抓小、防微杜渐。党内监督目的是发现问题、及时纠偏，对党员干部的错误发现越早、处理越及时，治病救人的政策效果就越明显。党员干部走上违纪违法道路，都有一个从量变到质变的过程，如果在问题刚刚发生时大喝一声、猛击一掌，就能够防止其在错误道路上越滑越远，这是对党员干部最大的关心和爱护。全面从严治党，基础在全面，要管全党、治全党。因此，加强党内监督，要处理好“树木”与“森林”的关系，把握好“全面”与“从严”的统一，立足抓早抓小、防微杜渐，运用监督执纪“四种形态”，尤其在第一种形态上下功夫，加强对党员干部的日常监督管理。

（原载《中国纪检监察报》2018年3月1日）

关注经济地位变化引发的国家战略忧虑

中国建设银行首席经济学家　黄志凌

近年来，中国经济快速崛起，世界经济格局变化引发了中美关系的深刻转变。中国与美国在经济总量方面的差距迅速缩小，在军事、科技等方面中国也取得了突破性进步，使得美国的绝对优势面临前所未有的压力。为此，美国在金融危机缓解之后已经明确将战略重心从欧洲、中东转向亚太，2018 年进一步提出了印太战略的概念。尽管中国一直秉承与美国互相尊重、和平共处、合作共赢的原则，呼吁建立新型大国关系，但美国政府官方权威报告《国家安全战略报告》《国防战略报告》《核态势评估》等将中国视为主要竞争对手与威胁。虽然种种市场信号表明，美国与中国之间的贸易冲突是不可避免的，但我们也看到，贸易冲突只是表象，中美经济地位变化引发的国家战略忧虑才是根本。我们必须正视中国经济金融体量迅速增大带来的全球系统重要性影响，必须意识到中美之间的贸易摩擦不可能简单地通过贸易战来解决，必须认识到中国处于前所未有的特殊战略机遇期。

一、正视中国经济金融体量迅速增大带来的全球系统重要性影响，充分理解国际社会对于中国经济地位变化的关切

2008 年全球金融危机之前，中国占全球经济总量的比重相对不大，相应对全球的影响也较为有限，外界关心的是中国改革开放程度与前景，很少有人关注中国经济对世界的总体影响。但危机之后，中国经济发生了“逆袭”现象，在全球经济中的地位迅速凸显出来，一跃成为全球最大的商品贸易国家，并超越日本成为全球第二大经济体，许多经济指标更是位列世界第一，例如一些工业品和农产品产量，许多大宗商品需求也是全球第一，像铁矿石、石油等。伴随中国在全球经济地位中的巨变，中国已成为影响全球的主要因素。2008 年全球金融危机时期，中国经济年增速从 10% 以上降至 6% 左右，对此国际市场并无太大反应，但现在中国经济增速 0.1 个百分点幅度的波动、财政金融与产业政策的每次调整，都会引起全球市场的密切关注和剧烈反应。因此，中国经济已具有全球系统重要性，我们必须尽快适应这种地位变化，用系统重要性思维来观察和处理一些市场关切问题。

回顾改革开放 40 年变化，足以让我们感受自身分量的责任与外界关注的必然性。与 1978 年相比，今日中国在经济总量、人均国内生产总值（GDP）、制造业产值、贸易总额以及外汇储备等综合指标方面，已成为名副其实的经济大国。据世界银行统计数据，1978 年中国 GDP 仅有 1495 亿美元，居世界第 10 位，到 2012 年中国 GDP 超过了 8.56 万亿美元，位居世界第 2 位，而且部分省市经济总量或人均 GDP 已接近或超过中等发达国家水平。根据联合国统计数据，2011 年中国制造业产值为 2.05 万亿美元，首次超过美国，跃居世界第一；到 2012 年底，中国钢、铁、水泥、棉布等 200 多种工业品产值居世界第一，制造业大国的地位基本确立。

当前，全球经济规模超过 10 万亿美元的只有中、美两国，其他的“经济大国”基本为1 万亿 ~ 5 万亿美元。2016 年中国 GDP 总量已经超过日本、德国、英国和法国四国 GDP 总量的 80%，不仅如此，2016 年中国 GDP 的增量相当于荷兰一年的经济总量，而荷兰 2016 年在全球 GDP 排名中高达第 18 位。除了经济总量体现出来的经济大国地位，中国已成为全球第一大货物贸易国，第二大对外投资国和第三大外资流入国。过去美国一打喷嚏，

全球经济就感冒；现在中国经济一打喷嚏，国际市场更会出现明显波动。因此，保持中国经济健康平稳运行，不仅对于中国自身发展战略意义重大，对于全球经济也具有“压舱石”效应。

伴随经济总量的快速扩张，中国金融地位的核心意义不再是简单的融资问题，怎样解决系统重要性金融监管、避免系统性风险外溢，已经成为国际市场关注的核心问题。

改革开放40年来，中国金融业发展迅速，金融体系不断完善，金融市场规模明显扩大，金融产值大幅增加，金融业在经济发展和宏观调控中的地位越发重要。截至2016年底，中国金融业增加值占GDP的比重已超过美国、英国、德国、日本等主要发达国家。从动态角度看，中国金融业增加值占GDP的比重在2005年时仅为4%，但到2015年底这一比重已升至8.4%（2016年和2017年该比重出现微降，分别为8.2%和7.9%），而美国和日本这一比值的历史高位分别在7.7%和8.5%。从微观角度来看，中国金融行业的上市公司利润占全部上市公司总利润比重达57%，在金融更发达的美国这一比重为45%。从金融结构上来看，2007年以来非银行金融机构资产规模快速扩张，非金融企业的金融活动更是井喷式发展，多层次、多元化金融市场快速发展，金融机构规模庞大、业务结构日趋复杂，不仅考验系统重要性金融机构自身的管理能力，更考验金融监管能力。

近年来，中国大型银行的规模扩张速度、业务综合化和全球化速度使其全球系统重要性迅速上升。尤其是金融机构走出去速度加快，国有大型商业银行海外业务规模扩展迅猛，资产总额、海外机构数量、利润总额均实现了快速增长，海外业务对集团的利润贡献度不断提升。目前，在全球系统重要性金融机构数量中，中国的占比已升至13%。

进一步观察利用外资与对外直接投资状况，中国已从资本净输入国，变成资本净输出国。2016年底，中国持有的国外资产总量达到了64665亿美元，中国对国外的负债为46660亿美元，持有国外净资产达18005亿美元，表明虽然中国是发展中国家，但中国对全球市场是净资本输出国家。中国资金流量表数据显示，自1992年以来，“国外储蓄”项除了1993年中国利用国外储蓄为正外，其余年份均为负，2008年中国利用的国外储蓄达到－29420亿元的历史峰值，显示中国持续处于国际资本的净输出状态。除此之外，中国引入的外商直接投资（FDI）速度已明显落后于中国对外直接投资速度，2015年中国对外直接投资额累计1456.7亿美元，增速18.32%，增速与投资规模均超过了FDI。随着中国资本账户的不断开放，人民币在资本与金融项下的可兑换性加强，中国内地资本市场日益成为全球资本配置的重要场所，未来基于中国原因的资本流动将成为驱动国际资本流动的重要因素。

中国市场的影响力持续提升，既要看到话语权在逐渐增强，还要意识到应该承担的国际责任。2016年，上海、大连和郑州三家商品期货交易所共成交商品期货合约41.19亿张，同比增长27.26%，约占全球商品期货与期权成交总量的近六成份额。中国大宗商品期货成交量已连续7年位居世界第一。整体来看，期货交易所国际化正在迈出坚实的步伐，例如上海黄金交易所于2016年4月19日推出了人民币“上海金基准价”定价机制，引起国内外市场高度关注。“上海金基准价”将更好发挥黄金市场人民币价格发现功能，提升人民币黄金市场活力，对加快推进黄金市场国际化、完善金融市场体系具有深远意义。

中国经济体量的增大是毫无疑问的，由此带来的影响是前所未有的。我们应充分理解国际社会对中国经济金融市场的关切，充分认识中国经济地位变化之后的国际影响，充分认识中国肩负的系统重要性责任。为此，加强对中国经济与金融系统重要性的理解、评估、监测和监管，就显得十分必要。深刻理解并充分运用好国际规则，就成为我们融入国际经济大家庭、做一个合格成员的基础。我们还需要深入观察、认真分析研究世界经济环境变化，对于现有国际经济治理结构的缺陷和改革方向提出建设性的意见，以彰显经济大国的责任与智慧。更重要的是努力做好自己的事情，保持中国经济平稳快速发展，努力降低风险溢出效应，至少要避免中国成为国际经济危机的策源地，最终使中国真正成为全球经济稳定基石。

二、以市场竞争思维应对不可避免的中美贸易摩擦

2008年全球金融危机之前，中美贸易摩擦已

经日趋激烈，但特朗普上台以后中美贸易摩擦正在演化成一场影响全球经济的“中美贸易战”。尽管这种贸易战还处在生成阶段，但很多人都在从贸易利害关系来分析中美贸易战的得失、可能性。笔者认为，中美贸易摩擦甚至贸易战争必须跳出眼前经济贸易的“小账”，着眼于中国经济地位变化之后的国家战略“大账”来分析。有人因为存在“杀敌一千自损八百”的决策底线，认为美国不会采取贸易战争行动，中国也不会采取对等的贸易战争手段。其实，这种军事决策理念不适合贸易战争决策，简单套用只能带来误判。

“杀敌一千自损八百”确实是冷兵器时代军事上的理念，而且一直如此。毕竟人的生命是最重要的，而且人死不能复生。但经济上，情况比较复杂。我们看到许多企业家为了占领或守住市场而不惜血本。这里的血本是经济概念，不是人的生命。人的生命不可能“30 年以后又是一条好汉”，但商场上竞争失败之后东山再起的案例比比皆是。

中国新世纪之后加强国防科技现代化建设，目前的实力已经使主要挑战者面临“杀敌一千自损八百”的忌惮。这是极其英明的决策。美国今后会继续在军事上挑衅中国，但是否真的动武，取决于中国军事实力，如果中国目前的“强军”势头保持下去，他们不会做“杀敌一千自损八百”的军事选择。但经济上却不然，人们对经济战争的感觉完全不同于军事战争。这就是为什么美国与西方国家在军事上对俄罗斯十分忌惮，但在经济制裁上却很“随意”。

中美贸易之战酝酿于中国加入世界贸易组织（WTO）之后中国经济快速发展，然而真正让美国人关注并下决心不惜代价挑起贸易战争是在金融危机之后，中国经济地位实现弯道超车、美国面临前所未有的战略压力。这已经不是贸易逆差的“小账”问题了。我们应该看到，即使所谓的逆差问题解决了，美国的对华政策也不会从根本上调整，表明这是一个大国之间的国家战略竞争问题，贸易摩擦只是形式，国家战略冲突是根本，是不可避免的。对此我们必须要有清醒的认识。

大型经济体之间在贸易领域的利益冲突是很正常的，中美如此，欧美、日美也是如此。过去，中国的经济体量较小，与世界主要经济体的贸易摩擦也很少，但随着经济体量增大，与主要经济体贸易摩擦将成常态。在全球经济较为疲软，商品需求不振的情况下，中国货物贸易出口的持续增长引发了部分国家的贸易保护主义。根据 WTO 和国家统计局数据，中国受到的反倾销调查数量明显随着货物贸易顺差的扩大而急剧上升。

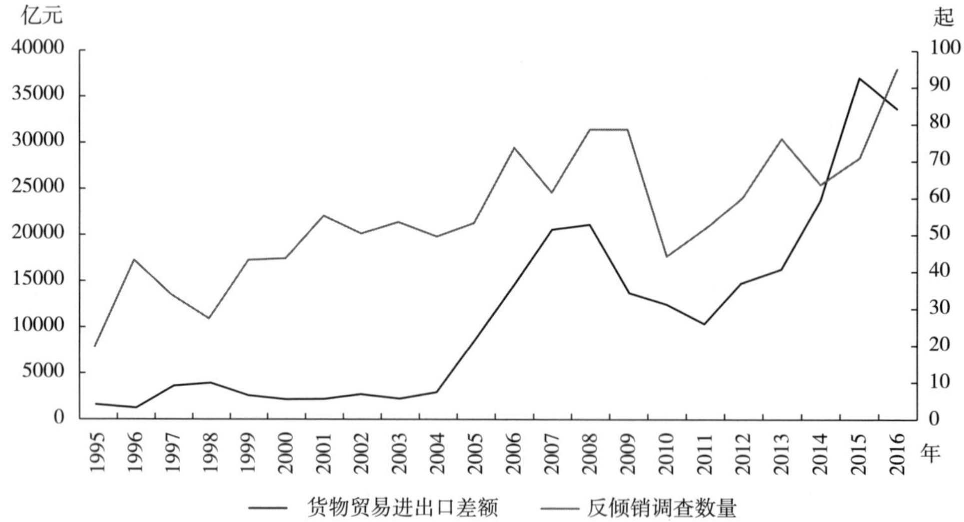

图 1　1995—2016 年中国货物贸易进出口差额与被反倾销调查数量

（数据来源：WTO、国家统计局）

新中国成立后的很长一段时间内，中国的国力相对美国来说是微不足道的，货物贸易进出口总额占世界货物贸易进出口总额的比例也很低。然而经过改革开放后的飞速发展，中国大幅缩小了与美国的差距。中国 GDP 总量占美国 GDP 总量的比例在 2012 年首次超过 50%，在 2014 年首次超过 60%，货物贸易总额占世界货物贸易总额多年持续稳定在 10% 以上。其中 2013—2015 年，中国货物贸易总额连续三年超过美国，成为世界第一货物贸易国家。虽然 2016 年中国货物贸易进出口总额被美国反超，但 2017 年中国重新成为全球货物贸易第一大国。尽管中美近几年来货物贸易进出口总额较为接近，但中国与美国货物进出口金额的结构完全不同。与美国相反，中国常年处于货物贸易顺差，且进出口差额呈上升趋势。据美国商务部统计，2017 年美国对中国贸易逆差 3752.3 亿美元，创历史新高。在美国看来，中国目前已经严重威胁到了美国的经济霸权。

过去，虽然美国和中国从来没有结为盟国，甚至称不上是战略，但在多个时期由于共同的利益而达成了实质上的战略合作。20 世纪 60 年代到 70 年代，由于苏联试图控制中国政治、经济，使中国成为苏联的附属，中国和苏联的关系逐渐恶化，中苏联盟慢慢走向破灭并开始对立。70 年代，美国在美苏争霸中处于劣势，急需一个有足够影响力的盟友。面对苏联的威胁，中国和美国开始修复两国关系，尼克松访华后，中美双方在上海签订了《中美联合公报》。中美关系走向正常化，并于 1979 年正式建立外交关系。20 世纪 80 年代起，欧美将劳动密集型产业向发展中国家转移。90 年代起，中国逐渐成为了世界代工厂。虽然在这一过程中中国难以避免地承受了环境污染等一系列代价，但这也为中国制造业日后的发展打下了一定基础，帮助中国完成了从农业国向工业国的转型。南斯拉夫中国大使馆被炸一度让中美关系跌入冰点。“9·11”事件后，中美在打击恐怖分子上达成的共识，再度让中美关系得到了缓和。2005 年，美国副国务卿罗伯特·佐力克在一次关于中美关系的讲话中提出，要促使中国成为国际体系中负责任的利益相关者。回顾中美关系，只有共同的利益才能让美国在一定程度上成为中国的战略合作者。然而特朗普上台以来，其组建的政府认定中国在多个领域影响了美国的利益。2017 年 12 月，特朗普发布了他上台后的首份《国家安全战略报告》，并在报告中将中国定位成美国“战略上的竞争对手”。

目前，中美两国经济体量及贸易往来情况与 20 世纪 80 年代的日美有相似之处。20 世纪 70 年代，日本以出口带动经济发展。根据世界银行数据测算，日本 GDP 占美国 GDP 的比例从 1970 年的 19.66% 飞跃到 1980 年的 38.42%。美国的经常项目赤字在 80 年代首次突破 1000 亿美元，而美国对日本的贸易逆差被认为是这一现象的主要原因。

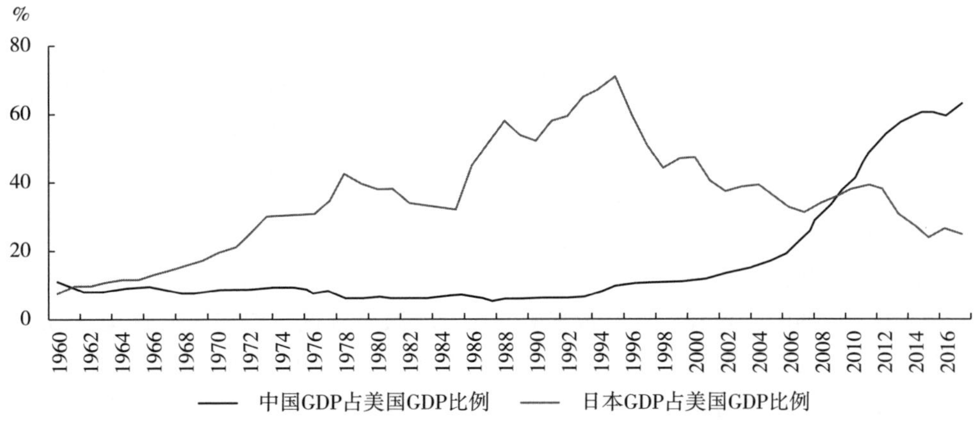

图 2　1960—2016 年中国、日本 GDP 占美国 GDP 比例（以 GDP 现价美元计算）

（数据来源：世界银行）

美国随后采取了一系列手段减少与日本的贸易逆差。首先，美国在 80 年代多次使用贸易保护主义手段，逼迫日本在汽车、半导体、电信等行业开放市场或限制出口。同时，在美国的压力下，日本于 1985 年签订了《广场协定》。协定签署后，日元开始对美元疯狂升值。随后的几年里，日本股市和房地产市场的资产价格以远超GDP增速的速度迅速上行，而日本的出口受日元升值影响遭到了重创。在日本资产泡沫被美国戳破后，日本经济一蹶不振，陷入了“失去的30年”。

因此，中美贸易摩擦虽然体现为中美两国在经济领域的争端，但从深层反映出的是两个超级经济体在国家战略和全球影响力层面上的竞争。应该看到，国际经济竞争甚至贸易战争毕竟不是军事对抗或军事战争，不能用军事战争思维来理解；解决经济利益冲突的思维，也不应是军事战争思维，而应是市场竞争思维。要认识到随着中国经济发展，中美贸易摩擦将是长期的、战略性的，美国意在战略遏制，中国意在战略崛起。大国经济战略博弈不能简单借用军事战争思维，经济利益冲突也只能按照市场经济规则和市场竞争方式去解决。

努力办好自己的事情，是中国在贸易摩擦中赢得主动的基础。产品好，层次高，国际间替代少，贸易摩擦概率低，主动权就大。技不如人时就要付出更多市场成本。过去，中国在贸易上受制于美国的一个很重要的原因是美国的许多产品在中国具有不可替代性。美国长期以来一直限制高科技产品对中国的出口。有很多高端产品，中国是经过与美国多次谈判并满足美国提出的一系列苛刻的要求后，才得以从美国进口。特朗普对中国至少500亿美元商品的征税计划中，主要针对中国出口美国的医疗器械、高铁设备、生物医药、新材料、农机装备、工业机器人、信息技术、新能源汽车、航空设备等《中国制造2025》重点发展领域的产品征收关税。这并不代表着我国在这些领域的技术已经全面超越了美国，而是美国意图阻止我国在这些行业的产业升级和技术进步。近几年，随着中国现代制造业的崛起，许多美国商品已不再是中国市场的唯一选择。贸易数据表明，研发高层次、可替代性低的高端产品，有利于摆脱美国对中国的贸易制衡。也正因此，未来中美贸易战略博弈的焦点将集聚于高技术产品市场，而不是低端产品市场，其中知识产权问题将是战略博弈的核心。这既是中国经济的“软肋”，又是中国经济亟待弥补的“短板”，必须引起高度重视。

既然中美之间的贸易摩擦具有全球效应，中国就必须立足于全球市场研究竞争策略。在实力较美国还有一定差距时，我们需要打好迂回牌，正面佯攻、侧面迂回。在加强对国际惯例和国际协定的应用与美国打好贸易仲裁的同时，我们可以同中东欧在中端产品、同欧洲在中高端产品全面加强合作。我们要发挥自己在基建、电商、移动支付等方面的优势，积极拓展全球市场，降低对美国的依赖性。这里想进一步强调的是，许多欧美日等发达国家大型金融机构和跨国公司的在华机构，都设有专职的中国经济学家岗位，及时深入分析研究中国经济趋势和市场变化，提供战略决策参考。这种做法值得中国已经“走出去”的银行和企业借鉴。

充分发挥市场参与者的作用。对政府部门而言，应做好权衡性政策预案。政策预案要集中在核心利益上，尽量避免为低端保护付出过多代价。同时，政府部门应积极发挥企业家、行业组织、专业机构的作用。让市场主体冲在前面，政府部门跟在后面，这是惯例，效果会更好，也有利于提升我们的整体应对能力。一是在具体行业方面，企业家、行业组织和专业机构较政府部门更为接近市场，对市场的理解和认识更为深刻，对市场的变化更为敏感。二是企业家、行业组织和专业机构较政府部门而言，试错效率更高，且犯错的成本较低，而政府部门一旦犯错通常很难调头。让行业的具体参与者冲在前面，将更有利于我国以市场竞争的思维解决经济上的利益冲突。

三、中国目前处于特殊战略机遇期，应该作出特殊的战略选择

为什么要关注战略机遇期？这是因为战略机遇期很重要。对于大国来说，能否识别战略机遇期，能否正确判断战略机遇期的特点和期限长短，及时抓住机遇、把握核心优势、避免致命失误，对于国家兴衰成亡是至关重要的。

战略机遇期是指有利于实现自己预期战略目标的外部环境供给与内部需求支撑，而且具有较长的时间区段，较宽的政策操作空间。若从此角度来判断，我国仍处在战略机遇期内，但与危机前相比，后危机时代的战略机遇期具有显著的特殊性。

回顾中华人民共和国发展历程，首先面临的

是二战后东西方两大阵营对峙格局，严峻的外部环境使得中国的政策操作空间十分局促；进入20世纪70年代以后，原苏联开始放缓对华高压政策，美日对华态度也出现积极变化，伸出橄榄枝，中国及时抓住机遇积极进行外交战略调整，终于在80年代迎来了前所未有的经济发展战略机遇期。通过果断实施改革开放政策，收获了历史性的巨大红利，尤其是90年代建立社会主义市场经济体制的改革红利和新世纪加入WTO带来的全球化红利，使中国从低收入国家快速步入中等收入国家行列。

也就是说，从20世纪70年代末以来，中国准确判断国际政治经济环境变化特点及其趋势，敏锐捕捉到一个较长的战略机遇期，果断实施改革开放，大量引进西方技术、人才和管理经验，不仅实现了从计划经济体制到社会主义市场经济体制的转变，而且还加速释放改革开放和社会主义市场经济红利，生产率得到快速提升，迈出了现代化建设的坚实步伐。进入21世纪后，中国再次及时抓住全球化的有利时机，以加入WTO为契机，加快经济增长步伐。2003年至2007年期间，全球经济平均增速达4.75%，全球商品贸易额年均增长16.5%，均为20世纪80年代以来最快的。同期，中国对外贸易和利用外资年均分别增长28.5%和9.65%，GDP年均增长11.65%。

由此可见，20世纪70年代末作出的中国将面临一个长达30年（甚至可能还要更长一些）战略机遇期的判断是敏锐的，为此作出的战略选择与策略安排是英明果断的过40年的改革发展，中国经济已经成长为名副其实的大型经济体，已经拥有了庞大的市场空间。凭借经济总量、某些领域的技术优势、相对丰裕的资本与金融实力、广袤国土与多样化地质资源禀赋以及不断进步的军事实力等，不仅使我们有能力适应战略环境变化，也使我们具备了一定的主动营造战略机遇期的能力。2008年全球爆发了20世纪30年代以来最严重的国际金融危机，深刻改变了国际经济格局。在金融危机期间，美国国力及国威均大受冲击，许多发达国家也“深陷困境”，中国则主动采取战略作为的策略，实现了所谓的“弯道超车”。但笔者认为用“机遇超车”来形容应更为准确，即在别人停滞甚至衰退的情况下，自己能够抓住机遇，保持相对较快的速度，并成功实现超越。也可能正是因此，不少学者甚至市场人士都认为，中国还将面临一个外部环境和内部支撑都十分有利的战略机遇期。我们在深入观察之后发现，当前外部环境与内部支撑虽然与过去被动适应的战略机遇期不同，手中已经拥有了不少有价值、有分量的好牌，但世界经济格局的变化使得当前战略机遇期的复杂性和不确定性明显上升，如果一定要说存在一个战略机遇期的话，也只能说我们面临一个特殊的战略机遇期。

首先，当前国际环境既与20世纪80年代不同，也与21世纪金融危机前不同。苏联解体后，世界从冷战时期的两极对抗转向美国一极独大，虽然中、俄、欧、日及新兴市场经济体呈现多元化演进态势，但没有任何一个经济体能够对美国的绝对地位构成挑战。然而，2008年金融危机后，在美国经济和金融受到重创的同时，中国在全球经济中的地位却快速提升。根据世界银行报告，2016年中国GDP总量已超过日、德、英、法四国GDP总量的80%，而危机前这一占比还不足30%，由此带动亚洲GDP占全球比重也升至34%，同期北美GDP占比则降至28%，欧洲占比仅为21%。世界经济版图这种空前的调整，必然引起世界政治格局的变化，尤其是中国力量的快速成长，对美国在全球治理、经济贸易优势等方面形成的压力也越来越大，由此引起美国国际战略的迅速调整。实际上，美国已经着手通过实施政治、军事上的“亚太再平衡”战略，力图打造亚洲小北约来围堵抗衡中国，在经济上则和日本联手推出跨太平洋伙伴关系协定（TPP）将中国排除在外。虽然特朗普政府因国内经济因素，暂时放弃了“TPP”，但并不意味着其对华战略就发生了根本性逆转。如果美国经济按照目前的速度顺利复苏，预计其战略重点将在五年后就会从经济优先，再次转向国际地缘平衡优先。

其次，预计发达经济体由全面推动全球经济一体化转向有选择的推动和保护，追求货物贸易平衡，服务贸易自由，高技术投资保护。相应新兴市场将在发达经济体有选择的全球经济一体化政策影响下出现分化，例如，印度将逐渐成为影响国际政治与资本流向的重要因素。目前无论发达经济体还是新兴市场国家，均既想借助于中国市场空间与资金实力帮助其尽快摆脱困境，但同时遏制中国快速发展思潮也在不断升温。比如：加大对中国的高技术封锁，美、欧、日等发达经济体拒绝承认中国市场经济地位，提高中国产品进人发达国家市场的壁垒，经常性祭起“双反”调查，对中国产品征收高关税等，贸易摩擦会不断加大。同时，美欧日还调整针对新兴市场国家的策略，尤其是拉拢周边一些国家与中国抗衡。因此，未来中国需要处理的国际政治经济挑战要远远大于国内问题。

再次，2012 年以来中国国内形势也发生了一些前所未有的深刻变化，中国的经济水平已经迈上新台阶，但最终跻身发达的高收入国家行列并非易事。可以说中国的经济蛋糕已经足够大，但仍有严重的群体性贫困与区域性落后问题，虽然分配改革早已提上日程，但涉及广泛利益调整的分配改革，其难度是空前的；低端落后产能过剩与高品质需求得不到满足并存，加速技术进步，推动经济升级将成为长期战略；GDP 总量增长与环境、效率都很重要，当它们发生矛盾时，环境保护、资源利用和经济效率应该置于优先地位，这些新的发展理念对于地方政府和企业都是巨大考验 – 现实经济困境、经济矛盾根源于改革开放以来形成的既得利益体制，改革必要性、紧迫性自不言待，但需要面临前所未有的改革难度与阵痛，由此带来的社会、经济、市场波动，必须也应该有充分的估计和准备。

最后，继国际经济格局变化之后，国际政治格局也开始调整，世界格局已经从冷战结束后美国完全可以随心所欲、动辄动武干涉别国内政的时代，转人美国虽不能完全随心所欲但仍可主导的时代。最明显的变化是美国将国际战略关注重心转移至亚太地区，具有很强的指向性，但在具体的行动依据方面则反复解读某些国际法或国际惯例，在策略方面也很顾忌区域国家的反应。与此同时，一些发达国家尤其是日本、欧洲主要国家积极配合美国在国际敏感的边缘地带，利用利益交汇点，通过制造麻烦博取利益。这一变化已经成为当前大国博弈的主要特点。

进入后金融危机期间，上述变化不仅没有缓解，反而进一步强化，直接影响就是中国遇到了前所未有的战略调整困境，我们不得不关注金融危机以来中国战略机遇期的性质变化与战略机遇期红利消耗的潜在风险。在国际层面，美国亚太再平衡战略和逆全球经济一体化战略，已经开始给中国的国际发展空间造成巨大的压力和阻力；在国内层面，国内发展的焦虑逐渐转化成政策选择压力，这些焦虑包括经济增长速度焦虑、经济转型焦虑、经济改革焦虑、金融发展风险焦虑、分配不公平焦虑和社会清廉建设焦虑等。无论从国内形势还是国际环境看，改革开放以来我们曾经历的长时期黄金战略机遇期已经很难再现，取而代之的是隐蔽性极强、持续期不确定、局势更复杂的特殊战略机遇期。中国必须主动积极适应这一变化，尽早筹谋，果断变被动战略适应为主动战略安排。尤其是这次特殊战略机遇期持续时间不会很长，我们必须果断作出选择，千万不能把宝贵的战略机遇期白白浪费掉。要抓准时机培育我们的核心优势，继续大幅增强我们的战略平衡能力和本事。

必须看到，中美关系是特殊战略机遇期内的核心问题，处理好以中美关系为核心的国际关系，不仅是策略选择，更是战略智慧。

当前特殊战略机遇期内已出现了很多新问题，发生了很多新变化，需要我们更深刻理解 2016 年美国大选后的政策变化，准确判断英国脱欧之后欧洲政治与经济的变化，客观看待亚洲市场的凝聚力及其在全球市场的地位，全面把握各种变化背后的美国因素。虽然要重点关注中美战略关系的新变化，但更要关注当前中美关系的相对平衡状况到底能维持多长时间。笔者认为，中美矛盾的成因既有两国经济差距缩小、力量此消彼长的经济因素，也有意识形态分歧、立场原则不同的价值观因素；既有国际利益格局调整、地缘政治格局变化的外部因素，也有发展阶段差别、国内主要矛盾不同的内部因素；中美关系出现根本性转折，既取决于金融危机以来美国国内积累的政治经济矛盾是否真正解决，中国国内的政治经济向好态势是否一直保持下去。一旦美国国内问题迅速缓解，或者中国经济与市场引力不断减弱，中美关系的这种“弱平衡”就有可能被打破。可以预见，未来美国两党认识分歧一定会缩小，待其国内经济问题解决后，美国的国际战略优先级别必将会提升；而中国可以主动掌控的只能是努力做好自己的事情，尽可能实现美国经济复苏以后中美关系保持相对的动态平衡。

就目前的国际经济贸易环境而言，尽管现有国际经济贸易规则大部分是由美国主导的，许多国际经济或金融机构也是由美国左右的，一些规则和政策对于中国并不公平，甚至是明显歧视，但我们重打锣鼓另开张的时机还不成熟，不仅是经济实力不够，关键是我们的设计能力、驾驭能力还远远不够。因此，研究现有国际规则，熟悉现有国际规则，遵守现有国际规则，运用好现有国际规则，不仅是处理当前中美关系的策略选择，更是战略智慧。在策略上继续扩大开放，增强中国经济的市场吸引力至关重要。一个国家在国际上的政治地位往往取决于其国内市场引力大小，市场引力越大，话语权和影响力就越大；市场引力下降，话语权和影响力就不断丧失。与前期主要依靠市场换资金不同，在特殊战略机遇期内除了保持必要的速度和规模之外，中国需要更加倚重开放市场换取先进技术与管理、实现结构优化与经济升级。

必须积极主动地处理好中美关系。美国变量是核心因变量，能否处理好中美关系，事关新挑战最终能否转换成战略机遇关键。更长的和平环境有利于中美双方发展，中国应积极对美国开放优势市场，使之成为美国经济恢复的战略依赖；同时，中国要善用美国庞大的中高端消费品市场、潜在的基建市场，实现我们的优势巩固与结构升级，促进国际治理改革与进步。具体策略安排上，一方面，我们继续加强沟通交流（尤其是了解美国政策制定的特殊机制、提升沟通交流的针对性与有效性），增进了解，提高对非核心利益分歧的容忍度；另一方面，努力推动中美双方变警惕为正视，在保持互相威慑实力的同时，降低误判与盲动，确保双方远离核心利益红线，避免战略对抗，积极寻求战略合作。

还要妥善处理与其他经济体的关系，拓宽国际关系基础。在中欧关系方面应突出经济观，增强内在联系；兼顾价值观，减少一些不必要的冲突；避免评论欧美关系，坐观其变。在亚洲的策略重点，应实施中国与东盟的错位发展策略、与日韩的产业链耦合策略。与西亚和中东政策的重点应放在资源产能合作与基础设施建设上。与中东欧的政策重点应放在中高端产品技术合作与基础设施建设上。与大洋洲的政策重点应放在矿产资源、农业资源与海洋资源的合作上。与拉美政策的重点应放在资源与市场开放的合作上。

最后还要强调的是，必须抓住稍纵即逝的战略机遇期，果断迅速升级中国经济。解决当前诸多现实问题，进行长远发展战略安排，必须把提高供给体系质量作为主攻方向，必须坚定自身发展战略不动摇，迅速升级中国经济和最大限度让人民分享发展成果，这是增强中国经济核心竞争力、取得人民广泛支持的坚实基础。中央提出的推进供给侧结构性改革就是着眼于优化经济结构、促进技术进步、提高全要素生产率、进一步解放生产力等中长期的一系列优化改进措施。当前，要抓住稍纵即逝的战略机遇期，加快发展先进制造业，推进互联网、大数据、人工智能和实体经济的深度融合等，促进中国产业迈向全球价值链中高端，培育若干世界级先进制造业集群，显著增强中国经济质量优势。同时还要保持客观清醒的认识，制约中国经济持续健康发展的因素既有供给问题，也有需求问题。供给质量不高，不能满足人民美好生活和经济转型升级的需求，在积极拓展海外市场的同时，要更加注重扩大内需，通过提供高质量的供给来刺激、创造、扩大国内需求。要进一步提高人均劳动生产率，全面提高国民经济各领域各层面的素质，找出并填平在以往高速增长阶段被掩盖或忽视的各种低效率洼地，适应高质量、高效率现代化经济体系建设的需要，加快劳动力数量红利到质量红利的转换。加快政府职能转变，精简机构、深化改革，提升效能，既要解决政府职能“交叉与越位”方面的问题，更要解决市场监管“缺失与不足”的问题。

（原载《全球化》2018 年第 7 期）

全球银行排行榜变迁折射的基础规律

中国建设银行首席经济学家　黄志凌

创刊于1926年的英国《银行家》杂志始终映像着全球金融的历史变迁。该杂志每年对不同国家和地区银行的资本实力、经营规模、赢利能力和经营效率等方面进行综合评估，并发布“全球银行1000强”排行榜①。在该榜单的排名已成为衡量全球各家银行综合实力的重要标尺。通过观察全球银行排行榜的变迁，我们既可以看到一部分经营百年的老牌银行屹立不倒，也可以看到许多银行在排行榜上昙花一现。20世纪初全球前20大银行中，只有德意志银行、巴克莱、美国花旗、劳埃德银行和法国兴业等五家银行延续到了今天，其余的银行要么已成过往云烟，要么通过合并重组融入了其他大银行。透过全球银行排行榜变迁，我们能够发现一些什么样的基础规律？这些基础规律对于中国银行业有什么样的借鉴意义？

一、成也萧何，百年银行业巨子发展经验分析

近百年来世界银行业风云激荡，各大银行你方唱罢我登场，竞为一时瑜亮。如今时过境迁，多少银行雨打风吹去，多少银行历久弥坚依然为世人仰望。摩根大通和富国银行②均位于美国最大的商业银行之列，也是屹立百年风雨依然具有全球影响力的行业翘楚。分析这些“青春永驻”的全球大型银行，一些规律性的行为特征值得业界高度重视。

（一）战略定位清晰，有所为有所不为，危机中方可从容

战略定位是指具有长期性的市场准确定位，它是守住市场的核心。在竞争激烈的情况下，各银行必须找到一种方式令自己与众不同，最终形成优势；与此同时，在战略定位确定后，应坚持贯彻，不能因外界的影响而轻易调整。此点上，富国银行无疑是典范。

富国银行是一家提供全面金融服务的银行，开展商业银行、保险、私人银行、投资、经纪等多项业务。但在经营上，富国银行有自己的侧重点。首先，富国银行以社区银行为主业。社区银行业务对其净收益以及存贷款业务的贡献度一直保持在60%左右，庞大的网点覆盖为富国银行发展社区银行业务提供了基础，富国银行一直保持全美网点数量第一的纪录，而且在各区域的网点密度通常也位列前三。其次，富国银行重视小企业贷款业务。与传统的“大银行服务大客户、小银行服务小企业”的理念不同，富国银行一直重视小企业贷款业务，通过细分客户群体、改进放贷程序、严格风险管理等措施，成为美国最大的小企业贷款发放者。

美国次贷危机始于住房抵押贷款市场，富国银行作为美国最大的零售抵押贷款发放者，却成

① 2017年全球银行1000强排名榜单显示，中国银行业再攀高峰，126家中国银行跻身全球1000强，较上年增加7家，入榜数量仅次于美国。中国工商银行、中国建设银行、美国摩根大通分列榜单前三，中国银行、美国银行、中国农业银行、美国花旗集团、美国富国银行、英国汇丰银行、日本三菱银行分别列榜单4～10名。

② 尽管富国银行近年来面临一系列合规风险压力，但其自我纠错能力很快得到投资者的认可，其股价未受到明显影响。

功抵御了次贷危机冲击，其重要的一点就是富国银行经营上的有所为和有所不为。为鼓励、促进住房市场发展，2001 年以来，美国联邦基准利率不断下调，放贷标准大幅降低，市场也在住房抵押贷款基础上衍生出数额巨大的 CDO 等众多金融产品。而就在市场一致看好房地产市场和房贷业务发展前景，众多金融机构为抢占市场，降低房地产信贷标准门槛时，富国银行坚持主营业务不动摇，很少提供低于信贷评分、资不抵债、可信度低甚至没有证明的抵押贷款，不提供选择性可调整利率贷款，基本上不参与高杠杆金融衍生业务，甚至在 2006 年卖掉了大量抵押贷款资产。尽管富国银行因此在 2006 年丢失了约 600 亿至 1200 亿美元抵押贷款市场份额，但在 2007 年，与竞争对手因次贷危机导致的高达 1630 亿美元的减值准备相比，富国银行 2007 年计提损失仅 14 亿美元。富国银行在次级房贷市场的“不作为”有效隔离了次贷危机的侵袭，使其成功抵御了此次危机。

富国银行的成功躲避并非单凭偶然和幸运，坚持正确的市场定位在关键时刻发挥了重要作用。从富国银行多年经营实践情况来看，其长期坚持独特的战略定位和经营模式是吸引很多长期价值投资的主要原因，并帮助它从次贷危机中脱颖而出。当然，不是每家银行都要如富国银行那样选择“金融零售商”的模式和定位，但银行的发展一定要确立自己清晰的战略定位，明确服务区域、对象和范围，然后确定对应的经营模式和风险管理体系，并长期坚持下来。

（二）风险管理得当，自主研判切实执行，风雨中独善其身

银行风险管理是指银行通过风险识别、风险估价、风险评估和风险处理等环节，预防、回避、分散或转移经营中的风险，从而减少或避免经济损失，保证经营资金安全的行为。风险管理的核心在于管理层对风险的独立判断。摩根大通在 2007 年的美国金融危机中为此做出了良好的诠释。

自 2007 年 7 月美国金融危机全面爆发以来，美欧众多银行亏损严重，甚至发生了大面积的银行倒闭潮，摩根大通虽然部分业务也出现亏损，但整体而言，仍是美国各大银行中唯一在此次金融危机爆发至今未有亏损的银行。

摩根大通之所以能在金融危机中“独善其身”，在于设立了一个独立于业务运作的功能部门——市场风险管理部，全面负责整个公司市场风险的管控，并直接向执行总裁汇报情况。在重点业务区域内，市场风险管理部会设置多个国际办公室，并在办公室内施行“矩阵负责制”。此外，还专门设置有若干市场风险小组负责市场风险管理大纲的制定与实施、撰写送达相关风险报告等，这些小组直接向首席财务官报告。各个存在市场风险的业务部门都要专门设置独立于交易人员的中间部门，来识别证实来自各自部门的市场风险，并与风险管理部紧密合作。

2008 年年底，香港发生了由雷曼兄弟公司破产引发的雷曼“迷你债券”风波，数百名投资者上街游行表示不满。在该债券发行之初，香港包括永亨、东亚等多家大型商业银行猛烈追捧，争相向客户推销宣传该产品。摩根大通对此表现得十分理性。“迷你债券”具备较高收益率，本已纳入摩根大通的销售计划，但经过内部层层审批之后，风险管理部门表示无法判断其背后的风险，虽能带来短期利润但无法判断长期风险收益，因此未通过该产品的分销计划。事后伴随雷曼破产，“迷你债券”爆发平仓风波，多家银行牵涉其中，摩根大通因其严格风险控制得以幸免。

风险体制没有绝对的好坏之分，关键是要审时度势，找到适合自己的路径。良好的风险管理是一切业务可持续发展的基础，只追求短期的高收益无异于饮鸩止渴。危机中破产的很多银行都是因为在房地产泡沫时期过度放贷或者为追求高收益大量发行复杂的衍生产品所致，如美国银行。摩根大通在风险管理中坚持自身判断，并制定合理有效措施进行风险管理，故能在金融危机的暴风雨中安然自若，独善其身。各家银行都要学习摩根大通，在任何时候，既不能被外部的消息蒙蔽自身判断，也不能一味依赖过往经验得出的风险模型，唯如此才能保持清醒，看到风暴，穿过风暴。

（三）以客户为中心，点点滴滴贯彻执行，不忘初心方得始终

“以客户为中心”几乎是每一家银行的经营宗旨，具体执行措施和效果却千差万别。但唯有将此贯彻到银行经营管理的方方面面，并最终落实到对客户的切实好处，银行的经营才能得到客户的认可，才能在激烈的竞争中胜出。富国银行和俄罗斯联邦储蓄银行就是这样的银行。

富国银行把帮助客户成长、获得财务成功作为已任，其具体措施包括负责任的贷款原则，不断创新开发适合客户需求的产品，不断优化业务流程方便客户等。富国银行始终坚持将客户利益放在第一位，目标是尽力满足客户的全部需求，并将此贯穿于产品设计、销售和服务中。这已成为富国银行的核心理念和发展动力。与花旗致力于全球拓展、摩根钟情于高端客户不同，富国银行坚持立足于美国本土，为普通消费者提供生活所需的金融服务。因此，富国银行的业务相对比较传统，其总资产中贷款占比达60%，远高于花旗、美银和摩根大通（这三家银行贷款占总资产的比例为30%～40%），也高于中国的一些大银行。但富国银行并不保守，而是不断创新，根据客户的切实需求提供多元化、全面的金融服务。在产品方面，为客户“量体裁衣”，通过80多个业务单元，为客户一生可能产生的各种金融需求提供合适的产品。在次贷危机中，富国银行还建立了专门的工作室，面对面帮助出现财务问题的家庭，通过修改抵押贷款合同、再融资等方式帮助客户度过危机、减少损失，不仅帮客户留住房产，也降低了自身的坏账率。

俄罗斯联邦储蓄银行成立于1841年，是俄罗斯最大的商业银行，2016年营业收入430亿美元，利润81亿美元，是俄罗斯营收规模第二大企业（仅次于俄罗斯石油天然气公司），也是中东欧排名第一的商业银行，在“全球1000家大银行”排名第33位，“福布斯全球2000”营业收入排名第56位（2017年第一季度）。这家已有177年历史的银行至今仍焕发强大生命力和活力，主要归功于其坚持将客户放在第一位。一方面，建立客户体验评估系统，通过这个系统评价员工表现、提升客户服务质量；扩大基层客户经理的权力，拓展其职责范围，将权力下沉到离客户最近的人，允许客户经理在适当的范围内改变产品功能、销售渠道、服务与沟通方式等。另一方面，推出多渠道销售和服务，大力投资和发展数字化技术和产品，让客户可以在任何时间、任何地点、通过任何方式获取所需，并实现多渠道间信息互通共享，围绕客户的真实需求建立银行与生活融合的生态系统，为客户带来更多附加价值。客户可以通过系统完成生活缴费、旅行与出境准备、交通出行和购物等。在互联网经济新时代，这家“百年老店”并没有固守陈规，而是勇于挑战、敢为天下先地积极转型，从传统银行到数字银行再到“银行即平台”，制定清晰而有力的战略并坚决执行，使其取得了辉煌的业绩，展现出蓬勃的生机。而这一切的内核就是“以客户为中心”的企业核心价值观。

坚持客户至上的经营文化、完善的风险管理制度、清晰的战略发展定位，是这些优秀银行在管理上的共同特质。正是拥有了这些特质，依靠强大的管理水平，它们从容地度过了金融危机，在银行业独领风骚。

二、败也萧何，折戟沉沙的银行失败原因分析

纵观银行业短短数百年的历史变迁，不少曾经盛极一时的大银行消失在滚滚红尘中，经营轨迹尘封在历史的记忆里。备受业界关注的是英国的巴林银行、北岩银行，美国的雷曼兄弟、伊利诺斯大陆银行，日本的振兴银行等虽都曾在世界银行业独领风骚，但最终均走到破产的结局。尽管具体银行的失败原因有各种特殊性，但透过历史上曾经昙花一现、最终折戟沉沙衰落倒闭的银行案例，仍然有许多共性的教训值得我们吸取。

（一）风险管理体制不完善，缺乏内部控制导致巨大的操作风险

银行是经营风险的金融机构，国际一流银行并不必然是规模最大的银行，但一定是风险控制最好的银行。商业银行的内部控制体现在两个方面：一方面是周密完备，另一方面是执行到位。任何疏漏都有可能酿成无可挽回的损失。

巴林银行创建于1763年，是英国历史最悠久的银行之一，曾创造了无数令人瞠目的业绩，在世界证券史上具有特殊的地位，被誉为“金融市场上的一座耀眼辉煌的金字塔”。1995年2月27日，英国中央银行突然宣布：巴林银行不得继续从事交易活动并将申请资产清理，这意味着具有232年历史、在全球范围内掌管270多亿英镑的英国巴林银行宣告破产。

巴林银行倒闭的原因说起来既可笑又具有讽刺性：一位年轻人（年仅28岁的巴林银行交易员尼克·里森）的渎职将已有230多年历史的巴林银行赔了个精光。1994年，时任巴林银行新加坡期货公司执行经理的尼克·里森一人身兼首席交易员和清算主管两职。1994年下半年，尼克·里森认为，日本经济开始走出衰退，股市将会大涨，于是大量买进日经225指数期货合约和看涨期权。然而1995年1月17日，日本关西大地震，股市暴跌，尼克·里森所持多头头寸遭受重创。为反败为胜，尼克·里森再次大量补仓日经225指数期货合约和利率期货合约，1995年2月24日，当日经指数再次加速暴跌后，尼克·里森所在的巴林期货公司的头寸损失，是巴林银行全部资本及储备金的1.2倍，于是尼克·里森畏罪潜逃。230多年历史的老店就这样顷刻瓦解，最后被荷兰某集团以一英镑象征性地收购了。

巴林银行的破产，是典型的因为风险管理体制不完善、缺乏内部控制而产生的恶果。银行的发展与风险时刻并存，风险无处不在、无时不有。一旦风险控制出现问题，就会影响到银行的正常经营，甚至会危及银行业的生存，而巴林银行破产的案例也时刻警醒我们风险控制的复杂性和重要性。

（二）战略定位不清晰，盲目追求高收益，在诱惑中消亡

合适的战略是银行成长、发展、壮大的原动力。银行业是经营风险的行业，在扩张战略的选择上应该偏向谨慎而非激进，小心驶得万年船，审慎方得始终。银行在发展的过程中会经历多个经济周期，每个时代都有处于风口的行业，有些市场规模虽大，但潜在风险很高，风险收益配比不平衡、不协调，不能成为合适的长期战略选择。银行不仅要抓住机会获取利润，更重要的是要能够在高收益的诱惑前坚守自身、在合适的时间退出。如果单纯为追求利润而偏向高风险配置，极易导致银行发展滑入深渊。

日本振兴银行成立于2004年4月，总部位于东京，是一家为中小企业提供融资服务的小型专业银行，曾在日本拥有125家网点。2010年9月10日，刚刚成立6年的日本振兴银行就向日本金融厅申请破产保护，盲目扩张引发不良债权增加被认为是导致其破产的主要原因。该银行成立之初的经营宗旨是面向中小个体企业提供小额融资。2007年3月以后，为追求更大利益，振兴银行转变经营策略，开始采取冒进和扩张政策，向非银行金融机构收购债权或进行大额融资。截至2009年12月末，日本振兴银行贷款总额中超过七成是大额融资，平均每家公司约为30亿日元。因为没有找准自身定位，盲目扩张，过度强调银行资产规模，造成资产规模与资本金的严重失衡，盛极一时的振兴银行就这样迅速破产了。

同样因为战略定位不清而倒下的还有英国北岩银行。北岩银行建立于1965年，是英国五大抵押贷款银行之一。北岩银行在1997—2006年期间迅速崛起，一时风头无两。它主要的经营策略是：大力吸收同业资金，然后发放居民住房抵押贷款，以充分享受“流动性红利”和“房地产红利”。在房地产市场走俏与同业流动性充足的情况下，这种“又红又专”的发展模式并没有过多的风险与问题。但2003年房地产市场繁荣已经显现疲态，同业市场兼具收紧倾向时，北岩银行依然“不知悔改”地坚持这种模式就埋下了一堆风险隐患。数据显示，2006年年底北岩银行负债端同业资金总额达到586亿英镑，占负债比例的60%，是居民存款226.31亿英镑的2.5倍；资产端中住房抵押贷款占总资产的比例已经达到了77%，而流动性资产的比重仅为13%。

到2007年下半年，美国次贷危机来袭并波及英国，没有足够流动性资产的北岩银行向英格兰银行求救，申请资金援助。这一消息被BBC曝光的同时，北岩银行宣布预计2007年税前利润将比预期低20%的消息进一步引爆了民众的恐慌情绪。在担忧与恐慌中，北岩银行发生了挤兑，给原本就处于风雨飘摇中的北岩银行添了致命的一刀。2007年10月，北岩银行宣告倒闭。

日本振兴银行、北岩银行的陨落，在于不能及时调整自身的定位，被利益蒙蔽了双眼，是战略管理失控的恶果。战略定位是以长远的观点对银行未来发展方向和目标进行定位，是在现有发展的基础上向更高、更大、更强的目标发展的定位，它关注的是银行可持续经营的优势、核心能力的突出、新业务领域的竞争优势基础，以及由此可获得的创新价值及预期效益。片面追求收益率和盈利能力，只会损害银行的长期健康发展。从盲目扩大理财产品等表外资产规模，到向不合格的贷款者主动销售贷款，再到用不透明的手法将信贷资产证券化出表等各种手段，虽然可以明显提升银行利润水平，但会使得银行越来越忽视自身的风险承受能力，形成经营上巨大的战略风险。防范战略定位失误风险，关键是要把握业务实际、市场走向和客户需求变化，从当前经营优势中寻找并探索未来的战略优势和定位。

（三）过度创新、管理层误判市场，百年巨轮驶向冰山

创新是企业进步的灵魂，是一家“好银行”持续发展的关键。面对复杂多变的经营环境，银行要想长期保持快速、平稳发展，就必须发扬创新精神。但金融创新之于银行犹如水之于生命。水能载舟，亦能覆舟。大型银行的发展好坏，最终会归结到管理层对市场的判断准确与否和制定的策略与市场匹配与否。想成为基业长青的百年银行，就需要有足够强大的咨询研究团队辅助管理层做出正确决策。

雷曼兄弟创立于1850年，总部设在纽约，曾是美国第四大投资银行，在美国抵押贷款债券业务上连续40年独占鳌头。次贷危机前，雷曼兄弟过多地涉足复杂的衍生品市场，其金融投资过度依赖数量化模型，对未来收益变化预测没有与现实状况紧密结合，管理层也没有充分认识到金融创新潜藏的危机。2007年，华尔街的不少机构因大规模不当投资次贷产品已经蒙受损失，此时的雷曼兄弟仍然盈利41亿美元。但是雷曼兄弟并没有“见好就收”，反而继续对已经过热的房地产市场加大投资，用大量借款提高回报率，而且比其他公司更晚意识到所出现的损失，也未在投资出现失误时抓紧时间融资。当次贷债务违约大规模出现时，再想抽身为时已晚，雷曼兄弟持有的与住房抵押贷款相关的巨量“毒药资产”在短时间内价值暴跌，将公司活活压垮。2008年9月，雷曼兄弟宣布破产。雷曼兄弟因为管理层对过度创新金融产品市场前景的误判，制定了错误的发展策略，最终导致黯然破产离场。

与雷曼兄弟类似的还有伊利诺斯大陆银行。伊利诺斯大陆银行曾经是美国排名前十的著名商业银行。在20世纪70年代末及80年代初，该银行的管理层实施了冒进的经营策略。首先，制定了错误的流动性管理策略。伊利诺斯大陆银行的资金来源并非像一般商业银行惯常做的那样以吸收居民储蓄存款和工商业存款为主，而是创新地依靠同业拆借，通过短期、易于波动的同业资金支撑中长期的负债端。据悉，倒闭前伊利诺斯大陆银行的个人存款仅占总负债的10%～12%，其贷款主要由出售短期可转让大额定期存单、吸收欧洲美元和工商企业及金融机构的隔夜存款来支持。并且，当时该行贷款与存款的比率高达79%，远高于全美银行平均56%的水平。其次，1974—1981年，为了迅速扩大市场份额，伊利诺斯大陆银行实施了激进的贷款政策，取消了信贷委员会贷款审批程序，扩大了每个信贷员的贷款权限，并放宽了对信贷业务的监控和贷后检查。通过这一发展战略，伊利诺斯大陆银行在贷款规模迅速激增的同时埋下了可怕的定时炸弹。1982年起，同业银行出现倒闭情况，监管部门对同业银行进行检查，伊利诺斯大陆银行因此受到牵连，资产质量下降，市场开始质疑其负债端资金的安全性。1984年5月，伊利诺斯大陆银行遭受挤兑，虽然芝加哥储备银行和联邦存款保险公司先后进行了救助，但是伊利诺斯大陆银行从此风光不再。

金融创新固然是推动金融发展、经济繁荣乃至社会进步的主要动力，但银行的高级管理层也要清醒地认识到金融创新是一把双刃剑。在金融逻辑、法律和道德的标准下进行金融创新，可以使银行提高收益、降低成本、增强竞争力，保持或朝着百年银行的方向发展；而如果脱离了金融逻辑，超出了一定的约束程度或标准，过度创新或依赖创新手段盲目提升考核指标，就会给银行本身及金融行业带来巨大危机。

三、借鉴行业规律，中国银行业应正视进步与挑战

伴随着中国经济腾飞，中国银行业经历了黄金十年的高速发展，就核心指标而言“处于全球领先地位”并不夸张。就资产规模而言，中国银行业的资产规模已位于全球首位。2017年年底中国银行业的总资产达到38万亿美元，欧元区为30.5万亿美元，美国为17万亿美元，日本则不

到10万亿美元。就绩效指标而言，中国银行业的多项绩效指标均优于国际同业。首先，中国银行业利润额相对较高，盈利能力与内源性资本补充能力均处于国际同业优秀水平。2017年，中国商业银行实现净利润17477亿元人民币，同比增长5.98%，平均资产利润率为0.92%，平均资本利润率为12.56%。同期美国银行业实现净利润约1884亿美元，约12246亿元人民币，与国际领先银行相比，中国银行业毫不逊色。同时，中国银行业不良贷款比例仍然较低①。按照国际通行标准，不良贷款率在5%以下都属于正常水平，欧美发达国家的不良贷款率通常在3%左右。截至2017年末，中国商业银行不良贷款余额17057亿元，较上季末增加353亿元；商业银行不良贷款率为1.74%，与上季末持平，全年不良贷款率基本保持稳定。虽然受经济下行影响，中国银行业不良贷款率略有上升，但与国际同行相比，中国银行业不良贷款比例仍然较低。2017年末，商业银行贷款损失准备余额为30944亿元，拨备覆盖率为181.42%，贷款拨备率为3.16%，资本充足率为13.65%，处于国际同业良好水平。

虽然近年来中国银行业在进步，国际排名也在快速提升，但2013年以来中国经济转型和结构调整步伐加快，银行业也面临一系列新的挑战，以往追随式发展、外延式扩张、粗放式管理、同质化竞争已无法适应新形势的要求。

（一）银行扩张受到外部约束的明显制约

一是随着中国经济增速步入新通道，过去支撑我国经济高速增长的部分要素正在变化，依赖投资和出口驱动的增长模式难以持续。实体经济的增长水平和活跃度必然要反映到金融业中，与此相适应，银行体系也将进入一个相对稳定而非高速发展的状态。二是经济结构调整不可能一蹴而就，结构调整带来部分行业、客户经营状况的改变，必然影响到银行的存量资产，银行潜在风险会显著增加。随着市场变化，银行经营能力也将面临新的挑战：优质客户服务竞争激烈，营销难度增加；新的业务领域可能由于不熟悉、不了解而不会做；差的客户可能由于风险较高或管控能力欠缺而不敢做。因此银行的市场份额、收益水平和风险管控能力都将受到考验。三是银行监管要求明显提高，特别是在资本监管要求更为严格的情况下，资本约束将成为制约银行持续快速发展最突出的约束条件，随着资本筹措难度加大、成本升高，银行需要向资本集约型的内涵式发展转变。

（二）银行自身管理能力也决定了不可能无限扩张

受制于自身能力，任何一个企业都不可能无限扩张，企业规模适度时，战略执行、决策科学性和风险水平都能做到基本可控，但当规模超过一定限度时，管理难度将呈现几何级数式的增加甚至出现管理失控。这如同物理中的“增量理论”（Incremental Theory），非常规状态下，应力和应变之间不成正比。银行业更是有其自身的特殊性，它是通过承担风险敞口来获得经营收益的，如果没有必备的管理能力包括合适的战略、偏好、政策、制度、流程、系统以及相匹配的人力资源，无法对风险实行有效管控，就如同高速行驶的汽车没有有效的转向、刹车和安全装置一样，最终可能会酿制成巨大灾难。金融危机中很多百年老店轰然倒下的现实也能佐证这一点。对于一些资产规模超10万亿元的大型银行而言，由于经营范围的不断拓宽和经营区域覆盖面的不断扩大，加上行业间、产品间、客户间的复杂关联性，其管理难度将不再是随着数量的增加而简单线性增加。

（三）如何在规模增速减缓的前提下保持盈利能力持续增长，是大型银行面临的现实课题

2008年金融危机之后，我国许多银行市场地位迅速提升，这既有自身改革和经营管理能力变化的因素，但更多的是中国特殊的经济增长大趋势和国际金融市场大环境的因素所致。随着经济增长总体放缓，市场日趋成熟，以及全球金融市场的恢复，金融业竞争将日趋激烈，今后仍然想保持这么高的增长速度恐怕是比较难的。从A股

① 当下，银行业的整体不良率较低，但不良资产只是银行风险的冰山一角，风险不能仅依靠不良率进行计量。因为不良率仅反映贷款资产，贷款只是表内的一部分，表外业务量规模十分庞大。整个金融业还包括其他非银行金融机构的业务，因此需要对所有风险进行加总。这方面国际上的看法和国内银保监会的要求都很一致。但是风险加总很难实现，需要依靠风险计量技术。今后要把风险了解清楚，进行有效的风险管控，应该优先考虑体制机制和风险计量建设。

上市银行的资产规模数据来看，自2010年开始资产规模增速和盈利能力已经开始明显放缓。从国际银行业的经验看，资产高增长也不会长期持续，但通过集约化管理，盈利增长水平是可以保持的。中国银行业是否能走出一条集约化的发展道路是大家面临的共同课题。

因此，身处变革的时代，方向比努力更重要，对于我国银行业更是如此。首先，要确立自己独特、清晰的战略定位，明确服务区域、服务对象和服务范围，然后选择与之相适应的经营模式，并长期坚持下去。中国市场金融需求巨大，但很多银行却没有潜心挖掘细分市场，没有明确的战略定位，盲目跟风，从而导致同质化恶性竞争。未来，随着利率市场化推进、金融脱媒加剧以及更多民间资本的进入，各家银行若仍未布局细分市场，激烈的价格竞争不可避免会损害银行的盈利能力。若要维持较强的定价权及较高的利润率，银行需要慎重选择并锁定自己的客户群，有所为又有所不为，确立切实可行的风险偏好与战略目标，确定服务于战略目标的经营模式。其次，负责任的贷款原则最值得借鉴，这既是对客户负责，也是对银行的风险管理负责。“以客户为中心”几乎是每一家银行的经营宗旨，但具体执行措施和效果却千差万别。没有任何一家金融机构能够回避金融创新来满足客户需求，但金融创新也并非人云亦云，而是需要更精细化的客户管理，对客户数据进行深度挖掘，分析其金融需求，并提供合适的产品和服务。只有深刻理解客户需求，不断提高客户服务能力，改进服务流程，才能真正赢得客户的忠诚。再次，良好的风险管理是一切业务可持续发展的基础，只追求短期的高收益无异于饮鸩止渴①。由于银行具有强大的汇集和配置社会资金功能，因此在所有市场经济体系中，社会的正常运行都离不开银行，银行的安全对于社会财富安全和经济发展至关重要，因此商业银行在以追求盈利为目标的基础上，还应特别重视风险控制。

（原载《征信》2018年第12期）

抢抓金融科技机遇，提升服务实体经济水平

中国建设银行营运业务总监　牟乃密

金融科技正在加速改变传统银行的金融生态和经营模式。当前，中国经济已经从高速增长阶段转向高质量发展阶段，社会变革、经济转型、科技进步对金融业的发展产生了重大影响。以区块链、人工智能等为代表的金融科技迅猛发展，正在创造新的模式、业务、流程与产品，加速改变银行的金融生态和应用模式，在银行业当中的作用日益凸显。

从全球来看，以大数据、云计算、人工智能、区块链为代表的科技，已经逐步在众多场景落地。从国内来看，国家站在建设创新型国家和科技强国的高度，全面布局金融科技。银行业对金融科

① 大型银行和小银行的风险管理机制不尽相同。大银行的风险管理责任制不能仅仅靠层层落实，而需要更专业化的制衡机制。当前，大型银行层层落实责任制存在较大的风险性。小银行的市场风险较少，风险管理主要是识别问题，通过建立风险识别的技术手段和计量方法，即可有的放矢。但大银行功能复杂，业务综合性较强，仅仅依靠风险识别，一旦某一薄弱环节出现问题，产生交叉传染的系统性风险，将很难应对。制衡机制尽管存在效率低和认识分歧的问题，但是能从根本上降低甚至杜绝灾难性的损失。

技越发重视，积极应对，抢抓金融科技机遇。一些互联网巨头纷纷加大投入，深化与金融行业的合作。可以预见，金融科技必将继续对中国银行业的发展产生全面、深刻的影响。

中国建设银行作为国有大行，把握科技发展趋势，一方面加大金融科技对电子银行的影响，主动变革应对；另一方面以回归本原主业为导向，以服务实体经济、与实体经济共同成长为自身的使命，在巩固好传统的同时，面向蓝海，探索新的金融服务模式，着力推动金融科技、住房租赁和普惠金融，着力提高服务实体经济的效率。

中国建设银行以创新的金融产品服务、开放的金融共享平台、普惠的金融发展模式，不断提高金融服务的质量，提升金融服务水平。2017 年 6 月，中国建设银行耗时六年时间打造的新一代核心系统全面竣工并成功上线，为全行战略转型和业务发展注入了强大动力。2018 年 4 月，建信金融科技公司挂牌，引领了新一轮金融科技创新。中国建设银行积极响应党中央“房子是用来住的、不是用来炒的”号召，依托新一代核心系统技术优势，着力打造住房租赁服务平台系统，为推动住房租赁市场的健康发展贡献了智慧和力量。普惠金融业务是落实中央部署的政治任务，是服务国家战略、服务社会民生的责任担当，也是建设银行的重大战略选择，更是赢得未来市场的重要战略调整安排。普惠金融的落脚点和实施核心是平台金融，同样需要以金融科技应用为支撑，通过客户聚合、场景介入、数据集成，提升普惠金融的效果和水平。当前和今后的一段时间内，建行将重点推动住房租赁、金融科技等战略，用“双小”连接和承接“双大”，用住房租赁连接和承接住房按揭，用金融科技连接和承接对公对私业务，紧密联合外部市场，造就建行差异性和综合性的竞争优势。

服务国家建设、支持实体经济是建行作为国有大行的天然使命。随着金融业改革开放的进一步加快，在新的背景和互联网的高科技推动之下，建设银行将不忘初心，下沉经营重心，扩展业务边界，将客户需求和技术应用结合起来，打造稳健经营、创新发展的现代银行，全面提升金融服务水平，为实体经济经济的发展贡献力量。

（原载《银行家》2018 年第 06 期）

CHINA 中国建设银行年鉴 2019
CONSTRUCTION BANK ALMANAC

第七部分　大事记

领导重要活动类

1 月 3 日 董事长田国立在北京参加国务院常务会议。

1 月 3 日 董事长田国立、行长王祖继、监事长郭友在总行大楼会见中国银行董事长陈四清一行。

1 月 4 日 行长王祖继、副行长黄毅、首席财务官许一鸣在总行大楼会见国家税务总局副局长汪康一行。

1 月 4—5 日 行长王祖继、副行长张立林到深圳市分行调研业务发展情况，并到深圳开发中心看望员工。

1 月 5—8 日 董事长田国立到中央党校参加有关学习。

1 月 9 日 董事长田国立在总行大楼会见匈牙利新任驻华大使白思谛（Máté Pesti）先生一行。

1 月 10 日 行长王祖继、副行长庞秀生到上海开发中心看望员工。

1 月 10 日 监事长郭友在总行大楼会见巴黎欧洲金融市场协会（Paris EUROPLACE）会长阿诺德·布瑞松（Arnaud de Bresson）先生一行。

1 月 11 日 董事长田国立、行长王祖继在北京参加中央有关会议。

1 月 11 日 监事长郭友在总行大楼主持召开监事会与部分董事座谈会。

1 月 11 日 监事长郭友在总行大楼会见普华永道全球市场主管合伙人 Richard Oldfields 先生一行。

1 月 12 日 行长王祖继在总行大楼会见毕马威亚太区及中国主席陶匡淳一行。

1 月 12 日 董事长田国立在北京会见银监会国际部主任范文仲一行。

1 月 16 日 董事长田国立在北京参加“十三五”规划专家委员会会议。

1 月 17 日 董事长田国立在北京参加国务院常务会议。

1 月 17—21 日 监事长郭友率团出访英国，其间与伦敦子行独立董事沟通，拜会了英国审慎监管局（PRA）首席执行官山姆·伍兹先生和外资银行监管组，召开了建行伦敦机构主管以上员工座谈会暨整改工作专题会，并拜访了中国银行伦敦机构管理层等。

1 月 18—19 日 董事长田国立、行长王祖继在北京参加中央有关会议。

1 月 22 日 行长王祖继在北京参加国务院有关会议。

1 月 22 日 董事长田国立在总行大楼会见美国财政部副部长西加尔·曼德尔克先生一行。

1 月 24 日 行长王祖继、副行长章更生在北京会见商务部副部长王炳南。

1 月 24 日 董事长田国立、监事长郭友、首席风险官廖林、董事会秘书陈彩虹出席建设银行海外工作座谈会。

1 月 25 日 董事长田国立在总行大楼先后会见德国中央合作银行（DZ Bank Group）董事会主席兼行长沃尔夫冈·基尔施（Wolfgang Kirsch）先生一行、德国施威比豪尔住房储蓄银行（Schwabisch Hall）行长莱因哈德·柯莱恩（Reinhard Klein）先生一行。

1 月 26 日 行长王祖继在总行大楼会见资本集团加拿大主席杰米·伯吉（Jeremy Burge）先生一行。

1 月 26 日 行长王祖继在北京出席学习贯彻党的十九大精神专题研讨班。

1 月 29 日 董事长田国立在总行大楼会见东亚银行主席兼行政总裁李国宝一行。

1 月 30 日 董事长田国立到北京市分行看望离退休老同志。

1月30日 党委书记、董事长田国立参加北京市分行党委民主生活会。

1月31日 董事长田国立在北京人民大会堂主持召开中英企业家委员会（the UK – China CEO Council）成立大会暨第一次会议；随后出席中英两国领导人与中英企委会代表见面会并作为中方代表发言。

2月1—5日 董事长田国立在新西兰奥克兰出席2018年亚太经合组织（APEC）工商咨询理事会（ABAC）第一次会议、参加开幕式大会、金融与经济工作组会议等活动。其间，出席建行新西兰分行开业仪式，拜访中国驻奥克兰总领馆许尔文总领事，会晤建设银行独立董事莫里·洪恩先生及新西兰子行董事长詹妮·希普利女士等，并参加了APEC中国高官、中国国际商会代表与ABAC中国代表午餐会。

2月2日 行长王祖继在总行大楼向第33督导组汇报民主生活会有关情况，并听取督导组意见反馈。

2月6日 董事长田国立在北京参加银监会有关会议。

2月6日 行长王祖继在中央电视台财经频道演播厅接受《央视财经评论》栏目专访 。

2月7日 董事长田国立在北京参加国务院常务会议。

2月7日 董事长田国立、首席风险官廖林在总行大楼会见银监会大型银行部主任杨丽平、巡视员王大庆、建行处处长朱利霞。

2月8日 行长王祖继在总行大楼会见海南省常务副省长毛超峰、省政府副秘书长林涛、省金融办主任邓传明、海南银监局局长谭震详。

2月9日 董事长田国立、副行长章更生在总行大楼会见小米科技董事长雷军。

2月11日 党委副书记、行长王祖继出席天津市分行党委民主生活会。

2月13日 董事长田国立在总行大楼会见安永中国主席兼大中华区首席合伙人吴港平一行。

2月23日 董事长田国立在北京参加银监会有关会议。

2月24日 董事长田国立在总行大楼会见紫光集团董事长赵伟国一行。

2月26—28日 党委书记、董事长田国立在北京参加中国共产党第十九届中央委员会第三次全体会议。

2月27日—3月8日 行长王祖继率团出访美国、加拿大、德国。其间，拜会了纽联储等监管机构，与富国银行等金融同业高层进行了会谈，拜访了苹果公司、甲骨文公司等企业客户，重点与其探讨金融科技应用等有关问题，并与中国驻当地总领馆负责人会面。此外，还视察了建设银行在三国的分支机构，并与员工座谈。

3月5—20日 董事长田国立在北京人民大会堂旁听十三届全国人大一次会议开幕会、第一次至第七次全体会议以及闭幕会。

3月6日 董事长田国立、副行长黄毅在总行大楼出席机关大讲堂“中国经济金融发展新阶段”专题讲座。

3月19日 董事长田国立在总行大楼会见英国审慎监管局（Prudential Regulation Authority）首席执行官兼英格兰银行（Bank of England）副行长山姆·伍兹（Sam Woods）一行。

3月19—23日 行长王祖继在中央党校参加第4期省部级干部学习贯彻习近平新时代中国特色社会主义思想和党的十九大精神研讨班。

3月21日 董事长田国立在北京参加国务院常务会议。

3月21日 董事长田国立在北京参加银监会2017年度监管通报会议。

3月22日 董事长田国立在总行大楼先后会见毕马威（KPMG）全球主席比尔·托马斯（Bill Thomas）先生一行、花旗集团（Citigroup）高级顾问、著名经济学家劳伦斯·萨默斯（Lawrence Summers）先生一行。

3月23日 董事长田国立在总行大楼先后会见彭博公司（Bloomberg）董事长高逸雅（Peter Grauer）

先生一行、日本瑞穗金融集团（Mizuho Financial Group）执行总裁、首席执行官佐藤康博（Yasuriro SATO）先生一行。

3月23日 董事长田国立在北京出席“争做‘零’跑者”公益活动启动仪式。

3月24日 行长王祖继在钓鱼台国宾馆参加“中国发展高层论坛2018年会”，并在“城市群与房地产市场新方位”分论坛发表演讲。

3月26日 董事长田国立在总行大楼会见法国巴黎银行（BNP Paribas）董事长乐明瀚（Jean Lemierre）先生一行。

3月28日 董事长田国立率团访问香港，先后到建行亚洲、建银国际、海外审批中心和资金运营中心（筹建）等在港机构调研。其间，董事长田国立分别会见中央人民政府驻香港特别行政区联络办公室（中联办）主任王志民，会见香港特别行政区行政长官林郑月娥。

3月28日 行长王祖继在北京参加国务院常务会议。

3月30日 董事长田国立在北京出席第四届银行业协会换届大会。

3月30日 董事长田国立在北京参加国务院有关会议。

4月3日 董事长田国立、副行长章更生在总行大楼会见西城区委书记卢映川一行。

4月4日 董事长田国立在北京参加国务院常务会议。

4月4日 行长王祖继在总行大楼会见安永中国主席及大中华首席合伙人吴港平先生一行。

4月8日 董事长田国立、行长王祖继在总行大楼会见恒大集团董事局主席许家印、总裁夏海钧一行。

4月9日 董事长田国立在总行大楼会见英中贸易协会（CBBC，China – Britain Business Council）主席詹诚信勋爵（Lord Sassoon）一行。

4月10日 董事长田国立在总行大楼会见瑞士迅达集团（Schindler Group）董事长林博礼（Silvio Napoli）先生一行。

4月10日 董事长田国立、副行长黄毅在总行大楼出席机关大讲堂“共享经济—关于共享，我们的星辰大海”专题讲座。

4月11—20日 行长王祖继率团赴瑞士、爱尔兰和英国进行2017年度业绩路演。其间，先后会见罗氏集团、先正达集团、埃尔凯普公司和英国标准人寿等当地重要客户和合作伙伴；会见中国驻爱尔兰大使岳晓勇；会见瑞士财政部部长于利·毛雷尔先生和瑞士国家银行（中央银行）行长托马斯·乔丹先生。

4月12日 董事长田国立在总行大楼会见德勤（Deloitte）全球主席柯睿尚（David Cruickshank）先生一行。

4月12日 董事长田国立、副行长张立林在总行大楼会见阿斯塔纳国际金融中心（AIFC）总裁凯拉特·克利姆别托夫（Kairat Kelimbetov）先生一行。

4月17日 董事长田国立在总行大楼会见腾讯集团董事会主席兼首席执行官马化腾一行。

4月17—18日 董事长田国立先后赴上海市分行、建行（上海）中心进行工作调研，督查学习贯彻党的十九大精神情况。其间，与上海市分行领导班子成员、分行部门负责人进行了座谈，就上海市分行学习贯彻党的十九大精神情况进行督查；前往九江路支行无人银行、建信金融科技公司、信用卡中心、上海数据分析中心调研；出席建信金融科技公司揭牌仪式及客户签约仪式。在沪期间，还会见了上海市委副书记、市长应勇，市委常委、浦东新区区委书记翁祖亮等。

4月23日 行长王祖继在总行大楼会见辽宁省副省长王大伟一行。

4月24日 行长王祖继在总行大楼会见长城资产管理公司董事长沈晓明一行。

4月25日 董事长田国立在北京参加国务院常务会议。

4月26日 董事长田国立在总行大楼会见瑞银亚太区投资银行部主管金弘毅先生一行。

4月27日 董事长田国立在北京参加国务院第一次廉政工作会议。

5月2日 行长王祖继、首席财务官许一鸣会见德勤（Deloitte）首席执行官浦仁杰（Punit Renjen）先生一行。

5月4日 党委书记、董事长田国立在北京人民大会堂参加纪念马克思诞辰200周年大会。

5月4日 董事长田国立在北京参加国务院有关会议。

5月7日 行长王祖继在总行大楼会见英国财政大臣“一带一路”倡议城市特使范智廉（Douglas Flint）先生一行。

5月7日 党委书记、董事长田国立到基层党建联系点西安曲江支行营业部调研。

5月8日 行长王祖继在总行大楼与中国银行保险监督管理委员会大型银行部主任杨丽平沟通有关工作。

5月8—12日 党委书记、董事长田国立率总行相关部门负责人到陕西省安康市进行定点扶贫调研。其间，董事长田国立会见了陕西省人大常委会副主任、安康市委书记郭青，市长赵俊民，看望了总行和陕西省分行的派驻扶贫干部，深入企业考察，了解贫困村现状，对贫困户进行慰问，并分别前往紫阳县、汉阴县、岚皋县和汉滨区对建设银行在当地定点扶贫工作进行全面调研，同时与所在县（区）委及政府领导进行了座谈。

5月8日 行长王祖继在总行大楼会见法国兴业银行（Societe Generale）首席执行官吴棣言（Frédéric Oudea）先生一行。

5月11日 行长王祖继在上海先后听取信用卡中心、上海市分行工作汇报。

5月16日 董事长田国立在北京参加国务院常务会议。

5月18日 董事长田国立、行长王祖继、副行长章更生、副行长黄毅、纪委书记朱克鹏、副行长张立林，首席风险官廖林、首席财务官许一鸣、信息总监金磐石参加杨文升同志遗体告别仪式。

5月22日 董事长田国立在总行大楼会见巴西中央银行（Banco Central do Brasil）副行长奥塔维尔·达马索（Otavio Damaso）先生。

5月22—6月2日 行长王祖继在北京清华大学参加中央企业金融创新与经济发展专题研讨班。

5月29日 董事长田国立、副行长黄毅在总行大楼会见天津市副市长康义一行。

5月29日 董事长田国立在中国银行业协会会见匈牙利银行业协会代表团一行。

6月1日 董事长田国立在总行大楼会见中央汇金公司总经理白涛一行。

6月6日 董事长田国立在北京参加国务院常务会议。

6月8日 董事长田国立在北京钓鱼台国宾馆出席哈萨克斯坦总统纳扎尔巴耶夫与中国商界领袖圆桌会议。

6月13日 董事长田国立在北京参加国务院常务会议。

6月13日 行长王祖继在总行大楼与部分分行主要负责人进行竞争力监测谈话。

6月14日 董事长田国立在上海出席第十届陆家嘴论坛全体大会。

6月19日 行长王祖继主持召开2018年全球系统重要性银行领导小组会议。

6月20日 董事长田国立在北京参加国务院常务会议。

6月21日 行长王祖继到上海市分行、建信人寿宣布有关人事任免事宜。

6月22—23日 党委书记、董事长田国立在北京京西宾馆参加中央外事工作会议。

6月24日 行长王祖继出席在法国大使官邸举行的法国总理爱德华·菲利普（Edouard Philippe）招待午宴，探讨加强中法经贸、金融合作以及“一带一路”倡议项下合作等议题。

6月25日 行长王祖继到总行风险管理部宣布有关人事任免事宜。

6月25日 行长王祖继在总行大楼会见深圳市市长陈如桂一行。

6月27日 董事长田国立在北京参加国务院常务会议。

6月27日 董事长田国立在北京会见英国财政大臣菲利普·哈蒙德（Philip Hammond）。

6月27日 董事长田国立在北京参加人民银行货币政策委员会2018年二季度例会。

6月28日 董事长田国立在总行大楼会见云南省委常委、常务副省长宗国英一行，随后出席建设银行、建信金融科技公司与云南省农村信用社联合社的《同业合作平台框架服务协议》签字仪式。

6月29日 董事长田国立在北京参加全国深化小微企业金融服务电视电话会议并发言。

6月30—7月3日 行长王祖继率团赴澳门。其间，拜访澳门金融管理局高层，就澳门分行业务发展情况进行交流与沟通；拜访南光集团等重要客户高层；拜会中央人民政府驻澳门特别行政区联络办公室相关负责人；与澳门分行管理层进行座谈。

7月3日 党委书记、董事长田国立在北京京西宾馆参加全国组织工作会议。

7月4日 董事长田国立在北京参加国务院常务会议。

7月4日 行长王祖继、副行长张立林在北京数据中心会见住房和城乡建设部副部长倪虹一行。

7月5日 董事长田国立、行长王祖继、副行长黄毅、纪委书记朱克鹏、副行长张立林，首席风险官廖林，董事会秘书、首席经济学家黄志凌，营运业务总监牟乃密出席全行领导干部会议。

7月6日 董事长田国立在总行大楼会见北京市西城区区长王少峰一行。

7月12日 董事长田国立在总行大楼会见冰岛前总统奥拉维尔·拉格纳尔·格里姆松（H. E. Olafur Ragnar Grimsson）一行。

7月13日 董事长田国立在北京参加国务院常务会议。

7月17日 董事长田国立在中国银行出席中国银行保险监督管理委员会组织的银行业支持服务民营企业和小微企业情况座谈会。

7月17日 行长王祖继在总行大楼会见美国信安集团董事长、总裁、首席执行官侯智彤一行。

7月18日 董事长田国立在北京参加国务院常务会议。

7月18日 董事长田国立在北京参加人民银行有关会议。

7月19日 董事长田国立在总行大楼主持召开巡视工作领导小组会议，行长王祖继、纪委书记朱克鹏出席。

7月21日 董事长田国立、行长王祖继在总行大楼会见了诺贝尔和平奖得主、格莱珉银行（Grameen Bank）创始人穆罕穆德·尤努斯（Muhammad Yunus）教授一行。

7月23日 董事长田国立在北京参加国务院常务会议。

7月23日 董事长田国立到武汉市宁岗村“裕农通”服务点调研。

7月25日 董事长田国立、行长王祖继到武汉生产园区调研。

7月25—26日 董事长田国立在武汉市见湖北省委副书记、武汉市委书记马国强；董事长田国立、行长王祖继在武汉市会见湖北省委书记蒋超良、省长王晓东。

7月26日 董事长田国立、副行长章更生到湖北省分行调研。

7月27日 董事长田国立在北京参加中组部有关会议。

7月27日 董事长田国立在总行大楼出席中美贸易战专题机关大讲堂。

7月30日 董事长田国立在总行大楼会见中国信托商业银行（CTBC Bank）副董事长利明献先生一行。

7月30日 董事长田国立在总行大楼会见中央和国家机关工作委员会常务副书记孟祥锋一行。

7月31日 董事长田国立到中国石化会议中心为总行2018年新行员入职培训班学员授课。

7月31日 董事长田国立赴意大利驻华大使馆出席授勋仪式，被授予“意大利之星指挥官勋章”。

8月13—14日 行长王祖继赴深圳市分行就国家战略性新兴产业发展基金筹备工作以及住房租赁业务进行调研。其间，行长王祖继会见了深圳市委书记王伟中。

8月16日 董事长田国立在北京参加国务院常务会议。

8月21日　党委书记、董事长田国立在北京京西宾馆参加全国宣传思想工作会议。

8月21日　董事长田国立在北京参加国务院西部地区开发领导小组第一次会议。

8月22日　董事长田国立在北京参加国务院常务会议。

8月22日　行长王祖继到大连市分行进行工作调研，听取工作汇报，走访了解分行员工食堂和营业部“劳动者港湾”建设情况。

8月22—23日　董事长田国立在重庆市出席2018年中国国际智能产业博览会嘉宾集体会见、开幕式，视察中央展厅建行展馆、智慧小镇建行智慧银行、建设银行合作商盼达汽车银行及无人驾驶区、机电集团等合作客户展馆等。

8月22—23日　行长王祖继到辽宁省分行调研，听取分行关于经营管理情况的汇报。

8月23日　董事长田国立到重庆市分行调研，与分行班子座谈，视察重庆市分行渝中解放碑支行“劳动者港湾”、建融住房服务（重庆）有限责任公司。

8月27日　董事长田国立、行长王祖继、副行长黄毅在中国银行总行出席春分项目签字仪式。

8月27日　行长王祖继在总行大楼会见淡马锡控股公司中国区总裁吴亦兵一行。

8月28日　董事长田国立在总行大楼会见小米集团董事长、金山软件董事长雷军。

8月29日　国务院副总理刘鹤在长安兴融中心调研建设银行小微企业金融服务、住房租赁业务情况，董事长田国立、行长王祖继、副行长庞秀生、副行长章更生、副行长黄毅、纪委书记朱克鹏、副行长张立林，董事会秘书、首席经济学家黄志凌，营运业务总监牟乃密，信息总监金磐石陪同调研。随后董事长田国立主持召开小微企业金融服务座谈会。

8月29日　董事长田国立在总行大楼会见意大利经济财政部长乔瓦尼·特里亚（Giovanni Tria）先生一行。

8月30日　董事长田国立在北京出席国务院常务会议。

8月31日　董事长田国立到人民银行出席引导金融市场预期专家座谈会。

9月3日　董事长田国立在北京参加中非领导人与工商界代表高层对话暨第六届中非企业家大会开幕式，随后参加中非合作论坛北京峰会开幕式。

9月3日　行长王祖继在总行大楼主持召开会议，研究贯彻落实刘鹤副总理调研指示精神有关事宜。

9月4日　董事长田国立到全国工商联参加民营企业和小微企业金融服务座谈会。

9月5日　董事长田国立在北京诺金酒店会见多哥总统福雷·埃索齐姆纳·纳辛贝（Faure Essozimna Gnassingbé）阁下一行。

9月6日　董事长田国立在北京参加国务院常务会议。

9月7日　董事长田国立在北京参加国务院金融稳定发展委员会防范化解金融风险第九次专题会议。

9月7日　行长王祖继在总行大楼会见加纳财政部长肯·奥弗伊－阿塔（Ken Ofori－Atta）先生一行。

9月9—11日　董事长田国立率团出访日本。其间，会见中国银行副行长林景臻；会见东建株式会社专务董事左右田善猛并考察住房租赁项目；会见三井住友银行行长高岛诚、瑞穗银行行长藤原弘治；会见我国驻日本大使程永华；同时到东京分行调研业务发展情况。

9月10日　行长王祖继在总行大楼会见卢森堡财政部部长皮埃尔·格拉美亚（PierreGramegna）先生一行。

9月11日　行长王祖继、副行长张立林、首席风险官廖林、营运业务总监牟乃密、信息总监金磐石陪同中国人民银行副行长范一飞在总行调研熊猫项目推进情况。

9月11日　行长王祖继、纪委书记朱克鹏在总行大楼会见吉林省常务副省长吴靖平一行。

9月12日 董事长田国立在北京参加国务院常务会议。

9月13—17日 董事长田国立率团出访新加坡。其间，应邀出席新加坡峰会和新加坡金管局国际咨询委员会会议及相关活动；出席新加坡分行成立20周年庆典及签约仪式并会见当地重要客户；赴新加坡分行视察，并与分行管理层和部门主管座谈。

9月13日 行长王祖继到成都新华支行调研“劳动者港湾”建设情况。

9月14日 行长王祖继到江西省分行调研业务发展情况，到南昌八一路支行调研“劳动者港湾”建设情况。

9月18日 董事长田国立在总行大楼会见新西兰林业部长肖恩·琼斯（Hon Shane Jones）阁下一行。

9月18日 行长王祖继在北京参加人民银行大中型民营企业融资难问题座谈会。

9月18日 董事长田国立在北京参加国务院常务会议。

9月18日 行长王祖继到天津市分行宣布有关人事任免事宜。

9月19日 行长王祖继在云南省分行调研“劳动者港湾”建设情况。

9月20日 董事长田国立在总行大楼先后会见西班牙对外银行首席执行官卡洛斯·托雷斯Carlos Torres）先生一行，印第安纳大学校长迈克尔·麦克罗比（Michael McRobbie）先生一行。

9月20日 董事长田国立、副行长张立林在北京会见退役军人事务部部长孙绍骋。

9月25日 董事长田国立在北京参加《国有银行股份制改革史》征求意见座谈会。

9月26日 董事长田国立在北京参加国务院常务会议。

9月26日 董事长田国立在总行大楼会见中南财经政法大学校长杨灿明。

9月26日 行长王祖继在北京会见哈萨克斯坦共和国第一副总理阿斯卡尔·马明（Askar Mamin）先生。

9月26日 董事长田国立在北京参加人民银行货币政策委员会2018年第三季度例会。

9月27日 行长王祖继先后到海外审批中心、香港资金运营中心调研，听取香港资金运营中心筹备及经营情况汇报。

9月29日 行长王祖继主持召开金融科技创新委员会2018年第一次会议。

9月30日 董事长田国立，董事会秘书、首席经济学家黄志凌在总行大楼会见中投公司副总经理刘珺一行。

9月30日 董事长田国立在北京参加庆祝中华人民共和国成立69周年招待会。

10月8日 董事长田国立在北京参加国务院常务会议。

10月11日 董事长田国立在新华社出席《中国普惠金融蓝皮书（2018）——中国实践与国际借鉴》和“建行·新华普惠金融—小微指数”发布会。

10月11—20日 行长王祖继率团出访印度尼西亚、马来西亚、越南。在印度尼西亚期间，王祖继一行出席了国际货币基金组织和世界银行2018年年会全体大会，与法国兴业银行、渣打银行、印尼中亚银行等银行同业举行会谈，与驻巴厘岛中资企业代表举行座谈，并视察了印尼子行巴厘岛网点；在马来西亚期间，拜会并考察了关丹产业园、永大集团等重要客户和重点项目，拜会了中国驻马来西亚大使馆经商室、马中商务理事会，并视察了马来西亚子行；在越南期间，拜会了越南工商银行、中国建筑东南亚公司、深越联合投资公司等重要同业和客户，拜会了中国驻胡志明市总领事馆，并视察了胡志明市分行。

10月12日 董事长田国立到北京市昌平区开展民营企业和小微企业金融服务专题调研。

10月16日 董事长田国立、副行长章更生到厦门市分行调研。在厦期间，董事长田国立会见了厦门市市长庄稼汉，并出席建设银行与解放军某集团军战略合作协议签字仪式。

10月17日 董事长田国立在总行大楼先后会见英国财政大臣中国“一带一路”倡议城市特使范智

廉一行，星展集团及星展银行董事会主席佘林发一行。

10 月 18 日 董事长田国立到北京市西城区开展民营企业和小微企业金融服务专题调研。

10 月 19 日 董事长田国立在总行大楼先后会见新加坡金融管理局局长孟文能、新加坡财政部部长王瑞杰。

10 月 22 日 董事长田国立在北京参加中国工会第十七次全国代表大会开幕式。

10 月 22 日 行长王祖继在吉林长春出席“金融助振兴—吉林行动”论坛。

10 月 22 日 董事长田国立在北京参加国务院常务会议。

10 月 23 日 董事长田国立在总行大楼先后会见美国史带集团董事长兼首席执行官莫里斯·格林伯格（Maurice Greenberg）一行，陕西省人大常委会副主任、安康市委书记郭青一行。

10 月 24 日 行长王祖继、副行长章更生在北京会见中国人民保险集团董事长缪建民。

10 月 25 日 董事长田国立、副行长廖林在武汉会见解放军某部领导，随后到武汉江岸支行调研并与基层员工座谈。

10 月 25 日 行长王祖继在北京会见中国五矿集团有限公司总经理国文清。

10 月 25 日 行长王祖继在北京出席国际养老金监督官组织（IOPS）北京年会私人养老金全球论坛开幕式。

10 月 26 日 董事长田国立到中组部参加中央企业党的建设工作座谈会。

10 月 26 日 行长王祖继在总行大楼会见安永全球主席兼首席执行官温伯格先生一行。

10 月 29 日 行长王祖继到深圳市分行调研智慧网点建设及“劳动者港湾”运营情况。

10 月 30 日 董事长田国立到北京铁道大厦出席“十三五”国家发展规划专家委员会全体会议。

10 月 30 日 董事长田国立到国务院新闻办公室出席“银行业和保险业服务民营、小微企业”新闻发布会。

10 月 31 日 行长王祖继、副行长章更生在北京会见中国长江三峡集团有限公司董事长雷鸣山、副总经理杨省世。

11 月 1 日 董事长田国立在人民大会堂参加民营企业座谈会。

11 月 1 日 行长王祖继在北京出席改革开放与中国扶贫国际论坛。

11 月 2 日 董事长田国立在北京参加国务院常务会议。

11 月 2 日 行长王祖继在重庆出席首届中新（重庆）战略性互联互通示范项目金融峰会，发表题为“携手共进，推动中新金融合作再上新台阶”的主题演讲。

11 月 5 日 董事长田国立、行长王祖继、副行长章更生、副行长张立林先后参加中组部调研谈话。

11 月 5—6 日 董事长田国立在上海调研。其间，董事长田国立出席中国国际进口博览会中英商界领袖招待晚宴并发言；出席捷中商务论坛并致辞；在上海国家会展中心出席全球贸易与供应链峰会暨国际海运年会开幕式及建设银行与中国远洋海运集团战略合作协议签字仪式；前往上海市分行、建信金融科技有限责任公司调研工作。

11 月 6 日 行长王祖继、副行长张立林在武汉生产园区参加人民银行组织的银行科技发展奖观摩研讨会。

11 月 7 日 董事长田国立在总行大楼先后会见意大利存贷款银行董事长马西莫·托诺尼（Massimo Tononi）先生一行，会见巴基斯坦哈比银行（Habib Bank Limited）董事长苏尔坦·阿里·阿拉纳（Sultan Ali Allana）先生一行。

11 月 7 日 行长王祖继在总行大楼主持召开全球系统重要性银行领导小组 2018 年第 2 次会议。

11 月 8 日 董事长田国立在北京参加经济形势专家和企业家座谈会。

11 月 9 日 董事长田国立、副行长章更生到昆明出席建设银行与云南省政府共同召开的“一部手机办事通”专题会议并到云南省分行调研。其间，董事长田国立、副行长章更生会见云南省省长阮成发、常务副省长宗国英。

11 月 9 日 行长王祖继在北京参加国务院常务会议。

11 月 12—19 日 董事长田国立率团出访澳大利亚、巴布亚新几内亚。在巴布亚新几内亚期间，作为 APEC 工商咨询理事会（ABAC）中国代表和 APEC 中国工商理事会常务副主席，董事长田国立出席了 2018 年 ABAC 第四次会议及 APEC 工商领导人峰会，出席 2018 APEC“中国之夜”活动，参加 ABAC 代表与 APEC 领导人对话会等，与 APEC 经济体政府、同业和工商界代表进行广泛交流；在澳大利亚期间，田国立一行会晤了中国驻布里斯班总领事和商务参赞，会见了澳大利亚维珍集团和中国紫金矿业高层，视察建设银行布里斯班分行。

11 月 12 日 行长王祖继在总行大楼主持召开金融科技创新委员会 2018 年第 2 次会议。

11 月 12 日 行长王祖继到中国银行保险监督管理委员会参加有关会议。

11 月 13 日 行长王祖继到人民银行参加有关会议。

11 月 14 日 行长王祖继在总行大楼会见新加坡卫生及交通部高级政务部长蓝彬明先生（Dr. Lam Pin Min）一行。

11 月 15 日 行长王祖继到人民银行参加有关会议。

11 月 16 日 行长王祖继在北京会见中国人寿保险集团董事长王滨先生一行。

11 月 20 日 董事长田国立在总行大楼先后会见新加坡淡马锡国际副首席执行长狄澜先生（Dilhan Pillay SANDRASEGARA）一行，会见满帮集团董事长王刚先生一行。

11 月 21 日 董事长田国立在北京参加国务院常务会议。

11 月 25 日至 12 月 1 日 行长王祖继率团出访卢森堡、捷克。在卢森堡期间，王祖继一行会见了卢森堡首相贝泰尔、中国驻卢森堡大使，拜会了卢森堡金融监管委员会主席及卢森堡财政部长，在建行欧洲总部开展工作调研并组织召开了建欧及下辖分行座谈会；在捷克期间，王祖继一行拜访了捷信公司和斯柯达公司总部，会见了华为捷克公司首席执行官，并拜会了中国驻捷克大使。

11 月 26 日 董事长田国立、副行长张立林、副行长廖林到全国妇联出席中国建设银行“母亲健康快车”捐赠暨发车活动，并会见全国妇联主席沈跃跃、副主席黄晓薇。

11 月 27 日 董事长田国立在总行大楼会见英国前首相戴维·卡梅伦阁下（former British PM David Cameron）一行。

11 月 27 日 董事长田国立在北京会见北京市副市长殷勇。

11 月 28 日 董事长田国立在北京参加国务院常务会议。

11 月 29 日 董事长田国立，董事会秘书、首席经济学家黄志凌，营运业务总监牟乃密，信息总监金磐石出席总行机关大讲堂“人工智能：数字化增长”专题讲座。

12 月 3 日 董事长田国立在总行大楼会见新希望集团董事长刘永好一行。

12 月 4 日 行长王祖继在总行大楼会见大连市市长谭成旭。

12 月 5 日 董事长田国立在北京参加国务院常务会议。

12 月 7 日 行长王祖继、副行长章更生在总行大楼会见甘肃省常务副省长宋亮。

12 月 11 日 董事长田国立、副行长张立林、营运业务总监牟乃密在青岛国际会议中心见海尔集团董事局主席张瑞敏，并出席建设银行与安康市人民政府、海尔集团扶贫合作框架协议签字仪式以及“建行裕农通 + 海尔日日顺”乡村普惠服务合作平台发布会。

12 月 12 日 董事长田国立在北京参加国务院常务会议。

12 月 13 日 董事长田国立在总行大楼出席董事会办公室党支部全体党员大会。

12 月 14 日 董事长田国立在北京参加庆祝改革开放四十周年文艺晚会。

12 月 18 日 董事长田国立在北京参加庆祝改革开放 40 周年大会。

12 月 19—21 日 董事长田国立、行长王祖继在北京京西宾馆参加中央经济工作会议。

12 月 23 日 董事长田国立在北京出席北大光华新年论坛并作主题发言。

12 月 24 日 董事长田国立在北京参加国务院常务会议。

12 月 24 日 董事长田国立，董事会秘书、首席经济学家黄志凌在总行大楼会见中央汇金公司总经理沈如军。

12 月 26 日 董事长田国立在北京参加人民银行货币政策委员会 2018 年四季度例会。

12 月 27 日 行长王祖继到基层党建联系点广西区北海合浦县支行进行工作调研、慰问员工，并前往北海分行扶贫点合浦县豹狸村调研扶贫工作。

12 月 27 日 董事长田国立在北京参加北京市委市政府金融座谈会。

12 月 28 日 董事长田国立在北京参加中国银行保险监督管理委员会有关会议。

12 月 28 日 董事长田国立、副行长黄毅到建信住房服务有限责任公司调研并看望慰问员

12 月 29 日 董事长田国立到北京大兴支行调研并看望员工。

12 月 29 日 行长王祖继先后到总行公司业务部、金融科技部、数据管理部、财务会计部调研并看望员工。

机构及人事类

1 月 2 日 总行发文，建银国际（控股）有限公司加挂“中国建设银行全球大宗商品交易中心”牌子。

1 月 2 日 总行发文，成立建信金融科技有限公司筹备组，副行长庞秀生任筹备组组长，雷鸣、王晓平、林磊明、陈颖钰、姜俊任筹备组副组长

1 月 9 日 中国建设银行苏州投贷联动科创基金在苏州揭牌，行长王祖继、副行长黄毅，苏州市委副书记、代市长李亚平出席揭牌仪式。

1 月 12 日 总行发文，同意多伦多分行设立财务会计部、营运管理部和贸易融资及公司业务部，撤销财务营运部、公司及金融机构部和贸易融资部

2 月 1 日 中国建设银行“全球资产管理中心”和“全球投行业务中心”在香港揭牌，副行长余静波出席仪式并致辞，与香港中联办副主任仇鸿女士、马来西亚驻港领事馆总领事 Mr. Tengku Sirajuzzaman 共同为两个中心揭牌，香港中联办经济部部长孙湘一出席见证。

2 月 2 日 （当地时间）中国建设银行股份有限公司新西兰分行在奥克兰举行开业庆祝活动，中国建设银行董事长田国立出席并致辞。开业活动由新西兰前总理、建设银行新西兰子行董事长詹妮·希普利女士主持。新西兰前总理约翰·基爵士、财政部长格兰特·罗伯逊先生、住房城市发展和交通部长菲尔·特怀福德先生、中国驻奥克兰总领事馆总领事许尔文女士、中国驻新西兰大使馆商务参赞张帆先生、新西兰储备银行官员以及来自中新两国企业界、金融界等各界嘉宾出席仪式。

3 月 8 日 总行发文，总行部分部门对内设机构进行优化调整。总行财务会计部采购部增设产品测试管理处、合同执行管理处，供应商管理和合同执行处更名为供应商管理处；总行公司业务部撤销票据中心（二级部）、工程造价咨询中心（二级部），票据市场处并入票据业务管理处，本级项目及系统管理处并入造价业务处，增设协同发展处、业务保障处，产品开发中心更名为产品创新处；总行住房金融与个人信贷部承担住房租赁业务经营管理职责，增设住房租赁业务处；总行信用卡中心增设内控合规

处，业务综合处更名为产品创新与管理处，渠道管理处更名为客户经营管理处，开发协调处更名为互联网与渠道管理处；总行投资银行部增设资产证券化业务处；总行安全保卫部增设反欺诈与海外机构安全管理处，调查处置处更名为安全生产监督管理处。

3月8日 总行发文，河北省分行营业部更名为石家庄分行，江苏省分行营业部更名为南京分行，浙江省分行营业部更名为杭州分行，山东省分行营业部更名为济南分行，云南省分行营业部更名为昆明分行。

3月23日 总行发文，成立中国建设银行研究院

3月28日 中国建设银行广州住房金融服务中心开业，副行长章更生为其揭牌。

3月30日 总行发文，郭友不再担任中国建设银行股份有限公司监事长职务。

4月10日 河北雄安分行在雄安新区揭牌，副行长章更生、营运业务总监牟乃密及河北省分行行长李民等出席揭牌仪式。

4月13日 总行发文，成立中国建设银行香港资金运营中心。

4月16日 总行发文，广州花都支行升格为中国建设银行股份有限公司广东绿色金融试验区分行，为二级分行。

4月18日 建信金融科技有限责任公司在上海开业，党委书记、董事长田国立，上海市委副书记、市长应勇出席开业仪式并共同为公司揭牌，副行长兼建信金融科技董事长庞秀生、副行长章更生，上海市市委常委、常务副市长周波，以及上海市相关领导出席开业仪式。

5月16日 总行发文，总行部分部门对内设处室进行优化调整并更名。总行财富管理与私人银行部营销与客户管理处更名为客户关系管理处、渠道经营管理处更名为智能应用处、资产管理处更名为财富顾问处、财富管理产品处更名为资产配置处、综合金融业务处更名为品质服务处、业务营运处更名为创新联动处；总行投资银行部综合与合规管理处更名为综合处、研究发展处更名为研究创新处、私募债券承销处更名为风险合规与系统支持处、公募债券承销处更名为债券承销处、债券销售处更名为资本市场业务处、并购融资处更名为并购业务处；总行法律事务部授权管理处更名为授权与知识产权管理处。

5月17日 总行发文，中国建设银行股份有限公司监事会组成人员进行调整：鲁可贵、程远国、王毅担任中国建设银行股份有限公司职工代表监事；李秀昆、靳彦民、李振宇不再担任中国建设银行股份有限公司职工代表监事。

5月22日 建设银行托管运营中心在合肥生产园区揭牌，副行长黄毅出席仪式。

5月22日 总行发文，广州直属支行升格为中国建设银行股份有限公司广州分行。

5月23日 总行发文，成立中国建设银行普惠金融战略推进领导小组。

5月25日 总行发文，建银国际（控股）有限公司加挂“中国建设银行全球创新投资中心”牌子

5月31日 总行发文，余静波不再担任中国建设银行股份有限公司副行长职务。

6月4日 总行发文，成立研究院秘书处，为总行直属机构。

6月4日 总行发文，成立中国建设银行青岛普惠金融研修院筹备组，李明凯为筹备组组长，崔凤芹为筹备组副组长。

6月15日 建信住房服务有限责任公司在北京开业。董事长田国立出席并为公司揭牌，行长王祖继致辞并揭牌，副行长庞秀生、副行长章更生、副行长黄毅，纪委书记朱克鹏出席开业仪式，副行长张立林主持。

6月20日 总行发文，上海数据分析中心更名为上海大数据智慧中心，成立中国建设银行风险计量中心。

6月21日 中国建设银行上海大数据智慧中心暨风险计量中心在上海揭牌。行长王祖继、首席风险官廖林出席仪式并为中心揭牌。

6月21日 总行发文，同意广东省分行营业地址由“广州市东风中路509号”变更为“广州市越

秀区东风中路509号21－46层”。

6月25日 总行发文，成立中国建设银行运营数据中心，不再保留北京数据中心、武汉数据中心机构编制。成立公有云运管中心，与运营数据中心合署办公。

6月25日 总行发文，总行信息技术管理部更名为金融科技部。

6月25日 总行发文，成立中国建设银行金融科技创新委员会，金融科技创新委员会成立后，总行不再保留信息技术与流程建设委员会、产品统筹与创新委员会、大数据工作领导小组、“新一代核心系统”建设推进工作小组。

6月25日 总行发文，总行部分部门及内设机构进行调整：总行资产负债管理部增设定期报告与评级管理处、融资管理处、系统管理与金融科技应用处；总行教育培训部更名为教育学习发展部，与人力资源部（党委组织部）合署办公，教育学习发展部内设资源管理处、领导力发展处、员工成长发展处、国际化人才发展处、网络教育学院、教学研究管理处、教育品牌运营处等7个处室；总行风险管理部增设操作风险计量处、风险预警与压力测试处。内控合规部操作风险计量职责划转风险管理部；总行信贷管理部增设零售信贷管理处；总行网络金融部对现有处室设置进行优化调整，调整后内设综合与合规管理处、网络业务管理处、协同营销处、网上银行处、直销银行处、互联网网站处、网络支付处、数据分析处、客户体验中心、电子商务处、移动金融处等11个处室。

6月26日 总行发文，同意天津市分行天津塘沽分行降格为中国建设银行股份有限公司天津塘沽支行，所辖营业网点和内设机构并入天津自由贸易试验区分行。

6月29日 总行发文，吴建杭、方秋月担任中国建设银行股份有限公司股东代表监事；刘进、李晓玲不再担任中国建设银行股份有限公司股东代表监事。

7月10日 总行发文，成立建信股权投资管理有限责任公司。

7月10日 总行发文，成立战略性新兴产业发展基金。

7月11日 总行发文，吴建杭、方秋月、程远国担任中国建设银行股份有限公司监事会履职尽职监督委员会委员；吴建杭、方秋月、鲁可贵、王毅、白建军担任中国建设银行股份有限公司监事会财务与内部控制监督委员会委员。

8月6日 总行发文，北京市分行私人银行部加挂“中国建设银行私人银行（北京）家族办公室”牌子；上海市分行私人银行部加挂“中国建设银行私人银行（上海）家族办公室”牌子；山东省分行私人银行部加挂“中国建设银行私人银行（山东）家族办公室”牌子；广东省分行私人银行部加挂“中国建设银行私人银行（广东）家族办公室”牌子；深圳市分行私人银行部加挂“中国建设银行私人银行（深圳）家族办公室”牌子。

8月15日 总行发文，总行内控合规部反洗钱业务中心升格为二级部。

8月31日 总行发文，成立产学研统筹推进领导小组。

8月31日 总行发文，成立建行大学（企业大学）。

9月3日 北京市工商行政管理局正式核准“建银造价咨询有限责任公司”变更为“建银工程咨询有限责任公司”。

9月17日 总行发文，廖林任中国建设银行股份有限公司副行长。

9月17日 总行发文，同意上海市分行上海张江支行升格为中国建设银行股份有限公司上海张江科技分行，为二级分行。

11月19日 总行发文，人力资源部（党委组织部 教育学习发展部）内设机构调整：总行教育学习发展部增设财务管理处、社会服务处（金智惠民工程办公室、新金融人才教育联盟（筹）秘书处），资源管理处更名为规划发展处，教学研究管理处更名为教研管理处（案例中心），领导力发展处加挂党建教育处，网络教育学院加挂AI学院；总行党委组织部增设干部综合处。

11月19日 总行发文，同意青海省分行共和支行升格为中国建设银行股份有限公司海南州分行，为二级分行。

11 月 26 日 总行发文，成立中国建设银行培训疗养机构改革领导小组。

11 月 26 日 总行发文，同意江西省分行南昌洪都支行升格为中国建设银行股份有限公司南昌分行，为二级分行。

11 月 29 日 经北京市工商行政管理局核准，建行造价咨询有限责任公司近日正式更名为“建银工程咨询有限责任公司”。

12 月 13 日 总行发文，成立中国建设银行战略推进委员会，董事长田国立任主任，行长王祖继任副主任，总行党委委员，高管人员，建行大学各专业研修院院长，总行资产负债管理部、财务会计部、人力资源部总经理任委员。

12 月 13 日 总行发文，总行部分部门更名及内设机构进行调整：总行人力资源部撤销规划与制度处，组织处更名为组织一处，增设组织二处；总行小企业业务部（普惠金融事业部）更名为普惠金融事业部（小企业业务部），增设平台经营处、风险监测与预警处；总行资产托管业务部增设新兴业务处，QFII 托管处更名为全球托管处，清算处更名为运营管理处，核算处更名为托管应用系统支持处，监督稽核处更名为合规监督处；总行个人存款与投资部更名为个人金融部，增设智能投顾处、资产配置处、县域金融业务与数字经营处（裕农通推进工作办公室），客户服务与问题解决处更名为客户管理处，市场营销处更名为营销协同处，银行卡处更名为银行卡与支付结算处，经营管理处更名为规划与制度处；总行信用卡中心增设收单业务管理处；总行国际业务部增设对外合作与跨境撮合处；总行公共关系与企业文化部增设声誉风险管理处、投诉管理处。

12 月 13 日 总行发文，成立中国建设银行测试中心，与中国建设银行运营数据中心合署办公；中国建设银行客户服务中心增设纪检监察处、财务管理处。

12 月 13 日 总行发文，成立中国建设银行海外审计中心，驻地香港。

12 月 26 日 银保监会正式批准中国建设银行股份有限公司筹建建信理财有限责任公司

会议培训类

1 月 17 日 建设银行 2017 年度经营形势分析会议在总行大楼召开，行长王祖继主持会议，副行长庞秀生、副行长章更生、副行长黄毅、副行长余静波、纪委书记朱克鹏、副行长张立林、首席风险官廖林、首席经济学家黄志凌、首席财务官许一鸣、董事会秘书陈彩虹出席。

1 月 18 日 总行“喜庆十九大青春在建行”青年员工“世界咖啡”座谈会在总行大楼 602 会议室举行。副行长黄毅，党群工作部负责人，总行部门、在京直属中心和子公司的 40 名青年代表参加座谈。

1 月 19 日 建设银行股份有限公司 2018 年董事会第一次会议暨战略发展委员会 2018 年第一次会议在北京召开，董事长田国立主持会议，全体董事、部分监事、高管和相关部门参加会议。会议审议通过关于 2018 年度经营计划和 2018 年固定资产投资预算的议案。其中，2018 年固定资产投资预算的议案将提交本行股东大会审议。

1 月 22—23 日 建设银行 2018 年工作会议在北京召开。会议的主题是：深刻理解深入贯彻党的十九大精神，以习近平新时代中国特色社会主义思想为指引，以时不我待、只争朝夕的状态投入工作，为开创新时代中国特色社会主义事业新局面作出国有银行应有的贡献。党委书记、董事长田国立作题为

《牢记宗旨使命 践行大行责任 以新时代的新作为推动建行事业新发展》的讲话；党委副书记、行长王祖继作了题为《稳健经营 服务大局》的经营工作报告；党委副书记、监事长郭友主持会议并讲话。会上，还进行了总行领导班子和领导人员年度考核测评以及选人用人“一报告两评议”；会议期间套开了办公室主任座谈会。

1 月 24 日 建设银行 2017 年度党组织书记抓基层党建述职评议会在北京召开，党委书记、董事长田国立点评并讲话。党委委员、副行长章更生主持，总行党委成员、高管人员，以及总行党建工作领导小组成员部门主要负责人、6 家单位党委书记、部分党代表和党员群众代表参加会议。中组部组织二局、干部四局有关负责同志应邀出席会议并作指导。

1 月 25 日 全行“机构业务科技年”活动（视频）会议在京召开，副行长章更生出席会议并讲话。

1 月 26 日 总行党委中心组举办以“学习贯彻十九大精神 坚持全面从严治党”为主题的集体学习研讨。党委书记、董事长田国立主持学习，并与党委委员、纪委书记朱克鹏分别作主题发言，在京党委成员逐一交流了学习体会。高管人员及党委职能部门主要负责人列席学习。

1 月 30—31 日 建信人寿保险股份有限公司 2018 年度工作会议在上海召开，总行党委委员、副行长、建信人寿董事长章更生出席会议并讲话。

2 月 4—5 日 全行 2018 年度对公业务工作会议在广西南宁召开，副行长章更生作工作报告，副行长黄毅、余静波分别就分管工作讲话。

2 月 6—7 日 2018 年度中国建设银行纪检监察工作会议在北京召开，党委书记、董事长田国立讲话，党委成员、纪委书记朱克鹏作纪检监察工作报告并作会议总结，总行党委成员，高级管理人员，部分董事、监事出席会议，中央纪委四室代表应邀出席会议。

2 月 7 日 2018 年总行本部暨离退休老同志迎春团拜会在京举行。党委书记、董事长田国立代表总行党委，向出席团拜会的老领导、老同志，致以节日问候和新春祝福。

2 月 8 日 总行党委召开民主生活会，党委书记、董事长田国立主持会议，党委副书记、行长王祖继、监事长郭友，庞秀生、章更生、黄毅、余静波、朱克鹏、张立林出席。

2 月 13 日 建设银行部分分行资产管理业务座谈会在合肥召开，副行长余静波出席会议并作讲话。

3 月 5—6 日 全行 2018 年度计财工作会议在成都召开。副行长庞秀生出席并讲话，首席财务官许一鸣作工作报告。

3 月 9 日 建设银行部分分行托管业务座谈会在深圳召开，副行长黄毅出席会议并讲话。

3 月 15—16 日 2018 年全行投资银行工作会议在武汉召开，总行副行长余静波出席会议并作题为《进入新时代 展现新作为 奋力开启投行业务发展新征程》的讲话。

3 月 16 日 总行党委 2018 年第 1 次党建工作领导小组成员单位联席会议在北京召开，党委委员、纪委书记朱克鹏主持会议。

3 月 19 日 总行巡视工作动员部署会在北京召开。总行党委委员、纪委书记、巡视工作领导小组组长朱克鹏出席会议并作动员讲话。

3 月 20 日 审计署对中国建设银行 2018 年防范化解重大风险和政策落实情况审计进点会议在总行大楼召开。副行长张立林、审计署金融司副司长赵圣伟出席会议。

3 月 23 日 全行内控合规工作会议在北京召开，党委委员、纪委书记朱克鹏出席并作讲话，部分董事出席会议。

3 月 24 日—4 月 8 日 建设银行与美国哥伦比亚大学商学院合作举办了“战略与创新”领军人才高级研修班。来自总分行、境外机构和子公司的 25 名学员参加了此次研修班。

3 月 26—27 日 建设银行股份有限公司 2018 年董事会第 2 次会议（年度业绩董事会）及专门委员会会议在北京召开，全体董事、部分监事和高管参加了会议。会议审议通过了 2017 年年度报告、内部控制评价报告、资本充足率管理报告、资本充足率报告、利润分配方案、聘用 2018 年度外部审计师、

2017 年度境内优先股募集资金存放与实际使用情况专项报告、修订会计基本政策、修订信贷损失准备金计提管理办法、新西兰机构披露报告、董事会授予行长对投资级以下债券的投资审批权、全面风险报告、董事连任和增补董事会专门委员会委员、执行董事和高管人员 2018 年度绩效考核方案和 2017 年社会责任报告的议案，听取了相关专门委员会会议情况，书面参阅了各专门委员会 2017 年度工作报告、高管层履职报告和反洗钱工作报告。

3 月 26—27 日 建设银行股份有限公司监事会 2018 年第 1 次会议及专门委员会会议在北京召开。部分高管列席了会议。会议审议通过了关于 2017 年年度报告、年度报告摘要的议案、关于 2017 年度利润分配方案的议案、关于 2017 年度境内优先股募集资金存放与实际使用情况专项报告的议案、关于 2017 年社会责任报告的议案、关于 2017 年度内部控制评价报告的议案、关于股东代表监事 2018 年度绩效考核方案的议案、关于 2017 年度监事会报告的议案、关于监事会 2017 年度工作总结的议案、关于监事会 2018 年度工作计划的议案、关于监事会对董事会及其成员 2017 年度履职情况的评价报告的议案、关于监事会对高级管理层及其成员 2017 年度履职情况的评价报告的议案、关于监事会及其成员 2017 年度履职情况的自我评价报告的议案共 12 项议案；听取了财务与内部控制监督委员会主席介绍财委会会议情况。

3 月 28 日 建设银行 2017 年度业绩发布会在香港、北京两地同时召开，董事长田国立，行长王祖继，副行长庞秀生、张立林，首席风险官廖林、首席财务官许一鸣和董事会秘书黄志凌出席发布会。

3 月 29 日 总行在海口组织召开珠三角地区协调委员会年度例会，套开联动项目对接会，副行长章更生出席会议并做讲话。

3 月 30 日 总行保密委员会与密码工作领导小组会议暨全行保密密码工作会在湖南省分行培训中心召开。

3 月 建设银行举办 2018 年存款业务转型发展高级研修班。37 家一级分行分管行领导和 10 个总行相关部门负责人参加，首席财务官许一鸣出席并作培训总结讲话。

4 月 3 日 总行党委中心组举办以“学习贯彻十九大精神 坚持全面深化改革”为主题的集体学习研讨。党委书记、董事长田国立主持并讲话，党委副书记、行长王祖继和党委委员、副行长余静波作主题发言，在京党委成员逐一交流学习体会。高管人员及党委职能部门主要负责人列席学习研讨。

4 月 3—4 日 2018 年全行零售及网络金融工作会议在昆明召开，副行长张立林作工作报告，朱海林、吴敏、张奇三位董事出席会议。

4 月 8 日 总行金融扶贫工作领导小组办公室会议在北京召开，副行长章更生出席会议并作讲话，总行 23 个部门的负责人参加会议。

4 月 8—28 日 建设银行在上海数据分析中心举办首届组织人事大数据分析人才培训班。来自 37 家分行和哈尔滨、常州培训中心的 55 名学员参加了培训。

4 月 10 日 中共中国建设银行党校举行第 38 期专题研究班开学典礼，总行党委委员、副行长张立林出席并发表讲话。

4 月 17 日 建设银行“资助高中生成长计划十周年”座谈会在北京召开。建设银行副行长张立林，原教育部党组成员、现中国教育发展基金会常务副理事长王立英，银监会宣传部理论处处长卢清波，中国银行业协会秘书长黄润中，全国学生资助管理中心副主任马建斌等领导出席，建设银行董事朱海林应邀参加。10 余名受助师生代表、80 余名建设银行员工代表及媒体参加座谈。

4 月 18 日 建设银行在上海举办“刷脸创新全渠道应用发布会”，副行长章更生出席并宣布建设银行已实现刷脸创新全渠道、全流程应用。

4 月 23 日 建设银行 2018 年一季度经营形势分析会在北京召开，行长王祖继主持会议，副行长黄毅，纪委书记朱克鹏，副行长张立林，首席风险官廖林，董事会秘书、首席经济学家黄志凌，首席财务官许一鸣，营运业务总监牟乃密，信息总监金磐石出席。

4月24日 建设银行2018年审计工作会议在北京召开，党委委员、副行长张立林出席并讲话，部分董事、监事，总行审计部、各审计分部和总审计室以及总行有关部门的代表参加会议

4月26日 建设银行股份有限公司2018年董事会第3次会议及专门委员会会议在北京召开，部分董事、监事和高管参加了会议。本次会议审议通过了2018年第一季度报告、关于《2018年中国建设银行内部资本充足评估报告》的议案、关于《中国建设银行2018—2020年资本规划》的议案、《关于修改股东大会对董事会对外捐赠授权的议案》、提名本行独立非执行董事和非执行董事的议案等。董事会审计委员会还审核通过了2018年度外审服务合同、修订《董事会审计委员会选聘外部审计师工作规程》、启动2019年外审选聘等议案，听取了普华永道财务报告商定程序工作、2018年度审计计划以及内审主要发现汇总等。

4月25—26日 建设银行股份有限公司监事会2018年第2次会议及专门委员会会议在北京召开。本次会议审议通过了关于2018年第一季度报告的议案、关于提名吴建杭为股东代表监事候选人的议案、关于提名方秋月为股东代表监事候选人的议案共3项议案；听取了财务与内部控制监督委员会主席介绍财委会会议情况。监事会履职尽职监督委员会还听取了京津冀协同发展及金融服务跟进情况的汇报、全行普惠金融业务开展情况的汇报。监事会财务与内部控制监督委员会会议还听取了普华永道关于2018年第一季度财务报告商定程序工作汇报、2017年全面风险管理情况汇报、2017年下半年内部审计主要发现汇总报告。

4月27日 2018年全行风险管理工作会议在合肥召开，行长王祖继出席并作题为《完善全面主动管理风险的体系 发挥国有大行防控风险主力军作用》的讲话，首席风险官廖林作工作报告。部分董事、监事出席了会议。

4月27日 2018年全行宣传思想文化工作会议在北京明苑会议中心召开，董事长田国立、副行长张立林出席会议。

5月2日 建设银行普惠金融战略启动大会在京召开，行长王祖继主持会议，董事长田国立做讲话，副行长章更生做工作部署。会议安排部署了普惠金融战略启动工作，全面推进普惠金融战略实施。

5月7日 建设银行“机构业务科技年”现场推进会在河南安阳召开，副行长章更生出席会议并讲话。

5月8日 建设银行2018年扶贫工作会议在陕西西安召开，党委书记、董事长田国立出席并作题为《贯彻精准方略，践行大行责任，开创新时代扶贫工作新局面》的讲话，总行党委委员、副行长章更生主持会议并讲话，中国银行保险监督管理委员会有关人员参加会议。

5月16—17日 建设银行第四届职工代表大会第三次会议在北京召开。党委书记、董事长田国立出席并作题为《用民主凝聚力量，以温情释放动能，奋力书写新时代建设银行改革发展新篇章》的讲话；副行长章更生受行长王祖继委托，代其作题为《同心迎接新时代，奋力再创新佳绩》的工作报告；副行长、工会主席黄毅作了题为《强化党建引领，激发组织活力，团结带领广大职工在新时代建行发展中再立新功》的工会工作报告；纪委书记朱克鹏、副行长张立林，首席风险官廖林，首席财务官许一鸣，信息总监金磐石出席会议；中华全国总工会主席团委员、中国金融工会党组副书记、常务副主席张东风应邀出席会议并致辞。

5月14—18日 建设银行青年管理人才培训班在京举办。党委书记、董事长田国立，党委副书记、行长王祖继莅临授课。

5月17日 建设银行规章制度管理专题（视频）培训在总行大楼举办。

5月18日 “推进建行三大战略，讲好自己精彩故事”青年管理人才座谈会在北京举行，董事长田国立、行长王祖继、副行长黄毅、副行长张立林，首席风险官廖林出席。

5月21日 建设银行10家重点分行战略推进座谈会在京召开，行长王祖继出席会议并作《大行要在战略推进中发挥引领作用》的讲话，副行长张立林主持会议。

5 月 22—25 日 建设银行人力资源部在哈尔滨培训中心举办第四期学习贯彻党的十九大精神专题研讨班，参训学员为一级分行副行级领导人员、审计分部主任和总行直属中心主要负责人，共 112 人。

5 月 建设银行工会在南京举办了 2018 年第一期女工干部培训班，来自全国 37 个省市区专兼职女工干部、全国巾帼文明岗代表（5 人）共 48 人参加了此次培训。

6 月 4—8 日 2018 年全行反洗钱合规管理培训班在哈尔滨培训中心举行。37 家境内一级分行内控合规部分管负责人及业务骨干、3 家境外机构业务骨干、15 个总行部门反洗钱人员，以及 9 家子公司内控合规部分管负责人，共计 106 人参加了培训。

6 月 6 日 全行绿色信贷工作推进会议在浙江湖州召开。行长王祖继出席并作题为《加快完善绿色金融业务体系和运管机制》的讲话，首席风险官廖林就绿色信贷推进工作提出具体要求。

6 月 7 日 全行采购工作座谈会在福建召开。各一级分行及常州、哈尔滨培训中心分管集中采购工作的部门负责人以及总行相关部门代表参加了会议。

6 月 8 日 中共中国建设银行党校举行第 38 期专题研究班毕业典礼。总行党委委员、副行长张立林出席毕业典礼，并为学员颁发中央党校毕业证书和优秀论文证书。

6 月 19—23 日 总行工会在江西宜春举办 2018 年财务经审培训班，来自总行部门、全国 37 家一级分行、培训中心及子公司的 183 人参加了此次培训。

6 月 22 日 建设银行上半年经营情况分析会议在北京召开。行长王祖继主持会议，副行长庞秀生、副行长张立林，首席风险官廖林，董事会秘书、首席经济学家黄志凌，营运业务总监牟乃密，信息总监金磐石出席。

6 月 25—29 日 建设银行 2018 年度境外机构合规官培训班在北京明苑会议中心举办，32 家一级境外机构合规官参加培训。

6 月 27—29 日 全行“云生产”应用试点总结会在河南召开，渠道与运营管理部总经理王晓永主持会议，营运业务总监牟乃密出席会议并做讲话。

6 月 27—28 日 建设银行股份有限公司 2018 年董事会第 4 次会议及专门委员会会议在北京召开，部分董事、监事和高管参加了会议。本次会议审议通过了中国建设银行金融科技战略规划（2018—2023）、提高董事会对行长信贷资产证券化授权金额、新西兰机构定期披露报告流程、王祖继先生连任本行副董事长和行长、钟嘉年先生担任专门委员会委员等议案。董事会战略发展委员会还书面参阅了 2017 年度中国建设银行战略执行情况报告。董事会审计委员会还讨论了 2019 年外审选聘有关事项，与外部审计师召开了闭门会议。董事会风险管理委员会审核了董事会合规风险报告制度、资本管理高级方法部分项目现场评估问题整改方案，听取了开展全球反洗钱能力评估工作有关情况等报告。董事会提名与薪酬委员会审核通过行长连任、钟嘉年先生在专门委员会任职等议案。董事会社会责任与关联交易委员会听取了一般关联交易备案情况报告、普惠金融工作进展情况汇报和普惠金融工作设想报告。

6 月 29 日 建设银行 2017 年度股东大会同时在北京、香港召开，两地以视频连线方式进行。董事长田国立在北京主持会议并回答股东现场提问，执行董事、副行长庞秀生出席；副董事长、行长王祖继主持香港会场，并回答股东提问；董事、监事和部分高管分别在两地参加会议，普华会计师事务所、常年法律顾问等出席会议。本次会议审议通过了 2017 年度董事会报告、监事会报告、财务决算方案、利润分配方案、2018 年固定资产投资预算和 2016 年董事和监事薪酬分配清算方案，通过了副董事长、执行董事、非执行董事、独立董事和股东代表监事议案，通过了 2018—2020 年资本规划、2018 年度外部审计师聘用和关于修改股东大会对董事会对外捐赠授权等 19 项议案。各位参会股东还参阅了《独立董事 2017 年度述职报告》。

6 月 全行法律工作会议在贵阳召开，副行长黄毅出席并作了题为《保障发展 创造价值 开创法律工作新局面》的讲话，部分董事出席会议。

6 月 总行研究院和党群工作部在北京共同举办“建行智库兼职青年研究员培养工作启动会暨青年

研究员论坛”。副行长黄毅、副行长张立林出席活动并讲话，总行相关部门、相关分行负责人以及全行首批100名智库兼职青年研究员参加了活动。

7月4—11日 建设银行股份有限公司监事会2018年第3次会议以书面会议方式召开。半数以上监事共同推举方秋月监事召集会议。本次会议审议通过了关于提名中国建设银行股份有限公司监事会履职尽职监督委员会委员的议案、关于提名中国建设银行股份有限公司监事会财务与内部控制监督委员会委员的议案。会议选举吴建杭先生、方秋月先生、程远国先生担任本行监事会履职尽职监督委员会委员，选举吴建杭先生、方秋月先生、鲁可贵先生、王毅先生担任本行监事会财务与内部控制监督委员会委员。

7月17日 总行党委中心组举办以“学习《中央巡视工作规划（2018—2022年）》，传达中央推进会精神”为主题的集体学习研讨。党委书记、董事长田国立主持并讲话，党委委员、纪委书记朱克鹏作主题发言，在京党委成员逐一交流学习体会。高管人员、党委职能部门主要负责人、巡视组组长和副组长列席学习研讨

7月18日 建设银行2018年上半年经营形势分析会议在北京召开。行长王祖继主持会议，副行长庞秀生、副行长章更生、纪委书记朱克鹏，首席风险官廖林，董事会秘书、首席经济学家黄志凌，首席财务官许一鸣，营运业务总监牟乃密，信息总监金磐石出席。

7月24—25日 建设银行2018年夏季工作座谈会在武汉召开。会议的主要任务是：以习近平新时代中国特色社会主义思想为指导，全面贯彻落实党的十九大、十九届二中、三中全会和中央经济工作会议精神，总结上半年经营情况，分析面临的形势，布置下半年工作，并就住房租赁、金融科技、普惠金融“三大战略”进行专题研讨。党委书记、董事长田国立主持会议并作题为《服务大众安居乐业 建设现代美好生活》的讲话；党委副书记、行长王祖继作题为《稳健经营 创新发展 支持实体经济和金融体系稳健》的经营工作报告。总行党委成员，高级管理人员，部分董事、监事出席会议。人民银行、银保监会和汇金公司有关同志应邀出席会议。

7月26日 全行2018年夏季海外工作座谈会在武汉召开，董事长田国立、副行长张立林，首席风险官廖林出席。

8月6—10日 2018年零售业务专题研修班在总行党校举办，副行长张立林、营运业务总监牟乃密到研修班与学员们座谈交流。37家分行分管零售业务的副行长、建行亚洲、澳门分行、部分子公司代表，以及总行各零售部门的负责人参加了此次研修班。

8月17日 2018年全行资产管理业务工作会在昆明召开，副行长章更生出席会议并作题为《奋力推进资管业务高质量快速发展》的讲话。

8月20日 总行党委中心组集体学习中宣部《正确认识妥善应对中美经贸摩擦》学习材料。党委书记、董事长田国立主持并讲话，党委副书记、行长王祖继，在京党委成员参加学习。高管人员，党委职能部门主要负责人，资产负债管理部、风险管理部、信贷管理部、内控合规部、公司业务部、战略客户部、金融市场部、国际业务部主要负责人列席。

8月20—24日 2018年投行业务高级研修班在北京举办，副行长章更生出席研修班座谈会，37家一级分行分管投行业务的行级负责人、子公司相关负责人和总行有关部门负责人参加了此次研修班。

8月27—28日 建设银行股份有限公司2018年董事会第5次会议（半年度业绩董事会）及专门委员会会议在北京召开，部分董事、监事和高管参加了会议。本次会议审议通过了2018年半年度报告、聘用2019年度外部审计师、向银保监会和证监会申请担任存托凭证试点存托人、董事会合规风险报告制度、上半年全面风险管理报告、聘任廖林先生为副行长、2017年度董事、监事和高级管理人员薪酬分配清算方案等议案，书面参阅了关于“劳动者港湾”建设情况的报告。董事会战略发展委员会还听取了关于2018年上半年战略推进情况的报告，并书面参阅了股东认证报告。董事会风险管理委员会还审核了在美运营机构风险管理架构与政策（2018年）等。董事会社会责任与关联交易委员会还听取了

绿色信贷工作推进情况。

8 月 27—28 日 建设银行股份有限公司监事会 2018 年第 4 次会议及专门委员会会议在北京召开。部分高管列席了会议。本次会议审议通过了关于 2018 年半年度报告、半年度报告摘要的议案；听取了财务与内部控制监督委员会主席介绍财委会会议情况、2018 年上半年经营计划执行情况的汇报、流动性风险管理情况的汇报、反洗钱工作开展情况的汇报。监事会履职尽职监督委员会听取了消费者权益保护工作开展情况的汇报、人才队伍建设情况的汇报。监事会财务与内部控制监督委员会会议还听取了普华永道关于 2018 年半年度财务报告审阅情况汇报、普华永道 2017 年度管理建议书有关情况的报告、2018 年上半年全面风险管理情况汇报、2018 年中期信贷资产质量情况汇报、2018 年上半年内部审计主要发现汇总报告。

8 月 29 日 建设银行 2018 年中期业绩发布会在总行大楼举行，行长王祖继、副行长张立林、副行长廖林，董事会秘书、首席经济学家黄志凌，首席财务官许一鸣出席。

8 月 总行在北京举办 2018 年风险管理专题研修班，首席风险官廖林出席。

9 月 10—14 日 全行信访工作培训班在哈尔滨培训中心举办。

9 月 11 日 中共中国建设银行党校举行第 39 期干部进修班开学典礼，总行党委委员、纪委书记朱克鹏出席并发表讲话。

9 月 12—17 日 建设银行与欧洲货币联合举办的亚洲私人银行研讨会在新加坡滨海湾金沙会展中心举行。建设银行营运业务总监牟乃密、新加坡金融管理局黄耀龙助理局长等出席研讨会并作为主礼嘉宾致辞。

9 月 18 日 全行军队工程项目竣工结算审核服务视频动员会在北京召开，副行长章更生出席会议并讲话。

9 月 20 日 2018 年信贷管理工作会议在南昌召开，副行长廖林出席并讲话；部分董事、监事出席会议各一级分行分管信贷管理工作的行领导及相关部门主要负责人，部分海外机构、境内子公司分管负责人，总行相关部门负责人参加了会议。

9 月 25 日 总行党委中心组集中学习修订后的《中国共产党纪律处分条例》。党委书记、董事长田国立主持并讲话，党委委员、纪委书记朱克鹏作主题发言，其他党委成员参加学习，高管人员、党委职能部门主要负责人列席。

9 月 26—30 日 建设银行 2018 年组织人事工作会暨“一把手”培训班在北京召开。党委书记、董事长田国立作重要讲话，党委副书记、行长王祖继做专题授课；党委委员、副行长章更生主持会议。总行党委成员、高管人员出席会议。中组部研究室徐文秀做《学习贯彻全国组织工作会议精神，全面坚持新时代党的组织路线》学习辅导。

9 月 总行 2018 年海外机构分管风险负责人专题研修班在北京举办，行长王祖继出席结业仪式并讲话，总行党委委员、首席风险官廖林作专题授课。22 家海外机构 39 名人员参加培训。

9 月 建设银行与英国剑桥大学合作举办“金融科技与创新思维”高级研修班。

10 月 11 日 建设银行“善心融爱 共助安康”善融商务扶贫推介会暨公益捐赠仪式在陕西省安康市举行，副行长张立林，营运业务总监牟乃密及总行相关部门、陕西省分行、北京市分行等负责人参会。

10 月 12 日 全行首届“创新马拉松”活动（视频）启动会在北京召开。副行长廖林出席并讲话，总行相关部门、各一级分行、子公司、直属单位等在现场或通过视频参加了会议。

10 月 13 日 建设银行研究院 2018 年课题立项评审会在总行大楼召开，副行长黄毅主持会议并发表讲话。

10 月 14—29 日 建设银行与瑞士银行业学会 BBZ 合作举办“建行私人银行财富顾问”瑞士专题研修班。

10 月 22—23 日 建设银行股份有限公司 2018 年董事会第 6 次及专门委员会会议在北京召开，全体董事、部分监事和高管参加了会议。本次会议审议通过了建设银行2018年第三季度报告、普惠金融战略规划（2018—2020年）、境内外优先股股息分配、在哈萨克斯坦阿斯塔纳国际金融中心设立分行、全面风险管理办法、大额风险暴露管理暂行办法的议案。听取了审计委员会、风险管理委员会、提名与薪酬委员会、社会责任和关联交易委员会会议情况汇报，并书面参阅了董事会对行长授权方案执行情况、2019年度会议计划及证监会新发布的上市公司治理准则等。除审核需提交董事会的议案之外，各专门委员会还听取了相关事项汇报，并进行了讨论。战略发展委员会听取了金融科技对商业银行影响的报告；审计委员会听取了过渡期审计方案等汇报，并与普华永道召开了闭门会议；风险管理委员会听取了关于普惠金融业务发展及风险管理情况的报告；提名与薪酬委员会听取了员工薪酬结构分析、关键后备人才发展培养计划的报告；社会责任与关联交易委员会听取了关于普惠金融相关工作情况、关于一般关联交易备案情况和社会责任报告编制情况的报告。

10月22—23日　建设银行股份有限公司监事会2018年第5次会议及专门委员会会议在北京召开。部分高管列席了会议。本次会议审议通过了关于2018年第三季度报告的议案、关于监事会2018年年度履职监督与评价工作方案的议案；听取了财委会会议情况介绍、负债业务发展情况的汇报、合规管理工作情况的汇报。监事会履职尽职监督委员会还听取了并表管理工作情况的汇报、2018年度压力测试工作情况的汇报。监事会财务与内部控制监督委员会还听取了普华永道关于2018年第三季度财务报告商定程序工作汇报、新租赁准则的财务影响及海外系统内往来核算问题整改进展情况的汇报、2017年下半年内部审计主要发现整改情况汇报、落实和应对资管新规有关情况的汇报。

10月24日　建设银行召开2018年三季度经营形势分析会议，行长王祖继主持会议，副行长章更生、纪委书记朱克鹏、副行长廖林，首席财务官许一鸣、营运业务总监牟乃密、信息总监金磐石出席。

10月24—26日　2018年中国建设银行地方政府债券市场研讨会在四川成都举办，财政部国库司、中央国债公司、外汇交易中心、上交所、深交所、四川省财政厅领导及近80余家全国知名的保险、资管、银行、证券、基金等机构领导及相关人员140余人参会。

10月27日　全行安全生产工作会议在湖北武汉生产园区召开，副行长廖林出席会议并讲话。

10月29—11月2日　总行办公室在建行大学华中学院（中南财经政法大学建行学院）举办“建行扶贫 你我同行”扶贫培训班，安康市一区三县基层干部、安康分行及辖内县支行负责人和总行驻安康扶贫工作组成员共50余人参加培训。

10月31日　总行党委中心组集中学习中央企业党的建设工作座谈会精神，党委书记、董事长田国立主持学习并讲话，党委副书记、行长王祖继，在京党委成员参加学习，高管人员、党委职能部门主要负责人列席。

11月8日　2018年度重点分行金融市场业务专题会议在杭州召开，副行长张立林出席会议并讲话。

11月9日　总行召开赖小民案件警示教育大会，传达学习中央纪委国家监委关于赖小民严重违纪违法案件通报和杨晓渡同志在部分中管金融企业纪委书记座谈会上的讲话精神，纪委书记朱克鹏出席会议并讲话。总行纪委委员，总行各部门、在京直属机构和子公司的总行党委管理干部在现场参加会议；各一级分行、驻地审计机构、京外直属机构和子公司的总行党委管理干部在分会场视频参会。

11月14日　总行召开全行财务顾问业务拓展竞赛活动动员（视频）会，副行长章更生出席会议并作讲话。

11月16日　建设银行股份有限公司2018年董事会第7次会议（临时会议）在北京召开，本次会议审议通过了关于设立建信理财有限责任公司的议案。

11月21日　2018年总行部门巡视进驻动员会在北京召开，总行党委委员、纪委书记、巡视工作领导小组副组长朱克鹏出席并作动员讲话。

11月21日　总行党委召开专题会议，就赖小民案件对照检查，党委书记田国立主持会议。

11月22日　总行党委中心组集体学习观看《增强忧患意识 防范风险挑战》警示教育片。党委书记、董事长田国立主持学习，党委副书记、行长王祖继，在京党委成员参加学习。

11 月 23 日　中国建设银行股份有限公司董事会战略发展委员会 2018 年第 8 次会议以书面会议方式召开，全体战略发展委员会委员于 11 月 27 日前均以书面方式反馈意见，审核通过了关于子公司出资战略性新兴产业发展基金的议案。

11 月 28 日　中国建设银行股份有限公司董事会 2018 年第 8 次会议在北京举行，董事长田国立出席，董事会秘书、首席经济学家黄志凌列席。

12 月 3 日　2019 年新零售及网络金融业务旺季金融服务启动视频会在总行大楼召开，副行长张立林，营运业务总监牟乃密出席会议。

12 月 13 日　中共中国建设银行党校举行第 39 期干部进修班毕业典礼。总行党委委员、副行长、总行党校校长黄毅出席毕业典礼，并为学员颁发中央党校毕业证书和优秀学员、优秀论文证书。

12 月 17 日　建设银行 2019 年综合经营计划座谈会在广西南宁召开，首席财务官许一鸣出席会议并作总结讲话。

12 月 21 日　总行投资银行部联合建行大学华南学院在深圳举办建行大学“金智惠民 飞驰共赢”第一期投行业务民营企业培训班。

12 月 21 日　建设银行股份有限公司监事会 2018 年第 6 次会议在北京召开。部分高管、银保监会列席了会议。本次会议审议通过了关于监事会 2019 年度工作计划的议案；听取了案件及操作风险防控情况的汇报、监管通报整改落实进展情况的汇报、中间业务现状分析及对策建议的汇报。

12 月 24 日　战略性新兴产业发展基金理事会及专家咨询委员会正式成立，并于北京成功第一次会议。行长王祖继出席会议并讲话，副行长章更生出席，国家发改委有关领导参加了会议。

12 月 25 日　总行召开薛峰案件警示教育大会，总行党委委员、高管参加会议。

12 月 25 日　建设银行召开党委扩大会议，传达学习中央经济工作会议精神，党委书记、董事长田国立主持会议，总行党委委员、高管参加了会议。

12 月 28 日　数据治理专业委员会第一次会议在总行召开。行长王祖继主持会议，许一鸣首席财务官出席，数据治理专业委员会各成员部门相关负责人参会。

业务类

1 月 4 日　建设银行与亿利资源集团在北京签署战略合作协议，董事长田国立出席签字仪式。

1 月 4 日　建设银行与中国财务公司协会在总行大楼签署战略合作协议。副行长章更生、中国财务公司协会常务副会长王岩玲出席签约仪式并致辞。

1 月 9 日　建设银行与上海市政府在上海签订《推动上海市住房租赁市场发展战略合作备忘录》。建设银行党委副书记、行长王祖继，上海市委副书记、市长应勇共同为上海建信住房服务有限责任公司揭牌并见证签约。建设银行党委委员、副行长庞秀生，上海市政府党组成员吴清代表双方签约。

1 月 13 日　建设银行与国家体育总局在福建厦门签订《战略合作协议》。建设银行副行长章更生，国家体育总局副局长赵勇代表双方签约。

1 月 23 日　建设银行公司类信贷资产证券化项目“建元飞驰 2018 年第一期信贷资产支持证券”发行，项目规模 41.69 亿元。

1 月 27 日　全面风险监控预警平台（RAD 系统）在全集团正式上线。

1 月　建设银行中标雄安新区首个建设项目——雄安市民服务中心造价咨询业务，成为新区首家造价咨询业务中标单位。

1 月　建设银行首家集约化中心在在山西省分行开业。

1 月　建设银行举办“拥军安鑫”军人专属理财产品和信用卡系列活动。

2 月 2 日　建设银行成为银行间市场清算所股份有限公司跨境外汇交易中央对手清算业务唯一结算银行、首批清算会员，伦敦分行代表总行完成首单跨境外汇交易。

2 月 12 日　“中国建设银行与安徽省六家省属企业签署资管服务实体经济—提质量、优结构、降成本系列战略合作协议”签约仪式在安徽举行。副行长余静波、安徽省副省长何树山出席签约仪式。仪式上建设银行与铜陵有色集团、皖北煤电集团、省军工集团，省建工集团、中煤矿建集团、省旅游集团六家重点省属企业签署战略合作协议。

3 月 1 日　建设银行与海尔集团公司在北京举行住房租赁业务战略合作框架协议签约仪式。董事长田国立，副行长庞秀生、副行长张立林，海尔集团董事局主席、首席执行官张瑞敏，海尔集团执行副总裁兼首席财务官、海尔金控董事长谭丽霞等出席签约仪式。

3 月 13 日　建设银行投放国内首单房企租赁住房 REITs、首单储架发行 REITs——中联前海开源—保利地产租赁住房一号资产支持专项计划 1.3 亿元。

3 月 15 日　建设银行与连云港港口集团签署战略合作协议，董事长田国立、副行长章更生出席签字仪式。

3 月 15 日　建设银行中标中央军委后勤保障部军队工程竣工结算抽审服务项目。

3 月 21 日　建设银行在石家庄举办“服务实体经济，支持转型发展”河北地区债务资本市场推介会暨现场路演活动。

3 月 22 日　副行长庞秀生在北京出席第 158 场银行业例行新闻发布会，以“承担国有大行使命 以新金融模式培育和发展住房租赁市场”为主题介绍建设银行推进住房租赁业务情况。

3 月 24 日　建设银行网络金融服务推出 432 项新增及优化功能，在全行推广应用。

3 月 24 日　新一代个人客户信用风险评分成果在员工渠道正式上线

3 月 29 日　建设银行“善行宗教事务综合服务平台”上线仪式在广东梅州市和广西防城港市同日举行。

3 月 29 日　建设银行携手万事达国际卡组织推出龙卡优享信用卡。

3 月 30 日　建设银行获准首批成为大连商品交易所境外客户保证金指定存管银行。

3 月 30 日　建设银行支持中国雄安建设投资集团同行业首笔基金投放。

3 月　建信信托成功设立首单长租领域住房租赁财产权信托。

4 月 9 日　建设银行与网联清算有限公司完成“龙 e 付”聚合支付业务投产上线并完成生产验证，双方正式启动龙 e 付聚合支付业务合作，建设银行成为四大行中首家与清算机构完成对接投产的银行。

4 月 10 日　建设银行在全国银行间债券市场发行飞驰建融 2018 年第一期信贷资产支持证券。本期资产支持证券发行规模 94.58 亿元。

4 月 13 日　建设银行银行卡争议管理一期项目上线。

4 月 13 日　建设银行与山西省四家省属企业“国企改革暨综合化降杠杆业务合作框架协议”签约仪式在山西太原举行。副行长余静波出席签约仪式。建设银行分别与山西国投集团、大同煤矿集团、山西交控集团、山西汾酒集团签署了综合化降杠杆合作框架协议。

4 月 13 日　建设银行与华南城集团在广西南宁签订住房租赁业务战略合作框架协议。

4 月 14 日　建设银行对接银联聚合支付业务投产上线。

4 月 20 日　建设银行为保利房地产集团发行全国银行间市场首单募集资金用于住房租赁的中期票

据，发行规模5亿元，票面利率4.59%。

4月21日 建设银行新一代区块链贸易金融平台上线。

4月22日 建设银行贷记卡主机下移项目投产，建设银行信用卡全量8500万客户迁移至新系统，所有面向行外客户和行内用户的服务功能和联机业务数据实现了从主机平台向分布式开放平台的全面下移。

4月24日 建设银行与中国铁路总公司在北京举行“中国铁路总公司—中国建设银行市场化债转股签约仪式”，董事长田国立、中国铁路总公司总经理陆东福出席。

4月24日 “情系安康善融扶贫”中国建设银行善融商务推介会在安康举办。

4月24日 建设银行作为独家牵头行、簿记行及代理行为中国新城镇发展有限公司筹组首个境外银团。

4月25日 建设银行与我爱我家控股集团股份有限公司签署住房租赁业务战略合作框架协议，行长王祖继、副行长张立林、董事郝爱群，我爱我家集团董事长兼CEO谢勇、集团副总裁何洋等出席签约仪式。

4月25—27日 建设银行在四川举办“服务实体经济、支持转型发展”四川地区债务资本市场推介暨现场路演活动。

4月 建设银行首家“无人银行”在上海市九江路303号开业，这也是全国银行业首家“无人银行”。

5月7日 建设银行与河南省安阳市政府在安阳市举行“智慧城市政务服务平台”上线发布仪式，并同时发布了智慧城市——中国建设银行政务服务平台白皮书。副行长章更生出席并宣布安阳“智慧城市政务服务平台”成功上线。

5月8日 建设银行子公司与陕西省安康市政府在安康市举行“善行安康建信扶贫”签约仪式，董事长田国立，陕西省人大常委会副主任、安康市市委书记郭青，安康市市委副书记、市长赵俊民，陕西省扶贫办副主任张时明出席。签约仪式上，总行股权与投资管理部代表子公司与安康市人民政府签署建设银行子公司安康扶贫战略合作意向书，建信信托公司与安康市慈善机构签署定向捐赠扶贫合作意向书，建信租赁公司与安康市部分公立医院签订合作意向书。

5月10日 建设银行与上海证券交易所在上海举行战略合作协议签约仪式。建设银行行长王祖继、副行长张立林以及上海证券交易所黄红元理事长出席签约仪式。

5月15—22日 建设银行赴加拿大和美国路演展示2017年度和2018年一季度经营业绩并介绍最新发展战略。路演期间，副行长庞秀生率团拜访了建设银行当地客户，并调研海外分行。

5月17日 总行托管部与苏黎世分行在瑞士苏黎世联合举办“中国资本市场投资论坛”。中国驻瑞士经济商务参赞吴景春、苏黎世州经济部长卡门·沃克（Carmen Walker）出席会议并致辞。

5月26日 建设银行网络金融服务推出975项新增及优化功能，并在全行推广应用。

5月26日 建设银行全球现金管理产品正式全面投产，在全球银行业金融机构中率先使用SWIFT AMH（Alliance Messaging Hub）系统平台开展全球现金管理产品创新应用。

5月28日 新一代核心系统放款中心合同制作及管理功能上线。

5月29日 建设银行研究院与中国宏观经济研究院战略合作签约仪式在北京举行。副行长黄毅和中国宏观经济研究院常务副院长王昌林分别致辞，并代表双方签署了战略合作协议。董事会秘书、首席经济学家黄志凌，首席财务官许一鸣，总行及中宏院相关部门负责人参加签约仪式。

5月30日 建设银行与建信金融科技公司、建信养老金管理公司在上海举办安心养老综合服务平台上线暨“建颐人生”APP发布仪式，副行长庞秀生出席并为平台和APP揭幕。

6月5日 建设银行与中国建筑集团有限公司在北京签署《战略合作协议》。董事长田国立、行长王祖继、副行长黄毅以及中国建筑董事长官庆、总经理王祥明、副总经理赵晓江出席签约仪式。双方先后签署了战略合作协议，住房租赁业务、雄安新区综合性金融服务及共建城市发展产业投资基金专项协议。上海市分行、湖北省分行、湖南省分行、新疆区分行分别与中建八局、中建三局、中建五局、中建方程签署了合作协议。

6月8日 建设银行与万得信息技术股份有限公司在上海联合举办“建行—万得银行间债券发行指数及曲线”发布一周年暨“金融改革开放背景下的中国债券市场”论坛。

6月11日 建设银行与国家发展改革委在京签署《关于共同发起设立战略性新兴产业发展基金的战略合作备忘录》，行长王祖继与国家发展改革委副主任林念修出席签约仪式。

6月20日 全新改版的善融商务个人商城客户端正式上线。

6月20日 建设银行青海省分行在青海省政府组织召开的金融支持青海经济社会发展座谈会上，分别与西宁经济技术开发区南川工业园区、青海鸿鑫矿业有限公司签署战略合作协议，副行长张立林出席座谈会。

6月23日 中德银行应用系统并入总行“新一代”系统，中德银行成为首家应用系统全面并入“新一代”、实现IT高度一体化的子公司。

6月24日 建设银行跨境业务反洗钱清单监测系统上线。

6月26日 建行（亚洲）作为结算代理人、债券支付代理人、债券登记人和过户代理人的首笔交易银行信托与代理业务落地，成为香港首家提供完整信托与代理服务产品的中资银行。

6月 建设银行组织邀请部分重点企业客户参加人民银行在浙江湖州举办的绿色金融改革创新试验区座谈会绿色资产支持票据签约活动，副行长黄毅出席。建设银行分别与浙江、新疆、贵州、江西4省（区）绿色金融改革创新试验区内5家重点客户签署绿色资产证券化承销合作协议。

7月3日 建设银行与陕西省安康市政府在安康市举行“善行安康 建信扶贫”签约仪式，纪委书记朱克鹏，安康市市委常委、常务副市长赵璟，安康市市委常委、副市长邱纪成出席。建信租赁公司与安康市汉阴县人民医院、紫阳县人民医院和岚皋县医院等三家公立医院签署合作意向书，安康市分行与安康市财信融资担保有限公司签订合作协议。

7月3日 建设银行协办的《银行无障碍环境建设标准》暨《2017年中国银行业社会责任报告》发布会在河北雄安新区召开，此次会议由中国银行业协会主办，建设银行作为轮值会长单位参与协办。副行长张立林发表题为《担当有为 积极履责 促经济社会协调可持续发展》的讲话，建设银行代表商业银行就《银行无障碍环境建设标准》发布进行了响应发言。

7月10日 建设银行、建信金融科技有限责任公司与中央国债登记结算有限责任公司在北京举行同业合作平台《新一代系统合作协议》签约仪式，副行长庞秀生出席仪式并致辞。

7月23日 建设银行与戴姆勒股份公司签订备用银团协议，入围第一梯队银行名单，并担任该银团的联合牵头行及簿记行。

7月23日 建设银行为戴姆勒股份公司在华核心成员单位奔驰金融和奔驰租赁公司搭建的新一代直联代收业务系统上线。

7月23日 建设银行与中南财经政法大学合作办学签约暨“建行大学华中学院”（中南财经政法大学建行学院）揭牌仪式，在该校首义校区举行。董事长田国立和中南大党委书记栾永玉分别致辞；王祖继行长与杨灿明校长分别代表双方在《中国建设银行与中南财经政法大学合作办学协议》上签字；田国立、王祖继与栾永玉、杨灿明共同为“建行大学华中学院”（中南财经政法大学建行学院）揭牌；副行长章更生、张立林，中南大党委副书记王文贵、总会计师王建鸿、副校长陈明、邹进文、校长助理邹秉国等出席签约仪式。揭牌仪式上，王祖继宣布“建行大学华中学院”首期班“普惠金融专题培训班”开班。

7月31日 全国电子社保卡试点地区首发仪式在江西举办，建设银行作为第一批试点地区中唯一商业银行，率先推出“电子社保卡”，实现电子社保卡的线上申领和应用。

7 月　建设银行“新一代”综合座席系统功能上线，实现同一座席、同一系统综合受理 95533 业务和信用卡业务。

7 月　建设银行新西兰分行与中国牧工商集团有限公司在奥克兰签署《战略合作协议》。

7 月　建设银行新一代核心系统首例二级分行增设——“杭州分行机构层级增设”项目成功上线。

8 月 3 日　建设银行与国务院发展研究中心在北京签署战略合作协议。董事长田国立和国务院发展研究中心主任李伟出席签约仪式并致辞。副行长黄毅和国务院发展研究中心副主任王一鸣代表双方签署《战略合作协议》。

8 月 14 日　建设银行内蒙古包头分行与包头市公共资源交易中心、江苏国泰新点软件有限公司签署电子保函战略合作协议。

8 月 14 日　建设银行“投资银行业务系统上线启动仪式（视频）”在北京举行，副行长章更生出席仪式并讲话。

8 月 16 日　建设银行在上海举办“服务进博 建行方案”发布会，信息总监金磐石出席并致辞。

8 月 16 日　建设银行推出供应链普惠金融理财融资业务，首单业务在安徽省分行落地。

8 月 17 日　建设银行向澳门某金融机构分销广东省政府粤港澳大湾区土地储备专项债券 6 亿元，建设银行成为国内首批开展该业务的商业银行。

8 月 17 日　建设银行云南省分行、建信金融科技有限责任公司与云南省人民政府在昆明签署云南省“互联网 + 政务服务”建设合作协议。副行长章更生，云南省委常委、常务副省长宗国英出席签约仪式。

8 月 23 日　建设银行中标中央单位职业年金主托管人资格。

8 月 25 日　建设银行信用卡 0825 版本上线，投产 40 项业务功能。

8 月 25 日　建设银行保险公司同业平台一期功能正式上线

8 月 25 日　建设银行“劳动者港湾”APP 上线。

8 月 30 日　建设银行在广东省分行举办“中国建设银行普惠金融暨科技金融重点产品推介会”。

8 月 30 日　建设银行在上海举办“龙卡信用卡发卡 15 周年暨新产品上市发布会”，推出龙卡 MUSE 信用卡、龙卡留学生信用卡和“龙卡贷吧”三款新产品。

8 月 31 日　建设银行在北京东四支行举行“劳动者港湾”发布会，向全社会发布“劳动者港湾”服务品牌。来自各个行业的劳动者代表，董事长田国立，行长王祖继，副行长黄毅、副行长张立林，全国总工会、中央和国家机关工委、公安部、住建部、全国金融标准化技术委员会、中国志愿服务联合会、中国残联、中国银协、中国金融工会等单位领导、代表出席发布仪式。

9 月 3 日　建设银行入选中国外汇交易中心外币拆借业务首批报价行。

9 月 6 日　建设银行举办“建行惠懂你”智能 APP 发布会，副行长章更生出席并致辞。

9 月 7 日　建设银行与故宫博物院在北京故宫建福宫花园签署战略合作协议。董事长田国立，故宫博物院院长单霁翔，北京市委常委、市委宣传部部长杜飞进等出席签约仪式。

9 月 8 日　建设银行上海票据交易所直连系统上线。

9 月 12 日　建设银行青海省分行与青海省民族宗教事务委员会在西宁签署“青海智慧统战民族宗教事务服务平台”合作协议。董事会秘书、首席经济学家黄志凌，青海省委常委、统战部部长公保扎西，副省长杨逢春出席签约仪式。

9 月 12 日　建设银行在伦敦举办“中国资本市场展望及跨境投资论坛”，副行长黄毅出席论坛。

9 月 13 日　建设银行与西南财经大学合作办学签约暨“建行大学西南学院”揭牌仪式在该校光华校区举行。行长王祖继与西财党委书记赵德武分别致辞；副行长章更生与校长卓志分别代表双方在《中国建设银行与西南财经大学合作办学协议》上签字；王祖继、章更生与赵德武、卓志共同揭牌。

9 月 14 日（当地时间）　“中国建设银行新加坡分行二十周年庆典暨签约仪式”在新加坡索菲特

酒店举行，董事长田国立、中国驻新加坡特命全权大使洪小勇、新加坡财政部长王瑞杰出席庆典活动。活动中，建设银行与新加坡盛裕集团签署了战略合作谅解备忘录，建设银行与新加坡国立大学签署全面战略合作备忘录，新加坡分行与瑞士信贷银行新加坡分行和中信环境技术有限公司分别签署战略合作备忘录，

9月15日 建设银行海外流动性指标系统上线。

9月17日 建设银行与中央军委后勤保障部在北京签署《军队工程项目竣工结算审核框架合作协议》，行长王祖继、副行长章更生出席，王祖继代表建设银行在框架合作协议上签字并致辞。

9月17日 建设银行在境外发行绿色和可持续发展债券，本次发行包括5亿欧元绿色债券和10亿美元可持续发展债券，均为浮动利率，期限3年。

9月17日 建设银行在法国巴黎举办"中国资本市场展望"研讨会。副行长黄毅、法国资产管理协会总代表 Pierre Bollon、巴黎欧洲金融市场协会执行总裁 Arnaud de Bresson 先生出席研讨会。

9月26日 建设银行作为首批合作银行与国家融资担保基金有限责任公司签订《战略合作协议》，副行长廖林出席国家融资担保基金揭牌暨首批合作业务签约仪式，并代表工、农、中、建、交等20家金融机构致辞。

9月26日 建设银行与中国国新控股有限责任公司在总行大楼举行"中国建设银行与中国国新市场化债转股业务合作签约仪式"，副行长黄毅、中国国新莫德旺总经理出席签约仪式。

9月28日 建设银行在境外发行的首笔5亿欧元绿色债券在卢森堡绿色证券交易所正式挂牌交易。中国驻卢森堡大使黄长庆、卢森堡财政部长格拉美亚（Pierre Gramegna）、卢森堡证交所首席执行官罗伯特（Robert Scharfe）、总行资产负债管理部副总经理邸慧清以及建行欧洲董事长彭钢出席敲钟仪式。

9月28日 建设银行在香港举办粤港澳大湾区住房租赁服务发布会。行长王祖继、香港特别行政区政府财政司司长陈茂波、中联办副主任陈冬、政制及内地事务局局长聂德权出席发布活动。

9月30日 建设银行与紫光集团在北京签署全面战略合作协议，副行长章更生、紫光集团董事长赵伟国出席签约仪式。

9月 建设银行发布《绿色、社会及可持续发展债券框架》，并宣布将通过卢森堡分行和香港分行在境外发行绿色和可持续发展债券。

9月 建设银行与国家科学技术部签署《支持科技创新创业战略合作协议》。

10月9日 建设银行山东省分行、建信金融科技有限责任公司与济南市人民政府共同举办推进济南新型智慧城市建设战略合作协议签约仪式。副行长章更生，山东省委常委、济南市委书记王忠林、市长孙述涛出席签约仪式。济南市分行、济南市经信委、智慧泉城智能科技公司签订济南新型智慧城市合作框架协议。

10月10日 建设银行与深圳市国资委在深圳举办战略合作签约暨市属国企"撮合+智融"金融服务交流活动。

10月11日 建设银行助力财政部在港发行30亿美元无评级主权债券，建设银行担任本次发行的联席承销商和联席簿记管理人。

10月22日 建设银行应邀出席由陕西省工信厅、省商务厅、省贸促会、省工商联，中共安康市委、安康市人民政府在北京国际饭店举办的"陕西富硒食品暨包装饮用水北京招商推介会"并作为安康富硒饮用水重要采购单位在推介会上发言。

10月22—25日（当地时间） 建设银行参加在澳大利亚悉尼举办的2018 SIBOS年会。

10月23日 建设银行在总行大楼与美国史带集团（Starr Insurance Holdings，Inc.）签署《合作备忘录》，董事长田国立出席仪式。

10月24日 建设银行与香港科技大学在总行大楼签署合作协议。董事长田国立，行长王祖继，副行长章更生，香港科技大学校长史维、工商管理学院院长谭嘉因出席签约仪式。王祖继和史维分别代表

中国建设银行和香港科技大学在协议上签字，章更生主持签约仪式。

10 月 25 日（当地时间） 建设银行苏黎世分行与瑞士冯托贝尔银行在苏黎世举行《“一带一路”金融产品合作备忘录》签约仪式。副行长张立林、中国驻瑞士大使耿文兵以及冯托贝尔银行董事长赫尔博特·施耐德（Herbert J. Scheidt）出席签约仪式并见证了合作备忘录的签署。

10 月 27 日 建设银行跨境金融综合服务平台“跨境 e +”对接海关总署“中国国际贸易单一窗口”，建设银行成为首家为进出口企业提供“单一窗口”企业实名认证功能的银行。

10 月 31 日 建设银行与复旦大学在总行大楼签署《战略合作协议》，董事长田国立、行长王祖继、副行长章更生、副行长张立林，复旦大学校长许宁生、副校长张志勇、校长助理苟燕楠出席签约仪式。王祖继与张志勇代表双方签署协议。

11 月 1 日 建设银行在沈阳召开的“亚金协产业金融合作委员会成立大会暨首届产业金融国际论坛”上当选委员会第一届主任单位，副行长章更生当选第一届主任。会上，章更生代表建设银行与沈阳市政府签署战略合作协议。

11 月 2 日 建设银行在首届中新（重庆）战略性互联互通示范项目金融峰会上与重庆市人民政府、新加坡盛裕控股集团签署三方战略合作协议，行长王祖继出席签约仪式。

11 月 6 日 建设银行与中国远洋海运集团在上海签署战略合作协议，董事长田国立出席签字仪式。

11 月 7 日 建设银行独家主承销发行中国银行间市场首单可转换票据——山东钢铁集团有限公司 2018 年度含转股权中期票据。

11 月 19 日 建设银行与中国农业大学在中国农业大学国际会议中心签署战略合作协议。行长王祖继、副行长章更生，中国农业大学校长孙其信、常务副书记张东军出席签约仪式。王祖继与孙其信分别代表双方致辞，章更生与张东军代表双方签署协议。

11 月 22 日 建设银行与中国国际金融股份有限公司签署战略合作协议，行长王祖继、张立林出席签字仪式。

11 月 24 日 建设银行外贸普惠金融产品“跨境快贷—退税贷”实现全部功能上线。

11 月 24 日 建设银行境内保函互联网查询功能上线。

11 月 26 日 建设银行在总行大楼举办“京津冀地区重点客户证券化业务座谈及合作协议签约仪式”，副行长章更生出席座谈会并见证签约。

11 月 29 日 建设银行与上海银行股份有限公司在上海签署《全面战略合作协议》，副行长张立林出席签字仪式。

12 月 5 日 建设银行与华南理工大学在广州市举行合作办学签约仪式，现场同时为“建行大学大湾区金融创新学院”及“华南理工大学建行学院”揭牌。副行长章更生，华南理工大学章春熙党委书记、李正副校长等出席仪式。

12 月 6 日 建设银行与广东省政府在广州共同举办“2018 广东省先进制造业投资交流会”。副行长章更生、广东省副省长陈良贤出席交流会并致辞。

12 月 7—9 日 建设银行首届“创新马拉松”48 小时加速孵化活动（普惠金融专场）在湖南长沙举行。副行长张立林出席活动并讲话。

12 月 10 日 建设银行与南开大学在总行大楼共同签署合作办学协议，建立“建行大学华北学院”。行长王祖继和南开大学校长曹雪涛代表双方在协议上签字，副行长章更生主持仪式。

12 月 11 日 建设银行与海尔集团在青岛国际会议中心共同签署《中国建设银行 安康市人民政府 海尔集团扶贫合作框架协议》。董事长田国立，海尔集团董事局主席张瑞敏与安康市人民政府常务副市长赵璟出席签约仪式。

12 月 11 日 建设银行与海尔集团在青岛国际会议中心达成普惠金融战略合作，并举办“共创中国田园梦”——共建“建行裕农通 + 日日顺乐农”乡村普惠服务平台发布会。董事长田国立和海尔集团董事局主席、首席执行官张瑞敏在发布会上致辞；青岛市委书记张江汀、副市长刘建军出席仪式；副行长张立林与海尔集团董事局副主席、总裁周云杰共同启动平台；营运总监牟乃密主持发布会。

12 月 11—13 日 建设银行在广州举办首届“创新马拉松”48 小时加速孵化活动（住房租赁专场）。副行长廖林出席活动并讲话。

12 月 13 日 建设银行与西安交通大学合作办学签约暨揭牌仪式在该校兴庆校区举行，双方共同签署《合作办学框架协议》并为建行大学西北学院（西安交通大学建行学院）揭牌，首期培训班“金融科技专题培训班”同期开班。副行长章更生，西安交通大学校长王树国、副校长张汉荣出席签约仪式。章更生和张汉荣分别代表中国建设银行和西安交通大学在协议上签字。

12 月 15 日 建设银行对公客户合作审计机构管理系统上线。

12 月 17 日 建设银行人工智能审单项目第一期功能在单证业务中心、河北和宁波分行试点上线。

12 月 20 日 建设银行在广州举行产品发布会推出基于大数据应用的“跨境快贷—退税贷”外贸普惠金融产品，副行长张立林出席发布会并致辞。

12 月 21 日 建设银行与中国有色矿业集团在北京签署战略合作协议，董事长田国立、副行长章更生出席仪式。

12 月 26 日 建设银行与国泰君安证券公司在北京签署战略合作协议，行长王祖继、张立林出席签字仪式。

12 月 28 日 建设银行在上海举办“龙财富”品牌新闻发布会，推出“龙财富”财富管理与服务平台，副行长张立林，营运业务总监牟乃密出席发布会。

12 月 30 日 建设银行与合作支付机构全面完成网络支付业务“断直连”工作。

12 月 建行伦敦机构执行总裁、建行大学伦敦学院主要负责人代表总行在英国分别与伦敦政治经济学院、伦敦商学院、牛津大学赛德商学院和剑桥大学丘吉尔学院穆勒中心四所顶尖英国院校签署《全面战略合作备忘录》。

综合类

1 月 24 日 副行长黄毅在北京出席由人民日报社指导、人民网主办，举行的“第二届人民财经高峰论坛”，并发表主旨演讲。

1 月 建设银行在“2017 中国 CFO 年会”上荣获“最佳物理渠道转型创新奖”。

1 月 建设银行在中国银行业协会发布的 2017 年度“陀螺”评价结果中，风险管控能力得分在全国性商业银行中居于首位。

1 月 建设银行在中央国债登记结算有限责任公司“2017 年度中债优秀成员”评选中，荣获“优秀资产托管机构”称号。

1 月 中国外汇交易中心公布 2017 年银行间外汇市场做市机构排名，建设银行综合排名第一名，连续三年居银行间外汇市场做市机构排名榜首。

1 月 建设银行党校获得中国质量认证中心颁发的“质量管理体系认证证书”。

2 月 1 日 副行长张立林在北京嘉里大酒店出席由中国人民银行和英国政府共同举办的中英金融机构“一带一路”建设合作圆桌会议，并作发言。

2月8日 建设银行“建信保”系列创新业务在中国保险资产管理业协会举办的2017年产品注册情况通报会暨“支持实体经济 助力国家战略”保险资产管理创新作品表彰研讨会上荣获工具方案类二等奖。

2月8日 建设银行在中国金融期货交易所2017年度期货保证金存管业务工作会议上荣获“合作共进奖”奖。

2月 副行长余静波在上海举行的“中国CFO年会”上荣获“物理渠道建设终身成就奖”。

2月 中国金融政研会通报表彰2017年全国金融系统思想政治工作和企业文化建设优秀调研成果，建设银行参评调研成果127项，居四大行第一。

2月 中宣部、中央文明委发文表彰第五届全国文明单位，并复查确认继续保留荣誉称号的全国文明单位名单，建设银行27家单位受到表彰，53家单位通过复查继续保留“全国文明单位”称号。

3月13日 总行党委印发《贯彻落实中央八项规定和实施细则精神的办法》，就深入贯彻落实党的十九大、十九届中央纪委二次全会关于作风建设的新精神新要求，加强和改进作风作出规定。

3月27日 建设银行发布2017年社会责任报告。

3月 建信基金在中国基金报社主办的“第五届中国机构投资者峰会暨中国基金业英华奖公募基金20年特别评选”中获“公募基金20年‘最佳固定收益基金管理人’”奖；建信收益增强产品获“公募基金20年‘最佳回报债券型基金（二级债）’”奖、“五年持续回报积极债券型明星基金”奖，建信稳定增利获“公募基金20年‘最佳回报债券型基金（纯债）’”奖。

3月 总行党委印发《关于深化“四风”整治 把作风建设不断引向深入的通知》，就深入贯彻落实党的十九大、十九届中央纪委二次全会和习近平总书记关于纠正“四风”的重要指示精神，扎实做好形式主义、官僚主义问题查摆整改工作提出要求。

4月3日 建设银行获上海清算所2017年度“优秀结算成员”“优秀清算会员”“外汇自营清算优秀奖”“优秀托管银行”“优秀承销商”和“创新业务推进奖”等六项大奖以及四个个人奖项。

4月18日 2018年大数据产业峰会及2018年度“大数据星河奖”颁奖典礼在北京国家会议中心举办，建设银行“大型商业银行企业级数据管理体系”和“小企业客户价值分析与提升大数据应用项目”分别获得年度“最佳数据资产管理实践奖”和“最佳大数据行业应用奖”。

4月20日 “2018中国区优秀投行君鼎颁奖典礼”在厦门举办，建设银行以银行业排名第一的成绩获“2018中国区全能银行投行君鼎奖”“2018中国区债券承销银行君鼎奖”及“2018中国区财务顾问银行君鼎奖”。

4月 建设银行信用卡中心获万事达国际卡组织颁发的“2017年度亚太区最佳商户风险管理实践奖”及“2017年度亚太区商户风险管理合作与运营保障奖”。

5月14日 副行长杨文升因病在北京逝世，享年52岁。

5月14—17日 建设银行组织志愿者赴贵州开展“建行母亲健康快车”及建行定点扶贫捐赠项目考察探访活动。

5月24日 建设银行研究院和国务院发展研究中心金融研究所共同完成的《中国金融展望2018：开启高质量发展之路》新书发布暨主题研讨会在国务院发展研究中心银色大厅举行。

5月24—25日 《亚洲银行家》2018未来金融峰会暨奖项计划颁奖典礼在北京举行，建设银行零售业务获“中国最佳大型零售银行”奖项，房地产业务获“中国最佳住房贷款产品”奖项，“裕农通”业务荣获“中国最佳普惠金融产品”奖，个人存款与投资部总经理杨绍萍女士荣获“2018年度中国零售银行家”奖项。此外，建设银行还获得“中国全面风险管理成就奖”“中国最佳贸易融资银行”“中国最佳存货管理银行”“亚太最佳数据分析项目”“中国最佳金融供应链项目”等荣誉。

5月 建设银行一批集体和个人荣获中华全国总工会和中国金融工会授予的全国和全国金融五一劳动奖状、奖章、先锋号等荣誉称号。四川省自贡分行被授予“全国五一劳动奖状”荣誉称号，西藏区林廓北路支行客户经理罗丹被授予全国五一劳动奖章荣誉称号；上海市闵行支行等6家单位被中国金融工会授予全国金融五一劳动奖状，北京市朝阳支行公司业务部总经理曹介人等35名同志被授予全国金融五一劳动奖章，河南省郑州自贸区分行营业部被授予全国金融先锋号荣誉称号。经各地方金融工会推荐，福建省福州城北支行等2家单位被中国金融工会授予全国金融五一劳动奖状，北京市中关村分行个人金融部副总经理任朝霞等8名同志被授予全国金融五一劳动奖章荣誉称号。

5月 建设银行荣获2017年度上海票据交易所优秀承兑机构和优秀贴现机构两项奖项。

5月 建设银行大宗商品融资产品获2018年度《亚洲银行家》“最佳库存管理奖”和香港《财资》杂志“最佳结构性贸易融资解决方案”奖项。

5月 建设银行希望小学教师暨第二期定点扶贫村教师培训班在上海顺利结业

5月 建设银行在中国银行业协会主办的第七届中国贸易金融年会上获“最佳互联网贸易金融银行”奖项。

5月 建设银行发布《“一带一路”助力人民币国际化——2018人民币国际化报告》。

6月6日 建设银行出席在上海举行的中国银行业协会第七届贸易金融年会，副行长张立林作讲话。

6月19—20日（当地时间） 建设银行受邀参加由欧洲货币主办的全球债券投资大会，同时参加了第27届欧洲货币全球债券投资大会并作主题演讲。

6月26日 建行亚洲获任亚太区贷款市场公会（Asia Pacific Loan Market Association）中国委员会主席行，这是建行首次在国际银团贷款业务领域担任行业协会主席行。

6月 中国金融工会全国委员会组织开展“全国金融系统职工代表大会制度建设示范单位”评选活动，中国建设银行股份有限公司、山东省分行、宁夏区分行、江苏省徐州分行、吉林省延边朝鲜族自治州分行、新疆区分行营业部、北京市丰台支行、浙江省金华分行、贵州省毕节分行等9家建设银行机构被授予“全国金融系统职工代表大会制度建设示范单位”称号。

6月 建设银行首笔标准日税结构飞机租赁融资项目独家荣获英国《航空金融》（*Air finance Journal*）杂志评选的首届“中国航空金融和租赁奖项”（Inaugural China Awards）的“亚洲金融年度交易”（Asia Finance Editor's Deal of the Year）奖项。

6月 建设银行出席青海省政府组织召开的金融支持青海经济社会发展座谈会，副行长张立林就如何更好地支持与服务青海经济建设做主题发言。

6月 建设银行信用卡获得“2018国际先锋金融机构评选”双料大奖：“龙卡信用卡”品牌获“2018金融行业先锋品牌奖”，龙卡JOY信用卡获“2018先锋信用卡产品奖”。

6月 建设银行在公安部、中国银行保险监督管理委员会第五轮银行业金融机构安全评估中列五大国有商业银行第一名。

7月3日 建设银行在中国银行业协会在河北雄安举办的全国《银行无障碍环境建设标准》暨《2017年度中国银行业社会责任报告》发布会上蝉联“年度最具社会责任金融机构奖”大奖。建设银行（亚洲）行长江先周、四川绵阳分行副行长管建国获得“年度最佳社会责任管理者奖”；云南临沧孟定支行、陕西安康分行营业部获得“年度最佳社会责任特殊贡献网点奖”。

7月13日 建设银行5名选手荣获第九届全国杰出财富管理师大赛奖项，建设银行获得优秀组织奖。

7月18日 建设银行副行长章更生出席在北京国家会议中心举行的2018“小企业大梦想”高峰论坛暨第六届中国中小企业投融资交易会开幕仪式，并与第十届全国人大委员会副委员长顾秀莲、中国中小企业协会会长李子彬、工业和信息化部副部长王江平、国务院发展研究中心副主任王一鸣等与会嘉宾和领导在建设银行展馆参观交流。

7月24日 建设银行作为2018中国国际黄金大会战略合作伙伴方，在北京国家会议中心举办“商业银行黄金与金融科技”分论坛。

7 月 27 日 由建设银行和中国青少年发展基金会共同举办的第二期“梦想起飞——建行希望夏令营”在北京圆满结营。

7 月 30 日 建设银行在中国银行业协会绿色信贷专业委员会换届暨第二届常务委员会第一次会议上被推选为第二届绿色信贷专业委员会主任单位，建设银行是首家担任该职位的商业银行。副行长章更生出席会议并讲话。

7 月 31 日 建设银行承办中国银行业协会托管业务专业委员会 2018 年年会，副行长黄毅出席会议并致辞。

7 月 建设银行（亚洲）获香港中小型企业总商会颁发的“2018 中小企业最佳拍档奖”。

8 月 23 日 建设银行在北京展览馆参加第二十六届中国国际金融展，副行长张立林出席开幕式并到现场参观。

8 月 23 日 建设银行出席在北京举行的“2018 中国银行业发展论坛”，副行长章更生发表主题演讲。

8 月 24 日 建信财险在“2018IDC 中国金融行业转型与创新高峰论坛暨颁奖典礼”上，获 2018 年度 IDC 中国金融行业最佳创新项目奖。

8 月 28 日 建设银行在 2018 金融企业扶贫论坛暨创新评选颁奖典礼上，荣获“金融企业扶贫创新奖”，公司业务部处长崔喜苏荣获“优秀扶贫带头人”奖，资产管理中心派驻紫阳县副县长张麟荣获“优秀扶贫个人”奖。

9 月 1 日 建设银行启动为期一个月的“金融知识宣传服务月”活动。

9 月 19 日 建设银行信用卡中心在“2018 年第五届金融科技介甫奖”评选活动中，荣获“最佳大数据应用奖”。

9 月 13 日 建设银行出席在南宁举行的第 10 届中国—东盟金融合作与发展领袖论坛，副行长张立林发表主题演讲。

9 月 26 日 总行本部举办“学习党的十九大精神及党章党规”知识竞赛决赛。总行党委委员、副行长、机关党委书记黄毅，中央和国家机关工委宣传部副部长郭建军及总行机关党委委员、纪委委员出席竞赛并为获奖集体和个人颁奖。

9 月 建设银行在上海证券交易所 2017—2018 年度信息披露工作考评中获“优秀”（A 类）评价结果。

9 月 建设银行作为 APLMA 中国委员会主席行参加在北京举行的中国银团贷款市场研讨会。

9 月 建设银行“入 · 云之服务，享 · 悦之生活”营销活动在中国电子银行网举办的 2018 年超级 IP 生态大会上获最佳营销潜力奖。

9 月 建设银行在第四届中国金融理财师大赛中获佳绩，26 人获“中国百佳金融理财师”，47 人获“中国优秀金融理财师”。

10 月 11 日 建设银行会同中国教育发展基金会、安康市人民政府，在安康举办了“善心融爱 共助安康”善融商务扶贫推介会暨公益捐赠活动。

10 月 13—15 日 “建行杯”第四届中国“互联网 +”大学生创新创业大赛总决赛在厦门大学举行。15 日下午，中共中央政治局委员、国务院副总理孙春兰视察“大学生创客秀”和建设银行展区，与福建省省长唐登杰、教育部副部长林蕙青、董事长田国立会谈，并出席大赛闭幕式。

10 月 15 日 建设银行出席在北京举行的“北京特色扶贫协作模式探索与实践”扶贫协作论坛，副行长张立林致辞。

10 月 21 日 建设银行 29 名专业人员在 2018 首届中国私人银行精英赛中获得嘉奖。

10 月 22 日（当地时间） 建设银行参加在澳大利亚悉尼举行的 2018 年 SIBOS 年会。

10 月 27—28 日　建设银行出席在海南省海口市举行的第 84 次中国改革国际论坛，副行长黄毅发表主题演讲。

11 月 1 日　建设银行牵头编写完成的《全球产业金融观察报告（2018）——聚焦第四次技术革命》在北京对外发布。副行长章更生、亚洲金融合作协会产业金融合作委员会秘书长杨再平共同启动报告发布仪式。

11 月 6 日　建设银行承办的“银行科技发展奖观摩研讨会”在武汉生产园区举行。人民银行副行长、银行科技发展奖评审领导小组组长范一飞出席并讲话；行长王祖继出席并致辞，副行长张立林出席并发言，信息总监金磐石作“核心系统建设工程”项目成果汇报。此前，建设银行“核心系统建设工程”获人民银行“2017 年度银行科技发展奖特等奖”，成为银行业唯一获得该奖项的金融机构。

11 月 16 日　建设银行在北京举办“奋勇争担新使命 综合服务新起航”业务技能大赛决赛。行长王祖继出席致辞，并为获奖选手颁奖，副行长张立林，营运业务总监牟乃密、信息总监金磐石出席活动并为获奖团队及个人颁奖。北京市分行获得卓越综合服务团队一等奖，上海市分行吴天昊获得卓越综合服务特等奖并由中国金融工会授予“中国金融五一劳动奖章”。

11 月 20 日　建设银行荣获美国《环球金融》杂志（*Global Finance*）“人民币国际化最佳中资银行”大奖，是唯一获得该奖项的中资银行。

11 月 20 日　建设银行出席在京举行的中国银联小微企业卡发布会，副行长章更生作为首发银联小微企业卡的唯一银行代表发言。

11 月 26 日　建设银行与中国妇女发展基金会共同在北京举行“母亲健康快车”发车活动。

11 月 27 日（当地时间）　建设银行出席在西班牙举行的“中西企业顾问委员会成立大会暨第一次会议”，副行长章更生发言。

11 月 30 日　建设银行国产化平台商密办公自动化系统（OA2）V1.0 版通过“绿灯测试”试点上线。

11 月　建设银行信用卡业务被“2018 年度第一财经金融价值榜”评选为“年度信用卡品牌”大奖。

11 月　建设银行在 2019 凤凰网品牌主场营销趋势大会上获“最具传播效果奖”。

11 月　建设银行在 2018 年银团贷款业务评优活动中获银团贷款“最佳业绩奖”“最佳管理奖”和“行业贡献奖”，五个牵头银团项目获“最佳项目奖”。

12 月 6 日　建设银行在“第十四届亚太财富管理与私人银行年会”上获“最具领导力私人银行品牌奖”。

12 月 6—7 日　建设银行在海口举行的“第八届中国金融业安全管理座谈会暨‘金融安防应用成果奖’颁奖典礼”上获“金融安全管理创新奖”等四项奖励。

12 月 7 日　中国银行保险监督管理委员会 2018 年核心监管联席会议建设银行专场会议在北京召开，副行长张立林做题为《稳健经营 创新发展 把握战略机遇 打造核心优势》的主题报告，来自英国、美国、澳大利亚、卢森堡和中国香港等五个国家和地区的监管机构代表出席专场会议。

12 月 14 日　由建设银行研究院和国务院发展研究中心金融所合作完成的《金融科技研究与评估 2018——全球系统重要性银行金融科技指数》新书发布会在国务院发展研究中心银色大厅举行，副行长黄毅、信息总监金磐石出席发布会。

12 月 14 日　建设银行出席中国人民银行与 G30 举办的“银行行为与文化”研讨会，副行长黄毅作发言。

12 月 17 日　建设银行在人民网 2018 人民企业社会责任高峰论坛暨第十三届人民企业社会责任颁奖典礼上获人民企业社会责任“年度企业奖”。

12 月 22 日　建设银行托管业务在“2018 东方财富风云榜”评选活动中获“基情 20 周年最值得信

赖托管银行”和“2018年度最佳托管银行”两个奖项。

12月 建设银行获英国《银行家》（*The Banker*）杂志2018年度“中国最佳银行”综合性大奖。

12月 建设银行在《21世纪经济报道》举办的21世纪亚洲金融竞争力评选中，独家获得“2018年度亚洲卓越风险管理银行”奖项。

12月 建设银行在“2018中国零售金融创新·实践大奖”评选中，荣获“最佳年度普惠金融大奖”。

12月 建设银行在中央国家机关机要文件交换站对2018年度机要文件交换工作表彰中获“2018年度优秀交换单位”称号。

12月 建信人寿在2018“沪上金融家”评选榜中获“2018沪上金融行业领军人物”称号。

12月 建设银行121个营业网点荣获中国银行业协会授予的“2018年银行业文明规范服务千佳单位”称号。

2018 年中国建设银行董事会成员名录

本年度在任董事

田国立	董事长、执行董事
王祖继	副董事长、执行董事
章更生	执行董事
冯　冰（女）	非执行董事
朱海林	非执行董事
李　军	非执行董事
吴　敏	非执行董事
张　奇	非执行董事
冯婉眉（女）	独立非执行董事
M·C. 麦卡锡	独立非执行董事
卡尔·沃特	独立非执行董事
钟瑞明	独立非执行董事
钟嘉年	独立非执行董事（2018 年 11 月任）
莫里·洪恩	独立非执行董事

本年度离任董事

庞秀生	执行董事（2018 年 9 月离任）
郝爱群（女）	非执行董事（2018 年 6 月离任）

2018 年中国建设银行监事会成员名录

吴建杭	股东代表监事
方秋月	股东代表监事
鲁可贵	职工代表监事
程远国	职工代表监事
王　毅	职工代表监事
白建军	外部监事

2018 年中国建设银行总行部门领导名录

董事会办公室

主任（三职等）：徐漫霞（女）（2018 年 12 月免）
主任：胡昌苗（2018 年 12 月任）
副主任：何欣梅（女）
副主任：李兖
副主任：李洪斌
资深经理（专业技术二级）：高云（女）
资深副经理（专业技术二级）：赵雁冰（女）

监事会办公室

主任：王炽
资深经理（专业技术一级）：李晓玲（女，2018 年 6 月免）
副主任：车新亭
副主任：薄银根
副主任：陈南南（女）

办公室（党委办公室）

办公室、党委办公室主任（三职等）：姜国云（2018 年 12 月免）
办公室、党委办公室主要负责人：林朝晖（2018 年 12 月任）
办公室、党委办公室副主任：乐玉贵（2018 年 12 月免）
办公室资深经理（专业技术一级）兼《建设银行报》编辑部总编辑：刘健（2018 年 2 月免，退休）
办公室副主任兼信访办公室主任：韩智慧
办公室资深经理（专业技术一级）、副主任兼基建办公室副主任：郭京凯
办公室、党委办公室副主任：陈蕾（2018 年 6 月任）
办公室、党委办公室副主任：蒋曙明
办公室副主任：祝艳阳（2018 年 12 月免）
办公室副主任：华瑞琪
办公室资深经理（专业技术二级）：关金红（女）
《建设银行报》编辑部副总编辑：张功臣（2018 年 3 月任）
信访办公室副主任：毛静波（五职等，2018 年 3 月任）
基建办公室主任：韩文贞
基建办公室副主任：戴勇

副总经理级专职贷款审批人：蒋伯荣
副总经理级专职贷款审批人：陈红霞（女）
副总经理级专职贷款审批人：陈新声
副总经理级专职贷款审批人：江艳峰
副总经理级专职贷款审批人：曹众
副总经理级专职贷款审批人：李年丰
副总经理级专职贷款审批人：张剑峰（女）
副总经理级专职贷款审批人：翟玉茹（女）
副总经理级专职贷款审批人：陈德深
副总经理级专职贷款审批人：栗红保
专职贷款审批人（专业技术二级）：邓振春（女）
专职贷款审批人（专业技术二级）：于泓（女）
专职贷款审批人（专业技术二级）：唐艺红（女）（2018 年 4 月任）
专职贷款审批人（专业技术二级）：夏贵军（2018 年 4 月任）
专职贷款审批人（专业技术二级）：王海滨（2018 年 4 月任）
专职贷款审批人（专业技术二级）：周巍（2018 年 4 月任）
专职贷款审批人（专业技术二级）：徐娜（女）（2018 年 4 月任）
专职贷款审批人（专业技术二级）：徐晓洁（女）（2018 年 4 月任）

审计部

总经理（三职等）：李秀昆（2018 年 5 月免，退休）
总经理：林鸿（2018 年 5 月任）
资深经理（专业技术一级）、副总经理：王书仁
副总经理：冯道海
副总经理：万盛举
副总经理：胡忠
副总经理：张德强（2018 年 2 月任）
副总经理：张双勇（2018 年 1 月任）

内控合规部

总经理：丰习来
副总经理（总行部门总经理级）：秦仁文
副总经理：陈宝东
副总经理：袁平
副总经理：许振慧（2018 年 6 月任）
副总经理：张继刚（2018 年 8 月任）
副总经理兼反洗钱业务中心（二级部）主任：文海燕（女）（2018 年 12 月任）
反洗钱业务中心（二级部）副主任：吴焰（女）（2018 年 12 月任）

公司业务部（养老金业务部）

总经理：程远国
副总经理：蔡亚蓉（女）

副总经理：李钺（女）
副总经理：张力铮
副总经理：田建明
副总经理：唐晓阳
副总经理：李冰（2018 年 5 月任）
资深副经理（专业技术二级）：梁蒂（女）
资深副经理（专业技术二级）：陈东（2018 年 4 月任）
资深副经理（专业技术二级）：韩婧（女）（2018 年 4 月任）

战略客户部

总经理：刘广良
副总经理：郑玉金（女）
副总经理：程志伟
副总经理：周明
副总经理：胡冠军
副总经理：熊波
资深经理（专业技术二级）：何华新（2018 年 2 月免，退休）
资深副经理（专业技术二级）：刘刚

机构业务部

总经理：黄曦（2018 年 7 月免，辞职）
总经理：尚朝辉（2018 年 7 月任）
副总经理：黄小汉
副总经理：唐华（女）
副总经理：梅亚星
副总经理：王强
资深副经理（专业技术二级）：俞立
资深副经理（专业技术二级）：包建军（2018 年 3 月任）

同业业务中心

总经理：李骏
副总经理：杨虹（女）
副总经理：孙玉辉
副总经理：肖鹏

普惠金融事业部（小企业业务部）

总经理：张为忠（2018 年 8 月任）
副总经理：周鑫泉
副总经理：隋露（女）
副总经理：李晓芳（女）
副总经理：罗晃浩（2018 年 11 月免）
副总经理：蒋睿（2018 年 7 月任）

副总经理：张楠（女）（2018 年 8 月任）
副总经理：王魏冬（2018 年 6 月任）
资深副经理（专业技术二级）：刘英华（2018 年 12 月任）

资产托管业务部

总经理：纪伟
资深经理（专业技术一级）、副总经理：龚毅（2018 年 3 月任）
资深经理（专业技术一级）、副总经理兼任托管运营中心主任：黄秀莲（女）（2018 年 2 月任）
副总经理：郑绍平
副总经理：原玎（女）
资深副经理（专业技术二级）：周立（女）
资深副经理（专业技术二级）：李华（女）（2018 年 12 月任）

结算与现金管理部

总经理：李国建
副总经理：周玉旺
副总经理：张继波
副总经理：霍晓梅（女）
副总经理：高榕
资深副经理（专业技术二级）：李殿承

个人存款与投资部

总经理（三职等）：杨绍萍（女）
副总经理：马美芹（女）（2018 年 3 月免）
副总经理：刘涛（女）
副总经理：曹伟
副总经理：孙娜（女）
副总经理：李建峰（2018 年 2 月任）
副总经理：陈国金（2018 年 8 月任）
资深经理（专业技术二级）：虞菊华（女）
资深副经理（专业技术二级）：宫永媛（女）（2018 年 6 月免）

财富管理与私人银行部

总经理：刘建忠
资深经理（专业技术一级）、副总经理：应红（女）（2018 年 6 月免）
副总经理：梅雨方
副总经理：杨刚
副总经理：胡萍（2018 年 7 月任）
副总经理：严俊（2018 年 7 月免）

住房金融与个人信贷部

总经理：王毅

副总经理：童学锋

副总经理：孙聚贤（女）

副总经理：孟国鸿

副总经理：周刚

副总经理：黄有纲

资深经理（专业技术二级）：赵晓英（女）（2018 年 4 月免）

资深经理（专业技术二级）：刘艳霞（女）（2018 年 7 月任）

信用卡中心

总经理、党委书记（三职等）：魏春旗

资深经理（专业技术一级）、副总经理、党委副书记：蒋志春（2018 年 3 月任）

纪委书记、党委委员：王曼村

副总经理、党委委员：张伟

副总经理、党委委员：王美华（女）

党委委员：蔡莉华（女）

党委委员：汪和才

资深专员：郭从秀

资深副经理（专业技术二级）：金亮（2018 年 9 月免）

网络金融部

总经理：刘守平

副总经理：于潇（女）

副总经理：吕作龙

副总经理：杨泽新（女）

副总经理：熊熙（女）（2018 年 10 月任）

产品创新与管理部

总经理：徐捷

副总经理：刘步其（2018 年 2 月免）

副总经理：胡恒社

副总经理：汪下烟

副总经理：季方（2018 年 8 月任）

资深经理（专业技术二级）：熊熙（女）（2018 年 10 月免）

资深副经理（专业技术二级）：张继刚（2018 年 8 月免）

金融市场部

总经理：生柳荣（2018 年 4 月任）

副总经理：张铮（2018 年 5 月免）

副总经理：严瑛（女）

副总经理：王元恺（2018 年 3 月交流返回）

副总经理：朱艳红（2018 年 7 月任）

副总经理：苏瑾（2018 年 8 任）

资深副经理（专业技术二级）：杨晴翔（女）（2018 年 9 月任）
资深副经理（专业技术二级）：冯煜（女）（2018 年 9 月任）

金融市场交易中心

总经理：徐洪昇
副总经理：曹守年
副总经理：雷鸣（2018 年 5 月免）
副总经理：王群（女）
副总经理：格根（女）
副总经理：何川（2018 年 8 月任）

资产管理业务中心

总经理：刘兴华
副总经理：李丽杰（女）
副总经理：童文涛（2018 年 9 月免，辞职）
副总经理：谢国旺
副总经理：孙颖（女）（2018 年 3 月交流返回）
副总经理：刘岩（女）（2018 年 4 月任）
资深副经理（专业技术二级）：窦慧（女）（2018 年 4 月任）
资深副经理（专业技术二级）：李军（2018 年 12 月任）

投资银行部

总经理：钱理红（女）
副总经理：卢刚（2018 年 5 月任）
副总经理：李少俊（2018 年 2 月免）
副总经理：吴小隆
副总经理：许晔
副总经理：魏巍
副总经理：马炼（2018 年 3 月任）
资深副经理（专业技术二级）：杨雪梅（女）（2018 年 3 月任）

国际业务部

总经理：杨爱民（2018 年 7 月免）
总经理：孙剑波（2018 年 7 月任）
副总经理（四职等）：李锁生（2018 年 3 月免）
副总经理：黄玮
副总经理：胡波飞
副总经理：岳留昌（2018 年 3 月任）

渠道与运营管理部

总经理：王晓永（2018 年 6 月任）
资深经理（专业技术一级）、副总经理：李雪艳（女）（2018 年 12 月任）

副总经理兼渠道管理部（二级部）总经理：陈德（2018 年 5 月免）
副总经理兼渠道管理部（二级部）总经理：张喜军（2018 年 12 月任）
副总经理：李月希（2018 年 7 月免）
副总经理：王建英（女）
副总经理：牛继红
副总经理：尹国建
资深副经理（专业技术二级）：刘畅（女）
资深副经理（专业技术二级）：王海涛（2018 年 6 月任）

数据管理部

总经理：刘静芳（女）
副总经理：曹建勇
副总经理：常征（女）
副总经理：刘贤荣
副总经理：尚波（2018 年 2 月任）
资深经理（专业技术二级）：谢坤
资深副经理（专业技术二级）：蔡红（2018 年 10 月任）

金融科技部（金融科技创新委员会办公室）（2018 年 6 月由信息技术管理部更名为金融科技部（金融科技创新委员会办公室）

总经理：金磐石（2018 年 2 月免）
副总经理兼“新一代核心系统”建设推进工作小组常务副组长：朱玉红（女）（2018 年 2 月任）
资深经理（专业技术一级）、副总经理：王申科（2018 年 2 月任）
副总经理：纪朝晖
副总经理：郭汉利（2018 年 2 月任）
副总经理：李坤（2018 年 2 月任）
总工程师（专业技术一级）：胡宪忠

法律事务部

总经理：林晓东
副总经理：吴胜春
副总经理：侯太领
副总经理：张雷
副总经理：邱纪成（2018 年 8 月任）

战略规划部

总经理（三职等）：吴建杭（2018 年 12 月免）
总经理：乐玉贵（2018 年 12 月任）
副总经理：蒋清海
副总经理：杨君
资深经理（专业技术二级）：贾铁真
资深副经理（专业技术二级）：孙永红（2018 年 6 月任）

纪委、监察部（巡视工作办公室）

纪委副书记兼监察部总经理：王德刚
副总经理：韩晓春（女）（2018 年 5 月免）
副总经理：赵翀（2018 年 10 月免）
副总经理：罗铿
副总经理：马景欣（女）
巡视组工作办公室主任：杨洸（2018 年 3 月免）
巡视组工作办公室主任：徐剑（2018 年 3 月任）
巡视工作办公室副主任：尹慧琳（女）（2018 年 5 月任）
总行第四巡视组组长：艾尔肯·艾则孜（2018 年 7 月免）
总行巡视组组长：吴建中
总行巡视组组长：陈东平
总行巡视组组长：林鸿（2018 年 5 月免）
总行巡视组组长：邱书民（2018 年 7 月任）
总行巡视组组长：程全正（2018 年 2 月任）
总行巡视组组长：范广州
总行巡视组副组长：周平
总行巡视组副组长：杨洲德（2018 年 3 月免）
总行巡视组副组长：高开勇
总行巡视组副组长：宋京
总行巡视组副组长：王洪信
总行巡视组副组长：梁伟（2018 年 9 月任）

公共关系与企业文化部（党委宣传部、消费者权益保护部）

总经理、党委宣传部部长（三职等）：刘进（女）
副总经理、党委宣传部副部长（四职等）：徐贺
副总经理、党委宣传部副部长：柴翔
副总经理、党委宣传部副部长：张延明
副总经理、党委宣传部副部长：方琳（女）
资深副经理（专业技术二级）：李锦望
资深副经理（专业技术二级）：王强（女）

安全保卫部

总经理：刘晖
副总经理：熊自力（2018 年 6 月免）
资深副经理（专业技术二级）：李波（2018 年 9 月免）
资深副经理（专业技术二级）：杨楠（2018 年 3 月任）

离退休人员管理部

总经理：张玉英（女）
资深经理（专业技术二级）：熊自力（2018 年 6 月任）

党群工作部（机关党委、工会、团委）

党群工作部总经理、机关党委常务副书记、工会副主席：徐云清
副总经理、工会副主席：周波
副总经理：傅红伟
副总经理、机关党委副书记：王清
团委书记（总行部门副总经理）：陶莉（女）
机关纪委书记（总行部门副总经理）：唐艳（女）
资深副经理（专业技术二级）：王利和

党校（高级研修院）

常务副校长、高级研修院院长：郭元析
资深经理（专业技术一级）、副校长、高级研修院副院长：周小知（2018 年 3 月任资深经理）
资深经理（专业技术一级）、副校长：孙耀河（2018 年 12 月任）
副校长（五职等）：李晓寰（2018 年 12 月任）

其他人员

派往地方政府挂职（四职等）：王勇（2018 年 10 月）
派往地方政府挂职（四职等）：曹屹立

2018 年中国建设银行分行领导名录

北京市分行

行长、党委书记：袁桂军
副行长、党委副书记：李凡（2018 年 4 月免）
副行长、党委副书记：郎理英（女）
纪委书记、党委委员：王光明
副行长、党委委员：王新立（2018 年 2 月免）
副行长、党委委员：吴泼伟
党委委员：孙颖（女）（2018 年 3 月免）
副行长、党委委员：孙庆文（2018 年 12 月免）
副行长、党委委员：谢东（2018 年 6 月任党委委员，10 月任副行长）
副行长、党委委员：周敏（2018 年 6 月任党委委员，10 月任副行长）
副行长、党委委员：吴杰（2018 年 6 月任党委委员，10 月任副行长）
资深专员：董建恒（2018 年 1 月免）

天津市分行

行长、党委书记：邱书民（2018 年 7 月免）
行长、党委书记：张敏（女）（2018 年 7 月任）
副行长、党委副书记：林朝晖（2018 年 3 月任副行长，12 月免）
副行长、党委委员：李明凯（2018 年 6 月免）
副行长、党委委员：屈宏志（2018 年 9 月免）
副行长、党委委员：王津成
副行长、党委委员：朱爽
纪委书记、党委委员：丁锦成（2018 年 6 月任）
副行长、党委委员：石毅超（2018 年 6 月任党委委员，8 月任副行长）
副行长、党委委员：刘立群（2018 年 9 月任党委委员，11 月任副行长）
资深专员：张志强
资深专员：张龙泉

河北省分行

行长、党委书记：李民
副行长、党委副书记：张连钢（2018 年 7 月任）
副行长、党委委员：王永平（2018 年 8 月免）
副行长、党委委员：杜占良

纪委书记、党委委员：杜彦芳（女）
副行长、党委委员：任鹏
党委委员：孙龙才（2018 年 2 月免）
副行长、党委委员：毕立民
副行长、党委委员：王东（2018 年 7 月任党委委员，8 月任副行长）
党委委员：朱建辉（2018 年 12 月任）
资深专员：尹全振

山西省分行

行长、党委书记：尚朝辉（2018 年 7 月免）
行长、党委书记：江文波（2018 年 7 月任党委书记，9 月任行长）
副行长、党委副书记：斛文锋
纪委书记、党委委员：蒋睿（2018 年 7 月免）
副行长、党委委员：宋佐军（2018 年 3 月免）
副行长、党委委员：李月希（2018 年 7 月任党委委员，12 月任副行长）
副行长、党委委员：贾爱民
副行长、党委委员：樊宙
副行长、党委委员：冯占文
副行长、党委委员：王红梅（女）
纪委书记、党委委员：赖勇（2018 年 10 月任）
资深专员：孟荣华（2018 年 10 月免）

内蒙古自治区分行

行长、党委书记：邵斌（2018 年 3 月任行长）
副行长、党委副书记：乔俊峰（2018 年 6 月任党委副书记）
副行长、党委委员：高凤山
纪委书记、党委委员：樊精隆
副行长、党委委员：丁建新
副行长、党委委员：姜波
副行长、党委委员：宋宝崧
副行长、党委委员：郑雅民（女）（2018 年 6 月任党委委员，8 月任副行长）
合规官：刘强（2018 年 12 月免）
资深专家：张勤
资深专员：董发凯
资深专员：曹玮

辽宁省分行

行长、党委书记：杨铁军
副行长、党委委员：张勇
副行长、党委委员：项宏
副行长、党委委员：张超（2018 年 7 月免）
副行长、党委委员：柳旭（女）

纪委书记、党委委员：祝增坤（2018 年 12 月免）
副行长、党委委员：王刚
副行长、党委委员：苗震（2018 年 6 月任党委委员，8 月任副行长）
党委委员：刘强（2018 年 12 月任）
资深专员：司朝伟
资深专员：孙琳（2018 年 4 月免）

吉林省分行

行长、党委书记：梁德顺
副行长、党委副书记：张连钢（2018 年 7 月免）
副行长、党委委员：孙平生
纪委书记、党委委员：奚丽娟（女）
副行长、党委委员：具京子（女）
副行长、党委委员：刘伟
副行长、党委委员：王立生（2018 年 9 月免）
副行长、党委委员：李岩梅（女）（2018 年 12 月免）
副行长、党委委员：马剑凤（女）（2018 年 8 月任党委委员，10 月任副行长）
副行长、党委委员：韩冬（2018 年 8 月任党委委员，10 月任副行长）
资深专员：姚殿英

黑龙江省分行

行长、党委书记：樊庆刚
副行长、党委委员：马勇（2018 年 7 月免）
副行长、党委委员：尹君
纪委书记、党委委员：杨贵满
副行长、党委委员：葛立圣
副行长、党委委员：朱波涛
副行长、党委委员：邹洵游（2018 年 3 月任党委委员，5 月任副行长）
合规官：王彤
资深专员：杨玉江（2018 年 9 月由甘肃省分行副行长、党委委员改任）
行长助理：张立波

上海市分行

行长、党委书记：段超良（2018 年 6 月免）
行长、党委书记：林顺辉（2018 年 6 月任）
副行长、党委副书记：徐众华
副行长、党委委员：吴益强
副行长、党委委员：李朝阳
副行长、党委委员：孙维（女）
纪委书记、党委委员：孙莉琳（女）
副行长、党委委员：齐红（女）
副行长、党委委员：周捷（2018 年 5 月任党委委员，7 月任副行长）

资深专家：陈金富
资深专员：马恒鑫

江苏省分行

行长、党委书记：张毅
副行长、党委副书记：屈宏志（2018 年 9 月任）
副行长、党委委员：陈宝权
副行长、党委委员：方建平（2018 年 8 月免）
纪委书记、党委委员：王健春
党委委员：王元恺（2018 年 3 月免）
副行长、党委委员：彭安平（2018 年 2 月任副行长）
副行长、党委委员：吴荣明（2018 年 2 月任副行长）
副行长、党委委员：沈秋翔（2018 年 2 月任党委委员，5 月任副行长）
副行长、党委委员：何川（2018 年 9 月任党委委员，12 月任副行长）
合规官：赵建萍（女）（2018 年 2 月免）
合规官：张焱（女）（2018 年 12 月任）
资深专员：唐一新（2018 年 4 月撤职）

浙江省分行

行长、党委书记：高强
副行长、党委副书记：王勇（2018 年 10 月免）
副行长、党委副书记：朱斌晨（2018 年 8 月任党委副书记，12 月任副行长）
副行长、党委委员：陈根海
副行长、党委委员：劳新江（2018 年 6 月任副行长）
纪委书记、党委委员：沈忠良
党委委员：李冰（2018 年 3 月免）
副行长、党委委员：郑浩
合规官：李大伟（2018 年 5 月免）
资深专员：陈慧芳（女）（2018 年 5 月由副行长、党委委员改任）

安徽省分行

行长、党委书记：戴跃明
副行长、党委副书记：王永平（2018 年 8 月任）
纪委书记、副行长、党委委员：杨庆生
副行长、党委委员：杨学军
副行长、党委委员：张广飞
副行长、党委委员：陈光华
副行长、党委委员：王文兵（2018 年 7 月任党委委员，10 月任副行长）
副行长、党委委员：叶红云（女）（2018 年 7 月任党委委员，10 月任副行长）
资深专家：姚启凡（2018 年 5 月由副行长、党委委员改任）

福建省分行

行长、党委书记：刘丽华（女）

副行长、党委副书记：黄建锋
副行长、党委委员：王东标
纪委书记、党委委员、工会主任：郑碧玲（女）
副行长、党委委员：黄汾
副行长、党委委员：林平
副行长、党委委员：杨达远
资深专员：连育青

江西省分行

行长、党委书记：万国平
副行长、党委委员：彭家彬
纪委书记、党委委员：王志武（女）
副行长、党委委员：刘忠
副行长、党委委员：丁俊
副行长、党委委员：王珣（2018 年 3 月任党委委员，5 月任副行长）
副行长、党委委员：杨辛（2018 年 7 月任党委委员，11 月任副行长）
资深专员：喻金龙（2018 年 4 月免）

山东省分行

行长、党委书记：段红涛
纪委书记、党委副书记：赵翀（2018 年 10 月任）
副行长、党委委员：张维国
副行长、党委委员：李建平
副行长、党委委员：楚孔用（2018 年 10 月由纪委书记转任）
副行长、党委委员：朱治昌
党委委员：陈颖钰（女）（2018 年 3 月免）
副行长、党委委员：刘春龙
副行长、党委委员：董强（2018 年 3 月任党委委员，5 月任副行长）
资深专家：李文达
资深专员：刘振奇（2018 年 1 月免）

河南省分行

行长、党委书记：石永拴
副行长、党委副书记：张志军
副行长、党委委员：黄兴宏
纪委书记、党委委员：张新华
副行长、党委委员：张超（2018 年 7 月任）
副行长、党委委员：岳邦奎
党委委员：姜俊（2018 年 3 月免）
纪委书记、党委委员：石新亭（2018 年 2 月任）
副行长、党委委员：左金辉（2018 年 2 月任党委委员，4 月任副行长）
资深专家：王保信

资深专员：路建华（2018 年 6 月免）

湖北省分行

行长、党委书记：林顺辉（2018 年 6 月免）
行长、党委书记：王浩（2018 年 6 月任）
副行长、党委副书记：杨军（2018 年 6 月免）
副行长、党委副书记：李涛（2018 年 6 月任党委副书记）
副行长、党委委员：石章振（2018 年 2 月免）
副行长、党委委员：钱爱莉（女）
副行长、党委委员：丁慧（女）（2018 年 7 月任党委委员，12 月任副行长）
副行长、党委委员：周辉东
副行长、党委委员：虢春华
纪委书记、党委委员：何益群
副行长、党委委员：金鹏（2018 年 6 月任党委委员，2018 年 8 月任副行长）
资深专员：张绍恩（2018 年 12 月免）

湖南省分行

行长、党委书记：文爱华
副行长、党委委员：卢刚（2018 年 5 月免）
纪委书记、党委委员：朱怀伟（2018 年 5 月免）
副行长、党委委员：戴建军（2018 年 3 月任）
副行长、党委委员：严建新（2018 年 9 月免）
副行长、党委委员：黄天祥
纪委书记、党委委员：杨仲元（2018 年 5 月任）
副行长、党委委员：邹致师
副行长、党委委员：文志军（2018 年 8 月任党委委员，11 月任副行长）
资深专家：尹利芳（2018 年 3 月免）
行长助理：李白宁

广东省分行

行长、党委书记：刘军
副行长、党委委员：王雄（2018 年 6 月免）
纪委书记、党委委员：朱怀伟（2018 年 5 月任）
副行长、党委委员：李洪茂（2018 年 7 月免）
副行长、党委委员：麦文盛
副行长、党委委员：王燊
副行长、党委委员：席荣贵（2018 年 7 月免）
副行长、党委委员：邓波（2018 年 3 月任党委委员，5 月任副行长）
副行长、党委委员：邓竞（2018 年 8 月由合规官提任）
党委委员：米晋湘（2018 年 8 月任）
党委委员：马俊（2018 年 8 月任）
党委委员：梁海燕（女）（2018 年 8 月任）

合规官：罗晃浩（2018 年 11 月任）
资深专家：吴集荣（2018 年 7 月由副行长、党委委员改任）
资深专员：杨泽英（女）（2018 年 5 月纪委书记、党委委员改任）
资深专员：王志雄
资深专员：范立钊（女）

广西壮族自治区分行

行长、党委书记：李思影
副行长、党委委员：黄诚东
副行长、党委委员：农卫东
副行长、党委委员：陈创胜
纪委书记、党委委员：何来全
副行长、党委委员：张石强
副行长、党委委员：唐家健
资深专员：杨静挺（2018 年 5 月免）
资深专员：梁建林（2018 年 10 月免）
资深专员：方仁君（2018 年 2 月任，3 月免）

海南省分行

行长、党委书记：张中科
副行长、党委委员：李泉
副行长、党委委员：石滨（女）
纪委书记、党委委员、工会主任：尹慧琳（女）（2018 年 5 月免）
副行长、党委委员：戴建军（2018 年 3 月免）
副行长、党委委员：符史峰
副行长、党委委员：王文生
纪委书记、党委委员：封霞（女）（2018 年 6 月任）
党委委员：吕嘉（2018 年 12 月任）

重庆市分行

行长、党委书记：王晓永（2018 年 2 月免）
行长、党委书记：王新立（2018 年 2 月任党委书记，5 月任行长）
副行长、党委副书记：熊刚
副行长、党委委员：文姜元
副行长、党委委员：陈义
副行长、党委委员：吴承恩
副行长、党委委员：杨中仑（2018 年 8 月免）
纪委书记、党委委员：徐鹏
党委委员：胡寄望（2018 年 12 月任）
党委委员：曹颖（2018 年 12 月任）
资深专家：高永强（2018 年 12 月由资深专员提任）
资深专员：王翎（2018 年 5 月由资深风险经理（专职贷款审批人，专业技术二级）改任）

四川省分行

行长、党委书记：杨丰来
副行长、党委副书记：严斌
副行长、党委委员：卢生
党委委员、工会主任：颜克忠
副行长、党委委员：肖倬
副行长、党委委员：孟伟
副行长、党委委员：戴虎林（2018 年 6 月任）
纪委书记、党委委员：冯元照
副行长、党委委员：王魏冬（2018 年 6 月免）
资深专家：李振宇（2018 年 6 月任）
资深专家：商辉（2018 年 12 月任）
资深专员：汪海

贵州省分行

行长、党委书记：王浩（2018 年 6 月免）
行长、党委书记：李洪茂（2018 年 7 月任党委书记，10 月任行长）
副行长、党委副书记：杨中仑（2018 年 8 月任）
副行长、党委委员：杜坚
副行长、党委委员：陈昕（2018 年 2 月免）
副行长、党委委员：陆雪涛（女）
纪委书记、党委委员：戚晓钧
副行长、党委委员：高涛
副行长、党委委员：朱勇
资深专员：许修智（2018 年 9 月免）

云南省分行

行长、党委书记：陈中新
副行长、党委副书记：马亦凌（女）
副行长、党委委员：董晓威
副行长、党委委员：李瑞冬（女）
副行长、党委委员：于凡（女）
副行长、党委委员：严俊（2018 年 7 月任党委委员，12 月任副行长）
纪委书记、党委委员：吴灿文
副行长、党委委员：普跃（2018 年 7 月任副行长）
副行长、党委委员：朱泳（2018 年 8 月任党委委员，12 月任副行长）
资深专家：何跃（2018 年 9 月免）

西藏自治区分行

行长、党委书记：查克健
副行长、党委副书记：王子良（2018 年 2 月任副行长）

纪委书记、党委委员：武青勇
副行长、党委委员：周青荣（女）
副行长、党委委员：邓存云
副行长、党委委员：张连国
资深专员：次仁顿珠

陕西省分行

行长、党委书记：杨新丰
副行长、党委副书记：李忠华（2018 年 6 月免）
副行长、党委副书记：李军（2018 年 5 月任）
副行长、党委委员：张玺峰
纪委书记、党委委员：何宇欣
副行长、党委委员：张庚（2018 年 7 月免）
副行长、党委委员：马继勇
副行长、党委委员：陈勇
党委委员：王文莉（女）（2018 年 10 月任）
资深专员：焦华（2018 年 2 月免）

甘肃省分行

行长、党委书记：方华平（2018 年 1 月任行长）
副行长、党委副书记：孙一顺（2018 年 5 月免）
党委副书记：宋涛（2018 年 10 月任）
副行长、党委委员：王文永（2018 年 10 月免）
副行长、党委委员：杨玉江（2018 年 9 月免）
纪委书记、党委委员：杨仲元（2018 年 5 月免）
副行长、党委委员：朱勇（2018 年 6 月免）
副行长、党委委员：张继刚
纪委书记、党委委员：曾隽（2018 年 7 月任）
副行长、党委委员：杨宁（2018 年 8 月任党委委员，12 月任副行长）
党委委员：邵茂丰（2018 年 10 月任）
党委委员：王锡真（2018 年 10 月任）
合规官：徐谊萍（女）（2018 年 8 月免）

青海省分行

行长、党委书记：李振宇（2018 年 6 月免）
行长、党委书记：梁世斌（2018 年 6 月任党委书记，8 月任行长）
党委副书记：周助新（2018 年 10 月任）
副行长、党委委员：刘志发（2018 年 12 月免）
副行长、党委委员：刘玉武
纪委书记、党委委员：汪有胜
副行长、党委委员：戴虎林（2018 年 6 月免）
副行长、党委委员：刘建华（2018 年 3 月任党委委员，6 月任副行长）

党委委员：马立新（2018 年 12 月任）
行长助理：李霞（女）（2018 年 7 月免）
行长助理：刘勇（2018 年 9 月免）

宁夏回族自治区分行

行长、党委书记：张敏（女）（2018 年 7 月免）
副行长、党委副书记：张庚（2018 年 7 月任）
副行长、党委委员：张兆西
副行长、党委委员：陈福功
副行长、党委委员：吴其海
副行长、党委委员：王斌
纪委书记、党委委员：徐勇辉
副行长、党委委员：刘锋（2018 年 2 月任党委委员，4 月任副行长）
资深专员：袁贵（2018 年 3 月免）
资深专员：金大钊（2018 年 7 月免）

新疆维吾尔自治区分行

行长、党委书记：杨险峰
副行长、党委副书记：徐军世（2018 年 5 月任党委副书记）
副行长、党委委员：张春生
纪委书记、副行长、党委委员：阿布来提·木明
副行长、党委委员：李新平
副行长、党委委员：李军（2018 年 5 月免）
副行长、党委委员：傅卫峰
副行长、党委委员：范健刚（2018 年 6 月任党委委员，8 月任副行长）

深圳市分行

行长、党委书记：王业
副行长、党委副书记：张学庆
副行长、党委副书记：李华峰
副行长、党委委员：赵芝然
副行长、党委委员：李忠东
纪委书记、党委委员：韩凤林
副行长、党委委员：张跃云
党委委员：田昌越（2018 年 7 月免）
合规官：杨宗平
资深专家：易景安
资深专家：潘虹（2018 年 10 月由资深专员提任）
资深专员：朱刚（2018 年 9 月免）

大连市分行

行长、党委书记：张喜军（2018 年 12 月免）

党委书记：李岩梅（女）（2018 年 12 月任）
副行长、党委副书记：率长江（2018 年 8 月任党委副书记）
副行长、党委委员：石新亭（2018 年 2 月免）
副行长、党委委员：张鹏举（2018 年 1 月免）
副行长、党委委员：董晓炜（女）
纪委书记、党委委员：林瑜（女）
副行长、党委委员：张成（2018 年 2 月任党委委员，5 月任副行长）
党委委员：岑乐（2018 年 8 月任）
资深专员：程超英（女）（2018 年 8 月免）
资深专员：隋岩（女）（2018 年 12 月免）

宁波市分行

行长、党委书记：江文波（2018 年 7 月免）
行长、党委书记：方建平（2018 年 8 月任党委书记，12 月任行长）
副行长、党委副书记：许永良（2018 年 3 月任）
副行长、党委委员：陈恒星
副行长、党委委员：张琐琐（女）
副行长、党委委员：苏世松
纪委书记、党委委员：胡欣
副行长、党委委员：韩国辉
行长助理：陈晓峰（2018 年 6 月免）
资深专员：任国正（2018 年 8 月由高级专家提任）

厦门市分行

行长、党委书记：黄惠玲（女）
副行长、党委副书记：林华（女）（2018 年 1 月任党委副书记，4 月任副行长）
副行长、党委委员：肖春辉
副行长、党委委员：黄华红（女）（2018 年 2 月免）
纪委书记、党委委员：封霞（女）（2018 年 6 月免）
副行长、党委委员：赖利显
副行长、党委委员：林健（2018 年 4 月任党委委员，7 月任副行长）
副行长、党委委员：蔡明仪（2018 年 4 月任党委委员，7 月任副行长）
纪委书记、党委委员：王云鹏（2018 年 7 月任）

青岛市分行

行长、党委书记：郝子建
副行长、党委副书记：郭中华（女）
副行长、党委委员：刘从正
副行长、党委委员：王德平
副行长、党委委员：徐海
纪委书记、党委委员：宋敬宗
副行长、党委委员：管恩新

合规官：周兆华
资深专家：冯涛（2018 年 12 月由资深专员提任）
资深专员：王士清（2018 年 8 月由高级专家提任，10 月免）

苏州分行

行长、党委书记：张伟煜
副行长、党委副书记：朱斌晨（2018 年 8 月免）
副行长、党委委员：许永良（2018 年 3 月免）
副行长、党委委员：冯宇
纪委书记、党委委员：邓慧杰
副行长、党委委员：陈建平
副行长、党委委员：沈屏炎（女）
资深专员：黄松鹤（2018 年 10 月免）

2018 年中国建设银行境内子公司主要负责人名单

序号	所在机构	职务	姓名	性别	民族	备注
1	中德住房储蓄银行有限责任公司	董事长（兼）	田国立	男	汉族	2018 年 3 月任董事长
		行长、党委书记	王云	男	汉族	2018 年 4 月免党委书记、2018 年 8 月免行长
		行长、党委书记	李凡	男	汉族	2018 年 4 月任党委书记、2018 年 8 月任行长
2	建信基金管理有限责任公司	董事长、党委书记	许会斌	男	汉族	2018 年 2 月免党委书记、2018 年 4 月免董事长
		董事长、党委书记	孙志晨	男	汉族	2018 年 2 月任党委书记、2018 年 4 月任董事长
		总裁、党委副书记	张军红	男	汉族	2018 年 2 月任党委副书记、2018 年 4 月任总裁
3	建信金融租赁有限公司	董事长、党委书记	胡昌苗	男	汉族	2018 年 9 月任党委书记、2018 年 12 月免党委书记
		总裁、党委副书记	王强	男	满族	2018 年 9 月任党委副书记
4	建信信托有限责任公司	董事长、党委书记（兼）	程远国	男	汉族	2018 年 6 月免党委书记、2018 年 10 月免董事长
		董事长、党委书记	王宝魁	男	汉族	2018 年 6 月任党委书记、2018 年 10 月任董事长、2018 年 10 月免总裁
		党委副书记	孙庆文	男	汉族	2018 年 12 月任党委副书记
5	建信人寿保险股份有限公司	董事长（兼）	章更生	男	汉族	2018 年 7 月免董事长
		董事长	段超良	男	汉族	2018 年 9 月任董事长
		总裁、党委书记	谢瑞平	男	汉族	
6	建信期货有限责任公司	董事长	程双起	男	汉族	2018 年 2 月免董事长
		董事长	郑海峰	男	汉族	2018 年 3 月任董事长
		总裁	葛文杰	男	汉族	
7	建信养老金管理有限责任公司	董事长	石亭峰	男	汉族	
		总裁	冯丽英	女	汉族	
8	建信财产保险有限公司	董事长、党委书记	王云	男	汉族	2018 年 8 月任董事长、2018 年 9 月任党委书记
		总裁、党委副书记	张华清	男	汉族	2018 年 9 月任党委副书记

续表

序号	所在机构	职务	姓名	性别	民族	备注
9	建银造价咨询有限责任公司	董事长、党委书记	黄先俊	男	蒙古族	
		总裁、党委副书记	张坤	男	回族	
10	建信金融资产投资有限公司	董事长	谷裕	男	汉族	
		总裁	张明合	男	汉族	
11	建信住房服务有限责任公司	董事长	杨洸	男	汉族	2018 年 6 月任董事长、2018 年 12 月免董事长
		董事长	王毅	男	汉族	2018 年 12 月任董事长
		总裁	刘江	男	汉族	2018 年 6 月任总裁
12	建信金融科技有限责任公司	董事长	庞秀生	男	汉族	2018 年 6 月任董事长
		总裁、党委书记	雷鸣	男	汉族	2018 年 6 月任总裁、2018 年 9 月任党委书记
13	建信股权投资管理有限责任公司	董事长（兼）	谢瑞平	男	汉族	2018 年 12 月任董事长
		副董事长、总裁	曲寅军	男	汉族	2018 年 12 月任副董事长、总裁

2018 年中国建设银行境外机构主要负责人名单

序号	所在机构	职务	姓名	性别	备注
1	新加坡分行	总经理	任冬艳	女	
2	法兰克福分行	总经理	谢均乐	男	
3	约翰内斯堡分行	总经理	张进国	男	
4	东京分行	总经理	解陆一	男	
5	首尔分行	总经理	全敏	男	
6	纽约分行	总经理	李锁生	男	2018 年 3 月任
		总经理	张骏	男	2018 年 3 月免
7	悉尼分行	总经理	金扬统	男	
8	胡志明市分行	总经理	黄国勇	男	
9	台北分行	总经理	李勇龙	男	
10	多伦多分行	总经理	孙念北	女	
11	澳门分行	总经理	黄霞	女	
12	智利分行	总经理	张璞	男	2018 年 9 月任
		总经理	商立平	男	2018 年 9 月免
13	苏黎世分行	总经理	龚伟运	男	
14	迪拜国际金融中心分行	总经理	袁盛瑞	男	
15	建行亚洲/香港分行	董事长	江先周	男	2018 年 3 月任
			王洪章	男	2018 年 3 月免
		总裁	张骏	男	2018 年 3 月任
			江先周	男	2018 年 3 月免
16	建银国际	总裁	丰习来	男	2018 年 11 月任
			胡章宏	男	2018 年 11 月免
17	建行伦敦/伦敦分行	执行总裁	杨爱民	男	2018 年 1 月任
			李彪	男	2018 年 1 月免
18	建行俄罗斯	总经理	刘文勇	男	
19	建行欧洲/卢森堡分行	董事长	彭钢	男	2018 年 2 月任
			胡哲一	男	2018 年 2 月免
		总经理	刘江	男	2018 年 2 月任
			彭钢	男	2018 年 2 月免
20	建行欧洲巴黎分行	总经理	缪如林	男	
21	建行欧洲阿姆斯特丹分行	总经理	李翔	男	

续表

序号	所在机构	职务	姓名	性别	备注
22	建行欧洲巴塞罗那分行	总经理	王波	男	2018 年 2 月任
			刘江	男	2018 年 2 月免
23	建行欧洲米兰分行	总经理	张哲	男	
24	建行欧洲华沙分行	总经理	焦守铭	男	
25	建行新西兰	总经理	祁军	男	
26	建行巴西	执行总裁	商立平	男	2018 年 10 月任
			张希	男	2018 年 6 月免
27	建行印度尼西亚	总裁	游文南	男	2018 年 2 月任
			李国夫	男	2018 年 1 月免
28	建行马来西亚	总经理	封奇	男	
29	香港资金运营中心	主任	张铮	男	2018 年 5 月任
30	海外审批中心	主任	王健林	男	
31	哈萨克斯坦子行筹备组	组长	王松华	男	

2018 年中国建设银行审计机构主要负责人名单

序号	所在机构	职务	姓名	性别	备注
1	天津审计分部	主任	宋 涛	男	2018 年 10 月免
		主任	于敬一	女	2018 年 10 月任
2	沈阳审计分部	主任	韩 民	男	
3	上海审计分部	主任	沈 明	男	2018 年 2 月免
		主任	王 雄	男	2018 年 6 月任
4	南京审计分部	主任	邵来吉	男	2018 年 2 月免
		主任	赵建萍	女	2018 年 2 月任
5	武汉审计分部	主任	陈万铭	男	
6	广州审计分部	主任	熊建华	男	
7	成都审计分部	主任	李 果	男	
8	西安审计分部	主任	魏承国	男	2018 年 5 月免
		主任	孙一顺	男	2018 年 5 月任
9	北京总审计室	总审计师兼主任	许建东	男	
10	河北总审计室	总审计师兼主任	陈素坤	女	
11	山西总审计室	总审计师兼主任	陆 君	女	
12	内蒙古总审计室	总审计师兼主任	白俊芝	女	
13	大连总审计室	总审计师兼主任	田晓丽	女	
14	吉林总审计室	总审计师兼主任	李 华	女	
15	黑龙江总审计室	总审计师兼主任	贾悦红	女	2018 年 12 月免
16	苏州总审计室	总审计师兼主任	王青松	男	2018 年 7 月免
		总审计师兼主任	胡明月	女	2018 年 7 月任
17	浙江总审计室	总审计师兼主任	金海萍	女	2018 年 12 月免
		总审计师兼主任	关雁翎	女	2018 年 12 月任
18	宁波总审计室	总审计师兼主任	胡明月	女	2018 年 7 月免
		总审计师兼主任	陈丛笑	女	2018 年 8 月任
19	安徽总审计室	总审计师兼主任	王福荣	男	
20	福建总审计室	总审计师兼主任	林 华	女	2018 年 1 月免
		总审计师兼主任	黄华红	女	2018 年 2 月任
21	厦门总审计室	总审计师兼主任	温 剑	男	
22	江西总审计室	总审计师兼主任	滕赶远	男	

续表

序号	所在机构	职务	姓名	性别	备注
23	山东总审计室	总审计师兼主任	崔凤芹	女	2018 年 6 月免
		总审计师兼主任	王青松	男	2018 年 7 月任
24	青岛总审计室	总审计师兼主任	孙祥久	男	
25	河南总审计室	总审计师兼主任	程全正	男	2018 年 2 月免
		总审计师兼主任	高　虹	女	2018 年 5 月任
26	湖南总审计室	总审计师兼主任	朱启江	男	
27	深圳总审计室	总审计师兼主任	谭晓兵	男	
28	广西总审计室	总审计师兼主任	王德志	男	
29	海南总审计室	总审计师兼主任	侯凤儒	男	
30	重庆总审计室	总审计师兼主任	于敬一	女	2018 年 10 月免
31	贵州总审计室	总审计师兼主任	张学武	男	
32	云南总审计室	总审计师兼主任	王黎川	男	2018 年 1 月免
		总审计师兼主任	范永平	男	2018 年 8 月任
33	西藏总审计室	总审计师兼主任	白　杨	女	
34	甘肃总审计室	总审计师兼主任	杨　宁	男	2018 年 8 月免
		总审计师兼主任	徐谊萍	女	2018 年 8 月任
35	青海总审计室	总审计师兼主任	张双勇	男	2018 年 1 月免
		总审计师兼主任	李　霞	女	2018 年 7 月任
36	宁夏总审计室	总审计师兼主任	马立新	男	2018 年 12 月免
37	新疆总审计室	总审计师兼主任	兰胜利	男	

2018 年中国建设银行大学主要负责人名单

序号	所在机构	职务	姓名	性别	备注
1	校领导	校长	王祖继	男	
2		常务副校长	章更生	男	
3		执行副校长	薛胜利	男	
4		执行副校长	郭元析	男	
5		执行副校长	王晓平	男	
6	普惠与零售研修院	院长	杨绍萍	女	
7	住房金融研修院	院长	黄志凌	男	
8	金融科技大数据研修院	院长	金磐石	男	
9	客户关系研修院	院长	牟乃密	男	
10	资管业务财富管理研修院	院长	鲁可贵	男	
11	国际金融研修院	院长	徐漫霞	女	
12	风险管理研修院	院长	靳彦民	男	
13	领导力高级研修院	院长	姜国云	男	
14	员工成长研修院	院长	吴建杭	男	
15	华北学院	院长	张敏	女	
16	东北学院	党委书记、院长、资深经理（专业技术一级）	于宁哲	男	
17	华东学院	党委书记、院长	屈建伟	男	
18	华中学院	院长	王浩	男	
19	华南学院	院长	王业	男	
20	西南学院	院长	李果	男	
21	西北学院	院长	杨新丰	男	
22	香港学院	院长	张骏	男	
23	伦敦学院	院长	杨爱民	男	
24	纽约学院	院长	李锁生	男	
25	北京明苑党建学院	院长	周小知	男	
26	井冈山党性教育学院	院长	万国平	男	
27	青岛普惠与零售学院	院长	李明凯	男	
28	上海金融创新学院（上海国际金融学院）	院长	魏春旗	男	
29	苏州金融科技学院	院长	雷鸣	男	
30	苏州金融保险学院	院长	谢瑞平	男	

注：2018 年 8 月总行成立产学研统筹推进领导小组，明确了校领导班子及校委会成员，同月，建行大学发文成立。2018 年 12 月建行大学聘任校本部、各校区领导人员。